谨以此书献给已经为中华人民共和国的建立和治理艰苦奋斗了整整一个世纪的伟大的中国共产党，期冀能够助益她在推进国家治理现代化征程中愈加理性科学、行稳致远！

This book is dedicated to the great Communist Party of China who has arduously struggled in the establishment and governance of The People's Republic of China over the past whole century. Hopefully it can serve as an effective tool to help her in the process of modernization of the state governance, so that it becomes more rational and scientific, and advances more firmly and steadily!

国家社会科学基金重点项目『构建服务于国家治理现代化的公共经济理论体系研究』（14AZD072）最终成果

INNOVATION OF PUBLIC ECONOMIC THEORY AND MODERNIZATION OF NATIONAL GOVERNANCE

公共经济理论创新与国家治理现代化

上卷

齐守印等◎著

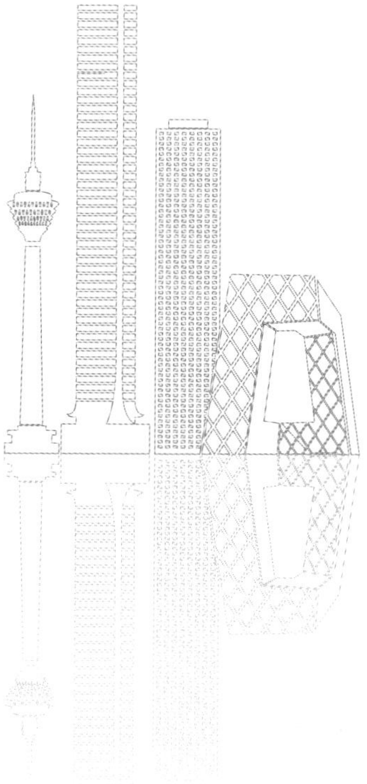

新华出版社

图书在版编目（CIP）数据

公共经济理论创新与国家治理现代化 / 齐守印等著. -- 北京：新华出版社，2021.4
ISBN 978-7-5166-5758-4
Ⅰ. ①公… Ⅱ. ①齐… Ⅲ. ①公共经济学-研究②国家-行政管理-现代化管理-研究-中国 Ⅳ. ①F062.6②D630.1
中国版本图书馆 CIP 数据核字（2021）第 057218 号

公共经济理论创新与国家治理现代化
作　　者：齐守印等　著

责任编辑：张　谦　刘　芳　于　梦　　**封底绘图**：赵志元　齐凯闻
封面设计：刘宝龙

出版发行：新华出版社
地　　址：北京石景山区京原路 8 号　　**邮　　编**：100040
网　　址：http://www.xinhuanet.com/publish
购书热线：010-63077122　　**中国新闻书店购书热线**：010-63072012

照　　排：北京好丽佳图文设计有限公司
印　　刷：北京金特印刷责任有限公司

成品尺寸：170mm×240mm　1/16
印　　张：83.25　　**字　　数**：1360 千字
版　　次：2021 年 12 月第一版　　**印　　次**：2021 年 12 月第一次印刷

书　　号：ISBN 978-7-5166-5758-4
定　　价：168.00 元（上下卷）

目　　录

序　言

在2000年研究写作博士学位论文过程中，我逐渐发现中外各种版本的公共经济学理论体系普遍存在一些明显弊端，由此在心中生出了一个通过对公共经济理论体系加以系统化改造创新、重构公共经济理论体系的学术研究目标，并在2002年出版的《中国公共经济体制改革与公共经济学论纲》一书以“借鉴西方理论创建中国社会主义公共经济学”为题的第十八章提出了较为系统的研究方案设想。① 但是，因为我那时正在财政实务部门担负着领导工作，随后又成为部门“一把手”，除了非常具体的财政管理工作任务之外，我们还自觉充当全国财政改革的探路者，研究谋划和组织推进财政体制与管理改革的十分繁重，根本没有可能静下心来集中精力来实现上述学术研究目标。直到2012年1月全省“两会”结束，我彻底脱离财政一线工作之后，才有条件回过头来重拾财政科研旧业、实现当年那个重构公共经济理论体系的学术夙愿。作为重启公共经济理论体系创新工程的第一步，我通过研究写了一篇题为“简论公共经济理论体系创新——兼论财政学向哪里去”的学术文章发表在《财政研究》2013年第6期上。在此过程中，河北经贸大学党委书记王莹教授提议要我作为软引进人才组建该校中国公共经济理论与政策研究中心继续发挥余热。同年4月，在河北经贸大学财税学院的具体组织下，召开了有中国社会科学院高培勇教授、国家财政部财政科学研究所贾康和白景明教授、上海金融学院储敏伟教授等著名财政经济学家和多所财经院校同行学者参加

---

① 齐守印：中国公共经济体制改革与公共经济学论纲［M］．北京：人民出版社，2002：307－324.

的“公共经济理论体系创新研讨会”，我做了主题发言，应邀参加此次研讨会的财经领域学者名流各自就公共经济理论体系创新问题见仁见智地发表了许多重要观点。[①] 为了将此项研究纳入河北省和国家社会科学规划轨道，2014年依托河北经贸大学财税学院相继向河北省和国家社会科学基金管理部门申报立项并获得批准。经过长达5年多艰苦认真的努力，以“构建服务于国家治理现代化的公共经济理论体系研究”为题立项的国家社会科学基金重点项目于2019年下半年基本完成；同年12月25日，国家社会科学基金管理办公室正式批准并公布结项（结项证书号为20194389）。经过进一步整理完善，现在，我们终于能够以本书百余万字的两卷本形式，将经过几年凝神聚力、殚精竭虑完成的这一国家社科基金项目研究最终成果付诸出版，从而把通过系统创新形成的一整套崭新的公共经济理论体系奉献给着眼实现中华民族伟大复兴的国家治理现代化事业了。

在此之际，拟就以下事项做一些必要的说明：

一、关于项目研究成果暨本书内容所包含的公共经济理论体系创新

作为思谋已久、目标明确、立意高远、精心成就的公共经济理论体系创新，它对现有公共经济理论体系所做的改造绝不限于个别观点、部分原理、某些方法上的修修补补，而是从学术范式、分析方法、研究对象到范畴体系、理论主线、主体内容、结构框架等各层面进行的一次系统性、深层次和大幅度的梳理与创新。择其要者，列举如下五个方面：

（一）以马克思主义基本理论范式和研究方法系统改造公共经济学理论体系

实施这一改造的根本点在于运用马克思主义基本理论、基本方法和经济学研究范式，对现存公共经济理论从研究范式、分析方法、概念范畴体系到整体结构框架加以系统改良甚至变革。具体包括：用马克思《资本论》的研究范式改造现有的公共经济理论，将公共经济理论研究的重点从处于社会再生产分配环节的财政事务转移到公共物品生产领域，系统阐述公共物品生产、分配、交换、消费整个再生产过程及其内在联系，努力揭示公共经济运行规律，构建起生产型公共经济理论体系；以公共物品作为核心范畴，使之成为

① 作为这次研讨会论文集的《公共经济理论相关问题研究》（王晓洁、齐守印主编，中国财政经济出版社2016年出版），汇集了各位专家学者在会议上发表的理论观点。

贯穿整个公共经济理论体系的鲜明主线，所有纵向过程和横向侧面的论述全部围绕实现公共物品以最佳结构、最佳效率、最佳效果提供这一主线循序展开，消除目前一些公共经济学著作研究范围以财政收支及其经济影响为主、枝蔓横生的弊端；按照马克思、恩格斯关于公共事务基于满足公共需要、实现公共利益而存在和公共机构基源于社会分工而产生的理论观点，正面论证和阐述公共物品、公共经济、公共部门职能的合理性，纠正现有公共经济理论从克服市场失灵这个侧翼来论证公共物品、公共经济和公共部门职能必要性的反推逻辑；以马克思关于第二种涵义的社会必要劳动时间理论，从社会总劳动时间和社会总产品配置视角分析公共物品最佳供给条件以及公共物品与私人物品之间一般均衡关系，作为论证和阐述公共经济与民间经济之间合理切割使用资源规律，以及推行公共服务均等化政策的主要依据；将生产方式、生产关系和生产力引入公共经济理论研究，从生产关系与生产力两个方面有机联系、相互作用的视角研究公共经济生产方式的矛盾运动，构建起公共经济生产方式理论，且作为构建公共经济体制的重要理论基础，确立生产型公共经济理论体系。

（二）实现相对于公共财政学、政府经济学和公共管理学理论体系的独立化

主要是以对公共物品概念内涵与外延的改造为基础，对公共经济概念和公共经济学的研究对象、研究范围、范畴体系、主要内容、体系构架加以系统改造，使之与公共财政学、政府经济学和公共管理学明显区隔开来，从而使这四门内在关联最为紧密的相邻学科之间一并实现相对独立化，按照“桥归桥，路归路”的分工原则，成为彼此间既相互联系、相互补充又避免相互重复交叉的友邻学科关系。

（三）推进公共经济理论体系的中国化

主要包括：紧密结合中国实际，注重总结中国公共经济实践的经验教训，透彻解析中国公共经济暨国家治理中的主要问题，努力破解中国公共经济暨国家治理现代化面临的主要矛盾和难题；梳理自有文字记载以来中国古代、近代和现代学者提出的公共经济思想理论观点，将其中合理内容融入公共经济理论体系，不仅丰富其内容，而且实事求是地体现中国人的公共经济理论创造和国家治理智慧；在公共经济理论的阐发和表述方面，尽可能使用中国人习惯而易懂的话语体系，从而使之具有明显的中国风格。

（四）着眼于国家治理现代化实践需要多层次地完善公共经济学理论内容

包括：以实现研究内容、理论架构科学化为基础，强化对公共经济内在联系的分析和对客观规律的揭示；以深入分析公共经济生产方式、特别是生产关系及其内在矛盾为基础，强化对公共经济体制、政策等各侧面和公共物品再生产各环节管理、监督领域现存问题的分析，从机理和机制层面深入分析其症结，从理论与方法层面提出基于科学论证的破解思路和方案，以便更加直接而有效地为深化公共经济体制改革、优化公共经济运行机制、完善国家治理体系的实践提供理论服务。

（五）努力提升公共经济理论研究的高度、广度、深度和系统性

包括：从服务于国家治理现代化的战略高度研究思考公共经济的治理之道；从覆盖公私两界和横跨各部门的全局视野考察分析公共经济的内部与外部联系；以实现国家长治久安和持续增进人民福祉的深思远虑谋划设计优化公共经济体制与政策之方。

二、关于本书书名和作为本书成因的课题项目名称

本项目之所以采用“构建服务于国家治理现代化的公共经济理论体系研究”这一题目，其最终成果之所以冠以“公共经济理论创新与国家治理现代化”这一书名，既是鉴于本课题申报立项及至当前我国所处的时代背景，更是因为公共经济理论与国家治理现代化之间至关紧密的内在联系。党的十八届三中全会以来，以习近平同志为核心的党中央将中国全面深化改革的总目标确定为完善和发展中国特色社会主义制度、推进国家治理体系和治理能力现代化，而就涉及范围和实质内容而言，国家治理体系和治理能力现代化与公共经济管理现代化可以说是同义语。因此，在当代中国，学术层面的公共经济理论体系创新必须以直接服务于推进国家治理现代化实践为根本宗旨，并以此作为其研究成果学术价值和实践价值的根本基点。

三、关于本书所阐述的公共经济理论体系基本脉络

任何一门科学的理论体系都必须通过相应著作的篇章结构展现出来，而著作的篇章顺序安排则体现出理论体系的基本脉络。本书作为“构建服务于国家治理现代化的公共经济理论体系”课题项目的理论创新成果，也将以其与众不同的篇章结构和顺序安排体现经过深层次创新的公共经济理论体系基本脉络。

研究本项目、撰写本著作的根本宗旨在于为我国推进国家治理现代化实

践提供理论内容最为切近的理论服务，以马克思主义基本原理为指导，进行公共经济理论体系整体创新，构建起一整套有别于西方公共经济学理论范式、内容科学、结构合理、具有中国特色的公共经济理论体系。根据这一特定研究目的，整个理论体系以说明公共经济与国家治理、公共经济理论与国家治理实践、公共经济理论体系创新与推进国家治理现代化之间的内在联系作为起点，以公共物品再生产作为贯穿全书的理论主线，循序阐述公共经济与公共物品基础理论、公共经济再生产理论、公共经济再生产的价值循环和物质要素配置、作为公共经济生产关系外化形式的公共经济体制、作为公共经济运行发展制导引擎的公共经济政策，从而构成全新范式的公共经济理论体系的躯体主干。

鉴于仅有公共经济理论体系的主体躯干尚不能完全覆盖公共经济理论研究所需阐述的一些重要内容，比如作为公共物品特定种类的政府规制是社会公共机构受社会成员之托对民间经济活动实施规范监督调节的重要手段，作为公共经济生产力要素组织活动的公共经济管理和作为公共经济风险防范机制的公共经济监督是公共经济活动赖以实现效果目标的具体保证，作为越出国界的国际公共经济是中国作为一个发展中大国在国际舞台上发挥积极作用的重要渠道，而从纷繁复杂的公共经济现象中抽象出规律性认识则是人类自觉驾驭公共经济运行和发展过程的重要条件。除此之外，结合中外公共经济实践发展过程的历史回顾对国家兴旺崛起之机、衰落败亡之理进行深度理性思考，可以深化我们对公共经济在人类社会发展中重要作用和公共经济规律的理论认知；而对公共经济思想理论演进过程加以概要回顾，则不仅有利于人们了解公共经济思想理论历史发展的概貌，简要展示中外各学派特别是新时代中国特色社会主义思想对公共经济理论发展的所做贡献，也有利于强化对本项目研究所进行的公共经济理论体系创新的理解。

四、本书的篇章结构安排

按照上述理论体系的基本脉络，本书以 14 篇、40 章对经过系统创新的公共经济理论体系遵循从抽象到具体、从理论内容到历史发展的逻辑顺序依次展开论述。根据各篇内容性质及其相互间的逻辑关系，全书分为四大部分。

第一部分暨第一篇导论，主要阐述本项目研究选题（构建服务于国家治理现代化的公共经济理论体系）的必要性与重要性、完成研究项目的条件与基础，以及理论创新的主要内容和方法路径。

第二部分包括从第二篇到第七篇共六篇，循序阐述公共经济理论体系的核心内容。其中，第二篇作为全书的基础理论，分三章循序阐述作为新公共经济学研究对象的公共经济基本问题、作为整个理论体系核心范畴的公共物品基本理论和公共物品最佳提供的理论模型。第三篇阐述公共物品再生产过程理论，以两章分别阐述公共物品再生产过程的四个环节和公共经济生产方式。第四篇阐述为公共物品生产和再生产筹措、配置、监管经济资源并作为公共物品价值再生产过程的公共财务理论，设两章分述公共财务基本理论和公共财务运行的主要环节。第五篇设三章循序讨论作为公共物品生产力要素的国有资产配置和作为公共经济生产关系一个侧面的国有资产管理体制问题。第六篇阐述作为公共经济生产关系具体形式的公共经济体制，设三章分述公共经济体制基本理论和公共经济责权在基础、横向、纵向三个维度上合理配置问题。第七篇分设两章讨论公共经济政策问题，包括解析公共经济政策的基本内涵和构成要素、公共经济政策的体系结构与主要功能，总结我国公共经济政策实践的正反面经验，重点在于揭示公共经济政策理性与国家兴衰之间的内在联系，分别阐述公共经济政策理性的核心涵义与衡量尺度、根本制约因素与主要增强路径。

第三部分为专题论述，包括从第八篇到第十二篇共五篇，分别论述实践性更强的五个专题。其中，第八篇专题讨论主要用以克服外部性的特殊公共物品——政府规制的理论与实践问题，设三章分别讨论政府规制基本理论、国外政府规制演化历程与启示、中国政府规制的经验教训和正确实施政府规制、提高规制效果的基本思路与政策建议。第九篇专题讨论公共经济管理问题，以两章篇幅分别阐述公共经济管理的一般理论与方法和公共经济绩效管理原理与框架。第十篇专题讨论公共经济风险防控与监督机制构建问题，以三章篇幅循序分析公共经济风险及其根源、西方国家公共经济监督的理论基础和主要特征以及我国公共经济监督体系与监督机制的现状、问题，并就完善、优化的路径问题进行了探索。第十一篇专题讨论国际公共经济问题，分三章循序分析研究国际公共经济再生产、国际公共经济生产方式，以及当代国际公共经济的困境、出路与发展趋势问题。第十二篇尝试以分析和概括方法揭示公共经济规律，以三章篇幅分别从唯物辩证法一般规律在公共经济领域的体现、经济学一般规律在公共经济领域的体现和公共经济领域特有规律这三个层面进行阐述。

第四部分为公共经济实践和理论发展史，包括第十三和第十四两篇。其中，第十三篇以史论结合的方式分三章循序考察分析中外公共经济实践的历史演进过程，主要依据历史事实总结归纳公共经济治理实践的经验教训，分析公共经济制度、政策在中国君主制王朝盛世、中兴、衰亡过程中所起的关键性作用，阐述近代以来葡、西、荷、法、英、美、德、俄（苏）、日等九个世界强国崛起和衰落过程中的公共经济机理，以逻辑与历史相结合的方式揭示公共经济实践发展演化的基本规律和历史趋势。第十四篇概述公共经济理论源流演进，以四章篇幅分别从公共经济、公共物品、公共经济再生产、公共经济体制、公共经济政策、公共经济规律等各主要侧面叙述分析中西公共经济思想理论的发展演化和主要流派形成过程；并以一个整章（第三十八章）专门阐述马克思、恩格斯的公共经济思想理论和列宁对其所做的发展，目的在于为读者较为系统全面地了解马克思主义经典作家的公共经济思想理论，并以此证明为什么只有以马克思主义方法、范式和思想理论为指导来构建中国特色的公共经济理论体系，才能使公共经济理论有效服务于国家治理现代化实践；最后在比较中外公共经济思想理论之异同的基础上重点讨论如何在马克思主义立场、观点、方法指导下按照“洋为中用、古为今用”的原则对西方公共经济思想理论和中国历史上形成的公共经济思想加以辩证扬弃，以实现公共经济理论体系合理创新问题。

五、关于项目研究和本书作者团队

本课题是以项目负责人为首的学术团队申报立项并开展研究的。应该说，这个学术团队具有很高的学术研究基础素质，绝大部分成员拥有经济学、管理学和法学博士学位（其中经济学博士 7 位、管理学博士 2 位、法学博士 3 位），多数成员拥有正高级学术职称（其中研究员 2 位、教授 6 位），有好几位还是国务院特贴专家、河北省政府特贴专家、河北省社会科学优秀青年专家，核心成员在本学术领域发表过若干项具有全国影响并获得多项省部级一等奖的理论成果。与此同时，这个学术团队还具有比较显著的结构特点和优势——职业结构体现了理论工作者（7 位）与实务工作者（7 位）相结合，年龄结构实现了老、中、青三结合（20 世纪 50 年代 3 位、60 年代 3 位、70 年代 8 位）。因此，如果说本书具有较高质量的话，那么，很大程度上得益于制造这件公共物品的生产力主观要素有着较高品质。

在项目研究过程中，各位团队成员按照分工协作原则各自对研究任务暨本书书稿的完成做出了积极贡献。张晋武负责提供了本书第二篇绝大部分内容的书稿，并主笔撰写发表了多篇阶段性研究成果，由他起草、我们联名发表在《财政研究》2016年第8期上的《公共物品概念定义的缺陷及其重新构建》一文被同年《新华文摘》第4期全文转载，尔后又获评河北省社会科学研究优秀成果一等奖，为本项目成果免评结项创造了关键性条件。其他成员分别提供了成熟程度不同的下述有关篇章基础稿：第三篇——王晓洁；第四篇——孟航鸿；第五篇——何碧萍、段云飞；第六篇——解建立；第八篇——古建芹；第九篇——胡德仁；第十篇——刘清亮、王海英；第十一篇——陈国际；第十三篇第三十四章——杨智杰；第十四篇第三十七章、第三十九章、第四十章——王彦林。我除完成了第一篇、第七篇、第十二篇，以及第十三篇第三十五章、第三十六章和第十四篇第三十八章书稿外，作为本项目负责人对课题组其他成员提供的基础稿从内容到文字进行了系统性的增删、修订和完善，对有些部分几乎做了重起炉灶的修改。正因为这样，对于本书存在的所有大大小小的缺陷或问题，由我担负全部责任。

最后，我们就此顺便向有关各方深表谢意。

任何一项严肃的创新性理论研究工作，都必须在系统搜集、广泛参阅、批判性吸收相关领域既有学术成果的基础上进行。本项目研究过程中，阅读参考了国内外相关领域众多学术作品，从不同方面受到重要启迪，以不同方式（包括批评和辨析）吸收借鉴了其中很多有益的思想观点，并以脚注方式加以标明。在此，谨对这些学术作品的著作权人致以诚挚谢意，若有辨析不当之处欢迎坦诚指出。

为了便于充分交流、集思广益，本课题研究取得初步成果以后，我带领研究团队部分成员先后到北京、上海、广州、成都等地拜访同行专家征询意见，包括中国社会科学院副院长高培勇教授、中国财政科学研究院院长刘尚希和王朝才教授、中国人民大学财政金融学院院长郭庆旺教授、北京大学黄恒学和郁俊莉教授、上海金融学院院长兼上海财经大学博士生导师储敏伟教授、复旦大学杜莉教授、中山大学杨卫华教授、暨南大学冯海波教授、华南师范大学彭碧玉教授、广东财经大学姚凤民教授，以及四川大学蒋和胜教授、朱方明教授、邓菊秋教授和吉林财经大学校长宋冬林教授、党委副书记赵惠敏教授、公共管理学院院长蔡向东教授等。这些国内著名专家在充分肯定送审项目研究成果理论创新价值的同时，都根据各自理解提出了许多宝贵的意见和建议。在本书出版之际，再次感谢以上各位专家给予的鼓励和启发。同时，本书在学术观点、理论内容乃至体系结构等方面存在的瑕疵乃至谬误之处，也诚待各位不吝赐教。

本课题是依托河北经贸大学财税学院申报立项并以河北经贸大学作为基层管理单位开展研究工作的，有关部门在本项目申报立项、进度反馈、成果审核提交和财务开支过程中做了大量具体工作。为此，在作为项目研究最终成果的此书出版之际，我们也向为本项目完成提供了一系列良好服务的河北经贸大学科研处和财务处的同志们表示衷心感谢！

作为中国人进行公共经济理论体系创新研究的一种尝试，尽管作者坚持秉承严肃认真的科学研究态度，但终究不过是一家之言、一孔之见，其中不准确、不完善甚至不正确之处在所难免，故诚请本学术领域各位方家和广大读者予以指正。

齐守印

2021. 6. 29

第一部分　导　论

第一篇 构建服务于国家治理现代化的公共经济理论体系

党的十八届三中全会做出《关于全面深化改革若干重大问题的决定》，高屋建瓴地将全面深化改革的目标确定为实现国家治理体系和治理能力的现代化。实现这一宏伟目标，迫切需要相关社会科学理论各显神通，而公共经济理论则理应成为首当其冲、责无旁贷的学科。之所以做出这样的判断，理由在于公共经济与国家治理、公共经济学与国家治理理论之间存在着最为深刻的内在一致性。这是因为，就实质而言，公共经济乃是社会公共机构占用一部分经济资源、向社会提供公共物品的活动。根据这种定义，广义政府的一切施政行为都可以归结为向社会提供包括法律、制度、政策等在内的各种有形或无形的公共物品，借以满足人们丰富多样的公共需求，弥补和矫正市场机制失灵，保护、引导和约束民间经济主体的行为，缓解经济社会运行和发展过程中的矛盾，维护宏观经济均衡和社会公平正义，而以增进人民大众福祉和促进人的全面发展为终极依归。这就是说，组织经济活动、向社会提供各种满足公共需要的公共物品，可以涵盖现代国家的所有职能。而在合理的意义上，所谓国家治理，无疑也是作为施政主体的国家着眼于增进人民大众福祉的最终目标履行应有职能，运用法律、制度、政策以及体现这些法律、制度、政策的具体措施，来规范、制约、引导、影响作为客体的社会成员和民间经济社会组织的经济社会行为，以促进经济发展、社会进步、公平正义，从而实现人类社会本身及其与自然的关系健康、协调、可持续发展。

由此可见，公共经济与国家治理，虽然其范畴名称和学科属性有别，但就实质内容而言却几乎毫无二致。既然如此，我国所要实现的国家治理体系现代化，从本质上说，就是要实现包括公共经济体制、公共经济政策、公共经济监督管理及其相应的法律在内的整个公共经济制度现代化。因为正如有的学者所言，“中国未来能否超越发达国家，关键很可能就在于中国的精英们是否能在新的公共经济制度设计与创新中走在世界的前列。”① 然而，推进国家治理现代化、使新的公共经济制度设计与创新走在世界前列，并不是仅靠良好的主观愿望就能够实现的，而是必须仰赖一系列相关科学理论提供有效的指引性服务。从内在联系来看，应该说国家治理现代化实践借以服务的理论，包括所有社会科学以及与经济、社会、文化、环境密切相关的边缘科学、自然科学。但因为与国家治理之间内在联系的紧密程度有所不同，各门相关学科理论对于推进国家治理现代化实践提供服务的功能强度存在着客观性的差别。由于公共经济与国家治理在实质内容上几乎等同，所以，以公共经济活动为研究对象、以揭示并阐述公共经济内在联系和运行规律为基本内容的公共经济学，无疑是所有经济科学乃至整个社会科学当中与国家治理之间内在联系最为紧密的一门科学。换言之，公共经济理论在理论解释和指导功能上对实现国家治理现代化的实践具有无可比拟的服务潜力，因而理应成为指导我们推进国家治理现代化实践的理论首选。然而，就我国目前的公共经济理论现状而言，由于它总体上仍处于从国外原装进口的“舶来品”状态，在理论体系和主要内容方面还存在笔者已经阐述过②并将在下面进一步阐述的其他重要缺陷，以致它在现有状态下很难适应对国家治理现代化实践提供理论服务方面担当大任的需要。为克服当前我国现有公共经济理论与国家治理现代化实践需要之间极不适应的矛盾，唯一途径就在于努力通过创新性研究探索，构建起研究对象明确、研究范围清晰、理论内容充实、体系结构完整、足以成为独立学科，特别是以马克思主义立场、观点、方法和经济学范式为指导，与中国实际紧密结合，且具有中国特色的新公共经济学。③

---

① 宋丙涛：文明演变的公共经济学分析［J］. 现代财经，2011（5）：8.

② 齐守印在《构建服务于国家治理现代化的公共经济理论体系》一文中，较为系统地论述了公共经济理论在应然状态下与国家治理现代化之间非常紧密的内在联系和现有状态下存在的四大缺陷。——齐守印：财贸经济，2015（11）：5－8.

③ 齐守印在2002年提出了这一设想，2013年再次就此进行了系统论述，详见齐守印著《中国公共经济体制改革与公共经济学论纲》［M］. 北京：人民出版社，2002：307－324；《简论公共经济理论体系创新——简论财政学向何处去》［J］. 财政研究，2013（6）：2－9.

第一章　公共经济理论体系创新的机缘、条件与基础

“时代是思想之母，实践是理论之源。”① 任何一种科学的产生与发展，都有其特定的历史机缘或历史条件。没有历史机缘，新思想、新理论就缺乏形成和发展的动力；历史条件不成熟，思想理论创新则往往由于阻力重重而难以实现。所谓历史机缘，主要指当时的社会实践是否存在对某种科学理论产生或创新发展的现实需要；而所谓历史条件，则主要是指当时的社会背景是否允许产生某种科学理论，或允许对某种思想理论进行系统性创新。正如恩格斯在《致瓦·博尔吉乌斯》（1894 年）中所指出的：“社会上一旦有技术上的需要，则这种需要就会比十所大学更能把科学推向前进。”② 毛泽东也曾指出：“任何思想，如果不和客观的实际的事物相联系，如果没有客观存在的需要，如果不为人民群众所掌握，即使是最好的东西，即使是马克思列宁主义，也是不起作用的。”③ 在我国当前，就实现公共经济理论体系创新而言，应该说不仅历史机缘千载难逢、历史条件相当成熟，而且中外学者对相关学科思想理论持续不断的研究探索也为新公共经济学的破土而出积淀了肥沃的土壤。

第一节　公共经济理论体系创新的历史机缘

中国共产党领导全国人民经过艰苦卓绝的斗争建立起中华人民共和国，使公共经济回归到人民大众当家作主的自然逻辑轨道，为克服公共经济生产关系异化、消除“公共经济拜物教”创造了基本制度条件。在这种新的公共经济生产方式之下，代表中国绝大多数人利益、以马克思主义基本原理为行

---

①　习近平：决胜全面建成小康社会　夺取新时代中国特色社会主义伟大胜利［M］．北京：人民出版社，2017：26.

②　马克思恩格斯选集第 4 卷［M］．北京：人民出版社．1995：732.

③　毛泽东：唯心史观的破产［A］．毛泽东选集第 4 卷［C］．北京：人民出版社，1966：1404.

动指南的中国共产党作为组织实施公共经济治理的核心力量，与历史上主导公共经济活动的任何统治集团相比，从本质上都更有可能通过社会公共机构提供各种公共物品自觉调节经济社会关系，解决经济社会生活中的公共性问题，最大限度地促进公共经济与民间经济之间均衡互动，达成整个经济体效率的帕累托最优，从而确保人民大众福利的持续稳定增长。然而，由于国际环境的客观局限和相关理论武装不足的主观制约，我国国家治理实践却走了很多弯路。虽然在此过程中积累了不少正反面经验，但终归贻误了许多赶超发达国家的历史机遇、耽搁了很长的发展时间，也许这是落后国家公共经济率先回归自然逻辑轨道不易避免的磨难。

一、从新中国成立到改革开放之前的艰难探索

中华人民共和国成立以后，内政和外交方面都面对着相当紧张的局势。在内政方面，被赶到台湾的国民党政府一直谋划准备反攻大陆，被推翻的剥削阶级也时刻与新政权为敌，阶级斗争还处于比较激烈的阶段；为了给新政权奠定经济基础，各领域生产资料所有制的社会主义改造成为十分紧迫的任务。在外交方面，以美国为首的资本主义国家出于社会制度、意识形态、经济竞争和与苏联争夺世界霸权等多方面考虑，不仅在很长时期内对中国实行经济技术封锁禁运，而且在中国周边地区不断加强军事存在、施加战争威胁，在很长一段时期内保持友好邦交关系的只有为数较少的社会主义阵营各国。与此同时，作为执政党的中国共产党是沿着“农村包围城市，武装夺取政权”的轨迹一路拼杀过来的，领导层虽则拥有相当丰富的军事斗争、政治斗争和解放区战时经济管理经验，比较熟悉马列主义革命理论，但对常规条件下的现代国家治理缺乏足够的理论武装：即使其中知识比较渊博者，所熟悉的也主要是中国传统文化中以自然经济生产方式为基础和以专制统治为管理框架的国家治理之道，而对基于社会化大生产、市场经济和民主政治条件下的现代国家治理学说则较少听闻，更不要说掌握即便在发达国家也尚在孕育形成过程中的系统性公共经济理论。为此，毛泽东同志早在解放战争后期就多次提出学习经济社会管理知识的要求，以适应革命胜利后治国理政的工作需要。他在1948年10月起草的《中共中央关于九月会议的通知》中就提出“全党动员学习管理”和“提高干部理论水平”问题；在《把军队变为工作队》中（1949年2月）强调“学会接收城市和管理城市……善于管理工业和商业，善于管理学校、报纸、通讯社和广播电台，善于处理外交事务，善于处理各民主党派、人民团体问题……善于处理金融和财政问题”；在中共七届二中全会报告（1949 年 3 月）中提出：“我们能够学会我们原来不懂的东西。我们不但善于破坏一个旧世界，我们还将善于建设一个新世界”；在《论人民民主专政》（1949 年 6 月）一文中，进一步毫无隐讳地指出：“严重的经济建设任务摆在我们面前。我们熟习的东西有些快要闲起来了，我们不熟习的东西正在强迫我们去做。这就是困难……我们必须克服困难，我们必须学会自己不懂的东西。我们必须向一切内行的人们（不管什么人）学经济工作……恭恭敬敬地学，老老实实地学。不懂就是不懂不要装懂。”①

然而，一方面，新中国成立后百废待兴，各项工作异常繁忙，骨干领导难得抽出时间进行系统性的理论学习；另一方面，中国共产党多数干部出身贫寒，文化知识基础薄弱，即使能够抽出时间学习，系统地掌握较为高深的经济政治管理理论也是相当困难的。因此，只有依靠引进苏联专家到国内各类干部培训机构讲授经他们按照斯大林要求裁剪改编过的马克思主义理论和苏联社会主义建设的经验，以适应各条战线治理实践的急需。

马克思主义理论作为无产阶级革命的学说以破坏旧世界为己任，尽管对新社会的制度与管理曾做出很多预见性的提示，并对公共经济问题也有过很多非常精辟乃至相当系统的论述，② 但由于散见于多篇著作之中而往往被人忽略。同时，人们倾向于将马克思在其《资本论》第一卷序言中对 19 世纪中叶之后资产阶级经济理论的有关论述作绝对化理解，认为一旦无产阶级与资产阶级之间的矛盾上升为社会主要矛盾，就敲响了资产阶级经济学的丧钟，西方思想家的研究成果从此无不变为替资本主义制度辩护的庸俗化理论，一概失去科学价值，从而对此后资本主义国家产生的所有经济、社会、政治理论要么不屑一顾，要么只作为批判对象，而几乎不再批判性地加以吸纳运用。这样，就导致于 19 世纪中叶以后逐步形成的西方公共经济理论在很长时期内被排除于工人阶级政党和社会主义国家的思想理论视野而弃置不用。而苏联的国家治理又以计划经济和集权政治为主要特征，政府职能暨公共经济被泛化于经济领域，将人们生活所需各种产品几乎全

---

① 毛泽东选集第 4 卷［M］．北京：人民出版社，1967：1242－1243、1295－1296、1329、1370.

② 齐守印在其《论公共经济学与马克思主义的相容性》一文中对此进行了研究和阐述。——理论视野［J］．2002（4）：24－26.

部纳入计划轨道实行国家集中管理，排斥市场机制调节作用，极大地限制了居民自主选择空间，严重抑制了来自市场竞争的经济活力；政治生活领域的高度集权和官僚主义盛行，则导致公共经济决策难以充分反映人民大众对公共物品的偏好。在这种体制下，虽然也在一定时期内实现了 GDP 快速增长和以军用为主的许多重大科技突破，但相对低下的经济资源配置效率、管理效率和经济活力时时减损着整个经济体增进国民福利的最终效果，导致多数公民对执政党和国家机构的不满情绪日渐增长，从而为苏共下台、苏联解体埋下隐患。

在中国，虽然毛泽东同志 1956 年发表的《论十大关系》强调要破除对苏联经验的迷信，围绕正确处理社会主义发展过程中十个方面关系阐述了一系列正确思想，使我国在经济社会建设方面没有完全效仿苏联体制，而是一直努力探索中国特色的发展道路，推动国民经济和社会事业获得空前迅速的发展，从而显著增强了国家的综合实力，以致中国能够自 20 世纪 70 年代初开始在国际舞台上与美苏共同构成大三角关系。然而，同样无须讳言的是，在社会主义改造完成之后至 1978 年期间，由于缺乏公共经济理论指导，也在许多方面有违背公共经济规律，国家职能暨公共经济泛化问题较为严重，市场竞争机制几乎失去调节作用，致使消费品花色品种单调乏味、国民自主选择空间极其狭小，公共投资盲目决策带来的损失浪费十分惊人，压抑了社会主义经济社会生活本来应有的生机和活力，从而明显减损了整个国民经济体的效率和福利。正如世界银行 1999 年发布的一份报告所言："基础设施、社会服务以及其他商品和服务，由公共机构作为垄断性的提供者来提供，不可能产生好的结果。"①

二、从中共十一届三中全会到十八届三中全会之前的改革实验

1978 年年底中国共产党召开的十一届三中全会和此前不久开展的思想解放运动，通过总结人民中国成立 28 年来社会主义实践方面的经验教训，在意识形态上渐次改变了对马列主义、毛泽东思想的僵化理解和对西方社会科学理论绝对排斥的形而上学态度，在具体实践上将党和国家工作重点转移到以经济建设为中心的轨道上来，拉开了经济社会改革和全方位对外

---

① 世界银行：世界银行发展报告（1997 年）：变革世界中的政府［M］．蔡秋生译，北京：中国财政经济出版社，1997.

开放的大幕，逐步放弃了无所不包的计划经济体制，改行计划与市场有机结合的经济调节机制，同时以民主化、科学化、法治化为目标逐步推进政治体制改革。1992 年年初邓小平同志发表南方谈话以后，掀起新一轮思想解放浪潮，为同年 10 月中共十四大决定建立社会主义市场经济体制和次年中共十四届三中全会确认市场机制对资源配置的基础性作用创造了思想理论条件。随着改革开放深度的逐渐加大，包括公共经济学在内的西方各种社会科学理论越来越多地传入国内并大举进入高校讲坛和科研领域，促进了以市场化为导向的经济改革和以有限责任型政府、服务型政府、法治型政府为导向的行政管理改革进程。与此同时，以公共财政为导向的各项财政改革日益深化，政府支出结构逐步向旨在改善民生的公共领域倾斜，政府收入结构也日益转变为以税收为主的现代类型，政府预算安排越来越多地转向解决公共性问题。2003 年中共十六届三中全会通过的《关于完善社会主义市场经济体制若干问题的决定》已比较明显地体现出公共经济理论对整个经济体制改革实践的指导作用。[①]

公共经济思想理论在这一阶段只是不自觉地部分进入各级公共经济决策者的头脑，而没有作为系统的科学理论用以指导公共经济决策，由此而致公共经济政策实践缺乏系统性统筹。

三、中共十八届三中全会开启国家治理现代化之幕

2013 年 11 月召开的中共十八届三中全会通过总结改革开放以来的经验教训、洞析中国现代化建设面临的主要问题，着眼于实现中华民族伟大复兴的中国梦，做出《关于全面深化改革若干重大问题的决定》，将全面深化改革的目标定位于推进国家治理体系和治理能力的现代化。进一步强调“处理好政府和市场的关系，使市场在资源配置中起决定作用和更好发挥政府作用”，“政府的职责和作用主要是保持宏观经济稳定、加强和优化公共服务，保障公平竞争，加强市场监管，维护市场秩序，推动可持续发展，促进共同富裕，弥补市场失灵。”与此同时，将作为公共经济中筹措、配置和管理经济资源事务的财政职能定位于“国家治理的基础和重要支柱”，进而将财税体制的功能明确为“优化资源配置、维护市场统一、促进社会公平、实现国家长治久安

---

① 齐守印：贯彻十六届三中全会决定　推进公共经济制度改革——十六届三中全会决定的公共经济学解读［J］. 经济研究参考，2004（1）：35－38.

的制度保障”。[①] 在实践方面，相继展开统筹推进“五位一体”总体布局、协调推进“四个全面”战略布局。

2017 年召开的党的十九大系统总结了十八大以后五年中我国在经济社会发展、全面深化改革、民主法治建设、思想文化建设、生态文明建设、人民生活改善、国防外交事业和全面从严治党等方面取得的显著成就，系统阐述了新时代中国特色社会主义思想，就分阶段推进国家治理体系和治理能力现代化建设、系统改善公共物品供给、实现“两个一百年”奋斗目标做出全面部署，其中蕴含的公共经济思想理论相当丰富。继之，2018 年 2 月召开的中共十九届三中全会做出《关于深化党和国家机构改革的决定》，从政治与行政体制方面突出体现了很多重要的公共经济体制原则，如以民为本、责任为本、事有专责、权责匹配、扩大地方自主权、强化监督机制等。尔后，2019 年 10 月中共十九届四中全会又通过了《关于坚持和完善中国特色社会主义制度推进国家治理体系和治理能力现代化若干重大问题的决定》，系统阐述和明确了我国推进国家治理现代化的分阶段目标、总体措施和保证条件。[②]

仅从这些内容就足以看出，以习近平同志为核心的党中央不仅在治国理政的顶层设计上更为系统地运用了公共经济思想理论，而且在新时代中国特色社会主义思想中对公共经济理论有所创新、有所发展。党的十八大以来截至目前出台实施的各项改革措施和相关公共经济政策，则从实践层面具体体现出与公共经济理论紧密契合的鲜明特征，由此表明我们党在治国理政方面具有了更高程度的理论自觉。做出这样的推断，绝不是基于对公共经济理论怀有偏爱，而是因为公共经济理论与国家治理实践之间天然地存在着最为紧密的内在联系，理所当然地应该成为有效解释所有公共机构理性之举的思想理论线索。

---

① 中共中央关于全面深化改革若干重大问题的决定［Z］. 人民日报，2013－11－17（1）.

② 其中，“推进国家治理体系和治理能力现代化的总体目标是，到我们党成立一百年时，在各方面制度更加成熟、更加定型上取得明显成效；到二〇三五年，各方面制度更加完善，基本实现国家治理体系和治理能力现代化；到新中国成立一百年时，全面实现国家治理体系和治理能力现代化”；总体措施和保证条件包括 14 个方面极为丰富系统的内容。——中共中央关于坚持和完善中国特色社会主义制度推进国家治理体系和治理能力现代化若干重大问题的决定［Z］. 新华网 2019－11－05.

第二节　国家治理现代化实践的迫切需要为公共经济理论系统创新提供了现实机缘

对此，前面已经做过相当简要的说明，这里还有必要从学理层面加以略微展开的阐述。

一门学科及其理论体系创新对于实现国家治理现代化具有怎样的功能或者说能够起到何等作用，从根本上说取决于这门学科的研究对象与国家治理之间内在联系的紧密程度。借用模糊数学的逻辑和语言方式表达，以努力程度相同为假设条件，各个学科服务于国家治理现代化的功能大小与其研究对象同国家治理之间的紧密度高低总体上成正比。因此，公共经济理论体系及其创新之所以为我国指导国家治理现代化的伟大实践所急需，从根本上基源于公共经济与国家治理之间内在联系的紧密度。

一、公共经济与国家治理之间存在着极为紧密的内在联系

公共经济与国家治理这两个范畴虽然分别属于经济学和政治学，但其相互间的内在联系不仅具有实质性，而且具有多重性。

首先，从国家治理的内涵来看。所谓国家治理，就抽象意义而言，无非是社会公共权力机构按照应有职能，运用各种必要的工具和手段，通过与各方面利益主体进行良性互动，协调经济社会生活中的各种关系，处理其中矛盾，缓和现实冲突，以实现经济社会有序有效发展和社会成员福利不断增进的目的。当然，在人类历史上各种不同的具体社会形态下，无论国家治理主体还是作为国家治理对象的经济社会关系及其矛盾，抑或社会成员享有的福利，都具有不同的性质与结构，国家治理水平也存在重要差别。不过，即便是在阶级社会中，由于剥削阶级和被剥削阶级之间在相互对立的同时又有相互依存的一面，处于统治地位的剥削阶级虽然在治国理政中不可避免地会将自己利益的最大化放在首要位置，但也必须同时顾及被统治阶级福利的适当增加，特别是不能不维护属于所有社会成员共同需要的生存和发展条件，例如水利、生态和国防、治安等。对此，恩格斯（1876 年—1878 年）早就指出："政治统治到处都是以执行某种社会职能为基础，而且政治统治只有在它执行了它的这种社会职能后才能继续下去。不管波斯和印度兴起和衰落的专制政府有多少，每一个专制政府都十分清楚地知道它们首先是河谷灌溉的总

管，在那里，没有灌溉就不可能有农业。"① 随着社会生产力的提高、生产关系的进步和政治文明的发展，社会成员福利总和中属于公共性的比重总体上呈现不断上升的趋势，19 世纪末以来一百多年间教育、文化、社会保障和生态环境保护等公共事业的迅速发展就是明证。

其次，再看公共经济的内涵。公共经济是与民间经济相对的范畴，是指社会公共权力机构占用一部分经济资源、向社会成员提供公共物品、以增进其公共福利的所有活动，而民间经济则是指社会成员及其组织直接运用经济资源进行私人物品生产经营的活动。大量历史资料证明，有文字记载的社会经济历来都是由公共经济与民间经济以不同比例构成的混合经济。其中，公共经济与民间经济既有分工又有协作，分别满足社会成员必须通过集体共同消费才能实现的公共需要和通过个人或家庭形式消费而实现的个别需要，即从不同层面增进社会成员的福利。

再次，将国家治理与公共经济这两个概念进行对比考察，从中不难发现，二者的基本要素可谓基本相同。一是主体具有相同性，社会公共权力机构既是国家治理主体，又是公共经济受托代理主体。二是目的相同，本质上都应是增进社会成员的福利。三是实现目的之手段相同，只是它们在两种不同称谓的活动过程中所采取的具体形态相异而已——在公共经济中，制度、法律、政策、秩序、国防、外交、文化、教育、科技、货币供给、社会保障、基础设施、生态环境和一般公共行政服务等是作为生产过程的产品形态来增进社会成员公共福利的，而这些同样的事务在国家治理中则是作为各种工具和手段来服务于治理目标的。

第四，通过进一步分析可以发现，公共经济对国家治理起着极为重大和非常关键的作用。从国家治理角度看，构成其经济治理对象的固然是整个社会经济，公共经济只是其中的一部分。但是必须看到，无论公共经济在历史发展的各个阶段上所占比例高低，它在整个社会经济中本质上总是处于主导地位，不仅直接决定社会成员公共需要的满足程度，而且经由对民间经济的正面促进或负面制约效应，极大地影响到整个经济社会发展，从而对社会成员的总福利水平产生决定性作用。对此，恩格斯指出："执行社会公共职能"的"政治权力在对社会独立起来"以后，"可以朝两个方向起作用。或者它按

① 马克思恩格斯选集第 3 卷［M］. 北京：人民出版社，1995：523.

照合乎规律的经济发展的精神和方向发生作用，在这种情况下，它和经济发展之间没有任何冲突，经济发展加快速度。或者它违反经济发展而发生作用，在这种情况下，除去少数例外，它照例总是在经济发展的压力下陷于崩溃。”①这是因为，在后一种情况下，由于公共经济发生了系统性偏差或重大风险，即作为社会公共权力机构的国家，或者它所生产的制度性、政策性公共物品破坏了合理的经济社会关系，或者对民间经济的资源汲取大大超出了合理限度，由此导致社会经济秩序紊乱、各种矛盾加剧，从而使国家政权走向衰亡。只要对古今中外所有重大社会历史事变略加深入分析便不难发现，在每一次历史事变中，公共经济因素无不起着根本性或关键性影响。仅举中国历史上秦统一后横征暴敛对社会生产力的严重破坏和汉初实行轻徭薄赋、休养生息政策对社会生产力发挥出显著解放与促进作用这两个众所周知的事例，上述道理即不言自明。

公共经济何以对社会经济和国家治理起到如此重大或关键性作用？这是由公共经济所生产或提供的物品属性所决定的。公共经济的核心功能就是提供公共物品，而前述那些公共物品作为难以通过市场机制配置资源而实现的公共事务，乃是人类作为社会性动物自觉调节集体活动、维护公共利益的载体和表现。其中，一类公共物品构成民间经济活动的一般基础条件（如公共基础设施、人力资本积累水平等），而另一类公共物品（如制度、体制、政策等）则作为强大的外生变量对民间经济的生机活力、活动方向、具体结构和可用经济资源规模施加难以抗拒的影响，促进或者阻碍民间经济生产关系的发展演化，从而对民间经济生产力产生巨大的激发或压抑作用。从社会发展角度考察，各个国家全球竞争中的胜负成败则从根本上取决于它们的公共经济质量与绩效：公共经济绩效优良的民族国家必然强盛，而公共经济绩效低下的民族国家必然衰落。这是因为，即使整个经济体的资源投入规模相同，仅仅由于教育、科技、文化、卫生、体育等属于人力资本范畴的公共物品质量不同，就足以对一个民族国家的国际竞争力高低直接起到决定性作用；而保护知识产权的法律及其司法是否有效，则对科技发明和文化发展起到基础性的影响作用。若从反面来看，人类社会一旦离开公共物品的维系，被西方

---

① 马克思恩格斯选集第3卷［M］. 北京：人民出版社，1995：526.

近代著名政治思想家称为"所有人对所有人的战争"[①] 的自然状态就会重演，整个社会将趋向解体（例如，如果没有科学有效的法律和司法调节，人们将会失去生命和财产安全保障，从而不得不采取自卫或复仇方式自行解决相互间的对抗性矛盾）。因此，在国家治理中，只有善于遵循公共经济规律，最大限度地提高公共经济效率，以尽可能少的社会资源占用与耗费提供能够有效满足社会公共需要的各种高质量公共物品，进而使民间经济也得以高效运行，整个国家才会呈现经济繁荣、社会进步、政治稳定、国防安全、政治清明的良治状态。

综上所述，不难得出以下认识：（一）就本质而言，公共经济毋宁说就是经济学视角下的国家治理。这不仅可以从以上概要列举的公共物品种类得到最直观而朴素的论证，而且两者从主体、目的、功能、涵盖范围上完全重合；区别仅在于，国家治理属于政治学范畴或者说是政治学的研究对象，而公共经济则属于经济范畴或者说是经济学研究对象。基于学科与范畴性质的差异，两者的研究内容和方法自然也会有所不同，其中对公共经济的研究必须通过价值与使用价值、资源占用与产出结果、成本与收益的比较去揭示其中的本质联系和运行规律。（二）公共经济和国家治理这两个范畴本质上是不同学科对同一客体的反映，但由于研究视角不同而显现的联系方式、运行机理和发展规律存在重大差别。正因为既属于同一事物而又存在研究视角的差异，两者才可能不仅并存不悖且能相辅相成、互补共进，从而表明公共经济现代化与国家治理现代化之间有着根本性的内在联系，甚至可以径直地说，公共经济现代化乃是实现国家治理现代化的内在需要。（三）十八届三中全会将只作为公共经济财务的财政判定为国家治理的基础和重要支柱，那么，依此逻辑推理，将公共经济视为国家治理之基、民族兴亡之本自然也顺理成章和无可置疑。有鉴于此，为了有效实现国家治理目标，就需要高度重视解决公共经济问题，高度重视公共经济规律与方法的研究和应用。（四）既然公共经济在国家治理中处于至关重要的地位，那么，公共经济理论也就理所当然地应该成为指导国家治理实践的最重要指南。

二、国家治理现代化实践对公共经济理论存在潜在的强烈需求

理论来源于实践，反过来又作为解释根据和行动指南而服务于实践。从

---

① 托马斯·霍布斯：利维坦［M］．朱敏章译，吉林出版集团有限责任公司，2010.

世界范围来看，随着历史的发展和社会的进步，公共物品的家族成员日趋繁盛，公共经济规模日渐扩大，公共经济部门分工愈益细密，推动着公共经济理论呈现出不断分化、深化和繁荣的趋势：一方面朝着深细方向探究，使分门别类研究公共经济活动的经济学分支不断涌现，例如教育经济学、文化经济学、卫生经济学、体育经济学、国防经济学、政策经济学等；另一方面，在对公共经济问题深细研究的基础上，又通过抽象、提升而结晶为哲理层面的一般规律性认识，由此形成公共经济哲学。公共经济理论的这两个层面各有其用途或功能，其中微观层面的各种公共部门经济学用以指导各该部门的公共经济暨公共事务治理实践，而哲理层面的公共经济一般理论一方面对微观层面公共经济理论发展起到反映、概括和指导作用；另一方面则成为国家综合治理或高层治理实践的宏观理论指南。

鉴于公共经济理论与国家治理实践之间存在着的至为紧密的内在联系，从中国共产党当前正在着力推进的国家治理现代化实践考量，亟须将公共经济理论纳入宏观指南的学科序列。中共十八届三中全会将实现国家治理体系和国家治理能力现代化确定为全面深化改革的总目标，是党中央基于国内外现代化历史经验进行深入思考而得出的战略性结论，可谓高屋建瓴、切中要害。这是因为，就实现一个民族国家的总体振兴而言，所有其他各方面的现代化或多或少都只具有局部性意义，而只有国家治理现代化才具有统领性和全局性意义。一个国家如果没有实现国家治理层面的现代化，其他具体领域的现代化即使都不同程度地得以推进，也终将因为缺乏相互间的协调平衡而难以充分发挥合力，从而不易达成从根本上显著提升国家整体竞争力和人民大众福利的预期效果。然而，为了顺利实现国家治理现代化的宏伟目标，不仅需要弄清楚国家治理现代化的主要标志或特征是什么，还要搞明白我国现行的国家治理与其现代化要求相比主要差距在哪里，以及消除这些差距的基本途径。若想从本源层面弄清楚并解决好这些带根本性的问题，可以说离不开公共经济理论及其系统创新。

对于何谓国家治理现代化，处于不同学科领域的学者提出了见仁见智的各种界说。我们认为，国家治理现代化是指在公共治理理论与理念、制度与机制、方式与方法、能力与水平等方面进入当今世界先进行列，其主要特征是在国家治理中较高水平地实现民主化、法治化、科学化和高效化。新中国成立以来，我国在国家治理现代化方面进行了长期探索，走过一些弯路，也取得了巨大进步、积累了不少经验。特别是改革开放以后，随着对外开放范围不断扩展和开放深度逐渐加大，我国国家治理现代化水平总体上在不断提高。但也毋庸讳言，直到目前，我国在国家治理的一些重要方面与世界先进水平相比仍有较大差距，特别是明显不适应有效解决经济社会转型过程中各种矛盾和加快实现中华民族伟大复兴的需要。其中至少在以下四个方面与对公共经济理论的应用不足和创新迟滞密切相关。

其一，在国家治理理论方面，对当代发达国家在公共治理实践中已经得到广泛应用的一些重要理论自觉吸收借鉴不够，其中就包括对公共经济学这样一门与国家治理现代化存在最为紧密内在联系的经济理论知之者寥寥，更不要说在改革和发展的战略指导上自觉运用了。例如，我们在国家治理理论上对于借助公共经济这一中介调控治理民间经济的分层治理机理缺乏明确认识，从而在实践上不习惯通过公共经济的良治作用于民间经济，进而实现整个经济社会以及人类与自然和谐相处的科学发展目标。具体表现在，公共经济与民间经济活动的范围长期以来界限不清，一方面党委和政府管了许多本来应当通过市场调节和社会自治来解决的民间事务，而另一方面许多本来应由政府解决的公共事务却处于管理视野之外，花了很多冤枉钱，而其效果却事倍功半。这一弊端在每年提交各级人代会审议的政府工作报告和经济社会发展计划中都不断重复地体现出来，具体表现是不区分哪些是应该由政府解决的公共事务、哪些是应该由市场机制和社会组织解决的民间事务，而总是把所有比较突出的经济社会问题一股脑儿摆出来揽到政府头上，并且往往要求财政通过减收增支来解决。再如，不同公共部门横向之间和各级政府纵向之间公共事务治理责任、决策权力以及相应的财政责任、权力的划分一直处于交叉重叠的含混状态，长期得不到合理而彻底的解决，从而严重制约了公共经济暨国家治理的效率。假如我们的党政领导干部比较熟悉公共经济理论并且注重结合中国实际加强创造性的应用研究，那么，这些极为重要的国家治理问题早就可以得到较好地解决了。换言之，这说明我国国家治理的指导理论架构暨各级党政领导干部的知识结构中缺少公共经济学这一重要因素，从而严重制约着我国国家治理能力现代化进程。

其二，在国家治理机制方面，对于公共经济理论著作普遍阐述并在发达国家公共治理中广泛应用的公共选择机制、公共物品供给机制和绩效问责机制关注不够、研究不足，导致我国现行公共选择机制、公共物品供给机制都过于简单化，以及公共经济绩效管理和责任追究机制的长期缺失。[①] 由此，不仅造成国家治理效果不佳和公共经济绩效低下，而且不利于通过各种利益主体协调互动和公私部门互利合作来达成公共治理目标，同时也制约着公共经济治理中民主机制的有效运用、不断创新。

其三，在国家治理方式方面，长期以来习惯于人治而忽视法治、习惯于以粗放运动方式推进而不讲求精细有序的规范性管理，容易使各个领域滋生寻租型腐败。习惯运动式地推进公共事务治理，偏重于形成某种声势而不惜成本代价，则将不可避免地严重减损公共经济效率。

其四，在国家治理方法方面，科学管理在公共部门中得不到持续稳定的认真贯彻和倡导弘扬，公务员考录和领导干部任用方面的专业化取向没有得到坚持，公共经济制度、体制和政策设计缺乏深入细致的科学论证，企业管理中行之有效的绩效管理方法迟迟不能通过适当改造移植运用于公共经济管理领域，致使我国公共经济管理暨国家治理水平长期逊于国际先进标准。[②]

上述四项重要缺陷，一方面体现出我国公共经济治理科学化、法治化水平较低的现状及其对国家治理现代化进程的严重制约；另一方面，也足以说明我国推进国家治理现代化迫切需要以科学的公共经济理论体系进行指导。高级决策层对这种潜在需求认知得越充分、越及时，在国家治理实践中将公共经济理论应用得越自觉，我国国家治理现代化的推进速度也就会越快，中华民族伟大复兴的宏伟目标也才能实现得越早。

说到这里，必须强调指出，并不是任何一种状态的公共经济理论都能够有效指导我国国家治理现代化实践，而是只有科学而适用的公共经济理论才能够有效发挥对我国国家治理现代化实践的指导性服务功能。就我国而言，由于现有的公共经济理论体系缺陷甚多，即使党政领导高度重视发挥公共经济理论的指导功能，它本身也难以适应国家治理现代化的实践需要。正如习近平总书记所指出的："实践没有止境，理论创新也没有止境。世界每时每刻都在发生变化，中国也每时每刻都在发生变化，我们必须在理论上跟上时代，不断认识规律，不断推进理论创新、实践创新、制度创新、文化创新以及其

① 齐守印：基于公共经济内在矛盾的国家治理机制研究［J］. 财政研究，2017（4）.

② 齐守印：论公共经济生产方式及其优化路径［J］. 河北大学学报（哲学社会科学版），2017（1）：114－120.

他各方面创新。”[①] 因此，通过公共经济理论体系创新，构建起适合国家治理现代化需要的新公共经济学，乃是我国当前和今后很长时期内国家治理实践的迫切需求。只有在科学严谨的公共经济理论体系指导下，才有可能整体谋划、系统重塑、全面提升国家治理体系，使之真正成为以马克思主义为指导、具有现代先进水平、植根中国大地、具有深厚中华文化根基、深得人民拥护的制度和治理体系，成为具有强大生命力和巨大优越性的制度和治理体系，成为能够持续推动拥有近十四亿人口大国进步和发展、确保拥有五千多年文明史的中华民族实现“两个一百年”奋斗目标进而实现伟大复兴的制度和治理体系。

三、我国现有公共经济理论体系存在的主要缺陷

由于先天和后天的原因，我国现有的公共经济理论体系存在着多方面的缺陷或不足，主要表现在以下五个方面：

其一，尚未完成学科独立化过程。翻开我国目前各种中文版本的公共经济学著作就会发现，无论直接译自国外的，还是国内学者参照国外版本编著的，其所阐述的公共经济理论在研究对象、研究内容、研究范式、研究方法乃至篇章结构上多与现代财政学大同小异，大体上都是在以财政运行为主要内容的基础上向政府其他经济行为及其效果分析方面加以或多或少的延伸，因而在理论体系的主要方面还没有完成与作为其母体的财政学之间的清晰切割。正是基于此种情况，国内外都有不少著名学者直言不讳地将现存的公共经济学称为在传统财政学基础上发展起来的现代财政学，换言之，现有的公共经济学只是现代财政学的另一个新名称，而不是一门有别于财政学的独立经济学科。中国人民大学著名的资深教授陈共先生（1999 年）早就正确地指出：“目前的公共经济学名不符实，它的内容并没有超越作为公共财政深化和发展的现代财政学范围，应还名为财政学。”[②] 这种缺陷，也是国外公共经济学著作所普遍存在的。一门学科如果尚未从研究对象、内容范围和理论体系等主要方面获得独立地位，自然难以成为指导国家治理现代化实践的理论指南之一。

---

① 习近平：在省部级主要领导干部“学习习近平总书记重要讲话精神迎接党的十九大”专题研讨班开班式上的讲话［N］．人民日报，2017-07-28（1）；决胜全面建设小康社会　夺取新时代中国特色社会主义伟大胜利［M］．北京：人民出版社，2017：26.

② 陈共：关于财政学基本理论的几点意见［J］．财政研究，1999（4）：6.

其二，尚未实现中国化或本土化。基于特殊国情，中国古代先贤虽有不少闪光的经济思想，① 却缺乏具有独立思想体系的系统性经济学著作。近代以来，中国有越来越多的学者研究和教授经济学，撰写出版的经济学著作可谓汗牛充栋，但究其本源，不是引进于欧美，就是舶来于苏联，抑或本自马克思、恩格斯。至于公共经济学理论，不仅引自国外，而且大体局限于英美经济学体系，连德、法、意、奥等重要国家的相关思想理论内容都未能覆盖。更为重要的是，自20世纪80年代我国从西方引进公共经济理论之后，虽然国内不少学者的相关著述在解释案例、语言表达甚至部分思想观点的中国化方面取得了一些值得称道的成就，但从总体上看，结合中国国情加以创造性研究的重要成果不多，不仅基本上未能吸收中国本土古往今来所产生的公共经济思想，着眼于解决中国国家治理现代化最现实、最重要和最迫切问题的研究成果更少，所使用的话语体系也大体未脱欧美之风；甚至无视我国20世纪二三十年代一些学者已经在其著述中使用过“公共经济”概念这样的事实，② 而是人云亦云地认为“公共经济”这个概念是英美学界在更晚年代最先使用的。然而，各国的经济社会以及政治文化发展既有一般规律可循，又有很强的特殊性，致使照搬国外的任何一门理论学说用于指导本国实践都将不可避免地产生水土不服或削足适履之弊。就我国目前主要舶自欧美、内容上只包含欧美一家之言的公共经济理论而论，在没有很好地结合中国国情、吸收中国相关思想理论成果进行改造，特别是未能针对当前国家治理实践需要进行系统创新、从而实现本土化之前，自然很难适用于对中国国家治理现代化实践的指导。正如毛泽东同志所说：“不要全盘西化。应该学习外国的长处，来整理中国的，创造出中国自己的、有独特的民族风格的东西。”“中国的面貌，无论是政治、经济、文化，都不应该是旧的，都应该改变，但中国

---

① 齐守印在《中国公共经济体制改革与公共经济学论纲》一书对此做过简要阐述，见人民出版社2002年出版的该书第十七章“中国历史上的公共经济思想萌芽与现代研究形式”。

② 例如，陈启修在1924年就指出：“公共经济者，强制的公共团体之经济，以增进其团体之利益，满足其团体欲望为目的也。”（陈启修：财政学总论，上海：商务印书馆，民国十三年）；李权时则在1928年指出：公经济和私经济“都应服从界限（边际）效用均衡的原则”，“公经济量出为入，私经济大抵量入为出”（李权时：财政学ABC，上海：ABC从书社，民国十七年）。

的特点要保存。应该是在中国的基础上面，吸取外国的东西。应该交配起来，有机地结合。”[①] 遗憾的是，公共经济学这门与国家治理密切相关的社会科学自从由西方引进之日起至今已经过去20多年，而其中国化进程却迟迟未能取得突破性进展，以致中国特色的公共经济理论体系尚未以较为成熟的理论著作形式提供给从事国家治理的各级公共部门和广大读者。

其三，尚未与马克思主义相融合。就实质内容而言，马克思、恩格斯不仅有着相当系统而又深刻的公共经济思想，[②] 而且恩格斯早在1844年就在批判的意义上使用了“公共经济学”这一学科名称，[③] 比起现代欧美经济学界马斯格雷夫最先在书名中使用公共经济学早了110多年。然而，因为马克思、恩格斯的公共经济思想理论在研究范式和论述方法上与现代公共经济理论存在很大差别，而且许多重要观点与西方所谓主流经济学相异，从而极少被欧美公共经济学著作提及，这不足为奇。问题在于，在以马克思主义为指导思想理论基础的中华人民共和国，由于目前的公共经济理论舶自欧美而未加以改造，特别是由于学术界对马克思主义经典作家的公共经济思想研究不够，以致在中国学者所撰著的公共经济著作中也鲜见马克思、恩格斯关于公共经济的论述。或许这正是公共经济理论未能引起我国各级公共部门领导的重视，从而使它未能在我国国家治理实践中得以实际应用的根源或关键所在。党的十八大以来，党中央鲜明地强调要“坚持马克思主义在哲学社会科学领域的指导地位”，[④] 能否以马克思主义立场、观点、方法和经济学研究范式改造源自西方的公共经济理论体系，就在很大程度上决定着公共经济理论在我国国家治理现代化实践中得到高度重视并有效应用的可能性和现实性之大小。

其四，基础理论阐述还不够科学。现有的公共经济理论体系缺乏贯穿始

---

① 毛泽东：论十大关系［A］．毛泽东选集第5卷［C］．北京：人民出版社，1977：285.

② 齐守印：中国公共经济体制改革与公共经济学论纲第十六章第二节“公共经济学与马克思主义”，北京：人民出版社，2002：281－292.

③ 恩格斯在《国民经济学批判大纲》中指出：“国民财富这个用语是由于自由主义经济学家努力进行概括才产生的。只要私有制存在一天，这个用语便没有任何意义……国民经济学、政治经济学、公共经济学等用语也是一样。”——马克思恩格斯选集第1卷［M］．北京：人民出版社，2012：21－22.

④ 中共中央印发关于加快构建中国特色哲学社会科学的意见［OL］．www. chinanews. com. 2017－05－16.

终的核心范畴和理论主线，未能对公共经济再生产全过程进行系统阐述，而是侧重于分析财政收支行为对宏观经济和微观经济的影响，加之理论内容庞杂、枝蔓横生，总体上仍有欠科学，故而成为其发挥实践指导功能的内在局限。现存的公共经济学著作中可以说没有不讲公共物品理论的，但由于其中所讲的公共物品都是狭义的，因而提供公共物品只是政府以及财政职能的多项依据之一，除此之外，或者说与其相并列的还有“外在性”“规模收益递增”“风险和不确定性”“税收扭曲和市场无效率”“收入分配”“代际间的效率和公平”① 或者说“外部性”“垄断与自然垄断”“信息不对称”“道德危机和逆向选择”“市场失灵的宏观方面”等。在现存公共经济学著作中，用以概括所有这些内容的概念或范畴是“市场失灵或失效”，② 而不是提供公共物品。据此，郭庆旺、赵志耘两位学者正确地指出：西方公共经济学“主要是从资源配置角度界定公用品的，是有具体所指的”，因此，“‘公共产品’理论可以在一定程度上界定国家（政府）的经济职能，但它不能规定国家政府的全部经济职能。”③ 因为现有公共经济理论视野之下的政府经济职能暨公共经济学研究对象庞杂多样，而不仅仅是提供各种公共物品。因此，现有公共经济学注定不可能对作为政府职能之一的公共物品生产和再生产过程做出系统论述。既然如此，那么，中外现有的公共经济理论体系就注定不可能将公共物品当作核心范畴，从而公共物品的再生产也就注定不会成为整个理论体系的主线。如果你翻阅一下中外现存几乎所有版本的公共经济学教材，就不难看出，其中绝大部分篇章所论述的是财政收入、财政支出、收支平衡和财政政策、财政体制，而阐述公共物品理论的内容和文字只占很少的篇幅，更找不到关于公共物品再生产过程的分析和阐述。基于这种缘故，从生产型公共经济学视角观察，现存的公共经济理论在基础层面上就远欠科学。对此，马克思（1894 年）曾经指出：“真正的现代经济科学，只有当理论研究从流通过程转向生产过程的时候才开始。”④ 按照这一逻辑，如果确认公共经济学是以提供公共物品的公共经济活动为研究对象的经济学科的话，那么很显然，脱离开对公共经济生产和再生产过程的系统分析，其理论阐述不仅必然是支

---

① 鲍德威、威迪逊：公共部门经济学［M］．北京：中国人民大学出版社，2000.
② 王雍君：公共经济学［M］．北京：高等教育出版社，2012.
③ 郭庆旺、赵志耘：公共财政论质疑［J］．财政研究，1998（10）：47－48.
④ 马克思：资本论第 3 卷［M］．北京：人民出版社，1975：376.

离破碎和浮于表面的，更要紧的是缺少本来应有的最核心部分理论内容。这样一种存在显著缺陷的理论体系，注定不可能充分而全面地揭示公共经济的内在联系和运行规律，从而必然使其学术理论价值和实践应用价值受到严重局限。

其五，公共经济理论研究的深度、广度、高度和精细度不足。从我国目前公共经济理论研究的现状看，无论微观层面的各部门公共经济理论还是宏观层面的公共经济哲学理论，在系统性、科学性和实用性方面都有着极大的发展潜力与空间。一方面，对具体公共经济问题研究的深度、细度、广度都还不够，从完善治理机制角度对公共经济再生产各个环节进行研究的成果少之又少，对如何通过创新公共选择机制来优化公共物品和公共服务提供结构的高质量研究成果同样寥寥无几。另一方面，对公共经济理论、方法和规律的抽象概括与结晶升华的高度同样欠缺，尤其缺乏对公共经济体制、政策、绩效管理和旨在防控风险的公共经济监督等各个主要侧面所进行的精深分析和系统研究，极不适应我国国家治理现代化对这些层面公共经济体制机制改革创新的实践需求。这种研究现状，同样严重影响公共经济理论对国家治理实践指导功能的发挥，从而制约着公共经济理论体系创新成果的理论价值。

由于存在上述缺陷，目前的公共经济理论体系对我国现实公共经济问题既缺乏透彻的诠释力，也不具备深远的预测力和有效的破解力，从而很难有效发挥对国家治理实践的指导性服务功能。这是因为，既然我们所要构建的“国家治理体系是以马克思主义为指导、植根中国大地、具有深厚中华文化根基、深得人民拥护的制度和治理体系，是具有强大生命力和巨大优越性的制度和治理体系，是能够持续推动拥有近十四亿人口大国进步和发展、确保拥有五千多年文明史的中华民族实现‘两个一百年’奋斗目标进而实现伟大复兴的制度和治理体系”,[①] 那么，为之提供理论服务的公共经济理论体系就必须是以马克思主义为指导、具有中华文化根基且内容科学、结构严谨、体系完善的。然而，现实情况是，这样一种符合我国国家治理现代化实践需要的公共经济理论体系目前尚不存在。正因为如此，加快推进公共经济理论体系的系统创新，创建既有科学的学术理论价值又符合中国国家治理现代化实践

---

① 中共中央关于坚持和完善中国特色社会主义制度 推进国家治理体系和治理能力现代化若干重大问题的决定［Z］. 新华网 2019 - 11 - 05.

需要的新公共经济学，便成为摆在我国经济理论工作者面前的一项极为紧要和亟待解决的理论研究任务。

第三节 执政党对发展社会科学的高度重视为实现公共经济理论体系创新提供了良好外部条件

中国共产党历来重视并始终主张在合理批判的基础上传承历史优秀思想成果、吸收借鉴国外先进理论，立足当代社会实践需要，积极推进哲学社会科学理论的繁荣发展。毛泽东、邓小平同志对此都有重要论述，其后党的最高领导人则继承和发扬了这一优良传统。毛泽东早在1956年就曾明确指出："我们的方针是，一切民族、一切国家的长处都要学，政治、经济、科学、技术、文学、艺术的一切真正好的东西都要学。"[①] 而且"人类总得不断地总结经验，有所发现，有所发明，有所创造，有所前进。停止的论点，悲观的论点，无所作为和骄傲自满的论点，都是错误的"。[②] 邓小平在20世纪80年代在论述对外开放时强调："社会主义要赢得与资本主义相比较的优势，就必须大胆吸收和借鉴人类社会创造的一切文明成果。"[③] 江泽民在20世纪90年代初也指出："我们必须树立一个明确认识，不管是哪种社会制度下创造的文明成果，只要是进步的优秀的东西，都应当积极学习和运用。"同时，他在2002年7月考察中国社会科学院时明确要求："努力建设具有中国特色、中国风格、中国气派的哲学社会科学。"[④] 党的十六大以后，胡锦涛总书记多次提出："中国哲学社会科学的繁荣发展要既立足当代又继承传统，既立足本国又学习国外，大力推进学术观点创新、学科体系创新和科学方法创新，努力建设具有中国特色、中国风格、中国气派的哲学社会科学。"[⑤] 在其主政期间中共中央制印发的《关于进一步繁荣发展哲学社会科学的意见》贯彻了这些要求。

---

① 毛泽东：论十大关系［A］．毛泽东选集第5卷［C］．北京：人民出版社，1977：285.

② 毛泽东著作选读（下册）［M］．北京：人民出版社，1986：845.

③ 邓小平文选第3卷［M］．北京：人民出版社，1993：373.

④ 江泽民：十三大以来重要文献选编［M］（下）．北京：人民出版社，1993：2068；江泽民在考察中国社会科学院时　对加强哲学社会科学建设提出五点要求［OL］．www. people. com. cn，2002－07－16.

⑤ 政治局第十三次集体学习：大力推进哲学社会科学繁荣发展［N］．人民日报，2004.5.29（1）．

党的十八大以后，习近平总书记于2016年5月17日亲自主持召开哲学社会科学工作座谈会并在所做重要讲话中强调指出："一个没有发达的自然科学的国家不可能走在世界前列，一个没有繁荣的哲学社会科学的国家也不可能走在世界前列。坚持和发展中国特色社会主义，哲学社会科学具有不可替代的重要地位"，从而明确要求"加快发展具有重要现实意义的新兴学科和交叉学科，使这些学科研究成为我国哲学社会科学的重要突破点"。"每个学科都要构建成体系的学科理论和概念。""要提倡理论创新和知识创新，鼓励大胆探索，开展平等、健康、活泼和充分说理的学术争鸣，活跃学术空气。"同时明确要求"各级党委和政府要积极发挥哲学社会科学在治国理政中的重要作用"。① 一年后，中共中央印发《关于加快构建中国特色哲学社会科学的意见》，强调"立足中国、借鉴国外，挖掘历史、把握当代，关怀人类、面向未来，充分体现继承性、民族性、原创性、时代性、系统性、专业性，创新发展哲学社会科学，为实现'两个一百年'奋斗目标、实现中华民族伟大复兴的中国梦提供强大思想理论支撑"；"加快构建中国特色哲学社会科学学科体系"，"扎根中国大地，突出时代特色，树立国际视野，继承和弘扬中华优秀传统文化，积极吸收借鉴国外有益的理论观点和学术成果，融通各种资源，不断推进知识创新、理论创新、方法创新，提升学术原创能力和水平，推动学术理论中国化"；"深化党的理论创新成果的学理阐释，将党的理论创新成果的核心思想、关键话语体现到各学科领域。推动哲学社会科学研究成果向决策咨询、教育教学转化"，"坚持用中国理论阐释中国实践，用中国实践升华中国理论，创新对外话语表达方式，提升国际话语权。"要求"各级党委（党组）要把哲学社会科学工作摆在重要位置，加强政治领导和工作指导，及时解决实际问题"。"营造尊重学术、尊重人才、崇尚科学、追求真理的良好氛围。"② 中共中央文件和党的最高领导人所做的以上这些论述，对包括公共经济学在内的社会科学创新发展和成果转化而言，既创造了良好的外部环境，也指明了研究探索的正确方向。

---

① 习近平：在全国哲学社会科学工作座谈会上的讲话［OL］. www. chinanews. com. 2016 - 05 - 18.

② 中共中央印发《关于加快构建中国特色哲学社会科学的意见》［OL］. www. chin - anews. com. 2017 - 05 - 16.

第四节　中国共产党执政70多年来推进中国特色社会主义发展的创造性实践和治国理政思想，为实现公共经济理论体系的中国化创新提供了极为丰富的实证基础和理论源泉

中国共产党执政70年多来，虽然没有明确地将公共经济理论直接当作指导实践的思想指南，然而，因为一直遵循马克思主义基本原理与中国国情相结合的原则，继往开来地探索推进中国特色社会主义经济政治制度建设，积极发挥国家职能促进经济、社会、文化、国防、外交事业发展，尽管也走过许多弯路，甚至有过严重教训，但总归是将一个起步时经济上一穷二白、政治上四分五裂、文化上极为落后、近百年来饱受屈辱的贫弱国家逐步建设成为全面实现小康、经济体量位居世界第二、许多社会指标进入国际前列、国防实力大大提高、在国际政治领域能够发挥重要影响的发展中大国。在这一举世瞩目的崛起性演进过程中，公共经济以特定方式发挥了极为重要的主导性功能，而执政的中国共产党中央领导集体及其核心领袖所阐述的治国理政思想理论则对现代中国公共经济成功运行发挥了决定性的指导作用。这些成功的实践经验和被实践证明有效的思想理论，无疑都应当作为公共经济理论体系中国化创新的基本理论内容。

第五节　中外经济学家持续不断的研究探索为实现公共经济理论的系统创新奠定了良好的学术基础

虽然公共经济学到20世纪60年代才以被越来越多的学术著作标注为书名的方式逐步以一门学科的面目进入经济学之林，并渐次成立了相应的学术团体、出版了专门的学术刊物，以致中外不少学者认为从那时起公共经济学已作为经济学的一个分支而产生。然而，实际上，中外学者对公共经济现象的研究探索早在2500年前的“轴心时代”就已开始，直到21世纪的如今一直在持续不断地进行着，由此产生的思想理论认识由浅到深、由粗到精、由表象而实质、由局部而整体，经过世代累积，已经形成了极为丰富的思想成果。其中包括公共经济和公共物品概念定义理论、公共物品功能与结构理论、公共物品最佳供给理论、公共选择理论、公共经济体制理论、公共经济再生产理论片段，以及对部分公共经济规律、公共经济学及其与公共财政学及其他相关学科关系的认识等。而从现代中国来说，不仅中国共产党每一届中央

领导集体的核心领袖都在治国理政的视域下阐述了极为丰富的公共经济思想，而且也有不少学者就公共经济理论问题做了很多创新性的探索。鉴于很多研究成果已经对中外相关文献和思想理论的发展脉络做出了梳理与阐述，[①] 本书后面各章也将在各个专题中进行一定程度的讨论，这里不拟对此展开赘述。

尽管这些思想理论成果赖以产生的历史时代和国度背景不同，观察视角、研究范式和分析方法有别，得出的学术观点和政策主张各异，而且目前仍存在着上面所指出的那些显著缺陷，但值得肯定的是，很多学者已经从不同角度、不同层面和不同程度上对当今形成的公共经济理论体系做出了积极贡献，并为这一学科理论的进一步深化与发展奠定了继续前进的基础，提供了探索创新的线索。

二十多年来，中国学者高培勇、郭庆旺、韩康、洪银兴、黄恒学、张馨、邓力平、吴俊培、郑煜、王雍君、杨志勇、樊勇明、王延杰等翻译或撰著出版的公共经济学教材或专著对于西方公共经济学在中国的传播，并且通过运用中国本土事例和语言解释说明公共经济学原理、推进公共经济学中国化做出很大努力。张晋武、童光辉、陈国际、王彦林、解建立等学者在完善公共物品概念定义和运用公共物品理论分析研究中国政府职能转变、合理界定公共经济与民间经济之间的合理边界、优化公共物品供给、推进城乡公共服务均等化等方面进行的探索，也各自从某一侧面促进了公共经济理论的中国化，并在某些观点上进行了某种程度上的创新尝试。特别是有三部著作不仅论证了推进公共经济理论体系创新的必要性和可能性，而且以其书名公开宣示要对西方版本的公共经济学进行创新。其中，许彬通过自己的研究，于 2003 年在黑龙江人民出版社出版了《公共经济学导论：以公共产品为中心的一种研究》，主要内容包括关于公共产品性质的新

---

① 例如张馨所著《公共财政论纲》（经济科学出版社，1999 年）、韩康所著《政府经济与政府理性：公共经济学的缘起与发展》（《国家行政学院学报》2005 年第 4 期）、孙开和许慧所著《公共经济学学科定位问题研究》（《当代财经》2005 年第 5 期）、马骁和冯俏彬所著《现状与未来：国内外公共经济研究评述》（《地方财政研究》2009 年第 11 期）、陈柳钦所著《公共经济学发展动态分析》（《学习论坛》2011 年第 5 期）、齐守印所著《公共经济思想理论源流考略》（《经济研究参考》2013 年第 19 期）、卢洪友和祁毓所著《公共部门经济学：演进脉络与发展趋势》（《财经问题研究》2013 年第 7 期）等都从不同角度和深度是对公共经济思想理论的发展历程做过相对系统的阐述。

古典经济学分析、公共产品的类型、公共产品的困境、偏好显示与投票规则、代议制民主制中的公共选择等内容，就构建生产型公共经济理论体系进行了独立尝试；戴文标于2005年由浙江大学出版社出版了《公共经济学新论》，尝试运用交易成本和产权经济学视角研究探索公共经济问题，主要内容包括公共经济学基础理论、公共经济学研究对象、公共产品供给、公共选择、公共支出、公共税收制度、财政赤字与公债等；袁义才在2007年由经济科学出版社的《公共经济学新论》一书中，也尝试运用交易成本和产权理论等新制度经济学分析工具来构建新的公共经济学理论框架，重点从制度、绩效、产权等角度对公共产品理论提出创新性观点，在此基础上构建与西方公共经济学存在一定差别的理论构架。所有这些，都在不同程度上为进一步推进公共经济理论体系的系统性创新提供了良好的基础和有益的启迪；尽管这些创新在程度上与实现公共经济理论体系科学化和有效服务于国家治理现代化实践的总体要求还相去甚远。

第二章　构建服务于国家治理现代化的公共经济理论体系暨新公共经济学的基本框架

对于公共经济理论体系的系统创新，依据不同的思考，可以有多种具体方法和路径。[①] 按照本研究项目申报和批准时所确定的基本方案，本书所要进行的公共经济理论体系创新，将以服务于国家治理现代化实践为根本宗旨，遵循“洋为中用，古为今用”的原则，充分利用相关研究成果，试图通过深层次和系统化创新，努力构建起一整套具有独立学科地位、与马克思主义密切融合、体系结构更为严谨科学、体现中国风格和中国气派的生产型公共经济理论。

第一节　公共经济理论体系创新的基本方向和主要内容

针对前面指出的现有公共经济理论体系存在的主要缺陷，本书的理论创新将沿着以下方向和路径进行，并包括以下主要内容。

一、以马克思主义基本理论范式和研究方法改造公共经济理论体系

中华人民共和国作为共产党执政的社会主义国家，在意识形态方面虽然应当保持高度的开放性，善于吸收借鉴古今中外创造的一切优秀思想文化成果，但必须在马克思主义基本理论和方法指导下实现各门各派的哲学社会科学理论有主有次的有机融合，而不是不分主次、不辨是非、鱼龙混杂地兼收并蓄，避免导致从公务员到一般公民、从现岗工作者到各阶段学生难辨良莠、

---

① 2003 年 12 月，许彬教授在黑龙江人民出版社出版的《公共经济学导论：以公共产品为中心的一种研究》，主要包括关于公共产品性质的新古典经济学分析、公共产品的类型、公共产品的困境、偏好显示与投票规则、代议制民主制中的公共选择等内容，也就构建生产型公共经济理论体系进行了独立尝试。2005 年 11 月，戴文标教授在浙江大学出版社出版的《公共经济学新论》，主要运用交易成本和产权经济学视角研究探索公共经济问题。这两部著作都从不同角度在一定程度上对公共经济理论体系进行了创新性尝试。

无所适从，甚至迷失方向。这是我们党的一贯方针。2017 年 5 月，中共中央印发的《关于加快构建中国特色哲学社会科学的意见》再次强调“要坚持马克思主义在哲学社会科学领域的指导地位”。[①] 这一要求理应贯彻到哲学社会科学的各门学科理论建设之中，公共经济理论当然不能例外。

应当指出，实现公共经济理论与马克思主义思想理论相融合，不仅是一种政治要求，而且也是增强公共经济理论体系科学性的内在需要，同时具有相当充分的客观可能。这是因为，马克思主义经典作家虽然没有对公共经济问题做过专门阐述，但对公共经济的很多侧面阐发过相当丰富的思想理论观点；这些观点不仅理应成为公共经济理论的重要组成部分，而且应当作为改造完善现有公共经济理论体系的重要指南。近年来，我国一些学者就马克思、恩格斯的公共经济思想理论进行了不少探索，[②] 认为在构建公共经济理论体系时不仅需要吸收马克思、恩格斯的公共经济思想理论观点，运用马克思主义相关理论阐释公共经济问题，[③] 而且“有必要依据公共经济学与马克思主义之间的相容性，努力运用马克思主义基本理论和基本方法对源自西方的公共经济理论体系加以系统改造，将其导入马克思主义理论轨道，即实现公共经济学的马克思主义化”。[④]

实施这一改造的根本点在于运用马克思主义基本理论、基本方法和经济学研究范式，吸收西方公共经济理论中一切合理的内容精华，对现存公共经济理论从研究范式、分析方法、概念范畴体系到整体结构框架加以系统改造与变革。具体包括五个方面：一是用马克思《资本论》的研究范式改造现有

---

① 中共中央印发关于加快构建中国特色哲学社会科学的意见［OL］. www. chinanews. com. 2017 - 05 - 16.

② 见齐守印著《中国公共经济体制改革与公共经济学论纲》，北京：人民出版社，2002：16（第 2 节“公共经济学与马克思主义”）；《论公共经济学与马克思主义的相容性》，理论视野，2002（4）：24 - 26；董瑞华、胡德平《中国公共经济学研究的马克思主义视野》，当代经济研究，2007（4）：49 - 53；胡钧、贾凯君《马克思公共产品理论与西方公共产品理论比较研究》，教学与研究，2008（2）；舒星、胡碧玉《马克思主义公共产品理论与西方公共经济理论的差异思考》，四川文理学院学报，2011（6）；余斌《论马克思主义公共经济学研究》，管理学刊，2015（2）：13 - 17.

③ 齐守印：简论公共经济理论体系创新——简论财政学向何处去［J］. 财政研究，2013（6）：6 - 7.

④ 齐守印：构建服务于国家治理现代化的公共经济理论体系［J］. 财贸经济，2015（11）：10 - 11.

的公共经济理论，将公共经济理论研究的重点从处于社会再生产分配环节的财政事务转移到公共物品生产领域，系统阐述公共物品生产、分配、交换、消费整个再生产过程及其内在联系，[①] 努力揭示公共经济运行规律，构建起生产型公共经济理论体系。[②] 实现这一改造的关键在于，要将作为公共经济理论研究对象的公共机构职能从五色杂陈的诸多项目（配置经济资源、克服外部性和垄断、维护市场秩序、调节收入分配、促进经济稳定与增长等）全部归并为一个具有可生产性的经济范畴，而最符合这一条件的经济学范畴就是公共物品。这是因为，作为公共事务代理机构的广义政府受托为民间经济主体所做的一切事情，从国防、外交、基础设施、教育科技、医疗卫生、社会保障到制度、法律、政策、思想理论等，无不可以归结为能够满足某种公共需要、实现公共利益的公共物品，广义政府正是通过提供这些有形或无形的公共物品作用于民间经济和市场运行，以达到促进经济社会发展和增进人民福利的核心目标。二是以公共物品作为核心范畴，使之成为贯穿整个公共经济理论体系的鲜明主线，所有纵向过程和横向侧面的论述全部围绕实现公共物品以最佳结构、最佳规模、最佳效率、最佳效果提供这一主线循序展开，消除目前一些公共经济学著作研究范围以财政收支及其经济影响为主、枝蔓横生的弊端。三是按照马克思、恩格斯关于公共事务基于满足公共需要、实现公共利益而存在和公共机构基源于社会分工而产生的理论观点，正面论证和阐述公共物品、公共经济、公共部门职能的合理性，纠正现有公共经济理论从克服市场失灵这个侧翼来论证公共物品、公共经济和公共部门职能必要性的反推逻辑。只有这样，才能从理论源头上正确把握混合经济中市场与政府的关系，从市场优先、[③] 政府辅助转变为二者地位平等、各就其位，以利于在实践上既充分发挥市场配置资源的功能又有效发挥政府调控引导作用。与此

① 齐守印在《当代经济管理》2017 年第 3 期发表的《公共经济再生产过程简析》一文中，就公共经济再生产过程的各个环节和各个侧面进行了比较系统的尝试性探索。

② 齐守印在《公共经济思想理论源流考略》一文中，通过对国内外相关文献的梳理，认为现存的公共经济理论体系分为以处于分配环节的财政事务为主要内容的分配型和以公共物品为主线的生产型两类——经济研究参考，2013（19）.

③ 自亚当·斯密以来，西方经济学始终迷信市场机制这只“无形之手”的神奇调节功能，“主张在社会资源配置上实行市场机制调节的私人部门优先原则”成为西方经济学的圭臬和传统。见齐守印著《中国公共经济体制改革与公共经济学论纲》，北京：人民出版社，2002：255.

同时，通过这种改造，也复归了公共经济自人类社会产生以来始终存在而非产生于市场经济形成之后的历史真实。四是以马克思论述的第二种含义的社会必要劳动时间理论，从社会总劳动时间和社会总产品配置视角分析公共物品最佳供给条件以及公共物品与私人物品之间一般均衡关系，作为论证和阐述公共经济与民间经济之间合理切割使用资源规律，以及推行公共服务均等化政策的主要依据。五是将生产方式、生产关系和生产力引入公共经济理论研究，从生产关系与生产力两个方面有机联系、相互作用的视角研究公共经济生产方式的矛盾运动，构建起公共经济生产方式理论，不仅使其成为公共经济理论的一个重要组合板块，而且作为构建公共经济体制、优化公共经济管理的重要理论基础，揭示其中的运行与发展规律，确立生产型公共经济理论体系。

二、着眼于国家治理现代化实践需要完善公共经济理论体系内容

紧密服务于我国国家治理现代化实践，是公共经济理论体系创新研究面临的最重要、最紧迫的任务。

根据更好地服务于国家治理体系和治理能力现代化实践的需要，公共经济理论体系创新在实现研究对象、内容范围、理论架构科学化的基础上，首先应当强化对公共经济内在联系的分析和对客观规律的揭示。这是因为，提高国家治理体系科学化程度最需要把握的是公共经济的内部联系和内在矛盾，而提升国家治理能力最需要遵循的则是公共经济运行规律。相反，就公共经济的表面现象加以描述，看似具有实证性，却往往会忽略或掩盖事物的内在联系，使读者不得其要；而在忽略内在联系分析的条件下，盲目追求构建很多数理模型，往往徒具形式上的虚假科学化效果，并不能真正有助于通过定性与定量有机结合的研究得出科学结论，更不用说深入准确地揭示客观规律。

其次，以深入分析公共经济生产方式特别是生产关系及其内在矛盾为基础，揭示公共经济体制、政策等各侧面和公共物品再生产各环节管理、监督领域现存的弊端，从机理和机制层面深入分析其症结，从理论与方法层面提出基于科学论证的破解思路和方案，① 以便更加直接而有效地为深化公共经济

---

① 齐守印在此前发表的两篇论文中分别就公共经济生产方式和内在矛盾及其对改革完善公共经济体制机制的意义进行了较为系统的初步探索。见《河北大学学报》2017 年第 1 期《论公共经济生产方式及其优化路径》和《财政研究》2017 年第 4 期《基于公共经济内在矛盾的国家治理机制研究》。

体制改革、优化公共经济运行机制、完善国家治理体系的实践提供理论服务。

三、实现相对于公共财政和公共管理理论体系的独立化

所谓独立化，就是彻底改变目前公共经济学与公共财政学、政府经济学和公共管理理论体系之间胶着粘连的状态，使公共经济学成为一门与公共财政学、政府经济学和公共管理学既相关联又明显不同的经济学科。只有如此，公共经济理论才具有独立存在并发挥实践指导作用的学科价值。

（一）使公共经济理论的研究对象相对独立化

具有特定的研究对象是每一门学科得以区别于其他学科而独立存在的前提和基础。现有公共经济理论存在独立性不足的缺陷，首先表现为它在研究对象方面与公共财政学、政府经济学和公共管理学交叉过多，为使公共经济理论成为一门相对独立的学科，至关紧要的是从研究对象方面厘清与公共财政学、政府经济学和公共管理学之间的关系，最大限度地减少彼此重叠和粘连现象，从而实现公共经济理论研究对象的明显独立化。对此，陈共教授（1999 年）曾指出："我赞同建立一门名副其实的公共部门经济学，这门学科要切实地以公共物品为研究对象，深入到生产和提供公共物品的各个部门，研究这些部门的经济问题和管理问题，这样一门公共经济（管理）学，恰恰是财政学的基础理论，是财政工作者的必备知识。"① 当然，这需要尽可能清晰地界定公共经济学、公共财政学、政府经济学和公共管理学这四个学科的研究对象问题并一起加以解决。实现这一目标，虽然有难度，但并非不可能。

要实现公共经济理论研究对象相对独立化，可行的路径在于将公共经济理论的研究对象界定为"以提供公共物品为中心的公共经济活动，及其内在联系和运行规律"。与此密切相关的是，需要将公共物品的内涵界定为"社会公共机构受国民大众委托向民间经济主体提供的满足公共需求、实现公共利益的产品"，同时将其外延界定为"作为社会公共机构的广义政府在理性状态下所承担完成的一切公共事务"。以此为前提和基础，将公共财政学的研究对象相应界定为"社会公共机构为开展公共经济活动而筹措、配置和监督管理公共资源的财务活动及其运行规律"；将政府经济学的研究对象相应界定为公共行政机构受托配置经济资源、组织运营国有资本并实施宏观经济管理的活动；将公共管理学的研究对象相应界定为"作为行政机关的狭义政府受托完

① 陈共：关于财政学基本理论的几点意见［J］. 财政研究，1999（4）：6.

成公共事务各项管理行为的理论与方法”。[①] 如此，就可以一并实现四门学科在研究对象上的相对独立化。

（二）使公共经济理论的研究范围相对独立化

在相对清晰地划分公共经济理论与相近学科研究对象的基础上，它们之间的研究范围也就比较容易进行切割了。公共经济学的研究范围应当限定为公共物品基础理论、公共物品再生产过程、公共经济财务运作、公共资产配置和运营、公共经济生产方式、公共经济决策机制、公共经济运行规律和公共经济制度、体制、政策、管理、监督、历史等。相应地，应当将公共财政学的研究范围限定为公共财政职能、公共收入、公共支出、公共收支预算、公共财政运行规律和公共财政的体制、政策、管理、监督、历史等，其中包括公共财政收支、预算、体制、政策等在宏观经济中的作用和对微观经济的影响。同时，将政府经济学的研究范围限定为狭义政府组织财政经济、国有经济、公用事业、公共工程、监督管理国有资源和通过财政、货币、金融、产业、技术、价格、进出口等政策手段实施宏观经济调控等，将公共管理学的研究范围限定为公共管理的任务、目标、原则、系统、机制、工具、方法、历史等。这样，这四门内在关联最为紧密的学科之间在研究范围和主要内容方面的区分就在很大程度上清晰化了。

（三）使公共经济理论的概念范畴体系相对独立化

概念范畴体系是区分不同学科的重要标识。每一学科都应当具有自己的一套以核心范畴为基石的特有概念范畴体系，以此作为构建一整套内在逻辑严密、体系结构完整的理论架构的基础材料。因此，公共经济理论要成为一门相对独立的经济学科，还必须拥有一套相对独立的概念范畴体系。

公共经济理论的概念范畴体系应以公共物品作为核心范畴。围绕这一核心范畴，依据前述研究范围，形成包括公共需求、公共利益、公共福利、公共部门、公共选择、公共物品生产、公共物品交换、公共物品分配、公共物品消费、公共物品再生产、公共支出、公共收入、公共债务、公共预算、公共企业、公共资产、公共资源、公共经济生产方式、公共经济生产关系、公共经济生产力、公共经济责任、公共经济权力、公共经济体制、公共经济政

① 齐守印：构建服务于国家治理现代化的公共经济理论体系［J］．财贸经济，2015(11)：13－14.

策、公共经济管理、公共经济风险、公共经济监督、公共经济规律、国际公共经济等在内的一系列特有概念范畴体系。

与此不同，公共财政学应当以财政资金为核心范畴，形成包括财政职能、财政收入、财政支出、财政预算、财政决算、财政体制、财政制度、财政政策、财政管理、财政风险、财政监督、财政运行规律和政府财务报告等在内的一整套概念范畴体系；政府经济学则可以根据其研究对象、研究范围和不同理论板块，构建相应的概念范畴体系；而公共管理学则应当以公共事务或公共行政为核心范畴，形成由公共事务（或公共行政）本质、目标、原则、责任、权力、体制、规范、决策、执行、风险、监督、工具、方法等构成的概念范畴体系。

（四）使公共经济理论的体系架构相对独立化

在研究对象、研究范围、概念范畴相对独立化的基础上，只有构建起理论主线突出、内容特色鲜明、内在逻辑严谨、板块结构合理的一整套理论架构，才能最终完成一门学科理论体系的相对独立化。因此，在前述三项独立化的基础上，公共经济理论体系独立化的最后一环就是构建起在主线、内容、逻辑、结构方面符合独立化要求的理论架构。

据此要求，公共经济理论的架构体系应以公共物品运动作为整个理论体系中贯穿始终的主线，并依此构建起由公共经济或公共物品基础理论、公共物品最佳供给理论、公共选择理论、公共物品再生产理论、公共经济资源运作理论、公共经济生产方式理论、公共经济体制机制理论、公共经济政策理论、公共经济管理理论、公共经济监督理论、公共经济规律理论、国际公共经济理论等板块构成的内容丰富、结构严整的理论体系。

同样，公共财政学、政府经济学和公共管理学也要依照上述原理构建起相对独立的理论体系架构。其中，公共财政学应以财政资金运动为主线，构建起由财政职能理论、财政收入理论、财政支出理论、财政预算理论、财政体制理论、财政政策理论、财政管理理论、财政风险控制暨财政监督理论、财政规律理论、公共财务报告理论等板块构成的一套理论体系；政府经济学应以狭义政府经济活动为主线，构建起由财政经济、国有经济、公共工程、公用事业、国有资源和宏观经济管理等板块构成的一整套理论体系；公共管理学则应当以公共事务运作为主线，相应构建起包括公共事务基础理论、公共事务管理原则、公共事务管理目标、公共事务管理工具、公共事务管理制度、公共事务管理体制、公共事务决策机制、公共政策执行管理、公共风险防控机制、公共管理成本、公共管理绩效、公共事务监督机制等在内的公共管理理论与方法体系。

在进行上述切割调整以后，公共经济学与公共财政学、政府经济学、公共管理学这四门相邻学科之间尽管在实质内容方面不可能完全彻底地做到“井水不犯河水”，但在学术理论层面已经按照“桥归桥，路归路”的分工原则实现了相对独立化。只有在这种分工明确、各有特色、既有密切联系而较少交叉重叠的条件下，这四门紧密相邻的学科才能各得其所、并行不悖地在科研、教学和服务社会实践中各展其长。

与此同时，通过这种切割而实现的公共经济理论体系独立化，与前面所述运用马克思主义理论和方法对现存公共经济理论体系加以改造的结果也恰似殊途同归一样地高度契合。

至于公共经济学与政治学、行政管理学、国民经济学、宏观经济学之间的关系，虽然相互间也不可避免地存在一定交叉，但由于它们之间在学科视角、研究内容、范畴体系和理论框架等方面的区别或差异相对比较大，因而无须特别地从界限切割上加以赘述。

四、推进公共经济理论体系的中国化

在积极吸收借鉴国外一切优秀思想理论成果的基础上实现理论体系的中国化，是我们党在繁荣发展哲学社会科学方面的一贯主张。在当今中国，公共经济理论体系创新同样也要将本土化作为重要取向之一，因为只有如此，才能更好地发挥这门科学对中国国家治理现代化实践的服务功能和指导作用。

在推进公共经济理论体系中国化方面，本书主要从三个角度做了努力。一是紧密结合中国实际，注重从中国公共经济实践历史演进中总结经验教训、揭示客观规律、透彻解析中国公共经济暨国家治理中的主要问题，努力破解中国公共经济暨国家治理现代化面临的主要矛盾和难题。二是梳理自有文字记载以来中国古代、近代和现代学者提出的公共经济思想理论观点，[①] 将其中合理内容融入公共经济理论体系，不仅丰富其内容，而且实事求是地体现中国人的公共经济理论创造和国家治理智慧。尤其是将新中国成立以来中国共

---

① 齐守印在其《中国公共经济体制改革与公共经济学论纲》一书中设立一个专章即“第十七章　中国历史上的公共经济思想萌芽与现代研究形式”，概述了中国本土产生的公共经济思想和借鉴西方学说进行的公共经济理论研究成果。见该书，北京：人民出版社，2002：293－306.

产党各届中央领导集体的核心领袖在治国理政视角下阐述的一系列公共经济思想充分吸收到公共经济理论中来。三是在公共经济理论的阐发和表述方面，尽可能使用中国人习惯而易懂的话语体系，从而使之体现出中国风格和中国气派。

五、努力提升公共经济理论研究的高度、广度、深度和系统性

公共经济本质上是从经济学视角来考察的国家治理，因而，以公共经济为研究对象的公共经济学也就是以经济学范式、原理、方法阐释国家治理体系和治理机制的基本理论与主要方法体系。构建起这种含义上的公共经济理论体系，从理论的核心价值角度考察，将会使公共经济学为国家治理现代化实践提供服务的功能得到显著强化；从学术研究角度来看，相比局限于从公共物品出发分析财政职能，进而研究财政收支及其体制、政策对狭义经济生活影响的现有公共经济理论而言，其站位高度、视野广度、透析深度和系统空间都将得到极大拓展。

（一）从服务于国家治理现代化的战略高度研究思考公共经济的治理之道

公共经济学作为以公共经济暨公共物品再生产活动为研究对象的一门经济科学，因其研究范围覆盖整个国家治理，实质内容涉及经济社会政治各方面，而考察视角和分析方法又必须是经济的，所以，它既是经济的政治学，又是政治的经济学。在研究过程中，绝不能以做学术文章为着眼点，简单地遵循撰写学术论文的套路模式，专注于文献整理综述和文字雕琢，轻视对实质性对策思路的缜密思考，而必须站在推进国家治理现代化的战略高度，将经济与政治紧密结合在一起，着眼于解决国家治理现代化实践所面临的重大课题和突出矛盾，深入剖析经济社会发展中各种公共性问题、矛盾及其缘由症结，综合思考公共经济各个侧面和各个环节提高效率、改进效果之理，统筹研究提出通过改革创新实现良治之道。

（二）从覆盖公私两界和横跨各部门的全局视野考察分析公共经济的内部与外部联系

国家治理是全局性的，覆盖由公共经济和民间经济共同构成的整个混合经济体。混合经济体内部公共经济与民间经济两个组成部分之间相互依存、相互作用，国家治理的根本任务是使两个组成部分之间相得益彰、互动共荣，基本途径是通过改善各种公共物品的引导、规范、激励和服务功能来适应民间经济发展需要、激发民间经济活力、引导民间经济主体行为、规范民间经

济活动。因此，服务于国家治理现代化实践的公共经济理论也必须以全方位的宽广视野，通观公共经济与民间经济各自内部及其相互之间的内在联系，把握横向各部门之间和纵向各层级之间客观存在的相互关联，悉心探寻引起经济社会发展中各种问题与矛盾的公共经济缺陷之因，尔后有的放矢地从改革完善相关公共物品供给角度提出有效解决的思路和对策。

（三）以实现国家长治久安和持续增进人民福祉的深思远虑谋划设计优化公共经济体制与政策之方

公共经济理论的研究对象是公共物品的生产和再生产活动，而公共物品的功能是满足公共需求、实现公共利益。包括社会成员个人在内的民间经济主体的公共需求和公共利益是多层次的，不仅有整体与局部之分，更有当前与长远之别。站在服务于国家治理现代化的战略高度，必须从切实保障国家长治久安的战略远见出发，以维护人民大众根本利益和增进社会成员公共福利为宗旨，在公共经济政策上不能迁就民粹主义情绪、采取简单迎合群众偏好的机会主义态度，而必须在公共物品供给政策方面综合考虑人民大众当前需要与长期需要的满足，兼顾局部利益与全局利益。与此相适应，公共经济理论研究也必须保持这样的理性思维方式，在相关理论分析阐述方面充分考虑需要与可能、兼顾当前与长远，高度重视公共经济相关变量之间的均衡性和保持经济社会发展发展的可持续性，确保提出的治理思路、政策建议具有较强的科学性和可行性，以便更好发挥公共经济理论对国家治理现代化实践的服务功能和对社会舆论的引导作用。

（四）以统筹兼顾、周密安排的系统思维拓展完善理论体系的整体架构

公共经济理论研究的根本价值在于为实现公共经济良治提供优质服务。为此，公共经济理论体系的整体架构安排必须适应有效发挥公共经济理论为国家治理现代化实践服务的需要。一方面要从理论上全面系统地阐述公共经济的基本理论，将公共经济活动的内在联系分析透彻、阐述清楚；另一方面又要安排足够的篇幅分析研究公共经济体制、政策、管理、监督、公共选择机制以及公共资源筹集、配置等应用性较强的各个重要侧面，结合体现经验教训的著名案例，对公共经济问题做出专题分析。在理论阐述方面，不仅要揭示其中带有普遍性、规律性的机理，而且要特别注重对中国“四个全面”历史课题的公共经济学解析，从体制机制层面提出推进公共经济实践创新的思路与建议，以裨于增强国家治理现代化实践的科学性和自觉性。

与此同时，鉴于历史与现实之间的内在联系，在公共经济理论体系构建中，既要以服务于现实国家治理实践的理论板块为主体，又要以适当篇幅创造性地简要概述公共经济实体发展史和公共经济思想理论演进过程，从历史进步的角度进一步验证和揭示公共经济发展规律以及反映这种规律的公共经济理论演化趋势。

六、增强公共经济理论内容的务实性

就是在完善基本理论体系的基础上，遵循实事求是的治学逻辑和有的放矢的治学态度，增强公共经济理论研究的务实性。具体而言，一是紧密围绕我国推进国家治理现代化的实践需要，努力提升公共经济理论研究的深度、高度和系统性，以增强研究成果的宏观指导功能。二是针对我国公共经济领域存在的具体问题开展案例式和对策性研究，有理有据地提出解决各种公共经济问题的政策建议，为实务部门提供决策参考，从而使理论研究成果更多更快地转化为实现各个具体领域公共经济善治的实践。三是在构建起公共经济学基本理论体系的基础上，通过深细研究，逐步形成按照不同种类公共物品（如国防、外交、公共安全、社会保障、公共企业、公共教育、公共卫生、公共体育、生态环境等）和公共经济不同侧面（如公共经济体制、公共经济政策、公共资产资源、公共经济管理、公共经济监督等）分别形成部门公共经济学、分支公共经济学体系，以满足具体指导各个公共部门和各个侧面公共经济活动的实践需要。此外，还需要有专门和系统研究国际公共经济活动、用以指导我国参与国际公共经济实践的国际公共经济学。当然，这些任务，尤其是属于第三层次的部门、分支和国际公共经济学的构建，虽然在本课题研究中都会不同程度地涉及，但在其展开形式上却不是本课题成果所能包揽和容纳的。这里不过是从整个公共经理论学科体系构建角度，就此提出一个大致轮廓而已。

依照上述基本方向和重点内容进行系统创新之后，公共经济理论体系在中国将会面貌一新，其整体结构将会发生重大变化（齐守印，2013 年），[①] 不仅可望成为中国经济学界对世界性的公共经济理论体系现代化做出的一份有益贡献，更为重要的是将会使公共经济理论能够更加有效地服务于我国国家治理现代化的伟大实践。经过这一系列理论体系创新以后，具有独立学科地位、

---

① 齐守印：简论公共经济理论体系创新——简论财政学向何处去［J］．财政研究，2013（6）：8，这一理论体系在本课题研究中又有新的调整补充。

内容更加科学、机构更为严整的公共经济学将从其母体——公共财政学中彻底娩出，从而使公共经济学实现一次真正意义上的涅槃重生。

第二节 实现理论创新所采取的研究方法

鉴于本课题研究兼具理论经济学和应用经济学双重性质，而且重在谋求理论体系的创新，因而在理论研究层面，主要采用马克思和恩格斯创立的辩证唯物主义和历史唯物主义的方法，包括马克思在其经济学巨著《资本论》中所使用的抽象与具体相结合、规范与实证相结合、逻辑与历史相结合、理论阐述与案例分析相结合等研究方法。在理论阐述层面，主要采用逻辑分析、系统集成的方法，依照从抽象到具体、从局部到全局、从国内到国际的顺序逐步展开，尽可能淡化表面现象的描述，除公共经济绩效评价和公共经济规律等最必要的章节之外，一般不使用数理模型和图表，竭力避免盲目追求构建数学模型的形式化倾向。与此同时，鉴于公共经济学本质上属于交叉学科，单纯采用经济学研究方法难以将其中许多问题分析清楚、阐述透彻，因此，在研究中力图综合运用经济学、政治学、管理学等相关学科的考察视角和系统论、控制论、信息论等分析方法，避免单纯经济学观点带来的认识片面性，尽可能多视角、立体式地分析阐述问题，以增强公共经济理论体系对客观现象的解释力和对现实矛盾的破解力。

采取这样的研究方法，主要是基于本项目研究的出发点考虑。本课题研究的主旨在于以公共经济理论体系的创新成果服务于我国推进国家治理体系和治理能力现代化的伟大实践。而对于提高国家治理体系科学化程度而言，最重要的是深入准确地把握公共经济的内部联系和内在矛盾；对于提升国家治理能力而言，最重要的是提高公共经济基本理论的武装水平和增强运用公共经济运行规律的自觉性。因此，本课题的根本任务在于通过体现前述要点的理论创新，将公共经济理论体系建立在运用马克思主义理论范式和研究方法深入分析公共经济活动内在联系、准确揭示公共经济基本规律之上，并着眼于破解中国当前和今后一个时期国家治理暨公共经济实践面临的重大问题和突出矛盾而展开相关理论分析，致力于提出能够有效破解这些问题和矛盾的理论方案和对策思路。对于实现这样的研究任务，表面现象的描述和形式化的数学模型在很大程度上无济于事。表面现象的描述看似具有实证性，但往往会忽略或掩盖事物的内在联系，使读者不得其要。而在忽略内在联系分析的条件下，盲目构建很多数理模型，并不能真正有助于通过定性与定量有机结合的研究得出科学结论或深入而准确地揭示客观规律。正如列宁所说："公式本身什么也不能证明；它只能在过程的各个要素从理论上得到说明以后把过程加以表述。"① 因此，如果说运用数理模型进行分析研究对于技术性很强的资源配置结构、投资决策、经济运行趋势预测等事务具有不可替代的工具价值的话，那么，对于制度设计、机制构建与改革方向性的国家治理决策很难提供具有重要意义的帮助。历史与现实中关于国家治理的所有重大思想观点，大都是运用辩证逻辑思维对由经济、社会、政治、文化因素交互影响造成的复杂社会现象进行抽象分析思考得出的，而罕有基于数理模型分析产生的。

① 列宁：市场理论问题评述［A］. 列宁全集第4卷［C］. 北京：人民出版社，1984：48.

第二部分　核心理论

第二篇 公共经济与公共物品

公共经济作为混合经济体的两大组成部分之一，是人类为满足社会成员不可分割的公共需要而占用一部分经济资源、提供公共物品的活动。由于它是公共经济学的研究对象，因此成为本课题研究的起点。公共经济作为人类生产活动的一大部类，其核心职能就在于提供公共物品，整个公共经济活动都是围绕公共物品的生产、分配、交换、消费以及再生产展开的，从而使公共物品成为公共经济理论的核心范畴，进而使公共物品理论居于整个公共经济理论体系的基础地位。有鉴于此，本书将公共经济与公共物品作为首篇内容加以研究和阐述。

第三章　公共经济的概念、机理、功能与属性

由于公共经济是公共经济学的研究对象,[①] 明确其概念的内涵与外延、了解其基本机理、认识其主要功能和社会属性，乃是公共经济理论必须首先解决的问题。

第一节　公共经济的概念

尽管国内外公共经济理论研究由来已久，但对于“公共经济”这一概念，学术界目前并没有形成统一而明确的认识，仍处于仁者见仁、智者见智、各说各话的阶段。了解这一概念的产生过程，对当前相关认识加以辨析，对公共经济产生和存在的基本机理加以解析，都有利于深化对这一重要范畴的理解。

一、公共经济概念的产生

目前不少学者认为，“公共经济”这一概念是美国学者马斯格雷夫 1959 年在其《财政学原理：公共经济研究》一书中最先使用的。[②] 但据我们考察，德国学者在此 87 年前就开始使用这一名词概念了。德国学者阿道夫·瓦格纳在其 1872 年出版的《财政学》一书中分析了“以国家为中心建立起来的共同经济”。[③] 4 年之后的 1876 年，同为当时德国三大经济学巨星之一的沙夫勒也明确地使用了“公共经济”这一概念，他说：“在经济运动中人格化的人伦团体或设施所做的一切经济活动的整体称为共同经济……共同经济靠以交换与竞争为基础的私有经济的市场经济来补充，两者密切融合，建立起完整的人

---

① 伊特维尔等：新帕尔格雷夫经济学大辞典（经济科学出版社，1996 年）指出：“公共经济学是关于公共经济的研究”。

② 郑煜：公共经济［M］．北京：国家行政学院出版社，2005：6.

③ 马斯格雷夫和皮科克：公共财政经典理论［M］．1962（london）1－2、4－5. 另见马斯格雷夫、皮科克经典，刘守刚等译《财政理论史上的经典文献》，上海财经大学出版社，2015：19. 21。

类社会经济”，“国家需要必须与非国家需要保持充分均衡”。[①] 不管文中的“共同经济”一词是否由于翻译原因将其中兼有“公共”和“共同”两种含义的德文词汇误选为“共同”，还是瓦格纳和沙夫勒本人所用的德文“共同”与“公共”不是一个词，但从这段话的整体含义理解，都可以毫不牵强地认为，这里的“共同经济”与“公共经济”并无二致。因为，沙夫勒是作为一个经济体中与私人经济相对立的意义上来界定“公共经济”这一概念的，即认为人类社会经济是由私人经济与公共经济共同构成的混合经济，公私两大部门之间需要密切融合、保持充分均衡。因此，依据截至目前能够查阅到的文献资料可以暂且认定，即便忽略前面所引恩格斯在1844年发表的《国民经济学批判大纲》中使用“公共经济学”一词包含的“公共经济”概念，德国19世纪经济学者瓦格纳和沙夫勒乃是最早提出并使用“公共经济”[②] 这一概念的学者。从英语国家经济学界来看，对于“公共经济”这一名词概念，首先是美国学者卢兹1924年在其出版的《公共财政学》中第一次使用，并在其第三章最后一节分析了“公共经济与私人经济差异”，而马斯格雷夫则于14年之后的1938年才在《公共经济自愿交换论》中使用这一概念的。[③] 此外，我国学者陈启修在其1924年出版的《财政学总论》一书中就提出过“公共经济”这一概念，并从主体、目的、运行原则、效果特征等多方面论述了“公共经济”与“私人经济”之间的差别。[④] 由此可见，尽管马斯格雷夫对公共经济学发展的理论贡献功不可没，但如果将最先提出和使用“公共经济”这一概念之功归于他老先生，却是不客观的。

二、目前学术界对公共经济概念的不同理解

在目前中外各种版本的公共经济学著作和教科书中，对“公共经济”这一概念的认识主要有三种。第一种是将公共经济的内容界定为财政收支及其对民间经济的影响。这种理解体现于以高培勇等学者所著的公共经济学著作和教科书的主要内容和篇章安排上。第二种是将公共经济界定为以社会公共

---

① 坂入长太郎：欧美财政思想史［M］．北京：中国财政经济出版社，1987：294－295.

② 当时中文将“公共经济”翻译为“共同经济”。

③ 齐守印：中国公共经济体制改革与公共经济学论纲［M］．北京：人民出版社，2003：262.

④ 陈启修：财政学总论［M］．上海商务印书馆，民国十三年版：1－9.

机构为主体的经济活动，包括提供公共物品、克服垄断与外部性、调节收入分配、实现国民经济供需总量平衡和充分就业、维护市场秩序和国际收支平衡、筹集并配置公共资源、国有企业经济活动等。这种理解体现在以黄恒学等学者所著的公共经济学著作和教科书的体系结构、篇章安排之中。第三种则是将公共经济定义为“社会公共机构为满足社会成员不可分割的公共需要而占用一部分经济资源提供公共物品、实现公共利益的活动”。随着研究的深化，进一步将公共经济看作特定生产力与生产关系的统一体和公共物品生产、分配、交换和消费循环往复的过程。在这一定义中，社会公共机构只是公共经济的受托代理执行主体，而将公共经济的终极主体归结为社会成员集体即人民大众。这种理解为齐守印等学者所持。①

在这三种理解之下，公共经济活动的直接主体都是国家或广义的政府，其目的都是增进民间经济主体的公共利益，但三者之间也存在较大差别。一是所指称的经济活动内容范围存在较大区别，其中：第一种理解最窄，仅比公共财务即财政略宽一些；第二种理解最宽，囊括了国有企业的经济活动，而国有企业所从事的经济活动、特别是处于竞争领域的那些国有企业经济活动有很多是与民间经济活动无法区分的；第三种理解将公共经济活动范围限定于满足民间经济主体公共需要的公共物品生产和再生产，以解决公共性问题为边界，但囊括了社会公共机构所从事的以满足公共需要、解决公共性问题为目标的所有提供公共物品活动。二是界定依据有所不同，其中：第一种理解以公共财务收支为中心，第二种以活动主体为准绳，第三种以公共性为尺度。本书以第三种理解为基础界定公共经济概念。

三、公共经济概念的内涵与外延

综合上述第三种理解，公共经济内涵可以归结为：“社会成员为满足其公共需求、实现公共利益而委托和授权社会公共机构代为筹集经济资源并在特定生产关系之下组织生产要素进行公共物品再生产的活动”。在公共经济的这一内涵中，包含着三大构成要素：（1）公共经济的主体，即社会成员和公共机构。所有社会成员既是公共经济的出资人，也是公共经济的受益人，又是

① 齐守印：公共经济与公共财政［J］．中国财经报，2001－06－20；同时参见其2002年由人民出版社出版的《中国公共经济体制改革与公共经济学论纲》一书第一章第一节和齐守印所撰《论公共经济生产方式及其优化路径》，河北大学学报（哲学社会科学版），2017（1）：114－115；《公共经济再生产简析》，当代经济管理，2017（7）：1.

公共经济权力的让渡者，因而是公共经济的终极主体。社会公共机构，它遵循分工规律而产生，依据社会契约接受社会成员集体委托，以承担公共物品再生产组织责任为前提获得由社会成员集体让渡形成的公共经济权力，代理完成公共经济职能，从而成为公共经济的受托代理主体；在政治国家产生之后，这种社会公共机构就是以广义政府为代表的国家及其附属公共组织。公共经济终极主体与受托代理主体之间，以及他们各自内部围绕公共物品再生产事务而发生的相互关系构成公共经济生产关系。（2）公共经济的客体或对象，即用以满足社会成员公共需求、承载社会成员公共利益的公共物品。（3）公共经济赖以维持运行的物质基础，即公共经济资源，在公共经济再生产过程中表现为公共物品的生产要素及其构成的生产力。在这三大要素中，满足社会成员公共需求的公共物品处于基础地位，如果不存在公共物品，社会公共机构连同其承担的公共经济责任、掌握的公共经济权力都是无源之水，公共经济资源的筹集、配置和监管也无从谈起。

在外延上，公共经济表现为规模日趋庞大、结构日趋复杂的系统。从静态结构考察，它包括组织管理系统、体制规则系统、政策导引系统、计划控制系统、财务融资系统、人力资源系统、监视督查系统，以及分别负责议事、立法、行政、司法、国防、外交、公共安全、市场监管、教育文化、科学技术、医疗卫生、市政交通、民族事务、社会保障等各类公共物品提供事务的系统，其中每个子系统的公共经济活动又有其相当丰富的具体内容。而从动态过程考察，公共经济表现为由公共物品生产、分配、交换、消费四个环节首尾相接、周而复始的再生产循环系统。公共经济的再生产不仅是公共物品的再生产，还是其中生产力、生产关系及作为二者对立统一体的公共经济生产方式的再生产过程。

如果将整个公共经济比作一个以公共物品为基本细胞的有机体，① 那么，它的各个静态分支体系对于整个有机体来说就是分别执行某种功能的重要器官。其中：依托公共物品代理提供主体的组织协调体系是其承载能量的躯干肢体系统，作为公共经济生产关系外化形式的体制规则体系是其构架形体的

---

① 尽管作为社会事物的公共经济在内部联系方面比动物体的内部构造复杂得多，但由于高级事物中包含着较低级事物的内在原理，所以，在一定意义上运用较低级事物的内在结构原理分析较高级事物也是成立的。

骨骼筋络系统，引导和控制公共经济活动方向的政策与计划体系是其支配行为的神经支配系统，筹措、配置和监管公共经济资源的财务融资体系是营卫其整个肌体的血液循环系统，防范运行风险和执行偏差的监视督查体系是对整个肌体发挥免疫维护功能的淋巴系统，众多具体公共物品生产部门是其各种形态细胞的具体制造和更新系统，而其生产力和生产关系的再生产就是公共经济的成长发展过程。对于公共经济体的各个子系统，我们将通过后面的篇章分别展开分析论述。

第二节　公共经济产生与存在的一般机理

人类对客观事物的认识往往落后于社会实践。实际上公共经济萌芽的事实早在人类结成社会之时就已经出现了，从那时开始每个经济体就是由民间经济与公共经济共同组成的混合经济。对此，马克思曾经指出："罗马尼亚各州……原始的生产方式是建立在公社所有制的基础上的……共同劳动的产品，一部分作为保险金用于防灾备荒和应付其他意外情况，一部分作为公共储备用于……公共开支。"[①] 众所周知的大禹和他的父亲鲧奉命治理水患，就是那时的公共经济活动之一。可以说，公共经济与民间经济作为混合经济体中既相互区别又相互依赖、既相互矛盾又相互促进的两个部分，既基于大体相同的机理而产生，也基于大体相同的机理而存续。

一、公共经济基于社会公共需求而产生

从人类需要出发解释某种经济活动的必然性是历史唯物主义最基本的原理。马克思指出："没有需要，就没有生产"，[②] 并且"需要是同满足需要的手段一同发展的，并且是依靠这些手段发展的"。[③] 其所以如此，是因为人的需要是人的一切动机和行为的出发点，也是人类社会发展的原动力。对此，马克思指出："人们为了'创造历史'，必须能够生活。但是为了生活，人们首先就需要吃喝住穿以及其他一些东西。因此第一个历史活动就是生产满足

---

① 马克思：资本论第1卷［M］. 北京：人民出版社，1975：496.

② 马克思：政治经济学批判导言［A］. 马克思恩格斯选集第2卷［C］. 北京：人民出版社，1995：9.

③ 马克思：资本论第1卷［M］. 北京：人民出版社，1975：559.

这些需要的资料，即生产物质生活本身这样的历史活动。”①

对于公共经济产生和存续发展的机理，同样应当从人类需要及其性质分类做出基本解释。自人类社会发展到氏族阶段，结束了社会单位与生产单位、消费单位三位一体的组织结构之后，人类的需要就裂化为两个基本层面：一是以个人或家庭为单位提出，基于单个消费单位和生产单位的生活与生产，并能够通过个体自主活动满足的私人性需要，简称为私人需要或私人需求；二是以社会整体为单位提出，基于所有社会成员、消费单位和生产单位的生产与生活，难以通过他们各自的独立活动实现，从而必须借助集体行动才能满足的公共性需要，简称公共需要或公共需求。不同性质的人类需要，只能由不同属性的物品来满足。私人需要可以通过自给自足的私人生产物或通过私人生产者将自己的产品拿到市场上通过等价交换分别得以满足；这种满足社会成员及其组成的经济社会组织私人需要的生产物，在经济学中被称为“私人物品”。与此不同，社会公共需要只能由使用或消费上不可分割的物品来满足；这种使用或消费上不可分割的物品，在经济学中被称为“公共物品”。与满足不同性质人类需要的两种不同属性的物品相适应，社会经济活动也分为两大领域：一是从事私人物品再生产活动的“民间经济”；② 二是提供公共物品的“公共经济”。民间经济是以私人部门为主体，以社会成员个人、家庭、庄园、企业等谋取自身利益为动机，以私人物品为产出对象的经济活动；公共经济是以公共部门为主体，以谋取或大或小范围的公共利益为动机，以公共物品为产出对象的经济活动。

对此，马克思从公共利益和公共物品角度指出了公共经济在现实社会中的具体表现：“每一种共同的利益，都立即脱离社会而作为一个最高的普遍的利益来与社会相对立，都从社会成员自己行动的范围中划分出来而成为政府活动的对象——从某一村镇的桥梁、校舍和公共财产起，直到法国的铁路、

① 马克思、恩格斯：德意志意识形态［A］．马克思恩格斯选集第1卷［C］．北京：人民出版社，1995：78－79.

② 在很多著作中将其称为“私人经济”，相应地将从事私人物品生产经营活动的主体称为“私人部门”。鉴于很多国家公共部门也生产经营通过经济市场交换、供家庭和私人部门消费的物品，但如果将这些公共部门称为“私人部门”、将这种经济活动称为“私人经济”很难符合人们的思维逻辑，因此，本书将生产经营私人物品的经济活动称为“民间经济”。

国有资产和国立大学止。”① 因为，政府无疑是总体代表性的公共部门，而桥梁、校舍、铁路、国立大学和国有资产等则是政府作为公共部门开展经济活动所提供的公共物品。

二、公共经济部门基于社会分工和社会契约而形成

提供公共物品的公共经济活动需要由一部分社会成员来承担。承担公共经济活动的人员在初期主要是氏族部落首领、负责祭祀与占卜事务巫师等，在很长时期内军队并不常设，而是临时抽调符合条件的人员承担征伐和防御性军事任务，事毕则复原到先前的劳动领域。随着社会经济发展，公共经济领域和规模日趋扩大，由一部分人相对固定地承担公共经济活动有利于保障和提高公共经济效率，因而使公共经济活动从一般经济社会中分离出来成为相对独立的部门成为必要。对此，恩格斯1890年在给康德拉·施密特的一封信中也指出：“社会承受着它所不可缺少的某些共同职能。被指定去执行这种职能的人，就形成社会内部分工的新部门。”② 此后，恩格斯在为马克思所著《法兰西内战》1891年单行本写的导言中又指出：“以往国家的特征是什么？社会为了维护共同的利益，最初通过简单的分工建立了一些特殊的机关。……在美国，我们可以最清楚地看到，本来只应为社会充当工具的国家政权怎样脱离社会而独立化。”③

按照从古希腊哲学家伊壁鸠鲁开始阐述的社会契约学说，作为公共经济受托代理主体的国家是借助于社会成员协商认可的社会契约形成的。马克思指出：“国家起源于人们相互间的契约，起源于 social contract（社会契约），这一观点就是伊壁鸠鲁最先提出来的。”④ 其后，英国思想家霍布森和洛克、法国思想家孟德斯鸠和法裔思想家卢梭等各以不同的自然状态假说为起点阐述了既有重要区别又有基本相同点的社会契约理论，用以说明国家权力来源和所应承担的公共经济责任。社会契约论认为，作为公共经济受托代理主体的国家是社会成员为了保护自身基本权利、维护和发展公共利益而创设的一种公共经济治理工具，它所承担的公共经济责任来自社会成员集体的授予，

---

① 马克思：路易·波拿巴的雾月十八日［A］．马克思恩格斯选集第1卷［C］．北京：人民出版社，1972：692.

② 马克思恩格斯资本论书信集［M］．北京：人民出版社，1976：504.

③ 马克思恩格斯选集第3卷［M］．北京：人民出版社，1995：12.

④ 马克思恩格斯全集第3卷［M］．北京：人民出版社，1960：147.

而它所行使的公共权力则来自社会成员对自己一部分天赋权利的让渡，因此，它必须以保护公民大众的基本权利和维护、发展社会公共利益为宗旨；如果它违背这一宗旨而压迫公民大众，那么，公民大众则有权解除原定契约、推翻现存国家尔后重新订立社会契约。马克思认为，巴黎公社起义就是社会成员将根据原定契约让渡个人权利建立起来的国家政权重新收回的正义之举。①

尽管在真实的人类历史上国家对公民的统治往往是暴力征服的结果，但社会契约论从本质上是符合自然逻辑即客观规律的。对于作为公共经济受托代理主体的国家本质上应以实现公共利益为宗旨，马克思1844年在《评“普鲁士”人的“普鲁士国王和社会改革”》一文中指出：“国家是建筑在社会生活和私人生活之间的矛盾上，建筑在公共利益和私人利益的矛盾上的。”② 反言之，如果现实中的国家不能维护和发展社会成员的公共利益，那么，它因为失去合法性基础而被推翻就是天经地义的。君不见，所有以欺压、欺骗和剥削人民大众为特征的国家最后都被人民大众所推翻，就是这种自然逻辑的一种体现。在中国，这种思想理论产生得更早，3000多年前辅佐西周推翻商纣王统治的姜尚就指出：“天下者非一人之天下，乃天下人之天下也。同天下之利者得天下，擅天下之利者则失天下。”③ 尔后，“民为邦本，本固邦宁”④ 的思想理论不仅一直延续不断，而且一再为国家兴衰更替的历史事实所验证。

三、公共经济与民间经济之间的内在联系

公共经济与民间经济作为混合经济体的两个组成部分，共用同一社会共同体的经济资源，共同满足同一人类群体的需要、承载同一人类群体的利益，而只是满足人类需求的属性、实现人类利益的角度和具体运作机制有所差别。因此，在混合经济统一体中，二者既相互依存又相互制约，既此消彼长又相互促进，既有所区别又相互转化。这些内在联系通过本章下一节的内容将会得到进一步阐述。这里仅从理解公共经济相对于民间经济的独立性角度，做一点分析。

---

① 马克思指出：“公社——……这是人民群众把国家政权重新收回，他们组成自己的力量去代替压迫他们的有组织的力量。”——马克思恩格斯选集第3卷［M］．北京：人民出版社，1995：95.

② 马克思恩格斯全集第1卷［M］．北京：人民出版社，1956：479.

③ 姜尚：六韬·文韬·文师［M］．

④ 尚书·五子之歌［M］．

公共经济的根本属性就在于它的公共性，包括满足公共需要、运用公共资源、实现公共利益、服从公共意志、解决公共性问题等。依据这一根本特征，可以对公共经济与民间经济之间的差别和边界做出明确区分。但公共经济与民间经济之间的分野又具有相对性，不能把它们看成截然对立的事物。它们在彼此相互区分的同时还有彼此相互渗透的一面，既有基本的领域分工又有一定程度的相互交叉，二者之间的界限历来不是非此即彼、泾渭分明的。例如学校教育，自古就有官办和民办两种形式，现代以来逐步趋向于以官办为主。再如，汉代实行过盐铁官营体制，而盐和铁主要属于私人物品。即使在现代，公营企业与民营企业生产经营同一种产品的现象也并不鲜见。新公共管理运动以来，由西方发达国家率先探索而近年来在中国也成为改革之举的政府购买公共服务、政府与社会力量合作开发建设公共工程（PPP）等，则是公共经济与民间经济交叉混合的一种新形式。

第三节　公共经济的主要功能

公共经济在混合经济体中发挥着许多不可替代的功能，既表现在它与民间经济之间的关系中，也表现在它对整个经济体运行与发展的维系作用上。

一、通过国防、治安、司法、基本消费品质量安全监管等公共物品的提供，维护社会成员生命、自由和合法财产不受侵犯。这是公共经济所有功能的底线。一旦连这种功能都不能发挥，那么，相应的公共经济制度就打破了社会契约的底线，即根本上失去合法性，人民就会奋起推翻执行公共经济代理主体职能的现存公共机构。公元前209年，秦朝廷闾左贫民屯戍渔阳，被征发戍边的陈胜、吴广等900余名戍卒因大雨所阻不能如期到达目的地，而延期到达按照秦律则有杀头之罪，官逼民反，陈胜、吴广领导戍卒杀死押解军官，揭竿而起兵变，得到饱受沉重徭役军役和赋税之苦的各地广大民众纷纷响应，起义军连克重镇、直逼咸阳。这次起义虽然最终失败，但从根本上动摇了秦王朝统治的根基，为日后项羽、刘邦最终灭秦创造有利条件。不独于此，中外多数专制王朝的覆灭，包括美国独立战争在内，都是由于统治者走向这一功能的反面所引起的。

二、通过教育、卫生、文化、社会保障、就业服务等克服外部性的公共物品提供，与经济社会发展水平相适应地保障社会成员对维持生活底线和发展机会公平的公共需求。

三、通过制度、政策、法律等柔性公共物品的有效供给，维护民间经济主体基于产权激励的投资发展、创业创新动力和公平竞争的市场秩序，保护并促进社会生产力发展。

四、通过交通、市政、信用体系和货币金融监管等软硬基础设施建设类公共物品的有效供给，为民间经济运行与发展提供良好的基础条件。

五、通过宏观经济、收入分配、区域布局、产业结构、对外经济等相关公共经济政策的实施，维护社会供需总量平衡和内部结构协调，保持经济稳定协调可持续发展。

六、通过人口控制、环境保护、资源开发利用等公共物品的有效供给，保障人与自然之间的和谐发展。

七、通过科学界定公共经济与民间经济之间的边界、合理控制公共经济与民间经济之间资源占比、有效实现公共物品供需衔接，保障整个经济体内部公私两大领域处于良性互动状态。

通过公共经济上述七种主要功能可以看出，一方面，公共经济表现为人类对自身经济社会生活的自觉控制工具，在整个混合经济体中处于主导地位；另一方面，公共经济的这些功能都是通过公共物品的有效提供才能得以发挥的。

第四节　公共经济的二重社会属性

以公共物品再生产或公共物品供需实现为内容的公共经济活动，既是人类需要裂化为私人需要和社会公共需要的一般存在，又随着生产力、生产关系和政治经济体制的变化逐步演进，具有显著的一般存在性、共同性和历史演进性、不同阶段上特殊性的双重特征。对此，马克思曾经指出：“政府的监督劳动和全面干涉包括两个方面：既包括执行由一切社会的性质产生的各种公共事务，又包括由政府同人民相对立而产生的各种特殊职能。”①

一、公共经济的一般存在性和共同性

所谓公共经济的一般存在性和共同性，不仅是指公共经济普遍存在于人类社会发展的各个历史阶段，而且具有一些大体相同的内容。

（一）公共经济作为一个与私人经济相对的抽象范畴，存在于人类结束了

---

① 马克思：资本论第3卷［M］．北京：人民出版社，1975：432.

社会单位与生产单位、消费单位三位一体的组织结构之后的所有社会发展阶段，或者说，在任何社会历史阶段公共经济的存在都有其共同的客观必然性，不会因社会形态的更迭而改变。

（二）有一些作为人类生活和生产公共条件的物品，如国防安全、行政管理、自然灾害防治等，在任何社会历史阶段都属于满足社会公共需要和公共物品的范畴，都是公共经济活动的基本内容和必要职能。

（三）公共权力、公共政策和公共资源作为公共经济活动的基本要素，公共权力机构作为公共经济活动的受托代理责任主体和公共物品供给的组织者、主导者，在任何社会历史阶段无不如此。虽然公共经济活动的范围边界和公共物品的生产、提供方式等可以随相关条件的变化而相机选择和进行适应性调整，特别是在现代市场经济条件下，私人也可以通过一定形式和在一定程度上参与公共物品的提供，但在公共权力机构作为公共经济活动的受托责任主体和公共物品供给的组织者、主导者这一点上并没有改变，起码迄今为止还未看到有什么可以改变或替代的可能性。

对于公共经济的这种一般存在性和共同性，马克思曾经指出："在任何社会生产……中，总是可以区分出劳动的两个部分，一个部分的产品直接由生产者及其家属用于个人的消费，另一个部分即始终是剩余劳动的那个部分的产品，总是用来满足一般的社会需要，而不论这种剩余产品怎样分配，也不问谁执行这种社会需要的代表的职能。"① 从这段论述可以看出，与现代西方经济学家基于市场至上理念而诉诸市场失灵来论证公共经济存在的逻辑完全不同，马克思在这里是从个人必要劳动与剩余劳动、个人必要产品与剩余产品分别满足不同性质的需要的角度来分析公共经济存在的普遍必要性的。

二、公共经济的历史演进性和不同阶段上的特殊性

既然公共经济是由人自始以来的社会性所决定的，那么，"公共经济作为满足人类不可分割的公共需要的活动，自从人类结成社会开始就已经产生"。②或者说，"在人类经济活动开始之时，公共经济就产生了。在不同的人类社会经济形态中，公共经济都是存在的。"③ 但是，由于公共经济在循序演进的各

① 马克思：资本论第3卷［M］．北京：人民出版社，1975：992－993.

② 齐守印：中国公共经济体制改革与公共经济学论纲［M］．北京：人民出版社，2002：10－11.

③ 韩康：公共经济理论与实践［M］．北京：中国工商出版社，2007：3.

个历史时代分别建立在不同的社会生产力及其所决定的基本生产关系基础之上，致使它如同其他社会事物一样具有历史演进性和阶段性特征。公共经济的历史演进性和阶段性特征，就是指由生产力、生产关系及政治经济体制的变化所导致的不同社会发展阶段公共经济在内容范围、具体性质、表现形式及运作方式上的特殊性。

首先，在不同的生产力发展水平下，公共经济活动的范围是不同的。由于公共经济活动是旨在满足社会公共需要的公共物品的再生产和供需实现过程，因此，公共经济活动范围直接取决于公共物品的内容范围，而根本上取决于社会生产力发展水平。例如，在传统农业社会，生产力水平极其低下，国家所能汲取的公共资源十分有限，致使公共物品及其所满足的社会公共需要被压缩在一个很狭窄的范围之内，而且公共物品的具体内容体现出当时生产力水平低下的特点。由于农业是这一时期的主导经济部门，所以，农田水利建设和减少水患、保障节约用水、共同用水等就成为人们对生产和生活公共条件的“基本的要求”，从而成为各国同一历史阶段上公共物品供给的主要内容；由于科学知识与科学技术贫乏落后，人们往往认为生产和生活是由天地神灵在冥冥中所控制，所以，便把生存和发达的期望主要寄托于拜天地、敬鬼神，由此而使祭祀成为国家耗费公共资源举办的另一主要公共活动。而在现代文明社会，除对宗教文化作为一种历史遗产加以保护外，祭祀活动无一例外被各国排除在了公共物品的范围之外。再如，到工业化社会初期，经济起飞成为社会经济发展的主要动力，各国政府无不把提供工业发展的共同条件作为己任，众多社会基础设施由此进入了公共物品和公共经济活动的范围。随着工业化程度及社会文明程度的提高和经济发展进入发达阶段，物质财富和国家能够汲取的公共资源空前增长，人们的物质、文化和福利需求相应地日益繁多和高涨，公共物品和公共经济活动的内容更是进一步扩展为了一个包括科学教育、卫生保健、食品药品安全、社会保险、公共交通、环境保护等在内的庞大群族。

其次，作为经济基础的生产关系和作为上层建筑的政治制度共同决定公共经济中社会成员与公共权力机构之间的“委托—代理”的形式与内在机制，致使不同生产关系和政治制度下的公共经济具有各自特殊的社会属性。在封建王权时代，生产关系与政治制度最大的特点是国王既是最高政治统治者，又是最大的财产所有者，本应为社会成员集合体的“国”与统治者的“家”

合二为一，朕即国家，两者之间的“委托—代理”关系扭曲为统治者对社会成员的绝对强制形式，由此导致了公共经济中很大程度的公私不分和“公中有私”“以公济私”的特点。一方面，统治者必须根据社会公共需要履行若干公共经济职能，因为“政治统治只有在它执行了它这种社会职能时才能持续下去”。[①] 另一方面，统治者往往又将其私人需要当成公共需要，或将公共需要攫取为自身需要。如，隋炀帝开凿大运河，无疑是耗用公共资源满足公共需要的公共经济活动。然而，当时开凿的目的却主要出于隋炀帝家族与亲信集团旅游需要的偏私动机。至于清朝末期政府规定将“崇关税”直接作为慈禧太后的梳妆费，则是更明显的例证。在资本主义生产关系和“代议制”民主政治制度下，实现了公私分明，社会成员与公共权力机构之间的“委托—代理”关系高度契约化，公共经济和公共物品获得了空前的“公共性”内涵。但是，由于资本操纵政治，公共物品再生产中仍存在或明或暗地向那些操纵国家预算审批程序的阶级或集团进行利益倾斜的“偏私”行为。对此，在社会主义社会，生产关系以公有制为主导，实行人民当家做主的民主政治制度。这种生产关系和政治制度本质上决定了社会成员与公共部门之间的“委托—代理”关系能够有效满足作为委托者的社会成员的公共需要，从而充分显示出公共经济本来的“公共性”。但正如恩格斯在评价巴黎公社时所指出的：“为了防止国家和国家机关由社会公仆变为社会主人——这种现象在至今所有的国家中都是不可避免的——公社采取了两个可靠办法。”[②] 这说明，公有制生产关系和民主政治制度也不是自然而然地就能克服公共经济异化问题，而是必须通过完善的民主程序、法治体系及体制机制才能保证公共经济宗旨的实现。我国目前以实现国家治理体系现代化为总目标的全面深化改革，一个重要任务就是从体制机制上解决公共经济异化与效率问题。

再次，在不同经济体制下，公共经济具有不同的组织特征、表现形式和运作方式。计划经济和市场经济是1917年俄国“十月革命”以来当代世界曾经并存的两大体制类型。计划经济体制的基本特征是“一大二公”，排斥市场。在计划经济体制下，对提供公共物品的经济活动与提供私人物品的经济活动采取了“大一统”的组织形式，几乎所有物品的生产、分配、交换、消

① 马克思恩格斯选集第3卷［M］．北京：人民出版社，1972：219.

② 马克思恩格斯选集第3卷［M］．北京：人民出版社，1995：12－13.

费都由公共部门按计划统一安排和实施。其实质是化私为公，将现代经济学意义上的私人物品和私人经济也纳入了公共物品与公共经济的范畴。其后果，是泯灭了企业、个人对自身利益的占有和追求，削弱了经济发展的动力，从而导致了整个社会经济发展的迟缓，也造成了公共物品供给的贫乏和社会公共需要满足水平的低下。为此，自二十世纪八九十年代，几乎所有实行计划经济的国家都开始了向市场经济体制的转型。市场经济体制的核心要义是让市场在资源配置中起基础性和决定性作用，并作为民间经济的基本组织形式，公共部门主要通过提供公共物品参与社会经济活动、服务于民间经济主体和整个经济体协调发展。由于公共经济是与民间经济相对独立地存在的，市场经济体制确立了市场在调节社会再生产活动中的地位和民间经济的组织形式，同时也就使公共经济的职能作用有了明确的理论边界，并使公共经济的公共性取得了“为市场主体提供一视同仁的服务”的新的表现形式。同时，由于有了市场这个平台和机制，也为公共部门采用各种市场化的公共经济运作方式提供了可能和必要条件，如 PPP、公共服务外包、排污权交易、国有资本证券化等都是在借助市场机制的基础上形成的新的公共经济形式。

第四章 公共物品的概念、属性与分类

在当代世界各国，作为公共经济细胞的公共物品在社会生活中呈现为从摇篮到坟墓、从教育到国防、从街牌路灯到制度政策的庞大体系。整个公共经济基于公共物品而产生和存在，围绕公共物品的生产、提供、分配、交换和消费过程循环往复地不断运行。以至于不懂得什么是公共物品，就无法深刻理解公民与国家之间的实质性联系，更别提明晰富于挑战性的公共经济学理论体系。因此，公共物品范畴成为贯穿整个公共经济学的主线，公共物品学说成为整个公共经济理论体系赖以建立的基石，而关于公共物品概念与分类的阐述则构成公共物品学说的基础理论。

第一节 公共物品的概念

公共物品（Public Goods）是西方经济学用以指称政府为社会提供国防、外交、教育、交通等满足公共需要的有益物品或服务的抽象概念。对于什么是公共物品，既可以做通俗简明的解释，也需要从学术上借助于严密的逻辑推理加以系统深入地界说。用浅显易懂的话语来解说，所谓公共物品就是由以政府为主的公共机构组织提供给居民社会的各种公共服务，如国防安全服务、社会治安服务、教育文化服务、结婚登记服务、就业创业服务、医疗卫生服务、市政交通服务等。而如果从学术理论上讲，关于公共物品概念的讨论却是众说纷纭，至今依然莫衷一是。

一、西方经济理论家关于公共物品概念定义的各种论说

学术化的公共物品概念定义发源和主要发展于现代西方经济学。其可大致分为两类：一类是客观性定义，即着眼物品本身的客观属性，将非竞争性与非排他性视为公共物品的本质特征；另一类是主观性定义，即着眼物品的主观提供或社会处理方式，在定义公共物品概念时强调物品供给决策与物品性质的联系。这两类定义分别遵循不同的物品分类标准和方法，秉持不同的价值取向，具有不同的政策意义，构成了现代经济学对公共物品概念的两大

基本解释，也代表了现代公共物品理论研究的两个主要方向。

第一类定义最先始自美国经济学家萨缪尔森（Samuelson），尔后得到若干持相同研究倾向的经济学家的补充和发展。萨缪尔森在1954年发表的开创性论文《公共支出的纯理论》中首先将物品分为私人物品和公共物品，[①] 并与私人物品消费的竞争性相对，将公共物品定义为具有消费非竞争性的物品，即任何一个人消费这种物品都不会导致其他人对该物品消费的减少；然后讨论资源在公共物品与私人物品之间的有效配置和公共物品的有效供给，给出了后来被经济学界广泛引用的公共物品最优供给水平的“萨缪尔森条件”，即所有消费者的边际替代率之和等于边际转换率，或者说，每个人对一定数量的公共物品愿意支付的价格（税收）之和等于其生产的边际成本。据此，萨缪尔森认为，靠自发决策和分散的市场价格机制无法达到公共物品供给与消费的帕累托最优状态，因为理性的个体出于个人利益最大化动机而可能隐瞒自己对公共物品的真实偏好和产生“搭便车”问题，由之喻示了公共物品受益的非排他性和公共物品需由政府公共支出提供的政策思想。继之，马斯格雷夫（Musgrave）又在1959年出版的《公共财政理论》一书中明确将价格排他原则的非适用性即非排他性引入公共物品的定义，使之与非竞争性并列，一同成为公共物品的基本界定标准。随后，萨缪尔森也通过其不断再版的《经济学》教科书，从非排他性及其所蕴含的消费的不可分割性方面对公共物品概念定义进行了补充性完善。[②]

从研究思路和研究方法上看，萨缪尔森的公共物品定义具有四个显著特点：一是对物品采取“公共物品——私人物品”两分法，以“纯公共物品”（同时具备充分的非竞争性和非排他性）为定义对象。二是概念解释与公共支出和公共物品供给的最优化直接关联，具有特定的政策诉求与指向。三是强调公共物品的客观技术特性对其存在的决定意义，旨在服务于公共物品供给效率的规范分析。四是完全采用新古典经济学的“最大化”范式和私人物品市场的供给逻辑，以帕累托效率作为公共物品配置或供给的准则，政府提供公共物品是其逻辑结果。就后三者而言，萨缪尔森定义契合了现代主流经济学的理论范式、技

---

① 当时萨缪尔森分别称之为“私人消费品”和“集体消费品”。

② 保罗·A. 萨缪尔森、威廉·D. 诺德豪斯：经济学第12版［M］. 北京：中国发展出版社，1992；第16版［M］. 北京：华夏出版社，1999；第18版［M］. 北京：人民邮电出版社，2008.

术化研究倾向和研究方法，为运用微观经济学的基本原理和分析工具研究公共物品问题提供了一种便捷的入口和逻辑基础，因此被经济学界广泛认可和接受，成为公共物品概念的经典定义与主流解释。

但是，就第一个特点而言，萨缪尔森的分析只是涉及了所有物品中的两极，作为定义对象的“纯公共物品”具有很高的抽象性。而在现实生活中，真正同时具备充分的非竞争性与非排他性的纯公共物品和同时具备充分的竞争性与排他性的纯私人物品都非常罕见，大量物品处于纯公共物品与纯私人物品两极的中间状态，很难简单地以这种两极标准来衡量和界定。另一方面，政府实际提供的物品也大多数不符合萨缪尔森的公共物品定义，如高速公路、公立医院、国民教育、医疗保险、养老保险等。因此，萨缪尔森定义在广为流行的同时，也受到许多针对其现实意义的质疑和批评。如恩克（Enke，1955 年）认为，萨缪尔森的这一定义虽然非常精练，但太脱离现实，很少有物品是由社会所有成员等量消费的。[①] 史蒂文斯（Stevens，1993 年）进一步指出：“大概现实中没有哪种物品会满足纯公共物品的严格定义，甚至国防和制止犯罪亦不是谁都可以同等得到的。”[②] 迈尔斯（Myles，2001 年）也认为：“实践中难以找到完全同时满足非排他性和非竞争性两个条件的物品……类似的评论也适合于国防支出等，它最终具有竞争性、排他性也有可能。”[③] 斯特尼尔等人则重点就萨缪尔森概念的实践指导性提出异议，认为其不具有界定政府与市场在物品供给上应如何分工的实际意义。[④]

鉴于这种理论与现实生活的矛盾，一些学者又在萨缪尔森定义基础上对物品分类和公共物品概念进行了不同表达方式的修正、补充与扩展。

首先是马斯格雷夫（1959 年）对物品采用“三分法”，将与私人物品相对的“非私人物品”分为“公共物品”和“有益物品”，[⑤] 借此丰富了具有公

---

① Enke. S. “More on the Misuse of Mathematics in Economics：A rejoinder”，Review of Economics and Statistics，37：131 - 133，1955.

② 乔·B. 史蒂文斯：集体选择经济学［M］. 上海三联书店、上海人民出版社，1999.

③ 加雷斯·D. 迈尔斯：公共经济学［M］. 北京：中国人民大学出版社，2001.

④ 参见乔·B. 史蒂文斯：集体选择经济学［M］. 上海三联书店、上海人民出版社，2003：75 - 76.

⑤ Musgrave，R. A.：“The Theory of Public Finance”. New York：McGraw - Hill，1959.

共性并需要由政府提供的物品的种类。所谓“公共物品”，是指消费者可以依其偏好自主选择消费与否的具有非竞争性、非排他性的物品。所谓“有益物品”，是指可以不考虑甚至违背个人偏好而强制个人消费的物品。政府通过强制个人消费这些物品，达到其认为在满足社会需要和达到整体福利目标方面“满意”的结果。之后，维尔·汉克（Ver Eecke，1998 年）又将其中的有益物品细分为三类：一是实现最低限度的政府职能所必需的物品，如国防、治安等；二是维护自由竞争的市场秩序和提高经济活动效率所必需的物品，如法律制度、公共基础设施等；三是提高民众运用理性的能力所必需的物品，如各种形式的教育。[①] 与马斯格雷夫相似，德姆塞茨（Demsetz，1970 年）区分了“公共物品”与“集体物品”，只将集体物品定义为同时具有非竞争性和非排他性的物品，而公共物品是指具有非竞争性的物品，其包含具有非排他性和排他性的两类。[②]

另一种做法是沿着萨缪尔森的客观性解释路径，按照竞争性与非竞争性、排他性与非排他性标准，对物品分类进行扩充和连续性处理，同时放松条件，延伸公共物品概念的范围。如：阿特金森和斯蒂格利茨（Atkinson & Stiglitz，1992 年）以高速公路为例说明萨缪尔森两极模型中忽略的中间部分，揭示了公共物品中更具有普遍意义的“非纯粹”的准公共物品。[③] 基于同样的思想，布朗和杰克逊（Brown & Jackson，1989 年）将物品划分为纯私人物品、混合物品与纯公共物品。[④] 奥斯特罗姆夫妇（V. Ostrom & E. Ostrom，2000 年）和萨瓦斯（Savas，1999 年）则按照是否具有竞争性和排他性，采用纵横二维坐标形式，分别将物品分为私益物品、收费物品、公共池塘资源物品、公益物

---

① Ver Eecke，W. “The Concept of a ‘Merit Good’，The Ethical Dimension in Economic Theory and the History of Economic Thought or the Transformation of Economics Into Socio – Economics”. Journal of Socio – Economics，1998，(27)：133 – 153.

② Demsetz，H. “The Private Production of Public Goods”. Journal of Law and Economics，1970，(13)：293 – 306.

③ 安东尼·B. 阿特金森、约瑟夫·E. 斯蒂格利茨：公共经济学［M］. 上海三联书店，1992.

④ C. V. 布朗、P. M. 杰克逊：公共部门经济学第 4 版［M］. 北京：中国人民大学出版社，2000.

品和个人物品、可收费物品、共用资源、集体物品。[①] 经过这种修正、扩充，改变了萨缪尔森公共物品研究中分类过于简单和纯粹的状况，形成了公共物品与私人物品之间的物品谱系和现今流行的“准公共物品”或“混合物品”概念。

还有一种做法是以非竞争性与非排他性为原点，进一步挖掘、补充公共物品的派生特征。如许多学者都由非竞争性与非排他性引申出了公共物品消费的非拒绝性。还有一些学者认为，公共物品与私人物品在消费模式、融资机制、生产与提供方式等方面都有差异，如公共物品一般不存在消费与不消费的个人选择和消费内容的个性化，付费与消费关系不直接、不密切，一般从强制性税费中获取资金来源，生产、提供具有不可分割性和一定的自然垄断性，初始投资大且规模效益比较显著，一般具有较大的社会效益等，这些差异同时构成了公共物品的辅助性特征。[②] 这种补充无疑也在一定程度上增强了公共物品概念的现实意义，但由于其均属非竞争性和非排他性两大基本特征的具体衍化，因而未能形成对萨缪尔森公共物品经典定义的实质性改进或突破。

第二类定义起始晚于第一类定义，基本上是出于对萨缪尔森定义的批判和否定性认识，作为其对立意见和替代物出现的。这类定义的突出特点是以主观性特征作为区分物品类别和界定公共物品概念的依据，或直接以决策和供给方式作为物品分类标准，将公共物品等同于“公共提供”，并从实证角度阐述公共物品的内容，重在说明公共物品在满足社会成员需求和社会公正等方面的意义。其中，虽然许多人仍然经常以是否排他、是否可分割来表征公共物品与私人物品的区别，但主要是将其看成某种主观因素的产物。

实际上，马斯格雷夫（1959 年）在定义当今公认属于公共物品范畴的“有益物品”时就已经改变了萨缪尔森的研究范式，将其存在的根源归结为非经济的社会价值判断，认为市场机制无法有效提供符合这种判断标准的物品，或者说市场机制即使是有效率的，也是令人“不满意”的。尽管其“与通常

---

① 文森特·奥斯特罗姆、埃莉诺·奥斯特罗姆：公益物品与公共选择［A］．迈克尔·麦金尼斯：多中心体制与地方公共经济［C］．上海三联书店，2000；E. S. 萨瓦斯：民营化与公私部门的伙伴关系［M］．北京：中国人民大学出版社，2002.

② 郭佩霞、朱沙：中外公共产品基础理论的发展趋势及其引申［J］．改革，2008(6)：149.

的自由选择原则不尽相同”，但“在一个相互作用的社会中，这种社会价值和观念是必然存在的”（1973 年）。[①] Malkin & Wildavsky 则明确否定萨缪尔森的定义标准，认为公共物品是一种社会观念，是一种纯粹与文化相关的观念。一种物品不能根据客观标准来将其定义为公共物品；相反，一种物品变成公共物品，是因为它由社会决定以哪种方式来处理它。[②] 类似的，恩德勒（Enderle，2000 年）提出，“可更广义地了解公共物品，即把它理解为社会和个人生活以及追求经济活动的可能性的条件”，[③] 并据此把法律和伦理因素也视为了非排他性产生的原因。冯俏彬和贾康（2010 年）将政府提供教育、医疗、住房等物品的原因归结为当代社会对公民权利诉求的满足和理应具备的仁慈与人道关怀，故把此类物品定义为权益——伦理型公共物品。[④] 武彦民（2001 年）认为，义务教育、社会保障、文化体育等之所以成为公共物品，并非本身特性使然，而完全是政府人为规定的结果，故将此定义为制度性公共物品。[⑤] 胡鞍钢和熊志义（2003 年）在论述基础教育的属性及其与义务教育制度的关系时也持同样的观点：“并非由于基础教育是公共产品而实施义务教育，而是由于实施义务教育而使基础教育成为公共产品。”[⑥]

在直接以供给决策或供给方式定义公共物品概念的学者中，影响最大的是公共选择学派最著名的代表人物布坎南（Buchanan）。其对公共物品的定义与萨缪尔森等人新古典范式下的客观性定义不同，是建立在交易范式、公共选择等对经济学的独特认识和方法论基础上，从人的行动而非物品本身特性着眼构建的公共物品理论。布坎南（1966 年）认为，应将由“任何集团或社团因为任何原因决定，通过集体组织提供的物品或服务”都定义为公共物品。“这一范围很广的范畴可以包括萨缪尔森和其他经济学家已经确定的‘纯集体物品’，但也可以包括公共性程度从 0 到 100% 的其他一些物品和服务。”[⑦] 为

---

① 理查德·A. 马斯格雷夫 & 佩吉·B. 马斯格雷夫：财政理论与实践［M］. 北京：中国财政经济出版社，2003.

② 龙新民、尹利军：公共产品概念研究述评［J］. 湘潭大学学报，2007（2）：45－49.

③ 乔治·恩德勒：面向行动的经济伦理学［M］. 上海社会科学院出版社，2002.

④ 冯俏彬、贾康：权利—伦理型公共产品：关于扩展的公共产品定义及其阐释［J］. 经济学动态，2010（7）.

⑤ 武彦民：公共财政论的理论缺陷［J］. 财经问题研究，2001（1）.

⑥ 胡鞍钢、熊志义：大国兴衰与人力资本变迁［J］. 教育研究，2003（4）.

⑦ 詹姆斯·M. 布坎南：民主财政论［M］. 穆怀朋译，北京：商务印书馆，1993.

申明这一观点，布坎南（1968 年）甚至进一步强调，任何物品或服务均可被视为纯公共物品，只要它是通过某种具有极端公共性特征的组织机构实现供给的。自然，对于公共物品与私人物品的区别，布坎南（1968 年）亦依循的是同样的界分标准："人们观察到有些物品和服务是通过市场制度实现需求与供给的，而另一些物品与服务则通过政治制度实现需求与供给，前者被称为私人物品，后者则称为公共物品。"① 与此同时，布坎南也承认公共物品的非排他性或不可分割性，但在其看来，这种不可分性与其说是源于物品本身的特性，毋宁说是源于其决策过程的不可分性，即集体决策（张琦，2014 年）。② 史卓顿和奥查德（Stretton & Orchard，2000 年）也持与布坎南完全相同的观点，主张"把所有那些其供给不是由个人的市场需求而是由集体的政治选择决定的物品，即把任何由政府决定免费或以低费用供给其使用者的物品和服务，看作公共物品"。③

很明显，这种定义内含的逻辑是：公共物品之所以谓"公共"，并成为一个现实存在的具有非竞争性与非排他性的物类，不是因为别的，而是因为其由集体或政府提供。对此，马莫罗（Marmolo，1999 年）利用宪政经济学的分析方法作了更加直白的说明：全体消费者在宪政层次上对产品的供给方式进行决策，公共物品对应于政府供给，私人物品对应于市场供给。因此，物品供给方式的决策，也就同时决定了物品的"公共性"。所谓"公共"和"私人"只是指不同的供给方式，而与物品本身无关。只有物品的"公共供给"和"私人供给"，而无所谓"公共物品"和"私人物品"的区分。在宪政经济学中，公共物品供给的关键也不再是效率问题，而是制度设计。没有有效的集体决策制度，公共物品是无法有效供给的。④

与布坎南、马莫罗等人的定义稍有不同，陈共（2004 年）认为，公共物品是指"由国家机关和政府部门——公共部门提供的用来满足社会公共需要

① 詹姆斯·M. 布坎南：公共物品的需求与供给［M］. 马珺译，上海人民出版社，2009.

② 张琦：布坎南与公共物品研究新范式［J］. 经济学动态，2014（4）.

③ 休·史卓顿 & 莱昂内尔·奥查德：公共物品、公共企业和公共选择［M］. 费绍辉等译，北京：经济科学出版社，2000.

④ Marmolo，E. A. "Constitutional Theory of Public Goods". Journal of Economic Behavior & Organization，38：27－42，1999.

的商品和服务”。[①] 这里的不同之处主要是在“公共提供”的基础上加入了“满足社会公共需要”的元素。但从其所著文献看，这种定义又是在完全认同萨缪尔森定义的语境下做出的，其意大概是想在两种不同方法论的定义之间进行一些折中。从思想渊源看，其明显受到20世纪八九十年代在中国流行的“社会共同需要论”的财政本质观的影响，因而在中国学者中有一定的代表性。

此外，布坎南、奥尔森（Olson）等人还从组织及产权角度对物品的集体供给方式和物品的公共性进行研究。在以“公共提供”定义公共物品概念的同时，布坎南（1965年）将所有集体“共同拥有”和消费的物品统称为“俱乐部物品”。而“俱乐部”是“一种消费、所有权——会员之间的制度安排”，其所有成员对俱乐部物品的偏好相同，成本均等分担。俱乐部物品对于俱乐部内部成员具有非排他性和非竞争性，而对于俱乐部以外的成员则具有排他性和竞争性。[②] 奥尔森（1965年）主要从非排他性方面将公共或集体物品定义为“任何物品，如果一个集团X1，……Xi，……Xn中的任何个人Xi能够消费它，它就不能不被那一集团中的其他人消费”，并将与公共物品相联系的组织视为一个从最小组织（可以由两个人组成）到最大组织（超国家的全球性组织。国家靠近最大的端点）的完整的社会公共组织系列，认为公共物品只有在某一特定的集团中才有意义，公共物品必须是某个集团的公共物品，对另外一个集团来说则有可能是私人物品。[③] 如从广义上理解，各种组织内的决策规则都属于布坎南所说的与市场制度相对应的“政治制度”（张琦，2014年）。[④] 与此相似，还有些学者将排他性视为产权的根本属性，认为“具有排他性的产品是产权得到界定的物品，即有主产品；具有非排他性的产品是产权没有得到界定的产品，即无主产品”（李政军，2011年），[⑤] 而“产权不是关于人与物之间的关系，而是指由于物的存在和使用而引起的人们之间

---

① 陈共：财政学第四版［M］. 北京：中国人民大学出版社，2004.

② Buchanan, J. M. “An Economic Theory of Clubs”. Economica, 1965, (32): 1－14.

③ 奥尔森：集体行动的逻辑［M］. 陈郁等译，上海三联书店、上海人民出版社，1995.

④ 张琦：布坎南与公共物品研究新范式［J］. 经济学动态，2014（4）.

⑤ 李政军：公共产品的性质与研究重心［J］. 江苏社会科学，2011（5）.

一些被认可的行为关系”（E·菲吕博腾、S·配杰威齐，1972年）。①

二、现行公共物品概念定义的缺陷

作为当代公共物品理论研究最重要的基础性成果，上述两类定义均有各自的科学价值，但从理想的科学意义上看，亦都存在缺憾，无论是在实际解释力、指导力，还是在相应的理论逻辑、理论蕴涵和理论概括力方面，仍有进一步斟酌和完善的必要。

首先，公共物品概念的经济学意义主要在于通过公共物品与私人物品的区分，解释公共部门经济活动的理由、对象和内容，并为界定公共部门和公共支出的职能提供理论依据。就此而言，第一类定义实际解释力和指导力不足的问题尤其突出。如前所述，自萨缪尔森定义甫一提出，其高度抽象性与实际物品存在之间的矛盾就成为被质疑的主要口实。尽管后来其他学者又从实际出发，以准公共物品和更详细的物品分类填充了萨缪尔森纯公共物品与纯私人物品之间的空缺部分，扩展了公共物品概念，或者是以更宽阔的视野审视物品的公共性，赋予了公共物品更加广泛的含义，但其实际解释力和指导力不足的问题依然未能得到有效解决，并导致了某些理论逻辑上的矛盾。这主要是因为，现实存在的准公共物品为数众多，且个性特点各异，即使具体到某一特定的准公共物品，其“准公共性”的程度和需要政府介入、提供的程度也难以确切把握。如果简单地以此来指导政府与市场、公共经济与私人经济的具体分工，既有可能因财力和利益问题导致政府与私人之间的互相推诿，也有可能在公众对政府期望不断攀升及地方政府间“蒂布特效应”②的刺激下，将政府的公共责任推向“无限”的边缘。并且，既然真正的纯公共物品少而又少，大量准公共物品的“准公共性”程度又难以确切把握，那么，基于非排他性与非竞争性抽象分析的效率准则就在很大程度上失去了实际根基，其具体适用性和对公共物品提供主体与提供方式选择的指导意义也势必大打折扣。

除此之外，第一类定义还存在如下一些更深层次的理论和实践缺陷。

1. 在现实生活中，随着社会理性与社会综合文明水平的提高及市场经济

---

① 科斯等：财产权利与制度变迁［M］. 刘守英等译，上海三联书店、上海人民出版社，1994.

② 该效应是指如果一个地区公共经济投入产出效益高，就会吸引更多迁入；反之，居民就会迁出，即“用脚投票”。

的复杂化，公共经济和政府活动的范围空前扩大，公私关系或政府与市场关系的处理方式及各自物品提供的内容与方式日益灵活多样，已是不争的事实。一方面，一些典型的客观意义上的私人物品，如住房、食品、医疗等，经常由政府以社会公共福利的形式加以提供；另一方面，私人或市场又经常以变化多端的方式有效解决着一些按客观性标准属政府专司领域的公共物品提供问题，甚至在特定的政府规制下，像警察、监狱等被第一类定义认为是典型的纯公共物品的供给，私人亦有所作为（如美国，尽管这只是个例）。而对这两者，无论是萨缪尔森的经典定义，还是扩展了的准公共物品理论，显然都无法予以合理解释，由此凸显出这类定义及其与物品提供方式之间效率逻辑的实践与理论困窘。面对后者，以至于后来连萨缪尔森也不得不承认，“一种公共物品并不一定要由公共部门来提供，它也可以由私人部门来提供”，① 但这无疑又形成了其理论逻辑上的自相矛盾。② 此外，随着社会福利和宏观问题进入新古典主流经济学的研究范围，政府又被赋予了分配、稳定和增长职能。而萨缪尔森公共物品定义及其供给理论只对应于资源配置和与其相应的公共支出，并只因循帕累托效率这一较弱的伦理标准，无法直接涵盖和解释、指导政府在收入分配与经济稳定、经济增长领域提供服务的公共经济活动。如果再考虑到目前许多发达市场经济国家的公共支出在分配职能和稳定、增长职能方面所扮演的角色已超过配置职能的情况，这种缺陷就更显突出。

2. 常识告诉我们，任何物品存在的人本价值及其供给都源自人们对满足生存、发展需要的追求和利益诉求，但如前所述，公共物品的再生产和供需

---

① 转引自 A. 爱伦·斯密德：财产、权力和公共选择［M］. 上海人民出版社、上海三联书店，1999：119.

② 这里需要进一步说明，萨缪尔森本人曾就这种自相矛盾的情况和人们的质疑做出过回应与反批评，声称部分学者对其公共物品概念字面意思的批评缺乏实际意义，其实在公共物品与政府供给之间并不存在必然联系（参见 A. 爱伦·斯密德：财产、权力和公共选择［M］. 上海人民出版社、上海三联书店，1999：119）。十分明显，这种辩解既不符合其原本理论精神，也不能自圆其说。因为，一则萨缪尔森公共物品概念是在其题为“公共支出的纯理论”的论文中提出的，这一题目和研究对象本身就表明其具有强烈的针对政府公共支出及其物品提供的政策意图；二则因非排他性导致的“搭便车”问题是该文关注的核心，由此必然逻辑地得出公共物品由政府提供的政策结论。另外，萨缪尔森在1955年发表的一篇文章中还曾明确表示：“可以对那些不具有公共物品特征的政府功能大胆怀疑，并仔细审查，看它是否真正属于政府的合法职能。”据此可见，上述辩解之说实属萨缪尔森迫于现实的无奈和言不由衷。

实现过程与私人物品大不相同。在自由经济制度下，私人物品的供给与获得遵循的是供需双方一对一自主自愿交换、付费与收益等价者相对称原则，公共物品的供给与获得则并非一对一地自主自愿交换，具有付费与收益非等价或非对称的特点，这实际上是一种特定社会治理与社会政策目标下个体付费与收益“脱臼”的社会意义上的资源配置和利益再分配。这种资源配置和利益再分配除一般的经济意义外，天生内含着浓重的政治意蕴和非经济性价值判断，并必须依赖相应的政治制度和政治程序来实现。而萨缪尔森定义及其扩展后的准公共物品概念完全从单一的客观技术性层面和资源配置的经济效率目标出发来描述公共物品的特征，阐述公共物品有效或最优供给的要求，因此无法反映现实生活中政治与非经济性价值因素对公共物品存在及提供主体、提供方式选择的影响。这也是造成其偏离实际和理论解释空间狭窄的主要表现与原因。

3. 马斯格雷夫、Ver Eecke 等人的“有益物品”理论注意了物品公共性特征中带有主观性与政治性的一面，确实对萨缪尔森公共物品概念内涵及其理论目标的单一性、纯技术性缺陷起到了一定的修补作用，但问题仍在：一是马斯格雷夫将有益物品看成政府干预个人消费的必要产物，却并未对政府如何判断个人消费满意与否这一最具实践指导性的问题做出明确的说明；二是有益物品理论的前提假设是把政府视为一个大公无私和万能的“权威机构”，而国家干预流行以来出现的诸多政府失灵现象证明，这与实际不符；三是马斯格雷夫的有益物品理论与其对其他公共物品分析时所遵循的个体主义方法论格格不入，自身理论逻辑不一致，且只指出其“与通常的自由选择原则不尽相同”，而未对不同定义与研究范式做出必要的理论整合。另外，单纯强调政府权威，把政府作为有益物品供给和消费满意与否的最高裁判者，也与现代国家治理观念相左。

4. 现实生活中公共物品内含的是每一个消费者与所有消费者即每个人与一群人之间的互动关系，且供需主体是统一的，每个人既是公共物品的消费者，又是公共物品成本（税费）的负担者。在公共物品的供给和消费活动中，理性的个体不仅谋求从中受益，同时还要考虑税费分担（支出）的代价；不仅关心自己支付的税费，也关心他人支付的税费。因此，公共物品的公共性既体现在消费与供给方面，又体现在支出与需求方面。而客观性定义只是一种“供给侧”性质的定义，其只涉及公共物品供给的整体成本（一揽子税收)，不涉及如“林达尔模型”所说的税费分担问题。由此阐发的公共物品理论是独立于“需求——支出”环节，或者说是供需脱节的。这正是以布坎南为首的公共选择学派所批评的这种公共物品理论的最大缺陷（张琦，2014年）。[①] 根据这种定义，理论上可以推导出公共物品有效供给的萨缪尔森技术条件，实践上却难以得出公共物品有效供给的结果。因为，由于非排他性导致的消费者隐瞒自己真实需求偏好和“搭便车”行为，该技术条件只是理念性的，实际难以捉摸和具体操控实现。在这种情况下，按照新古典理论范式，要实现公共物品的有效供给，只能要么诉诸权威机构或政府的“公正”，要么诉诸传统的“社会福利函数”或后来新发展出的各式各样的需求偏好显示办法。前者正是萨缪尔森等人公共物品理论的本来逻辑，但如上所述，政府失灵理论和实践都证明，其既不实际，亦不可靠。对于后者，“阿罗不可能定理”和诸如“克拉克税”“汤姆森险”之类的需求显示方案至今均未能实际实施的事实也都证明，其可言而不可行。这进一步说明，相对于真实的公共物品供需活动，这种定义的理论功能是不完整、不健全的。

其次，第二类定义完全或部分地将物品分类与公共物品判定标准主观化，并将萨缪尔森公共物品理论中物品特征与物品提供主体、提供方式之间的逻辑关系因果倒转，其内涵和外延宽泛而灵活，具有强烈的实证取向与迎合现实的实用性目的，从而自然免却了第一类定义面临的许多实际困难与矛盾。然而，正因为如此，又产生和带来了诸多新的问题。

1. 完全以非排他性与非竞争性的客观特征界定公共物品概念存在局限，但完全否认这种客观特征在说明、标识物品公共性及其提供主体、提供方式方面的意义亦不尽科学。因为，在人们相互作用的社会中，由于客观技术和经济因素所产生的物品消费上不同程度、不同范围的非排他、非竞争现象毕竟也是一种不可否认的真实存在。这种物品属性确实为这些物品的政府或集体供给提供了获益的机会，使其成为一种客观必要。而且，抽象归纳是规范性研究的基本方法，从科学抽象角度讲，萨缪尔森等人以非竞争性与非排他性定义公共物品概念确有其重要的理论价值，这其中包括可以借此认识两极物品之间的中间状态。其局限性只是出在：在抽象归纳上，仅关注公共物品的客观技术特性，忽视了公共物品的社会属性；同时，采用单一的直线逻辑

① 张琦：布坎南与公共物品研究新范式［J］. 经济学动态，2014（4）.

思维方式，将客观因素作为非排他性和非竞争性的唯一原因，忽视了社会伦理、产权制度等其他因素对非排他性、非竞争性的影响，并将这种客观属性作为界定公共物品的唯一标准；进而又简单地附和新古典微观经济学的研究范式，在单一经济效率目标下将客观属性赋予的公共物品公共提供的获益机会普适化、标签化，看成决定公共物品公共提供方式的充分条件（按照这种逻辑，具有排他性、竞争性特征的私人物品亦被看成私人提供的专属领域）。但是，反过来，因此而完全无视和否认公共物品概念的客观性含义，甚至简单地将公共物品等同于“公共提供”，则无疑又走向了公共物品纯粹为主观产物的另一种极端。

2. 从理论上说，集体决策和公共提供只是一种物品提供方式，而为何采取集体决策和公共提供方式，其背后理应还有包括物品自身性质在内的其他方面的决定因素。因此，如果将第二类定义中所说的“公共”“集团”“集体组织”等主要理解为政府或政府组织的话，以公共提供作为公共物品的定义标准，或者将公共物品直接等同于公共提供，除纯粹物品分类方面的价值外，显然会使公共物品概念失去为界定政府和公共支出职能提供理论依据的规范意义，即无法借此说明是否应该由政府公共提供的问题。从实践层面讲，公共提供是政府的一种主观行为，而凡是主观行为都具有随意和不确定性。由此而言，即使承认这种定义的上述政策意义，也会使公共物品成为一个可以任意伸缩的“橡皮筋”式的概念。依此而行，公共物品概念就可能沦为政府随意干预的借口，尤其是在公共选择和民主决策与监督机制缺失或不健全的情况下，极易如此。现实生活中常见的一些政府部门出于自身利益、形象、政绩等方面的考虑而采取的脱离公众意愿的公共物品“选择性”提供、过度提供、提供不足等现象，就都是例证。另外，单纯以公共提供定义公共物品概念，意味着在物品分类上采取的是与“公共提供——私人提供”对应的另一种“公共物品——私人物品”两分法。与萨缪尔森公共物品理论存在的局限相似，据此亦难以解释实践中政府与私人、市场合作提供公共物品的机制的问题。

3. 以公共提供作为界定公共物品的标准，将其视为通过政治制度实现供给和需求的物品，无疑在大大扩宽公共物品概念的实际物品涵盖范围的同时，增强了公共物品概念的理论包容性，沟通了公共物品供给与需求之间的联系，并去除了伦理、政治、制度等因素和社会公正目标进入公共物品理论视野的障碍，这也是第二类定义的主要理论意图所在。然而，问题的关键在于，在布坎南、马莫罗等人所采取的个人主义方法论和政府并非“至善至能”的前提假定下，公共提供与实现伦理价值和社会公正之间并无必然联系。否则，就不存在布坎南极力申明的政府失灵问题。当然，布坎南、马莫罗等人所谓的公共提供，内中强调的是集体选择和宪政决策，这无疑是保证公共物品供给合意性的必要途径和手段，但这仍然只是一种公共物品提供机制的现代表达和一种单纯的主观性解释，缺乏必要的对公共物品本身性质的前置性规定。而且，如此定义，即通过集体选择和宪政决策保证公共物品供给的合意性只对先进的民主政治国家具有较强的适用性，而对于民主政治不完善的国家的公共物品提供活动缺乏必要的指导性和规范约束力。就此而言，这种定义的理论意涵和理论功能也存在不完整之处。

4. 通过伦理纲常、法律法规及其他制度安排，的确可以人为地使教育、医疗、住房、社会保障等具有排他性和竞争性的物品成为第一种定义所指的公共物品，或者说将主观制度因素视为物品非排他性和非竞争性的原因之一，符合文明社会，特别是现代文明社会的实际情况。但是，与“公共选择论”和“宪政决策论”相似，为什么将这些物品“制度成”公共物品而不将其他别的物品“制度成”公共物品，其“被制度”为公共物品而由政府提供的理由和根据是什么，背后尚需有物品自身性质方面的理论支撑。否则，这种制度安排与这种公共物品的存在就缺乏足以令人信服的义理性或合法性。

5. 社会公正作为一种普遍认可的价值观，既包括过程公正或程序公正，也包括结果公正。严格地说，社会公正应是过程公正、程序公正与结果公正的统一。布坎南、马莫罗等人定义的目的重在说明公共物品在社会公正方面的意义，并试图通过公共选择和集体决策将效率与公平及其实现途径整合统一起来，但其定义强调的只是过程和程序公正，而不含结果公正方面的前提性、规范性价值判断。尽管布坎南的公共选择理论也并不否认规范性价值判断的意义，但其主张（1966 年）将价值判断的规范性讨论“推迟到透彻地进行了非价值的分析之后再进行”。[1] 而在实际生活中，一方面，过程公正与结果公正并非自然一致；另一方面，过程公正与结果公正又是互为条件的，即结果公正需要过程公正来保证，过程公正则需要基于结果公正的价值目标来

---

① 詹姆斯·M. 布坎南：民主财政论［M］. 北京：商务印书馆，1993.

指引，且这种价值观念无时无刻不充斥于人们的事前意识之中，尽管其可能存在偏颇和错误，需要通过事后的规范性讨论来纠正。试想，如果没有基于结果公正的价值目标的指引，公正的过程或程序如何选择设计？又根据什么来评价和判断？由此可见，只着眼和追求过程与程序公正也是布坎南、马莫罗等人的主观性定义在理论意义上存在的重要缺失。

6. 布坎南、奥尔森等人将公共物品及非排他性、非竞争性与组织和产权联系起来，也是符合实际并具有显著科学价值的。但是，一旦涉及物品的具体划分和公共物品由谁提供的政策层面，困惑便随之而来。因为布坎南所说的“俱乐部”和奥尔森所说的“集团”都是一个从可以由两个人组成的最小组织到国家及超国家全球性组织的完整的社会公共组织系列。那么，哪些公共物品属于国家范围内的公共物品，哪些公共物品属于其他社会组织范围内的公共物品，哪些公共物品应由政府提供，哪些公共物品应分别由其他大小不等的社会组织提供，就又成了一个只可抽象意会，实际难以完全厘清和具体把握的难题。

7. 为公共物品分类提供必要的依据是公共物品概念定义的重要理论使命，而公共物品分类潜在的规范意义是，不同的公共物品应诉诸不同的具体提供方式（张琦，2015 年）。[①] 以集体决策、公共提供来定义公共物品，标准及其含义过于笼统和单一。由其产生的另一个理论功能局限，就是限制了物品分类的可能性空间，不利于科学认识公共物品概念的外延，即据此除可将全部物品分为私人物品和公共物品外，无从再对公共物品进行内部的具体分类。实际上，目前所有对公共物品的分类，要么是根据主流的客观性定义，或者与其有关，要么是从一般意义上的物品形态、用途、来源等出发，与公共物品的特殊性和公共物品定义无关，至今未看到哪一种公共物品分类是依自布坎南等人主观性定义。如此，既不能满足揭示不同公共物品具体异质性的理论需要，也不适应对不同公共物品供需活动分类施策的现代多元公共事务治理之道的实践要求。

三、公共物品概念定义的重新建构

公共物品概念作为公共经济理论的基础和核心范畴，其定义既应具有反映公共物品最本质特征的高度理论概括性，又应具有切实的实践解释力；既应涵盖公共物品的客观特性，又应反映公共物品的社会性征；既应具有一般

---

① 张琦：公共物品理论的分歧与融合［M］．经济学动态，2015（11）．

的物品分类意义，又应为以公共物品供给为核心的公共经济活动提供科学的理论指南。本着这一要求，我们认为，应将公共物品定义为基于满足社会公共需要，[①] 依托公共权力和通过共识与非对称性合作实现再生产的公共利益性物品。如此定义，是在适当整合前述两类定义基础上对公共物品概念的重新认识，既能强化公共物品概念在公共经济理论体系中的解释功能与核心意义，又能为现代国家治理下政府职能的科学界定提供更充分的理论依据。[②]

（一）公共物品首先是基于满足社会公共需要的公共利益性物品。将此作为公共物品概念定义最重要的核心要素，主要是缘于公共物品与公共需要、公共利益之间的本质联系，旨在从主观性与客观性，经济性与政治性、社会性，以及供给与需求相互联系统一的视角揭示公共物品的根本性质。

第一，满足需要是人类一切活动的出发点和动力源。而利益既是主观需求的产物，又是满足客观需要的经济反映。对此，马克思在《〈政治经济学批判〉导言》中指出："没有需要，就没有生产。"[③] 马克思和恩格斯在《德意志意识形态》中进一步指出："为了生活，人们首先就需要吃喝住穿以及其他一些东西。因此第一个历史活动就是生产满足执行需要的资料"；"正因为各个人所追求的仅仅是自己的特殊的、对他们来说是同他们的共同利益不相符合的利益，所以他们认为，这种共同利益是'异己的'和'不依赖'于他们的，即仍旧是一种特殊的独特的'普遍'利益，或者说他们本身必须在这种不一致的状况下活动，就像在民主制中一样。另一方面，这些始终真正地同共同利益和虚幻的共同利益相对抗的特殊利益所进行的实际斗争，使得通过国家这种虚幻的'普遍'利益来进行实际的干涉和约束成为必要。"[④] 基于满足需要的利益追求是人类维系社会关系的经济根源所在，物品则是满足人类需要的客观对象和承载社会成员利益的物质实体。与社会成员的私人需要和公共需要相对应，利益随之区分为个人利益和公共利益，作为承载利益之物质实体的物品才分为私人物品与公共物品。由此而言，公共利益既是社会生

① 齐守印：中国公共经济体制改革与公共经济学论纲［M］．北京：人民出版社，2002：7、9、11、310.

② 关于公共利益与政府职能关系的较为详细的论述，参见张晋武：公共物品概念向何处去——基于政府职能依据问题的分析［J］．经济学动态，2013（4）：118.

③ 马克思恩格斯选集第1卷［M］．北京：人民出版社，1995：9.

④ 马克思恩格斯选集第1卷［M］．北京：人民出版社，1995：79、85.

活中的一种主观追求，又具有显著的客观意义，是一个客观见诸主观的社会经济范畴。以基于满足公共需要的公共利益性来诠释公共物品的根本属性，并将其作为公共物品定义的核心要素，就使公共物品概念具有了客观与主观相统一的完整意义，也使公共物品内容的界定具备了客观与主观相兼容的双重标准，无疑最具概括力和科学性，且能够有效消除客观性定义与主观性定义各自的矛盾并弥合两者的分歧。因为：一方面，按照这种定义，公共物品无论是由于客观技术原因还是由于制度、伦理等主观因素，都可以呈现消费上的非竞争性与非排他性，所以，将公共物品定义为基于满足公共需要的公共利益性物品与从客观角度揭示的非竞争性和非排他性并不矛盾，而是可以将其包含在内。同时，公共物品的这种公共利益属性又与纯客观的非竞争性、非排他性所体现的社会经济意义有所不同。从消费角度考察的客观的非竞争性与非排他性只是公共利益的生成因素“之一”，而非“唯一”。此外，还有许多客观和主观因素，如个体财力和风险承受能力的限制、效用的相互依赖性、社会公平的价值追求、产权制度安排等都足以生成公共利益和形成非排他效应。另一方面，这种定义也不同于纯主观的集体决策或公共提供解释范式。由于其实现了客观性与主观性的兼容统一，所以，既不失第二类定义所追求的对现实生活解释功能的多元和灵活性，从而为公共部门职能和公共物品供给的多元价值目标提供了广阔的理论容纳空间，同时又赋予了公共物品集体决策、公共提供等相关制度安排明确且包含客观意义的理论规范和前置依据，从而可以去除公共物品的内容和范围完全由政府行为决定的纯主观色彩，并使得公共物品与私人物品的概念区分有了不依附于主观决策和提供方式的独立标准。

第二，公共物品作为公共利益的载体，其供需实现过程就是公共利益的实现过程。由于满足公共需求、实现公共利益是公共经济活动和社会政治活动的共同动因，因此，公共利益既是一个经济范畴，又是一个政治范畴，以基于满足公共需要的公共利益性定义公共物品，就从根本上揭示了公共物品概念经济与政治相统一的内在属性。具体而言，公共利益源自个人利益，但又超越和独立于个人利益。其并非个人利益的简单加总，而是基于各种主客观因素和价值目标的个人需求与利益诉求的拟合、统一；并非只体现单一的经济目标或政治目标，而是出于特定社会发展阶段下经济效率与社会公正的统一考虑和综合权衡。正是内涵于公共物品之中的这种特殊需求和利益属性，决定了公共物品供需的实现唯有依赖一定的非市场化的政治程序。即使借助某些市场化手段，也必须通过政治程序做出相应的制度安排。且这种制度安排与政治程序一样，合理的唯一标准是其与公共利益目标的一致性。由此可见，以满足公共需要的公共利益性来表征公共物品，既彰显了布坎南等人定义中的政治与制度意涵，也涵括了萨缪尔森等人定义中由客观“两性”特征所阐发的经济性意义。再者，按照政治学的观点，公共利益也是政府或公共部门存在的唯一正当性、必要性基础。因此，以这种公共利益性表征公共物品，自然能够将包括资源配置、收入分配、经济稳定在内的全部政府职能，以及政府在物品供给和处理与市场关系上采取的所有体现并增进公共利益的行动都纳入公共物品定义的解释范围。

第三，由于公共物品是公共利益的载体，而公共利益又是社会公共需要的产物，以基于满足公共需要的公共利益性定义公共物品概念，就使其具备了供给与需求相联系和统一的内在基础。在现实经济活动中，价格是利益的表现形式，公共物品的价格（税费）与使用价值（公共服务）的交换机制是具体联接公共物品供给与需求的纽带，也是个体作为公共物品受益者和成本承担者的统一体衡量利益得失的工具。由此而言，公共物品所承载的公共利益既意味着得益与成本（税费）的总体对价，也隐含着每个人对自己和他人所分担成本的具体考量，而这正是布坎南在强调公共物品供给公共性的同时所强调的公共物品需求的公共性。在现代民主制度下，任何一种税费的立法都必须以满足特定的公共需求、实现特定的公共利益为依据，而每个年度的财政预算则是政府当年提供公共物品及其承载的公共利益与其成本（税费）的对价。这样，对税费立法和年度预算的表决，就是社会成员或其代表基于自身及其所属群体利益得失的考虑，对其中公共物品使用价值（公共服务）与相应成本（税费）对价方案的选择。税费立法和年度预算被表决通过，意味着社会成员赞成这种公共物品供需实现方案；若未能通过，则意味着社会成员不认可这种方案。由此不难看出，以满足公共需求的公共利益性定义公共物品，也不同于简单地将公共物品属性归结为“满足社会公共需要”。因为，其一，后者只是笼统地反映了公共物品及其提供的目的，而前者则更为确切地揭示了这种目的的（基源性）意义，并进一步从得益层面昭示了达成这种目的的供需互动机制与结果。其二，更重要的，后者反映的主要是一种主观欲望，难以具体计量，公共利益则是可以通过相应的价格机制（税费——支出）具体计量的。而这种具体可计量性正是公共物品供需方案达成过程中的表达与公共选择机制所不可缺少的。

（二）公共物品是通过共识与非对称性合作实现再生产的物品。所有物品的供需实现都须依赖一定的再生产过程。不同种类的物品对应于满足不同的需求和承载不同的利益，必然要求不同的供需实现或再生产机制。因此，实现供需的再生产机制特征也是反映不同物品本质区别的重要标志。再生产包括了物品生产、交换、分配、消费在内的供需联系的全部过程，强调“再生产”，可以进一步从“过程”角度全面反映公共物品供给与需求的内在联系与统一。公共物品所满足需求的不可分割性和承载利益的公共性决定了其供需实现必须依赖集体行动，而任何集体行动本质上都是人们之间的合作。合作的根本动机在于互利和获取合作收益，这是人类社会中普遍通行的一种行为理性。基于互利动机的合作在公共领域和私人领域均广泛存在。但是，作为公共物品供需实现机制的合作与私人领域合作机制的特征不同。社会成员在公共领域中的合作，首先是基于满足公共需要、实现整体利益的共识性或自愿性公共合作，尽管这种共识不一定是“一致同意”。一般而言，共识性程度越高，达成共识的成本越低，需求表达就越充分，公共物品供给也就越有效、越公平。其次，这种合作对于不同的社会成员而言是非对称性合作，[①] 即对于参与合作的每一具体个体来说，其收益（享受的公共服务）和付费（缴纳的税费）是不等价的。由于收益与付费不对称，公共物品的供给与消费即表现出某种形式和程度的强制性。这种强制性与共识性在程度上相反，在效应上相背。强制性的程度越低，被强制的人越少，公共物品供给就越有效、越公平。共识性和强制性程度的高低，既取决于社会成员对公共利益的认知水平，也取决于合作规则与制度、需求表达机制、民主决策机制及公共治理体系的科学和完善程度。而这正是布坎南、马莫罗等人交易范式的主观性定义所极力昭彰的核心问题。同时，借助于合作形式的多样性，也可以顺理成章地概括和解释现实生活中具体存在的各种不同公共物品提供方式。

（三）公共物品供需及再生产的实现需要依托公共权力。公共权力是与私

---

① 齐守印曾将这种非对称性表述为公共物品生产和分配中“每个社会成员贡献的份额与其消费的份额并非对等”——齐守印：中国公共经济体制改革与公共经济学论纲［M］．北京：人民出版社，2002：8.

人权力相对的政治范畴，它是为适应社会生活、满足公共需要、实现公共利益、处理公共事务，从私人权力中分化独立出来，由公共机构作为全体社会成员的代表受托行使的权力。在现实社会中，这种公共机构最有效、最一般的组织形式就是国家或政府。公共物品的供需实现及再生产之所以必须依托公共权力，直接源于公共需要与公共利益的整体性和公共物品供需活动中合作的非对称性。将“依托公共权力”作为公共物品的定义元素，具体意味着：第一，国家或政府是公共物品供给最一般、最有效的组织和执行主体。第二，既然是“受托”性质的“组织”和“执行”主体，就决定了政府在公共物品供给活动中不应违背公众的意愿而漠视甚至侵害公众作为“委托人”的权利。第三，公共权力只是公共物品供需实现的“依托”或手段，而非凌驾于公众个人权力之上的“绝对权威”，由此决定了政府在公共物品供给活动中不是一个“至高无上”的决策者，而是一个整合、协调公众需求意愿和利益诉求的工具。显然，如此认识和界定公共权力机构与公共物品的联系，不仅符合公共物品及其供需活动的真谛，而且对健全民主机制、约束公共权力、规范政府的公共物品供给行为具有重要的理论意义。

（四）将公共物品定义为基于满足社会公共需要，依托公共权力和通过共识与非对称性合作实现再生产的公共利益性物品，不仅如上所述，可以使公共物品概念的内涵更具科学性，能够更加深刻和全面地反映公共物品的本质特征，而且可以大大丰富公共物品分类的依据，使公共物品概念的外延更符合实际和更具实践指导力。因为，较之布坎南等人宽泛的主观性定义，其定义元素融入了客观意义，且标准具体而不再单一；较之萨缪尔森等人狭窄的客观性定义，其定义域更加宽广，能够延及整个公共经济领域。在此定义下，既可以容纳或不妨碍现有的各种公共物品分类，还可以根据公共物品满足公共需求、承载公共利益的特征和公共合作形式、供需联系方式等对公共物品进行多种新的不同相关标准的类别划分，从而形成更加完整的多层面、多角度的公共物品谱系，使得公共物品供给的具体目标选择和政策设计具有更加详细的依据可循，也为更加全面地诠释公共经济活动的内容与规律，构建适应和服务于国家治理现代化的公共经济理论体系奠定科学基础。

最后，需要说明，我们这里定义的公共物品是广义政府受社会成员集体委托为社会成员及其他民间经济主体代理执行的全部公共性事务，涵盖了广义政府的所有合理职能，而不是像中外绝大多数公共经济学著作或教科书那样仅仅是广义政府若干职能之一。换言之，我们将其他公共经济学著作和教科书中所列举的广义政府防止垄断、克服外部性、调节收入分配、维护经济稳定、促进经济增长、实现国际收支平衡等弥补市场失灵的所有职能都归结为公共物品，包括立法机关提供的制度和法律、行政机关创制的公共经济政策和各种规划、司法机关提供的审判和检察以及出于解决某种公共性问题的需要而创办国有企业等。如此归结的合理性在于，西方经济学在狭义公共物品以外所列举的所有克服市场失灵的那些职能，究其实质，所要解决的都是民间经济主体难以独立解决的公共性问题，都属于民间经济主体不可分割的公共需求，都有利于维护和发展社会成员的公共利益，并且具有非竞争性和非排他性的双重特征，从而完全符合公共物品概念定义。不仅如此，通过这种归结，广义政府受托代理执行的公共经济职能就高度凝练地聚焦为组织提供各种公共物品，公共经济学理论体系也因而拥有了一个得以展开的核心范畴和得以环绕的逻辑主线——公共物品就是公共经济这个特殊“世界”中唯一的“太阳”。

第二节　公共物品的二重属性

如上所述，公共物品是社会成员集体为满足自身公共需求、自己让渡一部分经济权利和政治权利分别形成公共资源和公共权力、委托社会公共机构代理提供或生产的，属于自给自足性质的产品，因而本质上并非不同所有者之间相互交换的商品。这也是公共物品不宜称为“公共商品”的根本理由。但是，从表象上看，公共物品又是社会成员及其他民间经济主体经由以手投票的“政治市场”交易从政府那里购买的，赋税、规费、使用费、公共基金等财政收入形式都是民间经济主体为获得公共物品向以政府为主导的公共机构所支付的价格，从而使公共物品具有了不同所有者之间相互交换的“商品”这种虚幻假象。正是在这种意义上，一些学者在其著述中也常将公共物品名之曰“公共商品”，并且强调这种称谓的理论意义。① 然而，无论持这种观点的学者如何论证与阐述，毕竟“政治市场”不是经济市场，因而通过这种借

① 吴俊培：Public goods 的译名应是公共商品：简论公共商品概念的理论意义［J］．财政研究，1994（CZ）：58－60；刘京焕：公共商品问题研究［J］．财贸经济：2001（7）：37－40；王华、唐开元：论公共商品的供给与发展［J］．才智，2009（7）：205.

用意义上的“市场”所交换的也就不是经济学意义上的“商品”。尽管如此，在商品经济条件下，对于公共物品仍然可以区分出如同商品一样的二重属性，即使用价值和价值。对公共物品进行使用价值与价值的分析，不仅具有可能性，而且对公共经济管理实务有其必要性，因此有其学术研究价值。

一、公共物品的使用价值

简而言之，公共物品的使用价值就是它使人类公共需求得以满足的效用。如同私人物品千差万别一样，公共物品也是形式各异的，从镌刻于金属器件、动物甲骨或书写到羊皮、印制在草纸上的法律政令到征战所用的刀枪剑戟、飞机导弹和探索太空奥秘的飞船，从谋划于密室的战略战术、政策计划到承载车流人流的公路铁路，可谓千姿百态、数不胜数。人类有多少种公共性需求，就会有多少种公共物品，它们的使用价值也就有同样数量的具体内容。如果将这些品种数以千万计的公共物品使用价值的具体差别加以舍弃，而加以抽象概括，那么，公共物品的使用价值就是经济体成员从消费这些物品中所享用到的能够满足公共性需求的公共服务，以及基于公共性需求的满足而得到的公共利益或公共福利。

上述定义中的公共需求、公共服务、公共利益或公共福利里面都包含一个相同的定语——“公共”，用以规定“需求”“服务”“利益”或“福利”这些主词的属性特征。其中的公共需求是只能通过集体行动、一并供给加以满足的相互融合在一起而不可分割的需求，而与可以通过一对一式的供给渠道分别加以满足的所有个人需求（例如人人都有的填满肚子的吃喝需求）简单相加之和意义上的共同需求相区别，所以名之为公共需求。其中的公共服务是由作为受托代理主体的公共机构利用公共资源生产或组织提供的公共物品的效用，供经济体内所有需要的人公共消费，一个人享用既不会妨碍也不能排斥其他人享用。其中的公共利益既为经济体中的全部或大多数成员个人所共有，也由他们让渡的个人经济权利而形成，但一经形成就不容分割地融合在一起，每个人都不具有单独的可以无偿转让或有偿出售的所有权，尽管单个人可以通过退出这一经济体的方式而既不再享有也不再为此付出。其中的公共福利与公共利益大体上是同义语，不再赘述。

之所以将公共物品的使用价值定义为人们通过消费各种公共物品所享用的公共服务和所获取的公共利益，是因为人们出资委托公共机构代理提供公共物品所追求的不是各种公共物品的静态存在形式，即校舍、操场和教师，警车、警棍和警察，公路、铁路和港口，大炮、导弹、飞机和军人等，而是通过劳动者、劳动工具、劳动场所、劳动条件、劳动对象等生产要素的动态结合而产生的教育服务、治安服务、交通服务和国防服务等，并通过享用这些服务进而得到德智体魄全面发展、生命与财产安全、空间位移便利和不受异族侵扰欺凌等利益。如果说静态的公共物品是公共经济主体提供的一种静态要素组合体的话，那么这种组合体按其固有功能转化为动态的公共服务则是公共物品的功用，而人们通过对公共物品功用的消费而获取的相关好处或利益才是公共物品体与用的目的性效果。这犹如一架加工机器一样，它是由各种零部件有机组合而成的有用物品，但人们制造或购买它是为了发挥它本身固有的功用和通过功用的发挥获得预期的利益，因而这部机器能够加工产品并且通过加工产品给制造者或购买者带来利益就是它的使用价值。如此定义公共物品使用价值的概念，不仅像机器与其使用价值之间关系一样具有内在的合理性，而且借助于“体”与“用”之间的内在逻辑将“公共物品”与“公共服务”从本质联系层面统一起来。与此同时，也从基础理论层面证明，将公共经济绩效区分为产出、效率与效果，分别设定指标加以衡量，并且以最终效果为核心导向，是一种非常合理的公共经济管理方法和机制。

与公共物品的诸多种类相适应，公共物品的使用价值表现为一一对应且形形色色、种类繁多的公共服务，这就是公共物品使用价值的外延。其中，既包括公共教育服务、医疗卫生服务、市政交通服务、国防军事服务等因外部形态具体而使社会公众日常感知较深的，也包括经济社会发展战略、计划、政策、制度等因较为抽象而为社会公众不易直接感知的；它们是随着社会生产力水平不断提高、社会经济关系日趋复杂、需要由社会公共机构解决的公共性问题愈益增多而日渐扩展的长长序列，具体名目无须一一列举。

公共服务作为公共物品的使用价值和作为其本体的公共物品都有其品种、数量、质量、结构维度。公共服务与公共物品在品种、结构这两个维度上始终是一致的，在数量和质量这两个维度上本质上应当一致，但在现实中由于某些因素的影响却并不一定始终一致。比如，一所公立学校按其校舍、操场、实验室和教职员工的配备规模可以容纳 2000 个学生同时接受教育，但由于与人口结构变化密切相关的学龄人数增减，它既可能超过规定员额为更多一些学生提供教育服务，也可能为低于规定员额的学生提供教育服务。再如，在不同的责任机制、激励机制、问责机制下，公共机构的公务员既可能尽心竭力、加班加点并且富于创造性地提供一般公共服务，从而使社会公众受益良多；也可能不求有为、但求无过地应付性上班，从而使该公共机构在公共服务方面平庸无为甚至贻误公事；还可能盲目决策、假公济私、徇私舞弊，从而严重损害人民大众的公共利益。这三种显然相差悬殊的公共服务质量，在历史和现实中都不难找到真实例证。公共物品的实际使用价值的数量和质量超过其额定值，在一定限度内可以提高公共经济效率；低于额定值必定减损公共经济效率；而恰好与额定值一致才属正常。

二、公共物品的价值

虽然公共物品本质上不具有商品属性，但在现代市场经济条件下，研究公共物品价值问题却有其必要性和可能性。这是因为：

（一）用于生产公共物品的生产资料一般都是商品，从市场上购买这些生产资料需要支付一般等价物，对参与公共物品生产的劳动者则要支付薪酬。这就为核算公共物品成本性价值提供了客观可能性。

（二）为了使公共物品的生产过程得以启动，必须对生产各类公共物品所需成本价值进行详细计算，以便将公共资源相对准确地配置到不同种类公共物品上并落实到相应的生产或提供部门。

（三）一个生产周期完结之后，公共物品再生产即使在原有规模上进行，也需要筹措与上一个周期所消耗成本等量的公共资源进行价值补偿，否则，再生产过程就会中断。既然如此，研究公共物品的价值至少对维持公共物品再生产周而复始地进行具有经济技术上的必要性。

（四）虽然公共物品本质上是民间经济主体自己出资生产、用于自己消费，并不存在实质性交换过程，但却是委托社会公共机构代理生产或提供的，但在现代民主政治制度下，这种“委托—代理”关系在现实生活中表现为代理人提供公共物品与委托者支付其价格之间的等价交换：每个年度开始之前，由作为代理人的社会公共机构提出一个关于下一年度公共物品提供计划和整体性的生产成本计划，“一揽子”式地提交给作为委托者或其代表议事机构审议决策。如果获得通过，关于下一年度公共物品生产或提供的“委托—代理”协议方案即告成立，作为委托者的民间经济主体就要按照相应的公共物品成本方案所载的税、费、基金项目与计征标准分期付款缴纳，以保障公共物品提供计划的实现。其中的公共物品成本方案是按照每一种公共物品单位成本乘以提供数量这一公式分门别类地加以测算和加总形成的。因此，对公共物品成本性价值进行研究与核算，也是实现公共物品在现实中政治化的形式性交换，从而保障公共物品使用价值再生产所必须的。

（五）对公共物品价值进行精细而严格的科学管理是提高公共经济效率、建设责任政府和效能政府的主要途径之一。公共经济效率是提供公共物品的投入与产出之比，投入通过生产过程转化为公共物品的价值，而产出体现为公共物品的使用价值，提供合乎质量标准的单位使用价值所花费的成本性价值越少，公共经济效率就越高。因此，在确保达到公共物品提供数量目标和质量指标的前提下，通过采用各种科学方法和控制机制加强公共物品再生产全过程的成本价值管理，就成为提高公共经济效率的关键。

基于上述五个方面的原因，公共物品的价值及其补偿、核算与控制，成为维持公共物品再生产循环持续进行和不断提高公共经济效率的客观需要与重要条件。

那么，公共物品的价值由哪些因素构成？这从前面的分析中已经可以大致看出，它是生产或提供公共物品所需的生产资料价值和劳动力价值两部分之和。但实际上，公共物品的价值构成并不是如此简单。这是因为：第一，生产公共物品所耗费的生产资料中，有的是当年购置当年耗费完毕的，有的则是一年购置多年使用的（如计算机及其伺服系统大型设备），还有的是需要多年建设完成尔后经过很多年使用才需要更新的（如校舍、医院、图书馆、博物馆和机关办公楼等建筑），因而需要按照不同会计准则规定加以分类核算；第二，在实行公私合作建设大型公共设施的 PPP 模式下，虽然公共物品生产资料的直接建设成本是由民间经济主体支付的，但需要公共经济主体提供部分土地、特许权和运营补贴等一次性或多年性成本，由此带来核算方面的复杂性；第三，除公共物品生产或提供的直接成本以外，还有在公共经济受托代理主体内部负责战略、制度、政策、计划、财务、监督和实现公共物品形式性交换过程中的各种管理费用，以及通过举债筹资条件下的利息支出和公共物品生产或提供过程中有意无意形成的损失浪费等。因此，公共物品价值核算和汇总本身就是十分复杂的，加之受托代理机构有时还故意夸大公共物品的成本支出，致使公共物品成本支出方案的审查核实、审议批准以及事后进行的效率、效益审计评价成为一种专业性极强的公共事务。这些公共事务的具体技术方法属于公共财政学、政府会计学（特别是成本会计和管理会计）、审计学等学科解决的问题，这里不加详论。

总之，价值是公共物品的重要社会属性之一，它与表现为公共服务的使用价值一起构成完整的公共物品；实现公共物品价值补偿是公共经济再生产持续循环的重要条件，而强化公共物品价值的科学管理则是提高公共经济效率的重要途径。但是，与满足民间经济主体私人需求的商品价值相比，公共物品的价值构成有一个显著的特殊性，这就是它只包括公共物品的完全成本，而不包括利润。这一特殊性也从一个方面证明，公共物品本质上不是市场化的商品。

第三节　公共物品的分类

公共物品从远古一路走来，品种逐步增加、数量日益扩大、质量不断提高，至今已繁衍成为一个极其庞大的体系或繁盛的“家族”。依据各种不同角度或标准对其加以合理分类，既有进行理论研究的学术价值，也是科学开展公共经济管理实践的客观需要。

一、按照公共物品所承载公共利益的生成原因分类

按照公共物品所承载公共利益的生成原因，可将公共物品划分为客观性公共物品、主观性公共物品和主客观双重性公共物品三大类。

客观性公共物品所承载的公共利益完全决定于物品非竞争、非排他的客观属性，如国防、外交、行政管理、环境保护等。

完全由意识形态因素引起的主观性公共物品，如保障性住房、社会保险、各种自然垄断产业和投资项目等。由意识形态因素和效益外溢性客观因素共同引起的双重性公共物品，如教育、文化、医疗卫生、科技开发等。

主观性公共物品和主客观双重性公共物品所承载的公共利益完全或部分地决定于某些主观因素，或者说这些物品之所以成为公共物品，完全是或至少在一定程度上是由于某些主观因素人为赋予的。这些主观因素包括制度、伦理、道义习俗、权益观念、价值取向和公平理念等。从受托提供公共物品的公共部门方面讲，主观性公共物品和双重性公共物品的“公共性”是否能被纳入公共物品提供范围从而成为现实，主要取决于一个国家的社会文明程度、政府的财政实力和社会福利政策。

二、按照公共物品的客观属性分类

如前所述，按照公共物品的客观属性分类是公共物品经典定义下的基本分类方法。按照这种分类方法，可将公共物品划分为纯公共物品和准公共物

品（混合物品）两大类别。这种分类也可以看成对上一种分类中的客观性公共物品和双重性公共物品，依据非竞争性与非排他性程度所做的进一步细分。

纯公共物品即具有充分完备的非竞争性与非排他性的物品。非竞争性是从消费角度而言的。充分完备的非竞争性意味着，第一，增加一个消费者的边际生产成本为零；第二，增加一个消费者的边际拥挤成本也为零。非排他性是从受益角度而言的。充分完备的非排他性之所以存在，或者是因为从技术上根本无法实现，抑或是因为排他成本过高，使得排他失去经济上的必要。纯公共物品的典型例子，如国防、制度、政策等。纯公共物品由于其内在性质使得诸如利益边界的划分、外部效益的补偿、物品价格的确定以及如何避免“搭便车”等问题，很难按照市场运作原则加以解释和解决。

准公共物品或混合物品兼有公共物品和私人物品的双重特点。从理论上讲，凡是处于纯公共物品与纯私人物品两极之间的众多物品都应属于混合物品。但既然存在公共物品与私人物品的类别之分，似应将非竞争性与非排他性特点比较突出、更靠近纯公共物品一端的物品视为准公共物品，而将竞争性与排他性特点比较突出、更靠近纯私人物品一端的物品视为准私人物品。

在现实生活中，准公共物品的具体特点各式各样。有些是在消费上具有非竞争性或竞争性不充分，但却很容易排他的，如公共基础设施、公共文化设施、公共体育设施等。有些是消费上具有竞争性，但却难以有效排他的，如公共草原、公共渔场、广场等。还有些是非竞争性与非排他性都不充分的，如收费公园（其鸟语花香和净化空气带来的环境之益无法排他）。

因排他性与非排他性所反映是物品的受益范围，竞争性与非竞争性也在消费的背后反映着物品的受益范围，所以，与这种分类标准相关，还可以根据受益范围大小，将公共物品分为地方性公共物品、区域性公共物品、全国性公共物品、国际性公共物品。前二者的受益范围只局限于某一行政辖区或某一地理区域，如地方政府的行政管理和区域性的防洪设施；第三者的受益范围则遍及全国，如国防、外交等；国际性公共物品的受益范围则涵盖多国甚至全世界，如自由贸易区、臭氧层保护等。

三、按照公共物品满足社会公共需要的层次、时间分类

（一）按照公共物品满足社会公共需要的层次分类，可将公共物品划分为主权类公共物品、民生保障类公共物品和改善发展类公共物品。主权指的是一个国家独立自主处理自己内外事务，管理自己国家的权利。主权类公共物品是保护国家完整、维护国家和全体国民利益的基本条件，包括国防、军队、外交、警察、司法、宏观经济政策、货币管理政策等。民生保障类公共物品是保证人们基本生计和基本尊严所必要的公共物品，如义务教育、医疗卫生、社会保险、社会救助、保障性住房、食品药品安全等。改善发展类公共物品既与人们的生活有关，也与生产有关，属于改善生产生活条件、保障人们的发展能力、提高社会福利水平的公共物品，如城市广场、高速公路、城市轨道交通、街道绿化、高等教育和职业培训等。

（二）按照公共物品满足社会公共需要的时间维度，可将公共物品分为短期性公共物品和长期性公共物品。短期性公共物品的特征是即时供给、即时消费受益，供给完成，消费受益过程也即完结，如行政管理、卫生保健服务等。长期性公共物品则是通过一次供给，可使消费者跨年度地持续消费受益的公共物品，如各种生产和生活性的基础设施。在公共收入来源多元化的条件下，受益时间不同的公共物品可对应不同的成本补偿方式。

四、按照公共物品的受益群体对象分类

按照公共物品受益群体对象的差别，首先可以将公共物品划分为普遍受益型公共物品和特定受益型公共物品。

普遍受益型公共物品是指人们对公共物品的消费不受或基本不受身份、地位、年龄、性别、贫富、家庭状况等各种自身特点或条件的限制，在经济体所处地域范围内人人都可享受的公共物品，如国防、秩序、污染及自然灾害防治、天气预报等。

特定受益型公共物品是指只有具备某些特定条件才能够享受，或者专门针对某些特定区域、群体提供的公共物品。前者如，公共教育服务只有那些有学龄子女的家庭才可能享受；财产保护只有那些拥有财富的人才可能受益，且拥有财富越多则受益越大。后者如，专门针对农村或城市居民提供的农村公共物品、城市公共物品；专门针对妇幼群体提供的妇女儿童权益保障；专门针对脱离农村集体生产并在正式企业中工作的劳动者提供的企业职工社会保险等。

五、按照公共物品供给中公共合作的特征和成本负担方式分类

如上节分析，公共物品及其供给背后反映的是社会成员在满足社会公共需要的集体行动中形成的社会公共合作关系。根据这种公共合作的不同特征，可以形成两种不同的公共物品分类。

（一）按照公共合作的具体目的之别，可以将公共物品划分为共享合作型公共物品、规模合作型公共物品和互济合作型公共物品。共享合作型主要是指那些正外部性突出，必须通过共享方式方能实现有效供给的公共物品。按客观属性分类中的纯公共物品和近似纯公共物品的准公共物品都属此类。对于这类公共物品而言，只有分别纳税、全体共享，才能解决收益外部流失的问题，达到最佳的供给效率；其合作目的，主要是解决理性经济人之间“三个和尚没水吃”的问题。规模合作型公共物品主要是指公共基础设施、教育之类的物品。这些物品多在技术上可以排他，但单靠任何个体或个人都无力承担其成本，并且其效用不仅取决于某一个个体自己的消费，同时也与其他人的消费相关，参与消费的人数越多，规模越大，供给成本就越低，供给效率也就越高，其合作目的主要是求取规模效益。互济合作型公共物品的典型代表是实行收支专项管理的缴费型社会保险，其合作目的在于通过缴费者和保险消费者之间的互助共济机制，有效解决每个人都可能遇到而只靠个人能力无力承担的生活风险问题。

（二）按照公共合作形式的不同，可以将公共物品划分为义务合作型公共物品和产权合作型公共物品。凡是以税收为来源，免费提供的公共物品都属于义务合作型公共物品。因为这种合作是社会成员之间以分别承担纳税义务的形式达成的。凡是以收费和公共债务为来源提供的公共物品都属于产权合作型公共物品。其特征是社会成员以让渡自己部分收入或财产所有权的形式达成相互间的社会合作。在合作过程中，参与合作的社会成员在共享公共物品带来的社会利益的同时，还可以直接凭借自己所让渡的收入或财产权获得相应的公共物品受益或产权收益。

这种分类方法也可用成本负担方式差别加以解释。在满足社会公共需要的过程中，公共部门只是受托承担公共物品的供给职责，但其成本最终要由作为受益者的社会成员来承担。按照社会成员的成本承担方式不同，公共物品可以分为成本共担型公共物品和成本分担型公共物品。通过不对称的“税收—支出”机制提供的公共物品都属于成本共担型公共物品，而以对消费者收费或部分收费方式提供的公共物品，则具有社会成员按各自的受益份额分担成本的性质。

六、按照公共物品的物质形态分类

按照公共物品的实物形态不同，可将公共物品分为抽象型公共物品和具体型公共物品。抽象型公共物品是指制度、政策、法律、政令、精神文化和一般行政管理等各种非实物形态的公共经济活动产品，也可称为柔性公共物品。具体型公共物品是指其组成部件具有显著实物形态的公共物品，如道路、桥梁、水利设施、军事设施、市政设施和学校、医院、图书馆、博物馆等，也可称为硬公共物品。柔性公共物品虽然存在形态抽象，但其功能更具根本性、全局性和战略性，甚至对具体型公共物品的再生产活动都发挥着指导和规范作用。

七、按照公共物品的物质来源分类

按照物质来源的不同，可以将所有公共物品划分为自然和经济两类。这是因为，用以满足人类需求的所有物品都不外来自两个方面，一是大自然赐予的自然资源类物品，一是人们通过生产活动加工创造的经济资源类物品。在公共经济领域，国有或公有的土地、矿产、草原、海域、空域等大自然赋予的资源就属于自然类公共物品，而其他所有通过人工形成的都属于经济类公共物品。

八、按照公共物品的具体用途分类

人类存在、活动的全部内容不外生产和生活两大类别，所有物品的物质用途也无非是服务于生产和生活。因此，公共物品按其基本用途，可以划分为生产性和生活性两类。前者如工业供水供电设施、地质资源勘探等，后者如民用供水供电设施、医疗卫生等，但大部分公共物品都是既可以用于社会生产，也可以用于居民生活，因而兼有两种用途。

以上各种分类不仅都有其独特的依据和尺度，也各有其具体含义，用以从不同角度对公共物品及其再生产活动进行分析和解释。

第五章 公共物品的最佳供给

公共物品供给作为公共物品再生产或公共物品供需实现过程的核心,① 既是一个经济技术意义上的资源配置、利用问题，又是一个社会权利意义上的利益分配问题。研究公共物品供给的目的在于实现公共物品的最佳供给，其理论内容主要是阐明公共物品最佳供给的价值目标、衡量标准和决定因素。

第一节 公共物品最佳供给的价值目标

如前所述，公共物品是基于满足社会公共需要的公共利益性物品，那么，公共物品最佳供给的价值目标就应是以满足社会公共需要为目的的公共利益最大化。这种最大化，就是在有限资源与特定利益关系双重约束下公共利益的最优实现或达到公众最合意状态，既意味着公共物品供给数量和质量的最优，也意味着公共物品供给中所形成的社会关系最佳。由于公共利益的实现是资源配置使用和利益分配共同作用的结果，因此公共利益最大化目标又可以进一步分解为公共物品供给过程中资源配置使用的效率和利益分配的公平两大具体方面。

效率与公平是经济学、政治学、伦理学等多学科关注的基本理论问题。经济学中的效率与公平命题发源于经济学对经济活动准则的规范研究，集中和比较完整地体现于福利经济学。福利经济学旨在从福利角度，以效率和公平为准则对经济体系的运行进行社会评估，借以判断一种经济体系的运行是增加还是减少了国民福利。在实际社会生活中，公共经济或公共物品供给与

---

① 物品供给一般包括两个环节，一是所需资源或要素的占有、分配过程，二是耗费资源生成物品的过程。前者即资源配置的过程，后者即生产过程。公共物品供给亦是如此。此外，与“供给”语义基本相同，在现有公共物品研究文献中习惯使用公共物品“提供”的概念，但多是用在公共物品的供给方式中，并与公共物品的生产相区别，如公共提供、私人提供、混合提供。这种“提供”，实际是“出资”的意思。本章也遵循这种习惯用法。

私人经济或私人物品供给相对，并密切联系、相互作用、有机结合，共同构成完整的混合经济体系，因此，福利经济学所关注的福利，涵盖了公共经济运行体系和公共物品供给的效率与公平问题，无疑也适用于对公共物品最佳供给价值目标的分析。

一、福利、效用、社会福利、公共福利与公共利益

所谓福利，是指国民基于整个经济社会生活的幸福满意程度。在经济学语境中，福利是与效用对应互通的概念，效用则是指物品或服务满足消费者需求的程度。效用既具有客观性，又具有主观性。客观性是指被消费的物品或服务所具有的物质属性或使用价值，主观性是指消费者的心理感受。就效用的主观性而言，同一件物品，由于人们受益的心理感受不同，效用大小也不一样。正是在这种意义上，效用通常又称为个人偏好。一般情况下，福利与效用等价，只有在特殊情况下两者才是偏离的。[①] 就效用的主体归属而言，效用即利益。人们从某种物品或服务得到的效用不同，即意味着获取的利益大小不一样。由此而论，福利又与利益等值。依福利的主体范围不同，福利分为个人福利和社会福利。因此，公共利益也可称为公共福利。按照基数效用论，社会福利即所有社会成员福利的加总；按照序数效用论，社会福利就是以所有社会成员福利为自变量的函数。无论按照哪种解释，社会福利都是指所有社会成员个人福利的集合，都内含了社会成员从私人经济活动与私人物品供给中获取的福利或利益和社会成员从公共经济活动与公共物品供给中获取的福利或利益。

但需要指出的是，在所有现代经济学的通用概念中，只有个人福利与社会福利的区分，而未将社会成员从私人经济活动和私人物品供给中获取的福利汇总与从公共经济活动和公共物品供给中获取的公共福利区分开来。由于公共物品与私人物品的性征不同，各种公共物品都具有不同程度的共同消费属性，且不仅无形的公共物品，就是许多具有实体物质形态的公共物品的福利效应也无法以个体为单位具体计量和加总，所以，这种单一的福利划分理论是不全面和欠科学的，也难以充分满足公共经济和公共物品研究的需要。

---

① 这种特殊情况如，当一个人的偏好因消费跟风和攀比效应受到他人的影响，而非由自己决定时，两者就会发生偏离；由于个人的无知、不理智或存在信息障碍而出现误判时，也会导致个人效用与福利的不一致。

因此，我们主张，在以个体和总体为标志将福利区分个人福利和社会福利的同时，还应当以私人和公共为标志，进一步将社会福利区分为相对独立的两个部分，即社会成员从分别占有、分散消费的私人物品中获取的私人福利和从共同占有、共同消费的公共物品中获取的公共福利，以便为公共经济和公共物品研究提供准确的科学范畴，并充分彰显公共经济与公共物品供给活动的公共性。① 在这种概念界定之下，公共利益即为福利经济学语义上的公共福利，公共利益最大化即公共福利最大化。此外，依福利的表现形态不同，还可以将福利区分为经济福利和一般福利两种类型。可以用货币来度量的那部分福利即经济福利；反之，不可以用货币度量的福利即为一般福利。后者如基于公平、正义、合理、协同等产生的心理认同、满足和精神愉悦等。公共福利既包括经济福利，也包括一般福利。

二、公共物品供给中的效率

财富是福利或利益之源，社会财富的增长是社会福利或社会利益改善之本，而社会财富增长最重要的基础条件是资源配置使用的效率。在一般经济学意义上，效率和通常所说的效益，都是一个在资源约束和一定质量要求下的产出概念，反映的都是投入与产出之间的一种物质变换关系，追求的都是资源耗费的最小化和产出数量的最大化，或者说是投入产出关系的最优化，只不过两者的表示方法和意涵侧重有所不同。前者惯以相对数表示，更侧重反映产出的过程和效能；后者惯以绝对数表示，更侧重反映产出的结果和收益。具体而言，效率包括资源配置效率和产品生产效率两个层面。配置效率是指以投入资源的最佳组合来生产出最优的产品品种及其数量组合。在投入总量不变的条件下，通过资源的优化组合配置，效率就会提高，产出就会增加。生产效率是指每单位资源投入所获实际产出的多少及其与目标产出的关系。由于相对于一种特定产品组合所投入的资源，既涉及该部分资源在资源总量一定情况下与外部其他产品组合所投入资源的数量配比是否适度，又涉及该部分资源数量一定情况下在内部各种不同产品之间投入的数量配比是否合理，因此，资源配置效率又可进一步细分为规模效率和结构效率。在资源

---

① 也有的学者从直接提供者的角度将这种“公共福利”称为“国家福利”或“政府福利”“人民福利”（周沛：福利国家和国家福利［J］．社会科学战线，2008（2）：207）。但作者以为，从社会公众与国家或政府的社会契约关系看，这些提法都不如“公共福利”更为确切。

投入量一定的条件下实际产出的多少，既取决于生产技术水平的高低，又取决于生产组织管理水平的高低，因此，生产效率又可以细分为技术效率与管理效率。

此外，在社会再生产过程意义上，效率还可以分为生产效率、交换效率和分配效率，其中交换效率、分配效率与资源配置效率直接相关。从时间角度看，效率可以分为静态效率和动态效率。在一般经济绩效管理意义上，效率可以从不同的经济技术维度分为经济性、功效性和有效性三大具体内容。经济性是指投入的资源成本与预期产出目标之间的关系，即以最低的成本达到既定的目标产出，强调的是支出或成本是否节约。功效性是指投入的资源成本与实际产出或成果之间的相对关系，即以最低投入取得一定的产出或以一定投入取得最大产出，强调的是投入的资源成本的产出功效。有效性是指实际产出成果与预期产出目标的关系，即实际产出成果是否达到了预期的产出目标，强调的是实际产出成果达及目标的程度。

公共经济或公共物品供给活动作为一种特定内容的“投入—产出”过程，其效率问题在基本道理上与一般的经济活动或私人物品供给并无二致，但由于特殊的产出内容、形式和运作方式，远比一般经济活动或私人物品供给复杂，且具有更加广泛的社会性和鲜明的政治性，蕴含着丰富的国家治理之道。这种特殊性和复杂性主要在于：第一，从资源配置的规模效率看，公共物品供给是通过社会成员的非对称合作，主要运用带有外在强制性的税费形式汲取和占用公共资源的“投入—产出”过程，其资源配置的规模效率首先表现为以最优财政收支规模反映的最优公共经济规模，或者说公共经济与私人经济的最适关系问题。这种最优收支规模并非如私人物品供给活动那样，仅仅是精心预测、计划的结果，而要同时考量纳税人缴纳税费的经济和心理承受能力，这就又进一步牵涉最优税费负担问题。在市场经济下，最优财政收支规模和最优税费负担背后反映的是政府与市场的关系，而政府与市场关系的处理又与一国不同社会经济发展阶段的具体国情、经济发展模式及政治体制密切相关，甚至受到相关国际经济和国际政治形势的影响，这就必然给最优财政收支规模带来许多难以识别的模糊性和难以把握的不确定性。

第二，从资源配置的结构效率看，公共物品供给的效率标准也首先表现为既定公共资源约束下的最优财政支出结构问题。而要确立公共资源配置或财政支出的最佳结构，基本前提是各种公共物品产生的效用或公共福利可计量、可比较。如此，才可能运用相应的技术处理手段，达成一个最优的“产品组合”。但是，公共物品的类别多种多样，在千差万别的使用价值形式上不可用货币来计量，更无法以个人为单位加总计量。众多内容不同、形态各异的公共物品，分别从经济、政治、文化、环境等不同意义上满足着人们物质和精神方面的公共需求，效用无法统一比较，并且在背后受制于或体现着不同群体及不同阶层、阶级之间的偏好差异与复杂的利益关系，其最优的“产品组合”既难以用客观明晰的经济技术指标加以衡量，也难以形成全体社会成员一致认可的共识。

第三，公共物品供给的生产效率标示的是各种公共物品或各类、各项财政支出项目投入与产出的对比关系。从产出看，不同公共物品满足的需要和产出的内容不同，产出结果的表现形式、评价标准、判断依据也不同，没有统一的同质化的衡量标识。许多公共物品的产出，特别是非经济性产出，无法以货币计量，其产出目标和最优产出的界定都具有很强的主观性。再加之许多公共物品的质量没有客观的技术标准，难以识辨和控制，即使有具体的数量指标，也未必能够真实反映其产出的内在价值。从投入看，公共物品生产的成本虽然也可以用货币计量，但投入多少并非经济核算或严格经济核算的结果，而主要是相关生产者、管理者根据经验和某些利益诉求主观议定的产物，因为许多公共物品成本水平的确定缺乏像私人物品那样的市场参照系。这样，最优成本水平的确定势必缺乏一致认可的科学标准，从而难免有失公允。

除配置效率和生产效率外，公共物品供给中还包括一种不同于私人物品供给的特殊效率内容，即“筹资效率”。众所周知，公共物品供给的实现，必须借助政府财税系统，经历一个持续、复杂的公共资源或公共收入征集过程。而所有形式的公共资源或公共收入征集都是有成本的。这种成本水平的高低，直接制约着公共物品供给所能实际使用的资源数量，从而影响公共物品的产出水平。

三、公共物品供给中的公平

公平（或平等）即利益关系的均衡、合理与正义，其构成社会的基本准则和人的基本诉求之一，是自欧洲资产阶级革命以来现代文明不可或缺的基本价值。总体而言，现代文明追求的公平包括两大层次：一是经济公平；二是社会公平。所谓经济公平，可以大致概括为：人们能够不受任何自身条件以外其他因素的限制，在符合社会约定规则的前提下，对经济资源平等或比较平等地占有、使用并获得收益。在现实经济生活特别是市场经济中，它主要强调的是各经济主体地位的平等和要素投入与收益相对称，否认各种经济特权的存在，旨在维护各经济主体的经济自由与平等竞争。这种公平，既是一种社会正义的体现，也是保证私人经济活动效率和市场效率的必要条件。但是，在这种公平理念下，由于人们之间自身条件的限制，出现事实上的获益不平等却是不可避免的。

相对于经济公平，社会公平是更高层次的公平。它是从人与生俱来的生存权利和发展权利出发，强调人们之间的生存公平和发展公平。在受益上，其不仅否认人们自身条件以外其他因素的限制，也否认或者近乎否认人们自身条件的限制，强调人与人之间利益关系和社会关系上无条件的平等。公共经济和公共物品供给活动旨在满足社会成员生活、生产或生存、发展的公共需要，为社会成员的生存、发展提供不可分割和非独占性的共同条件。这就决定了公共物品供给公平的基本价值取向是社会公平。当然，由于各种主客观条件的制约，尽管社会公平不可能是人们之间获益的绝对均等，但本质上社会公平是均等导向的。这种均等导向，不仅是增进公共福利、实现公共利益的核心规范与伦理支柱，而且其本身也是公共福利与公共利益的重要内容和公共经济活动公共性的重要体现。

公共物品供给中公平的另一特质表现在权利与义务的关系方面。公共经济和公共物品供给过程不同于私人经济和私人物品供给过程。在私人物品供给中，经济活动主体是花自己的钱，办自己的事，再通过商品交换和收入分配满足自己的生产或生活需要。而如前所述，公共物品供给是一种社会契约意义上的合作活动，是集公众的钱，办公众的事，满足公众的集合性共同需要。当事的各个社会成员既是公共物品的消费者、受益者，又是公共物品的最终出资者、供给者。政府作为公共物品在表象上的直接供给者，在本质上充当的只是社会契约意义上受托者或代理人的角色，由此造成了各个社会成员作为公共物品出资者、供给者与公共物品消费者、受益者本来为一体的身份在形式和制度上发生分离，从而衍生出与一般私人经济活动不同的权利义务关系和公平问题。

首先，从社会整体角度看，全体社会成员既然要获取公共物品受益的权利，就要承担为公共物品供给出资的义务。其中的公平，一是意味着全体社会成员的获益权利与出资义务对等。在正常情况下，任何人的获益权利都不能被剥夺；同时，任何人也都不能享有免除出资义务的特权；二是“羊毛”出在“羊”身上，而“羊毛”又必须用在“羊”身上，全体社会成员从公共物品供给中获益多少应与出资多少相对称。这在形式上类似于私人市场经济活动中的经济公平，即强调委托人权利义务与受托人权利义务的对等与统一之间，以及税费的征收与税费使用的统一，这完全符合社会公众与国家或政府之间的契约精神及其内在的社会公平价值。

其次，从单个社会成员的受益权利来看，人与人之间应该保持均等和一视同仁，既不能对某个或某一部分人有所偏爱，也不能对某个或某一部分人有所歧视。

再次，从单个社会成员的出资义务来看，人与人之间各出资多少应保持一定标准下的相对合理与平衡，不能畸轻畸重。然而，一方面因为公共权力机构或政府一旦受托获得公共权力之后，未必能够真正忠实于社会公众的委托和公共利益；另一方面，如果公共部门在受托行使公共资源管理和公共物品生产职责过程中存在低效和浪费，也会导致社会公众的获益与出资不相当、不对称。与此同时，由于各个社会成员受自身经济能力的制约，在公共物品供给方面也不可能做到出资义务与受益权利完全对等。这样，就又使得公共物品供给的公平隐含着效率方面的内容，并且在实现机制上面临着多重的不公平因素。一是因为受托的公共权力机构及其成员与不同利益群体具有不同的政治经济联系而可能导致偏私或不公正行为；二是因为公共物品受益分配关系事前就决定于公共物品供给的初始决策方案，而受托组织公共物品供给的社会公共机构基于知识、智慧或信息不足等其他主客观原因却可能发生政策偏差或失误，从而导致公共物品受益分配不公正；三是源于公共物品供给客观上是一种社会成员之间的非对称性合作，必然存在出资份额与受益比例不对等的情况。

与私人经济中的公平一样，公共物品供给中的公平也可以分为机会公平、结果公平和过程公平三个层次。其中，机会公平主要是指社会成员在公共物品获益机会上的均等——既是权利均等和社会公正的根本体现，也是公共物品供给公平中最基础性的内容。结果公平是指社会基本认可的各个社会成员从公共物品中实际获益水平相对均等——既是公共物品供给公平追求的最终目标，也是社会公平价值的集中体现。过程公平贯穿于公共物品供给的筹资、投资、生产、交换、分配等各个阶段，是公共物品供给公平中的具体保障性内容，核心在于公共物品供给过程中公共权力运用和公共政策实施的社会公正性。实现公共物品供给的公平价值目标，三者缺一不可。

四、公共物品供给中效率与公平的关系

效率与公平的关系涉及对社会福利的综合认知和判断，是现代经济学规范研究中关注的焦点，也是现代国家治理中的核心问题。旧福利经济学的创始人庇古、英国经济学家哈耶克及美国经济学家奥肯、弗里德曼、罗尔斯、布坎南等都曾对此做出过直接贡献。但他们的研究都是面向整个市场经济体系，从收入分配的公平与资源配置的效率方面研究两者关系，而非专门针对公共经济和公共物品供给活动中的效率与公平问题。追溯现代经济学的发展历史，一开始是从研究稀缺资源配置起家的，仅关注效率，无视收入分配及其公平，直到庇古的旧福利经济学，才将公平纳入社会福利的价值判断。此后，虽然效率与公平共同作为促进福利的手段得到普遍认可，但在二者关系问题上却存在两种明显不同的观点。一种是强调公平与效率的矛盾与替代关系，并主张将效率置于首要地位；另一种则认为效率本身不可能成为一种正义观，并强调国家干预下收入分配公平对效率的影响，主张公平优先。[①] 不可否认，对于认识公共物品供给中公平与效率的关系，这些理论也具有重要的基础性指导意义，但由于研究对象和范围的差别，又并不完全吻合和适用。再者，不同类型和目的的经济活动，有不同的价值关系和价值侧重。因此，对公共物品供给中效率与公平的关系，必须根据其研究对象的性质和特点加以具体分析。

第一，一般经济和社会福利分析中的公平是指收入分配的公平，而公共物品供给中的公平则包括了社会成员公共物品受益的相对均等、财政负担的公平，以及社会成员基于公共物品受益与出资的总体对价。从广义上讲，尽管社会成员的公共物品受益也是一种实际意义上的收入，但按照马克思主义社会再生产原理，这种收入属于再分配意义上的收入，其与公共资源或税费的征集一起构成完整的再分配关系。公共物品供给中的资源配置也不同于一般的市场资源配置，其效率不仅仅是一个经济技术问题，而同时也是公共利益或公共福利实现过程中“取”与“予”的关系问题。其中，不仅要考虑

---

① 前者的突出代表，如奥肯、弗里德曼；后者的突出代表，如罗尔斯。

"生产多少、怎样生产、为谁生产"，更要考虑"得到多少、如何得到、谁能得到"，而后者无一不蕴含着复杂的利益分配机制。也就是说，公共资源配置的内容和特点本身就决定了其同时带有极其浓重的利益分配色彩。在现实生活中，任何一种公共资源配置实际都是私人部门与公共部门、处于不同地位的各群体之间等多重主体间利益博弈的结果。显而易见，这种公共再分配和公共性、社会性的资源配置，无论如何都排斥不了公平的内涵，由此决定了公平在公共物品供给活动中具有极为重要的地位。

第二，公共经济的基本职能是通过汲取一部分社会资源来提供公共物品，以满足私人主体对生产和生活条件的公共需要。在现代西方经济学看来，这种职能是一种必要的政府干预，是对私人经济或市场机制基于内在机制必然产生不公平、不公正等缺陷所进行的弥补、调整和矫正，借此解决单凭私人经济主体的行为和能力无法解决或不能有效解决的问题，以维系整个经济社会体系的顺利运行和发展。特别是解决收入分配不公和消除各种妨碍市场公平竞争的因素，是公认的现代政府干预的重点。在马克思主义政治经济学看来，这种职能是一种与剩余产品对应的，通过剩余产品的分割、分配来满足社会公共需要的社会活动。① 剩余产品的分割、分配和支配使用，无疑是剩余产品产生以后，社会生产关系中对社会发展方向最具决定意义的组成部分。在生产资料公有制条件下，这种职能主要是按照马克思所说的根据社会共同需要所进行的社会扣除，以此来分别满足社会成员在生产、生活秩序和教育、保健、社会保障等方面的需要。② 这种扣除，实质反映的是一种公有制下新型的人与人之间的社会关系。从这些意义上讲，不管是政府干预，还是剩余产品的分割、分配和社会扣除，无论如何都排斥不了公平公正的内涵，排斥不

---

① 马克思：资本论第3卷［M］．北京：人民出版社，1975：992－993.

② 马克思在《哥达纲领批判》中指出，在进行个人消费品分配之前，必须对社会产品作必要的扣除。这分为两个部分：第一部分是作为生产资料的扣除部分，具体包括用来补偿消耗掉的生产资料的部分；用来扩大再生产的追加部分；用来应付不幸事故、自然灾害等的后备基金或保险基金。第二部分是作为社会消费的扣除部分，具体包括同生产没有直接关系的一般管理费用；用来满足共同需要的部分，如学校、保健设施等；为丧失劳动能力的人等设立的基金。按照现代公共物品理论，第一部分包含了部分生产性或经济性公共物品；第二部分第一项为主权性或政治性公共物品，第二部分第二项和第三项为民生、发展类的社会性公共物品。——见马克思恩格斯选集第3卷［M］．北京：人民出版社，1995：302－303.

了公平公正的价值取向在公共物品供给中的核心与主导地位。在现实社会生活中，无论不同国家的公共物品供给制度存在多大差异，追求社会公平、消除社会排斥、提升公众的生活质量，都是绝大多数国家的努力方向。2013 年以来，中共中央提出和反复强调“宏观政策要稳、微观政策要活、社会政策要托底”的发展和治理理念，其中的“宏观政策要稳”、“社会政策要托底”都蕴含着公平在公共经济中的这种价值定位。

第三，强调社会公平在公共物品供给中的首要地位，丝毫不意味着否认效率的重要性，也不意味着否认公平与效率之间的矛盾和对立统一关系。首先，就公平与效率的矛盾而言，比如，若一些公共物品受益过于均等，可能会影响某些群体从事公共物品生产的积极性，不利于更快更好地提高公共物品产出和公共福利水平。正因为如此，许多国家的政府往往对一些具有特殊才能、为国家发展做出突出贡献的功臣、学者、教师、作家、科学家等不仅给予特殊的社会荣誉，而且还在薪资、子女教育、公共医疗、公共住房等方面提供更为优惠的待遇和政策。但从受益方式上来说，大多数公共物品毕竟难以定量地进行指向性分配，而主要表现为对社会成员具有普惠性的基本社会权利，因此，公平仍是其具有主导意义的价值取向。

其次，从整体意义上讲，公平与效率的矛盾关系主要体现在公共物品供给的公平对整个国民经济活动效率的影响上，特别是体现在公共物品供给对私人经济和市场活动效率的影响上。从对立角度看，基于公共物品受益意义上的利益再分配力度过大，导致整个国民收入分配的平均程度超越私人市场主体认同的激励需求，从而降低整个国民经济活动的效率，但这种矛盾并不意味着两者之间简单的此进彼退，而是两者并重前提下两者之间的均衡协调问题。而从统一角度看，一方面，整体经济效率的提高，社会财富的增加，是实现和改善社会公平的经济基础。另一方面，私人主体从公共物品中获益与其出资的总体对价、不同私人主体之间的税负公平，无疑又都既是保证和提高整个社会经济活动效率的必要条件，也是保证公共资源筹集本身效率（如税收遵从和税款的有效征集）的必要条件。反之，则会严重损害整个经济和市场活动的效率，并直接影响公共资源的有效筹集和公共物品的产出规模。可见，两者相互作用，相辅相成。实践中，在不同生产力水平、不同生产关系和不同国家不同的社会经济发展阶段，对公平与效率往往有不同的侧重或主次选择。

第二节　公共物品最佳供给的效率标准

公共物品最佳供给的效率标准同时取决于相关经济因素和公众的偏好，是一种客观与主观、经济技术与利益考量相统一的规范性准则。

一、配置效率标准

经济活动的效率首先决定于资源的优化配置。现代流行的一般资源配置效率标准，是西方主流经济学提出的建立在均衡与边际分析基础上的帕累托最优。在混合经济中，资源的优化配置首先需要解决的是社会资源在公共物品与私人物品这两大部类生产之间如何分割。对于公共物品供给的资源优化配置而言，首先要解决的便是规模效率标准问题。

所谓帕累托最优是指资源配置达到这样一种状态：任何一种社会经济政策或资源配置方式的改变，都能在不使任何一部分人处境变坏的情况下而使另一部分人的处境变得更好，此时，就意味着实现了社会资源配置最优或使社会福利达到了最大。反之，如果一项社会经济政策或资源配置方式变革，在使一部分人处境变好的同时而不会使另一部分人的处境变坏，即可以使所有人的福利都有所改善，则该项变革就是最理想的，这被称为帕累托改进。前者属于静态的资源配置效率标准，后者属于动态的资源配置效率标准。帕累托最优条件包括：（1）交换的最优条件：任何两种产品的边际效用替代率都相等，即在现有消费方式和商品总量下，无论如何改变交换比例，都能在不减少一部分人的福利的同时而使另一部分人的福利增加；（2）生产的最优条件：任何两种要素的边际技术转换率都相等，即在一定的技术水平和要素禀赋下，无论如何改变投入要素的组合，都能在不减少一种产品产量的同时而使另一种产品的产量增加。资源配置只有同时满足以上两个条件，即任何两种产品的边际转换率都等于它们边际替代率时才能实现最优化，此为帕累托最优的综合条件。这一综合条件是特定技术水平、资源条件和交换方式下，通过生产要素的组合以最大效率的生产实现消费者最大福利的产品组合的必需条件。在经济内容上，边际替代率实际是用来衡量人们对物品的相对效用水平，边际转换率所衡量的则是物品生产的机会成本，因此，边际转换率与边际替代率相等又可以转化为边际成本与边际收益相等。

从局部均衡角度看，上述综合条件完全适合于私人物品供给的均衡分析。按照常识，在其他条件既定的情况下，价格水平决定供求数量。对于私人物品，不同的人都是同一种物品市场价格的接受者，支付的价格是相同的，同一物品在同一价格下对不同人的边际效用也是相同的，即都等于市场价格，差别仅在于不同人对该物品的需求数量有所不同。因此，反映该物品全部需求量的需求曲线表现为每个人需求曲线的加总，即“横向相加”。由于每个人都会如实表达其对私人物品的需求偏好，此时由供求均衡决定的数量即为该物品资源配置帕累托最优意义上的最佳供给量。

而公共物品却与此不同。如以纯公共物品为例，其充分的非排他性和非竞争性决定了一种物品的一定供给数量可以供所有人共同支配和消费，但每个人愿意为此支付的价格即税收却是不同的。因此，全体个人愿意支付的以税费数量表现的价格只能由不同个人的需求曲线“垂直相加”而得到。由这种供求均衡决定的供给量，即为该物品资源配置帕累托最优意义上的最佳供给量。然而，问题在于，在实际生活中，由于“搭便车”心理的作用，个人不会真实表达他愿意为一定数量的公共物品付出多高的价格，所以就使得这种均衡实际上难以真正得出。

大致在局部均衡分析方法创立的同一时期，被称为“福利经济学之父”的英国经济学家庇古和瑞典学派经济学家林达尔相继提出两种影响至今的著名的解决资源如何在公共物品与私人物品之间最优配置的技术理论模型，即“庇古均衡”和“林达尔均衡”。[①] 庇古均衡从基数效用论出发，认为人们在消费公共物品时都可得到一定的正效用，但也必须为提供公共物品而纳税，由此又会产生税收的负效用。这种负效用即个人放弃私人物品消费的机会成本。对于每个人而言，当公共物品消费的边际收益等于税收的边际负效用时，这一点就是公共物品供给的最佳配置均衡点。庇古均衡的前提假设是个人的收入或预算既定，且政府没有征税及支出的运作成本。在这种假定下，庇古找到了公共物品和私人物品的最佳配置标准，但由于不存在将每个人的最佳配置结果进行加总的机制和在基数效用分析方法下不能明确找到效用强度的测定方式，故只具有纯理论分析意义。林达尔均衡是在假定每个社会成员都愿意如实披露自己对公共物品的偏好，从而不会隐瞒其边际收益和逃避纳税责任，以及对其他社会的偏好与收入情况亦十分清楚的情况下，直接模拟私

---

① 由于瑞典经济学家维克赛尔也做过与“林达尔均衡”相类似的研究，并为此提供了一定的工作基础，所以经济学界也将其称为公共物品供给的“林—维模型”。

人物品和市场效率机制，设计了一个关于公共物品受益与付费的两人竞争局部均衡分析模型。林达尔认为，如果每一个社会成员都按自己获取公共物品边际收益的大小来承担公共物品提供所需的税收，则两个成员公共物品需求曲线交点所决定的公共物品数量即为公共物品供给的最佳效率配置。约翰森（L. Johansan）在1965年出版的《公共经济学》中重新阐释林达尔的理论，证明了林达尔均衡是帕累托最优状态，但他同时认为，只取帕累托最优意义并不大，还要考虑两人之间的收入分配。即，须先根据某些公平规则对全社会福利进行调节，在形成了公正的福利分配之后，再找出合理的公共支出和税收份额。此外，做过与“林达尔均衡”类似研究的维克塞尔还试图通过将特定公共物品支出与相应的税费缴纳组合方案付诸民主投票的公共选择途径加以解决，并将“一致同意”视为公共物品最优供给的标准。

在公共物品供给的配置效率分析方面，萨缪尔森第一个运用一般均衡分析方法求证公共物品供给的帕累托最优条件。他在1954年发表的《公共支出的纯理论》和1955年发表的《公共支出理论图解》两文中，将分析范围扩大到了若干公共物品和若干私人物品同时存在的情况，提出了至今被经济学界奉为经典的“萨缪尔森条件”。萨缪尔森对公共物品供给的一般均衡分析采用的是两种物品与两人模型，即假定社会上只存在纯粹的私人物品X和纯粹的公共物品G，且社会上只有两名消费者A和B，两名消费者的效用函数已知。在此假定下，找到公共物品与私人物品产量组合的最优解集合，并运用一条社会福利函数曲线去确定整个社会唯一的“最优平衡点”。该解的集合全部满足消费的边际替代率之和等于生产的边际转换率，此即所有公私物品供给的帕累托最优条件。如果公共物品对私人物品的边际替代率代表个人通过公共物品的边际增量而获得边际效用的增加，由于人人都消费同一公共物品，因此必须把个人的边际效用全部加总。边际替代率之和就是为了得到一个单位的公共物品所有社会成员愿意放弃的私人物品的总和。由于边际替代率之和就是社会成员对公共物品的相对效用水平的总体评价，边际转换率实际衡量的是公共物品的机会成本，因此为了达到公共物品供给的帕累托最优，人们从公共物品中获得的全部利益应等于它的客观机会成本。这无疑与局部均衡分析所得出的个人对公共物品所愿意支付的价格加总应等于公共物品的边际成本的结论是相符的。此后，1969年，萨缪尔森又将收入分配因素引入他的一般均衡分析，形成了寻求符合帕累托最优和社会福利最大化双重目标的资源配置与产品分配模型。

公共物品供给配置效率标准的第二个层面是结构效率标准。这一效率标准所要阐释的是公共资源总量既定的情况下，如何判断这一总量在所有公共物品之间的配置是否达到了使公共福利最大化的最佳组合或帕累托最优。与公共物品供给的规模效率同理，这种最优的标志是所有公共物品或公共支出项目的边际效用相等。由于在资源竞争性利用的情况下，一部分资源用于一种公共物品所产生的收益，就是该部分资源不能用于另一种公共物品所产生的机会成本。因此，这一标志背后遵循的依然是局部均衡分析中边际收益等于边际成本的一般效率条件。

需要指出，无论对于规模效率还是对于结构效率，上述帕累托最优条件和各种理论模型都只是一种对公共物品最佳供给标准的基本理论描述，而不可能成为实际决策的具体依据。根本原因在于，公共物品的特性决定了其前提假定并不一定都符合实际。一方面，作为公共物品消费者的社会成员基于“搭便车”的自利心理不愿意真实表露自己对公共物品供给的偏好；另一方面，作为公共物品受托提供者的政府也不可能完全掌握众多消费者对公共物品供给的需求偏好。这就使得，帕累托最优在实践中难以获得准确的衡量标尺。尽管与庇古均衡和林达尔均衡相比，萨缪尔森模型更为直接地针对公共物品的共同消费特征做出解释，并采取了更贴近实际的一般均衡分析方法，但同样没有解决公共物品供给的真实偏好揭示问题。尽管萨缪尔森批评林达尔模型使用的需求曲线是“虚拟的需求曲线”，但他自己实际也没能逃脱这一“虚拟”的陷阱。鉴此，在实践中，就必须寻求一些可实际操作的代理指标来尽可能逼近公共物品供给的帕累托最优状态。

在规模效率方面，如可以根据各种相关现实国情、国内外经验、财政支出规模增长变化规律等因素综合研究考虑，大体确定一个财政支出或财政收入占 GDP 的比重或比重界限，作为公共物品供给规模的效率标准。我国计划经济时期曾提出过国民收入分配的“二、三、四”比例，[①] 就类似这样一种做法。再如，一国的经济社会发展是私人经济活动与公共物品供给综合作用

---

① “二、三、四”比例分别是指积累和国家预算收入占国民收入的比重及基本建设支出占国家预算支出的比重，其中的“三”是指预算收入占国民收入的比重不低于 30%，或略高一点。这一主张由薄一波同志于中共八大发言中在总结“一五”时期经验的基础上首次提出，并成为我国此后相当长一段时期内国民经济综合平衡的指导方针。

的结果，因此还可以选择一些或一组代表性较强的综合性指标，如经济增长率、全要素生产率、景气指数、人文指数等，根据具体国情研究设定一个大体适宜的指标水平和指标间相互关系数值。只要这些指标水平能够保持稳定或持续增长，指标间关系能够保持协调或协调变动，就可以认为资源在私人物品与公共物品之间的配置达到了帕累托最优的理想状态。这也是实践中各国普遍采取的做法。

在结构效率方面，如在正常情况下，可以对公共支出在所有公共物品项目之间的分配实行弹性标准法。即首先根据国内外历史经验测算出各类或各种公共物品支出与 GDP 的历史平均弹性值，并根据对经济社会发展趋势的预测进行调整修正，然后参照各类或各种公共物品支出弹性值的大小在所有公共物品项目之间分配预算资金，从而决定各类、各款公共物品的供给规模。由于各种不同公共物品支出经验弹性值的大小都在不同程度上反映了社会经济发展规律的要求，也都在某种程度上反映了全体社会成员对该公共物品的需求偏好及其优先顺序，所以，据此分配预算，就可以认为公共物品的资源配置结构大致符合帕累托最优的理想状态。再如，对既定公共资源或支出在那些收益可用货币计量的公共物品项目之间的分配可以采用受益标准。即首先通过对各种公共支出项目的财务论证测定其收益数额和必需的成本数额。然后，在总预算约束和项目组合约束条件下对各项目按成本效益比的大小依次从高到低进行排序，决定公共资源在不同公共物品供给上配置的优先次序；在项目组合可选择的情况下，则可以总收益最大为标准对可能的项目组合进行选择。鉴于有的公共物品项目客观上不可分割（如在一定技术条件下，修建一套城市污水处理设施至少需投资 1 亿元，则要么投资 1 亿元修建一套，要么增加投资到 2 亿元修建两套，而不可能投资 1.5 亿元修建一套半），对于此类项目，在按照预算约束和总收益最大标准选择项目组合时，通常须同时满足预算结余最小标准。① 由于这种收益标准直接体现了预算约束下的产出最大化要求，因而总体上是符合帕累托效率标准的。

对于公共物品供给规模和配置效率，马克思早在现代西方主流经济学产生之前就依据价值规律给出了理论模型式的解释。这一解释主要包括两点：其一，他将社会总劳动及其产品区分为“满足生产者及其家属个人需要”和

① 马海涛：公共财政学［M］. 北京：中国审计出版社，2000：70－71.

“用来满足一般的社会需要”这样两个部分，[①]这两部分显然分别构成私人物品供求和公共物品供求。其二，无论对私人物品还是公共物品，都要按照社会成员对不同种类使用价值（即物品）的需要量来分配社会劳动时间（即配置经济资源），如果资源配置背离了由社会对各种公共物品需要量所决定的客观比例，就会造成资源浪费。[②]如果将以上两点联系起来并从实质上考察，那么，完全可以认为，马克思早在19世纪60年代就已经从理论上阐明了公共物品供给在总体规模、内部结构以及相应的资源配置方面最佳效率问题。

还需指出，由于公共物品供给的效率既具有客观性，又具有很强的主观性和利益考量特点，公共物品资源配置中不存在自由交换场景下的均衡价格和消费者偏好表露机制，单靠经济技术手段和经济技术手段的变通，无论如何都难以从根本上彻底解决帕累托最优标准的现实化问题。而实践中更为可行的办法就是诉诸民主政治基础上的公共选择程序，通过社会成员的同意度来求解公共物品供给的帕累托最优。因其主要属于公共物品的需求显示和供给决策机制问题，故留待第七篇第十九章展开阐述。

二、生产效率标准

公共物品生产效率标准直接衡量的是生产目标既定条件下某一公共物品生产项目的成本收益对比关系，较之公共物品供给的配置效率标准，相对客观和简单。公共物品生产效率的具体标准与不同的效益衡量评价方法有关，而不同的效益衡量评价方法又对应不同特点的公共物品生产项目。

---

① “在任何社会……中，总是可以区分出劳动的两个部分，一个部分的产品直接由生产者及其家属用于个人的消费，另一个部分即始终是剩余劳动的那个部分的产品，总是用来满足一般的社会需要，而不论这种剩余产品怎样分配，也不问由谁执行这种社会需要的代表的职能。”——马克思：资本论第3卷［M］．北京：人民出版社，1975：992－993.

② “要想得到和各种不同的需要量相适应的产品量，就要付出各种不同的和一定数量的社会总劳动量。”“社会需要，即社会规模的使用价值，对于社会总劳动时间分别用在各个特殊生产领域的份额来说，是具有决定意义的。”“社会劳动时间可分别用在各个特殊生产领域的份额的这个数量界限，不过是整个价值规律进一步发展的表现，虽然必要劳动时间在这里包含着另一种意义。为了满足社会需要，只有这样多的劳动时间才是必要的。在这里界限是通过使用价值表现出来的。在一定生产条件下，只能把它的总劳动时间中这样多的劳动时间用在这样一种产品上。”——见马克思1868年7月致路·库格曼［A］．马克思恩格斯选集第4卷［C］．北京：人民出版社，1995：580，以及马克思：资本论第3卷［M］．北京：人民出版社，1975：716－717.

对于效益属经济类目标、可用货币计量的公共物品生产效率，实践中多采用“成本—收益”比较分析法。这种方法是从私人部门的财务分析方法移植发展而来的，主要用于对公共物品具体生产项目建设方案效率的衡量评价和对同一公共物品项目不同生产建设方案的比较选优。其基本原理是首先按照生产建设方案计算项目生产建设与运营使用过程中发生的所有成本和收益，并折算成现值和加总；然后对加总的成本现值和收益现值进行比较，计算出净收益现值（NPV）。在这种效率分析方法下，衡量效率的标准即净收益现值的大小。按照这一标准，一种生产建设方案的净收益现值大于0，该方案在生产效率上即为可行；不同生产建设方案选优的效率标准为“净收益现值最大”。采用这种标准的前提条件是成本与收益的计算范围、计价标准及贴现率的选择具有科学性，必须反映公共物品不同于私人物品的特殊要求。一般而言，在成本与收益的计算范围上，既要考虑生产建设项目的直接成本、直接收益，又要考虑生产建设项目的间接成本、社会成本和间接收益、社会收益；计价标准应采用剔除市场扭曲影响后的影子价格。至于贴现率的选择，理论上可有两种标准：一种是时间偏好率或社会贴现率，即人们愿意以多大利率放弃即期消费而换取未来消费；一种是机会成本率，即私人投资回报率，它反映一笔资金若不用于公共支出，而投入私人部门所能产生的社会效益。在资本市场不存在扭曲的情况下，二者是一致的。但实际资本市场往往也是不完全的，对于公共支出项目，采用机会成本率太高，而采用时间偏好率又偏低，因此应采用二者的加权平均数，或者是直接采用政府公共债务融资的利率。

对于效益属非经济类目标（社会目标或政治目标）、不可用货币计量的公共物品生产效率，实践中一般只能采用最低成本选择法或绩效衡量法。最低成本选择法与“成本—收益”比较分析法的运用原理相同，只是运用中仅计算和比较成本现值。换言之，在这种方法下，衡量效率的标准仅为成本现值的大小，不同生产建设方案选优的标准即“成本现值最小”。绩效衡量法是将公共物品的供给目标分解成若干绩效指标，通过相关绩效指标的完成程度考察公共部门的公共物品生产效率。在这种方法下，衡量效率的标准即各类绩效指标数值的高低。

一般来说，这种非经济性绩效指标可以分解为以下四类：一是职员生产率指标，如机关人均处理批文数、学校师生比等；二是工作成效指标，如公路建成通车里数、法院结案率等；三是工作成本指标，如救济机构管理成本与受救济人数的比率、学校培养学生的生均成本等；四是服务质量指标，如救济发放的错误率、扶贫工作的脱贫人数等。例如，英国审计局就是以如下三项指标来评估审计部门的生产效率：以人均完成审计案件数来评估职员生产率；以已结审计案件数占全部需审计案件数的比例来评估工作效率；以处理每件审计案件的平均成本来评估工作成本。① 当然，这类生产绩效标准也和公共资源的配置效率标准一样，含有不同程度的主观性。一是绩效的具体分解和具体指标的选取带有主观性，如何分解才能准确反映一种公共物品生产的效率存在一定的灵活空间；二是各项绩效指标的理想值或标准值也往往是经验和动态的。因此，须在事后更多关注消费者的效用评价和满意度。

三、筹资效率标准

现代国家的公共物品筹资形式包括税、费（基金）、债三大类。筹资效率的总体标准是筹集到的实际可用于公共物品供给的公共资源，对一定公共福利制度下实现公共物品供给所需经济资源的满足程度。其中，最重要的是作为现代公共收入主要形式的税收收入的筹集效率，即税收效率。

税收效率分别表现在三个层面：一是实征税款与欲征税款的对比关系；二是实征税款与应征税款的对比关系；三是有效税款与实征税款的对比关系。其中，欲征税款即根据公共物品供给需要确定的税收收入预算数额，应征税款是指一定税收制度下应获取的税收收入数额，有效税款是指实征税款中能够实际用于公共物品提供的收入数额。实征税款与欲征税款、实征税款与应征税款的对比关系既取决于税收的制度效率，又取决于税收的行政效率，而有效税款与实征税款的对比关系则取决于税收的行政效率。

税收的制度效率是指税收制度的运行效率。税收制度效率的衡量标准一般有二：一是质量标准；二是成本标准。税收制度效率的质量标准一般是从税制结构、税基大小、时滞长短、执行程度等方面考察税收制度的效率状态，具体衡量指标可分为集中性指标、侵蚀性指标、时滞性指标和实施性指标。其中，集中性指标反映的是主体税种和税率所能筹集到的税收收入份额，侵蚀性指标用于估测税收制度标定的实际税基与潜在税基的接近程度，时滞性指标衡量的是税款实际缴纳入库时间与应缴纳入库时间的差距，实施性指标测度的是法定税制与有效税制或实际执行税制偏离的程度。如果集中性指标

---

① 马海涛：公共财政学［M］．北京：中国审计出版社，2000：110.

数值较高且与其主体地位相称，侵蚀性指标和时滞性指标较低，即意味着税收制度在筹资功能上是高效率的。至于实施性指标，其主要制度影响因素是税收优惠和税收惩罚的力度。其中，税收优惠应以既能达到扶持政策目标，又不造成纳税人的优惠依赖和超额税收收入流失为原则；税收惩罚应以既能达到惩罚的限制目的又不会导致纳税人反向的偷逃税激励为适度。也就是说，实施性指标应以优惠和惩罚程度适中为效率标准。税收制度效率的成本标准是指税收制度的设计能在充分筹集收入基础上使税收成本最小化。税收成本即税收征纳双方在征税和纳税过程中所发生的费用。从税收制度角度看，税收征纳成本主要决定于税收制度的法治程度和确实、简明程度，并分别由政府和纳税人承担。税收制度的法治程度和确实、简明程度越高，就越有利于提高政府征税和纳税人纳税的便利程度，越有利于政府有效征税和纳税人的税收遵从，从而意味着征纳费用越低和税收制度的效率越高。此外，税收的制度成本还包括政治成本。所谓政治成本是指纳税人试图影响税收制度所产生的费用，由政府和纳税人共同承担。一般而言，在税收法规和税收政策的确定过程中，纳税人表达意见的渠道越畅通、意见表达越充分，政府税收决策越公开、越透明，征纳双方协商程度越高，税收制度的政治成本就越低，从而意味着税收的制度效率越高。

税收的行政效率是指政府税务部门在履行征管职责过程中的工作和管理效率。它直接关系税收制度执行的有效性和有效税收收入的多少，核心依然是税收成本问题，并同样表现在征税成本和纳税成本两个方面。所谓征税的行政成本，就是税务部门为征税而花费的行政管理费用，包括征管人员的工资、薪金、补贴，办公用具和设备、设施支出，实施各种征收、稽查及涉税案件处理措施的费用等。这部分成本属于公共物品筹资的行政耗费，本身不能再用于公共物品供给。所谓纳税的行政成本，就是纳税人在依法纳税过程中所支付的费用，主要包括纳税人申报办理纳税事项、应对税收检查和稽查所花费的人力、办公和交通费用，雇用会计师、税务代理机构或职业报税者所花费的费用，企业、单位履行代扣代缴义务所花费的人力和办公费用等。在广义上，纳税费用还应包括纳税人因主观逃税、避税或其他客观原因导致税收违规而受到的惩罚等。毋庸置疑，在其他条件相同的情况下，税收成本越低，税收的行政效率就越高。在公共物品筹资的行政成本中，由于征税成本是有效税款的抵消项，因而在税收行政效率中的地位和公共物品有效供给中的意义尤其重要。根据经合组织（OECD）2006 年发布的一份报告，2004 年，美国的征税成本占税收收入总额的比重为 0.56%，英国为 0.97%，澳大利亚为 0.78%；而在我国，《中国税务报》2007 年做过的一份统计显示，征税成本占税收收入总额的比重达 5%—6%。[①] 两相比较，充分显示出征税的行政效率对有效税款的影响之大，也足见提高我国税收管理和税收征管手段现代化水平的迫切性。

公共收费是政府或公共部门以有偿方式向社会成员提供部分准公共物品而获取收入的筹资方式。其不同于税收无偿性和强制性的形式特点，一是公共部门公共物品供给的成本可以部分或全部地从使用者收费中直接得到补偿；二是消费者或使用者在“缴费——享受公共服务”和“不缴费——不享受公共服务”之间有一定的自主选择权。公共收费的筹资效率及其标准总体上与税收相似，也包括制度效率和行政效率两个方面的内容，这里不加重复分析。其特殊性在于，除此之外，还存在一个收费标准，即公共定价问题。这种收费标准，从静态角度讲，决定公共物品的筹资效果即成本补偿的多少；从动态角度讲，也是消费者对收费项目所提供的公共服务进行效用评价的显性指标和促进改善公共物品供给长期效率的决策指引。根据准公共物品的非盈利特点，公共定价一般有两种选择：一是按边际成本定价；二是按平均成本定价。两种定价标准各有长短：由于依照边际成本标准定价低于平均成本，因此有利于最大限度地满足公众的消费需求，但往往影响财政稳定和不利于实现公共物品的消费效率；由于依照平均成本标准定价高于边际成本，因此其效应恰恰与按边际成本定价相反。实践中究竟采取何种定价标准，需要根据满足公共需求和保证财政稳定的双重目标及各个时期的社会经济情况全面权衡，择优而定。

公共债务是公共物品筹资的补充形式。其筹资效率通常以筹措一定数额的财政资金所需付出的成本高低衡量。公共债务融资成本主要是由融资利率所决定的债务利息，也包括债务发行和偿还过程的行政费用。由于公债融资是一种市场性融资，因此，正常情况下公债利率的确定主要是一个市场性问题（战争时期或为应对重大突发事件等极特殊情况下发行的强制公债另当别论）。根据债权人风险、流动性与利率的关系，公债利率一般应按略低于市场

---

① 参见王长宇：中国税收成本问题研究［D］．首都经贸大学博士论文，2016：1.

利率和略高于银行存款利率的原则确定，同时考虑资本市场的供求状况、债务筹资目标和政府偿还能力等，相机选择适当的利率水平，从而既尽可能有效地达及债务融资目标，又实现一定市场条件下融资成本的最小化。

第三节　公共物品最佳供给的公平标准

公共物品最佳供给的公平标准是处理公共物品供给中人与人之间、公共权力机构与社会公众之间社会关系的基本准则，也是公共经济生产关系本质要求的伦理体现。作为一种人们之间利益关系的价值判断维度，它具有突出的主观性和鲜明的历史性、政治性。根据前述公共物品供给公平的内容，公共物品最佳供给的公平标准可主要概括为总体受益公平标准、人际受益公平标准和人际出资公平标准。

一、总体受益公平标准

公共物品供给的总体受益公平追求的是全体社会成员的公共物品获益与其出资的整体对等，含意是公众的税费出资回报“物有所值”。由于这种对等主要是社会公众对公共权力机构忠实履行公共物品供给受托责任的一种主观期望，客观上很难度量，加之公共物品出资是一个数量概念，而公共物品受益是一个包含质量在内的概念，两者并不完全对称，因此，其公平标准的选择只能寄诸特定侧面、间接或大致的比较观察。

所谓侧面的观察分析，主要是从受益方面观察、衡量总体公共福利水平，进而大致反映社会公众一定公共出资负担下所获得公共服务的多少与优劣。对此，丹麦社会政策学者哥斯塔·埃斯平－安德森（Gosta Esping－Andersen）曾提出用“产品和服务的去商品化指数”来测量一个国家的总体公共福利水平。[①] 所谓“产品和服务的去商品化指数”，是指一个国家或地区一定时期内创造出来的总财富中按照人们的基本需要而非按照贡献和交换的非商品化方式分配的比例。具体而言，一般是指政府或其他社会公共组织直接面向个人和家庭提供的各种福利性社会服务（免费或低费）和现金转移支付在国家或地区总财富分配中所占的比例。其中的社会服务，包括公共教育、公共卫生医疗服务、社会保险、社会救助、公共住房，以及针对老年人、儿童、残疾

① 哥斯塔·埃斯平－安德森：福利资本主义的三个世界［M］．苗正民、滕玉英译，北京：商务印书馆，2010：31.

人等特殊困难群体所提供的专门化服务等，也即通常所说的“社会公益事业”或“社会政策”领域的公共服务。① 在当代世界各国，公共物品的这种受益水平通常是用政府在这些领域的财政投入即“社会支出”的水平来衡量，并以社会支出占 GDP 的比重作为具体衡量指标，进行相应的国际比较。这一指标越高，就说明社会公众的公共出资与公共物品总体受益的社会公平价值越大。

但是，需要注意的是，社会公平主要是一种具有历史性的主观价值判断，采用这种方式和这一侧面观察衡量公共物品供给的总体受益公平还需与一个国家特定发展阶段的公共福利政策目标、民众态度与主流价值观结合起来。从公共福利政策目标看，虽然当代绝大多数国家的基本目标都是立足于更好地满足社会公众的公共需求，但由于设定的具体社会、政治和经济目标不同，从而导致公共物品总体受益标准存在较大差异。如，有的国家的社会目标主要是重点保证贫困群体的基本生活需要，而有些国家则是力图提供受益面更广的公共服务，以提升社会文明程度和实现高水准的社会公平；而有些国家则追求更高的政治目标，力图通过公共福利政策去营造更加公平、和谐的社会环境，为政治稳定和社会的长治久安奠定基础；有些国家的经济目标是期望通过控制社会公共负担使本国经济在国际竞争中获得更大优势，而有些国家则将公共福利看作积极的社会投资，更加看重通过相关的公共福利政策提升人力资本和核心竞争力，从而促进经济的长期可持续发展。② 从民众态度和社会价值观方面看，一个国家的社会文明素质越高，社会公众的长远意识和全局意识越强，对与本国经济社会发展水平相适应公共福利政策目标的认同度就越高，从中体验到的获得感、公平感就越强。具体到我国，目前已进入中等收入国家水平和经济社会转型阶段，各种社会矛盾凸显，因此，客观上要求我国将总体发展目标定位于通过经济建设、政治建设、社会建设、文化建设、生态文明建设“五位一体”的发展战略来全面推进国家治理体系和国家治理能力现代化，以实现成果共享性包容发展。与此相应，社会公众对公共福利政策和公共福利水平的要求显著提高，特别是经济转型对低成本劳动力需求的降低、对人力资本要求的提升及人口快速老龄化与城市化导致民众

① 关信平：当前我国社会政策的目标及总福利水平分析［J］. 中国社会科学，2017（6）：95.

② 参见关信平：当前我国社会政策的目标及总福利水平分析［J］. 中国社会科学，2017（6）：92.

的公共福利需求显著提高，并逐渐成为社会主流意识。这就决定了公共物品总体受益标准的设定，应当在切实托住公平与共享发展的底、托住社会稳定和促进经济转型与经济发展的底的基础上，致力于民生的普遍改善，以满足国家治理体系和国家治理能力现代化建设的要求。

埃斯平－安德森提出的“产品和服务的去商品化指数”和上述侧面的公共物品总体受益公平标准分析，涉及的主要是社会公益事业领域的受益。这虽是体现社会公众对公共物品供给的总体获得感和公平感的主要方面，但显而易见，除此之外，安全、秩序及财富增长方面的受益也是不可忽视的重要侧面。与以政府的社会支出观察社会公众的社会性受益同理，安全、秩序及财富增长方面的受益可以分别通过国防支出、行政支出和经济支出的水平①结合民众的态度来观察。国防支出的水平与国际安全形势直接相关，没有一以贯之的标准。面对一定的国防安全形势，其水平高低一般比较容易判断，标准比较明确，也比较容易得到公众的认可。而行政支出则不然，由于影响因素多元，且是政府公务人员集团的直接利益载体，社会公众的敏感性程度更高。由于行政支出水平除行政服务的供给耗费外，同时受到人均收入水平和公务人员薪资水平的影响，因此，在衡量指标上除行政支出占财政支出或GDP的比重外，还应辅之以财政供养公务人员占比和官民比等指标。按照国际一般规律，行政支出比重变化的总体趋势是逐步降低的。这种趋势既体现了生产力和生产关系不断进步的内在趋势，也符合人民大众的公共利益诉求。在行政服务范围和其他条件相同或相近的情况下，行政支出的比重越低，公共行政负担越轻，意味着公众的公共物品总体受益水平越高，从而社会获得感和公平感也就越强。以此反观我国的现实情况，自改革开放以来，行政支出的绝对规模和相对规模均快速增长，绝对规模增长倍数远远高于财政支出和GDP的增长倍数；行政支出占财政支出的比重1978年为4.37%（按2007年以前的支出分类科目计算），2008年达到22.6%（按2007年改革后的支出分类科目计算），成为财政支出中占比最大的科目，同时财政供养公务人员的数量也大幅增长。② 党的十八大以后，行政支出占比虽逐步减低，但仍居于世界高位。至于财富增长受益的公平公正标准，主要是社会公众对经济增长效

① 这里的行政支出指包括立法、司法、行政管理、外交等在内的广义行政性支出。

② 陈共：财政学第8版［M］．北京：中国人民大学出版社，2015：66.

果和经济增长成果享有的满意程度。从公共经济活动和政府经济支出角度讲，在我国目前经济社会转型情况下，其主要取决于公共资本的投入结构、运作质量和公共分配政策。

从受益方面判断公共物品供给的福利水平，还可以采取一些间接的观察、衡量方式。如，可以尝试对企业经营和个人、家庭生活设置一些与公共服务相关的基础成本指标，以此间接反映公共物品供给的数量和质量。企业经营的基础成本，如交通运输成本，水电获取成本，污染物处理成本，申报、申请、审批等交易成本，职工招聘和劳动力结构优化成本等。个人、家庭生活的基础成本，如交通出行成本，水电消费成本，垃圾废物处理成本，申报、登记成本，学习和能力提升成本，子女教育和老人赡养成本，卫生医疗成本，就业成本等。这些基础成本水平的高低，不仅取决于市场情况和个人行为，而且与政府提供的相关公共服务密切相关，同时取决于公共设施、公共条件及公共便利的供给数量和质量，进而反映出一个国家或一个地区的公共福利水平。这些基础成本越低或趋于降低，则意味着社会公众从公共物品供给中的获益越多或逐渐增多，从而社会成员对公共物品出资的获得感、公平感也就越强。

侧面地衡量、分析公共物品总体受益是否公平的另一方式，是考察一定公共福利制度下的宏观税负（指包括各种非税收入负担在内的广义税负），即出资负担水平。宏观税负作为社会公众为获取公共物品收益而付出的总体代价或利益损失，无疑对反映公共物品总体受益公平状态具有类似“价格”的直接意义。而且，根据心理学研究，人们在主观公平感受上，往往是对损失多少比得到多少更为敏感。宏观税负水平的高低，既客观地取决于整个社会或国民经济承受能力，也从主观上取决于税负主体的心理承受能力。基于后者，才有所谓“税感”“税痛”之类的形象描述。从理论上说，宏观税负合理标准的最大限度不应超越社会“两次扣除”后的剩余。第一次扣除是从国民收入总量中扣除企业部门简单再生产和家庭部门基本生计需要的部分，第二次扣除是进一步扣除企业部门扩大再生产和家庭部门发展与改善的必要部分。在市场经济下，第二次扣除与一个国家一定时期内市场与政府、私人与公共之间的边界划分直接相关。而在现实生活中，任何一国市场与政府、私人与公共之间的边界划分又都要受到主观价值理念的直接影响。因此，第二次扣除后宏观税负合理标准的择定，应当是让税负主体，起码是让多数税负主体的“税感”适中、“税痛”可以接受，同时参考宏观税负水平及其所对应的公共福利水平的国际比较，才可能有客观决定与主观认同相统一的社会公平。

不论是受益侧面的衡量观察标准，还是出资负担侧面的衡量观察标准，都具有片面和局部性，因此，最理想的还是应当有一个大致的公共物品总体受益与宏观税负对应关系的衡量标准，尽管此举难度更大。首先，根据国际比较的结果，特别是根据先进国家的经验，在基本理念、基本制度和基本对应关系上应该是高税负则高福利、低福利则低税负。其次，应该探索建立宏观税负与公共福利之间相互对应关系的适应性指数指标，从动态上反映和把握两者的对称性。其标准，一是两者起码应在变动趋势上保持大体一致的方向；二是在此基础上将两者变动幅度差异控制在一个合理区间之内。原则上，两者变动政策操作的方向基准应是依福利控税负。如此，将使公共物品总体受益公平标准更加显化、全面和可依。实践中，尽管公共物品总体受益水平难以加总计量，也需要选取一些代表社会发展方向、对提升国家治理水平关系重要和社会公众关注度较高的局部性指标形成与出资负担的对应关系，以利于达到使公共经济的终极主体尽可能满意的公共物品总体受益公平目标。

二、人际受益公平标准

公共物品供给的人际受益公平是指所有社会成员之间（包括地区之间、城乡之间和不同群体、不同阶层之间）从公共物品获得的利益处于当时社会公认的平等或合理状态。这种公平的基本标准就是全社会相对“均等”。所谓均等，即通过公共物品供给，使各个不同区域、不同群体和不同阶层的社会成员获得数量大致相当、质量大致相近、可及程度大致相同的公共服务。其要旨是机会均等与结果均等的统一，而不是简单的平均化。在现实生活中，公共服务的内容类别不同，对社会公平的要求和实现社会公平的意义亦有所不同。

从社会成员需求满足的层次和紧迫、重要程度看，公共服务可以分为基本公共服务和非基本公共服务。基本公共服务是正常情况下公共服务的基本与核心组成部分，除人人自然应当享有的关乎生命财产安全的国防、社会治安、人身自由、财产保护等纯公共利益之外，主要涉及教育、就业、社会保障、医疗卫生、住房保障、文化体育等领域的公共服务。具体而言，所谓“基本”可从三个层面来理解：一是在消费权利上与社会成员的生存权、发展权等基本权利直接相连，旨在保障人的生命存在和全面发展。虽然各种特定的公共服务都有与其内容和性质相应的特定目标服务人群，但与服务对象的住地、身份、收入多寡无关或基本无关。换言之，基本公共服务应该覆盖服务内容所涉及的全体社会公众，具有普惠性。大致均等地享受与经济社会发展水平相适应的基本公共服务是全体公众的基本人权和基本尊严，大致均等地为全体公众提供与经济社会发展水平相适应的基本公共服务是公共物品供给的基本内涵和政府义不容辞的责任。二是在消费需求层次上与一定经济社会发展阶段和一定社会共识下的低层次消费需求直接关联。也就是说，基本公共服务是一定时期公共福利水平的最低标准和统一标准，不论先进地区还是落后地区，不论城市还是农村，都应达到这一最低限度的公共供给标准。三是在消费需求的属性上属于人们生命再生产所必需的生理或物理需求，与基于经济社会地位的偏好差异关系不大。如，对食品、药品的消费尽管各人各异，但都要求保证无公害、无污染等质量安全，尽可能避免对健康的伤害。这三点都决定了基本公共服务的社会公平在社会经济生活中毋庸置疑的义理性，同时也决定了基本公共服务均等在社会和谐和国家治理中的核心准则地位。

正是基于这一点，2006 年中共十六届六中全会做出的《关于构建社会主义和谐社会若干重大问题的决定》将完善基本公共服务体系和实现基本公共服务均等化确定为党和政府施政的主要目标，国务院也分别于 2012 年和 2017 年制定并发布了《国家基本公共服务体系“十二五”规划》《“十三五”推进基本公共服务均等化规划》，作为我国现阶段构建国家基本公共服务体系的综合性、基础性文件和政府履行公共服务职责的重要依据。当然，基本公共服务是一个与经济社会发展水平和阶段相对应的历史性概念，其具体内容范围及其与非基本公共服务的界限会随经济社会发展和时间的变化而变化。①

---

① 2012 年国务院《国家基本公共服务体系“十二五”规划》对我国现阶段基本公共服务的范围作出界定，一般包括保障基本民生需求的教育、就业、社会保障、医疗卫生、计划生育、文化体育等领域的公共服务，广义上还包括与人民生活环境紧密关联的交通、通信、公用设施、环境保护，以及公共安全、消费安全和国防安全等领域的公共服务。为突出体现“十二五”规划纲要“学有所教、劳有所得、病有所医、老有所养、住有所居”的要求，该规划确定了基本公共教育、劳动就业服务、社会保险、基本社会服务、基本医疗卫生、人口和计划生育、基本住房保障、公共文化体育、残疾人基本公共服务 9 个领域、80 项基本公共服务的重点任务、国家标准、央地支出责任和保障工程。

2017 年国务院发布的《“十三五”推进基本公共服务均等化规划》则列出了包括基本公共教育、基本劳动就业创业、基本社会保险、基本医疗卫生、基本社会服务、基本住房保障、基本公共文化体育、残疾人基本公共服务 8 个领域、81 项的基本公共服务清单，提出了基本公共服务均等化的制度安排，规划了推动各项服务均等化的重点任务、水平标准、支出责任、部门分工及保障措施。

从公共物品使用价值属性角度看，可将其归结为四大主要类别：一是公共安全类服务，如国防、治安、消防等服务；二是公共规则类服务（或制度性服务），包括法律法规、行政规制、政策措施及其相关保障标准的制定与实施；三是公共设施类服务，包括市政交通、水电气暖、环境保护、信息传输等各种公用设施；四是公共事业类服务，包括公共教育、医疗卫生、文化体育、社会保障、就业创业服务等。一般说来，第一类和第二类公共服务大多属于非排他性、非竞争性较强的纯公共物品，一旦提供，不会出现消费上的“拥挤”或出现“拥挤”可能性较低，同一服务辖区内部的消费者之间不会直接感受到服务的差异，其均等不均等问题主要存在于不同的服务辖区之间，且总体上不突出。第三类公共服务作为公众生产、生活的共同先行条件，虽然出现消费“拥挤”的可能性较大，消费者的均等化要求较高，但由于其供给的整体性和消费的单件不可分割性，同一服务辖区内部的消费者之间对服务差异的感受也相对较弱，其均等不均等问题也主要存在于不同的服务辖区之间。而第四类公共服务不均等的发生范围比较广泛，不仅会发生在不同的服务辖区之间，而且会发生在同一服务辖区的不同社会成员之间。因此，这类公共物品是正常情况下公众社会公平渴求最广泛、最强烈，也是均等化要求最高、意义最重要的公共服务领域。[①] 从社会权利、消费需求和社会共识看，需要公共供给“托底”和全社会建立最低统一标准的基本公共服务也大都出自这些公共服务领域。

关于公共物品供给的人际公平或公共服务均等化的具体衡量标准和指标，国外研究主要侧重于公共服务均等化的总体原则和基本目标、制度安排、经济及社会效应、影响因素及内在机理等，国际间也缺乏共同认可的实践经验。与此不同，我国自提出基本公共服务均等化目标以来，国内学术界和决策部门基于对均等化标准体系的建立和目前不均等状况的认识进行了广泛探讨，取得了许多切实有益的研究成果。综合这些成果，在思路和方法上的认识大体可归纳为三种：

其一，主要运用客观指标对公共服务均等化的具体目标和水平进行标识、衡量和评价。如，安体富和任强（2008 年）、刘成奎、王朝才（2011 年）等运用综合评价法进行均等化指标体系评价。其中，安体富和任强以此方法构

---

① 王桢桢、郭正林：公共服务均等化的影响因素及标准化体系建构［J］．学术研究，2009（6）：59.

建了一个包含 4 个级别、25 个单项指标的基本公共服务指标体系，而刘成奎、王朝才则针对城乡间的基本公共服务均等化问题，利用社会保障指数、卫生服务指数、义务教育指数和基础设施指数 4 大指标和 8 个单项指标，构建了城乡基本公共服务均等化指标体系。王新民、南锐（2011 年）、彭尚平（2010 年）等运用层次分析法构建了基本公共服务均等化水平的多层次评价指标体系。层次分析法是主观赋权法的一种，其主观性表现在对各指标权重的选择上，实证分析中往往采用问卷调查的方式确定每一级指标的权重。陈昌盛、蔡跃洲（2007 年）、龚锋（2008 年）等运用数据包络分析评估各地公共服务的绩效，利用公共服务分类绩效和综合绩效的最大最小指标和变异系数衡量地区之间的公共服务差异。南锐、王新民、李会欣（2010 年）等采用客观赋权法中熵权 TOPSIS 分析法，对各省区的基本公共服务均等化水平进行评估和比较。卢洪友等（2012 年）用均等化相对进程指数和一地的保障水平与全国平均水平的比值来刻画地区间均等化的相对进程：该指数大于 1，即表明一地区基本公共服务保障水平高于全国平均水平。

其二，强调客观指标与主观评价并重。例如，王敬尧、叶成（2014 年）认为，科学的公共服务特别是基本公共服务均等化标准，应同时注重四个方面的内容：一是公共服务的制度安排，即从法律保障、组织结构等层面衡量分析公平与否；二是基于“资源配置财政乃公共服务均等化的经济起点，且央地之间财政分权的偏差是导致我国公共服务供给差主要原因”的认识，将财政投入力度作为分析衡量均等化水平的主要指标；三是依托公共服务供给数量的效用分析，通过建立数量化指标进行衡量评价；四是从公共服务供给的结果、质量和实质平等要求出发，强调关注公共服务受众的感受，将公众对公共服务满意度作为衡量公共服务结果公平的导向标准。再如，郭小聪、刘述良（2010 年）主张将均等化区分为过程和结果两个方面，在结果上同时关注不同群体享受的公共服务，包括政府对公共服务的投入、公共服务的产出数量和居民对公共服务满意程度。高琳（2012 年）则使用微观个体样本嵌套与县级政府的截面数据说明财政分权如何影响公共服务的公众满意度。一些国外学者也有类似看法，如 M. Holzer 就认为“市民对质量的评价是服务结果的指示灯，而依据市民满意度来改进公共服务质量就是一项颇具吸引力的改革途径”（陈振明、李德国，2011 年）。

其三，主张在客观数量分析方面多种指标并用。如，孙庆国（2009 年）、张帆（2011 年）等将公共服务均等化的指标体系分为基础性指标和程度衡量指标两大类。基础性指标包括：（1）绝对指标。一是反映各类基本公共服务的财政资金投入水平指标，如人均财政支出、人均可支配财力等，以及生均教育经费支出、人均公共卫生经费等；二是反映公共服务均等化的效果指标，如综合入学率、社会保障覆盖率等。（2）衍生指标。即在绝对指标直接比较的基础上衍生出的相关分析指标，如通过极差、方差、标准差等来判断公共服务的均衡度。（3）相对指标。旨在准确反映不同公共服务享受主体间的水平状况，包括公共服务的离散系数、基尼系数、泰尔指数和极差率等反映数据分散程度的相对差异指标。程度衡量指标包括：（1）投入指标。即用于公共服务供给的各种财力、物力和人力资源投入指标，如生均教育经费支出、生均专任教师数量、社保支出占财政支出的比重、人均基础设施投资额等。（2）产出指标。主要反映政府提供的公共服务种类及其相对数量，如生均校舍建筑面积、社会保险覆盖率、农村改水受益人口比例等。（3）结果指标。是指政府公共服务供给所取得的成果，包括均等绩效结果和作为服务对象的公众基于公平感受对公共服务供给的满意程度，如义务教育普及率、消费安全事故发生率、传染病发病率和死亡率及各种公共服务的服务对象或公众满意率等。孙庆国在主张投入指标、产出指标、结果指标并用的同时，尤其强调公共服务均等标准的产出导向、结果导向和公众导向，并强调基准法和平均水平法并用：基准法着重于公共服务均等的绝对标准，平均水平法着重于均等的相对标准。

从目前我国实践看，国务院 2012 年制定的《国家基本公共服务体系“十二五”规划》和 2017 年制定的《“十三五”推进基本公共服务均等化规划》，是以客观数量指标作为基本公共服务均等化国家指导标准，并根据不同类型的公共服务项目分别匹配具体的绝对指标和相对指标。从指标内容看，侧重强调的是产出（如中等职业教育国家助学金每生每年不低于 1500 元，农村合作医疗和城镇居民基本医疗参保率稳定在 90% 以上，城乡居民享有零差率销售的基本药物全部纳入基本医疗保障药物报销目录，自然灾害发生后基本生活困难人员 12 小时内基本生活得到初步救助等），而缺失投入指标、结果指标和公众满意度指标。如果考虑到目前我国公共福利制度多元化、碎片化的问题还未完全解决，一些公共服务项目保障标准的全社会统一程度也不高。这表明，我国目前基本公共服务均等化的推进，总体上还处于根基不够牢固的状态和较低层次上。

以上建立公共服务均等化标准体系的理论、方法和实践探索，主要关注公共事业类服务和公共设施类服务，且都具有各自的科学性和实用性。但这里不得不指出，在我国目前经济社会转型和完善国家治理阶段，公共福利制度及其改革是至关重要的，而对制度性公共规则类服务的公平品质未予足够的重视，似为目前公共服务公平标准研究中的显著缺憾。尽管在享受公共服务上人们对制度公平的感受不及对公共事业类服务和公共设施类服务的公平感受深切、直接和敏感，但从根本意义上讲，制度规则类公共服务的公平品质对于公共物品供给的人际公平而言实际上比后两者更为重要。这是因为：第一，规则或制度服务是其他一切服务的起点，也是国家治理和实现社会和谐的重器；第二，制度公平是起点公平、机会公平的核心内容，其对过程公平和结果公平具有前提性决定作用；第三，我国现实生活中的公共服务不均等现象几乎都根源于城乡二元、工农二元、公私二元及地区有别的公共福利制度。如造成各地或城市外来务工人口与本地、本市人口在享受子女入学教育、公共医疗卫生、社会保障等方面巨大差异的根本因素，就是传统的户籍管理制度及其与之挂钩的各种公共福利制度和政策。这也是国务院《国家基本公共服务体系“十二五”规划》为什么开篇就在规划背景中将机会公平定位于基本公共服务均等化“核心”的道理所在。因此，应将公共服务均等化标准的确立向前延伸至公共福利制度制定环节，将制度、政策的覆盖范围和非歧视性、非差异性作为衡量公共服务特别是基本公共服务公平和均等化的前置标准，而不能仅仅根据现有制度的贯彻实施状况来判断、评价人际间的公共物品供给和公共服务享受是否正义、是否公平。

三、人际出资公平标准

由于公共物品是全体社会成员通过社会契约关系共同出资和受益的，因而，公共物品成本在全体社会成员之间如何分摊，既是公共物品供给公平的重要方面，也是社会分配关系的重要环节和公共经济生产关系的重要体现。公共物品供给的人际出资公平，即公共物品成本在社会成员之间分摊的公平，在现实生活中具体表现为各个民间经济主体税费负担的公平。

关于税收公平的理论标准，是自资产阶级民主革命和古典经济学产生以来，西方经济和财税理论在讨论税收原则时长期关注和重点研究的主要问题，且已有相对明确的结论。税收公平的基本准则包括两大方面：一是普遍征税，二是平等征税，在现实生活中则主要体现为税收法规确立的制度标准。

普遍征税准则的核心要义是伸张社会成员之间在纳税义务和纳税地位上的平等，旨在强调所有国民都应负有纳税义务，不能因其特殊的社会地位而例外。普遍征税准则最早由威廉·配第作为税收公平的基本要求提出，即税收要对任何人、任何东西“无所偏袒”，应根据纳税人的不同能力课征数量不同的税收。此后，阿道夫·瓦格纳将其单独作为税收的具体原则之一，进一步明确为一切享受国家提供的利益的国民都应向国家履行纳税义务，不能偏于某一职业、阶层或地区。从产生背景看，普遍征税准则最初是针对皇室、贵族等特权阶级享有免税特权提出的，后来演化为对所有人一视同仁征税。其体现在税制确立标准上，就是征税应面向、遍及税收管辖权内所有的法人、自然人，税基应尽可能宽广。普遍征税作为一种政治平等和宪政意义上的税收公平，已成为现代文明下不存争议的价值追求和社会共识。当然，这种税收公平也仅限于政治平等和宪政原则层面，并不否认出于某些社会政策的考虑，可以对一些纳税人给予特殊的税收优惠待遇，如对低收入者及被赋予特殊社会义务或特殊政策使命的纳税人予以免税或减税。但是，这种优惠待遇必须严格控制在必要的社会政策界限之内，防止过多过滥而影响公平和妨害平等竞争。

平等征税准则强调的是税收负担在国民之间的分配应该公平合理。具体而言，它包含两种公平标准：一是经济能力或福利水平相同的人同等课税，缴纳相同的税额；二是经济能力或福利水平不同的人不同等课税，缴纳不同的税额。前者属横向税收公平，由宪法平等原则和社会均等原则所派生，用于确立情况相同的纳税人之间的关系；后者为纵向税收公平，由宪法的生存保障权、财产权等精神所派生，核心目的在于保护不具负担能力或负担能力低下者免受课税的侵害，或者维护人们付出与福利的对等。原则说来，学界对平等征税作为税负分配的公平准则也无争议，但在同等征税或不同等征税的依据上却一直存在受益说与能力说、客观说与主观说两大分歧。①

---

① 亚当·斯密是首次系统阐述税收原则和将平等征税作为首要税收准则的。他指出，一国国民都必须在可能范围内按照各自能力的比例和按照各自在国家保护下享得收入的比例纳税。受益说与能力说均由斯密的平等征税思想发展而来（参见张馨、杨志勇：当代财政与财政学主流［M］. 大连：东北财经大学出版社，2000：129）。其中，“按各自能力的比例纳税”的观点后来发展为能力说，“按各自在国家保护下享得收入的比例纳税”的观点后来发展为受益说。持受益说的，如维克塞尔、林达尔、布坎南等；持能力说的，如约翰·穆勒、埃奇沃思、庇古、西奇威克、马歇尔、科恩·斯图亚特、巴斯塔布尔等。

所谓受益说，即要求每个纳税人根据其从政府提供的公共物品中获得的利益纳税。不同的纳税人从公共物品中获得的利益不同，导致纳税人之间的福利水平不同。那么，享受相同利益的纳税人，具有相同的福利水平，即应缴纳相同的税收；而享受不同利益的纳税人，即应承担高低不同的税负。受益说源自公众与其代理人——政府之间的社会契约关系和自愿交换理论或税收价格理论，旨在将公共物品出资义务与公共物品受益权利直接联系起来。但是，由于很多公共物品的受益边界大多无法确定，每个人受益多少无法具体和准确计量，且公共物品不同于私人物品，在再生产过程中大多不是先提供出来由消费者自愿选择和出价，而是先出资筹资，然后进行生产和形成供给，因此，要求各种税收负担的人际分配都与个人受益一一对等，在税务实践中并不现实。

所谓能力说，即要求把公共物品成本支出负担的分配与个人的经济能力联系起来，而不拘泥于征税的原因及其与每个人公共物品受益的对应联系，能力强者多负税，能力弱者少负税，无能力者不负税。至于衡量经济能力的标准，又分为主观能力说与客观能力说。主观能力说是将功利主义哲学引入税收公平规范分析的结果，其基本意涵为：纳税是纳税人在经济上的牺牲，个人的福利程度会因纳税而减小。这里所说的个人经济能力所指的显然是承受税收负担的能力。如果税收负担的分配与每个人感受到的牺牲程度一致，即是公平的。具体到牺牲程度的衡量，又主要有均等牺牲、绝对牺牲或比例牺牲和最小牺牲三种尺度。① 均等牺牲论主张，不管每个人收入高低及其边际效用大小，不同个人因负担税收而牺牲的总效用量都应该是相等的。按照这种理论主张，在边际效用递减条件下，高收入者负担的税收自然要高于低收入者负担的税收，此即税收公平。绝对牺牲或比例牺牲论则认为，不同纳税人因纳税牺牲的总效用量相等或这种总效用量与纳税前全部收入的总效用量之比相等，人际税收负担的分配才是公平的。最小牺牲论是从庇古福利经济学的角度看待税收公平问题，认为税收负担的分配应使每个负担者最后一个单位收入的边际效用相等。按照绝对牺牲或比例牺牲论和最小牺牲论，高收

---

① 均等牺牲论的主要代表人物如约翰·穆勒；绝对牺牲论的代表人物如西奇威克、马歇尔；比例牺牲论的代表人物如科恩·斯图亚特、巴斯塔布尔；最小牺牲论的代表人物如萨克斯、埃奇沃思、庇古。

入者的税收负担量同样应当大于低收入者的税收负担量。这三种公平衡量尺度都从不同角度体现了平等征税的价值理念和通常税收实践中量能课税的要求，但由于效用很难用某种指标来衡量，且等量收入对于不同的人具有不等值的效用，同样的税收对于不同的人具有不同的牺牲感受，因此，其在一般税收制度设计中很难评价和付诸操作。

客观能力说以20世纪30年代美国财政学家塞利格曼提出的能力理论最具代表性，其主张以纳税人拥有财富的多少作为衡量经济能力的标准。而在经济能力的具体衡量基准选择上，又有收入标准、财产标准和消费支出标准之别。收入反映的是纳税人一定时期经济资源的流入或对经济资源流量的支配权，一般用“黑格——西蒙斯”的综合所得概念来定义，即当期消费加上净财富增加额之和，因此，收入标准又被称为所得标准。收入既包括货币形式的收入，也包括非货币形式的收入。纳税人的收入或所得越多，即表示其负担税收的能力越强；否则，则反之。但是，由于收入标准对不同来源的收入未加区分，因此，笼统地以收入衡量经济能力，也存在一定的公平偏差。财产是收入的积累，其作为个体经济资源的存量，也是衡量经济能力的一种合适尺度。但财产是可以增值的，不同种类的财产可以带来不同的收益，因为财产收益能力存在差异，故以财产的多少来衡量经济能力的大小，也有一定的公平缺陷。个人消费直接由个人收入和产出决定，消费支出自然也可以用来衡量个人的经济能力。一个人消费支出越多，表明其负担能力越强，反之亦然。不过，由于存在消费倾向随收入增加而递减的情况，单纯以消费支出作为衡量经济能力和分配税负的依据，同样会产生客观上的不公平。

那么，究竟如何确立人际税负分配的公平标准？比较上述各种平等征税的不同界说，可以认为：

（一）任何一种平等征税的标准都不仅是一种价值追求，而是必须转化成相应的规则体系落到实处，才有实际意义。因此，各种标准的现实可行程度或制度可及程度就是对其取舍的最终依据。对于受益说与能力说而言，作为保障社会公平的一般标准，在这方面前者肯定不及后者。另外，受益说虽然在揭示社会成员与政府的契约关系和政府征税的原因方面有其理论意义，颇受自由经济学家的推崇，但如果细究，按照受益说课税，在理论上也不是没有问题。首先，受益说的理论基源是模拟市场经济的等价交换原则，把税收看作换取政府提供公共物品利益的价格，用这一理论刻画税收与公共物品受益的总体对价关系是适宜的，而将其扩展到个人纳税与公共物品受益的关系就过于简单和牵强了。因为公共物品供给本是社会成员之间非对称合作的产物，通行的不是市场价格机制，如果强调每个社会成员纳税数额与其从公共物品中的受益完全对等，那就从根本上抹杀了公共物品与私人物品在交换机理上的本质区别，并与公共物品的客观特点和社会政策性相矛盾。其次，人际税收负担公平本质上属社会公平的范畴，而社会公平不是个体投入与收入相对称的经济公平，如果强调每个社会成员纳税数额与其从公共物品中的受益完全对等，也等于否定了社会公平的本质要求及其与经济公平的区别。当然，在特定情况下，如部分准公共物品由于其受益边界比较清楚和具有较强的消费竞争性，因而能够以税代费，按受益标准征税在一定意义上也是可行的。

（二）就经济能力标准中的主观说与客观说而言，前者虽然为税收制度中实行分档次区别征税或累进税率、差别比例税率提供了思想基础，但亦无法在税基和税率的档次划分标准上满足现实可行性和制度可及性要求，这就是三大牺牲论者最终都未能给出具体制度化方案的原因所在。相比之下，能力说给出的负担能力衡量标准（税基）客观明确，税率设计或税负分配也有实据可依，无疑是一种既有理论基础，又在税收制度设计上实际可行的税收公平标准。

（三）以收入、财产或支出作为衡量负担税收能力的一般依据，也都有一定的片面性和公平缺陷。但相对而言，收入基础广泛，管理可行，而且即使是以财产或支出作为税基，实际纳税也都是出自纳税人当期的可支配收入，因此，应当以其作为衡量个人经济能力和据以分配税负的主要指标。对此，亨利·西蒙斯曾正确地指出，所有税收，不论其名义基础如何，都应当落在个人收入上面。[①] 另外，以收入作为衡量人际负担能力的主要指标，并不否认和排斥收入、财产、支出三者并用、相互补济。正是基于上述两个方面，在税收制度设计上，以所得税为主体税的税制比以间接税为主体税的税制更有利于实现量能课税和税负公平；复合税制比单一税制更有利于兼顾多种情况而实现税负公平。同时，亦须注意，以客观能力为标准实行差别课税应考虑其与整体经济效率的协调平衡；实行复合税制也应尽量保持税制的简明和避

---

① 阿图·埃克斯坦：公共财政学［M］. 张愚山译，北京：中国财政经济出版社，1983：82.

免重复征税，防止税制过于复杂、交叉重叠和难于管理而产生实际税负的不公平。

除税收外，公共收费也是实现公共物品人际出资公平准则的重要方面。公共收费主要包括行政性收费和使用性收费两类。前者是政府为公众提供某些管理性服务而收取的工本费和手续费，后者属对某些排他性公共物品的成本补偿性使用费。对此，采用受益标准则是公平且可行的，其道理无须赘述。但这种公平毕竟主要是仿效经济公平的，不能完全满足社会公平的价值诉求。因此，在实际的负担分配中，也必须根据其公益性特点，同时融入社会公平和能力标准的元素。抛却其非盈利性原则不谈，最重要的就是也要在一定程度上考虑消费者的消费能力或收入水平，保证最低消费能力或最低收入水平者的基本消费需要。特别是对那些消费能力较为低下、低收入者集中的基本公共消费领域，在费用负担上应实行适度的低费或轻费政策，如城市公交、公共教育、民用水电等。一些西方发达国家在幼儿园收费和义务教育阶段学生午餐收费方面，实行按家庭收入水平分档确定自负费用标准、政府相应给予分档补贴的办法，就是按经济能力承担公共物品出资义务的现实范例。

第三篇　公共物品暨公共经济的再生产

截至目前的中外公共经济理论对于公共物品的论述，只有公共物品的概念定义、交换价格、公共选择和最佳供给的界说，[①] 而缺乏关于公共物品再生产过程及其机理的系统分析。这不仅是一个重要的理论缺憾，也制约着公共经济理论对国家治理实践的指导功能。本书列此专篇对公共经济再生产相关问题尝试进行相对系统的分析，循序讨论公共经济再生产的基本内涵、主要环节和生产方式的矛盾运动，以期弥补现有公共经济理论的这一空白，并有裨于国家治理科学化的实践。

---

① 这些界说散见于瑞典经济学家克努特·维克塞尔的《公平税收新原理》（1896年）、林达尔的《公平税收：一个积极的方案》（1919年）和美国学者柏格森的《福利经济学可能前景的重述》（1938年）、理查德·阿贝尔·马斯格雷夫的《财政自愿交换论》（1939年）、肯尼斯·阿罗的《社会选择与个人价值》（1951年）、萨缪尔森的《公共支出纯理论》（1954年）、詹姆斯·布坎南和图洛克的《同意的计算》（1962年）和布坎南的《自由、市场和国家》（1986年）、安东尼·B. 阿特金森与约瑟夫·斯蒂格利茨合著的《公共经济学》（1980年）和中国学者介绍欧美公共经济理论的著作，如郑煜所著《公共经济》（2005年）、高培勇所著《公共部门经济学》（2011年）等。

第六章　公共经济再生产的基本内涵与主要环节

由于现有的公共经济理论体系中缺少关于公共经济再生产的系统分析，要填补这一理论空白，首先需要从界定其基本内涵做起，继而阐述其主要环节。

第一节　公共经济再生产的基本内涵

公共经济作为占用一定社会资源、提供公共物品，以满足社会成员公共需求、实现公共利益的活动，同满足社会成员个别需要、实现个人利益的民间经济活动一样，也必然是一种周而复始不断进行的过程。这不仅是因为社会成员的公共需求绝非通过公共物品的一次性提供就能够永久性地获得满足，而是随着时间推移、情况变化，无论在数量规模还是在内在结构、质量水平上都会不断演进的。为此，就不仅要求公共经济活动年复一年地持续进行，并且要依据社会成员对公共物品需求的变化而在下一年度或下一时期公共经济活动中做出回应。适应持续满足社会成员对公共需求的客观要求，公共物品年复一年、周而复始地进行，就是公共经济的再生产。这种再生产在更大的规模、更扩展的结构或更高的质量形态上进行，就是公共经济的扩大再生产。

如同民间经济再生产一样，公共经济的再生产也内含着公共物品生产、分配、交换和消费四个阶段，构成公共经济循环往复再生产链条不可或缺的四个环节，其中每个环节的具体运作都会对公共经济效率产生重要影响。

满足社会成员公共需求的公共物品生产要年复一年地进行，为这种生产筹集社会资源的财务活动也就需要年复一年地开展。因此，公共经济的再生产既是公共物品实物形态的再生产，也是公共资本价值的再生产过程。这是公共经济再生产的第一个两重性。

公共经济再生产的另一个两重性，在于它是由公共经济生产力和生产关系再生产两个方面构成的。在公共经济再生产过程中，提供公共物品所使用的生产资料和劳动力需要根据其消耗情况和新的条件进行补充与更新，公共经济生产要素的组成方式随之演进，这是公共经济生产力的再生产。与此同时，公共经济生产关系的各个侧面都会随着公共经济实体主客观因素的变化而调整与改变，也即公共经济生产关系随着时间推移而自觉或不自觉地进行着再生产。公共经济生产力和生产关系再生产的对立统一运动，构成公共经济生产方式的再生产。

由此可见，在完整意义上，公共经济再生产既是公共物品生产、交换、分配、消费过程的统一，又是公共物品使用价值和价值再生产、生产力与生产关系再生产的统一，而从其规模和质量角度则可区分为简单再生产与扩大再生产两种类型。全面而正确地认识和把握公共经济再生产的上述内涵，是对公共经济再生产进行准确而深入分析的逻辑前提。

第二节　公共经济再生产过程的四个环节

公共经济作为生产或提供公共物品的活动，乃是公共物品生产、交换、分配、消费四个环节循环往复的过程。道理很明显，没有生产，公共物品无从产生；没有分配，许多公共物品的生产就会因缺乏针对性而成为盲目的行为；没有交换，公共物品再生产所需要的经济资源就无从获得，公共经济再生产过程就会中断；而消费对公共物品来说，既是需求之源，又是其使用价值的实现过程，还为其新一轮生产提供必要性，因为已生产出来的公共物品只有在被消费完结之后才有必要重新生产。可见，公共物品的生产、交换、分配、消费这四个环节，对于公共经济再生产链条而言缺一不可。不仅如此，公共物品再生产的这四个环节都存在效率和效果问题，其中每个环节如果缺乏科学管理都会导致公共经济再生产效率和效果损失。因此，对公共经济再生产四个环节展开研究，不仅具有学术理论价值，而且能够给旨在提高公共经济效率和效果的国家治理实践提供有益的指导。

但由于公共物品与私人物品相比具有明显的特殊性，所以，对于公共经济再生产各个环节的研究，绝不能简单地套用对私人物品即现有微观经济学的研究成果，而需要根据对公共物品再生产实际情况的考察分析独辟蹊径。鉴于以往专业文献中缺乏有关这方面的系统研究资料，此项研究只能借助于现有的思想片段和本书作者的尝试性构思来进行。

一、公共物品的生产过程

与私人物品一样，公共物品的生产也需要解决好生产什么、为谁生产、生产多少和怎样生产的问题。其中，为谁生产的问题虽然也与公共物品生产过程有关，但主要涉及公共物品所承载的公共利益分配，因而本书将其放到公共物品的分配过程去讨论。

（一）公共物品供给结构的确定与优化

在公共经济中，生产什么的问题主要涉及公共物品生产结构的选择。从理论上说，一个经济体在一段时期（比如一年或五年）内生产哪些公共物品，即公共物品生产结构的选择依据只能是作为公共经济主人暨公共事务委托方的公共需求，但这种需求不能脱离民间经济现实承受能力，而是现实社会生产力约束下的需求。当然，即使公共需求从所用经济资源总量角度考察是可能实现的，也仍然存在对具体的需求结构加以选择的问题。有限的公共经济资源，是用于提供教育、卫生、文化、环境保护、社会保障、社会救济、市政工程等直接改善民生的公共服务，还是用于提供道路、桥梁、港口、基础科研和促进经济结构优化升级的政策性补贴等生产性的公共物品，抑或是用于加强国防建设？这需要依据对社会成员近期利益与长远利益、各群体利益与整体利益、城市居民与乡村居民利益等多角度的权衡，以及通过对不同种类公共物品成本与效益的比较，而后理性地选择某一组公共物品结构付诸生产。

根据瑞典和美国著名公共经济学者从福利经济学视角进行研究所得出的公共物品理论，实现公共物品供给与公共需求均衡、达到公共物品生产结构的最佳选择或者说公共物品最佳供给，应当符合一定条件。这个条件从“维克塞尔－林达尔模型”发展到“萨缪尔森条件”，即所有公共物品对私人物品的边际替代率之和等于公共物品对私人物品的边际转换率，或者说是所有公共物品的边际成本和边际效益与所有私人物品的边际成本和边际效益均等，即实现整个国民经济体中用以满足社会成员公共需求的公共物品生产与用以满足民间经济主体个别需求的私人物品两者之间的一般均衡。仅就公共经济本身而言，这一条件可以简化为所有品种公共物品的边际成本和边际效益均等①，实现公共经济范围内的局部均衡。符合这一均衡标准的公共物品生产结

① 约瑟夫·E. 斯蒂格利茨：公共部门经济学［M］. 郭庆旺等译，北京：中国人民大学出版社，2013；高培勇：公共部门经济学［M］. 北京：中国人民大学出版社，2011.

构，就达到了帕累托最优状态。

从理论上应该说，这一均衡模型已经将公共物品最佳供给结构的衡量标准问题说明得十分透彻和十分到位了。但是，由于相关数据信息可得性的局限和社会成员出于各种考虑难以充分表达自身对公共物品的真实需求，使得公共物品供给结构在实践上达到这种帕累托状态在很大程度上成为可望而不可即的事情。尽管如此，我们还是要努力寻求采取各种切实可行的机制和方法，以尽可能使公共物品生产结构的选择与社会公众的公共需求之间无限接近于均衡状态。在这里，首先需要解决的是对不同种类公共物品优先性排序的价值判断问题。比如，对于农村公共物品的供给，是应该优先解决农民的自来水供给、污水处理和生活垃圾处理等公共卫生问题，还是优先解决村民广场和书屋等问题？对此，应该根据这几种不同的公共物品对农民生活质量和卫生健康的影响程度做出恰当的价值判断，同时通过参与式预算民主机制征询农民大众和对农民农村情况了解较深的基层公务员的意见而做出决策。

要实现公共物品供给结构的帕累托最优效率，通常是难以通过一次性选择就能做到的，加之公共需求本身也在不断变化。因此，只有在尽可能准确预测和揭示居民偏好的基础上通过年复一年的动态调整优化过程，才能逐步地使公共物品供给结构逼近于公共需求结构。

（二）争取使公共物品供给达到最适合的产量

在相对正确地解决了每个年度应该生产哪些公共物品，即确定了公共物品最佳生产结构的前提下，还必须进一步确定不同种类公共物品的最佳生产量，包括社会保障、社会救济的标准。这方面的理论模型，似乎已经内含于前述的“萨缪尔森条件”之中。但在实践上，如何运用这一模型来具体确定每个年度各种公共物品生产的产量，还存在很大的难度。在实际操作中，既要依据不同阶层、不同地域、不同性别、不同年龄人群的数量来具体测算相关公共物品的需求量，又要充分考虑各种不同公共物品需求的优先程度，还要根据公共财政的承载能力测算提供各种公共物品所需资源的可供量。只有通过对这三个因素进行反复权衡和论证以后，才能做出较为符合实际的决策。

（三）优选公共物品生产的组织方式

所谓公共物品的组织方式，是指作为公共经济受托方的公共机构以何种方式组织公共物品直接生产而后向公共经济委托方提供或交付公共物品，以期最大限度地提高公共经济效益：或者用最少的经济资源投入生产出既定结构和数量的公共物品，或者以既定量的经济资源投入生产出更多符合公共需求的公共物品。在以往很长一段时期内，这一问题只限于在公共经济组织内部如何更加有效地组织公共物品生产，而不涉及引入公共经济组织之外的民间经济主体参与公共物品直接生产的情形。这是因为，多年来，人们一直认为公共物品天经地义地应该由公共机构直接生产，觉得由民间经济组织直接生产公共物品是不可思议的事情。然而，随着时间的推移，一方面公共物品种类越来越多，延续单纯依靠公共机构直接生产公共物品的组织方式，必然导致公共机构日益庞大，公民税收负担相应加重，一些国家的政府甚至因此而债台高筑；另一方面，在单纯依靠公共机构直接生产公共物品的组织方式下，由于缺乏竞争机制，导致公共物品的提供效率和质量差强人意。在这两种因素的共同驱使之下，欧美一些国家从 20 世纪 70 年代后期逐步启动了新公共管理运动，开始探索更有利于提高公共经济效率与质量的公共物品生产和再生产组织方式。探索的结果是，打破了公共物品全部由公共机构直接生产的传统组织方式，创生出政府直接购买公共服务向社会提供、政府以各种方式与社会力量合作建设公共设施向社会提供公共物品（PPP）等新的公共物品生产和再生产组织方式。

在这些新的公共物品生产和再生产组织方式之下，虽然政府作为公共经济的受托方仍然是公共物品的提供主体，但不再是公共物品的直接生产者，而是转变为处于更高层次的公共物品生产和再生产的组织者。通过这种转变，一方面打破了公共机构对公共物品生产的一家垄断局面，无论在政府购买公共服务还是在 PPP 模式下，公共物品的直接生产任务都面临多家竞争，而这种竞争机制非常有利于提高公共经济效率和公共物品质量。另一方面，充分利用了民间经济组织的管理优势，扩大了市场机制的调节范围，同时减轻了公共机构膨胀和公民税收负担压力，可谓一举多得。不过，公共物品生产和再生产组织方式的这种创新，并非对所有公共物品的直接生产都普遍适用。比如，立法、行政、司法的核心工作就很难通过政府购买公共服务和 PPP 方式来完成，尽管其中一些辅助工作（如经济预测、某些公共经济政策乃至法律的初始备选方案拟定等）也不妨借助民间经济组织来完成。

经过新公共管理运动的创新，目前公共物品生产和再生产的组织方式至少可以分为两大类：一类是在政府主导和组织之下由民间经济组织直接生产公共物品，另一类仍然是传统的由公共机构直接生产并向社会提供公共物品。至于一项公共物品究竟采取哪一种组织方式提供更有效率，则需要依据每种公共物品的具体性质和特点的适宜性进行选择，而不能千篇一律。有的公共物品由于没有任何直接收入可言，即使想采用 PPP 方式组织提供，也找不到愿意承担直接生产任务的民间经济主体。在这种情况下，政府直接组织并生产公共物品仍然是责无旁贷的。

这就涉及不同公共物品生产组织方式的差别问题，而这种差别是由不同类型公共物品的内在性质和特点所决定的。依据内在性质和特点，可以将公共物品区分为三大类：第一类是国防、外交等主权性的公共物品，关系到一国国民的国防安全和国际地位。第二类是制度、法律、政策等抽象性公共物品，其中的制度、法律、政策、谋略，既有用于规范和调节民间经济活动的，也有用于规范公共经济行为的；既包括它们的制定，也包括它们的实施和监督。这类公共物品虽然属于一般社会成员切身感知最少而且占用公共资源比例也最小的，但却对一个国家或地区经济社会发展速度和质量，进而对国民根本利益的实现起着更根本、更深远的作用，唯有具备高尚的精神情怀、职业道德和系统精深的专业素质的人才能胜任。第三类是社会治安、教育、卫生、文化、环保、交通、社会保障、社会福利、社区服务、基础设施、监管规制、分配调节、宏观调控等实体性公共物品，直接关系国民各方面的切身福利。

从如何组织生产角度考察，主权性和抽象性的公共物品总体上适宜由公共机构直接生产，但也不一定由公共机构包揽与其相关的一切间接性事务，例如用于国防的通用设备完全可以通过市场购买获得，即使作为国防服务核心器件的武器，也可以在设定标准的约束下委托民营企业直接生产或者向国外厂商订货购买。而就各种实体性公共物品而言，除社会治安、监管规制、分配调节和宏观调控的核心业务应该由公共机构直接完成，以确保其制度、政策落实以外，其他品种的公共物品尽可在加强质量监控的前提下较多地借助竞争机制、依靠民间经济组织完成直接生产任务，以利提高公共经济效率。

二、公共物品的分配过程

商品经济条件下民间经济部门的分配是商品价值的制度性分解，通常是在商品通过交换过程使其价值获得实现之后，以工资、利润、地租、利息、折旧、原材料成本等形式在不同生产要素的所有者之间进行分配，或者说是通过分配使生产过程直接或间接关系人依据自己对相关生产要素的所有权在商品价值总额中分取一部分价值所有权。与此不同，公共物品的分配实质上是公共物品效用的分配，通过分配所确定的并不是不同人群对公共物品的所有权，而是不同人群基于公共物品实际使用而分享到的利益。正因为如此，这种分配不是决定于公共物品生产出来之后，而是决定于公共物品开始生产之前就已拟定好的公共资源配置计划和公共物品提供计划。例如，这种计划中确定在新疆某地建立一所学校，那么，该地域的居民就会获得使其子女就近入学接受教育的利益，而其他地区的居民则一般不会从中直接受益。又如，计划确定在某某处建立一个妇儿活动中心，那么，其受益者基本上就是那一区域的妇女儿童。再如，计划中若确定增加某种武器的购买量，按照国内企业优先的原则，生产该种武器的国内某军工企业就会得到一份价值实现具有可靠保障的商品订单。依此类推，不一而足。

由此可知，一份公共经济计划及表现为政府预算的财务保障计划，从生产过程考察是该年度公共物品的生产计划，而从分配角度考察则是当年乃至若干年（具体年份数量取决于各种不同公共物品的寿命周期）内由相应公共物品承载的公共利益分配清单。由于一个时期内可用于公共物品生产的经济资源数量有限，在公共经济生产效率既定的前提下，在这个资源总量中用于不同公共物品的份额之间呈零和博弈关系，因此，不同利益集团①势必围绕年度或中期公共经济计划和政府财政预算进行政治博弈，每个利益集团都努力争取得到尽可能大的份额，其结果往往是力量最大的利益集团能够在较大程度上实现预期目标，从而导致公共物品生产计划、政府财政预算偏离理性轨道和公共经济分配结构发生有失公平的扭曲。克服这种偏离和扭曲的唯一途径，就是通过科学的顶层设计，设置一个精巧的机制，以有效排除各个利益集团对公共经济决策的扭曲性干扰。

需要指出，公共物品所承载的公共利益的分配格局，在现实过程中是通过公共物品交换即公共选择过程确定的。

---

① 所谓利益集团，就是基于共同利害关系而存在相同公共需求的社会群体，比如基于财富拥有水平、社会地位、居住地域、所从事的职业以及民族、性别、年龄等，都可以形成各自不同的利益集团，而且一个个体可以兼跨若干个利益集团。例如，一个人既是妇女、老人，又属于少数族群和边疆居民，她就兼跨四个利益集团，分别依托四种利益集团反映自己的公共需求。

三、公共物品的交换过程

与私人物品相比，公共物品的交换过程也是截然不同的。私人物品的交换是在不同所有者之间进行的。而公共物品的交换，虽然从形式上看是在作为公共机构的广义政府与社会成员及其结成的各类民间组织之间进行的，即广义政府生产或组织提供公共物品，而社会成员及其组成的民间团体以缴纳税费方式购买并享用公共物品。然而，就终极意义而言，这种交换却是在同一所有者内部进行的，是同一个经济体内所有成员既作为公共物品的提供者又作为公共物品的购买者之间的交换；而作为公共机构的广义政府并不是公共经济的主人和终极所有者，而不过是依据社会公众缔结的社会契约受托执行提供公共物品任务的代理人。按照这样的逻辑，在公共经济活动中，作为公共机构的广义政府必须完全以社会公众意志为意志，以社会公众利益为追求目标，兢兢业业地履行公共事务责任，谨慎地使用社会公众赋予的公共权力，精打细算地管理公共经济资源，通过公共经济计划充分反映社会公众对公共物品的需求偏好，以尽可能少的投入为社会公众提供最合乎社会公众需要的公共物品，本质上不应存在与社会公众相异的利益和意志。就如同马克思、恩格斯在《共产党宣言》中所宣告的共产党奉行的宗旨那样，除了谋求绝大多数人的利益以外，作为人民公仆的社会公共权力机构没有任何其他利益；也如同我们的公务员守则所规定的那样，其履职道德准则只有一条，那就是“全心全意为人民服务”。

然而，在现实中，由于作为公共事务执行主体的国家（广义政府）历史上是由原始公社时期氏族部落联盟的公共机构演变而来，最初乃是在阶级分化和对立基础上形成的暴力机关，致使在很长的历史时期内，凌驾于社会之上的公共权力机构最高首领为论证其统治地位的合法性并维护其统治地位，一直以“君权神授”理论为神秘面纱掩盖公共权力的真实来源，俨然以公共经济的主人自居，打着替天行道、为民作主的旗号，凭借国家强制力向社会公众强征暴敛经济资源，以重点体现统治阶级利益为取向管理社会公共事务，致使本应属于社会公众自己与自己进行的公共物品交换在形式上却异化为国家与公民之间的交换，在实质上更异化为统治阶级对被统治阶级的巧取豪夺和超经济剥削。久而久之，社会公众也误认为自己按照国家法律规定缴税纳捐是天经地义的义务，而不是用以交换公共物品的等价物或享用公共物品的成本，集体无意识地放弃了等价交换意义上讨价还价的自然权利。由此，借助于君权神授理论而形成的公共经济拜物教迷惑了社会公众几千年。

自近代以来，伴随文艺复兴生发而起的思想解放运动，从突出神权逐步转向重视人性、人权，进而上升到人民主权、政治民主，人们才以越来越清晰而彻底的社会契约论逐步揭掉了欧洲各国君主头上借由宗教教廷加冕而获得的神秘面纱。在现实层面，没有捐税豁免权的英国贵族为维护自身经济利益而最早通过逐步发展起来的议会及其立法抵抗封建国王的横征暴敛，最后通过1688年的“光荣革命”奠定了资产阶级民主制度的基石。其后，英国在北美的13个殖民地独立以后形成的美国建立了没有君主专制的资产阶级共和政体国家，法国人民则通过疾风暴雨式的大革命推翻封建王朝专制统治，并经过复辟与反复辟的多轮斗争最终形成了现代民主政体的国家形式。再后，随着中下层人民的觉醒和社会进步潮流的涌进，人民获得无条件的普选权，民主政治逐步发展到现代阶段，并且以不可阻挡之势席卷全球，致使公共经济拜物教的神秘面纱才被最终揭开，使公共物品交换的本来面目越来越鲜明地大白于天下。

现代公共物品交换过程的典型方式是代议制民主和参与制民主相结合制度下的契约式自愿交换。在直观表象上，契约的甲方是购买和消费公共物品的社会公众，乙方是负责提供公共物品和具体管理公共资源的公共机构；在交换过程中，由乙方在每个预算年度开始前提出公共物品供给与所需成本费用、即公共物品价格①的初步对价方案，提交代表甲方利益和意志的代议机关审议，在特殊情况下辅以举行听证会方式直接征询并吸纳甲方部分代表性成员的意见，获得甲方按照多数原则表决同意以后，交换契约便告成立。这个过程，被欧美经济和政治学者称为公共选择。对此过程的学术探讨，始于瑞典经济学家克努特·维克塞尔1896年在其发表的《公平税收新原理》一文中提出的公共物品与税收对价交换模型，经过瑞典经济学家林达尔1919年在其发表的《公平税收：一个积极的方案》中展开论述，形成关于公共物品交换

① 马克思也认同这种公共物品交换论，他在《资本论第一册第六章之间生产过程的结果》中曾经说：“现在我们就以赋税、政府服务的价格等作为这种情况的例子”。——马克思恩格斯全集第49卷［M］．北京：人民出版社，1982：104.

的“威克塞尔—林达尔模型”。[①] 其后，美国学者柏格森在其1938年发表的《福利经济学可能前景的重述》、理查德·阿贝尔·马斯格雷夫在其1939年发表的《财政自愿交换论》、阿罗在其1951年出版的《社会选择与个人价值》，以及此后布莱克发表的《选举和委员会理论》、布坎南与图洛克合作发表的《同意的计算》和布坎南独立出版的《自由、市场和国家》《宪法经济学探索》等著述[②]中，分别从不同角度、以不同观点进一步论述了现代公共物品交换过程。通过这些探讨，学者们对公共物品交换乃至公共经济的整体有效性得出的结论，尽管内容差异较大，尤其是阿罗和布坎南等学者对以政府为代理人的公共经济效率前景所持观点具有明显的悲观倾向，但都在一定程度上揭示了公共物品交换的实质，并对完善公共物品交换机制具有启发意义。

对公共物品交换有效性持怀疑态度的观点，主要集中在三个方面：一是通过民主选择机制难以将千差万别的公共物品需求和交换意愿统一起来，从而形成一致同意的公共物品提供方案和交换契约；二是按照多数同意原则确立公共物品交换契约，对意见被否决的少数形成的权利侵害难以补偿；三是基于公共经济委托方内部“人人有责而又可能谁也不负责”的矛盾，一些社会成员在公共选择中会产生“搭便车”和“互投赞成票”的投机行为，致使公共选择结果难以全面反映绝大多数社会成员对公共物品的需求和对公共物品交换契约的真实态度。这三个缺陷确实是现有民主机制所难以克服的，但可以通过公共经济管理机制的创新与完善，将这些缺陷的负面作用尽可能缩小，却不足以推翻民主选择机制，因为迄今为止人类还没有发明出比民主选择更符合大多数人利益和意志的公共经济运作机制。

为了完善公共物品交换机制，近一二十年来，巴西等国中下层政府预算编制过程中较为普遍地采取参与式民主，以期更为直接而充分地揭示社会成员对公共物品的真实偏好；瑞士等国则在一些意见分歧较大的重大公共事务决策过程中较多地采取全民公投的直接民主机制。实践证明，这些都是用以弥补代议制民主政体之下公共经济选择机制缺陷的有益尝试和有效途径。

---

① 在这一模型中，维克塞尔和林达尔运用效用评价、“利益赋税原则”和边际成本效益比较方法，说明民主政体下的公共物品交换原理。——见郑煜：公共经济［M］．北京：国家行政学院出版社，2005.

② 萨缪尔森、诺德豪斯：经济学第19版［M］．北京：商务印书馆，2013.

四、公共物品的消费过程

公共物品的消费就是公共物品使用价值的享用，公共物品是为消费而生产和提供的。没有社会成员及其民间组织对公共物品的消费需求，就无须公共经济的产生和存在。而没有公共物品因现实消费或精神磨损而致其失去使用价值，也就谈不到公共经济的再生产。正是由于消费过程既是公共物品使用价值的实现环节，又决定着公共物品再生产过程的必要性，而足以显示出其在公共经济再生产全过程中的重要地位。与此同时，公共物品消费得是否合理而节约，还是影响公共经济效益的重要因素。提高公共物品利用率，基于科学管理而适当延长公共物品的使用周期，提高公共物品的利用率同样会提高公共经济的投入产出效率。因此，研究公共物品消费过程的机理，相应地寻求公共物品消费管理机制的优化途径，对于提高公共经济效益的意义并不亚于对公共经济再生产其他环节的研究。

与私人物品相比，公共物品的共同特点是在消费上具有不可分割性，但不同性质和特点的公共物品在消费方式上又具有明显差别。国防服务从本质上属于有备无患的防卫性公共事务，只有在发生外敌入侵的时候才能付诸现实消费，而平时只能备而待用。制度、政策、法律、谋略一类抽象性公共物品的消费，体现为它们得到适时、准确和有效的落实或执行，以便及时而充分地发挥它们的效用，一旦时过境迁，它们的使用价值就会随即挥发净尽，必须通过再生产加以更新。与前两种公共物品不同，教育、卫生、图书馆、科技馆、体育场、实验室、信息网络和道路、桥梁、港口、路灯、路牌等实体性公共物品，都存在适当提高利用率和在使用过程中注意维护保养问题，从而是公共物品消费环节研究的主要对象。

所谓适当提高实体性公共物品的利用率，是指既要使尽可能多的人从使用它们的过程中受益，又要防止发生拥挤给使用者带来时间损失或其他不便。达至这样的理想效果，与三个因素有关：一是这些公共物品的空间配置应当合理，如果把图书馆、科技馆、体育场配置在偏远之处，或者在车流量很低的地方修建公路，将会由于给消费者带来不便而降低其利用率。二是这些公共物品的产权设置应当科学，在实验室、体育馆的产权分别归属某一公共科研机构、大学或公共体育机构所有的情况下，一方面会导致这些公共设施因在同一城市的多个科研、教育机构中重复建设而产生投入型浪费；另一方面又会降低每个此类公共设施的利用效率。从 20 世纪 90 年代后期开始，河北省财政厅在实验室和机关信息网络等类似公共设施建设中积极探索推行相关公共机构共建共用的改革，就旨在提高公共物品的利用率，并且切实收到了预期效果。三是这类公共物品需要有恰当的管理机制，例如在图书馆、科技馆、博物馆、纪念馆、公园实行收费入场且收费标准较高的情况下，势必明显降低它们的利用率，而在实行免费开放的机制下，则会显著提高它们的利用率。

加强公共物品使用过程中的养护，其作用在于适当延长公共物品的寿命周期。对许多不易发生精神磨损的实体性公共物品而言，如果注意加强其在使用过程中的维修保养，都会起到延长其使用寿命周期的效果。反之，如果公共物品在使用过程中维护保养不善，势必不适当地缩短其寿命和再生产周期，从而减损公共经济效益。

在上述几种具有实践意义的提高公共物品消费效益的途径中，除了改善空间配置属于需要在公共物品生产环节预先解决的问题以外，其他几项则属于需要从完善或创新公共物品分配机制和消费管理机制角度加以解决的问题。就中国而言，通过改善公共物品再生产的管理机制来提高公共经济效率，仍有很大的潜力可挖，亟须通过深入细致的理论与政策研究寻求其具体路径。

总之，公共物品的再生产过程是由其生产、分配、交换、消费四个环节构成的完整链条，它们循序推进、周而复始。其中，不仅每个环节都具有其具体功能和丰富内容，而且各环节之间也存在着不同程度的相互交叉或密切关联。只有每个环节都依据科学管理原则实现正确运作，才能保证公共经济具有较高的效率，从而充分发挥公共经济促进经济体所有成员福利不断增加的应有功能。

第三节 公共物品使用价值和价值的生产与再生产

在商品经济条件下，公共物品也具有使用价值和价值两种属性，即一方面是对社会有用、满足某种社会需求的使用价值；另一方面作为通过活劳动与物化劳动相结合而形成的产品，又具有价值属性。

公共物品的使用价值就是公共物品为其使用者带来的效用，表现为公共经济受托代理方为公共物品享用者提供的各种公共服务。例如，军事的使用价值是作为公共权力机构的广义政府为其国民提供的抵御外敌侵略即国防安全服务，公共卫生的使用价值是广义政府为其国民提供的疾病预防和健康维护服务，道路街区门牌标识是广义政府为其国民提供的行走路线指引服务，制度和政策的使用价值则是国家为调节经济社会关系、维护公共秩序、指导或约束公共经济行为的社会规范，等等。归纳起来，就实质和总体而言，公共物品的使用价值就是适应民间经济主体的公共需要，着眼于克服民间经济运行中难以自行解决的各种矛盾，通过提供优良的制度规范、政策引导、基础设施、外部环境以及直接惠及国民个人的各种公共服务，促进民间经济健康有序高效发展，保障国民来自民间经济和公共服务的各种福利不断增加，获得幸福生活和全面自由发展。

公共物品的价值同样是由生产公共物品使用价值过程中转移过来的过去劳动和所消耗的活劳动构成的，具体体现为公共物品的交换价值。在自然经济占统治地位的历史时期，生产公共物品的劳动也曾直接为各种实物和力役，而在商品经济普遍化以后，则表现为购买用于公共物品生产资料和劳动力所花费的货币资金。这种价值隐藏在公共物品使用价值之中，或者说附着于公共物品使用价值之上，与公共物品的使用价值不可分离。

既然如此，公共经济的生产就是公共物品使用价值与价值生产的统一，或者反过来说，公共物品的生产包括使用价值和价值两个方面。从周而复始、不断重复的角度考察，公共物品使用价值和价值的生产就是公共经济的再生产。

一、公共物品使用价值的生产和再生产

与私人物品使用价值的生产一样，公共物品使用价值的生产也需要通过生产资料与劳动力的现实结合才能实现。其中，劳动力是公共物品使用价值生产的主体，而生产资料则是生产公共物品所使用的劳动工具、劳动场所、劳动辅助条件和劳动对象之总和。公共物品使用价值生产所用的生产资料和劳动力共同构成公共经济的生产力，劳动力的质量优劣和生产资料的性能高低都会以不同程度影响公共物品的生产或提供效率。单位劳动力所生产的公共物品数量就是公共经济的劳动生产率，而单位劳动力和生产资料所提供的公共物品数量则是公共经济的全要素生产率。生产或提供公共物品的劳动生产率和全要素生产率是衡量公共经济效率的重要指标。

（一）生产资料在公共物品使用价值生产过程中的作用

生产资料的不同部分会以不同方式影响公共物品的生产效率。在公务员主观素质相同的条件下，他们在相对宽敞、光照适度、环境整洁的办公场所

工作，比在拥挤不堪、光照昏暗、凌乱肮脏的办公场所劳作，通常会有更好的心情，相互间的干扰也比较少，因而会有更高的工作效率。劳动工具的改善，不仅会提高公务员的工作效率，而且会显著提高公共服务的质量。电子信息技术在公共经济中的使用，大大提高了公共经济的效率和质量。例如，实现全国范围的社会保障和公共交通一卡通，将会给国民带来更为便捷的社会保障和公共交通服务，同时还有利于提高社会保障设施利用率、促进地域间的社会交往和全国统一市场的形成与发展。

（二）劳动力在公共物品使用价值生产过程中的作用

相比生产资料和而言，劳动力则是整个公共经济生产力中最活跃和最根本的要素，尤其对于制度、政策、谋略、法律等柔性公共物品生产而言更是如此。在20世纪50年代初的朝鲜战场上，中国人民志愿军和朝鲜人民军与美国为首的联合国军队在武器装备技术水平方面相差悬殊，而前者却取得了胜利，迫使后者不得不在停战协定上签字，就是最有说服力的案例。同样，在豪华办公楼里使用最先进的电脑技术，未必比在简陋办公室使用相对落后的办公设备所制定出来的制度、政策、法律和经济社会发展规划更高明。发生在20世纪40年代末的中国解放战争时期，在延安的窑洞和西柏坡的平房里使用煤油灯办公的中国共产党制定出一系列正确的政治和军事谋略，迅速战胜了在洋楼里、电灯下、使用当时相对现代化条件办公的国民党，也是无可否认的历史事实。究其机理，就在于劳动力在公共经济生产力中起着比生产资料更具决定性的作用。进一步的问题是，对于公共物品使用价值生产而言，劳动力的哪些要素起着决定作用？应当说，对所有公共物品的使用价值生产来说，所用的劳动力整体上都需要具有健康的体魄、较高的道德素质和包括知识结构在内的适当专业技术素质，在数量上也要与各公共部门和单位所承担的公共物品生产任务相适应。但对于不同种类公共物品使用价值生产乃至同一公共部门不同岗位而言，其所需要的劳动力在身体素质和专业技术素质方面是有区别的。例如，对于提供国防安全服务而言，所有军人都既需要能够适应战时持续作战要求的强健肌体，也需要具有现代战争所要求的科学文化知识，但其中的战士一般只需要健壮的体魄和操作武器所必要的文化技术知识，而高级指挥员则需要有关现代战争的战略战术理论知识。为了保证公共经济中的劳动力具有较高素质，必须建立健全有效的选拔录用、继续教育和考核淘汰机制。

（三）管理因素在公共物品生产过程中的作用

生产或组织提供各种公共物品都存在管理问题。管理也是公共物品生产或提供的重要因素，甚至是比生产资料更重要的生产要素。不断推进管理方法和管理机制的科学化、现代化，对于提高公共经济效率和公共物品质量的作用，不仅潜力巨大，而且永无止境。尤其是各种制度性、政策性、法律法规性公共物品，由于影响广泛、深远且需要相对稳定，更应当重视在其拟定和论证过程中采用最先进的方法。公共物品生产年度计划和中长期规划的编制，因为涉及公共资源配置是否科学合理，“计划的节约是最大的节约，计划的浪费是最大的浪费”，同样需要采取最先进的预测、拟定和评估方法，容不得依靠领导主观臆断地“拍脑袋”式决策。因此，在客观条件允许的条件下，随着整个社会生产力水平的提高，及时改善公共物品生产物质条件、积极采用先进的公共服务手段，特别是不断探索创新管理方法和管理机制，乃是提高公共经济全要素生产率暨公共物品使用价值生产效率和质量所必需的。而管理体制、机制、方法创新能力以及与此呈正相关的管理水平高低，则取决于公共经济管理者、特别是核心管理成员的道德素质、知识结构和技术素质。对于生产或提供制度、政策、谋略、法律等抽象性公共物品的核心公共部门而言，身居管理岗位的公职人员都应当具有较为高深广博、结构相当完备的专业理论知识。为此，邓小平同志早在20世纪80年代初就将公共部门负责管理工作的干部选拔标准明确为革命化、知识化、专业化和特定时期适用的年轻化。但这一标准并没有始终得到认真的坚持。实践证明，外行领导内行，由无知而胆大的人担任公共部门领导职务、特别是核心领导职务，便无法确保高质量、高效率地生产或提供公共物品。

（四）公共资源合理配置对公共物品生产的重要性

提高公共经济的生产率和公共物品质量，是公共经济永恒的主题之一。而要提高公共经济的生产率，首先需要解决的问题就是通过公共资源在各种公共物品上的合理配置，实现公共物品使用价值的最佳供给，达成公共物品的供给在品种结构、数量规模和内在质量方面与民间经济对公共需求之间的平衡。为此，需要对各个公共部门所用的生产资料和劳动力进行合理统筹配置。但是，在历史和现实中，由于各种主客观因素的影响，公共资源的配置和公共物品的生产结构却难以达到帕累托最优状态。除此之外，为了确保公共经济生产率持续保持着较高水平，还需要满足两个基本条件：一是要使各部门所拥有的生产资料和劳动力在数量、质量上与其承担的公共物品生产或提供任务动态地相适应。二是要使各部门所使用的劳动力与生产资料在专业技术素质和数量方面相匹配，从而使二者结合起来以后能够充分有效地完成公共物品使用价值的生产或提供任务。

（五）公共物品扩大再生产的趋势与形式

随着经济社会发展，公共物品使用价值的生产总体上呈不断扩大再生产趋势。这一方面是因为人们对公共物品的需求具有不断扩大和提升的趋势；另一方面，也因为社会生产力的总体提升为不断增加的公共物品需求得以满足提供了客观的物质基础。导致社会对公共物品需求增加的主要因素有三：一是人口数量的增加。除国防、外交等较少种类的纯公共物品以外，多数种类的公共物品需求量都在某种程度上与人口数量正相关，如教育、卫生、图书馆、道路、公园、社会保障、街区公共服务等。二是公平正义标准随着社会进步而逐步提升，导致许多本来具有排他性的“俱乐部”物品越来越多地进入公共物品行列，如教育、医疗、图书馆、养老保险、失业保险、医疗保险、医疗救助、家庭最低生活保障等。三是外部示范效应。在全球化趋势的作用下，国与国之间交往交流日益频繁，其他国家对相同社会事务的处理方式会很快传播开来，国与国之间在公共物品提供种类和标准方面形成攀比式压力，导致公共物品在国际间竞争机制的驱使下品种逐步增加、水准日益提升，以致会使一些民间经济发展水平较低、财政汲取能力较差的国家政府为此而跌入债务陷阱难以自拔，由此引发持续多年的财政危机。

公共物品使用价值的扩大再生产有三种主要形式。一是现有公共物品种类不变，而供需总量简单扩张，如公路里程延展、密度加大，医院数量、容量和学校数、招生数增加以及义务教育阶段拉长（有的国家将学前教育和高中教育并入义务教育范围），等等。二是公共物品种类增加，如城乡居民最低生活保障、医疗救助、女工生育保险、孕育期胎儿健康干预等。三是公共物品质量标准与时俱进地不断提升。其中，第一、第二种形式可以称为公共经济的外延扩大再生产，而第三种形式则属于公共经济的内涵扩大再生产。在多数情况下，公共物品使用价值的扩大再生产，仅通过挖掘原有设施内在潜力（如增加现有学校的班容量和现有医院的病床数量等）和提高公共经济生产效率通常难以实现，往往需要通过增加生产要素投入来解决。

（六）公共物品使用价值再生产连续性的保障条件

从公共物品使用价值的再生产而言，需要根据对下一年度或下一个计划周期各部门公共物品使用价值生产或提供任务的预测，并考虑主客观生产要素新陈代谢和适当提升的要求，对所需生产资料和劳动力事先做出计划安排与实际准备，以保证公共物品使用价值再生产的持续进行和不断扩大。

这些，从理论上说是公共物品使用价值生产和再生产的基本原理，而从实践角度说，则是公共经济管理在技术方面的基本职责和要求。

二、公共物品价值的生产与再生产

公共物品的生产和再生产通常都是在一个社会经济体内部实现供需平衡的，并且实质上是在既作为买者又作为卖者两种不同身份的同一个主体之间进行交换的，即使国际公共物品也是在享用这些公共物品的国家或地区范围内共同筹资而实现供给的，因而类似于自给自足的自然经济。所以，严格地讲，公共物品并不具有商品性质，从而在根本意义上不带有交换价值的属性。但是，由于在现代商品经济条件下，用于公共物品生产的各种生产要素，无论生产资料还是劳动力都在不同程度上具有商品属性，使用它们都需要付出真金白银，所以公共物品的生产和再生产也必须切实地考虑价值补偿与循环问题。

在现代商品经济条件下，为了进行公共物品生产，既需要从商品市场上购买生产资料，也需要按月向公职人员发放薪酬。用于每一种公共物品生产所支付的生产资料价值和劳动力价值，就构成该种公共物品的价值。这种价值在作为公共物品受托方的公共部门交付给作为公共物品生产委托方的民间经济主体（居民个人、家庭和各种营利性组织）之时或之后，要以使用者付费或征缴税收、基金的方式获得等价补偿，以便为下一个生产周期的开始准备支付所需生产要素交换价值的条件，从而保证公共物品使用价值和价值再生产周而复始地持续进行。

（一）公共物品价值构成的特点

与作为私人物品的商品生产不同，公共物品的价值仅仅包括公共物品的生产成本，而没有资本的利润即剩余价值，这是由公共物品本质上属于同一个所有者自产自用的自然经济属性所决定的。不过，如此解释，也存在一个令人不易理解的逻辑矛盾。因为，同样一个人，付出同样质量和数量的劳动，他如果在企业中工作，可能会比就职于公共部门所获得的薪酬更多，而他却为那个企业贡献了剩余价值；那么，他在公共部门工作尽管所得薪酬少得多，为什么反而未能创造剩余价值，难道他在公共部门的劳动就只有必要劳动而没有剩余劳动吗？解决这一逻辑矛盾的唯一路径，只能是按照马克思主义经济学原理，将剩余价值和剩余劳动作为一种社会关系、生产方式即剥削制度特有的理论范畴来理解——即使在同一时空之下，只要不存在剥削制度，就不再存在剩余价值和剩余劳动的概念。当然，在无剥削制度的条件下，就个人而言，剩余劳动也是存在的，这就是他为满足公共需求而付出的那部分劳动。对于公共物品而言，由于它不存在进一步的公共需求问题，所以，其中活劳动也就不再区分为必要劳动和剩余劳动。但对于在公共部门就职的劳动者来说，他还是要通过从所得薪酬中缴纳各种税收、基金和为公共物品的使用而付费，来体现社会意义上的剩余劳动。

（二）公共物品价值再生产的趋势

公共物品价值的再生产，从理论上说是通过公共物品的交换过程实现的，在现实中则表现为年复一年的财政税费、公共基金的征缴和公共支出的投入使用。与此相适应，公共物品价值的扩大再生产表现为财政收支占国民生产总值的比重总体上呈现的不断提高趋势。德国经济学家阿道夫·瓦格纳（1835 年—1917 年）早在 1882 年就通过对 19 世纪许多欧洲国家和日本、美国公共支出增长情况的考察，揭示了被后人称之为瓦格纳定律的“公共支出不断增长法则”。其后世界各国财政收支绝对量不断增长、相对量不断提高的运行趋势，持续地证实着这一法则的客观性。“二战”以后，欧洲率先实行的福利国家政策，明显加速了公共物品价值扩大再生产的进程。在福利国家政策实行力度最大的北欧国家特别是瑞典，财政收支占 GDP 的比重早在大约半个世纪前就超过了 50%，近三十多年来一直保持在 60% 以上。在这些国家中，由民间经济和公共经济结合而成的混合经济已经演化为以公共经济为主的经济体。不过，“世界上没有免费的午餐”，“羊毛出在羊身上”，在这样的国家中，国民在享受着更多公共物品使用价值或者公共福利的同时，他们所承受的税收负担也相对很重。只要这是真正体现多数国民意愿的公共选择的结果，并且不会因此而使居民产生道德风险、导致普遍懒惰倾向，从而降低这个经济体的国际竞争力，那么，这种混合经济结构就是可取和有生命力的。

（三）公共物品再生产过程中固定资产价值补偿机制

公共物品再生产过程中固定资产价值的补偿方式同样值得研究。公共经济活动中所使用的固定资产不仅数额庞大，而且形态各异，既有办公楼、教学楼、医技病房楼、实验室、国防工事、道路、桥梁、港口、市政工程等建筑物，也有电脑、写字台、环保检测、医疗卫生设备、坦克、枪炮等劳动器具，其实物形态需要在一年以上进行更新。为了保证这些实物形态的固定资产更新按时进行，就要设置一种适当的价值补偿机制。这种价值补偿，既可以按照权责发生制会计原则，采取按年提取折旧、专项储存、预先积累、届时使用的方式来实现；也可以按照现收现付制会计原则，通过在需要进行实物更新的年度预算中随机安排来实现。单纯采取哪一种补偿方式都有利有弊：采取前一种价值补偿机制，有利于从价值角度真实而全面地反映每个年度公共物品提供成本，从而保持公共经济稳健运行，但会使所提取储存的折旧基金暂时闲置，即使将其存入银行，通量存款的利息所得也难以抵补政府发债所付的利息支出；采取后一种价值补偿机制，显然可以提高公共资金的利用率，避免折旧基金闲置的利息损失，但容易掩盖公共物品的全面真实成本和公共财务的可持续程度。为了最大限度地兴利除弊，在现实的公共经济管理中，需要实行权责发生制和现收现付制两种会计原则并行且有机结合的制度：一方面依据权责发生制会计原则按预算年度核算固定资产应计折旧纳入每年公共经济的完全成本，以如实披露公共财务的资产负债情况；另一方面，按照现收现付制核算并披露每个年度的公共预算收入、支出和平衡情况，同时对相关固定资产更新事宜在分年度公共预算中做出安排，以保证公共物品再生产的持续顺畅进行。

公共物品价值再生产的各个具体组成部分，即固定资产、流动资产和劳动力的价值补偿，全部都要通过公共财务预算运作来实现。

第七章　公共经济生产方式的再生产

与民间经济的生产方式一样，公共经济的生产方式也具有二重性：① 一方面是生产力组成方式，即物质技术角度上生产要素各个部分之间的结合方式；另一方面则是公共经济生产关系，即社会意义上公共经济相关主体之间的相互关系。公共经济的再生产就是这两个方面相互适应、相互矛盾、相互作用的统一过程。

第一节　公共经济生产力组成方式的再生产

公共物品的生产要通过生产资料与劳动力有机结合的现实过程来实现。在不同历史时期以及同一历史时期的不同阶段，用于生产公共物品的生产资料和劳动力在物质技术水平上是有差别的：使用大刀、长矛、弓箭等冷兵器提供国防服务，在组织方式和效率上不同于使用飞机、导弹等现代武器；人类社会初期直接使用人的体力、脑力与简陋的生产资料相结合进行的公共物品生产，与现代人借助于现代信息技术进行公共物品生产，不仅生产效率不同，而且所生产的公共物品使用价值在质量上也不可同日而语。例如，现代人使用现代信息技术配置公共资源、进行国民经济宏观调控，在预见分析深度和政策工具传导效率方面显然要大大胜于古代人完全依靠人脑的时期，运用信息追踪技术预防犯罪和破案的效率也大大高于以前。即使在同一历史时期的同一阶段，依据不同公共物品的特性，以政府购买公共服务或 PPP 方式借用民间经济组织力量和优势提供公共物品，与单一依靠公共机构生产和提

---

① 马克思在其经济学巨著《资本论》中，对“生产方式”这一范畴至少在三种意义上加以使用：一是指以生产工具为主要标识的生产要素物质技术构成方式，如刀耕火种的原始农业生产方式，以蒸汽机为动力、以机器为生产工具的生产方式等；二是以生产过程中人与人经济关系为重点的社会性生产方式，如封建农奴制生产方式、资本主义雇佣劳动制生产方式；三是在生产力与生产关系相统一意义上使用，如以社会化大生产为物质技术基础、以资本所有制为生产关系的现代资本主义生产方式。其后，马克思主义经济学理论一般都在第三种意义上使用生产方式这一范畴。本书即遵循了这一用法。

供所有公共物品，在效率和质量方面也会呈现明显差别。

公共经济生产力组成方式是由低级向高级不断演进的，这种演进过程就是它在再生产中的不断升级。实现其升级的推动力，一方面来自民间经济生产力组成方式的进步；另一方面，也依赖公共经济部门通过总结经验教训而不断改良和创新。

第二节　公共经济生产关系及其再生产

公共经济是典型的“委托—代理型”社会事物，由此决定了它的生产关系远比民间经济生产关系复杂。从自然逻辑视角考察，公共经济生产关系至少包括委托方、受托方，以及委托方和受托方各自内部关系三个层面。这三个层面生产关系的具体内容，因为存在各种各样的矛盾而相当复杂，不仅都与公共经济生产力发挥、公共经济效率密切相关，而且通过相互作用影响整个公共经济生产关系再生产的方向。

一、公共经济生产关系的三个构成层次

第一层是公共经济委托方与受托方之间的契约式代理关系。公共经济的委托方是每个经济体内所有民间经济活动主体，包括居民及其组成的一般经济社会组织。这些民间经济活动主体相互间不可分割的公共需求和公共利益，是公共物品以及生产公共物品的公共经济赖以产生和延续的根本原因。按照社会分工规律，民间经济主体不可能都直接参与生产或提供公共物品的公共经济活动，只有委托一部分社会成员专门从事公共物品的生产或提供活动才能保证必要的经济效率。这部分受托执行公共物品提供任务的人们在承担公共经济责任的同时，也不可避免地需要享有具体管理公共经济的权力，并按照契约规定的标准领取合理薪酬，从而构成相对稳定的公共经济机构。由此就产生了公共经济中最基本的生产关系——委托方与受托方之间基于公共物品生产、交换、分配、消费事务的经济关系。按其内在逻辑，在这里，民间经济主体作为公共经济的委托方，既是公共物品使用价值的享用者，也是用于公共物品生产的公共经济资源的提供者，因而是公共经济理所当然的终极主人；相反，公共经济机构作为公共事务的受托方和受雇于社会公众的公仆，理应按照契约规定和委托方意志忠实地履行代理生产或提供公共物品的责任，谨慎地使用委托方赋予的公共经济权力，并且按照规定期限向公共经济的委托方和终极主人如实报告履责行权效果以及公共经济运行状况，从而接受委

托方和主人的监督。据此逻辑，公共经济在决策和监督层面天然地应该实行民主制，公共经济所带来的利益天然地应该实行普惠制。如恩格斯在《家庭、私有制和国家起源》一书中所述，在没有发生阶级分化、因而政治性国家尚未产生的原始氏族部落时期，以“祀与戎”为主要内容的公共经济就是遵循决策民主制和利益普惠制原则运行的。①

但是，随着社会生产力的提高，以狩猎、采集、种植为主要产业的原始公有制经济开始出现剩余产品，氏族部落之间的掠夺性战争和其他集体生产成果（包括战俘）逐步被执行公共事务的部族首领凭借公共权力占为私有，社会成员由此逐步分化为奴隶主、奴隶和既非奴隶主也非奴隶的平民这三个阶级，社会公共权力机构也随之由社会成员用以满足公共需求、实现公共利益的工具转变为压迫和剥削劳动阶级的暴力镇压工具，公共经济决策和监督的民主制相应地转变为统治阶级独裁专制，公共经济利益分配的普惠制愈来愈多地转变为向统治阶级倾斜制，尽管为维持基本产业延续的公共物品职能（如兴修水利、铺设道路桥梁、国防等）不得不继续存在。在此后至近代资产阶级革命成功以前的漫长历史阶段中，虽然也在古希腊城邦、古罗马帝国等个别地方个别时期由于实行不同程度和不同形式的公共经济民主制，而使公共经济委托方与受托方之间的关系仍大体维持合理状态，但在更广大地域和更悠久的历史时期中，公共经济委托方与受托方之间的关系都进入异化轨道：受托方僭越委托方的公共经济决策权，取消委托方对公共经济运行的监督权，以增进公共利益名义征集的公共资源被主要用于为统治阶级提供各种奢靡生活条件、完成各样假公济私的政治军事任务和制定实施强化经济剥削、政治压迫的制度政策等。这就是恩格斯所指出的公共机构异化过程。② 近代资产阶级革命胜利以来，公共经济主人与公仆之间的“委托—代理关系”在越来越

① 恩格斯指出：易洛魁人已经“有讨论公共事务的部落议事会”，部落“管辖的事情，包括低级阶段上的野蛮人的全部公共事务”，管理公共事务的机构在性质上属于“还不知有国家的社会组织”，他们对公共事务的表决采取以手势或发出不同声音的方式进行表达。——恩格斯：家庭、私有制和国家起源［M］．北京：人民出版社，1972：90、93、97.

② 恩格斯指出：“社会为了维护共同的利益，最初通过简单的分工建立了一些特殊机关。但是，随着时间的推移，这些机关——为首的是国家政权——为了追求自己的特殊的利益，从社会的公仆变成了社会的主人。”——家庭、私有制和国家的起源［A］．马克思恩格斯选集第3卷［C］．1995：12.

多的国家和地区逐步向符合自然逻辑的轨道回归，公共经济决策和监督的民主制逐步得到提升，公共经济利益分配的普惠制成分逐步增加。公共经济生产关系的这种历史发展轨迹，再一次证明了否定之否定规律的客观性。当然，这种历史回归还远未完成。即使在宪法规定人民当家作主的一些社会主义国家，公共机构和公职人员行为偏离社会公仆准则的现象也并不鲜见。

第二层是公共经济委托方内部的生产关系。其中存在着两种不同性状的矛盾。第一种矛盾是作为公共经济终极主人的社会成员对公共经济来说从道理上人人有责有权，而在事实上又人人都可不切实负责、不认真行使权力的逻辑悖论。这种矛盾源于人类的自私本性与公共经济天然具有的公共属性之间的不吻合。其现实表现是，人们对于公共事务只想受益而不愿付出履责成本的“搭便车”倾向，极易造成公共经济委托方整体责任与权力的失衡、公共选择失真和对受托方监督约束机制的失灵，从而引致公共经济出现“公共地悲剧”、逃税、政治周期、福利陷阱、主权债务危机等负面效应。

第二种矛盾是作为公共经济主人和委托方的社会成员，在一定历史阶段上因经济社会地位不同而区分出的不同利益集团之间在公共选择倾向方面的差别和对立。在存在阶级和利益阶层的历史阶段，处于不同阶级、阶层乃至不同地域、不同性别、不同年龄的社会成员对于公共物品的需求会有所差别，特别是当某些公共物品的提供会直接导致社会成员的纳税负担普遍增加的情况下，不同利益集团对提供某种于自己有利或不利的公共物品所表达的偏好倾向差异会尤其明显，甚至可能完全冲突。例如，穷人对保护财产权的立法和司法不会感兴趣，而富人对显然更有利于穷困阶级改变生存与发展条件但会明显增加自己纳税负担的社会保障、社会救济、普及教育等公共物品的提供则通常抱以冷漠乃至反对的态度。美国轮流执政的民主与共和两党的公共经济政策取向，就明显反映出富裕阶级与社会中下层居民对不同种类公共物品偏好倾向的差别；其中，军事方面的鹰派政策一般是代表大资本家阶级利益的共和党所极力主张的。正因为如此，在实行独裁专制的政治体制下，政府提供公共物品的一览表中总会充斥着对经济上占统治地位的剥削阶级明显有利的法律、制度、政策以及其他相对具体的事项。这是因为，在经济上占据有利地位的阶级在文化素质方面通常也会高于穷困阶级，因而他们更容易作为公职人员直接进入掌握政治权力的社会公共机构，从而使偏向于增加富裕阶级利益的公共经济政策得以强化和经常化。而这样的公共经济政策必然加剧社会的阶级分化与对立。不过，当这种对立达到顶点以后，势必导致占人口大多数的中下层社会成员以剧烈的社会运动撕毁现存的社会契约，从而使现存王朝归于覆灭。

第三层是公共经济受托方内部的生产关系。其中又包括相互关联的三个侧面，其合理程度高低，与公共经济决策效率、执行效率和公共物品质量高低都有着极高的关联度。一是不同层级广义政府之间基于纵向分工的公共经济责权利关系。在这种关系上，按照分工原理，公共经济责权只有依据公共物品效益覆盖范围的差异情况合理地配置于不同层级的政府，才能保证公共经济决策和执行具有较高的效率，并产生较为理想的整体效果。如果公共经济决策责权高度集中于中央或者地方分权过度，都不可避免地会加剧不同种类公共物品决策信息的不对称，导致公共经济资源配置经常化、大幅度地偏离民间经济主体对公共物品的需求，同时也不利于作为公共经济主人的社会成员直接参与本地公共物品提供决策并发挥就近监督作用，从而严重减损公共经济效率。

二是同级广义政府不同部门之间基于横向分工的公共经济责权关系。按照分工原理，同级公共部门之间应当依据事有专责、依责赋权、适当制约、密切协同的原则明晰划分公共事务责任与权限，以保证责任落实、以权行责、协调一致地承担完成好本级政府的公共经济责任。如果同级公共机构之间责任与权限配置违反上述原理和原则，责任划分不清晰、不合理，权限配置与责任划分失去严格匹配，势必产生责任落空、权力滥用或各部门之间争权诿责、相互扯皮等弊端，从而造成公共经济制度、政策、法规混乱和公共资源滥用浪费、公共物品提供低效等一系列负面效应。

三是各级公共权力机构、特别是中央权力机构内部核心成员与辅助成员之间在公共经济决策过程中的耦合关系。直白言之，这种关系就是封建政治制度下的君臣关系和现代政治制度下公共部门主要领导与其副职佐僚之间在公共经济活动中的相互关系。这种生产关系处理得如何，在不同政治体制下对公共经济效率的影响作用存在重大差别，并且在一定意义上对前面两种关系能否正确处理起着很大的制约作用。按照常理，对这种生产关系的处理应当遵循既有主有从、和衷共济又相互间有所制约的原则，以期集中正确智慧、协力承担好公共经济任务。在这种情况下，不仅主从双方将会一荣俱荣，尤其重要的是必然有利于优化公共机构内部纵向、横向关系和整个公共经济制度、政策，进而确保公共经济具有较高效率和较好效果，并借助于公共物品的使用价值促进民间经济繁荣发展，使整个社会的净福利实现最大化目标。相反，如果公共机构的核心成员实行“一言堂”，拒绝吸纳辅助成员的正确意见，或者辅助成员对核心成员无原则地一味顺从，甚至投其所好，则不仅会使主从双方一损俱损甚至同归于尽，而且势必劣化公共机构内部纵向、横向关系和整个公共经济制度、政策，导致公共经济再生产沿着下行轨道演进。[①]

二、公共经济委托方与受托方各自内部生产关系的相互作用对公共经济生产关系再生产的影响

公共经济委托方内部的生产关系和公共经济受托方内部的生产关系不仅各自独立地对公共经济效率发生影响，而且二者之间还存在相互作用。这种相互作用，构成公共经济生产关系的派生环节。

就委托方对受托方的影响而言，只有在公共经济委托方内部不同阶层之间关系比较和谐的情况下，其对受托方才能实施比较有效的控制和监督，从而有利于保证整个公共经济生产关系沿着优化方向进行再生产。相反，在不同利益集团之间发生严重分裂的情况下，其对公共经济受托方的控制力和监督力将会大大下降，甚至被受托方所反制，势必导致或加速公共经济本质的异化。

再就受托方对委托方的影响而论，当受托方内部生产关系处于优化状态时，受托方将会采取积极的公共经济制度和政策努力调节委托方内部生产关系中的矛盾，使其朝着优化方向发展；相反，受托方内部生产关系如果处于劣质状态，受托方将会通过采取扭曲的公共经济制度和政策激化委托方内部生产关系中的矛盾，促使其沿着退化方向再生产。

第三节　公共经济生产方式的矛盾运动

公共经济生产力与生产关系作为公共经济生产方式中既相统一又相对立的两个方面，在现实的再生产过程中如影随形地结合在一起并发生交互作用。公共经济生产力组成方式能否适时适度地实现升级，与能否充分发挥公共经

---

① 齐守印在2017年第9期《社会科学论坛》发表的《公共经济学视角下的贞观之治》中，以贞观之治的产生为例，分析了这一层次公共经济生产关系处理及其社会效果问题。

济生产力应有的效能紧密关联，直接关系到公共经济的效率、效益，从而影响到整个经济体的竞争力和国民净福利的损益。而公共经济生产力组成方式适时适度地升级能否实现，则在很大程度上取决于的生产关系优劣。在优质生产关系的促进下，公共经济生产力组成方式通常能够及时吸纳民间经济技术进步的成果而得到较快升级，公共经济生产力的效能就容易得到充分发挥，公共经济生产方式的内部矛盾将会处于和谐状态。相反，在劣质生产关系的作用下，公共经济的生产力将会经常地被受托方滥用，其组成方式即使弊端再多（如冗兵冗吏过多、生产要素区域和部门配置失调等），也难以得到适时改良和创新，甚至呈劣化趋势，致使公共机构所提供的制度、政策类公共物品扭曲和异化，进而导致民间经济生产力受到压抑和破坏，久而久之，势必引起公共经济生产关系内部矛盾日趋紧张。即使到了险象丛生、现存政权已经摇摇欲坠的阶段，但由于落后的公共经济生产力组成方式和劣质的公共经济生产关系往往与公共物品生产受托方的利益紧密相关，以致他们仍然还要阻碍公共经济生产力组成方式和生产关系的改良和创新。随着公共经济生产关系劣质因素的积累，其对公共经济生产力要素潜能发挥的压抑度将会越来越高，致使整个公共经济生产方式的内在矛盾达致极为紧张的状态，势必激化公共经济委托方与受托方之间的矛盾。当这种矛盾尖锐到顶点的时候，公共经济委托方中的多数社会成员将会通过革命方式或合法选举途径解除与受托方的代理契约，导致广义政府的更迭，从而为公共经济生产力组成方式的演进和生产力潜能的充分发挥开辟道路。当然，历史与现实中的大量实例同样表明，作为受托方的公共机构也完全可以通过自觉的改革创新来主动消除公共经济生产关系和生产力组成方式方面的弊端，使公共经济生产方式中较为突出的内部矛盾得以缓解与克服，从而解放公共经济生产力、优化公共经济生产要素的组织结构，进而有效提高公共经济效率和公共物品质量。至于公共经济生产关系各个侧面各个层次中的矛盾如何通过改革创新加以缓解和克服，诺奖获得者埃莉诺·奥斯特罗姆教授等经济学家曾经在《公共事物的治理之道：集体行动制度的演进》中做过极有成效的探索①，齐守印也在《中国公共经济体制改革与公共经济学论纲》等著述中进行过相关思考与讨论。②

随着经济社会的不断发展，在公共经济生产方式中代表生产力一方的生产要素质量总体上呈现越来越高的发展趋势，而与公共经济生产关系密切相关的现代民主政治也总体上朝着不断改善的方向前进，就世界范围而言，公共经济生产方式再生产将会沿着日趋优化的轨道演进，前景令人乐观。至于一个具体国度的公共经济生产方式能否跟上这种世界潮流，则一方面取决于各国作为公共经济委托方的人民大众的觉悟素质；另一方面取决于作为受托方的最高公共机构领导核心的历史责任感强弱和与理论政策水平相关的国家治理能力高低，同时也同该国与国家治理现代化密切相关的公共经济理论体系是否科学，以及公共经济科学理论在人民大众中的普及程度和对公共经济管理层的武装程度，有着相当密切的内在联系。

---

① 埃莉诺·奥斯特罗姆在这部著作中针对“公地悲剧”“囚徒理论”和“集体行动逻辑”等理论模型进行了分析和探讨，同时从小规模公共资源问题入手，提出了自主组织和治理公共事务的创新制度理论，为面临“公地选择悲剧”的人们开辟了新的途径，为避免公共事务退化、保护公共事务、可持续利用公共事务从而增进人类的集体福利提供了自主治理的制度基础。具体内容见上海三联书店2000年出版的余逊达、陈旭东的中译本。

② 齐守印：中国公共经济体制改革与公共经济学论纲［M］．北京：人民出版社，2002；论公共经济生产方式及其优化路径［J］．河北大学学报（哲学社会科学版），2017（1）；基于公共经济内在矛盾的国家治理研究［J］．财政研究，2017（3）．

第四篇　公共物品价值再生产——公共财务

生产提供公共物品必须以必要的经济资源投入为物质前提。公共物品再生产过程要周而复始地进行，需要年复一年地筹集和配置相应的经济资源。同时，为了控制公共物品成本、确保公共物品投入产出效益，还必须对公共物品再生产过程中的经济资源占用与耗费实施严格的核算和监管。为公共物品再生产筹集、配置和核算、监管经济资源的活动，就是公共经济的财务，简称为公共财务或财政，从公共物品二重性角度考察，公共财务属于公共物品价值再生产过程，是实现公共物品使用价值再生产的保障条件。由于公共财务活动既是公共物品的价值再生产，又是公共物品使用价值再生产的前提条件，对公共物品的整个再生产过程发挥着经济资源保障作用，因而成为整个公共经济活动的基础和重要支柱。

完整的公共财务活动包括财政收入、支出、预算、体制、政策、管理、监督和反映整个公共经济资源运行效果与可持续状况的公共财务报告等众多环节、侧面，具体内容非常丰富，构成公共财务或财政学的研究对象和主要理论内容。出于学科之间合理分工的考虑，在新的公共经济理论体系中对公共财务的讨论主要涉及公共物品再生产的资源保障、公共物品价值再生产和作为一种特殊公共物品等层面，至于财政收支、预算平衡、财政体制与政策及其对整个国民经济的影响等具体内容将由财政学展开研究阐述。

第八章　公共财务及其功能与地位

顾名思义，如同企业财务之于企业经营中的财务活动一样，公共财务（Public Finance）就是公共经济中的财务活动，是公共经济活动的一个重要组成部分。只有从公共经济这个全局视角来观察，才能准确把握公共财务的本质、功能和地位，从而处理好内部与外部各种关系和相关事务，有效地发挥出应有的作用。

第一节　公共财务与公共经济

公共财务并不是独立物，而由公共经济活动所引起并且为公共经济再生产服务的。因而，对于公共财务的内涵与外延、职能与作用，只有从它与公共经济的内在联系中才能获得准确而深入的理解。

一、公共经济需要公共财务提供资源筹集、配置和监管保障

公共经济作为社会公共机构受社会公众之托而生产或提供公共物品的活动，没有相应的经济资源是无法存在和运行的。既然社会公共机构是受社会公众的委托而进行公共物品生产或提供活动的，那么，社会公众作为委托人就有责任和义务依据共同约定的规则、通过一定途径向受托代理完成公共经济职能的社会公共机构缴纳公共物品的生产或提供成本，或者说按照社会契约向社会公共机构预先支付代理提供公共物品的价格。社会公共机构在得到社会公众让渡的这部分经济资源以后，需要将其按照社会公众提出的公共需求配置到不同的公共物品生产领域，并且对这些经济资源的使用过程加以严格监管，以确保其产生应有的效益。这些事务，就是公共财务所要解决的主要问题。由此可见，公共财务乃是公共经济内在的一种职能。

二、公共财务的内涵

依据以上内容，可以从六个方面归纳概括公共财务的内涵：其一，公共财务是由公共经济再生产过程所引起的筹集、配置和监督管理公共物品生产所需经济资源的活动。其二，公共财务向社会公众筹集经济资源在一定意义

上乃是公共物品享用者和购买者与受托组织提供者之间进行的交换，必须依据共同约定的规则或者依照社会契约，而不能任意而为。其三，公共财务资源来自社会公众的缴纳或让渡，所有权属于社会公众，其属性为公共经济资源、公共财务资源，或简称为公共资源，必须全部用于满足社会公众所需要的各类公共物品生产，而不得用于与满足社会公众公共需求无关的事项。其四，公共财务资源筹集力度、方式和配置方案需要通过能够反映社会公众意愿的公共选择机制最终确定。其五，公共财务资源必须得到科学合理的配置和严格的监督管理，包括通过财务信息公开直接接受社会公众监督，以避免滥用浪费，确保取得应有的效益。其六，包括筹集、配置和监管在内的公共资源运行全过程构成公共财务活动的基本内容。这些内涵，可以通俗地表述为：公共财务资源取之于公众，用之于公益，定之于公决，受之于公众监督。

三、公共财务的外延

按照公共财务的上述内涵，其外延从静态角度涵盖整个经济体上至最高层、下至每个部分的全部财务活动，包括从中央到基层各级政府财政和各级机关、事业单位乃至公营企业的财务；从动态角度则涵盖公共资金筹集、预算配置、支付使用、控制监督和最后向社会公众报告公共经济体所用经济资源效果的全过程，包括取得收入、安排支出、收支衔接平衡、资金支付、监督控制和过程总结、效益评估等各个环节。与此同时，公共财务的有效运行离不开相应政策的指导、相应体制的规范，而财政政策构成整个公共经济政策的重要组织部分，财政体制构成整个公共经济体制的重要环节。

由此可见，公共财务所要完成的首先是公共经济终极主体与受托执行主体之间的价值交换；其次则是对公共经济资源运行的全程控制，以维护公共经济再生产连续进行并实现预期绩效目标。

第二节 公共财务的功能与地位

从公共经济视角考察，公共财务具有多项具体功能，在整个公共经济体中处于十分重要的地位，对公共经济再生产过程的正常运行起着基础性支撑作用。

一、公共财务的主要功能

（一）为整个公共经济体供给“血液”

在货币经济形式下，通过公共财务活动筹集到的经济资源表现为公共资金。对于公共经济而言，如果将公共物品比作公共经济肌体的“细胞”“花朵”和“果实”，公共资金是营卫所有“细胞”生长的“血液”、生成“花朵”并最终结出“果实”的养分的话，那么，公共财务就是从民间经济肌体汲取血液尔后发送给整个公共经济肌体所有“细胞”的血液循环系统，而这个“血液循环系统”中公共预算则是以舒张与收缩相互交替方式为整个公共经济肌体汲取和发送“血液”的“心脏”。

（二）为所有公共机构运行提供动能

社会公共机构完成人民大众委托的公共物品提供责任，有效实施各种公共经济政策，既需要凭借社会公众通过社会契约授予的强制性公共权力，也需要足够的物质性动能。这是因为，“巧妇难为无米之炊”，而公共事务则非财莫举。雄厚的财力支撑，是作为社会公共机构的广义政府充分发挥增进社会成员公共利益和公共福利作用所不可缺少的物质基础。如果公共财务输送的资源动能不足，作为公共经济肢体的所有公共机构都会变得软弱无力；而一旦中断动能输送，公共机构就会停止运行，作为“花朵”的公共物品就会凋零。美国联邦政府多次由于债务上限约束财务经费断供而致公共机构关门停摆就是最鲜明的例证。同时，各级社会公共机构依照被赋予的公共经济责任而承担的公共物品成本支付责任（即财政支出责任）和相应的组织财政收入、配置财政资源权力（即财政管理权限，即财权），由此构成的财政体制作为公共经济体制的重要环节，也是每一级社会公共机构履行公共经济责任的动能要素之一。

（三）为实现公共经济与民间经济均衡提供杠杆

任何一个国家或地区的国民经济都是由民间经济与公共经济共同构成的混合经济体，公私两大部门之间在资源配置、供需结构等方面达成均衡是决定整个国民经济体健康运行与持续发展繁荣、公民大众经济福利不断增长的关键性条件。而要实现这种均衡，最基本的杠杆就是公共财务的筹划与运作。这是因为，公共财务筹划与运作是达成公共经济与民间经济两大部门之间经济资源配置均衡的关键，而经济资源配置均衡又是公私两大部门之间供需结构均衡的基础。

（四）为公共机构实施其他公共经济政策提供助力

绝大部分公共经济政策都是具体规范和指导各种公共物品生产提供规模、区域布局、时序安排等方面的准则或策略，而这些公共经济政策预期目标的实现，在很大程度上需要借助于公共财务收支政策的有力配合。例如，着眼于改善优化经济发展区域结构、产业结构、技术结构和保护生态环境等促进国民经济协调发展的结构调控政策，大多需要税费政策、财政支出政策予以支持。如果离开了公共财务资源的依托，多数公共经济政策都会显得苍白无力，尤其对那些资源密集型公共经济政策①而言，就更是如此。

（五）直接运用公共财务收支和预算政策维护供需总量平衡、保障国民经济稳定运行

这主要是指着眼于熨平经济运行周期波动曲线而实施的供需总量调控，即根据经济周期所处的不同阶段，按照相机抉择的策略分别采取不同类型的财政政策。当宏观经济出现过热趋势之时，着眼于抑制通货膨胀而实行加税、减支、增加预算盈余的公共财务政策；相反，当宏观经济行将进入下行轨道之时，着眼于防治经济萧条、失业率过高而实行减税、增支、扩大预算赤字的公共财务即财政政策。

除涉及财政收支和预算的财政政策外，财政体制也以更为稳定的责权配置和利益协调机制规则在促进经济社会协调发展方面发挥着中长期作用。从这种意义上看，公共财务本身就是一种重要的公共物品，因此，许多国家将财政列为广义政府的主要职能之一。

（六）对公共经济本身实施宏观总量控制和微观成本控制

首先，以公共物品生产规模为主要内容的公共经济自身宏观总量控制，自然要依靠公共物品生产提供计划的科学制定，但同时也需要通过年度预算和中长期财政规划，借助于公共财务资源可供量以及公共债务规模上限指标加以控制，以维护公共物品提供和公共财务运行的可持续性。

其次，作为决定公共经济绩效水平两大要素之一的各类公共物品生产的单位成本和总成本，主要依靠公共财务预算编制过程中的严格审核、预算执行过程中的有效控制和预算执行完毕以后的审计监督加以控制。

---

①　公共经济政策可以按照使用资源的属性划分为资源密集型、智力密集型和科技密集型三类。其中资源密集型公共经济政策是指那些用以规范和指导主要依靠占用或耗费经济资源来提供相应公共物品活动的政策，例如改善基础设施条件、提高社会保障水平等；其他类型的公共经济政策虽然也都要占用和耗费一定数量的经济资源，但主要不是依靠耗费经济资源实现目标，例如制度、体制、法律、政策等抽象性公共物品的提供结构、质量和时机与经济资源配置多少并无明显的内在联系。

公共财务的这些功能客观地决定了公共财务在整个公共经济中的地位。但这些功能在现实中发挥得如何，则取决于财政制度、体制、政策的理性程度和各级公共理财者的理性素质。

二、公共财务在公共经济中的地位

公共财务作为公共经济的一个重要组成部分，相对于公共经济全局而言，始终处于从属和服务的地位，必须围绕公共经济的全局目标来筹划和运作，这是毫无疑问的。但是，相对于公共经济的其他组成部分而言，它的地位则显得更加重要。这是因为，除了公共物品提供或生产计划以外，一方面，公共经济的其他组成部分中没有任何一个像公共财务这样在职能范围上与公共经济本身完全相同；另一方面，如前所述，公共财务是为整个公共经济肌体供给血液、为所有公共机构运行提供动能的，因而它在很大程度上决定着公共经济的存亡兴衰，这是公共经济中其他组成部分都无法比拟的。即使公共物品提供或生产计划是公共财务配置资源的基本依据，也必须接受公共财务资源可供量的约束，脱离公共财务资源支撑的公共物品生产或提供计划不过是纸上谈兵和空中楼阁。正因为如此，中共十八届三中全会做出的《关于全面深化改革若干重要问题的决定》才将财政和财税体制的功能定位提升到前所未有的高度："财政是国家治理的基础和重要支柱"，"科学的财税体制是优化资源配置、维护市场统一、促进社会公平、实现国家长治久安的制度保障。"①

正是鉴于公共财务在整个公共经济中具有极为重要的功能和地位，古今中外圣明的国家治理核心主导者和经济、政治思想家无不高度重视公共理财事务，从而也高度重视选择德识兼备、堪当大任的贤明干才主持公共理财事务。宋代大思想家、改革家王安石认为："政事所以理财。"② 与其同朝为官的苏辙则进一步认为："财者，为国家之命万事之本。"③ 明代著名学者型高官刘定之认为："理财为圣君之急务，圣相之首事。"④ 在公共经济体制安排中，中国古代各主要王朝都将掌管公共理财事务的户部排在紧邻吏部的第二

---

① 中共中央关于全面深化改革若干问题的决定［Z］．人民日报，2013－11－15.

② 王安石：王临川集卷73［M］．

③ 苏辙：上皇帝书［A］．栾城集下［C］．上海：上海古籍出版社，2009：462－463.

④ 刘定之：刘文安公策略·户科·历朝财富法制得失［M］．

位，近现代欧美日各国政府部门序列中财政部多处于数一数二的突出位置，从而为充分发挥公共财务统领公共经济资源筹措配置与监管功能创造了有利条件。

第三节　公共财务运行中的资金循环与公共理财之道

与循环往复的公共经济再生产过程相适应，公共财务也是一个川流不息的运行过程：在运行中实现公共资金的循环和理财环节的更替，借助于连续不断的循环与更替过程发挥其为公共经济供“血”输“能”的作用。

一、公共财务的资金循环

在现代货币经济时代，作为公共财务核心要素的公共资源表现为公共资金，相应地，公共财务运行表现为公共资金经历不同阶段而不断循环的过程。公共资金循环的实质既是公共经济再生产过程的需要，也是公共物品价值再生产在公共财务方面的反映。公共物品价值再生产是一个由公共资金初始投入到公共物品价值形成、再到通过交换过程获得价值补偿这三个环节前后承接继起的完整链条，反映到公共财务运行方面就表现为从筹集公共资金、配置公共资金、投入使用公共资金到最后收回公共资金的循环过程，其公式化表述就是：“征集公共收入→安排公共预算→实现公共支出→征收财政收入……”从资金形态变换过程来看，公共资金在筹集和配置阶段采取的是货币形态，在投入公共物品生产过程加以使用阶段转换为劳动力和生产资料这些实物形态，最后在通过公共物品交换实现价值补偿阶段又重新回到货币形态。公共财务对公共经济的服务功能就是通过公共资金从初始筹集的货币形态到投入使用后的实物形态、再到最后以含有价值的公共物品交换回到货币形态这三个阶段先后继起的形态变换而发挥的。如果公共资金形态变换的循环过程不畅，公共经济再生产过程就会出现紊乱；一旦公共财务资金循环停止，公共物品价值再生产过程就会中断。

二、与公共资金循环相联系的公共理财之道

公共财务运行的三个阶段和公共资金循环过程的三个环节，在公共理财上表现为聚财、用财、生财三大事务，体现为公共理财原理就是聚财之道、用财之道和生财之道。公共理财三大事务之间存在着密切的内在联系。其中，聚财是起点，没有它，整个公共财务运行就无从开始、公共财务的所有功能都无从发挥，整个公共经济过程就无法启动，空手套白狼的戏法对任何一个

物质运动过程来说都只是天方夜谭；用财是关键，公共资金的科学配置关系到公共物品供给结构能否与社会公众公共需求之间实现均衡，从而关系到公共经济对民间经济服务、规范、指导功能能否得到有效而充分的发挥；生财是归宿和目的，相对它而言，聚财和用财则只是过程和手段，只有通过聚财和用财确保公共经济与民间经济之间达成良性互动关系，使之互相促进、共同繁荣，才能最终实现不断增进国民福利和保障整个经济体兴旺发达、长治久安的根本目的。

正确理解和把握聚财、用财、生财之间的关系，是做好公共财务工作、充分发挥公共财务功能的认识前提。古今中外很多理论家和实践家就此提出过不计其数的思想观点和实务原则。我国古代先贤早有高妙论述。例如，曾参认为："生财有大道，生之者众，食之者寡，为之者疾，用之者舒，则财恒足矣。"① 再如，王安石认为："盖因天下之力以生天下之财，取天下之财以供天下之费，自古以来未尝以不足为天下公患也，患在治财无道耳。"② 又如，丘濬认为"善于富国者，必先理民之财"③，海瑞认为"利国之道于利民得之"。④ 这些论述从不同角度、不同侧面说明了正确把握公共理财之道、实现聚财用财生财之间良性循环的道理。现代理治界和实务界专家关于公共理财之道的著述也可谓汗牛充栋，大体上都有其可供采纳之处。

正确把握公共理财之道，关键在于破除"就财政论财政"的狭隘理财思路，转而站在公共经济的全局高度，依据公共财务与公共经济之间的内在联系，以公共经济视角科学筹划和管理公共财务⑤，在聚财、用财方面遵循公共经济规律，善于运用公共收入、公共支出和公共预算方面的政策工具为民间经济发展增添助力、引导方向、创造条件，重点在于借助各种公共物品的提供有效破解民间经济主体难以自行克服的公共性问题和矛盾，

① 曾参：大学第17章［M］.

② 王安石：上仁宗皇帝书［A］. 王临川集卷39［C］.

③ 丘濬：总论理财之道［A］. 大学衍义补卷20［C］.

④ 海瑞：四书讲义生财有大道［A］. 海瑞集下册［C］.

⑤ 齐守印、孟航鸿：以公共经济视角筹划财政事务：财政工作不负使命的基本主观条件——兼解"跳出财政看财政"［J］. 财政科学，2016（11）.

为民间经济发展提供优质的劳动力、完善的基础设施和有序竞争的市场环境。[①] 具体而言，在当代历史条件下，按照公共经济的本质要求，公共理财应当遵循为民理财、科学理财、规范理财、依法理财、民主理财、高效理财六项主要原则。[②]

---

① 齐守印：论公共财政及其经济职能［J］. 财政研究，1999（9）.

② 齐守印：论现代理财的六大原则［N］. 中国财经报，2005－03－22.

第九章　公共财务运行的主要环节

如前所述，公共财务运行要经历公共资金筹集、预算配置、支付使用、控制监督和最后向社会公众报告公共经济体所用经济资源效果五个主要环节。这五个环节无不需要加以精心筹划和运作才能有效发挥公共财务的各项功能。

第一节　公共经济资源的筹集：公共收入

作为公共财务运行初始环节的公共资金筹措，在现实生活中表现为依法征收公共收入。这既是公共理财的基础性任务，也是公共财务发挥固有功能的主要环节之一。本节将依照公共经济基本原理，循序就公共收入的本质、分类、功能、筹划和运作进行分析。

一、公共收入的本质

公共收入是公共资金赖以形成的直接来源，其本质是社会公众购买公共物品需要支付的交换价值（价格）。这一本质可以从公共物品交换过程获得解释。

从前面的论述中我们知道，公共经济乃是社会公共机构根据社会契约受社会公众的委托，代为生产和提供满足公共需求的公共物品的活动，但生产或提供公共物品必须以占用和耗费一定数量的经济资源为前提和基础。按照权利与义务对等的原理，这种经济资源只能通过享用公共物品的民间经济主体将自己所有的一部分收入或财富按照一定规则缴纳给社会公共机构而获得。这种经济关系从形式上类似于市场交换，商品的买者要从卖者那里获得某种使用价值，就必须支付相应的价格。社会公共机构向授权其代理生产或提供公共物品的民间经济主体征收的公共收入，在一定意义上可以看作出售公共物品应得的价格。这不仅是一种对市场交换关系的简单比附，而且是一种实实在在的交换价值与使用价值之间的互换。这是因为，首先，公共物品确实是劳动耗费的产物，其中凝结着生产公共物品时花费的活劳动和从消耗的生产资料中转移过来的物化劳动；其次，在假定公共物品生产中不存在滥用浪费的前提下，全部公共物品中所耗费的劳动力价值和生产资料价值之和，恰好等于社会公共机构从享用公共物品的社会公众那里征收的公共收入数量。

然而，稍微留心的读者都可以发现，作为公共收入本质内容的公共物品价格是由 C + V 这两部分构成的，也就是说这个价格实际上只是公共物品的生产成本，而缺少了剩余价值或利润因素。这不是一种疏漏，而是由公共经济的内在逻辑和由其决定的公共物品交换关系本质所决定的。如前所述，公共经济的生产关系是一种典型的“委托—代理模式”，其终极主体是社会公众，社会公共机构只是受托代理主体，因此，公共经济中公共物品交换本质上是作为买者的社会公众集体与作为卖者的社会公众集体之间的交换；尽管在这种交换中每个社会成员支付数额与所享用的公共物品之间并不存在直接对等关系，但就全体社会成员这个集体来说，他们所支付的数额与所享用的公共物品成本价是完全对等的。既然是一种身份的自己跟另一种身份的自己进行交换。作为受托中间人的社会公共机构只是受雇于社会公众的代理者而不是资本家。然如此，这种交换就类似自然经济中的产品交换，根本就没有资本所有制下的利润可言。

由此可见，公共收入实质上就是表现为卖方的社会公共机构提供公共物品与表现为买方的民间经济主体支付公共物品价格这种交换过程的结果。但在现实公共经济生活中，公共收入却表现为社会公共机构凭借政治强制权力依法向民间经济主体征缴而来的货币资金。这就是本质与现象之间的差别。这种差别，是由“公共经济拜物教”引起的。揭开这种“拜物教”的钥匙在于，认清社会公共机构所凭借的政治强制权力的真实来源和包括税法在内所有法律的本质。由古希腊哲学家伊壁鸠鲁最先提出，由英国近代思想家霍布斯、洛克和法国近代思想家卢梭等人逐步发展完善起来的社会契约理论，就是认识国家手中政治强制权力来源和法律本质的思想武器。

社会契约理论告诉我们，以国家为代表的社会公共机构是由社会成员为克服相互间的矛盾通过订立契约而形成的一种工具，社会公共机构手中的政治强制权力是由社会成员为了让其承担起受托责任而依据社会契约让渡一部分天赋主权形成的，这种社会契约在现实中表现为宪法和包括税法在内的各种法律。因此，社会公共机构和宪法、法律本质上都必须服从人民大众的集体意志，为人民大众谋求公共利益和公共福利，否则，人民大众有权收回自己让渡出去的天赋主权，重新订立社会契约。依照这一理论，社会公共机构手中的政治强制权力是针对少数人不执行多数人订立契约而设置的，比如在法定缴纳税费方面少数人可能出于“搭便车”的心理拒绝缴纳或设法偷逃，在这种情况下，社会公共机构就要依照有关法律规定动用政治强制手段加以制止，甚至施加惩罚，但是，这种政治强制权力无论如何不能成为压迫大多数人民群众的工具。税法和其他公共收入法是界定征收标准和征缴行为的强制性规则，只有遵守这种规则，维护法律规定的税费缴纳秩序，才能在实现纳税公平、保障公共资金的筹集的同时防止随意增加民众财政负担。

由此可见，民间经济主体基于委托生产或提供公共物品、并依据社会契约而向社会公共机构让渡的经济权利，才是构成公共财权的本源。公共财权的其他所有内容都是在此基础上生发出来的。

二、公共收入的分类

由于公共经济再生产过程不能间断，社会公共机构与民间经济主体之间的这种基于公共物品提供与价格支付的交换，需要年复一年地进行。一般交换方式是民间经济主体与社会公共机构之间按照财政年度一揽子商定公共物品的提供品种结构、数量和价格，在财政年度（也称预算年度，下同）中社会公共机构陆续收款、陆续交货。但就各种不同公共物品而言，具体交换方式是多种多样而且逐步演进的。有一些公共物品（如水库、铁路、高速公路等大型基础设施）是分期付款、一次交货，也有一些公共物品（如教育、医疗和交通服务）是当期付款、当期提供使用。随着与货币经济关系密切相关的信用与金融的发展，在公共物品交换领域还逐步产生了一种属于赊购性质的交换方式，这就是社会公共机构先通过借债方式筹措公共资金进行公共物品生产并提供给民间经济主体使用，尔后社会公众再通过常规的税收、基金、收费等公共收入形式逐步偿还。

基于不同种类公共物品及其交换特性和其他一些因素，公共收入区分为以下五类：

（一）税收

对于税收的本质和功能，有公共需要说、利益交换说、社会契约论、债权债务论等多种解释。[①] 马克思认为：“为了维持这种公共权力，就需要公民

① 杨盛军：论税收正义［D］．中南大学，2010：13－14；杜爽、李冰：再论税收本质——税收债务关系［J］．科技经济市场．2014（12）：58.

缴纳费用——捐税"①；"税收的存在不仅是维护国家公共权力的需要，而且是国家为社会提供生产过程一般条件的需要。为了维持社会生产的正常进行，需要国家通过税收这种强制手段，把一部分剩余劳动或剩余产品变成社会生产过程的一般条件。"②

一般而言，提供国防、外交、社会治安、一般公共服务、公共卫生、环境保护等纯公共物品所需要的经济资源，要通过不确定具体用途的税收来筹措。这是因为，纯公共物品在消费上具有非竞争性和排他性，其所承载的公共利益对于社会成员具有最充分的普惠性，所有社会成员对这种公共物品都无法依据个人偏好进行选择，因此，其生产成本必须由所有社会成员都负有缴纳义务的税收来筹集。在现实中有些混合物品（如具有排他性的教育、医疗、文化等）也是以税收支付生产成本，其理由则在于这些公共物品在利益上也具有普惠性，通过教育提高劳动力的知识素质、通过医疗保健保障劳动力的身体素质、通过公共文化提高国民的精神文明素质等都能够提高社会劳动生产率和推动整个社会进步，而社会劳动生产率的提高和社会文明的发展将惠及全体社会成员。

（二）基金

典型的政府性基金是依据有关立法由社会成员个人及其所服务的单位按照不同比例共同缴纳形成的，社会成员将依据相关立法规定的条件从相应的基金中受益，如养老、失业、医疗、工伤、生育、住房基金等都是如此。这些基金所对应的是在消费上具有排他性的俱乐部类型公共物品，社会没有必要强制其所有成员消费这类公共物品。因此，采取按照"谁缴纳，谁受益"和单独核算、总体上自求平衡原则运行的政府性基金方式筹措成本，正是为了给社会成员以自主选择是否享用这类公共物品的权利。同时，也通过在必要情况下对这些基金出现的收支缺口予以补贴的机制，鼓励社会成员参加这些社会保险项目、享用这些公共物品的好处。

（三）收费

作为公共收入的收费，是社会成员在具体使用某种公共物品时缴纳的。

① 马克思恩格斯选集第2卷［M］．北京：人民出版社，1972：336.

② 马克思：政治经济学批判1857—1858年手稿［A］．马克思恩格斯全集第46卷下［C］．北京：人民出版社，1950：16.

这种公共收入所对应的也是具有消费排他性的俱乐部型公共物品，如公园、高速公路、邮政、公共游泳馆和办理出国护照、相关事项法律公证等证照。这些公共物品并不是满足所有社会成员必须享用的公共需求，或者说这些公共物品具有较大的需求弹性，如果用所有社会成员共同缴纳的税收来支付，对于不享用此类公共物品的社会成员来说会造成不公平。与此同时，采取收取使用费的方式来支付这些公共物品的成本，还有利于借助收费水平来调节这些公共物品的供求平衡、适当减轻相关公共物品的拥挤程度。至于有些目前收取使用费的事项，如公民身份证，由于人人都必须至少办理一次，在第一次办理和按照法律规定期间更换时，完全可以免费，其办理成本由税收来支付；但是，如果因为个人不慎丢失和损坏后的补办成本，因为不是每个社会成员、甚至不是多数社会成员都会发生的，所以，还是需要收取成本费的。除此之外，社会公共机构向社会成员和其他民间经济主体提供的一般公共服务，原则上不应当成为合法的公共收入项目。

（四）公共资产收入

公共资产是指各级社会公共机构和组织所持有的资产，在正常情况下属于提供或生产公共物品的生产资料，一般由公共财务支付购买而形成，是公共资金的物化形式。由于公共机构和组织在运行中可能发生精简、撤销、合并等变动情况，致使其所占用的公共资产会出现多余闲置状态。这时，为了降低公共经济成本、提高公共经济效率，就需要将多余闲置的公共资产出售或出租；公共资产的出售会带来相应的货币收入，而公共资产的出租则会带来租金收入。由公共资产出售而获得的变价收入和由出租获得的租金收入，需要由公共财务机构收缴到同级金库，从而成为公共收入的一种类型。

（五）公共资源收入

公共资源是指依照宪法或专门法律规定由各级公共机构持有产权的土地、矿藏、草原、森林、水流、海洋等天然或人工形成的资源。这些资源或者可以作为经营场所，或者能够作为原材料来源，从而具有某种经济价值。民间经济主体要获取这些资源的使用权或所有权，必须按照评估价格向公共机构支付相应数量的货币资金，否则，既会导致社会成员之间利益分配不公平，也会不利于稀缺经济资源的高效配置，从而造成社会经济福利损失。由出售公共资源所有权、使用权和特许经营权所获取的公共收入，就是公共资源收入。

（六）公有资本收入

公有资本是以社会公共机构名义持有所有权和收益权、用于生产经营活动的社会成员共有资产。既然用于生产经营活动，公有资本就具有谋利属性，其赢取的利润除按照企业所得税法统一规定缴纳所得税之外，剩余部分原则上都属于公共收入。与此同时，出于调节产业结构、所有制结构、公有资本重组和必要时弥补公共财务不足等公共需要，公有资本可能会通过市场转让给民间经济主体，获取变卖价款，使公有资本由投入经营的运动形态变为公共资金，从而构成公共财务收入的一个来源。由此可见，公有资本收入从理论上说由净利润缴入公共财务部分和变卖价款收入两部分构成，至于一个公共经济体每个财政年度的公有资本收入是否包括这两个部分，则视具体情况而定。

（七）其他收入

除以上六种收入之外，公共财务的经常性收入中还包括一些占比较小的收入项目。主要包括：公共执法和司法机构处理某些违法案件时依照有关法律法规获取的罚金，如司法机关判决刑事案件时对负有刑事责任者判处的罚金、公共收入部门对未能按时缴纳公共收入时强制收取的滞纳金、司法机关判决刑事案件时没收负有刑事责任者财产的变卖价款、各级公共财务金库暂时闲置沉淀货币资金存入银行所得利息或购买债权获得的债息等。为避免将这些零碎公共收入在公共财务报表中全部作为独立项目一一列示导致的繁杂，故将它们合并为一个项目，名之为“其他收入”。

（八）公共债务收入

前面讨论公共物品交换时，曾提到随着货币信用经济发展产生了一种赊购方式的公共物品交换，而由赊购公共物品而产生的公共收入形式，就是公共债务。公共债务产生的条件是货币信用经济关系的发展，但其根源则在于公共经济内部。直接或表面的原因固然是由于公共财务一时发生收不抵支的缺口，即财政赤字，而这种缺口又难以通过提高经常性公共收入标准或开征新的经常性收入项目加以弥补，因而需要采取暂时借债途径筹集部分公共资金来应对支付需求。

而究其深层原因，主要有以下三种：一是战争，无论是主动还是被动的、防卫性还是侵略性的，都会引起军费支出超乎寻常地增加，在经常性公共收入难以满足的情况下，就需要通过举借内债或外债来填补缺口；二是常规性资金密集型公共物品提供，例如在赶超型经济模式下，为了给民间经济主体创造较好的基础设施条件，需要公共机构大量增加公路、铁路、港口、机场、市政工程等方面的投资，在常规性公共收入不能满足投资需求的情况下，就需要通过举借债务筹措资金；三是按照凯恩斯宏观经济理论和政策主张，为应对周期性有效需求不足、扩大就业，配合宽松的货币政策而实行扩张性财政政策，一方面调减税费以刺激投资和消费，另一方面又要增加财政性投资和对困难群体的救助支出，导致公共财务收支出现较大缺口，只能通过公共机构举债来解决。除了这三种不得已或者相对合理的原因之外，再就是由于公共经济权力缺乏责任约束机制和必要的制衡机制，公共经济委托代理主体出于某种对人民和未来不负责任的个人动机而做出超越财政支撑能力的公共经济决策，导致公共财务收支出现缺口、公共债务急剧增加。不论哪一种原因引起的公共债务，都需要以后年度由民间经济主体通过税收和收费等常规性收入偿还，从而都要增加社会公众的财政负担。尽管如此，真正出于公共理性举借的公共债务总是能够或早或迟地增进人民大众的公共利益；相反，背离公共理性举借的公共债务则徒有增加民众利益的名义，实际上只会增加人民大众的财政负担。

公共债务因为迟早要通过经常性收入偿还，因而它在公共收入总量中的占比存在着合理限度，即政府债务警戒线。[①] 举借公共债务超过合理限度，就存在到期债务难以偿还本息的公共财务风险。如果公共债务风险积累到资不抵债的程度，不仅会爆发政府破产危机，还会殃及金融市场，乃至引发系统性经济危机和政府信用危机。美国的纽约和底特律都发生过政府破产事件，希腊、西班牙等欧洲国家前几年也发生过政府债务危机，都给这些国家和地区的经济发展、政治稳定造成过严重伤害，从而成为公共财务领域的严重教训。需要指出的是，经济发展水平和财政收入占 GDP 比重（以下简称“财政收入占比”）水平不同的国家或地区对公共债务的承受能力存在明显差别。总体上说，经济发展水平和财政收入占比越高的国家或地区对公共债务的承受

① 欧盟将这个警戒线确定为公共财务赤字率（财政赤字/当年 GDP×100%）≤3%；整个经济体债务负担率（政府债务余额/GDP×100%）≤60%；财政债务依存度［当年公共债务发行额/（当年财政支出＋当年到期公共债务还本付息额）］×100%≤30%；公共债务偿还率（当年公共债务还本付息额/当年财政支出总额）×100%≤10%。这一警戒线大体上得到国际公认。

弹性越强，反之亦然。这是因为，财政收入占比是与经济发展水平相适应的，而财政收入占比高低又与财政支出结构调整能力密切相关。在财政收入占比较低的情况下，刚性财政支出占比（财政恩格尔系数）越高，致使财政支出结构的调整弹性越弱，从而通过调整财政支出结构应对到期债务还本付息的能力越差。因此，对于财政收入占比低于欧美国家的发展中国家而言，如果按照欧美国家设定的警戒线控制公共债务规模，其公共经济风险度将会大大提高。

公共债务收入本身又可以依据其用途和还本付息资金来源划分为一般债务和专项债务。其中，一般债务是以一般公共预算收入还本付息、用于一般预算收支缺口的公共债务，而专项债务则是以政府性基金为还本付息资金来源、用于能够直接带来预期收益的财政投资项目的公共债务。这种划分对于科学管理公共债务、防范财政风险具有积极意义。

三、公共收入的主要功能与外在效应

公共收入产生于公共物品生产对经济资源的客观需要，但它一经产生，就不可避免地给社会经济生活带来各种影响。在这些影响中，有的是可以自觉用于实现某些积极目的的正面功能，而有的则是需要在公共收入制度设计上注意防止的外在经济效应。

（一）公共收入的筹资功能

公共收入的初始功能就是为公共物品生产或提供筹集经济资源。各类公共收入的筹资功能在强度上有差别，这种差别既取决于不同种类公共收入的课征基础大小，也与课征基础属性相联系的征收标准有关。从筹资功能强度考察，各种公共收入有主要与次要之别。每个经济体的公共收入体系都有其主次相间的结构性特征，并由这种具有特定结构的公共收入体系实现各年度的公共资金筹措目标。一个经济体的公共收入结构体系在很大程度上决定着它的总体筹资能力。而这个公共收入结构体系本身则主要由其民间经济结构和整体发展水平客观决定，一个民间经济效益水平较低的经济体很难企求其公共收入呈现以所得税为主的体系结构；其次，也与公共经济主体对其所做的主观设计有关，一个设计缺陷较多的公共收入结构体系不会有很强的筹资功能。

（二）公共收入的调节功能

公共收入是公共经济加诸民间经济主体的负担，对民间经济主体的切身

利益产生直接影响，从而给公共经济主体利用公共收入的征收附带地实现某种特定的经济社会目标提供了一种调节工具。这种借助于筹资公共资金对民间经济主体的利益影响机制而达成特定经济社会目标的功效，就是公共收入的调节功能。可见，公共收入的调节功能是人类在公共经济实践中通过总结经验而作出的一大发明，很久以前就已经开始运用了。战国时期的秦国在其奖励耕战的政策体系中就包含了利用赋税促进人口生产、招徕移民和调节家庭结构、产业结构的内容，目的是尽快实现富国强兵进而称霸群雄的宏图大略。比如，对年满15岁而不出嫁的女子加税，促使其父母将其及时嫁出去结婚生子，以加快人口繁衍、增加劳动力总量；对成年未婚青年加税，促使他们单独成家，以利调动他们出力干活、增加粮食生产的积极性；对移民到秦国落户耕种土地的人，在五年内免征赋税，以招徕外邦劳动力增加本国农产品产量；对弃农经商者课以重税，以利农业生产发展。通过充分发挥赋税的调节功能，加之对参军杀敌立功实行重奖政策，秦国的经济和军事实力迅速崛起，为其后来扫灭韩、魏、赵、燕、楚、齐六国奠定了雄厚的实力基础。中国其他封建王朝和世界上其他国家自觉利用公共收入的调节功能促进经济社会发展的事例数不胜数，而且运用领域日益扩展到科技、经济、社会、资源有效利用、生态环境保护等众多领域。近年来，中国着眼于应对经济下行趋势，配合供给侧结构性改革，借助营业税改增值税、大幅度减轻中小企业纳税负担、大量取消各种行政事业性收费、加大对企业增加技术研发的税收优惠力度等措施，刺激投资、拉动消费和促进创新创业，已经并正在发挥出积极的调节功能。

公共收入的以上两种功能对于公共经济乃至整个国民经济体而言都极为重要，都应当得到高度重视。但二者的地位和作用又存在明显区别。其中，就地位来说，筹资功能是基础性的，而调节功能是派生性的，但对某些收入种类的产生和存在而言却可能是决定性因素，有些税收和收费并不能带来多少收入，其设置开征主要就是着眼于用它来实现某种经济社会调节目标。就作用机制来说，筹资功能的作用机制相对简单，而调节功能的作用机制则比较复杂，因而需要更为精心地设计。如何最大限度地将二者有机结合起来，形成最佳的功能结构，[①] 收到相得益彰、一石二鸟的效果，乃是公共财务理论研究和实务筹划常作常新的课题。

（三）公共收入的外部效应

公共收入的外部效应是指，基于各种公共收入征收对资源分配和利益影响、对民间经济运行发展和整个国民经济体产生的效果。这种外部效应有很多种，主要包括三个方面：一是公共收入的相对数量超过主要由社会生产力发展水平决定的均衡点，破坏公共经济与民间经济之间资源占比均衡，抑制民间经济主体投资和劳动积极性，一旦超过临界点，则会引起产业凋敝、经济萎缩，致使公民大众不堪重负、民不聊生，极易酿成整个经济体崩溃、社会矛盾尖锐、危及政治稳定等综合性公共经济危机。仅就税赋水平与经济发展和公共收入效果之间的关系层面，美国供给学派绘制的“拉弗曲线”提供了抑制解释模型。二是公共收入课征制度设计不当，扭曲民间经济主体行为和经济关系，引发经济社会运行发展出现不良后果。例如，间接税与直接税比例失调可能导致居民收入和财富分配中的“马太效应”，从而造成社会贫富两极分化。再如，对污染物排放的税费负担设计标准过低或征收机制存在明显漏洞，不足以补偿相关污染成本或克服污染行为的外部性，实际上构成对污染排放行为的一种激励，显然不利于保护环境。又如，如果公有资源收入征收标准偏低，或者征收项目存在遗漏，势必导致“公共地悲剧”大量发生，一方面造成奇缺资源开发利用方面的滥用浪费，另一方面也会使利用廉价资源进行生产经营者因获取不适当的额外利润而损害公共利益、社会公平正义。此外，由于公共收入种类、品目和征收依据设计不科学，都可能在不经意间造成一些负面的社会后果。荷兰首都阿姆斯特丹老城中沿街古建筑人门很小而窗户较大，就是由于近代一个时期荷兰政府征税以大门口宽度为计征依据而导致的一个有趣的负面现象案例。

由于公共收入的外部效应对整个国民经济体而言是一种重要影响因素，因此是公共收入制度筹划设计和具体实施中应当认真斟酌的。

四、公共收入的筹划

公共收入的筹划是实现公共财务功能目标的主要环节之一，既关系到公

---

① 齐守印：试论我国税收职能结构的改革［J］．贵州社会科学．1986（3）；我国税制改革要实现六大转变［J］．福建论坛（经济社会版），1986（4）：1－2.

共资金的筹集，又关系到公共收入调节功能的发挥，还关系到公共收入外部效应的防范，因而是一项科学含量要求很高的公共经济事务。公共收入筹划包括公共收入制度暨公共收入结构体系的谋划设计和每个财政年度公共收入计划的筹划两个层次。这里重点讨论其中第一个层次的公共收入筹划问题。

古今中外的很多经济学家、公共管理学家对公共收入特别是税收制度问题做过大量深入系统的研究，提出过很多富有理性的思想理论观点和周密细致的政策原则，相关实践经验经过日积月累也极为丰富。

为了使公共收入结构体系具有高度理性，使其尽可能充分地发挥出应有的筹资功能、调节功能而又避免产生外部效应，在公共收入制度设计层面应当主要遵循以下六项原则：一是兼顾筹资和调节两种功能的有效发挥，有效防止滥用杠杆和产生外部效应。科学的公共收入结构体系应当既能有效地筹集到实现公共物品最佳供给所需的公共资金，又能充分发挥出对经济社会顺畅运行和健康发展的积极调节功能；同时，既要防止滥用公共收入手段去解决不适合其发挥调节功能的事项，还要就各种公共收入种类、项目、计征依据、征收标准进行充分的可行性论证，尽可能避免对经济社会生活产生负面效应。二是瞻前顾后，聚财有度。为此，必须科学预测民间经济主体对公共收入的承受能力和公共物品最佳供给对公共资金的基本需求，在二者之间的数量均衡点上确定财政负担总水平，以确保公共财务的可持续性和维护政治稳定。三是量能负担。保证各阶级、阶层和各行业、企业的财政负担公平合理，避免畸轻畸重，以利公平竞争。四是依法确定。税收、基金、收费、罚没等各项公共收入都应当通过专门立法，就其课征目的、计征依据、征收标准、具体项目等做出规定；公共资产收入、公共资源收入、国有资本收入和公共债务举借也都需要有法可依，依法管理，以避免随意性。五是公开透明。将公共收入制度和征收管理过程信息公之于社会，赋予社会公众和其他缴纳义务人充分的知情权。六是适时调整优化。根据经济社会运行发展的形势变化，及时调整改革公共收入制度中存在的矛盾和问题，避免由于基本制度和结构体系僵化所产生的负效应。

五、公共收入的运作

公共收入的运作包括制度决策和征收管理两个层次。其中，制度决策层面，应当实行民主和法治两大原则，不仅各种税收要经过法定程序交由同级最高权力机关（如各级人民代表大会）审议通过、形成专门立法，而且其他公共收入制度都要如此办理。公共收入来源于民间经济主体的缴纳，必须经过负有缴纳义务的公民及其代表同意才能依据有关法律法规实施征收。在征收管理层面，应当遵循依法据实征收的原则，每个财政年度的公共收入计划只是一种预测性目标，而不能成为必须完成的约束性目标，以保证依法据实征收。如果由于公共收入计划未能完成而出现公共财务收支缺口，或者通过提前预测发现而适当调减支出解决，或者通过建立预算调剂金制度以丰补歉，或者通过发行短期的公债券临时筹集资金弥补。

公共收入的征收机构体制上，或者按照公共财务层级依据各负其责的原则分别设置，单一归属的收入由本级征收机构负责征收入库，多级公共机构共享收入由较高层级征收机构统一征收后按照公共财务体制确定的分享比例分别划入归属层级的金库；或者像德国那样统一设置征收机构，将统一征收上来的公共收入依据公共财务体制确定的归属层级分别划入不同层级公共机构的金库，同时按照完成的公共收入数量比例分担征收成本费用。中国目前实行的这种国税地税机构分设、许多税种收入交叉征管的体制具有明显的效率损失，需要通过深化改革进一步理顺。

六、公共物品的定价

研究公共物品定价，不仅涉及公共物品交换原理的一般理论问题，而且对于确定直接来自公共物品使用或公共资产出租、出售的公共收入标准具有极为现实的需要。从公共物品内在属性和与市场经济的关系角度，应当将公共物品定价分为两类加以分析和处理。

（一）公共物品使用费标准的确定

按照前述的公共经济一般原理，公共物品是社会成员为满足其不可分割的公共需要而筹集资源、以非对称性合作方式组织生产的具有非排他性和非竞争性特征并且承载公共利益的各种物品。尽管在现实生活中公共物品的生产与交换表现为代理公共经济职能的社会公共机构（国家及其政府）作为卖方与社会成员及其结成的民间组织作为买方的生产关系，但实质上，公共物品的终极生产提供方和消费享用方都是社会成员，是在既作为卖方又作为买方的同一个主体之间进行的交换。因此，公共物品的交换关系本质上完全不同于一般商品市场上私人物品的交换。由这种交换关系的根本性质所决定，公共物品定价原则上无须考虑利润，而只需要收回成本以便实现公共物品的再生产。这一定价原理，不仅适用于一个共同体内全部公共物品的交换，而且也原则上适用于以各种公共收费方式实现成本回收的各种公共物品使用费标准确定。

但在现实中，一方面为了发挥公共物品定价对社会成员及其民间组织消费行为的引导功能；另一方面，也由于公共物品并非完全由社会公共机构直接组织生产，因此，对公共物品使用费标准的确定，需要视不同情况采取略微不同的处理原则。

1. 按完全成本定价

这种定价原则适用于对其消费既不鼓励也不限制，而且由社会公共机构直接生产提供的各种物品和劳务。如护照费、结婚登记费、机动车驾驶证费、贷款修建的公路通行费、铁路票价、班轮票价、动物园和植物园门票费、居民身份证和社会保障卡基于个人原因的补发费等。

2. 按补贴成本定价

这种定价原则适用于鼓励公民及其民间组织消费使用的公共物品。如体现图书馆使用费的读者证费、科技馆门票费、具有社会价值观教育功能的历史遗迹和场馆门票费、公共体育场馆使用费、向社会公开的实验室或实验设备使用费等。

依照这种原则的公共物品定价，在现实中可以依据鼓励力度大小对公共物品提供成本实行不同比例的财政补贴，直至零收费。从鼓励消费、增加公共福利和财政支付能力考虑，国家已经对各种类型的革命遗迹和纪念馆采取零收费的免费开放制度，不少地区甚至将一般公园也纳入免费开放范围。

3. 限定利润水平定价

这种定价原则主要适用于属于政府规制范围的供电、供水、供气、供暖、污水处理和政府采购公共服务的垃圾收集、通过 PPP 方式建设使用的公共设施使用等。具体操作上，依照这种原则进行的公共物品定价，一般将经营者盈利水平限定在全社会资本平均利润率以下。对其中一些需要按成本价或补贴价原则定价的公共物品，按照规定收费标准所得收入低于限定利润水平的差额，则全部由财政补贴弥补。

（二）公共资产出租、出售的定价

公共资产只是公共物品生产的物质要素或者是社会公共机构代社会成员持有或控制的土地、矿产、水流、海洋等自然资源，虽然它不构成完全意义上的公共物品，但由于在其流向一般商品和要素市场时，不仅要涉及与公共经济原则相关的定价问题，而且相关收入也构成公共收入的一个特定组成部分，因此，也可以纳入公共物品定价的研究范围。

一般而言，公共资产出租、出售定价标准，要依据是否用于公共物品提供而区分为两种情况确定。对于继续用于公共物品提供（包括社会组织办学、办医和举办其他公益事业）的公共资产（资源）出租、出售定价，通常采取划拨方式，按照成本定价原则处理。相反，如果是将公共资产出租、出售给用于一般商业目的的民间经济主体，则依照市场上已形成的价格标准随行就市地确定价格，如国有土地的招标拍卖就执行中标价。

（三）公共企业生产的商品劳务定价

在西方市场经济国家里，社会公共机构除举办属于自然垄断行业的公用事业性公共企业以外，很少经营属于私人物品性质的商品和劳务。在社会主义国家，由于生产资料公有制本身就属于一种特殊的制度性公共物品，因而，国家在关系国民经济命脉和长远发展战略的领域直接持有资本并委托企业法人生产经营属于私人物品性质的重要商品或劳务是不可避免的现象。在后一种情况下，就涉及社会公共机构生产的商品和劳务定价问题。

社会主义国家生产经营私人物品属性的商品和劳务，本质上仍然属于私人物品，因而其定价在一般情况下应当服从市场价格规律。但是，在特定情况下，例如当整个国家由于各种原因出现较为剧烈的经济波动和通货膨胀局面时，国家通常将会以对此类属于私人物品的商品和劳务定价作为一种易于见效的政策工具用来实现平抑物价、控制通货膨胀的宏观调控目标。这时的公共企业商品劳务定价就会作为公共定价的组成部分，纳入公共经济政策视野。一般而言，这时的公共企业商品劳务定价都会实行低于一般市场价的原则，以发挥平抑物价的宏观调控功能。例如，在中华人民共和国建立初期和20世纪60年代初经济困难时期，国有企业都实行过这种定价原则，并且收到了平抑市场物价的预期效果。直至目前，对于石油、天然气、粮食等关系国计民生的重要商品，国有企业同类商品的合理定价仍然在一定程度上发挥着稳定物价的作用；如果因为执行调控物价水平的政策而发生经营亏损，则不可避免地要由各级财政（通常是中央财政）给予补贴，以维持国有企业的财务平衡和可持续运行。

第二节　公共经济资源的配置：公共支出

依据先后逻辑，在借助于法定的公共收入制度通过征收管理获取公共资金的基础上，就需要依据公共物品的年度提供计划将公共资金配置到负责具体提供各种公共物品的公共部门，并且按照各种公共物品的生产进度从各级金库中分期拨付使用。这就进入到公共支出的筹划与运作环节。

一、公共支出的本质与功能

公共支出究其本质而言，乃是公共物品的成本投入。将财政资金按照需要分别配置到各种公共物品生产上，就表现为分门别类的各项公共支出。正因为如此，公共支出科目和项目总体上是按照公共物品的类别分级设置的，公共支出的具体筹划和运作责任也由分门别类的公共物品提供部门承担。

公共支出的功能是为各种公共物品生产或提供直接供给资金资源，是公共物品生产或提供的直接前提。公共支出结构直接决定公共物品的生产和提供结构，进而决定整个公共经济的资源配置和产品供给效率。因此，公共支出是公共财务运行的重点环节。

二、公共支出的分类结构

公共支出可以从许多角度进行分类，其中基本分类主要有功能性和经济性两种分类方法。

（一）功能性分类

这种分类是依据公共支出所对应的公共物品生产种类进行的，主要分类科目有一般公共服务、国防、外交、社会治安、司法、教育、文化、医疗卫生、社会保障、社区服务、环境保护、科学技术、经济发展、交通、市政工程等。在类级科目之下，还依据公共物品的细项进一步划分为款级、项级支出。例如，一般公共服务类支出进一步划分为立法机关支出、行政机关支出、司法机关支出，教育类支出进一步划分为小学教育、中学教育、高等教育、幼儿教育、成人教育、干部教育以及普通教育、职业教育、特殊教育等。通过将公共支出进行功能分类，既可以明确显示出一个经济体中公共资源在不同种类公共物品生产上的配置结构和间接反映公共经济结构，又可以将同类公共支出对应到负责生产或提供某一类公共物品的各个公共部门，从而便于公共经济管理和公共财务分析。

（二）经济性分类

这种分类方法是依据支出功效持续的时间特征将全部公共支出划分为维持性（消耗性）支出与资本性支出两类。其中，维持性支出是指每个财政年度中用于维持公共机构运转的各种活劳动和物化劳动支出，例如公共机构人员工资、水电费用、低值易耗办公用品购买支出等，这些支出在本财政年度中被完全消耗，其功效很少具有递延性特征；与此不同，资本性支出是由于公共工程建设和多年用机器设备购置的支出，其功效具有跨年度递延性特征，即一次建设或购置而供多年延续使用。

除此之外，公共支出还可以按照支付对象和方式进行多种分类。例如，按其支付对象可以分为购买性支出和转移性支出，前者用于公共机构自身为提供公共物品或完成特定公共事务购买劳动力和生产资料，后者用于对符合条件的社会成员及其家庭按照有关制度规定支付的各种补助、补贴等。再如，依据支出过程的透明度可以分为显性支出和隐性支出，显性支出明白无误地列入支出预算，而由各种方式的税收优惠、以抵免上缴利润方式给予的亏损补贴和通过 PPP 途径让予社会资本的公共财务利益则属于隐性支出。这些支出分类也有其分析上的意义。

三、公共支出的筹划

公共支出的筹划是实现公共财务功能的主要环节，其目标是达到公共资金配置的帕累托最优状态，以保证公共物品最佳供给、有效满足民间经济主体的公共需求。

公共支出筹划在内容方面包括宏观和微观两个层面。其中，宏观层面筹划的主要目标是实现结构优化，微观层面筹划的重点是将每类以至每项公共支出的具体用途和成本费用加以细化明确。

公共支出筹划在期限方面包括下一财政年度预算安排和中长期规划两个层次。年度公共支出筹划的任务是为编制下一年度支出预算做好现实准备，在内容上应当细化到每项非常具体的成本费用，以便编入预算并付诸执行。中长期公共支出筹划是为编制中期财政规划或中期滚动预算做准备的，重点在于根据经济社会发展趋势和公共财务承受能力预测情况，对未来三至五年各种公共物品供给规模和整体结构演进趋势做出准确判断，据此按照相关成本费用定额匡算出各项公共支出需求数额，以便及时编入中期财政规划或滚动预算。

公共支出筹划应当高度重视预期绩效和效果，对其中重要的单项规划应当作出两种以上基于绩效和效果（包括对民间经济影响）比较分析的方案，以供决策时比较优选。无论预算年度支出安排还是中长期规划编制，其中的每类、每款、每项支出都应当通过详细筹划拟定预期绩效和效果目标。

公共支出筹划工作应当遵循现代民主制度下的公共选择原则，借助公民参与机制充分反映辖区居民和企业对公共物品的需求偏好，以利实现公共资金的帕累托最佳配置，从而达成公共物品供给与需求之间的高度均衡。

四、公共支出的运作

在预算通过法定程序审议批准之后，公共支出的运作主要包括五个环节：一是公共机构综合财务部门（现实中称财政部门）向分别负责提供各种公共物品并负责相关财务管理的支出部门批复预算；二是各支出部门进一步向其所属预算单位批复预算；三是经支出部门申请、综合财务部门审核，根据各种公共物品生产或提供进度从各级公共财务金库拨付使用公共资金；四是着眼于实现绩效目标对公共资金具体使用过程实施控制与监督；五是财政年度终了以后对公共资金拨付使用及其绩效实现等情况进行汇总决算，并对照预期目标就公共支出绩效和效果进行评估，按照规定程序逐级汇总形成本级政府公共支出决算草案，连同隶属于本级政府或依法独立执行职能的审计机关经过审计出具的审计报告一并报送立法机关审议批准。

公共支出运作中需要把握三个要点：一是依法合规。即严格执行相关预算，需要调整的依照法定程序进行调整，遵守相关财务管理规定。二是讲求效率。按照公共物品供给进度计划及时拨付使用公共资金，避免耽搁贻误。三是绩效控制。讲求绩效是公共财务活动的一条重要原则，而作为公共财务运行的用财过程则是实现公共财务绩效的关键环节。公共财务绩效是公共经济活动中资源投入与公共物品产出之比，表现为用既定资源投入获取尽可能多的公共物品，或者在公共物品需要量既定的前提下使用尽可能少的资源投入。公共财务绩效不能自动产生，需要在公共财务运行全过程强化绩效目标控制，而公共支出中精打细算的控制尤为重要。在公共支出运作过程中，必须密切关注预定绩效目标的实现情况，对偏离绩效目标的倾向及时加以纠正；如发现由于情况变化导致即使到该项支出拨付完毕其绩效目标也不可能实现的情况，及时终止执行，以避免公共资金浪费。

五、公共支出方式及其改革

公共支出方式是指以何种方式实现支出，与公共物品的生产和提供方式密切相关。传统的公共支出方式只有一种，就是将公共支出直接拨付给生产各种公共物品的公共机构，由公共机构直接购买生产要素进行公共物品生产，尔后将公共物品提供给社会。这种公共支出方式和相应的公共物品生产、提供方式，使公共机构在公共物品生产方面处于垄断地位，由于“只此一家，别无分店”，缺乏竞争机制，导致公共物品生产效率和服务质量趋于下降，而生产成本却居高不下甚至趋于膨胀，致使公共经济效益趋于恶化。鉴于这种弊端，20 世纪 70 年代以来，欧美国家率先开展了新公共管理运动，在公共经济中广泛引入市场竞争机制，其中一项主要措施就是改革公共支出方式，采取政府采购公共服务等方式，吸引民间经济组织或社会力量作为公共机构的竞争者参与公共物品生产，打破公共机构垄断公共物品生产的体制格局。竞争机制的引进，一方面有效促进了公共物品生产效率、服务质量的提高；另一方面又抑制了公共物品成本费用上升趋势，甚至转为下降。

实际上公共支出方式的改革不只局限于政府购买公共服务，至少还包括以下三种：一是推行国库集中支付制度，改变公共财务部门将预算资金拨付给各支出部门，由各预算单位在各家商业银行分散开户存储、分散支付的公共支出方式，增强公共财务部门统筹调度国库资金的能力，减少公共资金拨付环节，提高公共支出拨付效率。二是公共机构生产或提供公共物品所使用的各种生产资料，不再由其自行分散购买，而是通过公开竞争的政府采购途径相对集中地购买或签订契约后分散取货，相关公共支出由公共财务机构依据支出部门提供的收货单据直接支付给商品或劳务供应商，以借助于购买批量优势降低购买价格，同时防范公共机构自行分散购买、自行支付货款机制下的寻租行为。三是在资本性支出方面，引入公共机构与社会资本合作的 PPP 方式，将原来直接支付给公共机构生产公共物品的公共资金改为对作为公共工程建设合作方的社会资本筹资担保、收益补贴，利用社会资本在筹措资金、工程建设和经营管理方面的优势，提高公共物品使用效率、降低成本费用。实践证明，这些公共支出方式的改革都是增强公共经济活力、改善公共经济效益的重要途径。

第三节　公共经济资源的综合计划：公共预算

公共经济作为混合经济体的两个组成部分之一，与平行于它的另一组成部分——民间经济相比有一个显著特征，那就是公共经济活动整体上是有计划开展的。作为其血液循环系统的公共财务活动更是如此。上面分别讨论了公共财务的两翼——聚财和用财，本节则集中讨论将这两翼紧密连接为一体的公共预算及其筹划与运作。

一、公共预算的本质

公共预算作为公共财务运作中公共收入筹划与公共支出筹划之间的连接器，是对公共经济资源征收筹集与配置使用加以统筹安排的综合性公共财务计划。如同前面所说，公共资金如同公共经济肌体的血液，公共财务如同公共经济肌体的血液循环系统，那么，公共预算就是不断组织和推动血液集中与发送的“心脏”，同时也是实现公共经济政策的资源载体。如同健全有力的心脏是确保人身强体壮的重要保障一样，科学理性和健全有力的公共预算则是公共经济有效运行和健康发展不可或缺的重要条件。对此，毛泽东指出：“国家的预算是一个重大的问题，里面反映着整个国家的政策，因为它规定政府活动的范围和方向。”① 基于公共经济具有经济与政治的二重属性，公共预算也具有经济与政治的二重本质。

（一）经济本质

从经济角度考察，公共预算乃是公共经济的筹资、融资和统一配置公共资金的综合性财务计划。一方面，公共预算要依据满足民间经济运行发展公共需求所需的经济资源和民间经济承受能力相均衡的原则确定公共支出总量，并将这个公共资金总量具体地配置到各种公共物品最终产品生产和中间产品生产上去，形成公共支出预算；另一方面，又要详细核算每种经常性公共收入形式可能筹措的公共资金量，以及是否需要和在多大数量上运用举借公共债务方式筹集公共资金，然后编制成综合性的公共收入预算。最后将公共收入预算与公共支出预算汇总形成一个财政年度预算或时间跨度为三至五年的中期滚动预算或中期财政规划。这种综合性公共财务计划及其运作，是任何一个经济体中公共经济发挥固有功能、实现公共物品供给目标的经济资源保障。

（二）政治本质

公共预算作为向社会公众征集经济资源和为社会公众提供公共物品配置经济资源的计划，按照自然法则和现行法律规定必须经过社会公众及其代表机构审议批准才能付诸执行。从这个角度考察，公共预算又是现代民主政治最主要的经济内容。公共预算的政治本质在于，它是一种社会成员依据少数服从多数的民主规则让渡个人经济权利、形成公共财务资金，从而用以交换

---

① 毛泽东：在中央人民政府委员会第四次会议上的讲话［N］．人民日报，1949－12－04（1）．

满足自己公共需求、实现公共利益的公共物品的一种或长或短的社会契约。这一契约具有法律效力，同时约束作为公共经济终极主体的人民大众和作为公共经济受托代理主体的社会公共机构两方面的行为。社会公共机构作为公共经济的受托代理主体，在公共预算执行完毕以后，还要如实地向人民大众及其代表机构报告其执行情况、执行结果及其绩效，并且提交既涵盖公共预算又延伸到包括公共财务资产负债情况及可持续性信息的政府综合财务报告，以接受公共经济终极主体的监督。

由于公共预算具有以上双重本质，因此，公共预算过程本质上既是公共经济体筹措资源、配置资源和使用资源的经济过程，又是人民大众对让渡个人经济权利和确定公共物品提供方案进行公共选择的政治过程，从而是现代人类社会生活中经济与政治相互交织最紧密的混合性事务。从这种意义上看，只有建立在民主制度基础上、具有经济与政治双重本质的现代政府预算才是真正的公共预算。相比之下，无论中国还是外国，古代君主制下的财政即使有年度收支计划，充其量也不过是公共预算的异化形式。当然，由于现代资本主义国家中的民主政治机制还受到资本利益集团的较大影响，而社会主义国家又苦于民主政治发展尚不充分，现行的公共预算无论从经济方面还是政治方面都还存在明显缺陷，要达到公共预算的理想境界还需经历很长的历史过程。

二、公共预算的功能

就本质要求而言，公共预算的基本功能就是通过公共资金的适度筹集和高效配置来保障公共物品的最佳提供，从而使公共经济的核心功能得以有效发挥。

（一）实现公共财务资源的适度筹集和高效配置

公共预算作为连接公共收入预算与公共支出预算的纽带和公共经济血液循环动能器官的心脏，其基础功能就是依照社会契约适度地从民间经济主体那里汲取经济资源，按照效益最大化原则进行科学合理的配置，尔后在公共经济政策的支配下通过公共支出过程、沿着公共经济的躯干和四肢分门别类地输送到各种公共物品生产或提供环节，以实现公共物品的有效供给。

（二）保障整个经济社会可持续发展

实现公共物品有效供给对于公共经济的终极主体而言，实际上也是一种手段。就作为公共经济终极主体的社会公众来说，其公共需求的直接意义在于解决经济社会运行和发展过程中单个民间经济主体无能为力的公共性问题，克服经济社会生活中困扰民间经济主体的各种矛盾，以实现经济社会的顺畅运行和可持续发展。公共预算首先应当站在这样的高度来把握和发挥自身的功能，而不能局限于就资源论资源的狭隘眼界。

（三）保障公民经济社会福利最大化

实现经济社会顺畅运行和可持续发展仍然不是公共经济的最终目的，而是实现最终目的最切近的途径。人民大众让渡个人权利、创造社会公共机构这一工具的最终目的，是谋求不断增进经济社会福利、实现自身自由而全面的发展。因此，必须从保障公民经济福利最大化这一最终目的的视角来把握公共预算的根本功能。依据这一功能，公共预算草案的编制和决策在筹集资源的收入预算方面应当兼顾公共经济对经济资源的需要和民间经济对经济资源的需要，在配置资源的支出预算方面应当按照正确处理人民大众的短期利益与长远利益、整体利益与局部利益、根本利益与具体利益之间关系的原则，对社会公众提出的公共需求按照轻重缓急进行优先性排序，努力实现公共物品供给结构的帕累托最优。

三、公共预算的分类

公共预算经过漫长的发展历程，随着形势背景的发展变化，适应各个不同国度或地区公共财务管理实践的客观需要，生发出由多种分类构成的复杂型结构体系。

（一）依据预算文本结构分类

从公共收支计划文本结构角度，可分为单式预算和复式预算两种基本类型。

单式预算是指将同级公共机构（政府，下同）所有公共收入和公共支出全部纳入一个收支平衡表及其文字报告之中。这种预算构成方式以统一、简明为特征，有其便于综合审议和分析的优点。

复式预算是指将同级公共机构的公共收入和公共支出按照不同的属性分别列入两个以上收支平衡表，分别进行文字说明，相应地形成两个以上的预算文本，但仍然汇总在一个书面预算报告之中。其中各个预算平衡表中的公共收支之间既自求平衡，又通过一个平衡表中的支出作为另一个平衡表中的收入的方式实现不同预算平衡表之间的衔接与关联，从而形成多本预算既分列又衔接、既分别核算平衡又统一核算平衡的复式结构型公共预算体系。例如，中国各级政府的现行预算就是由一般公共预算、政府性基金预算、国有资本经营预算和社会保障预算构成的复式预算体系。美国联邦政府预算也是由一般预算与多个基金预算构成的复式预算体系。这种类型的公共预算虽然比较复杂，增加了相互对照审议的难度，但由于将不同属性的公共收支列入不同的平衡表和文字说明，从而具有不同属性公共资金分别核算、各自平衡、井然有序、便于专门审议的优点。

（二）依据预算资源配置规则分类

所谓预算资源配置规则是指确定各支出部门和单位预算资源数量所依据的基本方法。其中，一种规则是将以往形成的基线内预算资金项目连同数量视为无须检视的部分予以默认，而重点讨论新增资金数量与项目；另一种是打破基线概念，在对财政年度内支出部门和单位所有支出项目进行理性审视基础上确定公共资金配置总量及其分项安排。依照基线规则编制部门预算、配置预算资源的预算管理模式，称为基线预算；相应地，依照视基线为零的规则编制部门预算、配置预算资源的预算管理模式，称为零基预算。

比较这两种预算管理模式不难看出，它们各有优缺点，但零基预算的优点更为突出。基线预算重点讨论增量资源配置问题，既具有简单省时的优点，又可减少具体负责牵头组织公共预算编制审核工作的公共财务部门与各支出部门之间的争议摩擦，但基线内预算资源配置效率却难以保障，容易使公共支出结构僵硬固化，加剧公共收支矛盾，因而总体上与公共经济的本质要求相冲突。而零基预算虽然费时费力，而且难免增加公共财务部门与公共支出部门之间在确定公共资金配置总量与结构方面的争议、摩擦，但有利于优化公共财务资源配置结构、提高公共资金配置效率，因而本质上符合公共经济的根本宗旨。

（三）依据预算周期跨度分类

公共预算从涵盖期间或周期跨度划分，有年度与中期两种类型。年度预算就是预算周期以一个财政年度为限的公共预算，而中期预算则是时间跨度为三至五年且逐年向前滚动延续的财政收支计划。这两种预算类型并不是可以相互替代的，而是相互补充的；其中年度预算依然是具有法律效力的公共收支计划，而中期预算或中期财政规划则对年度预算具有方向指导、限额约束和视野扩展作用，但没有法律效力。

年度预算之所以需要由中期预算加以补充，主要有三方面原因：一是时间周期仅为一年的公共预算，限制了公共资金配置的视野，不适应很多资本性支出需要多年陆续投入才能完成的客观要求，一次安排、分年度使用的预算资金配置方式将会造成公共资金闲置，降低公共经济效率、加剧公共收支矛盾。二是不利于保持公共经济政策的连续性，不少公共经济政策需要在较长时间内持续实施才能取得累积功效，而年度预算缺乏这样的考量视野，常常破坏公共经济政策的这种连续性。三是不适应对宏观经济运行实施逆周期调节的需要。由于全球经济一体化的推进，国际经济周期波动不可避免地对所有济体产生影响。应对经济周期波动需要财政政策相机发挥作用、实施逆周期调节，即在经济下行期适当减税增支，而在经济运行出现过热苗头时适当增税减支，以借助财政投资的乘数效应有效抑制经济周期波动的峰谷落差，尽可能使经济保持相对平稳运行和可持续发展。以一个财政年度为周期的公共预算，不利于对这种跨年度周期性财政政策调节做出年度间余缺调剂、以丰补歉的财力安排，而辅助实行周期为三至五年的中期财政规划或滚动预算则可以放眼几个财政年度进行统筹安排，以弥补年度预算之不足。

由此可见，实行以年度预算为基础、以中期预算为补充和指导的双轨预算模式，有利于增强公共预算的科学性、拓展和完善公共预算的功能，提高公共经济资源配置效率，更好地发挥公共经济保障整个经济体持续平稳发展的作用。

（四）依据导向原则分类

预算导向主要是针对部门预算行为引导机制而言的。截至目前，有两种不同的预算导向原则，一种是合规导向，另一种是绩效导向。依照合规导向原则编制和实施的公共预算，称为合规导向型预算；而依照绩效导向原则编制和实施的公共预算，称为绩效导向型预算。其中，合规导向型预算以比较细密的预算法规为前提，要求各层次预算主体在编制与执行预算过程中必须严格遵守相关法规，预算内容较为详细，公共支出部门和单位在不同的具体预算支出项目之间进行调剂需要经过法定程序报批允许，对擅自调剂支出等违规行为要进行责任追究，而不甚关注预算资金使用的绩效和效果。与此不同，绩效导向型预算将公共资金配置和使用绩效放到首要位置，在预算资金总限额约束下赋予公共支出部门和单位较大的具体支出项目自主调剂权与灵活性。

这两种类型的公共预算分别适用于公共管理水平不同的阶段。其中，合规导向型预算适用于预算主体依法理财观念较为淡薄、公共管理水平较低的阶段，而绩效导向型预算则适用于预算主体依法理财观念较强、公共管理水平较高的阶段。相比而言，绩效导向型预算由于强调公共资金配置和使用效果，因而是更有利于提高公共经济效率和效益的预算管理模式，但在预算主体依法理财观念比较淡薄的情况下，容易造成公共资金利用浪费和管理混乱，很难达到确保公共资金使用绩效的预期效果。可见，从合规导向型预算上升到绩效导向型预算既是一种演进趋势，也需要经历一个发展过程。在两种类型预算之间的过渡时期，可以兼取二者优点，实行合规与绩效双重导向的预算管理模式是一种比较理性的选择。

（五）依据公共收支对比关系分类

公共收入与支出之间的对比关系总体上表现为三种状态：第一种是二者数量相等的平衡状态；第二种是公共收入数额超过公共支出数额的盈余状态；第三种是公共支出数额超过公共收入数额的赤字状态。依据这三种收支对比状态，公共预算客观上呈现为三种类型：一是平衡型预算；二是盈余型预算；三是赤字型预算。这三种公共预算类型有的符合公共预算的本质要求或者说客观规律，有的则不符合。其中，平衡型预算是最符合公共预算本质要求和客观规律的，因为公共预算筹集公共资金就是为了将其运用到公共物品生产或提供中去，使之充分发挥效益，而收支平衡恰好符合这种要求。与此不同，盈余型预算中出现了公共资金闲置现象，导致盈余部分公共资金沉淀下来未能发挥效益；而赤字型预算中存在部分支出需求未能得到满足的问题，致使那部分未能得到公共资金的公共物品供给落空，从而制约了公共经济应有功能的发挥，势必带来对整个经济体不利的后果。

但是，由于人们对公共收入经济来源预测能力的局限，加之公共支出需求一方也会由于客观因素的变化出现临时性变化，即使在预算编制和决策之时保持了公共收支之间的平衡，也很难确保每个财政年度公共预算最终执行结果仍然不多不少恰好平衡。可见，公共预算从编制、决策到最终结果始终保持平衡，只能是一种理想目标或者是一种极为偶然的现象。有鉴于此，人们只好将平衡型预算作为一种预算政策，并通过略有盈余的预算方案努力加以实现。具体实现途径就是在年初预算中不将根据公共收入预算所能筹集的公共资金全部配置到各种公共支出上，而是留出一定比例的备用资金（通常称为预备费）作为蓄水池，用以应对公共收入未达计划目标或预算执行中临时出现紧急性公共支出可能造成的收支缺口。这实质上是以一定程度的盈余型预算，来保障平衡型预算目标的实现。这种操作原则，被称为稳健性预算原则或稳健性预算政策。直至上世纪 30 年代初以前，几乎所有理性的经济学家和政治家都信奉稳健性预算原则，奉行稳健性预算政策。

20 世纪 30 年代初，首先爆发于美国、尔后迅速波及资本主义世界的经济危机威胁到资本主义制度的生存，也给稳健性预算原则和财政政策带来致命性冲击。英国经济学家约翰·梅纳德·凯恩斯及时分析了危机原因并提出相对于西方主流经济学和预算政策具有革命性的理论观点，认为“供给自动创造需求”的命题已经不再成立，人们对货币持有的灵活偏好倾向会导致经济体出现需求缺口，这种需求缺口达到一定程度就会导致供给过剩的经济危机，据此主张放弃按照财政年度实现公共收支平衡的稳健性预算政策，转以能够抗击经济周期波动的周期性预算平衡政策。这一理论观点和政策主张被称为“凯恩斯革命”，获得西方世界各国公共机构比较普遍的信奉，周期性平衡的预算原则和预算模式得以广泛推行。20 世纪 70 年代以后，随着西方国家经济滞涨症的愈发难以治愈，凯恩斯理论与政策虽然受到挑战，但直至目前不仅仍没有被西方国家所放弃，而且随着经济全球化的推进，周期性平衡的预算政策甚至被包括中国在内的社会主义国家引进为应对经济波动的政策措施。当然，周期性平衡预算理论只是改变了僵硬地追求年度预算平衡的倾向，并没有从根本上放弃追求公共收支预算平衡的总体倾向性。

基于以上五种预算模式分类，各个国家或地区都会形成自己独特的公共预算结构体系。不同的公共预算结构体系有着先进与落后之分，但它们各自适应不同的经济社会发展阶段和公共管理水平。尽管由低到高不断演进是公共预算发展的必然趋势，顺应进步趋势、积极推进预算管理改革极为必要，但改革步伐必须循序渐进，如果制定的改革目标过多地超越了经济社会发展阶段和公共管理的现实水平，不仅其实现道路必然阻力重重，而且在效果上往往事倍功半。

四、公共预算的筹划

（一）公共预算制度的筹划

公共预算制度是依照公共预算的本质和规律规范公共预算活动、约束公共预算行为、界定公共预算主体责权、确立公共预算程序和原则，以有效发挥公共预算功能、实现公共预算目标的一整套规则体系。这一整套规则体系是否科学、完善，直接决定了公共预算制度的理性水平，从而关系到一个公共经济体“心脏”功能是否健全，进而影响到整个公共经济肌体能否高效运行和健康发展。

公共预算制度是随着历史发展而不断演进的。无论中国还是外国，现代民主政治制度产生以前的公共预算制度不管是否完整和细密，都属于畸形或异化的，因为它既不是建立在民主性公共选择机制基础上的，也不可能是严格依法治理的。

在现代条件下，公共预算制度的筹划则必须在充分考虑民主和法治要求的前提下，着眼于遵循公共经济基本规律、充分发挥公共经济主要功能、实现公共经济效率最大化，对公共预算制度的全部内容要素进行系统设计，以作为不断深化公共预算改革的方向指南和从法律上构建现代公共预算制度的基本蓝图。尽管2014年全国人大经过修订通过了新的《预算法》，但是，毋庸讳言，它仍然是过渡性的，构建适应中国国情的现代预算制度依然是需要继续探索才能实现的重要改革目标，因此，深化公共预算制度改革依旧需要精心筹划。

公共预算制度深化改革的总体目标和根本方向是使其所有构成要素达到现代化水平，这应当成为公共预算制度筹划的基本遵循和主要任务。公共预算制度现代化主要是实现民主化、法治化和科学化，与这三化的基本要求相对照，我国新《预算法》规定的公共预算制度还有很大距离。首先，就实现公共预算民主化来说，现行《预算法》的有关规定既不能保障各级政府预算得到同级人民代表大会的充分审议和认真表决，也难以有效实现公民大众对公共预算事项的广泛参与，因而与人民民主政治相适应的公共选择机制远不完善。其次，就事项公共预算管理的法治化来说，由于对很多预算事项的规定仍然比较粗疏，明显制约着预算管理法治化的深度。再次，现行《预算法》对公共预算制度中的一些基本构成要素的规定还不够科学，比如对公共预算各层次主体的责任和权限不仅规定得比较含糊，而且不够合理，既难以保障公共经济资源得到最佳配置，也不利于公共财务责任落实、追究和公共财务权力的恰当行使。有些学者已经在其相关著述中指出了这些问题，并且提出了解决思路和政策建议。①

（二）年度预算的筹划

年度预算作为具有法律效力的公共财务收支计划，是为一级公共机构提供或生产公共物品筹集资金、配置资源的运作工具，从而是公共预算最基本的形式。要使年度预算符合现代化要求和充分发挥应有的功能，必须通过认真而科学的筹划才能做好。

年度预算的筹划也要认真贯彻科学理财和民主理财原则。各项公共财务收支预算指标的拟定必须建立在对下一年度辖区内经济社会运行发展进行科学预测的基础上，依据预测得出的公共收入来源相对准确地拟定公共资金筹措计划；依据社会公众对公共物品的需求偏好和经济社会运行发展中需要解决的公共性问题，按照尽可能保持公共经济政策连续性的要求，认真考量轻重缓急顺序确定公共支出项目，按照相关定额标准测算核定每项、每款、每类公共支出需求数量，尔后按照“量入为出”与“量出制入”相结合、反复测试平衡的方法编制公共收支基本计划。在经常性收入不足以满足必需支出的情况下，则要在认真测算未来偿还能力和充分估计债券市场行情的基础上确定举借公共债务的数额，并且合理确定公共债务总额在一般债务和专项债务之间的配比。与此同时，还要认真拟定各项公共支出的绩效目标，以便作为论证公共支出项目合理性的依据和落实绩效责任的基础。为使公共预算支出充分反映民间经济主体的公共需求偏好、体现公共经济终极主体意志，需要采取网络征询、举办各种听证会等多种方式落实公民参与预算决策机制，认真听取并尽可能采纳人民群众和产业经营者对公共支出安排以及公共筹融资措施的合理意见与建议。此外，还要认真审视现行预算管理规定和公共经济政策中存在的问题，并提出解决思路与操作性建议。

年度预算的筹划是形成科学可行的公共预算草案的基础。公共预算的筹划与编制工作之间的关系，就如同新生儿面世一样，“十月怀胎，一朝分娩”。事前筹划工作进行得周密扎实，公共预算的科学性和可行性才能得到较好的保障，最后的预算编制工作才能顺利快捷地完成，预算批准以后的执行工作

---

① 齐守印：关于完善我国公共预算体系的思考与建议［J］．预算管理与会计，2013（4）：10－13；孟航鸿：用公共经济视角筹划财政预算运作［J］．预算管理与会计，2016（6）：5－8.

也会比较顺畅。做好预算筹划工作，需要充分考虑到公共预算兼有经济技术和民主政治两重属性，同时认真遵循有关法律规定，才能形成高质量的公共预算工作方案和扎实可靠的数据基础，为公共预算编制和执行的运作打好基础。

（三）中期预算的筹划

如前所述，实行中期预算（目前我国正在推行的是作为中期预算初级形式的中期财政规划）管理是提高预算管理水平、更好发挥公共预算功能的重要途径。如同年度预算一样，中期预算也需要事先进行较长时间周密细致的筹划。中期预算在筹划过程和主要内容方面，与年度预算的筹划大同小异，区别主要在于二者的时间跨度不同，（但这一差别却也给中期预算筹划工作中的经济社会运行发展趋势预测带来更大的难度。）正因为如此，无论对规划期间的公共收入基础变量还是公共支出需求的预测，一方面要充分发挥各个支出部门和收入征管部门的积极性；另一方面，要更加广泛地利用社会智库的功能、充分发挥专家学者的作用；同时应当更多地通过各种可以利用的形式和渠道吸收公民参与、反映大众诉求，切忌由公共财务部门中的少数人闭门造车。与此同时，应当将公共支出的中期规划做得更为具体一些，以便有效发挥各项支出限额对年度预算的指导和约束作用。对于公共财务部门与综合计划部门在制定中期预算与中期经济社会发展规划工作中如何实现有效互动与衔接问题，则需要从体制机制方面认真加以解决。①

五、公共预算的运作

公共预算的运作就是将公共预算筹划事项付诸实际操作，主要包括公共预算制度改革、年度预算和中期预算的实际编制与执行。

（一）现代公共预算制度的演进与当代中国的预算改革

民主基础上的公共预算从近代才开始它的演进过程，英国是最早实行近代公共预算制度的国家。美国建国以后并没有在州及其以下政府及时建立起近代预算制度，以致19世纪中后期地方公共财政管理仍然十分混乱，直到贪污挪用公共资金的事件不断被揭露出来以后才将企业中通行的财务预算管理机制引入公共财务管理之中。其后，发达国家公共预算管理制度的演进大部

---

① 齐守印：中期财政规划管理体制机制性障碍的破解思路［J］．中国财政，2016（5）：38－40.

分都由美国引领，包括复式预算、零基预算、绩效预算、中期预算等。早在20世纪30年代，美国田纳西流域管理局和联邦农业部就开始引入预算绩效管理，到40年代后期，第一届胡佛委员会则提议将这一管理方法运用于全部政府预算，由此成为政府预算管理的惯常机制。①

中华人民共和国成立以后至1994年第一部《预算法》颁布实施的40余年时间内，各级政府基本上套用苏联与计划经济体制相适应的公共预算制度模式。第一部《预算法》根据中国国情借鉴发达国家预算管理制度，对公共预算编制、执行、决算等各环节的运作程序和责权划分做出了较为粗线条的规定，并且要求实行部门预算。但是，迟迟未能落实。直到20世纪90年代后期，中国沿着从地方到中央的顺序逐步探索推进公共预算制度的现代化，借鉴发达国家预算管理经验，通过积极筹划，在推行早编细编公共预算、试行零基预算和中期滚动预算、实施预算绩效管理、科学界定预算管理责权、公民参与预算选择等方面进行了大量创新性探索，并取得了一定成效。其中，河北省财政部门连续率先推进前几项预算管理改革，② 而浙江温岭等地方则在试行民主参与式预算方面先行开展了探索。③ 这些改革探索，为中共十八届三中全会以后新一轮预算管理改革积累了经验。近年来，在党中央、国务院领导下，着眼于构建现代预算制度的改革加快了步伐、加大了力度，积极成效正在逐步显现。

（二）年度预算编制、决策与执行的运作

按照共和政体制度原理，现代各民主国家都实行公共权力分立、公共事务分工负责的管理机制。公共预算作为国家治理中的重大公共事务，其编制、决策和执行实行立法机关与行政机关交叉分工协作的模式加以运作实施。一般程序和职责分工是：行政机关负责编制包括公共经济政策在内的公共预算

---

① 杰克·瑞宾、托马斯·D. 林奇：国家预算与财政管理［M］. 北京：中国财政经济出版社，1990：29.

② 财政改革再出新招 河北推行省级部门滚动预算［J］. 领导决策信息，2009（6）：7-7；河北省预算绩效管理办法试行和河北省预算绩效管理问责办法试行［Z］，公共支出与政府采购，2011（2）：8-14；李毅、白志平、智荣卿：全过程预算绩效管理的理论与实践探索［J］. 经济研究参考，2011（64）：69-73；齐守印：河北省探索推进自主创新型财政改革的主要内容、基本轨迹与大事年谱［J］. 经济研究参考，2014（37）：12-16.

③ 参与式预算的浙江温岭样本［OL］. 新华网 www.chinanews.com.cn，2011-11-09.

草案，立法机关负责审议批准公共预算，尔后交由行政机关负责具体执行，预算执行完毕后，由行政机关向立法机关报告包括预算执行结果在内的整个公共财务情况，立法机关再审议批准财政决算和政府财务报告。除此以外，不少国家还先后试行了公民参与式预算选择模式。按照《预算法》规定，中国目前的年度公共预算基本上也是如此运作，只是预算草案编制、审议决策和过程监督的深度、细度还相对不足，从而有待通过进一步深化改革加以克服。

（三）中期滚动预算的运作

在事先做好周密筹划的基础上，经过正式编制和同级最高行政机构审定或再提交同级立法机关审议通过，即可以由同级公共财务部门组织其他公共部门一起实施了。其运作的关键是以各部门每个年度的公共支出限额指导和约束每个财政年度的预算安排，保障相关公共经济政策具有连续性地贯彻落实，以实现需要若干年持续努力才能达成的公共经济调节目标，通过跨年度调节熨平经济周期波动的幅度，并实现公共财务本身的周期平衡以维护其可持续运行与发展。

需要强调的是，无论就公共预算制度、年度预算和中期预算的筹划，还是就它们的运作执行来说，各级公共财务部门都处于中枢地位，起着关键作用。因此，必须按照事有专责的分工原则，通过相关法律赋予各级公共财务部门统领公共预算乃至整个公共财务筹划与运作全局的责任和权力，在此前提下赋予其他公共部门管理业务范围内公共收支的责任和权限。在以公共预算为核心的公共财务方面，如果在责权配置体制上导致政出多门、利出多孔，势必严重损害公共经济肌体的统一协调性和公共经济资源配置效率。①

公共财务预算作为公共经济资源筹集、配置的综合性计划机制，其科学性、规范性和透明度高低，无论对于公共经济自身效率、整个社会经济混合体还是民主政治都具有十分重要的影响。因此，适应经济政治条件的不断变化而与时俱进地改革完善预算管理方法、模式和体制，就成为一种必然现象。美国联邦政府预算自建立近 100 年来，已经相继进行了五次较为重要的改革。② 中华人民共和国成立以来的 70 年中，也先后对公共预算进行了多次改

① 冯秀华、齐守印：构建现代财政制度若干问题研究［M］. 第 1 篇第 5 节，北京：中国财政经济出版社，2017.

② 牛美丽：美国公共预算改革：在实践中追求预算理性［J］. 武汉大学学报社会科学版，2003（6）.

革，而以20世纪90年代后期由河北省自主探索发起、由中央推之于全国并且目前仍然在持续着力推进的这一波改革最为深入。[①]

第五节　公共财务运行的总结：政府财务报告

年度公共预算运作执行完毕以后，无论从作为公共经济受托代理主体的公共行政机关总结经验、评估效果的角度，还是从作为公共经济终极主体的人民大众监督评价受托代理机构公共财务行为的角度，都需要对整个公共财务运行过程与绩效进行系统全面的总结分析。这一总结分析工作的结晶性成果，就是政府财务报告。

一、政府财务报告的本质

政府财务报告作为一个经济体年度公共财务运行总结分析结果的文本性载体，其本质是受托代理完成公共经济事务的社会公共机构依照法律规定向公共经济的终极主体系统全面地报告整个公共财务运行过程、结果、绩效和资产负债状况，以接受公共经济主人的监督与评判。这其中体现的是人民大众与广义政府之间基于社会契约理论和民主政治逻辑的委托—代理式公共经济生产关系。可见，按照规定内容和时限认真编制、及时提交政府财务报告，对于作为受托代理公共经济事务的政府而言，乃是一种不容敷衍的法定责任和对委托主顾的契约性义务。因此，政府财务报告在内容上既要系统全面，更要确凿真实，绝不允许弄虚作假、矫饰遮掩、只报喜不报忧。

二、政府财务报告的功能

由政府财务报告的上述本质所决定，其首要功能就是向人民大众及其代表机关如实呈报受托履行公共财务责任的过程、结果、效益和整个公共财务资产、负债、净资产、可持续情况，接受公共经济终极主体和主人的检验、监督与评判。这一功能，是决定政府财务报告内容、范围、标准和关键指标的根本因素。

除此之外，政府财务报告还有三项附带性功能。一是从公共经济体内部管理会计角度，全面总结公共财务工作经验，系统分析公共财务运行中存在的问题、矛盾和面临的挑战，据此提出创新公共经济体制机制、改进公共经

---

① 齐守印：中国财政改革40年：地方的首创性探索与贡献［J］．地方财政研究，2018（11）．

济管理方式方法、防范公共财务风险、提升公共经济绩效、确保公共财务高效稳健运行的对策思路与方案，以供作为公共经济受托代理主体的执政党和狭义政府负责人作为决策参考。二是从狭义政府作为公共债务发行者和 PPP 合作方等市场活动主体的角度，遵循市场运行规则，向市场合作主体和契约关系人如实披露财务信息，以取得和维护政府自身的市场信誉。三是从获取社会舆论支持的政治角度，向新闻媒体和社科理论界主动披露公共财务运行成果和可持续信息，以赢得舆论媒体的配合和社科理论研究的支持。政府财务报告在实质内容、指标体系和表述方式方面，也应当尽可能满足这三项附带性功能的需要。

三、政府财务报告的构成

政府财务报告的构成包括主体、范围、文本要件等方面。其报告主体，应当包括作为法定行政机关的基本政府、基本政府附属机构的公营事业单位、依靠公共财务供给资源的司法机关和党派团体、公有全资企业，其中政府综合财务报告的主体则是作为行政机关的狭义政府。其报告范围，应当包括所有公共财务资金、资产和负债，非全资公营企业和 PPP 合作关系中的公有净资产和或有负债情况。其文本要件，包括政府综合财务报告和政府部门财务报告两大部分，其中每一部分又包括综合分析报告、主要财务报表（资产负债表、现金流量表、成本费用表等）和附注说明。

四、政府财务报告的标准

为满足各项功能需要，政府财务报告在内容、范围、指标体系和表达形式等主要方面应当达到规定标准。主要标准包括全面性标准、系统性标准、真实性标准、详细度标准和清晰度标准等。这些标准应当由具有法律或法规效力的相关文件加以明确规定，以便约束各相关主体认真执行。

五、政府财务报告与公共财务决算、公共会计准则

政府财务报告与公共财务决算、公共会计准则三者之间存在着紧密的内在联系。就与公共财务决算之间关系而言，政府财务报告在内容上虽然涵盖公共财务决算中的所有筹资、融资、负债事项，但既不能代替作为公共预算执行结果报告的公共财务决算报告，也不能将公共财务决算简单地合并到政府财务报告之中，而是按照自身特定的内在联系和指标体系将公共财务决算中的相关内容和数据有机地融合到自己的文字内容和报表体系。就与公共会计准则之间关系而言，公共会计准则作为记录、核算和反映公共财务事项的规则，同时为政府财务报告和公共财务提供核算分析工具，使之在记录和核算财务事项方面遵循统一标准、保持统一口径，因而能够互联互通、自由统合和有序调整。政府财务报告在财务指标核算方面必须遵循公共会计准则所规定的资产、负债、净资产等核算原则（如权责发生制、收付实现制），而公共会计准则要适应经济财务运行的客观变化及时合理地加以变革完善，为保障政府财务报告质量提供基础性条件。[①]

总之，以公共经济价值性资源筹集与配置为主要内容的公共财务作为公共经济肌体的血液循环系统，在公共经济运行和发展中起着基础性、关键性作用。但这种作用只有在适当的体制下通过科学筹划和有效运作才能得以充分发挥。

---

① 齐守印、苑雪芳：关于我国建立政府财务报告制度若干问题的理论思考［J］．财政研究，2015（3）：58－64.

第五篇　公共物品使用价值再生产的物质要素——公共资产

作为整体的公共资产，是传统公共经济学理论体系中不予专门论述的问题①，但实际上由于公共资产在公共经济中起着非常重要的作用，科学地配置和运营公共资产对于有效发挥公共经济的功能、提高公共经济效率具有十分重要的意义。这是因为，公共资产本质上属于公共物品使用价值再生产的物质要素，抑或说是公共经济生产力的物质要素。其配置和运营是否合理有效，对公共经济效率有着极大影响。因此，在公共经济理论体系中理应将优化公共资产配置、运营及相关体制机制问题作为一项重要内容加以专门研究。

---

①　在传统公共经济学中，最多只能在公共或公营企业部分捎带提到公共资产或公共资本及其配置问题。但中国的财政学、财政管理学或公共管理学著述中对处于公共物品生产领域的公共资产及其管理问题都有一定篇幅的研究论述；在一般经济学或政府经济学著述中则对国有资本配置和管理问题已有大量研究成果。

第十章　与公共资产配置和运营相关的理论分析

对公共资产配置、运营及其体制机制问题进行研究，就事论事往往难以奏效，而必须以相关理论认识为基础，以便为理性地解决实践领域的应用性问题提供正确的分析逻辑和思维指南。本章仅就其中最基本的理论问题加以探讨，在以下两章的有关部分还就较为具体的问题进行了针对性的理论分析。

第一节　公共资产的内涵与外延、来源与归宿

正确理解公共资产的内涵与外延是合理界定本专题研究范围的必要前提，而从再生产视角分析公共资产的来源与归宿则是理性地构建公共资产管理体制的认识基础。

一、公共资产的内涵与外延

对于公共资产的内涵，从不同学科的特定视角考察，将会产生各自不同的理论概括。在公共经济学视角下，广义的公共资产是指公共经济再生产过程中所运用的、归不同层次公共经济体成员共同所有、由社会公共机构代为持有产权、用以在不同领域实现社会公共目标、以多种具体形态存在的各种经济资源。其中由各级国家机构持有产权的经济资源，将依照流动性高低的顺序分别以总资产和净资产（所有者权益）显示于政府综合财务报告之中。

在这一内涵定义之下，公共资产的外延则由相当复杂的众多种类构成。对此可以从不同角度加以考察，从而形成对公共资产多种构成的认识。从每一种角度考察形成的公共资产分类，对于实施和改善公共资产管理都有特定的意义。

（一）从公共资产存在形态角度考察的公共资产构成

从存在形态来看，公共资产分为实物形态的公共资产、货币形态的公共资产和无形资产。实物形态的公共资产包括社会公共机构所使用的土地、建筑物、办公设备、笔墨纸张和公共企业所用的营业场所、机器设备、原材料等实物性生产资本、流通资本、金融资本和其他具有经济价值的自然资源。

货币形态的公共资产包括社会公共机构所运用并且在某一时点上结存的现金、所持有的有价证券和公共企业所持有的货币资本、有价证券，以及政府财政收支的在途资金和公共企业的应收账款、长期投资等。无形资产包括社会公共机构和公共企业所拥有的公共信誉、商业信誉和知识产权（如专利权、特许权、商标权、租赁权、版权）等各种不具实物形态但可辨认的非货币性资产。[①]

（二）从周转或变现周期角度考察的公共资产构成

根据形态循环或可变现周期长短，公共资产分为使用期限超过一年的房屋、机器、器具、运输工具等有形的固定资产，可在一年或超过一年的一个营业周期内变现或者运用的流动资产，以及非流动资产而摊销期也超过一年的待摊费用和企业开办费、租入固定资产改良支出等的递延资产。固定资产、流动资产和递延资产各自内部又有更为具体的分类构成。

（三）从权益主体所处层级角度考察的公共资产构成

在有两个及以上层级公共机构的经济体中，不同层级的公共机构分别代表不同范围的社会成员公共利益开展公共经济活动，各自拥有特定的公共资产，从而形成不同层级的公共资产。例如，全社会所有成员共同拥有所有权、由中央级公共机构持有并运用的公共资产，即标准意义上的国有资产；大小不等的行政区域范围内社会成员共同拥有所有权、由地方各级公共机构持有并运用的公共资产，可称为地方公共资产；农村居民以村为单位共同拥有所有权的公共资产，可称为村民公共资产；此外，还有城镇集体所有制企业所拥有和运营的非农业集体公共资产，非政府举办的社会团体（如工会和其他民间社团）所拥有的社团公共资产。

（四）从基本属性差别考察的公共资产构成

公共资产虽然在不同意义上都从属于公共经济或由公共机构持有产权，但其基本属性却有很大差别，从而形成更具研究价值的公共资产分类，公务性公共资产、经营性公共资产、资源性公共资产和财务性公共资产。其中，公务性公共资产在现有文献中通常被称为行政事业单位国有资产，但这种称谓是不准确的。因为行政是相对于立法、司法而言的公共事务决策执行机构，只是国家机构的组成部分之一，以行政代指国家机构整体，从而以行政机关

① 无形资产有广义和狭义之分，广义的无形资产包括货币形态的资产。这里所说的无形资产是狭义上的。

使用的公共资产代指整个国家政权机构所使用的公共资产以偏概全，难以准确表达其所要反映的客观对象的内在联系。有鉴于此，根据这类公共资产主要服务于社会公共机构提供公共物品的公共事务，简称为公务性公共资产更为恰当。① 经营性公共资产是指由国家机构和城乡集体组织持有产权、委托企业性公共组织运营的资产，通常要以保值增值作为主要考核指标，因其具有资本的营利属性而常被称为公共资本。资源性公共资产是指由各级国家机构持有产权的土地、矿藏、水流、海洋、滩涂、草原、山岭等各类自然资源。财务性公共资产是各级政府和城乡集体组织持有的现金、存款和各类有价证券。

无论其中哪一类公共资产，从其具体用途角度都还可以并且需要进一步细分，以便从提高资源配置效率角度加强和改善管理。其中，公务性公共资产可以按照所服务的公共物品生产种类分为若干类，例如按照公共物品用途可分为国防类、教育类、文化类、科技类、卫生类、社会保障类、环境保护类、基础设施类、一般公共服务类等，按照资产占用主体的性质可以分为机关（即习惯而不准确称谓下的行政类）和事业两大类；在这两大类之下还可以按照占用部门的职能差别进一步细分，如机关公共资产可再分为权力机关、行政机关、司法机关、监察机关等公共资产，而行政机关占用的公共资产又可以进一步分为众多行政部门所属的公共资产。经营性公共资产或公共资本，首先可以分为自然垄断行业和竞争性行业两大类，在其下还可以进一步细分为供电、燃气、供排水、园林、交通和水利、电力、燃料、航天、军事工业、战略性新兴产业、政策性金融、公共投融资平台等。资源性公共资产可以具体分为土地资源、矿产资源、海洋资源、水力资源等。财务性公共资产也可细分为各级财政、社团组织和村委会的银行存款、各种有价证券等。

鉴于财务性公共资产的有关问题已在第四篇论及，农民集体所有的公共资产、城镇集体组织所有的公共资产和非政府举办社团组织所有的公共资产在整个国家公共物品再生产中的作用不具有代表性，为简化分析，下面各章将重点研究各级广义政府代表人民持有产权的公务性国有资产、经营性国有资产问题，而对自然资源类国有资产和城乡集体、社会团体等非政府性公共资产暂且不论。

---

① 何碧萍：从公共经济视角整体筹划并推进国有资产管理改革［J］．预算管理与会计，2016（11）：48.

二、公共资产的来源与归宿

对于公共资产的来源与归宿问题，从不同角度出发，也会产生不同的认识。例如，从具体使用者角度看，公共资产是由政府划拨或调拨而来的，或者是由政府预算安排并拨付财政资金以及利用国有资产形成的收入购置或建设形成的。再如，从初始来源看，一个时代的社会公共机构所使用和运营的公共资产可能是从被推翻的前一时代社会公共机构那里继承的，或者是通过所有制改造形成的（例如城市中对民族资本和个体经济改造而来的公共资本，农村中对土地、山场私有制改造而成的农民集体资本），或者是依据相关法律界定（如原属无主财产，或原财产权属难以确定，或原财产所有者无继承人）以及接受捐赠而来的。就归宿而言，也有各种各样的具体情形。根据本专题研究需要，这里所要分析和阐述的是公共资产的常规性来源与归宿问题。

所谓公共资产的常规性来源，是指在正常的公共经济再生产周期循环过程中，公共资产在源头意义上从哪里来，既包括常规性的初始资金来源，也包括当固定资产由于物质磨损和精神磨损失去使用价值而需要重置时的再生产资金来源。所谓公共资产的常规性归宿，则是指当原来配置给公共经济主体运营的公共资产因失去所承担的功能而退出使用，经拍卖转让、报废处理程序重新回到货币资金形态以后最终要归流到哪里去。依此考察公务性公共资产，其来源毫无疑问是财政资金，即它是用财政资金建设或者是用财政资金购置而形成的①；其归宿也是财政资金，即其出售、转让和残值回收所得都必须上缴同级财政、纳入政府收入预算。再就经营性公共资产来看，初始开办归属于各级政府的企业所需资金一般都来源于预算安排的财政拨款，其扩大再生产所需资金虽然主要来自自身积累，但如果按照全口径公有资本经营预算制度逻辑，公共企业的所有积累及其使用都应当纳入其中，因而公有企业用于扩大再生产的自身积累资金也属于广义的财政性资金；政府所属企业在其功能使命结束之后，变卖或转让所得资金，一般应当收归全口径公有资本经营预算或者政府一般公共预算，重新回归财政性资金形态。

近年来，我国加大了公有资本经营预算、政府一般公共预算、社会保障预算收支的统筹力度，国有企业资产以财政资金为最终归宿的本质属性更加

---

① 据《中国会计年鉴（2008 年）》所载数据，2007 年年底全国事业单位总额 6.6 万亿国有资产中，来自当年新增预算支出而形成的部分近 7000 亿元。

突出地体现出来。从发达国家已经实行多年、我国近年来也在努力推进的政府综合财务报告制度来看，公有企业净资产也都是政府综合财务报告资产负债表中资产项的一个当然组成部分。这些作为世界各国通行的做法充分说明，无论公务性公共资产还是经营性公共资产，本质上都是国家财政或公共财务总资产的一种存在形态，因而公共财政与公共资产之间天然存在着无障碍相互转化的通道。既然如此，那么，在公共经济管理体制设计上，就应当将公共资产管理与公共财务管理非常紧密地结合在一起。中共中央 2017 年 12 月提出了《关于建立国务院向全国人大报告国有资产管理情况制度的意见》，其中也要求县级以上建立地方政府向同级人大常委会报告国有资产管理情况的制度。[①] 其中，各级国有资产管理综合报告的具体工作由同级财政部门牵头负责，不仅从管理责任角度进一步证明了公共财务与公共资产之间存在着最为紧密的内在联系，而且表现出我国正在自上而下地强化公共财务与公共资产统筹管理的改革趋势。2018 年 6 月，中共中央、国务院制发的《关于完善国有金融资本管理的指导意见》又将国有金融资本的管理责权赋予各级财政部门[②]，则进一步体现了这一趋势。

第二节　公共资产的主要功能

每一种事物都因一定理由而产生和存续，公共资产产生和存续的根本理由就在于它在公共经济中承担着不可替代的固有功能。总体而言，公共资产的一般功能在于，它是公共经济赖以运行的物质基础，是实现公共经济政策的物质手段，是维护和增进公共利益的物质条件；没有公共资产作物质资源支撑，公共经济只能是美妙的海市蜃楼。但公共资产的这种物质基础作用，在其不同种类上各有差异。

一、公务性公共资产的功能

公务性公共资产直接服务于公共物品的再生产，其基本功能表现在以下三个方面：

---

① 中共中央关于建立国务院向全国人大常委会报告国有资产管理情况制度的意见［OL］. www. gov. cn. 2018 - 01 - 14.

② 中共中央国务院关于完善国有金融资本管理的指导意见［OL］. www. gov. cn/zhengce，2018 - 07 - 08.

一是作为公共经济生产力中的物质要素，它是提供各种公共物品所必需的物质手段。例如，各类国家机关提供一般公共服务的办公用房、用车、用具、用品、网络及其终端设备，货币资金及其他具有市场价值的调控工具；各类公共事业单位提供专项公共物品所用的服务场所、设施设备、办公耗材等。这些公共资产在生产或提供公共物品过程中或者作为劳动工具，或者作为劳动场所和劳动条件，或者作为辅助材料，其配置结构是否合理、性能质量优劣、品种规格是否齐全、数量是否能够满足需要、供给是否及时、是否存在闲置浪费，对公共物品的提供质量、数量、时机及与此相关的使用效果都会产生重大影响。总之，纯公共经济领域中公共资产的基本功能首先在于从物质条件方面保障公共物品的有效供给。

二是作为公共物品在使用或消费过程中的物质存在，是相应公共物品发挥使用价值的物质条件。例如，公路、铁路、轮船、航班、路灯、灯塔、文体活动中心的器材、图书馆的建筑物和图书、科技馆建筑物及其展示或演示仪器、医院建筑物及其医疗设备，以及国防方面的军事设施和武器装备等。这些物质存在作为经济学意义或财务方面的资产，对于实质上的公共经济活动而言则是相应公共物品使用价值赖以发挥的物质条件。

三是作为形成公共经济生产要素的原材料、场地和其他中间产品，是提供公共物品或建设公共设施所准备的必要物质资料。例如，用于各种公共机构办公用建筑物的原材料和土地等先期投入的物质资源，以及用于购买各种公共经济生产要素的货币资金等。

二、经营性公共资产（公共资本）的功能

经营性公共资产虽然对于公共企业来说也是其运营的物质基础，但其具体功能要复杂得多。主要表现在以下三个方面：

一是作为公共资本为社会公共机构赚取提供公共物品所需成本的经济来源。从中国古代封建社会的公田、盐铁官营机构的资本和西方中世纪归国家所有、能够带来王室收入的土地、森林、矿产资源等，直到现代所有能够给国家带来资产权益性收入的国有资本，都体现着这种功能。尽管这种功能对于以税收为主要财务来源的现代公共经济而言已经变得越来越不那么重要。

二是作为公共资本为社会公共机构实现某些公共政策目标充当物质依托。

从中国古代封建王朝为实现物价稳定、保障粮食安全、保护农业发展而实施均输、平准，为既加强边防又避免人民财政负担过重而实行军屯，到现代中国各种用以维护经济安全的战略性物资和资源储备，现代各国中央银行着眼于实施宏观经济调节、维护国内总供求均衡和国际收支平衡而持有必要的黄金储备、外汇储备以及其他有价证券，为维护宏观经济结构协调而兴办国有政策性金融企业和支持特定行业发展的公有投融资公司、担保公司，为在财政收支矛盾比较紧张的情况下加强城市基础设施建设和交通设施建设而兴办相应的政府投融资平台，为防止自然垄断产生负外部效应而兴办各种公有的公用事业型企业，以及为恢复经济、增加就业而兴办国有企业等，都需要相应的公共资本作为物质基础。近代以来，西方国家经营性国有资产早在19世纪就存在于许多部门，我国洋务运动中官办和官商合办企业中也有相当规模的国有资本。

对于资本主义国家中国有企业存在的必要性和国有资本的功能，马克思主义经济学和现代西方经济学以不同的研究范式给出不同解释。恩格斯在《社会主义从空想到科学的发展》一文中已讲到包括普鲁士在内的欧洲国家在邮政、电报、铁路、烟草、海外贸易公司、陶瓷、军工等领域出现的国有化情况，同时指出那是资本主义生产方式内部矛盾发展到一定阶段必然会产生的现象。基本逻辑在于，在资本主义生产关系的促进之下，生产力的社会性已经发展到私人资本所有制所不能容纳的程度，必须由国家代表社会直接占有生产资料并借助于国家这一工具在全社会范围内调节生产活动和经济关系、维护社会再生产外部条件，才能适当缓解资本所有制与社会化生产力之间的尖锐矛盾，以维护资本主义生产方式继续存在。这种由国家占有和运营的资本即国有资本，虽然能够履行私人资本难以发挥的在全社会范围内调节经济关系的功能，但此种功能在本质上是维护整个资本家集团利益的——国家“愈是把更多的生产力据为己有，就愈是成为真正的总资本家”。[①] 因此，资本主义国家中国有资本或多或少地存在，并不能改变整个社会经济制度的性质。常辉（2010年）等人运用马克思主义经济学范式，较为系统地分析了19世纪末以来西方主要资本主义国家国有经济发展变化的历史过程，在从生产

---

① 马克思恩格斯选集第3卷［M］. 北京：人民出版社，1972：435-436.

方式内在矛盾角度做根本性解释的基础上，也分析了这些国家如何根据各个时期公共政策需要而实施资本国有化和非国有化的情况。[①] 与马克思主义经济学不同，现代西方经济学是从克服市场失灵、实现公共政策目标角度解释国有经济的必要性和当代西方国家中国有资本基本功能的。例如，诺贝尔经济学奖获得者、美国著名经济学家斯蒂格利茨曾指出："面对市场失灵，政府干脆可以自己负起责任来……如果政府认为，在空运和铁路行业存在市场失灵，它可以对这些行业实行国有化，或者，对这些行业中令人不满的部分实行国有化，并且由政府自己来经营。"[②] 国有资本这种功能的相对地位在现代经济社会生活中愈益上升。

三是以公共资本作为维护社会主义基本经济制度的物质基础。马克思主义基本原理所揭示的社会主义经济制度根本特征之一或者说最根本的特征，就是以生产资料公有制为主体并且以生产资料国家所有制为主导。对此，马克思曾指出，未来社会"同现存制度的具有决定意义的差别当然在于，在实行全部生产资料公有制（先是单个国家实行）的基础上组织生产"。[③] 这是因为，生产力的社会化已经发展到"只有由社会公开地和直接地占有已经发展到除了社会管理不适于任何其他管理"的地步。生产资料的全社会占有，在社会主义阶段表现为国家所有制，"国家真正作为整个社会的代表所采取的第一个行动，即以社会的名义占有生产资料，同时也是它作为国家所采取的最后一个独立行动。"[④] 实行以公有制为主体、国有制为主导的经济制度，既是以社会占有生产资料适应社会化生产力性质、通过宏观调节维护经济结构均衡和不断推进经济结构优化、科技能力升级的社会主义生产方式需要，也是防止贫富两极分化、避免社会分裂的重要经济保障，同时还是防范私人利益集团操纵国家经济命脉、支配国家政治生活的社会主义民主政治需要。

---

① 常辉：西方主要资本主义国家国有经济的发展与变革研究［D］．山东大学，2010.

② 斯蒂格利茨：经济学上册［M］．北京：中国人民大学出版社，1997：149.

③ 马克思恩格斯选集第4卷［M］．北京：人民出版社，1995：693.

④ 恩格斯：社会主义从空想到科学的发展［A］．马克思恩格斯选集第3卷［C］．北京：人民出版社，1995：754－755.

可见，数量庞大、质量优良的国有资本对于社会主义国家而言不仅具有重要的制度性意义，而且具有从多方面维护社会公平正义的实际功能。正因为如此，尽管改革开放以来国有经济在城乡国民经济中所占比重明显下降，但生产资料公有制作为我国基本经济制度基础的宪法地位并没有改变。2018年3月全国人民代表大会再次修订的我国《宪法》第六条规定："中华人民共和国的社会主义经济制度的基础是生产资料的社会主义公有制……在社会主义初级阶段，坚持公有制为主体、多种所有制经济共同发展的基本经济制度"，第七条规定："国有经济，即社会主义全民所有制经济，是国民经济中的主导力量。"① 公共资本在生产资料所有制中居主体地位、国有经济作为国民经济的主导力量，其所具有的经济制度功能和社会政治功能，是难以依据资源配置效率指标加以衡量和判断的。

公共资本的多元功能都是通过公共企业的经营活动实现的。在现实中，以国有企业为代表的公共企业，虽然是以直接提供私人物品作为经营活动主要内容的私法人，但因为它是由公共机构以投入公共资本为基础设立的，因此，它必须以维护和增加公共利益为宗旨、以实现公共经济政策目标为基本功能。

三、资源性公共资产的功能

资源性公共资产只是在由国家机构和城乡集体组织持有产权的状态时才表现为公共资产，而就其用途而言并不都是服务于公共物品再生产的，甚至可以说主要是用于私人物品的。仅从国有自然资源角度来说，现代国家之所以要持有自然资源的产权并且以此为凭借对自然资源实施管理，一是为了掌控国民经济命脉，从整体上调控国民经济结构；二是从国家长远发展的战略利益出发，有节制、合理性地开发利用自然资源，并且将开发利用和涵养维护有机结合起来，以保证自然资源的永续利用，维护本国人民的长远生存环境和持续发展条件；三是避免私人资本凭借对自然资源的所有权左右国民经济、剥削压迫其他社会群体，进而左右国家政治生活，损害全社会所有成员的公共经济利益和政治权利平等。

---

① 中华人民共和国宪法［Z］，cpc. people. com. cn，2018 - 03 - 22.

国有自然资源的有偿使用虽然也会给国家财政带来一定的收入，但增加国家财政收入并不是实行国有自然资源有偿使用制度的首要目的，其根本意义在于：一方面是以有偿使用为杠杆促进自然资源的高效使用，以利可持续开发利用；二是通过对开发使用国有自然资源收取费用、纳入国库尔后用于公共开支，实现共有资源利益共享，以维护每个国民对本国自然资源生而自有的权益。

归结起来，资源性国有资产的功能就是从多角度维护全社会国民的公共利益，并不只表现为具体提供公共物品过程中的物质条件（如公共机构和公共企业占地），更为重要的是，通过国家持有产权进而对自然资源实施科学管理乃是一种维护公共经济终极主体公共利益的公共物品。

四、财务性公共资产的功能

财务性公共资产作为川流不息的财务收支在某个时点上（如月末、季末、年末）的存量，在大至国家小至村级组织、社团组织的总资产中所占比重一般都是很小的。因为，无论国家机构还是其他公共组织所组织的货币收入主要是随收随支地用于公共物品再生产活动，大量闲置存于银行、保险柜或以有价证券形式留存并不是其目的所在；如果经常性结余过多，就需要适当压减收入。但是，作为各类公共资产中流动性最强的财务性公共资产，其功能却是其他类别公共资产所不可替代甚至不可比拟的，这是因为这类公共资产具有很强的可转化功能和总体调节功能。所谓可转化功能，就是它可以根据需要随时转化为实物形态的公务性资产、经营性资产和资源性资产。所谓总体调节功能，是指基于可转化功能和流动性强的特点，它可以根据需要从时间序列上的纵向维度到空间布局上的横向维度对一个公共经济体的总资产结构进行总体调节，以维护整个公共经济体运行的稳定性、可持续性和资源配置的有效性。

以上所分析的四类公共资产虽然在具体功能方面存在显著差别，但由于它们同样都是公共经济活动的物质基础，在来源与归宿、服务于公共利益、同样属于经济范畴这三个根本属性特征上具有一致性，并且在一定条件下还可以相互转化。例如，建筑物、互联网信息设备等类型的公共资产，在有客观需要并且在体制属性适合的条件下，既可以从公务性的直接转化为经营性的，也可以从经营性的直接转化为公务性的。这就是我们将它们放在一起加以研究的合理性基础。《中共中央关于建立国务院向全国人大常委会报告国有资产管理情况制度的意见》不仅将这两类公共资产一并纳入报告范围，而且将公有自然资源也同时纳入，既充分表明它们之间具有相通性，也证明了将它们作为同类性质的客观对象进行理论研究和统筹管理的必要性。

无论公务性还是经营性国有资产，其应有功能的有效发挥都需要以资产的科学配置和合理运营为条件，而公共资产的科学配置、运营及其最佳体制的构建又必须在正确原则的指导下才能实现。

第三节　公共资产配置、运营及其指导原则

公共资产的配置和运营是公共资产管理的两大方面，其中配置是前提和基础，运营则是在配置基础上的具体经营与运作，二者都需要遵循某些共同的指导原则。

一、公共资产的配置

公共资产的配置所要解决的是将属于公共所有的资产用于哪些公共物品提供、委托给哪些公共部门或单位、企业占用的方向性选择等问题。公共资产配置结构是否合理直接关系到公共资产固有功能的实现程度，对公共资产效率高低具有决定性影响。各类公共资产配置都包括宏观整体性配置和微观技术性配置两个层面。无论就整体宏观层面还是在每个公共机构和公共企业的微观层面，公共资产的配置都必须着眼于实现自身固有的功能和取得最佳效率，不断提高配置结构的科学化水平。

（一）公务性公共资产配置

在社会公共机构这一宏观层面，公共资产配置要实现三个层次的结构合理化：一是配置方向正确，即只能用于提供公共物品、实现公共利益，而不能用于与实现公共利益无关的方面。二是从资产配置角度保证公共物品提供结构与社会成员公共需求结构相一致，以实现公共物品的最佳供给，避免公共经济发展产生明显的不平衡问题；同时，对不同公共部门的资产配置，除在资源紧缺情况下需要兼顾一般、保障重点、有所倾斜外，应当按照统一标准配置资产，避免畸轻畸重、苦乐不均。三是对于规模较大、购建费用较高的同一种重大设施设备类公共资产（例如信息网络平台、大型实验室等）在

同一层级公共机构的配置，应当打破各部门、各单位自求平衡的局限，尽可能采取共建共用的社会化方式，努力提高其使用消费的规模效应，避免各单位分别购建、低频率使用带来的效率损失和重复购建导致的浪费。在机关事业单位这一微观层面，各种公共资产的配置需要满足技术结构上的匹配性要求，以保证用最少的投入提供预期数量和质量的公共物品，避免由于某种资产不足或多余、出现短板制约情形而减损公共物品的生产或提供效率。

（二）经营性公共资产配置

在整体宏观层面，首先要保证公共资本配置于符合其功能定位的领域，其中国有资本应当优先配置于关系国计民生和国家经济安全的战略性产业、对宏观经济调控发挥支柱作用的金融产业、对整个国民经济技术结构优化升级具有带动作用的先导性产业、对整个国民经济发挥支撑作用的基础设施、对居民生活和企业生产经营具有保障作用的自然垄断行业，从而保证配置结构能够最充分地实现公共资本总量的预期公共政策目标，在此前提下再考虑尽可能实现直接经济效益目标。在公共企业的微观层面，各种资本的配置结构要保证最大限度地实现公共资本出资人所确定的社会责任和经济绩效两方面的经营目标。

（三）资源性公共资产配置

资源性公共资产配置不仅要兼顾公共经济与民间经济两大领域的需要，而且要兼顾开发利用和维护涵养、当前需要与可持续发展；在国内资源储备不足的情况下，应当通过预见性地战略谋划，借助于骨干国有企业的跨国经营，提前向资源富有国家布局。

（四）财务性公共资产配置

一般而言，财务性公共资产配置应当在充分考虑各个时期形势背景的基础上，兼顾资产负债结构的合理性、财务运行的稳健性和财务成本的效率性。对于国家最高层面来说，应当以科学预计国内外经济发展中长期趋势为基础依据，在防止发生系统性财政风险的前提下，积极运用财务性国有资产总量与结构性配置对国民经济运行进行逆周期调节，尽可能熨平经济周期波动幅度，努力保障和促进国民经济平稳持续发展。

（五）公共资产的跨类别统筹配置

在各级国家机构层面，除了要努力实现每一类国有资产的科学配置以外，还要着眼于保障公共经济宏观平衡和总体效率的需要，对各类国有资产实施跨类别的统筹配置，一方面努力实现各类国有资产配置整体结构的合理化；另一方面尽可能节省通过市场进行不同种类国有资产余缺调剂的交易成本。

二、公共资产的运营

公共资产运营是指在公共资产配置格局既定基础上，围绕实现最佳使用效率和效益而进行的具体运作和经营。公共资产运营好坏，自然关系到公共经济效率，因而不断改善公共资产运营，无疑是不断提高公共经济效益的重要途径。与公共资产运营水平直接相关的主要因素是管理机制、经营策略和管理方法，基本上属于公共机构和公共企业资产活动的科学组织问题。但这绝不等于说公共资产的运营与宏观层面无关，因为无论微观层面的公共机构还是公共企业行为方式都是它们借以在其中活动的外部环境的产物，即在很大程度上是由公共资产管理体制及其内含着的激励机制、约束机制所决定的。由此可见，对于公共资产运营的研究要点首先在于公共资产管理体制，其次才是策略和方法问题。

有关体制问题将在下面专门分析，而微观层面的公共资产运营策略和方法问题属于财务学、管理会计学的研究对象，因此，这里不再分门别类地展开论述。

三、公共资产配置和运营的基本指导原则

基于公务性公共资产和经营性公共资产所处领域的差别，尽管需要不同属性的公共资产实行分别管理，但是，由于二者在核心功能和属性方面又具有根本一致性，这两类公共资产的配置和运营又应当共同遵循一系列反映客观规律要求的指导原则。

（一）公共性原则

无论公务性公共资产还是经营性公共资产，其共同的根本属性都在于归公共所有，因此，其配置和运营都必须遵从谋求公共利益的价值取向，服务于实现公共经济政策目标，而不能用于满足部门、单位局部利益或少数特权者的需要，或者用于增加受托经营者的福利。即使是经营性公共资产，其配置领域和具体方向也应当在兼顾直接经济效益的同时，尽可能实现某种社会效益、公共性目标和承担一定的社会责任。这就是公共性原则的基本内涵。

（二）效率性原则

讲求投入产出效果，努力以尽可能少的成本获取尽可能多的收益，是一切经济行为都应遵循的准则。由于公共资产无论直接处于公共经济领域还是

处于公共经济与民间经济的边缘地带，都是处于经济领域。既然如此，那么，就要遵从经济活动的一般准则，讲求资源配置效率和运营使用效率。当然，这里的效率和效果不能以或者不能完全以利润率作为衡量、评价的核心指标。因为很显然，对用于直接提供公共物品的公共资产而言，不可能用利润率作为衡量评价效率。即使对于经营性公共资产来说，除处于完全竞争领域的那部分以外，大多也不能主要以利润率来评价其配置效率和运营效率。这是因为，着眼于克服自然垄断行业负外部性而配置公共资本建立的公共企业，其经营效益具有正外部性或者说外溢性，致使其账面收益或成本指标无法完全地反映真实情况。因此，一些国内外学者以盈利（或亏损）指标作为比较公共企业与私营企业效率的衡量尺度，来说明国内外公有制经济效率普遍低于私有制经济，并以此否定公有制的优越性、进而否定全世界最终将走向共产主义的必然性，在逻辑上是极为荒谬的。尽管如此，通过适当的效率指标或指标体系考核评价公共资产效率和效果，以此作为激励约束机制，促使公共资产实现经济效率和效果最大化，仍然是极为必要的。

（三）规范性原则

规范性作为理性的一种体现，要求按照应然规则、合理标准和井然秩序处理事务，避免行为上的随意、杂乱和失序状态。在所有经济活动和公共事务领域中，贯彻规范性原则都是保障必要效率的一项基础性条件。无论公务性还是经营性的公共资产，其配置与运营只有符合规范性原则，遵循规律、合乎理性、执行标准、恪守规矩、有序进行，才能保障必要的效率。

（四）透明性原则

活动过程与结果信息必须公开透明，这是由公共经济的根本属性所决定的，是对公共经济实行民主决策和监督的客观需要，因此，除涉及国家安全等特殊领域以外，对整个公共经济运行普遍适用，公共资产的配置和运营自然不能例外。

（五）法治性原则

公共资产配置和运营必须有法可依、有章可循，这是现代各国公共事务治理的通行原则，是防止公共资产管理方面公权私用、贪污浪费的有效措施，也是对公共资产实行规范化管理的必然要求。在当前我国，则是贯彻落实全面依法治国方略的迫切需要。

上述五项原则归结起来，就是在公共资产管理或治理方面要按客观规律办事，体现科学性和现代性。只有贯彻这五项原则，才能实现公共资产管理或治理的科学化和现代化，最大限度地发挥公共资产对保障整个公共经济达成帕累托效率所应有的功能。因此，这五项原则既是公共资产配置和运营过程中必须遵循的指针，也理应成为分析公共资产管理实践当中的问题和评价公共资产运行状况的基本尺度。

第四节　公共资产管理体制

公共资产管理体制作为公共经济体制的一个组成部分，是影响公共资产配置、运营和监管效率的最主要因素。因此，通过理论结合实际的研究，揭示公共资产管理体制的内在联系，分析公共资产管理体制中存在的问题，探索深化公共资产管理体制的方向和路径，对于提高公共资产配置、运营和监管效率，保障公共资产固有功能的有效发挥，以至于推进国家治理体系现代化，都具有重要意义。

从主体角度看，公共资产管理体制既包括国有资产管理体制，也包括城乡集体、社会团体等其他主体公共资产管理体制。但鉴于国有资产是整个公共资产的主体部分，国有资产主体结构也最为复杂，而国有资产管理体制又是构成国家治理体系的重要环节，所以，本节以国有资产管理体制作为讨论对象。

从本质上看，国有资产管理体制是体现于国有资产管理过程中的制度化公共经济生产关系。既然如此，只有从公共经济生产关系这一视角来考察，才能够从内在联系上把握公共资产管理体制的本质，弄清楚公共资产管理体制由哪些要素和维度构成，从而自觉地按照科学的总体构架进行顶层设计，构建起结构合理、机制有效、效果理想的公共资产管理体制。

公共经济中存在着多层次、多方面的活动主体，在公共物品再生产过程中这些主体相互之间结成多方面的关系，这些关系的总和构成整个公共经济生产关系。[①] 公共经济活动主体之间的各种具体生产关系，有些表现为公共经济体制的构成要素，有些表现为公共经济体制的架构维度。作为公共经济体制组成部分的国有资产管理体制，就是由体现公共经济活动主体之间的各种

---

① 齐守印：论公共经济生产方式及其优化路径［J］．河北大学学报（哲学社会科学版），2017（1）．

具体生产关系的多种要素和多个维度构成的复杂系统。其中，完整的要素和各要素间的有机联系构成严密的体制逻辑结构，而完整的维度和各维度间的有机联系则构成有序的体制总体架构，这两个层面的结构共同决定了整个体制系统的功能。因此，要想构建起一整套能够切实保障国有资产高效配置和运营、从而实现其固有功能的管理体制，必须深刻认识和全面把握它的要素构成、维度构成及其合理结构，才能以顶层设计的自觉性保证体制方案的科学性。

一、公共经济视角下的国有资产管理体制要素结构

鉴于要素结构和总体架构属于管理体制的不同层面，而要素结构相对于总体架构而言又具有基础性，因此，我们首先从公共经济生产关系的视角讨论国有资产管理体制的要素结构问题。

参与公共经济活动的主体可以分为首尾相贯的五个层次：一是集公共物品需求兼享用主体、公共资源出让和公共事务委托主体于一身的人民大众，因其对公共经济的责任和权利具有终极性，而宜称为公共经济的终极主体；二是受托执行公共事务、具体组织公共经济活动、筹集和运营公共资源、负责提供公共物品的社会公共机构（即国家），因其对公共经济的责任和权力系受托而来、具有代理性质，而宜称为公共经济的受托代理主体；三是每一级国家机构横向层面依照水平分工被委责授权分别执行某一种具体职能的不同部门；四是国家机构纵向层面依照垂直分工形成的各层级分支组织；五是具体占用公共资源、提供公共物品的基层单位。在由这五个层次主体构成的公共经济生产关系中，第一层次主体对第二层次主体，第二层次主体对第三、第四层次级主体，第三、第四层次主体对第五层次主体，围绕公共物品提供和经济资源占用这一主线形成自上而下的职能分工、责任委托、权力授予和局部利益分享的关系链条。其中的分工、委责、授权、分利是构成国有资产管理体制的基本要素，而这四项基本要素之间的先后顺序和有机匹配则构成国有资产管理体制的逻辑结构——以职能分工为前提，以责任配置为根本，

依据责任分工授予权力并分享利益，其中职能分工是基础环节①、责任配置是核心所在②、权力授予是保障条件、利益分享是激励机制。

在国有资产管理体制中，责任配置之所以表现为核心环节，是由公共经济特有的内在矛盾和公共经济体制的特殊性质所决定的。所谓公共经济特有的内在矛盾，就是作为公共经济最终出资者兼利益享有者的社会成员内部，存在着人人所有、人人受益、人人有责而又可能谁也不负责任的矛盾；这种矛盾是由公共物品产权的不可分割性和消费的非排他性所引起的。公共经济体制的特殊性质，系指它是公共经济中五个层次活动主体之间从前至后层层递进的一连串“委托—代理型”责权配置关系。由于公共经济特有的内在矛盾极易导致责任悬空的风险，而公共经济体制又是公共经济责权多层次委托代理的超长链条，这就使得构建覆盖所有活动主体和公共物品再生产全过程的经济责任体系，既是确保公共经济资源配置和运营效率的关键所在，也是构建科学有效的公共经济体制的难点所在，因而成为包括国有资产管理体制在内整个公共经济体制的核心问题。解决这一核心问题的关键和基点在于，合理而清晰地划分相关主体的责任，确保各主体责任落到实处，严格贯彻依责赋权原则，准确考核责任主体的履责行权业绩，对渎职失责和绩效不佳者严格追究责任，同时按照激励相容原则建立起对责任主体追求优良履责业绩的有效激励机制。③

二、公共经济视角下的国有资产管理体制总体架构

公共经济生产关系中众多人格化主体之间的相互关系，可以归结为五个维度、六个层次。其中，第一个维度是公共经济的终极主体（人民大众）与

---

① 对此马克思和恩格斯都有相当明确的论述。恩格斯指出：“社会产生它不能缺少的某些共同职能。被指定执行这种职能的人，形成社会内部分工的一个新的部门……于是就出现了国家。”——马克思恩格斯选集第4卷［M］．北京：人民出版社，1995：700－701；马克思在《〈法兰西内战〉初稿》中说：“中央集权的国家机器，最初是在专制君主制时代创造出来的……以实行系统分工和等级分工的国家政权的计划调节代替中世纪的互相冲突的势力所造成的错综复杂的无政府状态。”——马克思恩格斯选集第3卷［M］．北京：人民出版社，1995：91.

② 齐守印：基于公共经济内在矛盾的国家治理机制研究［J］．财政研究，2017（4）：76.

③ 齐守印：基于公共经济内在矛盾的国家治理机制研究［J］．财政研究，2017（4）：76.

受托代理主体（作为社会公共机构的国家）之间通过宪政性契约构成的委托代理关系；第二个维度是作为公共经济受托代理主体的国家机构每一层级上不同部门之间的横向分工协作关系；第三个维度是公共经济受托代理主体内部各层级之间的纵向分工协作和利益分享关系，具体包括各级国家机构之间和作为组织者的国家机构与作为公共物品具体提供者的企事业单位之间两个层次。公共经济生产关系的这三个维度，相应地转化为国有资产管理责权在相关主体之间划分的三个基本维度，在此基础上进一步衍生出两个建构性维度，从而构成国有资产管理体制的完整框架。

一是体现人民大众与国家机构之间在国有资产管理方面委托代理关系的职责与权利划分，构成国有资产管理体制的基础维度。《中华人民共和国企业国有资产法》第三条规定："国有资产属于国家所有即全民所有。"这充分说明国家对国有资产的所有权是受托代表全体人民持有的，相对于国有资产的终极主体而言，国家对国有资产的所有责任和权力均属受托代理性质。既然如此，那么，国有资产配置、运营、监管方面的责任和权利（力）就要在作为公共经济终极主体的人民大众与作为受托代理主体的国家之间进行划分；并且这个维度的责任与权利（力）划分在整个国有资产管理体制中具有根基性质，其他维度则是由此派生的。正因为如此，《企业国有资产法》在第六十三条规定"各级人民代表大会常务委员会通过听取和审议本级人民政府履行出资人职责的情况和国有资产监督管理情况的专项工作报告，组织对本法实施情况的执法检查等，依法行使监督职权"的基础上，进一步以第六十六条规定："国务院和地方人民政府应当依法向社会公布国有资产状况和国有资产监督管理工作情况，接受社会公众的监督。任何单位和个人有权对造成国有资产损失的行为进行检举和控告。"这是《中华人民共和国宪法》关于人民民主及其实现机制在国有资产管理体制方面的具体体现；同时，两条规定之间的逻辑关系说明，尽管各级人大在整个国家机构中具有最直接、最强烈的人民民主色彩，因而有责任和权力代表人民或者说以人民的名义对国有资产配置计划和运营政策做出决定并实施监督，但相对于人民本身而言，它终归还是受托代理者，人民通过人大行使民主权利仍然是一种间接民主，还需要以人民群众亲自实施的直接民主监督作补充，只不过由于它在整个国家机构中处于最原初的受托代理环节，才获得或拥有了对后续委托代理者施政行为的监督责任和权力。可见，人民代议机关在这一维度的国有资产管理体制中兼有终极主体和受托代理主体双重色彩，是人民与作为行政机关的政府之间为提供公共物品而建立的“委托—代理关系”中由此达彼的中介环节。

具体而言，在国有资产配置、运营和监管法律、制度、政策方面，一方面，人民拥有做出决定、参与管理、实施监督的责任和权利，这种责任和权利主要通过选出代表参加相关例行会议进行审议和表决的间接方式行使，同时，人民个人仍拥有就相关事务直接发表意见、建议并实施监督、检举不法行为的最终责任和权利；另一方面，国家机构和基层组织受人民委托，负责代理国有资产法律、制度、政策的创议和执行事务，按照法律和制度规定向人民代议机关定期报告执行情况与结果，并向人民大众公开相关信息、接受终极所有者的直接监督。同时拥有依照体现人民大众集体意志的法律法规对社会成员个人的国有资产行为实施监督管理、乃至对个别违反者依法施加制裁的权力。

二是每一层级国家机构内部各部门之间的国有资产管理责权划分，构成国有资产管理体制的横向维度。在第一维度的责权划分基础上，国家机构所承担的国有资产管理责任和拥有的国有资产管理权力首先必须按照分工原理和合理规则从横向维度上落实到具体部门，才能得以具体实施。严格地说，这里的公共经济责权横向划分首先要在立法机关、行政机关和司法、监察机关之间进行，但由于立法机关在我国同时是直接代表人民行使国家权力的最高权力机关，因此，实际上公共经济责权的横向维度划分主要涉及行政机关与司法机关、监察机关之间以及行政机关内部各有关部门之间的配置。这种划分和配置，应当按照责任为本、事有专责、依责赋权和依法规范的规则进行。

三是各级国家机构之间以及国家机构与国有资产具体占用者（包括国有企业、事业和机关单位）之间国有资产管理责权利的划分，构成国有资产管理体制的纵向维度。这一维度又分为两个层次。

第一层次是国有资产管理责权利在不同层级国家机构之间的划分。因为每个幅员面积较大的国家都需要根据管理幅度合理化原则将国土和居民划归层级数量不等的不同行政区，设置两级或两级以上国家机构分级提供公共物品，由此，国家受托代理的国有资产事务也就需要由两级或两级以上国家机构分工完成，这种分工本身必须是合乎理性的，并在分工之时将相应的责任和作为履行责任条件的权力在相关主体间一并做出清晰明确的划分。此外，与横向维度的责权划分不同，在实行分级财政体制的背景下，各级国家机构之间的国有资产管理体制还涉及国有资产权益归属问题。这是因为，不同层级国家机构代理国有资产事务的责任和权力来源于不同地域范围的人民——最高层国家机构责任和权力的委托主体是全国人民，而不同层级的地方国家机构责任和权力的委托主体则是居住于范围大小不等的行政区划中的那部分人民。由于不同层级国家机构所持有的国有资产是由本辖区居民缴纳税费形成的，目的是为本辖区人民提供公共物品，这就使不同层级国家机构所持有的国有资产成为各自辖区人民公共利益的一种载体。如果在不同层级国家机构之间或不同地区国家机构之间随意无偿划转国有资产，那就不仅等同于对调出国有资产地区居民利益的剥夺，而且与分级财政体制原则相互冲突，必然产生一系列基于利益机制的社会矛盾和逆调节效应。因此，如果说在实行全国统收统支的财政体制下，各层级国家机构之间纵向维度的国有资产管理体制只要合理划分管理职能、责任、权力就够了，那么，在实行分级分税的财政体制下，还必须遵循理性原则正确处理不同层级和不同地区之间承载于国有资产之上的利益关系，即在相关主体之间合理划分国有资产权益。

第二层次是在第一层次基础上产生的。因为，无论哪一类国有资产，其固有功能都要通过具体使用或运营才能得以发挥，国有资产的具体使用或运营者主要是机关单位、事业单位和国有企业。由此就产生了在作为国有资产所有权持有者的国家机构与作为国有资产占用者之间合理划分基于所有权与占有权、经营权分离的国有资产管理责权利这一纵向维度的第二层次。为了在保持所有者对国有资产配置、处置和收益实施必要控制的同时，发挥国有资产具体使用者、经营者有效管理运营所占用国有资产的主观能动性，并通过必要的考核、评价、监督机制激励和约束国有资产的具体使用者、经营者行为，作为国有资产产权持有者的国家机构就需要与作为国有资产具体使用者或经营者的机关事业单位、国有企业明确界定双方的国有资产管理责权，其中对国有企业还要以一定的机制和制度界定物质资本与人力资本的产权关系。

四是对各类国有资产配置、管理、改革进行统一运筹与综合协调的整合维度。我国各类国有资产都规模庞大、结构复杂，客观上需要对每类国有资产实行以分工为基础的专业化管理，但分工不等于分割。由于各类国有资产存在着紧密一致的内在联系，彼此之间不仅能够相互转化，而且有时也确实需要综合配置、统筹管理、协调推进改革，因此，国有资产管理体制既需要分门别类地周密设计，又需要有超越国有资产分类管理界限而进行跨类统筹协调的机制。由于这一机制难以归入前述任何一个维度，只能作为一个特定维度单独存在，可名之为“整合维度”。

五是覆盖上面四个维度的法治维度。全面推进依法治国已经成为我国国家治理现代化目标的重要组成部分，包括前述四个维度的整个国有资产管理及其体制都需要纳入法治轨道。因此，加快国有资产管理及其体制的立法和司法制度建设，成为整个国有资产管理体制及其深化改革方面不可或缺的维度。

第十一章　公共资产配置和运营的体制机制分析

问题导向无论对于基础理论研究还是着眼于改革与创新的应用性研究，都是极为重要的方法论。通过对历史与现状的分析揭示公共资产配置和运营领域存在的问题及其原因，是探索相关改革创新措施、寻求优化公共资产配置、运营及其体制路径的逻辑前提。鉴于公共资产配置和运营中存在问题的主要根源在于管理体制，因此，本章将联系公共资产配置和运营中的问题，重点分析公务性和经营性国有资产管理体制历史演进和现行体制存在的主要缺陷。

第一节　国有资产配置、运营及其体制问题的历史分析

无论公务性、经营性还是财务性国有资产，它们作为公共经济的物质基础，在历史上都是与公共经济一同产生的，其源头都可以追溯到原始社会，因为原始社会一切生产资料都属于社会成员共同所有。其后，虽然私有制逐步在民间经济领域取代了公有制，使人类社会先后经历奴隶制、封建制和资本主义这三个以私有制为基础的社会形态，但公共资产仍然以不同形态和大小不等的比重存在于这些私有资产占主导地位的社会形态之中。在古代和近代的历史阶段，国有资产的配置和运营支撑了同时代以不同程度异化形态存在的公共经济，在给我们留下了中国灵渠和都江堰水利枢纽工程、南北大运河、万里长城、明清宫殿、承德避暑山庄和外八庙、历代皇家陵墓和雅典歌剧场、罗马大竞技场、法国卢浮宫、英国白金汉宫、俄国克里姆林宫和西欧多所公立大学等世界文化遗产的同时，也存在很多很大的问题，但它们不是我们所要分析的重点，因为那些问题已经被历史发展所解决。我们所要重点分析的是新中国成立以来国有资产管理模式的历史发展及其存在的主要问题。

一、我国公务性国有资产管理体制机制的演进轨迹

我国机关事业单位作为国家履行公共服务职能和提供公共物品的公共机

构，其占用的公务性公共资产按其来源主要由公共财政拨款形成。新中国成立以来，我国事业单位公共资产一直实行“国家所有，分级管理”体制，具体管理模式的发展演变大体可分为五个阶段。

（一）初建与形成（1949—1957 年）

新中国的机关事业单位公共资产，是在解放区原有公共资产基础上通过接收中华民国政府、国外教会组织举办的事业单位资产并接受国家财政投资形成，尔后逐步积累扩展起来。在管理方面，1949 年 10 月中央人民政府委员会成立伊始召开的第一次会议就作出决议，明确机关事业单位的财产均为全体人民的公共资产。① 同时，当时的政务院（1949 - 1953 年）规定，国家所有的机关事业单位由中央和地方政府分级管理，这自然意味着机关事业单位所占用的公共资产也实行各级政府分级管理体制。对于机关事业单位而言，自然是只有对国有资产的占用权和具体管理权，而没有所有权，因为它们本身就是由政府统一建立并属于政府所有的。

（二）在中央与地方之间两度下放与上收（1958—1978 年）

第一次放与收发生在 1958—1961 年间。1958 年 6 月，中共中央做出《关于企业、事业单位和技术力量下放的决定》，将中央直接管理的事业单位及其所占用的国有资产大幅度下放给地方。到 1958 年年底，中央各部委所属事业单位下放给地方部分高达 88%。三年后，面对国民经济困难和事业单位管理松弛的局面，中央做出《关于调整管理体制的若干暂行规定》，将下放的事业单位连同资产管理权收回中央各部委。

第二次放与收发生在 1970 年至改革开放后。1970 年 3 月，根据《第四个五年计划纲要（草案）》的有关精神，国务院要求各部委将绝大多数直属事业单位下放给地方管理，少数由中央部委和地方双重领导而以中央部委为主。与此相配套，在财政预算和物资管理方面也对地方实行“大包干”体制，中央在地方自求平衡基础上视各地余缺情况进行再平衡，以维持事业单位资金、物资供给和资产更新添置的需要。1979 年后，为了加快教育、科技等事业发展，中央又决定将大部分下放的高等学校、科研机构等事业单位陆续收回到各部委直接管理。

---

① 中国人民政治协商会议文件选集［M］. 北京：中国人民大学出版社，1952：44.

（三）两个层次的国有资产管理改革（1979—1991 年）

十一届三中全会以后，包括公务性国有资产在内的各方面管理从“文革”期间的混乱状态逐步回归正轨。除已经提到的将“文革”中下放给地方的大部分高等院校和科研院所收归中央部委直接管理以外，还在财务资产管理方面进行了一些其他改革探索。

一是对机关事业单位实行预算包干管理。1979 年，为了调动机关事业单位提高资金和资产使用效益的积极性，财政部制发了《关于文教科学卫生事业单位、行政机关“预算包干”试行办法》，其中，全额预算管理单位由财政“年初核定预算、年终结余收回”改为“预算包干、结余留用”，差额预算管理单位改行“定收定支定补、结余留用”；单位可以从结余留用资金中提取一部分作为奖励；事业单位处置资产收益作为预算外收入缴入财政专户、实行收支两条线管理。这种管理体制显然扩大了事业单位对国有资产管理的自主支配权，但从实际效果来看，它却是一把双刃剑：一方面有利于调动单位提高资金和资产使用效益的积极性；另一方面也刺激单位尽可能将年初预算做大、尽可能多占用国有资产，以便扩大资金结余和资产处置的空间。

二是尝试加强对国有资产的专业化管理和分类管理。着眼于加强国有资产管理，1988 年 3 月，七届全国人大一次会议做出“抓紧建立国有资产管理体制”的决定。根据这一决定，同年 9 月，国务院正式组建归口财政部管理的国家国有资产管理局，其中内设行政事业资源司，统一行使机关事业单位国有资产所有权管理职能；随后，地方县以上各级相继建立归口财政部门管理的国有资产管理局或处科级专职机构。各级国有资产管理专司机构，被授权代表国家行使国有资产所有权、监督管理权、投资收益权和资产处置权。由于经营性国有资产管理任务十分繁重，成为各级国有资产管理机构的工作重点，因而在中央一级将机关单位国有资产管理责权委托给了其他部门。如 1991 年 2 月，国家国有资产管理局分别委托中直管理局、人大管理局、国务院机关事务局和政协管理局统筹负责本系统的中央级公务性国有资产管理工作。这一阶段，尽管成立了国有资产专司机构，但对机关事业单位国有资产管理并未给予足够重视。

（四）逐渐步入有章可循轨道（1992—2005 年）

为了加强公务性国有资产管理，1992 年 12 月—1993 年 8 月，国家国有资产管理局组织开展了全国性的行政事业单位国有资产清查登记工作。1994 年

11 月召开的全国国有资产管理暨清产核资工作会议，进一步明确了包括公务性国有资产在内的国有资产管理改革的原则、目标和任务。1995 年 2 月，国家国有资产管理局会同财政部以国资事发〔1995 年〕17 号文件制发《行政事业单位国有资产管理办法》，明确机关事业单位国有资产实行“统一政策、分级管理”体制，并且较为清晰地界定了各级、各部门、各单位国有资产管理的职责与内容，使公务性国有资产管理有了第一个属于规范性文件层次的明确统一章法。不过，这个期间也走过一段弯路，那就是基于对发展市场经济和再次解放思想的误解，很多机关事业单位脱离自身的职能定位纷纷利用公务性国有资产办公司、搞“三产”，并且将这种“公司”“三产”收入纳入“小金库”为单位职工发放奖金、福利，完全偏离了公务性国有资产的公共性方向。到接近世纪末的时候才通过一段集中清理整顿逐步收敛。

1998 年进行的中央级政府机构改革，将国家国有资产管理局并入财政部，主要承担经营性国有资产管理职能，同时将中央国家机关国有资产管理职能划归国务院机关事务管理局，将资源性国有资产管理职能划归国土资源部。但绝大多数地方政府并没有完全比照中央，其中 30 个省、自治区和直辖市将机关事业单位国有资产管理职能划回财政部门。① 这一时期，河北等一些地方已经着眼于提高公务性国有资产配置和使用效率，开始探索推进机关事业单位信息网络、实验室、大型仪器设备等国有资产共建共用的管理模式改革。

2002 年，国务院再次进行机构改革，决定设立国有资产监督管理委员会作为特设机构专司经营性国有资产管理和监督职能。此后不久，2004 年国务院指示财政部在行政政法司和科教文司分别成立行政资产处、事业资产处，承担制定行政事业单位国有资产管理的政策、制度和组织开展公共资产综合性管理工作的职责，但并未明确将中直管理局、人大管理局、国务院机关事务局和政协管理局负责的本系统中央国家机关国有资产管理职能划归财政部。

（五）显著提升规范管理水平（2006—2018 年）

为了强化行政事业单位国有资产管理，财政部于 2006 年 5 月 30 日分别以第 35、第 36 号令制发《行政单位国有资产管理办法》和《事业单位国有资产管理办法》，对公务性国有资产配置、登记、使用、处置、转性、产

---

① 李林池、张更华等：行政事业单位国有资产管理研究［R］. 2005.

权纠纷调处、责任追究、报告制度、管理主体责权、管理原则、管理体制等做出系统明确的规定。与此前以规范性文件印发的行政事业单位国有资产管理办法相比，不仅充实和完善了有关内容，而且将公务性国有资产管理办法提升到行政规章的法制层次，增强了法制约束力。财政部颁布的这两个行政规章规定：行政事业单位国有资产管理的主要内容包括资产配置、资产使用、资产处置、资产评估、产权界定、产权纠纷调处、产权登记、资产清查、资产统计报告和监督检查等；管理活动应遵循资产管理与预算管理相结合、资产管理与财务管理相结合、实物管理与价值管理相结合的原则；实行国家统一所有，政府分级监管，单位占有、使用的管理体制；各级财政部门是政府负责行政事业单位国有资产管理的职能部门，对行政事业单位国有资产实行综合管理①；各主管部门和单位对所占用的国有资产负责具体管理，并定期向同级财政部门报告管理情况；同时，将行政事业单位国有资产出租出售、对外投资和残值处置收支纳入预算管理。

此后，财政部先后组织开展了全国行政事业单位国有资产清查，以摸清底数，为加强管理奠定基础；组织开发了公务性国有资产管理信息系统，开始利用现代网络信息技术对国有资产存量和变量进行动态管理和实时跟踪监督，并且将单位资产日常业务的申报审批功能嵌入其中，提高了管理效率；逐步深化地推进行政事业单位国有资产管理与部门、单位财务预算管理相结合，并且着手开展资产绩效评价工作，提高了公务性国有资产管理的深度和科学化、合理化水平。2014 年以来，中央强有力地实施党政机关办公用房标准监管和公务用车制度改革，断然地煞住了党政机构竞相攀比超标准建设办公用房和购置公务用车之风，不仅有效扭转了这两个方面铺张浪费不断加剧的趋势，而且基本解决了部门和单位间与此相关的资产配置不公问题。2017 年 12 月，中共中央又制发了《关于建立国务院向全国人大报告国有资产管理情况制度的意见》，其中也要求县级以上建立地方政府向同级人大常委会报告国有资产管理情况的制度。②

---

① 但国务院机关事务管理局并不承认财政部第 35 号令对机关国有资产管理职责的界定，继续行使中央国家机关国有资产管理职责。

② 中共中央关于建立国务院向全国人大常委会报告国有资产管理情况制度的意见［OL］. www. gov. cn.

二、我国经营性国有资产管理体制机制的演进轨迹

（一）创建集中管理体制（1949—1956 年）

新中国成立以后，在解放区原有公营资本的基础上，通过没收官僚资本、改造民族资本和财政投资建设，基本形成了初级工业化的国有经济体系，并模仿苏联模式逐步建立起经营性国有资本经营管理体制。这种管理体制以指令性计划为手段、实行中央集权的行政决策机制，而其基础则是国家统一所有、直接经营，即国有国营。其法律依据是具有临时宪法地位的《中国人民政治协商会议共同纲领》，其中明确规定："国营经济为社会主义性质的经济。凡属有关国家经济命脉和足以操纵国计民生的事业，均应由国家统一经营。"[①] 这一体制包括两个层面。

一是中央与地方的关系。以 1950 年第 22 次政务会议通过的《政务院关于统一国家财政经济工作的决定》为依据，将国营企业分为中央政府部门直接管理、委托地方政府管理和归属地方政府管理三种类型；同时，政务院成立全国仓库物资清理调配委员会，统一领导清仓查库和物资调配工作，并建立起由中央集中大部分财政收入纳入国家预算统一管理的财政体制。此后，1952 年，中央政府成立统管全国年度计划的最高行政机关——国家计划委员会和负责统一组织全国物资平衡调度的物资分配局，1954 年撤销大区行政委员会，将工业领域主要国营企业陆续收归中央各部直接管理，对基本建设项目和主要物资实行中央集中统一管理，中央各部委按照"统一领导、分级管理"原则对地方对口部门实行业务领导或指导，强化了中央政府对国营企业的计划与物资控制。

二是政府与国营企业的关系。在生产经营方面，国家对国营企业实行直接计划管理，下达的指令性计划指标多达 12 个，涉及生产要素定额、产品品种和产量、劳动生产率和成本、利润、投资；生产经营所需物资主要通过计划调拨供应，产品销售也通过计划渠道实现供需对接。在财务分配方面，国营企业税收、利润和折旧基金的一部分按照隶属关系分别缴入中央和地方金库，生产经营和扩大再生产所需定额流动资金和技改、扩建投资也纳入同级财政支出预算管理，国营企业财务直接构成各级政府财政的基础环节。1954 年后，全国统一的劳动工资制度建立起来，职工统一招收、统一调配，工资

---

① 中国人民政治协商会议文件选集［M］．北京：中国人民大学出版社，1952：44.

按统一等级、标准确定和调整。

有的学者将这一管理体制的特征概括为六个方面：一是国家统一掌握国有资产所有权的各项权能；二是国有资产管理系统与国家行政系统完全合一；三是国有企业完全附属于各级政府部门，而非独立的经营实体；四是将政府和国营企业并置于行政管理体系、纳入行政序列、具有行政级别；五是将国营企业财务事项纳入各级财政统一进行成本—收益核算，统一承担经济和财务风险责任；六是国有资产激励监督机制相对简单，指令性计划完成程度成为考核监督国营企业的主要指标，行政级别和荣誉构成激励机制的核心要素。①

与此同时，通过组织互助合作方式对城乡个体所有制进行社会主义改造，建立起农业领域的农村集体所有制和工商服务业领域的城镇集体所有制。虽然不实行国营，但其生产经营活动也逐步纳入准指令性计划轨道，并且在政府推动下运行。

这种以苏联模式为样板建立起来的高度集权管理体制，在保障经济资源统一配置和生产经营统一管理、促进经济快速恢复发展的同时，也暴露出束缚创造性、妨碍调动各方面积极性的弊端。

（二）“两下两上”的体制调整（1957—1978 年）

针对公共经济管理体制暴露出来的缺陷，毛泽东同志在用一个半月时间听取 34 个经济部门工作汇报以后，1956 年 4 月 25 日在有各省、自治区、直辖市党委书记参加的中央政治局扩大会议上以“论十大关系”为题做了一个长篇讲话，强调我国社会主义建设不要一切照搬“统得过死”的苏联模式，而要自主探索社会主义发展道路和体制模式，其中包括对国家与企业、中央与地方的关系要按照调动两个积极性、兼顾各方面利益的原则正确处理。这篇重要讲话，启动了我国第一次以行政性分权为导向的经济管理体制调整，其中包括对高度集权的经营性国有资产管理体制进行较大幅度调整。这种调整截至 20 世纪 70 年代末经历了“两下两上”的两个回合。

第一个回合是在 1957—1959 年期间进行的。1957 年 9 月召开的中共八届三中全会一并通过了《关于改进工业管理体制的规定》《关于改进商业管理体制的规定》和《关于改进财政管理体制和划分中央和地方财政管理权限的规

---

① 马淮：中国国有资产管理体制研究［D］．中央民族大学，2005：42－44.

定》三个文件，相关体制调整从1958年起付诸实施。在中央与地方政府间关系层面，将中央各工业部所属80%左右的企事业单位下划给地方政府管理；将计划管理体制由国家计委统一平衡、逐级下达的集权模式，调整为中央统一领导下以地方综合平衡为基础、专业部门与地区相结合的适当分权模式；将基本建设项目管理体制从全部报送国家计委审批，调整为中央与地方按照限额分别决策，基本建设投资实行地方包干制度；将物资管理体制由中央统一平衡，调整为以地方自行平衡为基础、中央根据各地供求余缺进行差额平衡；将财政体制从几乎全部收支纳入中央预算统一安排，调整为地方拥有一定税收管理权限并可分享20%国营企业利润自主安排支出的分级财政；将中央高度集中的银行信贷体制调整为“存贷下放、差额管理”。

在政府与国营企业间关系层面，扩大企业生产经营计划决策权，将指令性计划指标减少了2/3；扩大企业财务自主权，根据国务院1958年5月颁发的《关于实行企业利润留成的几项规定》，将原来实行的企业奖励基金制度改为企业利润留成制度，留成利润大部分用于技术改造、新产品试制、增加流动资金和扩大再生产，相当于工资总额5%部分可用于职工奖励和集体福利；扩大企业劳动人事自主权，除主要领导干部外，在不增加职工总数的前提下，企业有权自主调整内设机构和职工配置。

这次以扩大地方和企业自主权为主要内容的体制调整，确实调动了地方自主发展经济和国营企业生产经营的积极性，但很快又暴露出另一种弊端，即一方面助长了地方盲目追求经济增长、基本建设速度和国营企业盲目扩大生产经营规模；另一方面打破了原有的物资和产品供求衔接关系，特别是破坏了农轻重三大产业之间、简单再生产与扩大再生产之间等一系列重要比例关系的平衡，造成建设材料、生产资料、消费资料全面紧张，基建周期拉长，固定资产交付使用率下降，迫使一些项目不得不停建下马，生产经营效益和投资效率同时下降，损失浪费严重，以至物资短缺、通货膨胀。面对这种局势，1961年1月，中共中央发出《关于调整管理体制的若干暂行规定》，重新将经济管理大权收回到中央和中央局，强调实行“全国一盘棋、上下一本账”的管理方针，到1963年，各方面经济管理权限基本恢复到1957以前的集中统一状态。

第二个回合开始于1970年。主要动因是着眼于保障发生国际战争条件下的国防和经济安全，为调动地方积极性，在内陆地区大规模加紧开展“三线建设”，以期迅速建立起完整的地方工业体系，中央政府再一次向地方下放管理权。1970 年 2、3 月份，全国计划工作会议讨论通过《第四个五年计划纲要(草案)》，其中就包括向地方政府下放投资安排、物资分配等若干经济管理权限。但这种行政性分权改革推行不久，很快就再次出现基本建设规模膨胀、重要经济比例结构失衡等问题。到 1973 年，不得不又一次收回很多经济管理权限，但与调整前相比还是给地方保留了较多的自主权。

需要指出的是，这两次经济管理权限的收放都是在没有打破公共资本“国有国营”、国有企业作为行政部门附属物、国企财务预算软约束的基本框架和传统计划经济模式的前提下进行的，收放的重点集中于国营企业和计划权限归属层次上是中央多一些还是地方多一些，因此，难以跳出“一统就死、一放就乱”的循环。

（三）以搞活国有企业为目标、以放权让利为导向的体制改革（1979—1992 年）

1978 年 12 月，中共十一届三中全会开启了中国改革开放的大幕。这次会议的公报指出：“现在我国经济管理体制的一个严重缺点是权力过于集中，应该有领导地大胆下放，让地方和工农业企业在国家统一计划的指导下有更多的经营管理自主权；应该着手大力精简各级经济行政机构，把它们的大部分职权转交给企业性的专业公司或联合公司；应该坚决实行按经济规律办事，重视价值规律的作用……认真解决党政企不分、以党代政、以政代企的现象，实行分级分工分人负责，加强管理机构和管理人员的权限和责任……充分发挥中央部门、地方、企业和劳动者个人四个方面的主动性、积极性、创造性，使社会主义经济的各个部门各个环节普遍地蓬蓬勃勃地发展起来。”这段论述一针见血地揭示了原有体制的弊端，为包括经营性国有资产管理在内的各项经济改革指明了方向。其中，涉及经营性国有资产管理的改革重点包括三个方面：一是多层次地简政放权，主要是扩大地方自主权和企业经营管理自主权；二是按经济规律办事，特别是遵循价值规律，即发挥市场调节作用，解决指令性计划对国营企业生产经营决策束缚过死的问题；三是对包括国营企业在内的各层次公共经济活动主体全面实行责任制。这就抓住了解决体制问题的关键环节。

1979 年 7 月，国务院连续颁布了《关于扩大国营工业企业经营管理自主权的若干规定》《关于国营企业实行利润留成的规定》《关于提高国营工业企业固定资产折旧率和改进折旧费使用办法的暂行规定》和《关于国营工业企业实行流动资金全额信贷的暂行规定》，显著扩大了国营企业经营决策和财务管理自主权。

两年后的1981年，国务院批转国家经贸委等部门拟定的《关于实行工业生产经营责任制若干问题的意见》，1982年进一步出台《关于当前完善工业经济责任制的几个问题》等文件，着力强化国营企业的经济责任制，将扩大经营管理自主权、加大物质利益激励与强化经营管理责任紧密结合起来，使作为公共资本直接占用者的国营企业既有经济利益动力、自主经营权力，又能承担起相应的经济责任，通过责权利有机结合的方式在微观基础层面形成较为完善的国有资本运营体制。

以搞活企业为目标、以放权让利为导向的国有企业改革先后经历了五个步骤，从最初着眼于强化国营企业经营发展内在动力的利润留成（1979年），经由着眼于规范国营企业纯收入分配机制的利改税（1983年）、着眼于强化预算约束的国营企业发展资金来源全面“拨改贷”（1985年）、着眼于分离政府所有权与企业经营权的国营企业承包经营责任制（1986年），直到1991年推行第二步利改税（税利分流、税后承包、税后还贷），使国家与国营企业之间的责权利关系逐步理顺，国营企业经营活力得到增强。特别是1988年国务院颁布的《全民所有制工业企业承包经营责任制暂行条例》提出的国有资本实行“所有权与经营权分离的原则”，对于构建科学的经营性国有资产管理体制具有理念革命意义。

然而，由于推行承包经营责任制阶段国营企业承包指标体系不完善、财务监督机制弱化，导致国营企业经营中拼设备、拼消耗，以及留成利润分配向消费基金过度倾斜、用于扩大再生产和技术改造比例过低等短期化行为突出，承包人任意决策、公款私存、偷税漏税、利用价格双轨制空子倒卖紧俏生产资料牟取私利等腐败现象明显滋长，造成国有资产流失、国有企业发展后劲儿明显不足。加之1989年以后国家为治理通货膨胀采取金融紧缩政策，企业间三角债严重，以及全面拨改贷导致企业利润大量转化为贷款利息，国有经济效益明显下降，1991年国营企业资金利税率与1989年相比下降78.4%，亏损面迅速扩大（1/3明亏、2/3潜亏），[①] 但承包人却负盈不负亏，国家财政赤字随之大幅上升。

① 江海波：新中国工业经济史［M］．北京：经济管理出版社，2001：220.

实践效果表明，这一阶段的国有企业改革措施和国有资本经营机制都存在许多缺陷：国有企业流动资金和项目投资全面实行“拨改贷”，既不符合经营性资本基本逻辑，也会过度加重国有企业财务负担；“一包了之”的简单化承包经营方式根本不可能将国有企业经济责任制真正建立健全起来。与此同时，1988 年成立的国有资产管理局在权能上难以胜任统一承担国有企业出资人和国有资本监管的职责，国有企业经营仍受到众多林立的“婆婆”部门直接干预，国有企业作为行政部门附属物的地位并没有得以根本改变。

（四）以建立现代企业制度、完善公司治理结构和推进国有资本布局战略性重组为目标的体制改革（1993—2012 年）

1992 年年初，邓小平南行过程中发表一系列重要谈话将市场化改革推向新阶段。同年召开的党的十四大将我国经济改革目标明确为建立社会主义市场经济体制，推动国有资本管理体制改革继续深化发展。

在国有企业改革方面，1992 年召开的党的十四大报告提出“转换国有企业特别是大中型企业的经营机制”，并以此作为“建立社会主义市场经济体制的中心环节”。1993 年召开的中共十四届三中全会通过《关于建立社会主义市场经济体制若干问题的决定》，着眼于构建社会主义市场经济体制的微观基础，为国有企业深化改革提出了更为明确的方向：“进一步转换国有企业经营机制，建立适应市场经济要求，产权清晰、权责明确、政企分开、管理科学的现代企业制度。”“国有企业实行公司制，是建立现代企业制度的有益探索。规范的公司制能够有效地实现出资者所有权与企业法人财产权的分离，有利于政企分开、转换经营机制，使企业摆脱对行政机关的依赖，国家解除对企业承担的无限责任，也有利于筹集资金、分散风险。”① 以所有权与经营权分离为基点，从概念上将“国营企业”改为“国有企业”，将国有企业改革目标定位于通过转换经营机制建立现代企业制度，标志着我国经营性国有资产管理体制改革思路发生重大转变，使国有资本管理和国有企业改革步入制度转型的新阶段。经过公司制改革试点和扩围，1997 年中共十五届一中全会确定到 2000 年前使大多数国有企业初步建立起现代企业制度的目标。2003 年中共十六届三中全会进一步提出：“完善公司法人治理结构。按照现代企业制度

① 中共中央关于建立社会主义市场经济体制若干问题的决定［Z］，人民日报，1993－11－15.

要求，规范公司股东会、董事会、监事会和经营管理者的权责，完善企业领导人员的聘任制度。”① 2008 年 10 月，第十一届全国人大常委会第五次会议通过的《中华人民共和国企业国有资产法》将我国经营性国有资产管理体制改革提升到法律层面，将经营性国有资产管理纳入法治轨道。

在国有资本配置布局方面，1995 年召开的中共十四届五中全会提出：“要着眼于搞好国有经济，通过存量资产的流动和重组，对国有经济进行战略性改组。” 1997 年党的十五大报告指出：“公有制的主体地位主要表现在：公有资产在社会总资产中占优势；国有经济控制国民经济命脉，对经济发展起主导作用……国有经济起主导作用，主要表现在控制力上。对关系国计民生的重要行业和关键领域，国有经济必须占支配地位。在其他领域，可以通过资产重组和结构调整，以加强重点，提高国有资产的整体质量。” 为此，“要从战略上调整国有经济布局”，“只要坚持公有制为主体，国家控制国民经济命脉，国有经济的控制力和竞争力得到增强，在这个前提下，国有经济比重减少一些，不会影响我国的社会主义性质。”② 1999 年召开的中共十五届四中全会做出《关于国有企业改革和发展若干重大问题的决定》，认为国有经济在整体布局上应当“有进有退，有所为有所不为”，确定需要国有资本控制的行业和领域包括：“涉及国家安全的行业、自然垄断的行业、提供重要公共产品和服务的行业以及支柱产业和高新技术产业中的重要骨干企业”，“国有资本发挥对社会资本的影响力和带动力，一是通过控股和参股股份制企业，吸引和组织更多的社会资本；二是通过发展混合所有制经济，鼓励和引导个体、私营等非公有制经济的发展，积极探索公有制的多种有效实现形式。在竞争性领域中有实力的国有企业吸引多种所有制经济投资，一同加快发展”。这样，尽管“国有经济在整个国民经济中的比重还会减少”，但“国有经济可通过提高对国民经济的控制力、影响力和带动力，对国民经济起到更积极有效的主导作用”。③ 2002 年 11 月，党的十六大提出“继续调整国有经济的布局和结

---

① 中共中央关于完善社会主义市场经济体制若干问题的决定［Z］，人民日报，2003 - 10 - 22.

② 江泽民：高举邓小平理论伟大旗帜 把建设有中国特色社会主义事业全面推向二十一世纪［Z］，人民日报，1997 - 09 - 19.

③ 中共中央关于国有企业改革和发展若干重大问题的决定［Z］，人民网时政专题，www. people. con. cn，2001 - 4 - 28.

构，改革国有资产管理体制，是深化经济体制改革的重大任务”。[①] 2003 年中共十六届三中全会通过的《关于完善社会主义市场经济体制若干问题的决定》，提出的国有资本重组方针是：“需要由国有资本控股的企业，应区别不同情况实行绝对控股或相对控股”，主要处于“关系国家安全和国民经济命脉的重要行业和关键领域”，而竞争性领域中的国有企业要“通过资产重组和结构调整，在市场公平竞争中优胜劣汰”。[②]

在国有资本管理体制方面，2002 年 11 月召开的党的十六大提出“坚持国家所有的前提下，充分发挥中央和地方两个积极性。国家要制定法律法规，建立中央政府和地方政府分别代表国家方面履行出资人职责，享有所有者权益，权利、义务和责任相统一，管资产和管人、管事相结合的国有资产管理体制”。[③] 2003 年中共十六届三中全会提出国有资本监管措施：“坚持政府公共管理职能和国有资产出资人职能分开。国有资产管理机构对授权监管的国有资本依法履行出资人职责，维护所有者权益，维护企业作为市场主体依法享有的各项权利，督促企业实现国有资本保值增值，防止国有资产流失。建立国有资本经营预算制度和企业经营业绩考核体系。积极探索国有资产监管和经营的有效形式，完善授权经营制度。”[④]

概括起来，这一阶段，我国经营性国有资产管理体制改革围绕建立现代企业制度主要采取了六项措施：一是按照政府同时肩负的“社会经济管理职能与国有资产管理者职能分开”的原则，通过政府机构改革撤销了大量直接管理国有企业的政府部门，将国有资产出资人职能集中于各级政府特设机构、国有资产监管专司机构和财政等政府综合经济部门，或者授权国家投资公司、控股公司、资产经营公司等国有独资公司以及企业集团通过控股或参股方式代表国家行使国有资产出资人职能，最大限度地实现政企分开，以利国有企

① 江泽民：全面建设小康社会 开创中国特色社会主义事业新局面 [Z]，人民日报，2002-11-15 (1).

② 中共中央关于完善社会主义市场经济体制若干问题的决定 [Z]，人民日报，2003-10-22 (1).

③ 江泽民：全面建设小康社会 开创中国特色社会主义事业新局面 [Z]，人民日报，2002-11-15 (1).

④ 中共中央关于完善社会主义市场经济体制若干问题的决定 [Z]，人民日报，2003-10-22 (1).

业法人地位的确立。二是在清产核资基础上建立公司制企业法人制度，让国有企业依法自主经营，以法人财产权承担有限的盈亏责任，并对出资者承担资产保值增值责任。三是推动公司化国有企业按照现代企业制度中权力机构、决策机构、执行机构、监督机构相互独立、权责明确、相互制衡原则，形成由股东会、董事会、经理层和监事会构成的公司内部治理结构。四是通过限定时期的所得税返还、拨改贷本息转资本金、债转股、提高折旧率、股票上市集资、剥离不良资产等多种途径，适度调整企业负债结构，增强企业自负盈亏能力和市场竞争实力。五是由财政出资剥离国有企业办社会职能，将长期以来由大中型国有企业自办的公检法机构和基础教育学校剥离出来实行属地管理、由地方财政供给经费，从企业负担方面创造与其他企业平等竞争条件。六是推动存量资产流动重组。着眼于做大做强、提高市场竞争力和规模经济效益，对国有企业实行战略性改组，优化国有资产分布结构，通过改制将国有资本从众多的中小工商企业中退出，[①] 通过合并重组将国有资本向与国家经济安全、宏观积极调控和自然垄断领域的重要产业集中；同时，通过分离国有企业内部非主业资产，集中优质资产建立股份公司上市集资，优化国有企业内部资产结构。此外，还配套推进了国有企业全员劳动合同制用工制度和工资制度改革，以利国有企业优化人力资源配置，提高劳动生产率。这些措施对于在建立市场经济体制的同时巩固国家所有制的主导地位、强化国有经济的主导作用、提高国有资本配置和经营效率，都具有重要意义。总之，经过多年改革，我国已经将国有企业逐步塑造成市场经济活动主体，现代企业治理结构逐步完善，中共十八届三中全会对此做出判断："国有企业总体上已经同市场经济相融合。"[②]

但是，这一阶段的经营性国有资产管理体制改革，同样存在许多突出问题：一是国有资本多头管理问题并未彻底解决，专司国有企业监管职能的各级国资委组建已达15年，但由其直接监管的仍仅限于多数非金融类大型国有企业，还有不少国有企业继续留在众多党政部门旗下分散管理；同时，对各主管部门管理国有资本缺乏严格明确的经济责任制约束，致使国有资本保值

---

① 1998—2003年，我国国有企业由23.8万户减少到15万户，净减少8.8万户。

② 中共中央关于全面深化改革若干重大问题的决定［Z］，北京：人民出版社，2013：10.

增值实质上仍然无人负责，国有企业改制过程中资产流失严重，国有企业经营和投资过程中利益输送问题比较普遍。二是政企不分问题依然存在，政府部门干预国有企业经营决策现象时有发生，甚至一些党委部门也直接介入国有企业和国有资本管理事务。三是国有资本配置方向和产业布局不合理问题仍很突出，不少大型国有企业大规模投资经营房地产业和酒店、高尔夫球场等高级休闲娱乐性服务产业。四是国有企业的公司治理结构仍然不健全，股东会、董事会、经理层、监事会大多只是翻牌改建，股东大会和董事会的人事选择决定权流于程序和形式，权力机构、决策机构、执行机构、监督机构之间相互独立、相互制衡机制并无实质内容，致使盲目决策、错误决策以至腐败现象缺乏内部制衡。五是国有企业来自职工方面的民主管理与监督弱化。六是国有企业薪酬苦乐不均。。

（五）置于国家治理体系现代化总目标之下的国有资本管理改革（2013—2018 年）

2013 年 11 月召开的十八届三中全会做出《关于全面深化改革若干重大问题的决定》，将包括国有企业和国有资产管理在内的各项改革置于推进国家治理体系现代化的总目标之下进行统筹部署。该《决定》明确："全面深化改革的总目标是完善和发展中国特色社会主义制度，推进国家治理体系和治理能力现代化。""公有制为主体、多种所有制经济共同发展的基本经济制度，是中国特色社会主义制度的重要支柱，也是社会主义市场经济体制的根基……必须毫不动摇巩固和发展公有制经济，坚持公有制主体地位，发挥国有经济主导作用，不断增强国有经济活力、控制力、影响力。""完善国有资产管理体制，以管资本为主加强国有资产监管，改革国有资本授权经营体制"，"国有资本投资运营要服务于国家战略目标，更多投向关系国家安全、国民经济命脉的重要行业和关键领域，重点提供公共服务、发展重要前瞻性战略性产业、保护生态环境、支持科技进步、保障国家安全。""划转部分国有资本充实社会保障基金。完善国有资本经营预算制度，提高国有资本收益上缴公共财政比例……更多用于保障和改善民生。""推动国有企业完善现代企业制度……必须适应市场化、国际化新形势，以规范经营决策、资产保值增值、公平参与竞争、提高企业效率、增强企业活力、承担社会责任为重点，进一步深化国有企业改革。"包括准确界定不同国有企业功能，通过深化改革完善国有企业分类管理；健全协调运转、有效制衡的公司法人治理结构；建立职业经理人制度，更好发挥企业家作用，合理增加市场化选聘比例，合理确定并严格规范国有企业管理人员薪酬水平、职务待遇、职务消费、业务消费；深化企业内部管理人员能上能下、员工能进能出、收入能增能减的制度改革；建立长效激励约束机制，强化国有企业经营投资责任追究；探索推进国有企业财务预算等重大信息公开等。

经过两年半时间的认真研究，2016 年 5 月，中共中央、国务院制发了《关于深化国有企业改革的指导意见》，根据中共十八届三中全会《决定》中确定的上述指导思想，针对存在的主要问题，围绕破除体制机制障碍、做强做优做大国有企业，对新时期深化经营性国有资产管理和国有企业改革做出系统性的顶层设计和全面部署，提出了深化改革的指导思想、基本原则、主要目标等总体要求，从分类推进国企改革、完善现代企业制度、优化国有资产管理体制、发展混合型国有经济、强化国有企业监督机制、加强党对国有企业领导、创造良好环境条件等七个方面规划出深化改革的基本路线图，要求在 2020 年年底前基本完成。① 2017 年 10 月召开的党的十九大对国有资产管理和国有企业改革进一步做出原则性的部署，包括完善各类国有资产管理体制、改革国有资本授权经营体制、加快国有经济布局优化、推动国有资本做强做优做大、深化国有企业改革、发展混合所有制经济等。可以认为，中共十八届三中全会以来提出的国有资本管理和国有企业改革顶层设计方案，虽然不能说已经尽善尽美，但无论就全面性、系统性还是就深刻性而言，都大大超过了以往。

在实践方面，近几年来，国有资本管理和国有企业深化改革已经在推进国有资产监管职能转型、完善授权经营体制、加强人大监督、进一步分离企业办社会职能和完善国有企业出资人结构等方面取得很多进展。例如，从 2014 年起，国务院国资委先后选择 8 家央企开展国有资本投资公司试点，并选择两家央企开展国有资本运营公司试点，各地国资委改组组建的国有资本投资、运营公司到 2017 年年底已达 89 家；2017 年 4 月，国务院办公厅转发《国务院国资委以管资本为主推进职能转变方案》，强化了 3 项管资本职能，精减 43 项监管事项，其中授权 8 项，涵盖了经理层成员选聘、业绩考核、薪

① 中共中央国务院关于深化国有企业改革的指导意见 [Z]，中国政府网，www.gov.cn，2016 - 05 - 19.

酬管理以及职工工资总额审批等企业呼吁多年的事项；央企功能界定与分类工作已于2017年年底全面完成。再如，按照《中共中央国务院关于深化国有企业改革的指导意见》部署，2017年以来，财政部会同国资委、人社部等部门加快推进了"三供一业"（供电、供水、供气和物业管理）、医院、职业教育、社区管理、退休人员管理等职能与国有企业分离。特别是在2017年年底，中共中央制发《关于建立国务院向全国人大常委会报告国有资产管理情况制度的意见》，着手加强各级人大对国有资产配置、运营等管理情况的监督；2018年6月，中共中央、国务院制发《关于完善国有金融资本管理的指导意见》，明确"按照权责匹配、权责对等、权责统一的原则，各级财政部门根据本级政府授权，集中统一履行国有金融资本出资人职责"。[①] 以此强化了各级财政部门对国有资本的统一监管职能。

第二节　国有资产配置、运营及其体制现状分析

十一届三中全会以来，我国在各类国有资产管理体制方面持续不断地进行了一系列改革探索，总的方向是调动各层次国有资产管理主体的积极性，提升国有资产管理的科学化、规范化、法制化水平，提高国有资产配置、运营效率和监督管理效果，更好地保证国有资产固有功能的发挥，既取得了显著成效，也积累了很多经验。

2013年召开的中共十八届三中全会和2017年举行的党的十九大在推进国家治理体系现代化的总目标下，一再强调"完善国有资产管理体制"，重点就深化经营性国有资产管理体制改革、着力推进不同种类国有资产监管主体整合、强化立法机关对各类国有资产统筹监督力度等方面做出新的部署，同时，从深化党和国家机构改革角度提出的管理体制原则也为全面深化国有资产管理体制改革指明了方向。这体现在几年来相继出台的《中共中央国务院关于深化国有企业改革的指导意见》（2016年5月）、《中共中央关于建立国务院向全国人大常委会报告国有资产管理情况制度的意见》（2017年12月）、《中共中央国务院关于完善国有金融资本管理的指导意见》（2018年6月）等重要文件中。这些文献对相关改革的部署，将国有资产管理体制改革推向一个

---

① 中共中央国务院关于完善国有金融资本管理的指导意见［Z］，www.gov.cn/zhengce，2018－07－08.

全新阶段。

但是，直到目前，我国国有资产管理体制以及国有资产配置、运营方面仍然存在不少重要问题，需要通过全面深化改革进一步解决。

一、在基础维度上，国有资产管理责权在作为终极所有者的人民大众与受托代理主体的国家机构之间划分得仍不清晰。

现有的法律法规规定也缺乏具体实施机制。其主要表现，一是人民大众对各类国有资产配置、运营、监管拥有的直接民主权利，因具体制度缺失和相关信息不公开仍停留在宪法和有关法律法规制度文献规定层面；二是人民通过代表机关对各类国有资产配置、运营、监管间接行使的民主权利，在具体制度实践层面刚刚开始着手实施。由于缺乏对各类国有资产实施统一管理的体制安排和工作基础，这些制度规定真正付诸有效实践尚需时日。

与此同时，国有资本经营预算制度也有待进一步深化改革。因为现行的国有资本经营预算制度只是针对国有企业利润分配中上缴财政的那一部分，而没有“将数额巨大的国有资本运作本身及其收益分配置于作为所有者的全国人民及其代议机构的民主决策和有效监督之下”。①

二、在横向维度上，国有资产管理责权在不同部门之间配置格局“碎片化”的弊端尚未完全克服。

在经营性国有资产管理体制方面，2018 年 6 月公布的《中共中央国务院制发关于完善国有金融资本管理的指导意见》，已经将金融类国有资本管理主体整合划归各级财政部门，但由各级国资委统一负责监管非金融类国有资本的决定尚未落实，其他许多党政部门仍或多或少地分散负责本部门所属的国有企业及其国有资本管理。资源性国有资产管理责权原来也是由多个行政部门分散行使，2013 年习近平同志在中共十八届三中全会上就《中共中央关于全面深化改革若干重大问题的决定》所做说明中提出“要按照所有者和管理者分开和一件事由一个部门管理的原则，落实全民所有自然资源资产所有权，建立统一行使全民所有自然资源资产所有权人职责的体制”，② 加快了整合资源性国有资产管理主体的改革步伐，2018 年 3 月通过的《党和国家机构改革

---

① 齐守印：深化国企改革的三点思考［N］. 中国财经报，2015 - 10 - 27（7）.

② 习近平：关于《中共中央关于全面深化改革若干重大问题的决定》的说明［Z］，人民日报，2013 - 11 - 16（2）.

方案》已明确由新组建的自然资源部统一行使全民所有各类自然资源所有者职责，统一调查和确权登记，建立自然资源有偿使用制度，具体管理体制预计会很快出台实施，但能否达到理想目标尚有待实践证明。

目前最突出的问题在于公务性国有资产管理体制方面，尽管财政部2006年以部门规章形式颁布的《行政单位国有资产管理暂行办法》和《事业单位国有资产管理暂行办法》已经明确各级财政部门是公务性国有资产[①]管理主体，但因为缺少更高级别的法律规范，实际上除各级财政部门以外，各级党委宣传部门、机关事务管理部门和少数地方国资委也不同程度地插手其间，致使财政部2006年颁布的两个相关部门规章在实际执行中常常受阻，以致其他公共部门无所适从；这两个行政规章规定的行政事业单位国有资产管理与部门财务、预算管理相结合的改革措施，虽然有利于提高公务性国有资产配置效率，但也由于法制层次较低而难以有效推进。对于如何解决这一问题，目前尚未正式摆上深化改革的日程。即使财政性国有资产管理责权，虽然有《预算法》第五十九条规定“各级国库库款的支配权属于本级政府财政部门。除法律、行政法规另有规定外，未经本级政府财政部门同意，任何部门、单位和个人都无权冻结、动用国库库款或者以其他方式支配已入国库的库款”。但也有其他部门以“经理”名义予以争夺。

国有资产管理责权分散配置，不仅必然导致这一管理领域政出多门，以致资产配置标准多元、政策不一、管理混乱，而且由于不同管理主体之间存在责任交叉、留有相互推诿责任的余地而极易造成监管松弛甚至出现监管真空。

三、在纵向维度的第一层次上，各级国家机构之间的国有资产管理责权配置从理论和实务方面仍存在不合理、不清晰、不完善之处。

最主要的问题在于，与高度集权的计划经济和统收统支的财政体制相适应的各类国有资产“国家统一所有、政府分级管理”体制已经过时且名不符实，因为自实行分税制财政体制以来，各级政府所属国有资产和所属企事业单位格局就已基本停止了以前那种无偿调拨性质的频繁上下划转，且由各级政府分别代表国家作为所属国有企事业出资人、分别管理所属企事业单位国有资产并享有权益，从而使国有资产“由国家统一所有、由国务院统一持有

---

① 这两个部门规章的原文中所使用的概念分别是“行政单位国有资产”和“事业单位国有资产”。

产权”徒具法律和观念上的意义。但是，由于这种依然未变的法律规定和体制概念却体现着国有资产产权在不同层级国家机构之间尚未做出清晰划分，不仅在产权理念上已经与各级政府间实行的分级分税财政体制相冲突，更重要的是造成实践方面的产权界定不合理、不清晰和地方对所管国有资产权益预期不稳定问题；[①] 由于尚未明确地方各级国家机构对所管国有资产拥有所有权，各级国家机构对所属国有资产的分级管理只能是委托代理关系，从中央到市县多层次委托代理过程中，下情上达、上情下达的传递链条太长，极易导致信息失真、无人负责、效率低下。问题的症结在于，这种体制观念由于无视甚至抹杀基于分税制财政体制和财政资金与国有资产之间相互转化而形成的政府间产权利益差别，而致不自觉地放弃了对产权激励机制在国有资产管理体制方面的合理运用。

四、在纵向维度的第二层次上，经营性国有资产与公务性国有资产管理责权划分各自存在需要解决的主要问题。

在经营性国有资产管理领域，各级政府专司监管机构或其授权作为国有资本出资人的管理性投资控股公司与国有企业之间的责权尚待从理论和实践两个层面合理而清晰地界定。2016 年出台的《中共中央国务院关于深化国有企业改革的指导意见》提出“实现以管企业为主向以管资本为主的转变”的改革方向并以排比句式反复强调“以管资本为主”。虽然在第四条中将“根据国有资本的战略定位和发展目标”“界定功能”作为重要前提，第十二条又要求“科学界定国有资产出资人监管的边界，建立监管权力清单和责任清单。该管的要科学管理、决不缺位，重点管好国有资本布局、规范资本运作、提高资本回报、维护资本安全；不该管的要依法放权、决不越位，将依法应由企业自主经营决策的事项归位于企业”，第十三条再次强调“科学界定国有资本所有权和经营权的边界”，[②] 但对于作为国有企业出资人的监管部门及其授权机构还要不要监控国有企业资产配置方向和结构，以及如何通过适当的制度性安排“科学界定国有资本所有权和经营权的边界”等并没有给出明确表述。因此，作为国有企业出资人的政府监管部门及其授权机构与国有企业之

---

① 齐守印：中国公共经济体制改革与公共经济学论纲［M］. 北京：人民出版社，2003：215 -216.

② 中共中央国务院关于深化国有企业改革的指导意见［Z］. 中国政府网 www. gov. cn，2016 -05 -19.

间在国有资本配置、运营和处置方面的责权划分仍未得到合理而明确的界定。

在公务性国有资产领域，作为政府综合管理主体的各级财政部门与机关事业单位之间的国有资产管理责权划分总体上是清晰的，实施控制和监管的路径也是明确的，但受制于横向维度多头管理弊端的干扰和财政部门本身管理力量不足，无论在推行资产管理与预算、财务管理有机结合还是对机关事业单位国有资产实施绩效管理，都还未能取得预期效果。

五、对各类国有资产管理在体制构建和改革谋划部署方面长期缺乏统筹谋划、综合施治。

近年来虽然已经着手改变，但目前尚未得到根本消除，由顶层制度设计缺陷导致的改革系统性、整体性、协同性不足的问题依然存在。一是对各类国有资产管理及其改革的重视程度参差不齐，致使改革进程相去甚远。多年来，我国对经营性国有资产管理体制改革的重视程度较高，一直将国有企业改革作为整个经济体制改革的中心环节加以谋划和推进，但对其他类别国有资产管理体制重视不足。尽管2003年中共十六届三中全会做出的《关于完善社会主义市场经济体制若干问题的决定》也曾提到“建立健全国有金融资产、非经营性资产和自然资源资产等的监管制度”,[①] 但在实践层面，其他类国有资产管理体制改革直到中共十八届三中全会以前始终没有摆上经济改革的重要日程而处于被忽视的边缘地带，目前公务性国有资产管理方面的改革部署和法制建设依然处于滞后状态。

二是由于对各类国有资产相互转化问题缺乏认识，我国一直缺失跨类别的国有资产系统谋划、统筹协调的综合管理机制。2017年年底出台的《中共中央关于建立国务院向全国人大常委会报告国有资产管理情况制度的意见》启动了人民代表机关对各类国有资产管理情况实施监督的制度建设工程，国务院随之明确各级财政部门具体负责涵盖各类国有资产管理情况的综合报告工作，加之2018年2月通过的《深化党和国家机构改革方案》的相关内容，虽然显露出党和国家将从体制上整合各类国有资产监管主体的改革趋势，有望解决国有资产管理方面多龙治水的体制分割问题，但尚未形成从行政层面对各类国有资产进行统筹协调和综合运筹的体制方案，距离付诸实施并取得

---

① 中共中央关于完善社会主义市场经济体制若干问题的决定［Z］．人民日报，2003-10-22（1）．

预期成效更需假以时日。

六、国有资产管理法治化方面仍存在许多突出问题。

首先，立法进程滞缓。按照立法时间顺序，一是资源性国有资产管理领域的立法。从“五四宪法”到2019年刚刚修订过的宪法，都明确规定城市土地和法律规定属于集体所有以外所有矿藏、水流、山岭、草原、荒地、滩涂等自然资源都属于国家即全民所有；以此为依据，新中国建立三十多年后的20世纪80年代以来，全国人民代表大会常务委员会先后制定和颁布了《森林法》（1984年）、《草原法》（1985年）、《土地管理法》和《矿产资源法》（1986年）、《水法》（1988年）、《领海及毗连区法》（1992年）等专门法，在内容上既包括对国家作为社会管理者与公民、企业等民法人之间关系和行为的规范，也包括对自然资源国有产权管理及其体制的规范。二是财务性国有资产管理及其体制立法。1991年国务院颁布第一个行政法规性质的《国家预算管理条例》，1994年全国人民代表大会通过第一部法律《预算法》，其中包括对财务性国有资产管理体制的规定。三是经营性国有资产管理及其体制方面的立法，1991年11月国务院颁布了《国有资产评估管理办法》，1994年7月国务院颁布了《国有企业财产监督管理条例》，1996年1月国务院颁布了《企业国有资产产权登记管理办法》，2003年国务院公布实施作为行政法规的《企业国有资产监督管理暂行条例》，2008年10月全国人大常委会通过了《中华人民共和国企业国有资产法》，2016年6月国务院国有资产监督管理委员会和财政部联合颁布了部门规章性质的《企业国有资产交易监督管理办法》。四是公务性国有资产管理及其体制方面的立法，2006年以财政部令的形式颁布实施《行政单位国有资产管理暂行办法》和《事业单位国有资产管理暂行办法》这两个法制层次最低、约束力最弱的部门行政规章，目前仍有待提升为法律，但尚未列入立法计划。这四类国有资产管理及其体制的立法时间顺序，从法制建设这一侧面反映出我国对其中各类国有资产管理及其体制的重视程度。

其次，国有资产法律体系存在缺陷。一是只有分领域的法律法规，缺少一部覆盖各类国有资产、统领整个国有资产管理的“国有资产基本法”。二是经营性国有资产领域法律法规体系相对比较健全、立法层次也较高，而公务性国有资产领域只有部门规章这种最低立法层次的法制，并且还是不具有长期有效性的“暂行办法”，法制约束力较弱，其他具体管理办法更多是财政部制发的不具有法制约束力的规范性文件。三是这些法律法规中大多条款都以“应当”“不得”一类法律用语表达正面指导性和负面禁止性的规范要求，而且基本没有具体明确的违规处罚性规定，对违法行为的问责力度疲软，弱化了法律法规应有的强制性，很大程度上无异于可执行也可不执行的指导性文件。四是比较重视对国有资产保值增值、防止损失和流失做出规定，忽视对国有资产配置必须遵循公共性原则的方向性约束和对国有资产配置运营决策的责任约束。五是这些法律法规颁布后历经多年，其中不少内容已经落后于改革进程，如果再不修订，已在某种程度上褪变为障碍改革进一步深化的因素。这种状态显然与《中共中央关于全面推进依法治国的决定》要求存在着尖锐矛盾，亟须通过立法程序尽快加以解决。六是关于管理体制的现行法律法规不仅存在责权划分不合理、不清晰的问题，而且对于违法行为也大多没有关于责任追究和纠纷调节机制的明确规定。

再次，在执法层面，主要问题是有法不依、执法不严、违法不究，致使相关法律法规很大程度上形同虚设。现实中大量存在国有资产构建决策失误、偏离公共性方向和流失浪费行为，但相关责任人却极少因此而受到责任追究、特别是法律责任和刑事责任的追究。

第十二章　优化国有资产配置和运营体制的基本途径

据有关权威资料，到2017年年底，全国经营性国有资产总额424.5万亿元，扣除负债总额（335.8万亿元）后的净资产为88.7万亿元；行政事业性国有资产总额30万亿元，扣除负债总额（9.5万亿元）后的净资产20.5万亿元；国有自然资源资产包括国有土地面积5.05亿公顷，内水和领海面积38万平方公里，天然气剩余可采储量为5.5万亿立方米等。[①] 另据财政部官网披露，截至2018年12月末，全国国有及国有控股企业（不含国有金融类企业）国有企业资产总额为1787482.9亿元，同比增长8.4%；负债总额1156474.8亿元，同比增长8.1%；所有者权益合计631008.1亿元，同比增长9.0%。其中，中央企业资产总额803391.7亿元，同比增长6.7%；负债总额543908.6亿元，同比增长6.3%；所有者权益合计259483.1亿元，同比增长7.5%；地方国有企业资产总额984091.2亿元，同比增长9.8%；负债总额612566.2亿元，同比增长9.6%；所有者权益合计371525.0亿元，同比增长10.1%。[②] 如何通过深化改革进一步优化体制机制，切实提高数额如此庞大的国有资产配置和运营效率，充分发挥其在公共经济乃至整个国民经济、社会发展中的应有功能，是公共经济理论研究和实务管理所需解决的重大课题。

优化国有资产最佳配置和运营，提高其效率，在内容上涵盖不同类型，在体制上涉及各层次、各部门管理主体之间纵横交错的责权利划分，同样需要“突破利益固化的藩篱，吸收人类文明有益成果，构建系统完备、科学规范、运行有效的制度体系，充分发挥我国社会主义制度优越性。”[③] 因此，必须按照系统性、整体性、协同性要求，遵循公共性、效率性、规范性、透明

① 国务院关于2019年度国有资产管理情况的综合报告［Z］．中国人大网，2018－10－24，14：29：53.

② 中华人民共和国财政部官网，www.mof.gov.cn.

③ 习近平：决胜全面建成小康社会 夺取新时代中国特色社会主义伟大胜利［M］．北京：人民出版社，2017：21.

性、法治性原则，立足中国实际，借鉴发达国家经验，形成科学的顶层设计方案，并以此为指导积极深化改革。

第一节 关于优化国有资产配置和运营体制问题的部分理论辨析

在探讨优化公共资产配置和运营体制、提高其效率的具体途径之前，有必要针对我国公共资产管理体制历史与现实中存在的主要问题，先就相关问题进行一定程度的理论辨析。这是因为，前面关于我国国有资产配置、运营及其体制的历史和现状分析，主要是从实证角度进行的。然而，理论是自觉实践的指南，理论上的偏颇和盲区必然导致实践走进误区。对于国有资产管理实践来说，同样如此。为了从深层次上把握存在问题的原因，并据此探寻解决问题的出路，只有通过必要相关理论分析才能做到。我国国有资产管理体制改革过程中走过的弯路和现实中存在的问题，归根结底都是由于我们对国有资产的作用、定位和体制机制在认识上不够全面、有待完善造成的。这里重点讨论我国国有资产管理方面的两个重大问题。

一、国家坚持通过国有资本的合理布局和结构优化掌控国民经济命脉，保持经济发展主要比例结构大体均衡的方针

在社会主义阶段，由于社会生产力还不够发达，因而有必要发挥非公有制在筹集资源、发展经济、增加就业方面的作用，加之生产资料公有制和公共经济中“人人所有，人人都是主人，人人应该负责而实际上可能人人都不负责”的内在矛盾[①]在国家所有制形式上因受益范围更宽而更为突出，致使通过构建完备的经济责任机制有效解决这种矛盾、克服由此带来的弊端具有更大难度。因此，通过战略重组将国有资本布局范围收缩到能够掌控国民经济命脉的领域，从而降低国有经济在整个国民经济中的比重，给非公有制经济发展让出必要的空间，从而构建起对国有企业经营的竞争压力机制，是完全必要的。近40年来，我国生产资料所有制和国有资本、国有企业改革就是循着这条路线走过来的。

然而，国内一些所谓著名的学者却或者转弯抹角或者直截了当地对此表

① 齐守印：社会主义公有制的特有矛盾［J］．现代哲学，1986（2）；基于公共经济内在矛盾的国家治理机制研究［J］．财政研究，2017（4）：76.

示出异议。在他们看来，到此为止，国有经济退得还远远不够，深化改革的目标应该是国有资本从所有经济领域退出，即实现彻底的经济私有化，以便使市场决定资源配置的作用充分发挥出来，从而有利于达成经济资源配置的帕累托最优效率。这就涉及我国要不要继续坚持在整个生产资料所有制结构中以国家所有制为主导、国有经济要不要掌控国民经济命脉的基本经济方针问题。

对于这一重大问题，马克思主义经典作家早就有明确论述。马克思在《论土地国有化》中指出："农业、矿业、工业，总之，一切生产部门将用最合理的方式组织起来。生产资料的全国性的集中将成为由自由平等的生产者的各联合体所构成的社会的全国性基础。这些生产者将按照共同的合理的计划进行社会劳动。"[①] 而从我国来看，自改革伊始到目前为止，历届中共全国代表大会报告、中央委员会相关决定和几经修订的中华人民共和国《宪法》《企业国有资产法》所持的立场都是十分坚定、观点都是非常鲜明的。其中，在法治层面，《宪法》第七条明确规定："国有经济，即社会主义全民所有制经济，是国民经济中的主导力量。国家保障国有经济的巩固和发展。"《企业国有资产法》第七条也明确规定："国家采取措施，推动国有资本向关系国民经济命脉和国家安全的重要行业和关键领域集中，优化国有经济布局和结构，推进国有企业的改革和发展，提高国有经济的整体素质，增强国有经济的控制力、影响力。"

在政治文献层面，最近对此相继做出的表述包括：2013 年《中共中央关于全面深化改革若干重大问题的决定》提出："国有资本投资运营要服务于国家战略目标，更多投向关系国家安全、国民经济命脉的重要行业和关键领域，重点提供公共服务、发展重要前瞻性战略性产业、保护生态环境、支持科技进步、保障国家安全。"[②] 2016 年《中共中央国务院关于深化国有企业改革的指导意见》在指导思想部分明确："做强做优做大国有企业，不断增强国有经济活力、控制力、影响力、抗风险能力"；在基本原则部分又强调"发挥国有经济主导作用"；在分类推进国企改革部分进一步明确"主业处于关系国家安

① 马克思恩格斯选集第 3 卷 [M]. 北京：人民出版社，1995：130.

② 中共中央关于全面深化改革若干重大问题的决定 [Z]. 北京：人民出版社，2013：9.

全、国民经济命脉的重要行业和关键领域、主要承担重大专项任务的商业类国有企业，要保持国有资本控股地位”。[①] 习近平总书记在党的十九大报告中则强调：“必须坚持和完善我国社会主义基本经济制度和分配制度，毫不动摇巩固和发展公有制经济”，“加快国有经济布局优化、结构调整、战略性重组，促进国有资产保值增值，推动国有资本做强做优做大，有效防止国有资产流失。”[②] 尽管如此，仍然有必要从理论上对这一大是大非问题加以辨析。

坚持通过国有资本自觉布局和结构优化掌控国民经济命脉、保持经济发展主要比例结构大体均衡的方针，并不仅仅是从坚持社会主义道路这种意识形态出发的。其深刻的理论依据，首先在于，坚持这一方针是我国生产力日益增强的社会化性质对国家从宏观上自觉调控社会经济生活的根本要求；其次，则是维护国家经济安全和平稳持续发展的战略需要。对于这两点，只要稍具备一些马克思主义经济理论知识，对其中道理则毋须详论就会明了。即使不用马克思主义基本原理来解释，只要能够实事求是地进行客观分析，也不会导致对生产资料公有制和国有企业产生偏见。因为许多西方学者就曾从理论分析和实证研究两个方面得出结论认为，公共企业与资源配置、运营效率低下之间并没有必然联系。例如，托马斯·波切丁等人在发表于《经济学杂志》1982 年增刊上的《比较公私企业的生产效率：来自五国的证据》一文中得出结论：某些比较要么是忽略了私人生产所造成的公共成本，要么是没有把较高的公共成本与公共企业的额外产品及目标联系起来，因而并不能以此证明“向更多的市场和较少的政府”转型是有道理的。罗伯特·密尔沃德同年在《公有制和私有制的绩效比较》一文中，则通过列举在英美两国调查了解到的许多例子，证明了公共生产者的单位成本低于同类私营企业，他们毫不隐讳地指出：“没有遍性的证据可以证明，公共企业的管理效率较低”。澳大利亚学者休·史卓顿和莱昂内尔·奥查德则认为：无论私营企业还是公共企业，都既有好的也有坏的。“有坏的公共企业，并不能证明将其全盘私营化就是正确的，就像有坏的私营企业也不意味着就要将它们全部国有化一样。

---

① 中共中央国务院关于深化国有企业改革的指导意见［Z］．中国政府网 www. gov. cn，2016－05－19.

② 习近平：决胜全面建成小康社会 夺取新时代中国特色社会主义伟大胜利［M］．北京：人民出版社，2017：21、33.

对两者加以改善更有意义。”①

新加坡经济从弱到强、只经过较短期间就跻身经济合作与发展组织（以下简称 OECD）国家行列，堪称世界各国经济发展史上的一个奇迹。“新加坡奇迹”之所以出现，可以说国有经济功不可没。在所有 OECD 成员国中，新加坡国有企业数量相对而言最多，国有经济产值在 GDP 总额中占比最高。1990 年新加坡共有国有企业及附属公司 566 家，1993 年国有经济活动成分占其国内生产总值的 59%，分布在工业区开发、交通运输、电话邮政、广播电视、医疗保健、港口、航空、电子、生物、石化、金融等众多行业，其中仅淡马锡公司一家总产值就占全国生产总值的 8%。尽管此后也通过私有化使国有经济实现了规模上的相对“瘦身”，但并没有改变国有经济居主导地位的总体格局。再就国有企业经营状况而言，据在全世界享有权威声誉的瑞士全球竞争力调查报告，新加坡国有企业竞争力在 11 个新型工业国（地区）中连续几年名列第一，在 8 项竞争力因素中有 7 项居首位、只有 1 项排第 4。②

由此可见，无论理论分析和实证经验都足以说明，那种认为国家应当从所有可由市场调节的经济领域完全退出的观点，如果不是别有用心的偏见，就是方法论上存在以偏概全的缺陷。

当然，强调坚持以国家所有制为主导、国有经济掌控国民经济命脉的基本经济方针，并不等于说要由国有资本和国有企业对属于国民经济命脉的各个产业领域实行垄断经营，而是指国有经济要在属于国民经济命脉、关涉国家经济安全的产业领域具有半数以上的产值占比，并且在质量方面拥有优势和支配地位。在此前提下，尽可以放开市场准入，让社会资本参与其中，形成对国有企业经营效率和效益的考核参照，以便利用这种外在竞争压力促使国有企业不断改善经营管理。

二、国有企业能否实行完全意义上的自主经营、自负盈亏、自我积累、自我发展，或者说受全国人民之托的国家作为国有资本的所有者或国有企业的出资人能否只管资本而不管资产和运营

将国有企业塑造为自主经营、自负盈亏、自我积累、自我发展的商品生

① 休·史卓顿、莱昂内尔·奥查德：公共物品、公共企业和公共选择［M］．北京：经济科学出版社，2000：112.

② 李俊江、刘洋：新加坡与韩国国有企业改革及管理体制的比较［J］．东北亚论坛，2003（3）：21、24.

产者和经营者，是20世纪80年代依据国有企业可以实行所有权与经营权相分离的理论推行承包经营责任制时的主流理论观点。随着改革实践和理论创新的进展，近两年这一观点从表述方式上逐步演变为“国家作为国有资本的所有者或国有企业的出资人对国有企业应当只管资本而不管资产和运营，以便让国有企业进一步放开手脚自主经营”。应当承认，这前后两种表述不同而实质内容极其相近的国有资本管理和国有企业改革思路，从出发点来看都是要减少政府部门对国有企业经营管理活动的行政干预，以便能够充分发挥经营者的聪明才智把国有企业搞活搞好。但问题在于，这种思路从理论上不符合产权“委托—代理”运行逻辑，在实践上极易导致国有资产配置和运营偏离公共性的方向，与国家占有生产资料、建立国有经济的初衷南辕北辙，从而引发一系列事与愿违的不良后果。

其所以如此，原因在于作为以人民名义持有国有资本所有权的国家机构与国有企业及其经营者之间是一种典型的“委托—代理”关系。在“委托—代理”关系中，由于委托人与代理人的效用函数不同，潜藏着信息不对称和利益冲突因素，委托人与代理人之间只有按照约束与激励相容的原则设计并签订最优契约，形成双方基于契约的有限责任与权利、风险与收益具有对称和明晰特征的有效制度安排，才既能保障委托人权益又能有效激励代理人按照委托人意愿履责行权；否则，代理人的行为很可能最终损害委托人的利益。

正因为如此，早在大张旗鼓推行国有企业承包经营模式的1988年，就有学者依据社会主义国有制与生产社会化之间的本质联系和对国有企业经营权二重内涵的分析，提出国有资本的宏观配置权暨国有企业的战略经营权必须由国家掌握，而不能由企业经营者自主行使；由经营者自主把握的只能是国有企业的战术经营权；与此相适应，国有企业及其经营者只能有限度地自负盈亏，而不可能实现完全意义上的自负盈亏，因为他们既没有完全负亏的能力，也没有资格完全地享有国有资本的盈利；国有企业利用税后利润自我发展，同样不符合根据国家宏观调控需要动态调整国有资本布局结构的内在要求。① 这是因为，国有资本宏观配置暨国有企业的战略经营权由作为出资者的国家统一掌握，首先是由国有资本的基本功能决定的，如果国家不加控制地任由国有企业经营者自主决定其所占用的国有资本投向，将难以保障国有资

---

① 齐守印等：国营企业改革目标模式探索［J］．财政研究，1988（2）：53－56.

本投放于维护国家经济安全和平稳持续发展的产业领域；其次，也符合所有权与经营权之间的内在逻辑，如果任由代理经营者决定资产投向，将难以保障出资人作为所有者的权益——不仅国有企业如此，私营企业主也不可能任由聘用来的经营者去随意改变企业经营方向、任意支配来自税后利润的投资。在党和国家提出国有资产管理体制改革方向是“实现以管企业为主向以管资本为主的转变”以后，一些人将“管资本为主”理解为“以后作为出资人的国家及其授权代表机构不要再管国有企业的资产运营”，包括对国有企业资产配置方向暨国有资本的功能定位都不要干预，这种观点同样是不符合产权逻辑和管理逻辑的。正如有的学者在理论分析基础上所直言的：“如果不把资本管理、资产经营和企业管理之间的逻辑理清楚，建立一个尊重市场经济规律和管理逻辑的体制，指望着换一个提法就可以实现国有资产管理体制的根本变化，想法或许过于天真和简单。”① 这一理论观点，显然有利于正确把握“实现以管企业为主向以管资本为主的转变”这一改革方向。

从国外成功的经验做法来看，国家作为国有资本的所有者对国有企业资产配置和运营没有不施加控制与监管的，只是采取控制和监管方式必须适宜而已。例如，美国虽然对大多数国有企业实行承包、租赁等最大限度发挥经营者自主权的管理方式，行政部门基本上不干预国有企业日常经营活动，但国会通过立法程序和手段从根本上控制着国有企业资产配置方向，主要是在审议批准设立每一个国有企业之时就严格限定了它的经营范围和市场准入。② 经营范围、市场准入领域一旦被限定，资产配置方向也就被控制住了，经营者不得随意调整和改变。再如，德国法律规定由联邦财政部作为联邦所属国有企业的主管部门，而财政部又借助两条路径实施对国有资本和国有企业的监管：一是通过组建若干个跨行业的大型康采恩或企业集团以控股、参股方式从国有资产宏观配置具体实施对众多国有企业的经营领域进行控制；二是通过组建监事会、派驻政府代表担任监事会主席，再由监事会组建董事会并对后者决策进行把关定向，将“所有者职能从企业外移入企业内”，从微观层

---

① 宁向东：不“管资产”如何“管资本”？［J］．董事会，2015（11）：107.

② 陈百强：发达国家国有企业管理述要［J］．中共山西省委党校学报，1995（3）：50.

面实施对国有企业资产配置、运营在内各项重大决策的监控。[①] 又如，新加坡明确由财政部作为出资人统一负责管理国有企业和国有资本，而财政部对国有企业和国有资本的管理又主要是通过淡马锡控股公司[②]、投资有限公司、科技控股公司等政府控股公司来实现的。财政部对所属控股公司通过股权配置、拓展业务所需资金担保贷款、批准后备资金动用和人事权四条途径实施控制，这些控股公司再通过对国连公司控股参股实施控制，形成以股权为纽带的企业控制链。在人事控制方面，主要是由设在财政部、由财政部部长担任主席的董事咨询与委任委员会决定任免政府控股公司的全部董事会成员，并且政府控股公司向其直接投资持股的第一层国连公司派出董事也须报董事咨询与委任委员会审查同意后才能实施。这样，就可以深入到微观层次对国有资本运营方向实施控制。以财政部对淡马锡控股公司的资产管理为例，财政部作为唯一股东对淡马锡公司通过五措并举实施监管：一是通过任免董事会成员、派出股权董事深入董事会参与重大决策过程，并据以汇报公司运作情况，以便政府决策应对，同时通过公司经营成果的考核，在发现公司经营不善、业

---

① 李俊江、刘洋：新加坡与韩国国有企业改革及管理体制的比较［J］．东北亚论坛，2003（3）：16－17.

② 淡马锡控股公司（Temasek Holdings）成立于1974年，是一家由新加坡财政部负责监管、以私人名义注册的新加坡政府投资控股公司，新加坡财政部对其拥有100%的股权。1975—1997年，分别控股星展银行、新加坡航空、新加坡电信、新加坡电力、新加坡地铁、海皇航运、PSA国际港务集团、新加坡科技电信媒体公司、吉宝集团和莱佛士饭店等几乎所有新加坡最重要、营业额最大的企业。有国外媒体估算，淡马锡控股所持有的股票市价占到整个新加坡股票市场的47%，几乎主宰了新加坡的经济命脉。同时将约占公司总资产一半左右的资产投向亚洲和发达国家市场，先是参股马来西亚电信、澳大利亚第二大电信公司Optus，2003年6月起开始参股印的ICICI银行、印尼融资银行、韩国国民银行、中国民生银行、中国建设银行、中国银行、渣打银行等金融机构。据2004年10月首次公布的年度财报显示，公司总资产由成立时的0.7亿美元积累到2003年的900亿美元，企业规模与美国通用电气韩国第四大金融服务业者德国西门子公司相当；在过去的30年中，公司的总体投资回报率为18%，2003财年的股东总回报率高达46%。该财务报表发表后，标准普尔与穆迪两大国际著名评级机构不约而同地给予淡马锡控股公司3A级信用评价。据新加坡淡马锡集团最近发布的《淡马锡年度报告》显示，截至2018年3月31日的财年末，淡马锡投资组合净值创历史新高，达3080亿新元，一年期股东回报率达12.19%，实现股息收入90亿新元；自1974年成立至今的44年来，淡马锡集团复合年化股东回报率为15%。该公司税后利润的50%缴给新加坡国家财政。该公司长期成功经营取得骄人业绩，证明新加坡政府对国有企业和国有资本的管理体制模式是非常有效的。

绩不佳时，对董事会成员及时进行更换和重新任命；二是要求公司定期向政府汇报公司重大事项，以便政府及时了解并做出正确决策；三是要求公司每年定期上报财务报表和经营情况以供监控参考；四是当公司并购或出售资产影响到淡马锡公司控股地位时，直接参与企业决策；五是审核批准公司动用过去的现金储备。[①] 这五种手段无一不与控制企业资产配置和运营密切相关。

再从中共中央、国务院关于深化国有资产管理体制和国有企业改革的要求来看，虽然《中共中央国务院关于深化国有企业改革的指导意见》提出"实现以管企业为主向以管资本为主的转变"的改革方向并以排比句式反复强调"以管资本为主"，但在具体内容中并没有不管资产甚至少管资产的词语表述。其中，第四条将"根据国有资本的战略定位和发展目标""界定功能"作为重要前提；第十二条中要求"科学界定国有资产出资人监管的边界，建立监管权力清单和责任清单。该管的要科学管理、决不缺位，重点管好国有资本布局、规范资本运作、提高资本回报、维护资本安全；不该管的要依法放权、决不越位，将依法应由企业自主经营决策的事项归位于企业"；第十三条再次强调"科学界定国有资本所有权和经营权的边界"。[②] 尽管这些要求中没有明确要"控制国有企业资产配置方向"，但也没有排除或不允许作为国有企业出资人的监管部门及其授权机构对国有企业资产配置方向和结构实施监控。由此看来，问题的关键不是作为出资人的监管部门及其授权机构要不要对国有企业资产配置和运营实施监管，而在于如何通过适当的制度性安排"科学界定国有资本所有权和经营权的边界"，并且通过监管机制的巧妙设计切实做到该管的管好，不该管的放开。

第二节　着眼于优化经营性公共资产配置和运营体制的改革路径

如前所述，2016 年出台《中共中央国务院关于深化国有企业改革的指导意见》已经就全面深化经营性国有资产管理体制改革做出系统部署，目前正在全力贯彻落实进程中。尽管这次提出的国有企业深化改革方案已经非常完备，但

---

① 李俊江、刘洋：新加坡与韩国国有企业改革及管理体制的比较［J］. 东北亚论坛，2003（3）：16－17.

② 中共中央国务院关于深化国有企业改革的指导意见［Z］. 中国政府网 www. gov. cn，2016－05－19.

根据前面的分析，着眼于优化经营性国有资产配置和运营机制，仍然有待以公共经济视角从理论与实践的结合上进一步研究讨论，以便全要素全维度深化国有资产管理体制改革。[①] 其中需要重点讨论的问题主要有以下三项。

一、进一步从理论上澄清、从实践上明晰国有企业出资人代表机构与国有企业之间对国有资本和法人资产的管理责权

据我们理解，《中共中央关于全面深化改革若干重大问题的决定》中提出的“以管资本为主加强国有资产监管”和《中共中央国务院关于深化国有企业改革的指导意见》中提出的国有企业出资人要“实现以管企业为主向以管资本为主转变”的改革思路，其初衷是要求作为国有企业出资人代表的行政机构不要干预国有企业日常经营活动、扩大企业经营自主权，以利充分发挥国有企业经理层的聪明才智把企业搞活做强；与此同时，国有资产监管机构要从过多关注国有企业法人具体经营的微观事务中解脱出来，集中精力研究筹划好国有资本宏观配置和重组运作等涉及有效发挥国有资本根本功能的宏观战略性问题，以利于从整体上提高经营性国有资产的配置效率。这从总体上看，自然是非常正确的，但如果不能准确把握其中的确切含义，则很可能导致此项改革在具体落实中出现偏差。这里至少存在三个有待破解的难点。

难点之一，是对作为改革目标的“以管资本为主”在尺度上不好把握：管到什么程度算是为主？同时，变为“以管资本为主”之后，还要不要“不为主”地管企业？如果还要“不为主”地管，管到什么程度算符合要求？对这两个涉及国有资产监管机构与国有企业之间管理责任和权力划分的问题，文件本身并没有给出明晰的答案，因而有待具体研究解决。难点之二，是对于企业而言，所有者的资本由其投入的注册资本或者股本资金和在财务报表中以资本公积反映的投入资本现值超过注册资本或股本金额的资本溢价或股本溢价两部分构成，但是，这两部分资本在企业的现实运营过程中包含在总资产中，无法分清总资产的哪个具体部分是所有者资本（净资产）、哪一部分是由负债形成的资产，只有在每月、每季、每年的资产负债表中才能从观念上将两者区分开来。从这个角度上看，国有资产监管机构如果不再关注和监控国有企业总资产配置和运营，那么，所谓以管资本为主，也将难以通过具

---

① 齐守印：以公共经济视角全要素全维度深化国有资产管理体制改革［J］．财政科学，2019（4）．

体操作而实现。难点之三，是作为国有企业出资人代表的国有资产监管机构或其授权的国有资本运营公司、控股公司、投资公司等，对国有企业不仅要派出代表进入董事会，而且通常还要委任一名派出代表担任主持董事会工作的董事长，那么，国有企业出资人所派入的董事会成员和董事长要不要就企业资产、负债等重要经营事项参与决策？如果说肯定要参与，那么，这种参与是否违背国有企业出资人“以管资本为主”的改革原则？从这三个难点问题看，根据国有企业出资人机构要“从管企业为主向管资本为主转变”的原则性要求，不仅很难将作为国有企业出资人代表的机构与国有企业经营者之间在国有企业经营管理方面的责任和权力合理地界定清楚，而且也很难实现促使经营性国有资产监管机构强化从总量上对国有资本宏观配置和重组运作进行战略性筹划的职责。另外，从发达国家的通行作法看，几乎没有哪个政府对国有独资和控股企业不以有效手段控制其资产配置方向、范围和负债行为的。①

有鉴于此，为了落实国有资产监管机构或其授权履行出资人职责的控股公司等要“从管企业为主向管资本为主转变”这一改革思路和措施，必须就此做出进一步细化和清晰的表述：一是要将对国有资产监管机构从整体上提高经营性国有资产的配置效率、加强对国有资本总量的宏观配置和重组运作等涉及有效发挥国有资本功能的宏观战略性问题进行筹划的职责重点要求，同对其与国有企业之间在经营管理方面的责权划分体制要求中分离出来单独提出和表述。二是要在确保国有资本权益得到维护的前提下，按照尽可能扩大国有企业经营者自主权的原则对履行出资人职责的机构与国有企业经营者之间在日常经营方面的管理责任和权力做出合理而清晰的具体划分，以便准确把握依法履行出资人职责的定位，在充分论证基础上，科学界定国有资产出资人监管的边界，建立监管权力清单和责任清单。从思路上讲，在国有资本所有者代表机构与国有企业经营者之间的管理责权划分中，凡是直接影响到国有企业核心功能实现或者说可能导致国有资本核心功能发生异化（而不仅仅是可能造成国有资产流失）的重大经营决策，国有资产监管机构或其授权履行出资人职责的控股公司、资产运营公司等机构都要通过适当途径、采

---

① 陈百强：发达国家国有企业管理述要［J］．中共山西省委党校学报，1995（3）：50.

取有效手段实施监督控制，至于其他具体经营事项则完全可以放开。

二、理顺经营性国有资产的纵向管理体制

根据本章第一节所做的有关理论分析，应当将经营性国有资产的纵向管理体制由现行的“国家统一所有，政府分级监管”模式改为各级公共机构分别代表辖区全体公民持有经营性公共资本产权的分级公有、分级负责、分级管理体制。这样的改革，只是将经营性国有资产的产权结构形态由现行的一元型改为多元型，即从单由中央政府代表国家持有国有资本产权改为由多级政府分别以国家机构身份持有公共资本产权，并没有从根本上改变经营性公共资产的国家所有制根本属性，因为中央政府和地方政府虽然所处地位不同但都是国家机构的组成部分。① 尽管按照这一思路进行改革并没有根本改变经营性国有资产的所有权属性，但通过产权结构形态的这种调整，实现了所有权、收益权、处置权和管理责权在每一层级上的统一，能够使国有资本管理的责权利在政府间纵向维度上的划分更为合理、更为清晰，必将因强化了产权激励机制而有利于调动各级政府精心配置和运营国有资本、搞好国有企业的积极性，有望消除经营性国有资本长链条多层委托代理带来效率损失的可能性。

在确认实施这一改革的合理性和必要性的前提下，需要进一步解决的问题就是在各级政府之间如何合理划分国有资本的产权。对此，完全可以参照《企业国有资产法》中关于中央和地方政府对国家出资企业履行出资人职责范围的规定来处理。具体而言，就是《企业国有资产法》第四条第一款规定的：“国务院确定的关系国民经济命脉和国家安全的大型国家出资企业、重要基础设施和重要自然资源等领域的国家出资企业，由国务院代表国家履行出资人职责。其他的国家出资企业，由地方人民政府代表国家履行出资人职责。”参照这一规定，在改革后的分级国有体制中，凡是关系国民经济命脉和国家安全的大型国家出资企业、重要基础设施和重要自然资源等领域的国家出资企

---

① 有人可能提出“地方政府有无代表国家持有国有资本产权的资格”问题。根据《中华人民共和国企业国有资产法》第四条第一款关于“国务院和地方人民政府依照法律、行政法规的规定，分别代表国家对国家出资企业履行出资人职责，享有出资人权益”的规定，可以对此问题给出肯定性的答案。因为，既然地方政府有权代表国家对国家出资企业履行出资人职责、享有出资人权益，那么毫无疑问，它们也同样有资格代表国家持有国有资本的产权。

业所占用的国有资本均由国务院持有产权，其余国有独资和国有控股、参股企业所占用的国有资本则视情况分别由省、市、县级政府持有产权。

三、以拓宽内容、强化监督为着眼点深化国有资本经营预算制度改革

从前面所做的分析可以看出，现行的国有资产经营预算制度仅局限于纳入财政收支预算范围的财务内容，因而是狭义的，不足以实现各级国家权力机关代表作为国有资产终极主体的人民对经营性国有资产配置、运营当家作主和实施监督的民主权利，因而难以在国有资产管理领域实现国家治理现代化的根本要求。如果站在推进国家治理现代化的高度来考察，深化国有资本经营预算制度改革的目标应该是使这项制度名副其实，即将此项预算的内容扩大为覆盖国有资本数量增减、调入调出、结构优化和收益分配使用在内的年度和中期国有资本经营计划，相当于各层级整个国有资本的财务预算，而目前其中仅国有资本利润分配部分包括现行国有资本经营预算的内容。这样一种全口径的国有资本经营预算草案在经由同级党委和政府研究确定之后，要纳入同级人民代表大会的审议批准和实施监督轨道：年初要与经济社会发展计划、财政预算一起提交同级人代会审议批准，年度终了则要向同级人代会及其常委会报告执行结果，同时要将不涉及国家安全的机密事项以外的所有内容信息向社会公开，接受人民大众的直接监督。这既是由我国坚持社会主义经济制度、国有资本地位非西方国家可比所使然，也是发展民主政治、提高国家治理科学化水平所需要的，同时也有利于实现将国有经济做强做优做大的改革目标。

第三节　着眼于优化公务性国有资产配置和运营体制的改革路径

我国公务性国有资产配置和运营方面目前存在问题的根源，可以说都在于体制不完善。因此，深化公务性国有资产管理体制改革乃是优化公务性国有资产配置和运营的根本途径。

一、从横向和纵向两个维度上理顺公务性国有资产管理体制

（一）从横向维度优化公务性国有资产管理体制的路径

对于整个公共经济责权的横向配置，《中共中央关于深化党和国家机构改革的决定》在改革原则部分明确指出：“坚持一类事项原则上由一个部门统

筹、一件事情原则上由一个部门负责……避免政出多门、责任不明、推诿扯皮。”[①] 这也是本书第九章关于公共经济体制设计原则的论述中所说“事有专责”原则的基本含义。在公务性国有资产管理体制改革中坚持这项原则，就是要改变目前事实上由财政部门、机关事务部门、国资委和党委宣传部门多家参与公务性国有资产综合管理的体制，将公务性国有资产管理责权集中由同级某个最适当的政府部门行使，以提高公务性国有资产管理的效率和效果。

那么，在各级政府所属部门中，哪一个部门最适合承担公务性国有资产管理责任，并且按照依责赋权原则行使公务性国有资产管理权力呢？根据本篇第一章中关于公共资产来源与归宿的论述和上一节所论述的财政部门所具有的综合性特征来看，应该说各级财政部门是最适合对公务性国有资产进行综合管理的政府机构。与此同时，将公务性国有资产管理责权赋予同级财政部门，也是当今世界上大多数国家的通行做法。之所以如此，归根到底是因为公务性国有资产再生产所需资金来源于同级财政，由财政部门负责公务性国有资产管理便于实现公共资产与公共预算、公共财务管理相结合，有利于从源头上加强公共资产管理、提高公共资源配置效率。至于有的文章所介绍的部分国家与此不同的经验做法，例如美国联邦政府的公共资产由联邦总务署统一管理，澳大利亚联邦政府通过授权澳洲工程局对公共资产实行完全商业化管理，德国从联邦政府到各州政府都没有设置专门机构管理公共资产等[②]，实际上是所说的是这些国家对公务性国有资产实物管理，而不是从价值源头上进行的综合管理，因此，与我们这里所讨论的问题存在实质性差异。

通过理性分析可知，任何国家的公务性国有资产管理都存在综合性和具体性两个不同的层面，其中综合层面的管理主要包括相关法律法规和方针政策的研究起草、相关制度和配置标准的统一制定、相关收支预算的审核汇编等。如果这些处于综合性层面的事务管理责权不划归一个政府部门统一执掌，整个公务性公共资产管理必将产生政出多门、混乱不堪的失范状态，这对于发达国家的公共经济管理而言是不可想象的。由此推论，这样一些涉及国家法律、政策的公务性国有资产综合管理责权也不可能委托给任何商业化机构

---

① 中国共产党第十九届中央委员会第三次全体会议文件汇编［C］. 北京：人民出版社，2018：21.

② 胡川：行政事业单位国有资产管理模式的国际比较及其借鉴［J］. 经济社会体制比较，2009（1）：46.

负责执掌。至于授权商业化机构负责完成诸如公务性机构办公用房建设与物业管理等一些公务性国有资产管理方面的具体事务；授权各级机关事务管理机构负责完成某些实物资产的综合性管理事务，并且责成分门别类提供某种公共物品的各公务部门对其所属单位占用的公共资产实施监管，都是非常必要的。因为，各级财政部门面对同级各部门各单位面广量大的公务性国有资产不可能事无巨细地全部包揽起来。鉴于此，在深化我国公务性国有资产管理体制改革的目标模式设计中，也应当考虑对公务性公共资产的综合性管理与具体性管理、价值形态管理与实物形态管理责权在适当层面、适当部分按照有统有分的原则做出技术性的制度安排。但是，同样需要强调的是，具体性和实物性的国有资产分工管理不仅必须在统一的法律法规、制度政策指导和约束下进行，而且必须以有利于提高公共资产管理效率和效果为依归，而不能为分而分。

（二）从纵向维度优化公务性国有资产管理体制的路径

鉴于现行“国家统一所有，政府分级监管”体制存在的弊端，公务性国有资产的纵向管理体制也需要深化改革。那么，深化改革的方向和目标应该是什么？对此，既需要借鉴发达国家的成功经验，更需要依据科学的理论分析做出理性的判断。

从国外经验做法来看，发达国家公务性国有资产管理通常采用的是按照政府层级分别所有、分级管理模式。例如，据胡川（2009 年）曾发文介绍，美国、德国、加拿大这三个联邦制国家对机关事业单位公共资产都是采取比较彻底的分权分责、分级管理模式，即从联邦到各州、地方政府分别拥有各自所属公共资产的所有权、占有权、收益权、处置权，各自负责所属公共资产的管理。由于政府间产权划分清晰、责任和权益归属明确，减少了委托代理的负面效应，因而取得了较好的管理效果。[①] 其实，不只联邦制国家实行这种分权型管理体制，所有实行分级财政体制的现代国家莫不如此。这是由公务性国有资产与政府财政之间存在着极为密切的内在联系所决定的。对此，本篇第一章和本章第一节已经从不同角度做过分析。

由于公务性国有资产本质上是财政资金的转化物，从来源、归宿到以重新购建方式实现再生产都与同级财政资金运动紧密相联，因此，最适宜的公

---

① 胡川：行政事业单位国有资产管理模式的国际比较及其借鉴［J］．经济社会体制比较，2009（1）：46.

务性国有资产管理体制就是与政府间财政管理责权配置相一致的体制。众所周知，我国自 1994 年以来就已开始实行以政府间分税为主要内容的财政体制，中共十八届三中全会以来又以清晰划分各级政府公共事务和支出责任为重点进一步完善分级财政体制。在此背景下，公务性国有资产管理体制的最佳模式自然应当是以各级政府分别持有产权为基础的分责分权模式，即由各级政府分别持有公务性国有资产的所有权、占有权、处置权和收益权，依照国家统一法律法规独立负责地配置、运营和监管本级所有的公务性国有资产。只有构建起这样一种责任明晰、权责匹配、权益合理，既有合理而明晰的产权和利益激励机制、又有周密而严格的责任和制度约束的管理体制，才能保障公务性国有资产管理权的正确有效行使，从而有利于实现各级公务性国有资产高效配置、运营和监管的目标。

二、深化资产管理与预算、财务管理之间的有机结合

实行资产管理、部门预算和财务管理相结合，是实现机关事业单位国有资产高效配置、规范运营的一项带根本性的管理机制。针对这一管理机制推行过程中存在的障碍和实施效果不佳的症结，知难而退是没有出路的，而只能迎难而上，遵循问题导向的思路，持之以恒地将这项改革不断引向深入。

针对目前存在的突出问题，深化改革主要应当采取三方面措施。一是充实财政部门的编制员额并加强相关人力资本投入，使之能够满足对公务性国有资产实施监管的人力资源需要，解决监管人手不足和业务素质与工作任务不匹配的瓶颈制约。理由在于，既然将对公务性国有资产管理责权配置给财政部门，那么，就应当通过部门间机构编制调整，使财政部门有必要数量和素质的工作人员有效地承担起管理职责。二是要充分利用互联网信息技术手段，加强对各部门各单位有关公共资产的财务、预算运行过程的实时跟踪监督，以便及时发现问题并督促违规单位纠正，同时计入资产管理考核评分。三是强化对机关事业单位及其主管部门公共资产管理绩效评价，针对存在问题不断完善考核评价指标体系，充分利用考核评价结果信息改进对相关部门和单位的财务、预算管理，克服公共资产管理与财务、预算管理脱节问题，并且有根据地采取必要的奖罚措施。

三、多措并举强化公务性国有资产监督机制

强化公务性国有资产配置和运营管理，单靠财政部门推行资产管理与财务、预算管理相结合，运用网络信息技术实施跟踪监督，以及实施绩效考核评价等方式，由于缺乏足够的约束力和震慑力，很难达到预期效果。因此，必须将公务性国有资产监督纳入更有威慑力的审计和监察范围，建立起强有力的监督机制，对国有资产配置偏离公共性轨道、盲目决策购置建设设施设备导致资产闲置浪费和随意处置、侵占挪用、失职渎职而导致国有资产流失的行为依法依纪严肃问责。这是因为，公务性国有资产配置和运营过程中存在的偏离公共性和损失浪费的现象，绝大多数都是行为主体基于道德风险、出于主观故意而出现的，只有在无法可依、有法不依、执法不严、违法不究、缺乏问责的制度背景下才会较为普遍地存在，而且必然是屡查屡犯、屡禁不止。因此，一旦监察问责制度建立健全起来并且得到严格执行，公务性国有资产配置和运营领域的违法违规现象将会因失去赖以滋生的土壤和条件而大大减少。

十八大以来，党中央强力推行反腐倡廉，在健全制度基础上严格执行规定，严肃查处腐败案件，有效遏制了党政机关公共资产配置运营方面偏离公共性和铺张浪费之风。很多领域治理失灵，都不单是制度不健全，而大多是由有法不依、违法不究的逆激励机制造成的。

第四节　构建覆盖各类国有资产统筹配置的综合、协调、统一监管和系统推进深化改革机制

鉴于不同领域的国有资产在根本属性和功能上具有一致性，在必要条件下需要相互调剂和重组，在分门别类改革完善国有资产管理体制机制的同时，还需要尽快构建对各类国有资产进行统筹配置、综合协调、通盘监管和协调推进深化改革的机制。

一、构建对国有资产进行跨类别统筹配置、综合协调、通盘监管机制

综合前面的分析可以看出，在行政机关层面，对于各类国有资产实施统筹配置、综合协调、统一监管的问题，德国、新加坡所采取的是由财政部统一负责、统一行权的模式；在权力机关层面，各国国会都将各类国有资产配置和运营作为重要监督内容，分别通过预算审议批准、专报审查和调查听证等多种途径实施比较严格的监督。这些经验做法，对我们来说都有学习借鉴价值。早在1993年，我国就有学者提出“成立隶属于各级人民代表大会及其

常务委员会的国有资产管理委员会及其办事机构”的理论观点和政策主张。[①][②] 其后，又有学者提出：“既然国有资产的所有者是全体人民，而全国人大是代表人民利益的最高权力机构，因此可以考虑在人大常委会内设立一个专门的国有资产委员会，作为代表全民利益的、超越行政部门和集团利益的国有资产所有权处置最高机构。”[③] 2017 年年底《中共中央关于建立国务院向全国人大常委会报告国有资产管理情况制度的意见》出台，终于在党和国家最高层面确认了这些政策建议的合理性。2018 年，全国人大常委会和国务院着力落实相关改革措施，正式拉开了我国权力机关层面加强对各类国有资产配置运营实施通盘监督的序幕。这项改革由于明确由各级财政部门负责综合报告各类国有资产管理情况的具体工作，也肇发了在行政机构层面建立由财政部门对各类国有资产管理在一定程度上进行统筹协调机制的端倪。但是，由于目前仍然缺乏清晰明确的顶层设计，这一合乎理性的统筹机制端倪能否顺理成章地进一步演化为正式的制度性安排，还具有相当大的不确定性。

应当看到，“由于中国各类国有资产数量极为庞大，特别是经营性国有资产在全社会总资产中占比远高于绝大多数发达国家，将所有经营性国有资产全部纳入各级财政部门直接监管轨道，也存在监管幅度过大的难点。因此，立足中国国情，在行政机构层面，以下述方式构建各类国有资产统筹配置、综合协调和统一监管机制，可能具有更高的现实可行性，即：为了从整体上增强国有资产配置的科学性和国有资产监管的统一性，防止国有资产本质功能的异化，确保国有资产围绕国家治理目标高效运行，在各级政府统一领导之下，在经营性、公务性、资源性和财务性国有资产分工管理的基础之上，构建由同级财政部门牵头的公共经济资源管理协调机构，综合负责谋划审核各类国有资产配置方案，统筹拟定各类国有资产运行机制、监管制度及相关政策，其中自然包括提出在现存的经营性国有资产与公务性国有资产之间相互划转（如办公用房、建设用地等）、将不再承担本质功能的国有资产变卖重组等方案，以优化公共经济资源的总体配置结构，提高公共经济资源的整体

① 齐守印：全民所有制产权实现形式之我见［J］．探索与求是，1993（1）；

② 齐守印：财经改革与发展论［C］．北京：经济科学出版社，2000：94.

③ 樊纲、高明华：国资委是人大的还是政府的［J］．经济，2005（3）．

配置效率。”① 应该看到，由贯彻落实《中共中央关于建立国务院向全国人大常委会报告国有资产管理情况制度的意见》所引出的各级财政部门负责综合报告国有资产管理情况的具体工作，已经为各级财政部门履行对各类国有资产统筹配置、综合协调、统一监管职能提供了有利的信息资源渠道和具体操作条件。只要在理性自觉的基础上将这一接近水到渠成的国家治理环节再向前推进一步，顺势做出明确的制度安排，那么，行政机构层面对各类国有资产实施统筹配置、综合协调、统一监管的机制就可基本确立。

为了将我国行政机构和权力机构两个层面的国有资产实施统筹配置、综合协调、统一监管机制做实，在基本构架制度化基础上至少还需要采取以下措施：一是在行政机构层面，合理而清晰地划分财政部门、一般经营性国有资产日常监管部门、审计和监察部门在国有资产统筹配置、综合协调、统一监管方面的责任和权限，使各相关责权主体各司其职、各负其责、各行其权、有序运行。二是在权力机构层面，要通过合理的内部机构设置、人力资源配置和监管途径设计，切实有效发挥好县以上各级人民代表大会及其常委会直接代表人民对各类国有资产配置运营管理的监督职能。

二、增强不同类别国有资产管理体制改革进度的协调性

加强对各类国有资产管理体制改革的统筹谋划和通盘设计，系统而协调地推进各类国有资产管理体制改革和相应的法律制度建设，尽快补齐短板，使公务性国有资产管理体制改革跟上总体改革步伐，以增强国有资产管理体制的整体效果。

第五节　推进国有资产管理法治化

对各类公共资产实行法治化管理，是发达国家的普遍做法。例如，美国的《联邦财产及行政服务法》《公共建筑物法》，加拿大的《联邦资产法》，日本的《国有财产法》等都对公共资产管理做出了严格规定，通过健全的法律体系对国有资产实施监管。②

针对以上列举的突出问题，加快推进公共资产管理法治化，需要在立法

---

① 何碧萍：从公共经济视角整体筹划并推进国有资产管理改革［J］．预算管理与会计，2016（11）：50.

② 胡川：行政事业单位国有资产管理模式的国际比较及其借鉴［J］．经济社会体制比较，2009（1）：45.

和执法两个层面分别采取改革完善措施。

一、抓紧健全完善国有资产管理领域的法律制度体系

健全完善国有资产管理领域的法律制度体系是推进国有资产管理及其体制法治化的基础环节。在这一环节上，至少要完成以下六项任务：

（一）尽快制定一部覆盖各类公共资产、规范各方面相关当事人行为的《公共资产法通则》，就普遍适用于各类国有资产管理的通用性原则（如公共性、效率性、规范性、透明性、法治性原则）和共性体制机制做出规定，用以统领各类别、各层次有关国有资产的法律法规。这不仅是为同一领域各项立法建立共通基础、增强本领域法律法规体系内在统一性的需要，有利于构建符合中国国情的各类国有资产统筹配置、综合协调、统一监管机制，也是强化城乡集体公共资产法律保护和规范的客观要求。

（二）通过立法程序将目前以财政部令颁布实施的两个公务性国有资产管理暂行办法合并提升为国家法律。即在现行的两项部门规章既有内容的基础上，根据这些年执行实践中积累的经验、发现的问题和新时期形势发展需要，与时俱进地加以修改、充实和完善，使之变为一部要素完整、内容科学、表述严谨、约束力强的专门法。

（三）将目前包含在相关专门法中关于自然资源国有产权管理的内容剥离出来、汇集在一起，制定一部囊括各类自然资源性国有资产管理及其体制的专门法。

（四）提升公共资产法律法规的立法质量，重点是强化公共资产管理者、占用者、经营者的责任，合理约束其权力，将其中罚则具体化、法制化，增强法制规范的强制性和对违规行为的威慑力，以便于严格执法、严明司法、严肃问责。

（五）紧跟经营性国有资产领域的改革进程，尽快修订 2008 年通过的《中华人民共和国企业国有资产法》。中共十八届三中全会以来，党中央、国务院在深化经营性国有资产管理和国有企业改革方面推出一系列创新性很强的措施。为了充分发挥法律为改革保驾护航的功能，亟须将这些改革措施以及学术界、实务界通过研究提出的可行性强的管理建议吸收到这部法律中来。

（六）在各项相关法律中突出公共资产配置和使用的公共性原则，并按照科学性、现代性要求将公共经济体内部横向、纵向各层次各方面主体之间与公共资产有关的责权利规定清楚，对体制违法行为责任追究和纠纷调节机制

做出明确规定，把公共资产管理体制纳入法治轨道，以利巩固体制改革成果并稳定体制预期，有效规范公共资产领域相关主体的行为。

二、要着力强化严格执法问责机制

严格执法、违法必究是推进国家治理法治化的关键环节。古今中外的大量正反面经验说明，有法不依、执法不严、违法不究，亵渎法律尊严，故不如无法。因此，必须通过健全执法责任制和强化违法问责机制，切实做到有法必依、执法必严、违法必究，以增强依法配置、运营、管理、监督国有资产和对违法者依法追究行政责任、法律责任乃至刑事责任的严肃性，有效遏制公共资产配置、运营、管理、监督等各环节的违法行为，以法治的强制力确保有效发挥各类公共资产在公共经济暨国家治理方面的应有功能。

第六篇　公共经济生产关系的外化——公共经济体制

公共经济作为人类为满足社会公共需要而提供公共物品的再生产活动，总是在一定的生产方式下进行的。在公共经济生产方式中，公共经济终极主体与受托代理主体之间以及他们各自内部围绕公共物品再生产事务而发生的相互关系构成公共经济生产关系，而公共经济生产关系的外化形式就是广义的公共经济体制。

这种广义公共经济体制作为处理公共经济中各方面当事人之间责任分工、权力配置和利益分配的规则体系，其科学性高低不仅对于公共经济生产力能否有效发挥、公共经济资源能否合理配置和整个公共经济体能否健康持续发展至关重要，而且还会通过公共经济与民间经济之间的相互作用对整个混合经济体的动力、活力和国际竞争力产生关键性作用。公共经济体制的实践和理论两个侧面都有极其丰富的内容，限于篇幅，本篇只就其中主要内容加以分析和阐述。

第十三章　公共经济体制理论

由于公共经济不过是经济学视角下的公共事务治理暨国家存在条件下的国家治理，而按照孙中山先生的解释，公共事务治理或国家治理就是政治，[①]因此，公共经济体制转换到政治视角下就是国家治理体制或政治体制。在现实中，公共经济体制与公共权力机构的政治运行机制紧密地耦合在一起，从而使公共经济体制与政治体制之间呈现出水乳交融式的紧密交叉特征。正因为这样，在古今中外的人类思想史上，对于公共经济体制的研究，首先或者更多的是由政治思想家或政治理论家进行的，而公共经济学作为从财政学母体中逐步分化出来的一门新兴学科因为产生时间较短，对公共经济体制反而缺乏系统深入的理性认识。虽然早在十八世纪就有了相关的思想理论片段，其后不少经济学家又在财政学视域下从深度和广度方面做出更为深细的阐发，也有经济学者从公共经济本体角度做过开创性探索，但迄今为止尚未形成深刻、全面而又较为一致的理论共识。所以，对于公共经济体制理论的研究必须打破学科界限，广采政治学、公共管理学等相关领域既有的思想理论成果，同时，对既有的公共经济体制思想理论在科学批判的基础上积极吸收，特别是以古今中外的公共经济体制实践和现实存在的主要问题为主要源泉，致力于通过创新性思考构建起相对独立、自圆其说的公共经济体制理论。

---

① 孙中山先生根据自己对中国和西方政治理论与实践的独立思考，对于思想理论家讲得十分玄奥的“政治”一词，做出一种平实易解的诠释：“‘政治’两个字的意思，浅而言之，政就是众人的事，治就是管理，管理众人的事，便是政治。”——孙中山全集第9卷［M］．北京：中华书局，2006：254。可以认为，孙中山先生的解释揭示了“政治”这一社会事物的一般本质，而舍像了阶级社会中公共事务治理的阶级性和政治生活中各社会集团围绕获取公共事务治理权力、维护和发展本社会集团特殊利益而进行的斗争。如果将孙中山先生对“政治”一词的解释转换为学术语言加以表达，所谓政治，就是公共事务治理。而在经济学视角下，公共事务就是公共物品，公共事务治理就是人类为满足自身公共需要而不断再生产公共物品的公共经济活动。

第一节　公共经济体制内涵及相关要素辨析

研究公共经济体制理论，首先必须弄清楚什么是公共经济体制。这是因为，如同其他理论研究一样，在不明确基本概念的情况下，整个理论分析将由于缺乏确定的基础概念而无从展开。然而，在目前流行的公共经济著述中，对公共经济体制的内涵尚未做出界定；有的学者虽然对这一概念做过尝试性的界说，[①] 但尚需得到学界的广泛认同。

一、公共经济体制的内涵

翻阅古今中外经济学文献，不同程度地研究阐述公共经济体制的著述可以说汗牛充栋。仅以公共经济学著作而论，中外相关教科书和专著虽然有不少舍弃公共经济体制这一内容的，但多数都设专章甚至专篇不同程度地分析和阐述公共经济体制问题，其题目分别名之为“财政联邦制”[②] “财政联邦制理论”“政府间财政关系”[③] “多级政府间财政”[④]，有的则在“地方公共经济”[⑤] “地方公共物品”[⑥] 等题目下讨论。中外财政学著作和文章中关于财政体制的论述更是不胜枚举，甚至还有不少在政府间财政关系的概念下专门研究公共经济体制的著作。[⑦] 然而，不仅在目前的经济学词典、公共经济学词典

---

① 齐守印在其所著《中国公共经济体制改革与公共经济学论纲》（北京：人民出版社，2002 年）一书中，不仅对公共经济体制做出属于一家之言的解释，而且系统地论述了公共经济体制的主要功能、逻辑结构、决定因素、主要原则、研究方法和中国案例、国外经验、改革构想。

② 斯蒂格利茨：公共部门经济学第三版［M］．郭庆旺、杨志勇等译，北京：中国人民大学出版社，2005.

③ 马胜杰、夏杰长等：公共经济学［M］．北京：中国财政经济出版社，2003；郭庆旺、赵志耘：公共经济学［M］．北京：高等教育出版社，2006；王雍君：公共经济学［M］．北京：高等教育出版社，2007.

④ 高培勇：公共经济学［M］．北京：中国人民大学出版社，2004.

⑤ 洪银兴、刘建平：公共经济学导论［M］．北京：经济科学出版社，2003；樊勇明、杜莉等：公共经济学［M］．上海：复旦大学出版社，2011.

⑥ 阿特金森、斯蒂格利茨：公共经济学［M］．蔡江南、许斌等译，上海三联书店、上海人民出版社，1994.

⑦ 孙开：政府间财政关系研究［M］．大连：东北财经大学出版社，1994；王雍君、张志华著：政府间财政关系经济学［M］．中国经济出版社，1998；刘云龙：民主机制与民主财政——政府间财政分工及分工方式［M］．北京：中国城市出版社，2001；特里萨·特尔·米纳什：政府间财政关系理论与实践［M］．北京：中国财政经济出版社，2003.

中无从找到“公共经济体制”这一词条，而且国内外各种公共经济学教科书中也没有“公共经济体制”这一概念。在现有的经济学文献题目上出现“公共经济体制”这一词汇或概念的，只有齐守印所著《中国公共经济体制改革与公共经济学论纲》和《论公共经济的分工规律与中国公共经济体制改革》,[①] 以及对前者的几篇书评。当然，这并不表明迄今为止仅有这几篇文献中才存在公共经济体制思想理论。事实上，关于公共经济体制的思想理论散见于古今中外众多的经济学、政治学著述之中，只是在这些著述中由于某种原因没有使用“公共经济体制”这一概念而已。不过，同样不容否认，使用或不使用“公共经济体制”这一概念，不仅体现了人们对公共经济体制这一客观事物的认知程度，而且与人们对公共经济与公共财政之间关系的理解密切相关。

如果说财政学著作将政府间财政关系暨财政体制作为整个理论体系的一个组成部分来分析阐述是理所应当的话，那么，作为公共经济学专著和教科书将公共经济体制归结为政府间财政关系或其别名“财政联邦制”以及“财政联邦主义”，则充分体现了现有公共经济学理论体系尚未脱离其母体的局限性，从而也充分证明了陈共先生下述论断的正确性：“目前的公共经济学名不符实，它的内容并没有超越作为公共财政的深化和发展的现代财政学范围。”[②]既然现有的公共经济学未能超越现代财政学的范围，那么，自然难以从理论思维上区分公共经济与公共财政这两个既密切相关又差别明显的事物，因而也就不能在其理论体系的体制环节建立起超越财政体制的公共经济体制概念。这样，尽管这些著述是从政府间职能分工或者公共物品的层次导出政府间财政关系，但其最终的落脚点必然是各级政府之间纵向的财政责任与权力划分，而不可能是实质上属于公共物品再生产过程中相关主体之间生产关系外化形式的公共经济体制，从而也就不可能全面分析阐述这一体制的内涵。

从上述分析中不难看出，要想明确公共经济体制的内涵，首要前提是从理论思维上将公共经济与公共财政这两个相互联系的事物区分开来。齐守印早在2002年出版的《中国公共经济体制改革与公共经济学论纲》一书中澄清过公共经济与公共财政这两个概念之间的相互联系和基本区别，并以此为基

① 楼继伟：中国政府间财政关系再思考［M］．北京：中国财政经济出版社，2013.

② 陈共：关于财政学基本理论的几点意见［J］．财政研究，1999（4）：6.

础明确界定了公共经济体制与公共财政体制两个基本范畴。他认为，公共经济是社会公共机构受社会成员委托提供公共物品的经济活动，而公共财政则是为提供公共物品的公共经济活动筹集、分配和管理物质资源的事务。与此相适应，公共经济体制所要解决的是公共物品再生产过程中各相关主体之间整体责任、权限、利益的合理配置问题，而公共财政体制所要处理的关系则只涉及公共经济相关主体之间在经济资源筹集、配置和监管层面的责权关系问题。① 基本逻辑是，公共经济涵盖但不等同于公共财政，因此，公共经济体制涵盖但不等于财政体制。很明显，对于公共经济再生产而言，首先需要解决的是生产什么、生产多少、为谁生产、怎样生产等生产性决策问题，其次还有公共物品提供以后的使用、消费过程监管问题。这两方面问题显然都是筹集、配置和监管提供公共物品所需经济资源的公共财务所不能涵盖的。尽管作为筹集、配置和监管公共资源活动的财政对整个公共经济活动极为重要，因为没有必要的经济资源做物质基础保障，再好的公共物品提供决策或计划也不能贯彻落实，因而有所谓“财者为国家之命，而万事之本；国之所以存亡，事之所以成败，常必由之”② 抑或“财政是国家治理的基础和重要支柱”③ 的说法。但是，公共物品提供决策和计划终究是公共经济财务活动的财政筹集、配置经济资源的直接依据和逻辑前提。既然财政不能涵盖公共物品的提供决策和使用消费监督活动，那么，财政体制也就不能涵盖公共经济体制中关于公共物品决策责权和使用消费监督责权配置的内容。

从人类社会经济发展的历史过程来看，公共经济源起于人们生活和生产中的公共需要，为满足这种需要，社会就必须相应地生产公共物品。这种生产公共物品的公共经济活动随着人类社会的产生而产生，在阶级和国家产生之前就已经以简陋的形式存在。④ 当社会发生阶级分化并且阶级矛盾达到难以

① 齐守印：中国公共经济体制改革与公共经济学论纲［M］．北京：人民出版社，2002：12－17.

② 苏辙：上皇帝书［Z］．栾城集·上［C］．上海古籍出版社，2009：462－463.

③ 中共中央关于全面深化改革若干重大问题的决定［Z］．人民日报，2013－11－19.

④ 恩格斯指出：“氏族团体的成员再也不能集会来处理自己的共同事务了……原始的自然形成的民主制变成了可憎的贵族制。”——家庭、私有制和国家的起源［A］．马克思恩格斯选集第4卷［C］．北京：人民出版社，1995：168－169。这说明在国家尚未产生时期，在原始氏族公社中就已经存在公共事务并且是通过自然形成的氏族团体成员集会方式的民主制对公共事务集体做出决策，而公共物品不过是“公共事务”这一概念的公共经济学表达。

调和的程度以后，为了避免由于相互对立的阶级因激烈冲突而同归于尽，氏族社会中掌握公共权力的阶级着眼于维护既得利益而在原本旨在提供公共物品、实现公共利益的公共机构上面加入了镇压对立阶级的职能，使之演变为凌驾于社会之上的国家，并以受托维护全社会利益的名义继续作为执行公共经济活动的主体。

随着社会生产力的持续发展，社会生产生活内容不断扩展，需要由社会公共机构出面解决的矛盾即公共需要越来越多，国家机构的内部分工也相应地日益扩展，逐步发展为由横向上多部门和纵向上多层级构成的庞大组织体系。为了使国家机构组织体系的各主体、各环节、各层次能够围绕提供公共物品这一轴心有序运行，就必须以某种方式将公共经济责任与权力配置于横向并立的各个职能部门和纵向延伸的各级政权机构。这是由公共经济的分工规律所决定的，是保障公共经济效率的体制条件。① 由此，如何使公共物品再生产各方面、各层次当事人之间的责任分工合理而明确、权力与责任相互匹配，而避免由于责权配置不当导致公共经济效率减损，就成为公共经济活动中需要研究解决的制度性组织架构问题。为了规范地处理公共经济体内部各方面当事人之间的责权利关系，构建公共经济再生产活动的组织体系，就需要研究设定相应的规则。这种“围绕提供公共物品而在国家机构体系各环节、各部分、各层次之间配置责任、权力、利益的一整套规则和制度体系就是公共经济体制”。②

与此同时，如何界定公共经济与民间经济之间的边界，对公共经济、民间经济和整个混合经济体的效率不仅会产生重要影响，而且在很大程度上表现为公共经济内部体制赖以构建的基本前提。只要略加分析就会发现，公共经济体制所要研究处理的对象实质上包括公共物品再生产过程中三个维度的关系，即在科学划分公共经济与民间经济范围边界的基础上，再依照分工规律处理公共经济内部横向和纵向各主体之间的责权配置关系。

随着理论探索的深化，齐守印教授在对公共经济再生产过程、生产方式和内在矛盾进行研究的基础上，进一步将公共经济体制看作公共经济再生产

---

① 齐守印：论公共经济的分工规律与中国公共经济体制改革［J］．财政研究，2006(6).

② 齐守印：中国公共经济体制改革与公共经济学论纲［M］．北京：人民出版社，2002：1.

过程中生产关系的外化形式和处理公共经济内在矛盾的基本手段，[①] 同时丰富了对公共经济当事人内涵的认识，由此扩充了公共经济体制的内涵。主要在于，将人民大众视为公共经济的终极主体和公共经济责权的授予方，将承担公共机构视为公共经济的受托代理主体，从而将处理人民大众与公共机构之间的公共经济关系视作宪政意义上的公共经济体制内涵要素。

有鉴于此，就需要站在新的认识高度对公共经济体制的内涵做出新的考察和界定。首先应当看到，国家或广义政府本身就是一个用来满足社会共同体发展这种公共需要的巨型公共物品。这个巨型公共物品在内部结构上存在公共经济委托主体与受托主体之间、国家各职能机构横向之间和各层级公共机构纵向之间这三个维度。处理这三个维度上的各种规则体系，构成国家内部治理体制或内部公共经济体制。与此同时，以国家为受托主体提供公共物品满足公共需要的公共经济活动是社会总体经济活动的一部分，其与个人、家庭和其他民间经济社会组织所从事的民间经济活动之间时时发生着资源流动、能量变换和相互影响。由此决定，一方面，公共经济不是闭环而是开环的结构系统，公共经济体制安排设计单独考虑内部因素是不可取的；另一方面，公共经济活动范围构成公共经济委托方与受托方责权授受的整体标的，从而成为在公共经济内部各方面、各层次当事人之间划分或配置责权的前提，并且公共经济活动范围在一定社会发展阶段上既具有客观性一面，也具有一定程度的主观性选择的一面，而主观选择的公共经济活动范围适当与否将对公共经济、民间经济和混合型总体经济的效率产生重要影响，因而就需要将处理公共经济与民间经济之间外部联系的规则体系作为公共经济体制的基础环节。这样，公共经济体制的内涵就进一步扩展为界定公共经济活动内部与外部四个维度上责权划分的规则体系。相应地，公共经济体制理论的研究对象也扩展为公共经济活动内部和外部四个维度。系统的结构决定系统的功能。国家这个巨型公共物品的功能大小和效率高低同样决定于它基于优劣不等的公共经济体制的系统结构。因此，研究公共经济体制的目的和意义就在于，通过科学合理地设计处理这四个维度关系的一整套规则，动态地优化公共经

---

① 齐守印：论公共经济生产方式及其优化路径［J］．河北大学学报（哲学社会科学版），2017（1）；基于公共经济内在矛盾的国家治理研究［J］．财政研究，2017（3）；公共经济再生产简析［J］．当代经济管理，2017（7）．

济体制，以便最大限度地激励相关主体的积极行为、充分发挥公共经济功能、有力维护绝大多数社会成员权益，从而使国家这个巨型公共物品最大限度地满足人类经济福利最大化和自由全面发展的公共需要。

以此观之，现有主流文献对公共经济体制内涵的认识存在许多缺陷，除了前面指出的未能从公共经济这个整体层面加以把握之外，在分析维度方面也是残缺不全的。其一，局限于对政府间纵向维度责权配置的考察与研究，而忽略了对同级政府各职能部门之间横向公共经济责权合理配置的研讨与设计。其二，局限于受托执行公共经济职能的公共机构内部责权配置，而将公共经济与民间经济之间活动范围的边界置于公共经济体制固有内涵之外。其三，缺乏对公共经济责权委托方与受托方之间关系的体制研究，难以从最根本的层面顺理成章地将民主政治机制嵌入公共经济体制安排之中。

二、公共经济体制相关要素辨析

通过以上对公共经济体制内涵的解析可以看出，其中主要包括客体对象、主体对象、基本依据和内在逻辑这四项基本要素。鉴于基本依据和内在逻辑这两项要素将在后面关于公共经济体制构建原则部分展开论述，这里主要就目前学术界和实务界存在较多歧义乃至误解从而制约着旨在优化公共经济体制的改革理论研究和对策方案设计的前两项要素加以适当辨析。

（一）客体对象

公共经济体制作为约束公共经济活动相关主体行为的一种制度规范，首先需要明确其所要规范的客体对象是什么，即配置什么。简而言之，公共经济体制所要规范的客体对象，就是公共经济的责任、权限和利益。其中的责任，既包括公共物品提供的决策责任、执行责任、管理责任和监督责任，也包括为提供公共物品筹措资金、配置资金、支付资金、监督资金使用并综合报告公共财务预算平衡和可持续状况的责任，这类责任以相对称的方式配置于公共经济的委托方和受托方。其中的权限也是如此。至于其中的利益，则主要涉及辖区居民的公共利益和与此直接相关的各级政府财政利益，而对于同级公共机构的不同部门而言，如果说有其相对独立的利益，那么，也仅仅在于对各部门功能发挥程度和依据实绩考核结果、支付薪酬的影响，除此以外，它们原则上不应有依托于公共经济责权的其他私利。

对此需要予以辨析的，首先是责任、权力与所谓事权之间的概念含义及其所体现的治理理念差别。长期以来，我国在财政、经济、政治、行政体制领域大量而经常地用“事权”概念来合并指代“责任”和“权力”，直到目前依然如故，如相关文件或著述中经常说的“财权与事权相适应”“财力与事权相匹配”“合理划分政府间事权”，乃至于所谓的“财政事权划分”等等。这种用法有其合理的一面，即如“事权”一词的字面解释“办事的权力”，展开一点就是“办理公共事务的权力”，意思是行使权力以办理公共事务为前提。即便有这种合理因素，但“事权”这一概念既不能准确表达公共事务或公共经济“责任”的含义，更不能充分体现在公共事务中责任处于优先地位、权力依存于责任这样一种内在的责任政府逻辑，而是过分突出了“权力”的地位和分量。殊不知，这是与现代民主政治制度下一切公共机构、公共组织都必须为人民负责的政治理念格格不入的。之所以出现这种偏差，恐怕既与古往今来多数政治学著作中注重研究阐述政治权力运作、政治权力制衡而很少强调政治责任有关，更与几千年来的封建专制意识密切关联。纠正这种偏差，不仅具有理论上正本清源的意义，更为重要的是有利于在公共经济实践中强化责任意识、促进责任机制完善，从而增强责任政府、责任政党建设的自觉性。对此，齐守印教授近 20 年来已经结合公共经济体制改革的研究进行过两次理论辨析。①

其次，作为公共经济体制配置客体的公共经济责任、权力与利益之间存在着自前至后层层递进、不可倒置的内在逻辑关系。这在后面关于公共经济体制构建原则部分将会进一步展开论述。

具体而言，公共经济责任主要是指社会公共机构接受人民大众委托提供公共物品、满足公共需要的责任，以及上下级公共机构和横向各职能部门在合作完成公共物品提供责任过程中相互承担的责任。在现代社会中，公共经济责任包括了相当广泛的内容，而且在不同国家也有一定差别。1997 年世界银行发布的发展报告将政府的基础性职责划分为：建立法律基础；保持非扭曲的政策环境，包括宏观经济的稳定；投资基本的社会服务和基础设施；保护承受力差的阶层；保护环境。美国著名经济学家斯蒂格利茨将政府基本职责界定为建立法律框架、提供公共物品、收入再分配、稳定经济以及资源再

① 齐守印：中国公共经济体制改革与公共经济学论纲［M］．北京：人民出版社，2002：28；冯秀华、齐守印：构建现代财政制度若干问题探索［M］．北京：中国财政经济出版社，2017：37.

配置。由此可见，公共经济责任是一个具有丰富内涵的范畴，在具体形式上分为公共事务行为责任和公共事务报告责任两大类。公共事务行为责任是指公共事务责任主体履行公共经济责任时在具体公共事务行为层面上承担的责任，进一步可划分为节约责任、效率责任、社会责任、环境责任等。公共事务行为责任构成报告责任的前提。公共事务报告责任是指公共经济代理主体履行受托责任后需要向委托人报告其履责情况的责任，报告的主要内容包括履责绩效如何、合法与否、环境可持续情况等。

与公共经济责任相对应，公共经济权力也包含着十分丰富的内容。就其大类来说，主要包括公共物品决策权、公共物品生产和提供的组织执行权、公共物品使用消费的监督权、公共筹资决定权、公共资源配置权、公共财务运行及其效果的考核监督权、公共经济违约失责惩罚权以及公共机构主要负责人选择权等。

公共经济利益主要包括作为委托方从受托方所组织提供的公共物品中所享受到的各种好处，不同层级辖区相对于上一级辖区和相邻平级辖区有差别的公共物品受益，以及不同层级公共机构在有效履行责任、正确行使权力的前提下按照职位级次和政绩表现而享有的经济待遇、社会声誉等。

（二）主体对象

公共经济体制所要规范的主体对象是指将公共经济责任、权力和利益这些客体对象配置给哪些公共经济活动主体，或者规范哪些公共经济活动当事人的公共经济责任、权力和利益。

依据前述公共经济体制的内涵，公共经济体制所要规范的主体对象主要包括三个系列的公共经济活动当事人。其中，第一个系列是作为公共经济责权委托方的人民大众和作为受托方的整个社会公共机构；第二个系列是同级社会公共机构依照分工原则分别执行公共经济职能的各部门，其中包括立法机关、行政机关、司法机关、监察机关和行政机关内部各职能部门；第三个系列是社会公共机构自上而下各级组织，即不同层级的广义政府。由于公共机构都是由不同层级公务人员组成的，因而，公共经济责任、权力和利益最终还是要落实到公共经济活动所有当事人。这就是所有公共机构内部都需要建立和实行责任制的基本依据。

除此之外，公共经济体制还有一个要素，就是公共机构的层级设置。一个国家的公共机构层级设置既与国土面积大小、地理状况和人口数量等客观因素之间存在着紧密的内在联系，也与历史传统和主观选择有关。合理设置公共机构层级，有利于提高公共经济效率；反之，则会减损公共经济效率。在既定客观因素的约束下，科学设置公共机构层级，需要依据有效管理半径和规模效益加以权衡论证。在客观因素允许、确保规模效益和不突破合理管理半径的前提下，尽可能减少管理层级、缩短政令政策传导链条，相对简化管理网络，有利于提高公共经济体制效率。

第二节 公共经济责权划分的理论基础

研究构建公共经济体制需要在一定的理论基础指导下进行。根据中国国情，我们的公共经济体制研究要以马克思主义相关理论为基础，主要包括以下两个方面。

一、民主政治理论

马克思主义认为，人民是社会生活的主人，也是公共经济的主宰。公共机构是受人民大众集体委托承担公共事务责任、维护公共利益、为选民负责的组织，公共机构所拥有的一切公共权力都来源于人民大众按照一定条件的授予，只能按照人民大众的意志行使。在公共机构中任职的公务人员本质上是受雇于人民大众的公仆，只能全心全意履行公共经济责任，而不得违反法律和制度以公权谋私利，其中担任主要领导职务的人员由人民大众经由法定程序选举产生，对其所担任的公共职务人民有权依据一定条件随时予以罢免。人民大众有权通过直接民主和代议制民主的法定程序依据少数服从多数原则决定各种重大公共事务、制定各种法律，并且监督公共机构和公职人员履行公共事务责任、行使公共权力的活动。因此，公共经济体制的设计与安排，必须充分体现人民群众当家作主的民主政治原则，必须有利于高效履行公共经济责任、正确行使公共权力、最大限度地满足社会公共需要和增进人民大众的公共利益。①

---

① 恩格斯指出："无产阶级革命将建立民主的国家制度。"——马克思恩格斯选集第1卷［M］．北京：人民出版社，1995：239。马克思也曾根据公社的经验指出："无产阶级国家是崭新的民主国家。公社代表和维护劳动群众的利益，由人民直接行使权力。它由工人或公认的工人阶级的代表组成，在其整个活动中依靠劳动群众。这个国家的无产阶级性质在于：一切权力机构和人民代表由选举产生，对选民负责，随时可以撤换。"——马克思恩格斯选集第3卷［M］．北京：人民出版社，1995：3.

需要指出，马克思主义的民主政治理论与近代以来西方政治思想家提出的落脚于人民主权的社会契约论和“委托—代理”理论在基本精神方面是一脉相承的。洛克和卢梭的社会契约论也都认为人民是国家的主权者，国家是依据人民订立的契约受托执行公共事务和人民意志的公共机构，必须向人民负责，人民在国家违背契约侵害公共利益的条件下可以随时收回自己让渡的权力。以下两段话可以证明，马克思和恩格斯对这种社会契约论完全认同。其一，马克思在《〈法兰西内战〉初稿》中说：“公社——这是社会把国家政权重新收回，把它从统治社会、压制社会的力量变成社会本身的生命力；这是人民群众把国家政权重新收回，他们组成自己的力量去代替压迫他们的有组织的力量；这是人民群众获得社会解放的政治形式。”① 其中所谓“重新收回”，即是说国家所持有的公共权力原本是人民群众让渡或赋予的，人民群众既然可以按照某种约定条件将自己的一部分权利赋予社会公共权力机关，也就有权依据一定条件将让渡出去的那部分权利重新收回。这是典型的社会契约论原理。其二，恩格斯在《卡尔·马克思〈1848年至1850年的法兰西阶级斗争〉》一书导言中指出：“请不要忘记，德意志帝国，同一切小国家，也同一切现代国家一样，是一种契约的产物：……君主与人民之间的契约的产物。如果一方破坏契约，整个契约就要作废，另一方也不再受约束。”②

公共领域的“委托—代理”理论与社会契约论基本原理大同小异。其中的“委托—代理”关系是指委托人根据法律合约雇佣其他行为主体为自己服务，同时授予受托代理者某种程度的决策权，并依据被委托者服务质量支付薪酬。③“当代理人一方代表委托人一方的利益行使某些决策权时，则当事人双方之间的代理关系就随之产生。”④ 公共经济体制中的公共经济责权关系处理方式与股份公司治理结构中的“委托—代理”关系和社会契约论中人民与国家之间的契约式“委托—代理”关系极其相似。正如洛克所言：“人们在参加社会时放弃他们在自然状态中所享有的平等、自由和执行权，而把它们交给社会，由立法机关按社会的利益所要求的程度加以处理”，“只是出于个人

① 马克思恩格斯选集第3卷［M］. 北京：人民出版社，1995：95.

② 马克思恩格斯选集第4卷［M］. 北京：人民出版社，1995：525.

③ 欧文·E. 休斯：公共管理导论第2版［M］. 北京：中国人民大学出版社，2004：85－87.

④ 王寿林：社会主义国家权力制约论［M］. 大连：东北财经大学出版社，1993：12.

为了更好地保护自己，他的自由和财产和动机。”① “人们联合成为国家和置身于政府之下的重大的和主要目的，是保护他们的财产……是为了人民的和平、安全和公众福利。”②

二、集权与分权相结合理论

马克思、恩格斯认为，未来社会也会有承担公共职能的社会机构，这种机构只能采取共和国形式，合理的横向和纵向集权与分权以及相对分立的各种权力之间相互监督都是必要的。对此，恩格斯指出：“政治国家以及政治权威将由于未来的社会革命而消失，公共职能将失去政治性质，而变为维护真正社会利益的简单的管理职能。”③ 马克思认为，“分权和权力相互监督”对于维护“自由的利益”是“十分必需的”；④ 在评述巴黎公社时，他又指出：“如果所有大城市都按照巴黎的榜样组成公社……国家⑤的职能将只限于几项符合于普遍性、全国性目的的职能。”⑥ 马克思主义经典作家的这些论述，对于我们从政治学视角研究构建属于国家治理范畴的公共经济体制无疑具有重要指导意义。

马克思主义经典作家认为，在公共经济暨国家治理中，社会公共机构横向和纵向维度的集权与分权各有其必要性。对此，马克思在《〈法兰西内战〉初稿》中说：“中央集权的国家机器，最初是在专制君主制时代创造出来的……以实行系统分工和等级分工的国家政权的计划调节代替中世纪的互相冲突的势力所造成的错综复杂的无政府状态。”⑦ 这里，虽然不是专就无经济社会公共机构而论的，但其中关于通过横向“系统分工”和纵向“等级分工”对公共事务实行计划调节的这种技术性原理，应该说对所有存在中央集权的国家机构有效发挥治理职能是普遍适用的。真正需要研究的问题，不是公共经济体制安排设计要不要集权和分权，而在于另外两个方面：一是要在

---

① 洛克：政府论下册［M］．北京：商务印书馆，1964：79－80.

② 洛克：政府论下册［M］．北京：商务印书馆，1964：77.

③ 马克思恩格斯选集第3卷［M］．北京：人民出版社，1995：227.

④ 马克思恩格斯选集第1卷［M］．北京：人民出版社，1995：314.

⑤ 这里的国家显然是在中央政府意义上而言的，即“留待中央政府履行的为数不多但很重要的职能”——马克思恩格斯选集第3卷［M］．北京：人民出版社，1995：56.

⑥ 马克思恩格斯选集第3卷［M］．北京：人民出版社，1995：9、97.

⑦ 马克思恩格斯选集第3卷［M］．北京：人民出版社，1995：91.

集权与分权之间找到一个恰当的均衡点，因为无论集权还是分权都存在过犹不及的负效应，因此需要合理地把握集权与分权的量的限度；二是要从质的方面正确区分集权与分权的具体对象，做到该集权的集权、该分权的分权。

在纵向维度的集权与分权关系处理上，诚如马克思所说："留待中央政府履行的" 应当是"为数不多但很重要的职能"，[①] 这些职能必须"符合普遍性、全国性目的"，而将其余适合由区域公共机构承担的公共事务配置给各级地方政府自主治理。如果从公共经济学角度解释，就是要依据公共物品的层次性标准来界定公共经济责权。公共物品的层次性基源于公共物品的受益范围和地域性特征：有的公共物品受益范围具有全国性，由地方政府提供不仅会因为效益外溢而造成供给不足，而且缺乏规模效应或为地方力不能及；相反，有的公共物品只是局部区域居民受益，而且各地情况千差万别，由高层政府负责提供将会由于信息不对称而导致资源配置失误、效率减损，还会因为不利于加强监督而导致生产和消费方面的浪费。西方经济学就此问题已经持续研究探索了至少两百余年。

第三节 公共经济体制的功能目标和主要原则

正如恩格斯所指出的："在社会历史领域进行活动的，是具有意识的、经过思虑或凭感情行动的、追求某种目的的人；任何事情的发生都不是没有自觉的意图，没有预期目的的。"[②] 构建一整套系统完备的公共经济体制作为一项科技含量很高的复杂工程，更需要按照科学的功能目标和正确的指导原则加以统筹谋划、周密设计，才能取得较为合意或理想的效果。

一、公共经济体制的功能目标

中共十八届三中全会做出的《关于全面深化改革若干重大问题的决定》指出："科学的财税体制是优化资源配置、维护市场统一、促进社会公平、实现国家长治久安的制度保障。"[③] 作为公共经济体制一部分的财税体制尚且具有如此重要的功能，较之覆盖范围更宽的公共经济体制对整个国家治理的作用自然更大。作为公共经济生产关系的外化形式和架构整个公共经济形体的

---

① 马克思恩格斯选集第3卷［M］. 北京：人民出版社，1995：56.

② 马克思恩格斯选集第4卷［M］. 北京：人民出版社，1995：247.

③ 中共中央关于全面深化改革若干重大问题的决定［Z］. 人民日报，2013－11－16.

骨骼经络系统，公共经济体制的基本功能主要体现在经济和政治两个方面。从经济角度来说，公共经济体制的功能在于通过科学地处理公共经济各方面当事人之间的关系，有效地连接和支配整个公共经济机体的各个分支在分工基础上紧密围绕高效提供公共物品、满足公共需要而协同动作。从它同时就是国家治理体制的政治角度考察，公共经济体制的功能则在于通过对相关规则的科学设计，有效地调动和发挥各方面当事人完成分内公共事务的主动性，正确地解决经济社会发展中的各种矛盾，有力地维护整个社会共同体的和谐统一与全局利益，不断促进社会公平和民主政治发展，确保国家长治久安和人民生活幸福。[1] 具体而言，公共经济体制构建应实现以下四项功能目标。

（一）确保效率

对于公共经济体制的设计目标来说，所谓效率，首先是指通过公共经济责权利的科学配置，确保整个公共经济机体运转协调高效。如果公共经济体内各当事人之间的公共经济责任分工不合理、权力配置不妥当、利益分配欠公允、正向激励不足，势必导致公共经济机体运行过程中相关当事人之间工作上相互掣肘、责任上相互推诿、权力上相互争夺，乃至不负责任。一旦如此，不仅会使整个公共经济机体运转摩擦系数和运行成本极高而活力低下、丧失效率，而且将不可避免地造成公共资源错配和公共政策失误常态化，公共物品管理粗放甚至损失浪费司空见惯。在这样的公共经济体制之下，公共经济不仅难以发挥对民间经济的积极促进、正确引导和有效调节作用，而且会异化为整个社会共同体的赘瘤和损伤因素。其次是指从体制角度确保公共资源得到合理有效的配置，因而具有合意的投入产出率。[2] 公共经济责权在四个维度上划分合理，都有利于确保公共经济政策和公共资源配置的科学性，从而提高公共经济效率，实现公共经济利益的最大化。反之，则必然由于信息不对称和谋划不周而导致公共经济政策失误、公共经济资源错配经常化，从而妨碍公共物品有效供给，减损整个社会的公共福利。

（二）促进公平

就公共经济体制的设计目标而言，所谓公平，主要是指通过在公共经济

---

① 马克思说：无产者认为“政治权力是我们的手段，社会幸福是我们的目的”。——马克思恩格斯全集第2卷［M］. 北京：人民出版社，1957：524.

② 福利经济学所说的帕累托最优效率状态，作为一种理论分析工具是必要的，但由于实现条件极为苛刻，在现实中很难达到。

当事人之间合理配置责任、权力和利益，借助于公共资源配置、公共物品提供和公共政策调节，有效地保证不同地区、不同阶层、不同民族、不同群体、不同性别、不同代际的居民和不同企业、社会团体之间在公共服务、公共福利、生存条件、发展机会方面得到相对公平的待遇，能够共享经济社会发展和改革成果，从而增强经济社会发展的包容性和社会关系的和谐性。之所以赋予公共经济体制促进社会公平的目标，主要是因为公共经济责权利在四个维度上的划分是否科学必然要影响到公共政策制定、公共资源配置、公共物品提供在地域、阶层、民族、群体、性别、代际间的合理性。

（三）发展民主

公共经济责权在四个维度上的配置是否科学，都会对经济民主、社会民主、政治民主带来或大或小的影响。公共经济责权在人民大众与公共机构之间的配置对民主政治的影响显而易见。公共经济边界范围的合理确定，同样会影响到社会成员自主权利的大小。如果像恩格斯针对 19 世纪中叶德国情况所说的那样："没有当局的许可，你不能生、不能死、不能结婚、不能写信、不能思想、不能出版、不能做买卖、不能教书、不能学习、不能集会、不能开工厂、不能迁徙，什么也不能做"，[①] 那还有什么民主而言？公共经济责权在不同公共部门之间的横向配置是否合理，也会影响到涉及人民大众民主权利的公共政策，缺乏权力间相互制衡与监督的公共经济体制将会使阻碍人民民主的具体制度和政策措施能够相对容易地出台实施。至于广义政府间公共经济责权的配置，则直接关系到人民大众对公共物品偏好的表达和实现，因为地方政府更接近辖区民众，更方便听取和采纳辖区居民对公共物品需求的意见，也更便于民众参与公共经济方针政策的决策过程，因而让地方政府在合理范围内分权自治，显然有利于发展公共经济民主。因此，必须将发展民主作为构建公共经济体制的一个重要目标。

（四）增强国家凝聚力

公共经济体制对于国家凝聚力的影响作用通常经由三条路径发生。前两条路径是借助于前面讲到的促进公平和发展民主所起到的：社会公平度和包容性高低，必然影响到社会向心力的强弱；健康的民主生活，不仅能够使社

① 马克思：普鲁士状况［A］．马克思恩格斯全集第 12 卷［C］．北京：人民出版社，1962：655.

会成员经常处于心情舒畅状态，而且会促使人们提升精神境界、关心国家前途命运，因此，健康的民主生活越发展，就越有利于增强国家凝聚力。第三条路径则是通过适度的中央集权，使地方对中央产生一定程度的依赖，才有利于民族团结和国家统一。对此，古今中外许多案例都提供了十分有力的证明。南斯拉夫解体的一个重要原因，就是南斯拉夫联邦体制中分权程度过高。相反，如果中央集权过度，地方积极性受到严重压抑，或者中央对富裕地方的资源调用过多，也会增加离心力。苏联解体为此提供了一个重要案例。鉴于公共经济体制与国家凝聚力之间存在着如此密切的内在联系，所以，公共经济体制的构建必须将增强国家凝聚力作为一项重要的功能目标。

二、公共经济体制的构建原则

为了确保公共经济体制达到较为理想的功能目标，必须运用一整套符合其内在逻辑、科学方法论要求的原则来指导责权利配置规则的设计与制定。这些基本原则主要包括以下八项。

（一）责任本位

如前所述，对于公共经济而言，责任是第一位和基础性的。承担公共经济责任既是社会成员将自己的一部分权利让渡给公共机构从而形成公共权力的唯一理由，也是公共经济活动当事人享有相应利益的根本依据。这一内在逻辑无论是对社会成员与公共机构之间的责权利配置，还是对公共机构内部横向和纵向的责权利配置，无一例外地适用。对作为公共经济终极主体的社会成员来说，他们是公共经济的主人，既享有对公共事务当家作主的权力，又享受公共服务和公共利益，但同时必须承担缴纳税费的义务、履行参与公共事务民主管理的责任；如果公民都采取“搭便车”态度，回避参与公共经济管理的责任，那么，公共经济就会异化，公民当家作主的政治权力就会形同虚设，理论上应得的承载于公共物品的利益也会遭受减损。公共经济内部横向和纵向之间的责权利配置也同样如此。无论公共机构的哪一个公共部门或是哪一级公共机构，都要以承担一定的公共经济责任作为拥有相应公共权力和享有性质不同、大小不等的利益的前提。

总而言之，按照合理的逻辑，公共经济体制设计与制定必须贯彻实行责任为本的原则，并且“以真正的责任制来代替虚伪的责任制”。[①] 这里的公共经济责任，对于社会成员集体和公共机构整体而言，以集合形式存在，由经济责任和政治责任两方面内容构成。所谓经济责任，在社会成员一方，就是参与关于税费法律制度的公共选择、在税费制度确立后依法缴纳税费、通过直接民主和间接民主途径参与公共资源预算决策并对公共财务运行及其结果实施监督；在公共机构一方，就是依法筹集、配置、监管财政资源并向作为委托方的前者报告公共财务状况。所谓政治责任，就社会成员一方，就是通过直接民主和间接民主方式表达对公共物品的偏好，参与提供公共物品计划和公共政策、公共经济体制和法律制度的决策，选举和罢免公共事务的主要执行者，并对公共物品再生产过程和公共机构履行公共经济责任、行使公共权力情况实施监督；在公共机构一方，就是正确运用公共权力，科学地拟定公共物品计划和公共政策方案并在依法通过后加以执行，接受社会成员对公共物品再生产活动和公共经济责权运行的监督。就公共机构横向各部门和纵向各层级而言，其所承担的则是整个公共机构集合性公共经济责任中经过分解的某个特定部分，因而是不完全性的公共经济责权。这样，整个公共经济活动各方面、各层次当事人都首先是承担公共经济责任的特定主体，整个公共经济体制首先表现为一个纵横交错的公共经济责任网络体系，其源头在于社会成员集体为满足公共需要而对社会公共机构提供公共物品责任的授予或委托。依据公共经济责任本位这一基本命题，作为社会公共机构的广义政府首先是公共经济责任的受托代理人，天经地义地要就公共物品提供和公共资源管理向人民负责，尽管由于社会生产力发展水平的制约，公共经济的责任本位逻辑曾在很长的历史时期被扭曲，作为公共经济责任受托代理人的国家或广义政府曾经由社会的公仆蹿升为社会的主人，但近代以来的社会基本矛盾历史地推动着广义政府由“权力本位”向“责任本位”转变，履行公共经济责任重新成为各级广义政府拥有公共权力的唯一依据。

（二）事有专责

所谓事有专责，就是将每一种或某一类事务配置给特定的主体负责完成。这是由分工增强效率的规律所决定的。早在两千多年前，古希腊著名哲人亚

---

① 马克思：法兰西内战［A］．马克思恩格斯选集第3卷［C］．北京：人民出版社，1995：96.

里士多德在其《政治学》一书中就阐述了分工产生效率的原理："当事物各有专用而不是一物多用时，就最能推行其利。"[①] 马克思指出："永恒理性的一系列经济进化是从分工开始的。"[②] 马克思指出："由协作和分工产生的生产力，不费资本分文。"[③] 而国家本身就是分工的产物："社会产生它不能缺少的某些共同职能。被指定执行这种职能的人，形成社会内部分工的一个新的部门……于是就出现了国家。"[④] 马克思则进一步论及国家机器内部存在着部门间"系统分工"和政府间的"等级分工"。[⑤] 在现代中国，党和国家的文献中同样要求明确国家政权机构横向和纵向的职责分工。2016 年国务院制发的《关于推进中央与地方财政事权和支出责任划分改革的指导意见》则提出要"科学合理划分中央与地方财政事权和支出责任"。2018 年《中共中央关于深化党和国家机构改革的决定》则明确"坚持一类事项原则上由一个部门统筹、一件事情原则上由一个部门负责"。[⑥] 同时，还要求合理划分政府与市场之间的边界。

贯彻事有专责的原则，要求将所有公共经济责任合理而清晰地配置于公共经济活动各方面、各层次当事人，即使有些公共经济责任需要两个或两个以上职能部门和多级公共机构合作承担，也要明确其中每个职能部门和每个层级公共机构在合作中的具体责任分工。只有这样，才能形成严密完整的公共经济责任链条，不留责任真空和相互推诿的余地，建立起正向的责任激励机制，避免在体制层面发生"三个和尚没水喝"的"公共地悲剧"。

（三）依责赋权

公共经济权力作为履行公共经济责任的必要条件是由公共经济责任所派生的；离开公共经济责任这个前提，公共经济权力就如同无泉之水、无本之木一样缺乏存在的理由。因而，公共经济活动当事人承担公共经济责任的大小是向其配置公共经济权力的唯一依据。这就是依责赋权原则所由确立的根

① A. E. 门罗编：早期经济思想［M］. 蔡受百等译，北京：商务印书馆，2011：5.

② 马克思恩格斯选集第 4 卷［M］. 北京：人民出版社，1995：534.

③ 马克思：资本论第 1 卷［M］. 北京：人民出版社，1975：423.

④ 马克思恩格斯选集第 4 卷［M］. 北京：人民出版社，1995：700 -701.

⑤ 马克思恩格斯选集第 3 卷［M］. 北京：人民出版社，1995：91.

⑥ 中国共产党第十九届中央委员会第三次全体会议文件汇编［Z］. 北京：人民出版社，2017：21.

本道理。这一原则涵盖了责权统一的全部意涵，但与责权统一的提法相比，能够更为准确地体现公共经济权力与公共经济责任之间内在的因果逻辑关系。同时需要指出，在设计安排公共经济体制过程中贯彻实行依责赋权原则，是以合理而明晰界定公共经济责任为基础的，而不是其他任何情况下的依责赋权。如果缺乏在公共经济活动当事人之间合理而清晰地配置责任这个基础，那么，无论公共经济权力配置与公共经济责任配置之间达到何等程度的统一，都不可能产生确保公共经济高效运行的效果。

（四）合理配置

贯彻前述三项原则能够使公共经济责权的配置做到符合逻辑、界限分明，但还不能保证公共经济责权配置具有结构上的合理性。所谓合理配置，首先是指将在质的方面适合其承担的公共经济责权配置给相应的公共经济活动当事人，即责权配置指向具有合理性；其次是指公共经济责权配置的集中度或分散度，即责权配置应当在数量维度上具有合理性。努力使公共经济责权配置在质和量两个维度上都具有合理性，就是公共经济体制构建方面的合理配置原则。只有做到从理性角度看将应该配置给谁的公共经济责权就配置给谁，并在此基础上做到公共经济责权在纵横两个方面该集中的集中、该分散的分散、集中与分散适度，才能实现公共经济责权配置总体结构合理，从而既能使公共经济体制充分发挥出有效激励公共经济活动各方面当事人积极性、主动性的功能，又能从内在结构上保证整个公共经济体制运转协调、相对稳定。反之，如果忽略这项原则，致使公共经济责权配置发生指向失当或集分失度的偏差，那么，即使做到了责任为本、事有专责、依责赋权，依然难以保证公共经济体制功能的有效发挥和运转的协调稳定。有些国家的治理体制之所以长期处于“一统就死、一放就乱”循环往复的困境之中，很大程度上就是因为在公共经济责权配置上存在指向失当和集分失度的弊端。殷鉴不远，不可不察。

（五）激励相容

所谓激励相容，是指相关体制规则的设计安排不应刺激公共经济活动当事人发生与公共经济的根本宗旨相抵触和冲突的行为。这条原则之所以必要，是因为“制度如何影响人们行动的激励机制是研究任何一种治理体制要考虑的关键因素之一。”① 公共经济体制中责权利的每一项配置，无不对公共经济活动当事人产生某种激励。规则如果合理，它将激励公共经济活动当事人产生有利于提高公共经济效果的行为；反之，规则设计如果存在缺陷，它就会使公共经济活动当事人基于自身利益做出损害公共利益的行为。例如，赋予下级党政机构公共经济责任中突出 GDP 指标而忽略环境保护指标，那么，下级政府就会不惜以牺牲生态环境为代价来追求 GDP 增长速度。因此，在公共经济体制设计安排中，必须仔细分析每一项体制规则的行为导向，确保其对公共经济活动当事人行为起到积极的激励作用，而不会发生异化性扭曲。

（六）符合国情

一个国家或地区所处的经济社会发展阶段、自然地理状况、民族构成、历史传统等方面的具体情况对其公共经济体制的设计安排都具有重要影响。如果不考虑这些差别，在公共经济体制设计安排上盲目照搬国外模式，将会产生很多意想不到的负效应。因此，必须将符合国情作为公共经济体制构建的一项重要原则。

（七）责权法定

保持公共经济体制相对稳定、保证相关规则得到严格遵守，是公共经济体制功能得以有效发挥的重要条件，也是防止公共经济活动当事人基于不稳定的体制预期产生各种机会主义倾向的重要措施。而要确保公共经济体相对稳定并得到严格遵守，除了体制规则体系本身具较强的合理性以外，另一个关键性措施就是把全面依法治国的方针贯彻到底，将经过科学设计、充分论证的公共经济体制规则法制化，以法制的权威性和有法必依、违法必究的强制力确保公共经济体制得到严格执行。这就是公共经济体制方面的责权法定原则。不遵循这项原则，在公共经济体制方面朝令夕改、反复无常，再好的公共经济体制都难以充分发挥积极功效，而且还会挫伤认真遵守体制规则者的积极性。

（八）人民主权

人民主权既是公共经济活动以人民为中心、为人民谋福利的根本保证，也是实现上述“发展民主”目标的充要条件。习近平同志指出：“健全民主制

① 文森特·奥斯特里姆：美国联邦主义［M］. 王建勋译，上海三联书店，2003：9－10.

度，丰富民主形式，拓宽民主渠道，保证人民当家作主落实到国家政治生活和社会生活之中”；“人民当家作主是社会主义民主政治的本质特征”，要“用制度体系保证人民当家作主”。[①] 在用以保证人民当家作主的制度体系中，最重要的子项莫过于公共经济体制。这是因为，公共经济体制乃是经济学视角下的国家治理体制，其具体规则的设定是否有利于人民当家作主所涉及的是一个国家公共经济究竟是为什么人服务的根本政治立场问题。换言之，如果说前述七项总体上都属于公共经济体制构建方面的技术性原则的话，那么，人民主权则是涉及公共经济体制根本性质因而显得更为重要的政治性原则。正如美国著名政治学家文森特·奥斯特罗姆所言：“民主意味着人民统治。但是，‘政府’显然不是人民。人民投票选举参与到政府中的代表。但投票是一根十分纤细的线，几乎不能使我们相信通过投票选举代表实现人民统治。”“如果民主在人类文明的进程中占有重要地位的话，那么人民在社会治理中的作用一定远远不只是在选举中投票而已。”[②] 因为公共经济体制的很多环节都涉及人民民主权利保障问题，只有在这些环节的设计安排上自觉地强化人民主权意识、认真地贯彻民主原则，才能切实保障并不断发展人民民主，进而保障整个公共经济始终遵循维护公共利益、为人民谋福利的根本宗旨而不发生异化。

以上所述八项原则之间存在着紧密的内在逻辑，需要作为一个整体一并贯彻于公共经济体制的设计与构建之中，其中责任本位、人民主权是根本逻辑，事有专责原则、依责赋权、合理配置是核心内容，激励相容是关键环节，符合国情原则是充要条件，责权法定是制度保障。除此之外，对于公共经济体制某个特定环节的规则设计，还需要遵循具有针对性的特定原则。例如，对于公共经济与民间经济之间活动范围划分，就需要贯彻公共性原则。对这些具体原则，将在本书相关部分展开分析。

如果在公共经济体制设计安排方面能够统筹兼顾上述功能目标、认真自觉地贯彻上述指导原则，那么，所形成的公共经济体制将是功能目标完备、原则方法科学、系统结构严密、正向激励充分、同时符合公共经济宗旨和现

---

① 习近平：决胜全面建成小康社会 夺取新时代中国特色社会主义伟大胜利［M］．北京：人民出版社，2017：22、36.

② 文森特·奥斯特里姆：美国联邦主义［M］．王建勋译，上海三联书店，2003：5.

代政治理念的一整套公共经济责权利配置规则体系，从而成为有效保障公共经济效果、推进国家治理现代化的得力工具和制度条件。

第四节　公共经济体制理论和当前实践中存在的主要问题

古今中外思想理论家从经济学、政治学等视角对公共经济体制问题进行过大量探索，产生了很多研究成果。中外公共经济体制实践更是延续了数千年，积累了十分丰富的经验。但是，直至目前，公共经济理论与实践中都还存在很多悬而未决的问题有待研究解决。这毫不奇怪，因为如果社会实践总是在不断发展，原有的问题和矛盾解决了，还会出现新的问题和矛盾，如果不再有任何问题和矛盾需要解决，那无疑等同于宣告历史的终结。但同时，需要人们以积极的态度正视问题并以准确的路径解决问题。

一、公共经济体制理论的历史演进与存在问题

翻阅国外公共经济学和作为其母体的财政学、经济学著作，不难发现，在经济学领域直接对公共经济体制的理论研究与阐述，至少可以追溯到出版于1776年的英国经济学巨著《国富论》。被称为西方经济学鼻祖的亚当·斯密（以下简称斯密）在这部经济学名著中专列第五篇集中分析论述财政问题，其中两段分别讲到横向和纵向公共经济体制问题。对于横向公共经济体制，他指出："为了使每个个人感到属于自己的所有权利完全有保障，不仅有必要将司法权与行政权分离，而且有必要使司法权尽量独立于行政权。"然后，他又讲到纵向公共经济体制应当如何设置："一项公共工程，如果不能由其自身的收入维持，而其便利又只限于某特定地方或某特定区域，那么把它放在国家行政当局管理之下，由国家的收入来维持，还不如把它放在地方行政当局管理之下，由地方收入维持来得妥当。比如，伦敦的照明和铺路费用，如果由国库开支，那街上的路灯和铺路的石头能做到现在这样完善吗？而同时费用又能像现在这样低吗？况且，这项费用如果不是来自伦敦各特定街坊、特定教区、特定市区的居民所提供的地方税，那势必要从国家一般收入项下开支，其结果便是，王国中不能受到这街灯利益的大部分居民，就要无端分摊这负担了。""凡是便利地方的地方费用或州区费用（例如为特定城市或特定地区支出的警察费），应由地方收入或州区收入支付，而不应由社会的一般收入支付。为了社会局部的利益，而增加社会全体的负担，那是不大正当的……凡是有利于全社会的各种设施或土木工程，如果不能全由那些最直接

获得好处的人维持，那么，在大多数情况下，不足的金额就不能不由全社会一般的收入弥补。因此，社会的一般收入，除支付国防费用及维护君主尊严的费用外，还必须补充许多具体部门的不足。”① 斯密的这些论述虽然既没有提出公共物品、公共经济概念，也没有给出公共经济体制的概念定义，但实际上已经从内涵上简要地阐述了公共经济体制及其设计原则，即为了保证公共经济的效率和公平，需要根据保障公民权利与专业化分工、成本负担与收益对等的原则对公共经济责任与权力做出合理的体制安排，这种体制至少存在横向、纵向两个维度。

1883 年，法国经济学家萨伊在其出版的《政治经济学概论》一书中，在一定程度上继承并发展了斯密关于政府间纵向公共经济体制的思想观点。“国家每个人和每一个阶级，都受到中央行政机构，或者中央政府的利益。同样的，他们也受到国家军事机构所提供的保卫的利益，原因是，各省很难防御外来的攻击……由于同一原因，堡垒、军械厂和外交使节的费用，也应当由全国负担……但地方行政与地方公用机关、教育机关、慈善机构或娱乐场所，似乎专给它们的所在地带来利益，所以它们的费用，应当归当地人民负担，像大多数国家所做那样……把地方收支留给地方当局管理，是很经济的办法。在官吏是由出钱人委派的地方，尤其如此。当钱款是在捐助并希望从其获得利益的人的监视下花费时，浪费情况势必大大减少。此外，所花的费用，也必定和所预期的利益更相称。”②

此后两百多年来，历代经济学家围绕公共经济体制所进行的研究探索取得了不少进展。尤其是 20 世纪 50 年代以来，美国经济学家先后就公共经济分权问题提出了多种理论界说。例如，蒂布特 1956 年在其发表的《地方支出纯理论》一文中提出了“以足投票”的地方政府竞争理论，施蒂格勒 1957 年在其发表的《地方政府功能的合理范围》一文中以更加了解辖区居民偏好和居民拥有自治权两条理由论证地方政府存在的合理性，布坎南 1965 年在其《关于俱乐部经济理论》一文中提出社区俱乐部物品理论，奥茨在其出版于

---

① 亚当·斯密：国富论［M］. 唐日松等译，北京：华夏出版社，2005：509、515、574.

② 让·巴蒂斯特·萨伊：政治经济学概论［M］. 陈福生等译，北京：商务印书馆，1997：499－500.

1972年的《财政联邦主义》一书中提出了著名的公共经济分权定理，[①] 麦圭尔1974年在其《俱乐部区隔与最佳管辖范围》一文中以俱乐部理论为基础提出了地方分权区域规模最优原则，特里西在其1981年出版的《公共财政》一书中以中央政府对各地区居民需求偏好存在误识为依据进一步完善了公共经济中地方分权自治的理论，[②] 而埃莉诺·奥斯特罗姆与其丈夫文森特·奥斯特罗姆则逐步发展形成了比地方政府自治更为宽泛的公共经济“多中心治理”理论……这些理论尽管在研究的深度、广度和表述逻辑的严密性等方面都大大超过了斯密和萨伊，但就其核心思想而言，除了地方政府围绕公共物品提供成本、结构和质量而竞争有利于提高公共经济效率、公共经济多中心决策有利于发展民主政治等少量创新之外，似乎没有提供更多的内容，多数未能摆脱财政联邦主义的狭隘窠臼，真正能够从整体上透彻解释公共经济体制并且对公共经济体制实践具有指导意义的理论成果凤毛麟角。

此外，众多政治学家、社会学家和伦理学家从各自的学科领域对公私部门活动边界、政治主权结构、横向和纵向的集权与分权等问题都做过大量理论探索，众说纷纭，歧义颇多。

再就中国而言，从古到今，难以计数的思想理论家从不同的学科角度、运用不同的学术语言就公共经济体制问题所做的阐述同样浩如烟海。仅就现代中国经济学界和政治学界而言，人们涉及公共经济体制和国家治理体制的论述也是数不胜数的，其中不乏有价值的成果。

不过，总体来看，我国学术界对公共经济体制理论的研究状况并不尽如人意。主要表现为以下三个方面。

一是照搬西方理论成果较多而具有原创性理论价值的成果较少。目前我国经济学界和政治学界对公共经济体制理论的研究成果多属于西方理论的翻版，传承中国公共经济思想精华、结合中国实际进行研究的成果不多，能够超过西方国家同类成果水平的寥若晨星，中国特色的公共经济体制理论尚待创新。

---

① 其含义为：“让地方政府将一个帕累托有效的出产量提供给它们各自的选民，则总是要比中央政府向全体选民提供任何特定的并且一致的出产量有效得多。”——平新乔：财政原理与比较财政制度［M］．上海三联书店、上海人民出版社，1995：342.

② 平新乔：财政原理与比较财政制度［M］．上海三联书店、上海人民出版社，1995：338－356.

二是缺乏对公共经济体制全面的系统性认识。将公共经济体制局限于财政体制的狭小范围之内，既未能从公共经济活动范围界定这个基础环节到公共机构纵横两个维度系统把握公共经济体制，更少有将公共经济责权委托方与受托方之间的关系纳入公共经济体制研究范围的理论成果。

三是存在回避马克思主义理论基础指导的倾向，而将西方非马克思主义的所谓主流学派的理论范式和思想观点奉为圭臬，缺乏从社会再生产过程和生产方式、生产关系视角对公共经济体制所进行的研究。

二、公共经济体制实践中存在的主要问题

发达国家得益于近现代民主政治发展较早，经过二三百年持续不断的改革创新探索，现代公共经济体制实践取得了很大进展，积累了很多经验。但目前仍然存在很多突出问题。一是多党竞争、轮流执政的公共经济体制，导致各政党处于争取选票的动机而过度迎合民众眼前利益，致使福利国家政策具有刚性特征，产品成本居高不下、居民超前消费、政府债台高筑，经济社会发展中的不稳定因素长期积累，党派轮流坐庄又造成公共经济政策缺乏应有的连续性，时常引起经济社会波动和政府信任危机。二是各种财团利益在公共经济决策中起到左右方向的作用，形成对中下层民众利益的侵蚀。三是三权鼎立、互相牵制的横向分权体制，虽然有相互监督的好处，但在两党或多党制背景下，也常常基于狭隘的政党利益而致公共经济决策缓慢、交易成本上升。

就我国而言，从三皇五帝开始就有公共经济萌芽，公共经济体制先后经历了原始民主制、夏商周三代奴隶社会基础上的分封式联邦制、秦统一以来绵延两千多年的中央集权制和由近代革命先驱孙中山首创的横向五权分立、①纵向三级政府制。

新中国成立以来，共产党领导的人民革命获得成功，给人民当家作主提供了基本政治条件，以党委为领导核心、人大代表大会制下的一府两院和多级政府合作提供公共物品的公共经济体制从无到有，也经过多次重大改革。

在公共经济活动范围界定层面，随着生产资料公有制的建立，在苏联模式的影响下，公共经济活动范围在二十多年中扩大到几乎所有经济社会生活

① 孙中山：五权分立是破天荒的政体［A］．五权宪法的由来［A］．孙中山研究学会/孟庆鹏：孙中山文集［C］（上）．北京：团结出版社，1997：478－481.

领域，公民自主活动领域被限制在极其狭小的领域，在保证公平的同时导致社会生活单调贫乏、经济社会活力不足；十一届三中全会开启了改革开放新时期，随着以简政放权和市场调节为导向的体制改革日益推进，使公共经济活动范围逐步向合理限度收缩，扩大了人民群众、经济企业和社团组织的自主权。在公共机构内部横向责权配置层面，先是实行党委领导下立法权、行政权、计划权、监察权分立体制；继之改行人民代表大会制下一府两院并立的体制；“文革”期间改为党委一元化领导、革委会处于经济社会管理前台、政府部门大幅度简化的体制；十一届三中全会以后逐步恢复了党政分开和人民代表大会制下一府两院体制，政府部门也不断分化扩展；2018 年宪法修正案又将公共经济责权的横向配置结构改为人民代表大会制下的一府两院一委（监察委）分立格局。

在公共机构责权纵向配置层面，在总体上保持中央集权制传统的前提下，六十多年来也经过多轮大小不等的分权改革，如 1958 年扩大地方政府自主权的改革，在导致许多混乱的情况下又重新回到中央更多集权的格局，其后在国有企业归属、市场监督、土地管理和税务管理等方面又经过多次循环往复的收放；[①] 中共十四届三中全会通过的《关于建立社会主义市场经济体制若干问题的决定》再次明确提出要“合理划分中央与地方经济管理权限，调动中央和地方两个积极性”，[②] 2008 年以来着眼于简化行政层级、逐步推行省直管县改革；2013 年，中共十八届三中全会明确提出“建立事权与支出责任相适应的制度”，此后党中央、国务院出台的重要文件中涉及政府间事权和支出责任划分的多达 50 件。[③]

由此可以看出，现代中国一直在积极探索公共经济体制的最佳模式，直到现在，相关改革仍然在路上。党的十九大指出中国特色社会主义进入新时代，我国社会主要矛盾已经转化为人民日益增长的美好生活需要和不平衡不

---

① 楼继伟：深化事权与支出责任改革　推进国家治理体系和治理能力现代化［J］．财政研究，2018（1）：5.

② 1956 年毛泽东同志在《论十大关系》一文中曾经指出：“应当在巩固中央统一领导的前提下，扩大一点地方的自主权，给地方更多的独立性，让地方办更多的事情。”——毛泽东选集第 5 卷［M］．北京：人民出版社，1977：275.

③ 楼继伟：深化事权与支出责任改革 推进国家治理体系和治理能力现代化［J］．财政研究，2018（1）：3.

充分的发展之间的矛盾。对于如何解决这个主要矛盾，完善公共经济体制是一条主要线索，这是因为国民经济和社会发展中存在的矛盾多数与公共物品供给和公共经济体制密切相关。

当前，中国公共经济体制中存在的突出问题主要表现在五个方面。一是公共经济活动范围越位与缺位并存的情况依然存在。二是公共经济责权的横向配置关系尚不符合事有专责的合理分工原则，公共部门之间也未能实现公共经济责权的无缝衔接。三是公共经济责权在各级公共机构之间的纵向划分仍然属于中央统一决策、按照行政隶属关系层层分解落实的行政性分权模式。"这样一种机关化的政府间关系体现出强烈的行政命令色彩，多级政府不同程度参与同一项事务，责任主体不明确，执行效率不高。"① 四是关于维护人民当家作主权利的公共经济体制安排还属于薄弱环节，依据多数社会成员偏好确定公共物品供给政策和财政资源配置方案的民主政治程序尚未提升到法治层面。五是由于公共经济体制各个层面的设计尚不成熟，有关公共经济体制的规定仍然以党政机关文件形式推进实施，使得公共经济活动各方面当事人的体制预期不稳定，导致许多短期化公共经济行为，由此造成公共经济绩效的多方面损失。

国内外公共经济体制理论与实践中存在的上述问题表明，深化公共经济理论探索、加快公共经济体制改革依然是摆在公共经济理论界和实务界面前迫切需要研究解决的重大课题。

---

① 楼继伟：深化事权与支出责任改革 推进国家治理体系和治理能力现代化［J］．财政研究，2018（1）：4.

第十四章　公共经济活动范围的界定与公共经济核心主体间的责权配置

按照前面关于公共经济体制内涵的分析，公共经济责权是公共经济体制所包含的客体对象，而相对应的主体对象则是公共经济责权的承担者；由公共经济活动范围界定所形成的公共经济总体责权是公共经济体制所有内容赖以生发的逻辑起点，而分别作为公共经济总体责权初始委托方与受托方的社会成员集体与整个社会公共机构之间的责权关系，即公共经济核心主体间的责权配置，则构成决定公共经济体制性质的根本因素。由于公共经济总体责权及其授受双方主体分别是公共经济体制的基础客体和核心主体，因此，公共经济与民间经济边界划分和社会成员集体与整个公共机构间的责权配置，就成为公共经济体制研究在客体对象和主体对象起点上的两个互为表里的范畴。本章所要研究的就是公共经济体制中相互间存在着本质联系的这两个维度。

第一节　公共经济与民间经济边界的划分：公共经济总体责权的形成

满足人本身生存与发展的各种需要是人类一切生产活动和社会活动的根源与动因。由于人类“天生是政治动物”,[①] 既作为个体存在，又必须在相互结成的社会中生活，所以，人类活动的动因最初就区分为公共需要和个别需要两种类型。为满足这两种不同类型的需要，就必须生产出在性质和特征上相互区别的公共物品与私人物品这两类不同物品，从而决定了人类自始就必须进行两种不同性质的经济活动——提供公共物品的公共经济活动和生产私

① 亚里士多德：政治学［A］．A. E. 门罗：早期经济思想［C］．蔡受百等译，北京：商务印书馆，2011：7.

人物品的民间经济活动。[①] 根据西方学者（如摩尔根、马克思、恩格斯）和我国民族历史资料的研究，提供公共物品的公共经济活动早在原始社会就已存在，而从理性思维上由浅入深地认识公共物品和公共经济也至少有两千多年的历史了。古希腊学者亚里士多德就曾指出："作为一国的人民……要做到没有一样属于公有，那显然是不可能的，因为国家是一个社团，总得有一个公用场所。"[②] 到了近现代，则有很多经济学家就公共经济与民间经济之间的关系乃至公共经济活动边界问题进行过研究。德国 19 世纪著名经济学家沙夫勒 1876 年指出："在经济运动中人格化的人伦团体或设施所做的一切经济活动的整体称为共同经济……共同经济靠以交换与竞争为基础的私有经济的市场经济来补充，两者密切结合，建立起完整的人类社会经济。"不仅如此，属于公共经济的"国家需要必须与非国家需要保持均衡"。[③] 美国现代著名经济学家斯蒂格利茨则更为明确地指出："在经济中，在公共活动和私人活动之间有一明显的分界线。"[④] 那么，为什么需要明确公共经济与民间经济各自的活动范围，又如何划定公共经济与民间经济之间的分界线呢？

一、明确划分公共经济与民间经济活动范围的经济和政治意义

明确划分公共经济与民间经济之间活动范围的必要性，首先不在于理论研究的需要，而是因为具有极为重要的经济和政治意义，从而有必要通过认真的理论研究为自觉实现这种划分的社会实践提供科学指导。

（一）公共经济与民间经济之间的边界划分是经济社会实践赖以进行的前提

就一般意义而言，之所以需要明确划分公共经济与民间经济的活动范围，是因为公共经济和民间经济是任何一个国家或地区总体经济中的两个相互关联的组成部分或大类部门。在这两大部门所提供的物品中，有些是凭借感性

---

① 在西方经济学文献中，基于公共物品与私人物品的划分习惯将与公共经济相对应的经济活动称为私人部门经济。我国一些学者基于公共企业特别是我国公有制企业也大量生产满足私人需要的物品而将公有制企业称为私人部门，从逻辑考虑却相当别扭，所以改用民间经济称谓与公共经济相对应的经济活动。我们倾向于采用后一种选择。

② 楼继伟：深化事权与支出责任改革 推进国家治理体系和治理能力现代化［J］．财政研究，2018（1）：25.

③ 坂入长太郎：欧美财政思想史［M］．北京：中国财政经济出版社，1987：294－295.

④ 约瑟夫·E. 斯蒂格利茨：政府为什么干预经济［M］．北京：中国物资出版社，1998：19.

直觉和历史经验就可以明确区分应该由谁负责提供的，如国防、外交和法律秩序、产权制度安排等，天然需要由公共部门来提供；但也有许多是可以根据客观条件、居民偏好或公共部门意愿进行主观选择的。例如，同是欧洲国家，对于高等教育这种公共物品在不同国度就有大不相同的处理方式，德国和法国的大学基本上是由公共部门举办的，个人所付学费到目前为止依然非常低廉；而在英国，则采取公私混合方式办大学，学费标准也比较高。再如，同是在美国，对于垃圾处理这项事务，有的地方由居民家庭出资并自主选择某个私人公司来具体负责完成，而有的地方则由基层政府设立的公共机构负责完成。对于这类可选择性的物品，无论一个地方打算选择哪一种提供方式，总是需要对其纳入公共经济还是民间经济活动范围做出具体界定，否则，相关的实践活动就无法进行。所以，明确划分公共经济与民间经济的活动范围，乃是经济社会实践赖以进行的基本前提。

（二）公共经济与民间经济之间如何分工，直接关系到整个国民经济体的经济效率

这是因为，公共经济与民间经济这两大部门存在着对立统一的矛盾关系，它们之间既相互依存、相互作用，又在许多方面相互矛盾。首先，在资源配置方面，在数量上两者此消彼长，在投向上各得其所。公共经济部门过度占用资源会对民间经济产生“挤出效应”，而公共经济占用资源不足又将造成民间经济所需公共服务的缺失。公共经济与民间经济如果在资源投向方面相互交叉、相互挤占，难免导致整个社会公共物品与私人物品供给结构上发生某种情形的失衡，妨害整个经济体物品供给对国民需要的满足，从而降低整个国家或地区的经济福利指数。其次，公共经济和民间经济双方作为经济体的一体两翼，相互依存、互为条件、相辅相成。其中，民间经济是公共经济的前提和基础，为整个社会的存在与发展提供基本的物质资料和精神产品，[①] 而公共经济则为民间经济的运行与发展提供产权保护、法律秩序、基础设施、宏观环境等外部条件。因此，任何一个国家或地区国民经济的健康、持续发展，都离不开公共经济与民间经济这两大部门之间有效协调合作，而这种协调合作的基础则在于它们之间合理而明确的分工。如果两者之间分工不合理、不明确，不能各展其长、各避所短，不仅双方优势都难以得到充分发挥，而

---

① 王彦林：论公共经济与民间经济的逻辑关系［J］．学术交流，2011（2）：86－88.

且还会减损双方之间相互服务的能力和效果，势必降低整个社会经济资源的配置效率。再次，公共经济与民间经济两大部门之间的边界划分，直接规定市场这只“看不见的手”和政府这只“看得见的手”对资源配置和经济运行发挥调节作用的范围，对一个国家或地区而言不仅关系到资源配置效率，而且影响到基源于竞争机制的经济社会活力。如果公共经济活动领域扩展过度、民间经济活动被限制在极小范围内，政府这只刚性较强的计划调节之手管得过宽，弹性较强的市场机制对经济生活的调节作用将很难发挥，极易导致经济生活僵化。反之，如果公共经济覆盖范围过小、民间经济活动领域过宽，则必然是事先预见性较强的政府战略性宏观调节不足，而市场机制对资源配置的自发性调节过度，势将导致经济运行的周期性波动幅度过大，同样会减损国民经济效率。

由此可见，公共经济与民间经济之间边界的明晰合理划分，乃是确保国民经济整体效率和福利水平的重要条件。

（三）公共经济与民间经济之间如何分工，不仅与社会政治生活的民主程度密切相关，而且还会影响到政治稳定

首先，公共经济活动是依托公共权力得以开展的，而公共权力来源于社会成员个人自主权利的让渡和集中。恩格斯指出：“每个公民只是因为有集权才履行自己的公民职责。”① 没有与公共经济责权相关的集权，社会成员作为公民对公共事务的民主权利就无从谈起。但如果公共经济活动范围超出合理限度，就意味着社会成员个人自主权利被过多地集中到公共机构手中，从而对社会成员自治权利形成不必要的限制，整个社会的民主程度将会相应降低。相反，如果民间经济活动范围超出合理限度，需要通过集体行动解决的公共性事务（例如社会治安、司法裁决等）也由民间经济主体自行处理，就会发生社会秩序混乱、不同群体之间矛盾纠纷频发，社会成员的民主权利也难以得到应有的保障。

其次，社会资源总量在公共经济与民间经济之间的分割有着合理限度。公共经济在社会资源总量中的占比低于某个临界点，将会严重削弱政府调节社会矛盾的控制力和国家凝聚力，导致社会秩序混乱、加剧社会矛盾、危害

---

① 恩格斯：集权与自由［A］．马克思恩格斯全集第41卷［C］．北京：人民出版社，1982：396.

政治稳定。相反，如果公共经济在社会资源总量中的占比超过某个临界点，则将导致经济凋敝、民不聊生，同样会恶化社会矛盾、危害社会和谐，甚至引发社会暴乱和政治革命，从而导致政权更迭。因此，合理划分公共经济与民间经济之间的活动边界，也是有效保障社会生活和谐有序、民主政治发展、政治局势稳定不可或缺的体制条件。

二、划分公共经济与民间经济边界的原则

划分公共经济与民间经济之间的边界需要依据一定的原则，而对于以何种原则划分公共经济与民间经济的边界，经济学家们的观点是迥然不同的。

（一）市场失灵原则

所谓市场失灵原则，就是将是否存在市场失灵作为划分公共经济与民间经济之间边界的尺度。西方主流学派和近20年来在中国也逐步上升为主流地位的经济学派都主张这种观点。他们认为，凡是市场能够有效发挥调节作用的领域都是私人部门活动范围；相反，凡是市场失灵领域则属于公共经济活动范围。在自由资本主义时代，由亚当·斯密开创的古典经济学派认为，人们追逐自身利益的生产经营活动借助于市场交换与竞争机制可以自动产生利他或双赢的社会效果，坚信“生产自动创造需求”和“市场能够实现充分就业”，几乎将市场这只“看不见的手”看作经济生活的万能调节者，因而主张将公共经济活动局限在“夜警国家”的极小范围。随着垄断资本主义的发展，资本主义生产方式内在矛盾日益加剧，以致在20世纪20年代末至30年代初爆发了震撼世界的经济大危机，资本主义制度的存续受到极大威胁，“生产自动创造需求”“市场能够实现充分就业”的经济学信条宣告破产，主张政府干预的凯恩斯主义经济学应运而生。与此同时，美国总统罗斯福为挽资本主义大厦之将倾，在其执政期间相继推行了一系列政府干预经济社会生活的公共政策，公共经济活动范围由此大大扩展，并且很快为欧美其他发达国家所效仿。“二战”以后，大多由社会民主党执政的西方主要国家着眼于经济恢复，力主推行“福利国家”政策，使公共经济活动范围进一步扩展并且演化为常态，直至20世纪70年代遭遇经济滞胀折磨，才被新公共管理运动所中断并有所收缩。与此相适应，古典经济学被新古典经济学所代替，英美学派的公共部门经济学从20世纪50年代后期随之逐步兴起。新古典学派经济学连同作为其分支的公共经济学，虽然存在于资本主义经济发展的新阶段，但继续秉承市场调节优先的经济理念，将是否存在市场失灵作为划分公共经济与民

间经济边界的基本原则，与古典经济学派相区别之处，仅在于大大扩展了市场失灵的范围和表现。有的经济学家以公共物品、外在性、规模收益递增、风险和不确定性、税收扭曲和市场无效率、收入分配、代际间效率与公平等诸多内容诠释市场失灵。[①] 也有经济学家将市场失灵概括为不完全竞争、不完全市场、不完全信息、公共物品、外部性和失业、通胀及其他宏观经济扰动六个方面。[②]

将市场失灵作为划分公共经济与民间经济边界的原则，具有一定的客观性，也基本符合现代混合经济现实情况，但仍然属于在较深层面对经济现象的描述，并没有从本质上透彻阐明公共经济和民间经济活动范围划分的根本原因。

（二）主体属性原则

所谓主体属性原则，就是将提供物品的主体所具有的属性作为划分公共经济与民间经济之间边界的依据。美国著名经济学家的布坎南等主张这种观点。这从他对公共物品的定义中可以看出。布坎南（1966）从“分析供应公共商品的组织”这一特定目的出发，将“任何集团或社团因为任何原因决定通过集体组织提供的商品或服务”，全部“定义为公共商品或服务”。[③] 应该说，这种以经济活动的主体属性作为区分哪些是公共经济、哪些是民间经济的原则并非没有道理，因为公共物品就是由公共机构提供的，从而公共经济就是以公共机构为主体的经济活动。但是，很显然，这种划分原则更加流于表面现象描述，也更加缺乏客观性，从而缺乏对公共经济实践的指导价值。因为，假如公共机构依据这一原则将提供满足私人需要的物品也纳入自己的活动范围，那么，相应的经济活动就会因此而从本质上具有公共经济性质吗?

（三）内在属性原则

这一原则，主张依据经济活动是否内在地具有公共性作为划分公共经济与民间经济边界或界定公共经济活动范围，因而也可简称为公共性原则。正如恩格斯所指出的：“集权的活动必然应当是有普遍意义的事情，而涉及这个

---

① 鲍德威、威迪逊：公共部门经济学［M］. 邓力平主译，北京：中国人民大学出版社，2000：43－56.

② 约瑟夫·E. 斯蒂格利茨：公共部门经济学第三版［M］. 郭庆旺等译，北京：中国人民大学出版社，2005：73.

③ 詹姆斯·M. 布坎南：民主财政论［M］. 北京：商务印书馆，1993：20.

或那个人的事情则不在内。”① 其中所谓“有普遍意义的事情”就是具有公共性特征的事务。可见，恩格斯这句话的意思是唯有公共性事务才应当通过集中个人权利由公共机构依托公共权力来完成。按照公共性原则，凡是以满足人类公共需要、实现公共利益并提供公共物品的公共性活动才应当纳入公共经济范围；反之，则应当纳入民间经济范围。这一原则本质上体现着社会分工规律的客观要求。在人类经济社会发展过程中，分工以其自然必然性发挥作用，不断从原有生产活动领域、工种或职业中分化和独立出新的生产活动领域、工种或职业，这就是社会分工规律。正是在社会分工规律的作用下，由社会公共机构生产和提供公共物品的公共经济活动才从浑然不分的人类原始经济活动中分离出来，成为与生产满足个人、家庭个别需要的私人物品的民间经济相对独立的一种经济门类。

由此可见，公共性原则不仅反映了公共经济与民间经济的本质差别，从逻辑上追溯到作为经济活动起因的人类需要之内在属性，而且体现着社会分工规律的客观要求，因而兼有客观性和本质性双重特征。同时，以此为划分公共经济与民间经济边界的尺度，还能够一并概括市场失灵论原则下所有的公共经济活动对象，将其统一归入广义的公共物品内涵之中，从而使公共物品成为整个公共经济学理论体系的核心范畴。我们持这一观点。

（四）占比适度原则

这主要是指合理控制公共经济与民间经济两大部门对社会资源总量的占用比例，使之动态地处于适度水平上，避免超过临界点，以维护民主政治与社会和谐稳定所必要的条件。确认这项原则，要求我们对于公共经济活动范围与规模的确定和选择，必须高度重视民间经济对公共经济的基础性作用。这是因为：“民间经济不仅为公共经济提供实现物质和价值补偿的经济资源，民间经济越发达、效率越高，为公共经济提供资源的能力就越强；而且民间经济的规模越大、内部分工越发达，也将对公共经济的规模和质量提出更高

---

① 需要明确，这里的“集权”显然是在社会成员及各自民间组织与公共机构之间关系这种意义上使用的，而不是指公共机构内部横向或纵向关系上的集权，正如恩格斯所指出的，因为其相对面是“涉及这个人或那个人的事情”。——马克思恩格斯全集第41卷［M］. 北京：人民出版社，1982：397.

的要求。”① 因此，决策层确定公共经济活动范围时，既要充分考虑本国本地区民间经济对公共物品的客观需求，又要客观审慎地评估现阶段民间经济对公共经济所需资源的承受能力。如果对此有所忽略，就会在公共经济活动范围和规模的选择性决策方面犯主观主义错误，严重影响整个混合经济的健康协调发展。

（五）历史性原则

意指公共经济与民间经济的边界以及二者在社会资源总量中的占比都是随着社会生产力发展水平的逐步提高、经济社会关系复杂程度的日益增强以及多数社会成员公平正义理念的渐次提升而不断变化的，因而呈现历史性特征。公共物品种类随着人类历史发展进程而不断增加，公共经济活动内容不断扩展，公共经济在社会资源总量中所占比重不断上升，就是最有说服力的证明。因此，对于一个国家公共经济与民间经济边界的具体划分，不能用一个固化的尺度刻舟求剑式地加以限定，而应当以是否具有内在的公共性这一客观尺度随着社会历史的进步与时俱进地适当调整；不同国家之间也不宜简单地相互攀比，而应当根据本国经济社会发展水平和解决经济社会矛盾的需要独立自主地选择确定。

我们主张，以公共性原则划分公共经济与民间经济的边界或者说界定公共经济活动范围，以占比适度原则控制公共经济与民间经济二者占用资源份额的量限，而以历史性原则指导公共经济与民间经济之间边界的适时适度调整。

三、我国公共经济与民间经济之间边界划分方面存在的问题

我国人民在中国共产党领导下通过革命建立的社会主义国家自然是以实现人民共同利益为根本宗旨的。但如果仅仅依据这一立国宗旨，而缺乏科学的公共经济理论指导，并不足以理性地解决治理社会、治理经济、治理文化等国家治理任务。这是因为，无论满足人民个人、家庭的私人需要还是满足不可分割的公共需要，不仅都属于实现人民共同利益，而且都与国家治理存在直接或间接的联系。基于此，如果不能按照公共性原则正确区分私人需要与公共需要，不能按照历史性原则动态地合理确定公共经济活动范围，不能按照占比适度原则正确把握公共经济资源筹集规模，就无法依照社会分工规

---

① 齐守印：中国公共经济体制改革与公共经济学论纲［M］．北京：人民出版社，2002：9.

律科学地确定哪些事务应当由公共机构负责解决、哪些事务应当留给社会成员个人、家庭、企业和其他社会组织等民间经济部门自主解决，很容易越俎代庖式地将许多应当由民间经济部门自主解决或只宜由市场机制调节的事务揽到公共机构职责范围内作为公共物品来提供，由此而混淆公共经济与民间经济之间的界限；或者将在经济社会发展更高阶段上才有必要和可能作为公共物品加以满足的事项过早地纳入公共经济范围；或者不能区分轻重缓急地将并不紧迫的公共需要纳入公共物品提供范围，却将对改善人民群众生存和发展条件更为重要、更为紧迫的事项遗留在公共经济范围之外……

这些情况不仅在计划经济时期存在，而且到目前为止依然不同程度地有所遗存，甚至在某些方面还在“民生财政”和“推动产业结构优化升级”的口号下有所发展。例如，前些年国家将能繁母猪养殖列入财政支付保险和补贴的范围，花费大量资金发展村级图书馆，却将改水改厕、垃圾处理等对改善农民生活条件意义更大的事项置之度外；一些地方只看眼前财政实力增加较快就贸然将高中教育纳入国家供给全部经费的义务教育范围，而罔顾财政中长期可持续承受能力问题；对耗能耗电量较高而且主要用于出口的太阳能发电设备给予财政补贴，对市场主体开办商店给予财政补贴或贴息；甚至对股市行情发生较大波动这种除应由金融监管部门对国际巨额游资兴风作浪和国内券商恶意炒作、内幕交易行为加以密切监管以外纯属市场调节范围的事情，都采取了多种直接干预手段加以救援。

公共经济活动范围在存在诸多越位情况的同时，在不少极为重要的领域却又明显缺位。例如，由于产品质量监管力度不足，就连与百姓生存关系最为密切的食品药品安全问题至今仍未能得到很好解决，其他商品假冒伪劣、缺乏安全使用保障或知识产权屡遭侵犯的情况更是较为普遍地存在，不少地方永久生态林因为处于公共监管真空状态而任人盗砍滥伐逐年减少、濒临消失，“公共地悲剧”在许多公共资源、公共资产领域日复一日地重演。如此等等。

公共经济活动范围错位现象，在国有经济产业布局方面同样大量存在。一方面，国有资本不断退出战略资源开发、城市基础设施、自然垄断行业、金融保险、先进设备制造等关系国计民生的重要产业；另一方面，许多国有资本却大量滞留在甚至新近投放于宾馆饭店、休闲度假等纯属竞争性产业领域。

上述这些公共经济与民间经济之间边界划分明显错位问题，既制约了公共经济服务民间经济和改善人民公共福利等应有功能的有效发挥，也不利于民间经济活力的充分释放，从两个方面减损着社会经济资源的整体配置效率、国民经济福利；既可以归之于公共经济和民间经济不平衡不充分发展与人民日益增长的美好生活需要之间的矛盾，也是亟须克服的国家治理体制缺陷之一。

四、优化公共经济与民间经济之间边界划分或整体结构的路径

党的十九大报告指出："中国特色社会主义进入新时代，我国社会主要矛盾已经转化为人民日益增长的美好生活需要和不平衡不充分的发展之间的矛盾。"[①] 应当认识到，在新时代我国社会主要矛盾中作为第一个矛盾方面的"人民日益增长的美好生活需要"，既包括应由民间经济部门提供私人物品来满足的个人、家庭、企业千差万别的个别需要，也包括必须由公共经济部门提供公共物品来满足的公共需要；作为第二个矛盾方面，即矛盾的主要方面的"不平衡不充分的发展"，既包括民间经济发展的不平衡不充分，也包括公共经济发展的不平衡不充分，并且民间经济发展的不平衡不充分与公共经济发展的不平衡不充分之间存在着密切关联。甚至可以说，在两大部门共同存在的不平衡不充分发展当中，公共经济发展的不平衡不充分是需要国家着力解决的矛盾主要方面，道理在于：民间经济发展不平衡与作为公共物品之一的宏观调控政策引导不当有关，而解决民间经济发展不充分问题则有赖于公共经济提供必要的助推服务。想要解决公共经济发展不平衡不充分问题，改善宏观调控政策、强化公共经济促进民间经济发展的助推服务，最基础、最关键的则是进一步解决好公共经济与民间经济之间边界划分不清、相互间结构优化度不够的问题。

（一）按照科学划分的原则合理确定公共经济活动范围

首先，必须坚持按照公共性原则明确界定公共经济活动范围，将政府干预限定在公共经济范围内，尽可能使公共经济与民间经济之间的边界划分符合社会分工规律。这是因为，"只有在政府与市场、政府与市场活动主体形成这种合理社会分工的制度安排下，整个国民经济才有可能实现最佳效率运

---

① 习近平：决胜全面建成小康社会 夺取新时代中国特色社会主义伟大胜利［M］．北京：人民出版社，2017：11.

转。”① 具体而言，就是要按照公共性原则明确列示政府职责权限的正面清单，并据此规范国民经济与社会发展规划（计划）的内容和各级政府预算资源配置范围，着眼于通过各种必要而充分的公共物品供给间接地引导、促进和服务民间经济的健康持续协调发展，而不是直接插手干预民间经济活动，以便让市场供求、价格和竞争机制成为民间经济主体选择资源配置方向的决定因素。

其次，应当按照占比适度和历史性原则确定公共物品提供品种和公共经济规模。我国经济总量虽然已经上升到世界第二位，但人均 GDP 仍然排在世界各国的中下游位置，因而总体上仍处于社会主义初级阶段，仍是发展中国家。考虑到这种国情特点，我国近期内对于公共经济边界的划分，无论从其活动范围还是从相对规模方面都不宜与发达国家盲目攀比。一是在公共物品提供种类方面，“不仅要满足一般市场经济条件下共性的要求，还要满足有效地发挥国家在实现赶超现代化和体制转轨过程中特殊作用的需要”。当前，为了解决我国新时代经济社会发展所面临的主要矛盾，既要求国家通过适当增加直接面对社会成员的公共物品供给满足人民日益增长的公共需要，又需要通过完善经济发展的基础设施等外部环境解决民间经济发展不平衡问题，全面深化改革、加快体制转型也需要公共经济支付必要的成本，因此，这一时期公共物品种类相对较多并且明显增加是难以避免的。二是在公共经济相对规模的把握上，“既要防止政府服务不足，更要避免因政府过度占用资源而对由市场配置资源的民间经济产生挤出效应，从而降低国民经济的整体效率。”② 与此同时，体现为 GDP 中财政收入占比的公共经济相对规模如果超出由本国经济发展水平所决定的合理限度，将会导致企业财政负担过重、产品成本相对较高，势必降低我国产品在国际市场上的竞争力，从而缩减基于国际市场需求的经济增长动力。

（二）公共经济的合理范围

依据前述原则，考虑现阶段我国基本国情等因素，以公共物品类别为线

---

① 齐守印：中国公共经济体制改革与公共经济学论纲［M］. 北京：人民出版社，2002：101－102.

② 同上。

索展开，现阶段我国公共经济的范围应当包括以下八个方面：

1. 维护国家主权，确保国家安全。主要包括国防、外交、国家安全等政治安全性公共事务和货币发行、金融监控、国际收支平衡、海关及关税、战略资源控制等经济安全性公共事务。

2. 全面推进依法治国，动态优化各种制度。广泛吸收人类文明有益成果，加快推进与中国国情相适应的现代法律、政治、产权、市场、财政、社会保障等制度建设，尽快形成系统完备、科学规范、运行有效的公共经济制度体系。

3. 制定实施正确的公共政策，保证经济、社会、生态、人口协调可持续发展。既包括能够科学指导经济政治社会发展的中长期战略目标、措施和规划，也包括能够有效应对近期公共风险的随机性对策。持续不断地保护和优化生态环境，确保自然和经济资源的永续利用。

4. 适时进行宏观调控，保证经济稳定增长和经济技术结构优化升级。主要是根据社会供求总量对比关系的具体状况，着眼于实现通货稳定、充分就业，相应采取扩张性、紧缩性或中性的财政政策、货币政策，发行并管理通货，平抑经济波幅，保持经济运行相对稳定。同时，采取切实有效的措施持续推进供给侧结构性改革，从根本上提高我国经济技术方面长期稳定的国际竞争优势和质量水平不断提高的国内消费需求。

5. 完善基础设施条件，提供基本公共服务。加快向城市化、工业化、经济社会信息化、农业农村现代化转型，加快缩小区域和城乡发展差距，到新中国成立一百年时基本实现现代化，公共经济必须承担起完善城乡各类基础设施、推进基本公共服务均等化的繁重任务。

6. 调节收入分配，保护弱势阶层。在重视效率基础上适当强化调节收入分配的功能，通过税收和转移支付措施，建立健全一整套与现阶段生产力水平相适应的收入分配调节体系，努力保证由于各种原因而在竞争中处于弱势的人群拥有基本的生存权和发展权，防止财产和收入分配差距的过度悬殊，构建共享型、包容型、和谐型社会。

7. 维护公有制主导地位，积极发展混合所有制经济。以公有制为主导的混合所有制经济是符合社会主义初级阶段中国国情的基本经济制度。维护公有制主导地位是坚持社会主义道路在生产资料所有制方面的根本要求，而发展混合所有制则既是放大公有制功能、融合非公有制成分、实现产权清晰、增强经济活力的重要途径，也是优化国有资本布局和运行机制、发挥国有经济在宏观经济调控中辅助功能的重要措施。

8. 推动中国特色社会主义文化繁荣发展。中国特色社会主义文化应当是以马克思主义基本原理及其中国化的理论成果为指导、传承中国传统文化精华、广泛吸纳其他民族国家优秀文化成果的先进文化形态。推动这种文化形态繁荣发展，有利于维护和促进社会主义民主政治、现代经济、科学文化、和谐社会、民族精神与核心价值观的发展，有助于不断增强自立于世界民族之林的软实力，因而应当成为我国公共经济必须有效提供的公共物品大类之一。

（三）民间经济的合理范围

在社会经济整体中，除以上列举的公共经济事项之外即为民间经济活动范围。可见，民间经济活动范围远比公共经济更广。举凡社会成员个人、家庭及其经济社会组织能够自主完成的物质资料和精神文化生产与交换活动，或者说凡是生产经营用于满足社会成员个人、家庭及其组成的经济社会组织个别需要并且由他们根据自己需要独立自主选择购买并消费使用的物品的活动，都属于民间经济领域。由于民间经济相对于公共经济而言处于基础地位、覆盖范围极其广泛，所以，从理论和实践上一般都采取排除法来概括其活动范围边界，即如本段开头所言：在一个国家或地区中除了所列举的公共经济活动领域之外都属于民间经济。

（四）公共经济与民间经济的交叉地带

按照前面关于可以用列举法界定公共经济活动范围、用排除法界定民间经济活动领域的原理推论，公共经济与民间经济之间的边界理应是非此即彼、泾渭分明的，似乎不应该存在二者交叉地带。但在现实中，又确实不可避免地存在一些公共经济与民间经济相互交叉的情形，具体表现至少有以下三种：

一是在提供具有排他性的混合物品方面公共经济与民间经济存在机械性的相互交叉。例如，在教育领域，属于学前教育阶段的幼儿园，有的是由公共机构作为公共物品提供的，但更大量的则是由民间组织或私人资本作为私人物品提供的；高等教育中，多数普通院校是公共机构举办并由公共财政负担大部分投资或经费，也有相当一部分职业技术教育类高等院校是在公共政策支持下由私人部门举办、基本上依靠受教育者缴纳学费运营的；高中教育基本上是公共机构投资举办而依靠受教育者缴纳学费维持日常运营；即使是属于义务教育阶段的小学和初中，也逐渐出现了一些由私人资本或民间组织举办并依靠受教育者缴纳学费运营的，所谓的“国际学校”就属于此类。在交通领域，多数高速公路和航空公司是公共机构投资建设或举办的，但也有少数是境内外私人资本建设或经营的。文化体育领域也有类似情况。

二是在公共物品提供过程中公共经济与民间经济存在合作性的相互交叉。例如，近年来着眼于缓解公共财政收支矛盾、发挥民间经济管理优势、提高财政支出绩效而作为财政管理改革措施出现的公私合作提供公共工程项目类公共物品（PPP），在政策咨询、改革方案设计、园林管理、垃圾处理等领域呈逐步增加趋势的政府购买公共服务等。在这种合作性相互交叉领域，政府仍然是相关公共物品的提供者，而社会资本和民间组织则是相关公共物品的具体生产者，二者在这类公共经济活动中是一种基于法律保护、平等互利的契约性合作关系。

三是包含在国有经济制度与活动之中的公共经济与民间经济相互交叉。国有经济由来已久，其源头至少可以追溯到封建时代的盐铁官营和常平仓，即使在现代发达市场经济国家仍然不同程度地存在，在以生产资料公有制为基本经济制度的社会主义国家则表现为主体或主导经济形式。从理论角度考察，无论在任何时代，国有经济一般来说总是作为实现某种公共目标（如作为增加公共收入来源、克服自然垄断、稳定经济、保障粮食安全等）而举办并延续存在的，因而它作为一种经济制度形式而言，本质上是一种用以满足某种公共需要、实现公共利益的公共物品。这是一方面。另一方面，国有经济生产和经营的对象从内在属性上却属于主要用于满足社会成员个人、家庭及其经济社会组织个别需要的私人物品——例如与民间经济主体所经营的并无二致的钢铁、粮食等。换言之，此类国有经济就其经营活动内容的本质来看在属性上只能归之于民间经济。这样，在国有经济这一事物中，就同时存在着制度形式上属于公共物品而其经营对象又属于私人物品这种公共经济与民间经济二重属性的内在交叉。毫无疑问，对于这种二重属性相互交叉的国有经济而言，在实际经营过程中与民间部门之间的市场竞争不可避免，从而在更直接的意义上存在着公共经济对民间经济的挤出效应。为了将这种竞争和挤出效应限制在最小的程度，理应将国有经济集中布局于同实现宏观经济调控目标关联度较强、事关国计民生和国家长远战略利益、有利于克服自然垄断的产业领域，尽可能使国有经济从经营对象本身的属性上靠近公共性，以最大限度地缩小国有经济制度形式与经营活动在本质属性层面的内在冲突。相关的具体内容将在以后相关专题论述中略为展开。

总之，尽管公共经济与民间经济之间在混合经济总体中相互依存、相互补充并且存在着上述三种相互交叉的情形，但这既不妨碍从理论思维上清晰地把握二者间的界限，即使在实践中，如果能够做出科学的体制安排，也同样可以使二者各得其所、各展其长，实现二者间相互结构的优化，以利达成整个国民经济体资源配置帕累托最优和国民福利最大化的目标。

公共经济与民间经济之间边界的划分，在将公共经济和民间经济活动相对限定在适宜范围的同时，也分别在各自的产权关系基础上生发出两类具有不同属性特征的经济责权：一类是在公共经济产权关系基础上生成的公共经济责任和权力，另一类是在民间产权关系基础上生成的民间经济责任和权利。其中，民间经济责任与权利自然属于社会成员个人、家庭以及由他们自愿结合而成的企业和其他民间社会组织，即各类民间经济主体对其本身活动结果负责并且依法享有活动自主权；而公共经济责任与权力以何种方式存在或实施，则是要在下一节详细讨论的主题。

第二节　公共经济责权在其终极主体与受托主体之间的合理划分

公共经济责权通过公共经济活动范围的界定在其产权关系基础上整体形成，构成整个公共经济体制赖以生发和构建的初始基点。在这一基点上，公共经济责权按照我国社会主义初级阶段政治制度经济的根本属性在公共经济的终极主体与受托代理主体之间做出划分，载入宪法，形成特定的存在形态。

一、公共经济责权的二重存在形态

与民间经济责任与权利统一由民间经济主体各自履行与行使不同，由公共经济的自身性质所决定，公共经济责权在任何社会制度下都要以某种对立统一的二重形式存在和运行。这是因为，在人类社会走出野蛮时代以后，基于社会分工规律和效率原则，公共经济不能采取所有社会成员一起参加或分散承担的方式进行，而必须委托一部分社会成员组成的公共部门集中完成；但是，按照公共经济的本质属性，作为公共经济终极主体的社会成员出于维护自身利益的需要，对公共部门完成公共经济事务的情况又不能撒手不管、任其自然运行。这样，公共经济责权就必须分化为二重结构的存在形态：一方面，公共经济责权需要由民间经济主体以某种契约形式让渡或委托于社会公共机构代理集中行使，这种受托代理权在相关法律保护下获得超然于众多民间经济主体之上的相对独立存在；另一方面，社会成员集体继续保留着作为公共经济终极主体所拥有的监督公共经济责任履行和公共经济权力运用的权利，借助于一定机制参与公共经济决策的权利，以至依照宪法和法律规定的程序定期选择或者在公共经济管理效果欠佳、严重损害人民公共利益的情况下随时撤换公共经济受托代理人的权利。公共经济责权的这种二重存在结构，在我国宪法和各级人民政府组织法等规范公共经济活动的法律中都有相应条文进行规定和表述。[①] 这是由我国社会主义公共经济生产关系的根本性质和作为其实现形式的经济政治根本制度所决定的，是公共经济本质属性到社会主义历史发展阶段获得回归的集中体现。

---

① 《中华人民共和国宪法》第二条首先明确“中华人民共和国的一切权力属于人民”。在此基础上，先是规定“人民行使国家权力的机关是全国人民代表大会和地方各级人民代表大会”，继之又规定“人民依照法律规定，通过各种途径和形式管理国家事务，管理经济和文化事业，管理社会事务”。第三条规定：“全国人民代表大会和地方各级人民代表大会都由民主选举产生，对人民负责，受人民监督。国家行政机关、监察机关、审批机关、检察机关都由人民代表大会产生，对它负责，受它监督。”第二十六条又规定：“一切国家机关和国家工作人员必须依靠人民的支持，经常保持同人民的密切联系，倾听人民的意见和建议，接受人民的监督，努力为人民服务。”第三十三条规定：“任何公民享有宪法和法律规定的权利，同时必须履行宪法和法律规定的义务。”第四十一条规定：“公民对于任何国家机关和国家工作人员，有提出批评和建议的权利；对于任何国家机关和国家工作人员的违法失职行为，有向有关国家机关提出申诉、控告或检举的权利。”第七十七条规定：“全国人民代表大会代表受原选举单位的监督。原选举单位有权依照法律规定的程序罢免本单位选出的代表。”第一百零二条规定：“省、直辖市、设区市的人民代表大会代表受原选举单位的监督；不设区的市、市辖区、乡、民族乡、镇的人民代表大会代表受选民的监督。地方各级人民代表大会代表的选举单位和选民有权依照法律规定的程序罢免由他们选出的代表。”同时在第五十三条规定：“公民必须遵守宪法和法律……爱护公共财产……遵守公共秩序”；以第五十六条规定：“公民有依照法律纳税的义务。”——人民日报［Z］. 2018－03－22（1）.

二、公共经济责权在公共经济终极主体与受托主体之间的现实划分中初级阶段特点和显著不足

就初级阶段特点而言，至少表现在两个方面：一是行政机关首脑全部通过人民间接选举产生和罢免撤换，人民通过直接选举公共机构负责人实行公共经济自治仅限于村级；二是各级人大代表候选人由人民群众自己酝酿提名过程不充分，并且人民群众作为选举人对被选举人资格信息了解不充分，存在选举信息不对称问题；三是在公共物品供给和相应的公共资源配置方面直接征询民意尚未纳入制度安排，直接民主的内容较为空泛等。这些不足，与我国社会主义初级阶段公民素质有待提高、民主参与能力较低等国情是基本相适应的。

就不足而言，主要体现在五个方面：一是依据公共性原则划分公共经济与民间经济之间的边界，并相应地在公共经济终极主体与受托代理主体之间划分公共经济责任与权利（力），这在宪法的相关条款中未能鲜明体现，对执政党、人大和政府的经济社会职权表述难以区分其中的公共事务或民间经济主体自主事务，成为导致实践中公共经济越位与缺位并存的制度性根源；二是对社会成员及其结成的经济社会组织所应让渡的权利列举不全面，例如，只明确了人民群众作为公共经济的终极主体以税收缴纳方式让渡部分经济权利的责任，而没有同时规定依照法律缴纳各种规费和公共物品使用费等其他财政收入的责任，但实际上却必须缴纳，从而显露出相关规定存在缺漏；三是公共经济政策和公共物品提供计划主要基于各级党委和政府的主观意愿而时常偏离人民群众自身意志，体现出对人民群众应有的直接参与公共经济决策的民主权利有所忽视；四是人民群众对公共经济决策与执行过程的监督权因缺乏有效机制而难以充分实现，信访渠道不畅，一些信访人将上访变为谋取不正当利益的捷径，而不少公共机构为避免上级追责而将接访变为“截访”；五是对公共经济终极主体和受托主体违反宪法规定的公共经济责任或滥用公共经济权力行为没有责任追究条款，致使其强制约束力不足等。

三、优化公共经济责权在公共经济终极主体与受托主体之间划分体制的途径

1. 完善《宪法》关于公共经济和受托代理主体经济社会权力的表述，按照公共性原则列出公共部门权责清单，用以规范和约束公共机构履职行为，以切实将公共经济受托代理主体的经济社会责任和权力明确地限制在公共事务范围内。

2. 全面列举公共经济终极主体的经济责任和权利，使之明晰化，使人民群众全面认识自己同时作为民间经济主体和公共经济终极主人的双重责任与权利，以便在民间经济活动中对自己的行为结果全面负责并依法维护自身权益，在公共经济活动中自觉履行作为公民的责任、义务并积极行使当家作主的民主权利。

3. 强化人民群众对公共物品偏好的表达机制，拓展人民群众参与公共经济决策的渠道，更为充分地落实公共经济终极主体当家作主的权利。

4. 将提高公共经济决策、执行的过程和结果的公开透明度提升到《宪法》规定层面，以利落实公共经济终极主体对受托代理主体的监督权；建立健全有关社会团体、专家学者等对立法中涉及的重大利益调整论证咨询机制；拓宽公民有序参与公共经济相关立法途径，健全公共经济相关法律法规、规章草案以及公开征求意见和公众意见采纳情况反馈机制，广泛凝聚社会共识。正本清源治理信访，使之回归为人民监督政府、反映合理诉求、维护合法权益的规范渠道。

5. 建立健全合宪性审查和违宪责任追究机制，对所有违反宪法行为给予适当的法律责任追究和必要的惩罚，以利公共经济责任严格履行和公共经济权力依法运行。

6. 强化国民素质教育，加快培育公民意识，提高公民充分履行公共经济责任、行使《宪法》规定的公共经济主体权利的能力。

第十五章　公共经济责权的横向配置

公共经济责权的横向配置，是指公共经济责权依照分工原理和功能差别在同级各类公共机构之间的分配，即经济学视角下的政权组织形式，是整个公共经济体制的一个重要维度。

在公共经济责权经由公共经济活动范围界定而整体性形成，并以二重存在方式配置于公共经济终极主体和受托代理主体的基础上，作为公共经济受托代理主体的社会公共机构（在人类社会发展的一定阶段表现为民族国家，即广义政府）就要凭借公共经济终极主体赋予的公共经济权力履行公共经济责任：筹集并配置公共经济资源，依据民间经济主体偏好有计划地向后者提供公共物品。然而，作为现代公共机构的民族国家本身无不是由横向和纵向两个维度的分支组织架构而成的网状体系，因此，民族国家作为一个整体所承担的公共经济责任只有在按照一定规则划分给各个分支组织，并将其所拥有的公共经济权力也相应地配置给各个分支组织具体行使，才能现实地开展公共经济活动。

在现代中国政治生活中，中国共产党是整个国家公共机构的领导核心，同时实行人民代表大会制度、政治协商制度。与此相适应，各级公共机构依据不同职能区分为执政党机关、人大机关、政府机关、政协机关、监察机关、司法机关。在这六类高层公共机构之下还有次级公共部门，即分别设置执行各种不同公共经济责权的多个职能部门。各级公共机构一级、二级分支部门之间公共经济责权的配置及在此基础上的协作配合，构成公共经济运行的横向结构。这种横向结构是否科学合理，不仅关系到本级公共机构完成公共经济职责的效率，还会对不同层级公共机构之间纵向公共经济责权的运行效率产生重要影响。但是，对于这一维度的公共经济体制问题，所有西方版本（包括西方原版和中国引进以后不同版本）的公共经济学抑或财政学都从未论及过，只有非主流学派的极少数学者曾经不同程度地对此进行过理论探索并提出相应的体制改革建议。[①] 不过，好在由于这一问题在国家治理实践方面无法回避，因而中外相关实践探索的经验教训和相关的政治学研究成果都是相当丰富的。本章将直接或间接地吸收经济学、政治学、财政学既有研究成果，同时借助中外相关实践经验的启示，就我国公共机构不同部门之间横向维度的公共经济责权科学划分问题展开研究与论述。

第一节　我国公共经济责权横向配置现状

在现代中国县以上每个公共机构层级上，公共经济责权依照《宪法》确定的政治架构分别配置于执政党机关、人大机关、政府机关、政协机关、监察机关和司法机关，由此构成第一层次的横向公共经济体制；而这些一级公共机构又将其所承担的公共经济责任和相应拥有的公共经济权力进一步划分给它的所属职能部门，从而构成第二层次的横向公共经济体制。

一、第一层次公共经济责权横向配置现状

（一）执政党的公共经济责权

“中国特色社会主义最本质的特征是中国共产党领导”[②]，由于中国共产党作为《宪法》规定的执政党一直处于国家政权结构之内，而不像西方合法政党那样会基于大选中得票情况时而在国家政权结构之内、时而逸出国家政权结构之外，因而，对于中国公共经济责权横向配置的理论研究和体制设计，不仅需要将执政党机关作为第一层次公共部门，而且必须作为居于所有第一层次之首的公共部门来考虑。而根据《中国共产党章程》的规定，“党的领导

---

① 何盛明、刘尚希1995年曾指出“现在分配秩序混乱，非财政部门参与分配的现象日益严重”，并就解决政府财权在各部门分散配置问题提出建议。——见何盛明、刘尚希：财权分散不利于政权统一［J］．真理的追求，1995（7）。齐守印在其所著《中国公共经济体制改革与公共经济学论纲》（人民出版社，2002年）中，则在理论分析和借鉴发达国家相关经验的基础上用一个整章（第六章）篇幅较为系统地论述了实现中国公共经济责权在立法、行政、司法三大权力机构之间以及政府所属各行政部门之间优化配置的思路。与此同时，就通过深化改革优化我国公共财政责权的横向配置体制问题在相关著述中不同程度地进行过讨论。——见齐守印等：构建现代财政体系——基本构架、主要任务与实现途径［M］．北京：中国财政经济出版社，2012：154；齐守印：关于系统深化财政体制改革的思考［J］．财贸经济，2013（1）；齐守印：革除横向财政体制弊端亟待提上改革日程［N］．中国财经报，2015-04-24.

② 习近平：决胜全面建成小康社会 夺取新时代中国特色社会主义伟大胜利［M］．北京：人民出版社，2017：20-21.

主要是政治、思想和组织的领导”，并不直接向社会提供公共物品，而是通过提出公共经济大政方针、法律制度基本框架、提名国家机关和事业性公共机构领导成员人选等间接方式、间接措施，来把握公共经济运行方向、维护公共经济生产关系、尽力避免公共经济发生异化。

具体而言，中国共产党从中央到地方各级委员会拥有以下公共经济责任与权力：1. 承担保障正确提供政治制度、经济制度、法律制度、文化制度等制度性公共物品，以及推进国家治理体系现代化、增进人民根本利益、发展民主政治、维护社会公平正义的公共经济责任，相应地拥有向国家权力机关提出制度性公共物品初始供给和体制改革创新基本方案的公共经济权力；2. 承担保障经济社会、生态环境、人口质量和数量协调稳定持续有效发展的公共经济责任，相应地拥有向国家权力机关提出相关发展理念、发展道路、发展战略、发展规划和计划建议的公共经济权力；3. 承担保障国家机关和国有企事业单位领导人素质能力、推进国家治理能力现代化的公共经济责任，相应地拥有提名这些人选、对公共机构领导成员实施教育培训、推动公共机构防腐倡廉的公共经济权力；4. 承担保证国家机关、经济文化组织和人民团体积极主动、独立负责、协调一致工作的公共经济责任，[①] 相应地拥有在相关公共机构中设立党的组织、发挥核心作用的权力；5. 组织督促各类公共机构、社会组织和人民群众统一行动，落实公共经济制度、政策、规划、计划的公共经济责任与社会活动权力。中国共产党各级机关所承担的上述公共经济责任，凭借法定权力、通过法定程序转化为国家权力机关制定的宪法、法律、法规和审议批准的中长期规划、年度计划、财政预算以及做出单项决定、人事任免，再通过行政机关、政协机关、监察机关、司法机关以及公共机构中党员干部公务行为和党员先锋模范作用付诸实施。

中国共产党各级委员会在公共经济中所承担的责任繁难复杂、所拥有的权力至高无上，如何始终不渝地出色履行公共经济责任、正确行使公共经济权力而不受权力腐蚀，是确保自己长期居于执政地位所面临的严峻考验，从而对加强党的思想建设、组织建设、纪律建设和执政能力建设提出了很高要

---

① 《中国共产党章程》明确规定：“党必须保证国家的立法、司法、行政机关，经济、文化组织和人民团体积极主动地、独立负责地、协调一致地工作。”——人民日报，2017－10－29.

求。因为，苏共垮台的殷鉴不远。

（二）人民代表大会的公共经济责权

在我国，人民代表大会是人民行使国家权力的机关，其中全国人民代表大会是最高国家权力机关，全国人大常务委员会作为常设机构在人民代表大会闭会期间代行法定的国家权力，因此，全国人大及其常委会在国家权力体系中处于核心和首要地位。全国人民代表大会拥有修改宪法和监督宪法实施，制定和修改刑事、民事、国家机构和其他基本法律，选举和罢免国家主席、副主席，决定和罢免国务院总理、副总理、国务委员、国务院组成部门首长，选举和罢免中央军事委员会主席和国家监察机关、司法机关首长，审查和批准经济社会发展计划、国家预算，决定战争与和平等职权。全国人大常委会对全国性公共事务也拥有很多重要的决策职权。全国人大及其常委会在拥有对全国性公共事务决策权、立法权的同时，对国家行政机关、监察机关、司法机关履行公共经济责任、行使公共经济权力的行为拥有监督权。由此可见，全国人大及其常委会与行政、监察、司法机关之间不是资本主义国家所通行的那种权力分立与制衡关系，而是最高权力与派生权力之间的关系。

地方各级人民代表大会作为地方国家权力机关的公共经济责权，是在本行政区域内保证宪法、法律、行政法规的遵守和执行，依法通过和发布决议，审查和决定地方经济建设、文化建设和公共事业建设的计划，审查和批准预算，选举和罢免本级政府正副首长和他们派出的代表，其中县级以上地方人民代表大会有权选举和罢免本级监察机关、司法机关首长。县级以上地方各级人大常委会在同级人代会闭会期间拥有讨论决定本行政区域内各方面工作的重大事项，监督本级行政机关、监察机关和司法机关的工作，依法决定本级国家机关工作人员任免的职责权力。

通过以上各级人民代表大会及其常委会的法定职权可以看出，人大机关的公共经济责权主要是将同级党委有关公共经济的大政方针、制度政策、人事任免建议依照法定程序转化为国家权力意志体现物，即制度、法律、法规、政策、决定等决策性公共物品的任务属于公共经济核心生产力的各级国家机关首长，并负责和有权监督各种类型公共经济决策的执行。

（三）政府的公共经济责权

各级人民政府由同级人民代表大会选举产生，是同级国家权力的执行机关，简称国家行政机关，由其所属组成部门和直属机构构成，根据宪法和法律规定以及同级国家权力机关的决定和授权，在本辖区内管理国家政治、经济、文化、外交、军事等方面的行政事务，对国家权力机关负责并报告工作。

政府机关的公共经济责任与权力由宪法规定。国务院和县级以上地方政府都负责并有权在本行政区域内编制和执行经济社会发展计划和公共预算，管理经济、财政、民政、公安、司法行政、教育、科学、文化、卫生、体育、计划生育工作和城乡建设、生态文明建设等，向同级人民代表大会或其常务委员会提出议案，依法发布决定和命令，审定行政机构的编制和任免、培训、考核和奖惩行政工作人员等。此外，国务院作为中央人民政府还负责并有权制定行政法规，管理对外事务、同外国缔结条约和协定，领导和管理国防建设事业，统一领导全国地方各级国家行政机关的工作，改变或者撤销地方各级国家行政机关发布的不适当的命令、指示和规章，决定省、自治区、直辖市的范围内部分地区进入紧急状态等。乡镇级政府作为最基层的行政机关负责执行本级人民代表大会的决议和上级国家行政机关的决定和命令，负责并有权管理本行政区域内的行政工作。作为被监督者，各级政府都有向同级人大机关报告整体工作、报批公共预算和提交权责发生制政府财务报告的责任。

政府所承担的公共经济责任和所行使的公共经济权力，概括起来就是具体组织提供除基本经济政治社会制度、大政方针和立法、司法以外的各种公共物品，确保经济社会生态持续稳定协调发展。由于执政党和人大所承担和行使的公共经济责权都属于重大、宏观的公共经济事项，难以具体到经济社会生态领域公共事务的详细内容，因此，与执政党和人大相比，政府虽然处于整个公共经济运行链条的下游，但在种类纷繁的公共物品提供和公共事务管理方面拥有较多的主动创议权和自由裁量权，尽管这种主动创议权和自由裁量权受到执政党和人大的监督与约束。

(四) 政协的公共经济责权

由于中国共产党领导下的政治协商制度是我国的一项基本政治制度，人民政协尽管没有纳入宪法规定的国家政权机关序列，但却始终是我国政治体制的重要组成部分，在我国政治生活中具有不可替代的作用，因此客观上也承担着一定的公共经济责权。各级人民政协的主要职能集中于三个方面：一是政治协商，就是在执政党和人大尚未就关系国计民生的重大公共经济制度、政策问题正式做出决策和国家领导人人选尚未进入正式选举程序之前，执政党借助人民政协这一政治平台，组织民主党派和社会各界代表进行民主协商、集思广益，以利凝聚各方共识、增强决策的科学性，巩固和发展爱国统一战线，形成宽松稳定、团结和谐的政治环境。二是民主监督，主要途径包括：政协委员在例行的全体会议上向各级党委、人大、政府提出意见、建议和批评，民主党派在调查研究基础上就国家政治、经济、社会领域重大问题提出建议和批评，具有民主党派成员身份的政协委员通过提案、对党委和政府工作实施监督。三是参政议政，具体途径是各民主党派和其他各界人士通过定期举行的人民政协会议、参加执政党组织召开的民主协商会、高层谈心会、双月座谈会和随时提出书面建议等方式参与国家重大方针、政策、法律、法规的制定和执行，参与国家重大政治问题的决策和国家事务管理。

（五）监察机关的公共经济责权

监察机关是行使国家监察职能的专责机关，原为县以上各级政府组成部门。2016 年年初，习近平总书记在第十八届中纪委第六次全体会议上指出："健全国家监察组织架构，形成全面覆盖国家机关及其公务员的国家监察体系。"2018 年 3 月，全国人民代表大会通过了《中华人民共和国监察法》，并同时选举产生国家监察委员会。其后，县以上各级监察委员会相继由同级人民代表大会选举产生，全面覆盖包括中国共产党机关和人大机关在内所有行使公共权力的公职人员的国家监察体系由此形成，从而使国家监督权能不足、覆盖不全的问题得以解决。

各级监察委员会作为对同级人民代表大会负责、与同级行政机关和司法机关并列的国家机关，主要负责全国反腐败工作的组织协调、综合规划、政策制定、检查指导，承担国家反腐败法律的执行实施和检查监督，查办重大腐败案件，保证反腐败法律法规的贯彻实施等。① 具体公共经济责权包括：1. 对公职人员开展廉政教育，对其依法履职、秉公用权、廉洁从政从业以及道德操守情况进行监督检查。2. 对涉嫌贪污贿赂、滥用职权、玩忽职守、权力寻租、利益输送、徇私舞弊以及浪费国家资财等职务违法和职务犯罪进行调查。3. 对违法的公职人员依法做出政务处分决定；对履行职责不力、失职失责的领导人员进行问责；对涉嫌职务犯罪的，将调查结果移送人民检察院依法审查、提起公诉；向监察对象所在单位提出监察建议。监察机关在办理职务类刑事案件时与有关司法机关分工负责、互相配合、互相制约，所行使的

① 国家监察体制改革必须坚持"四个坚持"［OL］. 宣讲家网，2016－11－28。

监察权具有法定权限范围和界限，同时要接受党委和人民代表大会的监督。

（六）司法机关的公共经济责权

司法机关，在狭义上是指国家机构中掌握审判权和检察权的机关，在广义上则包括属于行政系列的公安机关、国家安全机关和司法行政机关。这里仅在狭义上讨论司法机关的公共经济责权配置问题。

人民法院作为国家的审判机关，依法独立行使审判权。最高人民法院的公共事务职权主要包括：监督各级地方人民法院和专门人民法院的审判工作；直接审判全国性的重大案件；如果发现各级人民法院已经发生法律效力的判决和裁定确有错误，有权提审或者指令下级人民法院再审；对于在审判过程中如何具体应用法律、法令的问题进行解释。地方各级人民法院根据行政区划设置，分为基层人民法院、中级人民法院、高级人民法院，分别负责并有权审判法律法令规定由各自管辖的刑事、民事和行政案件。

人民检察院作为国家的法律监督机关，依法独立行使检察权。根据人民检察院组织法的规定，人民检察院的公共事务责权是：通过行使检察权，对法院、公安、司法行政机关的执法活动实施监督，依法保障公民对于违法的国家工作人员提出控告的权利，追究侵犯公民的人身权利、民主权利和其他权利的人的法律责任，维护人民民主专政、社会主义法制、国家统一和社会秩序、生产秩序、工作秩序、教学科研秩序、人民群众生活秩序，保护公有财产和公民私有的合法财产，保护公民的人身权利和其他权利，保卫社会主义现代化建设的顺利进行。

中共十八届三中全会《决定》中提出要优化司法职权配置，健全司法权力分工负责、互相配合、互相制约的司法权力运行机制。党的十九大报告进一步明确要求“深化司法体制综合配套改革，全面落实司法责任制，努力让人民群众在每一个司法案件中感受到公平正义”。各司法机关要依照法律规定各司其职、各负其责、互相配合、互相制约，形成一个自我调节、自我完善的工作系统，以保证准确有效地提供司法性公共物品。

上述执政党机关、人大机关、政府机关、政协机关、监察机关、司法机关之间的公共经济责权配置，从第一层次的横向维度构成中国各级公共机构完整的公共经济责权链条。

二、第二层次公共经济责权的横向配置现状

第一层次六个方面公共机构内部都含有既整体一致又有所不同的各种具

体职能，这些具体职能分别由其所属的分支部门具体行使，由此形成第二层次公共经济责权的横向配置。鉴于政协机关、监察机关、司法机关所承担的公共经济职责虽然都十分重要，但其繁杂程度与党委、人大和政府相比要相对低一些，所属二级分支机构数量也相对少一些，所以，这里仅讨论执政党机关、人大机关和政府机关第二层次公共经济责权的横向配置问题。

（一）执政党机关第二层次公共经济责权的现行配置

中国共产党作为执政党，为了发挥统筹全局、协调各方的领导核心作用，在每一层级除设置组织、纪检、宣传、统战、政法、机关党建、综合办公等专职机构外，还在国家机关各部门和群团组织中设立党组、在国有企事业单位中组建党委，并且根据调研制定相关政策、制度和执行跨部门协调任务的需要设置若干属于议事协调机构的委员会、领导小组及其办公室。

（二）人大机关第二层次公共经济责权的现行配置

各级人民代表大会为了履行国家权力机关的职能，根据专门审议某一方面立法、议案和实施监督的需要，分别设置民族委员会、法律委员会、内务司法委员会、财政经济委员会、教育科学文化委员会、外事委员会、华侨委员会、环境与资源保护委员会、农业与农村委员会等，并在人大常委会中相应设置作为其对口办事机构的各工作委员会、未设专门委员会的工作委员会（如代表资格审查委员会、人事任免委员会、香港特别行政区基本法委员会、澳门特别行政区基本法委员会）和综合办公机构等。

（三）政府机关第二层次公共经济责权的现行配置

由于各级政府作为同级国家权力的执行机关处于向社会组织提供除司法和军事以外众多公共物品的第一线，大量公共事务都必须主动作为，因此，其职能分工更需细密。如上所述各级政府要负责编制和执行经济社会发展计划和公共预算，管理经济、财政、审计、民政、公安、司法行政、教育、科学、文化、卫生、体育、计划生育、城乡建设、生态环境以及国防、外交、国家安全等，其中经济事务又包括综合计划、货币金融、国有资产、国土资源、农业、林业、工业、水利、商务、交通运输、市场监管等众多公共物品的具体提供。按照专业化分工原则，这些为数众多的各种不同公共职能暨公共经济责权一般都需要分别设置一个甚至两个部门（例如财政管理分别由财政部门和税务部门负责）承担，每个部门负责组织提供某一类最终形态的公共物品或某些中间形态的公共物品（如计划、财政、审计、人事、编制等），并享有相应的公共经济权力。除正式明确的政府组成部门之外，还需要根据提供某些公共物品的需要设置若干专司直属机构，根据部门间协同工作的需要设置各种跨部门的议事协调机构。

1993年11月召开的中共十四届三中全会做出《关于建立社会主义市场经济体制若干问题的决定》，提出要“建立计划、金融、财政之间相互配合和制约的机制”。[①] 2013年11月中共十八届三中全会做出的《关于全面深化改革若干重大问题的决定》提出：“优化政府机构设置、职能配置、工作流程，完善决策权、执行权、监督权既相互制约又相互协调的行政运行机制。严格绩效管理，突出责任落实，确保权责一致。”[②] 2018年2月28日，中共九届三中全会审议通过《中共中央关于深化党和国家机构改革的决定》和《深化党和国家机构改革方案》，着眼于解决现行体制中存在的许多重要问题，构建系统完备、科学规范、运行高效的党和国家机构职能体系，以加强党的全面领导为统领，以国家治理体系和治理能力现代化为导向，以推进党和国家机构职能优化协同为着力点，再一次启动包括优化公共经济责权横向配置在内的公共机构改革。其中，中共中央机构深化改革主要是着眼于健全加强党的全面领导的制度，形成总揽全局、协调各方的党的领导体系，优化党的组织机构，健全党对重大工作的领导体制机制，推进职责相近的党政机关合并设立或合署办公，优化常规职能部门和决策议事协调机构的职责配置。具体包括：1. 新组建全面依法治国委员会、审计委员会、教育工作领导小组作为决策议事协调机构，其办公室分别设在司法部、审计署和教育部，将中央农村工作领导小组办公室设在农业农村部；将全面深化改革、网络安全和信息化、财经、外事工作四个领导小组改为委员会，相应设置四个办公室作为办事机构；整合原中央直属机构工作委员会和中央国家机关工作委员会职责，组建中央和国家机关工作委员会作为党中央派出机构，统一组织、规划、部署、指导中央和国家机关党的建设工作；通过整合原有相关机构，组建新的中央党校、中央党史和文献研究院；将原属于国务院所属的一些公共部门改为隶属或归

---

① 中共中央关于建立社会主义市场经济体制若干问题的决定［Z］. 十一届三中全会以来党的历次代表大会中央全会重要文献选编［C］（下）. 北京：中央文献出版社，1997.

② 中共中央关于全面深化改革若干重大问题的决定［Z］. 人民日报，2013-11-16（1）.

口党中央组织、宣传、统战部门管理，有的对外继续保留国家机构的牌子；取消和合并了一些重叠设置的委员会及其办公室，将其职能合并到中央政法委等机构中。全国人大机构改革主要是通过职能机构调整，新组建社会建设委员会，以加强社会建设、创新社会管理；将内务司法委员会更名为监察和司法委员会，以配合国家监察体制改革需要；以宪法和法律委员会代替原法律委员会，以推动宪法实施、开展宪法解释、推进合宪审查、加强宪法监督。国务院机构深化改革以构建职责明确、依法行政的政府治理体系为目标，主要围绕推动高质量发展、建设现代化经济体系、提高政府效能，着力推进重点领域、关键环节的机构职能优化和调整，按照事有专责和增强协同性的原则整合了自然资源、生态环境、农业农村、文化旅游、卫生健康、退役军人、应急事务、科学技术与外国专家、司法行政与法制管理、公共财务监督、市场监管、银行保险监管、医疗保障、水利建设等职能。地方党政机构改革比照中央机构改革原则同步进行。此外，还对政协内部机构和跨军地机构进行了合理化改革。

第二节　公共经济责权横向配置方面有待深度优化的问题

经过2018年党和国家机构改革，我国公共经济责权横向配置体制中原来存在的职能分割、职责交叉、权责脱节、机构重叠、政出多门、推诿扯皮同时又有某些职责缺位等突出问题在很大程度上得到了解决，从而将党政机构公共经济责权的横向配置关系朝着分工合理、责任明确、权责统一、运转协调方向推进了一大步。但是，公共经济责权横向配置体制改革不可能一蹴而就，尤其是其中一些十分复杂的深层次关系的正确处理和相关矛盾的有效解决更需要循序渐进地加以实现。关键在于，我们要在正视这些矛盾和问题的前提下，深刻认识解决这些矛盾的重要性和紧迫性，充分吸收古今中外治国理政经验和理论研究成果，积极探求科学的解决路径和方法，勇于通过持续不断的改革实现相关体制创新。

一、深化对克服横向公共经济体制深层次弊端重要性、紧迫性的思想理论认识

深层次优化横向公共经济体制的根本意义和终极目标，在于使相关公共权力机构在分工合理、责任清晰、权责匹配的基础上围绕实现公共资源最优配置、公共物品最佳供给、公共利益充分增进这一核心轴线有效协同配合。

公共经济责权横向配置能否达到这一目标要求，不仅关系本级公共机构整体公共经济责任履行的效率与质量，而且会对下级相关公共机构公共经济责任履行效率产生一定影响。这是因为，我国是实行的单一制国家结构形式，上级每个公共机构都掌握着一定的物质资源和权力资源，能够在一定程度上增加或减损下级地方的实际利益，因而对下级地方政府的决策行为产生很大的诱导性影响。对此，毛泽东同志早在1956年就曾明确指出："现在几十只手插到地方，使地方的事情不好办。立了一个部就要革命，要革命就要下命令。各部不好向省委、省人民委员会下命令，就同省、市的厅局联成一线，天天给厅局下命令。这些命令虽然党中央不知道，国务院不知道，但都说是中央来的，给地方压力很大。表报之多，闹得泛滥成灾。"① 基于单一制政体所固有的这种上下联动机制特征，如果上一级公共机构由于责权配置不合理而发生施政行为失范，势必连带性地导致下级对口部门乃至下级整个权力机构决策行为扭曲。由此可见，"尽管我国在过去的公共经济体制改革中往往忽略这一环节，而实际上科学设计同级公共权力机构内部横向间的公共经济责任体制，对于公共经济责权链条的科学构建具有十分重要的意义。"② 因此，必须从整体上深刻认识全面优化公共经济责权横向配置的重要性，从而增强尽快着力解决横向公共经济体制中深层次矛盾的紧迫感。

二、我国现行横向公共经济体制中仍然存在一些悬而未决的深层次问题

（一）执政党机关与人大机关、政府机关、司法机关之间的公共经济责权配置关系尚需进一步理顺

其一，执政党作为领导一切的核心公共机构拥有提出公共经济制度、政策、立法建议和提名国家机构领导成员人选的公共经济责权，如何与作为国家最高权力机关的人大独立负责地审议通过关于公共经济制度、政策、法律和选举任免国家机构领导人相协调？此外，有的地方省、市、县长由人代会刚刚选出不久就调离别的岗位任职，同样属于执政党与国家权力机关之间公共经济责权横向配置方面存在问题的一种表现。

其二，在党委与司法机关之间的公共经济责权关系上，尽管中共十八届

---

① 毛泽东：论十大关系［A］．毛泽东选集第五卷［C］．北京：人民出版社，1977：275－277.

② 齐守印：基于公共经济内在矛盾的国家治理机制研究［J］．财政研究，2017(4)：75－84.

四中全会做出的《决定》对防止党政机关干预司法机关依法独立行使职权提出了明确禁止的要求，[①] 但由于惯性作用，一些地方党委政法委在刑事、民事案件处理过程中，依然主观地发表结论性意见，有存在影响审判机关、检察机关、公安机关和司法行政机关独立行使司法权、执法权的情况。

（二）人大机关与政府机关之间的公共经济责权配置关系有待明确

在现实中，人大作为立法机关除了对重大公共经济事项进行立法、决策和监督之外，有向具体行政事务延伸的趋势，但对此尚无相关宪法条文加以界定。

（三）同级政府不同部门之间有些公共经济责权关系尚待理性处理

1. 计划与财政部门之间公共经济责权衔接问题。在公共经济再生产过程中，计划部门负责公共物品提供计划（包括年度计划和中长期规划，下同）的编制与执行，财政部门负责公共资源配置计划即预算的编制、执行与监管，二者都覆盖所有公共部门和公共物品。从理论上说，一方面，公共物品提供计划是公共资源配置的基础依据，公共资源配置离开公共物品提供计划将会无所适从；另一方面，公共资源配置则是公共物品提供计划赖以实现的物质基础和充分必要条件，脱离公共资源保障能力的公共物品提供计划将难以实现。基于二者间这种相互依赖又相互制约的内在联系，只有在公共物品提供计划与公共资源配置之间经过反复平衡、紧密衔接而达成一致的条件下，才能从基础环节保障公共物品的有效提供和公共物品再生产过程的顺畅循环。

但在现实中，计划部门往往脱离实质上为公共资源配置计划的预算约束来编制包括公共物品提供计划在内的经济社会发展计划，然后要求财政部门照此需求编制各级公共预算，而公共预算在财力上却往往难以满足计划的要求，由此导致公共物品提供计划因缺少财力支撑而难以付诸实施。这时，计划部门虽然不得不压缩原定公共物品提供规模，使之在所需公共资源数量上与公共预算资源可承受能力相适应，但往往脱离政府工作部署的重点和公共物品提供的轻重缓急程度，在财政预算划出的相关限额内按照自己确定的优

---

① 《中共中央关于全面推进依法治国若干重大问题的决定》指出："各级党政机关和领导干部要支持法院、检察院依法独立公正行使职权。建立领导干部干预司法活动、插手具体案件处理的记录、通报和责任追究制度。任何党政机关和领导干部都不得让司法机关做违反法定职责、有碍司法公正的事情，任何司法机关都不得执行党政机关和领导干部违法干预司法活动的要求。对干预司法机关办案的，给予党纪政纪处分；造成冤假错案或者其他严重后果的，依法追究刑事责任。"——人民日报，2014－10－29（1－2）.

先顺序安排项目，而将政府确定的重点项目所需公共资源作为硬缺口悬挂起来。这样一种计划编制方式，显然有违公共物品提供计划与公共资源配置计划之间的内在联系和本质要求，与公共经济的效率原则格格不入。可见，计划与财政之间相互衔接、相互制约关系亟待改善或重塑。如不尽早克服这一弊端，无论年度公共经济计划还是中期财政规划都难以实现预期成效。①

2. 综合计划与公共物品专责提供部门之间公共经济责权配置问题。在公共经济计划管理中，各个专责公共部门都负责并有权编制本部门公共物品提供计划；为了实现各种公共物品之间的结构均衡，由发展改革部门通过协调平衡编制公共物品综合提供计划，对于从整体结构上实现公共物品最佳供给目标是极为必要的。但在现实中，综合计划部门往往借助于计划管理的主导权，脱离专责部门所编专项计划的基础独自编制囊括各种公共物品提供的综合性计划和其中作为提供各种公共物品物质条件的基本建设专项计划，并且直接负责基本建设项目资金预算编制与执行，从而造成本应周密衔接、协调一致的经济社会发展综合计划、基本建设计划及其预算与各个专责部门所编单项公共物品提供计划变为互不衔接的“两张皮”。毋须详论，这种状况势必从计划这一基础和关键环节减损公共经济资源配置效率，因此亟待通过深化横向公共经济体制改革加以改变。

3. 财政部门与其他公共物品专责部门之间公共财务管理责权划分问题。任何一个经济体都需要设置综合负责公共资源配置、执行和公共财务监管的财政部门，同时，各个公共物品专责部门也需要拥有与自身职责相适应的公共资源配置、执行和财务监管责权。这就使得公共资源配置、执行和公共财务监管责权在负责公共财务综合管理的财政部门与公共物品提供专职部门之间不可避免地存在交叉与衔接问题。在我国，虽然《预算法》《会计法》等相关法律都在一定程度上对此做出过规定，但在实际执行中却一直未能真正通过清晰合理的划分得到很好解决，以致一旦财政资金使用管理中发生问题，党政领导或监察机关往往采取对财政部门和专责部门“各打五十大板”的问责方式，而不问究竟责任在谁。这种做法既不合情理，也难以真正有效地解决问题。正确的做法，应该是通过深化改革将财政部门与专责部门之间在公共预算、资金监管方面的责权做出合理而明确的划分，以实现相关公共经济

① 齐守印：中期财政规划管理体制机制性障碍的破解思路［J］．中国财政，2016（5）．

责权的有序运行。

4. 财政部门预算控制与审计部门事后监督检查之间的公共财务监管责权有待进一步明确。

上述问题如果不能得到合理解决，势必会增加公共经济责权横向运行的摩擦系数、减损公共经济运行效率，因此亟待通过深化横向公共经济体制改革并按照科学化、法制化原则加以解决。

三、解决横向公共经济体制中上述深层问题的建议性思路

(一) 进一步理顺横向公共经济体制中执政党与人大、政府之间的责权配置关系

首先，在执政党与人大机关的关系上，既要保证党提出的制度性、法律性、政策性政治主张和国家机构领导成员人选提名通过宪法规定的程序变为公共经济决策，又要保证人大独立行使立法权、决定权、任免权、监督权，虽然由于执政党和人大都是人民利益代表而具有坚实基础，但也因为双方人员构成不同、认识上自然难免存在差异，要就同一事务达成完全一致确有一定难度。按照合理逻辑，似应通过以下三条途径解决这一矛盾：一是执政党组织精英力量通过加强调查研究、集思广益，确保所提出的制度性、法律性、政策性主张和国家机构领导成员人选提名具有很强的科学性、公正性和民意基础；二是以此为基础，执政党委派代表在人代会或人大常委会上对所提出的政治主张和人选提名加以有说服力的论证说明，以此缩小双方相关信息认知方面差距；三是通过人大机关党组织和人大代表或人大常委会成员中的党员干部开展相关解释说服工作，进一步统一思想认识。如果在三措并举的情况下双方仍然难以达成大体一致的共识，那么，就应当尊重按照宪法规定程序进行表决的结果，因为就法理而言，宪法高于一切。与此同时，对于各级行政机关、监察机关、司法机关首长人选的提名，则应当遵循瞻前顾后、审慎行事的原则，尽可能避免提名人选任期未满甚至刚刚选出不久就调离更换的情况发生，以增强党委提名的严肃性和人大选举的权威性。

其次，在执政党与政府之间公共经济责权配置方面，应当坚持规范性原则，既要确保党对政府工作的领导，又要维护政府职能的完整性和统一性。因为，无论从理论上还是根据党章规定，党对政府的领导都主要是政治领导，“即在国家法制、政治原则、政治方向和重大决策方面的领导。党通过自己在最高国家权力机关中的政治地位和有效工作，使党和人民的意志上升为国家的法律，使党的主张转变为政府的公共决策，使党推荐的干部可以通过法定程序担任国家和政府的重要领导职务。”[①] 因此，党对政府工作实施领导的规范途径绝不在于直接分管某些领域的行政性事务，而应当坚持运用毛泽东同志所主张的“出主意、用干部”和适当督导措施：一是遵循执政党提出政治

---

① 朱光磊：当代中国政府过程［M］. 天津人民出版社，2006：66.

主张、人大机关据此立法和发布决定、政府负责执行的法定传导路径；二是通过政府及其所属各部门党组和党员领导干部对党所主张的方针、政策认真贯彻执行；三是通过定期听取政府及其所属部门党组工作报告、工作计划加以指导和监督。对此，邓小平同志在1941年论述“党与抗日民主政权”的关系时也曾正确地指出过：“党要细心地研究政策，正确地决定政策，并经过行政机关或民意机关中的党团，使党决定的政策成为政府的法令和施政方针。党的指导机关只有命令政府中党团和党员的权力，只有于必要时用党的名义向政府提出建议的权力，绝对没有命令政府的权力。”① 既然连命令政府的权力都没有，就更不宜直接管理应属政府活动领域的公共事务。同时，我们党即使在战争时期，都十分注意规范地处理执政党与政府之间的关系，在现今的和平年代自然更需如此。为了更加有效地确保党对国家事务实施政治领导的功能，各级党委倒是应该切实加强自身的智库建设，聚集更多政治素质、理论素质和政策研究能力兼优的精英人才从理论与实践的结合上加强对“五位一体”“四个全面”所涉及领域的战略、制度、法律、政策研究，并以开放包容的科学态度广泛吸收政治协商对象、社会性智库和独立研究的专家学者的真知灼见，以便使各级党委提出的各层次政治主张都具有高度的前瞻性、深刻性、科学性和可行性，确保实现我党长期执政和国家长治久安的功效。

再次，保证各级法院、检察院依法独立行使审判权和检察权，既是我党依法治国的严正主张，也是宪法和相关法律的明确规定。各级党委政法委在司法方面的职责应专注于协调推动和有效保障司法机关正确行使审判权、检察权及执法权，而不是越俎代庖地直接插手案件审理、干预甚至损害司法机关独立行使法定职权。为了彻底解决党委政法委干预司法机关独立行使审判权、检察权和相关执法权问题，必须认真贯彻落实党的十八届四中全会《决定》，对违规者加以严肃问责，对造成严重后果者绳之以法、严厉惩处。

（二）进一步理顺横向公共经济体制中人大与政府之间的责权配置关系

在公共事务管理方面，执政党和立法机关侧重管大事，给作为行政机关的政府留有主动发挥职能的较大机动余地，是世界各国公共经济横向体制安排的通行做法，我国宪法对人大和政府职权所做规定同样体现了这一原则。各级人民代表大会和县以上人大常务委员会作为权力机关拥有决定公共经济

① 邓小平文选第1卷［M］．北京：人民出版社，1994：13.

重大事项并监督政府机关履责行权的职权，政府作为公共经济的执行机关依法拥有提供实体性公共物品、进行日常公共事务管理的责权，同时有责任向同级人大和县以上人大常委会报告政府综合管理、计划管理和预算执行绩效、公共财务状况的责任，以接受权力机关的监督。但人大对政府的监督不可能事无巨细、什么都管，而应侧重对公共物品提供决策、财政预算决策、行政执法、人大决定等执行情况和公共财政绩效与可持续性等重要事项实施监督。只有如此，才有利于政府在依法行政基础上围绕实现党委和人大确定的施政目标积极主动、富于创造性地开展公共经济活动。同时，由于人大机构规模和人员编制有限，如果对政府行政事务监管过细，势必影响对重大公共经济事项的宏观审视与深度筹谋，导致职能行使上得不偿失的本末倒置。解决问题的关键在于，通过完善相关立法对人大监督政府的内容、重点、方式和程序做出具体规定，从而做到有法可依而不是任意而为。

（三）深度优化政府所属行政部门之间公共经济责权的横向配置

1. 按照分工协作的原则重塑计划部门与财政部门之间在公共物品提供计划与公共资源配置方面相互衔接、相互制约的关系。对于计划部门与财政部门之间在公共物品提供计划与公共资源配置方面的相互衔接、相互制约关系，韩国按照将计划与预算之间矛盾内部化的思路，采取了综合设置企划与财政部的解决方式。其实美国、英国、德国等许多发达国家都没有单设计划部门，而是将公共物品供给计划纳入财政预算管理轨道，通过财政部来综合解决公共物品供给计划与公共资源配置计划之间的衔接关系。我国高度重视通过综合计划管理实现宏观调控目标，所以，对于公共物品供给计划与公共资源配置计划之间衔接关系的解决，完全可以采取合理而清晰地配置综合计划部门与财政部门之间公共经济责权并以相关法律优化计划、预算编制程序的方式。为此，在综合计划部门与财政部门之间的公共经济责权方面，应当明确：综合计划部门有责任根据对未来年度或中期财政收入与财力预测结果和同级党委、政府总体工作部署编制公共物品供给乃至整个经济社会发展计划、中期规划草案，而财政部门则有责任参照公共物品供给乃至整个经济社会发展计划、中期规划草案编制年度预算和中期财政规划草案，并督促各部门将同级党委、政府总体工作部署和重点落实到部门预算之中；同时，赋予两个宏观管理部门向对方的计划草案和预算草案提出修正意见和建议的权力。在双方经过反复协调仍不能达成一致意见时，应由同级政府常务会议讨论决定，或者先由同级党委财经委协调，尔后按程序相继提交同级政府常务会、党委常委会集体研究决定，最后报送人代会审议批准。

2. 优化综合计划部门与公共物品专责提供部门之间公共经济责权配置的途径，一是综合计划部门协调平衡公共物品供给结构应当在公共物品专责部门所拟计划规划基础之上进行，而不是脱离后者独立编制；二是与各种公共物品提供相配套的基本建设项目计划和资金预算，应当纳入各专司部门提供公共物品计划和部门预算之中，由各专司部门统一编制，经财政部门审核、政府确定和人大批准后，也由专司部门统一执行。综合计划部门应当将工作重点由具体管理基本建设项目及相应的预算资金，彻底转向谋划经济社会发展宏观战略、协调各部门编制宏观规划并监督执行方面。

3. 财政部门与提供公共物品专司部门之间在公共预算、资金监管方面的责权划分，应当是在财政部门综合主导财政事务的前提下区分运行阶段加以明确界定。财政部门对政府预算和各部门预算编制、执行过程承担综合协调和主导监督责任，相应地拥有统筹管理、综合平衡、审核指导和执行控制权力，而提供公共物品专司部门则拥有编制和执行本部门公共预算、监督预算资金依法管理、实现资金使用绩效目标的责任与权力。

4. 依照共存并行原则处理财政部门预算控制与审计部门事后监督检查之间的责权配置关系。在财政运行中，财政部门预算控制与审计部门事后监督检查看似存在重复监督问题，实际上两者对公共预算和财政资金运行的监督具有不可替代的互补性。财政部门按照人大审议批准的预算，依托财政支付管理，借助于旬、月、季预算执行分析，对财政资金运行过程及绩效目标实现进度加以控制，属于预算管理的固有责权和题中应有之义，有利于在预算执行过程中发现并纠正问题。如果从制度安排上取消财政部门对预算执行控制的责权，那么，等到审计部门在预算执行结束之后通过对财务会计资料进行审查计算时再发现问题，财政资金挪作他用、损失浪费等已经“生米做成熟饭”，只能通过对问题的处理和对当事人的问责方式“亡羊补牢”了。由此可见，财政部门对公共预算执行过程与公共财务运行的事中控制与审计部门对公共预算执行结果和公共财务状况的事后审计监督，这两种公共财务监管责权客观上需要同时并存、不可偏废。但是，这并不意味着可以将这两种财政监督等量齐观。审计监督本来就因为在覆盖范围上包括对同级财政部门的监督而高于财政部门的预算执行和财务运行过程控制，而一旦审计机关从政府组成部门升格为由人民代表大会直接选出并直接向人大负责的独立监督机构之后，其在公共预算和公共财务监督方面责权更是财政部门的预算监督控制所不能比拟的。

总之，公共经济责权横向配置方面存在的深层次问题及其危害都是客观和明显的，我们应当从推进国家治理体系现代化的高度加以认识和正视，并且以积极的态度和科学的方法通过深化改革尽早解决。

第十六章　公共经济责权的纵向配置

凡是存在两个层级以上公共机构的国家，为了有序履行公共经济责任、行使公共经济权力，以最佳效率向社会提供公共物品，在将自己所承担的公共经济责权在横向各部门之间科学配置的基础上，还必须依据一定规则将公共经济责任、权力和利益[①]在纵向维度上配置于不同层级的公共机构，由此形成各级公共机构分工合作提供公共物品的纵向公共经济体制。公共经济责权在各级公共机构之间的纵向配置作为整个公共经济体制的一个重要维度，其科学程度对于一个国家或地区公共经济运行效率暨国家治理成效有着重大影响，关系到经济发展、国家统一、民族团结、民主政治发展和人民福祉的增进，因此历来受到政治家和学术界高度重视。

我国公共机构体系纵向上包括中央、省（自治区、直辖市，下文以省代称）、市（州、地区，下文以市代称）、县（县级市、旗，下文以县代称）、乡（镇、苏木，下文以乡代称）五个层级，其中后四个层级与作为第一层级的中央相对而统称为地方。因此，我国公共经济责任与权力在纵向维度上需要依照一定规则分别配置于中央、省、市、县、乡五级公共机构。本章将从理论与实践的结合上就如何实现我国公共经济责权在各级公共机构之间的科学配置暨纵向公共经济体制科学化的顶层设计有关问题加以讨论。

第一节　公共经济责权纵向配置的主要依据、基本要领与总体目标

能否实现公共经济责权纵向配置的科学化，在技术方面取决于构建纵向公共经济体制的主要依据、指导原则、基本要领和总体目标是否理性与正确。

---

① 与从理论上说不存在利益关系的横向公共经济体制不同，纵向公共经济体制中存在与公民整体与局部利益差别相关联的各层级公共机构服务对象之间利益关系处理问题。

一、公共经济责权纵向配置的主要依据

在不同层级公共机构之间的纵向维度上划分公共经济责权并不是可以任意而为的，而是必须依据相关的客观因素和国情背景。对此可以不同方式加以分析，比如可以概括为相关原理和需要处理好的重要关系加以阐述[①]，这里则将其归结为以下五项主要依据。

（一）公共物品的层次性

就公共经济受托代理一方而言，公共经济责权本质上是提供公共物品的责任和权力。因此，公共经济责权在不同层级公共机构之间的划分，首先应当依据公共物品本身所具有的客观属性。与公共经济责权纵向配置存在本质联系的公共物品属性，就是公共物品的层次性。

所谓公共物品的层次性，实质上就是公共物品受益范围具有广狭之别。有些公共物品的提供，可以使整个国家的所有居民受益，例如国防、外交、国家安全、度量衡制度、全国统一市场制度、宏观经济稳定、义务教育制度、社会保障制度、人民民主制度、全国性铁路公路和传染病防治等，通常由中央级公共机构负责提供，因而称为“全国性公共物品”。另一些公共物品的提供，只能使局部地区的居民受益，例如垃圾处理、街道清扫、门牌路灯、街景园林、市政设施、乡村道路、消防服务、地方治安、中小型水利工程等，通常由地方公共机构提供，因而称为“地方公共物品”。还有一些公共物品的提供，其受益范围是跨省区的，如大江大河治理、跨区域铁路公路、大型水陆空港、较大区域性空气污染治理等，通常由包括中央在内多级公共机构合作提供，因而称为“混合公共物品”。

依据不同公共物品的受益范围确定公共经济责权的公共机构层级归属，符合权利与义务对等的公正原理，可以避免不同区域居民基于公共经济体制安排导致的不合理利益转移。

（二）规模经济

如果说公共物品的层次性是从成本负担与收益获取这种经济利益关系来说明公共经济责权应当如何在纵向维度上进行划分的话，那么，规模经济则是从资源配置效率角度确定公共经济责权纵向划分的依据。不同的公共物品

---

① 齐守印：中国公共经济体制改革与公共经济学论纲［M］．北京：人民出版社，2003：125－132.

客观上都有其效率方面的最佳规模，只有依据这种最佳规模将各种公共物品分别划归管辖区域大小不同的公共机构负责提供，才能保证整个公共经济达到帕累托最优效率状态。

例如，国防安全这种公共物品具有极大的规模经济效应，其边际收益与边际成本的比值随着覆盖区域扩大而逐步增大，由管辖区域覆盖全国的中央级公共机构负责提供的资源配置效率最高，所以，最适合将此项公共经济责权划分给中央级国家机构。外交事务、国家安全、宏观经济调控等公共物品同样如此。再如，防治大气污染这项公共物品，如果将其责任和权力分割给污染区域中各个县区承担，而不是由产生污染源的各县区在上一级区域公共机构统一组织协调之下共同行动，那么，就根本不可能取得较好的资源投入产出效果。大规模传染病防治的规模经济效应与此相似。即使像公路、铁路等交通运输基础设施这样的公共物品，也同样有规模经济效应问题。所以，公共经济责权的纵向划分，需要在分析论证各种公共物品规模经济范围的基础上、依据不同公共物品的经济规模做出合理判断，尽可能使配置于每一层级公共机构的公共经济责权与相应公共物品的最佳效益规模相一致，以利保证全国所有公共物品的提供达到帕累托最优效率。

（三）公共机构权能

公共机构是受托提供公共物品的主体，处于纵向公共经济体制链条上的各级公共机构由其所处地位差别而具有不同的信息优势和客观能力。由这种特定的信息优势和客观能力所决定，每个公共机构层级都有适合其提供的公共物品。只有依据不同层级公共机构特定的信息优势和客观能力来分配不同公共物品的提供责任与权力，才能使各级公共机构在整个公共物品再生产过程中各得其所、各展其长、各避其短，即实现公共经济责权在纵向维度上的最佳配置。

例如，如果将维护全国市场统一、制定并维护度量衡制度和控制应纳税所得在地区间转移这样一些公共物品的提供责权赋予地方公共机构承担，肯定会因为承担主体无能为力而导致失败。相反，如果让中央级公共机构承担每个基层区域中小学校址选定和规模确定、乡村道路修建等公共物品提供责权，同样会因为缺乏信息优势而减损管理效率。可见，公共物品提供责权在层级高低不同的公共机构之间进行划分时，如果将大事低配、小事高配，就如同用高射炮打蚊子、用宰牛刀杀鸡一样，其效果不佳显而易见。

（四）民主政治要求

现代民主政治一般通过两种方式实现：一种是直接民主，即公民通过直接参与公共物品选择，直接选举公共机构主要领导人，并对公共经济活动实施监督，行使民主权利；另一种是间接民主，即公民选举代表进入国家权力机关通过审议和投票过程、按照少数服从多数的原则决定公共经济政策、选举国家机构领导人，间接地行使民主权利。两相比较，直接民主方式能够让公民更为直接而充分地表达自己的意愿、行使当家作主的权利，民主程度显然更高；因此，从理论上讲，在公共经济决策与执行监督方面凡是有条件实行直接民主的，都应当采取直接民主方式进行。但公共机构的层级越高，行政区域就愈加广大，数量众多、居住范围很广的公民直接参与公共经济决策及执行监督的难度也就愈大：一方面会带来很高的成本；另一方面，受到场地容量、距离和时间等因素制约，全国或一个省几千万甚至数以亿计的公民汇聚到一起进行公共经济决策、参与公共经济活动监督几乎不可能，通常只能采取间接民主方式。因此，由较高层级公共机构承担公共物品提供的责任和权力种类愈多，由于愈不便于采取直接民主方式进行公共经济决策，也就愈不利于保证民主政治的质量。习近平总书记在党的十九大报告中要求："扩大人民有序政治参与，保证人民依法实行民主选举、民主协商、民主决策、民主管理、民主监督"[①]。为了切实扩大公民对公共经济决策和执行监督的政治参与，提高民主政治的质量，在公共经济责权的纵向配置上，应当更多地向便于公民直接参与的基层公共机构倾斜。

（五）国家结构形式

由于历史传统和国家产生背景差别等原因，世界各国在国家结构方面分别采取了单一制和联邦制两种基本形式。在这两种国家结构形式下，由于主权结构不同，公共经济责权在纵向维度的配置上必然会产生重大差别。在联邦制下，因为联邦国家机构的公共经济责任与权力是由各成员邦或州通过协议订立宪法这种最高层次的契约让渡形成的，剩余的公共经济责权全部由成员邦州保留下来实行区域自治；如果随着经济社会发展需要扩大联邦机构的公共经济责权，则必须依据法定程序修改宪法并交由各成员邦

① 习近平：决胜全面建成小康社会 夺取新时代中国特色社会主义伟大胜利［M］．北京：人民出版社，2017：37.

州议会逐个投票表决才能实现。因此，联邦与邦州公共机构之间的公共经济责权划分一般具有泾渭分明、高度清晰的特征。

与此不同，我国从秦汉至今两千多年来延续实行的国家结构形式是单一制，畅行“事在四方，要在中央”① 的公共经济管理理念，除了几个相当短暂的特殊时期（如东汉末年、唐代藩镇割据阶段、中华民国成立至南京国民政府大体统一之前）以外，中央国家机构在整个公共机构体系中始终居于主导地位，拥有统一制定制度、政策、战略和发布命令的最高权力，而地方各级公共机构则由中央统一赋责授权、自上而下层层负责地贯彻执行上级决策，地方自治的责任与权力均微乎其微。可见，国家结构形式对公共经济责权纵向划分格局乃至配置机制的制约，既是进行纵向公共经济体制改革不能不考虑的一种内在制约因素，也是我们对纵向公共经济体制改革方案系统进行顶层设计时不能套用联邦制国家模式的根本原因之一。

当然，这既不等于说在不改变单一制国家结构形式的前提下就不能将各级公共机构之间的公共经济责权划分得合理而清晰，也不意味着在单一制国家结构形式下绝无可能扩大地方自治责权。理由在于，同样实行单一制国家结构形式的现代英国、法国、日本都通过体制创新将各级公共机构提供公共物品的责权划分得比较清晰合理，而且让地方公共机构拥有较大的自治责权。例如日本，20 世纪 90 年代推进以中央与地方公共经济责权清晰化和扩大地方自治权为导向的改革，通过修改《地方自治法》等 475 部法律、颁布《地方分权一览法》，按照公共物品的层次性对原来 600 余项中央委托地方事项进行分解，将其中约 300 项划归地方自治事务，约 50 项明确为中央事务、由中央机构负责执行，其余 250 项作为法定委托事务由地方代理执行，使中央与地方间的公共经济责权划分大为清晰；同时，依法规范中央干预地方的标准方法和程序规则，建立了三级政府间相关纠纷仲裁制度，从而将各级政府独立平等的实体地位法律化。②

公共经济责权纵向划分的上述这五项主要依据之间，有一部分作用方向是一致的，例如第一、第二、第三项；也有一部分作用方向是相反的，例如

---

① 韩非子校注组：韩非子校注［M］. 南京：江苏人民出版社，1982.

② 楼继伟：深化事权与支出责任改革 推进国家治理体系和治理能力现代化［J］. 财政研究，2018（1）：7.

第四项与第五项。因此，在纵向公共经济体制顶层设计过程中，对这些依据需要综合考虑、认真权衡。

二、公共经济责权纵向配置的基本要领

前面曾经论述过公共经济体制设计应当遵循责任本位、事有专责、依责赋权、合理配置、激励相容、符合国情、责权法定和人民主权八项原则。这些原则不仅适用于公共经济责权的横向配置，同样适用于公共经济责权的纵向配置。

充分考虑前述主要依据、认真遵循以上指导原则，是科学构建纵向公共经济体制、合理划分纵向维度公共经济责权利的基本前提。在此基础上，还需要正确把握属于方法论范畴的若干基本要领。

（一）优先构建合理而清晰的纵向公共经济责任体系

按照责任本位原则，明确各级公共机构的公共经济责任、形成纵向公共经济责任体系，既是依责赋权的首要前提，也是实行绩效管理和监督问责的基本依据，从而是架构整个纵向公共经济体制的基础。《中共中央关于深化党和国家机构改革的决定》提出要“明确责任，严格绩效管理和行政问责”，[①]显然已经将明确公共经济责任作为推行绩效管理和行政问责的基础和前提。这是因为，纵向公共经济体制如同其他重大系统工程一样，“基础不牢，地动山摇”。所以，进行纵向公共经济体制顶层设计，首先必须以科学细分公共经济责任为前提实现各级公共机构公共经济责任配置的合理化。

所谓科学细分公共经济责任，就是依据保质保量提供公共物品的客观需要将每一类甚至每一种公共经济责任细分为各种构成要素。提供公共物品责任的内涵相当广泛，在实质内容方面主要包括制订计划的责任、筹措配置支付资金的责任和绩效管理责任；在实施过程方面主要包括决策责任、执行责任、监管责任，而且要明确规定出每项责任履行达标的衡量标准。只有在逐项细分的基础上将这些责任连同衡量标准按照前述主要依据科学合理且一无遗漏地赋予受托提供此类此种公共物品的相关主体，形成完整细密的纵向公共经济责任体系，避免存在责任真空和相互推诿，才能确保每种公共物品都能得到有效提供。

---

① 中国共产党第九届中央委员会第三次全体会议文件汇编［Z］. 北京：人民出版社，2018：32.

（二）科学构建权责匹配、运行规范的公共经济权力体系

赋予各级公共机构一定的公共经济权力是使它们有效履行所承担公共经济责任的必要条件。基于公共经济权力与公共经济责任之间的这种本质联系，必须依照各级公共机构所承担的公共经济责任赋予相应的公共经济权力，使每一级公共机构所拥有的公共经济权力与其承担的公共经济责任相匹配，避免存在有的公共机构权大责小而有的公共机构却权小责大的权责匹配失衡情况，由此形成权责匹配的公共经济权力体系，才能从权力保障方面为公共经济责任的有效履行创造充分必要条件。为此，就需要按照公共经济责任的细分程度对公共经济权力加以相对应的细分，即在实质内容方面划分为公共物品提供计划的制订权力、公共资金的筹措配置支付管理权力和公共经济绩效的考核评价权力，从实施过程角度划分为公共物品提供和公共资金筹集配置的决策权力、执行组织协调权力、合规与绩效的监管权力，而且要明确制定出行使每项权力的制度规范，以便保证公共物品提供责任的有效履行并且使公共经济权力在制度“笼子”的约束下规范运行。

（三）致力于实现公共经济责权方面集中统一与分散自治的适度结合

公共经济责权纵向配置的集中与分散问题，就是政治学中研究最多的集权与分权问题。在任何一个国家，公共经济责权在纵向上的配置都不可能出现绝对集中和绝对分散的情况，差别只在于向上集中得多还是向下分散得多：向上集中得多，就是集权型体制；向下分散得多，就是分权型体制。集权型体制和分权型体制各有利弊，并不是哪一种类型绝对地好或绝对地坏，但过度集中或过度分散则注定要产生负面效应。总体而言，在公共经济责权纵向配置集中度的抉择方面，需要通盘考虑上述五项依据，正确把握并处理好四个相互联系的重要问题：一是集中统一与分散自治需要适度，避免过度集中和过度分散两种极端倾向；二是合理确定集中统一与分散自治的客体对象，即按照适应性原则具体确定将哪些公共经济责权集中在高层公共机构行使、以保证全国在此方面达成统一，将哪些公共经济责权分散配置于相对基层的公共机构、实行区域自治；三是以前两条为基础，实现每种公共经济责任与公共经济权力在每个层级公共机构上的相互匹配，避免权责配置失衡；四是在辩证理解和把握集中统一与分散自治之间关系的基础上，处理好集中由高层级公共机构统一行使的公共经济责权与分散配置于相对低层级公共机构由其自主行使的公共经济责权之间的相互衔接关系，以保持公共经济责权运行

过程必不可少的纵向协同。

(四) 确保各级公共机构的公共物品提供责权与财政收支责权、财政负担能力相适应

财政收支责权和财政负担能力是保证公共物品提供的物质基础。无论哪一级公共机构，只有在财政收支责权和财政负担能力与其所承担的公共物品提供责权相适应的情况下，其所负责的公共物品才能保质保量地按时提供出来。因此，保证各级公共机构公共物品提供责权与财政收支责权、财政负担能力相适应，即通常人们所说的做到财权、财力与事权相匹配，是进行纵向公共经济体制顶层设计中必须高度重视的重要环节。为了实现财权、财力与公共经济责权相适应，就需要通过深化财政体制改革，根据公共物品提供责任的配置情况在各级政府之间明确划分财政支出责任，尔后依据各级政府所承担的公共物品提供责任、财政支出责任和不同种类财政收入的属性特点将各种法定的财政收入分别确定为中央专享收入、地方各级政府专享收入以及各级政府按比例分享收入，在此基础上通过财政转移支付制度的合理设计填补那些（按体制规定组织的分享收入不敷履行支出责任需要的）下级政府财力缺口，动态地保持各级政府财力与履行公共物品提供责任和财政支出责任需要之间的平衡。

(五) 合理兼顾纵横各方公共经济利益

公共经济责权的纵向配置直接关系到各级公共机构因管辖范围不同所反映的居民群体利益差异和各区域间居民利益差异。公共机构层级越高，所管辖范围越广，享受其所提供公共物品利益的居民群体越大；反之，公共机构层级越低，享受其所提供公共物品的居民群体就越小。拥有较大公共经济责权的较高层级公共机构集中的财权和财力较多，在正常情况下，将会使其辖区所有居民都能享受到它较多提供公共物品的好处；但下级辖区能够自主支配的公共财政资源和自主提供的公共物品就会相应地减少。从这个角度考察，公共经济责权的纵向配置涉及居民整体利益与局部利益之间关系的处理。与此同时，较高层级公共机构集中的公共经济责权越多，其推进基本公共服务均等化和地区间转移支付能力就越强，经济社会发展水平相对落后地区居民群体从中受益也会越多。但从经济来源角度看，落后地区居民群体的这种受益实质上来自经济社会发展水平较高的公民群体的贡献，或者说是高层级公共机构依照相关公共经济政策、凭借公共经济权力对先发富裕地区经济利益

的一种横向平调。这种平调在合理限度内符合社会公平正义原则要求，有利于形成包容和谐的整体社会环境。但是，如果平调过度，致使先发富裕地区与后发贫困地区相比在公共福利方面不存在任何优先性，相应地，使后发贫困地区居民不通过自身努力而单纯依靠上级财政补助就能获得相同水平的公共福利甚至家庭收入，那么，这种依托于公共经济活动的平均主义再分配所包含的激励机制将会产生双重的负面效应：一方面使发达地区失去基于公共福利激励的经济发展积极性；另一方面，使落后地区由于产生依赖性而降低发展经济的积极性。有鉴于此，在纵向公共经济体制的顶层设计方面，必须充分考虑合理兼顾纵横各方公共经济利益，以避免产生负面激励效应。

三、公共经济责权纵向配置的总体目标

按照上述关于公共经济责权纵向配置的主要依据、指导原则和基本要领，纵向公共经济体制的总体目标应当是构建起以合理而清晰的纵向公共经济责任体系为基础，以权责匹配、运行规范的公共经济权力体系为支撑，集中统一与分散自治适度结合，各级公共机构公共物品提供责权与财政收支责权、财政负担能力相适应，能够合理兼顾纵横各方公共经济利益的公共经济责权利划分规则体系。作为这一目标的具体体现，在提供公共物品的责权和财政支出责任划分方面应当形成以下基本格局：

（一）中央级国家机构的公共物品提供责权和财政支出责任

凡是关系国家根本利益、全局利益和重大公共事务，受益范围覆盖全国、可供全体国民无差别享用的全国性纯公共物品，具有跨省区规模经济和经济外部性、在一定程度上涉及国家整体利益的实体性公共物品，涉及国家基本经济制度、政治制度、社会制度、文化意识形态的制度性公共物品，地方无力承担的国民收入再分配、跨省区经济结构调整、涉及国内统一市场和国内外经济总量平衡、宏观经济稳定发展的政策性公共物品，均应由中央级国家机构集中统一提供，同时由中央财政承担相应的支出责任。

（二）地方级国家机构的公共物品提供责权和财政支出责任

由局部区域居民共同享用，地方级公共机构对居民需求偏好、数量、质量、结构等相关信息了解更充分，既便于将公共物品成本分摊与受益直接挂钩，更有利于公民直接参与公共物品提供决策和监督的纯地方性公共物品，应当全部由地方级公共机构负责提供，由本区域政府组织公民实行民主自治，相应的公共资源筹集责权和支出责任也划归同级政府，一般性财政收支缺口

由上级财政通过不设附加条件的一般性转移支付加以弥补。

（三）合作性公共物品提供责权和财政支出责任由中央与地方或两级以上地方分工协作承担

效益或成本具有较明显的区域外溢性、需要在区域之间协调分工、合作和利益关系的合作性公共物品责权，适合由中央与地方或两级以上地方公共机构共同承担。这类公共物品，一般由多级合作关系中的最高一级政府制定有关制度和政策，而由较低层级的地方政府负责具体组织提供，中央和地方各级财政按不同比例或不同具体项目分别承担成本费用支出责任。

第二节　我国纵向公共经济体制改革探索、现存问题与解决对策

中华人民共和国成立以来，我国在坚持单一制国家结构形式前提下围绕构建中央集中统一领导与地方分权自治相结合的纵向公共经济体制进行过多轮公共经济责权纵向配置结构改革试验，围绕实现同时发挥中央和地方两个积极性目标的具体途径持续进行了艰难曲折的实践探索。

一、政府间公共经济责权合理划分的探索历程

新中国成立初期，由第一届中国人民政治协商会议制定的具有代行宪法地位的《共同纲领》第十六条规定："中央与地方政府间职权的划分应按照各项事务的性质，由中央人民政府委员会以法令的形式加以规定，使之既有利于国家统一，又有利于因地制宜"，第四十条要求"划分中央和地方财政范围"。但由于1954年第一届全国人民代表大会通过的《宪法》基本上套用了前苏联1936年宪法中依照计划经济模式确定的中央集权型行政管理模式，导致各级国家机构之间的公共经济责权配置大量交叉重复，地方缺乏自主权。针对这种情况，毛泽东同志早在1956年就指出："中央和地方也是一个矛盾。解决这个矛盾，目前要注意的是，应当在巩固中央统一领导的前提下，扩大一点地方的权力，给地方更多的独立性，让地方办更多的事情。""我们的国家这样大，人口这样多，情况这样复杂，有中央和地方两个积极性，比只有一个积极性好得多。"① 据此，我国纵向公共经济体制进行了多次放权、收权

① 毛泽东：论十大关系［A］．毛泽东选集第5卷［C］．北京：人民出版社，1977：31.

改革，但由于始终没有摆脱所有公共事务都由中央集中决策、地方各级政府层层分解落实的计划经济模式和行政性分权的窠臼，以致一直未能走出“一放就乱、一统就死”的循环。

1993 年中共十四届三中全会做出的《关于建立社会主义市场经济体制若干问题的决定》，再次提出要“合理划分中央和地方的经济管理权限，调动中央和地方两个积极性”。“把现行的财政包干制改为在合理划分中央与地方事权基础上的分税制”，[①] 并于 1994 年年初在既有的政府间公共经济责权划分基础上实行了中央与地方之间的分税制改革。尔后，相继在国地税机构分设（1994 年）、撤销人民银行省级分行（1998 年）和煤矿安全监管人财物全国垂直管理（1999 年）这三个方面推进了中央与地方之间公共经济责权划分的实体化改革。在地方层面，河北省以公共经济体制理论为指导，从 2008 年起自主探索进行了对地方各级政府间财政支出责任进行系统性明确划分的改革实验，尽可能将地方各项财政支出责任划分给某一级政府独立承担，对两级以上政府合作承担的财政支出责任的则区别项目属性分别采取按比例分担或按具体项目分担两种形式，在分担比例方面依据人均财力水平差别对不同市县区别对待。[②] 随着改革的推进，支出责任划分的覆盖范围从 2008 年的 12 类 34 项逐步扩大到 2010 年的 114 项，据此调整完善了相关专项资金的管理办法，并纳入各级预算之中付诸实施。这一改革得到财政部的重视，并在稍后几年逐步在教育、卫生、社保等方面出台的政策性文件中以不同方式明确中央与地方财政的支出责任。

2012 年召开的党的十八大吹响了全面深化改革的号角。特别是 2013 年中共十八届三中全会着眼于实现国家治理体系现代化的宏伟目标，对全面深化改革做出总体部署，指明了前进方向。在划分政府间公共经济责权方面，《中共中央关于全面深化改革若干重大问题的决定》提出：“加强中央政府宏观调控职责和能力，加强地方政府公共服务、市场监管、社会管理、环境保护等职责”，“最大限度地减少中央政府对微观事务的管理……直接面向基层、量

---

① 中共中央关于建立社会主义市场经济体制若干问题的决定［Z］．人民日报，1993－11－15.

② 河北省人民政府批转关于省以下政府间财政支出责任划分改革试点意见的通知（冀政 2008. 105 号）［Z］．河北试水明晰政府间财政支出责任［N］．中国财经报，2008－12－19.

大面广、由地方管理更方便有效的经济社会事项，一律下放地方和基层管理。”“建立现代财政制度，发挥中央和地方两个积极性……建立事权和支出责任相适应的制度。适度加强中央事权和支出责任，国防、外交、关系国家统一市场规则和管理等作为中央事权；部分社会保障、跨区域重大项目建设维护等作为中央和地方共同事权。中央和地方按照事权划分相应承担和分担支出责任。中央可通过安排转移支付将部分事权支出责任委托地方承担。对于跨区域且对其他地区影响较大的公共服务，中央通过转移支付承担一部分地方事权支出责任。”① 2014 年中共十八届四中全会做出《关于全面推进依法治国若干重大问题的决定》，进一步提出“推进各级政府事权划分规范化法律化，完善不同层级政府特别是中央与地方政府事权法律制度”。② 2015 年中共十八届五中全会再次强调“建立事权与支出责任相适应的制度，适度加强中央事权和支出责任”。③ 据统计，“党的十八大以来，党中央、国务院出台的重要文件中，涉及政府间事权和支出责任划分的共达 50 件……其中，有 15 件明确界定了相关领域中央与地方事权和支出责任划分，包括人民防空、金融监管、环保监察、司法管辖、内贸流通、优抚安置、外交、外援、海域海岛管理等方面。”④ 这些文件将纵向公共经济体制领域的部分改革逐步细化到具体层面。

二、公共经济责权纵向配置改革进展现状

根据中共十八届三中全会以来逐步明确的改革方向和基本要求，国务院经过研究，于 2016 年 8 月出台了《关于推进中央与地方财政事权和支出责任划分改革的指导意见》（国发〔2016 年〕49 号），⑤ 延续运用“体制两分法”

---

① 中共中央关于全面深化改革若干重大问题的决定［Z］. 人民日报，2013 - 11. 16.

② 中共中央关于全面推进依法治国若干重大问题的决定［OL］. www. gov. cn，2014 - 10 - 28.

③ 中共中央关于国民经济和社会发展第十三个五年规划的建议［OL］. 新华网，2015 - 11 - 03.

④ 楼继伟：深化事权与支出责任改革 推进国家治理体系和治理能力现代化［J］. 财政研究，2018：3.

⑤ 该意见指出：“财政事权是一级政府应承担的运用财政资金提供基本公共服务的任务和职责，支出责任是政府履行财政事权的支出义务和保障。”——中国政府网，2016 - 08 - 24.

模式,[①] 根据体现基本公共服务受益范围、兼顾政府职能和行政效率、实现权责利相统一的原则，明确划分了中央财政事权、地方财政事权或中央与地方共同财政事权。其中，中央的财政事权集中于保障国家安全、体现社会公平正义、维护全国统一市场（全域生产要素流动）、实现宏观经济稳定、推动区域协调发展等方面，包括国防、外交、国家安全、出入境管理、国防公路、国界河湖治理、全国性重大传染病防治、全国性大通道、全国性战略性自然资源使用和保护等基本公共服务；地方的财政事权侧重于直接面向基层、量大面广、受益范围地域性强、信息较为复杂、与当地居民密切相关、由地方提供更方便有效的基本公共服务，主要包括社会治安、市政交通、农村公路、城乡社区事务等；中央与地方共同财政事权是那些体现中央战略意图、跨省（区、市）且具有地域管理信息优势的基本公共服务，主要包括义务教育、高等教育、科技研发、公共文化、基本养老保险、基本医疗和公共卫生、城乡居民基本医疗保险、就业、粮食安全、跨省（区、市）重大基础设施项目建设和环境保护与治理等，明确各承担主体的职责。同时确定建立财政事权划分动态调整机制，即根据客观条件变化动态调整中央与地方之间的财政事权划分，“在条件成熟时，将全国范围内环境质量监测和对全国生态具有基础性、战略性作用的生态环境保护等基本公共服务，逐步上划为中央的财政事权。对新增及尚未明确划分的基本公共服务，要根据社会主义市场经济体制改革进展、经济社会发展需求以及各级政府财力增长情况，将应由市场或社会承担的事务交由市场主体或社会力量承担，将应由政府提供的基本公共服务统筹研究划分为中央财政事权、地方财政事权或中央与地方共同财政事权。”

以财政事权划分为依据，明确了中央与地方财政对上述三类财政事权的支出责任划分规则：“1. 中央的财政事权由中央承担支出责任。属于中央的财政事权，应当由中央财政安排经费，中央各职能部门和直属机构不得要求地方安排配套资金。中央的财政事权如委托地方行使，要通过中央专项转移支付安排相应经费。2. 地方的财政事权由地方承担支出责任。属于地方的财政事权原则上由地方通过自有财力安排。对地方政府履行财政事权、落实支出

---

① 所谓“体制两分法”，就是在体制改革部署上将全国分为中央和地方两个部分，就这两个部分之间的公共经济责任和权力做出相对具体的划分，而对省级以下地方各级之间的公共经济责权划分只提出原则性的指导意见，具体改革方案由省级因地制宜地研究确定，尔后报中央备案。

责任存在的收支缺口，除部分资本性支出通过依法发行政府性债券等方式安排外，主要通过上级政府给予的一般性转移支付弥补。地方的财政事权如委托中央机构行使，地方政府应负担相应经费。3. 中央与地方共同财政事权需按实际情况划分支出责任。根据基本公共服务的属性，体现国民待遇和公民权利、涉及全国统一市场和要素自由流动的财政事权，如基本养老保险、基本公共卫生服务、义务教育等，可以研究制定全国统一标准，并由中央与地方按比例或以中央为主承担支出责任；对受益范围较广、信息相对复杂的财政事权，如跨省（区、市）重大基础设施项目建设、环境保护与治理、公共文化等，根据财政事权外溢程度，由中央和地方按比例或中央给予适当补助方式承担支出责任；对中央和地方有各自机构承担相应职责的财政事权，如科技研发、高等教育等，中央和地方各自承担相应支出责任；对中央承担监督管理、出台规划、制定标准等职责，地方承担具体执行等职责的财政事权，中央与地方各自承担相应支出责任。”此外，还明确了此轮改革的路线图和时间表，要求到2020年年底“基本完成主要领域改革，形成中央与地方财政事权和支出责任划分的清晰框架”。①

在此基础上，2018年1月国务院办公厅以国办发［2018年］6号文《关于印发基本公共服务领域中央与地方共同财政事权和支出责任划分改革方案的通知》，“将涉及人民群众基本生活和发展需要、现有管理体制和政策比较清晰、由中央与地方共同承担支出责任、以人员或家庭为补助对象或分配依据、需要优先和重点保障的主要基本公共服务事项，首先纳入中央与地方共同财政事权范围”（包括义务教育、学生资助、基本就业服务、基本养老保险、基本医疗保障、基本卫生计生、基本生活救助和基本住房保障八大类18项），区分为三种类型提出了中央与地方财政支出责任按照不同项目分别采取按比例或按项目分担的具体方式，并依据经济发展和财力水平区分不同地域，分别明确了中央与地方财政之间的具体分担比例。② 尽管这一改革方案所涉及的财政支出责任项目还比较少，但在合理划分中央与地方财政支出责任方面扎实地迈出了重要一步。

---

① 国务院关于推进中央与地方财政事权和支出责任划分改革的指导意见［OL］．中华人民共和国中央人民政府官网，2016-08-24.

② 国务院办公厅关于印发基本公共服务领域中央与地方共同财政事权和支出责任划分改革方案的通知［OL］．中华人民共和国中央人民政府官网，2018-02-08.

因为改革仍在路上，党的十九大及其以后，中央继续以不同的表述方式不断重申关于推进纵向公共经济体制改革的主张。例如，2018 年 2 月中共十九届三中全会做出的《关于深化党和国家机构改革的决定》进一步强调："科学设置中央和地方事权，理顺中央和地方职责关系，更好发挥中央和地方两个积极性，中央加强宏观事务管理，地方在保证中央令行禁止前提下管理好本地区事务，合理设置和配置各级机构及其职能"，"理顺和明确权责关系，属于中央事权、由中央负责的事项，中央设立垂直机构实行规范管理，健全垂直管理机构和地方协作配合机制。属于中央和地方协同管理、需要地方负责的事项，实行分级管理，中央加强指导、协调、监督。"①

三、尚待进一步研究解决的主要问题

发现问题是解决问题的前提，只有在直面问题的前提下才能通过有针对性的改革措施祛除体制弊端、实现体制创新与优化的目标，因而与非理妄议时政具有本质区别。

（一）迫切需要解决相关理论或理念与国家治理现代化要求之间的矛盾

一是"事权"概念所代表的治理理念与民主基础上的现代国家治理原则不相符合。我们在涉及公共经济体制改革的表述中一直沿用"事权"这一传统陈旧和不合事理的概念，即使在其前面加上"财政"这个修饰词，仍难以消除其忽视责任、突出权力之弊。应该认识到，是否继续使用"事权"这一概念，绝不是毫无意义的名词之争，而是因为在事关国家治理体系现代化的体制改革文献中继续沿用这一不科学的理论范畴，这是因为，现代国家治理是建立在民主政治基础上的，党和国家机构对人民而言首先是负有提供公共服务或公共物品的责任，因此才有理由获得并行使公共权力。依照这一逻辑，在现代公共经济管理体制中用"事权"代指"责权"不仅于理不通，而且有在思想意识上潜移默化地助长争权诿责不良倾向的消极作用。

二是"中央决策，地方落实"的机制有待甄别。十九大报告中提出的"赋予省级及以下政府更多自主权。"② 和《中共中央关于深化党和国家机构改革的决定》中所说的"增强地方治理能力，把直接面向基层、量大面广、

---

① 中国共产党第九届中央委员会第三次全体会议文件汇编［M］．北京：人民出版社，2018：37－40.

② 习近平：决胜全面建成小康社会 夺取新时代中国特色社会主义伟大胜利［M］．北京：人民出版社，2017：39.

由地方实施更为便捷有效的经济社会管理事项下放给地方”，“推动治理重心下移”,[①] 其真实含义恐怕不是无论任何公共事务都由中央决策、地方落实，或者说地方对这些公共事务只有执行权而没有任何决策权。因为，如果地方对所有公共事务都只有执行权而没有任何自主决策权，所谓调动中央和地方两个积极性将始终不过是良好愿望而已。同时，如果提供所有公共物品的决策权都在中央，那么，按照“谁请客，谁买单”的逻辑，所有支出责任都应当由中央财政承担，因而划分各级政府的财政支出责任也就失去了理论依据。所以，所谓“中央决策，地方落实”的机制，与按照中央集中统一领导与地方分权适度结合的原则明确划分各级党和国家机构公共经济责权的改革方向之间存在着明显的矛盾。这一矛盾如果不能克服，我国的纵向公共经济体制改革将很难达到预期效果。

（二）政府间公共经济责权的清晰划分只进行了一部分，而且划分得比较粗略

在公共经济中调动中央和地方两个积极性甚至调动各级公共机构的积极性，必须以清晰划分公共经济责权为基础。但我国目前的状况，正如楼继伟指出的：在前述十八大以来党中央、国务院出台文件涉及的“50 项事务中，除了做出明确划分的 15 项外，其余多以‘按照中央和地方的事权划分，明确各级政府支出责任’的原则性表述加以笼统规定，执行中仍需进一步界定”。[②] 再深一步说，即使这 50 项公共事务都明确划分了中央和地方之间的责任与权力，距离全面清晰划分各级政府公共经济责权的目标仍差得很远。因为，从财政部每年制发的预算支出科目可以看出，我国各级公共机构承担的公共经济责权所对应的款级支出科目就多达几百项，其中大部分都是由中央与地方共同承担的，而且其中每一个款级科目之下还有若干个项级科目，按照明晰责权的改革要求都需要在相关层级公共机构之间做出合理而明确的具体划分。与此相比，目前已经完成的公共物品提供责任和财政支出责任纵向划分，即使在相对应的财政支出款级科目上也仅占很小一部分，而且已经明确划分的部分公共物品提供责任也是粗线条的。因此，无论是明确划分各级

---

① 中国共产党第九届中央委员会第三次全体会议文件汇编［M］．北京：人民出版社，2018：37－38.

② 楼继伟：深化事权与支出责任改革　推进国家治理体系和治理能力现代化［J］．财政研究，2018（1）：3.

公共机构之间公共物品提供责权还是明晰财政支出责任改革都只能说是化解了原有体制冰山的一角，改革任务的大头还在后面。

（三）属于顶层设计的改革方案在公共机构层级上依然采取“体制两分法”，将省级以下体制设计责权留给省级党委、政府自行处理

首先，从道理上讲，我国既然实行单一制的国家结构形式，那么，在事关国家治理体系的纵向公共经济体制改革顶层设计方面就应该对各级公共机构的公共事务责权划分体制做出统一设计，而不能按照联邦制国家结构形式的逻辑采取中央与地方“两分法”。从楼继伟在《深化事权与支出责任改革　推进国家治理体系和治理能力现代化》一文中所介绍的日本纵向公共经济体制改革情况来看，他们就是对中央、都道府县和市町村三级公共机构公共事务责权做出统一设计与安排的。既然日本能够做到从顶层设计上对各级公共机构的公共事务责权统一安排，那么，我们自然也应该有能力做到。其次，从实践上考虑，就目前我国各省级公共机构的国家治理能力来看，将地方公共经济责权纵向划分的责任和权力留给省级党委和政府自主，并没有把握达到预期目标。

（四）高层公共机构所承担的公共经济责权多数仍实行委托下级代理实施的执行方式，而没有广泛采取由所属机构具体实施的实体化方式

如此，必然影响公共经济责权纵向划分的清晰度，地方各级政府大部分公共经济责权内容大部分属于中央责权复制版本的情况依旧难以改变，只是他们实际上没有自主决策权而仅有执行权而已。

（五）各级公共机构之间公共经济责权配置仍是以国务院规范性文件方式加以部署和推行的，因而仍停留在行政性分权层次，尚未提升到法律化的高度

目前出台的《国务院关于推进中央与地方财政事权和支出责任划分改革的指导意见》在各级政府公共事务责权配置方面，已经与《宪法》中相对应的条款发生冲突。如果长此以往，由于缺乏相对明确具体的法律保障，即使清晰划分中央与地方政府之间公共经济责权的改革近期内取得明显进展，其成果能否长期巩固下去也存在很大的不确定性。

四、深化推进公共经济责权纵向配置改革的对策思路

针对我国目前纵向公共经济体制现状与存在问题，按照党中央关于全面深化改革的要求，必须认真贯彻党的十九大和十九届三中全会精神，继续落

实深化公共经济责权纵向配置改革的既定决策，争取按照既定的时间表完成改革任务。

（一）进一步完善或理顺纵向公共经济体制改革的部分指导理念

首先，应当按照明确责任、健全责任制的改革精神，树立责任为本、为先的正确理念，将作为公共经济体制核心概念的“事权划分”改为“责权划分”。只有以此从根本上端正公共经济体制改革顶层设计的理论指导，才能通过新体制的设计和实施为健全公共经济责任体系并严格实行监督问责奠定坚实基础。

其次，要按照十九大报告中强调的“赋予省级及以下政府更多自主权”的改革方向，摈弃所有公共事务都要“中央决策，地方落实”的传统思维模式，转变为按照各级党和国家机关各就自己所承担责任的公共事务行使决策权，上级党政机关同时就与下级党政机关共同承担责任的公共事务行使决策权。只有如此，才能通过顶层设计到具体实施过程全面系统地将各级公共机构之间的公共经济责权划分得清晰明确，从而为调动各级积极性创造必要的体制条件。这里需要指出的是，中央级公共机构所应承担的公共经济责任和所需拥有的公共经济权力，除了《国务院关于推进中央与地方财政事权和支出责任划分改革的指导意见》中所列举的各项所谓“财政事权”之外，还有一些更为重要的事项，即根据全国人民的根本利益、长远利益和经济社会发展规律及时提供经济、社会、政治、文化、人口、生态环境等方面制度性、法律性、战略性、政策性公共物品。

（二）在详列清单的基础上对各级公共经济责权划分做出系统全面的统筹设计

一是在目前粗线条划分中央与地方公共经济责权的基础上，对所有公共经济责权列出详细清单，其中政府间财政支出责任则要相对应地细分到政府预算收支科目表的项级水平，以便在各级公共机构之间进行合理而清晰的划分。如果各级公共机构之间的责权划分一直停留在粗线条的笼统概念水平上，零打碎敲、一事一议地出台方案，则很可能永远无法统筹全局而又扎实具体地实现政府间公共经济责权范围的明晰化。

二是按照中国实行单一制国家结构形式的具体国情，抛弃“体制两分法”的传统习惯，根据前面所述的八项原则、五项依据和五条要领，对中央、省、市、县、乡五级政权机构各自独立承担和两级以上合作承担的公共经济责权做出系统完整的统一安排设计。这自然需要组织各方面专家集思广益、合力攻关、反复论证，形成基本方案以后按照一般程序先提交国务院、全国政协研究讨论，基本成熟后再提交党中央决策、全国人大审议通过。

（三）以高层公共机构实体化承担的公共经济责权为突破口最大限度地克服多级公共机构责权同构、交叉重叠的弊端

中央和省级公共机构单独负责的公共经济事项尽可能通过建立直属机构独立执行，最大限度地减少委托下级公共机构代理执行的事项，以利做到各级公共机构责权划分清晰，便于提高公共事务运行效率、降低督查成本。

（四）以单独法制化公开化的方式、以强化直接民主监督和司法监督为途径，构建基层分权自治条件下公共经济责权有效运行的保障机制

贯彻落实《中共中央关于深化党和国家机构改革的决定》中有关“增强地方治理能力，把直接面向基层、量大面广、由地方实施更为便捷有效的经济社会管理事项下放给地方”的要求，需要通过纵向公共经济体制改革落实县乡级对相关公共事务的自治责权。为了既防止基层公共机构对所承担的公共经济责任不作为或滥用公共经济权力，又减少上级对基层公共机构履责行权进行不当干预或实施运动式督查，可行的办法是将县乡级公共机构所承担的公共事务责任和所拥有的公共权力单独法制化，并且公之于众，使人民群众直接参与监督成为基层分权自治条件下公共经济责权有效运行的保障机制。同时，确立县级司法机关依法独立行使职权制度，以便人民群众通过行政诉讼程序和县级法院的依法裁决，有效监督县乡级公共机构依法履责行权行为、落实法定公共经济责权。

（五）以全面法治化强化纵向公共经济体制的稳定性

中共十八届四中全会已经在全面推进依法治国的总目标下明确了完善不同层级公共经济责权安排的法律制度，推进纵向公共经济体制规范化法律化的改革方向。目前的任务是在对全国各级公共机构责权划分做出系统全面的顶层设计基础上，通过相应地修改宪法和相关专项法律，以宪法的相关规定为统领，形成规范各级公共经济责权划分与运行的一整套法律体系，用以强化公共经济责任、约束公共经济权力，依法调处涉及各级公共机构之间责权利关系的纠纷，惩戒随意干预下级公共机构依法履责行权、破坏公共经济体制严肃性的违法行为，维护公共经济体制的权威性和稳定性。其中，宪法应就中央级公共经济责权、地方级公共经济责权、中央地方共同履行的公共经

济责权以及上级委托下级公共机构履行公共经济责权的方式与规则等做出原则规定，其他单行法律应当就各级公共机构所承担的公共物品提供责权、财政责权以详细清单方式做出高度明晰的划分，"以立法形式，规范上级政府对下级政府公共事务的干预方式，并明确纠纷协调和仲裁救济办法。"① 同时，要将规范各级公共经济责权划分与运行的法律执行与违法问责纳入行政司法轨道，强化立法与司法监督，以法律的强制力有效防止上级公共机构滥用权力、随意变动公共经济体制、违法干预下级公共机构依法履责行权行为。

通过以上分析论述可以看出，我们的党和国家机构作为依据社会成员及其结成的经济社会组织的公共需要提供各种公共物品的受托责任主体，只有认真遵循科学的原则和正确的方法，同时将所有的公共经济责权合理而明晰地在纵向维度上划分给各个层级、在横向维度上划分给每一层级的各部门，才能按照国家治理体系现代化的本质要求，切实做到理性地运用人民赋予的公共经济权力、有效地履行自己所肩负的公共经济责任，真正实现全心全意为人民服务的根本宗旨。

---

① 楼继伟：深化事权与支出责任改革 推进国家治理体系和治理能力现代化［J］．财政研究，2018（1）．

第七篇 公共经济再生产活动的引擎——公共经济政策

公共经济政策是其主体为解决特定的公共性问题、依据一定的理论原则制定实施、用以指导公共经济行为的准则和策略，是支配一切公共经济活动的灵魂和指南。公共经济政策理性程度高低，不仅直接决定公共经济活动的成效，而且通过对民间经济主体活动引导机制和基础环境的影响，共同作用于整个经济体，从而成为民族国家盛衰兴亡的关键性因素。

因此，研究公共经济政策理性与民族国家兴衰之间的内在联系，揭示其间的规律性，针对存在问题改革完善相关机制，对于增强公共经济政策能力、推动国家治理科学化、增进人民经济福利、实现国家长治久安具有极为重要的理论价值和实践意义。

第十七章　公共经济政策的内涵、要素、体系与功能

为了科学地研究制定公共经济政策，确保公共经济政策具有较高的理性度，既需要从理论上正确把握公共经济政策的基本内涵和构成要素，更需要清晰地认识公共经济政策体系结构与主要功能之间的内在联系。

第一节　公共经济政策的基本内涵与构成要素辨析

目前，学术界对于公共经济的基本内涵和构成要素尚未形成统一认识，存在很多歧义，不同学者各说各话。这种情况在公共经济理论体系发展过程中虽属难以避免，但也是需要通过相互交流磋商逐步改变的。

一、关于公共经济政策基本内涵的辨析

目前，中外相关文献对公共经济政策这一概念内涵的理解可谓见仁见智、莫衷一是，在外延上都难以覆盖整个公共经济活动。大致可分为四种情况。

其一，是从狭义的公共经济学（即财政学）研究对象出发，来理解和把握公共经济政策的内涵。例如，美国著名经济学家约瑟夫·E. 斯蒂格利斯所著《公共部门经济学》（第三版）在第四篇以“支出政策分析”为题的第10章阐述了“公共政策”问题。再如，郭庆旺所著《公共经济学》（2006年）、高培勇等编著的《公共部门经济学》（2011年）和杨志勇、张馨所著《公共经济学》（2013年），都在相关章节涉及公共经济政策问题，但只讲了财政政策（包括税收政策和公共支出政策）。从这几位学者在其公共经济学著作中所提到的公共经济政策内容可以看出，他们都是从公共经济学即是现代财政学的意义上看待公共经济政策的。虽然他们严谨地遵循了学术逻辑，没有将政府制定和实施的其他公共政策牵强地纳入公共经济政策概念之中，而只讲了狭义公共经济暨公共财政政策。这种处理方式下的公共经济政策显然难以涵盖整个公共经济活动。

其二，是以公共政策或政府政策来指代公共经济政策。例如，约翰·亚当斯、王德章、阿里斯泰尔·杨、宋德军主编的《公共经济学》，只是在第七

章从实证经济学角度介绍了公共政策，而没有提出公共经济政策概念。这是因为，尽管公共政策或政府政策这两个概念在一定条件下可以涵盖公共经济政策的内容，但是，它们从本质上却归属于公共管理或公共政策学科，因而不适合作为公共经济学的专属概念。这种处理方式在目前的公共经济学教科书中并不鲜见，表明目前的理论体系并没有将公共经济政策作为一项十分重要的组成部分。

其三，是以政府的经济政策、主要是宏观经济调控政策来指代公共经济政策。例如，洪银兴、刘建平所著《公共经济学导论》（2003 年）、莫童所著《公共经济学》（2005 年）、郑煜所著《公共经济》（2005 年）、李森所著《公共经济学》（2008 年）、韩康所著《公共经济学》（2010 年），都不同程度地涉及公共经济政策，有的还专设篇章展开讨论，其中所论的公共经济政策包括了财政、货币、工资、产业、收入分配、社会保障、政府规制、经济稳定等内容，尽管政策门类较多，但仍局限于狭义经济范畴下的公共政策，其外延并不能涵盖整个公共经济活动。又如，陈柳钦在一篇文章中明确地给出公共经济政策定义，即："公共经济政策是国家或政党为实现一定的政治和经济任务或指导和调节经济活动所规定的在经济生活上的行动准则和措施，主要包括财政与税收政策、货币政策等。"① 从这一定义的内涵考察，其所谓的公共经济政策仍相当于国家用以调节狭义经济生活的公共政策的同义语，而并非用以规范公共经济活动本身的政策；而其外延则收缩到只有财税政策和货币政策这两项宏观调控政策，诸如产权政策、产业政策、技术政策、土地政策、金融政策、贸易政策、就业政策、资源开发利用政策等经济类公共政策都被置于视野之外，比调节狭义经济生活的公共政策还要窄，更不要说覆盖整个公共物品再生产活动了。

其四，是以较为全面的狭义经济类公共政策指代公共经济政策。例如，黄恒学主编的《公共经济学（第二版）》专设第十二章讨论公共经济政策。其中阐述了公共经济政策的原则、目标和主要工具，所涉及的内容比宏观经济政策更广，囊括了国家调节狭义经济活动的所有政策，但同样不能覆盖整个公共经济活动，因而仍难以称为调节整个公共经济活动的公共经济政策。

由此可见，关于调节范围能够覆盖整个公共经济活动的公共经济政策概

---

① 陈柳钦：公共经济学发展动态分析［J］. 学习论坛，2011（5）：38.

念和理论，在现有相关文献中基本上还属于空白，需要以新的公共经济学视角，从建立公共经济政策概念定义开始来创建和填补。

创建内容范围能够覆盖整个公共经济活动的公共经济政策概念和理论，只有运用生产型公共经济学①的研究视角才能实现。这是因为，以生产型公共经济学视角考察，公共经济乃是社会公共机构占用一定经济资源、提供公共物品、以满足社会公共需求、实现公共利益的活动，其中的公共物品包括社会公共机构为民间经济主体所完成的一切公共事务，包括克服外部性和自然垄断负效应、收入再分配、宏观经济调控等。依照这种生产型公共经济概念，所谓公共经济政策，从内涵上说，应当是社会公共机构为解决特定公共性问题而制定并实施的、用以规范和指导所有公共经济行为的准则与策略；就外延而论，它对应着各种公共物品再生产活动，形成一个相当庞大的政策体系，具体包括国防（军事）政策、对外政策、民族政策、治安政策、产权政策、人才政策、市场政策、规制政策、土地政策、财税政策、货币政策、金融政策、技术政策、就业政策、收入再分配政策、社会保障政策、社会福利政策、教育政策、文化政策、资源开发利用政策、环境保护政策、区域自治政策、户籍管理政策，等等。其中每一种公共经济政策都具体地规范和指导相对应的公共经济活动，具有特定的预期目标，着眼于解决特定的公共性问题，或多或少地占用和消耗公共资源，并随着时间的推移和形势的变化而进行调整；就其所使用的政策工具而论，都不是仅以财政政策和货币政策所能概括或奏效的。

在现代民主政治模式下，公共经济政策通常是由执政党或通过其执政的狭义政府设计提出，经由代表人民大众利益和意志的立法机关依照规定程序审议批准，尔后由作为行政机关的狭义政府贯彻执行并向立法机关报告执行

---

① 作者在《公共经济思想理论源流考略》一文依据理论研究范式将现有的公共经济理论区分为生产型公共经济理论和分配型公共经济理论，其中生产型公共经济理论以广义的公共物品为核心范畴，以社会公共机构围绕提供公共物品所进行的一切经济活动作为公共经济概念定义的内涵，以这种含义下的公共物品生产和再生产全过程即公共经济活动作为公共经济学的研究对象，以揭示公共经济的内在联系和运动规律为研究目的，以区别于为研究处于社会再生产分配环节的公共财务活动提供理论前提而研究公共物品，并且只将提供公共物品作为政府职能之一的公共经济学。——齐守印：经济研究参考［J］．2013（19）：27－34.

结果。

二、公共经济政策的构成要素

无论从静态角度还是从动态过程考察，公共经济政策都是由多重要素构成的。

在静态上，公共经济政策是由其主体、客体、目标、周期、手段、资源、监控、环境等多种要件构成的。其中，所谓公共经济政策的主体，既包括其创议主体、决策主体，也包括执行主体、监控主体和效果评价主体。所谓公共经济政策的客体，系指政策所要解决的问题和矛盾，既有抽象与具体、简单与复杂之分，也有不同领域、不同层级之别，还有不同时期、不同阶段之异。所谓公共经济政策目标，是指公共经济治理主体通过政策实施所要达成的目的，它承载着政策创议和决策主体的意志取向和利益追求。所谓公共经济政策期间，是指每一种公共经济政策都有其或长或短的实施周期，这一周期始自政策颁布实施之日，终于政策废止之时。所谓公共经济政策手段，是指为实现特定的预期目标所使用的各种工具和采用的方式方法。所谓公共经济政策资源，是指实现既定目标、使用相应手段和工具所需动用的人力、物力和财力资源；没有必要或足够的资源支撑，政策手段软弱无力，政策目标只是空中楼阁。要实现公共经济政策目标，防止政策在执行中产生偏差，还需要设置对政策实施进程及其阶段性效果的监控机制。公共经济政策目标、手段和监控机制的设定，都要充分考虑内部和外部环境状况，以确保政策可行，同时需要通过主动采取措施去积极营造和改善有利于政策实施的环境。这些构成要素考虑得是否周全、设计得是否科学，决定着公共经济政策的理性程度高低和实际效果好坏。

在动态上，公共经济政策包含设计、论证、决策、执行、反馈、调整、效果评价和更新接续等多项过程要素。其中前 7 项要素构成一个完整的政策过程和周期，而最后一项则标志着原定公共经济政策结束而新一轮公共经济政策开始实施。公共经济政策的理性程度主要由其设计、论证、决策环节决定，而公共经济政策目标的实现程度则取决于执行、反馈和适应性调整是否得力。为总结公共经济政策实践的经验教训和向立法机构报告政策执行效果，需要在政策执行中期和完结以后进行效果评价，评价结果中的本周期政策预期目标达成情况还是确定下一周期采取何种接续政策的重要依据。新一轮公共经济政策，既可以是原有政策的延续，对应的情景是政策环境尚无实质性变化，原有政策仍然具有继续实施的价值；也可以是原有政策的改良和提升，对应的情景是政策环境发生了一定变化，但原有政策目标需要在同一方向上提升与扩展，原来的政策手段、工具需要在既有基础上做适应性改善和调整；还可以是彻底地改弦更张，废止原有政策，改行内容全新的政策，对应的情景既可能是原有政策目标已经实现，也可能是原有政策被实践证明无效或存在严重错误。

从历史发展考察，公共经济政策的各种构成要素不仅都呈现出从简单到复杂的演进趋势，而且公共经济政策决策和监督的人格化主体也发生了根本性变化。在阶级对立与冲突相当激烈的奴隶制、封建制和现代民主政治尚未建立以前的资本主义社会中，公共经济政策的决策和监督主体是社会成员中占比极少的统治阶级，他们多以天神之子和上帝使者的神秘色彩伪装，打着“替天行道”或代表上帝牧其子民的旗号，来制定和实施本质上维护甚至强化统治阶级经济、政治和社会利益的公共经济政策。现代民主政治制度建立以来，虽然在很多仍然存在明显阶级差别甚至对立的国度里，公共经济政策依旧不同程度地表现出偏向少数利益集团的色彩，但作为公共经济终极主人的人民大众已经对公共经济政策制定有了较多表达自己偏好的参与渠道，对公共经济政策的实施也有了相对更多的监督权利。而在现代民主政治制度比较完善的国度里，人民大众对公共经济政策的制定不仅可以通过其选举产生的代议机构间接参与，还可以通过参加全民公投和专题听证会、网络建议等途径直接参与，对公共经济政策的执行过程拥有依法实施监督的权利，对公共经济政策实施效果可以充分表达意见。后者乃是公共经济自然逻辑回归的现实表现，代表着公共经济政策的历史发展方向。

第二节　公共经济政策的体系结构与主要功能

按照系统论定律，系统的功能决定于系统的结构。一个系统有什么样的结构，相应地就有什么样的功能。因此，对于公共经济政策的体系结构与主要功能，必须联系在一起加以研究。

一、公共经济政策的体系结构

就一个复杂的经济体而言，公共经济政策通常都是由不同层次、不同方面的众多子项构成的庞大系统。纳入这个系统的公共经济政策，从覆盖范围角度可分为统领性的总政策和分项性的子政策。如应对经济过热的紧缩性公共经济政策和应对经济下行的扩张性公共经济政策，就都包括财政税收政策和货币金融政策两个分项。从调节领域角度可分为政治、军事、外交、财政、经济、教育、科技、卫生、文化、社会保障、基础设施、生态环境等各个方面的公共经济政策，其中每个方面的公共经济政策还可以进一步细分，如外交政策又可具体分为政治外交、经济外交、文化外交等不同侧面的具体政策，经济政策更是可以进一步细分为不同产业、区域和侧面的众多具体政策。从实施周期角度可分为长期、中期和短期的公共经济政策，其中性状比较稳定、实施周期较长的属于基本政策，而临时应对个别情况的则属于权宜性政策。这些从不同角度划分的公共经济政策经过排列组合，可以衍生出种类科目鳞次栉比、规模繁茂庞大的公共经济政策体系。甚至其中某一类公共经济政策都可以繁衍出由众多子系统构成的复杂体系，例如旨在实现社会公平正义的综合性措施作为一项统领性公共经济政策，可以具体化为覆盖经济社会发展众多领域、实施周期长度不同、政策工具各异的各种单项公共经济政策。

公共经济政策体系不仅庞大、复杂，而且不同层次、不同方面、不同周期的公共经济政策之间相互关联、相互作用。只有在政策种类齐全而且内部各种政策之间相互协同、形成互补的状态下，公共经济政策体系的整体功能才能有效地发挥出来。如果公共经济政策体系不全，就会出现“木桶理论”中的“短板制约”；如果结构上缺乏协同配合，就会因不同政策之间的相互抵牾而降低政策体系的整体效果；如果公共经济政策方案中缺乏实施控制机制，那么，再好的政策也会因为在执行中出现偏差而难以达到预期效果。与此同时，政策设计和执行控制都需要必要的信息支撑；为了实现精准调控，无论政策目标还是政策手段、政策资源，都需要有数量方面的精确测度与计算。因此，要想使公共经济政策体系要素健全、结构合理，必须在其设计制定过程中充分运用系统论、运筹学、信息论、控制论、协同论的思想和严密准确的数理分析方法。

二、公共经济政策的主要功能

公共经济治理主体制定和实施公共经济政策的目的，就是要发挥其功能，规范、指导、协调和约束体系庞大的社会公共机构的公共经济活动，解决经济社会运行与发展过程中民间经济主体自身难以克服的公共性问题与矛盾，以实现不断增进人民大众经济福利和确保国家长治久安、兴旺发达的目标。公共经济政策的功能是多重的，主要包括以下由近及远、由直接到间接依次展开、相互联系的五个层面，而且其中每项功能都可能依一定条件事与愿违地走向反面，即由积极功能转变为消极功能。

（一）规范社会公共机构的行为，指导和约束公共经济活动，以实现公共经济的根本宗旨和总体目标。具体包括：为各种法律、制度（体制）类公共物品生产提供调节方向，使之沿着政策主体所期望的目标发挥规范作用；为各种实体类公共物品生产和再生产活动提供指导原则，为公共计划和预算提供基本遵循，明确社会公共机构生产什么、为谁生产、如何生产，从而规范公共资源配置边界与结构；协调纵向各层级、横向各方面公共机构的经济活动，使之在履行公共职能过程中形成合力、步调一致，以提高公共经济效率。这是就其正面，即公共经济政策具有较高理性度的情况而言的。若从其反面，即如果公共经济政策理性度较低，那么，其功能则将变为：引导公共经济活动误入歧途，致使公共经济资源不同程度地错配，公共机构上下左右不同部分各行其是，公共财务运行难以延续，公共经济效率和人民大众的公共福利遭受或大或小的损害。

（二）促进民间经济生产力发展和生产关系沿着优化方向演进，维护合法产权和经济自由，规范市场经济秩序，引导民间经济活动，激励或约束民间经济行为，激发和调动民间经济活力，优化民间经济结构，推动民间经济技术进步与管理创新，使民间经济潜力得以充分发挥。其反面，就是压抑民间经济生产力发展，阻碍民间经济生产关系改进，破坏合法产权和经济自由，扰乱市场经济秩序，误导民间经济活动，纵容乃至激励负面的民间经济行为，妨碍民间经济技术与管理创新，抑制民间经济竞争活力和发展潜力。

（三）维护混合经济体中公共、民间两大部门以及表现为非营利社会组织的第三部门之间的动态均衡和协调发展，相得益彰。其反面，就是致使公共部门、民间经济和第三部门之间比例失衡、关系失调，相互掣肘，一损俱损。

（四）调节国内不同阶级、阶层、群体、民族、性别和城乡、区域之间的利益关系，维护社会公平正义，营造睦邻友好、合作互助的国际关系，为国民生活和经济社会发展提供安定和平的国内外环境。其反面，则是导致国内各种利益关系失调，社会矛盾频发而且趋于激化，对外四方树敌、四面楚歌、孤立无援、危机四伏，人民生命财产安全和经济和平发展失去内外环境保障。

（五）综合上述功能，保证国家治理有序、经济发展、社会进步、政治昌明，实现民族兴旺、国家富强和人民福利最大化的目标。其反面，则是使人民福祉、民族发展和国家命运不同程度地遭受损害。

通过公共经济政策的以上五项功能分析即可大体明了它制约国家兴衰的一般机理，而国外从 15 世纪到现在 9 个曾经崛起为世界霸权国家的盛衰起伏历史则可以作为解释公共经济政策理性与国家兴衰之间内在联系的实证案例。[①] 那么，决定公共经济政策是发挥积极功能还是产生负面效应的关键因素是什么呢？这就是公共经济政策的理性及其程度。公共经济政策的积极功能，只有在公共经济政策保持高度理性状态下才能得以充分发挥。相反，在公共经济政策不同程度地欠缺理性的情况下，其积极功能必将在相应程度上遭受减损，消极效用相应强化。当公共经济政策理性度降低到一定水准以后，则必将造成国家治理严重混乱，乃至使民生凋敝、民族衰败、国家覆亡。由此可见，公共经济政策（包含策略）理性与否不仅关乎政党的生命，而且关乎民族和国家的兴亡。其间的关系完全可以这样表达：民族兴旺、国家富强和人民幸福程度与公共经济政策理性程度成正比，而民族衰败、国家贫弱和人民苦难程度与公共经济政策的理性程度成反比。

正如恩格斯所指出的：国家权力对于一个国家的经济发展的反作用可以有三种：它可以沿着同一方向起作用，在这种情况下，就会发展得比较快；它可以沿着相反方向起作用，在这种情况下，像现在每个大民族国家的情况那样，它经过一定的时期就要崩溃；或者是它可以阻止经济发展沿着既定的方向走，而给它规定另外的方向——这种情况归根到底还是归结为前两种情况中的一种。”[②] 所以，深入探索不断增强公共经济政策理性之道，乃是公共经济理论与政策研究服务于国家治理科学化、现代化的根本任务。

---

① 唐晋主编、人民出版社 2006 年出版的《大国崛起》一书。

② 恩格斯：致康德拉·施米特（1890 年）［A］．马克思恩格斯选集第 4 卷［C］．北京：人民出版社，1995：701.

第十八章　公共经济政策理性与国家兴衰

认识和把握公共经济政策理性与国家兴衰之间的内在联系，必须以深刻理解公共经济政策理性的核心含义、衡量尺度、制约因素为基础，而以寻求提高公共经济政策理性度、确保国家长治久安兴旺发达为落脚点。

第一节　公共经济政策理性的核心含义及其衡量尺度

所谓公共经济政策理性，是指公共经济政策合乎公共经济的自然法则和本质要求，其各项构成要素和体系结构具有内在的科学性，并且公共经济政策的项目数量和矢量力度相对于特定时期需要解决的公共性问题而言确定得比较精准。公共经济的自然法则就是人民大众和社会公共机构之间客观上应当呈雇主与仆从、委托与代理的关系。依照这种自然法则，公共经济的本质要求在于社会公共机构制定和实施的公共经济政策必须决定于人民大众的偏好和意志，有利于维护并增进人民大众的利益（包括统筹兼顾地处理好人民的全局利益与局部利益、长远利益与当前利益关系），满足人民大众不断增长的公共需要和整体福利诉求。由此可以说，公共经济政策符合公共经济的自然法则和本质要求，即保持与人民大众利益诉求的一致性，乃是公共经济政策理性正义之本；无本而求木，不可得也。具体而言，公共经济政策理性的含义要点可以概括为以下六个方面，换言之，公共经济政策理性程度高低可用以下六项标尺衡量与判断：

一、反映人民大众诉求、为人民大众谋利益的程度

公共经济政策反映人民大众的诉求、为人民大众谋利益的程度越高，那么，它的理性程度就越强；反之，它的理性程度就越弱。因为这是公共经济政策理性正义之本，故而是衡量和判断公共经济政策理性程度的基本前提和首要尺度。譬如战争，只有它是以维护本国居民生命财产安全为目的而进行的反侵略之战，才具有公共经济政策的理性正义；相反，如果它是出于为本国少数利益集团攫取额外之利而进行的侵略性战争，那么，它就失去了公共

经济政策的理性正义之本。纵观世界史上前后争夺国际霸权的各个大国之间所进行的侵略战争，虽然获胜者也曾得逞于一时，但最终都落得“搬起石头砸自己的脚”的下场，均属于违背公共经济政策理性正义之本的必然结果。当前，仍有某些国家不记前车倾覆之鉴，一直在以军事和经济实力谋求不正当的国际霸权之利，可以预言，其最后失败终将不期而至。

二、反映人民大众公共需求紧迫性、根本性、可行性的程度，或曰人民大众公共需求与公共物品供给之间远近结合的均衡度

人民大众对公共物品的需要和对公共福利的诉求不仅多种多样而且时常高于现实社会生产力的可承受水平，尤其对那些处于经济落后状态的国家而言，在先进国家示范效应作用下，人民大众基于攀比心理而产生的公共需求更容易远远超出本国经济的可承受能力。在此情况下，只有充分考虑有限公共经济资源的约束，根据紧迫性、根本性程度对人民大众的各项公共需求进行优先性排序的结果，正确选择近期有能力实现的公共经济政策组合，同时对中长期公共经济政策组合做出预先安排，从而使人民大众的公共需求与公共物品供给能力之间达成近期现实均衡和远期期望均衡，才符合客观规律和人民大众的根本利益。

这样安排的公共经济政策，其理性程度就比较高。相反，如果不顾公共经济资源约束条件，不能正确辨识人民大众公共需求的紧迫性和根本性，就会在不同程度或性状上造成公共经济政策选择失误。其中，一种失误的情形是，脱离公共经济资源有限性约束，选择在近期实施的公共经济政策目标过多、标准过高，公共投资战线过长，以致公共财政资源配置过于分散、失去规模效应，既可能导致各项政策都不能在确定周期内取得预期成效，欲速则不达；也可能导致公共债务规模失控，因超过偿债能力而发生政府债务危机，以致引起连锁反应，引发金融危机，甚至经济、社会、政治危机。另一种失误的情形是，公共经济政策选择偏离了人民大众公共需求的紧迫性和根本性优先顺序，未能及时满足人民大众最紧迫和最根本的公共需求，其结果必然会不同程度地降低公共经济资源配置效率、减损公共经济政策绩效，从而延误人民大众福利增加的速度。这两种情形尽管损失程度有所差别，但都属于公共经济政策理性缺失的范畴。

三、公共经济政策各静态构成要素之间的匹配程度

公共经济政策客体、目标、周期、手段、资源、监控和环境这七个要素只有在通过统筹设计达成匹配的情况下，才能保障政策目标如期实现，从而具有较强的政策理性。相反，如果政策问题选择失误（例如将应当通过市场机制解决的事项误判为公共性问题而作为政策客体），或者政策目标定得过高或过低、政策期间规划得过短或过长、政策手段与目标失配，或者政策资源不足以支撑、因监控机制缺失而存在政策执行走偏或延误风险、因对政策环境估计不足而造成超乎预料的政策阻力，都会不同程度地减损公共经济政策效果、贻误政策时机、浪费宝贵的政策资源。无论以上哪种情况，都属于公共经济政策理性不足之列。

四、公共经济政策各动态构成要素的科学程度

公共经济政策需要依据相关原理和对主客观因素信息的全面把握、准确预测进行周密设计，尔后组织确有责任心和专业素质的专家进行认真论证，通过多种方案比较优选慎重地做出决策，并选择适当时机付诸执行；设置有效的监控机制及时反馈每个阶段进度与效果的信息，根据反馈信息对设计中未料情况和执行中发生的偏差对现行政策进行必要的调整完善；政策周期完结之后及时认真地组织效果评价以总结经验、发现问题、汲取教训。同时做好更新接续政策的储备，以便在前一政策周期结束以后及时颁布实施新一轮政策。只有这样一种对各个环节过程要素进行全面科学设计并且能够做到前后有机衔接的公共经济政策，才具有较高的理性度。否则，无论哪个过程要素设计粗疏或者不当，都会损害公共经济政策的理性。如果重要过程要素设计存在明显缺失，则会导致公共经济政策理性度和预期效果大打折扣。假如所有过程要素都主要依靠领导者拍脑袋式地粗放安排，缺乏科学理论、现实状况和来自准确预测方面的依据，那么，这种公共经济政策的理性度无疑是极为低下的。

五、公共经济政策体系结构的有机度

如前所述，任何一个经济体内的公共经济政策都是一个巨型复杂系统。这个系统的体系结构是否完整，自上而下的垂直联系和不同政策之间的水平联系是否有机而紧密，共同构成公共经济政策体系结构有机度的基本内涵。在垂直联系的维度上，处于统领地位的总政策与各项子政策之间、长期政策与中短期政策之间、基本政策与具体政策之间、中央政策与地方政策之间的有机结合度高低，不仅取决于后者对前者的遵从程度，而且取决于后者根据因时因地制宜原则对前者的具体发挥和补充程度。在水平联系的维度上，不同部门和不同区域内容相关的公共经济政策之间需要互相协同、形成合力，才能确保公共经济政策取得预期效果；其协同程度高低，与公共经济政策的有机度强弱之间存在着紧密关联。如果一个经济体所实行的公共经济政策体系结构，或者在垂直联系维度上存在某种离散状态，或者在水平联系上存在明显的各自为政甚至以邻为壑现象，抑或是两种情形兼而有之，无疑都会不同程度地降低公共经济政策体系的结构有机度，从而减损公共经济政策体系的整体积极功能，甚至会使其发生负面效应。

六、公共经济政策设计在数量方面的精密度

公共经济政策作为调节经济社会生活的基本手段，是公共经济治理主体组织运用经济资源解决经济社会矛盾的一种自觉性矢量。而作为一种矢量，要能够实现预期目标，确保调节方向正确固然是首要的，而其项目多少、力度大小也极为重要。只有在方向准确、不偏不倚、恰中要害的同时，在数量维度上也不大不小、不多不少、恰如其分，才能实现公共经济的帕累托最佳效率。这是因为“过犹不及”，对于解决某个经济社会矛盾而言，即使问题抓得很准，但如果公共经济政策力度不够，也难以在最佳时机达到预期目标，时过境迁，小问题很可能演变成大危机，此后即便再耗费更多资源去解决，可能依然难以达成早期及时解决的效果。相反，对于能够动用较少经济资源就能解决的公共性问题，如果投入过多的经济资源，显然也会造成滥用浪费，徒然降低公共经济资源配置效率。这里所说的数量维度，除动用经济资源的数量以外，还包括用于解决同一个公共性矛盾所采取的公共经济政策项目多少的问题。对于解决一个公共性矛盾而言，如果能用较少项目的公共经济政策就能奏效，那么，采用更多项目的公共经济政策一起参与，不仅不利于矛盾的解决，还可能造成相互干扰或责任推诿，因而也是一种政策设计弊端，势必减损公共经济政策的理性程度。反之，如果对于一个公共性矛盾的解决，单靠一两种公共经济政策不足以奏效，如果未能辅之以其他相关政策添加必要的助力，致使预期政策目标未能实现，也同样属于公共经济政策理性不足。

由此可见，无论就整个公共经济政策体系还是就解决某个公共性矛盾的战役性政策组合而言，在高度重视基于有关内在联系的定性研究设计基础上，尽可能采用先进科学的数理方法对有关政策要素从数量维度进行精确的预测、分析、判断，对于确保公共经济政策矢量的精准度、提高公共经济政策理性程度也是不容忽视的重要方面。

以上这六项，既是判断和衡量一个经济体公共经济政策体系理性度的标尺，同时也提示了从实体内容方面确保并提高公共经济政策理性度的内在线索。

第二节 制约公共经济政策理性程度的根本因素

公共经济政策积极功能的有效发挥与公共经济政策理性程度正相关，公共经济政策理性程度的内在含义包括上述六个要点，那么，接下来就需要讨论究竟是哪些主要因素制约或决定着公共经济政策的理性程度。

一、公共经济政策主体的理性素质

这是制约公共经济政策理性程度高低的直接因素。因为，公共经济政策是由其主体制定的，什么样的主体就会制定出什么样的政策。我国古代发生的一个重要历史事实，可以作为解释其中道理的典型案例。在历时仅有37年的隋朝，各种社会条件和决策机制可以说没有发生质的变化，但前后相继的杨氏父子两任皇帝由于所制定实施的公共经济政策理性程度有天壤之别，结果是前者使国家迅速兴旺起来，而后者则使国家疾速走向灭亡。隋文帝杨坚通过在经济、财税、政制、吏制、军事、外交、文化等多方面大刀阔斧地推行改革，制定实施了一系列较为理性的公共经济政策，不仅很快就结束了东汉后期以降四百余年封建割据、军阀混战的分裂局面、实现了国家统一，而且仅经由二十余年努力，就在经济社会发展和公共管理方面取得了显著成效，呈现出政治清明、人口增加、经济繁荣、府库充实、外患不生的良治景象，史称“开皇之治”。与其父相反，隋炀帝杨广即位掌权之后，虽然也部分地继承发扬了其父所制定的正确政策，取得部分可圈可点的历史政绩，但却因为好大喜功、急功近利，对外盲目扩张、大肆征伐，对内任用奸宄佞臣、奢靡腐化、横征暴敛、大兴宫室与运河建设，一系列严重违反理性的公共经济政策导致民不聊生、经济凋敝、政治混乱，仅仅十余年时间就在民怨沸腾、群雄并起的乱局中使自己与其隋朝同归于尽。

隋朝之所以“其兴也勃焉，其亡也忽焉”，从不同学科视角进行探究可以得出表述各异的解释。从公共经济学视角考察，究其直接原因，无疑可以归结为杨坚和杨广父子两人作为公共经济政策的核心主体在综合素质方面存在巨大差异。使隋朝迅速兴盛的统治阶级核心人物杨坚具有较高的治国理政素质，从而能够审时度势地制定实施理性程度较高的公共经济政策；相反，使隋朝急剧衰亡的统治阶级核心人物杨广则不具备或较少具备治国理政素质，因而致使其制定实施的公共经济政策缺乏必要程度的理性，不仅直接造成公共经济运行混乱、低效，而且严重危害了民间经济，实可谓自掘坟墓。隋朝是这样，古今中外其他国家的兴衰变幻之由，也莫不如此。

公共经济政策主体的德、才、识、术等理性素质高低，是否具有基于理性思考的正义和统筹兼顾的智慧，能在何种程度上洞察并把握公共经济规律和公共治理内外环境，毫无疑问地会决定其制定的公共经济政策的理性程度。理性素质高的公共经济治理主体（包括当今各级党政机关中担负领导责任、握有公共经济治权的公务员，下同），自然能够依循公共经济规律、准确把握公共治理的内外环境，制定并实施理性程度高的公共经济政策，从而充分发挥公共经济政策的各项积极功能，首先使公共经济本身井然有序、顺畅高效地运行，同时积极促进民间经济繁荣发展，正确处理各种错综复杂的内外关系，有效舒解盘根错节的经济社会矛盾，通过不断增加国民福利赢得作为公共经济终极主体的人民大众的拥护和支持，从而造就百业兴盛、国泰民安的治世功业。相反，理性素质低的公共经济治理主体，由于不懂得公共经济规律，难以全面准确地洞察和把握极为复杂的公共治理内外环境，甚至完全缺乏理性正义，从个人感情出发重用私人窃据公职，结成罔顾人民大众利益的特权集体，出于一己之私运用公权、施展公器，其所制定的公共经济政策注定鲜有理性，付诸实施以后所释放出来的势必主要属于消极功能，从而导致公共经济运行混乱、低效，进而戕害民间经济和人民大众利益，致使经济衰败、政治黑暗、社会混乱、文化凋零，内外各种矛盾日趋激化，直至引发经济、社会、政治危机，给民族国家造成重大灾难和无穷贻害。

当然，对于任何一个国家来说，其治理状况并不总是要么处于蓬勃向上的兴旺发达之势，要么处于日渐衰败的下行轨道，而是多数时期都处于缓慢发展、问题不断的中间状态，甚至有很多国家从来都没有出现过经济社会高度繁荣、综合国力迅速崛起的典型治世或由鼎盛之巅陡然衰落到谷底的典型乱世。这种状况，一般是由其公共经济政策主体的理性素质总体上处于中游水平所决定的。

二、公共经济决策权的配置体制和运作机制

这是制约公共经济政策理性程度的较深层次因素。因为，任何一个经济体中的社会公共机构都是一个纵横交错的较大体系，最高统治者只能在这个机构群体中进行公共经济决策并借助于这一机构群体实施公共经济政策。公共经济决策权力配置体制决定公共经济决策权力运作机制，由不同类型的公共经济决策权力运作机制所决定的公共经济政策主体结构状态和决策机理具有明显差别。依照决策程序和政策形成机理，可将公共经济决策权的配置体制和运作机制分为集权专制、开明专制和民主共和三种基本类型。这三类体制机制对公共经济决策权力的制约功能和公共经济决策的智慧汇集功能强度差异明显，从而对公共经济政策理性程度的保障和维护能力自前至后呈由低到高的递升排列顺序。

集权专制的公共经济决策权配置体制和运作机制对公共经济政策理性程度的保障和维护能力最弱。因为在这种体制机制下，公共经济决策权由最高统治者一人独揽，不存在任何外在制约，决策智慧与信息也主要来源于作为最高统治者的孤家寡人，公共经济政策理性程度唯一地取决于最高统治者一人的理性素质。如果他的道德理性和知识理性素质极高并且能够于其主政期间得以始终保持，那么，同样可以保障公共经济政策理性至少在其执政期间一直处于较高水平，从而使其所主导的公共经济体在较长时期内得到良好治理，民间经济也能较为持久地繁荣发展，民族国家即可借以持续沿着上行轨道发展甚至迅速崛起。但是，这种情况不仅在古今中外的历史上鲜能出现，而且很难保障在代际间延续传递。这种代际间的延续传递不独在实行父传子、家天下的奴隶制和封建制之下极为罕见，即使制度允许由贤明的最高统治者在更大范围内选择接班人，也很难选得准。因此，集权专制的权力配置体制和运作机制对于较高公共经济政策理性程度的保障和维护能力极为脆弱；在这种体制机制下，保持国家长治久安通常只是创业一辈贤明统治者一厢情愿的良好希冀而已。秦始皇率领其臣民在战胜其他六雄、统一中国、登基称帝以后，本来冀望自家一统江山传之万世，然而刚刚传至二世不久即迅速灭亡，就是最典型的案例。如清王朝前期康、雍、乾连续三代圣明君主连续相传的情况，不仅具有极大的偶然性，而且乾隆皇帝主政后期的公共经济政策理性程度就已经出现明显下滑趋势，从而使“康雍乾盛世”成为整个中国封建专制制度的“落日辉煌”。

开明专制的公共经济决策权配置体制和运作机制对公共经济政策理性程度的保障和维护能力较集权专制有所增强。因为在这种体制机制下，虽然公共经济决策最终仍由最高统治者决断，但却设置有重要臣属参与决策甚至封驳最高统治者不适当政令的明确规则，因而在公共经济政策制定过程中存在相对常规化的集思广益机制，具有理性正义的贤明臣属所进行的直言强谏能够对最高统治者所做公共经济决策构成有效制约，进而能够持续保障公共经济政策具有较强的理性程度。唐太宗李世民在位23年，一直实行君臣共治的开明专制型公共经济决策机制，通过集思广益在经济、政治、军事、外交、社会治安、文化教育等方面持续实行具有较强理性的公共经济政策，在隋末多年战乱造成的一片废墟上，创造了在中国古代四千多年历史上堪称典范的贞观之治，就是极具说服力的著名案例。[①] 实际上，只要是最高统治者能够虚心纳谏、从善如流，其公共经济决策体制均可纳入此种类型，都能不同程度地保障和维护公共经济政策理性，而不仅限于宣称“君臣共治”的贞观年间的决策机制。

民主共和的公共经济决策权配置体制和运作机制对公共经济政策理性程度的保障和维护能力最强。当然，这里指的是确有真实民主内容、而非徒具其名的民主共和。民主共和体制机制之所以能够更为有效地保障和维护公共经济政策理性，是因为在这种体制机制下，公共经济决策必须经由法定程序提交具有立法权威的民意代表机构审议批准才能付诸实施，任何个人都无权在未经立法机关多数民选代表同意的情况下对法律规定的重要公共事务做出决策并颁布施行。尽管在这种体制下也存在少数人提出的真理性公共经济政策主张被多数票否决而不得不服从多数人意志的个别情况，但此种情形通常会极少极少，因为汇集起来的多数人智慧一般都具有较强的理性度。因此，通过多种途径拓展人民大众对公共经济决策的民主参与，包括组织有责任心的内行专家对公共经济决策提案进行论证、举行专题听证会和通过信息网络公开征询人民大众的需求偏好、政策诉求，都有利于提高公共经济政策的理性度。因为，这本身就是对公共经济政策终极主体当家作主自然法则的回归。当然，一般民众所关注的多是与自身休戚相关的近期利益、局部利益和具体利益，有时对关系民族国家长远、整体和根本利益认识不清楚，如果过分迷信全民公投和网络民意，也往往会落入民粹主义陷阱。西方一些国家首脑和议会选举的候选人为了在大选中获胜，往往过分迁就甚至主动迎合选民对近期和具体利益的诉求，致使这些国家不同程度地掉进“福利政策陷阱”难以

---

① 齐守印：公共经济视角下的贞观之治［J］．社会科学论坛，2016（9）．

自拔，这便是民主共和体制机制下亟需防范的公共经济决策风险。可见，民主制对于保障公共经济政策理性的作用也不是万能的，而只是在迄今为止人类发现的公共经济决策机制中相对最好的。

曼瑟·奥尔森在其《国家的兴衰》[①] 一书中分析了“二战”后美国、英国经济发展陷入停滞和日本、德国经济迅速崛起的原因，认为主要是前者分利集团活动对公共经济政策的影响作用远高于后者，导致前者公共经济政策理性低于后者所造成的。因此，如何通过抑制分利集团对公共经济政策制定过程的干扰，便成为保证公共经济政策具有较高理性的主要因素。

三、公共经济决策责任约束机制

由于公共经济与公有制经济一样，存在着内部成员“人人都有权益、有责任，但每个人又都可能只愿享受权益而不负责任”的固有矛盾，[②] 加之一般而言“政府官员并不是仁慈公正、全知全能、以增进公共福祉为怀的政治人，而是会通过各种方式谋求个人利益最大化的自私自利的‘经济人’”，[③] 并且党政首脑任期有限，在缺乏有效责任约束机制条件下，公共经济治理主体在制定公共经济政策时很可能出于对某种个人功利目标（如迎合选民和上级偏好）的追求而采取不负责任的态度，或者只讲主观需要而不顾资源支撑能力，或者脱离客观环境条件而好大喜功地确定明显冒进的政策目标，或者罔顾上下左右政策之间的衔接协调而单打一地孤军深入，或者只顾当前而无视长远，从而使公共经济政策缺乏必要的甚至起码的理性。相反，如果存在法定的公共经济决策责任约束机制，并且严格有效地贯彻执行，切实做到“谁决策、谁负责，重大责任后果终身追究”，那么，治理主体在进行公共经济决策时，就都会慎重考虑所制定出台的公共经济政策理性程度高低以及与此直接相关的政策风险大小。

---

① 曼瑟·奥尔森：国家的兴衰［M］．李增刚译，上海人民出版社，2017.

② 齐守印：社会主义公有制的特有矛盾［J］．现代哲学，1986（2）；正确处理公有制内在矛盾是经济体制改革的实质［J］．学术评论，1987（11）；基于公共经济内在矛盾的国家治理机制研究［J］．财政研究，2017（4）.

③ 这既是诺贝尔经济学奖获得者、美国著名经济学家布坎南构建公共选择理论的主要假设，也是被他通过大量逻辑推理和实证分析所证明，并且为学界所广泛认可的一个基本观点。——詹姆斯·M. 布坎南：民主财政论——财政制度和个人选择［M］．穆怀朋译，北京：商务印书馆，1993：232.

当然，公共经济决策责任约束机制对于公共经济政策理性度的保障作用同样不是万能的。从实证角度考察，中外历史上都有众多昏庸的君主由于制定实施了缺乏理性的公共经济政策而导致国家衰败以至覆亡，连制定实施这些政策的君主本人都因此而走上断头台或被放逐之路。这显然不能说是由于缺乏决策责任约束机制而造成的。因为众所周知，在实行世袭君主制特别是中国古代君主制的时代，“普天之下，莫非王土；率土之滨，莫非王臣”，整个天下都被视同君主一家的“产业”，国家治理决策失误将会导致君主的国破家亡甚至人头落地，这种公共经济决策责任约束机制不可谓不强，但仍然未能极其有效地保障绝大多数君主以高度的责任心进行公共经济决策，从而使公共经济政策理性具有较高水平。可见，决策责任约束机制只是制约公共经济政策的理性程度的根本因素之一，而不是唯一的根本因素。

因此，只有将以上所述公共经济决策权制约机制、决策责任约束机制和决策主体素质三者结合起来，多措并举，综合施治，才能有效地解释和解决公共经济政策的理性度问题。

第三节　增强公共经济政策理性的主要路径

古往今来，实现国家长治久安、兴旺发达，因其与人民命运相连、为人民福祉所系，所以为人民大众所衷心希望；又因其关乎世袭君王的家祚延续和共和制政府首脑的执政名声，故而为绝大多数统治者所梦寐以求。然而，真正实现国家兴旺发达并且持久不衰，绝不是单凭良好愿望和心存美好梦想就能做到的，而必须找到切实有效的措施和路径。自国家产生伊始直到现在长达数千年的漫长历史时空中，中外各国历代众多的政治家对此煞费心血、孜孜以求，前赴后继地进行了艰苦卓绝的实践探索，积累了大量经验教训；各门各派的思想家为此绞尽脑汁、承前启后、持续不断地进行着苦思冥想，产生了汗牛充栋的理论研究成果。但是，迄今为止，它仍然是悬而未决的重大现实问题和理论课题，有待继续研究解决。

综括本文前面所述，有效保障国家长治久安、兴旺发达和人民大众福祉不断增加的根本因素在于确保公共经济政策始终具有较高的理性程度，而确保公共经济政策理性程度较高的主要难点并不在于政策设计与实施的技术方法方面（尽管这也十分重要），而是在于完善相关保障措施。依据前述分析，解决问题的主要路径至少包括以下五个方面：

一、优化公共经济政策主体的理性素质

制造工匠的素质水平是其产品质量优劣的直接决定因素。公共经济政策作为公共机构最核心的产品，其制造工匠是任职于社会公共机构的公务员、特别是其中担负领导职务的高级公务员，他们的道德和业务素质即德才条件决定着公共经济政策的理性程度。我国古代将德才兼备的人称为贤者，而将德才兼备的官吏称为贤臣、将德才兼备的君主称为明君。早在春秋时期，著名思想家墨翟就已提出“尚贤者，政之本”的论断。[①] 其后继先贤的相似论述不绝如流，如唐太宗李世民认为“为政之要，唯在得人……今所任用，必以德行、学识为本”,[②] 宋代历史学家司马光提出“为治之要，莫先于用人”,[③] 等等。基于任人唯贤而致公共经济政策成效显著、国家兴旺发达的许多实证案例，都是为古今国人耳熟能详、津津乐道的。例如，齐桓公任用管仲为相而在春秋时期最先成就霸业，周文王姬昌屈躬诚请姜子牙为国师而兴周室，刘邦重用萧何、张良为股肱谋臣而兴汉业，刘备三请诸葛亮先任军师后做国相而有西蜀之治，李世民善用魏徵、房玄龄、杜如晦为柱国谋臣而铸成贞观盛世。这四个案例中所例举的那几位德才卓著的贤臣名相都是通过辅佐君王筹划制定堪称高度理性的公共经济政策而使国家兴旺发达、政泰民福的。这些著名的成功实践案例表明，要想确保公共经济政策具有较高的理性程度，借此谋求国家兴旺发达、长治久安，最直接的抓手就是认真贯彻任人唯贤的干部路线，努力使公务员队伍、特别是处于决策岗位的高级公务员具有较高的理性素质。在现代民主制度下，就设计和制定公共经济政策而言，要求公务人员拥有的道德素质主要是具有忠于人民、恪尽职守、公正廉明的职业操守，业务素质主要是具备按照理性原则和科学原理设计制定公共经济政策所需要的理论知识和技能方法。只有兼备此等德才素质的公务员、特别是高级公务员，才有望谋划制定出理性程度较高的公共经济政策。此间道理知之不难。正因为如此，我党历届中央领导集体才一以贯之地明确倡导实行任人唯贤的干部政策和组织路线。

成语曰：知人善任。知人是选贤任能的前提。然而，正如司马光所言：

---

① 墨子·任贤［M］.

② 吴兢：贞观政要·崇儒学［M］.

③ 司马光：资治通鉴·魏纪五［M］.

“知人之道，圣贤所难也。是故求之于毁誉，则爱憎竞进而善恶混淆；考之于功状，则巧诈横生而真伪相冒。”鉴于此，他提出的破解对策为：“要之，其本在于至公至明而已矣。为人上者至公至明，则群下之能否焯然形于目中，无所复逃矣。苟为不公不明，则考课之法，适足为曲私欺罔之资也。”① 看来知人善任自古至今都是选贤任能的前置性难题，即使通过简单的民主测评推荐和政绩考核办法也很难辨忠奸、明贤愚。至于司马光所提出的凭借上级领导至公至明的察举方法以识别选取，恐怕同样靠不住，因为上级领导也并非都具有公正无私的道德操守和全知全能的火眼金睛。为解决这类问题，我们党这些年也谋划采取了许多办法，比如公开竞争选拔、实行民主推荐、开展政绩考核，等等。然而，上有政策、下有对策，善于投机钻营的人总有博弈取胜之道。因此，在确实想选贤任能的前提下，如何切实做到识贤而任、选能而用，直到目前依然有待继续从体制机制层面寻求破解之策。毫无疑问，在现代条件下，只有集中古今中外一切相关实践经验和理论成果，才能将确保公共经济政策主体具有较高理性素质的选贤任能体制机制构建起来。

在近代以来的西方，选拔政治家层面的公共经济政策创议主体（如总统、州长、市长、县长和议会成员）通常是通过公民普选方式或议会成员投票选举实现的。具体程序大体上是，先由合法政党通过党内竞选推荐出参加社会公选的候选人，尔后选举人借助于多名候选人在公开竞选过程中提出的政策主张和相互辩论所显露的信息获知有关选举对象的理性素质情况，并据此决定投票选择的对象。与此同时，如果民选政治家在任职期间严重失职或造成重大决策失误，则通过法定的弹劾机制在届中将其淘汰，再通过补选产生新的领导人。业务技术官僚层面的公共经济政策设计主体选拔，则通过公开考试录用进门，尔后在公共机构内部通过自上而下的察举识别和日常考课途径决定公务员的职位晋升、重用或淘汰。这种公共机构人才选择机制，总体上保障了西方各国一般公务员、高级公务员直至政治家的理性素质。但希特勒经由公民普选上台等许多事例表明，由于选举信息不对称和善于伪装的候选人在短期内很难被识破，通过普选机制遴选公共机构领导人也并非是确保公共经济政策创议或决策主体具有较高理性程度的万全之策。

在当今我国，一般公务员和担负重要领导职务的国家公务员选任机制，

---

① 司马光：资治通鉴·魏纪五［M］.

一定程度上借鉴吸收了现代西方各国较为普遍实行和本国历史上积累的正面经验，如公务员考试录用制度、考核考绩制度、人代会或其常委会选举任命制度、公开竞争选拔制度等，同时也有许多不同于西方做法的特色之处。例如，领导干部候选人主要是由执政党按照职位空缺一对一地提名，提名以后基本上只能按此选任，缺乏竞争和比选的机制因素，严格局限了选举人知晓被选人理性素质信息的渠道和投票选择的空间。再如，执政党内对领导干部候选人的提名权主要掌握在同级党委书记手中，而且提交党委会研究通过以后就由这个党委集体负责，加之上级领导常常插手干预，致使难以追究提名人的推荐责任，从而造成对领导干部的选任实际上无人负责。如此这般，自然难以保障所选任领导干部都具有较高的理性素质。

有鉴于此，从优化公共经济政策主体理性素质出发，只要在现有规则基础上做出三点改良，就会产生显著的积极效果。一是适当扩大党委提名同一职位领导干部候选人的数额，比如对应一个空缺职位提名 2—3 个候选人，将其通过年度考绩和事前考察获得的相关信息充分披露给选举人，然后让候选人通过演讲施政思路、措施等合法途径开展竞争，以此扩大选举人对相关信息的知情权和投票选择空间。二是强化提名责任约束与追究机制，切实做到谁提名，谁负责。一旦在一个任期内发现被提名候选人（无论最后是否当选）存在重大道德和业务素质问题或者发生重大决策失误，就不仅严肃追究其本人的过错责任，同时也认真追究提名人的失察责任，视情节轻重分别给予通报批评、记过、降职、撤职等不同程度的处分。这种责任约束与追究机制在中国古代曾经使用过，我们党在若干年前也曾在一定程度上实行过，近两年来又重新提起，只需将其设计成周密细致、明确具体的操作性制度规定并认真实施即可发挥出应有的功能。三是进一步完善候选人提名前的考察程序，严格考察工作纪律。一旦发现考察过程中存在徇私舞弊行为，即严肃追究当事人的党纪、政纪责任，视情节给予不同程度的党纪和政纪处分，以此杜绝干部任用考察过程中人为操作、弄虚作假之弊端。除此之外，在公务员录用和培养、干部德才实绩考核和领导干部公开竞争选拔等方面，也都有很大的改善提升余地。

二、优化公共经济决策权配置与运作机制

我国宪法规定的公共经济决策权配置和运作机制总体上是符合民主共和政体原理的。其中，各级人民代表大会及其常委会掌握公共经济的最高决策权和监督权，按照少数服从多数原则运作；政府作为执行机构负责除司法以外多数公共经济政策的具体创议与实施，实行行政首长负责制；法院执掌司法审判权，检察院负责执法司法监督检察；监察委专司对公共机构和公职人员履行公共责权的监督。执政党虽然处于领导国家公共经济事务的核心地位、负责国家总体公共经济政策的谋划建议和重要领导干部候选人提名管理权，但不能代替国家政权机构行使法定职能，并且在党内实行民主集中制的决策原则，各级党委书记只是领导班子工作的牵头组织者，与其他党委成员一样，在党委决策过程中只有一票选择权，个人无权做出重大公共经济决策。这样一种公共经济决策权力配置体制和运作机制，本质上排斥个人独裁专断公共经济政策行为，从而能够为公共经济政策具有较高的理性程度提供制度支撑。

现存问题主要表现在四个方面：一是执政党与国家权力机构之间职能分工仍不够清晰，部分地存在以党代政现象，某些政党机关直接插手管理一些具体公共经济事务。同时，执政党主导公共经济政策与立法机关决定公共经济政策之间的关系尚需从具体实施层面进一步理顺。二是立法机关审议决定公共经济政策的权能在一定程度上带有形式化特征。表现在：一些本应由立法机关审议决定的公共经济政策（例如 2008 年第四季度着眼于应对国际金融危机冲击的 4 万亿规模公共投资）却未经立法机关审议批准就匆忙出台实施；同时，立法机关对作为执行机关的“一府两院”缺乏实质性的监督，导致公共经济决策权配置结构由于实际上向执政党和行政机关倾斜而有所失衡。三是作为行政机关的狭义政府内部各部门之间的公共经济政策创议权配置结构有所不当，财政部门缺乏综合审查与平衡公共财务政策的权能，致使公共物品生产规划脱离公共资源约束和政出多门、各行其是的现象屡禁不止，成为引起我国公共经济政策理性缺失的源头之一。四是民主集中制在执行中流于形式，执政党组织内部的主要领导人“一言堂”、一般成员随声附和、难以发挥群体智慧的现象较为普遍地存在，不仅影响党组织提出的公共经济政策主张的理性度，而且极易借助立法机关决策权形式化和党政分工不明确的体制机制缺陷而使理性程度不足甚至存在严重缺失的公共经济政策付诸实施，从而不同程度地导致公共经济效率减损。

按照有的放矢的原则，解决这些问题的主要途径有四条：一是进一步通过相关立法措施，更加合理而清晰地明确执政党与国家政权机关之间的公共经济决策责权分工，执政党只负责谋划确定公共经济政策的战略思想和基本方针，而将相对具体的公共经济政策内容留给行政机关研究拟定，尔后提交立法机关审议批准或通过相关立法加以规定；同时，应当将目前政党机关管理的行政事务（例如文化领域国有资产管理和司法案件督查协调等）转交政府或检察机关。执政党只有超脱于具体公共经济事务，才有利于集中精力以更深更远更全面的战略高度统筹兼顾地谋划制定关乎国家长治久安和人民根本福祉的公共经济政策思路。这是毛泽东和邓小平同志多次阐述过的真正加强党的领导之道。二是通过进一步完善相关立法制度，合理而清晰地划分立法机关与行政机关之间的公共经济决策权限，强化立法机关对重大公共经济政策措施（如年度财政预算、中期财政规划、政府债务和特大公共工程等）的审批权和监督权，提升立法机关对政府综合财务报告的审议深度和对财政可持续性的监督力度。三是按照事有专责、分工明确、责权匹配、合理制约的理性原则，[①] 进一步优化狭义政府内部各部门之间的公共经济管理权限结构，从权力配置体制上保障计划与财政两大公共经济政策工具之间既相互制约又协调配合，以及公共经济资源在部门间、区域间和当前与长远之间的统筹兼顾，综合平衡，严格防范公共财力配置过度分散、损害规模效益和偏重当前需要、只顾短期政绩而不惜超额负债可能酿成的公共经济政策风险。四是在执政党内进一步严格民主集中制原则的贯彻执行，通过完善党委议事规则和全面记录党委成员发言记录制度强化党委成员议事责任，克服党委议事中主要领导人“一言堂”、其他人随声附和的痼疾，确保党委提出的公共经济战略方针切实属于集思广益的集体决策结果，以利从顶层设计层面提升公共经济政策的理性度。

三、优化公共经济决策责任约束与追究机制

建立健全严格的责任约束与追究机制对于强化公共经济治理主体选择决定公共经济政策的责任心，促使其提高决策能力，从而保障公共经济政策具有较高的理性度极为重要。有鉴于此，主要着眼于增强党政领导干部的责任

---

① 冯秀华、齐守印等编著的《构建现代公共财政制度若干问题研究》（中国财政经济出版社，2017 年）一书第二部分系统讨论了社会公共机构内部公共经济责权划分问题；齐守印在《中期财政规划管理体制机制性障碍的破解思路》一文中，则从中期财政规划管理这一特定层面指出了国家发展改革部门、财政部门和专业主管部门之间相关公共经济政策创议权配置结构上存在的问题、消极后果以及解决路径。——见《中国财政》2016 (5)：38 -40.

意识，防止党政机关的公共经济决策发生重大失误、失职、滥用职权等问题，以利科学执政，中共中央办公厅、国务院办公厅于2009年6月印发了《关于实行党政领导干部问责的暂行规定》。[①] 五年之后的2014年10月，中共十八届四中全会又从提高国家治理能力出发，做出《关于全面推进依法治国若干问题的决定》，从全面依法治国角度提出“健全依法决策机制。把公众参与、专家论证、风险评估、合法性审查、集体讨论决定确定为重大行政决策法定程序，确保决策制度科学、程序正当、过程公开、责任明确”。“建立重大决策终身责任追究制度及责任倒查机制，对决策严重失误或者依法应该及时作出决策但久拖不决造成重大损失、恶劣影响的，严格追究行政首长、负有责任的其他领导人员和相关责任人员的法律责任。”[②] 如果正在拟定的相关具体制度中核心内容规定得合理、具体而清晰，并能一以贯之地严格执行，那么，肯定会对保障公共经济政策具有较高理性度起到治本性的效果。其中的核心内容至少应当包括六个要点：一是从定性和定量结合上对重大决策的内涵和外延做出科学界定和明确规定，以防因为规定模糊而留有推诿责任的空间。二是对决策主体责任做出科学合理的划分和明确，以便落实决策责任。三是健全责任倒查的基础制度，主要是全面记录决策过程和参与决策人员的发言内容，以保证决策责任有据可查。四是合理确定责任追究方式，不仅追究行政责任，还要追究法律责任，属于党员领导干部的，首先要视情节轻重同时给予党纪处分，但不能以党纪、政纪处分代替法律处罚。五是责任追究对象不仅限于国家机关工作人员，而且包括党的机关、国有企事业单位、部队以及公营社会团体中的领导干部。六是合理明确责任追究机关及其责任，以及追究程序，以切实保障责任追究制度认真施行。只有将这些重点内容规定得科学合理而又明确清晰，才有利于持久贯彻执行并取得预期效果。

四、强化公民对公共经济政策的参与和监督机制

前述所引中共十八届四中全会《决定》的有关内容中，已经明确地将“公民参与”作为重要环节嵌入依法决策机制之中。接下来需要做的，是通过专门立法具体明确规定哪些公共经济决策必须设置公民参与环节、采取哪些

---

① 中共中央办公厅 国务院办公厅：关于实行党政领导干部问责的暂行规定［Z］．人民日报，2009－07－12.

② 中共中央关于全面推进依法治国若干问题的决定［Z］．人民日报，2014－10－29.

有效方式组织公民参与、对公民参与决策过程中提出的建议性意见如何采纳和回应，并且采取法定措施疏通和扩大公民参与公共经济政策执行过程和实施效果监督的渠道。只有把这些内容规定得很科学、很明确，才能有效发挥公民参与公共经济决策制定的应有功效。

与此同时，需要加强公民参与决策的责任意识培养和现代民主政治知识教育。现有国民意识是原来制度的产物，不仅难以适应新制度有效运作的需要，而且往往成为妨碍新制度实施的消极因素。我国由几千年君主专制训育而生、受儒释道三种精神鸦片浸淫而长①并经世代传承而来的国民意识，以敬畏官府、顺从统治、安贫乐道为主要特征，视官员为衣食来源之父母，以官府为安身立命之依托，集体当家作主、积极参与公共决策的主人翁精神不足，政府官员乃是人民公仆的民主理念淡薄，对宪法规定的公民权利和义务缺乏深入理解，而且“搭便车”的心理多于参与民主决策的兴趣。如果不通过持续不断的公民教育，着力培育其国家公民意识、现代民主理念并适当灌输民主生活常识，即使吸收公民参与公共经济决策及其执行监督过程，他们也很难理性地表达公共需求偏好、提出公共政策诉求和认真发挥监督作用，从而难以达到推行民主参与机制的预期效果。因此，必须将公民意识培育、民主生活训练和国民素质提升作为发展民主政治的基础工程，加强重视、肯于投入并且持之以恒，才能营造出民主政治所需要的良好内部环境，从而为公民参与公共经济政策制定和执行监督的直接民主机制提供基础支撑。

五、充分发挥专家和智库对设计和论证公共经济政策的作用

在中共十八届四中全会《决定》明确将专家论证作为公共经济决策机制的必要环节基础上，2015 年 1 月中共中央办公厅、国务院办公厅印发了《关于加强中国特色新型智库建设的意见》②，要求各级党委和政府高度重视由专家、学者构成的新型智库建设，充分发挥智库在公共经济政策设计咨询、论证、评估和舆论引导方面的积极作用。这自然是提高公共经济政策理性程度的重要保障措施。但使其能真正起到应有的作用，需要具备三个条件：一是以党政机关为主的公共机构要切实将专家论证和智库咨询作为集中民智、借

---

① 儒家教国民安贫乐道，佛家导世人遁入空门，道家要百姓听天由命，从思想文化上泯灭人民的独立、平等、自由精神，它们为专制政治训育顺民。

② 关于加强中国特色新型智库建设的意见［Z］. 中华人民共和国中央人民政府网，2015 - 01 - 20.

助外脑提高公共经济决策水平不可或缺的环节。主动敞开渠道吸纳专家学者参与研究重要公共经济政策问题，或将相关政策问题作为软科学课题以政府购买服务的方式委托资质良好的智库机构研究提出解决方案，诚恳悉心地听取学者、专家和智库的咨询论证以及评估意见，认真吸纳他们的真知灼见，防止出现将专家和智库当摆设，使学者专家论证评估和智库政策咨询“走过场”、甚至成为“挡箭牌”的情况。二是慎选学者专家和智库，并按照去粗取精、去伪存真的原则科学吸纳学者专家和智库的政策建议。选择参与决策过程的专家学者应当确有社会责任感和真才实学，而不能仅以学术职称和荣誉称号为依据随意选择一些号称专家学者却并无真知灼见的人滥竽充数，致使专家论证流于形式。为了防止有些专家学者作为特殊利益集团的代言人参与政策咨询对公共经济政策理性产生不利影响，确定参与人选时要兼取持有不同见解的学者和不同领域的专家，以便通过不同观点的论辩获取兼听则明的效果。三是要向参与论证评估、政策咨询的专家学者和智库机构提供包括政策背景、预期目标和相关数据资料等在内的必要信息，供其研究参考。只有如此，才能有效地借助他们的理论优势、丰富经验和聪明才智增强公共经济政策的理性程度。

第十九章　公共经济政策与公共选择

公共经济政策的抉择确定就是公共经济决策，而在民主理念和民主制度下，公共经济决策在西方理论界通常被称为公共选择。在现实的公共经济运行过程中，对于年复一年的公共物品提供和相应的财政资源筹集配置或者是公共物品供给的中长期规划来说，公共选择不仅是不可或缺的必经环节，而且是公共物品生产过程初始启动的前提条件。正因为如此，本课题成果在前面几篇已经多处涉及公共选择问题，只是没有使用公共选择这个西方理论家所发明和惯用的概念。

对于在作为经济学科的公共经济理论体系中要不要专门研究和阐述公共选择问题，国内外学者基于不同理念和认识，采取了不同的处理方式。例如，同是西方版本的公共经济学著作，英国学者布朗和杰克逊所著《公共部门经济学（第四版）》以其第四章专论公共选择，美国学者斯蒂格利茨所著的《公共部门经济学（第三版）》也以其第七章阐述公共选择，而美国学者鲍德威和威迪逊所著的《公共部门经济学（第三版）》则没有专门研究阐述公共选择问题。在中国学者所著公共经济学教材中，高培勇、黄恒学、马胜杰和夏杰长、樊勇明和杜莉、吴俊培、王雍君、戴文标等所编著的《公共经济学》都设专章阐述公共选择理论，而洪银兴和刘建平主编、郭庆旺和赵志耘撰著的《公共经济学》和袁义才写作出版的《公共经济学新论》则对公共选择问题存而不论。应该说，是否将公共选择纳入公共经济理论体系，各有各的道理：纳入的依据是公共经济学属于交叉学科，而不纳入的理由则是认为公共经济学毕竟属于经济学。本课题从系统阐述公共经济再生产过程、构建完整的公共经济理论体系考虑，同时鉴于公共选择所涉及的不仅仅是一年一度的公共物品提供计划，而且涉及中长期的公共经济政策制定，因此在公共经济政策篇专设此章讨论这一问题。

第一节　公共经济决策之道

根据第二篇论述的公共经济、公共物品原理和第三篇阐述的公共经济生产关系理论，社会成员既然是公共物品的享用者和出资者，那么他们就是整个公共经济的终极主人，对于提供哪些公共物品（种类）、提供多少公共物品（规模）、提供怎样的公共物品（质量）、提供由哪些人具体消费的公共物品（人群和地域）、怎样提供公共物品（具体提供方式）和怎样为公共物品提供而筹措、配置公共资源这样一些公共经济政策问题自然拥有决定权或选择权。同时，由于各种公共物品具有消费、受益上的不可分割性和不同程度的非排他性、非竞争性，社会成员对于公共经济政策的决定或选择，只能借助于某种政治程序集体地做出，尔后委托社会成员认可或选举的公职人员组成公共机构代为执行，社会成员集体对公共机构执行公共经济决策的情况和结果还拥有无可争议的监督权。这表明，对于公共经济决策而言，主权在民或必须实行人民民主的公共选择乃属天经地义，或者说，公共经济政策经由社会成员公共选择来集体决定是由公共经济的本质所决定的，天然地蕴含于公共物品的深层本质之中，而不仅仅是保障公共物品提供和公共资源筹集、配置方案科学性或公共经济政策理性的技术性需要。

从实践史角度考察，美国学者路·亨·摩尔根所著的《古代社会》和马克思对这本书的批语，以及恩格斯根据马克思的批语和摩尔根这本书所载实际资料及研究结论所著的《家庭、私有制和根据的起源》，都以实证资料和逻辑分析毋庸置疑地证明，无论在美洲的易洛魁人，还是欧洲的古希腊人、罗马人、科尔特人、德意志人那里，人类在原始社会阶段对公共事务就自然而然地实行民主决策制度。① 中国远古传说和新中国成立前仍处于原始社会阶段的某些少数民族社会生活情况资料，同样证明社会成员集体的公共选择是其公共经济决策的基本机制。

---

① 恩格斯在《家庭、私有制和国家的起源》中，根据摩尔根所在《古代社会》一书中所述的美洲印第安人原始部落社会制度指出：易洛魁人部落联盟最高公共权力机关是由50个地位和威信平等的酋长组成的联盟议事会，这个议事会对联盟的一切公共事务作最后的决定，“联盟议事会的一切决议，须经全体一致通过”，“会议在聚集起来的民众面前公开举行，每一个易洛魁人都可以发言；但只有议事会才能作决定。”——见马克思恩格斯选集第4卷［M］．北京：人民出版社，1995：93.

然而，随着社会生产力的发展，自从私有制产生、社会成员被分化为不同阶级以后，垄断生产资料的阶级逐步攫取并垄断社会公共权力而成为社会的统治阶级，公共经济决策机制随之转化为由社会成员中仅居少数的统治阶级、甚至统治阶级中的少数人乃至君主一人独裁。而“人民权力，随着私有制，特别是不动产私有制的发展而逐渐趋向衰落”。[①]“氏族团体的成员再也不能集会来处理自己的共同事务了……原始的自然形成的民主制变成了可憎的贵族制。”[②]或者按照当代美国著名经济学家布坎南的表述，社会成员“在一些阶段被排除参加”基于公共物品提供而筹集的公共资源的“分配选择”，以至“一个集团的人，即那些有权的人，把自己的意志强加给另一个集团的人，即那些被统治的人”；在这种“统治阶级模型”下，“那一为全社会作决策的阶级，从被统治阶级或被统治集团那里强索资金，以提供统治阶级希望看到提供的商品或服务，或为此而筹措资金。”[③]

在这种由统治阶级及其少数人独裁的公共经济决策机制下，无论是实行富有阶级共和、贵族共和，还是君主专制，公共经济政策必然首先要保障统治阶级乃至皇族、贵族集团利益最大化：一方面尽可能少或完全免于负担公共物品成本；另一方面，又尽可能多地享受来自形式上或名义上仍属于公共物品的利益。如果在某个特殊时期，公共经济决策能够从维持剥削阶级统治地位及其国家政权长治久安出发而兼顾被剥削阶级的生存需要和社会生产共同条件的必要维护，就堪称开明盛世了。中国古代自商朝开始的历代所谓盛世都或多或少属于这种情况，而唐代李世民开创的“贞观之治”尤其被后人所称道。

由占总人口少数的统治阶级垄断公共经济决策，从而导致公共经济政策明显向统治阶级利益倾斜的情况，随着社会生产力进一步提高和阶级斗争日趋强烈，以及近现代民主政治的逐步产生和不断发展而发生改变。在代议制民主初创阶段，“只有拥有一定资本的人即资产者，才有选举权。这些资产者

---

① 马克思、恩格斯：德意志意识形态［A］．马克思恩格斯选集第1卷［C］．北京：人民出版社，1995：69.

② 恩格斯：家庭私有制和国家的起源［A］．马克思恩格斯选集第4卷［C］．北京：人民出版社，1995：168－169.

③ 詹姆斯·M. 布坎南：民主财政论——财政制度和个人选择［M］．穆怀朋译，北京：商务印书馆，1993：12－13、138－139.

选民选出议员，而这些资产者议员可以运用拒绝纳税的权利，选出资产者政府”,[①] 资产者通过议会和议会控制的政府制定和实施符合资产阶级利益的公共经济政策。20 世纪初以来，在工人阶级的反抗斗争之下，选举权和被选举权逐步向公民大众普及开放，人民大众对公共经济决策的参与度不断提高，公共经济政策的阶级倾向性日渐减轻。但是，在生产资料私有制为主体的现代各国，由于资产阶级与无产阶级的差别仍然存在，特别是实力强大的财富集团通过多种渠道和手段影响民主政治生活,[②] 而劳动人民迫于生活压力并限于自身条件难以充分参与公共经济决策和监督，致使公共经济政策向资产阶级、特别是大资产阶级利益倾斜的问题并没有完全解决。正如恩格斯在一百多年前所指出的：“在今天这个大工业和铁路时代，国家总的来说还只是以集中的形式反映了支配着生产的阶级的经济需要。”[③] “美国人早就向欧洲世界证明，资产阶级共和国就是资本主义生意人的共和国；在那里，政治同其他任何事情一样，只不过是一种买卖。”[④] “两大帮政治投机家，他们轮流执掌政权，以最肮脏的手段用之于最肮脏的目的，而国民却无力对付这两大政客集团，这些人表面上是替国民服务，实际上却是对国民进行统治和掠夺。”[⑤] 毛泽东也曾在 70 年前指出：美国的“民主政治……只是资产阶级一个阶级的独裁统治的别名”,[⑥] “对于资产阶级内部是有所谓民主的，对于人民则是独裁的。”[⑦]

只有在通过无产阶级革命建立了以生产资料公有制为经济基础的社会主

---

① 恩格斯：共产主义原理［A］. 马克思恩格斯选集第 1 卷［C］. 北京：人民出版社，1995：135.

② 马克思、恩格斯在《德意志意识形态》中指出：“现代国家由于税收而逐渐被私有者所操纵，由于国债而完全归他们掌握。”——马克思恩格斯选集第 1 卷［M］. 北京：人民出版社，1995：131.

③ 恩格斯：路德维希·费尔巴哈和德国古典哲学的终结［A］. 马克思恩格斯选集第 4 卷［C］. 北京：人民出版社，1995：252.

④ 恩格斯：致弗·阿·左尔格（1892 年）［A］. 马克思恩格斯选集第 4 卷［C］. 北京：人民出版社，1995：717.

⑤ 恩格斯：马克思《法兰西内战》1891 年单行本导言［A］. 马克思恩格斯选集第 3 卷［C］. 北京：人民出版社，1995：12.

⑥ 毛泽东：别了，司徒雷登［A］. 毛泽东选集第 4 卷［C］. 北京：人民出版社，1966：1384.

⑦ 毛泽东：为什么要讨论白皮书［A］. 毛泽东选集第 4 卷［C］. 北京：人民出版社，1966：1392.

义国家，其宪法才明确规定国家的一切公共权力属于人民，人民有权直接或间接地参与公共事务决策和监督，并且采取各种形式不断扩大人民参与公共经济决策的渠道。这是公共经济决策按照辩证法规律经由“否定之否定”的曲折途径向其本质逻辑的历史性回归。但是，由于各种原因，在社会主义国家如何在最广泛的民主政治制度下建立最完善的公共经济政策（包括公共物品提供计划和公共预算安排）和公共选择机制问题尚未得到很好解决，仍然处于探索过程之中。苏联之所以解体，苏共之所以下台，应该说与公共经济决策机制的民主化程度不够有着最深层的内在联系。

第二节　西方公共选择理论

西方公共选择理论是以基于个人主义方法论的“经济人”假说作为基本行为假设，[①] 将社会成员及其代理人对公共物品种类、数量、质量及其提供成本分担方案进行选择的民主政治过程比拟为一般商品市场上供求双方基于成本收益比较的博弈过程，以寻求达成公共经济领域社会福利最大化的理想目标。这一理论的主要代表人物尖锐地指出大量的“政府失败”现象并揭示了其中机理，同时提出了矫正或克服“政府失败”的若干建议性治理思路。鉴于这一理论是以经济学方法研究现代民主政治问题，因而被称为“新政治经济学”或“政治的经济学”。

理论界对公共选择理论的争议主要集中于作为其前提假设的“理性经济人”假说；这一假说不仅受到以政府代表公民利益为基本假设的传统政治理论家的坚词抨击，而且绝对否认确有许多政府官员和政治家在政治领域是以社会利益最大化为行动指南的看法也确实不符合实际。但是，这种基本假设不仅有大量的公共经济决策事例可为证明，而且仅就逻辑而言也并非没有一定道理和依据，甚至可以说在很大程度上符合历史唯物主义基本原理。马克思、恩格斯在《德意志意识形态》中就曾指出：“正因为各个人所追求的仅仅是自己的特殊的、对他们来说是同他们的共同利益不相符合的利益，所以他们认为，这种共同利益是‘异己的’和‘不依赖’于他们的，即仍旧是一种特殊的独特的‘普遍’利益，或者说他们本身必须在这种不一致的状况下活动，就像在民主制中一样。”“各个人的出发点总是他们自己，不过当然是处

---

① 詹姆斯·M. 布坎南：民主财政论——财政制度和个人选择［M］. 穆怀朋译，北京：商务印书馆，1993：232.

于既有的历史条件和关系范围之内的自己。”①

有鉴于以上两点，我们认为，公共选择理论对于我们完善公共经济决策机制具有不容否认的参考价值。

一、西方公共选择理论的基本内容

公共选择理论以民主政治制度下的公共预算决策过程中相关主体行为作为研究对象，分析参与决策的主体如何依据经济人基于成本——收益比较的理性权衡对公共物品提供种类、数量、结构、质量及其成本分担方案进行选择，以及采取什么样的规则才有利于实现公共物品以效率和公平两个维度加以衡量的最佳提供。

杨春学根据美国经济学者丹尼森·C. 缪勒所著《公共选择理论》将这一理论的基本内容概括为：“公共选择理论沿用‘经济人’范式，以严格的‘自利’措辞来塑造所有公共选择者（选民、政治家、官僚等），以此为基点，把政治舞台模拟为一个经济学意义上的市场，分析个人在政治立场上对不同的决策规则和集体制度的反应（即公共选择问题），以期阐明并构造一种真正能把个人的自利行为导向公共利益的政治秩序。在这种分析中，核心问题是要阐明个人偏好转化为社会决策的选择机制或程序。这些机制或程序，通过直接方式（全民投票）或指定代表的间接方式，显示公民对广义公共物品的数量和质量的偏好。”②

按照公共选择学派代表人物布坎南的解释，公共选择理论的基础性理论内容在于：“在民主的背景下……财政组织的准则是，允许个人通过集体决策制度的结构‘购买’公共商品和服务，购买方式应使他们在公共商品和服务与通过私人市场过程生产的商品和服务之间的选择尽可能保持‘中性’和‘不被扭曲’。”决策模型建立在直接民主基础上，③ 并且“假定财政决策是通

① 马克思恩格斯选集第1卷［M］．北京：人民出版社，1995：85、119.

② 丹尼森·C. 缪勒：公共选择理论［M］．中译版前言，杨春学译，北京：中国社会科学出版社，1999：3.

③ “在民主制度下，个人在所有时候都是一个潜在的参与者，不论他是否实际参与。”——詹姆斯·M. 布坎南：民主财政论——财政制度和个人选择［M］．穆怀朋译，北京：商务印书馆，1993：185.

过所有公民都参加的投票过程直接作出的”。[①] 参加决策的公民个人根据收益与成本的权衡对每一组包含特定种类、数量和质量的公共物品供给（需由相应的财政支出做保障）与相应的税费缴纳义务（形成财政收入）组合方案投票表决，然后按照一致同意或多数裁定规则对投票结果进行加总，得出一定时期（比如一年）公共物品提供种类、数量、质量和税费筹集方案——在这种方案中的供给曲线与需求曲线相交点上达到了整个社会对各种公共物品的供需均衡，由社会公共机构负责实施。在这种公共选择过程中，“中间纳税人—投票人在大多数采取多数裁定规则的模型中”处于“重要地位。”[②]

公共选择学说在公共经济决策过程的分析中，提出了两个具有启发意义的具体理论。

一是对多数票通过和一致同意两种决策规则的利弊进行比较。认为多数票通过规则会导致对少数人权利的忽视和不公，会带来少数人福利损失的“外在成本”，但一致同意规则会由于信息不对称和反复协商而导致决策成本极大（布坎南、塔洛克：《一致同意的计算》，1962 年）。此后，布坎南认为，多数主义政治会导致多数人联合体利用政府权力为自己的利益重新分配资源，对经济和社会产生负面效应。他主张，放弃简单多数规则，而建立一个可以包容更多人的规则，即一种“普遍性的限制”（constraint for generality），从而使政治家在决策时按照公众的利益公平地处理社会福利的分配。塔洛克（1971 年）则认为，在现实世界中，投票者的个数总是大大超过备选方案个数，因而出现投票悖论的概率极小，以至于在实际上可以不考虑它；相反，则出现一致的概率就很高，而再提出或拥护另一个选择方案的成本会高于该方案能带来的利益。如果实际的多数投票结果确实靠近中间状态，则该结果将被大家所接受。

二是利益集团活动对公共经济决策理性会产生不利影响。他们认为，不同利益的社会集团互投赞成票和利益集团游说活动会对公共经济决策产生或大或小的影响，当这种影响引起公共资源配置或社会福利分配偏离帕累托最优标准时就会导致政府失灵。因此，有效防止利益集团活动对公共经济决策

---

① 詹姆斯·M. 布坎南：民主财政论——财政制度和个人选择［M］. 穆怀朋译，北京：商务印书馆，1993：147－148、138－139、153.

② 詹姆斯·M. 布坎南：民主财政论——财政制度和个人选择［M］. 穆怀朋译，北京：商务印书馆，1993：168.

产生负面影响，是保障公共经济政策理性和社会福利最大化的重要条件。

二、西方公共选择理论的渊源和主要代表

公共选择理论于20世纪50年代末崛起于美国，但其渊源至少可以追溯到19世纪末的瑞典学派。1896年，瑞典学者克努特·威克塞尔（John Gustav Knut Wicksell）从独特的视角提议“把所有人从集体行动中受益的可能性与全体一致性通过规则联系起来”，认为“一致性规则是唯一能确定地导出满足帕累托条件的公共物品数量和税额的选举规则”。其后，围绕公共选择问题，1918年维克塞尔发表了《公平税收新原理》（*A New Principle of Just Taxa-tion*），1919年林达尔发表了《公平税收：一个积极的方案》（*Just Taxation A Positive Solution*），进一步展开和完善了公共选择理论。西方公共选择学派的理论家们一致认为，这两位瑞典学者对公共选择理论作出了奠基性的贡献。中国学者陈招顺、汪翔（1990年）认为，公共选择理论的理论渊源包括斯密的经济理论、休谟的政治哲学、意大利公共财政学派的经济思想和瑞典学派奠基人维克赛尔的经济思想。

在美国，公共选择理论以1938年伯格森的一篇探讨福利函数性质的文章《福利经济学可能前景的重述》（*A Reformulation of Certain Aspects of WelfareEco-nomics*）为起点，政治学家邓肯·布莱克（DuncanBlack）1948年提出了一套后来成为中位选民理论（Median Voter Theory）的概念，阿罗1951年出版的《社会选择和个人价值》（*Social Choice and Individual Values*）一书对公共选择理论的兴起产生了重要推动作用。大批的相关著作和文章则是在20世纪50年代后期才开始相继涌现的，如布莱克的《选举和委员会理论》（*The Theory of Committee and Election*），布坎南和塔洛克的《同意的计算——立宪民主的逻辑基础》（*The Calculus of Consent*），詹姆斯·M. 布坎南所著《民主财政论——财政制度和个人选择》《自由、市场和国家》（*Liberty, Market and State*）和《宪法经济学探索》（*Explorationsinto Constitutional Economics*）则被认为是公共选择理论的经典著作。基于对公共选择理论的突出贡献，作为非主流经济学家的布坎南1986年获得诺贝尔经济学奖。

总体来看，公共选择理论是以新旧福利经济学为基础、探索如何通过完善民主型公共经济决策机制达成社会公共福利最大化目标的一整套学说。但其中的不同学派在研究的侧重点上也有所区别，有的较为注重作为其理论基础的福利经济学研究，有的则更加注重民主政治机制的改善。

第三节 中国古代和现代的公共选择思想理论

虽然在中国本土产生的学术文献中没有“公共选择”这一词汇，但是，强调社会公共机构施政决策应体现人民利益、顺乎人民意愿的思想理论可谓源远流长。

中国古代著名政治家、思想家的民本箴言从两三千年前传诵至今：“民惟邦本，本固邦宁。”（大禹）“天下者非一人之天下，天下人之天下也。与天下同利者则得天下；擅天下之利者，失天下。”（姜尚）“君人者，以百姓为天。百姓与之则安，辅之则强，非之则危，背之则亡。”（管仲）“君者舟也，庶人者水也，水则载舟，水则覆舟。”（孔丘）。这些治国思想，不仅为具有良知的知识分子所崇尚，而且为多数贤明的统治者所认可。

在中国，[①] 执政党和国家文献中更不乏体现“公共选择”实质内容的理论，这就是“群众路线”和“人民当家作主”或简称“人民民主”。

早在新中国成立之前，毛泽东同志就总结出作为中国共产党实现正确领导的基本经验和生命线的“群众路线”，并阐述了“人民民主”理论。1943年，毛泽东在《关于领导方法的若干问题》一文中，以多年形成的群众路线观点为基础，从马克思主义认识论的高度阐述了群众路线对于实现正确领导的重要性，他指出：“从群众中集中起来又到群众中坚持下去，以形成正确的领导意见，这是基本的领导方法。”[②] 1945年，毛泽东在党的七大上以《论联合政府》为题所做的政治报告中，又从总结历史经验、阐述优良工作作风和保障决策正确性的角度阐述了群众路线思想，指出：“全心全意地为人民服务，一刻也不脱离群众；一切从人民的利益出发，而不是从个人或小团体的利益出发；向人民负责和向党的领导机关负责的一致性；这些就是我们的出发点。”“凡属正确的任务、政策和工作作风，都是和当时当地的群众要求相适合，都是联系群众的；凡属错误的任务、政策和工作作风，都是和当时当

---

① 毛泽东在1949年6月召开的新政治协商会议筹备会上的讲话中使用了“人民的中国”这一词语，之后在同一个月写作发表的《论人民民主专政》一文中使用了相类似的“人民共和国”和“人民中国”这两个词汇，以表示中国共产党领导人民建立的新中国在国体上与中国历史上以往任何国家政权的根本性质差别。——见《毛泽东选集》第4卷，北京：人民出版社，1966：1355、1360、1363.

② 毛泽东选集第3卷［M］. 北京：人民出版社，1966：854－855.

地的群众要求不相适合，都是脱离群众的”。“总之，共产党人的一切言论行动，必须以合乎最广大人民群众的最大利益，为最广大人民群众所拥护为最高标准。”① 在人民中国即将成立前夕，毛泽东又从政治和政体的高度相继对民主政治做出进一步的论述。1949 年 6 月，他在《在新政治协商会议筹备会上的讲话》中指出：“中国的事情必须由中国人民自己作主张，自己来处理”，② 人民“在共产党的领导之下，团结起来，组成自己的国家，选举自己的政府”，“对于人民内部，则实行民主制度”。③ “共产党领导的人民民主专政的政府，对于人民内部来说，不是专政或独裁，而是民主的”，“政府的工作人员对于人民必须是恭恭敬敬地听话的。”④ 人民中国成立以后，毛泽东 1954 年在中央人民政府委员会第 30 次会议上的讲话中指出：“我们的民主……是人民民主……人民民主的原则贯串在我们的整个宪法中。”⑤ 1956 年，他进一步指出：为了避免领导干部脱离群众、脱离集体领导而独断专行、破坏民主制度，“需要建立一定的制度来保证群众路线和集体领导的贯彻实施”。⑥

与此同时，毛泽东一直反对唯群众意见是从的尾巴主义和民粹主义倾向。1945 年在党的七大上以“论联合政府”为题所做的政治报告中，他指出“在一切工作中，尾巴主义也是错误的”，所谓尾巴主义就是将“落后分子的意见误认为广大群众的意见，做了落后分子的尾巴”。⑦ 1948 年，他在为中共中央起草的《纠正土地改革宣传中的左倾错误》这份党内指示中再次强调：“在领导和群众的关系问题上”，既要“反对命令主义”，又要“反对尾巴主义”，认为那种“强调所谓‘群众要怎么办就怎么办’，迁就群众中的错误意见”，“甚至对于非群众的、而只是少数人的错误意见，也无批判地接受”，“否定了

① 毛泽东选集第 3 卷［M］．北京：人民出版社，1966：995－997.

② 毛泽东选集第 4 卷［M］．北京：人民出版社，1966：1354.

③ 毛泽东：论人民民主专政［A］．毛泽东选集第 4 卷［C］．北京：人民出版社，1966：1364.

④ 毛泽东：为什么要讨论白皮书［A］．毛泽东选集第 4 卷［C］．北京：人民出版社，1966：1392.

⑤ 毛泽东：关于中华人民共和国宪法草案［A］．毛泽东选集第 5 卷［C］．北京：人民出版社，1977：127.

⑥ 毛泽东共产党人对错误必须采取分析的态度（1956 年）［A］．毛泽东文集第 7 卷［C］．北京：人民出版社，1999：19.

⑦ 毛泽东选集第 3 卷［M］．北京：人民出版社，1966：996－997.

党的领导作用，助长了尾巴主义”，都是“错误”的。①

邓小平同志作为第二代中央领导集体的核心，同样高度重视群众路线和民主政治问题。1977 年，他在论述如何完整准确地理解毛泽东思想时指出：“毛泽东同志倡导的作风，群众路线和实事求这两条是最根本的东西。”“我们只要充分相信群众，实事求是，发扬民主，……什么风险也能够经受得住。”②1979 年，他在讲到高级干部要带头发扬优良传统时强调：各种困难、各种问题，“只有相信群众，依靠群众，充分走群众路线，才能够得到解决。”③“群众是我们力量的源泉，群众路线和群众观点是我们的传家宝。”1980 年，他在论述党和国家领导制度改革、发挥社会主义制度优越性时指出：“在政治上，充分发扬人民民主”，“要使我们的宪法更加完备、周密、准确，能够切实保证人民真正享有管理国家各级组织和各项企事业的权力，享有充分的公民权利，……要改善各级人民代表大会制度”。④ 1987 年，在谈到党的十三大特点时，他强调：“关键在于不断地总结经验使我们党的生活民主化，使我们国家的政治生活民主化。这样就能听到更多人的意见，特别是人民群众的意见。”⑤

江泽民同志 1992 年在党的十四大报告中指出：“人民民主是社会主义的本质要求和内在属性。没有民主和法制就没有社会主义。”“决策科学化、民主化是实行民主集中制的重要环节，是社会主义民主政治建设的重要任务。领导机关和领导干部要认真听取群众意见，充分发挥各类专家和研究咨询机构的作用，加速建立一整套民主的科学的决策制度。”⑥ 1997 年，他在党的十五大所做的报告中进一步指出：“发展社会主义民主政治，是我们党始终不渝的奋斗目标。没有民主就没有社会主义，就没有社会主义现代化。社会主义民主的本质是人民当家作主。国家一切权力属于人民……发展民主必须同加强法制紧密结合，实行依法治国。依法治国，就是广大人民群众在党的领导下，依照宪法和法律规定，通过各种途径和形式管理国家事务，管理经

---

① 毛泽东选集第 4 卷［M］. 北京：人民出版社，1966：1176.

② 邓小平文选（1975 - 1982 年）［M］. 北京：人民出版社，1983：42 - 43.

③ 邓小平文选（1975 - 1982 年）［M］. 北京：人民出版社，1983：202、327.

④ 邓小平文选（1975 - 1982 年）［M］. 北京：人民出版社，1983：282、299.

⑤ 邓小平文选第 3 卷［M］. 北京：人民出版社，1993：259.

⑥ 中共中央文献研究室：十一届三中全会以来党的历次全国代表大会中央全会重要文件选编（下）.［C］179 - 180.

济文化事业，管理社会事务，保证国家各项工作都依法进行。”“共产党执政就是领导和支持人民管理国家的权力，实行民主选举、民主决策、民主管理和民主监督，保证人民依法享有广泛的权利和自由……逐步形成深入了解民情、充分反映民意、广泛集中民智的决策机制，推进决策科学化、民主化，提高决策水平和工作效率。”“扩大基层民主，保证人民群众直接行使民主权利，依法管理自己的事情，创造自己的幸福生活，是社会主义民主最广泛的实践。城乡基层政权机关和基层群众性自治组织，都要健全民主选举制度，实行政务和财务公开，让群众参与讨论和决定基层公共事务和公益事业，对干部实行民主监督。”① 在这里，已经明确而直接地将民主政治与公共经济决策衔接起来。2002 年，在党的十六大报告中，他进一步强调：“要着重加强制度建设，实现社会主义民主政治的制度化、规范化和程序化……健全民主制度，丰富民主形式，扩大公民有序的政治参与，保证人民依法实行民主选举、民主决策、民主管理和民主监督，享有广泛的权利和自由，尊重和保障人权。”②

胡锦涛 2007 年在党的十七大报告中指出：“人民民主是社会主义的生命。发展社会主义民主政治是我们党始终不渝的奋斗目标……提高党科学执政、民主执政、依法执政水平，保证党领导人民有效治理国家；坚持国家一切权力属于人民，从各个层次、各个领域扩大公民有序政治参与，最广泛地动员和组织人民依法管理国家事务和社会事务、管理经济和文化事业……扩大人民民主，保证人民当家作主。人民当家作主是社会主义民主政治的本质和核心。要健全民主制度，丰富民主形式，拓宽民主渠道，依法实行民主选举、民主决策、民主管理、民主监督，保障人民的知情权、参与权、表达权、监督权。支持人民代表大会依法履行职能，善于使党的主张通过法定程序成为国家意志；保障人大代表依法行使职权，密切人大代表同人民的联系，建议逐步实行城乡按相同人口比例选举人大代表；加强人大常委会制度建设，优化组成人员的知识结构和年龄结构……推进决策科学化、民主化，完善决策信息和智力支持系统，增强决策透明度和公众参与度，制定与群众利益密切

---

① 中共中央文献研究室：十一届三中全会以来党的历次全国代表大会中央全会重要文件选编（下）［C］. 435－438.

② 江泽民：全面建设小康社会 开创中国特色社会主义事业新局面［Z］. 人民日报，2002－11－18（1）.

相关的法律法规和公共政策原则上要公开听取意见。”① 2012 年，他在党的十八大报告中再次强调：“必须坚持人民主体地位”；“必须继续积极稳妥推进政治体制改革，发展更加广泛、更加充分、更加健全的人民民主。必须坚持党的领导、人民当家作主、依法治国有机统一，以保证人民当家作主为根本，以增强党和国家活力、调动人民积极性为目标，扩大社会主义民主……要更加注重改进党的领导方式和执政方式，保证党领导人民有效治理国家；更加注重健全民主制度、丰富民主形式，保证人民依法实行民主选举、民主决策、民主管理、民主监督”；“支持和保证人民通过人民代表大会行使国家权力”，加强对“一府两院”的监督，加强对政府全口径预算决算的审查和监督。提高基层人大代表特别是一线工人、农民、知识分子代表比例，降低党政领导干部代表比例”。②

习近平总书记高度重视坚持群众路线和民主政治建设。2013 年 6 月，他在党的群众路线教育实践活动工作会议上强调：“群众路线是我们党的生命线和根本工作路线。”“得民心者得天下，失民心者失天下，人民拥护和支持是党执政最牢固根基。人心向背关系党的生死存亡。”③ 2017 年，他在党的十九大报告中进一步提出：“要坚持以人民为中心……必须坚持人民主体地位，坚持立党为公、执政为民，践行全心全意为人民服务的根本宗旨，把党的群众路线贯彻到治国理政全部活动之中。”“坚持人民当家作主。”“健全民主制度，丰富民主形式，拓宽民主渠道，保证人民当家作主落实到国家政治生活和社会生活之中。”“国家一切权力属于人民。”“发展社会主义民主政治就是要体现人民意志、保障人民权益、激发人民创造活力，用制度体系保证人民当家作主。”“扩大人民有序政治参与，保证人民依法实行民主选举、民主协商、民主决策、民主监督”“完善基层民主制度，保障人民知情权、参与权、表达权、监督权。”④

---

① 胡锦涛：高举中国特色社会主义伟大旗帜 为夺取全面建设小康社会新胜利而奋斗［Z］. 人民日报，2007-10-25（1）.

② 胡锦涛：坚定不移沿着中国特色社会主义道路前进 为全面建成小康社会而奋斗［Z］. 人民日报，2017-11-18（1）.

③ 习近平谈治国理政［M］. 北京：外文出版社，2014：365、368.

④ 习近平：决胜全面建成小康社会 夺取新时代中国特色社会主义伟大胜利［M］. 北京：人民出版社，2017：21、22、35-37.

从以上在各个时期对群众路线和民主政治的论述可以看出，中国共产党高度重视和积极推进公共经济决策民主化是一脉相承、一以贯之的。其中，强调群众路线重点在于保证执政党和政府提出的公共经济政策创议能够充分体现民愿、反映民意，而强调发展民主政治的实质则是努力通过完善体制机制确实保证人民直接或间接地参与公共经济决策，从制度上保障人民对公共物品提供、公共资源配置和公共经济政策制定当家作主并实行民主监督。

中国共产党不仅从其核心领导人的言论上主张公共经济决策实行人民民主制度下的公共选择，而且一直通过其对国家事务的领导活动将这些主张贯彻到宪法和法律之中。从1949年9月29日由中国人民政治协商会议第一届全体会议通过、具有临时宪法效力的《中国人民政治协商会议共同纲领》到自1954年开始历届全国人民代表大会通过和修订的《中华人民共和国宪法》,[①]无不庄严宣示人民主权和人民民主原则，并就人民及其代表决定、管理和监督国家事务做出明确规定。其中，《中国人民政治协商会议共同纲领》第一条规定："中华人民共和国为新民主主义即人民民主主义的国家"；第十二条规定："中华人民共和国的国家政权属于人民。人民行使国家政权的机关为各级人民代表大会和各级人民政府。各级人民代表大会由人民用普选方法产生之。各级人民代表大会选举各级人民政府……国家最高政权机关为全国人民代表大会"；第十五条规定："各级政权机关一律实行民主集中制。其主要原则为：人民代表大会向人民负责并报告工作。人民政府委员会向人民代表大会负责并报告工作。在人民代表大会和人民政府委员会内，实行少数服从多数的制度。"现行宪法则以其第二条明确规定："中华人民共和国的一切权力属于人民。人民行使国家权力的机关是全国人民代表大会和地方各级人民代表大会。人民依照法律规定，通过各种途径和形式，管理国家事务，管理经济和文化事业，管理社会事务。"以其第三条规定："中华人民共和国的国家机构实行民主集中制的原则。全国人民代表大会和地方各级人民代表大会都由民主选举产生，对人民负责，受人民监督。国家行政机关、监察机关、审判机关、检察机关都由人民代表大会产生，对它负责，受它监督。"由此可见，在现代

---

① 中华人民共和国成立后，曾于1954年9月20日、1975年1月17日、1978年3月5日和1982年12月4日通过四个宪法。现行宪法为1982年通过，尔后历经1988年、1993年、1999年、2004年、2018年五次修订。

中国，人民民主基础上的公共经济政策由人民通过法定的民主程序进行公共选择是由宪法加以保障的。

第四节　优化我国公共选择机制的主要途径

毋庸讳言，尽管作为现代中国执政党核心领导人的相关论述、执政党的权威文献都一再强调，而历经修订的国家根本大法也明确规定公共物品提供、公共资源配置和中长期公共经济政策由人民及其代表依照法定程序通过民主的公共选择机制实施决策，但绝不等于说现代中国公共经济决策的公共选择机制已经达到了完美无缺的最优境界。相反，每次党的全国代表大会几乎都要指出执政党、国家政权在公共经济决策机制方面存在的不足乃至显著缺陷，认真检讨公共经济政策制定和执行方面的缺点，并据此提出通过深化改革进一步完善民主政治机制的要求。同时，从客观上看，在现代中国，无论是各级政权机构制定实施的公共经济政策本身，还是公共经济决策机制，都还存在很多未尽人意之处，有的甚至存在重要偏差。[①] 这就给实务界和理论界提出了与时俱进地优化公共经济政策公共选择机制的任务。

在前面第十八章，我们从增进公共经济政策理性角度相对系统地提出了思路与建议，其中已经在一定程度上涉及优化公共经济政策的公共选择机制问题。这里则专门就此问题提出一些对策性思考。

一、从制度上将公共经济代理人的自由裁量权限制在尽可能小的范围内

在公共经济政策选择方面，作为委托人的人民及其代表的自主选择权与作为代理人的自由裁量权之间显然是此消彼长的关系。由于目前我国乡镇以上各级人代会和村民或村民代表会对公共经济政策（包括其载体法律、预算、政府报告、计划报告）的民主选择内容基本上属于粗线条的，因此，作为公共经济代理人的党政（包括司法）机构在执法和行政过程中对公共经济政策的自由裁量权很大，以致公共经济政策在执行中极易发生与民众初衷相背离的情况，一些地方领导人有可能在年中随意决策实施直接涉及乃至损害民众利益的公共事务。这种情况严重侵害了公民及其代表对公共经济政策的民主选择权利，破坏了法定的公共选择机制。因此，亟待通过深入研究，在法律、预算和涉及公共经济政策的政府报告、计划报告方面较为具体地制定限制公

① 如本书第十八章第三节所指出的四方面问题。

共经济代理人自由裁量权的条款（例如缩小同罪量刑和违法处罚的弹性幅度、明确预算之外临时决定财政支出的额度、限定调整政府报告和经济社会发展计划或规划决定事项的情由），以防止或抑制公共经济代理人借助于自由裁量权侵蚀民主政治基础上的公共选择机制。

二、尽可能增加公共经济决策的直接民主成分

在任何一个幅员较大的国度，其公共经济决策都只能采取直接民主与间接民主相结合的方式。像我国这样人口世界第一、版图位居世界前列的大国，对于公共经济政策的选择实行直接民主和间接民主相结合的方式更是无可厚非。但是，由于间接民主体现真实民意或民众偏好的程度具有较大局限性，因此，通过适当形式以直接民主补救间接民主的不足，就成为完善民主政治下公共选择机制的主要途径。具体而言，主要有两种方式。

一是选择适当的公共事务通过全民公投机制作出决定。瑞士在这方面可以说做得最为充分，具体办法就是对民众普遍关注的重大公共性事务付诸全民公决式的投票方式来决定。据有关信息资料，多年来，瑞士每年都要举行3—4次全民公投，以便直接根据民意来决定法律、外交到经济社会领域（如培训、休假、薪资福利、动物权益等）的公共事务。据统计，自1848年以来，瑞士已经进行过570多次全民公投。在2012年3月举行的全民公投中，选民们以66.5%反对票否决了工会提出的将带薪休假时间由4周延长到6周的福利提案。2013年的全民公投第三次否决了取消义务兵役制的提案。2014年11月举行的全民公投，选民们则以76%的反对票否决了瑞士公民享有每月4000瑞士法郎或每小时22瑞士法郎法定最低工资的福利提案。通过直接民主充分反映民意，使得其他国家政客们以福利承诺向选民拉票的行为在具有较高素质、崇尚科学理性精神的瑞士国民中没有市场，由此能够有效屏蔽几乎席卷全球的民粹蒙昧情绪，进而保证了仅有800多万人口的瑞士，多年来经济持续平稳发展，在全球500强企业中拥有15家，不仅人均财富和收入排名世界第一，百万人均获得诺贝尔奖的人数也是世界第一，而且在拥有比较完备的社会福利制度的情况下，自然人和法人税负一直处于全欧洲最低水平。能够取得如此骄人的经济社会发展成就固然有多种原因，而公共经济政策公共选择机制中直接民主成分较高，能够使公共经济政策高度反映民意、保持较高的理性度，不能不说是其中一个最重要的因素。

二是对一些常规性的公共经济政策通过适当方式扩大公民对其决策过程的直接参与。具体来说，主要是对公共物品提供和公共预算支出安排，在人民代议机关审议决策之前，通过举办公民听证会等方式听取公众意见。现在，我国预算法虽然已经规定可以并且鼓励在一定范围内试行参与式预算，但如果缺乏足够的激励措施和引导力度的话，这项在一些人看来"很麻烦"的预算民主措施将很难得到大范围推广。因此，国家最高层面应当采取措施加大对参与式预算的推广力度。至于全民公投这种直接民主形式，也不妨选择适当的公共事务审慎而又积极地逐步试行。

三、在间接民主层面优化公民代表对公共经济政策进行民主选择的主客观条件

对于优化公共经济政策的公共选择机制而言，尽管增加直接民主成分是一条重要途径，但对于千头万绪、内容极为浩繁、需要大量专业技术知识和信息支撑的公共物品提供、公共资源配置和中长期公共经济决策，却不可能事事采取像全民公投那样的直接民主机制来完成，而只能主要采取人代会这种间接民主机制进行决策。为了使间接民主能够以充分集中民意为基础保证公共经济政策理性，就必须采取有效措施、创造更为充分的主客观条件进一步优化间接民主机制。

（一）优化间接民主充分集中民意的主观条件

通过间接民主功能集中民意的基本主体是各级人民代表，而人民代表的政治业务素质则是其有效发挥间接民主功能、保证公共经济政策理性选择的最根本主观条件。因此，改善各级人民代表的结构、提升人民代表的政治业务素质，乃是优化间接民主机制、提高公共经济决策理性的必由之路。有鉴于此，党的十七大和十八大报告已经就改善人大代表结构、优化人大代表和人大常委会组成人员的知识结构、成分结构、年龄结构提出要求，并且逐步加以贯彻和推进。但是，应该看到，不仅这一改善进程尚不能满足尽快提高公共经济政策民主化公共选择水平的要求，而且对各级人大代表应当具有何种程度的政治素质、知识素质、实践经验等也还缺乏在科学分析基础上的明确标准，从而制约着优化间接民主充分集中民意的主观条件进程。可见，这项措施还有待进一步细化并切实加快推进。

（二）完善间接民主充分集中民意的客观条件

对于有效发挥间接民主集中民意的功能来说，仅从优化主观条件着力远

远不够，还必须从以下两个方面切实优化其客观条件。

一是增强备选方案的可选性和详细度。与多数发达国家一样，目前我国年度公共物品提供、公共资源配置的基本方案都是由各级政府创议提出，尔后提交各级人民代表大会审议通过。经过近20年来的部门预算改革，我国各级财政预算中各项财政支出项目逐步细化，增强了公共资源配置方案的可选性和详细度，为人民通过间接民主机制对公共资源配置进行公共选择提供了较好的客观条件。但是，无须讳言，一方面，从地方到中央的财政预算草案中的各项支出细化程度，特别是其中发展性专项资金支出的细化程度仍然不够，大多数仍停留在概念性项目水平上，并没有细化到其使用的地区分布、具体内容及其实施单位，致使人民代表只能知道财政支出用于哪些方面，而对其具体使用方向则不甚了解。这就客观上限制了人民通过其代表对公共资源配置方案进行选择的深度，给行政部门进一步具体分配使用各种专项资金以很大的自由裁量权。另一方面，目前各级政府工作报告和经济社会发展计划报告及其附表都没有具体载明年度之内拟议提供的公共物品种类、数量、质量、结构等详细信息，也极大地限制了人大代表对公共物品提供方案进行公共选择的可能性。因此，从有效发挥间接民主功能集中民意、增强公共经济政策理性的要求出发，需要继续深化财政预算、政府工作报告和经济社会发展计划管理改革，着重在进一步细化编制年度公共物品提供计划、公共资源配置方案和中长期公共经济政策内容方面下功夫，最好提出不同的备选方案并附比较分析材料，以显著强化人大代表通过间接民主进行公共选择对象的可选性，有效克服人大代表履行公共选择职责面临的信息不对称问题，以切实保证人民通过间接民主机制对公共经济政策进行选择的权利得到真正落实。

二是要为各级人大代表及其常任委员提供较为充分的审议选择时间。各级人民代表大会每年需要通过例行会议进行公共选择的公共经济政策事项浩繁、内容复杂、工作量极大，而目前从乡级、县级、市级到省级、中央级每年春季举行人代会的时间仅为从一天到一周以上不等。在这么短的时间内，各级人大代表要对切实细化编制后内容复杂、卷帙浩繁、信息海量的公共物品提供计划、公共资源配置方案以及中长期公共经济政策，在进行认真细致审议权衡基础上做出理性选择，即使他们夜以继日地工作，也是不太可能做到的。因此，为了切实保障人民通过间接民主机制对公共物品提供、公共资源配置和公共经济政策进行认真的公共选择，以此提高公共经济政策理性，就必须将各级人代会对承载公共经济政策的各项文件材料进行审议选择的时间延展到实际需要的长度。

四、防止公共经济决策的尾巴主义和民粹主义陷阱

前面讲到，公共经济政策只有在具备较高理性度的情况下，才能保证一个国家、一个地区经济社会长期持续的繁荣发展，从而实现全体社会成员福利最大化。从保证公共经济政策理性和符合公共经济本质要求出发，公共经济政策必须通过人民民主的公共选择机制来决定。但是，由于利益视野、知识素质和综合权衡能力的局限性，加之信息不对称的影响，普通群众及其代表对公共物品提供及其相关公共经济政策的需求表达和选择倾向难免带有只顾当前而忽视长远、偏向本群体而无视整体、侧重本地区而以邻为壑等非理性偏颇；这种带有偏颇性的公共经济政策需求，有时还会通过转播扩散形成具有强大影响力的舆论声浪，以致社会公共机构自觉或不自觉地将其视为民意吸收到公共经济政策的创议方案之中，提交给公共经济决策机构借助于直接民主或间接民主机制进行表决并获得通过，由此引起法律法规、公共物品提供、公共资源配置等公共经济政策失误，或者是影响到司法裁决的公正性。我们姑且可以将这种情况称为公共经济决策的尾巴主义或民粹主义陷阱。由于这种公共经济决策陷阱势必会对人民的长远利益和整体利益造成或大或小的损害，显然是应当极力避免或防止的。

如何才能防止公共经济决策的尾巴主义或民粹主义陷阱？首先应该明确，防止这种政治运作陷阱是执政党义不容辞的政治责任。这是因为，现代民主政治中之所以需要执政党存在并发挥作用，或者说执政党存在的合理性和必要性，就在于由政治觉悟、理论素质较高的社会精英组成的执政党、特别是执政党的领导层能够站在人民整体利益和长远利益的战略高度，洞察经济社会发展大势，准确识别人民群众中产生的各种不同意见或公共经济政策需求，善于集中正确意见提出公共经济政策创议，据此宣传群众、教育群众，领导人民群众在民主制度基础上正确行使当家作主权利进行公共选择，从而保证公共经济朝着正确方向运行和发展，维护并发展人民大众的公共利益或经济社会福利。反之，如果执政党抽象地认为“群众利益无小事”，把凡是有一定社会影响的群众舆论都不加区分地吸收到自己向民主政治机构提出的公共经济政策创议中来，甚至为了赢得某种声誉或更多选票而主动迎合具有民粹主义倾向的公共物品、特别是公共福利需求，从而导致公共经济政策失误，那就犯了尾巴主义的错误；如果一个政党经常提出机会主义的公共经济政策主张，致使公共经济政策失误频频发生，或者犯了给人民和国家事业造成致命性伤害的“颠覆性错误”，那么，就是执政党失责失职，人民群众终将会抛弃这样的政党。因此，执政党必须高度重视、有效防止公共经济政策创议落入尾巴主义或民粹主义陷阱。

对于防止公共经济政策主张方面的尾巴主义倾向，作为中国共产党第一代、第二代中央领导集体核心的毛泽东、邓小平都曾不止一次地提出告诫，我们党在国家治理实践中应当时刻铭记不忘，以利中国特色社会主义伟大事业永远沿着正确方向前进，不断取得新的胜利。

第三部分　专题理论

第八篇　作为一种特殊公共物品的政府规制

政府规制是社会公共机构受托提供公共物品的一个重要种类。之所以设一专篇对其加以专门研究，是因为它具有不同于其他公共物品的特殊性，直接涉及合理界定和正确处理公共经济终极主体与受托主体之间的责权关系，因而对实现公共经济理论体系创新有着不可或缺的意义。

第二十章　政府规制的基础理论分析

从公共经济理论创新角度研究政府规制问题，既需要通过对政府规制概念定义、理论依据的重新审视和辨析准确把握其本质，也需要在此基础上正确认识政府规制的功能、边界、对象、环节和种类构成。

第一节　政府规制基础理论辨析

政府规制作为调节经济社会活动微观主体行为与公共利益之间关系的公共事务古已有之，其内容范围和实施机制则随着经济社会发展而不断演化。作为这一客观事物在社会意识中的反映，人们对政府规制的认识也不断深化。在我国，古代官方文献中很早以前就已使用过“规制”一词。例如，北宋名臣范仲淹在其《再进前所陈十事》中就提到“请密定规制，相时而行”。当然，其中所谓“规制”一词的含义以及规制对象肯定与现代政府规制大不相同。在西方，“规制”可以追溯到古罗马时代，其含义是指政府官员制定法令允许受规制的工商企业提供某种产品和服务，或者说工商企业从事商品和服务等市场活动要经过政府法令许可，这已经比较接近现代政府规制的内涵。就现代而言，“规制（regulate）”一词自20世纪30年代以来反复出现于西方政府法令和学者著作中，其含义为有规定的管理或者有法规条例的制约。通常认为，斯蒂格勒（George J. Stiler）首次尝试运用经济学方法分析规制问题[①]，是规制经济学成为现代西方公共经济学一个分支的基本标志。“规制”一词传入我国并被学者们广泛使用，则得益于日本学者植草益所著《微观经济规制法》一书的翻译和出版。[②]

---

① 乔治·斯蒂格勒：产业组织和政府管制［M］. 上海三联书店、上海人民出版社，1996：210－241.

② 植草益：微观规制经济学［M］. 朱绍文、胡欣欣译校，北京：中国发展出版社，1992.

一、政府规制概念内涵的辨析

讨论政府规制概念内涵的目的，是要以理性思维准确把握“政府规制是什么”的问题。因为不弄清这个问题，就无从进一步讨论更深层次的政府规制问题。中西方学者在对政府规制进行研究过程中，都对政府规制这一核心概念提出各自定义，以此作为研究和阐述的逻辑基础。

（一）西方学者的概念定义

在西方文献中，《新帕尔格雷夫经济学大词典》中译本第1版对“规制”一词给出了一种解释，即规制是政府为控制企业的价格、销售和生产决策而采取的各种行动，政府公开宣布这些行动是要努力制止不充分重视“社会利益”的私人决策。[①] 不过，在此之前，西方许多学者已经从不同角度对“政府规制”这一概念做出过各种阐释。例如，马歇尔（1890年）认为，规制是政府对公共需求的反应，目的是为了弥补市场失灵、提高资源配置效率，实现社会福利最大化。斯蒂格勒虽然创立了现代规制理论，但他（1974年）所说的规制却不是由政府首先发起的，他认为：“作为一种规则，规则通常是产业自己争取来的，规则的设计和实施主要是为规制产业自己服务的”；看来他所说的规制大体上是指行业协会或商会自律性行业规则。[②] 欧文和布劳第根（1978年）将规制看作服从公共需要而提供的一种减弱市场运作风险的方式。米尼克（1980年）指出，规制是针对私人行为的公共行政政策，它是从公共利益出发而制定的规则。金泽良雄（1980年）认为，政府规制是“在以市场机制为基础的经济体制下，以矫正、改善市场机制内在问题（广义失灵）为目的，政府干预和干涉经济主体（特别是对企业）活动的行为”。植草益（1987年）认为，政府规制是“社会公共机构依照一定的规则对企业活动进行限制的行为”。[③] 史普博（1999年）在综合经济学、法学、政治学对规制定义的基础上，站在批判的角度重新界定了规制的内涵，认为政府规制是行政机构制定并执行的直接干预市场机制或间接改变企业和消费者供需决策的一

---

① 史蒂文·N. 杜尔劳夫等：新帕尔格雷夫经济学大辞典第四卷［M］. 北京：经济科学出版社，1996：134.

② Stigler，G. J. “*The Theory of Econonmic Regulation*” ［J］. Bell Journal of economics and Management Science，1974：2，Spring.

③ 植草益：微观规制经济学［M］. 朱绍文、胡欣欣译校，北京：中国发展出版社，1992：19.

般规则或特殊行为。维斯库斯（Viscusi）等认为，规制是政府以制裁手段，对个人或组织的自由决策进行干预的强制性限制。[①] 除此之外，西方学者关于政府规制概念定义还有许多大同小异的论说，这里不再一一列举。

（二）中国学者的有关观点

我国学界对现代政府规制问题的研究大体上始于20世纪80年代，目前对“政府规制”这一概念也有多种不同的理解和表述。樊纲认为：“政府规制是特指政府对私人经济部门的活动进行的某种规制或规定，如价格规制、数量规制或经营许可，等等。”[②] 李琦认为：“所谓政府规制，是指政府机构依据一定的法律法规对微观经济活动进行某种规制或规定的行为。”[③] 余晖认为，规制是指政府行政机构以治理市场失灵为己任，以颁布大量的法律、法规、规章、命令及裁决为手段，对微观经济主体不完全公正的市场交易行为进行直接的控制和干预。[④] 胡代光等主编的《西方经济学大辞典》中与规制有关的词条有四个：一是管制经济论；二是管制公共利益论；三是解除管制；四是公共管制，总体上都是单从经济领域来阐释规制依据和内容的。[⑤] 王俊豪认为，规制是具有法律地位的、相对独立的政府管制者（机构），依照一定的法规对被管制者（主要是企业）所采取的一系列行政管理与监督行为。[⑥] 于立、肖兴志认为，规制是指政府对私人经济活动所进行的某种直接的、行政性的规定和限制。[⑦] 陈富良认为，规制是政府根据有关法律法令、规章制度，对市场主体，包括公共部门和私人部门的企业组织、事业单位及个人的经济活动进行规范和制约的一种管理方式。[⑧] 李郁芳指出，政府规制是政府部门有时也

---

① Viscusi W. K, J. M. Vernon, J. E. Harrington, Jr. Economics of Regulation and Antitrust [M]. Cambrige: The MIT Press, 2005: 375.

② 樊纲：市场机制与经济效率［M］. 上海三联书店，1995：173.

③ 李琦：论企业并购中的政府规制［D］. 中国人民大学工业经济专业博士论文，1997：83.

④ 余晖：政府与企业：从宏观管理到微观管制［M］. 福州：福建人民出版社，1997：1.

⑤ 胡代光、高鸿业：西方经济学大辞典［M］. 北京：经济科学出版社，2000：349、351、530－531.

⑥ 王俊豪：政府体制经济学导论［M］. 北京：商务印书馆，2001：1.

⑦ 于立、肖兴志：规制理论发展综述［J］. 财经问题研究，2001（1）.

⑧ 陈富良：放松规制与强化规制——论转型经济中的政府规制改革［M］. 上海：上海三联书店，2001：6.

包括一般社会公共组织，以治理市场失灵或克服忽视社会利益的私人决策为目标，依据有关法律法规，对企业的市场行为施行的外部干预。① 谢地认为，规制是市场经济条件下国家干预经济政策的重要组成部分，是政府为实现某种公共政策目标，对微观经济主体进行的规范与制约，主要通过规制部门对特定产业和微观经济活动主体的进入、退出、价格、投资及环境、安全、生命、健康等行为进行的监督与管理来实现。② 曾国安认为“管制是基于公共利益或其他目的，依据既有的规则对被管制者的活动进行的限制”。③ 占飞燕认为，规制是指为弥补市场失灵，政府机构依据一定的法规对企业行为的干预。④ 肖兴志等认为，政府规制主要是指政府行政机构制定并执行的直接干预市场配置机制或间接改变企业和消费者的供需决策的一般规则或特殊行为。⑤ 阎桂芳认为，“所谓政府规制是指政府依据一定的法律、法规对微观经济主体活动进行限制和规范的行为。”⑥ 靳文辉从知识层面来解读，认为政府规制是规制者在对规制知识加以汲取、分类、编码、储存、解码的基础上，作出的旨在影响经济运行样式和人的行为样式的行动。⑦ 胡枕根，黄天柱通过对政府规制概念构成的分析，认为其中包含五个要素：其一，政府规制的主体是行政机构；其二，政府规制的对象是微观经济主体；其三，政府规制的手段是国家法律、法规和规章等；其四，政府规制的目标是直接控制各类微观经济主体的活动；其五，政府规制是规制者和规制对象的一种互动活动。⑧ 王红玲认为：“政府规制是政府或国家对经济的干预行为，政府规制的主体是广义的政府，政府规制的对象是微观经济主体的经济行为，政府规制的依据主要是

---

① 李郁芳：政府规制中的行为主体及其相互关系的理论分析［J］．福建论坛经济社会版，2002（11）．

② 谢地：政府规制经济学［M］．北京：高等教育出版社，2003：3.

③ 曾国安：管制——政府管制与经济管制［J］．经济评论，2004（1）．

④ 占飞燕：社会性规制理论综述［J］．湖北行政学院学报，2007（3）．

⑤ 肖兴志、王倩倩：公共物品视角下的政府规制及最优供给研究［J］．现代财经，2008（10）．

⑥ 阎桂芳：政府规制概念辨析［J］．生产力研究，2009（6）：15.

⑦ 靳文辉：公共规制的知识基础［J］．法学家，2014（2）．

⑧ 胡枕根、黄天柱：政府规制失灵与对策研究［J］．政治学研究，2004（2）．

政策法规。”①

以上种种关于政府规制概念内涵的界定，从不同侧面、以不同的表述方式，就政府规制的主体、目的、手段及其强制性等要素做出程度不同的概括，其中对政府规制的客体、内容、手段等要素的认识繁简不一，所言政府规制的覆盖范围也有很大差别，体现出不同学者研究领域和认识侧重点的差异。

（三）我们的辨析性认识

中西学者对政府规制概念内涵的表述中尽管有很多共同点，但并没有完全达成共识性的一致意见，这对于学术理论研究来说是完全正常的。但是，在中西方学者对政府规制概念定义的认识上，有一种观点存在明显偏狭，那就是将政府规制局限在纯经济领域，而未将公共机构对社会成员及其结成的民间组织的各种具有负外部性的社会行为涵盖其中；即便是承认社会性规制属于政府规制中一个重要组成部分的学者，在其关于政府规制的概念定义中也往往将其客体对象归结为狭义的经济行为。产生这种认识偏颇的主要原因，在于未能真正认识公共经济的本质，因而仍然用一般的经济概念来看待公共物品。然而，实际上，公共经济和公共物品都属于从满足社会成员需要和社会资源配置这样一种广义的经济学视角下的经济范畴，而其实质内容除宏观经济调控、克服经济垄断（包括自然垄断和人为垄断）、自然资源监管等少数经济属性非常明显的事项外，更多事项都属于通常被人们归入国防、外交、行政、教育、科学、文化、社会保障、环境保护等社会领域。如果局限于一般的经济概念和研究视野，将非物质产品或社会领域的活动排除在外，那么，作为研究以满足社会公共需要的公共物品再生产活动的公共经济学也就难以成为经济学的一个分支，甚至不能称之为一门经济学科了。

我们认为，要想全面理解和把握政府规制概念的内涵，首先需要将公共经济视为运用经济资源满足社会公共需要、实现公共利益的所有活动，并依此将公共物品定义为满足公共需要、实现公共利益的所有事项。就概念内涵而论，简而言之，政府规制是指广义政府针对经济社会活动中必然存在的负外部性行为、以维护公共利益为宗旨、凭借公共权力、运用法定规则、依据

---

① 王红玲：当代西方政府经济理论的演变与借鉴［M］．北京：中央编译出版社，2002：147.

一定政策而对相关主体施加有约束力的限制。这样界定政府规制概念的内涵，有三个理由或者好处：其一，它包含了政府规制的主体（广义政府）、主体对象（民间经济主体）、客体对象（具有负外部性的经济社会行为）、客观依据（经济社会行为的负外部性）、目的（公共利益）、条件（公共权力）、手段（法定规则）、主观依据（一定政策）等各项基本要件，揭示了这一公共物品的内在联系，而不是仅停留于对其属性和特征的描述。其二，对政府规制的实施主体和主体对象做出相对准确的表达，因为这里作为规制实施主体的“广义政府”既包括行政机关也包括立法和司法机关，不仅更符合实际，而且可以避免将规制主体狭隘地理解为行政机关存在的片面性——很明显，作为规制手段的法定规则不是行政机关能够完全主导的，而对只有借助于司法程序才能实施的处罚也超出了行政机关的职能范围；[①] 作为规制主体对象的“民间经济主体”既包括工商企业和事业单位，也包括社会成员个人，可避免将规制对象局限于企业所导致的片面性理解。其三，客体对象比较全面，既包括了纯经济领域的企业类所实施的带有负外部性行为，也包括了非企业的居民及其结成的民间社会组织实施的负外部性行为，从而能够囊括经济性规制和社会性规制，而不是像不少学者那样将社会性规制仅仅局限于“企业提供的产品和服务质量与工业经济对人类健康、生命环境产生的威胁及带来的副作用”。[②] 其四，比较简明扼要，没有就客体对象（哪一类行为、哪些环节）和规制手段（如宪法、法律、法规、规章、命令、决定等）做出具体描述或列举，因为这些内容具有因时因地而异的易变性。

与此同时，这一概念定义所包含的各要素较为全面地体现出政府规制的各种属性特征：其一，将规制客体对象限定于具有负外部性的经济社会行为，明确为必须“以维护公共利益为宗旨”，从客观和主观两个角度共同限定了政府规制的目标指向，对政府规制所凭借的公共权力、所运用的法定规则和所

---

① 对于政府规制实施主体是包括立法、行政和司法机关在内的广义政府，正如有的学者在一篇文章中对此所做的简要介绍，国内外很多学者都予以赞同，只有极少数人将政府规制的实施主体局限于作为行政机关的狭义政府——黄新华：从干预型政府到规制型政府［J］．厦门大学学报（哲学社会科学版），2017（3）：81.

② 马克·艾伦·艾斯纳：规制政治的转轨［M］．尹灿译，北京：中国人民大学出版社，2015：132；黄新华：从干预型政府到规制型政府［J］．厦门大学学报（哲学社会科学版），2017（3）：81.

依据的政策均起约束作用，明确体现了政府规制的本质规定性，所有滥用公共权力、偏私地制定或执行相关法定规则和政策、任意扩大或缩小规则范围的做法都是违背政府规制的根本属性的；一旦发生，就意味着政府规制在或大或小的程度上发生了异化，从而变为打着“政府规制”旗号的“暴政”。这就使政府规制概念本身具有了约束政府规制主体行为的意涵。其二，作为政府规制主体对象的“民间经济主体”这一要素，不仅涵盖企业、其他社会组织和个人，而且包括社会公共权力机构自身，体现出政府规制属于社会公共权力机构受人民委托从维护公共利益出发对微观领域经济社会生活实施的直接调节，直接目的在于保障社会生活和经济运行处于良好秩序之下。其三，作为规制手段的“运用法定规则”这一要素，内在地规定政府规制必须依法实施而不是任意而为，体现出现代经济社会需要依法治理的特征。其四，作为规制依据的“一定政策”，体现出政府规制是公共政策的一种特定载体和执行过程，政策是灵魂，规制政策的正确性是保障政府规制取得良好效果的决定性因素。

二、政府规制理论依据的辨析

所谓政府规制的理论依据，就是弄清楚“为什么需要政府规制”的问题，包括政府有什么理由对民间经济主体实施规制和民间经济主体为什么要服从政府规制两个侧面。对于这个问题，学界中存在多种解释或曰多种理论观点，可以概括为以下两大类。

（一）市场失灵论

这种观点认为，政府规制是市场经济的伴生物，“有了市场经济，就有了相应的政府规制。”① 理由是，由于经济生活中存在市场失灵，会导致资源错配，所以需要政府通过实施规制政策以矫正这些失灵。市场失灵有多种情形，包括自然垄断、人为垄断和负外部性等。一是供水、供电、供气、道路等领域存在自然垄断，由于缺乏卖方竞争致使社会公众作为消费者的买方处于弱势地位。为避免处于垄断地位的经营者凭借卖方优势地位限制产出、提高价格或降低服务质量而侵害公众利益，广义政府就需要通过相关立法、执法对自然垄断行业企业的质量、价格等经营行为实施制约。二是在经济上处于垄断地位的特大企业或同业厂商通过合谋或控制对产业的自由进入造成人为垄

① 臧传琴：政府规制——理论与实践［M］．北京：经济管理出版社，2014：7.

断，由此或通过限产维持垄断高价，或凭借市场垄断地位压低原材料购买价格，或者二者兼采，以谋取垄断利润，损害作为商品购买者、原材料售卖者和其他投资者的合理利益。为此，广义政府就应当通过反托拉斯立法、执法和司法制止此类合谋，以保障市场处于竞争开放状态。三是经济生活中经常存在一个群体要承担另一个群体经营行为外部性所导致成本的情况，比如“三废”（污水、废气、废料）排放导致水体、空气、面源污染和产品质量恶劣而造成对他人生产、生活乃至生命健康的损害。为克服这种成本外溢型外部性，政府就应当采用征收环境税或排污费甚至勒令排放者限期停产治理达标，如果治理后仍不达标则勒令关停，对规避征税、缴费或偷排者则处以罚款甚至追究企业主刑事责任，以此使企业成本外溢型外部性内部化，从而使成本外溢型外部性行为产出降低到社会可承受的水平。四是其他损害他人利益乃至生命财产安全的行为，例如利用度量衡作假而实施的欺诈性商业行为，交通肇事、打架斗殴、人为火灾等。这四种情形都是市场机制调节失灵和单个家庭、组织自身无能为力的，如果不通过政府规制加以克服，将会导致资源无效率乃至负效率配置和侵害他人合理利益的经济社会行为发生。因此，哪里有市场失灵，哪里就需要政府通过实施规制加以干预，以矫正市场缺陷。

（二）公共利益论

“公共利益规制理论”起源于国家干预的经济思想，特别是产业组织理论哈佛学派（Harvard School）的政策主张，在一个很长的时期内一直以正统姿态在规制经济学中居于主导地位。这种理论观点认为，政府规制是对市场失灵的回应和对一种公共需要的反应，有利于提高资源配置效率、增进社会福利，并假定规制主体专一地追求这一目标。这一理论假定或明或暗地包含着这样一个前提，即市场是脆弱的，如果放任自流，就会导致不公正或低效率，而政府规制是对社会公正和效率需求所做出的有效、仁慈和无代价的反应。所以，政府规制是针对私人行为的公共行政政策，是从公共利益出发而制定的规则，目的是控制受规制的企业对市场、价格进行垄断或者对消费者滥用权力，具体表现为控制进入、决定价格、确定服务条件和质量、规定在合理条件下服务所有客户时的应尽义务等，并假定在这一过程中，政府可以代表公众对市场做出富于理性的计算，使这一规制过程符合帕累托最优原则，不仅在经济上富有成效，而且能促进整个社会的完善。随着政府规制范围的扩大——从经济性规制扩大到社会性规制，公共利益理论几乎被用来解释所有的政府规制问题。Kahn、Mitnick、Breyer、Owen、Braentigam 等经济学家是“公共利益”研究范式的典型代表。

以上两种用于解释政府规制必要性和根本理由的理论观点，不仅都有很充分的合理性因素，而且在某种程度上不过是一块硬币的正反两面，区别只在于前者从反面着眼论证，而后者则从正面着眼论证。但这两种理论观点各自存在一些问题或缺陷。

首先就市场失灵论来说，将政府规制的理由归结为矫正市场失灵，从历史和逻辑两个层面上都存在不足。从历史角度看，政府规制或更一般地说公共规制早在市场经济体制形成之前就存在了，比如在婚姻关系领域对社会成员个人选择的限制，从原始社会后期就已开始限制族内婚而必须实行族外婚，这种公共规制显然是市场失灵论难以做出解释的。从逻辑角度看，市场失灵论是市场万能论的一种反面运用，其假定前提是解决任何问题的办法必须将市场作为最优先选项，只有市场不能解决的问题才可考虑通过政府直接出面或间接施以援手。

其次就公共利益论而言，它给政府动辄打着“公共利益”旗号对民间经济主体行为施加干预留下很大的任意性空间。这是因为，从逻辑角度考察，公共利益难以清晰界定，从而使得政府规制的潜在范围几乎无边无际。从实践上看，尽管人们已逐步认识到在某些场合，政府规制的成本可能比政府矫正市场缺陷的潜在收益要大得多，但不少国家以公共利益论为根据对产业的政府规制仍然在广泛地实施。早在 1884 年，英国政论家郝伯特·斯宾塞就以大量事例、严密逻辑和鲜明笔触强烈谴责了当时英国议会和政府以维护公共利益为名对公民和企业滥施规制而极大地妨害公民自由权利的问题。①

鉴于前面两种观点存在的不足，我们认为，应该用特殊公共物品论来解释政府规制的本质及其存在理由。在西方版本的经济学或公共经济学中，政府规制和克服外部性、自然垄断、经济垄断都是与公共物品相并列的市场失灵范畴。我们在本书第二篇给出了不同于西方版本的公共物品概念定义，即“将公共物品定义为基于满足社会公共需要，依托公共权力和通过共识与非对称性合作实现再生产的公共利益性物品”。这种公共物品概念涵盖了所有应当

---

① 郝伯特·斯宾塞：国家权力与个人自由［M］．谭小勤等译，北京：华夏出版社，2000.

由广义政府承担的公共事务，政府规制完全符合这种定义之下的公共物品概念的所有条件，因此，它属于广义公共物品中的一种特殊形态。

首先，政府规制是“基于满足社会公共需要”而提供的，包括运用政府规制克服自然垄断、经济垄断、成本外溢型外部性行为和防范公共风险[①]等本质上都是为了满足社会公共需要。斯蒂格利茨认为，反托拉斯法清楚地表明，政府规制是从维护公共利益出发的。[②]

其次，政府规制是“以公共权力为依托”的，没有社会成员以各种形式的社会契约让渡个人权利而形成公共权力这一根本条件做后盾，不仅政府规制无从实施，连政府规制的主体都不会产生和存在。

再次，政府规制是“通过共识与非对称性合作实现再生产的”，因为不仅作为政府规制手段的“法定规则”是社会大多数成员形成共识（公意）的产物，而且为政府规制这种公共事务配置资金也是作为政府预算中的特定组成部分经过人民代表审议通过的，但从政府规制中获益多少与每个社会成员及其民间组织所缴纳的税费数量并不对称。

最后，政府规制必须服务于“公共利益”，而不能偏私于任何社会集团或群体、个人利益。作为政府规制手段的“法定规则”一旦制定，就应作用于规则限定范围内的所有社会经济主体，或者说必须对所有经济社会行为主体一视同仁，而不能特别地针对某一社会经济主体。

与此同时，政府规制效果普惠于广大社会公众，对所有社会成员都既不存在排他性问题，也不存在竞争性。就这一点而言，政府规制也满足萨缪尔森对纯公共物品所概括的基本属性特征，因而表明它是一种典型的公共物品。

但相对于其他类型的公共物品而言，政府规制又具有很多重要的特殊性。这主要表现在：第一，它是一种非实物形态的公共物品。大多数公共物品都有某种外在的具体实物状态（如灯塔、桥梁、学校、医院、军事设施等），具有直观、生动、易于被感知的特点。与此不同，政府规制没有具体的实物形态，而以法定规则、执法司法程序和处置结果等较为抽象的形式存在，因此只能从静态的时点上和动态的过程中加以考察。从投入角度来看，政府规制

---

① 刘尚希等认为，防范公共风险是公共物品的本质功能和存在理由。——刘尚希、李成威：基于公共风险重新定义公共产品［J］. 财政研究，2018（8）.

② 斯蒂格利茨：政府为什么干预经济［M］. 北京：中国物资出版社，1998：74－77.

发挥作用一般表现为制定和实施法律、制度、规则等成本费用；从产出角度看，则表现为社会效益或非社会效益。第二，它是一种约束型公共物品。政府规制通过对被规制主体行为的限制来实现其公共物品的效用，如资源规制、环境规制不仅约束了企业的活动范围、排放行为，而且需要增加污染治理资金投入，使企业生产经营效益受到影响，但却会因此而提升社会效益。第三，政府规制是一种手段型公共物品。教育、卫生、道路、交通等一般公共物品可以直接为消费者带来满足，但企业和消费者却不能直接从政府规制本身得到满足，而是从政府规制的客观效果中获益。例如，消费者并不是直接从政府对自然垄断行业企业产品或服务价格、质量实施规制本身获得物质或精神需要的满足，而是受益于这种规制所实现的价格合理、质量合宜、服务合意等效果。第四，政府规制具有更强的“地域专用性”。一方面，政府规制更多地受到价值观、意识形态、政治制度等多种因素的影响，在一国被认为是成功的政府规制，在其他国家不一定适用。另一方面，在一个国家内的不同区域，由于经济发展、自然环境、风俗习惯等的不同，政府规制也会不完全相同。第五，政府规制具有消费的强制性。就很多一般的公共物品而言，需求者有选择性消费的权利，而政府规制则表现为由实施者单方面决定和执行，被规制者只有服从规定的义务，却没有拒绝的权利。第六，政府规制更加直接地关系到作为公共经济终极主体的人民大众的经济社会自由权利，因而更为突出地涉及公共经济终极主体对受托代理主体公共权力的授予，更加需要对立法机关制定法定规则和行政机关执行法定规则过程中自由裁量权予以约束和监督。因为，如果政府规制范围过宽、自由裁量权过大，人民大众在经济社会生活领域的自主权利就相应地丧失更多；与此同时，政府规制往往伴随着相应的收费、罚款，各种行政审批、许可、资格授予等政府规制事项愈多，相应的收费种类也就愈繁，人民的财政负担就会越大，社会交易成本随之增加，经济社会生活的生机活力就会变得愈小，甚至濒于窒息。基于最后这一点，政府规制必须遵循民主、法治和透明度原则，更需要加强民主监督和制度约束。

第二节　政府规制的功能、边界、对象、环节和种类

无论是从理论上正确把握政府规制还是就科学设计政府规制来说，都需要准确地理解政府规制的功能、边界、对象、环节和种类。

一、政府规制的功能

政府规制的功能与前面所述政府规制的存在理由相表里。政府规制所以产生和发展，就是因为它对人类生存和发展赖以持续的经济社会生活具有不可替代的特定功能。正如有的学者所言："没有政府规制，市场制度在市场机会主义的困扰中无法发展，社会生活在公共物品的缺失中无法进步，甚至市场交易和社会生活都无法进行。"① 对于政府规制的功能，可以做各种不同的界说，最主要的莫过于以下三个方面：

（一）促进社会和谐可持续发展

社会生活领域的政府规制对于保障人类的生命存续、财产安全、社会公正、和谐稳定和可持续发展具有根本性作用。首先，人类生而具有自利性，这种自利性追求如果超越了适当界限，就会侵害他人生命财产，而他人的反抗和报复行为则会反过来伤及最初发起侵害行为者，如此循环并扩展，将会使整个人类社会处于"一切人反对一切人的战争"② 状态，不要说财产积累，即使人类生命安全和存续都难以保障。为避免这种恐惧状态对人类生存与发展造成的威胁，就需要社会成员通过让渡自身部分权利形成公共权力和受托执掌这种公共权力的广义政府，并由广义政府借助于立法、执法和司法对人类自身的社会行为加以规制。可以说，着眼于维护人身安全、财产安全和社会秩序而通过立法、执法、司法对社会成员个人行为加以规制，比基于市场失灵而采取的经济类规制要早得多。随着社会分工以及由此推动产生的市场经济和工业文明的日益发展，"理性经济人"追逐自身利益最大化的动机不断强化，市场竞争日趋激烈，基于企业唯利是图的经营行为导致的危及他人生命存续、财产安全、公众健康的个别风险和基于大规模攫取自然资源导致的资源枯竭、肆意排放生产废弃物导致环境恶化和生态破坏等威胁全人类生存的公共风险愈演愈烈。为应对和防范这些不断增加的风险，需要政府在经济社会生活领域采取愈来愈多的规制措施来保障人们的生存、安全和健康，维

① 潘伟杰：制度、制度变迁与政府规制研究［M］. 上海三联书店，2005：224.

② "一切人反对一切人的战争"是英国哲学家托马斯·霍布斯的一句著名用语，见其所著《论公民》（1669 年，阿姆斯特丹，P79）和《利维坦国家》［M］. 第 17 章"论国家的成因、产生和定义"（长沙：湖南文艺出版社，2011 年）。这里转引自《马克思恩格斯选集》第 4 卷［M］. 北京：人民出版社，1995：797.

护社会的公平和公正，保证人类社会可持续发展。①

（二）维护市场秩序并矫正市场缺陷

德国历史学派创始人李斯特认识到政府规制对国民经济发展的重要性，他指出："国家对私人事业有时不得不行使权力，加以限制……任何国家都认为应该保护公众，使他们在生活必需品以及药品等的销售中不受到危害和损失，都把这一点看作是国家的责任。"② 那么，政府规制对经济发展的积极促进作用如何实现呢？主要途径之一就是运用法定规则维护市场秩序、矫正市场缺陷、克服市场失灵。首先是通过研究制定和强制施行相关法定规则，如保护合法产权、统一度量衡、明确公平交易规则等，以维护市场统一和经营秩序。其次是矫正电力、铁路、通信、邮政、燃气、供水、供热等公共事业领域基于自然垄断而产生的市场失灵，克服由竞争导致经济垄断而对市场调节机制的扭曲和垄断经营者对其他市场活动主体利益带来的损害。再次是对成本外溢型外部效应施加干预，避免该种经营行为引起资源错配和民事纠纷。第四是通过对金融投机行为和高杠杆金融衍生品交易等波及广泛的市场行为依法实施监管，避免过度竞争和投机行为给经济运行带来系统性风险和剧烈震荡。

顺便指出，人们通常将矫正市场失灵领域政府规制的源头认定为19世纪下半叶美国针对企业制售假冒伪劣产品给人们生命健康造成威胁和出于维护州际商业秩序的需要而对市场行为采取的依法管制，但这实际上并不符合历史事实。因为早在秦统一中国之后不久，为促进国内统一市场形成、维护正常交易秩序，就采取了统一度量衡的政府规制措施，此后历朝历代政府都设有专门机构负责打击商业欺诈行为，维护商品交易秩序和市场正常运作。如果查看欧洲经济史，可以得出同样的结论。

（三）保证大众公共利益顺利实现

政府规制的前述两种功能都是从防范经济社会风险角度即公共事务或公

---

① 李斯特早已预见到这种趋势："国家在经济上越是发展，立法和行政方面干预的必不可少，就处处显得越加清楚。"——弗里德里希·李斯特：政治经济学的国民体系［M］．北京：商务印书馆，1997：150－151. 其后瓦格纳据此趋势进一步提出了被称为"瓦格纳定律"的公共支出增长规律。

② 弗里德里希·李斯特：政治经济学的国民体系［M］．北京：商务印书馆，1997：145－146.

共物品的背面来考察的。如果从公共事务或公共物品的正面考察，那么，政府规制的根本功能就是维护社会公共利益。对此，马克思恩格斯在《德意志意识形态》中指出：“正因为各个人所追求的仅仅是自己的特殊的、对他们来说是同他们的共同利益不相符合的利益……这些始终真正地同共同利益和虚幻的共同利益相对抗的特殊利益所进行的实际斗争，使得通过国家这种虚幻的‘普遍’利益来进行实际的干涉和约束成为必要。”① 政府规制的立法和执行主体就是作为“整个社会的正式代表”和“社会在一个有形的组织中的集中代表”②，体现社会“共同利益”、被广义上称为政府的国家——人民大众委托它对有害社会共同利益的私人行为实施“干涉和约束”。作为公共权力的受托行使者和公共利益的代理人，政府存在的根本价值就在于维护和发展人民大众的公共利益，政府履行职能提供包括公共规制在内的各种公共物品时必须以追求公共利益为最终目标，这是任何一个民主国家都必须坚持的宪政原则。虽然对公共利益的认知或判断具有主观性，界定起来极为复杂，由此而使政府可能偏离正确的行为轨道，但这只是可能存在的问题，并不能由此否定政府规制维护公共利益的目标设定。即使作为理性经济人的政府官员在其追求的自身利益与公共利益相悖的情况下，也不能为谋求自身利益而背弃公共利益；否则，必将受到体现人民大众公意的法律制裁。

二、政府规制的边界、对象与环节选择

现有经济学著述对政府规制对象与边界的讨论偏重于人类经济行为，但实际上政府规制并不限于经济领域，而是广泛存在于经济社会生活之中。对政府规制对象与边界进行研究的目的，主要在于合理确定政府规制的对象与边界，以便使政府规制边界合乎“中庸”之道，做到既不缺位也不越位，从而适当而有效地发挥政府规制对经济社会健康发展应有的作用。至于对政府规制行为本身的制约和监督，即“规制‘规制者’”，以防止他们借政府规制滥用公共权力，则属于公共经济监督需要解决的问题，不宜将其与政府规制混为一谈。

政府规制的边界与对象既有紧密联系，又需要区分开来分别加以讨论。从广义上理解，政府规制的对象与边界实际上是对同一个问题的两种表述方

---

① 马克思恩格斯选集第1卷［M］．北京：人民出版社，1995：85.
② 马克思恩格斯选集第3卷［M］．北京：人民出版社，1995：631.

式，因为政府规制的对象扩展到哪里，政府规制的边界也就定位于哪里。但从逻辑上看，政府规制边界的确定更具基础性，规制对象只能在边界内选择，超出边界就是越位。

（一）政府规制的边界

对于政府规制边界的讨论，必须以公共物品的合理范围为基点才能找到理性判断的依据，因为政府规制属于公共物品的一个特定种类。按照第二篇阐述的原则，公共物品的合理范围只能限于社会成员及其结成的民间性经济社会组织所不能自行解决、关乎公共利益的公共性事务，因此，政府规制也只能以此为边界。反过来说，凡是社会成员及其结成的民间性经济社会组织能够借助于道德准则、行业规则和内部调节等途径自行解决的问题，都不必由政府规制出面干预。这不仅是因为通过政府规制加以解决的事务越多，社会成员个人和民间性经济社会组织的自主选择性或者说自由度就越低，经济社会运行的活力将受到抑制，实施规制的成本很高，而且因为政府规制是由带有理性经济人特征的政府官员具体执行的，并不一定能够公正无私地依照法定规则行事，他们难免会借规制凭公权寻租谋私，而对其履职行为进行监督制约的成本和难度又比较大。所以，一定要慎用政府规制，不能把政府规制当作“万能钥匙”或“万应灵丹”，一旦遇到需要解决的经济社会矛盾，动辄采取政府规制措施。

（二）政府规制的对象

与确定政府规制边界的依据和政府规制这种公共物品的特征相关联，政府规制对象的选择首先要从客观方面考虑，看哪些经济社会行为阻碍了经济社会有序健康运行和可持续发展，并且是社会成员个人和民间性经济社会组织自身难以防范、克服而必须由政府出面强制实施法定规则才能有效解决的，从而将这些有害于公共利益的经济社会行为列入政府规制的客体对象。用李斯特的话说：“关于国民个人知道得更清楚、更加擅长的那些事”，国家没有必要“越俎代庖”；国家所做的只能是“即使个人有所了解、单靠他自己的力量也无法进行的那些事”。[①] 在此基础上，再依据这些有害公益行为是由哪些主体所为，从而确定政府规制的主体对象——或为社会成员个人，或为企业

---

① 弗里德里希·李斯特：政治经济学的国民体系［M］．北京：商务印书馆，1997：147.

类经济组织和协会、学会等社团组织。

（三）政府规制的环节选择

在明确了政府规制的客体对象和主体对象前提下，还需要根据规制对象对公共利益造成危害的“病灶”所在正确选择实施规制的环节，以便取得对症下药、药到病除的规制效果。例如，对自然垄断行业企业经营行为的政府规制，一般都选择行业进入、价格决策、服务条件与质量这三个环节实施，因为处于自然垄断地位的企业往往是在这三个环节上侵害广大消费者正当利益的。再如，对社会成员个人有害他人行为所实施的政府规制，一般是选择侵害他人人身权、财产权（包括知识产权）、政治权、名誉权以及扰乱社会生活秩序、违反交通规则、破坏民族团结、危害国家安全等环节进行的。又如，对个人和企业等主体经济交易行为的政府规制，一般是选择维护度量衡秩序、合同规则、经营资质条件、公平交易规范、资源环境保护、保证产品质量标准等环节实施的。

三、政府规制的种类

对于政府规制的种类，可以依据不同标准或从不同角度进行划分，每一种划分一般都有特定的研究价值。根据已有的研究文献和我们对政府规制的理解，政府规制可以按照以下八种主要方法分成众多种类。

（一）按照政府规制客体对象所处领域和规制目的属性差别，可分为社会性规制和经济性规制。社会性政府规制是指广义政府通过立法、执法和司法手段对各类主体的社会行为所施加的法定限制和对产生社会性后果的经济行为所实施的依法规约。前者可具体分为公共安全、交通安全、国家安全、文教科卫（如义务教育和对个体行医、民营医疗机构的规范）、舆情言论（如对传统媒体和现代网络信息渠道的控制，对言论、信息内容的监督）、政治权利（如游行示威活动审批）、婚姻家庭（如对婚姻对象、结婚条件和离婚的控制）、影响他人健康生活（如对公共场所吸烟、噪音污染的控制）等若干小类。后者也可再细分为生产经营过程中的劳动保护，生产性“三废”排放对公共环境造成损害，产品对消费者安全、健康和对公共环境的有害影响，价值分配对社会保障的兼顾等若干具体门类。经济性规制政府是指广义政府通过立法、执法和司法手段对各类主体纯经济行为的规约。包括对交易行为（如度量衡制度统一和对衡具的检测）和商业信誉的规约（如合同法），对物质产权和知识产权的保护，对毒品、武器、色情等生产经营活动的禁止，通过审批许可制度对产业准入与退出的控制，对产品和服务价格的干预，对产品质量和服务条件的监控，对投资、财务、会计等规则的限定，对经营行为外部成本的矫正，对经济垄断行为的禁止与查处等。

（二）按照政府规制主体对象的属性差异，可分为对社会成员个体行为的规制和对经济社会组织行为的规制。

（三）以是否直接介入经济主体决策为标准，可分为直接规制和间接规制。直接规制是指社会公共机构直接干预经济社会活动微观主体行为决策的规制，例如准入规制、价格规制和产品质量规制。间接规制则是指社会公共机构不介入经济社会活动微观主体的行为决策，而通过设定某种外部环境机制对微观主体的行为决策给予一定影响的规制，主要表现为以实施反垄断法为中心维护充分竞争和以信息公开机制防止基于信息不对称而产生的商业欺诈行为等。

（四）按照规制作用与效果的不同，可分为激励性规制和消极性规制。所谓激励性规制就是在保持原有规制结构的条件下，激励受规制企业提高内部效率，或者说给予受规制企业以竞争压力和提高生产或经营效率的正面诱因。比如，给予受规制企业一定的价格制定权，让其利用信息优势和利润最大化动机，主动提高内部效率、降低成本，并获取由此带来的利润增额。具体包括：1. 价格上限规制（Price Caps Regulation），在英、美国家应用最多、最为流行；2. 特许投标规制（Franchise Bidding Regulation），即通过间接引入竞争从而促进被规制者提高内部效率的激励性规制；3. 区域间竞争规制（Yard-stick Completion Egulation），通过将受规制的全国性垄断企业拆分为几个地区性企业，使特定地区的企业在其他地区企业的竞争压力下，努力提高自身内部效率；4. 利润分享规制（Profit Sharing Regulation），通过采取为将来购买提供价格折扣等形式让消费者直接参与公用事业的超额利润分配或分担亏损；5. 菜单式规制（Menus Regulation），是将多种规制方案组合成一个菜单，供被规制者酌情选择；6. 延期偿付率规制（Deferred Repayment Rate Regulation）就是允许消费者先消费商品或服务，在一定时期后再支付价款或付费。这些规制从特征而言表现为一种积极的政府干预。

与此不同，消极性规制是指通过设立一系列条件以控制市场主体行为从而维护公共利益的规制，是传统规制的主要方式。这种模式常用的规制手段包括禁止与特许，价格、费率和数量限制，产品质量标准、生产技术标准、污染排放标准和信息提供规定等。

（五）依据针对市场失灵事由的差别，可将经济性规制分成针对自然垄断的规制、针对外部性的规制、针对内部性的规制。其中，第一种是针对具有自然垄断特征的公用行业存在进入壁垒的不充分竞争问题，对经营者行业进入、价格水平和服务质量进行的规制。第二种是针对存在成本外溢型外部性而就“三废”排放、污染环境行为和自然资源开发带来环境破坏或资源枯竭行为的规制。第三种则是针对企业生产经营作业条件和场所可能给内部劳动者身心健康带来危害或成本而进行的规制。

（六）按照规制的范围划分，可分为覆盖所有产业某类经营行为的普遍性规制和以某一产业为对象的特殊性规制。其中，覆盖所有产业的普遍性规制如保护合法产权、维护契约义务、限制广告内容、制止不正当竞争、反经济垄断、执行工作场所的健康和安全标准、防治环境污染和对外经济贸易规则等。针对某些产业的特殊性规制，如对自然垄断行业进入资格、价格和质量的控制，对使用公共土地或电磁波频率等特殊资源的审批与监管，出于防范金融风险而对金融类企业市场准入、业务范围、资本充足率、流动性、备付率、准备金率和利率等实施的监管。

（七）根据规制手段的不同，可分为法律规制、行政规制、经济规制、道德规制和舆论规制。法律规制是指以国家法律法规为手段对规制对象进行引导和约束。行政规制是指根据具有法律效力的授权，运用准入、限制、取缔等行政手段实施的政府规制。经济规制是指运用税收、收费、罚款、奖励等经济手段实施的政府规制。道德规制是指运用道德评价、社会荣誉等手段实施的政府规制。舆论规制是指以社会舆论褒奖与谴责为手段对规制对象进行的引导和约束。

（八）按照规制内容的差别，可分为产权规制、契约规制、产业进入与退出规制、价格规制、数量与质量规制、资源与环境规制、会计与统计规制、社会保障规制等。[①]

---

① 黄新华：放松规制与激励规制——新规制经济学的理论主题述评［J］．云南民族大学学报，2004（5）．

第二十一章　政府规制的国际经验及其借鉴价值

政府规制作为一种古老的特殊公共物品，随着人类社会发展一路走来，经历了从原始社会、奴隶制社会、封建制社会、资本主义社会到社会主义社会多种历史形态，由简单到复杂，由随意而理性。在各种历史的、文化的、经济的、社会的因素影响下，各个不同国度的政府规制虽然具有明显差别，但其中也有一般规律和趋势。在我们具体研究中国公共经济治理之道的时候，既需要总结自己的历史经验，也有必要借鉴吸收其他国家特别是发达国家的有益经验。我们分别选取东西方各一个代表性国家作为考察对象，其中：西方发达国家以美国为代表，而东方发达国家则以日本为代表。

第一节　美、日两国政府规制的发展演变

无论哪一个国家，其政府规制的具体情况都是随着历史发展而不断变化的，而且这种变化都是适应客观需要而进行的。在这种变化中，总是体现出某种共同的趋势，而且在不同国家表现出某些不同的特点。

一、美国政府规制的演变过程及其特点

美国的政府规制最早始于作为英国殖民地的大西洋沿岸各州，而近现代意义上的政府规制则开始于 19 世纪 80 年代左右的所谓“进步时代”，“二战”以后虽然逐步走向制度化和常态化，但变革并没有停步。这里，我们重点考察 19 世纪 80 年代以来美国政府规制的发展演化。

（一）美国政府规制的发展历程

美国的政府规制主要是从经济性规制开始的，大体上可以分为三个时期。从其实践过程来看，每个时期其政府规制的功能、对象、环节和种类都不尽相同。

1. 初步兴起和逐步发展时期

19 世纪 80 年代到 20 世纪初，是美国政府规制发展的第一个时期，以对基础设施规制为主。这一时期，美国开始对有自然垄断性质的铁路、电力、

煤气、电话等产业领域进行政府规制。

美国政府规制的兴起和发展有其特定的国内背景。19 世纪下半叶，伴随着美国铁路运输业的快速发展，出现了过度竞争。为了避免过度竞争对铁路事业发展和大众利益的伤害，美国国会于 1887 年通过了州际商业法案，建立了州际商业委员会（Interstate Commerce commission，简称 ICC），对铁路运输业采取价格规制即设定最低限价，禁止压低票价。还禁止特定的歧视性行为，要求所有铁路部门公开运价和费率，并向 ICC 报告。在 1906 年的补充法案中还授予了 ICC 设定最高限价的权力。

之所以要设立 ICC 这样一个特殊的机构来承担联邦政府规制的职能，大体上有三个理由：第一，国会认为，铁路部门制定的费率应该是合理和公正的，但它却没有明确“合理与公正”的可操作标准。因此，政府把制定合理与公正费率的决定权授予了 ICC。第二，尽管 ICC 在决定费率时没法获得足够的特定信息，但它所决定的费率却必须反映成本。第三，ICC 采取独立规制委员会（Independent Regulatory Commission，简称 IRC）的形式，有利于受到利益相关者的干扰。它一般由 5—7 名中立的委员组成委员会，委员会下设担当行政事务的秘书处和反映消费者意见的听证会等组织。独立规制委员会拥有准立法权、准行政权和准司法权：其中，准立法权反映在其规则制定的过程中；当 IRC 以法律形式颁布一项规则时，其行政职能就开始实施；根据行政法律作出裁决则是其准司法权的体现。

三年后的 1890 年，美国国会通过了作为竞争政策法律基础的《谢尔曼反托拉斯法》，目的是破解企业间的串谋及单个企业集团获取垄断力量损害自由竞争市场机制和公众利益的风险。该法第一条款规定：“任何以托拉斯或其他形式做出的契约、联合或共谋，如被用以限制州际间或与外国间的贸易或商业，均属违法。”二十四年后的 1914 年，由国会通过和总统颁布的《克莱顿反托拉斯法》则着眼于对那些可能实质地削弱竞争或故意在任何商业中制造垄断的企业行为施加限制。企业采取这些行为主要表现在实行价格歧视、有条件的和排他性交易、竞争者间的兼并、连锁董事会等。

与克莱顿法同年颁布的联邦贸易委员会法，则创立了一个新独立规制委员会，即联邦贸易委员会（FTC），由此形成了美国的反托拉斯和竞争政策由司法部和 FTC 双头实施的局面。

其中，司法部内的反托拉斯司（Antirust Division，简称 AD）负责执行谢尔曼法和克莱顿法，它有调查权和在联邦法院提出原告诉讼的权力，在许多方面都与其他规制机构，尤其是行政内阁所属的规制机构相类似。AD 通过接受公众控诉及反托拉斯调查广泛地收集信息，通过发布反托拉斯指示和政策进行法规拟定活动，不仅可以做出调解性判决，而且拥有最终裁决权。

FTC 的主要职责和权限是防止不正当竞争和商业行为中或影响商业行为的不正当或欺骗性的行为或做法，既要鼓励竞争，又要保护消费者。在反垄断方面，根据 FTC 法第 5 条及克莱顿法第 2、第 3、第 7、第 8 条，FTC 的权力包括调查、起诉和行政裁决。

表　克莱顿法和联邦贸易委员会法相关内容比较

法律名称	实体规定	执行机构	相关程序	法律运用的实际情况
克莱顿法	第 2 条（价格歧视等）	司法部与 FTC 共管	民事追诉（中止请求），行政性的排除措施	企业结合使用事前申报制度
	第 3 条（附排他性条件交易）			
	第 7 条（企业结合）			
	第 8 条（高管兼任）			
FTC 法	第 5 条前段（不公平的交易方法）	FTC	民事追诉（中止请求），行政性的排除措施	/
	第 5 条后段（不公平或者欺诈性行为或惯例）			

注：根据克莱顿法和联邦贸易委员会法相关内容整理

这一时期，美国政府规制还进入了关系人民健康的食品安全领域。1906 年，面对食品生产和经营方面的乱象，在人民大众强烈呼吁和社会舆论压力下，美国国会于当年 6 月通过了《纯净食品和药品法》和《肉类制品监督法》，组建美国食品药品监督管理局（U. S. Food and Drug Administration，缩写为 FDA）负责该法的具体实施。在此基础上，1938 年美国国会又通过了《食品、药品和化妆品法》，进一步扩大了规制监管范围，奠定了美国食品药品监督规制监管体制的基础。

2. 步入高潮和持续发展时期

20 世纪 30 年代到 70 年代初，美国政府规制发展进入第二个时期，以救市和对竞争行业规制为主。具体分为两个阶段：

第一阶段是美国处在经济大危机背景下的 20 世纪 30 - 40 年代，政策制定者强化政府规制的目的在于促进美国经济的复苏和稳定。启动政府规制的领域主要是银行（1933 年）、证券和广播（1934 年）、卡车和输送管道（1935 年）、海运（1936 年）、航空和批发电力（1938 年）等竞争性产业。为实施这些规制，增加了相应的职能机构。如 1934 年建立了证券交易委员会（SEC），以规制股票交易和证券公司；同年，还建立了联邦通信委员会（FCC），以规制广播、电报和电话等。

至此，美国已经有了多个规制委员会，主要分为两类：一是对跨州（州际）服务事业进行管理的联邦规制委员会，包括州际商业委员会（ICC，主要负责铁路、卡车等运输）、联邦电力委员会（Federal Power Commission FPC，主要负责电力输送）、联邦通信委员会（Federal Communications Commission FCC，负责电信、广播）、证券交易委员会（Securities and Exchange Commission SEC，负责证券市场）、联邦航空委员会（FAA，主要负责航空）等。二是只负责对州内服务事业进行管理的州规制委员会，主要以公共事业、运输、通信企业为规制对象，其组织大体上与州际规制委员会相同。

应该说，这一阶段美国的政府规制制度处于均衡状态。尽管有人开始怀疑政府规制的效果，提出需要制定新的规则和行政程序。但是，此时人们还没有找到监督行政规制机构活动的有效方法。

第二阶段是 20 世纪 50 - 70 年代初，强化政府规制主要着眼于促进能源结构的适度调整。主要措施包括 1954 年对天然气的气井方价格、1960 年对输油管道、1973 年对石油（特别是汽油）价格实行扩大规制。这些规制是在经历了能源增产、能源节约、反通货膨胀措施等不同的政策变换之后形成和实施的。

3. 放松和改革时期

20 世纪 70 年代中期至今，美国根据民间经济活动主体和学术界的呼声，针对规制失灵的种种弊端，[①] 特别是基于应对经济滞涨的考虑，在对现行各种

---

① 王红玲在其著作中从对合理竞争、经济效率、投资积极性的负面影响和基于信息不对称引起的规制失效等方面概括了政府规制失灵的种种表现。——王红玲：当代西方政府经济理论的演变与借鉴［M］. 北京：中央编译出版社，2002：163 - 164.

政府规制政策进行梳理反思和成本效益评估的基础上，进行了一系列以放松为主基调的政府规制改革。1971 年起，开始放松通信业规制。1974 年，福特总统要求政府机关对规制政策进行经济分析，联邦民用航空委员会开始在民用航空领域推进温和的简化规制政策改革，1975 年取消证券市场股票委托手续费，证券交易委员会将股票委托手续费改由需求动向决定。1977 年，放松能源业规制。1978 年，卡特政府责成有关机构全面分析评价规制政策的成本效益、存在弊端和推进规制改革对经济可能产生的影响。当年 11 月，美国国会颁布了《天然气政策法案》（即 NGPA），开始逐步放松对天然气市场特别是价格的管制；当年还放松了航空业规制，取消了航线和运费认可制，解散了民间航空委员会等，航空公司有可能自由地加入航线、自由地确定运费、自主地提供新服务，航空公司相互间可自由地合并（在反垄断法允许的范围内）；1980 年颁布汽车运输法，全面取消了州际商业委员会的运费规制，放松汽车运输的加入规制和价格规制，并废除了反托拉斯法适用范围以外的制度，使企业有了在一定幅度内提高和降低运费的自由；继而，放松铁路货运业价格和市场准入规制，运费设定、企业合并及线路撤销的规制有了弹性，约三分之一的铁路运费由最高限价规制改为自由定价。1981 年，里根担任总统后第一个月就下达了进一步简化规制政策的行政命令，使美国政府规制政策改革进入突飞猛进时期。1982 年颁布公共汽车规制修改法，进一步放宽加入规制和收费规制。1993—2000 年，克林顿在重塑政府的旗帜下继续全面推进和不断深化简化政府规制管理改革，1993 年还制定颁布了《规制业绩与成果法》，规制政策评价开始在所有部门推行。

在 20 世纪 80 - 90 年代中后期，美国还放松了银行业和电信业的规制。在银行业，相继取消了存款利率规制，对办理同样存款业务的所有金融机构在准备率方面一视同仁，同时放宽了筹措资金幅度的限制，准许商业银行进入证券市场，放松银行业经营地域范围和证券业务等限制。对作为自然垄断典型领域之一的电讯业，政府规制逐渐向自由竞争轨道转变，1996 年电信法的颁布则是美国电信业经营全面开放、实现市场化竞争的标志。

通过以上改革，美国政府的经济性规制政策发生了重大变化，明显改变了相关产业的市场结构和价格结构，对提高企业效率和竞争力、降低产品成本和价格水平产生了明显效果，促进了相关产业振兴和国民经济的发展。据 OECD 所进行的相关研究，在美国政府放松规制改革的二十多年中，产品价格平均下降50%，GDP年均增长约3%，其中1%是由放松航空、交通运输、电信、电力和天然气等部门规制产生竞争效率贡献的。[①]

（二）美国政府规制的特点

1. 侧重于发挥政府规制维护市场秩序、矫正市场缺陷的功能

作为规制的逻辑起点也即规制产生的原因，主要是为了克服市场失灵。但是，规制应该建立在市场充分发挥作用的基础上，去克服市场调节的种种弊端，而不是以规制代替市场。换言之，政府规制的经济体制基础是市场经济。因此，其一，资源配置必须以市场机制的自发调节作为基础，政府微观规制对资源配置的调整只能局限在市场失灵的范围之内；其二，政府规制的目的是为弥补市场的不足，进一步完善市场，而不是取代或消灭市场。美国政府规制的起点如此，其后的改革也是如此。

2. 政府规制的对象先扩大后缩小

由美国政府规制的发展演变过程可知，在其兴起和初步发展时期，政府奉行的是经济自由主义，主要是对跨州的商务活动进行规制。在规制持续发展的20世纪30年代，经济大萧条使美国政府从经济自由主义转向了政府干预主义，政府在实施宏观经济调控的同时逐渐加强了微观经济规制。在其后的50年间，政府规制的范围不断扩大，对微观经济的干预不断强化。20世纪70年代初，尼克松政府继续推行强化规制政策，要求管理和预算办公室提出保护健康、安全和环境的社会规制政策。而进入20世纪70年代后期，面对经济滞胀形势，美国政府改弦易张，转而实行放松和改革规制的政策，给许多属于自然垄断领域的基础产业经营松绑。如美国政府在1982年先后颁布了铁路复兴与铁路规制改革法、航空货运放松规制法、航空客运放松规制法和新的汽车运输法、公路法等。总之，美国政府规制的演化过程呈现出从建立到强化、再到放松这样一种典型的“否定之否定”轨迹。

3. 重视政府规制政策的合理性和效率性评估

美国政府出台和变革规制政策，一方面较为普遍地实行听证制，广泛听取不同的意见和建议；另一方面，注重对每项规制进行合理性、效率性评估。特别是在20世纪70年代起推进规制政策改革过程中，要求实行任何一项行

---

① 席涛：谁来监管美国的市场经济——美国的市场化管制及对我国管制改革的启迪［J］．国际经济评论，2005（1）：13.

政规制措施都必须置于成本效益的认真评估基础上，并且必须向国民说明该规制的成本和效益，而不是仅凭主观意志行事。联邦政府还建立了一系列规制影响报告制度，引导各机构按照这一规则选择成本效益最高的方案，并且只有在平衡了成本与收益的前提下才能通过规制条例。在这种制度约束下，规制政策的制定者在设置某种规制政策时，需要就该项规制潜在的经济社会效果进行大量的调查分析，以确保规制政策具有较强的经济理性，避免政府规制政策从一个极端走向另一个极端。

4. 坚持政府规制机构的独立性

美国的政府规制主要是通过法定的独立机构来实施，其体系发展演变的各个时期都一贯坚持机构的独立性，并且具有权威性、专业性以及行为可预期性和责权一致性等特征。在规制兴起时期，美国联邦政府成立了许多独立的规制机构，对跨州的商务活动进行政府规制。在规制进入高速发展时期，又相应增加了不少独立规制机构，以强化政府规制的实施。在放松规制和规制改革时期，一方面在放松经济性规制的同时加强社会性规制，要求对国会、总统、规制机构的权利重新调整；另一方面，为了追寻更有效率的规制方法，需要提高规制分析的质量，对规制政策进行成本效益及其经济社会影响评估，并且做到规制审查过程透明、公开、科学，而这些只有在保持规制机构独立性的基础上提高规制人员专业水平才能实现。政府规制机构具有独立性、权威性、专业性、行为可预期性和责权一致性，有利于确保其正确履行规制职责，平等地保护被规制者和民众的合法权益。正因为如此，在美国规制发展史中，独立规制机构经历了多次改革后仍能保留下来且不断发展。

5. 坚持政府规制以相关法制为依据的原则

美国将相关法律的制定作为政府实施每一项规制措施的前提条件，法无授权无规制。相关法律不仅规定规制执行机构的独立性及其职责、规制的主体对象和客体对象，而且明确规定规制所遵循的标准、违法行为的处理程序、正式辩论和公开诉讼原则，[①] 从而使规制者和被规制者都有章可循、受到法律保护，保障各项规制的设立、修正和废止都沿着法治轨道有序进行。

---

① 张红凤、杨慧：政府规制的变革方式：国际经验及启示［J］．改革，2007（12）：87.

二、日本政府规制的演变过程及其特点

（一）日本政府规制的发展历程

1. 从政府统制到政府规制

20 世纪 30－70 年代末，是日本政府规制发展的第一个时期，以对经济活动进行全面统制为主。日本从 1867 年明治维新后进入到资本主义阶段，为实现国家现代化，日本政府依靠国家的公共权力和财力，对国民经济进行直接干预。在第二次世界大战期间，为了调配战时所需物资，颁布实施了大量统制性立法。如 1931 年的《重要产业统制法》，1937 年的《临时资金调整法》，1938 年的《国家总动员法》《国家电力管理法》等。其中《重要产业统制法》规定：当加盟卡特尔的同业者总数三分之二以上提出申请时，为确保产业的公正利益和国民经济的发展，卡特尔有权要求全体加盟者和未加盟的同业者遵从其协定的全部或一部分；对违反此项命令或不依从该项协定者，课以罚金的制裁。这一规定首次明确地赋予政府对重要产业进行干预的权力，使国家在发生经济危机或其他事态时发起经济统制成为可能。与此同时，战时的日本政府对私人企业采取了一系列强有力的经济保护政策。

"二战"后，以麦克阿瑟为首的盟军总司令部采取渐进的方针对日本实施间接统治，使得日本战时的管制经济得以延续。尽管 20 世纪 40 年代末进行的土地、财阀解体等改革调整了部分生产关系，而 1949 年出台的道奇计划又明确从战时统制型经济向市场经济机制转变，20 世纪 50 年代初，日本国内经济管制与税金补贴制度被撤销，大部分的市场经济机制得到了恢复。但日本经济并未走向完全自由化之路，很多管制政策被延续，经济发展中政府干预的传统被保留。在产业政策方面，政府确定战略性目标产业，如钢铁、煤炭、电力、石油、化工、造船、汽车和家用电器等，颁布相应法规支持其发展，并附以各种税收优惠措施。对战略性出口产业予以政策优惠，如加速折旧的特殊税收刺激、以低于市场利率提供融资等。日本中央银行政策委员会根据《临时利率调整法》对利率进行规制，限定存贷利率的最高限额，以保证企业能够获得低息贷款。政府还采取小额邮储免税制度、超额贷款政策、限制资本市场政策等，以刺激在低利率条件下个人存款的积极性，为企业提供资金保障。政府还设立日本开发银行、日本进出口银行、农林渔业金库、中小企业金库等公共金融机构，给企业提供资金支持。对外汇实行管制，限制国际资本流动，以促进出口和贸易顺差的扩大，迅速摆脱外汇短缺的困境。以上

事实表明，这一时期日本政府对经济的干预，正从战时替代市场的统制型向引导市场的规制型转换。

由于政府管理方式的惯性作用，经过多年政府规制立法的积累，日本政府规制项目的数量高居发达资本主义国家之首。据统计，1983 年年末，日本的国家许可、批准事由多达 11402 项。日本内阁中掌握政府规制权力较多的部门依次为：通产省 1986 项，建设省 1893 项，农林水产省 1472 项，大藏省 1387 项，厚生省 1221 项，劳动省 631 项，文部省 333 项，邮政省 319 项，科技省 303 项。[①] 经济社会活动事无巨细都由政府通过规制进行管理，严重束缚了国民经济社会活动的自由度、制约了市场经济的生机与活力。

2. 规制的缓和与调整

20 世纪 70 年代后半期至 90 年代前半期，在英美等减少政府干预的经济自由主义改革浪潮影响下，日本政府规制发展转入以缓和为主的时期。1977 年，日本政府推出《许可、批准等整顿的合理化建议》，决定对 1240 项审批事项进行改革，或取消，或转移，或简化办事程序。1988 年年底，日本政府又出台《放宽规制的推进纲要》，再次废止了一大批政府规制事项。

日本的规制缓和最初是以行政改革的面貌出现、作为行政改革的一部分推进的。规制缓和主要以产业民营化方式实施。1985 年日本航空业、电信业进入民营化，1987 年日本国铁开始民营化。随后，规制缓和逐步扩展到信息通信、零售业、公路、电力、燃气、金融业等经济性领域，还部分地涉及劳动就业、公害及废物处理、环保、教育等社会领域，在增强经济社会活力方面取得明显效果。

1977—1994 年期间，日本政府相继进行了 13 次规模大小不等的放宽规制改革，政府对微观经济主体活动的干预明显减少，扩大了市场配置资源的作用空间。

但是，从 2000 年的日本规制缓和白皮书所显示的情况看，1995 年建筑业和金融业仍然处于 100% 被规制的状态，电力、燃气、自来水、运输、通信广播业的被规制比重也占到 80% 以上。总体而言，1985 年被规制行业所占比重为 45.7%，十年之后的 1995 年，被规制行业所占比重仍然为 44.1%。这表

① 王红玲：当代西方政府经济理论的演变与借鉴［M］. 北京：中央编译出版社，2002：170.

明，该时期日本政府规制的范围仍然比较广泛，只是在规制力度上进行了调整。

3. 规制改革与完善

20 世纪 90 年代后半期至今，日本政府规制发展进入到以改革为主的新阶段，标志性事件是 1999 年 4 月日本政府将规制缓和委员会更名为规制改革委员会。21 世纪初，小泉政府在执政时期加大了规制改革力度，并着手对政府规制进行完善。

如果说缓和时期规制的主要对象是信息通信、运输、能源、金融、流通等经济性规制的话，到了规制改革时期，规制的主要对象更多地拓展到了社会性规制领域，政府规制的重点转移到保护消费者和劳动者权益、环境保护、防止灾害方面，主要是对与商品服务质量相关的经营活动根据一定标准加以限制。

为推进规制改革，2010 年 3 月，日本以成立“规制—制度改革分科会”即规制改革推进委员会取代了原来的规制改革委员会。同时设定结构改革特区，即以地方公共团体自发设定的区域作为改革试验场，旨在利用地方政府和私人部门的创造力推翻既得利益、消除改革阻力，以政府规制改革促进经济增长。

2008 年美国次贷危机的爆发促使日本政府规制理念发生变化，导致规制改革范围缩小、力度减缓。这在规制改革数量上表现为，1995 年 3 月推出的规制改革为 1091 项，到 2011 年仅为 186 项。但整体来看，日本放宽规制改革在促进竞争、提高效率、扩大事业机会、创造有效需求等方面还是产生了相当明显的积极效果。①

（二）日本政府规制的特点

1. 侧重于发挥政府规制合理配置资源并强化国家竞争力的功能

“二战”后，日本工业在重创之下极度萎缩，生产资料严重缺乏，日本政府实施了一系列以规制为主的资源配置政策。如将进口的全部原油供给钢铁生产部门，将由此增产的钢铁再投入到煤炭生产，如此循环，在迅速恢复了作为基础产业的煤炭和钢铁生产的同时，也带动了其他工业部门的恢复。

---

① 王红玲：当代西方政府经济理论的演变与借鉴［M］．北京：中央编译出版社，2002：173－175.

日本政府根据不同时期的国情，由政府主导确定战略性目标产业，并颁布带有规制性的法规支持目标产业的发展。如在经济高速增长时期，日本政府先后确定并扶持了三类战略性产业：电力、石油、化工、钢铁、造船产业和汽车、家用电器等产业。在政府的扶持下，日本形成了一批具有国际竞争力的企业集团，如三菱、三井、住友等旧财阀系企业集团，以及芙蓉、第一劝银、三和等战后新形成的企业集团。这些企业分布于包括农林水产、建筑、食品、纤维、造纸、化学、石油煤炭、钢铁、有色金属、机械、电气、运输、商业、证券银行保险、不动产、海运等各重要领域，带动并促进了日本经济飞速发展。

2. 规制决策过程民主与强制结合

规制决策过程有自上而下和自下而上两种。自下而上又称之为逆向决策法。即首先收集各项有待规制的问题，由各省厅召开听证会，指出应该修改的地方并提出改善方案。经过反复讨论修改，制定出较为完善的规制性法律。自上而下则是内阁将规制决策作为其工作任务，由内阁官僚负责决策并适时推进规制改革。日本政府规制发展的不同时期，这两种手段皆有使用，但在各个时期的民主和强制程度有所不同。

3. 规制责权主要配置于政府各部门

日本政府在不同时期虽然也成立过规制委员会、规制缓和委员会、规制改革委员会、规制改革推进委员会等机构，但它们通常只是跨部门的议事性临时机构，政府规制的实质性责任和权力主要掌握在内阁各部门手中。因为跨部门的协调议事机构具有一定的相对独立性，所以能够基于自主权、分析能力、公众信任度和政府官员联络等方面的相互联系，发起一些各部委不能独立进行的重要改革。但是，由于日本中央政府并没有建立起常规性功能独立的规制管理部门，政府规制的主要责权配置在内阁各部门，并且各都道府县独立性比较强，因此，推动以中央为驱动力的规制改革就显得比较困难。

除美国、日本以外，英国、加拿大、澳大利亚、新西兰等主要资本主义国家在政府规制发展演变，特别是改革方面也都有很多大同小异的经验和教训。

第二节　政府规制的国际经验及其借鉴

从美、日两国政府规制的发展变革中，可以总结出一些经验供我们借鉴。

一、独立的规制机构及其明确的职责

美国在规制发展的第一个时期就建立起委员会形式的联邦规制机构（ICC）独立承担职能。在独立规制委员会中，既有对跨州（州际）服务事业进行管理的联邦规制委员会，也有只对辖区范围内管理服务事业的州规制委员会。无论在联邦还是在各州，由于规制机构独立、职责明确、权力划分清晰，因而为政府规制有效实施奠定了良好的体制基础。规制机构具有独立性，才能保证规制者与被规制者区分开来，从而保证市场经济条件下政府规制的有效性。政府规制职责和权限在部门间划分清楚、分工明确，不仅便于分工协作、有序配合，而且也便于失职追责，从而有助于整个交易环节参与主体的合法权益得到保护。而日本正是因为中央级政府规制机构独立性不足，才导致其政府规制改革措施难以有效落实。

二、因时制宜与时俱进地把控、调整政府规制的范围和力度

在实施政府规制的前期和中期，美日的政府规制制度及其履责行权机构逐渐增多，力度也逐渐增强。当发展到一定程度且宏观形势、微观基础发生本质性变化以后，则适时放松或改革政府规制，以利经济发展。在放松限制性规制的基础上，引入激励性规制，对规制进行改良，则会使政府规制效果更佳。

三、通过为自然垄断性行业引入竞争机制部分替代政府规制

发展到新阶段，一些传统上被认为是自然垄断的行业已不再被认为具有自然垄断的特性（如电信、交通运输等），而某些自然垄断行业自身以及与其相关行业的发展，引起市场本身发生某种变化（如国际互联网的兴起对电信业产生了很大的影响），使得传统自然垄断行业经营者的垄断地位受到强有力的挑战。技术进步也使得某些垄断行业的垄断性发生变化，如电力、天然气等。另外，自然垄断行业由于独家垄断造成服务质量令公众不太满意等弊端，受到越来越多的指责，每况愈下的经营效果也使政府难以摆脱沉重的财政包袱。所以，一些国家开始重新审视这些行业，对某些自然垄断和相应的政府规制进行改革，在某些传统的自然垄断行业引入竞争机制。

引入竞争机制最明显的例子是电信行业。自从联邦法院强制解散 AT&T 开始，美国电信业就进入了竞争态势。目前，美国、日本、加拿大的电信业已全部面向市场开放。在美国和加拿大，虽然一级邮件业务仍然是垄断经营的，但二级、三级邮件和快递服务已放开竞争，并且已有多个铁路公司在许多线路上展开竞争。其他的公用事业，如自来水供应等自然垄断行业也在发

展变化。

实践证明，适时打破国家对自然垄断产业实施垄断经营的格局，取消企业进入自然垄断行业的法规壁垒，由于增强了市场竞争性，也能促使垄断企业采取合理的市场行为。因为在无准入壁垒的状况下，一旦产业内原有的垄断企业的垄断价格高于边际成本，就会给新企业进入产业创造赢利机会，新企业就会采取灵活的市场进入策略，与原有垄断企业分割利润。这就是说，一旦时机成熟，消除人为的准入壁垒是比政府规制更为有效的办法。

四、加强政府规制政策的合理性、效率性评估

政府规制范围大小、机制合理性高低对整个国民经济都会产生或正或负的影响，每一项规制的成本效益都不同。因此，无论政府规制的设立还是改废，都应该建立在认真的合理性和效率性评估基础上。只有如此，才能保证政府规制政策具有较高的合理性，进而保证政府规制政策取得较好的整体效果，并且具有相对的稳定性和连续性。

五、确保政府规制立法、执法过程中的民主化

政府规制涉及经济社会活动主体的权利和利益，是正确处理政府和社会各方关系的重要环节。因此，在民主政体下，政府规制立法都应当通过听证会等方式，广泛听取包括规制相对人在内的广大经济社会活动主体的意见和建议，并且在执行过程中采取多种形式和渠道接受社会民众的监督，以便通过民主机制保证政府规制政策的合理性、防止政府规制行为扭曲。

六、兼顾政府规制与增强国家竞争力

一是通过政企分开，增加国有资产实力。20 世纪 80 年代以前，西方主要工业化国家的垄断性行业由国家投资经营的占绝大多数。20 世纪 80 年代以后，英美等国家相继实行非国有化政策。他们的非国有化不仅包括把国有资产出售给私人部门，而且包括向社会公众发行股票。同时，通过特许投标、签订合同等形式，鼓励私人企业提供可市场化的公共产品和服务等。日本的统制到规制的转变也是直接管理到间接管理的表现。二是通过激励性规制，增强国家竞争力。无论是美国的侧重于发挥政府规制维护市场秩序并矫正市场缺陷功能，还是日本的侧重于发挥政府规制合理配置资源并强化国家竞争力功能，其实质都是围绕本国一定时期的战略目标实施政府规制，目的都在于实现本国经济的快速稳定协调发展，以增强本国在世界经济中的竞争力和战略地位。

第二十二章　中国政府规制的发展历程、现状和优化思路

作为服务于中国国家治理现代化理论体系的一个有机组成部分，本章概要梳理现代中国政府规制历史发展进程，以揭示存在问题为重点分析政府规制现状，并在此基础上，借鉴国外相关经验，提出优化政府规制的基本思路。

第一节　中国政府规制的发展历程

中国作为世界上少有的连续性文明古国，政府规制的历史同样源远流长，史书上与此相关的大量记载可以为证。更远的不说，仅从战国年代商鞅变法形成的奖励耕战政策中所包含的重农抑商和对属于家庭事务的男女婚嫁年龄、男性青年结婚后必须与父母分家单过等社会生活事项加以硬性规定即可见一斑，秦统一中国后立即颁布实行全国统一的度量衡、国道宽度等法律更为众所周知。分析中国政府规制的发展变化，总结成败得失，以史为鉴，有助于通过深化改革优化我国的政府规制，进而对整个国家治理现代化实践有所裨益。根据研究目的，这里对中国政府规制发展进程的回顾，限于新中国成立以来这段历史。

70 多年来，我国政府规制的发展大体可以分为五个大的阶段，每个阶段的政府规制都有其具体内容，从而呈现出不同的特点。

一、过渡时期的全面性政府统制

1949 – 1957 年，构成现代中国政府规制发展的初始阶段。基于新中国成立之初的经济社会现实，着眼于尽快实现国民经济稳定恢复、满足扫清残匪和抗美援朝战争需要，并且为建立社会主义公有制和实现国家经济现代化奠定基础，中国政府规制采取了对国民经济和社会生活实行集中统一管理的统制形式。

（一）全面性政府统制的内容

1949 年 9 月 29 日，中国人民政治协商会议第一次全体会议通过作为新中国临时宪法的《中国人民政治协商会议共同纲领》。其中原则性地规定了国

体、政体、所有制结构和政治、经济、军事、外交、文化等方针政策，也涉及土地制度、工农商各业发展、对外贸易、金融管理、国家预算等重要领域。随着各项国家治理工作的逐步展开，国家对经济社会生活实施规制的各项法律法规渐次颁布实施。从内容来看，主要包括以下五个方面：

1. 对生产流通活动实行统制型管理

面对国民政府统治下连续战乱造成的经济濒于崩溃、物资严重短缺、通货物价飞涨和众多解放区在战时经济上各自为政的状况，为了尽快稳定经济、平抑物价、稳定通货、实现经济恢复，1949 年 11—12 月，中央财政经济委员会发出 12 项指示，指挥开展了被称为“三个部门、六路出兵”的统一行动，以抑制全国性的物价上涨。1950 年，中央人民政府政务院先后颁布《关于实行粮食的计划收购和计划供应的命令》和《粮食市场管理暂行办法》，后者规定：凡进行粮食交易者，均需入场交易，严谨场外成交；严禁投机倒把、扰乱市场；对投机倒把、扰乱市场、造谣破坏，违反本办法规定者，必须严于议处。1950 年 1 月和 3 月，政务院相继颁布《关于统一国家财政经济工作的决定》和《全国税政实施要则》，建立全国统一的财政税收、物资流通、货币金融管理制度，严厉打击商业领域囤积居奇、兴风作浪、牟取暴利的投机行为。1951 年年底至 1952 年 10 月，在私营工商业者中开展以“反行贿、反偷税漏税、反盗骗国家财产、反偷工减料、反盗窃国家经济情报”为基本内容的“五反”运动。1953 年 10 月，中共中央作出《关于实行粮食的计划收购和计划供应的决议》，开始实行粮食统购统销政策，[①] 同年 11 月又在全国实行计划收购油料制度。1954 年 9 月 15 日起，所有布厂生产的布匹一律由中国花纱布公司统购统销，棉花、棉布实行凭证供应。1955 年 8 月，国务院颁布《农村粮食统购统销暂行办法》，实行粮食“三定”即定产、定购、定销政策，并改进了购粮证和粮票的管理。

2. 根据国情实行社会性规制

新中国成立初期，我国经济社会千疮百孔、一穷二白、百废待举、百业待兴，农业生产方式落后、剩余产品率很低，国家财力极其薄弱，科技、文化、教育都处于相当初级的阶段，同时遭受西方发达国家的禁运和封锁。受

---

① 基本内容是在农村向余粮户实行粮食计划收购；对城市和农村缺粮人民实行粮食计划供应，城市居民实行定量配给；国家严格控制粮食市场，禁止私营商自由经营粮食。

制于这样的经济社会条件，不能不采取既有利于保障基本人权和经济社会发展，又能够维护生活必需品供需平衡且具有经济和财政承受力的社会规则措施。主要包括确立婚姻自主和一夫一妻制的《婚姻法》（1950 年），《劳动保险条例》（1951 年），[①] 教育、科学、文化制度（1955 年），[②] 户籍管理制度（1957 年），[③] 军人复原安置和军烈属优抚制度。

3. 生产资料所有制的社会主义改造

在城市工商业领域，通过没收敌产、官僚资本和对民族资本实行公私合营，建立起作为社会主义生产资料所有制核心和支柱的全民所有制。在农业领域，在开展土地改革基础上，自 1951 年起，相继通过组建农户生产互助组、初级社和高级社，[④] 建立起农村集体所有制。在城市手工业和零售商业领域，通过组建合作社、合作商店等建立起城镇劳动者集体所有制。

4. 将国民经济各产业发展纳入计划管理轨道

1953 年开始制定实施第一个经济社会发展五年计划，从建立国家工业技术基础出发，对工业基本建设、工业生产、重工业、轻工业、地方工业等产业发展的阶段性目标和主要措施做出具体明确的规定。1957 年中共中央颁布《1956－1967 年全国农业发展纲要（修正草案）》，着眼于自力更生地解决 5 亿人口温饱问题，对农林牧副渔业发展、兴修水利、肥料结构、农具改进、农作物品种优化、耕地复种、土壤改良、水土保持等做出指导性规范。

5. 对各行业具体经济活动实施规范

例如，1955 年 7 月发布的《基本建设工程设计和预算文件审核批准暂行

---

① 1951 年 2 月 26 日，政务院颁布经修改后的新中国成立后第一个劳动保险条例。其中规定劳动保险对象是所有的雇佣劳动者，职工在疾病、伤残、死亡、生育及年老不能继续劳动时可以得到不同程度的物质帮助，职工供养的亲属也可以享受一定的保险待遇。此后的 1953 年和 1956 年，对这一条例的适用范围相继做出修订。

② 包括国务院对农民业余学校、研究生等各类教育工作制定条例，对各类学校大力推广普通话和简化汉字做出指示，并推行学位、学术制度等。

③ 1957 年 12 月 18 日，中共中央、国务院联合发出《关于制止农村人口盲目外流的指示》，要求城乡户口管理部门严格户籍管理，切实做好制止农村人口盲目外流工作。

④ 1955 年 11 月 9 日，全国人大常委会第 24 次会议通过《农业生产合作社示范章程草案》，对社员、土地、土地以外的主要生产资料、股份基金、生产、劳动组织和劳动纪律、劳动报酬、财务管理和分配、政治工作和文化福利事业，以及管理机构等做出明确规定。

办法》，1956 年发布的《建筑安装工程统一施工定额实施办法》《邮电企业预算拨款办法》《邮政汇兑资金调拨办法》等。

（二）全面性政府统制的特点

1. 统筹考虑当前紧迫目标和长远制度建设目标

一方面，着眼于解决紧迫问题而实施经济性规制。当时出台的多数经济性规制措施，基本着眼点都在于满足人民生活必需品需要、维护主要商品供求平衡、抑制物价通货膨胀、确保抗美援朝和扫清残匪战争取得胜利，以稳定国民经济和初生的社会主义政权。另一方面，也积极运用经济性规制措施，配合实现建立社会主义基本经济制度的根本目标和实现国民经济独立自主发展的长远目标。

2. 经济规制呈现出不断增强的计划性

指令性计划本身就具有经济规制的属性特征。从 1953 年开始实施的第一个五年计划，将国家所有制范围内的工农商学等各业发展、工农业产品产销等全部纳入指令性计划轨道，对农村集体所有制经济所生产的主要农作物也通过“三定”规制其产销。随着城乡生产资料所有制社会主义改造逐步完成，以指令性计划实现的生产流通规制范围相应扩大。据有关资料，1952 年国家计委统一管理、直接下达计划指标的工业产品有 115 种，1956 年增至 380 种，其产值约占当时全国工业总产值的 60%。1953 年由计划分配的物资有 227 种，1957 年增加到 532 种。

3. 以政府统制性指令为主要形式

这一时期的政府规制多以党政机关的指令、指示、命令实施，依据法律法规形式进行的规制仅居次要地位。

4. 带有明显的尝试性和建设性

中国是在半封建半殖民地基础上建设社会主义的，这在世界上没有先例。人民革命胜利、建立共和国以后，对于国家如何稳定政权、发展经济、推进建设、实施管理，没有现成的经验可资借鉴。虽然在计划经济方面可以学习苏联经验，但中国并没有完全照搬，而是主张进行独立自主的探索。因此，这一时期的政府规制许多都是探索性和建设性的。从作为临时宪法的共同纲领到国家税收实施要则，从经济发展计划到企业经营管理，都是在根据中国当时面临的国内外形势尝试着制定和实施的。

（三）政府规制效果明显

这一时期新中国在巩固初生的人民政权和管理社会经济方面虽然显得很稚嫩，但在中共中央、国务院的正确领导下，全党全军全国人民从上到下齐动员、各行各业共同奋斗，经济社会发展速度快，成就斐然。在农田水利建设方面，修建大中型水库900多座，增加灌溉面积1亿多亩。在工业经济建设方面，作为新中国现代工业支柱的156项工程项目如期竣工投产。在交通建设方面，1954年12月25日，东起西康省会雅安、西至西藏首府拉萨的康藏公路，东起青海省格尔木、西至拉萨的青藏公路同时建成通车；1957年10月15日，武汉长江大桥建成通车。在生产资料所有制改造方面，仅用了短短的8年时间，就相当平稳地实现了整个国民经济从私有制向公有制的历史性转变。

二、全面计划经济时期的政府规制

1958—1978年，构成我国政府规制发展的第二个阶段。这一时期的政府规制在接二连三的政治运动环境下呈现出不断加强的趋势。

（一）政府规制的内容

1958年5月，中共中央八届二中全会通过了“鼓足干劲，力争上游，多快好省地建设社会主义”的总路线，提出了超英赶美、尽快在经济科技等主要方面实现现代化的宏伟目标。实现这一目标的主要手段就是以政治运动为驱动力的经济社会发展计划、财政预算和各种经济社会规制。

1. 指令性计划覆盖城乡物质产品和精神产品的生产、流通、分配、消费

在这一阶段，我国共制定并实施了三个五年计划和一个为期三年的经济调整计划。[①] 由于1958年以后生产资料公有制覆盖了经济社会各领域、城市乡村各地方，所有企业经营、生产要素、商品价格、事业发展和城镇就业、收入分配、居民生活（农民生孩子除外）几乎全部被纳入年度指令性计划轨道，居民各种主要商品性消费品几乎全部实行凭票购买。

2. 工农业生产领域的正式规制

工业生产领域的规制主要是1961年印发实施的《国营工业企业工作条例

---

① 第二个五年计划（1958年－1962年）受到天灾人祸的严重影响，第三个五年计划（1965年－1970年）受到“文革”的严重干扰；三年经济调整是指1963－1965年对基本比例失调的国民经济实施调整，这一时期对农业统购统销规制有所放宽，给予农民将部分农副产品拿到集市上自主出售和自定价格的经济自由。

(试行草案)》。农业生产领域的规制主要是1963年2月中共中央、国务院召开全国农业科技工作会议制定的《1963－1972年农业科学技术发展规划纲要》，内容包括山地利用和水土保持、盐碱地改良、草原利用改造、海滨湖滨和沙漠改造利用、热带地区农业开发利用等。

3. 社会领域的规制

主要体现在户籍管理制度和城市青年就业制度两个方面。前者包括1958年第一届全国人大常委会第91次会议通过的《中华人民共和国户口登记条例》、1964年颁布实施的《关于户口迁移政策规定》、1977年印发执行的《关于处理户口迁移的规定》，对农村人口转变为城市人口设置了严格的条件、指标和审批控制。后者则主要体现在1973年国务院专题会议通过的《关于知识青年上山下乡若干问题的试行规定（草案)》和1978年《国务院关于知识青年上山下乡若干问题的试行规定》。[①]

（二）政府规制的特点

1. 以指令性计划承载政府经济性规制的趋势强化

一方面，政府规制的统制性更为突出，指令、命令更多，行政强制性更明显；另一方面，政府规制更具体。工业企业的产供销、人财物，都由国务院各部委计划安排；农业发展规划由国家统一设计。全社会生产什么、消费什么、商品销售渠道和去向全部囊括在国家计划之中，即按计划生产、按计划供货、凭票证消费。

2. 政府社会性规制主要体现为对经济结构和城市就业的约束

其中，通过上山下乡安排城市知识青年就业所体现的是城市就业人口与产业吸纳能力失衡，而对城乡间人口流动实行规制则体现出我国当时非农产业发展继续受到农业剩余产品率的制约。

3. 政府规制主体结构明显体现出党政军一体化的特征

特别是在“文革”时期，政府规制大多是由中共中央、国务院、中央军委甚至包括中央“文革”领导小组联名制发的，表现出当时国家治理结构明显偏离正常轨道。

---

① 前者规定符合条件的城市知识青年都要上山下乡接受锻炼，后者则决定调整知识青年上山下乡政策，对城市中学毕业生的安排实行“进校学习、上山下乡、支援边疆、城市安排”四个面向。

（三）政府规制的效果

这一时期的政府规制由于受指令性计划主导和政治运动干扰，虽然经济社会都有了新的发展，除少数年份发生武斗和企业停产、教育停顿之外，基本上保持了社会安定有序，门类较为齐全的现代工业体系基本成型，农田水利建设取得新的进展，国防科技方面取得“两弹一星”的骄人成绩。但总体上不如人意，主要是压抑了经济社会发展活力和社会成员基于物质利益动机的创新进取精神，资源配置效率、企业经营效益和人民生活改善等方面都遭受到不小损失。

三、有计划商品经济时期的政府规制改革

1979—1992 年，构成我国政府规制发展的第三个阶段。基本背景是党和国家工作重心转移到加快经济建设和推进改革开放上来，积极探索在多种经济成分并存的基础上实行有计划商品经济体制，国家政治生活逐渐回归正常化轨道，国家治理法治化、民主化也日益受到重视，经济、社会、政治各领域开始全面转型。

（一）政府规制的主要内容

面对传统计划经济制约经济社会生机活力的弊端，中国政府规制走向以“简政放权”为主基调的改革之路，但这绝不是有意与发达国家放松规制的公共治理改革相类似，而是在不同背景、不同起点上的不约而同。这一时期政府规制改革的内容主要包括：

1. 产权结构规制渐次松动

立足于对我国所处社会主义初级阶段的国情判断，1982 年第五届全国人民代表大会第五次会议通过的《宪法修正草案》在规定“中华人民共和国的社会主义经济制度的基础是生产资料的社会主义公有制，即全民所有制和劳动群众集体所有制”的同时，第 11 条规定：“在法律规定范围内的城乡劳动者个体经济，是社会主义公有制的补充。国家保护个体经济的合法的权利和利益。国家通过行政管理，指导、帮助和监督个体经济。”第 18 条又规定：“中华人民共和国允许外国的企业和其他经济组织或者个人依照中华人民共和国法律规定在中国投资，同中国企业或者其他经济组织进行各种形式的经济合作。”1988 年 4 月，第七届全国人大第一次会议审议通过中共中央提出的两条修正案，其中第 1 条规定“国家允许私营经济在法律规定的范围内存在和发展。私营经济是社会主义公有制的补充。国家保护私营经济的合法的权利和利益，对私营经济实行引导、监督和管理”。这些规定，为我国实行以公有制为主体、多种所有制并存的基本经济制度提供了根本大法依据。

2. 生产经营规制向增强经营者自主权转变

在城市，根据1978年12月中共十一届三中全会确定的以扩大企业自主权为突破口的改革思路，1979年7月，国务院下发了《关于扩大国营工业企业经营管理自主权的若干规定》《关于国营企业实行利润留成的规定》《关于扩大国营工业企业经营管理自主权试点的暂行办法》《关于集体所有制工业企业扩大经营管理自主权试点的暂行办法》等文件，极大地放宽了对企业经营的规制。1985年，国务院发布《关于国营企业工资改革问题的通知》，明确在国营大中型企业范围内改行职工工资总额同企业经济效益按比例浮动的办法，放宽了对职工工资、奖金的规制。1986年，国务院发布《关于深化企业改革增强企业活力的若干规定》，确定了政企分开、两权分离的原则，允许国有企业实行租赁制、承包制、资产经营责任制、股份制等多种经营方式。1987年，放宽国有企业固定资产投资审批权限和简化审批手续。1988年，国务院颁布《全民所有制工业企业承包经营责任制暂行条例》，全国人大颁布《全民所有制工业企业法》，将扩权改革试点以来取得的改革成果用法律形式巩固下来。1991年，国务院发布《关于进一步增强国营大中型企业活力的通知》，进一步减少部分企业的指令性计划任务，扩大企业对其产品的国内自销权和外贸自主权；同年国务院发布《关于停止对企业进行不必要的检查评比和不干预企业内部机构设置的通知》，进一步减少对国有企业生产经营活动的政府干预。1992年，国务院颁布《全民所有制工业企业转换经营机制条例》，按照“两权分离”的思路明确了企业和政府的关系、企业经营自主权、自负盈亏责任、法律责任等问题；同年，劳动部、人事部等六部委联合发出《关于深化企业劳动人事、工资分配、社会保险制度改革的意见》，推行企业内部“干部能上能下、职工能进能出、工资能升能降”的机制。在产业准入方面，1989年国务院发布《关于当前产业政策要点的决定》，要求集中力量发展农业、能源、交通和原材料等基础产业，加强能够增加有效供给的产业，增强经济发展的后劲；控制一般加工工业的发展，使它们同基础产业的发展相协调。为了规范和保护中外合资合作、外国独资企业行为，1979年7月第五届全国人民代表大会第二次会议通过了《中外合资经营企业法》，1986年第六届全国人民代表大会第四次会议通过了《外资企业法》。

在农村，1982 年 1 月 1 日，中共中央印发了题为《当前农村经济政策的若干问题》的第一个关于农村工作的一号文件，肯定包产到户、包干到户等农业生产责任制的合法性。1982 年，五届人大第二次会议修改宪法时做出改变农村人民公社政社合一的体制、重新设立乡政权的决定；1983 年 10 月 12 日，中共中央、国务院发出《关于实行政社分开，建立乡政府的通知》，明确规定在农村建立乡政府，政社必须相应分开，并将人民公社三级所有、队为基础的基本生产资料所有权制度改为村集体一级所有制度。在此基础上，国家逐步取消了对农民种植农作物品种、面积、产量、销售量的规制。1987 年 5 月 12 日，国务院发布《中华人民共和国水路运输管理条例》。同年 10 月 13 日，国务院发布《中华人民共和国公路管理条例》，相继放宽公路、水路运输经营管理自主权。

3. 在放松商品流通和物价规制的同时加强经济秩序维护

从 1981 年开始，国家允许企业在完成计划的前提下自销部分产品，并逐步放宽对企业自销产品的价格规制，由此产生了国家指令性计划统一调拨产品由国家定价、而企业自销产品价格由市场供求决定的“价格双轨制”。但这主要适用于工业生产资料类产品，对于人民生活必需品和农业生产资料价格仍然实行较为严格的价格规制。随着农村联产承包责任制的广泛推行，全国粮食产量迅速增加，1985 年，国家宣布取消粮食统购统销政策，粮食和食用油实行定购价、议购价双轨制。1992 年，国务院发布《关于赋予生产企业进出口经营权有关意见的通知》，有条件地赋予生产企业自营进出口权。

在维护经济秩序方面，1982 年 3 月，全国人大通过的宪法修正案第 15 条规定：“禁止任何组织或者个人扰乱社会经济秩序。”同年 8 月，第五届全国人民代表大会常务委员会第二十四次会议通过了中华人民共和国第一部《商标法》，着眼于维护全国统一市场。1990 年 11 月 10 日，国务院发出《关于打破地区间市场封、锁进一步搞活商品流通的通知》，提出要确保商品畅通无阻，同时加强物价管理。

4. 逐步加强经济资源规制

对于土地使用管理，1982 年宪法修正案第 10 条规定：“任何组织或者个人不得侵占、买卖、出租或者以其他形式非法转让土地”；1983 年，国务院发布《关于制止买卖、租赁土地的通知》，规定买卖、租赁集体和国家所有土地为严重违犯宪法，要依法追究刑事责任；1986 年 6 月，第六届全国人民代表大会常务委员会第十六次会议通过《土地管理法》，1988 年 4 月，全国人大修改了宪法中关于土地使用权的规定，接着修订了《土地管理法》，允许土地使用权依法有偿转让，并删除了 1982 年宪法中不允许出租土地的规定；1990 年 5 月，国务院分别以第 55 号、第 56 号令同时颁布了《关于城镇国有土地使用权出让和转让暂行条例》和《外商投资开发经营成片土地暂行管理办法》，允许国有土地使用权有偿出让、转让。对于其他资源管理，1984 年 5 月，第六届全国人民代表大会常务委员会第五次会议通过了《水污染防治法》，1984 年 9 月，第六届全国人民代表大会常务委员会第七次会议通过了《森林法》，1986 年 3 月，第六届全国人民代表大会常务委员会第十五次会议通过了《矿产资源法》，1988 年 1 月，第六届全国人民代表大会常务委员会第 24 次会议通过了《水法》。

5. 社会性规制进一步加强

在保护人民生命安全和公私财产安全方面，1979 年 7 月，第五届全国人民代表大会第二次会议通过了新中国第一部《刑法》，1986 年 4 月，第六届全国人民代表大会第四次会议通过了《中华人民共和国民法通则》。在保护知识产权方面，1984 年 3 月，第六届全国人民代表大会常务委员会第四次会议通过了我国第一部《专利法》，1992 年又做出修订；1990 年 9 月，第七届全国人大常委会第十五次会议通过了《中华人民共和国著作权法》。在保障食品药品安全方面，1984 年 9 月，第六届全国人民代表大会常务委员会第七次会议通过了中华人民共和国第一部《药品管理法》，用以规范药品生产、销售、监管行为，保障居民用药安全。在社会保险方面，1994 年 12 月，劳动部发布了《企业职工生育保险试行办法》；1998 年，国务院颁布了《关于建立城镇职工基本医疗保险制度的决定》，开始在全国建立城镇职工基本医疗保险制度。在国民教育方面，1986 年 4 月，第六届全国人民代表大会第四次会议通过了《中华人民共和国义务教育法》。在推动科学技术进步方面，1992 年，国务院颁布了《国家中长期科学技术发展纲要》。在保护归侨及侨眷权益方面，1990 年 9 月，第七届全国人大常委会第十五次会议通过了《中华人民共和国归侨侨眷权益保护法》。在维护社会秩序方面，1989 年 10 月，第七届全国人大常委会第十次会议通过了《中华人民共和国集会游行示威法》。

（二）政府规制的特点

1. 按照改革开放原则调整政府规制

这一时期我国在实践是检验真理的唯一标准的思想指导下，开始按照改革开放原则推动计划经济规制模式向有计划商品经济的规制模式转轨，逐步放宽对社会成员个人和企业等的规制，扩大市场活动主体的自由发挥空间，同时强化了知识产权保护和其他社会性规制。

2. 以行政考核作为政府规制改革的推动力

改革开放后，党和国家的工作中心转移到经济建设上来，与经济发展相关的各项工作成为考核各级党组织和政府部门业绩的重要内容之一。例如，《国务院关于深化企业改革 增强企业活力的若干规定》〔国发（1986 年）103 号〕明确：要把扩大企业自主权的落实情况，作为考核评价各级政府部门和领导人工作的一项重要内容。

3. 政府规制渐由行政手段为主向以法制为主、行政手段为辅转变

在此期间，全国人大通过了多项规制性法律，国务院制定并颁布了多项规制类法规。1989 年，中共中央发布《关于进一步治理整顿和深化改革的决定》明确，要逐步建立符合计划经济与市场调节相结合原则的，经济、行政、法律手段综合运用的宏观调控体系。基于这些努力，我国以专门立法实施的政府规制逐步增加，而以指令性计划和行政命令推行的政府规制呈减少趋势。

4. 政府规制中以直接规制居多

由于我国较长时期内实行计划经济体制，对有计划商品经济的发展规律、相关经济关系及其相互影响还缺乏清楚深刻的认识和把握；或者说，计划经济的惯性思维仍然对政府规制有着很大的影响。因此，不论是经济规制还是社会规制，大多是以直接规制的形式出现的。

5. 政府规制呈现“双轨制”

这一时期城乡经济体制改革的主旋律都是简政放权、减税让利，但在放宽限制的同时仍然保持一定程度的约束。例如，在给予企业经营自主权的同时，对企业的经营范围等加以约束；放开一些商品价格的同时，对一些重要商品价格国家仍然加以控制。

四、接轨市场经济体制的政府规制

1993—2012 年，构成我国政府规制发展的第四个阶段。基本背景是 1992 年中国共产党召开十四大，明确在我国建立社会主义市场经济体制；1993 年十四届三中全会通过《中共中央关于建立社会主义市场经济体制若干问题的决定》，我国经济体制开始朝着社会主义市场经济转型；2001 年，中国正式加

入世界贸易组织（WTO）；2003 年 10 月，十六届三中全会做出《中共中央关于完善社会主义市场经济体制若干问题的决定》，提出以人为本、全面协调可持续发展的科学发展观；2004 年 9 月，十六届四中全会又做出《中共中央关于加强党的执政能力建设的决定》，强调科学执政、民主执政、依法执政。

（一）政府规制的内容

1. 以规制为手段加强公民和市场主体权益保护

1994 年 7 月，国务院做出《关于进一步加强知识产权保护工作的决定》，以行政法规形式加强知识产权保护。1997 年 3 月，第八届全国人大第五次会议通过新修订的《中华人民共和国刑法》，根据形势发展完善惩治犯罪的措施。为保护经济社会活动主体不受国家机关违法行为侵害，促进国家机关依法行使职权，第七届全国人大第二次会议于 1989 年 4 月通过了中华人民共和国第一部《行政诉讼法》；为保障公民、法人和其他组织享有因受公共权力侵害而获得国家赔偿的权利，1994 年 5 月，第八届全国人大常委会第七次会议通过了中华人民共和国第一部《国家赔偿法》；1999 年 4 月，第九届全国人大常委会第九次会议又通过了中华人民共和国第一部《行政复议法》。进入 21 世纪后，根据食品药品饮水安全问题日益突出的新形势，2001 年 2 月，第九届全国人民代表大会常务委员会第二十次会议修订通过了新的《药品管理法》；2005 年组织开展药品、医疗器械专项整治，加强农村药品监督网、供应网建设，强化对药品生产经营企业的监管；2006 年，国家颁布生活饮用水卫生标准；2007 年，进一步完善食品安全相关标准、加强食品安全监测；2009 年，国务院颁布《中华人民共和国食品安全法实施条例》，并相继设置专门机构负责执法监督。着眼于维护城乡社会经济主体的财产和经济权益，2002 年 8 月，国家颁布《农村土地承包法》，用以维护农民土地承包经营权益；2007 年 3 月，第十届全国人大五次会议通过《中华人民共和国物权法》，其第 11 章专门就维护土地承包经营权作出规定。

2. 微观经营行为规制的市场化改进

1993 年 12 月，第八届全国人大常委会第五次会议通过了中华人民共和国第一部《公司法》，推动对微观经营行为的政府规制符合自主经营机制的要求。1994 年 1 月，国务院决定进一步深化对外贸易体制改革，统一政策、放开经营、平等竞争、自负盈亏、工贸结合、实行代理制，建立适应国际经济通行规则的对外贸易体制。从同年开始，启动邮政电信、金融保险等领域市场化改革试点，尝试打破石油化工等一些中央直属企业的垄断经营状态。1997 年，国务院发出在若干城市试行国有企业兼并破产和职工再就业有关问题的补充通知，国家体改委制定了关于发展城市股份合作制企业的指导意见。1999 年，中共十五届四中全会通过《关于国有企业改革和发展若干重大问题的决定》，明确国有企业要建立现代企业制度，做到产权清晰、权责明确、政企分开、管理科学，健全决策、执行和监督体系，使企业成为自主经营、自负盈亏的法人实体和市场主体。着眼于规范经济交易行为，1999 年 3 月，第九届全国人民代表大会第二次会议通过了中华人民共和国第一部《合同法》。伴随着中国加入 WTO 的进程，全国人大有关部门和国务院法制办对明显不符合世贸组织规则要求的近 2000 项法律法规和规章组织开展相应检查，分别作出废止和修改的决定。截至 2002 年 11 月，仅国务院各部门就清理审批项目 5159 项，其中废除 789 项。① 在此期间，中共中央、国务院还围绕减轻农民负担，多次组织开展对相关部门规章和地方法规规章的清理工作，降低农民的税费负担。

3. 产业发展规制的扩展

1993 年 9 月，国务院第七次常务会议审议通过并印发《九十年代中国农业发展纲要》。1994 年 3 月，国务院第十六次常务会议审议通过《90 年代国家产业政策纲要》。1996 年 12 月，国务院制发《质量振兴纲要（1996 年—2010 年)》。2009 年 1—2 月国务院相继召开常务会议，审议通过了钢铁、汽车、装备制造、纺织、船舶工业、电子信息、有色金属、石化、轻工等十大产业调整和振兴规划，陆续颁布实施。同时，国务院批转《关于抑制部分行业产能过剩和重复建设 引导产业健康发展的若干意见》。对金融产业，1993 年 12 月，国务院作出《关于金融体制改革的决定》，建立在国务院领导下独立执行货币政策的中央银行宏观调控体系，构建政策性金融与商业性金融分离、以国有商业银行为主体、多种金融机构并存的金融组织体系，培育统一开放、有序竞争、严格管理的金融市场体系；1994 年，进一步明确了中国人民银行的中央银行地位及其与各金融保险机构的关系和经营模式；1999 年 7 月 1 日，《证券法》颁布实施；

---

① 王红玲：当代西方政府经济理论的演变与借鉴［M］．北京：中央编译出版社，2003：327.

2004 年，进一步深化农村信用社改革试点。在交通运输业方面，1995 年 10 月，第八届全国人大常委会第十六次会议审议通过了《民用航空法》；2008 年，国务院相继修订《水路运输管理条例》和《公路管理条例》并重新发布；2009 年 4 月，国务院发布了《民用机场管理条例》；2012 年，国务院进一步修订并重新发布了《国内水路运输管理条例》。

4. 社会性规制的加强和完善

在社会保险方面，1993 年 4 月，国务院发布《国有企业职工待业保险规定》；1995 年，国务院组织推进农村社会养老保险工作；1997 年，国务院发布《关于建立统一的企业职工基本养老保险制度的决定》和《社会保险费征缴暂行条例》，推动建立全国城镇职工养老保险制度；1998 年，中共中央、国务院发出《关于切实做好国有企业下岗职工基本生活保障和再就业工作的通知》；1999 年，国务院发布《城市居民最低生活保障条例》；2000 年，国务院印发完善城镇社会保障体系试点方案；2003 年 4 月，国务院发布《工伤保险条例》；2007 年，着手建立全国农村最低生活保障制度，要求将符合条件的农村贫困人口全部纳入保障范围，稳定、持久、有效地解决全国农村贫困人口的温饱问题；2009 年，国务院印发实施《关于开展新型农村社会养老保险试点的指导意见》；2010 年 10 月，第十一届全国人大常务委员会第十七次会议通过《社会保险法》，涵盖城乡基本养老保险、基本医疗保险、工伤保险、失业保险、生育保险等各项社会保险制度。在劳动保护方面，1994 年 7 月，第八届全国人大常委会第八次会议通过了《劳动法》，自翌年 1 月 1 日起施行。在住房保障制度方面，1994 年 7 月，国务院做出《关于深化城镇住房制度改革的决定》，全面推行城镇住房公积金制度；1999 年国务院颁布《住房公积金管理条例》，明确建立与市场经济体制相适应的新型城镇住房制度，实现住房商品化、社会化。在医疗卫生方面，1994 年 2 月，国务院发布《医疗机构管理条例》；1998 年 6 月，第九届全国人大常委会第三次会议通过《执业医师法》，规定提高医师的职业道德和业务素质，保障医师的合法权益，保护人民健康；1999 年，在全国范围内进行城镇职工医疗保险制度改革，实行四十多年的公费医疗和劳保医疗制度在地方自动取消；2003 年，国务院公布施行《突发公共卫生事件应急条例》；2009 年，国务院公布《医药卫生体制改革近期重点实施方案》。在科技方面，1993 年，第八届全国人大常委会第二次会议通过《科学技术进步法》，当年 10 月 1 日起施行；1996 年启动实施《星火计划“九五”发展纲要》，发布执行《“九五”全国技术市场发展纲要》，目的是以加速技术成果转化为核心，建立起与经济科技发展相适应的结构合理、功能齐全、运行有序的技术市场体系；1999 年，中共中央、国务院颁布《关于加强技术创新发展高科技实现产业化的决定》，决定在 1998 年至 2000 年年底的三年内投资 50 亿元建设国家创新体系，为下世纪实现可持续发展提供技术支持。在教育方面，1993 年中共中央、国务院印发《中国教育改革和发展纲要》；1999 年，中共中央、国务院颁布《关于深化教育改革全面推进素质教育的决定》；2008 年，决定从当年秋季学期开始在全国范围内免除全部城市义务教育阶段学生学杂费。在文化方面，2008 年，国务院发布《历史文化名城名镇名村保护条例》。在资源环境保护方面，1994 年 2 月，国务院以第 150 号令颁布了《矿产资源补偿费征收管理规定》，确立矿产资源有偿开采制度；1996 年，第八届全国人大常委会第十九次会议通过了《关于修改水污染防治法的决定》；同年，国务院做出《关于环境保护若干问题的决定》，对有关环境保护的目标、质量、投入标准、保护措施等提出明确要求；2008 年，限制生产销售使用塑料购物袋，从 2008 年 6 月 1 日起实行塑料购物袋有偿使用制度；2009 年，印发《汽车以旧换新实施办法》，多次调整环境空气质量检测标准，采取措施控制空气质量。在交通安全方面，2011 年，国务院发布《公路安全保护条例》；2012 年，国务院进一步修订并重新发布《国内水路运输管理条例》。在户籍管理方面，1997 年 4 月，国务院第五十五次常务会议讨论并原则通过了《小城镇户籍制度改革试点方案》和《关于完善农村户籍管理制度的意见》。在国家安全方面，1993 年，第七届全国人大常委会第三十次会议通过了《国家安全法》；1997 年，第八届全国人大第五次会议通过了新修订的《国防法》。

（二）政府规制的特点

1. 政府规制的市场化转型力度加大

随着市场化改革目标的确立、非公经济成分比重的提高和加入 WTO 后对全球经济体系的融入度加深，企业、价格、外贸、投资、金融、财税和市场监管等各方面体制的市场化改革力度普遍加大、进程加快。行政管理与企业经营逐步分开，指令性计划指标加速缩减，市场竞争机制逐步介入原来的垄断经营领域，以行政命令直接干预微观经济主体经营行为的规制方式渐失合理性，经济主体活动的自主性、自发性得以释放，国民经济活力增加，政府规制由统制型向市场型转变趋势凸显。

2. 政府规制向社会领域大幅延伸

在经济性政府规制加速市场化转型的同时，对教育、文化、科技、医疗卫生、社会保障、资源环境、交通安全、国家安全、食品药品安全等方面的社会性规制愈加受到重视，相关立法显著增多。

3. 行政性规制愈来愈多地为法治性规制所取代

随着依法治国意识的不断增强，各级人大立法和监督职能得以逐步强化，围绕以法制手段规范地调节经济社会生活而创立新法、废改旧法的事务日益频繁，行政部门的执法功能和检法机关的司法功能相应地突显起来。

4. 经济成分准入类规制相对弱化，而标准类规制相对加强

在此期间，与强调市场公平竞争相适应，除涉及国家安全行业外，各产业领域对各种经济成分性准入规制逐步为资质类规制所取代。与此同时，从增强国际竞争力和保障消费者安全出发，对各种产品质量、排放和环境的标准类规制日益强化，各部门相继制定出台各类产品质量标准（包括行业标准、地区标准、国家标准）、安全卫生标准、大气质量标准、污水治理标准等。

5. 保护公民及其经济社会组织不受行政权力侵害的政府规制提上日程

主要体现在《行政诉讼法》《行政复议法》和《国家赔偿法》的颁布实施，对促进公共权力机构依法行使职权构成约束。

6. 规制俘获和寻租现象较为突出

由于规制立法多由行政主管部门创议和起草，且缺乏广泛而实质性的民主听证程序，致使很多规制带有部门利益保护和主动创租色彩、不少省区出台的规制性立法带有地方保护主义倾向。同时，由于司法裁决和行政执法的透明度不高，借规制权力寻租的腐败现象比较普遍。这些弊端，严重减损了政府规制的预期效果。

五、与推进国家治理现代化相联系的政府规制

2013 年至今，构成我国政府规制发展的第五个阶段。基本背景是党的十八大报告确定“全面深化经济体制改革”，“全面推进依法治国”,① 2013 年

---

① 胡锦涛：坚定不移沿着中国特色社会主义道路前进 为全面建成小康社会而奋斗——在中国共产党第十八次全国代表大会上的报告［Z］. 人民日报，2012－11－18（1）.

11 月召开的党的十八届三中全会将全面深化改革的总目标确定为“完善和发展中国特色社会主义制度，推进国家治理体系和治理能力现代化”,[①] 并且明确了与政府规制紧密相关的一系列经济工作方针政策。[②] 2014 年 10 月，中共十八届三中全会通过的《中共中央关于全面推进依法治国若干重大问题的决定》，又从依法治国角度进一步做出与改革政府规制有关的许多重要规定。[③] 2017 年 10 月召开的党的十九大，在总结肯定前五年成就的基础上，再次从多方面就深化政府规制改革问题提出指导原则。2018 年 2 月，中共十九届三中全会做出《中共中央关于深化党和国家机构改革的决定》、提出《深化党和国家机构改革实施方案》，根据推进国家治理体系现代化的要求，对党和国家管理体制进行大幅度改革完善。[④] 这些，为深化改革政府规制进一步指明了方向，并且增强了推动力。

（一）政府规制的内容

1. 进一步放松微观经济规制

从 2013 年起，国务院连续发布专门文件，取消、下放和清理行政审批项目，改革工商登记制度，推行“证照分离”改革，全国人大和国务院为此修订多项相关法律法规。2014 年，着眼于进一步放松市场主体准入条件，激发社会投资和市场主体创造活力，国务院以国令第 648 号废止了 2 项、修改了 8 项涉企法规，批准实施《注册资本登记制度改革方案》，推进旨在简化程序、降低成本的工商注册登记便利化，放宽注册资本注册条件，将注册资本实缴登记改为认缴登记、年度检验验照制度改为年度报告公示制度。为进一步减轻企业交易成本，2015 年 7 月，国务院发文推行简化工商登记的“三证合

---

① 中共中央关于全面深化改革若干重大问题的决定［Z］. 北京：人民出版社，2013：3.

② 《中共中央关于全面深化改革若干重大问题的决定》从优化国家治理体系、正确处理政府与市场之间关系出发，广泛涉及了政府规制改革的各个方面，具体表述至少有 8 处。

③ 《中共中央关于全面推进依法治国若干重大问题的决定》主要从立法、执法、司法方面对涉及政府规制的改革事项提出了若干比较具体的指导原则。

④ 这两份文献主要从党和国家机构职能配置角度提出了关于深化政府规制改革的指导原则。

一”[①] 改革。2016 年 2 月，国务院印发第 9 号、第 10 号文，分别取消 152 项中央指定地方实施的行政审批事项和 13 项国务院部门行政许可；同年 6 月，国务院办公厅发文推行工商登记“五证合一、一照一码”[②] 改革。2018 年 11 月，国务院办公厅就深化“放管服”改革、优化营商环境工作问题印发《关于聚焦企业关切进一步推动优化营商环境政策落实的通知》，对本年度和下年度优化营商环境工作做出力度空前的原则性规定和系统性部署，责成有关部门限期落实。[③]

2. 为市场机制发挥积极功能排除障碍

为规范政府行为，防止出台排除、限制竞争的政策措施，逐步清理废除妨碍全国统一市场和公平竞争的规定和做法，2016 年 6 月，国务院发布《关于在市场体系建设中建立公平竞争审查制度的意见》，部署对各级政府行政机关和法律、法规授权的具有管理公共事务职能的组织制定市场准入、产业发展、招商引资、招标投标、政府采购、经营行为规范、资质标准等涉及市场主体经济活动的部门和地方规章、规范性文件和其他政策措施进行公平竞争审查，对审查对象、内容、工作机制、完成时限和保障措施做出明确规定，目的是充分发挥市场机制对资源配置的决定性功能，维护国内统一市场制度和优化对外开放环境。

3. 通过加强和规范事中事后监管维护消费者权益

2013 年以后，继续开展食用农产品、畜禽屠宰和肉制品、食用油、婴幼儿配方乳粉等儿童食品、学校及周边食品以及网络食品交易和进出口食品安全的专项整治。2015 年，运用大数据加强对市场主体的服务和监管。2017 年，印发“十三五”市场监管规划，进一步加强“地沟油”治理和农药兽药管理等。2018 年 11 月，国务院办公厅印发了《关于聚焦企业关切进一步推动优化营商环境政策落实的通知》，要求进一步加强食品药品监管体系建设，推

① 指的是将营业执照、组织机构代码证、税务登记证统一换发带有社会信用代码的新版营业执照。

② 指的是将营业执照、组织机构代码证、税务登记证、社会保险登记证和统计登记证统一为带有社会信用代码的新版营业执照。

③ 这份文件作为国务院对深化政府规制改革的集中性具体部署，以放宽政府规制、激发国内市场主体创业创新活力和进一步扩大对外开放为指导思想，对 2018－2019 年需要完成的改革事项做出了一系列具体安排，提出明确的内容和时间要求。

广随机抽查，规范事中事后监管；加强安全生产监管执法，建立统一的绿色产品标准、认证、标识体系；加快深化质量认证制度改革，加强质量认证体系建设，规范认证行业发展，规范质量认证和监管，完善质量标准体系；加强旅游市场综合监管；责成有关部门抓紧研究制定加强和规范事中事后监管的指导意见，落实放管结合、并重的要求，以期建立健全适合我国高质量发展需要、全面覆盖、保障安全的事中事后监管制度，夯实监管责任，健全监管体系，创新监管方式，完善配套政策，寓监管于服务之中，不断提高事中事后监管的针对性和有效性，进一步规范市场秩序。

在交通安全方面，2013 年，国务院发布修订后的《铁路安全管理条例》就铁路建设质量安全、铁路专用设备质量安全、铁路线路安全、铁路运营安全、监督检查、法律责任等做出规定。

在金融监管方面，2016 年，着手建立完善守信联合激励和失信联合惩戒制度，加快推进社会诚信建设，并制发实施互联网金融风险专项整治工作实施方案。2017 年，探索建立涉农资金统筹整合长效机制，创新农村基础设施投融资体制机制，完善反洗钱、反恐怖融资、反逃税监管体制机制。

4. 加快知识产权保护体系建设

自 2014 年起，每年公布全国打击侵犯知识产权和制售假冒伪劣商品工作要点。2015 年，着手加强互联网领域侵权假冒行为治理。2016 年，制发“十三五”国家知识产权保护和运用规划，以及知识产权综合管理改革试点总体方案。2018 年 11 月，国务院办公厅印发《关于聚焦企业关切进一步推动优化营商环境政策落实的通知》，责成有关部门在年底前制定出台对网购、进出口等重点领域加强知识产权执法的实施办法，对侵犯商业秘密、专利商标地理标志侵权假冒、网络盗版侵权等违法行为开展集中整治；明确由知识产权部门牵头实施“互联网 +”知识产权保护工作方案，引导电商平台运用“互联网 +”高效处理侵权假冒投诉，在进出口环节知识产权保护工作中推进线上信息共享、办案咨询、案件协查；司法部会同有关部门加快推进专利法修订实施工作，推动建立侵权惩罚性赔偿制度，有效解决知识产权侵权成本低、维权成本高问题。

5. 继续发挥并强化产业规划的规制功能

2014 年，制发国家应对气候变化规划（2014 年—2020 年）和物流业发展中长期规划（2014 年—2020 年）。2015 年，国务院以国发〔2015〕28 号文件印发《中国制造2025年》，围绕10个重点领域[①]着力提高国家制造业创新能力，推进信息化与工业化深度融合，加强质量品牌建设，深入推进制造业结构调整，提高制造业国际化发展水平；同年，制发推进普惠金融发展规划（2016年—2020年），加强金融消费者权益保护工作。2016年，制发“十三五”全国农业现代化规划（2016年—2020年）、“十三五”国家科技创新规划、“十三五”生态环境保护规划、“十三五”脱贫攻坚规划、国家综合防灾减灾规划（2016年—2020年）、“十三五”深化医药卫生体制改革规划和“十三五”卫生与健康规划（2016年—2020年）。2017年，相继制发“十三五”现代综合交通运输体系发展规划、国家教育事业发展“十三五”规划、“十三五”促进就业规划和国家突发事件应急体系建设“十三五”规划。

6. 继续完善和强化社会性规制

在社会保障方面，2014年，国务院明确，到“十二五”末在全国基本实现新农保和城市居民养老保险制度合并实施，并与职工基本养老保险制度相衔接；2020年前，全面建成公平、统一、规范的城乡居民养老保险制度，与全面建立临时救助制度、完善社会福利等其他社会保障政策相配套。2015年，全面实施城乡居民大病保险，深化推进机关事业单位工作人员养老保险制度改革。2016年，整合城乡居民基本医疗保险制度，进一步健全特困人员救助供养制度，[②] 建立残疾儿童康复救助制度，做好农村最低生活保障制度与扶贫开发政策有效衔接，制发贫困地区水电矿产资源开发资产收益扶贫改革试点方案。2017年，加快发展商业养老保险，印发生育保险和职工基本医疗保险合并实施试点方案，制定和实施老年人照顾服务项目。

在医疗卫生方面，2014年，国务院颁布医疗器械监督管理条例。2015年，开展城市公立医院综合改革试点，全面推开县级公立医院综合改革，改革药品医疗器械审评审批制度。2017年，着手推行现代医院管理制度。2018年，改革完善医疗卫生行业综合监管制度和国家基本药物制度。

---

① 包括新一代信息技术、高档数控机床和机器人、航空航天装备、海洋工程装备及高技术船舶、先进轨道交通装备、节能与新能源汽车、电力装备、农机装备、新材料高端装备、新材料、生物医药及高性能医疗器械制造。

② “建立困难和重度残疾人‘两项补贴’制度，惠及2100多万人。”——李克强．政府工作报告——2018年3月5日第十三届全国人民代表大会第一次会议［Z］．北京：人民出版社，2018：12.

在科技和教育方面，2015 年，国务院制发《乡村教师支持计划（2015 年—2020 年）》。2016 年，制发《老年教育发展规划（2016 年—2020 年）》、《促进科技成果转移转化行动方案》、《建设大众创业万众创新示范基地的实施意见》和《促进创业投资持续健康发展的若干意见》。2017 年，强化实施创新驱动发展战略，制发建设第二批大众创业万众创新示范基地的实施意见和新一代人工智能发展规划，继续推进大众创业、万众创新深入发展。

在生态环境保护方面，2014 年，制发 2014—2015 年节能减排低碳发展行动方案，推行环境污染第三方治理，建立病死畜禽无害化处理机制。2015 年，实施水污染防治行动计划。2016 年，制发“十三五”控制温室气体排放工作方案、控制污染物排放许可制实施方案和土壤污染防治行动计划，推行健全生态保护补偿机制。2017 年，制发禁止洋垃圾入境推进固体废物进口管理制度改革实施方案。2018 年，开展生态环境保护法规、规章、规范性文件清理工作，加强滨海湿地保护、严格管控围填海，制发淮河生态经济带发展规划等。

在人口生育和户籍管理方面，全面实施两孩化人口生育政策，绝大多数城市放宽落户限制，居住证制度全面实施。

7. 更加重视从立法、执法、司法体制上整合政府规制

主要包括：整合市场监管职能，组建中央和地方市场监督管理机构，统一实施涵盖知识产权保护的市场活动监管规制；整合国土资源管理职能，组建中央和地方自然资源管理机构，统一实施对各类自然资源利用和保护的规制；整合生态环境保护职能，组建中央和地方生态环境机构，统一实施对生态环境保护的规制；整合农业农村管理服务职能，组建中央和地方农业农村工作机构，统一实施对农业农村领域的政府规制；整合卫生健康管理职能，组建中央和地方的卫生健康管理机构，统一负责公共卫生、医疗服务、计划生育、医养结合等工作。①

（二）政府规制的特点

1. 推进政府规制改革的理论站位显著提升

将政府规制作为市场经济条件下国家治理体系的重要环节和公共物品的重

---

① 中国共产党第十九届中央委员会第三次全体会议文件汇编［Z］. 北京：人民出版社，2018：68－79、81－82.

要类别高度重视，进一步增强了深化政府规制改革的自觉性和推进力度。

2. 政府规制的公共化特征进一步增强

在规制的性质上，表现为在大幅度放松准入性规制的同时，相应加强了针对市场主体负外部性行为的标准性规制；在规制的内容上，表现为社会保障、社会救济、社会事业领域的规制较之以前更多，从而更为突出地体现了政府规制关注民生的人本主义倾向；在规制的政策特征上，更为强调对不同经济成分、不同国籍的市场主体一视同仁，破除妨碍国内市场统一的政策壁垒和有害公平竞争的经济垄断，从而为经济资源配置的市场化和进一步扩大对外开放扫清道路。

3. 政府规制手段更加突出法治化

尽管行政指令作为实施政府规制的手段依然广泛存在，但推进政府规制法治化已上升为主流取向，而且更多地以人大立法代替行政法规规章也成为重要趋势。在2013—2017年这五年间，国务院“提请全国人大常委会修订法律95部、制定修订行政法规195部，修改废止一大批部门规章”，[①] 全国人大在经济性政府规制方面相继修订了反不正当竞争法、中小企业促进法、农民专业合作社法、促进科技成果转化法、标准化法、商标法、广告法，制定了旅游法、资产评估法；在社会性规制方面相继修订了大气污染防治法、水污染防治法、海洋环境保护法、野生动物保护法，制定并颁布实施环境保护税法、食品安全法、中医药法、安全生产法、消费者权益保护法、慈善法、反家庭暴力法、特种设备安全法、公共文化服务保障法、公共图书馆法、电影产业促进法等，加快建立生态环境和资源保护公益诉讼制度，构建最严格的生态环境保护法律制度。[②]

4. 更加重视从管理体制上理顺政府规制

通过推行大部门制机构改革，将有关某一领域政府规制的立法创议、执法实施等事务，按照事有专责原则实行归口管理，既便于统筹谋划，避免政出多门；也有利于落实责任、统一实施、提高效率，避免遇事推诿扯皮；同时也便于事后问责，真正落实责任制。

---

① 李克强：政府工作报告——2018年3月5日在第十三届全国人民代表大会第一次会议上［Z］．北京：人民出版社，2018：13.

② 张德江：全国人民代表大会常务委员会工作报告——2018年3月11日在第十三届全国人民代表大会第一次会议上［N］．人民日报，2018-03-25（2）.

5. 严格规范政府规制部门自由裁量权

2014 年 10 月，中共十八届三中全会通过的《中共中央关于全面推进依法治国若干重大问题的决定》和 2018 年 11 月国务院办公厅印发的《关于聚焦企业关切进一步推动优化营商环境政策落实的通知》，相继以略有差别的表述，强调有效约束政府规制行为、严格规范执法部门自由裁量权、克服规制寻租问题。

（三）政府规制的效果

党的十八大以来，以放宽和法治为导向的政府规制改革取得很大进展，在优化营商环境、[①]增强市场活力、保护知识产权、促进创新创业、[②]推动产业结构转型升级、防范经济社会风险、加快城乡融合、治理生态环境[③]和维护社会秩序、提高社会保障水平和整体改善人民生活、提升政府监管效率和透明度[④]等方面取得明显效果。

---

① “五年（2013 年 –2017 年）来，国务院行政审批事项削减 44%，非行政许可审批彻底终结，中央政府层面核准的企业投资项目减少 90%，行政审批中介服务事项压减 74%，职业资格许可和认定大幅减少。中央政府定价项目缩减 80%，地方政府定价项目缩减 50% 以上……企业开办时间缩短三分之一以上”；“国际贸易‘单一窗口’覆盖全国，货物通关时间缩短一半以上……外商投资由审批制转向负面清单管理，限制性措施削减三分之二。”与此同时，“压减政府性基金项目 30% 以上，削减中央政府层面设立的涉企收费项目 60%”。——李克强：政府工作报告——2018 年 3 月 5 日在第十三届全国人民代表大会第一次会议上［Z］. 北京：人民出版社，2018：7 – 8、10 – 11.

② “五年（2013 年 –2017 年）来，全社会研发投入年均增长 11%，规模跃居世界第二位。科技进步贡献率由 52.2% 提高到 57.5%……大众产业万众创新蓬勃发展，日均新设企业由 5 千多户增加到 1 万 6 千多户。”——李克强：政府工作报告——2018 年 3 月 5 日在第十三届全国人民代表大会第一次会议上［Z］. 北京：人民出版社，2018：3.

③ “五年（2013 年 –2017 年）来，生态环境状况逐步好转……单位国内生产总值能耗、水耗均下降 20% 以上，主要污染物排放量持续下降，重点城市重污染天数减少一半，森林面积增加 1.63 亿亩，沙化土地面积年均缩减近 2000 平方公里”。——李克强：政府工作报告——2018 年 3 月 5 日在第十三届全国人民代表大会第一次会议上［Z］. 北京：人民出版社，2018：4.

④ “创新和加强事中事后监管，实行‘双随机、一公开’，随机抽取检查人员和检查对象、及时公开查处结果，提高了监管效能和公正性。推行‘互联网 + 政务服务’，实施一站式服务等举措。”——李克强：政府工作报告——2018 年 3 月 5 日在第十三届全国人民代表大会第一次会议上［Z］. 北京：人民出版社，2018：8.

第二节　中国政府规制的现状分析

改革开放40年来，随着经济体制市场化改革步步深入和治国理政模式由行政命令为主向全面依法治国的逐步转变，我国现代意义的政府规制已基本成型，但改革仍然在路上。

一、中国政府规制的现状

（一）现行政府规制的覆盖范围

目前，我国政府规制的种类较多，基本实现应有尽有。主要包括：

1. 自然垄断类规制。所涉及的自然垄断领域，主要是公用事业中的城乡电力供给、城市供水、城市燃气与热力、公共汽车与地铁、城市出租车、邮政通信、有线电视、卫星电视广播、铁路运输、航空运输、水路运输、公路运输、管道运输、水陆空港、航空线路和无线电频道控制管理等，主要着眼于避免重复建设、保证服务质量和价格合理。

2. 资源环境类规制。主要涉及空气质量监测控制、土地资源使用与补偿、水资源保护和使用、污水治理和使用、江河湖海保护和利用、矿山资源的勘探开发、石油天然气的勘探开发、生产生活性排放、垃圾等废弃物处理和森林、草原、湿地保护等。

3. 产业准入类规制。主要包括对黄赌毒行业的禁止、对买卖人口活动的禁止、旨在保护濒危动物的行业禁止、对民间经济主体和外商投资企业涉足国防和国家安全行业的准入控制、对枪支弹药和其他杀伤性武器制造流通的控制等。

4. 社会安全秩序类规制。包括对侵害他人生命财产安全和名誉行为的禁止、对婚姻家庭生育行为的规范、对公民自由和社会权利的保护、对涉及交通安全事项的管控、对结社集会游行选举等政治活动的规管、对危害民族团结行为的惩治、对各种纷争的调处裁决、户籍管理等。

5. 国家安全类规制。主要包括对外敌侵犯行为的抗御，对军事设施、军事禁区的保护和对危害国防事业行为的禁止，对公民兵役义务的约束，对现役军人家属、军属烈属的优待和复转军人的就业安置，对国外间谍窃取情报和国人泄密行为的防范与惩治等。

6. 商品质量、生产过程、作业场所和食品药品卫生安全类规制。主要包括公共卫生安全，食品药品安全，药品药械生产和使用，一般商品质量安全

（漏电、漏气、爆炸），生产场所安全、生产过程安全、煤矿开采安全等。

7. 社会公共事业类规制。主要包括规定教育、科技、文化、体育、公共园林等社会公益领域的义务、标准、秩序，对自然遗产和历史文化遗产（文物）的保护等。

8. 社会保障救济类规制。包括养老保障、医疗保障、住房保障、生育保障、工伤保险、失业保障制度和残疾人、特困人口救济制度等。

9. 经济行为类规制。包括对一般财产权和知识产权的法律保护，对契约合同、度量衡器、货币流通、金融信贷、证券交易、公平竞争、商业诚信、国际贸易、国际投资等市场行为的规范等。

10. 国际交往类规制。包括对国界、国籍、人员出入境、移民、海关、检验检疫和国际经济社会交流活动的规范管理等。

（二）现行政府规制的性质类型

目前，中国政府规制类型主要有四种：一是准入性规制；二是价格性规制；三是标准性规制；四是行为性规制。

准入性规制包括许可、准许、特许、核准、注册、批准、备案等，所使用的准入证件有许可证、特许证、执照、护照签证等。与此相配套，行政机关要施以考试考核、资格审查、检定检查、审核审批、行政指导、强制执行、行政处罚等措施。

价格性规制主要针对自然垄断、公用事业和保障人民基本生活领域，具体有国家统一定价、地方政府定价、行业指导价、核准价和特殊情况下的价格冻结等。如国家邮政、铁路、航空运输、网络信息、金融资费等采取指导价；城乡用电、城市供水、城市出租车、公共汽车与地铁、城市燃气与热力、有线电视、卫星电视广播等采取地方政府定价；城乡社会生产用电实行核准定价；水路运输与公路运输采取行业指导价；基本药品实行国家最高限价。

标准性规制主要是针对市场化经营领域，主要有行业标准、地区标准、国家标准和国际标准；具体内容包括环境标准、质量标准、安全标准、服务标准、收费标准等。

行为性规制遍及经济社会领域，即从维护公共利益出发，对某些特定的经济社会行为规定义务、加以禁止、实施规范、施加约束，对违反者或给予矫正，或者给予经济性、刑事性处罚。

(三) 现行政府规制的责权配置

在我国现阶段，从中央到地方的几乎所有政权机关对政府规制都承担一定的受托责任并被赋予一定权力。具体而言，政府规制的责任和权力分别配置于立法机关、行政机关、监察机关和司法机关。其中，立法机关对政府规制的宪法规定、专门法律具有立法和监督责任并拥有相应的权力；行政机关在授权范围内，对政府规制的法律创议、法规规章制定和行政执法承担责任，并被授予相应的依法执行权和一定幅度的自由裁量权；司法机关（包括审判和检察机关）在宪法和法律规定范围内，对社会经济活动主体遵守法律行为、行政部门执行法律行为以及政府规制方面的纠纷调处承担司法监督责任，对违法者承担依法公正判决或裁决责任，并拥有相应的权力；监察机关对各公共权力部门的政府规制行为承担依法监督和正确查处责任，并拥有相应的权力。行政机关的政府规制责任和权力依照机构职责方案进一步分解到政府组成部门和非正式组成部门的公共机构。

(四) 现行政府规制的法制约束

有关政府规制的法制是公共机构对经营者市场行为、居民的社会行为实施规制的依据。目前，中国有关政府规制的依据主要有三类：一类是正式法律，由最高权力机关全国人民代表大会及其常务委员会审议通过，并由国家主席颁布；第二类是国家级的行政法规和规章，其中有国务院制定并颁布的行政法规，国务院组成部门制定并颁布的行政规章，也包括国务院各部委根据法律法规在自身权限内制定和颁布的实施细则、指示、通知、意见等；第三类是地方性法规和规章，其中，各省、自治区、直辖市人民代表机关审议通过并颁布的法律性文件称为地方法规，省一级地方政府制定并发布的具有法制效力的文件称为地方政府规章。但实际上，目前，据以实施政府规制行为的，还远不止这些。

二、中国现行政府规制存在的主要问题

(一) 政府规制的民主化程度不足

在中华人民共和国，包括政府规制在内的一切公共权力属于人民，从1949年9月通过的具有临时宪法效力的《中国人民政治协商会议共同纲领》到所有版次的《中华人民共和国宪法》都开宗明义地对此做出明确规定。新中国成立以来多次中央全会都强调党领导人民完善社会主义民主制度，其中既包括人民通过代议机关间接行使当家作主权利，也包括人民群众有权直接

参与部分决策和对公共权力运行实施监督。在此基础上，党的十八大进一步提出“必须坚持人民主体地位”，党的十九大则强调“坚持以人民为中心”，“扩大人民有序政治参与”，“保障人民知情权、参与权、表达权、监督权”。[①]从公共经济生产关系角度看，人民大众及其结成的经济社会组织是公共经济的终极主体，而作为广义政府的国家政权则是公共经济的受托代理主体，设定政府规制并监督其实施的是人民大众；政府规制作为一种特定的公共物品，首先应当反映和满足人民大众的公共需要或需求偏好。在多年来所进行的政府规制改革中，党和国家制发的有关文件多次明确要求在制定涉及人民群众切身利益的法律法规和政策时应当通过听证会等途径征求人民群众意见建议，也有不少政府规制类法律法规确曾采取一定形式征求同行专家和人民群众意见，但仍然有很多政府规制类法规和规范性文件或者党政机关做出决定之前并没有广泛征求人民群众意见。与此同时，虽然政府规制执行过程（包括行政和司法）和执行结果的透明度逐步有所提高，加之行政诉讼、复议和国家赔偿法的实施增强了人民监督政府规制的政治权利得到法律保护，但由于政府规制的信息透明度实际上并非很高，而且人民大众依法保护自身权利不受政府侵害的实际能力有限，致使我国政府规制与处于人民大众监督之下的要求还有不小的距离。这表明中国政府规制的民主化程度仍然明显不足。从公共经济理论视角看，这种情况则属于政府规制的需求偏好显示机制存在缺失，由此导致政府规制这种公共物品供给不足与供给过度同时并存，因而从根本上制约着中国政府规制效果的合意性。

（二）政府规制的法治化程度依然偏弱

尽管改革开放以来，特别是中共十八届四中全会做出《关于全面依法治国若干重大问题的决定》以来，党政机关依法治国、依法行政的意识进一步增强，目前多数政府规制一般都有相应的法律法规规章作为依据。但是，实际上，政府规制的法治化程度总体上仍不是很高，传统政府规制体系“强行政性、弱法治性”[②] 的缺陷远未彻底克服。

---

① 习近平：决胜全面建成小康社会 夺取新时代中国特色社会主义伟大胜利［Z］．北京：人民出版社，2017：37.

② 张蕴萍：公平竞争审查视野下中国政府规制治理体系的构建［J］．理论学刊，2017（5）：83.

（三）体制缺陷导致政府规制成本高而效率低

由于我国没有独立行使政府规制职能的专门机构，而且政府部门职能配置存在相互交叉，不少规制项目均由多个政府机构共同实施，由此导致政府规制运行成本较高而效率较低。首先，不同的政府部门共同承担某一类规制的实施责任并行使相应权力，相关部门之间责任和权力界限不明、执法严格程度不一，各自为政现象突出，致使许多规制责任无法落实，不仅易于造成规制供给缺位，而且多个规制机构遇事推诿责任、争夺权力、相互扯皮也降低了规制效率。第二，大数据运用不充分、信息不对称成为常态。在现代技术条件下，政府规制的有效实施需要且应当充分运用大数据技术充分掌握相关信息。然而，在现实中规制机构却缺乏运用大数据搜集所需信息的能力，致使规制失误、失灵、低效问题大量存在。

（四）政府规制失灵问题依然存在

在现行政府规制中，一是政府主管部门往往注重前期的许可审批，而忽视审批后的过程监管，导致一些企业忽视产品质量，给公众的人身和财产安全带来隐患。二是由于对规制者的规制不严密、执行不严格、违法成本低，规制失灵情况依然存在。

（五）政府规制绩效管理处于粗放阶段

政府规制作为社会公共机构提供的一种公共物品，同样应当实行以成本效益分析为核心内容的绩效管理，定期对各种政府规制及其政策进行成本效益评估，根据评估结果不断改进政府规制管理、优化相关政策。国内外学者已经对政府规制的成本效益分析问题进行了很多定性与定量相结合的研究，[①]欧美等一些发达国家也早已将这些研究成果应用于优化政府规制的公共经济管理实践。但是，直至目前，我国对政府规制的绩效管理依然停留在依据社会反映、舆论评价等粗线条的效果估计水平，缺乏基于成本效益定量分析的政府规制政策与制度评估机制，从而制约着政府规制政策、制度和结构的科学决策和与时俱进的优化。

以上关于我国政府规制现状与问题的分析表明，我国政府规制虽然通过持续不断的改革取得了历史性进步，但无论与世界先进水平相比，还是与实

---

① 臧传琴：政府规制——理论与实践［M］．北京：经济管理出版社，2014：187－196.

现国家治理现代化的要求相比，都还存在很大差距，通过深化改革进一步提升政府规制管理水平还有很大的努力空间。

第三节　通过深化改革优化我国政府规制的总体思路和基本要点

鉴于政府规制是国家治理暨公共经济管理体系中的重要环节，而我国政府规制领域还存在着很多缺陷和问题，亟须在新时代中国特色社会主义思想和相关公共经济理论指导下，遵循问题导向逻辑，积极借鉴国外政府规制的有益研究成果和经验做法，通过系统深化改革与创新，以实现治理现代化为目标，着力推进政府规制政策与法治的进一步优化。

一、中央层面关于深化政府规制改革的指导思想

党的十八大以来，中共中央、国务院基于实现国家治理体系现代化的战略目标和对政府规制现存问题的分析判断，在深化政府规制改革方面提出了前后一以贯之而又不断深化的一系列重要指导思想，主要集中在十八大报告、十八届三中全会通过的《关于全面深化改革若干重大问题的决定》、十八届四中全会通过的《关于全面推进依法治国若干重大问题的决定》、十九大报告、十九届三中全会通过的《关于深化党和国家机构改革的决定》和《深化党和国家机构改革实施方案》、2018 年 11 月，国务院办公厅就深化“放管服”改革、优化营商环境工作问题印发执行的《关于聚焦企业关切进一步推动优化营商环境政策落实的通知》等重要文献中。

（一）十八大报告中关于深化政府规制改革的论述

胡锦涛总书记 2012 年 11 月 8 日在十八大所做的《坚定不移沿着中国特色社会主义道路前进 为全面建成小康社会而奋斗》的报告中，多处涉及政府规制改革问题，主要包括，在“全面建成小康社会和全面深化改革开放的目标”这一节提出：“不失时机深化重要领域改革，坚决破除一切妨碍科学发展的思想观念和体制机制弊端，构建系统完备、科学规范、运行有效的制度体系，使各方面制度更加成熟更加定型”；“要加快完善社会主义市场经济体制……更大程度更广范围发挥市场在资源配置中的基础性作用，完善宏观调控体系，完善开放型经济体系，推动经济更有效率、更加公平、更可持续发展”；“加快推进社会主义民主政治制度化、规范化、程序化，从各层次各领域扩大公民有序政治参与，实现国家各项工作法治化”；“加快完善文化管理

体制和文化生产经营机制，基本建立现代文化市场体系，健全国有文化资产管理体制，形成有利于创新创造的文化发展环境”；“加快形成科学有效的社会管理体制，完善社会保障体系，健全基层公共服务和社会管理网络，建立确保社会既充满活力又和谐有序的体制机制。加快建立生态文明制度，健全国土空间开发、资源节约、生态环境保护的体制机制，推动形成人与自然和谐发展现代化建设新格局。”

在“加快完善社会主义市场经济体制和加快转变经济发展方式”这一节提出：“着力激发各类市场主体发展新活力，着力增强创新驱动发展新动力”；“经济体制改革的核心问题是处理好政府和市场的关系，必须更加尊重市场规律，更好发挥政府作用”；“保证各种所有制经济依法平等使用生产要素、公平参与市场竞争、同等受到法律保护”；“深化金融体制改革，健全促进宏观经济稳定、支持实体经济发展的现代金融体系，加快发展多层次资本市场，稳步推进利率和汇率市场化改革……加快发展民营金融机构。完善金融监管，推进金融创新”；“完善科技创新评价标准、激励机制、转化机制”；“实施知识产权战略，加强知识产权保护”；“推动战略性新兴产业、先进制造业健康发展，加快传统产业转型升级，推动服务业特别是现代服务业发展壮大，合理布局建设基础设施和基础产业”；“加快改革户籍制度，有序推进农业转移人口市民化”；“依法维护农民土地承包经营权、宅基地使用权、集体收益分配权”。

在“坚持走中国特色社会主义政治发展道路和推进政治体制改革”这一节提出：“人民民主是社会主义的生命，坚持国家一切权力属于人民……必须继续积极稳妥推进政治体制改革，发展更加广泛、更加充分、更加健全的人民民主”；“以保证人民当家作主为根本，以增强党和国家活力、调动人民积极性为目标，扩大社会主义民主……更加注重健全民主制度、丰富民主形式，保证人民依法实行民主选举、民主决策、民主管理、民主监督”；“更加注重发挥法治在国家治理和社会管理中的重要作用，维护国家法制统一、尊严、权威，保证人民依法享有广泛权利和自由”；“要把制度建设摆在突出位置，充分发挥我国社会主义政治制度优越性，积极借鉴人类政治文明有益成果，绝不照搬西方政治制度模式”；“全面推进依法治国……法治是治国理政的基本方式”；“要推进科学立法、严格执法、公正司法、全民守法，坚持法律面前人人平等，保证有法必依、执法必严、违法必究”；“推进依法行政，切实做到严格规范公正文明执法……提高领导干部运用法治思维和法治方式深化改革、推动发展、化解矛盾、维护稳定能力”；“党必须在宪法和法律范围内活动……任何组织或者个人都不得有超越宪法和法律的特权，绝不允许以言代法、以权压法、徇私枉法”；“深化行政审批制度改革，继续简政放权，推动政府职能向创造良好发展环境、提供优质公共服务、维护社会公平正义转变。稳步推进大部门制改革，健全部门职责体系”；“创新行政管理方式，提高政府公信力和执行力，推进政府绩效管理……完善体制改革协调机制，统筹规划和协调重大改革”；“健全权力运行制约和监督体系……坚持用制度管权管事管人，保障人民知情权、参与权、表达权、监督权，是权力正确运行的重要保证。要确保决策权、执行权、监督权既相互制约又相互协调，确保国家机关按照法定权限和程序行使权力”；“坚持科学决策、民主决策、依法决策，健全决策机制和程序……建立健全决策问责和纠错制度”：“凡是涉及群众切身利益的决策都要充分听取群众意见，凡是损害群众利益的做法都要坚决防止和纠正”；“推进权力运行公开化、规范化，完善党务公开、政务公开、司法公开和各领域办事公开制度，健全质询、问责、经济责任审计、引咎辞职、罢免等制度，加强党内监督、民主监督、法律监督、舆论监督，让人民监督权力，让权力在阳光下运行。”

在“大力推进生态文明建设”这一节提出：“要把资源消耗、环境损害、生态效益纳入经济社会发展评价体系，建立体现生态文明要求的目标体系、考核办法、奖惩机制”；“建立国土空间开发保护制度，完善最严格的耕地保护制度、水资源管理制度、环境保护制度”；“深化资源性产品价格和税费改革，建立反映市场供求和资源稀缺程度、体现生态价值和代际补偿的资源有偿使用制度和生态补偿制度。积极开展节能量、碳排放权、排污权、水权交易试点。加强环境监管，健全生态环境保护责任追究制度和环境损害赔偿制度。”在“全面提高党的建设科学化水平”这一节提出：“严格规范权力行使，加强对领导干部特别是主要领导干部行使权力的监督。”①

---

① 胡锦涛：坚定不移沿着中国特色社会主义道路前进 为全面建成小康社会而奋斗——在中国共产党第十八次全国代表大会上的报告［Z］．人民日报，2012－11－18（1）．

（二）《中共中央关于全面深化改革若干重大问题的决定》对深化政府规制改革的有关表述

该决定在阐述全面深化改革指导思想的第一节中强调："全面深化改革的总目标是完善和发展中国特色社会主义制度，推进国家治理体系和治理能力现代化"，"必须更加注重改革的系统性、整体性、协同性，加快发展社会主义市场经济、民主政治、先进文化、和谐社会、生态文明，让一切劳动、知识、技术、管理、资本的活力竞相迸发，让一切创造财富的源泉充分涌流，让发展成果更多更公平惠及全体人民"；"紧紧围绕使市场在资源配置中起决定作用深化经济体制改革，坚持和完善基本经济制度，加快完善现代市场体系、宏观调控体系、开放型经济体系，加快转变经济发展方式，加快建设创新型国家，推动经济更有效率、更加公平、更可持续发展"；"加快推进社会主义民主政治制度化、规范化、程序化，建设社会主义法治国家，发展更加广泛、更加充分、更加健全的人民民主"；经济体制改革的"核心问题是处理好政府和市场的关系，使市场在资源配置中起决定作用和更好发挥政府作用"；"必须积极稳妥从广度和深度上推进市场化改革，大幅度减少政府对资源的直接配置……政府的职责和作用主要是保持宏观经济稳定，加强和优化公共服务，保障公平竞争，加强市场监管，维护市场秩序，推动可持续发展，促进共同富裕，弥补失灵"。

在阐述"坚持和完善经济制度"的第二节中强调："国家保护各种所有制经济产权和合法权利，保证各种所有制经济依法平等使用生产要素、公开公平公正参与市场竞争、同等受到法律保护，依法监管各种所有制经济。"

在阐述"加快完善现代市场体系"的第三节中强调："必须加快形成企业自主经营、公平竞争，消费者自由选择、自主消费，商品和要素自由流动、平等交换的现代市场体系，着力清除市场壁垒"；"建立公平开放透明的市场规则，实行统一的市场准入制度，在制定负面清单基础上，各类市场主体可依法平等进入清单之外领域"；"探索对外商投资实行准入前国民待遇加负面清单的管理模式"；"推进工商注册登记制度便利化，削减资质认定项目"；"改革市场监管体系，实行统一的市场监管，清理废除妨碍全国统一市场和公平竞争的各种规定和做法，严禁和惩处违法实行优惠政策行为，反对地方保护，反对垄断和不正当竞争"；"建立健全全社会征信体系，褒扬诚信，惩戒失信"；"凡是能由市场形成的价格都交给市场，政府不进行不当干预"，"推进水、天然气、电力、交通、电信等领域价格改革，放开竞争性环节价格”，“政府定价范围主要限定在重要公用事业、公益性服务、网络型自然垄断环节，提高透明度，接受社会监督”；“扩大金融业对内对外开放，在加强监管前提下，允许具备条件的民间资本依法发起设立中小型银行等金融机构”；“健全多层次资本市场体系，推进股票发行注册制改革，多渠道推动股权融资，发展并规范债券市场”；“完善保险经济补偿机制，建立巨灾保险制度”；“发展普惠金融”，“鼓励金融创新，丰富金融市场层次和产品”；“推动资本市场双向开放，有序提高跨境资本和金融交易可兑换制度，建立健全宏观审慎管理框架下的外债和资本流动管理体系”；“落实金融监管改革措施和稳健标准，完善金融监管协调机制”；“建立存款保险制度，完善金融机构市场化退出机制”；“加强知识产权运用和保护，健全技术创新激励机制，探索建立知识产权法院”；“打破行政主导和部门分割，建立主要由市场决定技术创新项目和经费分配、评价成果的机制”，“国家重大科研基础设施依照规定应该开放的一律对社会开放”。

在阐述“加快转变政府职能”的第四节中强调：“创新行政管理方式，增强政府公信力和执行力，建设法治政府和服务型政府”；“深化投资体制改革……企业投资项目，除关系国家安全和生态安全、涉及全国重大生产力布局、战略性资源开发和重大公共利益等项目外，一律由企业依法依规自主决策，政府不再审批”；“强化节能节地节水、环境、技术、安全等市场准入标准，建立健全防范和化解产能过剩长效机制”；“进一步简政放权，深化行政审批制度改革，最大限度减少中央政府对微观事务的管理，市场机制能有效调节的经济活动，一律取消审批，对保留的行政审批事项要规范管理、提高效率”；“政府要加强发展战略、规划、政策、标准等制定和实施，加强市场活动监管”；“建立各类事业单位统一登记管理制度”；“完善决策权、执行权、监督权既相互制约又相互协调的行政运行机制”，“严格绩效管理，突出责任落实，确保权责一致”。

在阐述“健全城乡发展一体化体制机制”的第六节中强调：“依法维护农民土地承包经营权……在坚持和完善最严格的耕地保护制度前提下，赋予农民对承包地占有、使用、收益、流转及承包经营权抵押、担保权能”；“允许社会资本通过特许经营等方式参与城市基础设施投资和运营”；“创新人口管理，加快户籍制度改革，全面放开建制镇和小城市落户限制，有序放开中等城市落户限制，合理确定大城市落户条件，严格控制特大城市人口规模”。

在阐述“构建开放型经济体制”的第七节中强调：“放宽投资准入”，“统一内外资法律法规……推进金融、教育、文化、医疗等服务业领域有序开放，放开育幼养老、建筑设计、会计审计、商贸物流、电子商务等服务业领域外资准入限制，进一步放开一般制造业”；“改革涉外投资审批体制”，“坚持世界贸易体制规则……改革市场准入、海关监管、检验检疫等管理体制”。

在阐述“加强社会主义民主政治制度建设”的第八节中强调：“发展社会主义民主政治，必须以保证人民当家作主为根本……更加注重健全民主制度、丰富民主形式，从各层次领域扩大公民有序政治参与”，“完善人大工作机制，通过座谈、听证、评估、公布法律草案等扩大公民有序参与立法途径，通过询问、质询、特定问题调查、备案审查等积极回应社会关切。”

在阐述“推进法治中国建设”的第九节中强调：“必须坚持依法治国、依法行政共同推进，坚持法治国家、法治政府、法治社会一体建设”，“加快建设公正高效的社会主义司法制度，维护人民群众权益”，“坚持法律面前人人平等，任何组织或个人都不得有超越宪法法律的特权，一切违反宪法法律的行为都必须予以追究”，“完善规范性文件、重大决策合法性审查机制”，“健全法规、规章、规范性文件备案审查制度”；“深化行政执法体制改革”，“整合执法主体，相对集中执法权，推进综合执法，着力解决权责交叉、多头执法问题，建立权责统一、权威高效的行政执法体制”，“完善行政执法程序，规范执法自由裁量权，加强对行政执法的监督，全面落实行政执法责任制……做到严格规范公正文明执法……完善行政执法与刑事司法衔接机制”；“健全司法权力分工负责、互相配合、互相制约机制，加强和规范对司法活动的法律监督和社会监督”；“完善人权司法保障制度”，“健全国家司法救助制度，完善法律援助制度。”

在阐述“强化权力运行制约和监督体系”的第十节中强调：“坚持用制度管人，让人民监督权力，让权力在阳光下运行”，“必须构建决策科学、执行解决、监督有力的权力运行体系，健全惩治和预防腐败体系，”“完善党务、政务和各领域办事公开制度，推进决策公开、管理公开、服务公开、结果公开。”

在阐述“推进文化体制机制创新”的第十一节中强调：“健全基础管理、内容管理、行业管理以及网络违法犯罪打击等工作联动机制”，“完善文化市场准入和退出机制……降低社会资本进入门槛”，“加强版权保护”。

在阐述“推进社会事业改革创新”的第十二节中强调：“健全促进就业创业体制机制”，“规范招人用人制度，消除城乡、行业、身份、性别等一切影响平等的制度障碍和就业歧视”，“建立更加公平可持续的社会保障制度”。

在阐述“创新社会治理体制”的第十三节中强调：“正确处理政府和社会关系，加快实施政社分开，推进社会组织明确权责、依法自治、发挥作用”，“加强对社会组织和在华境外非政府组织的管理”；“改革行政复议体制，健全行政复议案件审理机制，纠正违法或不当行政行为”；“完善统一权威的食品药品安全监管机构，建立最严格的覆盖全过程的监管制度，建立食品原产地可追溯制度和质量标识制度，保障食品药品安全”；“深化安全生产管理体制改革，建立隐患排查治理体系和安全预防控制体系”；“建立防灾减灾救灾体制”；“加强社会治安综合治理，创新立体化社会治安防控体系”；“加大依法管理网络力度”。

在阐述“加快生态文明制度建设”的第十四节中强调：“必须建立系统完整的生态文明制度体系，实行最严格的源头保护制度、损害赔偿制度、责任追究制度，完善环境治理和生态修复制度，用制度保护生态环境”等。①

可以说，这一决定，对深化政府规制改革的指导原则做了非常全面的阐述。

（三）《中共中央关于全面推进依法治国若干重大问题的决定》对深化政府规制改革的有关表述

这一决定主要是从人大立法、行政执法、检法机关司法等方面，对深化政府规制改革起到指导和约束作用。

相关内容主要包括：“健全有立法权的人大主导立法工作的体制机制，发挥人大及其常委会在立法工作中的主导作用”；“加强和改进政府立法制度建设，完善行政法规、规章制定程序，完善公众参与政府立法机制”；“明确立法权力边界，从体制机制和工作程序上有效防止部门利益和地方保护主义法律化”；“对部门间争议较大的重要立法事项，由决策机关引入第三方评估，充分听取各方意见”，“健全法律法规规章起草征求人大代表意见制度，增加人大代表列席人大常委会会议人数，更多发挥人大代表参与起草和修改法律作用”；“健全立法机关和社会公众沟通机制，开展立法协商，充分发挥政协

---

① 中共中央关于全面深化改革若干重大问题的决定［Z］. 北京：人民出版社，2013：3-4、5-6、7-8、11-13、14-15、16-18、22-23、25-27、44、46、51、52.

委员、民主党派、工商联、无党派人士、人民团体、社会组织在立法协商中的作用，探索建立有关国家机关、社会团体、专家学者等对立法中涉及的重大利益调整论证咨询机制”；“拓宽公民有序参与立法途径，健全法律法规规章草案公开征求意见和公众意见采纳情况反馈机制，广泛凝聚社会共识”；“依法保障公民权利，加快完善体现权利公平、机会公平、规则公平的法律制度，保障公民人身权、财产权、基本政治权利等各项权利不受侵犯，保障公民经济、文化、社会等各方面权利得到落实，实现公民权利保障法治化”；“必须以保护产权、维护契约、统一市场、平等交换、公平竞争、有效监管为基本导向，完善社会主义市场经济法律制度。健全以公平为核心原则的产权保护制度，加强对各种所有制经济组织和自然人财产权的保护，清理有违公平的法律法规条款”；“创新适应公有制多种实现形式的产权保护制度，加强对国有、集体资产所有权、经营权和各类企业法人财产权的保护”；“国家保护企业以法人财产权依法自主经营、自负盈亏，企业有权拒绝任何组织和个人无法律依据的要求”；“加强企业社会责任立法。完善激励创新的产权制度、知识产权保护制度和促进科技成果转化的体制机制”；“加强市场法律制度建设，编纂民法典，制定和完善发展规划、投资管理、土地管理、能源和矿产资源、农业、财政税收、金融等方面法律法规，促进商品和要素自由流动、公平交易、平等使用”；“依法加强和改善宏观调控、市场监管，反对垄断，促进合理竞争，维护公平竞争的市场秩序”；“建立健全坚持社会主义先进文化前进方向、遵循文化发展规律、有利于激发文化创造活力、保障人民基本文化权益的文化法律制度”；“制定公共文化服务保障法，促进基本公共文化服务标准化、均等化”；“推进社会治理体制创新法律制度建设，依法加强和规范公共服务，完善教育、就业、收入分配、社会保障、医疗卫生、食品安全、扶贫、慈善、社会救助和妇女儿童、老年人、残疾人合法权益保护等方面的法律法规”；“加强社会组织立法，规范和引导各类社会组织健康发展”；“加快国家安全法治建设，抓紧出台反恐怖等一批急需法律，推进公共安全法治化，构建国家安全法律制度体系”；“用严格的法律制度保护生态环境，加快建立有效约束开发行为和促进绿色发展、循环发展、低碳发展的生态文明法律制度，强化生产者环境保护的法律责任，大幅度提高违法成本”；“建立健全自然资源产权法律制度，完善国土空间开发保护方面的法律制度，制定完善生态补偿和土壤、水、大气污染防治及海洋生态环境保护等法律法规，促进生态文明建设”；“完善行政组织和行政程序法律制度，推进机构、职能、权限、程序、责任法定化”；“行政机关要坚持法定职责必须为、法无授权不可为，勇于负责、敢于担当，坚决纠正不作为、乱作为，坚决克服懒政、怠政，坚决惩处失职、渎职”；“行政机关不得法外设定权力，没有法律法规依据不得作出减损公民、法人和其他组织合法权益或者增加其义务的决定”；“推行政府权力清单制度，坚决消除权力设租寻租空间。”①

（四）十九大报告中有关深化政府规制改革的表述

党的十九大报告中，立足推进国家治理现代化高度，进一步阐述了关于深化政府规制改革的指导思想。涉及的主要内容是：“不断推进国家治理体系和治理能力现代化，坚决破除一切不合时宜的思想观念和体制机制弊端，突破利益固化的藩篱，吸收人类文明有益成果，构建系统完备、科学规范、运行有效的制度体系”“经济体制改革必须以完善产权制度和要素市场化配置为重点，实现产权有效激励、要素自由流动、价格反应灵活、竞争公平有序、企业优胜劣汰”“全面实施市场准入负面清单制度，清理废除妨碍统一市场和公平竞争的各种规定和做法”“深化商事制度改革，打破行政性垄断，防止市场垄断，加快要素价格市场化改革，放宽服务业准入限制，完善市场监管制度”“健全金融监管体系”“实行高水平的贸易和投资自由化便利化政策，全面实行准入前国民待遇加负面清单管理制度，大幅度放宽市场准入，扩大服务业对外开放，保护外商投资合法权益”② 等。

（五）《中共中央关于深化党和国家机构改革的决定》和《深化党和国家机构改革实施方案》中有关深化政府规制改革的表述

2018 年 2 月，第十九届中央委员会召开第三次全体会议，主题是深化党和国家机构改革，通过了《中共中央关于深化党和国家机构改革的决定》和《深化党和国家机构改革实施方案》。这两个文献从机构职能范围、部门配置和执政方式角度涉及了深化政府规制改革问题。

其中，《中共中央关于深化党和国家机构改革的决定》涉及的深化政府规制改革内容主要包括：“加强和优化政府反垄断、反不正当竞争职能，打破行

---

① 中共中央关于全面推进依法治国若干重大问题的决定［M］．人民日报，2014－10－29（1）．

② 习近平：决胜全面建成小康社会 夺取新时代中国特色社会主义伟大胜利［Z］．北京：人民出版社，2017：21、33－35.

政垄断，防止市场垄断，清理废除妨碍统一市场和公平竞争的各种规定和做法”；“加强和优化政府法治职能，推进法治政府建设”；“加强和优化金融管理职能，增强货币政策、宏观审慎政策、金融监管协调性，优化金融监管力量，健全金融监管体系”；“减少微观管理事务和具体审批事项，最大限度减少政府对市场活动的直接干预……清理和规范各类行政许可、资质资格、中介服务等管理事项，加快要素价格市场化改革，放宽服务业准入限制，优化政务服务，完善办事流程，规范行政裁量权，大幅降低制度性交易成本”；“全面实施市场准入负面清单制度，保障各类市场主体机会平等、权利平等、规则平等，营造良好营商环境”；“改革和理顺市场监管体制，整合监管职能，加强监管协同……解决多头重复执法问题”；“完善执法程序，严格执法责任，加强执法监督，做到严格规范公正文明执法。”①

《深化党和国家机构改革实施方案》所涉及的深化政府规制改革内容，主要是确定党和国家机构改革要以“国家治理体系和治理能力现代化为导向”，并且就政府有关部门职能、机构整合方向予以具体明确。②

（六）国务院办公厅《关于聚焦企业关切进一步推动优化营商环境政策落实的通知》就深化政府规制改革做出系统化的具体部署

2018 年 11 月，国务院办公厅以国办发〔2018 年〕104 号印发了《关于聚焦企业关切进一步推动优化营商环境政策落实的通知》，贯彻国务院关于 2018 年和 2019 年度推动优化营商环境政策落实工作的具体部署，涉及深化政府规制改革的各类事项，具体体现了中央层面对深化政府规制改革的指导思想。

其中，2018 年年底前需要完成的主要工作包括：按照“非禁即入”原则在年底前修订并全面实施新版市场准入负面清单，进一步减少社会资本市场准入限制；组织开展招投标领域专项整治，消除在招投标过程中对不同所有制企业设置的各类不合理限制和壁垒；在全国范围内按时完成对第一批 106 项涉企行政审批事项开展“证照分离”改革，逐一制定出台直接取消审批、审批改为备案、实行告知承诺或优化准入服务的具体办法和加强事中事后监

① 中国共产党第十九届中央委员会第三次全体会议文件汇编［Z］. 北京：人民出版社，2018：27－29.

② 中国共产党第十九届中央委员会第三次全体会议文件汇编［Z］. 北京：人民出版社，2018：47、68－82.

管的措施，在2018年11月10日前向社会公开；进一步压减行政许可等事项，年底前，对现有行政许可事项进行一次全面清理论证，再推动取消部分行政许可事项；按照涉企许可证全覆盖的要求，抓紧梳理形成中央设定的涉及市场准入的行政审批事项清单，并组织各地区梳理地方设定的各类审批事项，在自贸试验区率先实现"证照分离"改革全覆盖，条件成熟后在全国推广；清理地方保护和行政垄断行为，年底前清理废除现有政策措施中涉及地方保护、指定交易、市场壁垒等的内容，查处并公布一批行政垄断案件，坚决纠正滥用行政权力排除、限制竞争行为；进一步简化企业投资审批，推进工程建设项目审批制度改革，精简取消部分审批前置条件；清理物流、认证、检验检测、公用事业等领域经营服务性收费，落实货车年审、年检和尾气排放检验"三检合一"等政策，年底前公布货车"三检合一"检验检测机构名单，全面实现"一次上线、一次检测、一次收费"；查处整治公章刻制领域行政垄断案件，严禁各地公安机关指定公章刻制企业，纠正和制止垄断经营、强制换章、不合理收费等现象；年底前再取消10%以上实行强制性认证的产品种类或改为以自我声明方式实施，科学合理简化认证管理单元，减少认证证书种类；推动缓解中小微企业融资难融资贵问题；提高专利、商标注册审查质量和效率，全面推进商标注册全程电子化，确保2018年年底前将商标注册审查周期压缩至6个月、高价值专利审查周期压减10%以上；坚决纠正行政审批取消后由中介机构和部门下属单位变相审批及违法违规收费、加重企业负担等现象。大力保护产权，为创业创新营造良好环境。推动外商投资和贸易便利化，切实保障外商投资企业公平待遇；降低进出口环节合规成本和推进通关便利化。

涉及下年度的相关工作主要是：2019年3月底前，修订公布新的行政许可事项清单，清单外许可事项一律视作违规审批；国务院审改办要在2019年组织各地区、各有关部门清理各类变相审批和许可，对以备案、登记、注册、目录、年检、监制、认定、认证、专项计划等形式变相设置审批的违规行为进行整治；在全国开展全流程、全覆盖的工程建设项目审批制度改革，指导地方统一审批流程，通过精简审批事项和条件、下放审批权限、合并审批事项、调整审批时序、转变管理方式、推行告知承诺制等措施，完善审批体系；修订《公平竞争审查制度实施细则（暂行）》；2019年3月底前，全面清理取消在外商投资准入负面清单以外领域针对外资设置的准入限制，实现市场准入内外资标准一致，落实以在线备案为主的外商投资管理制度，加快推动统一内外资法律法规。[①]

以上七件中央高层文献有关深化政府规制改革的论述，尽管总体上是前后一贯的，但又不仅存在详略程度差别，也增加了很多与时俱进、不断深化和具体化的成分，都必须作为中国下一步继续深化政府规制改革的指导思想。

二、民间层面关于深化政府规制改革的研究讨论

这些年来，我国理论界和实务界对于如何推进政府规制深化改革给予了极大关注，从中国手机知网搜索，仅在“政府规制改革”这个最直接主题之下的报刊文章，截至2019年5月底，就多达1175篇。这些文章，分别从经济学、法学、社会学、公共管理学等学科视角，或就某一具体领域的单项政府规制问题（如出租车、天然气、食盐、网购、网金等）[②]，或就政府规制改革的某一侧面（立法、执法、效果评价、完善对规制者的规制等）[③]，或就特定背景下的政府规制策略问题（如转型期、中国特殊制度禀赋约束等）[④]，围绕政府规制改革的目标、原则和具体路径见仁见智地提出了很多总体思路性或具体政策性建议。

举例来说，刘水林（2016年）就我国现阶段总体经济社会背景下政府规制的目标及其实现方式问题进行系统研究，提出了相应的对策思路。[⑤] 黄新华（2017年）以建构面向国家治理现代化的政府与市场关系为视角，就我国现阶段通过深化改革推进政府规制转型问题提出了思路性对策建议。[⑥] 张碧波（2017年）就我国推进供给侧结构性改革背景下政府规制改革策略问题进行

① 中华人民共和国中央人民政府官网（www. gov. cn），2018－11－08.

② 王彩华：河北省出租车行业政府规制改革和发展研究［J］. 河北省社会主义学院学报，2013（2）；刘苏：我国天然气产业政府规制改革路径探讨［J］. 天然气技术经济，2013（2）；文晓静：体制转型背景下食盐行业政府规制现实困境与改革探索［J］. 中国经贸导刊（理论版），2017（29）.

③ 王叶臣：行政法视野下政府规制改革的比较研究［J］. 河北大学学报（哲学社会科学版），2014（4）.

④ 石涛：转型期政府规制改革的路径选择［J］. 中共浙江省委党校学报，2010（1）；张红凤、王晓莹：中国特殊制度禀赋约束下的政府规制改革研究［J］. 浙江工商大学学报，2013（2）.

⑤ 刘水林：论政府规制的目标及实现方式［J］. 兰州学刊，2016（2）.

⑥ 黄新华：从干预型到规制型政府——建构面向国家治理现代化的政府与市场关系［J］. 厦门大学学报（哲学社会科学版），2017（3）.

了研究，并借鉴国外经验做法，提出了自己的看法。[①] 张蕴萍（2017 年）从公平竞争审查这一特定视角，提出了我国现阶段政府规制治理体系的构建思路和政策建议。[②] 另有一些文章则从国际经验借鉴角度，讨论了我国政府规制深化改革的思路与对策问题。例如，张红凤、杨慧（2007 年）和郑建明（2016 年）分别从政府规制的变革方式和欧美水产品质量安全规制角度，以分析国外经验启示的方式，就我国深化政府规制改革提出了思路性建议。[③]

严肃的学者群基于对国家治理的热切关心和求真务实的治学态度，在包括政府规制改革在内的各种事业发展领域的研究成果，对于深化各项改革的顶层设计或多或少地都会有一定的参考价值，因此，应当成为我国深化政府规制改革不可或缺的重要思想或智慧来源之一。

三、基于公共经济理论视角的深化政府规制改革的思考与建议

对于如何通过进一步深化改革、优化我国政府规制，党的十八大以来，党中央、国务院一系列重要文献已经从推进国家治理现代化的高度指明方向并就很多具体改革事项提出明确要求，学术理论界也分别从法学、公共管理学和一般经济学角度提出不少有价值的思路和建议。基于课题属性和篇幅所限，我们在这里主要从社会主义公共经济学视角就优化政府规制的原则和重点问题略加讨论。

（一）优化政府规制应遵循的原则

1. 需求导向原则

政府规制作为公共经济受托代理机构向社会提供的一种特殊公共物品，根本目的是满足作为公共经济终极主体的社会成员及其结成的经济社会组织的公共需要，维护和发展公共利益。根据社会主义公共经济的这一基本原理，深化政府规制改革的任何一种方案设计，都必须遵循公共需求导向和增进公共利益的原则，通过深入分析现行政府规制中与社会成员及其经济社会组织的公共需要和公共利益相背离之所在，明确优化政府规制的具体方向和深化

---

① 张碧波：供给侧结构性改革背景下的政府规制转型［J］. 山西农业大学学报（社会科学版），2017（7）.

② 张蕴萍：公平竞争审查视野下中国政府规制治理体系的构建［J］. 理论学刊，2017（5）.

③ 张红凤等：政府规制的变革方式：国际经验及启示［J］. 改革，2007（12）；郑建明：欧美国家水产品质量安全政府规制经验分析［J］. 世界农业，2016（4）.

改革的具体内容。为此，就需要自觉构建人民大众及其经济社会组织对政府规制需求偏好的揭示和筛选机制。只有以公共需求、公共利益作为深化政府规制改革的设计原则，才能确保政府规制不缺位、不越位、不错位，从而更好地保障政府这只“看得见的手”和市场这只“看不见的手”有效地相互配合。

2. 公正公平原则

公共经济的根本属性在于“公”，而“公”不仅在于“公共性”，而且包含着“公正”“公平”的核心内涵。因此，政府规制必须秉持公正公平原则，首先是对处于不同地区、不同地位和不同经济成分的被规制者在有关立法、执法、司法方面一视同仁地公正对待，实行公平待遇，切实做到在有关政府规制的法律法规面前一律平等。其次，是要在公正公平的同时依法约束被规制者和规制者，不能只对被规制者实施规制，而放任规制者滥用规制权力，造成事实上的规制不公和失灵。

3. 合理激励原则

在政府规制领域实施合理激励，是指在保持规制对违法行为进行有效约束、规范和惩治力度的前提下，尽可能通过合理的激励机制，引导和促进被规制者增强自我约束和提高内部效率而使其行为结果符合规制所要达成的公共利益目标，同时鼓励和促使规制者积极努力做好规制工作，公正公平地执法司法。从这两方面实施激励，都有利于在减少规制成本的同时提高政府规制效率，更好地达成规制效果。现代西方发达国家，将这种规制方式称为激励性规则。我们在推进政府规制改革过程中，也应该积极探索实施合理激励的具体途径和方法。

（二）优化我国政府规制的主要着力点

1. 进一步推进政府规制与市场机制相互关系的合理化

政府规制作为一种由社会公共机构开展的公共经济活动与由市场主体自由竞争为基础的市场机制是国民经济统一体中相互依存、相互制约、相互作用、不可或缺的两个组成部分。在一定发展阶段上，两者之间客观上存在着一种最优组合状态——在这种状态下，两者各展其长、互补其短，积极作用都能得到较为充分的发挥，共同保障整个国民经济体富有生机活力、有序高效的运行和发展。近年来，我国虽然一直在通过深化改革致力于达到这种状态，但目前尚未完全实现。下一步深化改革的首要任务，就是通过审慎仔细的分析鉴别，从规制立法、规制执法、规制司法和规制决策机制、执行机制、动态调整等各环节，找准并祛除整个政府规制体系中与市场机制最佳组合状态相偏离的因素，从而使政府规制与市场机制之间实现最佳组合。总的原则是，政府规制应当有所为有所不为，凡是能够借助于市场机制既能够达成更高效率也能保障公平的，就通过市场机制来实现；政府规制只起到对市场机制拾遗补缺、克服市场主体行为负外部性、维护社会成员公共利益的作用。

2. 提高政府规制的民主化程度

提高政府规制的民主化程度，主要包括两个方面：一是强化政府规制立项立法过程的民主参与，让民众特别是与该项公共物品的利害相关者（即规制受益人和规制的主体对象）参与拟议实施的政府规制项目及其立法草案的讨论，通过将政府规制这种特殊公共物品的公共需求偏好揭示机制建立在民主基础上，既保障政府规制立项切实符合公共利益，也有利于完善各项政府规制立法，尽可能消除事前即已存在的立法缺陷。二是强化政府规制法律法规执行和相关司法的民主监督，在规制实施主体方面，主要是切实做到程序合规、过程公开、结果公开，让政府规制的受益者和主体对象都在切实知情的情况下实施监督，以防止政府规制执法、司法过程中实施主体滥用权力、寻租枉法，从而保障政府规制在执行环节的公正公平。

3. 继续加快政府规制法治化进程

实现政府规制法治化是一个系统工程。首先，要进一步系统清理所有政府规制项目，凡是没有法律和法规依据而又确有必要保留的，不仅都要通过加快立法进程使之有法可依，而且要确保规制立法本身的科学性、公正性和可操作性、可问责性。其次，要切实做到有法必依、违法必究，对一切以言代法、以权压法的违法决策和违法施政行为都要严肃追究责任。为此，就要建立健全责任制，并且由各级监察委负责认真执行。

4. 通过深化横向公共经济管理体制改革强化政府规制责任制

十九届三中全会做出的《中共中央关于深化党和国家机构改革的决定》指出："优化党和国家机构设置和职能配置，坚持一类事情原则上由一个部门统筹、一件事情原则上由一个部门负责。"[①] 对于政府规制来说，就是要在实

---

① 中国共产党第十九届中央委员会第三次全体会议文件汇编［Z］. 北京：人民出版社，2018：21.

施机构设置上认真贯彻“以责为本、事有专责、依责赋权”的原则，因为只有在责任明晰、责权匹配的前提下，才能真正落实责任并合理实施责任追究，减轻基于政出多门、诿责争权的效率损失。近年来，中央通过推行党政机构职能整合，已经在很大程度上解决了政府规制方面基于横向公共经济体制中责权配置分散、分割而导致的弊端。在此基础上，需要进一步研究解决的问题是，如何增强政府规制机构相对于各行政部门的独立性，建立超脱于部门利益和区域利益、专司政府规制职能的独立公共机构。这样的独立性政府规制机构，既是政府规制的法律法规执行者，也是相关立法的起草者，还是相关违法行为的裁决者，除立法机关、监察部门和人民大众依法实施监督以外，其他政府部门无权干预。前面曾经述及，多年来，美国政府规制之所以效率较高，一条重要经验就是政府规制机构具有独立性。有鉴于此，我们似应根据中国国情对美国这种经验做法进行一些创新性试验，以求从体制机制上更好地保障政府规制取得预期效果。

5. 完善并严格对政府规制实施主体的法制约束

中共中央和国务院有关文献中已经明确提出强化和完善对政府规制职能部门权力运行施加规范约束的要求。问题在于，目前种类繁多的政府规制类法律法规对政府规制实施主体权力运行的规范约束条款通常都比较粗疏，对滥用自由裁量权导致政府规制侵害被规制主体对象和受益者合法权益的行为缺乏惩戒威慑力。为此，应该通过对相关立法条款进行系统全面的认真审查和细化修订，彻底解决现行政府规制法相关条款规定详略不当、宽严不一、对违规执法者难以施加有效惩戒约束的问题，使之既不能乱作为，也不能不作为，而只能规范公正地依法作为。这既是确保政府规制取得预期效果和避免实施主体滥用权力侵害利益关系人合法权益的基本条件，也是各级立法机关、监察机关和人民大众对政府规制实施主体进行监督的基本法制前提。

6. 依托绩效管理机制适时调整、完善政府规制

由于经济社会不断发展变化和科学技术日新月异，任何一个国家的任何一种政府规制都不可能一劳永逸地适用，何况任何一种政府规制的法律法规都难以做到尽善尽美。因此，对政府规制与时俱进地实施动态管理对于任何一个国家都是绝对必要的。但是，从政府规制的应然目的出发，对政府规制实施动态管理，必须依托绩效管理机制进行。

对政府规制实施绩效管理，要实现虽有内在联系但又存在很大不同的两

个目的或两种功能：一是通过绩效考评对政府规制实施主体的执法司法行为进行监督和激励，对渎职失责或滥权权力者依法予以惩戒，对奉公履职、依法用权、业绩突出者予以表彰激励，以保障和促进政府规制取得预期效果。二是依据基于成本效益定性与定量分析的绩效评价结果，发现现行政府规制法律制度和具体方式方法存在的弊端，据此对政府规制法律法规和方式方法加以修订完善，其中包括对因时过境迁而无须实施的政府规制及时废止，也包括对依然必要但又需适当调整范围、力度或改变方式方法的政府规制法加以适当修订完善。只有如此，才能保障整个政府规制体系与时俱进地满足国民经济体的公共需求，从而使在政府规制领域的国家治理一直处于优良状态。

第九篇　公共经济再生产活动的组织协调——公共经济管理

管理是最重要的生产力。[1] 公共经济要实现特定功能和目标，不仅需要管理，而且需要以现代先进的理论与方法实施科学管理。二十世纪六七十年代是公共经济学概念和体系形成，同时新公共管理运动在全球范围内逐步兴起的时期。公共经济学与公共管理学界从不同角度对公共经济管理问题进行了深入探讨，这两股学术潮流齐头并进的发展深刻影响了公共经济管理活动的模式。本篇将专题讨论现代公共经济管理问题，并以公共经济绩效管理为重点展开论述。

---

① 齐守印：管理是最重要的生产力——论管理在生产力诸要素中的地位和作用［J］.2000（3）；管理科学文摘，2001（6）.

第二十三章　公共经济管理的一般理论与方法

公共经济管理是一个多学科交叉的综合研究领域，它既以经济学、管理学的基本原理为理论基础，又有哲学、政治学、社会学、行为学、伦理学、心理学等学科背景。只有从相关学科相结合的视角才能较为全面而透彻地阐明公共经济管理的理论与方法。

第一节　公共经济管理的一般理论

公共经济管理作为整个经济管理的一个主要分支和组成部分，既服从经济管理的一般原则、具有经济管理的一般属性，又有其基于公共性的显著特点和特殊原则。因此，公共经济管理的理论研究和具体实践，既要运用经济管理的一般理论和一般经验，又要结合公共经济所具有的特殊内在联系进行独立探索，以便在一般性与特殊性的结合上认识和把握公共经济管理的本质与规律，从而达成公共经济管理目标。

一、公共经济管理的内涵、要素与功能

公共经济管理有其特定的内涵，在其内涵中包含着特定的要素，由这些要素形成的特定结构决定着它的基本功能。

（一）公共经济管理的基本内涵

顾名思义，公共经济管理最简单的含义就是公共经济主体对整个公共经济活动所进行的管理。但由于人们对公共经济含义的理解有很大差别，从而导致对公共经济管理的基本内涵也就有着不同的认识和表达。

美国著名经济学家约瑟夫·斯蒂格利茨认为，应从四个方面分析公共经济管理活动：一是了解公共经济部门从事哪些活动以及如何组织这些活动；二是理解并尽可能预测这些活动的全部结果；三是评价可以选择的政策；四是解释政治程序。① 国内一些经济学家基于对公共经济本身的理解，也对公共

① 熊景维：公共经济管理理论研究述评［J］．天津行政学院学报，2011（4）：87.

经济管理的基本内涵提出了各自不同的表述。例如，黄恒学在其主编的《公共经济学》一书中设专章论述公共经济管理，并将公共经济管理界定为：公共部门对公共经济三大关系——公共部门与私人部门的关系、公共部门经济活动要素和过程、公共部门与市场关系模式的选择——的管理，具体说就是公共经济主体为实现公共经济的效率与公平，对公共经济三大关系进行计划、预测、决策、组织、领导、协调、控制和监督的过程；其外延包括公共经济规划（含国民经济计划和政府预算）、公共经济与民主监督、公共经济效率与效益、宏观经济运行与调控、公共规制（含政府规制和社会规制）。[①] 再如，熊景维认为："公共经济管理是以政府为核心，包括非营利公共组织（在中国含事业单位）、公共企业在内的公共部门对自身及授权干预的经济活动的管理……公共部门对职能范围内的经济活动经由计划、决策、组织、领导、协调、评估等环节达到'资源与人力的有效结合'便是公共经济管理的具体过程。""在公共经济活动的合理范围内，公共经济管理是对公共部门自身经济活动的内部管理以及对市场经济调节与规制的外部管理的统一。"[②]

以上这三种对公共经济管理内涵和外延的界说，都有一定道理，但也都有可商榷之处。斯蒂格利斯所说的四个要点都涉及公共经济管理的内容，但不是对公共经济管理完整内涵的表述。黄恒学将公共经济管理的内容范围扩大到宏观经济运行调控和公共规制，或者说将宏观经济调控和公共规制与公共部门提供公共物品的活动相并列地作为公共经济管理对象，虽然与他对公共经济含义的理解一致，但从生产型公共经济理论视角来看则存在内容重复问题。熊景维对公共经济管理的覆盖范围从公共部门对自身提供公共物品活动进行的内部管理扩大到授权对宏微观经济行为的调节和规制领域，虽然并不像黄恒学那样属于对公共经济含义界定的自然延伸问题，但却如同他本人所说，直接将与公共经济相关的"外部管理"与公共经济自身内部管理一并纳入公共经济管理内涵，从逻辑角度看，显然也超出了公共经济管理这一概念本身。

根据本书所持的生产型公共经济理念，我们认为，所谓公共经济管理，

---

① 黄恒学：公共经济学［M］. 北京大学出版社，2009：438－47.

② 熊景维：公共经济管理理论研究述评［J］. 天津行政学院学报，2011（4）：89－90.

就是公共经济主体在特定的内外部环境下，依据一定的理论和方法，运用特定的手段和机制，通过计划、组织、指挥、协调、资源配置和监督控制等途径，整合利用内部和外部相关因素，以实现公共物品最佳供给、最大限度增进社会成员经济福利目标的全部活动。其中的内外部环境、理论与方法、手段与机制、实现途径的各要素以及内外部相关因素的整合利用，不仅需要分别加以深入系统的分析，而且需要将它们综合起来进行匹配性研究，使之协调一致地服务于管理目标的实现。

这种管理活动贯穿公共物品生产、分配、交换、消费的再生产所有环节，覆盖公共经济制度（体制）、政策、机制、原则、方法和综合计划、财务运行、资产资源配置等各个侧面。因而，它既可以从动态过程角度具体分为公共物品生产管理、公共物品分配管理、公共物品交换管理、公共物品消费管理，也可以从静态要素角度具体分为公共经济的制度管理、政策管理、机制管理、原则管理、方法管理、计划管理、财务管理、公共资产管理、人力资源管理、公共自然资源管理等，其中每一项管理都具有丰富内容和不可或缺的重要作用。

特别需要说明的是，对于公共经济管理来说，制度、政策、机制、原则、方法、计划、财务、资产、资源等既是手段，也是对象。就其作为管理手段的角色来说，公共经济管理必须运用制度、政策、机制、原则、方法、计划、财务、资产、资源作为实现目标的手段，分别表现为管理制度、管理政策、管理机制、管理原则、管理方法、管理计划和人、财、物等管理资源；但另一方面，它们本身又都是管理的对象，都必须通过管理才能有效发挥作用——公共经济的制度、政策、机制、原则、方法、计划一旦离开及时而正确的管理，就会由于过时和僵化而成为制约公共经济效率、阻碍公共经济目标实现的因素；而公共财务、公共资产、公共自然资源和公共机构雇员在缺乏适当管理的情况下，也不可能在公共经济管理中有序有效地发挥出应有的作用。因此，公共经济管理在外延上，表现为从静态要素和动态过程两个维度上各种分门别类的具体管理。这些具体管理都需要通过深入细致的研究探索，才能实现科学与高效。

由此可见，公共经济管理实际上是由其主体与客体、目标与手段、原则与途径、制度与机制、环境与资源、过程与结果、理论与方法等构成的复杂系统或体系。只有通过对这个复杂系统加以科学设计、合理构建和有效实施，才能使公共经济的生产力在精巧的组织下得到充分发挥和适当发展，使公共经济的生产关系在正确处理下得以协同优化，从而使整个公共经济生产方式沿着平滑上升的轨道健康高效地可持续运行。

（二）公共经济管理的构成要素

从公共经济管理的上述基本内涵中可以看出，公共经济管理中存在着许多构成要素，而这些构成要素之间又存在着有机的内在联系。主要包括六个方面：

其一，主体与客体。从表层现象考察，公共经济管理的主体是社会公共机构，在现实中表现为各级国家机关及其所属的事业单位、党派团体、公营企业和作为非营利性公益组织的第三部门，而各级国家机关又是由横向各部门、纵向各层级构成的庞大系统。而从深层本质考察，公共经济管理的主体还包括社会成员及其组成的民间经济社会组织，他们当中又基于经济地位、社会地位、居住地域、性别年龄、民族种族等差别区分为不同的利益集团。按照自然逻辑，他们才是公共经济及其管理的终极主体，对整个公共经济拥有最根本的管理决策和执行监督权，从而社会公共机构责任和权力的最终授权者。在公共经济自然逻辑遭到扭曲的历史阶段，作为公共经济终极主体的人民大众当家作主的日常权利虽然被剥夺，但当他们忍无可忍之时则会打着“王侯将相，宁有种乎”的天道大旗揭竿而起，推翻作为受托代理主体的社会公共机构主导集团，重新订立社会契约。近代资产阶级革命获得成功、建立民主政治制度以后，尤其是在实行无财产和性别限制的普选制民主政治制度以来，人民大众作为主人通过间接民主和直接民主渠道参与公共经济管理的程度愈益加深，以致推动着公共经济管理由一元变为多元、由自上而下而变为上下结合、由指示命令变为协商共和，乃至由传统管理向现代治理转型。

公共经济管理的客体，或者说公共经济管理的对象，就是公共物品及其再生产和公共经济的生产力、生产关系。其中，公共物品作为公共经济的最终产品，自然是公共经济管理的终极对象，其他管理都是围绕这个终极对象展开的，或者说是为了获得这个终极产品而对其生产要素、生产条件和管理工具的管理。对公共物品的管理，主要是管理它的生产、分配、交换、消费，即公共物品的再生产。对公共经济生产力的管理，就是对构成公共物品生产力要素的公共机构、公职人员和表现为公共物品生产资料的公共资产、公共自然资源、技术、信息等实施管理，使之以最佳配比结构和素质水平实现结合。对公共经济生产关系的管理，主要是对公共经济制度、体制、机制和外部关系进行管理，使之能够在科学、优化的状态下保障公共经济生产力充分发挥出应有的功效，从而能够高效率地生产或向社会提供高质量的公共物品。

其二，目标与手段。公共经济管理的目标就是通过公共物品的最佳提供、分配、交换和消费来有效满足人民大众及其经济社会组织的公共需求，有效解决经济社会运行发展中的公共性问题和矛盾，最大限度地增进人民大众的公共利益和经济福利。达到这一目标的手段，包括实行正确的管理原则、选择最有效的管理途径、设计实施最优的管理制度与机制、制定高度理性的政策与计划、营造良好的内外环境以及高效筹集、配置和使用各种资源。

其三，原则与途径。公共经济管理只有在正确的原则指导下选取最优的途径进行，才能取得理想的效果。公共经济管理原则应当依据现代经济政治条件和相关人性假设来设定，具体包括民本性原则、民主性原则、法治性原则、公正性原则、系统性原则、科学性原则、高效性原则和激励相容原则、和谐合作原则等。公共经济管理的途径主要有计划、组织、指挥、资源配置、监督控制、激励约束等，其中每一种途径又都包含着丰富的具体内容。

其四，制度与机制。在公共经济管理中，制度与机制是公共经济生产关系的具体体现，既包括公共经济与民间经济之间边界的划分和综合配置公共经济机构内部横向与纵向公共经济的责权等静态的体制性内容，也包括决策、执行、激励和责权划分、责任约束、责任追究、监督控制等众多动态的机制性内容。

其五，环境与资源。公共经济管理是在特定的内部环境和外部环境下进行的，内外部环境的优劣直接关系到管理成效。内部环境主要是指公共经济体内部人际关系，外部环境则包括民间经济运行状况、社会利益集团结构、社会公众的觉悟水平[①]和整个经济体外部关系。公共经济管理主体应当重视对内部环境和外部环境中有利因素与不利因素的深入分析，善于通过有针对性地制定实施相关公共经济政策主动改善内部和外部环境，正确处理内部和外部矛盾，努力化消极因素为积极因素，使之成为有利于提高管理效果、实现管理目标的一种资源。

---

① 对公共经济管理而言，社会公众的觉悟水平主要是指公民意识、公共精神和民众参与能力。

这里所谓的资源，是指实现公共经济管理目标所需的人力资源、财力资源、技术资源、信息资源和公共自然资源。在公共经济管理中，不仅需要有效地筹集、配置和使用有限的人力、财力资源，积极开发信息资源、充分利用技术资源，而且要通过相关公共经济政策自觉地培植人力资源、财力资源和保护公共自然资源，使之取之不尽、用之不竭，甚至在数量上日益充裕、在质量上不断提升。

其六，过程与结果。与公共物品再生产中生产、分配、交换、消费四个环节相适应，公共经济管理也是在这四个环节循环往复的过程中运行并获取结果的。或者说，公共经济的最终结果如何，主要取决于公共物品再生产过程各环节管理得是否科学、是否到位；公共经济管理即国家治理水平的高低，需要通过产出结果与资源投入的比较得出评价，获得检验。

公共经济管理的这些构成要素之间的内在联系状况，形成每一个公共经济体管理系统的特定结构；而这一结构的优劣程度，又决定着该公共经济体管理的主要功能和整体效果。

（三）公共经济管理的主要功能

公共经济管理的功能主要包括四个方面：

其一，是实现公共经济目标的“运载机”。公共经济的根本目标是满足民间经济主体的公共需求、实现公民大众的公共利益、增进社会成员的经济福利。这一根本目标凝结在每年和每个时期的公共经济政策及相应的公共经济计划、公共财务预算之中。而这一根本目标的具体实现，则需要通过公共机构对公共经济活动实施具体管理的“运载”过程才能得以完成。

其二，是组织协调公共经济生产力各要素，使之现实生产力的“黏合剂”功能。投入公共物品生产的劳动力与生产资料、科学技术之间在数量和质量上达成合理的配比，是形成优质生产力的基本条件；如果各种生产力要素配比不当，必然会减损资源配置效率。其中所需使用的劳动力总量不仅要在知识技能和职业道德素质上与各类岗位的特定需求相适应，而且需要将数量众多的劳动力按照各用其长的原则分配到不同的具体单位、具体岗位上，通过合理分工使之各尽所能。能否按照这些要求组织、调配劳动力，取决于公共经济资源管理的能力与质量。正是基于这种“黏合剂”功能，管理才在很大程度上成为最重要的生产力。这是因为，没有这种“黏合”，生产要素再多再好，也形不成现实生产力；而“黏合”中各种生产要素配置标准决定着生产力水平，各种生产要素之间的配置比例，则决定着它们潜在效能的发挥程度。

其三，是正确处理公共经济生产关系的“调节剂”。生产关系的融洽和谐，既体现在公共经济终极主体与受托主体之间，也体现在受托主体内部各层面[①]；既是作为公共经济生产力中最活跃因素的公共经济受托代理主体能否具有高度责任感、事业心、积极性的决定性因素，也是能否保障公共经济制度、政策、计划、组织、指挥具有高度理性的关键性因素。而能否达成公共经济生产关系的融洽和谐，则取决于公共经济管理，特别是其中的制度、体制和人力资源管理。

其四，是实现公共经济管理自身所有构成要素单体优化与合成优化的“维生素”。上面列举了公共经济管理自身的六对 12 项要素，此外还包括下面将要论及的理论与方法。这些构成要素中的每一项谋划安排得是否最优，以及每对要素之间的相互适应程度，无不关系到公共经济管理的整体效果。而其中的所有单体优化与合成优化，都只能由公共经济管理自己来实现和保障。

其五，是公共经济肌体各系统的“组织液”。在本书第四篇中曾将公共经济比作一个鲜活的肌体，其中公共机构是其躯干和肢体系统，公共经济体制是其骨骼系统，公共财务是其血液循环系统，公共经济政策是其神经系统。这些子系统是否健全、灵敏、有力，既取决于相关环节的公共经济管理质量，也取决于顶层整体设计层面的管理能力及其发挥。

通过以上五个方面的主要功能可以看出，公共经济管理在整个公共经济体系及其运作链条上处于无可比拟的重要地位。

二、公共经济管理的主要特点和基本原则

（一）公共经济管理的主要特点

公共经济管理作为经济管理的一个主要分支，虽然在许多方面符合经济管理的一般规律和原则，但基于公共经济与民间经济的差别，又必然具有一些非常明显的独特之处。

其一，管理主体的二元性。在民间经济组织中，管理主体既有一元的，也有二元的。只有一元管理主体的企业又分两种情况：一种是在所有权与经

---

① 关于公共经济生产关系各侧面的分析，见齐守印：论公共经济生产关系及其优化路径［J］．河北大学学报（哲学社会科学版），2017（1）．

营权合一的企业，兼具所有者和经营者的企业主既是企业经营战略的决策者，又是日常经营管理者；另外一种是租赁经营的企业，虽然经营者不拥有企业资产的所有权，但在租赁合同约定的限度内却拥有日常管理的全权。存在二元管理主体的民间经济组织，主要是承包经营企业和股份制企业，在这两种产权结构的企业中所有权与经营权虽然发生一定程度的分离，但经营者只有具体经营管理事务的决策权，事关企业前途命运的经营方向、重大投资和经理层任免等战略性经营决策权仍然掌握在所有者手中。与此不同，在现代民主制度下，公共经济管理主体只能是二元的，即人民大众作为公共经济的终极主体方和社会公共机构作为受托代理方，两者都是管理主体，只是划分了管理责权在不同层面上的分工而已。公共经济管理主体的二元性，不仅表现在人民代议机关拥有重大公共经济事务决策权和监督权，行政、司法机关行使公共经济事务日常管理责权，而且人民还可以借助于全民公决、参与式管理和投诉监督等多种渠道直接表达对公共经济事务的意见。这与股份有限公司的治理模式极其相似。

其二，管理对象的公共性。按照公共经济的自然逻辑，公共经济管理的对象只能是在使用上具有不可分割性、在消费上具有非竞争性的公共物品及其中间产品，它们无不承载着人民大众的公共利益，用以解决民间经济主体的公共性问题和经济社会运行发展中的公共性矛盾。这种特点，是任何其他民间经济管理都不具有的。

其三，管理系统的巨大性。在绝大多数甚至所有国家和地区中，社会公共机构连同它所属的公益性组织在规模的庞大和结构的繁复方面通常都是任何单个民间经济主体无法相比的。

其四，管理内容的复杂性。现代公共经济管理面对数以十万、百万、千万乃至上亿的社会成员个人和众多民间经济组织千差万别的公共需求，既涉及“从摇篮到坟墓”的公民个人生存与发展权利的保障，又关系到民间经济组织经营环境、竞争秩序和基础设施条件的提供，从公共物品生产、分配、交换、消费整个再生产过程到制度、体制、政策、计划、财务、人事等各种中间产品的设计、组织、协调、指挥、控制、监督，其内容的复杂性也是任何民间经济组织所难以比拟的。

以上这些独特属性，既决定了公共经济管理的超高难度，也从本质上要求对它实行与任何民间经济组织都不相同的指导原则。

（二）公共经济管理的基本原则

与公共经济的自然逻辑和管理的各项特点相适应，公共经济管理应当贯彻实行以下十项基本原则：

一是民本性原则。对于公共经济管理“以民为本”的原则，我国古人早在两千多年前就已经有相当深刻的认识和非常经典的论述。例如，尚书云：“民为邦本，本固邦宁。”① 又如，孟子曰：“民为贵，社稷次之，君为轻。”② 而就当代而言，中国共产党一以贯之地坚持以全心全意为人民服务的根本宗旨则可谓公共经济管理以民为本原则的一种现代表述。在西方，始自两千多年前古希腊思想家伊壁鸠鲁、完成于法国近代思想家卢梭以及当代美国著名思想家进一步发展了的社会契约论，也不约而同地阐述了公共经济管理要以民为本的基本逻辑。坚持民本性原则的根本要求，就是公共经济管理必须以维护和发展人民的公共利益为所有活动的出发点，以增进人民福利的程度为评判公共经济管理能力高低和成效大小的唯一尺度；公共机构及其公职人员必须大公无私，事为民所想，利为民所谋，而绝不允许假公济私、结党营私。

二是公共性原则。公共性既是公共经济的根本属性，也是公共经济管理的主要特点之一，因而在公共经济管理中首先要坚持公共性原则。实行这一原则的根本要求，就是公共经济管理不能超越满足民间经济主体公共性需求、解决公共性问题与矛盾这一边界，不得插手纯属于个人、家庭、民间组织内部而不涉及他人和其他组织利益的事务。只要不触犯法律和侵害其他民间经济主体利益，民间经济主体行为就完全由其自主决策、自己负责，公共经济机构一律不要插手干预，最多通过必要的意识形态灌输、媒体宣传和信息供给加以正面引导而已。从反面讲，超越公共性边界，插手应由民间经济主体自主决策、自己负责的事务，不仅是侵犯民间经济主体自由权利的违反社会契约行为，而且会使民间经济主体产生依赖性导向，从哪方面都费力不讨好。

三是民主性原则。公共经济的终极主体是人民大众，因而公共经济管理应由人民大众当家作主，而不能由作为受托代理方的社会公共机构越俎代庖，更不允许反客为主。根据这一原则，凡是重要的公共经济事务都不仅要通过

---

① 尚书：五子之歌［M］.

② 孟轲：尽心·章句下［M］.

代议制的间接民主进行决策，而且对那些满足社会成员公共需求的公共物品提供事项还要尽可能利用各种渠道和形式直接征询公民大众的意见、建议，以此完善公共选择机制，更为充分地揭示公共经济终极主体的公共需求偏好，通过集思广益将好事真正办好。同时，应当向社会充分公开公共经济活动信息，将决策过程、管理过程、绩效结果和运行可持续性状况置于人民群众的监督之下。

四是法治性原则。公共经济本质上是社会契约的产物，而社会契约的现代表现形式就是宪法和法律法规，公共机构的所有责任和权力都是依照宪法和法律法规赋予的。因此，公共经济管理必须按照依法治理的原则行事。依法治理公共经济的根本要求是：对作为公共经济事务受托代理方的立法机关、行政机关和司法机关而言，法无授权不可为，可为之事必守法：所有公共经济行为都要受到法的约束，所有公共经济活动都要接受法的规范，不履行法定责任和不依法行使公共权力都要视具体情节依法追究当事者的行政责任乃至法律责任。这是全面依法治国、依法行政和建设法治国家、法治政府的核心内容。

五是公正性原则。由于公共经济管理的对象是众人之事，公共机构处理公共经济中的所有关系都必须秉持公正公平的原则：公共物品所需资源的筹集必须由民间经济主体按其能力公平负担，公共物品带来的利益和福利必须由民间经济主体公平享用，公共经济管理中所有制度性、政策性规则都必须体现公平公正精神，并且要充分运用各种制度、机制和政策工具的调节功能积极促进分配公平、社会平等。当然，所谓公平、公正、平等，主要是指在实质性和程序性规则方面无歧视，而不是要求结果上完全均等，即平均主义。因为实行平均主义制度和政策将会泯灭效率与活力，结果只能是普遍的贫穷落后；但是，对结果的差距也要通过相关政策手段加以有效调节和限制，不能因放任自流而致差距悬殊、严重两极分化。

六是科学性原则。公共经济管理要实现预期效果，必须在其目标、手段、原则、制度、机制、途径、方法、政策、计划、组织、协调、指挥、过程等各项构成要素的设计和实施中讲求科学、强调理性，增强自觉性、克服随意性，时时处处按照规律办事，保持主观与客观、理论与实践的一致性。

七是系统性原则。公共经济管理作为一种规模庞大、结构复杂的巨型系统，其中包括计划、财务、人事、决策、执行、激励约束、风险控制、监督问责等众多分系统和子系统，它们之间存在着相互依存、相互适应、相互制约、相互促进等复杂的相互作用关系。只有在分门别类科学设计的基础上，按照其中的内在联系和实现总体目标的客观需要加以系统整合，使之形成合理的结构体系，才能有效地发挥出整个系统应有的积极功能。反之，如果各分支系统之间缺乏协调整合，政出多门、各行其是，整个公共经济管理系统内部就会由于摩擦系数过高而导致功能减损。

八是绩效性原则。公共经济的绩效集中体现为公共资源投入与体现公共利益的各种公共物品产出之比。公共经济管理能力强弱、水平高低最终都要通过绩效结果好坏来检验，预期绩效目标的实现程度是衡量公共经济治理体系和治理能力的主要标尺。因此，公共经济管理各要素的设计、各系统的构建，都要围绕实现较高的公共经济绩效进行；公共经济管理实践的所有环节和过程，都要以取得最佳绩效①为中心，以不断提高绩效水平为依归。

九是激励相容原则。在公共经济管理中，科学设置其中各层次当事者履职尽责行为的激励机制十分重要。这些激励机制必须能够激发各级公职人员千方百计为增进人民大众公共利益而积极行动、探索创新的主观能动性，而不会诱发与他们作为人民公仆的角色相冲突的扭曲性公共经济行为，从而导致公共经济效率和公共福利的减损。所以，无论对公共经济体内部各种责权利关系的处理方式还是调节民间经济运行的公共经济政策设计，都必须认真遵循激励相容原则，以避免由于激励不相容机制而导致的各种与公共经济管理目标背道而驰的负面诱导效应。

十是和谐合作原则。公共经济管理主体内部是一个纵横交错的机构和人际关系体系。就机构层面而言，横向维度上存在众多部门、纵向维度上存在两个以上层级，每一层级的每个公共部门内部又有若干层级。就人际关系来说，一个公共经济体中的众多公职人员之间也存在纵向维度的职级分工和横向维度的岗位分工关系。按照管理学的“复杂人”理论假设，公共经济组织中的职员既是具有利益需求的“经济人”，也是充满感情的“社会动物”，其

---

① 有一种观点认为，公共经济管理强调绩效与公共经济的公共性本质和公正性原则是相冲突的。其实，这种看法是牵强的。这是因为，公共经济的公共性本质和公正性原则都体现在公共经济管理的对象和目标中。在目标中已经充分体现公共利益和公正性原则的前提下，公共经济管理的核心任务就是如何以最高效率实现这些体现公正性原则的目标，或者说绩效目标本身连接着资源投入与体现公正性的产出结果两端。

中多数还是文明水平较高、乐于创造和奉献的“文化人”。在这样的组织中，仅仅依靠冷冰冰的制度规范和简单的物质刺激很难实现理想的管理效果。为了实现公共机构内部在分工基础上的密切合作，确保整个公共机构高效率运转，无论其中的机构间关系还是人际间关系的处理，在纵向上简单地依靠“命令—服从”模式、在横向上简单地依靠公文往来途径，都难以达到理想的效果。因此，依照现代组织管理理论，要想使公共经济组织内部既井然有序又充满活力，就不仅要依靠科学合理的制度规则约束，还要注重通过多方面关心、工作上信任、参与式管理、商讨式交往等情感培育方式在上下左右之间营造和谐合作的氛围，善于借助相互间的信任、尊重、友谊、谅解来增强协同合作的润滑性能，最大限度地降低内部和外部的交易成本。当然，贯彻和谐合作原则必须以制度规范为前提，严防和谐合作异化为感情至上、不讲原则、不论是非甚至拿原则做交易而损害公共利益的机会主义。

上述十项原则作为一个体系是公共经济管理所特有的，其中每一项原则都在一定意义上体现着公共经济管理的规律性。各级各部门公共机构的主导者在公共经济管理实践中只有综合把握、系统运用这些原则，才能取得较好的管理效果、更好地实现管理目标。

三、公共经济管理相关理论的历史发展和独立化任务

理论是实践经验的总结和升华，反过来又成为自觉实践的行动指南。对于公共经济管理实践而言，运用科学理论指导同样非常重要。但是，正如熊景维所说：“作为一个全新的研究领域，目前对公共经济管理进行系统研究的文献较少，大部分论述散见于各种成果之中。”① 由于专门而系统的公共经济管理理论目前尚未形成，现实的公共经济管理实践主要借用管理哲学、企业管理学和公共管理学等相关理论作为思想指导。

（一）管理学理论的历史发展和主要内容

从发展过程考察，管理哲学理论的源头可以追溯到轴心时代古中国和古希腊思想家的有关论述，而近代以来的侧重于企业管理的管理理论则经历了由泰罗开端的古典管理理论向现代管理理论的演化过程。在这一演化过程中，前后接续发展出了科学管理、古典组织理论、行为科学、社会系统理论、决策理论、权变理论和经营管理理论等众多理论方法学派。

---

① 熊景维：公共经济管理理论研究述评［J］. 天津行政学院学报，2011（4）：87.

管理哲学、管理学和企业管理理论的基本架构是：以不同的人性假设为基础，系统研究阐述管理的主体与客体、组织与结构、系统与功能、目标与手段、原则与方法、决策与执行、协同与控制、行为与效果，进而分门别类地阐述计划管理、财务管理、生产管理、营销管理、人力资源管理、公共关系管理等，并在其中描述性地归纳概括一些规律。与这些研究内容相适应，形成了不同流派的人性假设理论、组织结构理论、组织制度理论、系统功能理论、分工协同理论、行为分析理论、控制模式理论、管理决策理论、执行力理论和计划管理理论、财务管理理论、生产组织理论、营销管理理论、人力资源管理理论和公共关系理论等。其中的主要原理包括：系统原理、人本原理、整分合原理、反馈原理、封闭原理、能级原理、弹性原理、动力原理、激励原理、权变原理、效益原理等，[①] 分别用于解释不同层面和分系统的管理问题。

这些理论和原理，有的可以直接运用于公共经济管理领域，有的对公共经济管理具有间接性参考价值，而其中与经济市场密切相关或个性较强的理论板块则不宜牵强附会地应用于公共经济管理实践。

（二）公共管理理论的历史发展

从研究内容考察，始于政治与行政两分法的公共管理学与公共经济管理理论最为接近。近百年来，西方公共管理理论的发展大体经历了三个阶段：

第一阶段是流行于19世纪90年代到1979年的追求理性化的科层制公共行政管理理论。一般认为行政管理理论产生的标志是托马斯·伍德罗·威尔逊1887年发表的《行政学之研究》一文，因为这篇文章最早提出了政治与行政两分法，认为行政学的任务是寻求将政府应当做的事以最高的效率和最少的经费、精力做好的方法，并且将管理从混乱和狭隘的经验主义现状之中解救出来，建立在坚实的科学理论基础之上。[②] 继其后，美国著名政治学家、行政学家古德诺在其1900年出版的《政治与行政：对政府的研究》一书中认为，行政是代表民意的国家意志的政策执行，是由行政部门掌握的执行法律

---

① 朱新民、李永春、周吉：现代管理科学词库［M］．上海交通大学出版社，1986；周三多、陈传明、鲁明泓：管理学——原理与方法［M］．上海：复旦大学出版社，2005；黄津孚：现代企业管理原理［M］．北京经济学院出版社，1997；杨善林：企业管理学［M］．北京：高等教育出版社，2004.

② 蓝志勇、陈国权：当代西方公共管理理论述评［J］．公共管理学报，2007（3）：2.

和政策的权力；行政学不研究政治问题，而研究行政效率、使用方法或技术标准；为了提高行政效率，应当将政府官员区分为政务官和事务官，并规定常务官在政治上保持中立。

这一时期的公共管理理论认为政治与行政应适当分离，行政系统为政治负责，但由职业相对稳定且具有专业知识的科层制技术官僚组成，按照法定的责任权限和严格的纪律原则依循管理层级自上而下地实施内部控制，并借助于职位晋升和相应的薪酬、养老金激励机制，主要依据理性原则和业务规范处理各种管理实务，通过工具与目标之间的合理匹配，以实现预期管理目标。与这一理论相适应的行政管理以机构规范、角色规范和价值规范为基本特征，较好地保障了公共管理的运行效率。

但是，随着时间推移，循规蹈矩、繁文缛节、办事拖拉、形式主义等弊端日渐突出，加之提供公共物品由公共部门一家垄断、缺乏竞争机制，一方面严重影响了公共部门的运作效率，公共服务质量逐步降低；另一方面导致公共部门机构臃肿、成本费用增加，加之长期实施凯恩斯主义政策和两次石油危机带来的经济滞涨造成税源相对萎缩，以及福利国家政策造成的公共支出膨胀，西方国家财政收不抵支、债台高筑，社会公众对政府的信任危机不断加深。

第二阶段是20世纪80年代初至20世纪末的以市场化为特征的新公共管理理论。陷入信任危机的西方国家政府希望摆脱困境成为公共管理改革的内在动力，而众多企业通过管理机制创新不断提高效率的范例又构成启动公共管理改革的外部压力。在内外两种推力的共同作用和先期出现的公共选择、货币主义、供给经济学、多中心治理、委托—代理、交易成本等反凯恩斯主义的经济理论影响下，西方国家政府相继掀起公共管理改革的浪潮。

1979年，英国的玛格丽特·希尔达·撒切尔上台担任首相以后，率先拉开这场改革的序幕，在厉行国有企业私有化的同时着力推进政府运作改革，强调政府管理要实行3E——经济、效率和效益——原则，注重通过引入市场因素和竞争机制提高公共管理效率，鼓励私营企业参与提供公共服务，在基础设施建设和公共服务领域建立公司伙伴关系，在加强公共部门绩效评估的同时扩大管理自由度等。1981年，罗纳德·里根通过大选出任美国总统伊始，也紧随其后，大力推行购买公共服务、消减公共支出项目、裁汰公共机构与公职人员等以政府瘦身为主要内容的公共管理改革。1993年，比尔·克林顿上台后转而采取重塑政府的改革新思路，成立由戈尔副总统领导的国家绩效评估委员会，以提高政府绩效、降低行政成本、增强公共经济竞争活力为目标继续推进公共管理改革，通过依绩效分配公共资金、以企业家精神改造政府、以顾客满意度衡量公共部门业绩、用激励代替规制、用市场方法而非行政方法满足公共需求、向社区分权委责、政府职责由划船为主变为掌舵为主等一系列措施，取得一定成效。属于英联邦的新西兰和澳大利亚等国也先后探索进行类似改革，包括削减公共开支和公务人员、国有企业私有化、运用信息技术改善公共服务等。这些公共管理改革及其相关理论的影响一直延续到现在。后来一些学者通过总结分析、丰富论证，将这股改革浪潮冠名为“新公共管理运动”，并将相关理论称之为新公共管理理论。

这一时期的公共管理改革虽然在提高公共经济效率方面显示出明显的效果，但由于推行公共服务机构分散化、小型化而导致公共管理制度结构碎片化，将工商管理理论引入公共管理混淆了与民间经济之间的界限等，公共部门自主权扩大，削弱了部门间的合作与协调，多元化和异质化的公共物品提供主体共存带来管理上的难度，以企业精神改造政府引起行政伦理争议等，因而产生了一些与公共管理本质属性相悖的弊端和后遗症。

第三阶段是21世纪初到现在的后新公共管理理论。由于新公共管理实践与理论存在管理理念、组织结构和民营化思路等方面的局限，一些西方学者针对其中的各种缺陷提出了超越或救治性公共管理理论观点，被称为后新公共管理理论[①]。目前主要有三个分支。

一是美国学者丹哈特夫妇（Robert · Denhart & Janet · V. Denhart）提出的新公共服务理论。按照他们的看法，新公共管理“将政府视为企业而将其服务对象视为顾客”是对公共管理本质关系的扭曲，旨在克服传统公共管理和新公共管理弊端的改革方向应当是以公共利益为导向的新公共服务，而“所谓新公共服务，指的是关于公共行政在以公民为中心的治理体系中所扮演的角色的一套理念”。这套理念将公民置于整个治理体系的中心，推崇公共服务精神，强调公共管理的本质是为公民服务而不是掌舵，实现由公民共享的公共利益是主要目标而非副产品，政府及其公务员的首要任务是协助公民明确

---

① 唐兴霖、尹文嘉：从新公共管理到后新公共管理——20世纪70年代以来西方公共管理前沿理论述评［J］. 社会科学战线，2011（2）：178－183.

表达并实现公共利益，而不是试图做控制或驾驭社会、引导方向的掌舵者；公共利益由基于共同价值准则的对话协商形成而非个人自我利益的简单相加，实现公共利益是公共组织和公民的共同责任，应当在构建政府与公民、公民与公民之间互相信任关系的基础上，通过政府与公民及其社区沟通对话实现合作共治；政府不是企业，公民不是顾客，公务员和公民都应当为实现公共利益做出贡献，政府应当尊重公民权利，积极回应公民的公共需求，基于战略考虑制定符合公共需要的政策和计划，在政府与公民的共同努力与合作基础上最有效、最负责地贯彻执行，才有可能获得成功。可见，新公共服务理论在公共管理理念方面显然超越了新公共管理理论与实践。

二是英国学者佩里和帕特里克·邓利维（Perri & Patrick · Dunleavy）等人提出的整体政府理论。这一理论认为，新公共管理导致的公共管理制度与机构碎片化不利于公共机构整体服务功能的有效发挥，因而强调政府应当着眼于公共政策和公共服务的有效实施，整合各部门各层级机构与第三部门、民间组织的资源，通过密切协同合作的一体化行动有效利用稀缺资源，为公民提供高质量、无缝隙的公共服务。这一理论体现于1997年托尼·布莱尔担任英国首相以后推行的整体政府改革行动，在中央政府层面将职能相近的公共机构重新整合为较大的公共部门，取消了一些准政府机构，并且组建独立于部门之外的政策研究制定组织以整合公共政策；在地方层面，建立协调行动机构，将各种策略伙伴关系分别联合成一个治理结构；在基层，以社区为基础建立各种分门别类的联合服务供给小组，针对公共性问题协调有关方面共同解决；将撒切尔政府时期外包给民营部门的许多公共事务重新收归公共部门管理等。这种改革取向在新西兰、澳大利亚、加拿大等英联邦成员国得到传播，并通过示范效应影响到挪威、荷兰以至美国地方政府层面。

三是德国和荷兰一些学者提出的网络治理理论。这一理论认为，在现代社会复杂、多层、碎片化和国家与公民社会间差别日渐消解的情景下，传统的科层制公共管理模式和市场化为导向的新公共管理模式都有其不适应之处，科层制机构繁冗僵硬难以及时有效地回应公民复杂而变化的公共需求，而放松规制的市场化公共管理显然不能有效解决市场失灵的公共性问题。要想摆脱这种公共管理困境，需要运用基于政策网络研究与治理理论相结合而产生的网络治理理论。这一理论将治理战略分为经营管理与网络构建两个层面。前者是指对现有网络结构内的关系进行管理，常常需要政府为利益相关者之间达成妥协创造共同决策的环境；而后者则指改变或参与网络结构的努力，包括改变行为主体之间的关系、转变资源分配方式，新的成员被引入网络中并被赋予合法性和资源，政府为他们提供影响政策过程的机会并推动产生期望的结果。政府应当通过发达的网络技术，配合以各种自下而上的决策途径来管理社会，随着公众参与范围的不断扩大，即可增强决策过程的合法性。因此，在公共部门与私人部门相互依赖不断增强的背景下，通过正和博弈、自我协调的协商谈判和水平型的网络沟通，依托经常性的互动和价值共享下的信任，达成参与者共同受益的结果，成为一种能够有效协调公共部门与民间经济主体利益和行动、解决公共性问题的新兴治理形式。

分析以上三种代表性的理论内容可知，所谓后新公共管理理论，虽然都有一定的真知灼见和实践意义，但多是对传统的科层制管理和新公共管理理论与实践中部分瑕疵的必要“修补”以及对其弊端的适当“矫枉”，而非系统全面的公共管理理论。因而，需要将科层制管理、新公共管理和后新公共管理理论按照去粗取精、去伪存真的原则加以理论创新，才能成为指导现代公共管理实践的系统性理论指南。何况公共管理理论虽然与公共经济管理联系最为紧密，但它们的学科视角和研究方法还是有区别的，公共管理理论并不能完全机械地照搬于公共经济管理理论与实践。

（三）公共经济管理实践对公共经济理论系统化、独立化的历史需求

正如瓦格纳定律所揭示的那样，随着经济发展水平的提高，社会结构的复杂性和经济活动的不确定性不断增强，民间经济主体对公共物品质量与数量的需求持续上升。西方国家以 20 世纪 30 年代全球性经济危机为转折点，以凯恩斯主义经济理论的流行和罗斯福新政及其示范效应为契机，经由欧洲推行福利国家政策和美国 60 年代初“伟大社会运动”的推动，政府对经济社会生活的干预范围越来越大；与此同时，社会成员的公民意识逐渐觉醒，对社会公正、公平分配的诉求也日益强化。在这些因素的共同作用下，公共部门经济社会活动的广度和深度大大超过了以往，公共经济管理的重要性得到前所未有的显现。正如英国学者吉姆·汤尼森所指出的，在新形势下，公共经济部门的管理能力已经成为一个经济体成功与否的关键。[①] 为了有效应对公共经济管理暨国家治理能力面临的巨大挑战，20 世纪末期西方国家公共部门

① 熊景维：公共经济管理理论研究述评［J］．天津行政学院学报，2011（4）：86.

掀起了一场旨在提升公共经济总体能力的绩效管理改革。

无论在中国等发展中国家还是在欧美发达国家，公共经济管理改革实践在发展中虽然不时出现创新性成果，但始终处于曲折探索状态，迫切需要人们充分利用管理哲学、公共管理学研究成果，积极吸收企业管理学基本原理和借鉴现代公司治理经验，紧密结合公共经济管理的特点，创造性地构建起系统完整、相对独立的公共经济管理理论，以适应公共经济管理暨国家治理现代化实践的需要。

第二节　公共经济管理的一般机制与主要方法

公共经济管理虽然从终极意义上是对公共物品再生产过程的管理，但公共物品是借助于以人为能动要素的生产力、在以人为主体的生产关系作用下生产或提供的。因此，要实现公共物品最佳提供、最佳分配、最佳交换和最佳消费的目标，必须将作为公共经济受托代理者的公职人员及其组成的公共机构的科学管理作为主要着力点，从合理的人性假设出发，采取相应的管理机制和管理方法。

一、公共经济管理中的人性假设

在管理学理论从古典到现代发展的历史进程中，学者们对管理的主观对象先后提出过“经济人”“组织人”“自我实现人”“社会人”“复杂人”“文化人”“心智成熟的自我实现人”等各种人性假设。这些假设之间总体上是前后扬弃发展的关系，而不是后者绝对否定前者的彻底替代关系。西方管理学界依据“经济人”“社会人”和“文化人”[①] 这三人性假设，相继构建过以不同激励机制为主线的古典管理（X）理论、行为科学管理理论、协同目标管理（Y）理论、因情权变管理（超 Y）理论和现代管理理论。

20 世纪 60 年代，日本开始流行企业文化管理模式，日本学者威廉·大内将与这种管理模式相对应的重视管理者与被管理者建立信任、亲和关系以提高生产率的管理理论称为“Z 理论”，从而实现了对管理理论中“经济人”“社会人”等人性假设的超越，在一定程度上体现出“文化人”假设思想。

---

① 这四种人性假设分别由四位思想家提出来，“经济人”假设最初由“经济学之父”亚当·斯密提出，“社会人”假设美国著名管理学家、由“霍桑实验”的主持者乔治·埃尔顿·梅奥提出，“自动人”或“自我实现人”假设由美国心理学家道格拉斯·麦格雷戈在马斯洛的需求层次论基础上提出，“文化人”假设最初德国哲学家恩斯特·卡西尔提出。

到了90年代，美国人总结分析了日本企业管理文化的优点与不足，创造了更新的企业文化管理模式，主张实行“学习型企业”模式、实施“管理流程再造”，最终突破了传统人性假设框架，从而将企业管理模式和管理理论推向现代阶段。现代管理理论所依据的是进一步发展了的“文化人”假设。这种人性假设扬弃性地综合吸收了“经济人”“社会人”“复杂社会人”“理智成熟人”等各种人性假设的合理因素，涵盖了“经济人”“理性人”“社会人”“学习人”“创造人”“主体人”“自觉人”等多种特征。依照这种人性假设，在进入知识经济时代的背景条件下，企业管理必须依托企业家和劳动者的高度主体性与自觉精神，管理者应当积极支持他们不断学习、持续进步、自我超越，激发他们产生强烈的竞争意识和创造欲望，以此作为企业不断创新发展的动力源泉。

诺贝尔经济学奖获得者、美国经济学家詹姆斯·M. 布坎南将“经济人假设”创造性地运用于公共领域各种活动主体行为的分析，并且作为其公共选择理论的基石。他指出：“如果把参与市场关系的个人当作效用最大化者，那么，当个人在非市场内行动时，似乎没有理由假定个人的动机发生了变化。至少存在一个有用的假定，即当人由一个市场中的买者或卖者转变为政治市场中的投票人、纳税人、受益人、政治家或官员时，他的品行不会发生变化。”①

基于对公共部门与现代股份制企业内在联系一致性的认识，适应当时西方正在兴起的新公共管理运动实践需要，美国学者戴维·奥斯本和特德·盖布勒早在20世纪80年代就在《改革政府：企业家精神如何改革着公共部门》一书中赞扬美国许多地方政府官员突破官僚主义模式、推进公共经济管理改革的行动，这些公共经济受托代理者以颇具“文化人”假设特征的企业家精神和主体创造意识大胆地破除各种僵死过时的制度规定，以实际效果来决定预算资源配置和公共物品提供方式，对公共服务实行全面质量管理，针对问题制定解决办法，在公共经济管理中积极引入市场竞争机制，大大提高了公共物品提高质量和效率。他们据此倡导“企业家精神”，打造富于活力和效率

① 詹姆斯·M. 布坎南：宪法经济学［J］. 经济学动态，1992（4）.

的“企业家政府”。[①] 该书作者虽然没有正式地将人性假设引入公共经济管理，但实际上却是以企业家型“文化人”假设作为描述那些改革型政府官员行为的人性假设基础的。

对于公共经济管理而言，经过不断完善的“文化人”假设比之布坎南将公职人员假设为“经济人”的观点进了一步。但是，如果将公职人员都视为具有企业家精神的“文化人”，也未免太过理想化了。实际上，处于公共经济这个“政治市场”中的公职人员也是由具有多层次道德和文化素质构成的复杂群体，其中既有较为纯粹的“经济人”，也有非常高级的“主体人”“学习人”“创造人”和“自觉人”，而大多数则兼有“经济人”“理性人”“社会人”“主体人”“学习人”“创造人”“自觉人”的特征，因而不能简单地用一种人性假设来概括他们当中所有个体的人性特征和行为动机。有鉴于此，公共经济管理机制与方法的设计和运用，应当以其中多数人的人性特征和行为动机为逻辑基础。

二、公共经济管理的一般机制

依据上面关于公共部门人性假设和公共经济内在矛盾的分析，为了使公共经济达到最大限度增进公民大众公共利益和经济福利的目标，在公共经济内部管理方面需要建立健全系统的责任约束机制、严密的风险控制机制、完善的绩效激励机制和严格的履职考核机制。[②]

（一）健全责任约束机制

健全责任约束机制是强化公共机构责任心和公共经济效率、构建责任政府的主要保障条件之一，而公共经济管理责任约束机制应当是由合理而清晰地划分责任、认真履行责任、监督落实责任、严肃追究失职责任四个环节构成的完整链条。

首先，要合理地明晰责任。通过制定实施公共机构和公职人员履职行为规范通则，按照事有专责的原则明确划分各类公共机构和不同层级公职人员的职责以及办理公共事务应当达到的一般标准，作为公共机构和公职人员履责尽职需要普遍遵循的基本守则。

---

① 戴维·奥斯本 & 特德盖·布勒：改革政府：企业精神如何改革着公共部门［M］．周敦仁译，上海译文出版社，2013.

② 齐守印：基于公共经济内在矛盾的国家治理机制研究［J］．财政研究，2017（4）．

其次，要对责任履行过程实施有效监督。包括各个公共部门内部上级对下级履责情况进行监督控制等，以防止公共部门乱作为或不作为；通过建立履责报告、履职过程信息公开和民间经济主体投诉等制度，提高公共机构活动透明度，让人民群众能够对立法、司法和行政机关履行公共经济责任的状况时时加以监督。

再次，要对失职滥权行为严肃追责问责。对于促使公共部门和公职人员认真履行公共经济责任、提高公共经济效率而言，如果只奖不罚，不足以抑制不作为、乱作为的行为，因而必须在奖优的同时，构建适当机制罚劣。为此，一是要健全公务人员履责法制，并严格依法依规监督公务人员的履责活动，严查违法违规、失职渎职行为。二是要完善和强化公共经济履职问责机制，对违反规定做出错误决策、执行不力造成较大损失或为政慵懒贻误公事者，根据具体情节严肃追究行政责任和法律责任，给予相应的行政处分，以儆效尤。

（二）强化风险控制机制

风险控制机制所要关注和解决的是公共经济制度、政策和计划目标是否得以认真执行，是否存在偏离轨道和目标、引起公共风险等问题。风险控制机制主要由制度、政策和计划执行的全程追踪反馈信息系统构成，追踪反馈的信息内容不仅包括制度、政策和计划执行进度情况，而且包括执行中遇到哪些阻力、有何负效应、存在哪些风险等情况，以便上级公共机构根据这些不适问题的信息及时研究、调整、完善相关制度、政策和计划，确保公共经济制度、政策和计划在理性状态下顺利贯彻执行，最终取得较为理想的效果。为防止下级机构报喜不报忧而导致风险信息失真，应当明确规定瞒报造假行为的问责惩戒措施。

（三）完善绩效激励机制

对公共部门和公职人员履责绩效实施激励，目的是从正面激发公共事务执行主体尽心尽力履行公共经济责任、不断提高公共经济效率的内在动力。这种激励既包括给予荣誉、加以表彰方式的精神鼓励，也需要给予足够的物质利益激励，更需要通过选贤任能为那些在履行公共经济责任方面做出突出贡献的公职人员提供更能充分发挥人生价值的舞台，以便将公共经济的生产力保持在较高水平并且得到充分发挥。因此，这种激励机制必须建立在科学的绩效责任分配与考核机制基础上，如果与后者相脱节，激励效果就会南辕北辙。如果在各层级公职人员的物质待遇和职务任用机制方面，干多干少一个样、干好干坏一个样，甚至实干不如虚干、能干不如会说、会说不如会“跑”，不仅难以有效调动公职人员认真履职、勤奋尽责和不断提高业务素质、创新探索的积极性，而且久而久之，势必诱导公职人员产生虚报浮夸、政绩造假、投机钻营、阿谀奉承等有损职业道德的行为倾向，乃至滋生跑官要官、行贿买官、私结裙带、舞弊升迁等官场腐败之风，从而严重扭曲公共经济行为、损害公民大众的公共利益。在公共资金自上而下的转移支付分配方面缺乏奖励先进、鞭策后进的激励机制，完全按照辖区人口多少、地域大小等客观因素计算，而忽视下级通过改革创新提高公共资金配置使用绩效和积极培植财源的主观努力因素，势必诱导下级公共机构滋生坐等上级补助支持的懒惰等靠倾向，从而不利于提高公共经济效益。如果上级公共机构以公共资金补助方式帮助下级消化公共债务，就会激发下级公共机构不顾自身偿债能力和公共财务运行可持续性盲目借债融资的行为，导致地方债务风险普遍化，以致酿成系统性公共债务危机。如此等等。

（四）严格履职考核机制

对公共部门及其工作人员履行公共经济责任及其绩效情况据实加以考核，是公共经济履责约束与激励机制的基础和前提。没有真实准确的责任履行和履职绩效考核信息，所谓责任约束机制、风险控制机制和绩效激励机制都会由于缺乏依据而落空或扭曲。因此，古今中外都非常重视建立公共经济内部考核机制，对相关制度进行过长期的实践探索。近年来，我国从中央到地方都在强化对规定层级以上的领导干部实施经济责任审计。20世纪80年代初以来，OECD国家相继推行新公共管理，其中包括运用一系列预先设定的指标体系对各公共部门履行公共经济责任的绩效实施全过程管理，年终开展包括管理使用财政资金效果在内的履责绩效评价，并注重评价结果的应用，以利不断提高公共经济绩效，更好地增进国民福利。

目前的任务在于，通过继承、借鉴与自主创新，将公共经济履责绩效考核机制尽快健全和完善起来。论其途径，最重要的莫过于以下四点：一是纳入制度轨道，规范实施，长期坚持。二是构建完善的考核指标体系，考核指标必须科学量化、横向可比，确保考核结果客观真实。三是强化考核主体的责任，若因考核营私舞弊、弄虚作假导致考核结果或评语失实，则严肃追究考核者的责任。四是规范考核结果的应用，认真兑现奖罚，切实奖勤罚懒、用贤罢庸、用廉罢贪，勿使考核形同虚设。

公共经济管理机制不只存在于公共机构内部，在与民间经济运行发展相关的公共经济制度和政策方面同样有调节、监督机制问题。但后一层面的机制，本质上属于制度政策类公共物品设计需要解决的问题，或者说是民间经济管理的机制问题，处于公共经济管理机制的外围层面，因而不属于公共经济管理自身机制的范畴。

三、公共经济管理的主要方法

管理方法是为实现管理目标、保证管理活动顺利进行所采取的方略和办法。任何管理都要选择、运用相应的方法，公共经济管理自然也不例外。公共经济管理的方法，可以从不同角度进行分类。比如，按照作用原理可分为经济方法、行政方法、法律方法和社会学心理学方法，按照适用的普遍程度可分为一般管理方法和具体管理方法，按照定量化程度可分为定性管理方法和定量管理方法。在这些依据不同角度加以分类的方法中不仅存在相互交叉的情况，而且不同类型的公共部门也有各自的具体管理方法。这里重点讨论公共经济管理中可以通用的五种主要方法：

（一）以法制为基础的规范管理法

公共经济作为比民间经济更为典型的法治经济，不仅必须更加注重规范管理，而且这些规范多数都应当诉诸法律、法规和有约束力的成文规章制度，保证绝大多数常规的公共管理活动和行为都有法可依、有规可循；即使必不可少的自由裁量权，也要依据法定程序规范行使。

之所以如此，是因为公共经济属于典型的委托—代理型经济，作为受托代理主体的公共机构必须以为公民大众谋取公共利益为根本宗旨，绝不允许以权谋私、借机寻租。为此，就需要以具有刚性约束力的法律法规和规章制度来规范公共机构及其公务人员的职务行为，将公共权力关进法制的“笼子”，以保障其宗旨的实现、避免公民大众的公共利益和合法权利受到公共权力的侵害。当然，相关法制规章要精简、管用和对所有职务等级的公务人员一视同仁，既要防止繁文缛节损害效率，又要避免“潜规则”钻了法制的漏洞。

（二）以计划为依托的目标管理法

公共经济作为人类自觉驾驭公共事务、满足公共需求的活动，既最适合也最需要通过计划管理实现预期目标。各个公共部门、机构和组织每年或某段时期内要向民间经济主体提供哪些、向谁提供、提供多少、在哪里提供、提供何种质量标准的公共物品或者作为提供中间产品的公共部门开展哪些公共经济活动，为此需要筹集多少公共资金、以怎样的渠道和标准筹集、以何种比例分别配置到每种公共物品生产上，以及需要购买多少相关劳务和生产资料等，都是可以相对准确地加以预测和计划的。这里既包括公共物品和公共经济活动目标的计划，也包括对实现目标的手段、途径等计划；既包括年度计划，又包括中期甚至长期计划；既包括公共物品提供计划，又包括作为筹融资财务活动的公共预算。关键在于，这些计划要建立在准确预测、充分揭示大众公共需求和客观允许的筹资能力基础上，以尽可能保障其科学与可行，不仅能够确保其预期目标的顺利实现，而且能够保持公共经济政策的连续性和公共财务的可持续性。

（三）以结果为导向的绩效管理法

从公共经济的本质功能考察，公共物品再生产的所有过程和中间环节都是手段，而以最节省资源的途径达到满足民间经济主体公共需求、实现预期公共利益的结果才是根本目标。为此，公共经济管理必须实行以结果为导向的绩效管理方法，事先明确每个公共部门、每个公共机构乃至每个公共支出项目、每个公务人员岗位工作的绩效目标，并且制定出准确评估这些绩效目标实现程度的量化考评指标，以此作为计划期间实施过程控制的依据和计划期末对公共机构、公务人员按照履职绩效实施奖罚激励的依据。

这种以结果为导向的绩效管理方法，在西方发达国家政府层面已经探索实施了二十多年，目前已经相当成熟和普遍。在中国，绩效管理目前主要在公共财务预算管理过程中逐步实施，① 在政府层面的绩效管理虽然有国务院批复建立的政府绩效管理工作部际联席会议制度，并批准北京市、吉林省等24个省区市开展试点，但正式实施的仅限于深圳等个别地方，② 致使其成效难以

---

① 河北省财政部门自2004年起就从预算项目绩效评估开始探索，2010年以河北省人民政府第138号文件《关于深化推进预算绩效管理的意见》正式全面推行，其中包括《河北省预算绩效管理办法》和《河北省预算绩效管理问责办法》。此后，财政部于2011年以财预（2011年）416号文件印发《关于推进预算绩效管理的指导意见》，在全国推行。

② 2010年4月，在经过3年试点之后，深圳市正式推出《深圳市人民政府全面实行绩效管理工作实施方案》，其中实施绩效管理的对象既包括公共部门，也包括公共部门内部公务人员个人。

充分体现出来，现在亟须在各级政府和整个公共经济层面强力实施，以利发挥其促进公共经济效率和效益最大化的作用。

（四）以激励为主线的人本管理法

公共经济管理的终极对象是公共物品及其承载的公共利益，但公共物品是由供职于公共机构的人具体生产或提供的。要想达到公共物品最佳提供和公共利益最大化的目标，不断提高公共机构的绩效，必须依靠具有高度责任感、事业心和公共精神的公务人员充分发挥聪明才智才能实现。因此，公共经济管理不仅需要以法制规范约束公务人员的岗位操行、以监督问责惩戒公务人员基于自利心而产生的滥权渎职行为，而且需要按照社会学、心理学原理，依据“复杂型文化人”假设，采取以人为本、以激励为主的方法，善于通过尊重、信任、关心、教育、表扬、协商沟通、民主参与和作为绩效导向的职务晋升的薪酬机制，满足各层级公务人员多层次的经济和心理需要，以持续有效地激发公务人员履职尽责的责任心、积极性和创新精神，使每个公共机构内部都经常充溢着奋发有为、昂扬向上的士气和团结协作、和衷共济的良好氛围，切实形成既有统一意志又有个人心情舒畅的生动活泼、干事创业局面。

（五）以整体协调为基础的系统管理法

公共经济作为一个具有多部门、多层级的复杂型巨大系统，其运行效率和功能发挥受分工协作和“短板制约”这两项系统原理支配。因此，确保公共经济积极功能得到整体高效发挥的一个根本性条件，就是在管理中充分运用以整体协调为基础的系统管理方法。

采用这种方法，要求在公共经济管理中强化整体协调、全局统筹的指导理念，通过科学的组织和周密的安排，确保每个公共机构整体与部分（要素）之间、整体与外部环境之间、横向各子系统和纵向各层级之间始终围绕实现整体的功能目标而协调有序地运转。这种方法的运用，不是一次性的，而是连续性的。这是因为，公共经济的总体功能目标需要通过分部门、分单位、分时段、分项目具体落实，其中分部门、分单位目标往往需要其他相关部门和单位配合完成，分时段目标需要瞻前顾后，分项目目标需要针对问题制订多种方案以供优选决策；一个时段过去又有新的时段接续，一个项目完结又会有新的项目出现。因此，以整体协调为基础的系统管理法需要持续不断地反复运用。

第二十四章　公共经济绩效管理

一个对人民负责的政府必须保障其公共经济管理具有很高的资源配置和资源使用效率，即一方面要保障必要的公共物品供给品种、数量和质量；另一方面又要尽可能减少资源占用与耗费。承载公共利益的公共物品提供计划及相应的公共资金配置预算确定之后，能否以最节省的公共资金耗费实现预期效果，既是衡量责任政府建设效果的主要尺度，也是公共经济绩效管理需要解决的核心问题。正因为如此，国内外已经就此问题进行了长期的实践探索和理论研究，20 世纪后期则成为以“再造政府”为主线的新公共管理运动的一项主要内容。这些理论与实践探索虽然积累了很多思想成果和实践经验，但创新发展正未有穷期。

第一节　公共经济绩效管理的历史发展与现实背景

无论国内还是国外，对公共经济活动实施绩效管理并不是刚刚引起重视和开始进行的，而是有着漫长历史发展过程的社会实践。但它成为一股风靡世界的公共经济管理潮流，则有其特定的现实背景。

一、公共经济绩效管理的历史发展

可以说，自从公共经济活动出现以来，就存在公共经济绩效问题，从而随之产生了对其进行管理的客观需要和实际行动。

在中国，有古代文献资料表明，早在舜担任中华原始氏族联盟最高领袖的时期，就有了对公务人员进行考课并依据考课结果予以任免赏罚的制度。《尚书·舜典》云：“三载考绩，三考，黜陟幽明。”其疏曰：“以三年考校其功之成否也。”这种考课，既包括对公务人员德行操守的考察，也包括对其所承担职事目标是否实现即工作绩效的核实评判。正因为存在这种绩效考评及相应的赏罚制度，大禹的父亲鲧才因为奉命治水不力而被杀，然后任命大禹接替其父继续领导治理水患。也正是由于大禹改变了治水方略，变堵为疏，获得成功，从而成为舜的接班人。其后，经过逐步发展演变，周王朝在周公辅佐武王执政时期通过制定《周礼》形成了比较系统的官吏履职绩效考核成文制度，而到汉元帝时则进一步制定和颁布了专门的官吏考课之法，到唐宋明清时期已经相当完备，直到清末才连同封建制度一起进入历史博物馆。[①] 中华人民共和国成立以后的各个发展阶段，也依据人民民主的国体原则实行过不同形式的公务人员工作绩效考核制度。尽管这些公务人员考绩制度与现代公共经济绩效管理有着很大差别，但其间也有许多相通之处，因而不宜以历史虚无主义态度将其一概抹杀。

国外也是如此。例如美国，追求公共经济效率的努力至少已经进行了一个多世纪。据美国著名公共行政学家尼古拉斯·亨利在其代表作《公共行政与公共事务》一书所载，美国早在 19 世纪末 20 世纪初所谓进步时代就强调提高政府效率，认为好的政府必须是注重效率的政府，从 1940 年开始着眼于控制公共经济成本而编制项目/绩效预算，1965 年进一步深化为规划/项目/绩效预算，从 1970 年起则从整个公共机构层面推行效率与效力管理，从 1972 年起对公共财务预算实行目标管理，1977 年起进而实行零基预算，直到 1981 年里根上台实行公共服务签约外包等新公共管理改革。[②] 另据包国宪、王学军在一篇文章中介绍，自从 1906 年布鲁尔等人成立纽约市政研究局开展公共部门绩效考评以来，政府绩效评估与管理就一直伴随着美国公共部门的改革历程。[③]

---

① 后生在其《中国古代官吏考核制度探源》一文中对此进行了研究和阐述。据该文所述，《周礼》中对官吏考课制度包括三个层次：一是周王亲自对诸侯百官职事履行情况进行考察；二是主管百官职事的机构——天官组织实施考课并据以确定赏罚升降，见于《天官·大宰》《天官·宰夫》《春官·天府》《夏官·司士》相关职事表述；三是各部门对所属官吏的考课，如《天官·医师》载有对医师工作绩效的考核方法。考课内容包括官德（含廉洁）和治功（“以功诏禄，以能诏事”）两个方面。《周礼》中所设六官及其下属，官职总数三百有余，各有职事。考课结果直接运用于对官吏职位升降和俸禄增减之赏罚，《夏官·司勋》之职就是专门负责因功赏地之法的。——辽宁教育学院学报·社会科学版［J］.1988（4）：16－21.

② 尼古拉·斯亨利：《公共行政与公共事务》第 10 版［M］. 北京：中国人民大学出版社，2011. 该书第二篇（公共管理）第三章（腐败的后果：公共生产力）中回顾了公共部门绩效管理的历史。

③ 包国宪、王学军：以公共价值为基础的政府绩效治理——源起、架构与研究问题［J］. 公共管理学报，2012（2）：89.

二、公共经济绩效管理的现实背景

20 世纪 80 年代以来，以美、英为代表的西方发达国家为应对由政府规模膨胀、行政效率低下引起的公共信任危机，相继开展新公共管理和政府再造运动，掀起旨在提升公共经济总体能力的绩效管理改革浪潮，在公共经济管理中广泛推行由绩效目标、绩效预算、绩效审计、绩效问责构成的全程绩效管理。

据中国行政管理学会课题组（2006 年）对这一阶段国外政府绩效管理的发展过程所做评述，英国政府的绩效评价始于 1979 年的“雷纳评审”，而美国自 1978 年的卡特政府以来，政府部门绩效管理问题一直被历任总统所重视，1992 年克林顿上台执政以后更是将行政改革聚焦到绩效管理。在其推动下，1993 年美国联邦国会通过了《政府绩效与结果法案》，2010 年经过重新修正和国会批准后一直是美国联邦政府部门绩效测量和编制绩效报告的纲领性文献。德国、奥地利、瑞士、荷兰、丹麦、芬兰、挪威、新西兰、澳大利亚、加拿大等国也都先后从公共经济部门绩效评价开始，进而发展为实行全程绩效管理。这股浪潮也很快波及亚洲。日本、韩国等国家从 20 世纪 90 年代末期以来先后引入“行政评价”“制度评价”等，标志着公共经济绩效管理改革的开始。[①] 发展到目前，公共经济绩效评价与绩效管理已经成为政府现代化建设或现代国家治理的一项重要元素。

为适应政府现代化建设潮流，我国从新世纪之初开始探索政府绩效管理改革工作，开启了公共经济绩效管理改革的大幕。河北省财政部门从 2004 年起着手进行财政预算绩效评价，并逐步扩展到全程预算绩效管理。2010 年，河北省人民政府《关于深化推进预算绩效管理的意见》（冀政［2010］138 号）正式全面推行。同期，广东省另辟蹊径，以依据绩效目标公开竞争结果分配发展性公共资金为主要内容开展了绩效预算改革实验。深圳等地则从 2004 年起开启了政府层面的公共经济绩效管理改革探索。2011 年 6 月 10 日，经国务院同意，国家监察部印发了《关于开展政府绩效管理试点工作的意见》。根据这一《意见》，试点工作分两个层面进行：第一层面是发展和改革委、环境保护部和财政部等 6 个国务院部门开展专项绩效管理试点；第二层

---

① 中国行政管理学会课题组：政府部门绩效评价研究报告［J］. 中国行政管理，2006（5）：11－16.

面是选择北京市、吉林省、福建省、四川省、广西壮族自治区、新疆维吾尔自治区以及杭州市、深圳市开展地方政府绩效管理试点，重点围绕建立健全领导体制和工作机制、完善绩效考评指标体系、创新绩效评价手段、强化绩效评价结果的运用等进行实践探索。同年 6 月 28 日，政府绩效管理工作部际联席会议在北京市召开政府绩效管理试点工作动员会，正式拉开了中国政府层面绩效管理试点工作的帷幕。

第二节　公共经济绩效管理的一般原理

准确把握公共经济绩效管理的一般原理，正确认识它的内涵与实质、要素与环节，是搞好相关理论研究和具体实践操作的重要前提。

一、公共经济绩效管理的内涵

对于公共经济绩效管理的内涵，在我国学术界存在着范围宽窄不同两种的理解。按照宽派观点，公共经济绩效管理包括从公共经济目标的价值选择到通过具体管理加以实现的全过程。例如，尤建新、王波基于公共价值对地方政府绩效评估模式开展研究，将公共价值定义为公众在政府公共服务中获得的全部收益与公众付出的一种主观权衡，并提出了公共价值的实现步骤，即：识别公共价值→制定交付公共价值的战略→将战略转为内部操作流程和规范→实施公共价值交付战略→评估公共价值交付绩效，并认为整个过程都应当纳入政府绩效评估范围。① 再如，包国宪、王学军基于对新公共管理背景下政府绩效管理过程的反思，以价值管理和科学管理理论为基础，提出了一个以公共价值为基础的政府绩效治理模型，认为以公共价值为基础的政府绩效治理是在政府绩效价值建构的基础上构建政府绩效管理体系、对公共行政过程进行管理，从而使得政府绩效最大化的过程。② 这样理解政府绩效管理或治理的内涵，无疑是全面和正确的。这是因为，一方面，就整个公共经济绩效管理而言，不能不包含承载公共价值、体现公共利益、反映公共需求偏好的公共经济目标选择过程，缺少这一目标，整个公共经济绩效管理就失去了过程控制和事后评估的依据；另一方面，收集公民公共需求偏好信息、据此

---

① 尤建新、王波：基于公共价值的地方政府绩效评估模式［J］．中国行政管理，2005（12）：41－44.

② 包国宪、王学军：以公共价值为基础的政府绩效治理——源起、架构与研究问题［J］．公共管理学报，2012（2）：94－96.

编制公共物品提供计划和公共财务预算、按照法定程序提交立法机关审议批准等，在广义上也都属于公共经济管理的内容。但是，如果将这些内容视为狭义公共经济绩效管理的前提，只从作为公共经济政策和计划执行机构的行政机关角度考察，或者说将公共经济政策和计划的执行作为起点来考虑，那么，对公共经济绩效管理的内涵做狭义的规定，而将“政府绩效价值建构”过程另做专门研究，也不会对公共经济本质与功能的实现构成妨害。鉴于本书在前面有关篇章已经就公共经济本质、功能、政策、目标做过阐述，因此，这里仅就狭义政府执行环节或微观层面的公共经济绩效管理进行讨论。

以微观视角考察，所谓公共经济绩效管理，是指对公共部门组织实现承载公共利益的既定公共经济政策目标和执行公共物品提供计划、公共财务预算活动所进行的绩效目标与标准制定、绩效目标执行控制、绩效考核评价、绩效结果应用的持续循环过程。

在这种含义下，公共经济绩效管理分为三个层次：一是立法机关对执行机关的公共经济绩效进行的监督性管理，执行机关需要在每个计划和预算年度或中期规划结束以后向立法机关报告公共经济管理绩效结果，提交立法机关审议评判；二是作为执行机关的各级政府和司法机关对所属各公共部门的公共经济管理绩效进行监督性管理，各执行部门需要在每个计划和预算年度或中期规划结束以后向同级政府和司法机关报告公共经济管理绩效结果，接受同级政府和司法机关的评估评判以及相应的精神与物质赏罚；三是公共部门及其所属公共组织内部上级对下级、组织对员工完成职事情况实施绩效管理，据以兑现以绩效结果为依据的精神与物质赏罚，与员工职位升降和工薪增减相挂钩。

需要明确的是，在类似中国这样的人民代表大会下的一府两院政体下，属于上述第一层次公共经济绩效管理范围的不仅包括作为行政机关的狭义政府，而且包括作为人民代表大会常设机构的人大常委会、作为审判机关的法院和作为执法监督机关的检察院，它们都要向同级人民代表大会报告职责范围内的公共经济绩效责任完成情况。我国目前各级人代会的审议议程基本上体现了这种要求，只是在报告和审议的内容方面应当进一步突出绩效；属于上述第三层次公共经济绩效管理范围的公共组织和公务人员，不仅包括执行性公共组织，而且应当包括执政党组织在内所有从事公共事务、使用公共资源的机构。

二、公共经济绩效管理的实质

从上述内涵可知，公共经济绩效管理实质上是公共经济终极主体对受托代理主体、受托代理主体对所属公共机构以及公共机构领导层对所属公务人员履行公共经济责任绩效的层级式纵向监管体系，是一种以结果为导向的公共经济管理模式。

在公共经济体内部实行这种层级式纵向绩效监管，是公共经济管理责任约束机制、风险控制机制、绩效激励机制和履职考核机制的具体作用工程。其根本目的在于激发各级公共机构和公务人员履行公共经济责任的积极性和创造性，促进整个公共经济机构及其雇员认真负责地履行公共经济责任、千方百计地实现公共经济目标、心无旁骛地谋求公共利益、精打细算地用好公共资源，从而持续提升整个公共经济体的绩效。只要搞好顶层设计，使之具体制度科学、机制精巧、方法完善，就不会发生手段与目标、效率与价值之间的冲突。

三、公共经济绩效管理的功能

功能由系统的内涵和实质所决定，既是系统构建的必要性所在，又是相关机制和体系设计的依据。根据上面界定的内涵和实质，公共经济绩效管理至少具有以下四种基本功能：

（一）实现公共经济宗旨和目标的保障措施。公共经济满足民间经济主体公共需求、实现公民大众公共利益的根本宗旨和每个或长或短规划期间的具体公共经济政策目标，都要依靠公共经济绩效管理来加以保障；离开绩效管理，所谓公共经济宗旨和目标都是空中楼阁。

（二）公共经济责任机制、控制机制和激励机制的主要载体。公共经济责任实质上是保障公共经济绩效的责任，公共经济中的风险控制实质上是防范目标落空和资源浪费暨公共经济失效的风险，公共经济中实施激励的核心目的是达成预期的绩效目标。因此，离开公共经济绩效，所谓责任机制、控制机制将失去依据，所谓激励机制也将成为无的之矢。

（三）公共经济各分支机构和所有公务人员履行职责的行为导向。公共经济管理的绩效目标及其评价指标在与职位激励、薪酬激励和精神激励紧密相关的情况下，将作为最灵敏的风向标和最管用的指挥棒，无声地导引公共经济各分支机构及其所有公务人员履职行为的努力方向。在公共经济管理的绩效目标及其评价指标结构科学合理的情况下，公共经济的各分支机构及其所有公务人员将会自觉地将履职行为对标到公共经济的核心价值和政策计划目标上，认真负责并且勇于开拓创新；相反，如果公共经济绩效管理目标及其评价指标体系存在明显缺陷，或者公共经济绩效管理目标及其评价指标完成结果与职位激励、薪酬激励和精神激励相脱节，那么，势必直接引起公共经济各分支机构及其所有公务人员产生偏离公共经济核心价值和政策计划目标的政绩观，进而导致他们的履职行为发生各种方向、方式和程度上的扭曲。

（四）不断完善公共经济治理体系、提升国家治理能力的自我监测和修正机制。通过每个计划期末进行的绩效评估，既可以总结提高公共经济绩效的成功经验，也可以发现公共经济治理体系中存在的各种不足，如果能够将成功经验推而广之并针对存在缺陷加以改进完善，那么，公共经济治理体系就会逐年趋于优化，公共经济暨国家治理能力也会不断得到提升。

由此可见，公共经济绩效管理的积极功能是多方面的。这些功能能否充分发挥出来，关键在于公共经济绩效管理体系设计得是否科学、周密与精巧。

第三节　公共经济绩效管理的总体框架

从静态角度分析，公共经济绩效管理由多种要素构成。其要素结构是否健全，以及其中每个要素设计得是否科学合理，都在很大程度上决定着公共经济绩效管理各项功能的发挥。这些因素的动态过程表现为公共经济绩效管理的主要环节。这些基本要素和动态过程共同构成公共经济绩效管理的总体框架。

一、绩效目标及其评价指标体系的设定

公共经济绩效是公共资源投入与产出结果之比，绩效值由作为分子的资源投入和作为分母的产出结果共同决定。因此，资源投入和产出结果构成公共经济管理绩效目标的两大核心内容。围绕这两大核心内容设定的绩效目标和评价指标，不仅是公共经济管理中实施过程控制的基本依据，而且是事后评估考核管理主体履行责任绩效的主要标尺。既然如此，科学合理地设计各层次绩效目标和评价指标体系就成为整个公共经济绩效管理的基础。

绩效目标需要与整个公共经济目标紧密衔接，其执行结果应当能够有效回应作为公共经济终极主体的公民大众的公共价值诉求，发达国家将其归纳为“5E”原则，即经济性（Economy）、效率性（Efficiency）、效益性（Effectiveness）、公正性（Equitably）和环保性（Environmental protection）。对综合承担公共经济受托责任的各级政府而言，其绩效目标体系在涵盖内容方面应当具有战略性和全局性，能够全面体现公民大众的眼前利益与长远利益、整

体利益与各集团利益，统筹兼顾经济、社会和人与自然关系的协调发展，并且根据不同时期的突出矛盾对不同方面的绩效目标赋予适当的权重，以引导政府树立和坚持全面、协调、可持续发展的政绩观，端正公共经济政策指导思想和履职施政行为；在体系结构方面应当具有清晰合理的层次性，对不同层级的政府既要设定必要的共性绩效目标，也要设定与其责任和权力范围相适应的个性绩效目标，而且这些个性绩效目标对处于不同发展阶段和不同功能区的地方政府应当有所不同。至于各公共部门的绩效目标体系，也需要由共性目标和个性目标构成，其中的个性目标要根据不同部门所承担的具体职责有针对性地设置；对公共机构内部公务人员的工作绩效目标体系的设置，应该做出统一的原则性规定，具体内容由各公共机构因情制宜地具体确定。

在此基础上，绩效目标体系的设定还应当满足以下要求：作为执行机构的人民代议机关常设机构、狭义政府和法检两院的绩效目标之和，必须能够完整覆盖经过立法程序决策确定的计划期公共机构整体公共经济目标，从而承载起计划期内公共经济管理的全部公共价值；人民代议机关常设机构、狭义政府和法检两院所承担的绩效目标必须全部分解落实到其所属下级机构及其所有公务人员，从而实现纵向各环节之间公共经济绩效责任目标的无缝衔接。

评价指标是衡量绩效目标实现程度的标准，每项绩效目标可能需要从不同侧面的多项评价指标来表达和衡量。为了有效保障绩效目标的实现，评价指标的具体设计必须做到既要在质的规定性上与绩效目标保持同质性联系，又要在量的规定性上通过相关指标的合成足以覆盖所对应的绩效目标值。因此就要求，对绩效评价指标既要有准确清晰的定性描述，又要尽可能量化；对实在难以通过具体数值量化的产出结果指标，也要对其实现程度做出尽可能详细而准确的特征性刻画，以便用于执行过程控制和事后考核评估。在评价指标性状维度上，则应当既体现自身与自身相比逐年提高的纵向进步性，又能够体现横向比较上的先进性。离开这种进步性和先进性，绩效管理对提高公共经济管理效能的促进作用将无从发挥出来。

绩效目标及其评价指标与责任主体的利益紧密相关，是激励和支配公共经济各层次责任主体职务行为的指挥棒。因此，绩效目标及其评价指标体系的构建是科学含量极高的设计工程，必须组织熟悉相关理论与实务的专家来指导完成，并经由另外一批水平相当的专家进行评估论证，以确保其科学性和可行性，避免由于绩效目标和评价指标体系存在偏颇和漏洞导致相关责任主体公共经济行为发生扭曲。

二、绩效目标经由绩效预算和产出计划分解落实

投入与产出两个系列的绩效目标经过认真设计确定之后，就要依据职责分工细化分解落实到各公共部门、机构和公务人员付诸实施。其中，资源投入方面的绩效目标要通过编制公共财务绩效预算按照规划、项目、活动的顺序分别以类、款、项三级科目具体分解落实，而产出结果目标则要通过年度公共物品及中间产品提供计划或中期规划作出相应的细化分解落实。通过公共财务预算和公共物品（含中间产品）计划分解落实的每一项绩效管理目标，都要同时标注与其对应的评价指标，以便执行过程中实施追踪控制和执行完毕后进行效果评估。

三、执行过程中的动态追踪控制

绩效目标经细化分解落实到各层次公共经济管理主体，并不意味着一定能够如期实现，执行中的行为偏差和情况变化都是可能导致绩效目标不同程度落空的风险因素。为了防范这些风险，就要在执行过程中实行动态的追踪控制。这种追踪控制通过自上而下的监控和自下而上的反馈报告来实现：一方面，各级人民代表机关的常设机构对作为执行主体的行政和司法机关、行政和司法机关对所属下级机构、下级机构对所属公务人员要实行自上而下的过程监督；另一方面，各层次管理责任主体要自下而上地定期反馈报告绩效目标执行情况。这种过程控制，在现实中不仅表现为公共经济管理主体每月、每季自下而上呈交工作执行报告和自上而下的督促检查，而且表现为上级管理主体依据自身主导的督查活动和审阅听取下级管理主体反馈报告所发现的绩效目标执行中的各种问题，及时做出调度性部署或提出适当修正绩效目标、完善手段、纠正偏差的措施。

四、绩效目标执行结果的评估与审计

绩效目标执行结果的评估与审计，既是对计划期内各层次公共经济管理主体绩效责任目标进行核实、验收和确认的过程，也是各层次公共经济管理主体对完成绩效责任目标结果的总结分析过程，同时还是运用评估结果和兑现奖罚激励的基础。

绩效目标完成结果的评估，通常包括公共经济执行主体（如我国的“一府两院”）进行内部自评和外部评估机构进行评价两部分，而最终以外部评估结果定论。计划期末，各层次管理主体对所承担的绩效目标完成过程与结果

要进行全面总结和系统分析，形成总结分析报告。在此基础上，公共经济执行主体所属综合主管部门（如政府的计划或财政部门）组织力量或委托第三方机构对一般公共部门绩效目标完成情况进行再评估，做出包括成就、问题与建议在内的综合评价报告提交政府。由法律或权力机关特别授权的外部评估审计机构借助相关信息进行查证核实，对照“5E”目标及其评价指标，对评估对象计划期绩效目标完成状况做出客观真实的评价，针对取得的经验和存在的问题提出中肯的建议，提交权力机关并向社会公众公布，并以作为绩效评估结果运用和兑现奖罚激励的基本依据。

对公共部门绩效责任采取内部与外部相结合的混合型评估模式，主要是为了同时发挥内部评估和外部评估的各自优势。公共部门和单位组织内部的绩效评价包括对机构绩效目标的评估和机构对公务人员个人工作绩效的评价两个层次，前者有利于公共机构和组织通过自我总结分析绩效管理经验、查找不足的过程不断提高自身的绩效管理水平，后者则是公共机构和组织内部发挥对员工绩效导向激励功能所必不可少的途径。由公共经济执行主体的综合主管部门对其他一般公共部门绩效目标完成情况所进行的再评价，则不仅是其加强对所属公共部门和组织绩效监督和从整体上不断改进绩效管理、战略管理的重要途径，而且这种绩效评价的内容范围通常要大于外部绩效评估，既评价显绩，也评价潜绩，从而有利于促使公共经济部门更好地对公众负责。

对于公共部门绩效目标完成结果的外部评估，既可以实行单一主体模式，也可以采取双主体模式，还应当辅以新闻媒体、民间组织和公民大众参与机制。所谓单一主体模式，就是在公共审计部门或非公共性的民间机构中任选其一作为对责任主体所承担绩效目标实施外部评估的主体。所谓双主体模式，就是同时选择公共审计部门或非公共性的民间机构作为对责任主体所承担绩效目标实施外部评估的主体。这两种模式各有其长，也各有其短。实行单一主体模式的长处是节省评估成本，缺点是由于缺乏相互印证而难以保证评估结论的客观真实。与此相反，采用双主体模式的好处是有利于借助不同主体分别评估所做结论的对比，不仅能够更客观地保证评价结论的客观性和真实性，而且有利于从不同角度强化对公共经济绩效责任主体的监督，其短处则是不可避免地大大增加评估成本。在目前各国公共经济绩效管理实践中，除德国采用审计机关单一主体的外部评估模式外，美国、英国、澳大利亚等其他发达国家多采取双元甚至多元的外部评估模式。[①] 美国政府问责办公室（原国家审计总署）代表国会对政府及其各部门进行绩效考评，负责汇总各部门的绩效评估结果，对外公布有关部门绩效评估的报告。英国由审计办公室负责对中央政府各部门进行年度绩效评价，由审计委员会负责对地方政府进行年度绩效评价。澳大利亚由审计机关根据国会授权对各部门进行绩效考评。英、澳两国均以绩效审计报告作为对外发布绩效评估结果的基本载体。[②]

五、绩效评估结果的运用

绩效评价和评估对于公共经济管理而言只是手段而不是目的，其直接目的在于运用评估结果达到公共经济的绩效目标并促进公共经济管理不断优化。绩效评估结果主要运用于三个方面：一是实现公共经济终极主体对受托代理主体实施民主监督的政治价值，体现公共经济主人对公仆契约行为的控制与约束。这主要体现在每一层级公共经济管理最高层面人大常委会、政府和法检两院依法向人民代表大会报告它们各自承担的公共经济综合管理绩效目标、计划和财务预算专项管理绩效目标完成情况以及政府综合财务运行情况。二是运用评估和评价报告所总结的经验和所发现的不足，从战略、政策和管理层面不断改进公共经济管理，调减绩效较差部门或项目的预算资金配额，以利提高公共经济资源的配置效率。三是运用外部评估和内部评价结果，对各层级公共机构和公务人员个人实施奖罚。

由此可见，绩效评估和评价结果的运用在整个公共经济绩效管理链条中具有极为重要的作用；离开了结果运用，整个公共经济绩效管理就会前功尽弃、徒具形式。

六、与绩效评估结果紧密挂钩的赏罚机制及其兑现

如果说绩效评估和评价结果的运用对于公共经济绩效管理极为重要，那么，赏罚与评估以及评价结果是否密切挂钩、认真兑现，则是整个公共经济绩效管理能否有效持续的关键因素。假如薪酬增减、职务升降和精神奖赏都与公共机构和公务员个人履职绩效好坏不存在正相关关系，对绩效突出的并无奖赏，对绩效较差甚至制造虚假政绩的也不问责，那么，整个公共经济绩

---

① 覃易寒认为，政府外部评估包括：权力机关或审计机关的评估；社会公众的评估；大众传媒的评估；民间组织的评估。——审计研究，2010（4）：30.

② 覃易寒：我国政府绩效评估运行方式改进与政府绩效审计［J］．审计研究，2010（4）：30－31.

效管理就会因失去动力机制而陷于表面化或者实质上中断。

正因为如此，发达国家非常重视功绩制公务员薪酬和职位激励机制的构建。英国早在 19 世纪中叶就通过持续的文官制度改革建立起注重表现、才能的文官考核制度，根据逐人逐项考核结果决定公务员奖励与晋升。美国于 1887 年正式建立文官考核制度，公务员的任用、加薪和晋级均以工作考核结果为依据，论功行赏，称为功绩制。在 20 世纪 80、90 年代起率先在欧美兴起的新公共管理运动中，英国和美国也都极为重视激励和问责机制与绩效评估结果的紧密挂钩。绩效评价结果的运用主要有两个方向：一是面向公务员个人，依据评价结果确定和发放绩效工资或绩效奖金；二是将评价结果与部门预算结合，依据部门和项目绩效配置预算资源。其中，美国在 1984 年建立的那套绩效管理和认可系统，要求每个联邦政府机构都必须将最终评价结果划分为五个等级，并将绩效评价等级与公务员奖金挂钩，发展到后期才进一步体现在依据绩效情况配置预算资金方面。

公共经济绩效管理上述六项要素共同构成一个完整的系统工程，而作为其动态表现的六个环节则形成一个闭路循环系统（见下图）。

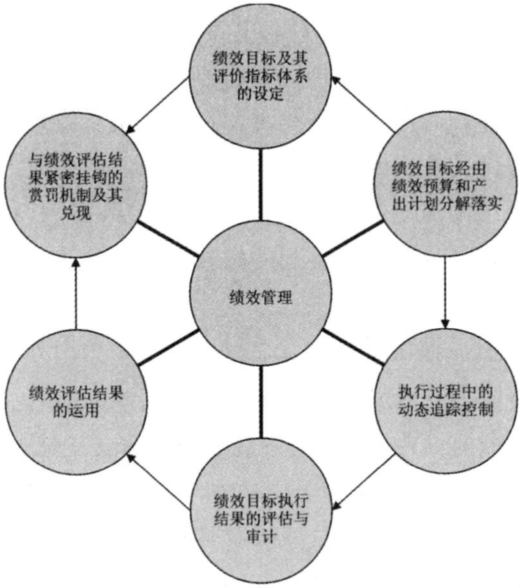

图　公共经济绩效管理构成要素与流程示意图

按照依法治国的原则，由上述要素和环节构成的这一整套公共经济绩效管理体系，必须付诸法治化才能得到强有力的执行保障。在美国，1993 年克林顿上台执政伊始就推动国会通过了《政府绩效和结果法案》，就政府绩效管理的主要内容和程序做出明确规定，2010 年经过重新修订和国会批准后，到现在仍然是持续推进联邦政府绩效管理不断深化的基本准绳。1999 年在布莱尔的推动下，英国议会通过的《地方政府法》则成为该国推进地方政府绩效管理的有力保障措施。

第四节　公共经济绩效管理中存在的问题

发达国家普遍推行公共经济绩效管理二十多年来，对促进公共经济效率与效果的提升起到了明显作用，但至今仍存在很多不尽人意之处，距离理想目标仍相去甚远。

在我国，2011 年 6 月国家监察部印发《关于开展政府绩效管理工作试点工作的意见》之后，2012 年 3 月又牵头召开第二次政府绩效管理工作部际联席会议。会议认为，2011 年政府绩效管理工作稳步有序推进，中央和地方 14 个单位认真开展政府绩效管理试点，积累了一定经验，取得了初步成效，加上自行试点单位，当时已有 24 个省区市和 20 多个国务院部门探索开展了政府绩效管理工作，实现了良好开局。会议明确，下一步要在建立健全绩效管理机制制度、指标体系、考评方法和运用考评结果等方面继续深入探索；鼓励和支持各地区各部门探索开展对重大公共政策、政府重大投入项目、财政资金以及重大专项工作的绩效管理；在认真总结实践经验和深入调研论证的基础上，研究提出推行政府绩效管理的指导性意见，明确政府绩效考评指标体系的基本框架。

2013 年 3 月，新一届中央政府成立以后，由于国内外形势、国家治理思路和中心工作任务的变化，虽然中央未对统一组织的政府绩效管理改革做出直接部署，但有关政府绩效管理的内容在中央级重要文献中不时出现。例如，2013 年 11 月，中共十八届三中全会通过的《关于全面深化改革若干重大问题的决定》中就提出了“完善发展成果考核评价体系，纠正单纯以经济增长速度评定政绩的偏向，加大资源消耗、环境损害、生态效益、产能过剩、科技创新、安全生产、新增债务等指标的权重”和“严格绩效管理，突出责任落实”的要求；2014 年 8 月，全国人大常委会通过的新《预算法》中有四条强调了预算的绩效管理。[①] 2015 年 12 月，中共中央、国务院印发的《法治政府建设实施纲要（2015 年—2020 年）》中要求“各级党委要把法治建设成效作为衡量各级领导班子和领导干部工作实绩的重要内容，纳入政绩考核指标体系，充分发挥考核评价对法治政府建设的重要推动作用”。

与此同时，各地方和有关部门的相关自行探索和理论研究也没有停止。尽管如此，我国政府绩效管理工作由于起步较晚且时续时断，总体水平与发达国家相比依然相去甚远，存在问题还很多。如实地正视目前存在的各种问题，是加快步伐、迎头赶上的思想认识前提。

一、公共经济绩效管理体系的顶层设计尚未完成

从第二次政府绩效管理工作部际联席会议所做工作部署的内容可以看出，我国公共经济绩效管理体系尚未完成基于系统、科学和现代化的顶层设计，处于自发探索和局部试点过程的公共经济绩效管理各要素、各环节中都存在着设计不精细、不完善等诸多缺陷。

（一）绩效目标设置存在的问题

从全国角度来看，结构合理、层次清晰的公共经济绩效目标体系虽然从理论层面已经有研究涉及，但可付诸实施的总体方案尚未形成，从中央到地方各层级政府自上而下的绩效目标体系均未见公开发布。地方政府试点的绩效目标体系基本上是本级党委和政府自己制定、自己执行、自我总结评价，甚至还没有付诸同级人民代表大会审议批准，因而也就没有据以考评、问责与奖赏激励的动力与压力。各级政府对所属部门的绩效目标体系设定同样具有强烈的分散试验色彩，缺乏统一指导与规范，因而绩效目标体系的科学性、约束力参差不齐。

具体而言，由于缺少科学理论方法指导和全国性的统一规范，各地方公共经济绩效目标设置具有很强的随意性，内容上与各部门承担的行政职责相脱节问题较为普遍，而形式上往往过于抽象，可量化性较低。

---

① 其中，第 12 条将“讲求绩效”规定为预算编制五大原则之一，第 32 条第 1 款将“有关支出绩效评价结果”作为各级预算编制的三大参考因素之一，第 49 条将“提高预算绩效”作为各级人民代表大会专门委员会或常委会向本级人民代表大会主席团提出关于预算草案和预算执行情况审查结果报告的意见建议内容之一，第 79 条将“重点支出、重大投资项目资金的使用及绩效情况”作为县级以上各级人民代表大会常务委员会和乡、民族乡、镇人民代表大会对本级决算草案重点审查内容之一。

1. 缺乏合理性和可行性论证。在不少地方，绩效目标及目标值缺乏充分的合理性论证，或者将目标值设置得过高、实现难度太大，或者将目标值设置得过低，不用努力基本上也能实现。一些地方将“政府的高绩效”与“经济的高增长”画等号，而忽视社会发展、公平正义和环境保护等非经济目标。更有甚者，有的地方干脆将产出乃至公共资金投入当作绩效。不少地方政府的工作报告只讲干了什么而讳言取得哪些实际效果，比如只讲开展了多少次多大规模的招商引资活动、签订了多少协议或意向书，却不谈招商引资的实际到位数字。[①] 如此缺乏科学性的绩效目标，既难以起到指导、约束和激励促进作用，不易考核评价，还会对下级政府和所属部门的政绩观产生误导。

2. 缺乏对各类项目个性化绩效指标的研制和积累。覆盖教育、卫生、科技等众多领域，涉及基本建设、政策补贴、政府采购等多种类别的公共项目，其产出和结果需要通过个性化的绩效指标来体现。然而，目前多数个性化绩效指标的设计还远远达不到科学合理的要求。

3. 缺乏能够进行纵向与横向比较的绩效衡量标准。当前绩效目标的衡量标准大多来源于计划标准，但多数没有建立在历史标准、行业标准及经验数据基础上，难以进行纵向和横向比较。

4. 存在重定性指标、轻定量指标的结构性缺陷。由于定量指标须以定量数据为基础，而绩效标准数据信息的采集工作又需耗费较大成本，因此定量指标的历史积累不足。许多公共经济部门通常将工作重点放在如何争取到更多的预算资金上，对绩效目标偏重较为笼统的定性描述，无法细化和量化。

5. 偏重产出数量和时间进度，而忽视质量目标。不少部门的绩效目标只是对照工作计划将直接的产出指标和时间进度进行罗列，缺少对效果和影响力因素指标的关注，质量和效果指标较为单薄。

6. 忽视目标间的系统性和协调性。公共经济绩效目标属于多目标系统，其中的主要指标与次要指标之间应当具有协调性。例如，基础教育发展的产出指标中，班级、师资、教室与学生数量等相关目标值之间应当是协调的。然而，在目前有关部门的相关产出指标之间却缺乏必要的协调性。

---

① 包国宪、王学军：以公共价值为基础的政府绩效治理——源起、架构与研究问题［J］．公共管理学报，2012（2）：92.

（二）绩效评价方面存在的问题

1. 没有统一而科学的政策规范。公共经济绩效评价多是迫于上级政府或主管部门的要求，而且主要是由地方自发、半自发地进行改革创新试验，国家层面还没有出台统一的政策、法规和制度，致使评价工作缺乏明确的标准、规范的程序和科学的指标体系，且多为“运动式”“突击式”评价，连续性不足，经验交流和推广不够，严重制约了绩效评价的广度、深度和力度。

2. 评价指标体系设置不合理。我国目前公共经济绩效评价指标体系至少存在三个问题：一是缺乏整体统一性，评价指标体系质量参差不齐。二是导向存在偏差，一些政治、经济任务性指标往往忽视公共服务的实际效果和资金使用的效率，以致对各部门工作形成错误的导向。三是缺乏客观性，许多绩效评价指标的设定或简单照搬其他地区的指标体系，或盲目追求数字赶超，与本地区、本部门的现实情况严重脱节。这种评价指标体系严重制约着绩效评估和绩效审计。

3. 绩效评价主体选择犹疑迷茫。在我国，以党委、人大、政府、企业、公众、学者和第三方专业评价机构等为主体的政府绩效评价均有实践。经验表明，政府作为评价主体受权力本位的影响较大，公民作为评价主体受群体的价值偏好影响较大，企业作为评价主体受市场价值取向的影响较大，第三方作为评价主体受“顾客至上”价值取向影响较大。[①] 以评价主体的两极——政府与公众为例，政府对自身的运作机制最为了解，但由于组织结构、人员关系及政绩考虑等原因，利用信息的非对称性高估自身行政效果的情况屡有发生；公众参与是一些学者提倡的评价主体选择方向，但对特殊的公共服务以及政府内部的管理效率等，绝大多数公民没有亲身体验的机会，能够准确把握公共服务实质内涵的公民屈指可数，尤其是在缺乏参照系的情况下，确认自己满意度对公民来说是一个大难题，致使他们的评价难以摆脱随意性、公民满意度测评作用有限。[②] 所以，孤立地采用公众视角也是不可取的。

4. 绩效评价的价值取向存在偏差。绩效评价本应引导公共经济部门以满足人民大众的公共需要为导向，来提高公共服务的公众满意度。然而，由于

---

① 藏乃康：地方政府绩效评价的悖论及其消除［J］. 北京行政学院学报，2007 (5)：6 - 10.

② 周志忍：政府绩效评估中的公民参与：我国的实践历程与前景［J］. 中国行政管理，2008 (1)：111 - 118.

当前公共经济部门绩效评价的主体多为上级部门，于是基本形成了注重用“经济指标”评价公共经济部门绩效的惯性，而忽视提供多元化的公共服务、完善市场规则等，从而导致公共服务的缺失。①

（三）绩效审计存在的问题

1. 审计主体缺乏独立性。国家审计署隶属于国务院，地方各级审计机关对本级人民政府和上一级审计机关负责，实行双重领导体制。在这种体制下，审计机关的经费、人事受制于其他政府部门，难以对公共支出的经济性以及效率性和效果性进行严格监督。特别是当绩效审计影响到地方或部门局部利益时，同级政府可能会对绩效审计相关人员施加干预，从而影响绩效审计的独立性和有效性。②

2. 审计人员素质不能适应绩效审计要求。目前中国的审计队伍主要由“财会型”人才构成，综合分析判断能力不强，风险意识薄弱，对于绩效审计的目标和方法并不清楚，适合有效开展绩效审计的复合型人才十分匮乏。同时，大多数审计人员从学校直接进入审计机关，普遍缺少实践经验，难以满足绩效审计工作的要求，从而制约绩效审计的质量和效率。

（四）绩效预算管理存在的问题

1. 绩效预算管理体系尚未明晰。限于改革特点和历史进程，当前绩效预算管理改革只是搭建了一个粗略的框架体系，部分内容和细节尚未明晰，很多基础性工作需要补充完善。③

2. 绩效预算管理机制尚不完善。当前，绩效预算管理改革在绩效预算执行监控、绩效评价和评价结果应用等方面都缺乏实质性进展，绩效目标指标体系的针对性和可操作性也有待提升。

（五）绩效考评结果运用存在的问题

目前，受制于绩效管理体系中上述缺陷和法制约束力的缺失，绩效考评结果的运用率很低。绩效考评报告中针对存在问题提出的改进管理意见和建议可采纳也可不采纳，对无故未达绩效目标的公共支出项目减少下年度公共

---

① 谢志贤、钱花花：我国政府绩效评估的发展历程与实施现状［J］．长春市委党校学报，2009（6）：66－69.

② 谢慕廷：国外政府绩效审计的启示［J］．审计月刊，2015（2）：26－27.

③ 高志立：从“预算绩效”到“绩效预算”——河北省绩效预算改革的实践与思考［J］．财政研究，2015（8）：57－64.

资金配置也很难落实。绩效考评结果信息既不向同级人大报告也不公之于众，最多只将排名前几位和后几位的单位做一内部通报，甚至对哪些单位排在后几位的情况也作为秘密讳莫如深。至于根据绩效考评结果实施奖赏和问责，同样由于相关制度不健全而难以实施。从试点实践来看，即使做得较好的也多是依据绩效评价结果向不同部门和个人发放不同等级的奖金，且各等级间差别不大，难以充分发挥激励作用。

此外，基于“自上而下”垂直管理的路径依赖，我国公共经济绩效管理尚未摆脱“唯上”的行政传统，导致公共经济绩效管理难以回应社会公众和民间经济组织的诉求。不仅社会公众和第三方机构参与公共经济绩效过程监督和绩效评价的渠道有限，基本上被排斥于问责主体之外，甚至各级人大监督都不到位。这样，既难以充分体现人民大众在公共经济中当家作主的主体地位，也成为一些地方政府在公共经济活动中搞劳民伤财的“政绩工程”和政绩造假等背离宗旨行为屡禁不止的重要根源之一。

二、公共经济绩效管理体系还没有法制化

我国政府绩效管理，在初期表现为一些地方和部门的自发探索行为，2011 年起虽然由国家监察部牵头开展国家层面的试点，却并未就公共经济绩效管理体系提出内容较为完善、结构相对健全的顶层设计方案，而是由各试点单位自行分散探索。在这样的背景下，不仅将其整体法制化的条件尚不成熟，而且就其中重点要素立法也有待试点经验的积累。这虽然是任何一项重大公共经济管理工程都会遇到的难题，然而，在缺乏法定的统一模式和实施规范的条件下，推行涉及众多层次、众多部门、多达数千万公职人员的公共经济绩效管理，不仅难度极大，而且效果难彰。

上述问题的存在，严重制约着我国政府绩效管理应有功能的发挥和实施效果的显现。究其深层原因，既有试点阶段相关治理体系科学性、规范性、权威性的不足，也是传统治理模式的延续效应所致。中国现代政府体系是在革命胜利后依据革命根据地的经验建立起来的，各级政府在处理公共事务过程中习惯于采用过去革命时期带有“政治运动”性质的成功经验、有效做法，重声势而轻效果、重成果而不惜代价、重行政动员而轻赏罚激励。尽管这种做法的初衷非常好，即出于为人民服务的目的，而且一般情况下对改善民生也有短期效果，但它造成了政府管理中对政治性工具的过度自信，忽视了科学管理工具的采用。[①]

第五节　将公共经济绩效管理作为推进国家治理现代化的主要抓手

党的十八大以来，以习近平同志为核心的党中央站在新的历史起点上，审时度势，励精图治，围绕“四个全面”展开治国理政方略，并且将总体目标定位于通过推进国家治理体系和治理能力现代化建设实现中华民族的伟大复兴，通过真抓实干取得了举世瞩目的成就。将推进国家治理体系和治理能力现代化建设作为实现中华民族伟大复兴的主要依托，体现了战略思考的远见卓识，而推进国家治理体系和治理能力现代化建设作为一项系统工程又需要统筹兼顾、多措并举才能见效。我们认为，其主要抓手就应当是加快推进政府绩效管理改革。

一、将推进政府绩效管理作为国家治理现代化建设的治本之策

国家治理现代化主要包括国家治理体系现代化和国家治理能力现代化两个维度，而这两个维度都需要以公共经济绩效管理为基本载体来实现。这是因为，政府的合法性不仅在于它是由人民通过民主程序选举产生的，更在于它是廉洁政府、责任政府和效能政府，而政府的廉洁、负责和效能既系于国家治理体系，也系于国家治理能力；既要通过全面深化改革构建现代先进的体制机制，又要依托以绩效为导向的公共经济管理；既要坚持狠抓反腐倡廉不放松，又要激励广大公务人员勤敬高效地履职尽责。而推进公共经济绩效管理，在内涵上既囊括了责任政府和效能政府的要求，又包含了国家治理体系和治理能力现代化的基本要素；既需要现代先进的公共经济管理体制机制，又是一种覆盖国家治理全局的综合性公共经济管理模式；既要加强公务人员队伍勤政为民的职业道德和公共精神建设，又可促进他们不断提高现代公共经济管理能力。由此可见，推进公共经济暨政府绩效管理对于国家治理现代化建设而言乃是一举数得的治本之策，可以兼收一石数鸟之功。因此，亟须将推进公共经济绩效管理作为加快国家治理现代化建设的主要选项加以高度重视，摆上重要日程，在前些年试点经验和相关理论探索的基础上，提高顶

① 尚虎平、张怡梦：我国政府绩效问责：实现“绩效型政府”与“责任型政府”的统一［J］．南京社会科学，2015（9）：81－89.

层设计和组织推动的层次，抓紧组织有生力量尽快做好全面推行的各项准备工作。

二、尽快研究拟定全国统一的公共经济绩效管理方案

我国实行单一制政体，各地区和各部门公共经济管理虽然也需要有与本地本部门特殊情况相适应的个性差异，但主要方面必须具有统一性，以便中央对地方、上级对下级以及对同级各部门实施统一考评和横向比较，并据以实施奖罚激励。因此，作为顶层设计的公共经济绩效管理总体方案需要由中央统一制定，对其中的主要构成要素和标准做出统一规范，在此基础上由各地区、各部门根据自身特点在具体事项上因情制宜。

公共经济绩效管理的总体方案应当包括公共经济绩效管理的基本原则、组织架构、主要环节、绩效目标及其评价指标体系、评价结果运用、激励问责机制和民主参与等主要内容。在属于顶层设计的方案中，要通过相关规定，将第四节中已经提到乃至尚未提到的主要问题解决掉，从而使我国公共经济绩效管理步入整体上统一规范的轨道。

二十多年来，西方发达国家推行政府绩效管理实践已有比较丰富的经验教训可资借鉴，国内外相关理论研究已经产生了很多可供参考的思想成果和政策建议，前期我国一些地方和部门自主探索或正式试点也积累了不少有益经验。因此，现在组织力量抓紧研究拟定全国性公共经济绩效管理总体方案的时机和条件已经相当成熟。至于这一方案基本内容的要点，在前面第二、第三节中已经做了一定程度的展开分析，这里无须赘述。

三、实现公共经济绩效管理的法治化

推进公共经济绩效管理是涉及上下左右千军万马的重大系统管理工程，若无具有强制性和约束力的法律法规作为准绳，是难以保障认真组织和顺畅实施的。虽然立法需要谨慎，但如果由于强调谨慎而妨碍事关治国理政重大实际步骤的推行，那么，这种谨慎就会变得有害而无益。任何一项法律即使考虑得再周全、准备得再充分，过一段时间再看，往往还会发现不周之处。何况事物本身及外部环境时时处于变化之中，所以，经过一段时间根据情况变化适当修订已成法律法规是极为正常的。我们应当以这样的观点和态度来对待公共经济绩效管理立法问题，而不应为单纯强调谨慎而作茧自缚，只是在立法过程中需要广泛听取各方面意见、特别是相关领域专家学者的意见，甚至可以邀请发达国家理论与实务界的专家参与咨询，努力使出台的法律文

本尽可能完善。

加快相关立法只是实现公共经济绩效管理法治化的初始步伐和基本前提。在立法基础上，做到有法必依、执法必严、违法必究，更为重要。规范公共经济绩效管理的法律法规要真正管用，不仅需要明确执法主体及其法律责任，而且必须相应地明确当法律监督部门不依法追究执法主体不作为的法律责任时应当如何处理。

有理由相信，只要将公共经济绩效管理作为推进国家治理现代化的主要抓手，尽快研究拟定全国性的总体方案并且将其纳入法治化轨道认真实施，我国的公共经济绩效管理完全可以做到后来居上，并且结出丰硕的果实。

第十篇 公共经济再生产活动的风险防控——公共经济监督

就本质和全部含义而言，公共经济监督是各监督主体出于自身利益关心对公共经济活动所进行的监督控制行为。基于这种全视角的含义界定，在现代民主制度下，公共经济监督的主体既包括人民大众、民选代表和由其组成的权力机构，也包括受托代理公共事务的行政和司法机关，还包括政党、社会团体和新闻媒体等；公共经济监督的客体主要是各层次公共经济代理人履行公共经济责任、运用公共经济资源凭借公共权力进行公共经济决策、提供公共物品和管理公共财政收支、国有资产的活动，也包括单个社会成员的公共经济行为；公共经济监督的目的在于防控滥用公共经济资源和公共权力、亵渎公共经济责任、损害公共利益的各种公共经济风险，实现公共物品最佳供给、分配和消费，以维护公共经济的本质与效率。在这种定义之下，公共经济监督体系及其运作机制无疑是公共经济机体的免疫系统。

基于公共经济与生俱来的内在矛盾和委托代理关系的渐趋繁复，公共经济风险与日俱增，无论古今中外，公共经济监督体系和机制都与公共经济活动如影随形地逐步发展。新中国成立不久，我们就着手建设公共经济监督制度。改革开放以来，随着社会主义民主和法制建设的不断加强，已逐步形成了包括国家权力机关监督、行政机关监督、政党监督、司法监督、群众民主监督、社会舆论监督等在内的一整套公共经济监督体系和日益完善的公共经济监督机制，对保障公共物品有效供给、防范公共经济风险、维护公共利益发挥了重要作用。但是，多年来暴露出来的各种问题表明，我国公共经济监督体系和机制的效能远远不尽人意。通过深化理论研究、借鉴国外经验，按照标本兼治的原则加强监督制度建设、完善监督体系、健全监督机制，强化公共经济风险防范，仍是我国新时代公共经济领域亟须解决的一项重要课题。

第二十五章　公共经济再生产过程中的风险及其根源

公共经济再生产活动中存在诸多风险，威胁着公共经济效率的最大化和社会公平目标的实现，损害着公共经济终极主体的公共利益，是实施公共经济监督的基源所在。反过来说，如果公共经济运行不存在风险，那就根本不需要公共经济监督，公共经济监督机制问题也就无从谈起。所以，对公共经济监督机制的研究必须从分析公共经济风险及其根源入手。

第一节　公共经济风险及其种类

风险是对社会活动主体或事物发展可能带来负面效应的不确定性。公共经济风险就是对公共经济终极主体的利益可能造成损害或对公共经济配置效率和运行发展可能带来负面效应的不确定性。由于对公共经济概念理解不同，人们所指称的公共经济风险内涵有宽窄之分、种类有多寡之别。我们将公共经济视为公共组织为社会提供所有公共物品、满足社会成员所有公共需要、实现公共利益的活动，因此，公共经济风险的内涵和外延远远超出公共财政风险的范围，囊括了所有可能损害公共经济效率、妨碍公平正义、减损公共利益的不确定性。在此概念下，公共经济风险主要包括以下十类：

一、公共经济性质发生异化的风险

公共经济本质上是社会成员为满足公共需求而让渡个人权利、委托公共机构生产或提供公共物品、实现公共利益的活动。但在现实中，由于各种因素的影响，公共经济中有可能出现主客关系颠倒，致使提供公共物品的品种偏离多数社会成员的意愿和需求，以公共物品名义满足公共事务代理人的特权奢欲，利用公共权力寻租牟利、中饱私囊或者结党营私、官官相护，使公共权力变质为公共经济代理人满足私人利益、特权阶层利益的工具，甚至运用公共经济资源形成的公共权力压迫、剥削大多数社会成员，在这些情况下，公共经济在性质上就不同程度地发生了异化。

尽管在不同历史阶段公共经济性质发生异化具有程度上的差别，甚至有合法与非法、必然与非必然之不同，但都是违反公共经济本质要求的。在奴隶制、封建制和前现代资本主义社会，虽然在某些开明政治时期公共经济性质的异化程度略低一些，但公共经济总体上处于性质异化状态，不仅是合法的，而且具有很大程度的必然性。相反，随着人民民主政治的发展，现代发达资本主义国家的公共经济性质异化得到明显扭转或抑制；社会主义国家随着生产资料公有制和人民民主政治制度的建立，从根本制度上消除了公共经济性质异化的基础，但由于资本集团势力的作用、历史遗毒的影响或治理机制的缺陷，公共经济性质异化的现象在不同国家或不同时期仍在一定程度上存在。因此，防范公共经济性质异化的风险，不仅是当前落后国家需要通过革命性变革来解决的历史任务，而且对于发达资本主义国家和社会主义国家也都是不可忽视的重要政治课题。

二、公共经济职能越位与缺位并存的风险

公共经济的本质职能是满足社会成员公共需求、应对经济社会生活中的公共风险、解决公共性问题，为民间或私人部门的市场活动提供必不可少的外部条件和基础设施。如果广义政府不能秉持公共经济的本质职能，将自己的活动范围越位到应由市场配置资源的民间经济领域，那么，就不仅会对一般市场活动主体投资产生挤出效应，降低整体经济体的资源配置效率，而且会限制民间经济主体对于生活资料和生产活动进行选择的自由，降低整个经济体的活力。尤其是，由于把有限的经济资源越位用到民间经济领域，那么，势必挤占公共部门本应用于提供某些公共物品的投资，造成公共经济的缺位，使一些本来有能力解决的公共性问题不得不延迟解决。这种公共经济由于越位而致缺位、越位与缺位同时发生的情况，从两个方面给民间经济乃至整个经济体带来负面影响和损害，因而是公共经济的另一类异化性风险。

三、公共物品提供结构与公共需求结构错位的风险

公共物品的提供结构与公共需求结构相适合，是公共经济供需均衡暨公共物品最佳供给在质的维度上的要求，也是公共经济资源配置帕累托最优的质量标准。但是，如果民主政治发展不足，公共经济代理机构对社会成员的公共需求征询不充分或集中不适当，社会成员公共需求表达受到主客观因素制约，就会使公共经济资源配置、进而公共物品生产或提供结构与社会成员的公共需求结构发生不同程度的错位：一方面造成部分公共需求未能得以满足，同时又造成一部分公共物品因缺乏需求而闲置。这种状况虽然不是出于

公共经济代理人的主观故意，而是源于公共经济委托人与代理人之间信息不对称，但终归会降低公共经济资源的配置效率，从而有损公共利益。

四、公共物品提供总量偏离公共需求总量的风险

公共物品的总供给与总需求达成平衡，是公共物品最佳供给在量的规定性维度上的要求，只有如此，才算达到了公共经济资源配置帕累托最优的数量标准。但是，由于对社会成员千差万别的各种公共物品需求数量难以进行十分准确的统计或估算，加之公共经济代理人出于增进自身利益（如打造政绩工程等）的考量或受社会利益集团的影响而对公共物品提供数量做出脱离实际的计划，公共物品总供给偏离总需求的情况会比较经常地发生。在现实中，公共物品供求失衡不外两种具体情形：一种是公共物品供给总量超过需求总量，导致公共物品超前提供或过度供给，造成公共物品在一定时期处于闲置状态；另一种情况则是公共物品提供不足，有一些公共需求得不到满足。需要指出，这里所说的公共物品供给的过剩与不足、超前与滞后，都是在假定公共经济资源筹集总量适当的前提下发生的，即都是纯粹由于计划不当而不符合公共经济资源配置的帕累托最优原则，从而有损公共经济效率和社会成员经济福利。

五、公共物品分配失当的风险

如前所述，公共物品的提供与分配往往是同一过程的两个不同方面。比如，不同年龄的人群对公共物品的需求是有差别的，小学教育不适合成年人，老年大学的课程不适合青少年；满足妇女公共需求的妇幼卫生服务不适合男性社会成员；在内地建设公共设施、提供的公共服务，边疆人无法从中直接受益，等等。因此，公共物品在整体品种结构、数量结构与全社会需求结构相适应的前提下，还需要与社会成员的年龄结构、性别结构、区域结构相吻合，即达到分配结构科学合理，才能实现公共经济资源配置的帕累托最优和公共物品的最佳供给要求。然而，由于信息不对称、测算不准确、分析不严密或利益集团的干扰，基于公共物品分配失当而导致公共物品供需失衡的现象也屡屡发生，即公共物品分配失当的风险常常变为现实，从而减损了公共经济效率和公共福利。

六、公共经济决策失误、公共经济政策扭曲的风险

公共经济决策既涉及战略层面也涉及战役、战术层面，无论哪个层面的公共经济决策出现失误，都会给公共经济造成不同程度的损失。战略层面的公共经济决策主要体现在对基本经济政治制度、体制、政策的选择，而战术性决策则主要体现为对各种具体公共经济政策和公共经济资源配置的选择。通常，公共经济的战略性决策对一个国家兴衰的影响具有根本性和长远性，而战术性决策虽然对国家兴衰的影响程度低于前者，但如果失误众多，也会损害国家实力，更不要说势必减损公共经济效率了。在经济发展和民主政治水平相对落后的国家，公共经济决策缺乏科学论证和制度约束，公共经济决策多具有个人独裁或者少数寡头随意决断的特点，不仅公共经济决策失误的概率相对较高，而且往往是后任否定前任，致使公共经济政策缺乏连续性和稳定性，甚至花费巨资建造的一些重大公共工程都经常发生前任建后任拆、前任植树造林后任毁林还田的“折腾”，造成公共投资的巨大浪费，对公共经济效率的负面影响比较大。为创造政绩即升迁的“资本”，某些部门或地方政府可以脱离民众公共需求发展水平决定并实施显然超前或冒进的公共物品供给政策，而罔顾民众最紧迫公共需求的满足。

七、公共物品消费、公共资源和公共资产使用过程中滥用浪费的风险

公共水面渔业资源因过度捕捞而枯竭、公共草地因过度放牧而沙漠化等“公共地悲剧”，是公共资源因过度使用而退化的典型现象。与此相近的情形，是公共物品或公共资产因不当使用、缺乏维护而缩短寿命：不少公路和桥梁因超载车辆的通行而使用年限缩短提前报废，不少地方具有环境优化效应的公有山林被私人砍伐而逐年萎缩，公共河滩因私人无序采砂而被破坏或因随意抛放垃圾而被污染，公共建筑物因私人拆取有用部件而失去应有功能，作为历史文物的长城也因私人拆用城砖而导致不少地段濒于消失。

由于我国各类国有资产监管体制不尽完善，国有资产非正常损失时有发生，资产流失风险较大，国有资产因偏离公共经济运行轨道而发生功能异化。一是国有企业使用的经营性国有资产存在诸多流失风险，主要发生在国有企业产权改革、资产重组改制、投资并购、产权转让和流转过程中。在此过程中，具有资产处置权利的产权所有人或管理经营者等相关利益人，出于自利动机，可能会违反国家法律法规相关规定，暗箱操作、贪污受贿，通过非法手段侵吞国有资产。在国有企业改制重组过程中，可能出现不按规定程序和规则进行清产核资、财务审计、资产评估的情况，国有资产价值被低估、低价折股，以明显低于市场价格出售给其他经营主体。二是机关事业单位占用的非经营性国有资产存在流失现象。主要表现为：有些单位低价出售、低价出租国有资产；有些单位将国有资产出租收益长期置于账外，造成资产的减少和权益流失，各级国家机关公房闲置滥用现象可谓司空见惯。三是资源性国有资产流失风险严重。在资源开发利用中常见一些不规范行为。比如，一些地方政府把国有煤炭资源以远低于市场水平的价格拍卖给个人，减少了国家资本性收益，成就了个人暴富和官员寻租，造成了严重的社会不公平。四是国有资产功能异化，一些国有企业将资产配置到房地产、宾馆酒店、休闲度假场所等领域；不少地方和部门将国有资产配置于高标准的楼堂馆所和各种广场类设施建设；有的地方政府和中央公共部门甚至在国家级别风景名胜区为本级在职和离退休领导人修建豪华阔绰且无偿使用的休闲度假住所。

八、公共经济资源筹集过度、不足和债务失控的风险

在一定的社会生产力发展水平上，一个社会的经济资源总量中分别用于公共部门和民间部门的比例带有客观规律性质。在既定的经济资源总量中，一旦公共部门占用经济资源超过或者低于客观上应有的比例，就会打破公共经济与民间经济两大部门之间的自然平衡，破坏整个经济体资源配置的帕累托最优条件，从而给整个经济体协调健康发展造成损害。

早在中国古代和西方近代，中西方学者都曾从王朝兴衰的历史经验中认识到并强调过这一点。在中国，2000 多年前管就仲主张“取于民无度，用之不止，国虽大必危”。[①] 唐朝宰相陆贽 1400 多年前更为明确地指出：“夫地力之生物有大数，人力之成物有大限，取之有度，用之有节，则常足；取之无度，用之无节，则常不足。”[②] 在西方，德国官方学派一直主张公共部门与民间部门之间在资源占用方面需要保持合理平衡，尤斯蒂早在 1766 年出版的《财政学》一书中论述征税原则时就指出，国家征税数量的“一个首要的基本原则是，必须让人们有能力纳税”，合理限度在于人民纳税“不至于影响到必需品的享用，不至于损及他们的资本”[③]。其后，19 世纪德国经济学家沙夫勒和瓦格纳进一步明确强调社会资源在公共经济与民间经济两大部门之间均衡配置的必要性。沙夫勒 1876 年指出：“财政学的最高原则即国家需要必须与非国家需要保持充分均衡。”[④] 瓦格纳也强调要坚持“财政的需要与国民收入

① 李山注译：管子［M］. 北京：中华书局，2016：26.

② 陆贽：均节赋税恤百姓. 陆宣公奏议注［M］. 北京：中华书局，1991：12.

③ A. E. 门罗：早期经济思想［M］. 北京：商务印书馆，1985：330－331.

④ 坂入长太郎：欧美财政思想史［M］. 北京：中国财政经济出版社，1987：295.

之间的适当均衡”原则。① 风险在于公共部门对经济资源的汲取和占用明显偏离合理的比例，或者占用过多，以致民间经济凋敝萎缩，人民群众无以为生，不得不揭竿而起；或者占用过少，以致不能满足公共部门为社会提供必要结构和数量的公共物品，难以维持社会秩序、解决社会矛盾和满足经济社会发展对基础设施的需求。

与此相关的是公共债务规模失控问题。它本身就是一个悖论：一方面是经常性公共收入筹集不足的表现，否则就不需要举借那么多债务；另一方面，又说明当前公共部门占用经济资源已经过多，超出了客观允许的规模和比例，从而对民间经济以及整个经济体健康发展构成一定程度的威胁。因此，公共债务规模过大、比例失控，总体上是公共经济的一种潜在风险或者病态反映，不仅降低政府信用、昭示公共财务运行和公共物品供给存在不可持续的风险，而且极易引发金融危机乃至政府危机。自 2008 年全球金融危机爆发以来，全球政府债务风险日益突出，欧洲国家冰岛、希腊、爱尔兰、葡萄牙等接连发生主权债务危机，美国有十几个城市因债务危机破产。我国省、市、县、乡四级地方政府在经济社会建设进程中也累积了规模巨大的债务。2015 年新《预算法》出台后，中央政府对地方政府债务管理日益严格，但是地方政府的举债冲动难以遏制，违法违规举债或变相举债等行为仍然存在。截至 2017 年年末，我国地方政府债务 16.47 万亿元，较上年增长 7.5%，超过同期 GDP 增长率。② 此外，掩盖在 PPP 和其他各种政府性融资平台债务背后的隐形政府债务不仅依然存在，而且有愈演愈烈的趋势。地方政府债务高企，成为我国经济社会持续发展的一大潜在风险。

九、公共财务运行过程中的各种风险

在公共收入环节，由于制度缺陷，政策、管理方面的失误，可能会引起公共财源状况恶化、收入调节功能减弱、收入增长乏力，最终导致公共收入不能满足政府履行提供公共物品职能的需要，具体方面还包括许多。例如，由于纳税人不能也不愿如实准确申报纳税或由于税源监控不到位而造成税款流失；在实行收入计划管理体制下，有税不收，压任务、压基数，为后期埋

---

① 马斯格雷夫：公共财政经典理论［M］．伦敦英文版，1962：5.

② 中国财政部公布：地方政府债务余额 164706 亿元［N］．北京：中新社，2018－01－17.

伏笔，或者强征“过头税”、协商预缴税等，加剧国家经济的波动；税务人员滥作为等，如不征或少征税款、徇私出售发票、虚假抵扣税款等。

在公共支出环节，主要是由于管理制度不严、机制不善而导致公共资金流失、滥用和营私舞弊等。例如，在公共投资领域，一些领导干部违规插手干预工程建设项目决策，允许未经审批、核准或者备案的工程项目开工建设；利用职权、职务的影响，非法干涉工程建设项目投标人资格的确定或评标、中标结果，搞钱权交易；项目建设监管制度不严，建设单位或者勘察、设计等单位转包、违法分包工程建设项目；擅自提高建设标准和变更建设内容，导致项目严重超概算；项目建成之后，不按照国家法律、法规、合同要求进行验收；在未对建设项目进行决算审查或未对建设资金进行审计的情况下，违规办理工程决算，掩盖资金管理中存在的问题。这些行为不但使公共投资的工程建设质量难以保证，也会增加公共投资成本。再如，在政府采购领域，由于我国起步较晚，制度还不尽完善。在采购执行过程中，采购方式选择、采购合同履行、商品服务验收、结算等环节都易发生道德风险，采购人、监管部门、供应商、评标专家、集中采购机构以及相关人员为了最大限度地增加自身效用，都可能做出违背政府采购制度、基本原则的行为，导致采购实际结果与预期目标相偏离，或增大采购成本，或采购的商品和服务质量不高。

在公共预算运行环节，由于收入计划未能如期实现或难以预料的支出突破预备费限额，导致收支缺口扩大、年度预算赤字增加，甚至年度之中债务就超过上限，致使政府或部分公共投资项目不得不停顿、部分公共事业不得不暂停运转。这种现象在美国联邦政府一级已屡见不鲜，而州一级财政因预算支出连年膨胀导致政府破产的事件也多次发生。

十、公共经济体制机制失调的风险

公共经济体制和公共经济运行机制失调都可能带来公共经济风险。公共经济体制作为界定公共经济相关主体之间相互关系的规则体系，是公共经济生产关系的外在体现，对公共经济效率、活力和凝聚力具有极为重要的影响。如果公共经济体制顶层设计存在严重缺陷，公共经济与民间经济之间、公共经济终极主体与代理主体之间、代理主体内部横向和纵向之间责任、权力、利益关系界定不科学、不清晰，激励与约束机制微弱甚至逆反，将会极大地损害公共经济效率、活力和凝聚力，从而导致相关经济体在与其他经济体的竞争中相形见绌，或快或慢地趋向衰亡。单是公共经济责权在纵向维度上过分集中或过度分散就足以导致公共经济失败而致国家衰亡。①

公共经济运行机制也是如此。例如，公共物品是采取政府一家垄断提供还是采取分类管理，还是借助于市场机制、由政府与民间组织实行公私合作方式联合提供，对于提高公共物品供给效率和质量、降低公共经济成本，将有很大差别。当然，对一些公共物品采用公私合作联合提供机制，也只是在技术和市场发展到一定程度后才能做到，而不是任何时候都能行得通的。但是，如果当技术和市场条件已经成熟，公共经济管理机制仍然抱残守缺，继续排斥民间经济主体参与公共物品提供，那么，这种政府垄断公共物品提供的机制对于降低公共经济效率和活力的影响就会变得非常明显。公共经济的决策机制、执行机制和监控机制如果存在机理性缺陷或不合时宜的弊端，同样也会给公共经济效率、效果和活力带来不同程度的风险。

由此可见，公共经济的风险是多种多样的，以上十类只不过是比较常见的主要部分。还有一些极为重要的公共经济风险，与上述好几个种类有关，单独归到其中哪一类都显得不准确。例如，政府诚信缺失。古人云“夫诚者……政事之本也”。② 然而，察于近些年，我国一些地方政府数据造假、政策多变、失信于民的现象却相当严重。再如，不能与时俱进地及时提供制度类、政策类公共物品，实可谓公共经济最大风险，因为它足以导致国家衰败、灭亡和人民困苦、遭殃。美国学者德隆·阿西莫格鲁和詹姆斯·A. 罗宾逊所著的《国家为什么会失败》③ 一书中，介绍并分析了历史与现实中一些国家由于制度和政策类公共物品不能正确及时地提供而导致衰亡的典型事例，就很有说服力。

第二节　公共经济风险的根源

上面归纳性地列举了十个方面的公共经济风险。进一步的问题是：为什么公共经济会存在这些风险，或者说这些风险从何而来？答案肯定是见仁见智、众说纷纭。我们认为，公共经济风险的根源主要在于以下三个方面。

---

① 薄贵利：集权分权与国家兴衰［M］．北京：经济科学出版社，2001：14 - 72、94 - 96.

② 荀子［M］．上海古籍出版社，2014：25.

③ 德隆·阿西莫格鲁、詹姆斯·A. 罗宾逊：国家为什么会失败［M］．李增刚译，长沙：湖南科学技术出版社，2015.

一、人性的内在矛盾

公共经济的所有风险都与人性中内在矛盾密切相关。“人性善”和“人性恶”这两种人性论观点都有偏颇。实际上，人的天性中既有利他主义的一面，也有利己主义的一面，绝对的利他主义和绝对的利己主义都不能准确概括多数人的人性特征；如果说利他主义是优良品性而利己主义则是不良品性的话，那么，古往今来，现实中的多数人都不同比例地兼有善和恶两种品性，即作为社会主流的人性乃是优与劣两种品性的矛盾综合体。何况，按照马克思主义观点，人作为社会关系的总和，其品性既有先天赋予的一面又有后天形成的一面，既有基于家庭出身的内在因素又有源自环境熏染的外在因素，既有主观修养的成分又有客观型塑的成分。而且就人的自私品性本身而言，也并不是绝对的“恶”，在合理的规范约束之下，它乃是支配人类所有积极行为不可缺少的一种内在动力。就现阶段公共经济生活中的人而言，无论作为终极主体的人民大众还是作为代理主体的公职人员，由于社会生产方式的局限，绝大多数都还不能摆脱私利影响，所以，在缺乏适宜的激励机制和严密的约束机制条件下，其公共经济行为不可能做到大公无私。作为公共经济终极主体的社会成员，对于公共事务极有可能采取“搭便车”的不负责任态度和只为所属群体争取公共利益的行为，而作为公共经济代理主体的公职人员，则也有可能凭借自己所掌握的公共权力、滥用公共经济资源谋取私利，不仅损害社会成员集体的公共利益，甚至直接侵害其他社会成员的合法权益。

除此之外，公共经济决策、执行当事人的理论知识或业务素质不足和信息不对称，也会引致主观与客观相脱节，即发生失误而导致公共物品供给结构、数量、分配等方面与需求不吻合，从而减损公共经济效率。

可见，无论基于当事人偏私还是源于无知，都会使得公共经济的上述各种风险难以避免，因而也就需要通过事先设置并不断完善防范监控机制来尽可能避免或减少公共经济潜在风险转化为现实风险、乃至演化为公共经济危机的概率，维护公共经济机体的健全有序运行，防止公共经济发生异化，保障公共经济效率达到尽可能满意的效果。

二、公共经济生产关系的内在矛盾

本书在前面第三篇曾就公共经济生产关系的内在矛盾做过分析。在公共经济的生产关系中，无论公共经济的终极主体与代理主体之间、还是公共经济终极主体和代理主体内部都存在多层面由地位、利益差异而引起的矛盾。

这些内在矛盾，都会不同程度地引起公共经济决策和执行偏离正确目标，造成公共经济乃至公共物品资源配置和使用过程中发生滥用浪费现象，甚至带来公共经济产生某种程度的异化。例如，作为公共经济终极主体的社会成员基于利益和责任的泛化，可能谁都不想认真负责地参与公共经济决策和监督，从而影响公共经济决策科学化和监督效果；谁都倾向于使自己或自己所属集团的利益最大化，从而使公共经济生产和分配决策偏离均衡轨道；甚至还会有个别社会成员出于某种动机，故意破坏、损害、浪费公共物品或公共财产。又如，公共经济代理主体内部横向各部门和纵向各层级之间，基于服务对象和考量视野的差异，在研究拟定公共经济生产计划、公共经济资源配置计划和公共经济体制等问题上也会产生矛盾与摩擦，从而导致公共经济资源配置和公共物品供给、分配失衡。再如，公共经济终极主体与代理主体之间基于"委托—代理"关系而存在的矛盾，公共经济代理方通常会有夸大公共物品需求、虚增公共物品成本、隐瞒公共经济真实信息，甚至越权决策公共事务和反客为主的倾向，从而引起公共部门规模膨胀、公共经济效率下降，甚至使公共经济本质发生异化。①

三、公共经济风险防控或监督机制存在缺陷

公共经济风险只是公共经济发生效率减损、性质异化的可能性，并不必然成为现实。如果风险防控体系和监督机制足够完善，那么，就可以将公共经济风险控制在未发或低发状态。相反，如果公共经济风险防控体系和监督机制薄弱、漏洞很多，那么，公共经济风险则必然较多或大量地变为现实。

公共经济风险的防控和监督，实际上是从不同角度来看的同一件事情，因为，监督的目的就是通过加强控制来防范公共经济风险的发生；或者反过来说，要控制和防范公共经济风险，就需要加强公共经济监督。

加强公共经济监督、防控公共经济风险，需要借助必要的手段和方法、构建完善的监控体系，这些以防控公共经济风险为目标的手段、方法和体系，就是公共经济监督机制。完整的公共经济监督机制，包括公共经济行为监察机制、过程控制机制、结果考核机制、绩效激励机制和约束问责机制。只有这些机制都十分健全、完善和有效，才能够最大限度地达到防范公共经济风

---

① 齐守印：基于公共经济内在矛盾的国家治理机制研究［J］．财政研究，2017(4)：75－84.

险的目的。当然，防范机制的健全、完善和有效都是相对的，而且损失风险的产生与防范机制的完善之间总是处于“道高一尺，魔高一丈”的矛盾状态，因此，无论古今中外，要想完全彻底地防控公共经济风险、使之完全不会变为现实，简直是不可能的。比较现实的目标，只能是不断地追求“更好”。

第二十六章　西方国家公共经济监督的理论基础、主要特征

对公共经济行为进行监督是古今中外所有国家的普遍做法，只是在不同时代、不同国度，公共经济监督的理论基础和体制机制有所不同而已。近代以来，西方国家公共监督是建立在“经济人”假设、人民主权思想和权力制约、公共物品等理论之上的，且实现了制度化，至今已经形成了一个较为完备的监督体系和监督机制，呈现出监督多元化、法制化、公开化等特征。

第一节　公共经济监督的理论基础

西方公共经济监督的相关基础理论包括许多内容，主要由以下五个方面构成。

一、“经济人”假设

西方主流经济学和公共选择学派都认为，无论一般社会成员还是受托担任公职的人员，都是谋求自身利益最大化的“经济人”。一般社会成员对于公共物品提供和公共政策制定采取“搭便车”的不负责任态度，就是公共经济终极主体一方行为特征符合“经济人”假设的证明。至于公共经济受托主体一方，正如公共选择学派所指出的：活动于政治市场的官员同样是“经济人”，执行公共事务的公共机构不是具有强烈独立倾向的一个整体，而是由一个个具有谋求自身利益最大化倾向的“经济人”组成的。

每个“经济人”在他们的私人行动和社会行动中都有自己独立的目标。社会成员个人在公共经济生活中存在过度消费公共物品和偷逃纳税责任的倾向。由不同阶层社会成员组成的利益集团则倾向于通过影响政治过程争取使公共经济政策更有利于自己。行政部门的官员们有追求“预算最大化”的倾向，并且常常借助于政府干预之机“寻租”。立法机构的民选代表同样会通过互投赞成票的妥协交换机制而在公共经济政策中夹带私货。至于司法机关凭借司法审判权力谋取私利而导致判案不公乃至草菅人命的事情，也绝非个别。新闻媒体受政党或利益集团操纵而做颠倒黑白、混淆视听、欺骗公众的报道，

同样是屡见不鲜的。因此，公共经济活动中出现成本高、不公平、偏离公共利益导向、低效率等问题是必然的。

总之，公共经济生产关系中各种当事人作为“经济人”在公共经济活动中都存在不同形式和不同程度的道德风险。这些道德风险的存在，使得公共经济责任的履行、公共权力的运用和公共利益的实现充满不确定性。为了将公共经济活动失灵或失败程度降低到最小，有效维护公共经济效率和公共利益，就需要尽量完善对公共经济各方面主体行为的监督体系，特别是加强对掌握公共权力的广义政府机构和人员履职行为的控制、监督和约束。

“经济人”假设是西方国家公共经济监督的经济理论支撑。

二、委托—代理理论

委托—代理理论认为，在委托代理关系中，委托人与代理人都从自身利益出发，委托人追求自己财富的更大化，而代理人追求自己的收入、闲暇时间最大化，行为目标的非一致性必然导致两者的利益冲突。在没有有效制度安排下，代理人的行为很可能最终损害委托人的利益。该理论认为，解决委托代理问题有两条思路：一是设计激励机制；二是建立监督机制。这一学说是西方国家公共经济监督的管理理论支撑。

公共经济不仅是一种典型的委托—代理经济模式，并且其中存在着多层次的委托代理关系：社会成员通过选举将自己的权益委托给人民代表（议员），人民代表组成的代表大会在闭会期间将权力委托给常任机构，人民代表通过选举将公共政策执行权委托给作为行政部门的狭义政府，狭义政府又通过横向和纵向的分工进一步将公共事务委托给各部门和各下级政府，各部门和下级政府再进一步委托给不同层级的职员，等等。作为社会成员代理人的公共部门具有非营利性，难以像企业那样常常通过奖金、薪金、股利等手段来激励官员努力工作。多层委托代理关系下的信息不对称加上激励机制的不足，致使政府官员在履行公共服务职责的过程中常常做出牺牲委托人利益而有利于自身福利最大化的选择。所以，在公共经济活动中，建立完善的监督机制特别重要。目的是通过监督将代理人可能因追求个人利益、地方利益、部门利益、单位利益所带来的对公共利益的损害降到最低程度。

三、信息不对称理论

这一理论认为：经济活动当事人对相关信息的知晓程度与其获取经济活动的成效之间正相关，而各类人员在经济活动中对有关信息的了解是有差异的；掌握信息比较充分的人员，往往处于有利地位，而信息贫乏人员则处于不利地位。无论对民间经济还是公共经济来说都是如此。在“委托—代理”模式的经济活动中，一般而言，受托代理一方由于经常而直接地置身于经济活动之中，因而比委托方掌握更多信息；而委托方身处经济活动之外则较少掌握相关经济信息，致使在与受托方博弈过程中容易处于相对被动地位，而受托方更容易偏离委托人意志和利益而在约定之外谋取额外的自身利益。由于公共经济是一种典型的“委托—代理”经济，因而信息不对称规律给公共经济各层次委托方实现自身目标带来很大风险。为了减轻这种风险损失，就需要加强监督。

四、人民主权思想

人民主权或主权在民思想内含于社会契约论之中，而社会契约论思想最早萌芽于古希腊晚期学者伊壁鸠鲁。欧洲文艺复兴之后，人民主权思想先后被荷兰的斯宾诺莎、英国的洛克等思想家阐发，最后以卢梭的公意理论做出完整充分的论述。作为人民主权理论实践形式的“间接民主—代议制民主”已成为大多数国家的政治实践。由于代议制政体通过选举产生的代表来行使最后的控制权，致使权力的所有者和权力的行使者发生了分离。在此情况下，为了确保公共权力的行使者、被委托者按人民的意志行事，正确运用公共权力，有效配置和使用公共经济资源，防止他们凭借公共权力谋取私利，甚至“反仆为主”，欺压和侵犯社会成员个人权利，就需要建立健全公共经济监督体系与机制。鉴于议会也会失职失责和滥用权力，洛克指出：“立法权既然只是为了某种目的而行使的一种受委托的权力，当人民发现立法行为与他们的委托相抵触时，人民仍然享有最高的权力来罢免或更换立法机关。”① 杰弗逊则认为，不论何种形式的政府，一旦压制、损害人民主权，“人民便有权改变或废除他，以建立一个新的政府”，“当追逐同一目标的一连串滥用职权和强取豪夺发生，证明政府企图把人民置于专制统治之下时，那么人民就有权利，也有义务推翻这个政府，并为他们未来的安全建立新的保障”。② 人民主权思想是西方国家公共经济监督的政治理论支撑。

---

① 洛克：政府论［M］．叶启芳、瞿菊农译，北京：商务印书馆，1996：91－92.

② 刘杰：当代美国的政治［M］．北京：社会科学文献出版社，2001：363－364.

五、权力制约论

法国著名思想家孟德斯鸠说："一切有权力的人都容易滥用权力，这是万古不易的一条经验，有权力的人们使用权力一直到遇有界限的地方才休止……要防止滥用权力，就必须以权力约束权力。"[①] 据此，西方国家早就开始把对公共权力的监督制约作为公共经济制度设计的关键点，着手建立公共权力的监督制约机制。主要包括三个方面：第一，以权力制约权力。即通过各种国家权力之间的相互控制和约束，达到权力内部之间的基本均衡。其实践模式就是实行立法、行政与司法三权分立制度。第二，以社会权利制约公共权力。就是运用社会力量，通过凝聚公众意愿、形成社会舆论等形式发挥对公共权力的监督制约作用。第三，以法律制约公共权力。即通过制定严密的法律规则，规范公共权力的运作过程，控制政府官员的用权行为。

由此可见，如果说"经济人"假设、委托代理、信息不对称和人民主权理论主要阐明的是为什么要在公共经济运行中构建监督体系和机制实施有效监督的话，那么，权利制约理论则主要阐明的是怎样才能实现有效的公共经济监督，即为公共经济监督提供了方法、手段和途径。

除此之外，与公共经济监督相关的西方理论还有许多，如马克斯·韦伯的官僚病救治论、公共选择学派的垄断者政府论、亨廷顿的政府腐败论、罗伯特·达尔的双边控制论、安妮·克鲁格等的政府寻租论等。[②] 这些理论虽各有其独立价值，但由于总体上都是运用前述几种基本理论结合现时代实际情况的阐发，这里就不再详述。

第二节　西方公共经济监督的主要特征

基于对公共经济监督必要性和可能性的认识，近代以来，欧美等西方国家的公共经济监督体系与机制由简单到复杂、由浅显到深化，与时俱进地逐步完善。综观西方公共经济监督，内容十分丰富，方法不断改进，体系渐趋完善，机制日臻健全。概括起来，主要表现为以下"一性三化"四个基本特征。

---

① 孟德斯鸠：论法的精神［M］．北京：当代世界出版社，2008：76.

② 许耀桐：当代西方政治学中的监督理论探要［J］．求索，1994（5）．

一、完整性

经过三百多年公共经济实践中监督与被监督双方之间的相互博弈、相互促进和相关理论研究，西方国家的公共经济监督体系日趋完善，已经形成了颇具完整性特征的公共经济监督体系和监督机制。这种完整性，既表现在监督主体的多元性，也表现在监督内容的全面性，更表现在监督网络的全覆盖。

首先，从监督主体上涵盖了公共经济生产关系中各方面活动主体。既有作为公共经济终极主体的人民大众对作为公共经济受托主体的广义政府的监督，也有公共经济受托主体内部机关对个人、上级对下级和立法、行政、司法相互之间的监督，还有公共经济受托主体对作为公共经济终极主体的社会成员个人的监督，并且包括由公共经济活动直接主体所衍生的次级主体（如社会团体、党派、新闻媒体等）对所有公共经济活动直接主体的监督。

其次，从监督内容上涵盖了公共经济运行的全过程和公共经济活动的各方面。既有对公共物品生产、交换、分配、消费四个环节的监督，也有对公共经济决策、执行以及最终绩效的监督；既有对公共物品再生产过程的监督，也有对公共经济资源配置和使用的监督。

再次，从监督方式、方法和手段、途径上实现了多样化。既有人民大众借助于民选代表机关所进行的间接监督，也有人民大众借助于公共事务公开渠道和投票、诉讼、抗议等所进行的直接监督；既有事中、事后的监督，也有事前介入监督；既有传统的现场监督、查阅监督、调阅监督，也有现代的网络监控监督；既有立法机关和司法机关所进行的质询、听证、弹劾等高层级监督，也有绳之以行政法纪和党内处分的追责形式；既有自上而下的监察，也有自下而上的反监督，还有横向之间的相互制衡。

西方国家公共经济监督体系和监督机制由于具有这种完整性特征，使得各种公共经济活动当事人危害公共利益的行为难以逃遁，致使想为者也不能为、不敢为。这是西方国家公共经济效率相对比较高、广义政府公务人员贪渎行为相对较少的主要原因。当然，相对较少并不等于得以杜绝，目前西方国家公共经济权力和公共经济资源被滥用、公共经济政策扭曲、公共经济运行效率不理想的状况也仍然是存在的，不过是比起发展中国家而言相对较少而已。

二、多元化

由于公共经济生产关系中存在着较多人格化主体，公共经济运行过程包含着多层次“委托——代理关系”，因此，公共经济监督本质上必然是多元化的。通过数百年实践探索和理论研究，西方公共经济监督基本上形成了主体多元、渠道多元的复合型网络体系。这种监督网络贯穿于公民与广义政府之间，立法机构、司法机构与行政机构之间，上下级行政机构之间，政府机构、公共组织与其雇员之间，覆盖整个公共经济活动。就类型而言，西方国家的公共经济监督，既有立法监督、司法监督，也有行政监督，还有各个监督机构间协调配合。从民主监督形式来说，既有间接民主性质的议会监督，也有直接民主性质的公民投诉和媒体披露。例如，美国联邦政府采购中，就形成了多层次、多机构、立体化的监督体系，具体监督部门包括国会及其专门委员会、联邦会计总署、总统预算办公室、联邦采购政策办公室、联邦行政监察办公室、联邦索赔法院、利益相关方等。从广义政府角度考察，公共经济监督网络体系则可以概括为内部监督和外部监督两大方面，其中内部监督包括立法监督、司法监督和行政监督，外部监督包括公民监督、利益集团监督、新闻舆论监督、反对党监督和市场交易利益相关方监督等。多元化立体型网络监督体系的形成，大大强化了公共经济监督的效能。①

三、公开化

随着现代民主政治的逐步发展，西方国家大多都注重公共权力行使的开放程度，公开性被看作当代民主政治发展的一个重要标志。公共经济的公开体现在三个方面：监督主体的公开、监督客体的公开和监督程序的公开。所谓监督主体公开，就是要求监督主体公正公开地进行监督检查，而不是主要诉诸匿名举报。所谓监督客体公开，就是要求政务活动公开，使监督主体能够掌握详细充分的信息。美国国会早在1966年就制定了《信息自由法》；1977年又制定了《阳光下的政府法》，要求联邦政府下设50多个委员会的会议公开举行，因某种理由举行秘密会议必须得到该委员会首席法律官员或法律顾问的认可；2002年又制定了《2002年电子政务法》，要求政府机构将行政行为尽可能地在互联网上公开，其中关键一项便是预

---

① 陈奇星、罗峰：略论西方国家的行政监督机制［J］．政治与法律，2000（3）：13－18.

算公开。在美国，参与预算编制与批准的行政部门和国会都有责任向公众提供预算信息，每年政府的预算草案都会及时向社会公开。国会不但公开预算文件及预算会议，而且也向公众开放国会审查和辩论预算的会议，公众可以现场旁听，也可以在互联网或电视上观看。除此之外，美国、澳大利亚等多数西方发达国家议会就主要公共政策进行审议的会议，公民都有权列席旁听。所谓监督程序公开，就是将各种公共经济监督如何进行、按照哪些环节和步骤推进实施、监督结果如何披露等，全部公之于众，以便于公民大众实施监督。

四、法治化

基于市场经济的法治内涵和民主政治的宪政保障，西方国家将公共经济监督纳入法治化轨道，既做到有法可依，又强调有法必依、违法必究。西方各国通过建章立制，制定了大量法律法规来规范公共经济及其监督行为。以财政监督为例，其法律依据不但有宪法还有专门法、财政部的行政命令等。在日本，《日本国宪法》明确规定了国会财政监督权，在此基础上还构建起以《日本财政法》为主干、以《会计法》《国有财产法》《日本会计检查院法》《日本地方税法》《日本地方交付税法》等为补充的财政法律制度体系。在美国，除了《宪法》中列有财政监督的重要条款，还依据《宪法》制定了分门别类的财政法及相关法规，如《监察官法》《财政主官法》《政府管理改革法》和《单项否决权法》等，赋予监察官独立监督的权力。

由于各种监督主体的地位、职责、权限和权力行使的方式、程序等都被法律规定下来，无论是对公共财政、公共服务、公共采购的监督，还是相关问责都有明确的法律依据，而且法律的约束力很强、权威性很高，增强了监督的可预见性和执行效力，从而便于达成威慑犯罪、规范监督行为的预期效果。值得重视的是，西方国家公共经济监督的法治化，不仅以法律法规确立监督权力、规范监督行为、保障监督效力，而且以法律法规维护被监督者的合法权益，以防止监督者任意而为、制造冤狱。

从上述“一性三化”的基本内容可以看出，现代西方国家的公共经济监督体系确实具有先进性，对我国完善公共经济监督机制具有启示作用和借鉴价值。这不仅是因为民主政治制度下的公共经济监督在本质上具有统一性，而且因为西方国家逐步形成的公共经济监督机制也符合马克思主义的民主政治理念。马克思以称赞的口吻指出：巴黎公社通过选举产生“行政的和创制法律的公职人员”，是“以随时可以罢免的勤务员来代替骑在人民头上的老爷们，以真正的责任制来代替虚伪的责任制，因为这些勤务员总是在公众监督之下进行工作的”。① 恩格斯指出：“一切官吏对自己的一切职务活动都应当在普通法庭面前遵照普通法向每一个公民负责。”②

① 马克思：法兰西内战初稿［A］. 马克思恩格斯选集第3卷［C］. 北京：人民出版，1995：96.

② 恩格斯：致奥古斯特·倍倍尔［A］. 马克思恩格斯选集第3卷［C］. 北京：人民出版社，1995：324.

第二十七章　我国公共经济监督体系与监督机制的构建

我国的公共经济监督制度由来已久，不仅有自上而下的监督，而且有自下而上的监督。本章将简要回顾其历史发展过程，分析现状中存在的主要问题，重点就完善我国公共经济监督机制进行探索。

第一节　我国公共经济监督制度的历史发展

中国公共经济监督制度随着公共经济实践而产生和发展，包括着眼于防止统治者决策失误的自下而上的监督和着眼于保障法律政令实施的自上而下的监察两个方面。大体经历了原始社会末期、君主专制阶段、资产阶级民主阶段和社会主义民主政治阶段四个历史时期。

一、原始社会末期自下而上的公共事务监督机制

就公共经济而言，所谓自下而上的监督机制，在现代民主制度产生之前主要以谏诤制度为载体。诸葛亮在《便宜十六策》中说："纳言之政，谓之谏诤。所以采众下之谋也……君有诤臣……当其不义则诤之，将顺其美，匡求（古同救字）其恶。恶不可顺，美不可逆；顺恶逆美，其国必危。夫人君拒谏，则忠臣不进其谋，而邪臣专行其政，此为国之害也。"[①] 因此，据古籍所载，中国早在原始社会末期就已产生了以匡正君主过失为主要功能的谏诤制度萌芽。"古之治天下者，朝有进善之旌，诽谤之木，取谏之鼓。所以通治道而来谏者。"[②] 具体而言则是"帝尧置欲谏之鼓""舜立诽谤之木"。[③] 舜代为了听取关于公共事务方面的意见建议，还专设了名为"纳言"的谏议性职官。

二、君主专制时期的公共经济监督机制

首先，自下而上的公务监督自奴隶制时代开始一直延续到清末。据史书

① 江天一：传世藏书第5卷［M］．北京：华艺出版社，1997：3926.

② 司马迁：史记·孝文本纪［M］．北京：中华书局，1982：423.

③ 魏徵等：群书治要·史记治要［M］．北京：海潮出版社，2016：91.

记载，早在西周时期就已正式设置“谏官”之职。《周礼》中将《谏礼》加以单列。到春秋战国之时，各诸侯国出于兴国争霸的需要，重视谏诤蔚成风气。秦统一六国、扫平天下很大程度上得益于国王高度重视采纳大臣的谏诤性意见和建议；而秦二世则变为“群臣谏者，以为诽谤”“忠言未卒于口，而身为戮没矣。故使天下之士，倾耳而听，重足而立，钳口而不言。是以三主失道，忠臣不敢谏，智士不敢谋，天下已乱，奸不上闻”，以致奸道横行、国遂灭亡。[①] 汉初皇帝以秦二世而亡为鉴，更加重视谏诤制度。文帝三年不仅仿效尧舜在未央宫承明殿置有进善旌、诽谤木、敢谏鼓，更以御史中丞专司监察包括皇帝在内的王室、宫廷行为。到唐代，谏诤制度趋于完备，在门下省等衙门设置谏议大夫、拾遗补阙等职官来谏诤皇帝和朝廷行政过失，以致贞观之治的出现。宋代从门下省分出一个谏院与“三省”并行，以左右谏议大夫为长官，改补阙为司谏、拾遗为正言，专门负责监督包括皇帝在内的政务行为，以纠举失误、匡正恶行。元朝缺乏自下而上的公务监督机制，所以统治不到一百年就改朝换代了。明太祖朱元璋废除宰相制度以后，自下而上的政务监督制度趋于衰落，但仍有六科给事中等被称为“言路”的谏诤渠道，在遇有明君之时尚能在一定程度上发挥规劝皇帝决策行为的作用。清代所谓言路大体类似于明朝，在康、雍、乾盛世阶段尚能通过六科给事中等渠道接受臣下监督。整体而言，在君主专制制度下，自下而上的公共经济监督机制只是在君主比较开明的情况下才能发挥或大或小的功能，而此种清明政治延续时间相对而言总是比较短暂的。

其次，自上而下的公共经济监督机制在整个君主专制时代一直比较强。商朝就有关于自上而下进行公务监督考核规定的记载，西周时期则形成了以宰夫为主体的交互考核制度，秦汉时期进一步发展为御史大夫监察与地方上计制度相结合的监督制度。汉武帝时期，设置御史府、司隶校尉、丞相司直三个并列的监察机构以强化对中央各机构及其官吏的监察，对地方则分十三个监察区委派州刺史实施监督，形成纵横交错的监察体系，并在已有的《监御史九条》基础上颁布了《刺史察举六条》，作为实施纵向监督的法律规范。唐代着眼于加强监察力度，在御史台下分设台院、殿院和察院，使监察官对官吏的纠举弹劾职责更加分明，并在颁布《唐六典》的基础上制发《六察》

① 魏徵等：群书治要·史记治要［M］．北京：海潮出版社，2016：96.

和《风俗廉察四十八条》作为专门的监察法规。宋代在中央设置御史台、在地方设置监州，分别负责对中央和地方政府及其官吏的行政司法廉政监督。元代在中央设御史台，在地方设22道监察区，委派肃政廉访使执行监察职能。明清时期则由都察院专司自上而下公共经济监督职能，都御史重点监察内阁，监察御史分道监察，清代还通过制定颁布《钦定台规》形成了一整套相当完备的监察制度。尽管自上而下的公共监督功能一直比较强，但也时常受到至高无上的皇权干扰，致使监察制度难以一视同仁地认真贯彻。

三、资产阶级民主制度下的公共经济监督机制

中国资产阶级民主由孙中山先生领导创立的中华民国肇端，1950年之后继续存在于中国台湾地区。因为中华民国辖区覆盖全国时期基本上处于战乱年代，以孙中山五权分立模式民主宪政理论为指导的公共经济监督机制，虽在1931年通过的训政期《中华民族约法》、1936年宣布的“五五宪草”和1946年通过的《中华民族宪法》中以与立法、行政、司法、考试院并立的监察院职能不同程度地得以体现，但由于客观环境和制度设计缺陷的制约实际上并未得到严格的贯彻执行。中华民国1949年败退台湾一隅延续统治以后，依旧以1946年宪法为公务治理的基本依据，1994年和1997年两次修宪均未改变其治理框架。五权宪法框架下的监察院面向所有公务人员“行使弹劾、纠举与审计权”。①

四、人民民主政治制度下公共经济监督机制进一步获得发展

中华人民共和国成立以来，中国共产党作为执政党一直高度重视党和国家监督体系的建设，经过建立、破坏、恢复、发展完善的曲折过程，逐步形成由党内纪律监督、权力机关监督、政府行政监督、司法检察监督、经济审计监督、民主协商监督、人民群众监督、新闻舆论监督构成的一整套公共经济监督体系，在结构上由自上而下的单向监督向自上而下与自下而上相结合的双向监督发展。2018年，在新一届党中央领导下，为了进一步推进国家治理体系现代化，又通过修改宪法、颁布《监察法》，将公共经济监督纳入系统的法治轨道，提升了国家监察机构规格、整合了监察机构，实现了对所有公共机构和公务人员公共经济行为实施监督的全覆盖，同时将党内监督与国家

---

① 姚礼明：当代各国政治体制——中国港澳台地区［M］．兰州大学出版社，1998：187－189.

监督在适当分工的基础上进一步统一起来。

真正有效的公共经济监督机制只有在民主制度下才有可能切实得以完善并充分发挥作用；但近百年来人民民主制度的实践证明，要将这种内在的可能转化为理想的现实，既不是自然而然的，也不是一蹴而就的，而是需要经过极为艰巨的理论探索和持续不断的实践创新才能逐步做到。

第二节　现行公共经济监督体系的种类与构架

我国目前的公共经济监督体系主要由权力机关监督、专司机关监督、公共机构各系统内部监督、政党监督、民主协商监督、人民民主监督和新闻舆论监督等要件构成。

一、现行公共经济监督的主要种类

（一）权力机关监督

权力机关监督在我国也即人大监督。人民代表大会及其常务委员会是同级最高权力机关，拥有公共经济重大事项的终极决策权，对“一府两院一委”（行政机关、检法机关和监察委）甚至政党履行公经济责任和行使公共经济权力的活动实施监督。在我国公共经济监督体系中，人大监督具有最高的权威性。根据宪法和地方组织法有关规定，权力机关监督的主体是各级人民代表大会及其人大常委会，其中人民代表大会和人大常委会各有明确的权限，人民代表大会的权限高于人大常委会。人民代表大会及其常委会作为对公共经济活动实施权力监督的主体，只能通过法定的民主程序集体行使监督权，其中每个工作机构只能具体负责监督活动的某项工作、每个组成人员只能参与监督活动并发表意见，但都不能单独成为认定监督权的主体、因而不能代表整个监督主体做出权威性决定。

根据《中华人民共和国宪法》《中华人民共和国各级人民代表大会常务委员会监督法》《中华人民共和国地方各级人民代表大会和地方各级人民政府组织法》等规定，人大监督覆盖所有公共经济活动。其中，全国人民代表大会拥有“审查和批准国民经济和社会发展计划和计划执行情况的报告，审查和批准国家预算和预算执行情况的报告”、审查批准国家监察工作报告的职权；全国人大常委会在全国人民代表大会闭会期间拥有“审查和批准国民经济和社会发展计划、国家预算在执行过程中所必须作的部分调整方案，监督国务院、中央军事委员会、最高人民法院、最高人民检察院和国家监察委的工作”

的职权；县级以上地方人民代表大会拥有“审查和批准本行政区域内的国民经济和社会发展计划、预算以及执行情况和报告，听取和审查本级人民政府和人民法院、人民检察院、监察委工作报告”的职权。地方各级人民代表大会常务委员会，在同级人大会闭会期间拥有“审查和批准决算，听取和审议国民经济和社会发展计划、预算的执行情况报告，听取和审议审计工作报告，听取和审议本级人民政府、人民法院、人民检察院和监察委的专项工作报告”的职权。

各级人民代表大会及其常务委员会正是凭借宪法和法律赋予的上述权力，并运用审查和批准、质询和询问、视察和检查等法定手段，实现对国家公共收入计划及其履行、公共物品供给计划及其实施情况和国家监察工作的监督，成为公共经济健康持续发展的重要保障。其最高权威性，一方面表现在监督对象覆盖所有公共经济活动主体和客体；另一方面表现在有权依据监督结果和民主程序罢免所有由其选举产生或决定任命的公共经济执行机构负责人。

（二）专司机关监督

专司机关监督是指专职监督机关依据法定职权对公共经济活动实施的监督，包括国家监察机关、司法检察机关、审计机关负责实施的各种专门监督。这些监督既包括对同级公共机构及其公务人员的公共经济行为所进行的监督，也包括自上而下的纵向监督。

（三）公共机构各系统内部监督

公共机构包括政党机关、权力机关、行政机关、司法机关、监察机构、审计机关、军事机关等多个分支系统。这些公共机构为了保障自身公共经济活动目标的实现和公共经济责权的合法行使，都在内部设置专门机构或赋予特定部门承担本系统公共经济活动监督职责。例如，党内纪律检查机关对所有工作机构和党员个人实施的纪律监督，财政部门对各公共部门预算、财务、资产、会计等事项的监督控制，以及各个公共机构内部的自律性监督。

（四）政党监督

我国实行的是中国共产党领导的多党合作制，政党监督不仅包括中国共产党的监督，还包括各类民主党派的监督。

中国共产党是中国的执政党，是中国特色社会主义事业的领导核心。党对公共经济活动的监督实现途径如下：对国家各种经济社会政策、法规的制定修订提出指导意见和建议；通过党的各级组织对各级政府及其部门具体实施国家法律、法规的过程实行监督；通过各级党组织、党的各级纪律检查机构对国家机关中的党员干部职业行为进行经常性的监督。党的监督对防止公共经济权力异化，增进公众福利产生了积极而深远的影响。

实施监督是民主党派的主要职能之一。与西方的在野党和反对党不同，作为参政党，中国各民主党派与执政党和政府是站在同一立场上的，其监督目的是支持和帮助执政党和政府改进工作，完善和巩固人民民主政权。各民主党派实施公共经济监督的路径是：围绕国家宪法和法律法规的实施情况，政府重要方针政策的制定和贯彻执行情况等，在四项基本原则的基础上提出意见、批评和建议。

（五）民主协商监督

民主协商监督主要体现在县以上设置的人民政治协商机构负有民主监督职能，重点监督党和国家重大方针政策和重要决策部署的贯彻落实，主要通过各级政协委员有计划进行的社会调查、专项考察和在此基础上就公共经济制度、政策存在的问题提出改进性的提案、建议来实现。

（六）人民民主监督

人民民主监督在广义上包括上面提到的人大监督、政协监督和下面所讲的新闻舆论监督，在狭义上则主要指公民个人及其依法结成的社会团体所实施的监督。

我国宪法明确规定公民对一切国家机关和工作人员享有批评、建议、检举、申诉和控告等监督权利。近年来，公民的主人翁意识逐步强化，对公共服务的监督意识也随之提升。我国公民主要通过下列渠道对不恰当、不合理的公共服务行为进行监督：一是直接向行政机关进行询问，提出要求、批评或建议。二是依照法律法规和法定程序向国家立法机关、检察机关检举公共服务供给过程中的违法、渎职行为，对政府行政服务过程中不合理、不合法或失当的处理决定直接向法院提起行政诉讼。三是向各类举报中心举报。当前纪检监察等举报渠道种类繁多，政府部门设置的举报电话、市长信箱等也极大地方便了群众的监督。四是通过信访实行监督，对公共机构侵犯公民个人权益事项提出补偿诉求，成为民众监督政府公共服务职能履行情况的主要途径之一。

社会团体监督是公民依法结成的社会团体对政府公共服务职能履行情况的监督，是公民个人监督的加强形式。分散的公民个人对公共服务监督的力量是有限的，只有组织、联合起来，以“中介组织”“非政府组织”“非营利组织”等形式出现，公民的力量才能真正显现出来，才能真正形成有效的公共服务监督力量。我国社会团体的监督权也是宪法赋予的。社会团体监督权的实现方式，主要是通过召开会议或是以口头或文字等形式就公共行政服务事项向政府有关部门提出意见和建议，对违反法律法规的公共行政、公共服务行为提出申诉、控告和检举等。20 世纪后期，随着公民社会的成长，我国政府体制之外的各类社会团体不断涌现，其政治参与的诉求和能力日益增强。一些社会团体积极地参与到公共事务监督之中，代表社会大众的公共利益对政府公共服务提出了很多批评和建议，促进了我国公共服务行为规范、服务质量标准的建立和不断完善，在一定程度上维护了国家和人民的共同利益。

（七）新闻舆论监督

新闻舆论监督本身并不具有制裁力，但却具有动员群众的实际能力。舆论监督对公共经济主体是一种无形的约束，可以促使公共机构提高公共服务效率，保持公务员队伍的廉洁度。新闻舆论监督的形式主要有三种：一是在第一时间以文字或图像等形式进行客观报道，使政府公共服务供给全过程实现公开化、透明化；二是以时评形式，针对公共机构失责、公共权力滥用所导致的公共服务低效甚至无效做出抨击和谴责；三是以特殊新闻文体和节目类型（如调查性报道）深入揭露公共服务失效现象及问题。

在日趋复杂的现代社会中，舆论监督公务行为的功能日益增强，报刊、广播、电视等新闻媒体已经成为与立法、司法、行政机关并立的“第四权力机关”，直接影响着公共经济政策的制定和执行，制约着公共机构的行为。互联网的迅速普及和广泛应用，使网络信息在公共服务监督中发挥出前所未有和无可替代的强大作用。和传统媒体监督相比，网络监督具有反应迅速、影响广泛等独特优势和鲜明特征，在我国社会监督中扮演着越来越重要的角色。网络作为社会公众监督和舆论监督的重要平台，不仅受到社会公众的欢迎和政府的重视，而且由于所蕴藏的信息极其丰富而日益成为人大、纪检、监察等专门监督机构直接、迅捷地获取不易灭失的监督线索的重要途径。近年来，我国不少涉及公共服务的大案要案首先是通过网络曝光后，相关部门顺藤摸瓜才得以查处的。

二、我国公共经济监督系统的核心架构

公共经济作为人类为满足公共需要而自觉进行的公共物品再生产活动，影响其最终效果的核心事项是提供公共物品和相应的资源配置决策与执行，具体体现在公共物品提供计划（规划）、公共预算和作为其执行过程的公共服务和公共工程项目建设。经过多年探索，我国已初步建立起一个覆盖公共经济决策、执行及其效果的监督系统。

（一）公共物品提供计划（规划）监督

在我国，公共物品提供决策与执行具体表现为党和政府工作的年度计划、中期规划的批准和执行。因此，公共物品提供决策与执行的监督相应地就是对各级党委和政府年度计划、中期规划批准与执行的监督。对公共物品提供计划（规划）决策的监督，主要关注其科学性、可行性和平衡性，以确保公共物品供给能够与经济社会发展水平相适应、相匹配，最大限度地回应社会公共需求；对公共物品提供计划（规划）执行的监督，则重点关注规划（计划）预期效果目标的实现程度。

从我国现有法律法规来看，各级公共物品提供计划、公共服务专项规划都是由同级党的代表大会、委员会和人民代表大会审议批准的，计划、规划期满以后再由负责执行机关向批准机关报告执行结果，由后者审议批准报告，同时规定计划（规划）执行过程中要接受党内监督、人大监督、政府监督、舆论监督、群众监督、专家监督，同时明确计划（规划）编制、管理部门的监督责任。在计划（规划）编制和决策中，强调履行专家论证和公示程序，接受专家咨询、听取人民群众的意见，积极推进计划（规划）决策的民主化、科学化。在计划（规划）实施中，规定党委、人大、上级政府等监督主体可采取定期检查、日常巡查、专项检查和专案调查等方式，并通过受理信访、投诉、行政复议等途径保障计划（规划）认真实施。

（二）公共预算监督

公共物品提供计划（规划）必须由相应的公共预算资源配置加以保障。公共预算资源配置科学、合理，公共物品供给结构才会均衡。公共预算监督，主要关注预算分配和预算执行及其效果两方面内容。我国现行的公共预算监督已经形成了包括立法机关（人大及其常委会）监督、财政部门监督、审计部门监督、社会公众监督在内的国家监督和社会监督相结合的完整体系，并由《宪法》《预算法》《会计法》《审计法》《税收征管法》《预算法实施条

例》《财政违法行为处罚处分条例》等法律法规加以规范和保障。

公共物品提供计划（规划）和公共预算监督近些年来已经深化、细化到公共工程项目、公共服务过程，并且开始进行人民群众参与式预算试点。监督的内容不仅包括公共物品提供计划（规划）和公共预算的完成程度，而且已发展到对公共服务效能、投入产出绩效和公共利益分配公平的评价。

（三）公共经济责任监督

公共物品提供和公共预算配置决策与执行，对于公共部门而言首先是相应公共经济责任履行问题。因此，对公共物品提供计划（规划）和公共预算的监督，实质上是对相关主体公共经济责任履行过程与实际成效的监督，对于未达到、未完成预期绩效目标的公共经济主体必须实施问责，追究其行政乃至法律责任。近年来，我国不断加强问责制度建设，已经通过立法和修法形成一系列相关法律法规，如《中华人民共和国行政许可法》《中华人民共和国预算法》《中华人民共和国监察法》《中华人民共和国审计法》《中华人民共和国城乡规划法》《中华人民共和国企业国有资产法》《财政违法行为处罚处分条例》等。政府整体工作绩效问责、部门整体工作绩效问责、预算绩效管理问责等构成了我国公共经济问责体系。纪检监察、财政、审计、组织、人力资源等相关机构受党委和政府委托，依照职能分工，参与到问责中来。

（四）公共经济权力监督

为保障公共经济责任的有效履行，必须赋予公共部门相应的公共经济权力。但在缺乏必要监督的情况下，公共经济权力存在被滥用的风险。因此，通过有效机制加强对公共经济权力运用的监督就成为必要，这是公共经济责任监督所难以代替的。在我国现行的国家治理体制框架下，对公共经济权力运用的监督主要是通过党委民主集中制、党委纪律检查、人民代表大会及其常委会监督、人民政协民主监督、民主党派监督、国家监察部门监督、经济责任审计监督、人民群众监督和新闻舆论监督等途径实现的。通过这些监督，防范、抑制、纠正滥用公共经济权力导致公共资源资产损失、公民权利受到侵害和贪污贿赂的行为，对相应的行为人实施党纪、政纪、法律惩戒。

归纳起来，我国现行公共经济监督体系的构成要件和具体形式如下表所示：

我国现行公共经济监督体系的构成要件与具体形式

监督对象	监督客体	监督内容	监督形式	
			政府内部控制	外部控制
公共经济部门及其工作人员	公共经济决策	计划决策 预算决策	党委民主集中制决策、纪律检查，政府及其计划、财政部门的同级和纵向控制	人大审批、基层参与式预算、专项决策听证会、专家咨询论证等
	决策执行过程	服务效能 服务公平 项目建设 预算执行	纪检监察、财政审核检查、检察院司法监督、经济审计、电子监察、上级专项巡查、部门内部监督、行政复议	政风行风评议、电视问政、市长热线、人大和政协专题调研、人大执法检查、纪检巡视、信访举报、媒体报道等
	公共经济效果	绩效结果 服务责任	财政支出项目绩效评估、部门整体支出绩效评估、政府绩效考核、行政问责	人大问责，监察问责、第三方绩效评估

第三节　完善我国公共经济监督机制的主要路径

尽管经过多年探索完善，我国公共经济监督机制整体上已经比较有效，但仍然存在许多需要进一步优化改进之处。按照问题导向和目标导向相结合的原则，我国公共经济监督机制进一步深化改革应当从以下方面下功夫。

鉴于我国现行公共经济监督制度的缺失和弊端，必须按照人民民主政治制度和防止公共经济本质异化的根本要求，通过系统深化体制机制改革，进一步优化监督主体结构，完善监督运行制度，健全监督法律法规，推进监督信息化，形成一整套主体多元化、结构科学化、问责规范化、运行法治化、高度信息化的公共经济监督网络，以有效防止公共经济责任缺失和权力滥用，促进公共经济资源高效配置，最大限度地增进社会公共利益。

一、优化公共经济监督的主体构成

在我国，所谓优化公共经济监督主体结构，就是要根据人民民主政治制度和克服公共经济内在矛盾的本质要求，通过深化监督体制改革，合理确定公共经济监督的主体构成，提升并维护核心主体监督地位的独立性，充分发挥各类监督主体的积极性和主动性，整合监督资源、形成监督合力，从整体上提高公共经济的监督效力。

（一）强化各级人大作为公共经济核心监督主体的职能地位和能力建设

作为法定的最高权力机关，人大法定监督权的落实取决于其政治地位的改善和身份的回归。一是提高人大常委会领导在执政党内的地位，从组织上落实人大作为国家权力机关的性质和功能。在地方，除同级党委书记兼任人大常委会的主要领导外，人大常委会党组进入同级党委领导班子的人数应和政府持平，从而确立人大在公共事务中的话语权。二是优化人大代表及其常委会组成人员结构，加强人大自身组织建设。人大代表、人大常委会委员是人大监督权主体的人格化体现，他们的政治素质、工作能力和主动性、积极性直接关系着人大监督的效能。为了充分发挥人大在整个公共经济监督体系中核心功能，必须强化人大代表和人大常委会组成人员的政治和业务素质建设。一方面，在人大代表和人大常委会组成人员候选人推荐中，应当切实将其政治素质和参政议政能力作为首要标准。另一方面，应当加强人大代表的培训力度，增强责任意识、权利（力）意识、法律意识、监督意识和公共经济理论知识素质；增加人大常委会组成人员中专业人员、专职委员的比例，提高其监督政府行为的政治业务素质和能力。同时，要建立健全相关考核制度，健全人大代表和人大常委会组成人员的激励约束机制，并对其失职行为进行必要的追究，督促人大代表和人大常委会组成人员在其位、谋其政，让人大代表真正成为民意代表、人大常委会真正成为一个常设的民意机关，主动监督政府公共经济行为。三是下决心逐步减少人大代表中政府官员所占比重。

（二）深化专司监督机构体制改革，破解“同体监督”难题

中共中央政治局2014年6月30日审议通过的《党的纪律检查体制改革实施方案》，明确提出推动党的纪律检查工作双重领导体制具体化，落实查办腐败案件以上级纪委领导为主，各级纪委书记、副书记提名和考察以上级纪委会同组织部门为主，强化上级纪委对下级纪委的领导。这是提高纪检监督独立性的有力改革举措。根据中央部署和要求，各地也相继开展派驻纪检机构管理体制改革，全面推进向党和国家机关派驻纪检机构的工作，并实行统一名称、统一管理，旨在进一步强化对驻在部门领导班子及成员的监督。上述改革的落地将有效解决“不让查案、不敢查案”的问题。但是，要消除纪检机构“不想查案、不规范查案”的问题，科学、严格的考核制度是关键。因此，必须建立起科学的绩效考核、述职评议、责任追究等制度，在激发纪

检机关及派出机构干部工作热情的同时，规范其履职行为。

各级监察委在升格为与“一府两院”平行的公共经济决策执行机关以后仍与执政党纪检机关合署办公，有利于党和国家层面专司监督机构整合资源、统一行使监督职能。但各级监察委作为法定的国家监察机构，其监督职能必须覆盖包括各党派、各类国家机关、群团组织和国有企事业单位在内的所有公共机构，它本身的履职行为则既要符合法律规范，也要接受人大代表、人大常委会以及人民政协、人民大众的监督。

2015 年，中央两办对外公布《关于完善审计制度若干重大问题的框架意见》，配套推出《省以下地方审计机关人财物统一管理试点方案》，拉开了省以下审计机关人财物统一管理改革、提高审计监督独立性的帷幕。2018 年，中共中央组建审计委员会则从加强执政党对审计工作领导这一角度迈出了提升审计监督地位的重要一步。这项改革对于打破层级壁垒，保障审计独立性，提升审计监督整体效能，以更加独立、超脱的视角去行使监督权，具有特别重要的作用，是完善国家审计制度的关键一环。下一步，还应当比照监察体制改革思路，使各级审计机关成为人民代表大会制度下与“一府两院一委”平行的专司监督机构，进一步提升审计监督在整个公共经济监督体系中的地位，专门履行公共经济、财务、资产、资源监督职能，并且覆盖所有公共机构。

各级检察机关作为司法领域专司监督机构由来已久，独立行使执法监督权从法律规定层面没有障碍，在具体实施层面如何保持独立性并切实接受人大监督，则需要通过进一步深化改革来破除残余的障碍。

各类专司监督机关如果都能各司其职、各负其责地履行公共经济监督职能，并且接受人大监督，那么，公共经济自上而下监督和同级机构相互监督问题就可以得到较好解决。

（三）强化人民政协和民主党派监督

按照中华人民共和国宪法规定，人民政协作为民主协商机构历来负有对党和国家公共经济活动实施监督的职能，合法的民主党派对执政党和国家机构实施监督也是毋庸置疑的。关键是如何通过科学的顶层设计将“加强人民政协民主监督”和执政党与作为参政党的民主党派“长期共存、互相监督”制度转化为一种切实有效的宪政安排。同时，建立激励约束机制，以谏净性议案质量和数量为依据对各民主党派进行政绩考核评价。如此，则有望将加强人民政协和民主党派的民主监督职能落到实处。

（四）改进人民群众直接监督机制

1945年，毛泽东在与黄炎培关于历史周期律的对话中说："我们已经找到新路，我们能跳出这周期律。这条新路，就是民主。只有让人民监督政府，政府才不敢松懈。只有人人起来负责，才不会人亡政息。"① 对于公共经济而言，人大监督、专司监督、政协和民主党派监督虽然都是重要的，但又都不能代替人民群众直接监督。这是因为：第一，人民群众是公共经济的终极主人和公共物品的享用者，对公共经济拥有最根本的发言权；第二，虽然人大代表和人大常委会组成人员是由人民群众选出的，但终归只是民意代表，并且可能出于个人利益考虑或受某些利益集团影响而在不同程度上有违人民群众利益和受托责任、扭曲地行使公共权力，因而他们本身履职行权的行为也需要置于人民群众监督之下。为此，《中华人民共和国宪法》按照人民民主国家通行的惯例，在明确国家一切权力属于人民的同时，直接规定了人民群众监督公共事务的权利。关键在于如何通过科学的制度设计，广开政务信息公开窗口和监督言路通道，有效地保障人民群众监督党和国家公共经济行为的神圣权利切实得以行使。

概括古今中外经验做法，应当从以下几个方面畅通人民群众直接监督渠道。一是进一步推进党务政务信息公开，除涉及国家安全的党务政务信息之外，将所有公共事务全部通过党委、人大、政府、政协、群团、公共企事业官方网站加以公开，并且仿照发达国家做法，为公民旁听人大、政协审议各种公共事务议案创造必要条件。二是专司监督机关广设公务人员违法违纪举报电子和实体信箱，作为查办渎职失职和滥用公权、牟取私利案件的线索，并且做到件件有回应，对于查证不实、属于诬陷的举报也公开证实以还被告者清白。三是党政部门通过信息网络和实体信箱广泛征集人民群众建议，以利公共经济决策与执行拾遗补缺。四是广开信访和司法专用渠道受理人民群众维权诉求，维护公民合法权益，惩罚公共部门侵害公民合法权益行为。五是疏通人民群众通过新闻媒体、信息网络批评公共机构及其公务人员、揭发失职滥权以及滥用浪费公共资源公共资产等贪腐事件的渠道。六是完善保护依法依据举报公务人员违法违纪行为的法律制度，对公共部门及公务人员打

① 黄炎培：八十年来［M］．北京：文史资料出版社，1995：148－149.

击报复举报人的依据情节轻重追究政纪和法律责任；同时，建立人民群众依法依据举报违法行为和提出重大合理化建议的奖励制度。

（五）健全公共经济决策执行和执法部门对公共管理控制过程的监督机制

监督是公共管理和控制不可缺少的内在要素，公共经济决策执行和执法部门为实现公共管理目标所进行的控制性监督，是公共经济监督体系的重要环节。行政和执法监督的对象既包括同级其他部门和本系统下级机构，也包括对社会成员个人消费公共物品行为的监督。

二、推进公共经济监督结构的科学化

为了从不同侧面强化公共经济监督，设置上述多元监督主体是必要的。但监督主体多元化本身并不必然能够实现强化公共经济监督整体功能的目标。九龙治水，反生水患。根据系统结构决定系统功能的原理，有效实现公共经济监督整体功能的另一个必要条件在于，必须使各不同主体的监督在有序排列和有机整合基础上实现结构科学化。实现公共经济监督结构科学化的基本途径，主要有以下三个方面：

首先，应当在各监督主体之间合理分工、明确责任、依责赋权。上述各种监督主体在整个公共经济治理体系中因处于不同的位置而具有不同的权能，因而应当分别担负不同的责任分工，进而被赋予不同的权限。其中，人民代表大会及其常委会作为民意代表机构在整个受托完成公共经济事务的公共权力机构体系中拥有最高权能，居于整个公共经济监督系统的顶端，理应分工负责监督公共经济决策（包括宪法和法律）执行机关（包括行政机关、司法机关和专司监督机关，下同）履职行权过程及其结果，并拥有对执行机关渎职失职、滥用公权的行为及其责任人拥有问责、弹劾乃至罢免、撤换的权力。纪检、监察、检察、审计等专司监督机关按照各自职责分工分别对执政党党员、公务人员、执法人员的公务行为和公共财务、资产、资源运行情况实施监督，拥有相应的检查权、调查权和根据检查、调查结果对监督对象提出法纪处罚处分意见的建议权、执行权。行政机关作为依托行政管理进行监督的主体，按照事有专责的分工原则分别围绕本部门职责范围内相关法律法规的执行和公共物品提供、公共资源管理目标的实现而实施监督，并拥有相应的强制性权力。相应地，人民政协、人民群众、民主党派以及作为公民言论自由权所派生的新闻媒体也分别依据宪法和法律所赋予的公共权力负责职责分工范围内的公共经济监督。只有各种监督主体都按照各司其职、各负所责、各行其权分别实施监督，才能在有序履职尽责状态下高效率地实现公共经济监督的整体功能目标。

其次，基于各种公共经济监督的客观对象和主体对象不可避免地存在重合，又需要在各种公共经济监督之间建立资源共享、优势互补的联合协作机制。一是建立有效的双边信息交流机制。人大、专司机构、行政部门要利用公开电话、实体信箱、电子邮箱、信息网站为公众检举、投诉行为提供便捷、畅通的渠道，广泛听取公众对公共服务、公共物品的意见，收集监督线索；要与人民政协建立密切的工作联系机制，以便人民政协将社情民意、监督信息提供给权力监督部门；要与新闻媒体合作，定期或不定期将监督信息通过媒体向社会公开，借助舆论的强大影响力给监督对象施加压力。二是建立联动检查机制。比如，财政与审计部门之间应当通过联席会议的形式，实现共议预算监督计划、共享共认预算监督信息、共用检查力量、共促整改；监察、审计、财政等多个监督主体可就某一突出公共经济问题组成联合检查组，各有侧重、分工合作、共同开展专项监督检查活动。

再次，将不同层面的公共经济监督责权分别赋予立法、行政、执法部门，使它们都兼有被监督者和监督者双重角色，以实现不同公共权力之间在遵守法律基础上相互制约，避免一权独大导致某一类公共机构因权力不受制约而滥用职权、损害公共利益。例如，执政党在整个公共经济中居于领导核心地位，人大在公共权力机构体系中拥有最高权力，但这些执政党机关和人大机关在财政预算、财务管理、资产管理方面也需要接受作为行政机关的财政部门、作为专司监督机关的审计部门依据《预算法》《会计法》和《审计法》进行的监督，而不能置于这些法律监督之外任意而为。人民作为社会成员的集合体是包括公共经济在内整个社会的主人，但具体到每个社会成员个人而言，他（她）既有权监督受托执行公共事务的公共权力机构和公务人员，同时在公共经济生活包括公共物品消费过程中又必须接受受托执行公共事务的行政部门的依法监督。其余也可依此类推。总之，对于任何公共经济活动主体而言，在公共经济活动中同时具有的监督者与被监督者两种角色是针对不同事项而言因而不容混淆的；既不能因为他们对某些特定事项负有监督职能而拒绝被监督，也不能因为他们被监督而否定其法定的监督职能。那种认为拥有权力监督和专司监督地位的公共机构及其公务人员应当在人事、财务等方面完全超然独立、不受《公务员法》《监察法》《预算法》《审计法》《会计法》等约束的观点，不仅是片面的，而且是有害的。这是因为，没有任何事实可以证明，任职于执政党、最高权力机关和专司监督机关的公务人员在政治和道德素质方面一定会比其他公共机构中任职的公务人员更高、更能抵御权力腐蚀，因而只适于做公共经济的监督者而无须被监督。

三、增强公共经济责任追究的理性化和规范化

依据监督结果对失职渎职滥权贪腐的公务人员实施问责，是确保公共经济监督效能的措施保证。但这种问责只有在具有理性与规范特征的情况下才能起到应有的作用。

（一）公共经济监督问责必须是理性的。所谓问责理性，首先必须以事实为依据，即不能是“欲加之罪，何患无辞”式的无端问责；其次必须以明晰的责任划分为基础准确地区分责任，既不能将责任张冠李戴，也不能以前任之事而追后任之责；再次是罚当其责、轻重适宜，而不能重责轻罚或轻责重罚。

（二）公共经济问责必须是规范的。所谓规范问责，首先是要有章可循、一视同仁、横向可比，而不能情绪用事、感情待人、畸轻畸重。

（三）公共经济问责必须建立合理程序，允许辩解。同时，设置申诉和复议程序，对问责失当的，应当及时纠正。

（四）公共经济问责应当公开、透明。

（五）对行政和执法部门主要官员的问责应当由同级人大依照弹劾程序进行。我国《宪法》明确规定，由人大产生的国家行政机关、监察机关、审判机关、检察机关要对人大负责，人大有权对其选举产生和决定任命的公共机构负责人履职监督问责。因此，应当尽快完善各级人大的监督程序、质询程序，建立弹劾等制度，加大如罢免、投不信任票等多项刚性问责手段的运用，对因滥权决策、决策自利、公共政策失误而贻害国家、部门、地区长远利益的公共部门及其主要负责人实施问责，追究相关人员的政治责任。当行政权力侵犯公民的合法利益，或国家机关及其工作人员违法履职行权造成重大损失时，不能仅仅以党纪处分和行政问责了之，而应当进一步通过司法程序追究当事者的法律责任乃至刑事责任。为此，应当加大法院对公共服务违法行为和行政诉讼案件的司法审查力度，严格追究违法者的法律责任，以震慑那些不负责任、触犯法律、损害公民权益和公共利益的履职行为。

四、大力发展电子监督模式

电子监督，是指公共权力机构基于电子政务环境，通过高速发展的网络信息平台，利用电子政务理论和相关技术对国家机关及其公务人员公共服务行为进行监察、约束、检查、督促的一系列活动。① 应用电子政务公开系统、电子政府采购系统、电子行政审批监察系统、电子听证系统、公务员财产网上申报系统、电子信访举报系统等网络信息系统，能够实现全方位、全天候、全过程、即时的监督。与传统监督模式相比，电子监督模式将公共经济活动置于“阳光”下，可以实时跟踪监控公共服务流程，最大限度地减少公共经济执行主体与监督主体之间的信息“壁垒”，缩减信息不对称，降低监督成本，提高监督效率。

我国公共监督的电子化以2004年深圳市行政审批电子监察系统的建立为起点，目前已在全国许多地方展开，通过电子政务信息公开、电子政府采购、电子行政审批监察、电子信访举报等系统的相关实践，已取得一定成功经验。当然，电子监督在我国还属于新兴事物，应用领域有待继续扩展，仍面临着大量信息基础工程建设任务。

（一）继续优化和扩展网络政务平台

《信息公开条例》规定，凡是涉及公民、法人或者其他组织切身利益的政务信息、需要社会公众广泛知晓或者参与事项的信息、反映本行政机关职责基本情况的信息，以及依照法律法规和国家有关规定应当主动公开的其他信息等，都必须及时、主动地向公众无条件公开，包括政府行政行为的过程和结果的公开。为了达到这些要求，各级政府应组织力量定期对各部门电子政务平台进行检查，对不及时更新、不全面发布信息的行为依法处理，使电子政务平台成为可信赖的信息公开主渠道。

（二）广泛推行网络听证

在电子政务环境下，公众参与监督公共经济政策制定和相关立法过程应当首选网络听证这一途径，因为它可以让公众突破时间、空间的限制，不仅可以大大降低传统听证的成本，而且能够提高立法和政策制定的透明度、民主性，减轻听证程序的不规范程度，强化社会监督，在更高程度上确保公共

---

① 韩晶：电子行政监督机制在廉政建设中的运用研究［D］．上海师范大学，2015：21－25.

政策的科学性、行政处罚的正确性，化解争议，改善国家机关的社会形象。因此，应在全国范围内大力推广公众网络听政模式。

（三）推进公共预算监督信息化

继续加强“金财工程”建设，不断完善系统功能，消除信息管理条块各功能分割，推进数据的集中和信息的共享，为监督主体便捷、快速、准确提供财政收支信息。积极推动人大与财政部门联网，实现人大预算审查监督的信息化和网络化，实现人大对财政预算支出由事前、事后监督升级为实时在线全程监督。通过政府及其财政部门的官方网站及时公布政府预算、决算和财政支出绩效评价结果信息，使公共财政更加透明、更为广泛地接受社会监督。

（四）建立统一的公共监督信息网络平台

在现代信息社会，公共监督有效性有赖于信息的准确、及时、全面和客观。各监督主体之间如果缺乏互联互通的信息网，则会出现信息利用率低、信息资源不能共享等状况，从而影响公共监督效能。因此，必须尽快建成统一的公共监督信息网，及时发布监督检查事项、公布监督检查报告。

五、实现公共经济监督运行法治化

公共经济依法运行、依法监督既是建设法治国家的必然要求，也是提高公共经济效率的重要保证。当前，我国公共经济法律法规体系建设的任务还十分繁重。

（一）加紧研究出台《行政程序法》

行政程序法是行政行为的基本法，是规定公共经济决策执行主体实施行政行为的方式、过程、步骤、时限，调整行政主体与行政相对人在行政管理过程中发生关系的法律规范。这一法律，既是规范行政行为、防控公共权力滥用、保护公民基本权利和自由的重要手段，也是各监督主体评判公共经济部门行政行为的重要依据。改革开放以来，我国陆续制定出台了《行政处罚法》《行政复议法》《行政许可法》等一系列行政法律，但“行政程序法”这部约束政府权力运行的最重要法律却迟迟没有出台，一直处于缺位状态。十八届四中全会通过的《关于全面推进依法治国若干重大问题的决定》已经提出“完善行政组织和行政程序法律制度”的要求，2015 年有关专家也已拟定出“行政程序法”的建议稿。全国人大应当加快完成“行政程序法”的立法进程，以便尽快实现我国行政决策程序法定、行政执法程序法定、行政审批程序法定以及行政规划程序法定，把公共行政权力关进法律制度的笼子，同时为强化对行政部门公共经济行为的监督提供程序性依据。

（二）健全公共监督法律体系

我国权力机关、审判机关、检察机关、监察机关、政府内部监督机关、中国共产党、人民政协和民主党派、社会大众进行公共监督的规定散见于众多法律法规之中，包括《宪法》《地方各级人民代表大会和地方各级人民政府组织法》《立法法》《各级人民代表大会常务委员会监督法》《行政诉讼法》《人民检察院组织法》《行政复议法》《监察法》《审计法》《公务员法》《行政机关公务员处分条例》《中国共产党纪律检查机关案件检查工作条例》《中国人民政治协商会议章程》《信访条例》等。

现行立法虽然不同程度地包含了对公共经济活动实施监督的条文，但相关规定不全面、不具体，对各监督主体之间的责任分工、权力配置规定得不够精细，缺乏具体的操作程序、实施细则、监督标准和问责规范，已不能适应依法进行公共经济监督的实践需要，为公共权力滥用留下了很多余地。因此，健全相关法律体系已经成为完善公共经济监督机制的紧迫实践需要。主要任务包括三个方面：一是修订完善现有监督法律法规，使其更具有可操作性。二是制定一部包含所有监督主体在内的统筹全局的《监督法》。该法应当明确规定公共经济监督的主体与对象、责任与权力、程序与方法、惩罚措施、裁量标准、举报奖励与保密机制，建立一整套责任分工明确、权力配置合理、信息充分共享、运行协调有效的监督体系，既防止重复监督又避免监督空白，能够有效克服相互扯皮推诿现象，将对公共经济履职行权的监督全面系统地纳入法制化轨道；其中，特别是要对目前法律保障较弱的公众监督做出更为具体而完整的规定，明确公众进行监督的程序方法和应有权利。三是制定一部包含新闻监督在内的《新闻法》，明确新闻监督的方式、程序以及监督者与被监督者的权利、义务，明确规定新闻监督者享有的知情权、调查权、采访报道权、评论权等具体权利以及确保其权利不受外界干涉，严厉查处对新闻监督者实施打击报复的行为，同时要给予被监督者不受诬陷、不受诽谤、进行解释等权利，使新闻监督走上制度化和程序化的轨道。

（三）完善公共责任追究的法律制度

目前，我国公共责任追究所适用的法规、条例比较多，散见于党政机关出台的各种法规和政策文件中。既有党内条例，又有政府规定；既有中央出台的，也有不少是由地方制定的，但国家层面还没有一部用以规范公共责任追究的系统性、专门性法律法规，致使问责制度和实践因顶层设计的缺失而难以规范、深入进行。因此，亟待在认真总结行政问责实践经验的基础上进行顶层设计，适时启动制定一部全国统一的《公共责任追究法》。

这部法律，应当以准确的法律条文明确规定公共机构公务人员履职行权应负责任以及承担责任的各种方式，严格区分政治责任、经济责任与道义责任，纪律责任与法律责任，直接责任与连带责任、主要领导责任与次要领导责任；明确区分通报批评、书面检查、引咎辞职、责令辞职、免职、降职等一般问责方式与纪律处分、刑事处罚等问责方式及其所适用的失职滥权情形；明确问责的主体与程序，申辩与复议，错案纠正与相应的责任追究，被问责免职官员复出的条件与程序等，从而使公共经济不当行为问责做到有法可依、有章可循，确保公共经济问责的科学性、规范性和公平性。

（四）加快电子政务监督法制建设

为保障电子政务监督机制有序运行，也需要推进相关法律制度的制定和执行，以便使电子政务监督系统运行有法可依、有规可循。我国电子政务监督相关法律制定需要中央统筹规划、统一推进，区分不同系统创立相关法律。一是在政务信息公开系统内，推动制定电子信息公开法。二是在公务员财产申报系统内，推动制定公务员财产网上申报法。三是在行政审批系统内，制定行政审批电子监察法。四是在政府采购系统内，推进制定电子政府采购法。五是在信访举报系统内，加快电子信访法的制定和实施。只有涉及公共经济监督的每个系统都创设出与之相对应的电子监督法律法规，电子政务监督机制才能得到切实完善。

第十一篇　公共物品的跨国供给——国际公共经济

自十五世纪末哥伦布发现新大陆以后，西方国家在资本主义生产方式推动下不断向外寻求商品市场、经济资源、投资场所和营利机会的活动，打破了分布于各大洲的国家基本上与世隔绝、独自发展的格局，经济社会全球化浪潮一波高过一波地向前推进。

随着全球经济社会一体化的发展，生产要素的流动与配置愈来愈在更大范围和更深程度上超越主权国家界限，各国从中获取发展机会的同时，相互间的矛盾、冲突也如影随形地不断加剧，20 世纪上半期发生的两次世界大战给人类共同生存带来极大威胁，催生了联合国等一批成员国众多、协调动员能力较强的国际公共组织。随着这类国际组织数量的增加和协调内容范围的扩展，国际公共经济问题开始进入理论界的研究视野，相继产生了不少理论成果。例如，周启元（1991 年）、安妮 · O. 克鲁格（1998 年）等对作为国际公共经济受托主体的国际组织进行的研究；[①] 丁玉敏（2005 年）、王中美

① 相关文献包括周启元：论国际经济组织的形成、性质和作用［J］. 吉林大学社会科学学报，1991（1）；安妮 · O · 克鲁格：作为国际组织的 WTO［M］. 黄理平等译，上海人民出版社，2002；杜国英等：论世贸组织的全球公共产品性质［J］. 世界贸易组织动态与研究，2003（3）；刘志云：论全球化背景下国际经济组织的职能扩展［J］. 现代国际关系，2005（4）；张丽华等：全球化背景下的国际组织分析［J］. 长春理工大学学报（社会科学版），2007（1）；李红梅：国际经济组织［M］. 北京：机械工业出版社，2007；陈漓高等：国际经济组织概论［M］. 首都经济贸易大学出版社，2010；谭会萍等：国际经济组织［M］. 大连理工大学出版社，2010 等。

(2005年)等对国际公共组织决策机制的研究;[①] 苏长和(2000年)、奥戴尔·布兰查德等(2006年)对国际公共物品融资和国际财政问题的研究;[②] 罗伯特·基欧汉(2001年)、俞海山(2005年)等对国际公共经济其他相关

① 相关文献包括丁玉敏:世界银行决策机制研究(D).中国政法大学,2005;王中美:国际经济组织的决策机制研究[J].国际论坛,2005(4);黄梅波等:IMF表决制度:发展中国家的地位及其改革策略[J].广东社会科学,2006(6);何东:试论国际货币基金组织决策机制改革[J].湖北农村金融研究,2007(6);佟大木:国际组织决策过程中的特权悖论[J].学习与探索,2009(2);席艳乐:国际公共物品视角下的国际经济组织运作[M].西南财经大学出版社,2012等。

② 相关文献包括:苏长和:全球公共问题与国际合作:一种制度的分析[M].上海人民出版社,2000;奥戴尔·布兰查德等:效率与公平结合:一个注重实效的探讨[A].联合国开发计划署发展研究中心组.全球化之道——全球公共产品的提供与管理[C].北京:人民出版社,2006;Kaul I. etal:全球化之道——全球公共产品的提供与管理[M].张春波等译,北京:人民出版社,2006;李增刚:全球公共产品:定义、分类及其供给[J].经济评论,2006(1);英格·考尔等:生产全球公共产品的制度选择[A].联合国开发计划署发展研究中心组.全球化之道——全球公共产品的提供与管理[C].北京:人民出版社,2006;曾国安等:关于国际公共物品供应的几个问题[J].经济评论,2006(1);张宇燕等:全球公共物品的政治经济学分析[A].高培勇等:中国财政经济理论前沿(4)[M].北京:社会科学文献出版社,2006;陈清:全球公共产品供给:集体行动困境下的全球公共产品供给研究[D].厦门大学,2007;秦琴:探寻国际公共物品供应途径[J].技术与市场,2007(5);王峥:全球公共产品与多边贸易体制改革[J].生产力研究,2007(16);许航敏:全球公共产品:演进的公共产品理论[J].地方财政研究,2007(4);罗鹏部:全球公共产品供给研究[D].华东师范大学,2008;薛晨:论国际公共物品供给与和谐世界理念的实践——以非传统安全问题为例[A].2008年度上海市社会科学界第六届学术年会文集——世界经济·国际政治·国际关系学科卷[C].上海社会科学界联合会,2008;席艳乐等:国际公共物品供给的政治经济学——兼论中国参与国际公共物品供给的战略选择[J].宏观经济研究,2011(10);袁燕:全球化背景下全球公共物品供给问题研究[D].南开大学,2012;徐崇利:国际公共物品理论与国际法原理[J].国际关系与国际法学刊,2012(2);刘秀琼:论全球公共产品供给管理及其发展趋势[J].人力资源管理,2013(12);黄智虎:公共产品与国际合作——评合作的动力——为何提供全球公共产品[J].国际政治科学,2013(3);田光强:国际公共物品与美国制度霸权[J].太原师范学院学报(社会科学版),2013(6);吴志成等:国际公共物品供给的中国视角与实践[J].政治学研究,2014(5)等。

问题的研究。[①] 这些研究，使得国际公共经济问题的理论分析日益成为公共经济理论体系中不可缺少的组成部分。

目前经济学、政治学、管理学论著对国际公共经济相关问题的分析论述各有特色。这里主要从国际公共经济再生产的视角，分析公共物品的生产、交换、分配、消费过程，以期揭示国际公共经济运行的一般规律；在此基础上，对于国际公共物品提供主体——国际公共组织的运行机制进行分析；最后对国际公共物品再生产的现实局限性进行分析，并展望国际公共经济发展趋势。

---

① 罗伯特·基欧汉：霸权之后——世界政治经济中的合作与纷争［M］．上海人民出版社，2001；俞海山等：国际外部性：内涵与外延解析［J］．宁波大学学报（人文科学版），2005（3）；罗伯特·吉尔平：国际关系政治经济学［M］．上海世纪出版集团，2006；夏立平：和平与发展为主题的时代与建立和谐世界［J］．同济大学学报（社会科学版），2006（2）；房乐宪：全球化的多维政治内涵及思考［J］．世界经济与政治论坛，2010（2）；李素琴：全球经济失衡下实施国际协调的制约与挑战［J］．河南科技学院学报，2011（5）等。

第二十八章 国际公共经济再生产分析

尽管国际公共经济与一国或一个地区的公共经济相比有其特殊之处，但从再生产链条来看都包括公共物品提供、交换、分配、消费环节，公共物品都是整个再生产过程的核心。因此，对国际公共经济及其再生产的研究必须从国际公共物品着手。

第一节 国际公共物品与国际公共经济

国际公共物品既是国际公共经济的客体对象或曰客观要件，也是作为国际公共物品的现实提供主体的国际公共组织[①]赖以产生和存在的根本性理由。从经济理论逻辑说，没有人类对国际公共物品的需求，国际公共经济连同它的执行主体国际公共组织便都没有产生和存在的必要，因此，必须确认国际公共物品范畴在国际公共经济理论中的核心和优先地位。

一、国际公共物品

国际公共物品理论的兴起，成为国际公共经济研究的主要内容，究其原因，仍然与深刻的时代背景分不开。一轮轮科技革命的迭起和全球化进程的加速发展，使整个世界日益成为一体，各国之间的相互交往关系发生前所未有的深刻变化。你中有我、我中有你，相互依赖、互利共存已成为当今时代的突出特征之一。在相互关联日益密切的国际社会中，一个主权国家公共物

---

① 关于国际公共物品的提供主体，有人认为是主权国家。如果从成本分担角度看，公共物品生产终极主体确实可以归结为主权国家。但是，如果从国际公共物品的再生产过程角度看，则是国际组织在一定的运行规则下决策公共物品的生产、交换与分配，因此国际组织才是国际公共物品的直接提供者。若从国际公共经济的全部生产关系考察，则必须说国际组织的成员国或国际契约的缔结方是国际公共物品的终极主体，而经济、法律、政治、军事、安全、环境、卫生、人权等各个领域的国际组织则是提供国际公共物品的受托代理提供主体，如同一国内部公共经济的终极主体为社会成员集体一样，社会公共机构则是受托行使公共权力、提供公共物品的代理人。

品的非闭合性使得其效益随着国际交往而向国际社会外溢，与此同时国际社会面临的公共问题和挑战也使得单个国家无法或无力解决，迫使各国不得不以集体行动合作应对。一句话，国际公共物品因应相关国际公共需求的强化趋势适时而生。但同时需要看到，它并不是传统公共物品的简单延伸，而是公共物品在国际化背景下演进的结果，其决策机制、产品形态、资金供应、交换与分配、代际性等方面都发生了重大变化。

从20世纪60年代起，就有学者开始研究国际公共物品问题。曼瑟尔·奥尔森最早将公共物品的研究引入国际关系领域。他在《增进国际合作的激励》一文中，从国际公共物品的供给角度分析提高国际合作激励的问题，最早使用了“国际公共物品”① 这个概念。

（一）国际公共物品的内涵

国际公共物品作为国际公共经济理论的核心范畴，其定义既应具有反映国际公共物品最本质特征的理论概括性，也应具有与时俱进的实践解释力；既应涵盖国际公共物品的客观特性，又应反映国际公共物品的社会特征；既应具有一般物品的分类意义，又应由以国际公共物品供给为核心的国际公共经济活动提供科学的理论指南。根据这样的原则，国际公共物品从内涵上可以定义为“基于满足国际公共需求，依托国际公共权力和通过共识与非对称性合作实现再生产的国际公共利益性物品”。国际公共物品满足需求的不可分割性和承载利益的公共性决定了其供需实现必须依赖集体行动，而任何集体行动本质上都是人们之间的合作。

（二）国际公共物品的特征

其一，存量外部性。国际公共物品除必然具有一般公共物品的特征，即消费的非竞争性与非排他性外，还具有存量外部性的特征。诺德豪斯将其定义为：目前的影响或损害依赖于长期累积起来的资本和污染存量。例如，国际金融危机的爆发及一系列连锁效应的发生是各国经济体系问题日积月累的结果，而不仅仅是由于某一国家金融体系的不完善、不健全所导致。其他国际公共物品也都与某种变量（如污染存量、知识存量、货币体系的“声誉”

---

① 国际公共物品和全球公共物品二者没有本质差别，国际公共物品的提供最终要解决全球面临的公共问题，全球公共物品的提供最终也是要解决国际社会面临的共同问题，即超越了国家民族界限、单个国家民族无法解决的公共问题。

存量、市场和政治体系中的“制度”存量等）的不断积累有关。由此可以说，存量外部性确实属于国际公共物品的一种特性。由于存量积累通常非常缓慢，因此认识到问题发生的征兆很困难，等到认识到的时候可能为时已晚而难以挽救了。同时，正是由于存量累积非常缓慢，其影响可能在未来很久之后才会显现，从认识到治理之间存在长时间的迟滞，致使外部性通常会带来长期影响，且带有不可恢复或接近不可恢复的性质和很大的不确定性。这也是国际公共物品显效异常艰难，因而需要付出长期持续努力的重要理由。

其二，更倾向于搭便车。由于公共物品具有非排他性，使那些即使对公共物品的提供没有付出成本的个人或组织也能从中获得收益，所以，消费者并非总是愿意表现出对其需求真实的偏好，并且倾向于不付或少付成本，搭别人付费的“便车”享受公共物品带来的好处，同时却不希望别人搭自己的“便车”，这就容易导致公共物品供应不足，产生集体行动的困境。国际公共物品的受益范围非常广泛，从理论上讲，其具体产权更加不容易界定和排他，因而其供给过程也更加难以防止搭便车的现象。

比如，减缓全球气候变暖这类关系全人类利益的国际公共物品需要各个国家参与国际合作，减少本国温室气体的排放。然而，当提供这种全人类普遍受益的国际公共物品与本国局部利益相冲突时，主权国家往往会牺牲全球利益而优先顾及本国利益。这还属于直接与本国利益相关的事项。而对于那些不直接关系到本国利益的事项，比如全球和平的维护，搭便车更是许多主权国家的首选。本来，国际间的军事冲突及恐怖主义是实现和平的威胁，而维护和平的国际环境对于任何一个国家来说都是实现经济社会发展和保障人民生命财产安全所不可缺少的外部条件，因此，它作为一种国际公共物品本应由各个国家共同参与、联合提供。但对一个主权国家而言，如果军事冲突或恐怖主义事件没有发生在本国或本国周边地区，那么它付出一定成本（出力出钱）参与维护和平行动的愿望就不太强烈，而是寄希望于其他国家或联合国通过维和行动来解决军事冲突或恐怖主义问题，即倾向于免费享受和平这种国际公共物品。

其三，国际共同管理。国际公共物品的观念很早就出现在各国国际政策的议程上，只不过更多是以“国际挑战”“国际共同问题”等字眼儿表达的。随着世界经济和政治的发展，全球化进程的加快，各国之间的经济、政治、文化联系越来越紧密，越来越多的国际公共性问题逐步凸现出来。这是各个国家共同面临的国际挑战，若处理不当，将会对多个国家乃至全人类产生严重的危害（例如世界大战、恐怖主义、跨国污染、金融危机等），但采取措施解决这类问题超出了单个主权国家的能力范围，提供这类国际公共物品需要多个国家联合行动、开展十分广泛的国际协作。为此，就需要借助于多国共同授权、出钱成立国际公共组织、区域公共组织或者缔结国际条约，并且派出代表到国际公共组织中参与国际公共物品再生产的管理过程，包括制定和执行公共物品提供规则、成本分担与利益分配方案、管理制度等，以便通过一个人格化主体或载体的形式把各个主权国家之间的协作意向变成现实行动。可见，多国享受权益、负担成本的国际事务由成员国共同管理，作为国际公共物品的显著特征乃是顺理成章、无须赘述的。

（三）国际公共物品的分类

根据21世纪初联合国秘书长安南《关于执行联合国千年宣言的路线图》的报告，在全球公共领域，需要集中供给的公共物品包括10类：基本人权、对国家主权的尊重、全球和平、全球公共卫生、跨越国界的通信与运输体系、协调跨国界的制度基础设施、知识的集中管理、全球公地的集中管理、多边谈判国际论坛的有效性等。OECD在2004年认为国际公共物品包括知识的生产和传播、传染病的根除、全球共同资源、自由和开放的交易体系、国际金融稳定、犯罪和毒品的治理、全球和平等类别。①

在理论界，不同学者和组织对国际公共物品的分类有不同认识。其中，斯蒂格利茨将国际公共物品划分为五类：国际经济稳定、国际安全、国际环境、国际人道主义援助和知识。巴雷特从国际合作这一功能性要件出发将国际公共物品分为五类：1. 单一努力型：这类公共物品通常通过某个单一发达国家或中等国家就可以提供，存在搭便车的机会。2. 最薄弱环节型：这类公共物品依赖所有国家之间的共同参与与合作。3. 联合努力型：这类公共物品基本上只能依赖于国际社会的集体努力，部分国家不参与仍能获得受益的机会，搭便车不可避免。4. 相互限制型：这类公共物品不需要共同做什么，而需要共同不采取某些行动。5. 协调型：这类公共物品是各国遵守共同的规范或者标准的公共物品。

---

① 傅志华、许航敏：全球公共产品与国际财金合作［J］．经济研究参考，2005（36）．

通过梳理，对于国际公共物品分类至少还可以按照以下三个基本视角加以归纳概括：

1. 根据国际公共物品的性质进行分类：（1）以其公共性的类型来分，可分为国际性的天然共有物（例如空气和公海）、国际性人造共有物（例如全球网络、国际制度、规则与知识）和国际性政策结果或条件（例如世界和平、金融稳定和环境的可持续性）。（2）以其消费的非竞争性和受益的非排他性，可以将国际公共物品分为三类：纯粹性国际公共物品（非竞争性和非排他性的产品，例如全球气候变化、传染病的防治等）、混合型国际公共物品（非排他性和竞争性，即拥挤类物品例如远洋捕捞、害虫防治）和俱乐部性的国际公共物品（非排他性和部分竞争性产品，例如运河、水道、国际空间站等）。

2. 按照公共物品及其建构成分的生产循环阶段分类：可以划分为中间阶段国际公共物品（例如国际制度、国际协议、国际组织等）和最终阶段的国际公共物品（例如世界和平、传染病的最终防治等）。

3. 根据聚合技术划分国际公共物品分类：（1）匀质加总技术国际公共物品。匀质是指对国际公共物品的每一单位投入对公共物品可提供总量所带来的边际效益是一样的，即全球性公共物品可提供总量完全取决于所有贡献国全部贡献之和。包括基础研究、监控温室气体排放等。（2）最弱环节技术国际公共物品。国际公共物品的可供总量有时只取决对最弱环节的投入，即最小贡献额决定了为某一群体提供的公共物品的数量。这类公共物品包括维护网络的整体功能、平息动乱等。（3）最优注入技术国际公共物品。国际公共物品的可供总量取决于某一最优势参与者最大量持久的集中注入。例如传染病的防治、艾滋病的治疗方法，需要长期的研究和持续的大量的投入。（4）加权加总技术的国际公共物品。每个国家的捐纳是有权数的。这反映了国际公共物品每单位的供给对所有贡献国而言所带来的收益是不一样的。例如反恐，恐怖主义最猖獗的地方对反恐所做的努力往往起着决定性作用。

此外，还有一些其他分类方式。诸如，按照国际公共物品满足公共需求的具体性质，可以分为民生类国际公共物品和环境条件类国际公共物品；按照国际公共物品满足公共需要的层次，可以分为维持性国际公共物品和发展性国际公共物品；按照国际公共物品的受益对象范围，可以分为普遍受益型国际公共物品和特定受益型国际公共物品；按照国际公共合作的目的，可以分为互助共济型国际公共物品和规模效益型国际公共物品；按照国际公共物品供需联系方式，可以分为成本纯共担型国际公共物品和成本准共担型国际公共物品；按照国际公共物品的内在属性，可以分为抽象国际公共物品和具体国际公共物品；按照参与提供和共同受益的成员国范围，可以分为全球性公共物品和区域性公共物品。

各种不同的分类方法都提供了认识国际公共物品的一个特定角度，对丰富国际公共物品的理论认识各有不可替代的作用。

二、国际公共经济

以上对国际公共物品的分析，已经使国际公共经济呼之欲出。因为国际公共物品基源于国际公共需求，必须有人格化的主体负责出资、决策、执行、管理和消费，而这些正是构成国际公共经济的基本要素。

（一）国际公共经济的内涵

理解和把握国际公共经济的内涵，需要从以下几点展开观察和分析：

其一，国际公共经济的产生源自主权国家或地区之间的交往，既包括贸易、投资等经济交往，也包括气候、法律、教育、卫生、人权保障、维护和平和国家安全等非经济领域的交往。国家间互动来往产生了跨越国界调节相互关系的公共需求，用以满足这种公共需求的就是各种形态的国际公共物品。随着国际交往的日益频繁，国际公共物品既有品种的逐渐增加、数量的不断增长，也有范围的扩大和质量的提高。伴随经济社会全球化趋势的迅速增长，国际公共物品与日俱增。这是国际公共经济赖以产生的根源与基础。

其二，国际公共物品需要有负责为国际公共物品出资支付成本、出人参与管理的终极主体和受托执行日常管理事务的执行主体——国际公共机构，而要将这些两方面主体衔接起来则需要有国际契约。

其三，国际公共机构依据相关契约组织国际公共物品的出资人、成员国遵循约定程序对国际公共物品的生产、交换进行决策，从而实现相关要素在超国家层面上的流动与配置，其所带来的效用也根据契约规定在机构成员和契约相关方之间分配、消费，从而使国际公共经济再生产循环往复地持续进行。

其四，提供国际公共物品的目的在于通过相关主权国家的集体行动对整个国际社会产生积极影响，协调单个国家或地区经济活动的后果与国际社会利益的关系，维持国际经济社会良好运行，提高资源的全球配置效率，促进国际间公平的实现，以增进整个地球村的公共利益与福祉。

由此可见，国际公共经济是各成员国或缔约方为了应对一系列国际性问题、调节国际关系、维护国际秩序，通过相互订立契约结成国际公共组织，依托各自让渡部分资源和权利形成的国际公共权力，联合提供国际公共物品以满足国际公共需要的活动。这些国际公共经济活动涉及促进国际和平与安全，开展维和行动，打击国际恐怖主义；控制全球性传染性疾病；预防并减轻气候变化的风险；打击毒品生产与贸易；联合缉拿危害公共利益的各种犯罪分子；建立国际金融体系，促进国际金融稳定；减少全球贫困；促进经济发展和社会进步等众多领域，而且有进一步扩展的趋势。简言之，国际公共经济是指在全球范围的大背景下，有关主权国家或地区让渡部分资源和权利，结成公共性国际经济组织，联合提供国际公共物品，以解决单个国家或地区难以独立解决或参与方渴望共同解决的经济、社会、环境等问题的活动。

（二）国际公共经济的产生、发展及其动因

国际公共经济与国际公共物品、国际公共组织同时产生，最早萌芽于19世纪，二战后联合国的成立是其发展过程中具有划时代意义的里程碑，而其大规模发展则是20世纪下半叶伴随着经济社会广泛领域的全球化进程而实现的。

国际公共经济的发展主要表现在国际公共物品品种的不断增加、国际公共组织数量的日益增多、国际经济活动规模的不断扩展和国际公共经济活动效果的日渐增强等许多方面。鉴于通过前面关于国际公共物品分类的分析，已经基本上展示了国际公共物品品种增加情况，通过后面的有关分析还将进一步看出国际公共经济发展其他方面的情况，这里主要就国际公共经济近半个世纪以来获得突飞猛进发展的背景和根源略加展开分析。

1. 全球化进程

全球化是指不同国家和地区间基于经济交往、政治交往、文化交往、社会交往的日益频繁和深化而在世界范围内须臾不可分离、相互影响日益增强的过程和状态。20世纪70年代，知识经济时代初露端倪，以计算机技术、信息互联网技术、航空技术、生物技术等为代表的新科技革命不断发展，生产力水平和社会分工专业化程度极大提高，成为全球化进程不断加快的催化剂。

以罗伯特·基欧汉和约瑟夫·奈为代表，在强调全球化的多维性时，根据广阔的网络空间内发生的流动和永久联络的形式，将全球性分为四类：一是经济全球性，主要指商品、服务、资本及伴随市场交换的信息和观念的长距离流动，以及与这些流动进程相关的国际组织；二是军事全球性，是指威胁或承诺使用武力的长距离相互依赖网络；三是环境全球性，是指物质在大气层或海洋中的长距离运送，或者影响人类健康的病原体或基因物等生物实体的长距离运送；四是社会或文化全球性，是指观念、信息、意象和人员的流动，而其中人员的流动总是带动思想和信息的流动。

和全球性不同，全球化并不是对于自然界或人类活动性质、特点的静态描述和简单判断，而是一种多分支（政治、经济、社会、文化等）、多维度（时间、空间）的动态概念，包括全球范围内国际组织作用的大大扩展、长距离军事行动和能力日渐增强、环境物质传递速度的不断加快、文化传播频率的明显提升等。可见，全球化说到底就是人类各种社会活动范围和方式向全球扩展的整体性历史变迁过程，在这个过程中人们跨国界、跨地域的经济、政治和社会文化联系的不断加强。

人类活动的全球化要求公共物品的国际化供给，二者之间相辅相成，既相互促进也相互制约。在全球化发展的初级阶段，国际公共物品供应种类和数量很小，仅限于经济方面。当全球化获得较高程度的发展之后，各个国际行为主体的行为对与他们有联系的其他行为体产生极大的影响，交往过程中有关各方对于对方行动具有很强的敏感性和脆弱性。因而，随着全球化广度和深度的不断扩大，客观上要求国际公共物品的范围不断扩大，即从种类和数量上提供越来越多的国际公共物品。首先是全球化过程中，由于各国之间经济联系不断加强，跨国经济活动（跨国投资、国际商品贸易、国际服务贸易）范围不断拓展、规模不断扩大，客观上要求在某些领域建立全球性的经济安全机制，对建立某些领域全球性环境保护制度和国际公共基础设施（国际铁路、国际公路、国际海洋运输服务设施、国际航空运输服务设施）等国际公共物品的需求随之增加。其次是全球化进程中，人口跨国流动的规模和频率大幅度提升，从而引起对国际公共安全需求、公共卫生服务、国际教育服务需求的空前增长。

与此同时，国际公共物品供应的增长也推动着全球化进程。这是因为，国际公共物品的提供不是一个国家愿意并能够做到的事情，而是需要各个国家之间的相互合作。基于国际公共物品供给的世界各个国家之间的相互合作不断加强、联系日渐紧密，不仅构成全球化的一个重要方面，而且有力地支撑并推动了整个全球化的进程。国际公共物品供应充足，会促进国际经济的良性发展，促进各国之间的民间社会和文化联系，促进各国的政治合作，从而更加有利于加快全球化进程的不断提高。但各国对国际制度的认同程度会制约国际公共物品的供给。认同程度越高，国际秩序体系的维持度就越稳定，也越能更好地提供国际公共物品；反之，如果国际公共物品供给机制不佳，导致国际公共物品供应不足，必然使国际经济发展、政治合作、文化交流和社会联系受到限制，从而对全球化进程形成某种程度的制约。

经济社会全球化与国际公共物品供应之间的这种相互依存、相互促进和相互制约的关系，客观上要求完善国际公共物品供给机制、提升国际公共物品供给能力，以便与经济社会全球化发展形成适应和协调关系。

2. 国际问题凸显

在全球化进程日益加快、各国间联系不断加强的同时，国际问题也日益突显，主要表现在三个方面：一是经济危机的波及效应。在全球化背景下，由于各国经济都不同程度地卷入世界市场之中，影响作用犬牙交错，一国经济状况既受到其他国家经济的影响也影响其他国家的经济。例如，2008 年美国次贷危机引发的全球金融危机，已成为各国关注并不可回避的国际问题之一。为此就需要各国通力合作，制定国际金融法律、构建国际金融秩序，以便维护国际经济良性健康发展。二是环境污染的跨国效应。全球环境污染问题并非一个国家或几个国家减少本国污染就能解决的，全球治理需要各国广泛参与。三是国际安全问题日显突出。中东地区局势动荡不安，不仅影响当地安全，也影响到全球其他国家。反恐的紧迫性更是不容小觑，且反恐合作已成为大国之间新的战略利益交汇点。

由于国际问题在全球化背景下具有很强的传导效应，致使在很多威胁到全人类安全的挑战面前任何一个国家或地区都难以独善其身。要在国际范围内解决这些问题，必须诉诸各国共同参加的国际治理，而国际治理的过程就是国际公共物品的提供过程，要求民族国家政府、非政府组织、各国公民等遵从国际制度，通力进行国际合作。与此同时，全球化引起的国际问题也使得公共物品的决策范围国际化，通过引入更多的国际规则、章程、制度等，对各国行为进行国际协调。正因为如此，国际问题的突显直接导致国际公共需求的急剧增加、国际公共物品范围和规模的急剧扩展，从而推动了国际公共经济发展。

3. 国际协调与国际合作的推动

进入 21 世纪以来，经济全球化、政治多极化和文化多元化作为国际社会发展的一大趋势，不可避免地强化了世界各国之间经济、政治、人文等相互联系和一荣俱荣、一损俱损的相互依存关系。在此背景下，一国的发展越发不能单独依靠本国力量，而必须寻求与其他国家合作和国际公共组织的援助。解决各种层出不穷的国际性问题，也需要各国加强国际协调与合作。

国际协调是各国在推行应对国际性问题的政策过程中，在相互让步的基础上，就政策内容和制定过程等与相关国家之间进行协调，通常需要选择一个符合参与协调各国最大利益的均衡点才能最终达成某种妥协。这种国际协调已成为解决具有国际影响的重大问题的基本途径。通俗地解释，国际合作就是各国之间以互利共赢为基础为达到一定目标而相互配合的行为。

国际协调与合作的开展为国际公共经济的发展提供了有利的条件，成为推动国际公共经济发展的一个重要因素。这是因为，国际协调与合作程度的加强，共赢博弈日益取代了零和博弈，有利于国际公共物品的提供范围与规模的扩大，从而推动国际公共经济的进一步发展。反过来，国际公共经济的发展又能促进国际协调与合作。

4. 世界新价值观的引导

和平与发展是当今世界的主题，求和平、谋发展、促合作关系各国人民的福祉，是各国人民的共同愿望，已经成为不可阻挡的时代潮流。世界不可逆转的多极化趋势、经济全球化的深入发展、科技革命的迅猛推进、全球和区域合作方兴未艾，国际力量对比朝着有利于维护世界和平与发展的方向前进。国际社会形势的总体稳定，为各国尤其是发展中国家集中力量加快经济社会发展提供了良好的外部环境。在此背景下，世界上多数国家以发展作为第一要务，努力谋求和平稳定的国际环境成为普遍共识。但天下也并非太平，地区冲突、局部冲突不断加剧，恐怖主义事件不断，环境污染日益严重，国际金融危机爆发，发达国家深受其害，发展中国家同样面临极大风险。这又反面强化了各国通过联合行动应对和解决这些突出国际问题、维护持续和平发展条件、以增进全人类共同利益的新价值观。这种新价值观对于促使各主权国家让渡一部分资源、建立或发展相关国际公共组织、增加相关公共物品供给、加强国际协调与合作，从而推动国际公共经济范围与规模的扩大，无疑是一种非常有利的意识形态因素。

（三）国际公共经济的执行主体

国际公共经济以提供国际公共物品满足国际公共需求为核心内容，而国际公共物品的提供必须由一定的人格化主体来实现。在现实中，负责执行提供某种国际公共物品任务的人格化主体就是国际公共组织。它通常是由两个或两个以上的国家或其政府、个人、法人、民间团体等通过订立条约或协议，受托组织生产和提供国际公共物品的各种常设组织机构。从功能上看，国际公共组织既是国家立法的组织者和推动者（二战后国际社会制定的涉及各个领域的国际公约或多边条约几乎都是由国际组织完成的），也是国际事务的管理者、组织协调者以及国际资源的分配者。对于国际社会的安全问题，国际组织是和平解决争端的机构，是国际和平与安全的维护者，二战后世界范围内的和平得以维持，和平成为不可逆转的时代潮流，国际组织功不可没。例如，联合国、非洲统一组织、非洲联盟、美洲国家组织等都曾有效地缓和、平息了多起地区冲突、内部动乱，防止战争的蔓延和升级，为恢复和平、解决争端奠定了基础。①

1. 国际公共组织的类型

首先，根据组织成员的社会身份不同，分为政府间国际组织和非政府间国际组织。政府间国际公共组织的成员是各国政府，基于主权国家之间的条约或协定而成立，在当今国际社会中活动最为频繁、影响最为广泛。通常情况下，狭义的国际公共组织就是指政府间国际组织，其中最具代表性的当属联合国和其旗下的世界贸易组织、国际货币基金组织、世界银行和欧盟等。非政府间国际组织又称民间国际组织，它是由民间法人团体或个人等依据自定的章程或规约组建的，其中最具代表性的有国际清算银行、国际商会、国际批发贸易中心、国际博览会联盟等。尽管这些国际组织的成员属于民间团体或个人，但因为它们所从事的是非营利性活动，或者说也提供具有公共性的物品，所以，它们在广义上也属国际公共组织之列。据 1907 年成立的国际协会联盟（UIA）统计，1909 年、1951 年、1989 年和 2005 年，在全部国际公共组织中国际政府间组织与国际非政府间组织所占比例分别为 17. 4∶82. 6、12. 9∶87. 1、16. 9∶83. 1、12. 5∶87. 5。可见，与政府间国际组织相比，民间国际组织总体上呈单个规模小而总计数量多的特点。

其次，根据成员地域范围的不同，分为全球性国际公共组织和区域性国

① 王玲：世界各国参与国际组织的比较研究［J］. 世界经济与政治，2006（11）：54.

际公共组织。全球性国际组织以全世界为活动范围，各个国家或独立地区均可依据该组织的契约性文件所规定的条件申请参加，一般拥有众多的会员。其中最具代表性的联合国和其旗下被称为全球经济三大支柱的世界贸易组织、国际货币基金组织、世界银行，已分别拥有193、164、189和189个成员，即使其会员占主权国家总数比例最低的世贸组织也达84.1%，其他三个组织的成员在主权国家总数中占比分别达到99%、97%、97%。区域性国际组织是指以洲或某一地区（如北欧、东南亚等）为界限的国家或民间团体为成员，根据彼此之间相互需要和公共利益而成立的具有排他性的组织类型。如北大西洋公约组织、北美自由贸易区、亚太经合组织、东盟自由贸易区等。

再次，根据活动领域范围不同，分为广泛性国际组织和专业性国际组织。广泛性国际组织是指在所有或众多领域开展活动的组织类型。如联合国、上海合作组织等。专业性国际组织是指按照某一业务内容和经营方向而成立、主要集中在某一具体领域开展活动的组织类型。例如国际贸易组织、国际金融组织、国际税收组织、国际原子能机构、亚洲基础设施投资银行等。

此外，还可以根据成员对象是否有特定限制的不同，分为封闭性国际组织和开放性国际组织。前者将成员限定为特定对象，如七国集团（G7）、20国集团（G20）、金砖国家新开发银行等。后者仅依据某些标准对参加成员进行资格把控，而不设地域或其他特指的限定，因而具有开放性特征。多数国际组织都是属于开放性的。

2. 国际公共组织的产生和发展

据有关资料，最早的国际公共组织是1855年成立的国际电报联盟、1874年成立的万国邮政联盟、1875年成立的国际度量衡组织、1883年成立的国际保护工业产权联盟等。显然，这几个国际公共组织是基于满足扩大国际间信息交流、经济交往这些国际公共需要而产生的，所提供的公共物品是搭建国际公共信息平台和世界统一市场最基本的基础设施。1899年在荷兰海牙召开了第一次国际和平会议，通过了《和平解决国际争端公约》，并创立了常设仲裁法院。进入20世纪以后，由于垄断资本主义国家在全球抢夺商品市场、原料产地、投资场所的激烈竞争进一步加速了全球化进程，世界经济政治关系日趋复杂化，各国间利益矛盾的尖锐化导致了两次世界大战，人类社会生存发展面临极大威胁，着眼于在国际层面解决矛盾、化解争端、预防冲突、防范危机，二战结束后国际组织如雨后春笋般涌现。再后，随着全球化进程的进一步加快，诸多新的国际治理难题接踵而来，随着人口数量迅速增加、生产规模日益扩大、科学技术不断提升，导致国际间摩擦与争端频发、大规模杀伤性武器扩散、各种传染性疾病蔓延、能源短缺加剧、气候变化明显、国际经济金融波动频繁，人类社会需要跨国界应对的宏观经济、政治、安全、环境等矛盾和挑战愈益紧迫，解决这些问题的公共需求推动着国际公共组织及其提供的国际公共物品种类不断增加，致使国际组织继续处于快速发展时期。据 1907 年成立的国际协会联盟（UIA）统计，1909 年，国际政府间组织和非政府间组织共计 213 个，1951 年增加到 955 个，42 年内增长了 3. 48 倍；1989 年又增加到 24131 个，38 年内增长了 24. 27 倍；2005 年达到 58859 个，16 年内进一步增长 1. 44 倍。

3. 现有国际公共组织的基本结构

国际协会联盟将国际组织按照政府间和非政府间两类各分为五组：（1）国际团体；（2）依附性团体：（3）替代性组织；（4）与国际组织有关的国家团体，系指以国际事务为职责的国内组织；（5）接近死亡、不活跃或未批准的团体。其中，第一组合计 12403 个，政府间组织 973 个，非政府间组织 11430 个；第二组合计 6470 个，政府间 1440 个，非政府间 5030 个；第三组合计 3065 个，政府间 2473 个，非政府间 582 个；第四组合计 10538 个，政府间 108 个，非政府间 10430 个；第五组合计 26393 个，政府间 2356 个，非政府间 24037 个。当年国际组织总计 58859 个，其中政府间组织 7350 个，非政府间组织 51509 个。按照这一统计，剔除已不能或尚未起作用的第五组（26393 个），现有正在开展活动、发挥作用的国际公共组织仍多达 32466 个。

在上述五组国际公共组织中，比较典型的当属第一组，即国际团体。国际团体内部政府间和非政府间的具体构成为：作为国际组织登记、注册甚至审核批准机构的 37 个国际组织联盟中，政府间组织有 1 个，非政府间组织多达 36 个；在 508 个全球性国际组织中，政府间 34 个，非政府间 474 个；在 1105 个洲际国际组织中，政府间 33 个，非政府间 1072 个；在 5902 个地区性国际组织中，政府间 178 个，非政府间 5724 个；在 4851 个特殊形式国际组织（基金类）中，政府间 727 个，非政府间 4124 个。[①] 根据 UIA 的定义，第一组国际团体中的前

① 有关国际组织数量方面的数据均来自 Union of Internation IA Ssociations（UIA），yearbook of International Organizations 2005/2006，Brusels Belgium K. G. SaurMunchen，2005/2006.

四项属于协定性组织，即根据条约或协议成立的跨越国家界限的国际组织，具有实际运作能力，是目前国际事务中发挥作用最大的一种国际组织。

正如不少学者所指出的，在国际公共经济运行中，政府间组织和非政府间组织各有其不可忽视或不能相互替代的作用。政府间国际组织是国际立法的组织者和推动者，二战后国际社会制定的涉及各个领域的国际公约或多边条约几乎都是由国际组织完成的，它是国际事务的管理者、组织协调者以及国际资源的分配者。对于国际社会的安全问题，国际组织是和平解决争端的机构，是国际和平与安全的维护者。二战后，世界范围内的和平得以维持，和平成为不可逆转的时代潮流，国际组织功不可没。联合国、非洲统一组织、非洲联盟、美洲国家组织等都曾有效地缓和、平息了多起地区冲突、内部动乱，防止战争的蔓延和升级，为恢复和平、解决争端奠定了基础。国际非政府间组织对国际社会事务的参与和协调能力越来越大，活动范围越来越广，除了在救济、后勤、运输、医药服务、安全、人权、健康和环境等方面提供人道主义援助外，还在支持落后国家全面发展、危机国家重建等方面起到重要作用，甚至在政治和司法领域发挥着越来越重要的作用，例如欧洲国家的非政府间组织甚至有抗衡或制衡政府的作用，在决定福利、国家法令、政府资源分配等方面具有一定影响力。有时在危机情况下，非政府间组织的行动甚至比政府组织更有效。在将近 40 个国家里，非政府组织的经济活动占 GDP 的 5% 以上，占就业人口的 4% 以上。①

第二节　国际公共经济再生产过程

所有物品的供需实现都依赖一定的再生产过程。不同的物品对应不同的需求、承载不同的利益，必然要求不同的供需或再生产机制。为了不断地满足国际公共需要，国际公共物品的生产、分配、交换和消费必须年复一年、周而复始地进行，从而构成国际公共经济再生产过程中相互衔接、相互依存、相互制约的四个阶段。

一、国际公共物品的生产

国际公共物品的生产是国际公共经济再生产的基础环节，是利用各种生

---

① 王玲：世界各国参与国际组织的比较研究［J］．世界经济与政治，2006（11）：50.

产要素产出相关参与方所需要的公共物品的活动。这种公共物品有具体的，也有抽象的。它需要解决好生产什么、生产多少、如何生产及为谁生产的问题。

关于生产什么，主要涉及国际公共物品结构的科学性测定和优化过程。国家间的合作对于不同的组织成员而言是非对称性合作，即对于参与合作的每一具体主权个体来说，其收益（享受的公共服务）和付费（缴纳的税费）是不等价的。由于收益与付费不对称，公共物品的供给与消费即表现出某种形式和程度的强制性。这种强制性与共识性在程度上相反，在效应上相背。强制性的程度越低，被强制者越少，公共物品供给就越有效、越公平。共识性和强制性程度的高低，既取决于国际公共组织成员对公共利益的认知水平，也取决于合作规则与制度、需求表达机制、民主决策机制及公共治理体系的科学和完善程度。在现实中，国际经济组织提供国际公共物品不是基于公共物品公共性程度的高低，而是由少数国家主导下的决策制度来决定，主要代表了他们的意志与利益要求。这种决策制度造成了物品供应的层次结构不合理和资源配置结构不合理，特别是少数发达国家在国际经济组织中占据强势地位，掌握着国际公共物品生产的话语权和支配权，生产什么由他们说了算。如环境保护、资源节约、节能减排等国际公共物品成本主要由发展中国家来承担，但受益者却主要是发达国家。还有一个比较典型的例子就是体制转型的休克疗法，这项国际货币基金组织所推崇的一揽子经济改革措施，使俄罗斯付出了惨痛的代价。

关于生产多少，主要是解决国际公共物品数量的测定问题。这需要考虑以下几个因素。首先，国际公共物品供应数量要与经济全球化发展水平相适应，经济全球化水平越高，所需要的国际公共物品数量就越多。其次，与各国经济实力相关，经济发展水平越高，对国际公共物品需求数量就越多。再次，国际公共物品的提供还与国际经济组织的供应能力有关，国际经济组织资金雄厚、供应能力强，其成员国对国际公共物品的需求冲动就大，数量随之增加。最后，国际公共物品的提供数量与国际经济组织的供应意愿有关，一个领域的国际公共组织供应意愿越强烈，那么，实际供给的国际公共物品就越充分，如国际安全保护、国际金融稳定、国际环境保护等。国际公共组织对一个地区某种公共物品的供应意愿强弱，取决于该组织中处于主导地位的国家供应意愿，其供应意愿越强，就越会增加对某一地区某公共物品的供给，例如联合国对中东地区维和这种公共物品的供给较为充分，就是因为美国出于自身战略利益的需要对此有着十分强烈的意愿所致。

关于怎么生产，其生产方式的选择主要由国际公共物品公共性程度高低、生产成本的高低和各国之间的实力博弈所决定。从国际公共物品的性质看，有的适合委托部分成员国合作生产或多个国家联合生产，有的则适合由国际公共组织直接生产；从生产效率考虑，有的适合集中生产（如对某些违反国际公约国家的制裁），有的则适合将整体任务分解落实到相关成员国分散完成（如治理污染）；从成本分担方式看，有的公共物品成本是按照成员国国内生产总值的一定比例集中缴纳、统一使用（如联合国组织机构经费），尔后向成员国无偿提供该项公共物品，有的采取有偿提供方式，有的则是按照公共物品任务量分担（如为缓解全球气候变暖而压缩碳排放量）。

政府间联合生产是指生产某种国际公共物品时，单个国家无法在信息、技术方面达到生产该国际公共物品的标准，也就是说生产该物品的总收益与总成本不对称，只能通过多个国家合作、进行联合生产等方式使各国获得最大收益。假设有 N 个国家（1、2…N），第一个国家生产该物品能获得最大利益，第二个国家生产该物品能获得次优的利益，依次类推，以 Pi 表示第 i 个国家生产该国际公共物品能获得收益；如果生产该物品的成本为 C，在某些情况下，假设 $P1 + P2 + \cdots + PN > C > P1$，那么，任何单个国家生产该公共物品都是不经济的，最好的策略是国家间合作，进行联合生产。

直接生产是指国际公共组织直接投入资源生产国际公共物品。因为能够发挥领袖作用，国际公共组织在生产国际公共物品方面有着很强的优势，可以借助规则约定的赏罚机制和组织提供人力、财力和资源，引导或强制主权国家达成集体行动。

委托生产是指为解决全球性公共问题，实现国际公共物品的充分供应，当一个成员国力量无法达到生产标准时，可以将自身的部分权利委托给国际经济组织，在国际规章制度的约束下尽量克服集体行动中的搭便车行为。“许多国家可能感受到，与其在国家层面各自进行公共产品的生产活动，不如将其委托给某个国际组织进行更加效率”，[①] 这样便形成一种委托代理关系。从

① 英吉·考尔：全球化之道——全球公共产品的提供与管理［J］．北京：人民出版社，2006：287.

这里可以看出，对国际公共物品直接生产与委托生产的分析角度在一个主权国家内是有区别的。一个主权国家内公共物品的直接或委托生产更加注重对公共物品提供效率的考量，直接生产是政府依靠自身资源和技术等直接从事物品的生产，而委托生产则是运用政府购买服务、PPP 等方式组织民间经济从事物品生产活动，政府从而由一个生产者转换为组织者和提供者。而国际公共经济领域分析的是国与国之间的关系，主要是考量某一成员国自己生产抑或是委托国际组织生产。当然，国际公共物品也存在着委托民间经济生产、然后由国际组织购买再用于组织内各成员国消费的情形。

无偿提供是指国际经济组织之间利用各成员国缴纳的会员费以及其他各种方式融资来承担公共物品生产成本，然后无偿提供给各国的生产方式。有偿提供是指国际经济组织部分利用各成员国缴纳的会员费以及其他各种方式的融资来承担公共物品生产成本，然后有偿提供给有关成员国。对于各种国际公共物品的提供是采取无偿提供还是有偿提供方式生产，第一取决于公共物品的公共性程度高低，公共程度越高，越应采用无偿供应方式；第二是考虑公共物品的外部性，正外部性越大，越应采用无偿供应方式；第三是考虑国际经济组织的供应能力，供应能力越强，越应采用无偿供应方式；第四是考虑国际经济组织利益动机，有的国际公共物品的提供不是由国际公共物品的性质决定的，而是由组织内部的利益关系来决定。

二、国际公共物品的交换

国际公共物品的交换，从形式上看，是一个国际组织提供公共物品供组织内各成员国消费、而由成员国分担或主要由霸权国家买单的过程。但从实质上分析，它无非是主权国家以某种方式自愿或非自愿让渡资源，经由国际公共组织而获取公共物品的过程。“没有免费的午餐。”要么是认缴会费，要么在现有国际经济秩序下被铸币税所掠夺，看似没有付出成本而获得了所谓的秩序、和平，实际上是一分不少的由自己买单。

成员国认缴会费是最基本也是最主要的公共物品成本筹集方式。具体筹集途径是，各类国际公共组织成员国根据大会分配的限额，以国家或地区的名义缴纳。基于各国经济发展水平和财政、军事实力的不同，各成员国在国际组织中承担的责任和所拥有的地位也不同，所以应交纳的会费比例有所差异，但它们都要通过缴纳会费为国际经济组织提供稳定的经济来源，以保障国际公共物品的提供。

向成员国征集自愿捐款是国际经济组织成本筹集的补充方式，虽然具有不稳定性，但对某些国际公共组织来说则具有重大作用。例如联合国，每年都会向各成员国募捐，且捐款额度为国民生产总值的0.7%。再如世界卫生组织，也在很大程度上依赖于自愿捐款，通过接受捐款来指导和协调国际卫生工作，促进流行病、地方病等问题的防治和消灭。又如，海湾富裕国家都向阿拉伯组织、伊斯兰组织提供资金，以维系其功能发挥与发展。

由组织成员认缴股金也是国际公共物品成本的承担方式之一。世界银行和IMF基础协定中都有这样的规定，即每一个成员国都有250个的基本票，除此而外，每拥有10万特别提款权股金可增加一票。按照这样的规定，认缴基金份额越多的国家就享有越多的加权投票权。

另外，还有国际经济组织提供服务所得。一些国际公共组织利用自己的信息优势、技术优势、资源优势等，通过提供有偿服务进行成本筹措。如世界知识产权组织的大部分经费依靠其国际局的服务工作收费和有关书籍出版的售款和版税来筹措。

基金会的支持也是一种来源。这一类型的资金来源主要是针对非政府间国际组织而设立的。世界各地都分布着这样的基金会，它们向国际红十字会、绿色和平组织等国际公共组织提供经费支持，以满足其日常办公和相关服务需要。

除上述外，还有几种补充性的交换方式。一是补助或贷款获得的资金。例如，国际货币基金组织作为全球性的多边金融机构，其中一项重要职能就是以特定方式向成员国提供贷款，以此调整国际收支平衡、稳定货币关系，同时帮助低收入国家发展本国经济和减少贫困。二是特别会费，某些国际公共组织为应付突发事件和自然灾害而通过设立特别会费筹集特定活动经费。三是投资收益。非政府间国际公共组织的投资行为，虽不以盈利为目的，但在提供国际公共物品时要获取收益，以资活动的开展。

三、国际公共物品的分配

国际公共物品的分配解决的是为谁生产的问题。正如本课题前面有关篇章所述，公共物品的分配与民间经济部门的分配相比至少有两大区别：一是分配标的不同。民间经济分配的是不同人群获得的对物品或货币的所有权，而公共经济所分配的则是公共物品效用，即不同人群基于公共物品实际使用而分享到的利益。二是分配程序不同。民间经济的分配通常是在生产过程结束以后视纯收入数量依一定规则而决定，而公共经济的分配则是决定于开始生产之前就拟定好的公共物品提供计划。国际公共物品的分配亦是如此。

由本质属性所决定国际公共物品必定是双边或多边乃至全球受益的，为了实现利益分配上的均衡，通常需要经过双边或多边谈判，协商优化资源配置，在各自表达需求或利益诉求的基础上达成一定共识以后再提供国际公共物品。参与合作各方需求和利益一致性越强，共识程度越高，不仅达成共识的成本更低，而且公共物品效用分配也会更公平。这表明，决定国际公共物品效用分配是否公平、效率高低的直接因素在于国际公共组织的决策制度。

国际经济组织的决策制度包括多种方式或规则，其中每一种都有其优缺点，但无论采取哪一种，都不可避免地是一个博弈的过程。决策方式或规则的选择一般基于两大因素：一是最大限度地与组织本身的性质与职能相契合；二是决策程序反映各国政府经济政治军事等实力的对比。由于其中第二种因素的作用，决策的最终结果一般都或多或少地更符合强势国家的利益和意愿，而不可能是最优的。具体而言，国际公共组织的决策制度大体有以下四种：

其一，全体一致同意制度。也称一票否决制度，是指国际公共组织在提供一项公共物品时须经过所有拥有决策权的主权国家同意后才算通过，任何一国否定，方案都不能实施。这种决策制度能够最大限度地实现各国利益，具备充分的公平性，能够保障国际公共物品供给达到帕累托最优效率的状态。但由于每项决策都必须经过所有决策权国家的同意，因此决策效率低下；同时，在决策方案面前各国都是平等的“理性经济人”，都致力谋求本国利益最大化，各种相互矛盾的利益互相碰撞，为了获得符合自己利益的方案得到通过，各国都积极开展游说、拉拢活动，不仅导致决策过程冗长造成时间浪费，而且游说、拉拢活动也会消耗大量资源，因此这种决策制度的成本极高、福利效应不佳。

其二，过半数同意制度。是指提供一项国际公共物品的方案须经过成员国半数同意后才能生效的决策规则。所谓半数同意，并不一定按照国家数量计算，而是按票数计算（有的国家认缴股金或基金较多，所拥有的加权票可能大大超过按国家计算的基本票），只要到达半数即视为通过。该制度最大的优点是决策效率高，操作步骤简单。但缺点也很明显：一是缺乏公平性，福利效果差，更多的是代表少数国家的利益，不能反映全部国家的利益诉求；二是实施阻力可能较大，即使方案通过，如果反对国拒绝执行，方案也不易实施。

其三，特定多数同意制度。是指提供一项国际公共物品的方案须经超过50%以上的特定多数成员国同意后才算通过的决策规则。其中特定多数可以是2/3多数、3/4多数等。这种决策规则的优点是决策效率更高，寻租的概率小，节省时间成本。但其实施成本也相对较高，而福利水平较之全体一致同意制度也低。

其四，代理决策制度。是指将国际公共物品提供的决策权委托给某个机构实施。代理机构既可以是各国政府组成的联盟及联合组织的下属委托机构，也可以是各国政府都同意的某个非公共机构。该决策制度具有很大的不确定性，其决策成本、决策效率高低取决于代理决策制度的性质。

四、国际公共物品的消费

国际公共物品的消费是享用公共物品使用价值的过程。没有国际社会对公共物品的消费需求，就没有必要进行公共经济的生产与再生产。可见，消费过程既是国际公共物品使用价值的实现环节，也决定着公共物品的再生产，在国际公共经济再生产过程中具有重要地位。

在全球化加快发展的当今世界，大量事实都印证了国际公共物品消费的成效，从而不仅证明国际公共经济的重要性，也为国际公共经济扩大再生产提出了要求。国际公共物品消费的主要效果体现在以下八个方面：

（一）解决国际争端，维护世界和平。国际间各方面往来的愈益密切往往伴随着主权国家之间利益矛盾的不断加深，如果不妥善处理，就会给世界和平与经济发展带来不利影响。国际公共物品的消费在解决国际争端、防止战争爆发方面有着重要作用。如作为国际法基础的《联合国宪章》明确了新型国际关系准则，联合国安理会组织开展维和行动、调停斡旋并对违抗者采取强制措施等。在联合国协调或支持下通过第三方采取行动制止了许多冲突，通过采取预防性外交和其他预防性行动避免了许多战争。

（二）降低国家间交易成本。这是因为，国际公共物品的提供者——国际组织内部有稳定的组织结构和行政设施，能够开展集中性的活动来进行信息搜集、技术帮助、资源共享、共同分担、联合生产、协调矛盾、规则制定、平衡利益等。通过这些相关公共物品的消费过程，一定程度上降低了国际合作中的交易成本，减轻了集体行动困难，使成员国在国际合作中收益高于不合作状态下的绝对收益，实现帕累托改进。如众多国家之间签订的关税同盟协定，不仅促使成员国在一定条件下取消或降低了彼此之间的关税和非关税壁垒，而且对非成员国实行统一的对外关税政策，也大大降低了国家间交易成本，促进了对外贸易的扩大。

（三）积极协调多边利益，促进各国平衡发展。例如，WTO 等国际公共组织通过协调实现部分国家利益让渡和转移，和平地解决国际经济争端。联合国贸易和发展会议积极促进区域性经济合作，帮助发展中国家充分利用贸易机会。世界银行通过低息长期贷款促进了极度贫困地区的经济发展和基础设施改善。联合国开发计划署通过提供持续的技术援助促进发展中国家不断提高科技水平、资源利用效率和自力更生能力。这些国际公共物品的提供与消费，都在一定程度上缩小了主权国家之间的经济社会发展差距。

（四）加速经济全球化进程。国际经济组织无论是提供区域性国际公共物品，还是提供全球性国际公共物品，都为经济全球化提供了制度保障、政策支持和基础设施支撑，促进了生产力发展和国际分工深化，进而加速了经济全球化进程。

（五）促进国际经济新秩序的建立。所谓国际经济新秩序是建立在所有国家公正合理、相互依靠、互惠合作基础上的国际间经济关系体系，是联合国贸易与发展会议的一项基本功能。广大发展中国家消费这项国际公共物品，以更加积极的姿态参与到国际经济组织中去，与各种不公平、不公正、不合理的现象作斗争，有利于完善国际经济新秩序、维护第三世界的经济利益。

（六）维护全球经济稳定。国际货币基金组织通过实施政策监督、技术援助、直接贷款等多种措施维护成员国和国际经济金融稳定。联合国经济和社会理事会就经济稳定与发展问题向成员国提出建议。经济合作与发展组织（OECD）不仅通过集中精英分析研究帮助成员国制定正确的经济政策，而且通过政府间的双边审查以多边监督和平行施压机制促使成员国遵守规则或进行改革，以维护财政经济稳定、提高效率、实现发展、增加就业。

（七）推动全球环境保护。如着眼于解决跨国性环境问题的《联合国气候变化框架公约》（1992 年）、《京都议定书》（1997 年）和《巴黎协定》（2015 年），对于协调各国采取有效措施缓解全球气候变暖、臭氧层的损耗与破坏、生物多样性减少、森林锐减等问题已经逐步产生成效。

（八）促进国际科技文化卫生发展与交流。例如，联合国世界卫生组织积极推进世界范围的传染病、慢性病、地方病防治，联合国儿童基金会等组织在多个国家从事儿童保护、免疫接种、女童教育和防治艾滋病等工作，联合国教育、科学及文化组织帮助多个国家保护古迹以及历史、文化和自然名胜，联合国所属国际信息发展组织在促进发达国家与发展中国家的技术转让、提供信息交流平台、推动国际文化交流方面取得不少成果。欧盟在高等教育国际化方面有着悠久历史，当前欧盟教育的国际化步伐快速向前，对其他发达国家的教育模式、办学理念产生重要的影响。

国际公共物品的消费反过来又促进了国际公共物品的生产。国际公共物品的消费创造出新的需求，在观念上提供了生产的对象，为生产发展提供了动机。世界银行作为促进落后地区发展的一种国际公共物品取得明显成效，带动了其他区域性国际金融组织的发展，其中包括2014年以来由中国倡议发起成立的亚洲基础设施建设投资银行和金砖国家发展银行。

以上分析表明，国际公共物品的再生产过程是生产、交换、分配、消费四个环节构成的完整链条，这四个环节并不是孤立的，而是相互联系、相互促进又相互制约的过程。当前国际公共经济再生产过程中还存在许多问题，阻碍着国际公共经济应有功能的充分发挥。有效解决这些问题，使国际公共经济更好发挥其增进世界人民福祉的作用，是一项有待努力完成的重要任务。

第二十九章　国际公共经济的生产方式分析

所有满足人类需要的物品都必须在一定生产方式下实现再生产。国际公共经济作为由主权国家或各国民间组织为满足国际公共需要、通过订立契约形成国际组织而提供国际公共物品的活动，无疑也存在生产方式问题。同样不容置疑的是，在性质优劣不等的生产方式下，国际公共物品无论在提供结构、分配关系方面还是在交换机制和消费效果上都会有明显差别。因此，改善国际公共经济资源配置效率，优化国际公共经济运行机制，以期使国际公共经济更好地满足国际公共需要，就应当从改革和完善国际公共经济的生产方式方面寻找可行路径。但是，由于人们进行研究所采取的范式与视角不同，到目前为止，基本上还没有从生产方式角度对此加以分析概括的理论成果。有鉴于此，本章将就国际公共经济生产方式问题进行一些尝试性探索。

第一节　国际公共经济生产方式的基本内涵与要素构成

要研究国际公共经济的生产方式问题，首先必须弄清其基本内涵和要素构成，以便为进一步分析研究奠定认识基础。

一、国际公共经济生产方式的基本内涵

根据第三篇关于公共经济再生产过程的分析不难推知，国际公共物品的再生产，从主体方面涉及各主权国家和由主权国家通过订立契约授权执行相关职权的各种国际公共组织，其中作为各种国际公共组织成员的各主权国家之间和各种国际公共组织内部都存在着基于各种不同因素的相互关系；从客体方面，每一种公共物品的提供都需要使用一定的财力、物力和人力，并且需要将这些资源加以合理配置和有效组合。国际公共物品现实再生产过程中各相关主体之间的相互关系和所使用的各种生产要素及其组合配置状况，就是国际公共经济的生产方式。国际公共经济的生产方式性状如何，直接影响到国际公共经济的效率和效果。

二、国际公共经济生产方式的要素构成

从国际公共经济生产方式的上述内涵可以看出，它是由存在着相互联系的两方面要素构成的：一方面是国际公共经济活动相关主体之间的相互关系，另一方面则是提供国际公共物品所需的各种资源及其组合配置等物质条件。前者构成国际公共经济的生产关系，而后者则构成国际公共经济的生产力。

（一）国际公共经济的生产力

国际公共经济的生产力同样由凝结着科学技术的劳动者、劳动工具、劳动资料和监督管理四种要素相互结合而成。在市场经济条件下，不仅用于生产公共物品的这些生产力要素多数都可以使用货币资金通过市场购买取得，而且许多公共物品本身也可以通过部分委托甚至完全委托的生产方式加以提供，因此，现代公共经济的生产力在很大程度上取决于公共经济体拥有的财力大小。当然，财力也有是否得到科学有效使用的问题，因为财力再强，如果使用不当，也不可能获取实现公共物品最佳提供所需的人力资源和生产资料，或者购买到适合公共经济终极主体需要的公共物品。而这就取决于国际公共经济生产关系性状如何了。有鉴于此，我们的研究将侧重于国际公共经济生产关系。

（二）国际公共经济的生产关系

国际公共经济的生产关系同每个国家内部公共经济的生产关系一样，也包括公共经济终极主体与受托代理主体之间的关系、公共经济各终极主体相互间的关系和受托代理主体内部纵横交错的关系这三个层面。其中，终极主体与受托代理主体之间的关系是整个国际公共经济生产关系的主轴，各终极主体相互间的关系是整个国际公共经济生产关系的基础，受托代理主体内部纵横交错的关系则是整个国际公共经济生产关系中决定公共经济运作效率的重要侧面。

1. 国际公共经济终极主体与受托代理主体之间的关系。在国际公共经济中，各主权国家既是提出国际公共需求、享用国际公共物品的主体，又是订立契约、贡献资源、让渡权利的主体，同时还是国际公共经济决策与实施监督的主体，因而属于国际公共经济的终极主体。国际公共组织是国际公共经济终极主体通过订立契约、让渡资源和管理权利而成立的，其使命是受作为组织成员的各主权国家集体之托，代理执行终极主体做出的公共经济决策、具体组织提供国际公共物品。因此，国际公共经济终极主体与受托代理主体

之间是一种围绕国际公共物品再生产而形成的契约性委托代理关系，本质上属于主仆关系。这种关系是否处于优化状态以及优化程度高低，取决于委托代理契约的完善程度，对国际公共经济运作效率起着决定性作用。

国际公共经济中终极主体与受托主体之间的关系同主权国家内部公共经济中终极主体与受托主体之间的关系相比有一个极为重要的差别，就是在国际公共经济中终极主体对受托主体的权利让渡远不如国内公共经济充分，致使国际公共组织作为受托代理主体所获得的公共权力较小、强制力不足，因而无论是资源汲取能力还是公共经济活动实施能力都远不及各国内部的广义政府；通常，人们将这种状况称之为“世界无政府”。这是制约国际公共经济运作效率的主要因素之一。

2. 国际公共经济终极主体内部相互间的关系。作为国际公共组织成员的各主权国家既是国际公共需求的提出者、国际公共物品效用的享用者，也是国际公共组织契约的缔结者、提供国际公共物品所需资源和管理权利的让渡者，因而是国际公共经济的终极主体。同属于国际公共经济终极主体的各个主权国家，由于经济社会发展水平及其决定的综合实力差异甚大，它们不仅国际公共物品的需求大相经庭，而且在国际公共组织和国际公共经济再生产过程中的地位、作用也很可能相差悬殊。其中的富国、大国凭借其实力地位和影响，往往可以左右国际公共经济决策，使之朝着有利于自己的方向倾斜，而小国、穷国、弱国则“位微言轻”，所提出的公共物品需求得不到重视，长此以往，它们就可能对富国、大国所提出的公共经济政策方案采取联合起来投反对票的方式加以对抗，致使在公共经济终极主体内部难以就公共经济政策达成共识，造成决策效率低下或决策即便形成也难以顺利实施的后果。与此同时，基于国际公共物品享用上的非竞争性、非排他性和福利不可分割性、独占不可能性，作为国际公共组织成员的各主权国家极易产生在公共需求表达方面的“囚徒困境”、公共物品提供所需资源方面的“搭便车”和公共物品消费上的“公共地悲剧”现象，从而导致公共经济资源筹集困难、公共物品供给不足、公共物品结构失衡、公共经济决策执行监督不力等失灵问题。

3. 国际公共经济受托主体内部的关系。作为国际公共经济受托主体的国际公共组织包括以主权国家为成员的政府间国际组织和以民间团体为成员的非政府间国际组织两大类。一般而言，政府间国际组织负责提供纯度较高的公共物品，而非政府间国际组织适宜提供俱乐部型或混合型公共物品。然而，无论提供哪一类公共物品的国际公共组织，一般都有较大的执行和管理机构，因而其内部都是横向多部门和纵向多层级的网状结构，为此就需要将本组织受托承担的公共经济责权在横向和纵向维度上进行划分。或者如果将各种国际公共组织作为受托执行国际公共物品供给责任的整体来看，其中不同的国际公共组织之间的关系对于其整体而言也是一种内部关系。国际公共组织整体公共经济责权在其内部横向和纵向维度上的划分就构成了国际公共经济受托主体内部的生产关系。这种生产关系是否处于优化状态以及优化程度高低，将会通过各种不同传导机制作用于各种生产力要素，从而对公共经济运行效率和效果产生或正或负、或大或小的影响。

国际公共经济的生产关系与生产力在现实的公共物品再生产过程中不仅水乳交融地结合在一起，而且与生产力之间存在着相互依存、相互促进、互相制约的内在联系。二者之间之所以存在这种内在联系，主要是因为国际公共物品所需资源和权力通过两条线索将生产力要素与生产关系勾连在一起：首先，作为公共物品生产力要素的公共资源和公共权力是由作为国际公共经济终极主体的主权国家依据契约规定让渡形成的；其次，作为公共物品生产力要素的公共资源和公共权力又是由作为国际公共经济受托主体的国际公共组织具体使用的。正是由于国际公共经济的生产关系和生产力之间存在着这种密不可分的内在联系，因此，国际公共经济的生产能力和生产效率高低，都在很大程度上取决于不同阶段国际公共经济生产关系的性质优劣。这就意味着，无论对过去还是现在的国际公共物品再生产各环节运行状态，都必须从国际公共经济的生产关系方面获得最根本的解释。

第二节 国际公共经济现行生产方式的基本性状

国际公共经济的现行生产方式是二战结束以来在特定的历史背景下逐步形成的，因而具有一系列特质。从生产方式的性状角度加以分析，有助于深化对当前国际公共经济属性、特征、内在矛盾和发展趋势的理论认识。从前面所引国际组织联盟（UIA）2005 年统计数字中可知，当今国际社会从不同角度、在不同范围提供不同种类公共物品的国际团体多达 12403 个，其中仅全球性国际团体就达 508 个。限于具体资料可得性，我们这里主要以联合国（UN）、世界贸易组织（WTO）、国际货币基金组织（IMF）、世界银行（WB）这四个当今世界成员最多、影响最大、所提供公共物品最具代表性的国际公共组织作为分析研究的样本。

一、国际公共经济及其生产关系在四大国际公共组织现实运作中的表现

国际公共经济作为主权国家委托国际公共组织提供国际公共物品的活动，是通过国际公共组织的具体运作过程实现的，生产关系体现于国际公共物品再生产过程之中。通过以下四大全球性国际公共组织提供相关公共物品的运作过程与机制的具体情况，可以对国际公共经济及其生产关系获得偏于感性层面的认识。

（一）国际公共物品视角下的联合国

联合国是目前世界上代表性最广泛、最有权威的综合性国际组织。其前身是1920年成立的国际联盟。国际联盟作为第一次世界大战的产物，核心宗旨和基本功能是共同防御侵略、以非暴力方式解决国际争端，但它未能阻止第二次世界大战的爆发。出于人类无法承受第三次世界大战的广泛共识，为了维护世界和平，并推动解决国际经济、社会和人权方面问题的合作，50个主权国家和一个地区1945年10月24日依据此前共同签署的《联合国宪章》创建了联合国，取代了存在缺陷、难有作为的国际联盟。《联合国宪章》作为基本大法，既确立了联合国的宗旨、原则和组织机构设置，又规定了成员国的责任、权利和义务，以及处理国际关系、维护世界和平与安全的基本原则和方法。遵守联合国宪章、维护联合国威信是每个成员国不可推脱的责任。

1. 联合国在提供国际公共物品方面的主要功能与成效

联合国作为全世界绝大多数主权国家组成并且授权程度最高的国际公共组织，以维持国际和平与安全、发展各国之间友好关系、促进经济社会发展为宗旨，是从国际法、国际安全、经济发展、社会进步、人权、民主、自由及实现持久世界和平等多方面综合提供国际公共物品的重要平台。

（1）提供国际公共物品的主要领域。一是维持国际和平与安全。必要时组成联合国军，打击侵略者，维护世界和平。二是促进成员国经济社会发展。经济社会问题在联合国中占有十分重要的地位，联合国机构中85%的工作人员都在从事经济社会问题的研究。通过促进国际间经济社会合作，帮助各国改善贫困人口的生活，战胜疾病和扫除文盲，增进人类技能和潜力，并为此投入资源。三是维护人的基本权利与自由。其人权机构通过调查个人投诉，将全球注意力集中在酷刑、失踪和任意拘留案件上，并造成国际压力，迫使各国政府改善人权记录。四是促进民主进程。为一些过渡到民主政体的国家提供协助，包括监督与协助开展自由公平的选举、提高司法系统的品质、起草宪法、训练人权官员。五是促进环境保护。主要是通过协调各国拟定生态环境保护方面的规约，加强环境领域的国际合作，敦促各国采取一致行动。

（2）在国际公共经济领域取得的主要成就。在维护国际秩序与和平安全领域，冷战结束以后，通过协调斡旋或通过第三方在联合国支援下采取的行动，制止了包括塞拉利昂、利比里亚、布隆迪、苏丹和尼泊尔在内许多国家的冲突，并通过在实地的14个和平特派团处理冲突后的情况和采取建设和平的措施。通过向世界动乱地区派遣总共69个维持和平特派团和观察团促进这些地区重建安宁，并组建“联合国和平建设委员会”协助刚刚摆脱战乱的国家避免再度陷入冲突。通过预防性外交和其他预防性行动，避免了许多即将发生的战争。有关研究显示，自20世纪90年代以来，按周期平均计算，全世界冲突减少了40%。

在经济社会发展领域，联合国贸易和发展会议积极促进区域性经济合作，帮助发展中国家充分利用贸易机会、促进国际贸易等；联合国开发计划署在145个国家驻有工作人员为各国提供知识、经验并具体支助减少贫穷、促进治理；联合国儿童基金会在150多个国家主要从事儿童保护、免疫接种、女童教育和防治艾滋病的工作；联合国教育、科学及文化组织帮助137个国家保护古迹以及历史、文化和自然名胜，并为保护文化财产、多元文化和杰出自然名胜谈判缔结了多项国际公约，980多个地点被列为具有特殊价值的世界遗产保护项目；2006年，联合国启动中央紧急应对基金，为在自然灾害发生后立即开展救援活动提供资金保证。

在维护人权领域，自1948年联合国大会通过《世界人权宣言》以来，先后制定了几十项有关公民政治、经济、社会和文化权利的全面协定。

在促进民族独立方面，联合国成立后为促进80多个国家从附属于殖民国家的非自治领土上独立为主权国家发挥了积极作用。

在促进环境保护方面，联合国环境规划署等机构组织评估气候变化、促进政治解决，有2000名气候变化领域顶尖科学家参与的政府间气候变化专门委员会每五六年发布一次全面科学评估，2007年对气候变化正在发生而且人类活动是主要导因得出肯定结论，联合国环境与发展大会通过了《联合国气候变化框架公约》，并积极协调成员国达成减少促使气候变化的气体排放协议，加强环境领域的合作，并帮助各国作出调整，以减少温室气体排放、减缓气候变化、增强生态系统的适应性，确保粮食生产和经济可持续发展。

2. 联合国提供国际公共物品的决策机制

联合国作为综合提供国际公共物品的平台有着十分庞大的组织机构，直辖机构主要是联合国大会、安全理事会、秘书处、经济和社会理事会、国际法院和托管理事会。这些机构都有法定的决策机制。

（1）联合国大会的主要责权

联合国大会由全体成员国组成，其责任和权力包括：讨论宪章范围内的任何问题或事项，并向会员国和安理会提出建议；接受并审议安理会及其他机构的报告；选举安理会常任理事国、经济及社会理事会和托管理事会的理事国；选举国际法院的法官；根据安理会的推荐，批准接纳新会员国和委任秘书长；审议批准机构预算并讨论决定会员国会费分摊比例、数额。但大会讨论通过的决定只是向会员国或安理会提出的建议，而无权迫使任何一国政府采取任何行动。

（2）联合国安全理事会的责权

安理会作为联合国中负有维持国际和平与安全责任并唯一有权采取行动的机构，有权调查任何引起国际争端或摩擦的情况，并提出解决这些争端的方式或办法；有权断定任何威胁和平、破坏和平或侵略等行为的存在，并提出采取强制措施以维持或恢复国际和平与安全的建议或作出这方面的决定，如认为这些措施还不能解决问题，可通过采取关于军事行动的决议去解决。

安理会由 5 个常任理事国和 10 个非常任理事国组成。5 个常任理事国是中国、法国、俄罗斯、英国、美国。非常任理事国由联合国大会选举产生，任期为 2 年，每年通过选举程序更换 5 个，不能连选连任。根据地域分配原则，每次新选出的 5 个成员国中应包括来自亚洲和非洲的 3 个国家、1 个东欧国家和 1 个拉美或加勒比地区国家。每个理事国都有 1 票的投票权。

安理会每年召开两次定期会议，在安理会主席认为必要，或经大会、秘书长或任何理事国的建议或请求下，可随时召集会议。

（3）联合国大会和安理会的决策机制

联合国的实质性决策机构是联合国大会和安全理事会。联合国大会采取一国一票制，一般的提案采用简单多数的投票原则，重要提案采用 2/3 特定多数投票规则。涉及国际事务的最终决定权和行动权掌握在安理会手中。安理会决策由 15 个理事国采用有限制的多数原则以投票形式通过，其中程序性问题至少需要有 9 票赞成才能通过，在非程序性的实质问题上常任理事国拥有一票否决权。

（4）经济和社会理事会的责权与决策机制

经济和社会理事会由联合国大会选出的 54 个理事国组成，任期 3 年，每年改选 1/3，连选得连任；每年举行两次常会。其主要责任和权力是就国际经济、社会、文化、教育、卫生等问题向大会和成员国提出报告和建议，有权就其职权范围内的事项召开国际会议，并可与联合国其他专门机构订立协定。理事会对自身责权范围内的事项所进行的决策，需半数以上理事投赞成票方能成立，但需提交联合国大会通过后才能生效。

（5）国际法院的责权与决策机制

国际法院作为联合国的司法机关和主权国家政府间的民事司法裁判机构，是唯一具有一般管辖权的全球性国际法院。其主要责任和权力：一是对各国所提交的争端性案件做出有法律约束力的仲裁；二是就联合国机关和专门机构在其活动范围内提交的法律问题提供咨询意见。根据《国际法院规约》，其司法裁决由联合国大会及其安理会选举产生的出席法官基于过半数同意原则做出，如果同意与反对票数相等，则由院长或主持工作的副院长投关键一票决定。

（6）托管理事会的责权与决策机制

托管理事会作为由安全理事会的五个常任理事国组成的机关，主要负责监督对置于国际托管制度下的领土实施管理，主要是促进托管领土朝自治或独立方向的逐渐发展。理事会决议按照简单多数规则通过投票表决，但须经联合国大会通过才能生效。

3. 联合国实现国际公共物品供给的资金来源

联合国实现国际公共物品供给的资金来源主要有两类：

（1）成员国会费

联合国的主要经费来源是各个成员国缴纳的会费，用途为常设机构经常性预算、维和费用和国际法院费用。联合国设有一个专门的会费委员会根据“能力支付原则”来评估会员国的支付能力并决定会费分摊份额。为动态地确保分摊份额的公平性和准确性，会费委员会每 3 年依照会员国最新的国民收入统计数据，对会费分摊份额表进行一次全面的审查和调整。由于各会员国的国力差距非常明显，联合国大会在运用上述标准时还须经过协商后最终以决议的方式确定具体比例和额度，并分别制定了上限和下限，目前的上下限分别为25%和0.001%。2021年度，联合国会费分摊比例为：美国22%，日本8.564%，德国6.09%，法国4.427%，英国4.567%，中国12.005%，意大利3.307%，西班牙2.146%，巴西2.948%，俄罗斯2.734%，澳大利亚2.210%，韩国2.267%，墨西哥1.292%，荷兰1.356%。

（2）成员国的自愿捐款

联合国每年都会向各国募捐资金，且捐款额度为国民生产总值的0.7%。这部分资金作为联合国开发计划署的活动经费，主要用于向发展中国家无偿提供持续不断的技术援助，目的是通过帮助其提高科学技术水平、提升自然资源和人力资源利用效率，以增强其自力更生能力。

（二）国际公共物品视角下的世界贸易组织

世界贸易组织（WTO）是1995年成立的一个独立于联合国的多边的、开放的、永久性的国际经济组织，具有法人地位，拥有一套不断完善的规则体系和组织结构，在调解成员方争端方面具有很高的权威性，目前有164个成员，相互间贸易总额达到全球的98%，因而有“经济联合国”之称。其宗旨是促进贸易自由发展，取消国际贸易中的歧视待遇，建立更加完善和更具活力的多边贸易体制，并提倡保护环境。作为一个成员驱动型国际组织，由成员国政府管理，所有决定都是全体成员通过定期召开不同级别的会议共同协商一致的结果，因而属于全部成员方共同所有的财产。作为以WTO协议为核心的国际制度范畴，它本身既是一种对所有成员方具有非排他性和非竞争性的纯公共物品，同时它又为成员国提供许多具体的国际公共物品。

1. 负责提供的主要国际公共物品和主要成就

WTO提供的主要国际公共物品包括：（1）制定、监督、管理和执行共同构成世贸组织的多边及诸边贸易协定。（2）组织多边贸易谈判。（3）解决成员国之间的贸易争端。（4）监督各成员国的贸易政策。（5）和其他制定全球经济政策有关的国际机构进行合作，为世界范围内的货物贸易、服务贸易以及与贸易有关的知识产权制定规则，合理分配各国经济利益，平衡权利与义务。

自取代“关税与贸易总协定”以来，WTO在提供国际公共物品方面取得了不少成就：（1）2013年12月7日，在印尼巴厘岛闭幕的世贸组织第九届部长级会议产生了该组织成立18年来首个包括10份文件的全球性贸易一揽子协定，涵盖简化海关及口岸通关程序、允许发展中国家在粮食安全上有更多选择权、协助最不发达国家发展贸易等内容。(2) 2015 年 12 月 17 日，世界贸易组织 50 余个成员国达成近 20 年来规模最大的关税减让协议，取消了对 201 项 IT 产品贸易的限制。(3) 2015 年 12 月 15 - 19 日，在肯尼亚内罗毕举行的世贸组织第十届部长级会议经过艰苦谈判通过了《内罗毕部长宣言》及 9 项决定，首次承诺全面取消农产品出口补贴，并在出口融资支持和国际棉花、粮食援助等方面达成了新的多边协议；达成了涉及 1.3 万亿美元国际贸易的《信息技术协定》扩围协议；在优惠原产地规则、服务豁免等方面切实给予最不发达国家优惠待遇。

2. 国际公共物品供给的运作机制

(1) 决策机制。WTO 的最高决策机构是部长会议，每两年召开一次；在部长会议休会期间，其职能由作为该组织最高常设决策机构的总理事会行使，一般每年召开 6 次会议。组织决策实行协商一致即全体一致同意原则，但只要出席会议的成员方对拟通过的决议不正式表示反对就视为同意，缺席、弃权、不表态均不能视为反对意见。当采用协商一致原则得不到结果时，采用简单多数的投票原则，特定情况下，还可以采用 2/3 多数通过原则或 3/4 多数同意原则。不过，实践中经常采用的是非正式决策方式，也被称为“绿屋 (Green Room) 会议”或“密室会议”，即由部分对会议主题有利益关系的少数国家事先在被称为绿屋的密室中就议题做出一致的方案，之后再将此决议公布于所有会员国部长大会讨论通过。

(2) 谈判机制。作 WTO 为多边贸易谈判的场所，会员国之间的谈判是其运行的基本方式，即通过谈判将确定的规则和程序转化为国际公共物品，用来解决贸易关系中需要平衡的各种矛盾。谈判的主要内容包括关税、新贸易障碍、新成员加入和多边贸易，通常是几项内容相互交叉甚至同步进行。目前，谈判主要通过部长级会议和总理事会进行，同时也借助于非正式磋商为正式会议形成决议做准备工作。

(3) 争端解决机制。WTO 运行中贯彻非歧视性、贸易自由化、公平竞争、透明度、对发展中国家实施优惠及差别待遇等基本原则。但在国际贸易过程中发生国际争端难以避免，因此争端解决机制和相应机构必不可少。争端解决机制适用于货物贸易、服务贸易和与贸易有关的知识产权三个主要领域。争端解决机构（总理事会）支持对立双方通过磋商方式来解决贸易争端，一般是在争端双方自愿的基础上，由第三方通过斡旋、调解和调停等程序协助磋商解决。如若斡旋、调解和调停等方式无效，争端双方都可请求争端解决机构进行案件审理，先由专门成立的专家小组进行客观评估审议后提交包含处理意见的调查报告；争端方如果对报告中的处理意见不服，可就其中的法律问题和专家组所作的法律解释提起上诉，由常设的上诉机构受理。除非在报告发布后 30 天内争端解决机构协商一致不通过该报告，否则，争端各方应无条件接受报告内容。

（4）贸易政策审议机制。WTO 贸易政策审议是指世界贸易组织对各成员方的全部贸易政策和做法及其对多边贸易体制的影响进行定期的集体评估和评价，目的是提高成员国政府贸易政策的透明度，以保证各成员方能在 WTO 规则框架下制定本国的经济贸易政策和法律，维护成员方之间的均衡合作状态和公平公正的国际贸易环境。贸易政策审议由隶属于总理事会的专门机构负责，根据成员国政府对多边贸易体制的影响程度决定审议频率，对排名前四位的每两年审议一次，对其他成员每六年审议一次，对最不发达的国家审议周期可以更长。

（5）激励机制。WTO 致力于建立和维护公正合理的国际贸易秩序，通过实行多边互惠体制构建国际公共物品偏好表露激励机制。在多边贸易体制中，通过一系列规则制度的设计来消除贸易壁垒、扩大市场准入、促进贸易自由化的同时，通过互惠协议使成员方获得的利益大于未加入世贸组织时所获得的利益，以此激励各主权国家在国际贸易方面由不合作走向合作。与此同时，继承其前身关贸总协定所包含的许多例外和保障条款，实行有条件的例外与保障措施。所谓保障条款就是指成员方由于进口激增对国内相关产业造成严重损害或损害威胁时，允许在一定期间采取必要的进口限制措施。这主要是基于国际贸易环境经常发生变动，当情势变化使缔约方未能完全预料到而使其蒙受损失，并与另一缔约方之间发生利益冲突时，可以通过采取一定保障措施以恢复贸易平衡，因此属于对其成员方加入国际自由贸易合作的保险机制和“安全阀”。

3. WTO 提供国际公共物品的成本费用来源于各成员方按其在世界出口中所占比例缴纳的会费。

（三）国际公共物品视角下的国际货币基金组织

国际货币基金组织（IMF）是 1945 年 12 月 27 日依据联合国上年在美国

布雷顿森林举行的货币金融会议签订的《国际货币基金协定》成立的负责处理日常国际货币事务的全球性国际组织，由著名经济学大师约翰·梅纳德·凯恩斯（John Maynard Keynes）与美国财政部合作设计，目前有189个成员国（占主权国家总数的97%），主要承担维护国际货币金融稳定的公共职能。

1. 负责提供的国际公共物品

国际货币基金组织负责提供的国际公共物品主要包括：（1）制定并维护成员国间汇率政策、经常项目支付和货币兑换方面的规则。（2）对发生国际收支困难的成员国在必要时提供紧急的外汇资金融通，帮助其逐步恢复国际收支平衡，避免其他国家受到较大负面影响。（3）为成员国提供有关国际货币合作与协商平台，促进国际间货币与金融领域的合作。（4）维护国际间的汇率秩序，避免竞争性通货和汇价贬值。（5）协助成员国之间建立经常性多边支付体系。（6）借助前五项职能促进国际经济一体化和全球经济稳定增长。

国际货币基金组织主要通过三个途径实现核心功能：（1）经济监督。对各成员国以全面商讨形式监督其货币、汇率、金融、财政等经济政策，跟踪监督全球经济趋势和国际资本市场动态等。（2）技术援助。协助成员国设计并实施货币金融经济政策，提高政府机构能力，通过国际货币基金组织总部或区域基金学院等对成员国官员进行培训。（3）临时资金支持。当成员国陷入经济困境、出现严重的国际收支逆差和财政赤字时，不仅允许使用储备性质的特别提款权弥补缺口，而且可以申请基金组织给予外汇资金贷款，帮其平稳地调节由于经济危机所带来的冲击，稳固经济基础，防止新一轮危机的发生，以保持金融稳定。

IMF自成立以来，在维护国际汇率稳定、推进国际汇兑自由化、防范和化解金融危机、促进世界经济的稳定与发展等方面取得明显绩效。

2. 实现国际公共物品供给功能的重要机制

（1）议事机构与决策机制

在国际货币基金组织中，理事会是最高决策机构，由各成员国自行决定选派出正、副理事各一名组成，一般由各国的财政部长或中央银行行长担任。主要职权是：批准接纳新的成员国，决定成员国退出IMF，批准IMF的份额规模与特别提款权的分配，批准成员国货币平价的普遍调查，讨论有关国际货币制度的重大问题。理事会通常每年开一次年会，一般与世界银行理事会年会联合举行。理事会决策实行以份额为基础的加权投票表决制。决策投票权分为两部分，一是成员国平等持有的基本投票权，二是由成员国认缴基金份额决定的加权投票权。成员国加入该组织时要依据自身经济实力认缴一定数额的款项作为份额。每个认缴了相应份额的成员国都有代表国家主权的250份基本票，由于基本票数各国一样，因此在实际决策中起决定作用的是认购份额加权票。认缴10万个特别提款权的基金份额增加一个加权票，成员国认缴的份额越多，所获得的加权票就越多，表决权也就越大。按其规则，在决策过程中根据事项性质分别实行2/3、3/4或4/5等特定多数表决制，一项决议只有获多数赞成票才能通过，但在实际运作中广泛采用的是协商一致的非正式表决制度。

执行董事会是IMF负责处理日常业务工作的常设机构，由经指定或选举产生的24名执行董事组成，负责处理理事会委托的各种政策和行政事务、行使理事会委托的一切权力，随时对成员国经济方面的重大问题，特别是有关国际货币金融方面的问题进行全面研究。董事会就有关问题进行投票表决时，执行董事按其所代表的国家或选区的投票权进行投票，实行多数通过的决策原则。

总裁由执行董事会推选产生，兼任执行董事会主席，任期一般为5年，平时无投票权，但在双方票数相等时有一票决定权。

（2）争端解决机制

成员方与国际货币基金组织间或者成员方相互之间对于协定产生任何异议时，应立即提交执行董事会进行裁决。对于无权指派执行董事的成员国，如果异议对其有特殊影响，应派代表出席执行董事会议。执行董事会作出裁决后，成员方可以在裁决3个月内将该异议提交理事会作出最后裁决。

当国际货币基金组织在清理期与成员方或退出成员方之间产生异议时，应交由法庭仲裁解决，在公证人的公证下，一方由IMF指派，另一方由成员国或退出成员国指派，公证人对异议的程序问题拥有做出处理的全权。

3. 实现国际公共物品供给的资金来源

（1）成员国认缴的份额基金

成员国认缴的份额基金是国际货币基金组织的主要资金来源，与维护国际货币金融稳定这一国际公共物品的实现直接相关，分别纳入普通提款权账户和特别提款权账户。其中，普通提款权又称为国际货币基金组织的储备头寸，是国际货币基金组织在成立时各成员国缴纳的份额，并由其管理，是国家外汇储备的一部分。成员方在发生国际收支失衡时，拥有以本国货币为交换、从国际货币基金组织普通账户下获得其他国家货币或特别提款权的权利。特别提款权是国际货币基金组织创设的一种储备资产和记账单位，亦称“纸黄金”。它是基金组织分配给会员国的一种使用资金的权利。当会员国在发生国际收支逆差时，可用它向基金组织指定的其他会员国换取外汇，以偿付国际收支逆差或偿还基金组织的贷款，还可与黄金、自由兑换货币一样充当国际储备，创设目的是通过基金组织搭建成员国之间在外汇资金极为短缺时互通有无的平台以解决国际储备不足问题。

（2）黄金储备

国际货币基金组织约有 1.034 亿盎司黄金作为国际储备，成为世界上第三大官方黄金持有者。IMF 协定限制了黄金储备的使用范围，规定黄金的流出只能通过公开出售；如果 IMF 以市价直接出售黄金或接受成员国用黄金偿还贷款，必须获得投票权总数 85% 的支持后才可进行。

（3）借款增资

借款是 IMF 增资的临时性补充方式，目前拥有两个常设多边借款协议和一个双边借贷协议。新借款协议（NAB）是成员和机构之间的信贷安排，目的是通过开辟额外资金来源以更好防范风险、增强国际货币体系的稳定性。

（4）发行债权

IMF 可以通过签署协议向成员国及其央行发债来增资减负。这不仅有利于国际货币基金组织增强援助能力，而且使新兴国家可以通过配额以外的方式向 IMF 提供资金增加话语权，同时还可为成员国提供安全的投资渠道。

（四）国际公共物品视角下的世界银行

世界银行（WB）是世界银行集团的简称，作为专门负责向成员国尤其发展中国家提供中长期低息贷款的国际金融组织，在当今国际经济领域扮演着十分重要的角色。它与 IMF 存在着紧密的关联关系。二者一起成立于 1945 年，拥有同样数量的成员国，因为《国际复兴开发银行协议条款》（EN）规定，一个国家要想成为世界银行成员国，首先必须加入国际货币基金组织（IMF）。

1. 负责提供的国际公共物品

20 世纪 80 年代以来，世界银行的业务重点由扶持欧洲和日本战后重建转向支持发展中国家减贫脱贫和提高生活水平。其旗下的国际复兴开发银行（IBRD）主要提供中长期贷款，援助对象侧重中等收入国家和有良好信誉的贫困国家；国际开发协会（IDA）专门负责向发展中国家提供长期无息贷款，侧重对象是世界上最贫困的国家；国际金融公司（IFC）联合私人投资者向发展中国家的商业性企业提供贷款和股本融资；多边投资担保机构（MIGA）负责向外国投资者提供政治风险担保，促进发展中国家的外国投资；协助政府传播有关投资机会的信息，帮助制定和实施吸引外资的战略措施等；国际投资争端解决中心（ICSID）通过调停或仲裁的方式协助解决外国投资者与东道国之间的投资争端。与此同时，还向成员国提供分析和咨询服务，利用其专业知识和经验帮助广大发展中国家实现发展。部分世行项目由会员国政府、其他多边机构、商业银行、出口信贷机构和私营部门投资者联合融资。支持领域主要集中在六个方面：（1）发展教育事业，改进公共管理。（2）发展卫生事业，控制传染性疾病传播。（3）完善基础设施，促进农业发展。（4）完善国际金融架构，减轻成员国债务负担。（5）加强自然资源管理，保护生态环境。（6）以减少贫困为目的，支持战乱地区冲突后的重建。从1947年至2015年，世界银行已经在173个国家开展12215个项目。其中在中国开展384个项目，累计提供贷款551.2亿美元。

2. 提供国际公共物品的决策机构与机制

（1）决策机构

世界银行集团各机构归成员国政府共同所有，成员国通过理事会和执行董事会管理世界银行集团，理事会和执董会代表成员国政府对包括政策、财务、成员国资格等在内的所有重大决策做出最终决策。其中，理事会作为世界银行的最高权力机构行使最终决策权，由每一会员国选派理事和副理事各一人组成，理事任期5年，可以连任。副理事在理事缺席时有投票权。理事会的主要职权包括：批准接纳新会员国，停止会员国资格；增加或减少银行资本；决定银行净收入的分配以及其他重大问题。理事会每年举行一次会议，一般与国际货币基金组织的理事会联合举行。执行董事会作为世界银行负责组织日常业务的机构，行使由理事会授予的职权。

行长由执行董事会选举产生，作为银行行政管理机构的首脑兼任执行董事会主席，贯彻执行董事会有关方针政策，负责银行的日常行政管理工作，任免银行高级职员和工作人员。

（2）决策机制

世界银行的决策机制同国际货币基金组织一样，实行以份额为基础的加权投票表决制。每一成员都拥有 250 个基本投票权，同时每认购 10 万个特别提款权的股份增加一票，认购的股份越多，票数就越多。投票表决原则上实行特定多数同意通过规则，包括 2/3 特定多数、3/4 特定多数、4/5 特定多数等多种形式，一般只适用于少数重要的决议事项。实际工作中，大部分决策都建立在协商一致基础上。

执行董事会决策由全体执行董事投票表决，行长虽然作为执董会主席，但一般不参与投票，只有在表决中出现双方票数相等的情况下，才可以投关键性的一票。

3. 世界银行实现国际公共物品供给的资金来源

稳定的资金来源是提供国际公共物品的物质基础，世界银行的运营资金主要来源于四条渠道：

（1）成员国认缴的股金。包括实缴股金和待缴股金两部分。实缴股金的 82% 用美元或黄金支付，供世界银行自由使用；其余 18% 用会员国本国货币支付，世界银行要将这笔资金放贷，必须征得会员国同意后才能实施。待缴股金只有在世界银行出现亏损、需要偿还债务时才要求会员国支付，实际上属于为世界银行在国际市场借款提供的信用保障。

（2）国际金融市场融资。这是世界银行通过在国际金融市场上发行证券筹集资金的形式。发债采取两种方式：一是中短期债券，采取向各国政府或中央银行直接出售的方式；二是通过投资银行、商业银行等中间包销商向私人投资者出售债券。

（3）业务收入。主要有两部分：一是投资收入；二是贷款业务净收入。业务净收入的大部分留作储备金，其余一小部分拨付给国际开发银行做贷款资金。

（4）贷款手续费及其他收入。

二、国际公共经济生产关系的基本性状分析

在以四大全球性国际公共组织为案例从感性层面把握国际公共经济及其生产关系的具体情况基础上，我们要进一步对国际公共经济生产关系性状进行理性层面的分析。

（一）作为国际公共经济终极主体的各成员国之间的生产关系性状

目前，联合国、世界贸易组织、国际货币基金组织和世界银行的成员国分别占世界主权国家总数的 99%、84% 和 97%，全面覆盖了当今世界上穷

富、大小、强弱和东西南北各种不同分类的国家。正是由于这四大国际公共组织对各种分类的主权国家覆盖全面，所以，它们作为这个范围内国际公共经济终极主体之间的关系极为复杂：既包括富国与穷国、大国与小国、强国与弱国、先进国与落后国之间的经济、社会、科技和政治关系，也包括东西南北地缘经济和政治关系，还包括由于各种历史原因造成的血缘和感情亲疏关系。在所有这些关系中，从国际公共经济视角来考察，最重要的是三层关系：一是由各国间经济、社会、科技、文化发展水平所决定的国际公共需求差异关系；二是由各国经济结构、内部生产关系和国际战略利益所决定的一致或矛盾关系；三是基于人类共同生存环境条件需求的公共利益关系。

就第一层关系而言，当今世界 195 个主权国家中，世界公认的发达国家有 18 个，联合国 2015 年确认的最不发达国家 45 个，其余 132 个处于中间状态的国家为发展中国家。处于这三个发展等级的国家基于经济社会发展水平和在国际经济分工链条中所处位置的显著差异，虽然在国际贸易和金融领域存在互通有无性质的彼此需要，但它们不仅对国际公共组织所提供公共物品的需求本能地存在明显差别，而且对于国际公共组织决策的参与能力和影响能力也有很大差距。发达国家凭借其强大的经济、科技、军事实力优势，在四大国际公共组织的决策与管理中一直占据支配性地位，使得众多不发达国家的国际公共需求难以实现，由于强权压制民主、损害公平，导致这四大国际公共组织的正当性备受质疑。

在第二层关系上，由于同样处于发达、发展或穷困行列的各个国家在经济结构、内部生产关系和国际战略利益方面也存在差异，甚至存在相互冲突，因此，不同国家对国际公共物品的具体需求也会产生差别，甚至相互矛盾。例如，美国与欧盟各国之间在一些地区的战略利益就存在冲突，相互间也打贸易战，甚至对中国发起成立亚投行所采取的态度都截然不同。

在第三层关系上，防止世界大战爆发、打击恐怖主义，以及维护公域、公海、大气层、外层空间、南北两极地和网络空间等全球公共资源的可持续利用，对整个地球村居民的生存、发展都十分重要。有效提供这类国际纯公共物品是维持人类社会持续生存发展的公共需要，因而是国际公共经济存在的永恒基础。当然，即使对于提供防止战争、维持和平这类众所公认的国际公共物品，也不是所有主权国家都一直支持的，而是有选择性地支持或反对。有的国家，由其内部畸形的经济结构和大垄断财团具有巨大影响力的总体生产关系所决定，世界上持续存在局部战争对其经济发展、赚取利润和控制国际收支平衡缺口有着巨大利益，所以，习惯于经常在自己的国土范围以外制造矛盾、挑起战争，为此甚至不惜违反国际公法和国内大多数人民的意志。对于维护公域、公海、外层空间、南北极地、网络空间等全球公共资源理性利用这类国际公共物品的提供，也是如此。

（二）国际公共经济终极主体与受托主体之间的生产关系性状

在四大国际公共组织中，公共经济终极主体与受托主体之间的关系总体上是符合逻辑的，即受托主体作为代理者负责执行作为终极主体的成员国集体做出的决策，并且接受成员国的监督。这首先表现在联合国、世贸组织、国际货币基金组织和世界银行关于决策机构和决策机制的制度安排上。问题在于，作为国际公共经济终极主体一方的四大国际公共组织成员国之间的实力地位相差悬殊，致使作为受托主体的四大国际公共组织决策机制与国际法所主张的国家主权平等原则相矛盾，进而使四大国际公共组织的公共性大打折扣，在一定程度上成为少数“大富强”国家①维护或实现自身利益的工具、体现自身意志的“玩偶”。同样基于这一根源，能够左右国际契约的“大富强”国家因为不愿意“小穷弱”会员占多数的国际组织变为威胁其支配地位的抗衡力量，导致国际公共经济终极主体对作为受托主体的四大国际公共组织授权不足，从而使后者在组织国际集体行动方面显得软弱无力，致使许多看来能够体现国际公正的法律和决议由于执行受阻而常常变得徒具空文。其次，成员国对联合国的监督权很大程度上处于虚置状态。按照《联合国宪章》规定，成员国有义务也有权利对联合国机构和员工进行监督，但实际效果不佳。主要是由于牵涉人手和政治利益的原因，许多国家对于风平浪静的表面更加满意，而并不太想让这个国际权威组织处于尴尬之中，这就为可能产生的腐败提供了较为宽松的环境。

所谓四大国际公共组织的决策机制与国家主权平等原则相矛盾，主要是指联合国、国际货币基金组织和世界银行的决策机制表面上符合国家主权平

---

① 这里所谓的“大富强”国家，是一个综合概念，其中“强”是核心，“大”而“富”是基础；“大”不只是人口多、国土大，而主要是经济体量大，“富”是指人均财富水平高，经济体量大、人均财富多，从而相应地导致财政实力、科技实力、军事实力强。与此相对应的“小穷弱”国家，是指人均财富量小，经济体量相对小，致使其财政实力、科技实力、军事实力相对弱小，而其人口数量和国土面积未必小。

等的民主原则，而实际上是少数“大富强”国家甚至是某一个霸权国家在重大国际事务决策中“说了算”。

具体而言，在联合国的决策机制中，虽然各成员国都有一票决策权，但是，一方面，按照《联合国宪章》规定，美、英、法、俄、中五个常任理事国在安理会的非程序性事项表决中实际上拥有一票否决权，以致冷战时期由于美苏两霸频频使用否决权而导致联合国安理会陷于“静默状态”、几近瘫痪；[①] 冷战结束后，苏联解体，尽管原则上美、英、法、中、俄五国同样各自拥有一票否决权，但由于自身实力、结盟情况、实际影响不同而导致实际决策权上存在明显差异。美国的影响力显著超过其他四国，对联合国具有一定的控制力，甚至可以左右联合国的一些决定。当联合国的决定对其国家利益不利时，它甚至有能力分庭抗礼。法国与英国相对能力也比较强，至少在名义和否决权上处于与美国平起平坐的地位，而中国和俄罗斯由于经济实力等方面的限制，则在地位和作用上处于相对劣势。[②] 另一方面，一个霸权国家在受到其他大国一票否决权制衡的情况下，可以凭借实力裹挟或绕过联合国及其安理会发动战争，甚至凭借实力以减少会费缴纳来要挟联合国，而联合国对此却无能为力。此外，由于西方“大富强”国家对联合国会费分摊比例较大，它们在联合国领导机构的关键位置上担任要职的比重也较高。[③]

在国际货币基金组织和世界银行的决策机制中，尽管从投票规则上实行少数服从多数的民主原则，但决策票本身的结构却实际上承认了“大富强”国家对于这两个国际货币金融组织决策的支配地位。如前所述，这两个组织决策采取加权投票表决制，加权票由成员国基本票和份额（股金）票构成。目前各国普遍拥有的250张基本票加总在一起只占投票权总数的2%，基金和股金的份额票占比却高达98%。由于西方发达国家经济实力雄厚，认购基金和股权所得的份额票较多，而发展中国家所得份额票较少，致使后者在决策

---

① 袁士槟：联合国安理会表决机制的探讨：对否决权的思考［J］．外交学院学报，1994（2）：48.

② 据统计，截至2017年底，美国、苏联及俄罗斯、英国、法国和中国在联合国安理会公开会议上总计分别动用否决权82、101、31、19、12次。——联合国安理会官方网站：Http//：www. un. org/zh/sc/meetings/veto/，2017. 12. 31.

③ 王玲：世界各国参与国际组织的比较研究［J］．世界经济与政治，2006（11）：53.

投票中总是处于不利地位。

2006 年，在 IMF 中美国拥有全部投票权的 17.08%，紧随其后的前 10 名国家分别是日本（6.13%）、德国（5.99%）、法国（4.95%）、英国（4.95%）、意大利（3.25%）、沙特阿拉伯（3.22%）、中国（2.94%）、加拿大（2.94%）、俄罗斯（2.74%）、荷兰（2.38%）、比利时（2.13%）。前 20 个国家的投票权占全部投票权的 74%。在世界银行的所有投票权中，美国拥有 16.39%，紧随其后的是日本（7.86%）、德国（4.49%），并列第四位的是法国和英国（4.3%），并列第 6 位的是中国、加拿大、印度、意大利、俄罗斯和沙特阿拉伯（2.78%）。前 20 个国家的投票权占到全部投票权的 75%。[①] 这样，就不能不使 IMF 和 WB 这两个国际金融组织的决议事实上成为欧美等西方大国控制和操纵的结果，即使作为公共物品的对发展中国家援助也变为一种强制性供给，很难反映发展中国家对金融类国际公共物品的真实偏好。加之国际货币基金组织和世界银行对于涉及修改协定等重要事项的决策需要获得 85% 以上加权票才能通过，所以，实际上等于赋予了持有 15% 及其以上加权投票权的某一大国一票否决权，多年来这个大国就是美国（当前拥有 16% 以上的加权票）。

与此同时，由于 IMF 各成员国政府参加的会议每年只有一次，因此授权由执行董事会负责处理大量日常事务。按照世界银行章程规定，执行董事会由 21 名执董组成，其中 5 人固定地由持有股金最多的美国、日本、英国、德国和法国委派，另外 16 人由其他会员国的理事按地区分组选举产生。近年，新增了 3 个执董席位，中国、俄罗斯、沙特阿拉伯三个国家可单独选派一名执董，世界银行执行董事人数相应扩大为 24 人。在这 24 个执行董事中发达国家占有优势，并且兼任董事会主席的 IMF 总裁通常由欧洲人担任（1945 年 12 月成立至今共有 10 位欧洲人出任，其中 4 位是法国人），而世界银行行长则总是由美国人出任。这都大大加强了发达国家在两个国际金融组织中的发言权和支配权，使其政策往往偏向于发达国家的利益。例如，IMF 就竭力维护美元作为主要国际储备货币的霸权地位，而忽视特别提款权作为超主权储备货币的作用。再如，1989 年 IMF 和 WB 按照美国政府所信奉的新自由主义

---

① 王玲：世界各国参与国际组织的比较研究［J］. 世界经济与政治，2006（11）：54.

经济政治理念推出包括十项主要内容的所谓“华盛顿共识”，据此向俄罗斯、东欧和亚非拉许多所谓经济社会转型发展中国家提出以市场化、私有化、自由化为导向的改革建议，以期将这些国家同化为西方发达国家的附庸。

在世贸组织的决策机制中，虽然协商一致原则体现了较高程度的国际民主，但是，一方面少数相关成员国采取“绿屋会议”等方式秘密磋商涉及更多国家的贸易协议，往往压缩其他比较“不重要”国家的权益，大部分发展中国家也没有足够力量反对一些决议。这致使很多决策过程不透明、结果不公正，因而受到多方面的非议。因为整个会议所讨论的提案均是非洲或其他周边国家被排除在外的“密室会议”产物，它们曾拒绝承认最后通过的决议。与此同时，包含着对 WTO 而言最重要的关税限制及其他应由所有会员国决议的资料库数据信息，也无法自由取得。由于运作过程和相关信息透明度不足而使决策民主被虚化，导致许多决议失败，成为发展中国家或非政府组织对 WTO 决策机制进行批判的焦点。

国际公共经济终极主体与受托主体之间生产关系的这种性状，在很大程度上是由国际公共经济终极主体之间生产关系暨国际公共组织成员国之间经济政治实力存在巨大差异所决定的。从分析不难看出，尽管作为分析样本的四大国际经济组织成员广泛，但各成员国在其中的地位却很不平等，权力等级结构类似金字塔，其中美国以遥遥领先的优势稳坐在塔尖，日、德、法、英居于其下，其他一些发达国家和地区大国处于中部，而绝大部分发展中国家则位于金字塔的底端。这种状况决定了，当今各类国际组织的存在和发展不能不受以美国为首的西方大国支配和影响。这虽然有欠公道，但又无可奈何，因为这种情况在很大程度上如同原始社会末期公共机构一般由经济实力雄厚、社会地位很高的军事首领和氏族上层把持一样，在一定社会历史发展阶段具有必然性，是不以人们意志为转移的。

（三）作为国际公共经济受托主体的国际公共组织内部生产关系性状

鉴于前述四大国际公共组织中 UN、IMF 和 WB 之间实际上是以联合国为核心的一体化结构，因此，需要在更为扩展的范围内对国际公共经济受托主体内部生产关系的性状进行研究。通过粗略分析可以发现，当今国际公共组织的内部关系至少存在以下三方面问题：

一是重复设置，叠床架屋。前面引用的数据资料足以说明当前国际组织机构林立、名目繁多，其中有好多看上去属于叠床架屋式的重复设置。例如，本来联合国属下就有负责向全球各成员国提供经济社会发展领域国际公共物品的经济和社会理事会，同时有 IMF 和 WB 分别负责提供货币和金融领域的国际公共物品，还有 WTO 专门负责国际贸易事务的部门，但后来部分发达国家又另起炉灶地相继组建了 OECD、G7 和 G20，同样讨论和协调国际范围的货币、金融、贸易、投资、经济稳定等相关问题。国际组织的这种重复设置，显然不仅会造成基于资源重复配置的浪费，而且必然导致各相关领域公共经济职能的碎片化和公共经济政策的政出多门。但是，正如黑格尔所说："凡是现实的都是合理的。"以欧美发达国家为主体的 OECD、G7、G20 及其派生的金融稳定委员会之所以另行成立，无非是因为联合国中的经济和社会理事会成员国不仅数量太多，而且经济社会发展水平不在一个水平线上，彼此间共同语言较少、立场差距太大，因而不易形成共识。与此同时，同一领域内国际组织林立，表明既有的全球性国际组织难以承担起有效提供核心性国际公共物品的职责，从而使在同一领域成立新的国际组织具有了必要性。

二是一些区域性集团组织之间存在严重对立。例如，美国与西欧、北美主要发达国家联合成立的北大西洋公约组织和华沙条约组织在冷战时期相互对抗，时常剑拔弩张；苏联解体、东欧剧变以后，虽然华沙条约组织宣布解散，但北约依旧存在，并且与俄罗斯形成一种新的军事对抗格局。

三是一些国际组织面临反全球化运动的挑战和考验。贸易保护主义、地区主义、美国经常发起的单边贸易或关税制裁行动以及英国脱离欧盟，都是反全球化倾向的重要事实。这些反全球化的行动，显然违背相关国际公共组织契约的宗旨，从而给相关国际公共组织的存在与发展带来巨大挑战和考验。

从整个人类历史发展的长过程来看，当今时代国际公共经济受托主体内部生产关系以这种性状存在，可以说是十分自然或不可避免的。这是因为，人类社会刚刚由在民族主权国家内部发展阶段步入日益深化的全球化阶段，各个国家之间的经济社会发展水平差距还比较大，在处理主权国家相互间关系方面尚处于由弱肉强食的"丛林法则"向"彼此平等、协商合作"文明规则逐步转变的初期，对通过契约让渡更多权利、构建强有力的国际政府还心存疑虑甚至恐惧。只有经过进一步发展，各国间经济社会发展水平差距逐步缩小，相互对立与对抗的经济社会和心理文化基础渐次弱化，国际间和谐相处、合作共赢的心理文化随之逐步浓厚并巩固起来，国际公共经济受托主体内部的关系才会与终极主体相互之间的关系一起逐步走向优化状态。

三、国际公共经济生产力发挥受阻导致全球治理赤字

基于上述这些性状的国际公共经济生产关系，国际公共经济的生产力尽管从技术层面完全可以实现国际公共物品的充分有效供给，但实际上却不可能得到充分发挥。或者说，当前这种国际公共经济生产关系严重束缚着国际公共经济生产力的发挥与发展，由此导致国际公共物品供给存在很大缺口。一些国内外学者将其名之为“全球治理赤字”。早在21世纪初，曾经担任WTO总干事的法国政治学家拉米（Pascal Lamy）、英国谢菲尔德大学著名国际政治经济学学者佩恩（Tony Payne）、美国马萨诸塞州大学政治学教授哈斯（Peter. M. Haas）等就先后从政治学视角对全球治理赤字及其原因问题做过分析，其结论多是以联合国、世贸组织、国际货币基金组织和世界银行的治理结构缺陷为依据得出的。

对于全球治理赤字形成的原因，当前学术界的认识还存在明显分歧。有的认为，是因为现有国际组织运作绩效不佳，从而导致实际情况与制度安排的潜在效果之间出现差距。也有的认为，是因为制度安排本身存在政治缺陷导致的，因而属于政治赤字或者民主赤字。① 尽管有此分歧，但他们对全球治理赤字表现的认识却是比较一致的，其内容大体上都包括全球气候变化、恐怖主义威胁、公共资源（如公域、公海、大气层、外层空间、南北两极地和网络空间）开发失序，有关的国际规则和国际机制不是多样、混乱、冲突，就是不成熟、不完善，致使各国、特别是有实力的大国对全球公域的争夺加剧，以致20世纪后期以来人类面临的全球性挑战愈益突出，而目前的全球性公共组织却没有发挥出有效进行全球治理的应有作用。而从公共经济学视角考察，所有的全球治理赤字无非都是当今国际公共经济生产方式的内在矛盾即生产关系不适应或者束缚生产力发挥和发展的表现；因此，弥补全球治理赤字的路径，也必须从优化国际公共经济生产关系方面加以探寻。

---

① 王玲：世界各国参与国际组织的比较研究［J］. 世界经济与政治，2006（11）：4.

第三十章　当代国际公共经济运行的困境与出路

一百多年来，国际公共经济从萌芽到成长、从缓慢推进到迅猛发展，在提供国际公共物品、造福世界各国人民方面取得了很多积极效果。但是，由于历史与现实的局限，特别是受国际公共经济生产关系中各种内在矛盾的制约，现行的国际公共经济制度安排还存在很多根本性缺陷，许多关键领域的国际公共物品都存在供给严重不足的问题，或者说存在巨额的全球治理赤字，无论与全球化发展要求还是与全世界大多数人民的愿望相比都还差距甚远。分析这些问题在国际公共物品再生产各环节，抑或在国际公共经济生产关系方面的表现及其原因，并针对问题提出化解对策、探索解决出路，是本章研究的主要任务。

第一节　当代国际公共物品再生产的困境

当前我们所居住的地球面临着环境污染、臭氧层破坏、全球变暖、网络安全、传染性疾病传播、局部战争不断、恐怖组织时而制造事端等诸多突出问题，需要全世界共同努力通过改善或增加国际公共物品供给、提高公共经济效益来解决。但是由于国际公共经济生产关系中存在很多矛盾，致使国际公共物品再生产各环节出现很多困境。

一、资金供给困境

由于各国授权不足，现行的国际公共组织很难像国内政府那样，能够通过立法、行政等系统的配合，较为有力地为提供所需公共物品筹集资金，可用财力不足严重制约了国际公共物品的提供。据英格·考尔统计，当前国际公共物品投入只占到国内公共物品资金的1/200。一些事实表明，由于资金不足，不仅联合国安理会维和行动受到限制，而且制约着IMF调节国际收支平衡的能力，其他国际公共组织的资金问题同样存在。提供国际公共物品缺乏必要资金保障的困境，是由多方面原因造成的。

（一）“搭便车”造成资金投入不积极

按照公共经济学原理，提供国际公共物品所需成本必须由公共物品所有受益者来承担。但是，一方面，由于公共物品具有非排他性，即公共物品提供以后无法排除那些没有付出成本的成员国对它进行消费，所以一些成员国便倾向于不付费而“搭便车”。另一方面，因为目前还缺少必要的激励机制使得各成员国显示出它对国际公共物品的真实偏好，导致一些成员国往往隐藏对公共物品的真实偏好以便付出较小代价而获取更大的利益。按照经济学的效率原则，只有当公共物品每增加一个单位所需成本恰好等于社会成员愿意为它支付的代价相等时，才能达到公共物品的最有效供给。然而，由于“搭便车”倾向和“真实偏好”的隐藏内在地制约着成员国资金投入的积极性，因而使公共物品受制于成本资金筹集困境而供给不足。以碳减排为例，全球碳总排放量等于所有成员国排放的总和，任何一个国家减少排放都会使导致温室效应的因素总量减少而使所有地球村成员受益，反之则所有成员受损。但碳减排需要以减缓与碳消耗密切相关的产业发展为代价，而其效果享用却具有非排他性特征。面对上述情况，成员国有两种选择，一是按照规定承担碳减排任务，同时与其他参与者共同受益；第二种是尽可能不承担或少承担碳减排任务，以避免使本国经济发展受到影响，同时却“搭便车”免费享受其他国家通过碳减排改善环境的好处。类似这种“囚徒困境”，制约着提供公共物品所需资金的筹集。

（二）金融危机和欧债危机限制了发达国家的投入能力

上面关于四大国际公共组织经费来源的数据表明，提供全球性公共物品所需资金大部分来源于西方发达国家缴纳的会费、认缴的基金或股金份额以及捐助。但近些年由于金融危机的影响，西方国家大都出现了不同程度的财政困难甚至债务危机，在国内预算需求都难以满足，甚至需要消减预算支出的情况下，国际公共经济领域自然很难成为这些国家资源配置的重点。欧洲银行首席经济学家彼得·普雷特指出：尽管欧债危机较过去几年有了很大的改观，但并不意味着最糟糕的时候已经过去。解决欧债危机是个漫长过程，需要长时间的、结构性的改革才能祛除病根。在这种背景下，欧洲许多国家为了减少债务、节俭开支，自然要选择减少对国际公共事业的投入。

（三）获益的差异性带来资金投入差异

无论对于国内还是国际公共物品而言，人们之所以肯为其投入资金，目的是从消费该公共物品过程中受益。但与主要由政府统一配置资金而实现提供的国内公共物品不同，由于缺少一个具有足够强制力的“世界政府”，各国对于国际公共物品所需资金的配置主要基于自身获益的自愿性行为，从而使受益程度成为影响各成员国向国际公共物品配置资金的决定因素。由于每个成员国在使用某种国际公共物品时受益程度有别，导致了它们对提供这种公共物品的资金投入意愿不尽相同。这样，就使各成员国依据自身获益程度差别而分成支持与特定公共物品提供计划相关联的各种公共资金配置方案的不同群体。

例如碳排放量控制，涉及三个利益集团：海岛型国家、非海岛型发展中国家和发达国家。近几十年，由于工业化的推进，二氧化碳的大量排放，致使全球气温逐步上升，造成海平面逐年缓慢升高，这对于海岛型国家预示着灭顶之灾，如果不加以控制，再过几十年这些国家可能会从地球上消失。所以，作为最直接和最大受益者的岛国自然坚决支持控制碳排放，但这些岛国毕竟财力有限，难以支撑控制碳排放这项国际公共物品的提供。大量已经工业化的发达国家或正在加速推进工业化的发展中国家都是造成碳排放外部性的责任主体，同时也是控制碳排放的第一或第二序列受益者，因此都应承担起控制碳排放的行动责任和成本责任。如果不便实施碳减排，则可以通过碳指标交易方式按照应承担的责任支付治理成本。但在责任分担上，发展中国家认为，发达国家应该负起主要责任，因为在过去的一百多年中发达国家以破坏环境为代价换取了经济的快速发展，对全球气候变暖负有不可推卸的责任，所以发达国家现在应该更多地减少碳排放量；而发展中国家正处于发展经济的关键时期，不能用限制碳排量来剥夺发展中国家的发展权利。与此不同，发达国家却认为碳减排是每个成员国共同的责任，不应当只让单独几个国家来承担。这种基于自身利益差别而产生的意见争执，致使《京都议定书》变得多少有些“鸡肋”，许多发展中国家拒绝签订这一条约，而已签条约的发达国家依然可以任意超过条约规定的排放限额而不受任何惩罚；更有甚者，美国拒绝签订此条约。这样一来，无论碳减排行动责任，还是治理碳排放的出资责任，都处于难以落实的状态，从而导致控制温室效应这项国际公共物品供给所需资金来源存在很大缺口。

二、“公正性”困境

随着公正意识的逐步强化和相关法制的日趋健全，解决公正问题取得了很大进展，尤其在国内公共物品上；与此不同，在国际公共物品提供方面存在的不公平和不合理问题依然很多。这里只谈及国际公共经济生产关系的三个突出问题。

（一）全球性公共组织的决策权问题

像在前面有关分析中已通过相关情况和数据所说明的那样，长期以来全球性公共组织的决策权实际上是由欧美等发达国家把持的。在联合国及其安理会中，欧美等发达国家通过常任理事国的一票否决权和会费份额优势左右着对重大国际事务的决策方向与结果。在 WTO 中，尽管实行协商一致的决策规则，但各国的实际地位却主要取决于该国对世界市场的影响力大小，美国、欧盟、日本、加拿大等发达国家以其贸易大国、强国的实力居于主导地位，经常通过“绿屋（密室）会议”操纵有关国际贸易规则和具体协议的基础提案，而广大发展中国家由于国际贸易额相对较小而致实际话语权非常有限。国际货币基金组织和世界银行实行加权多数票通过决议的决策规则，由于各成员国之间平均分配的基本票已降至加权票总数 2% 的谷底，而绝大多数份额票掌握在以美国和欧盟为主的发达国家手中，所以，涉及组织规则和重大政策性事项的决策权更为明显地把持在发达国家手中。这种向发达国家高度倾斜的决策权结构，本身就体现出极大的不公正、不民主，决策结果自然不可避免地导致相关利益的天平向发达国家高度倾斜，以致这几个最大的全球性国际公共组织被指责为美欧等西方国家施行有利于它们自己的经济政策的执行者，甚至成为他们借以对全球经济政治进行控制的工具。

对此，不仅发展中国家出于自身利益一直在表达不满与抗争，而且中外不少学者也从理论角度进行了深刻揭露与批评。由中国社会科学院世界经济与政治研究所和美国印第安纳大学中国政治与商务研究中心联合主持的研究报告《中美两国与全球治理：新时代的新议题》指出，那些认为“全球治理已经相对完备”的观点是错误的，因为并非“所有的全球治理规则都不约而同地鼓励开放、国民待遇和互惠”。中国一位著名国际经济政治学者则认为：“全球治理赤字主要是政治赤字，尤其是‘民主赤字’，即目前的全球治理机构（如国际金融组织）中，非西方国家的代表性、发言权缺乏导致了这些机构的低效和失败。”①

① 庞中英：全球治理赤字及其解决［J］. 社会科学，2016（12）：4.

（二）全球性公共组织的领导权问题

约翰·罗尔斯说过："机会均等就是所有的地位和职务向所有人开放"，"所有人至少有同样的权力进入所有有利的社会地位。"[①] 然而，自成立伊始，"美欧就分别牢牢控制了世界银行（WB）和国际货币基金组织（IMF），来自其他国家的人士试图担任这两个国际金融组织的最高主管，从来没有成功的先例。"[②] 而在这两个国际金融组织的执行董事中，发达国家截至目前长期占据多数。联合国及其安理会主席虽然实行由会员国或理事国轮值制度，负责日常事务的秘书长也由会员国大会选举产生，但美欧等发达国家却可以凭借其缴纳会费份额的优势在联合国机构中长期占据着很大比例的高级职位。主持日常事务的行政负责人和国际公共组织机构中的业务骨干都是相关规则、提案的起草者，对于这些国际公共组织所提供的国际公共物品结构调整及与此密切相关的利益分配起着重要作用。

综合以上两个方面，正如有的学者所说："无论联合国还是国际经济组织，都代表了二战后西方（欧美）在全球治理中的主导地位。……欧美不仅处在设计和制定全球治理规则的地位，而且控制或者主导国际机构。其他国家，即使诸如中国这样的世界大国，也大多不是国际规则的制定者。这就使现有国际机构的正当性（Legitimacy）问题——非西方国家的代表性、发言权、决策权问题——越来越突出。"[③]

（三）国际关系规则的公正问题

国际关系规则是国际公共物品的核心内容，因而制定各领域国际关系规则便成为国际公共组织的重要任务。但由于四大全球性公共组织的决策权和领导权结构明显地向美欧等发达国家倾斜，因此极大地影响了这些国际组织的决策倾向和国际规则的公正性，一些发达国家凭借国际规则制定者地位和自身经济技术实力做了不少对自己有利而损害发展中国家利益的事情。例如，在1986年《乌拉圭回合》中，发达国家利用自己的地位优势将服务贸易和知识产权纳入了多边协议中，强行进入发展中国家市场，导致发展中国家本来就低迷的服务业更加萎缩。又如，发达国家以科技援助的理由把本国现代生

① 约翰·罗尔斯：正义论［M］．北京：中国社会科学出版社，1999：76、88.

② 庞中英：全球治理赤字及其解决［J］．社会科学，2016（12）：5.

③ 同上．

物技术转移到发展中国家以掠取他国的各种生物资源，尔后再通过专利化过程获取大量生物资源利益。对此，一位荷兰记者曾通过调查指出：“发达国家所拥有的90%的农业资源来源于第三世界，但发达国家却从没有给予这些国家相应的补偿。通过专利来剥削不发达国家生物资源的作法是极其不公正的。”同时，发达国家还借助于知识产权保护条款对高新技术以及产品的国际市场实施垄断，而其他国家要想获得高科技技术和技术转移则必须付出巨额的代价。

再如，联合国、国际货币基金组织和世界银行的决策规则也是由美欧等主要发达国家凭借综合国力的优势地位主导制定的。虽然这种以经济实力决定成员国发言权和表决权的做法与国际法基本原则明显背离，引起了不少国家尤其是发展中国家的不满，但直至现在，要想修改这些决策规则，如果美国和欧洲主要国家投否决票，相关决议也依然无法通过。为了改变现状，使各成员国平等地参与决策，发展中国家提出按照“集团平等”原则对成员国份额票与基本票结构进行改革，即在整体上将发展中国家与发达国家的投票权比重调整到一致水平。据此，2008 年 3 月，执董会在改革报告中建议将成员国平均持有的基本票由原来每个国家 250 张增加到 750 张，即比原来的基本投票权增加 2 倍，但由于发达国家阻挠而未能实现。2010 年，IMF 执董会又谋划提出将中国的认购基金份额由 3. 65% 提升到 6. 19%，这一提案在 2013 年 3 月 11 日美国国会通过时同样遭到了否决。由于以美国为首的发达国家控制着四大全球性国际组织的决策权，严重损害了这些机构提供国际公共物品的公正性。

三、集体行动困境

国际公共物品是国际组织成员国集体行动的产物。但由于当今国际公共经济生产关系中存在着各种内部矛盾，致使提供国际公共物品的集体行动受到很多限制。

（一）基于负外部效应的集体行动困难

外部效应是指未在商品价格中得以反映的经济交易成本或效益。当外部效应存在时，仅仅依据交易双方确定的价格，既不能计算出全部的社会边际效益，也不能计算出全部的社会边际成本。这是因为，在这种情况下，没有将交易双方以外受到影响的第三方（企业或居民或国家）基于此项活动而获得的收益或所付出的成本计算在内。显然，从整体来看，交易双方根据这种扭曲的价格信号所做出的经济决策，肯定会减损全社会经济资源的配置效率。依据经济行为外溢效果的属性，外部效应分为正的和负的两种。其中，正外部效应，称为外部效益或外部经济，是指交易双方之外受影响的第三方所获得的未在价格中体现的经济收益；负的外部效应，称为外部不经济或外部成本，是指交易双方之外受影响的第三方所付出的未在价格之中反映的成本费用。这里以国际公共物品的负外部效应为例进行分析。

哈丁（Hardin）1968 年在美国《科学》杂志上发表过一篇题为《公共地悲剧》的文章，以牧民与草地的故事对经济行为的负外部效应进行了通俗易懂的说明。故事的大致情节是，曾有一大片草原对外开放，每一个牧民都希望多养一头牛，因为对于牧民来说多养牛是有利的。然而草原的产草量是有限的，所有的牧民争先恐后多养牛的最终结果是，牧民所养的牛都因草量不足而被饿死。同样，我们生活的地球所能承受的二氧化碳量是有限的，而每个国家都知道多发展排放二氧化碳的产业对于自己是有利的，但如果每个国家都无限制地多排放二氧化碳，其结果必然先是由于地球的臭氧层破坏、温室效应加剧、海平面上升而使岛国或其他低地国家受到不堪忍受的损害，而最终将使地球由于不堪承受社会生产所排放的二氧化碳量而变得不宜人类生存。目前地球正处于受二氧化碳排放影响的第一个阶段，负外部效应主要表现为岛国和低地国家由于地球变暖将要受到海水浸没的威胁，而其他国家暂时还会因发展排放二氧化碳的产业而受益。在这个阶段，由于在同一件事情上有的国家受到日益迫近的安全威胁，而有的国家则暂时受益较大，所以，对于碳减排这项国际公共物品是否马上提供、是否为此而付出代价，就难以达成集体行动的共识，从而导致踟蹰不前、推进艰难。

（二）基于共同利益的集体行动悖论

凝聚着共同利益的事务往往被作为公共物品来提供。但 1965 年曼瑟尔·奥尔森提出，认为只要具有共同利益，多个行为个体就可以有效地进行获取共同利益的共同行为是错误的假设。[①]“大集团也有可能存在着提供不了的公共物品，除非一个集团的成员很少或者存在强制性的规则去按照他们的共同利益行事，有理性的个体——寻求自我利益的每个人将不会采

① 曼瑟尔·奥尔森：集体行动的逻辑［M］. 上海人民出版社，1995：2.

取行动以实现共同或者集团的利益。”[①] 就是说，共同利益也往往会成为阻碍集体行动的因素，因为在有共同利益的事务中存在着人人受益而人人都不负责的内在矛盾。[②] 中国民间所广泛流传的“一个和尚挑水喝，两个和尚抬水喝，三个和尚没水喝”，说的也是这个道理。这就是基于共同利益的集体行动悖论。

这种基于共同利益的集体行动悖论在国际公共经济运行中的表现是：相对于“地球村”这个大集团，各个成员国都是寻求自身利益的理性行动者，而整个集团通过集体行动实现整体利益或目标后，每个成员国无论贡献大小都能获益。因此，每个成员国都希望其他成员国付出全部成本或多支付成本，而自己不付出成本却一样得到收益，从而都不会自愿地出钱出力参加集体行动来实现整个集团的利益。

肯尼恩·沃尔兹在从国际关系的角度分析合作成员数量与国际合作效果之间的关系时，列举了好几个理由来支持他的观点：随着参与者数目的增多，交易成本将迅速增加；当一个集团的成员增加时，每一个成员的交易动力就会减弱；而当一个集团缩小时，每一个成员都与集团有更多的利益联系，就会有更多的动力去维持这一系统；更多的参与者增加了各方面的多样性，也就加剧了达成协议的困难，并且增加预期的多样性。[③]

国际公共物品的受益对象是众多成员国，甚至是全球所有国家，而参与行动的成员国越多，无论在信息交流还是在交易成本上就会愈加复杂，从而就愈容易造成集体行为困境。这可能就是西方发达国家绕开联合国经济和社会理事会另起炉灶成立 G7、G20、OECD 以及在 G20 背景下中国、俄国、印度、巴西、南非又成立“金砖国家集团”单独磋商的基本理由。这样做，虽然增加了一定的成本费用，并且使国际组织叠床架屋，但由于能够缓解更大范围集体行动的困难，还是有其便利之处。

四、供给主体困境

按照合理逻辑，全球性国际公共物品理应由全球所有主权国家一起筹资、共同决策、集体行动来实现提供，只是需要委托某个国际公共组织负责执行。

---

① 约翰·罗尔斯：正义论［M］. 北京：中国社会科学出版社，1999：88.

② 齐守印：基于公共经济内在矛盾的国家治理研究［J］. 财政研究，2017（3）.

③ 肯尼恩·沃尔兹：国际政治理论［M］. 上海人民出版社，2008：144.

然而，由于上面所述的各种困境影响，致使全球性国际公共物品的提供主体发生了各种异化。

（一）霸权主义供给

当今世界存在195个主权国家，此外还有一些具有一定主权的特殊地区，由于对国际公共物品提供存在“搭便车”心理倾向，在没有任何一个国家牵头组织的情况下，全球性公共物品的供给将成为很大难题。针对这种情况，罗伯特·吉尔平指出：“国际自由经济的存在少不了要有一个霸主，以前的历史经验表明，没有一个占主宰地位的自由强国，国际经济合作极难实现或维持，冲突将成为司空见惯的现象。”① 这时，霸权主义理论基本上已经形成，吉尔平只不过描述了这样一种现实。霸权主义国家之所以有意愿为国际社会提供公共物品，不仅因为它们在经济、政治、文化上拥有绝对的优势和威望，并且可以容忍一些国家“搭便车”现象，更重要的则是它或它们能够从主导国际公共物品供给过程中得到某种利益，同时有利于巩固和加强自己的国际声望。

二战前后崛起的美国和苏联，由于各自领导一大国际阵营，各自形成一套以自己为中心的国际经济和政治体系，因而在1989年以前的很长一段时期是美苏两个超级大国在相互对立状态下共同领导整个世界，并且主导联合国这个代表性极为广泛的国际公共组织——联合国成立初期的目的就是通过国际间的合作，构建起维护世界和平与安全的国家间体系。1989年苏联解体以后，美国作为没有抗衡对手的超级大国单独称霸，在政治领域操纵联合国及其安理会；在经济领域按照投资与贸易自由化原则建立了国际贸易和货币金融体系，其中以占控股性投票权的国际货币基金组织、世界银行和关税贸易总协定所确立的国际经济制度成为由美国管理并从中获利的重要手段；在安全方面，美国积极组织建立地区防御体系和国际安全机制。美国凭借其强大的经济实力和国际制度的主导权一手操纵国际公共组织提供国际公共物品供给，对于世界经济、社会发展和国际秩序总体安全稳定起到了重要作用。但是，由霸权主义国家主导提供国际公共物品过程，至少存在四个问题：第一，在所提供的国际公共物品之上加印了“最终解释权归美国”的字样，从而使公共物品在一定程度上成了霸权国家谋

① 罗伯特·吉尔平：国际关系政治经济学［M］. 上海世纪出版集团，2006：82.

取私利的工具；第二，所提供的国际公共物品具有较为鲜明的选择性，首先是选择对美国自身有益的产品，而不一定是大部分国家所需的；第三，使国际公共组织决策机制与国际事务民主化原则相抵触；第四，由于“搭便车”现象的存在，美国在提供国际公共物品过程中所获收益越来越少，加之其本身的各种优势在逐渐式微，使得它对提供国际公共物品越来越三心二意，从而开始削减国际公共物品的成本支出，造成国际公共物品供给日趋不足。2017 年 1 月以来，特朗普政府相继宣称退出“跨太平洋伙伴关系协定（TPP）”、应对气候变化的《巴黎协定》、联合国教科文组织、万国邮政联盟和曾长期作为干涉别国内部事务工具存在的联合国人权理事会，甚至要挟退出自己一手缔造的国际货币基金组织和世界贸易组织。可见，一旦霸权国家实力渐渐衰退，而其他国家又不采取国际合作态度，就会导致国际公共物品供给出现断崖式的下降。总之，国际公共组织作为国际公共物品的受托提供主体一旦带有霸权主义国家主导的背景，就会使国际公共物品在一定程度上“变味”或变质。

（二）地区主义供给

鉴于成员众多的全球性国际公共组织存在更为突出的集体行动困境，国际公共物品的地区主义供给方式越来越受到各国的关注。存在地缘关系的若干主权国家通过协商建立地区性跨国组织，以某种程度的联邦式合作机制，在组织成员范围内联合提供某些公共物品，成为区域经济一体化驱动下的地区性国际公共物品供给新模式。这种模式有三个优点：一是国际公共物品成本通过协商分摊，可以有效防止和排除国际公共物品被某些国家“私有化”；二是成员国数量较少，各个参与国的利益和偏好都相对一致，且比较容易归类和汇总，能够有效避免个别国家“搭便车”的行为；三是便于根据本地区不同类型国家的需求，因地制宜地提供更加符合本地区公共需求的公共物品。

近些年，这种区域性联合供给国际公共物品的模式在西欧、北美等一些地区取得显著效果，促进了这些地区政治、经济、安全、文化等方面较快发展，加快了区域一体化的进程。但是，国际公共物品提供的地区主义模式也不是万能的。一方面，像地方公共物品一样，它受到公共物品属性和规模效应的局限，区域性国际公共组织没有能力解决效用外溢范围更大的公共物品。另一方面，随着区域组织成员数量的增加和成员国之间经济社会发展水平差异的加大，相互间协调难度相应增强、交易成本相应上升，达到一定程度以后，导致组织分裂的因素就会逐渐积聚，同盟关系危机时时可能爆发。英国“脱欧”就是鲜明例证。

（三）执行主体虚化

国际公共物品的供给很多是以成员国间签订国际协议或订立制度尔后由各成员国据此执行的方式进行的，[①] 而且着眼于促进国际公共物品供给所签订的国际协议种类越来越多。但目前大多数全球性多边条约并没有明确由任何一个全球性国际组织负责执行或至少实施监督。由于执行国际协议或制度需要付出成本，在缺乏必要的后续执行或监督保障的情况下，往往使相关国际公共物品得不到有效提供。这种情况，可以用“执行主体虚化”加以概括。

如何有效破解这四方面困境，是国际公共经济理论与实践需要深入研究和认真解决的重要课题。

第二节　国际公共经济困境的化解路径与发展趋势

克服国际公共经济生产方式和生产关系中的矛盾，缓解国际公共物品供给方面的困境，必须针对矛盾和困境的症结，立足当前、放眼长远，按照标本兼治的总体思路，结合对国际公共经济发展总体趋势的科学判断，努力寻找具体路径。

一、缓解国际公共物品再生产困境的基本路径

对于破解国际公共物品再生产过程面临的各种困境，各领域众多学者已经从不同视角做过很多颇具启发性的研究探索。这里在概括吸纳已有思想理论成果的基础上，就其中几个侧面提出一些思路和设想。

（一）破解资金困境的出路

筹措必要的资金是所有公共物品再生产赖以进行的前提条件，而资金筹措艰难则是目前国际公共物品供给不足的一个重要原因。要想破解这一困境，有两种基本方案可以选择，或者创造条件兼而用之。

1. 在现有制度框架内开辟财源

仅就联合国及其旗下的国际公共组织而言，目前遭遇资金瓶颈制约的主

---

① 2005 年，政府间国际组织中以多国条约和政府间协议形式存在者达 2340 个，占正在发挥作用的政府间国际组织总数（4994 个）的 46.8%。——王玲：世界各国参与国际组织的比较研究［J］．世界经济与政治，2006（11）：49.

要是联合国总部及其安理会等直属机构。同时，国际货币基金组织帮助成员国平衡国际收支的能力也显不足。与此并存的问题是国际货币基金组织和世界银行依据加权多数票通过决议的决策机制受到发展中国家诟病，而加权票的主体是依据认购基金和股金数量形成的份额票。针对这一症结，IMF 执董会已经多次提出由发达国家向发展中国家让渡或转移一部分份额的动议，虽然未获成功，但提供了一种解决问题的思路线索。现在可以沿着这一思路从两个方面进一步加以拓展。

其一，突破采取让渡或转移这种“零和破解”方式，转而采取只做加法、不做减法的“正和破解”方式。具体办法是，将 IMF 的基金和 WB 的股金结构方式由封闭型改为开放型，在不减少发达国家既有基金或股金总额甚至允许其按照自愿原则进一步增加认购数额的前提下，鼓励发展中国家自愿认购这两个国际金融组织的基金或股金，既可以同样达到增加发展中国家在这两个国际金融组织中发言权和决策权的目的，也可以直接提升国际货币基金组织平衡成员国国际收支缺口的资金能力，同时还有利于世界银行扩大贷款规模、增加利息和手续费收入。

其二，以世界银行扩大运营资金和贷款规模为基础，将由此新增的贷款利息和手续费收入专项支持联合国及其缺乏经费的直属机构开展必要的业务活动，保障其提供国际公共物品所需的成本费用。

2. 构建国际公共经济的独立财务体系

目前国际公共物品的供给实质上是由一些国家的国内税收所支撑。由于各国经济发展水平不同，本国国内税收形成的预算收入中能够用于国际公共物品的资金也不尽相同，而且要随时受制于国内的各种因素，相关的预算可能需要多个机构审批，因资金不能及时到位而导致国际公共物品成本支付的滞后性缺口。同时，由于没有关于成员国用哪些相对固定的国内税收为国际公共物品提供资金的强制性规定，导致一些国家承诺的资金难以到位，造成国际公共物品供应不足。由此可见，国际公共经济体缺少相对独立的公共财务体系，是形成国际公共物品再生产融资困境的根本性原因。鉴于这种情况，为从根本上保障国际公共物品再生产所需资金，有必要构建包括具有税收支柱来源和预算管理在内的国际公共经济独立公共财务体系。

（1）建立财源稳固的国际公共财务收入体系。这个收入体系，除了各个国际公共组织成员按照章程规定缴纳的会费以外，还应该协调作为组织成员的主权国家签订相应税收协定，确定适当的课税对象作为税基，按照必不可少的支出需要明确适当水平的税率，形成能够支撑相关国际公共组织有效履行职能、足额提供国际公共物品的税收支柱。可考虑的具体税种有以下四个：

托宾税。它是由美国著名经济学家托宾 1972 年在普林斯顿大学演讲时着眼于发挥税收调节功能提出来的，调节目的是“往飞速运转的国际金融市场这一车轮中掷些沙子”，以防范金融泡沫积聚而导致危害国际经济稳定的金融危机。其课税对象是全球的现货外汇交易额，由国际税务机构统一征收，名为国际货币交易税。由于每年全球国际间货币交易量巨大，即使按照很低的税率征收，也将有相当可观的资金收入。1996 年 Felix 和 San 依据 1995 年的税基数据对货币交易税（托宾税）进行过估算，如果将税率定为 0.25%，每年能够课征到 3020 亿—3930 亿美元；如果按照 0.1% 征收，每年收入也会达到 1480 亿—1800 亿美元左右；即使将税率进一步降到 0.05%，也会有 750 亿—970 亿美元收入。如果将这些钱纳入国际公共财务预算，那么，主要国际组织提供国际公共物品缺乏资金保障的困境将得到很大缓解。

碳税。指针对二氧化碳排放所征收的税。它以环境保护为调节目的，即将征收碳税作为排放二氧化碳的外部成本内化为相关产品价格组成部分的杠杆来减缓全球变暖速度。其具体设计是以燃煤和原油下游的汽油、航空燃油、天然气等化石燃料产品作为课税对象，按其碳含量比例分档确定税率。开征碳税，不仅能够发挥其特定调节功能，而且可以带来可观的公共性收入。这笔收入完全可以而且应当纳入国际财务预算之中，作为提供环境保护类国际公共物品的成本资金来源。同时，从技术角度来看，征收碳税具有很大可行性，因为受碳税影响的主要有煤炭、石油、天然气，税负包含在它们的价格当中，含碳量越高，相应的税率也越高，而其征收方式跟其他消费税一样简便易行。尽管碳税的征收牵连着环境、经济、政治，在不同的国家有较大的争议，政治上的复杂性也增加了征收难度，但从发展趋势来看，征收碳税不久之后将会成为现实。

国际交通税。国际公共物品主要用于满足因国际间交往产生的公共需求，因此，由国际间交往活动的行为人承担一部分成本资金筹集责任，应该说也是合情合理的。首先是国际机票税，也称国际互助税，法国早在 2006 年就已率先征收，即无论是来自哪个国家的乘客，也无论乘坐哪个国家的航班，只要在法国境内登机乘坐国际航空班机，都要根据所乘坐的舱位等级征收机票税。继法国之后，到2012年年底，又有韩国、智利等6个国家征收了国际机票税。征收国际机票税所得收入专项用于资助发展中国家治理艾滋病、结核病以及疟疾等传染性疾病。通过这些国家的示范，预计在不久的将来，会有更多国家通过征收机票税为提供国际公共物品做出贡献。其次是国际交通燃料税。按照提议者的设计，国际交通税的课税对象是以各种方式跨境运送旅客或货物的活动，计税依据包括航空燃料、海运燃料和机票，由各国航空局和海事组织负责征收。由于每年国际航空和海运的燃油消耗数量巨大，即使按很低的税率征收也会带来巨额收入。其中，对国际海运征收燃料税，每年征集的收入可达40亿—90亿美元；据估计全世界航空每年要消耗2550亿—4750亿升汽油，以此为税基征税，可得收入会更多一些。开征航空和海运燃油税不仅能带来可观的国际税收，还可以促进国际航运技术发展、降低燃油消耗量，从而有利于环境保护和资源可持续利用。

由于国际交通税是以燃料消耗量为计税依据征收的，一则与前面所说的碳税有重复，二则也与控制碳排放的环保目标密切相关，因此需要协调好与碳税之间的关系。一是如果征收碳税，那么，按照税不重征的原则，就不宜再征收以国际交通消耗燃料为税基的国际航空和海运交通税。二是在开征以国际运输燃料消耗为税基的国际交通税之前，各个国家应该先就碳排放的价格和碳排放额度达成一致，并制定相关规则，要么购买碳排放额度抵消产业发展的碳排放，要么征收此税并将所得收入移交给负责国际公共财务管理的国际公共组织，纳入国际公共预算，用于提供与防止全球变暖、发展全球卫生事业或打击恐怖组织等相关的国际公共物品，从而缓解国际公共物品再生产的资金困境。

比特税。又称点点税，依据所有网上数据信息交换的流量（即比特量）征收。随着互联网在全球范围内的发展，在互联网上完成的商业性交易越来越多，目前已占到全球贸易的20%以上。通过互联网进行商业性交易虽然大大降低了交易成本，但会造成税负的不公平和经济的扭曲变形。因此，“比特税”的征收是非常有必要的。从收入效应来看，按照有人依据1996年的互联网信息流量估算，即使按1美分/1万字节的超低税率征收，每年也会征收到700亿美元的比特税收入。如果将这项收入纳入国际公共财务预算，专项用于保障国际互联网安全等国际公共物品提供，也会大大缓解国际公共物品再生产的资金困境。

尽管上面几种税大多尚未开征，个别已经开征的也还没有在全世界大范围开展。相信经过一系列的国际谈判最终会达成一致性协定，从而增加提供国际公共物品的资金来源，促进国际公共物品的供给，为人类谋取福利。由于每个国家的具体情况和纳税能力不同，在征收这几种税时应当实行差别对待原则。对于部分发展中国家，考虑到正是由于它们经济实力弱才导致在面对环境污染和传染性疾病等问题时束手无策，所以，这些国家的相关税率应当按照从低的原则确定。而对于发达国家而言，由于它们的能源消耗和货币交易规模大，导致的相关负外部效应也比较多，依据与此相关的数据按照略高一点的税率征收，使其承担更多的国际公共物品筹资责任，应该说也是理所当然。

（2）构建科学的国际公共财务预算体制

按照公共经济的内在逻辑，只要有比较紧迫的公共需求就应当通过提供相应的公共物品来满足；从公共物品再生产过程来说，要提供公共物品就必须通过筹集和配置公共性经济资源加以保障，并且需要对相应的财务活动加以监管，因而必须建立相应的公共财务预算进行计划控制与管理。这一内在逻辑，无论对国内公共经济还是对国际公共经济而言，都一无例外地适用。事实上，目前每个国际公共组织也都有自己的财务收支预算和相应的管理机构。问题在于，现行的国际公共经济财务预算是由众多国际公共组织各自为政地分别运行和管理的，缺乏跨组织边界的统筹协调和系统管理。不难推理，缺乏统一而有效的国际公共财务与预算管理，也是造成目前国际公共物品再生产资金供给困境的重要体制性因素之一。有鉴于此，在通过上述措施谋划解决国际公共物品再生产资金来源问题的同时，还必须相应地建立健全统筹配置和监管使用这些资金、资产乃至必要条件下负债的国际公共经济财务和预算体制。

对于国际公共财务预算体制的构建，美国著名经济学家马斯格雷夫和一些联合国官员都曾经从国际公共财政学的角度进行过研究。他们认为，虽然现在国际公共物品的资金主要来自主权国家，但国际公共物品的成本与“盈利”却都是跨越国界的，因而，国际公共财政及其融资工具只能通过国际合作才能实现。为此，国际公共物品的供给需要一个“公共配置部门的国际组成部分”来负责资金供给。另外，国内公共经济通行的收益原则和支付能力原则也可以用于国际公共物品的融资中。在实践方面，由于各个国家都是理性的“经济人”，如果国际公共物品提供遵循收益原则，每个国家都会考虑所提出的偏好与承担成本有很大的联系，从而可能隐藏自己的真实偏好以便于“搭便车”。如果采取支付能力原则，一个国家考虑支付能力与承担成本的关系时，又往往会隐藏自己真实的支付能力。但两相比较，支付能力容易计算出来，收益却是无形和难以估测的，所以在国际公共物品融资模式中运用支付能力原则具有更多优点。

我们认为，以上述国际公共财务收入体系为支撑的国际公共经济财务与预算体制，至少应当包括三个要点：一是统筹考虑维护全球安全和平、打击恐怖组织、控制全球疾病传播、防控全球变暖与生态恶化、稳定国际金融、发展世界贸易、保护基本人权、减少贫困、推进民主、保障网络安全和公域资源可持续利用等各种国际公共物品再生产的资金需求，对所筹集资金依据统筹兼顾的科学原则加以均衡配置。二是在优先考虑政府间国际公共组织履行职能需要的同时，视财力可能，对提供特别重要国际公共物品且资金保障存在困难的民间国际公共组织给予必要资助，或者通过向它们购买国际公共服务的方式发挥对民间组织提供国际公共物品的引导和激励作用。三是应该以具有最强综合性和权威性的国际公共组织联合国作为国际公共经济财务预算的主管机构，以联合国大会作为国际公共财务预算的民主决策与监督机关，并且通过科学完善的信息公开机制和健全完备的监察机制确保国际公共财务预算以较高的绩效、充分的透明度健康持续运行，从而成为全球治理体系的稳固基础和重要支柱。

（3）建立融资激励机制

吸引一个主权国家加入合作提供国际公共物品的行列并为国际公共物品再生产承担融资责任，需要设计并建立有效的激励机制。根据有关理论分析，目前这种激励机制主要有三种：

一是互惠激励机制。国际公共物品供给需要各成员国合作，建立互惠机制有利于稳固多方合作关系，激励合作成员方自愿出资合作提供国际公共物品。互惠之所以能够激励利己的个体参与合作，基本原因是互惠合作是个正和博弈过程，合作项目有对各方出资的严格要求或者协议，参与合作的各方必须遵守。更重要的是，一方面，互惠行为能够给参与合作的各国带来更多的利益；另一方面，如果有参与互惠型合作的国家或组织违反协议规定，就会受到其他合作方国家惩罚，而且惩罚带来的损失通常都要大于违反规则所带来的利益。因此，互惠激励能够使各国在合作供给国际公共物品时按照规约履行融资义务，从而促进国际公共物品的有效供给。

二是协议激励机制。在国际公共物品供给过程中，常常会发生一些国家出于自身利益违反国际协议而在承担融资义务方面赖账的情况。如美国就在2001年退出了刚刚在1998年签署的《京都协定书》。这自然属于美方的无赖之举，但也说明这个国际协议本身存在缺陷，即没有像互惠激励那样明确规定对赖账者采取有约束力的惩罚措施。如果对国际协议加以改进，使遵守协议的国家获得更多的好处，而使赖账者得不偿失，那么，参加国除非万不得已都会遵守国际协议规定的出资承诺。

三是国际舆论激励。在当今全球化背景下，各国都处于交往日益频繁的国际社会中，一个国家、特别是大国会更加在意声望、尊重等非物质因素。如果大国在提供国际公共物品中承担更大责任，将逐渐成为提升其国家形象的重要因素：一个国家一旦做出损害国际经济社会利益的事情，很容易受到其他国家的一致谴责；相反，如果某个国家做了一件明显增进全球利益的事情，就会赢得其他国家的赞赏作为回报。比如，近些年中国在国际事务上承担了许多责任，表现出了作为负责任大国的担当，受到了其他国家的一致好评。国际社会舆论激励在促进国际公共物品供给方面起着越来越重要的作用，这显然有利于国际公共物品的融资。

（二）破解公正性困境的出路

如上所述，国际公共经济领域存在的不公正主要表现在国际公共组织的决策权、领导权和国际关系规则等基本上由“大富强”国家主导，而国际关系规则本身的不公正则是由前两个因素派生的。针对国际公共经济领域的不公正问题，这些年来，包括中国在内的发展中国家要求国际关系民主化的呼声越来越高，并且通过自己在主要国际公共组织中的代表不断提出关于实施相关改革建议，已经取得一定效果，但距离期望目标还相去甚远。习近平总书记在党的十九大报告中强调：“中国秉持共商共建共享的全球治理观，倡导国际关系民主化，坚持国家不分大小、强弱、贫富一律平等……支持扩大发展中国家在国家事务中的代表性和发言权。”① 问题的症结在于，国际公共组织成员国之间在经济社会发展水平和由此决定的综合国力方面差距太大，“大

---

① 习近平：决胜全面建成小康社会 争取新时代中国特色社会主义伟大胜利［M］. 北京：人民出版社，2017：60.

富强”国家所缴纳的联合国会费和所认缴的国际货币基金组织、世界银行投资份额多倍于众多“小贫弱”国家总量。经济决定政治，尤其是在 IMF 和 WB 这两个国际金融组织中，按照权利与义务对等的逻辑，“大富强”国家投资占绝大比例，运营资本以它们认缴的资金为主体，要想将资本运用的决策权和领导权平分给众多“小贫弱”国家，自然难度极大。当然，“小贫弱”国家也有自己令“大富强”青睐和心仪的优势，那就是有商品销售市场、有更多尚未开发的资源和更大的投资发展空间。所以，属于“小贫弱”群体的发展中国家完全可以凭借这种优势和理由与“大富强”国家在国际公共经济领域争取决策权、领导权，以及国际关系规则方面的平等权利与公正待遇。

具体而言，破解公正性困境的出路，从长远和根本上只能仰赖目前处于“小贫弱”地位的发展中国家加快经济社会发展，将经济蛋糕逐步做大，在此基础上逐步将综合国力做强。不过，“远水难解近渴”。从近期来说，缓解的办法主要包括：

1. 在联合国及其所属机构的决策过程中，众多发展中国家代表加强沟通协调，更多采取一致行动，形成以众抗强的压力，以此制约“大富强”国家在重大问题决策过程中的任意性，避免所制定的普遍规则和具体决议侵害发展中国家的合法合理权益。

2. 继续推动 IMF 和 WB 投票权结构改革，通过以上提到的开放份额认购限制、放手增加发展中国家认购数量和提高成员国基本票权数双管齐下，争取使成员国基本票占比与份额票持平，以避免“大富强”国家甚至某一大国单独主导这两个国际金融组织的决策。

3. 努力争取 IMF 和 WB 行政领导人（总裁和行长）人选采取像联合国那样由成员国轮值或者按发达国家与发展中国家两大集团轮值的制度。

4. 继续由发展中国家牵头“打造国际合作新平台”，以此突破由“大富强”国家主导决策的既有国际公共组织架构，增加由发展中国家联合自主决策供给的国际公共物品。这是因为，“改革现存的国际体制即使完全到位，也无法解决全球治理赤字问题，因此应当寄希望于建设新的国际机构（国际组织）。”① 只有冲破现有围墙，才能开辟自己当家作主的新天地，并且以此反作用于围墙之内的权力运作框架，使之增强民主化程度。在这方面，中国和

---

① 庞中英：全球治理赤字及其解决［J］. 社会科学，2016（12）：8－9.

俄罗斯作为新兴市场国家中的两个联合国常任理事国正在谋求有所作为，并将大有作为。2015 年，中共中央就明确表示要“积极参与全球经济治理和公共产品供给”。[①] 党的十九大报告提出：“中国将继续发挥负责任大国作用，积极参与全球治理体系改革和建设，不断贡献中国智慧和力量。”[②] 努力提高发展中国家在全球经济治理中的制度性话语权，构建广泛的利益共同体。

（三）破解集体行动困境的出路

集体行动困境的实质在于公共物品的产权难以明确界定，这是由公共物品满足需求的公共性、使用消费的不可分割性，以及受益享有的非排他性、独占垄断的不可能性决定的。但这些属性特征是就纯公共物品而言的，俱乐部物品和其他非纯公共物品则不尽然。与此同时，集体行动的困境也与参与者数量有关。有鉴于此，破解集体行动的困境至少可以从以下两个方面寻找出路。

1. 对于俱乐部物品和其他非纯公共物品的提供，可以通过完善规则、机制将公共物品使用消费受益权与相应的成本分担挂起钩来，为成员国积极参加与国际公共物品供给有关的集体行动提供正向激励，比如上面提到的建立互惠激励机制、违约惩罚机制。这实质上就是尽可能设法采取多种方式明确国际公共物品的产权，通过产权激励机制促进成员国提供国际公共物品的集体行动。对于在提供公共物品方面如何设置产权，有些学者从制度经济学视角进行了许多研究。我国浙江大学教授戴文标在其所著《公共经济学新论》[③] 一书中，就做过较为系统的探索。尽管这些探索不是针对国际公共物品进行的，但并不妨碍将其原理运用于国际公共经济实践。

2. 根据国际公共物品的受益范围确定国际范围集体行动的规模，合理确定哪一种国际公共物品由哪种成员范围的国际公共组织负责具体提供，避免把任何范围的问题都揽到或推给高层或综合性国际组织去解决。凡属区域性公共物品，都由地区性国际组织负责提供。凡属专门领域的公共物品，都由专业性国际组织提供。一句话，凡属由同质性高的主权国家小规模团体合作

① 中共中央关于国民经济和社会发展第十三个五年规划的建议［OL］．新华网，2015－11－03.

② 习近平：决胜全面建成小康社会 争取新时代中国特色社会主义伟大胜利［M］．北京：人民出版社，2017：60.

③ 戴文标：公共经济学新论［M］．杭州：浙江大学出版社，2005.

提供更有优势的国际公共物品，都由这种性质的国际组织承担，以尽可能压缩集体行动参与者数量，从而降低组织协调利益关系的交易成本和具体实施难度。

（四）破解供给主体困境的出路

国际公共物品供给主体困境是由多方面原因造成的，因而必须多措并举地加以克服或缓解。

1. 以国际关系民主化等改革措施逐步消解霸权主义提供模式

在霸权主义提供模式下，少数财大气粗的大国在国际公共经济决策者中独断专行、以公牟私不可避免，大多数“小贫弱”国家尽管不满甚至抗议，却又无可奈何。应该看到，这是国际公共经济发展过程中难以跨越的“卡夫丁峡谷”，因为人类社会发展是一个自然历史过程，一定阶段上以少数“大富强”国家与多数“小贫弱”国家存在对立状态是不可避免的过渡性现象，而且这种状态已经越过高峰拐点步入下行轨道：从两霸变为一霸，一霸也在加速衰落，特朗普担任总统以来美国政府一系列堂吉诃德式的国际政策表演，正是这个霸权国家在加速衰落过程中由失重而致失控情绪集中发作的结果。

消解国际公共物品霸权主义提供模式必须推进国际公共经济体制改革、优化国际公共经济生产关系。正如国内有的学者所说，要消除全球治理赤字，国际关系领域的改革“不能仅限于在行政管理层次中提高国际组织进行全球治理的效率，而且要从政治层面促进国际组织的民主化和正当化。”① 从优化国际公共经济生产关系角度看，应该着眼于消解公共物品的霸权主义提供模式，从根本上解决全球性公共物品提供结构扭曲、总量不足和主体困境问题：一方面，如上所述，要积极推进现有全球性国际公共组织决策机制改革；另一方面，要以实现国际关系民主化为目标，积极自觉地推进国际公共组织整体结构的再造。

当今世界正朝着多极化方向发展：美欧等发达国家之间虽然仍有很多共同语言，但美国发起的许多伤害盟国利益的国际行动不断加剧着它们之间的矛盾，俄罗斯在不少方面仍有与美国抗衡的实力，中国、印度等新兴市场国家的经济、科技乃至军事实力正在崛起，非由美国或欧美主导的国际组织正在呈现由少到多、由弱到强的蓬勃兴起势头，等等。这种多极化趋势是国际

---

① 庞中英：全球治理赤字及其解决［J］．社会科学，2016（12）：11－12.

关系民主化的政治基础，而发展中国家经济实力的稳步增长则是国际关系民主化的经济基础。随着发展中国家经济科技实力的提升和世界多极化发展，处于核心地位的全球性国际公共组织决策机制的民主化程度也会相应提高，国际公共物品霸权主义提供模式被民主化的集体提供模式所取代可以说已经为期不远。

但推进国际关系民主化，不能局限于这一条途径。国际政治体系中的“新兴大国”和世界经济体系中的“新兴经济体”，应当在世界多极化基础上另辟蹊径，积极发挥在未来全球治理中的作用。其中，由负责任的发展中大国牵头，在适当领域继续建立国际合作平台或国际公共组织，就是进一步推进国际关系民主化、消解国际公共物品霸权主义提供模式的一条重要路径。中国作为“秉持共商共建共享的全球治理观”“推动构建人类命运共同体”和“倡导国际关系民主化”的主张者，[①] 在推进全球公共经济体制改革、优化全球国际公共经济生产关系、改善全球治理体系过程中，既要发挥好现有国际公共组织参加者和既有全球治理机制改革促进者的角色，更有理由发挥好新型国际公共经济体制建设者的作用，在已经打造了部分国际合作平台（如亚投行、金砖国家银行等）基础上，继续发起成立新的国际机构、组织构建新的国际安排。

2. 以适当推行多中心治理模式优化国际公共物品供给的主体结构

同国内公共物品具有层次性一样，国际公共物品的受益范围也是多层次的，有的受益范围具有全球性，有的则只限于地域相邻的部分主权国家之间。因此，应当按照受益范围层次性原理，将更多区域性国际公共物品的提供责权由全球性国际公共组织分散给区域性国际组织，广泛实行公共事务多中心治理、公共物品多元化提供的模式，以发挥其交易成本相对较低、信息流动比较流畅、统一公共需求偏好更加容易并且更可能建立起国际公共物品“消费排除性”机制的优势，以此克服因提供主体错位而导致国际公共物品提供不足或其他失灵。诺贝尔经济学奖获得者、美国学者埃莉诺·奥斯特罗姆在其名著《公共事务的治理之道——集体行动制度的演进》中对此做过非常系统的研究，尽管她所做

---

① 习近平：决胜全面建成小康社会 夺取新时代中国特色社会主义伟大胜利［M］．北京：人民出版社，2017：58、60.

的研究主要是针对国内资源利用型公共物品而进行的。[①]

3. 完善国际公共物品供给的管理监督机制

针对国际公共物品供给主体虚化问题，可以通过从两个方面建立和强化管理监督机制加以解决。

一是为每一项国际公共物品的提供明确一个必要的管理机构。英吉·考尔早就提出：所有主要的协议都必须建立参与性的执行董事会，来代表所有主要的行为主体以及利益相关者负责执行管理或监督职能。[②] 其职能应当包括：与相关的多边机构或者公约赞助方合作制定提供相关国际公共物品的战略策略和实施标准，针对某些需要合作和外部援助的事项提出相应的建议，特别是要负责对相关国际公共物品提供标准情况实施监督，将了解到的相关信息如实披露给条约成员方，并监督落实对违约方的惩罚措施。

二是将企业管理中特别事务 CEO 管理机制引入国际公共物品提供领域。国际公共组织中应当根据专项管理的需要设置数量不等的特别事务 CEO，并从国际公共组织之外聘任优秀的专门人才担任，分别负责管理特定的公共事务伙伴关系，推动和指导某一项国际公共物品的生产与提供，包括对相关趋势进行展望、对实体事务发展策略和运行机制的建构与改革进行策划、对再生产过程中相关方加以协调、对执行过程与结果实施监督，以最终业绩对国际组织的参与方及其他利益相关者负责。

4. 在国际公共物品提供中发挥大国的关键协调作用

在全球化的今天，大国在促进国际公共物品有效提供方面有着不可忽视的作用。一方面，大国因为拥有相对雄厚的经济实力，因而对于成本的敏感程度低于小国；另一方面，大国基于自身利益的国际化程度高、对国际公共物品具有更多的“消费者剩余”，因而比一般国家对国际公共物品具有更加强烈的追求动机。正因为如此，大国是推进国际公共经济合作的关键群体，或者从某种意义上说它们有能力领导公共经济领域的国际合作，充当国际公共经济合作的发起者和设计师。在国际能源安全合作中，国际能源合作署是由发达国家发起成立的，欧佩克国家间在能源生产、输出和

---

① 埃莉诺·奥斯特罗姆：公共事务的治理之道——集体行动制度的演进［M］. 余逊达、陈旭东译，上海三联出版社，2000.

② 英吉·考尔：全球化之道——全球公共产品的提供与管理［J］. 北京：人民出版社，2006：287.

价格方面的合作也是由阿拉伯国家主要几个大国发起的。对于新时代推动大国公共经济合作，十九大已经郑重宣称："中国积极发展全球伙伴关系，扩大同各国的利益交汇点，推进大国协调合作，构建总体稳定、均衡发展的大国关系框架"。[①]

二、国际公共经济的发展趋势

党的十九大报告对世界大势做出了高瞻远瞩的深刻分析："世界正处于大发展大变革大调整时期……全球治理体系和国际秩序变革加速推进，各国相互联系和依存日益加深"，与此同时，"世界面临的不稳定性不确定性突出，经济增长动能不足，贫富分化日益严重，地区热点问题此起彼伏，恐怖主义、网络安全、重大传染性疾病、气候变化等非传统安全威胁持续蔓延，人类面临许多共同挑战。"尽管近些年也出现了贸易保护主义、地区保护主义等各种类型的反全球化动向，但"没有哪个国家能够独自应对人类面临的各种挑战，也没有哪个国家能够退回到自我封闭的孤岛"。[②] 这是因为，全球化是人类经济社会活动和世界文明进步的大势所趋，随着交通、通信、网络等科学技术高度发展，人类所共同生存的地球显得越来越小，各国人民在经济、社会、文化、政治等各领域相互交往、交流、交融的深度日益加强，各国之间相互依赖、相互促进又相互影响、相互制约，以至于全球所有国家或地区变得越来越谁也离不开谁。在此背景下，只有顺应历史进步趋势，通过与时俱进地提供国际公共物品，有效满足全球化过程中提出的各种国际公共需求，逐步完善全球战略体系、优化国际秩序，"统筹应对传统和非传统安全威胁""保护好人类赖以生存的地球家园""同心协力，构建人类命运共同体，建设持久和平、普遍安全、共同繁荣、开放包容、清洁美丽的世界"，[③] 才是唯一正确的战略选择。沿着这条康庄大道前进，随着各国间经济社会发展和人民生活水平差距的不断缩小，国际公共经济覆盖范围的不断扩大，与共产主义理想社会基本等价的"世界大同"最终将会由梦想变为现实。

---

① 习近平：决胜全面建成小康社会 夺取新时代中国特色社会主义伟大胜利［M］. 北京：人民出版社，2017：59-60.

② 习近平：决胜全面建成小康社会 夺取新时代中国特色社会主义伟大胜利［M］. 北京：人民出版社，2017：58.

③ 习近平：决胜全面建成小康社会 夺取新时代中国特色社会主义伟大胜利［M］. 北京：人民出版社，2017：59-60.

当然，这只是人类社会发展变化日益显现的总体趋势和光明前途，我们正在不断地向着这一伟大目标逼近，但最终达到理想彼岸的过程，既不会像涅瓦大街那样笔直，也不可能是铺满鲜花的坦途，而必然如同长江黄河有时激流勇进、有时缓缓流淌，一般是一条艰难曲折的漫漫长路。其中，完善国际公共经济生产方式、优化国际公共经济生产关系、不断改进国际公共物品供给，将是通向“世界大同”目标漫漫长路上的主要桥梁。

第十二篇　公共经济运行发展的内在趋势——公共经济规律

唯物辩证法认为，任何事物运动变化都有规律可循，而规律是由事物内部和事物之间固有的本质联系所决定并在既定条件下反复出现、稳定持久的必然趋势，是支配一切事物生灭兴衰的客观必然性。规律本身是不依人的意志为转移和不可抗拒的，但却是可以认识、把握和运用的。人们只有在正确认识、把握和自觉遵循、运用某一事物客观规律的情况下，才能按照自己的目的利用甚至改造这一事物，即获得对驾驭该事物的自由。相反，任何人如果无视或者违反事物的客观规律，都将不可避免地遭受它的无情惩罚。

公共经济暨国家治理同样如此。通观古今中外的历史与现实，既有因为认识、把握和遵循、运用公共经济规律而达成公共经济善治和国家治理盛世的成功经验，也有由于严重违反公共经济规律而搞乱公共经济、致使国破家亡的惨痛教训，正反两方面的典型事例都可谓不胜枚举。

公共经济理论作为公共经济暨国家治理实践的重要指导，毫无疑问地应当通过深入分析、研究探索，系统而准确地揭示公共经济规律作为最为重要的任务。然而，由于西方经济学固有的传统所致，现存的公共经济理论所揭示的公共经济规律尽管不算是一片空白，但也堪称少之又少。这种情况极不适应我国推进国家治理现代化实践对公共经济理论提出的时代要求，因而亟须通过理论创新加以改变。鉴于此，本书列此专篇就这一极少有人涉足的重要理论问题进行尝试性的考察研究。

一般而言，相对简单的事物，支配其运动变化的规律也比较单一，而比较复杂的事物往往有多种客观规律支配其生灭兴衰的发展过程。支配复杂事物发展变化的多种规律，内容有主有次，作用有长有短，性质有普遍有特殊，特征有基本有具体，从而构成或大或小的一组规律体系。公共经济即属于一种相当复杂的社会事物，因而，支配其运行发展的就是一组多层次的规律体系，故需分层次论述。

第三十一章　辩证唯物主义一般法则体现于公共经济领域的规律性

支配世间万事万物的最普遍规律莫过于辩证唯物主义的一般法则，它在所有规律中处于统领地位，体现于各领域具体事物的规律性运行发展过程之中。公共经济活动同样非常广泛地表现出在唯物辩证一般法则作用下的规律性现象，它们构成公共经济规律体系的一个重要层面。

第一节　公共经济运行与发展过程在唯物辩证法具体法则作用下的规律性

辩证唯物主义的一般法则除了通常所说的三大基本规律以外，还有很多相对具体的规律。这些规律都会在公共经济运行和发展过程中发挥支配作用，从而使公共经济活动表现出相应的规律性。认识和把握这一层次的规律，对于系统全面准确地解释公共经济现象和增强公共经济实践的自觉性具有同样的重要价值。

一、时空存在法则

唯物辩证法认为，时间和空间是一切事物的存在形式。这一法则具有两层相互联系的含义：一是所有事物都要在特定的时间和空间中产生、存续和发展变化，因而都会打上时代和环境的烙印，或者说都可以通过该事物所处的特定历史条件和特定外部环境因素获得合理解释；二是一切事物的产生、存续和发展变化都要受到时间和空间条件的制约，都不是随心所欲的，因而都具有时代和地缘方面的局限性。

世界范围内各大国的兴亡和中国历史上盛世的生灭，无不是其国家公共经济制度和政策理性程度高低导致的结果，而其公共经济制度和政策理性程度高低则无不由其所处的历史和地缘条件所使然。美国国家版图在独立战争以后仅经过一百多年时间由 13 州扩展到 50 州、综合国力由不名于世变为超过原为其宗主的日不落大英帝国，便主要得益于吸收运用了当时最先进的国家治理理论，合理借鉴了当时国际上最先进的国家治理制度并加以创新形成了具有较高理性程度的公共经济制度与政策，而这种吸收借鉴和改造创新之所以得以实现，除了当时美国多数人民与领袖精英作为来自英国的清教徒具有勤奋敬业、开拓进取精神和较高文化知识素质以外，与美国时处英法西荷等先期兴起但因“饱食肥胖”业已走向衰落的历史阶段和地处具有巨大开发潜力的美洲从而拥有近水楼台之利密切相关。

这一时期，美国公共经济制度和政策具有较高理性度主要表现在三个方面：一是在联邦政权机构之间实行三权分立和参众两院既有明确分工又能互相制衡的横向公共经济体制，不仅有利于增强国家机器运行的平稳性，而且使公共经济具有比其他国家更为先进的政策选择机制，从而能制定和实施更科学务实的公共经济制度、政策；二是以宪法条文明晰界定联邦与州之间的责权配置，形成比较合理的纵向公共经济体制，既有利于全国统一市场的形成、运作和推行有效的国防、外交政策，又有利于州和地方政府通过竞争机制自主发挥职能，从而有效提供公共物品；三是实行严格的产权保护制度与政策，不仅将合法产权神圣不可侵犯和通过专利制度保护知识产权①这两条基础性制度都明文写入宪法，而且即使作为立法机关的国会和作为最高行政首长的总统都无权制定或发布与宪法条文相抵触的法律与政令，联邦最高法院有权宣布议会制定的法律和总统颁布的政令因违宪而无效，由此而使来自有形和无形产权的利益成为驱动经济发展、科技创新的无穷动力，持续不断地推动美国经济与科技相互为用、迅速崛起。同时，在两次世界大战中巧妙地借助置身局外、利用矛盾、为己服务的外交政策而不受其害，反得大利，很快就从经济、科技、军事等各方面将欧洲列强远远地抛在后面，成为雄霸全球的超级大国。

在中国历史上，唐太宗李世民创造的贞观之治同样是在特定历史时空之下通过良好的公共经济制度和政策实现国富民安、兴旺发达的杰出范例。基

---

① 美国早在1787年制定的第一部宪法中就明确规定：“为促进科学和实用技艺的普及，对作家和发明家的著作和发明，在一定期限内给予专利权的保障。”5年之后，联邦政府成立国家专利局。在国家根本大法的有力保护和市场竞争的激励之下，各种各样的发明雨后春笋般出现。1790－1860年，美国专利局批准的专利累计达36000件，而1897年一年就批准专利22000件。依靠强大的科技实力，借助于第二次工业革命契机，美国很快在工业领域独占鳌头。——引自唐晋：大国崛起［M］．北京：人民出版社，2006：418.

于篇幅考虑，加之此前已有专论①，这里不拟详述。

此类成功的先例与失败的教训在古今中外的历史上并不鲜见。诸葛亮在著名的《隆中对》中依据对当时历史时空因素的透彻分析向刘备提出进据西蜀成就王业的宏图大略，并且通过贯彻实践而实现目标，也是利用时空存在法则取得成功的重要史实。从此类范例中我们不难得知，要想在公共经济治理乃至整个国家治理方面达成理想目标，主事者一方面必须具有成就大业的超强德才素质，善于组建精干有力的基本队伍，锲而不舍地积极发挥主观能动性，同时必须巧妙而充分地利用天时和地利这两个重要因素。

二、普遍联系法则

事物内部和事物之间存在着普遍联系，其中内在联系是事物发展的根本因素，外部联系是事物发展的必要条件，外部联系通过内部联系而发生作用。这是任何事物存在与发展的一条重要法则。对于公共经济而言，这一法则同样起着支配作用。

公共经济的内部联系和外部联系都是多层面的。在公共经济的内部联系里面，最主要的就是生产方式中生产关系与生产力二者相互作用关系、生产关系内部的横向和纵向关系以及各种公共物品之间的契合关系。在公共经济的外部联系中，最主要的是它与民间经济之间的供需适应关系、生产方式交互作用关系。公共经济的内部联系处于何种状态，从根本上决定着公共经济自身性质和能力。公共经济的外部联系在很大程度上影响和制约着公共经济功能发挥的程度。因此，公共经济的主导者要想实现良好的国家治理效果，首先要正确认识和处理公共经济的内部联系，努力通过横向和纵向体制的科学构造使生产关系发挥出有效组织生产力各因素、有效激发劳动者潜能、有效约束执行者行为的作用，正确处理与公共经济终极主体之间的关系；其次，要正确认识和处理公共经济与民间经济之间的外部联系，既要及时准确地反映和适应民间经济对公共物品的需求，以便实现公共物品供需之间的动态平衡，又要及时而准确地发现民间经济运行中的问题与矛盾，以便不失时机、有的放矢地研究制定相应制度、政策措施加以解决，避免坐失良机、养痈遗患，确保整个经济社会发展始终处于健康、协调、可持续状态。

---

① 齐守印：公共经济视角下的贞观之治［J］. 社会科学论坛，2016（9）：145－152.

三、相互作用法则

如果说普遍联系是从静态角度考察事物内部和外部各因素之间的关系，那么，相互作用则是从动态角度考察事物内部和外部各因素之间的关系。事物内部各种构成要素之间、事物外部各方面之间以及事物内部与外部之间借助于客观存在的各种联系相互发生作用，形成支配事物发展变化的平行四边形合力。

在公共经济中，相关因素之间的相互作用非常普遍。例如，公共物品需求与供给之间相互刺激、相互推动，需求引起供给，供给刺激需求，它们之间的这种相互作用推动着公共物品种类不断增加、规模不断扩大、质量不断提高、结构不断优化。再如，公共经济的终极主体与受托主体之间相互作用，作为公共经济终极主体的人民大众如果主人意识薄弱、知识素质不高、政治参与和民主监督能力较差，那么，受托代理公共经济事务的公共机构主政者就会反客为主，由受雇公仆变为凌驾于人民大众之上的统治者，运用人民大众让渡个人权利形成的公共权力鱼肉和欺压人民大众；反之，如果人民大众的主人意识觉醒、知识素质普遍提高、政治参与和民主监督能力大为增强，那么，原来窃据公共经济主人位置、掌握公共经济决策权力的公共机构负责人就会谦恭地听从人民大众的公共经济诉求，兢兢业业地执行受托公共事务，并且按照法律规定的程序向人民大众报告公共经济运行效果，依据法定要求将公共经济过程信息公之于众，真诚地接受人民大众的监督。又如，作为公共经济受托代理主体的公共机构内部主要负责人与其僚属之间，同样存在相互作用。主要负责人如果出自为人民大众谋福利的公心，即便是为自己的“家天下”长治久安真正负责，那么，他（或她）就不仅会精心挑选德才兼备者为其僚属，而且会虚心纳谏、从善如流；在此前提下，其僚属就会以高度负责的精神和科学理性的态度殚精竭虑地履行职责，畅所欲言地建言献策，甚至肯于和敢于直言切谏，以弥补或匡正主要负责人在公共经济方针政策谋划方面的不足。公共机构领导集体中只有形成这样一种良性互动关系，主官与僚属互相尊重、互相支持、相互补充乃至能够互相约束，心往一处想，劲儿往一处使，做到集思广益、审慎判断、周密策划和众志成城，才能制定出理性程度高的公共经济政策、制度并付诸实施，及时、主动地因应民间经济的公共需求，正确破解经济社会发展中的问题、有效克服显性和隐性的矛盾，从而实现国泰民安、繁荣富强的理想目标。

四、由因致果法则

由因致果法则通常称为因果律，是自变量推动因变量朝着既定方向发展的内在趋势，在世间万事万物发展变化中表现得极为普遍。其实，因果律的自变量与因变量都具有相对性：其中的自变量相对于它的生成原因而言即是因变量，而因变量相对于它所引起的后果而言又是自变量，甚至在同一个因果链中，因与果之间也存在循环推动、不断加强的情形。在前述公共机构领导集体内部主官与僚属之间的相互作用机制中，就存在着良性循环加强和恶性循环加强机制；当然，从总体上讲，其中的主官是起决定作用的因素，因而还是应当将其归属于有主导变量的因果关系类型。

对一个混合经济体整体考察，民间经济虽然处于基础地位，并且从最终根源上对公共经济起着决定作用，但在历史发展过程中，民间经济的发展变化绝大多数都可以从公共经济政策和制度方面找到原因，或者说是公共经济作为自变量导致的结果。这是因为，公共机构是人类依照分工规律创造出来、用以驾驭社会关系的工具，公共经济本质上体现着人类推动自身历史发展的主观能动性，公共经济制度与政策经常对经济社会发展轨迹起着主导作用。不仅如此，一旦公共经济制度和政策对民间经济乃至整个社会生产力起到极为严重的阻碍和破坏作用之时，代表社会生产力发展趋势的人民大众就会起来推翻制定实施恶性公共经济政策和制度的集团，从而发挥出民间经济作为孕育社会生产力主要源泉的最终自变量作用。这完全符合人民创造历史的历史唯物主义原理。

五、必然偶然法则

这一法则反映的是事物发展变化中必然性与偶然性之间的客观联系。对于事物发展变化来说，由内外部联系交互作用孕育而成的必然性是终极决定因素，是不可抗拒、必定要发生的趋势。但是，这种趋势在何时何处率先突破，需要有一定条件或一把启动钥匙，这把钥匙出现的具体时间和地点常常带有偶然性，或者说是一种偶然因素。当然，这种偶然因素在特定时间和特定地域产生，也有其必然性理由。

这一法则在公共经济运行发展过程中也有很多表现。例如，近代先进公共经济制度最早产生于英国，就是必然性与偶然性相互交织作用的结果。以民主机制为基础的公共经济制度取代以专制机制为基础的公共经济制度作为人类社会由低级向高级发展的进步趋势，具有历史必然性。但这种新制度取代旧制度的变革首先在哪里实现，则在很大程度上具有偶然性。在英国，由于作为国民主体的盎格鲁—撒克逊人从原始军事民主制度下走过来的时间尚不久远，存在较多的原始民主传统遗留，加之贵族在纳税方面没有豁免权，国王常常因为征税问题而受到联合起来的贵族阶层制约，致使由国王主导的御前会议逐步演化为对国王重大行动具有约束力的早期议会，并于1215年逼迫约翰王签署颁布了以明文契约约束国王权力、维护贵族经济政治权益的《大宪章》。尔后经过长时期较量，乃至代表资产阶级贵族利益的议会组成军队诉诸武力抗争，以人民名义处死查理一世，进而通过1688年的“光荣革命”用君主立宪形式的近代民主制度最终取代了君主专制制度，率先实现了公共经济核心机制的根本转变。在这里，原始民主传统的遗留和贵族纳税制度的存在，就是作为偶然因素与必然趋势相结合致使英国率先取得资产阶级革命成功、建立近代民主基础上的公共经济制度的关键所在。

在我国，有的省份之所以能够在较长一段时间内持续地成为率先自主推进以构建现代公共财政体系为目标的创新性改革探索者，也是必然性与偶然性相遇的结果。其必然性在于我国正处于由计划经济向市场经济转型阶段，财政体制由不规范的包干型向规范的分责分权分利型转变，财政支出结构由生产建设型向公共型转变，财政管理由忽视效率效果的粗放型向注重效率效果的精细型转变，从而使全方位构建现代公共财政体系成为一种必然趋向。然而，同样处于这种客观趋势之下，为什么在众多省区市之中只有为数寥寥的省份能够勇立潮头、披荆斩棘地长时期沿着构建现代公共财政体系的方向持续探索改革创新之路，并且相继取得一系列明显成效，成为众口皆碑的典范，乃是因为有偶然性因素发生作用所致。这里的偶然性不仅在于该省党政领导从大局着眼支持财政改革创新，更重要的是该省财政部门主要领导接力赛似地奉行重视改革创新方针，特别是有富于历史责任感、开拓创新精神和较高理论水平的谋士在不同的重要岗位上充当改革创新的设计师，能够以战略眼光和全球视野接续不断地研究拟定具有远见的改革创新方案，指导财政体制和财政管理改革由单项到多项、由局部到全局地步步深入、循序扩展，以至提出通过系统整合率先构建现代公共财政体系的总体改革构想。由于这种条件恰恰在某一省份具备，所以才得以成为“财政改革大省”。①

① 刘国旺：解读财政改革“大省”［N］．中国财经报，2008－12－15.

必然偶然法则告诉我们，要想在推进公共经济良治方面走得快、走得好，不仅需要顺应公共经济进步潮流而动，而且应当努力创造特有优势，充分利用这种偶然因素来助推必然进程加快推进。

第二节　公共经济运行与发展过程在唯物辩证法基本法则作用下的规律性

唯物辩证法的基本法则是指在支配事物发展变化过程中起核心作用的重要规律，主要包括对立统一、质变量变和否定之否定三大规律。

一、对立统一法则

毛泽东指出："事物的矛盾法则，即对立统一的法则，是唯物辩证法的最根本的法则。"① 提出这一命题的理由在于，对立统一法则是决定事物发展变化的根本原因，而辩证法的其他法则只是支配事物发展变化的某个侧面，并且缺乏对立统一法则的深刻性。这一法则包含有非常丰富的内容。

对立统一法则同样是支配公共经济发展变化的根本规律，从多方面支配着公共经济的运行与发展。公共经济领域存在多重矛盾，包括内部矛盾与外部矛盾、一般矛盾与特殊矛盾、主要矛盾与次要矛盾，每一对矛盾都有主要方面和次要方面。其中，主要矛盾是决定公共经济发展变化的主要原因，而矛盾的主要方面又决定着某一公共经济体的性质与功能，并且主要矛盾与次要矛盾、矛盾的主要方面与次要方面依据一定条件互相转化。

具体而言，公共经济的内部矛盾至少存在四个层次：一是生产关系与生产力之间的矛盾；二是生产关系内部公共经济终极主体与代理主体之间的矛盾；三是公共经济终极主体内部人人有责有权而又可能人人争权诿责的逻辑矛盾和不同利益集团之间的矛盾；四是公共经济代理主体内部横向各部门之间和纵向各层级之间的矛盾。公共经济的外部矛盾主要是公共经济与民间经济之间的矛盾。在公共经济内部四个层次矛盾中，基本矛盾是生产关系与生产力之间的矛盾，主要矛盾和矛盾的主要方面在不同公共经济体以及同一公共经济体的不同历史阶段存在重要差别而且是发展变化的。公共经济的内部矛盾是决定一个公共经济体发展变化的主要因素，其中主要矛盾又起着根本性的支配作用，矛盾的主要方面则决定着公共经济体的基本性质和主要功能。

---

① 毛泽东：矛盾论［A］．毛泽东选集第1卷［C］．北京：人民出版社，1966：274.

关于公共经济内部矛盾问题，齐守印在近年发表的两篇文章①中先后从不同角度和不同侧面做了深度分析。而公共经济外部矛盾规律作用问题，在上一节相关部分已有所涉及。这里侧重就公共经济的一般矛盾与特殊矛盾、主要矛盾及其主要方面做些分析。

公共经济的一般矛盾是指各种类型公共经济和同类公共经济不同发展阶段上普遍存在的矛盾，如公共物品供给与需求之间的矛盾、生产关系与生产力之间的矛盾、生产关系内部不同主体之间以及同一主体内部不同部分之间的矛盾。这些矛盾既有共同点，也有各自的特殊表现，属于各种类型公共经济中带有特殊性的普遍矛盾。除此而外，还有些矛盾，是某种公共经济体所特有而其他类型公共经济体所没有、并且与这种公共经济类型共生共灭的矛盾，因而属于纯粹的特殊矛盾。

公共经济的主要矛盾大多表现为生产关系内部终极主体与代理主体之间的矛盾。这一矛盾在决定公共经济体发展变化中起主导作用，其矛盾的主要方面也相应地决定公共经济的基本性质和主要功能。比如，在阶级社会中，通常都是本质上属于代理执行人的统治阶级凭借经济和政治上的优势在公共经济实际运行中反客为主，由公仆变为主人，成为矛盾的主要方面，致使公共经济的基本性质和主要功能发生异化，即由谋求社会全体成员的公共利益、满足全体社会成员公共需要异化为主要为统治阶级提供公共物品、谋取利益。资本主义社会进入现代阶段以后，由于没有资产、种族、性别限制的普选制和间接民主与直接民主相结合的现代民主制度逐步得到较为普遍的发展，致使公共经济的异化尽管还远未消除，但在程度上已经明显减轻。在以生产资料公有制为基础和以人民共和为主导的社会主义制度下，虽然公共经济发生异化的基础从根本上消除了，但由于封建制度遗毒影响、信息不对称、特别是民主政治机制不够完善等原因，依然存在一定程度上发生异化的可能，终极主体与代理主体之间的矛盾仍有可能成为公共经济的主要矛盾。只有在彻底消除公共经济发生异化的可能性之后，公共经济的主要矛盾才会比较稳定地转换为公共物品供给与需求之间的矛盾。

---

①　指发表在《河北大学学报：哲学社会科学版》2017 年第 1 期的《论公共经济生产方式及其优化路径》和发表在《财政研究》2017 年第 4 期的《基于公共经济内在矛盾的国家治理机制研究》。

二、量变质变法则

任何事物性质的变化都是由主要矛盾和矛盾的主要方面所决定的量变逐步积累到一定程度时而实现质变的转化过程。这样一种量的渐进性积累达到一定限度必然会导致质的突变性飞跃，就是量变质变法则。

在公共经济中，公共物品供给与需求之间的均衡、公共经济与民间经济之间的均衡，以及公共经济生产关系的变化等重要过程无不体现量变质变法则。这里仅公共物品供给与需求之间均衡为例进行分析。

公共物品的供给与相应的公共需求之间客观上存在一个彼此相互适应的均衡点。公共物品的供给曲线如果恰好在这一均衡点上与相应的公共物品需求曲线相交，就可以做到既能使公共需求得到满足又不存在资源浪费，从而实现资源配置的帕累托最优。否则，如果公共物品供给水平低于这个均衡点，就意味着民间经济主体和经济社会运行提出的公共需求未能得到满足；如果公共物品供给在这个均衡点基础上再继续添加任何一个增量，马上就突变为失衡，从而导致公共资源的浪费、公共经济效益的减损。这就是我国古代哲人强调中庸之道、认为“过犹不及”的道理所在。

公共物品供给不足，看似没有造成资源浪费，但其消极后果与其说不亚于公共物品供给过度，倒不如说可能更为致命。这种致命性后果尤其体现在制度、政策、法律类公共物品供给不足上面，特别是一些影响深远的制度、政策、法律类公共物品如果不能满足及时解决或提前预防经济社会发展过程中矛盾的需要，将会给整个经济体造成巨大甚至难以弥补的损失。这种情况在实践中表现得相当广泛。

例如，我国长期以来一直缺乏有效的知识产权保护制度和鼓励科技创新的政策，既不能充分调动民间经济实体和社会成员个人创新创造的积极性，也阻碍着科技成果及时向经济社会实践领域转化的速度，严重制约着科技创新、管理创新的步伐，致使我国大量生产企业因缺乏核心技术支撑而难以使其产品在国际市场上表现出持续保有和稳定增加销售份额的竞争力。由于这种情况比较普遍，使得我国虽然在一段时期内通过规模不断扩大的低端产品生产和两头在外的来样加工、来料加工而成为“世界工厂”，但经不起国际市场风吹草动和国内劳动力成本上升的冲击。

再如，我们在强调以经济建设为中心的同时，对资源合理开发持续利用和生态环境保护缺乏具有战略眼光且切实有效的制度、政策供给。直至党的十八大以后才真正摆上重要日程、以持续不断的高压态势加以严厉整治才得以明显好转。百尺高台，功亏一篑；千里之堤，溃于蚁穴。古今中外国家兴亡的众多历史案例和我们亲身经历的这些事实都有力地说明，在公共经济实践中重视量变质变规律的作用极为重要。公共经济的主导者必须高度重视保持公共物品供给与需求之间的均衡，时时以见微知著的高度警觉密切关注经济社会发展过程中已经存在或将要产生的各种风险因素，采取有力的现实手段及时解决已经存在的矛盾，及早采取预防措施将正在酝酿或已然显露的风险因素化解在尚未形成气候之前。既要自觉避免因为公共物品供给过度而引起经济效率损失，更要严格防止因至关重要的公共物品供给不足而导致经济社会乃至政治危机的系统性致命风险。

三、否定之否定法则

这一法则亦称“肯定否定规律”，用以揭示事物发展全过程曲折变化的总趋势。任何事物都是肯定方面和否定方面的对立统一体，其发展进程通常都是通过其自身的辩证否定实现的。当事物内部的肯定因素居于主导地位时，事物将保持现有的性质、特征和倾向；而当事物内部的否定因素战胜肯定因素而上升为矛盾的主导方面时，事物的性质、特征和趋势就会发生变化，致使旧事物转化为新事物。否定是对旧事物的质的根本否定，但不是对旧事物的简单抛弃，而是变革和继承相统一的扬弃。事物发展过程中的每一阶段都是对前一阶段的否定，同时它自身又被后一阶段再否定。经过否定之否定，事物运动完成一个发展周期，在更高阶段上再次出现初始阶段的某些特征，由此构成事物从低级到高级、从简单到复杂的周期性螺旋式上升和波浪式前进的发展过程，体现出事物发展的曲折性。否定之否定规律的具体表现形态是多种多样的。

在公共经济领域，否定之否定法则的支配作用也表现在多方面。这里仅以前面已经涉及的公共经济发展史为例。原始公社晚期就有了相对于家庭生产和消费的初始公共经济。例如，中国古代传说中炎帝神农氏尝百草创医药、创生农业栽培技术，轩辕黄帝统一天下、奠定中华、创制文字历法、发展农技医术、完善职官制度，大禹率民成功治理水患等。由于当时阶级分化与对立尚不突出，公共经济治理建立在公社成员相当简陋的民主决策与监督基础之上，唐尧在公务方面立诽谤之木接受百姓监督就在一定程度上反映了这种情况。接下来，随着私有制的发展，阶级分化、对立与冲突逐步升级，氏族部落首领借助在公共经济中的优势地位不仅将大批战俘作为奴隶占为己有，而且将部落领导职位的传递机制由禅让变为家族世袭（如尧传位于自己的儿子启），加之基于内外不可调和的阶级矛盾和部族冲突而常设武装、监狱以及其他公共事务的增加，一部分人脱离一般劳作专门负责完成公共事务，便出现了基于公共经济的特定社会分工，使国家制度取代氏族公社制度的同时，也使公共经济从单纯的公共事务演变出兼有阶级统治和公共服务二重性质，从而完成了第一步由肯定到否定的实质性发展变化。

再往后，经历时间长短不等的奴隶主和封建主专制时期，资产阶级随着资本主义生产方式的发展而登上政治舞台，导致公共经济生产关系因嵌入近代民主机制而使公共性成分逐步上升，拉开了公共经济本质第二个否定过程之幕。继之，伴随着无产阶级力量迅速增长而推行的公民普选制进一步扩展了公共经济运行机制中的民主选择成分，公共经济满足人民大众公共需求、实现人民大众公共利益的属性特征愈益强化。更进一步，随着社会主义革命和人民民主制度的建立与完善，公共经济异化的根源从根本上被消除，公共经济的本质将完全复归于服从人民大众公共利益。对此，恩格斯曾经指出："国家真正作为整个社会的代表所采取的第一个行动，即以社会的名义占有生产资料，同时也是它作为国家所采取的最后一个独立行动。那时，国家政权对社会关系的干预在各个领域将先后成为多余的事情而自行停止下来。那时，对人的统治将由对物的管理和对生产过程的领导所代替。"① 但这时的公共经济不仅比重、内涵已经扩大到与原始公社时期不可同日而语的程度，而且这时作为公共经济终极主人的人民大众与处于蒙昧时代的原始公社成员相比，驾驭公共经济的觉悟和能力也有了天壤之别。公共经济核心内容即将完成的这一历史周期发展变化，完全符合否定之否定的辩证发展逻辑，是唯物辩证法基本规律在社会领域发挥支配作用的一种生动体现。

历史唯物主义是唯物辩证法在社会历史领域的具体贯彻和表现。公共经济作为一种重要的社会历史活动，既服从唯物辩证法规律，更受到历史唯物主义规律的直接支配。历史唯物主义基本规律主要包括生产方式内部生产关系与生产力之间矛盾运动、经济基础与上层建筑之间的矛盾运动和社会活动主体内部矛盾运动三方面规律。这三大规律对公共经济运行与发展过程的支

① 恩格斯：社会主义从空想到科学的发展［A］．马克思恩格斯选集第3卷［C］．北京：人民出版社，1995：755.

配作用无可争辩。但鉴于本书第三篇第二章对公共经济生产方式中生产关系与生产力之间、社会活动主体内部的矛盾运动规律问题已做阐述，而公共经济本身则属于历史唯物论中的上层建筑范畴，它与民间经济之间在相互联系基础上的相互作用类似于历史唯物主义第二大规律发挥支配作用的过程，所以，在这里不再重复。

第三十二章　作为经济学一般法则体现于公共经济领域的规律性

公共经济是混合经济体的两大部门之一，经济学揭示和阐述的许多规律在公共经济中同样发挥作用，但其具体表现形式具有自身特点。这里择其要者试作分析。

第一节　分工规律

以劳动分工求取更高效率是经济活动中的一种必然趋势，即分工规律。人类社会在追求经济效率动机的驱使下，先后发生过若干次社会成员劳动领域和产业部门的大分工，包括有畜群的游牧部落和从事农产品种植的部落从其他部落中分离出来，手工业从包括种植业和畜牧业在内的广义农业中分离出来，商业从广义农业和手工业中分离出来。每一次社会大分工都带来整个社会劳动生产率大提高，从而大大加快了人类社会物质文明和精神文明的进步过程。分工规律在民间经济中的作用机理就是通过专业化提高劳动生产率，从而提高经济效益和市场竞争力。分工规律对民间经济活动的支配作用，既表现在企业以及其他民间社会团体中管理劳动与一般生产劳动的分工、一般劳动在不同车间和不同工艺流程之间的分工日趋细密与复杂，又表现为不同部门、不同地域和不同国别之间的产业、产品生产布局的分工。

公共经济本身也是社会分工的产物。对此，马克思从内在必然性角度分析道："在任何社会……中，总是可以区分出劳动的两个部分，一部分产品直接由生产者及其家属用于个人消费，另一部分即始终是剩余劳动的那部分产品，总是用来满足一般的社会需要，而不论这种剩余产品怎样分配，也不问执行这种社会需要的代表的职能。"[①] 马克思在这里是从个人必要劳动与剩余劳动、个人必要产品与剩余产品分别满足不同性质的需要的角度来分析公共

① 马克思：资本论第3卷［M］．北京：人民出版社，1975：992－993.

经济存在的社会必要性的。他在另一处则从公共利益和公共物品角度指出了公共经济在现实社会中的具体表现："每一种共同的利益，都立即脱离社会而作为一个最高的普遍的利益来与社会相对立，都从社会成员自己行动的范围中划分出来而成为政府活动的对象——从某一村镇的桥梁、校舍和公共财产起，直到法国的铁路、国有资产和国立大学止。"① 因为，政府无疑是总体代表性的公共部门，而桥梁、校舍、铁路、国立大学和国有资产等则是政府作为公共部门开展经济活动所提供的公共物品。恩格斯1890年在给康德拉·施密特的一封信中也指出："社会承受着它所不可缺少的某些共同职能。被指定去执行这种职能的人，就形成社会内部分工的新部门。"②

在公共经济内部，分工规律同样支配着公职人员在不同岗位、不同部门之间的配置，致使整个公共经济机构在横向上分化为众多的专业化部门、在纵向上分化为众多层级。具体包括四个层次：一是每个公共经济单位内部首脑机关与所属各职能部门之间、领导岗位和一般事务岗位之间的工作分工；二是基于提供不同公共物品种类和公共事务的同级公共部门之间的横向分工；三是一个国家或地区基于地域管辖或公共物品受益范围的各层级公共机构之间的纵向分工③；四是各层公共机构最高级公共经济责权主体基于不同职能的政治性分工。只有在内部各层级和各侧面分工合理的情况下，整个公共经济体才有可能井然有序、有条不紊地运转，从而为提高公共经济效率奠定基本的组织基础。由此可见，分工规律是驱使公共经济体中形成纵横交错内部联系的基础因素，按照分工规律"设官分职"是古今中外所有世代所有国家或地区公共经济的一项基础性工作，系统构建科学合理的公共经济体制理应以分工规律作为基本指南。

第二节 价值规律

价值规律是商品价值由社会必要劳动时间决定、商品价格围绕价值上下

① 马克思：路易·波拿巴的雾月十八日［A］．马克思恩格斯选集第1卷［C］．北京：人民出版社，1972：692.

② 马克思恩格斯资本论书信集［M］．北京：人民出版社，1976：504.

③ 马克思在其《法兰西内战初稿》中就曾论及社会公共机构体系中横向和纵向分工问题，指出：国家政权中"以实行系统分工和等级分工的国家政权的计划调节"。——马克思恩格斯选集第3卷［M］．北京：人民出版社，1995：91.

波动的客观趋势。它作为商品经济的一般规律，是与其相关的供求规律、价值规律和逐利规律发挥作用的基础：市场供求关系最终要依靠价值规律的调节实现均衡，商品生产者之间竞争取胜的根本机理在于通过改进技术和管理使自己生产商品的个别价值低于社会平均价值而获得超额利润；商品生产和经营者追逐利润的目标也只能在遵循价值规律的前提下才能实现，靠贱卖贵卖获利只是虚幻的表象。正如马克思指出的：商品交易是相互的，相互贱买贵卖属于零和博弈，因为商品生产者或经营者在市场活动中一般既是卖者又是买者，他在售卖商品时赚到的钱将在购买商品时失去，最终不会赚到钱。这些都是价值规律在微观经济层面发挥作用的表现。

价值规律对一个经济体宏观层面的支配作用，表现为整个社会必要劳动时间总量或全部经济资源在不同物品生产上配置比例的客观性。马克思指出："事实上价值规律所影响的不是个别商品或个别物品，而总是各个特殊的因分工而相互独立的社会生产领域的总产品；因此，不仅在每一个商品上只使用必要的劳动时间，而且在社会总劳动时间中，也只把必要的比例量使用在不同类的商品上。这是因为，条件仍然是使用价值。但是，如果是个别商品的使用价值取决于该商品是否满足一种需要，那么，社会商品总量的使用价值就取决于这个总量是否适合于社会对每种特殊产品的特定数量的需要，从而劳动是否根据这种特定数量的社会需要按比例地分配在不同生产领域……在这里，社会需要，即社会规模的使用价值，对社会总劳动时间分别用在各个特殊生产领域的份额来说，是有决定意义的……社会劳动时间可分别用在各个特殊生产领域的份额的这个数量界限，不过是整个价值规律进一步发展的表现，虽然社会必要劳动时间在这里包含着另一种意义。为了满足社会需要，只有这样多的劳动时间才是必要的。在这里，界限是通过使用价值表现出来的。社会在一定生产条件下，只能把它的总劳动时间中这样多的劳动时间用在这样一种产品上。"① 马克思在这里所论述的社会必要劳动时间总量在不同种类产品生产上配置比例的客观性，作为价值规律对全部社会经济资源配置结构发挥支配作用的表现，其涵盖范围毫无疑问既包括民间经济部门生产的私人物品，也包括公共部门主导提供的公共物品。据此究实而论，马克思在这段论述中对公共物品最佳供给结构局部均衡和公私物品供需一般均衡条件

① 马克思：资本论第3卷［M］. 北京：人民出版社，1975：716－717.

的阐述，不仅在层次上更深刻、表达得更清晰，而且比起目前有关文献所载其他经济学家的相关论述在时间上也早得多；如果说有不足之处的话，那就是马克思没有使用后来时髦于西方经济学界的那种貌似精妙而实际上却很难通过获取确切数据加以精确计算证明的数理公式而已。

当然，由于公共经济交换过程固有的特殊性，价值规律在公共经济实际运行过程中发挥支配作用，不可能像在民间经济领域那样采取价格围绕价值上下波动的方式。在公共物品供给与相应需求出现失衡的情况下，社会公共机构总体上既不会由于某类公共物品供给不足就面对社会公众提高这种公共物品的“价格”，也不会因为某类公共物品出现了过度供给的情况而相应地降低它的“价格”，而只能是依据相关信息通过公共物品提供计划的制定和作为公共经济资源配置计划的政府预算安排对不同公共部门资源配置量加以增减来动态地实现。这是因为公共物品的“价格”不是由自发的商品市场机制决定，而是由公共经济不同主体之间通过政治市场确定的。这也充分体现出公共经济及其执行主体——长期以来一直表现为国家机器的社会公共机构，作为人类自发创造出来用以驾驭自己经济生活和社会关系的工具①必须维护社会公共利益而不能见机谋利的属性。

第三节　供求规律

商品和非商品性产品的供给与需求作为一对矛盾中相互依存的两个方面，借助于某种机制（如市场或计划）相互作用，由均衡走向失衡，再由失衡走向均衡的必然性，就是供求规律。在商品经济条件下，这种必然性以价值规律作用为基础，以市场价格围绕价值上下波动及其对商品生产者和购买者的利益影响为媒介机制，从总量和结构两个方面调节商品供给与需求之间的平衡过程。

供求规律在公共经济中同样发挥作用，但作用形式、媒介和机理与在商

---

① 恩格斯为《法兰西内战》1891 年单行本写的导言中指出：“以往国家的特征是什么？社会为了维护共同的利益，最初通过简单的分工建立了一些特殊的机关。但是，随着时间的推移，这些机关——为首的是国家政权——为了追求自己的特殊利益，从社会的公仆变成的社会的主人……在美国，我们可以最清楚地看到，本来只应为社会充当工具的国家政权怎样脱离社会而独立化。”——马克思恩格斯选集第 3 卷［M］．北京：人民出版社，1995：12.

品经济中有明显差别。在人类追求满足需求欲望的驱使下，公共物品供求总量和结构两个方面客观上也都倾向于实现均衡，这是一种客观趋势。但这种均衡不仅具有相对性，而且稍纵即逝，因为供给和需求双方无时无刻不处于绝对变化之中，以致公共物品供求总量和结构即使一时达成了均衡，也很快就会发生偏离而滑向失衡。尔后，在公共经济性质没有发生异化或者虽然存在不同程度的异化但存在不同压力机制的条件下，公共经济主体总是要通过再次努力去设法重新恢复公共物品的供求均衡。如此循环往复，以至无穷。

对于属性特征不同的公共物品而言，供求规律的作用机理大相异趣。由于提供纯公共物品所需资源不是采取分类对应的方式筹措，而是采取“一揽子交易”方式统一做出征集计划，然后再通过综合性分配计划分别配置不同的公共物品，所以，在一定时段内难以通过一对一的“价格”机制缓解供求失衡，而必须通过一年一度的公共物品提供计划和相应的公共经济财务预算，或者在总量充足只是结构上有余缺的情况下通过调节用于不同公共物品的资源份额，或者在资源总量不敷需要的情况下通过提高公共物品整体“价格”即增加税费征缴总量，来相对迟滞地实现公共物品的供求均衡。与此不同，对于那些实行使用者付费机制的拥挤性公共物品，为实现其供求总量均衡，则可以仿照市场调节机制，通过在一定时段内适当提高相关公共物品“价格”的方法来暂时缓解供求失衡。

第四节　竞争规律

在商品经济中，竞争规律起着广泛的调节作用。例如，商品生产者之间为获取超额利润和增加市场占有率，而在改进生产技术装备、工艺、方法与管理水平、定价策略方面开展竞争；商品经营者出于同样的目的，通过改进经营模式、服务质量和运输仓储方式等开展竞争；商品购买者通过出价水平、策略和优选购买时机等方式同卖者和其他买者开展竞争，等等。竞争规律同样是以价值规律为基础发挥作用，或者说它本身不过是价值规律发挥调节作用的一种展开形式。在保持合理秩序和没有其他因素干扰的前提下，竞争规律引起的优胜劣汰机制，推动着资源配置效率不断提高，客观上成为促进社会生产力发展的重要动力。

在公共经济中，竞争规律将以别样的媒介机制发挥调节作用。满足同一种公共需求的不同公共物品具体形式和提供方式的竞争，将促进公共经济活动效率不断提高；而不同经济体之间围绕公共经济制度、政策理性度的竞争，则支配着公共经济制度、政策及其制定和执行主体的优胜劣汰选择过程，左右着不同经济体的盛衰兴亡，从而对整个人类社会经济、政治和文化发展进步发挥着不可估量的促进功能。

竞争规律在公共经济中发挥支配作用的另一种重要途径，是同一经济体内不同区域地方政府之间围绕公共物品种类、质量和成本而进行的竞争。但是，在不同的公共经济制度下，地方政府间开展竞争的动机和效果存在很大差别。

一种公共经济制度的基本要素是：整个经济体内市场统一程度很高，国民和资本在区域间流动阻力较小，公民拥有较为充分的政治权利。在这样的公共经济制度下，由于各政党能否上台执政主要取决于公民的政治支持度，作为选民的人民大众既可以在周期性的议会和行政首脑选举中以手投票，也可以通过自由迁徙“以脚投票”，从而形成对各政党优化公共经济政策与管理的压力。在各政党希望执政的内在动力和公民两种投票机制的外部压力之下，地位平行的各个地方政府之间就会形成一种围绕改善公共物品供给和降低公共物品成本的持久性竞争。不论哪个政党希望通过竞选获取在一个地方政府执政的机会，或者正在执政但希望继续留在政治舞台，都会基于争取选民政治支持的切身利益考虑，在公共经济活动中努力按照公民大众的意愿，一方面尽可能改善公共物品的供给结构和质量，以更好地满足民众的公共需求；另一方面，又要通过提高公共经济资源的配置和使用效率，尽可能降低公共物品的提供成本，从而减轻选区公民的税费负担。这样一种公共经济内部竞争机制，显然既非常有利于增进人民大众基于公共物品供给不断优化和抑制税费负担加重的公共福祉，也非常有利于改善投资营商的基础设施和外部环境。

另一种公共经济制度的基本要素是：经济体内市场统一程度相对较差，劳动力和资本在区域间自由流动难度较大，公民对公共经济决策的政治参与度较低，地方政权机构中领导职务人选主要由上级机构通过考察获得的政绩指标等因素选择确定，人民群众对公共经济的满意度虽然也是一个重要参考因素，但不会对上级机构权衡确定地方政权机构领导人选产生决定性影响。毫无疑问，在这种内在要素结构的公共经济制度中，政绩考核指标、上级机构考察乃至辖区公民满意度等要素对地方政府丰富公共物品供给结构、提高公共物品供给质量和降低公共经济成本也有较强的激励功能，也能在一定程度上激发地方政府领导努力改善公共经济绩效的内在动力，形成地方政府之间围绕提高公共经济投入产出绩效的竞争机制，或者说竞争规律也能以高强度发挥支配作用，从而在促进经济社会发展方面取得举世瞩目的成就。

但在上述这两种地方政府竞争的制度环境下，竞争规律的作用机理及其效果存在明显的差异性。在第一种公共经济制度下，地方政府之间在追求公共经济绩效方面的竞争动力，主要来自政党谋求执政的内在动机和公民大众"以手投票""以脚投票"的外部压力，公民政治参与机制比较完善，迫使地方政府必须以服务者身份眼睛向下，悉心听取服务对象对公共物品的诉求，然后依据这种诉求努力改善公共物品供给的结构质量并以尽可能减轻公民负担为取向来确定公共资源筹措强度，其效果的满意度完全取决于民众的评判，最终通过民众"以手投票"和"以脚投票"的结果见分晓。在这种竞争机制下，不仅公共经济投入产出绩效比较实在可感，而且有利于培育民众作为公共经济终极主体的主人翁意识逐步成长，不断促进民主选择机制趋向完善。但是，由于民众往往更加关注近期利益的增减，较为容易诱发地方政府在公共经济投入和产出方面的短期行为，从而不同程度地损害民众的长期公共利益；同时，公民通过政治程序"以手投票"形成的选择结果也可能由于信息不对称和少数服从多数的民主规则而导致选择失误或者侵害少数人的利益。

与此不同，在第二种制度环境下，地方政府之间追求公共经济绩效的竞争动力，主要来自上级机构拟定的政绩考核指标、上级领导的主观评判乃至好恶和职务任免考察，民众对公共经济绩效的满意度高低在职务任免中的实际权重具有很大弹性，由此导致竞争规律作用的客观效果具有较多的不确定性，甚至极易滋生基于地方政府官员道德风险的重大隐患。其中的不确定性主要在于：一是政绩考核指标本身的科学性高低难以确定。如果科学性较低，那么，必然导致地方政府行为取向出现或大或小的偏差，比如过分注重发展而忽视环境保护和资源利用的可持续性，或者为取得一时政绩而不惜过度负债，从而留下较大的公共财务潜在风险。二是政绩考核和任免考察程序的科学性高低，以及考核和考察结果对地方政府领导职务任免的实际作用大小难以把握。如果考核考察机制和人选的最终确定机制中存在较大的人为操作空间，势必导致考核和考察结果失真或者真实政绩情况对职务任免作用微乎其微，从而诱导地方公共机构的领导人不以追求真实的公共经济绩效为重，而重在借助人际关系通过人为操作获取更好的绩效评价或者干脆以各种方式贿赂对职务任免起决定作用的上级领导求取职务晋升。这样，竞争导向就会被完全扭曲，不仅会使地方政府改善公共经济绩效的竞争因徒具形式而失效，而且将形成公共经济执行机构领导者选择的逆向淘汰机制，从而降低公共经济生产力主要构成部件的素质。三是容易对公共经济选择机制产生恶化影响。这种竞争机制极易诱导地方公共机构负责人眼睛向上，偏重于争取上级机构特别是上级机构中对职务任免起决定作用的领导人满意，而只将满足民众公共需求作为口号或作为追求短期表面政绩的挡箭牌，久而久之，势必挫伤人民大众政治参与的积极性，逐步加剧公民大众的政治冷淡倾向，从而对民主政治发展造成严重的不利影响。

如何有效地减少地方政府竞争机制中引起负面效应的这些不确定因素，是第二种公共经济制度需要认真解决的关键问题或者说是面临的根本性挑战。解决问题的办法主要应在完善政绩考核指标、强化用人和考察责任追究制、发展民主参与和强化监督机制方面下功夫、做文章，其中最重要的是切实不断推进民主政治制度的发展与完善，发挥公共经济终极主体对代理主体的约束和监督作用。正如马克思在论巴黎公社经验时所指出的："现在，普选权已被应用于它的真正目的：由各公社选举它们的行政的和创制法律的公务员。""以随时可以罢免的勤务员代替骑在人民头上作威作福的老爷们，以真正的责任制来代替虚伪的责任制，因为这些勤务员总是在公众监督之下进行工作的。"①

第五节　逐利规律

逐利规律是指实施经济行为的经济活动当事人以谋取自身利益为首要动机的必然性。马克思在《第六届莱茵省议会的辩论》中指出："人们的奋斗所争取的一切，都同他们的利益有关。"② 对于这一规律，不仅西方主流经济学鼻祖亚当·斯密以其"经济人假设"给出了解读，实际上中外不少思想家早在古代就有较为清醒的认识和许多相当明确的表述，尽管他们之间也存在歧见。

就中国而言，2300 多年前，著名思想家荀况（约前 313 年—前 238 年）

---

① 马克思：法兰西内战初稿［A］．马克思恩格斯选集第 3 卷［C］．北京：人民出版社，1995：96.

② 马克思：第六届莱茵省议会的辩论第一篇论文［A］．马克思恩格斯全集第 1 卷［C］．北京：人民出版社，1956：82.

就在其所著的《性恶》篇中指出："今人之性，生而又好利焉。"[①] 其后，西汉著名史学家司马迁（约前145年—前86年）也在其名著《史记》中指出："天下熙熙，皆为利来；天下攘攘，皆为利往。""富者，人之情性，所不学而俱欲者也。"[②] 这些论述比亚当·斯密的"经济人假设"理论早了2000—1800年。在此需要辨析之处在于，中国古代哲人提出人生而存有好利之性和在经济活动中为利益奔波，并不等于否定人存在良心与善意。亚当·斯密也是一样，他虽然指出人在经济活动中必然以谋求利益为出发点，但并非认为"经济人"一定会唯利是图，甚至不妨碍"经济人"在其他社会事物方面富于同情心和正义感。

中西伟大思想家所揭示的人们从事经济社会活动必然以谋取自身利益为内在动机，由于在社会生产力尚未高度发达、社会财富尚未充分涌流条件下具有不可移易的客观必然性，故可称之为规律，即逐利规律。在劳动仍为谋生手段、财富仍是人们快乐与发展基础的历史阶段上，假如没有这一规律起作用，经济社会运行与发展必将由于失去动能而陷于沉寂，前面所述的价值规律、供求规律、价值规律都会因之而失去发挥作用的基础。如果从理论上否认这一规律，那么，原始社会解体以后到目前为止的一切民间经济活动将无法解释，所谓产权理论和制度经济学也会失去意义。

诺贝尔经济学奖获得者、美国经济学家詹姆斯·M. 布坎南将"经济人假设"创造性地运用于公共领域各种活动主体行为的分析，并且作为其公共选择理论的基石。他指出："如果把参与市场关系的个人当作效用最大化者，那么，当个人在非市场内行动时，似乎没有理由假定个人的动机发生了变化。至少存在一个有用的假定，即当人由一个市场中的买者或卖者转变为政治市场中的投票人、纳税人、受益人、政治家或官员时，他的品行不会发生变化。"[③] 应当说，这一推理在逻辑上是没有任何问题的，因为在现实社会中大多数人无不如此；尽管不能由此否认历史和现实中都不乏为了社会公共利益或伸张正义而不惜牺牲个人利益乃至宝贵生命的人，这种人由于具有超凡脱俗、难能可贵的高尚情操而赢得颂扬、名垂青史，但在历史和现实中始终只

---

① 荀况：荀子·性恶［M］.

② 司马迁：史记·货殖列传［M］.

③ 詹姆斯·M. 布坎南：宪法经济学［J］. 经济学动态，1992（4）.

占极少数，从而不能作为解释由大多数人参与形成的普遍性经济社会活动的依据。不这样看问题，既无法解释公共经济中存在显著失灵甚至滋生各种腐败行为的根源，也无法解释为什么在公共经济中需要强化责任制、责任追究制、监督控制机制并扎紧制度篱笆。

正确的态度是，以如实承认逐利规律为前提，以辩证而全面地认识它对经济、社会、政治运行与发展的正反面作用为基础，自觉地按照因势利导的原则，通过科学设计制度、法律、规章等相关规范机制，在充分发挥这一规律的积极功能同时，尽可能防范和避免其消极作用。布坎南之所以能够凭借由其主导提出的公共选择理论获得诺贝尔经济学奖，恐怕不是因为他基于这一理论分析而对政府职能作用产生怀疑、得出政府不可信任的悲观结论，而是因为他以公共选择理论揭示政府失灵机理，努力寻求通过完善公共选择机制来克服政府失灵的途径，从而不仅对经济理论发展做出贡献，而且有利于在实践层面更好地利用政府干预机制来增进人类福祉。

第三十三章　基于公共经济自身属性的特殊规律

公共经济作为混合经济体中的一个组成部分，由于其生产方式内部矛盾和再生产过程具有特殊性，必然产生和存在一些支配自身运行与发展的特殊规律。当然，就其实质而言，这些规律也是唯物辩证法一般规律在公共经济领域中的特定实现形式。

第一节　追求增进公共利益和公共福利的规律

人类活动或行为都是有目的或动机的，目的决定手段、动机支配行为，这是一种无可怀疑的内在联系。上面提到的逐利规律，是在所有经济活动中发挥基础动力作用的规律，它在公共经济活动领域中具体表现为追求增进公共利益和公共福利的规律。

将追求增进公共利益和公共福利称之为规律，根本理由不仅在于它是所有公共经济体在所有发展阶段始终存在或反复出现的一种内在趋势，而且因为它是在公共经济活动中起着根本动力作用的一种客观必然性，从而是公共经济的特有规律和区分公共部门与私人部门的内在尺度。按照亚当·斯密所言，私人部门经济活动虽然以谋取个人利益为直接目的，然而，借助于市场这只“无形的手”最终会给社会和他人带来好处。与此截然不同，公共经济的直接目的和存在价值就在于谋取公共利益和公共福利的增加。这就是之所以二者中一个被称为“私人部门”而另一个被称为“公共部门”的根本原因所在。

追求增进公共利益和公共福利之所以成为公共经济的特有规律，是由公共经济内部诸要素的本质属性所决定的。如前所述，公共经济的终极主体是社会公众，受托代理主体是公共机构，公共机构的核心职能是提供公共物品、满足公共需求，完成受托任务所凭借的是由社会公众让渡形成的公共权力，决策机制本质上应是公共选择。公共经济内部构成要素中的这一系列“公共”，其核心内容都是公共利益和公共福利，公共经济内部构成要素这五个“公共”集中在一起共同决定了公共经济必须以追求增进公共利益和公共福利为根本目标，从而充分体现出这一根本目的具有内在的客观必然性。这种客观必然性，还可以通过以下三个外部标志得到证明：一是古今中外所有政权机构的核心领导集团无论或真或假都不得不宣称自己以谋取公共利益和公共福利为宗旨，其制定和执行的公共经济政策无不以直接或间接增进公共利益为理由，尽管他们大多只是口头上这么说，实际上既不一定这样想也不一定这么做，或者只能部分地做到；二是在政府首脑通过普选机制产生的国家，总统或地方行政首长候选人在竞选演说中提出的政策主张无不声称要解决社会公众最紧迫的诉求或从哪些方面改善公民大众的共同福利，以期实现赢取广大选民更多选票而胜出的目标；三是，古今中外著名政治、经济和公共伦理领域的思想家和理论家关于国家或政府职能的论说不绝如缕，尽管具体表述有别，而就其核心内涵而言，无一不将国家或政府的根本功能或目标归结为维护公共利益、增进公共福利、让人民大众过上幸福生活。[①] 何以如此？根本原因就在于，尽管他们既不一定读过孔夫子最早阐述的“水可载舟，亦可

---

① 中国古今名人的相关论述很多。如姜尚：“天下非一人之天下，乃天下之天下也。同天下之利者得天下……与人同忧同乐，同好恶……道之所在，天下归之。”——①引自六韬·武略·顺启第十六［M］. 管仲：“凡治国之道，必先富民。”“政之所兴在顺民心，政之所废在逆民心。”——②引自《管子·治国》《管子·牧民》. 孔丘：“大道之行也，天下为公。”——③引自戴德、戴圣：大同·礼运［M］. 丘濬：“利国之道于利民得之。”——引自大学衍义补卷20［M］. 总论理财之道；孙中山：“天下为公”；毛泽东：“全心全意为人民服务”；习近平：“我们党和政府做一切工作的出发点、落脚点都是让人民过上好日子”。

西方哲人的相关论述也一以贯之，从亚里士多德的《政治学》到洛克的《政府论》，再到罗尔斯的《正义论》，都强调国家的目的是维护民众的公共利益。亚里士多德在其《政治学》一书中认为，国家的宗旨不限于维护法律和秩序、抵御外敌和保护生命，它的职责是让公民们在一种完善的共同生活中过幸福生活，并且以能否为国民谋求公共福利作为衡量政体优劣的根本标准；洛克在其《政府论》中认为，契约性“政府的权力在最大范围内，以维护社会的公众福利为限”。——④引自洛克：政府论［M］. 北京：商务印书馆，1996：86；罗尔斯在其《正义论》一书中主张，国家通过制定和实施一整套公共规则体系来维护社会正义为主要内容的公共利益。

翻开大部分西方经济学家的著作，开宗明义就讲本书将研究政府如何发挥为社会谋求公共利益或公共福利职能问题。例如，最先出版《财政学》的18世纪德国官房学派经济学家尤斯蒂（1720年－1771年）认为，国家的“目的在于求得共同福利”，主张以追求公共幸福作为国家干预经济的基本出发点。再如，英国经济学家、哲学家大卫·休谟（1711年－1776年）在其《人性论》一书中指出，人民通过社会契约建立的政府主要职能是维护基于“交互利益”的“公共利益”。——⑤引自休谟：人性论［M］. 北京：商务印书馆，1981：536。至于以英国经济学家庇古为先驱的福利经济学派，则更是将国家充分发挥增进国民公共福利的职能作为主要研究内容。

覆舟”这一合乎天道之理，也未曾认真学过圣人先贤关于国家和政府以增进民众公共利益和公共福利为准则的名言，但都会从历史教训中隐约懂得公民大众人心所向乃是政权存亡之基，而赢得公民大众之心则必须在一定程度上实实在在地维护其公共利益、增进其公共福利。正如恩格斯所指出：“问题在于确定这样的事实：政治统治到处是以执行某种社会职能为基础，而且政治统治只有在它执行了它的这种社会职能时，才能持续下去。不管在波斯和印度兴起和衰落下去的专制政府有多少，它们中间每一个都知道自己首先是河谷灌溉的总的经营者，在那里，如果没有灌溉，农业是不可能进行的。”[①] 在这段论述中，河谷灌溉就是一种公共利益，即使专制政府也必须维护这种公共利益，否则，它本身就难以持续下去。

至于每个时代每个国家的公共机构在具体公共经济活动中能够在多大程度上遵循以增进公共利益和公共福利为目标这一规律，则是大不相同的。总体来说，在国家作为阶级统治工具的时代和国度里，这一规律在实际公共经济活动中发挥的支配作用要小一些；而在民众真正当家作主的时代和国度里，这一规律在实际公共经济活动中发挥的支配作用则要充分得多。

不同时代和不同国度里这一规律发挥支配作用的程度存在差别，是服从或者符合一种规律的。这个规律就是前面所讲的公共经济内部主要矛盾和矛盾的主要方面决定公共经济性质的必然性。根据这一内部矛盾规律，公共经济以增进公共利益和公共福利为目标这一规律发挥支配作用的强度，总体上必然是与人民大众作为终极主体在公共经济生产关系中所处地位高低暨人民民主的真实和充分程度成正比，而与剥削阶级集团对公共经济受托代理机构的控制程度成反比。或者借用系统论原理解释，对于公共经济而言，同样是结构决定功能：一个公共经济体的生产关系中终极主体与受托代理主体相互间的地位结构如何，决定着该公共经济体对公共利益和公共福利增进功能的强弱，或者说在何种程度上遵循以增进公共利益和公共福利为目的的规律。据此不难推论，通过积极发展人民民主政治来改善公共选择机制、优化公共经济生产关系，乃是确保公共经济在更高程度上发挥增进公共利益和公共福利这一规律支配作用的必由之路。

---

① 恩格斯：反杜林论［A］．马克思恩格斯选集第3卷［C］．北京：人民出版社，1972：218.

第二节 公共经济规模持续扩大规律

统计数据显示，从较长时期考察，各国公共经济无不呈现出持续增长的客观趋势。早在19世纪80年代，德国著名经济学家阿道夫·瓦格纳就根据对欧洲、日本、美国等许多国家公共支出资料进行的实证分析得出财政收入总体上比国民收入增长更快，因而随着人均国民收入的增加，财政支出占GNP的比重将会出现逐步升高的趋势。这一趋势被后人定名为“瓦格纳定律”，又称为“政府活动扩张法则”。瓦格纳将导致政府支出占比提升的因素归结为经济和政治两个方面。其中，经济因素主要是工业发展带来人口居住密集化，因而需要增加公共部门进行管理；政治因素主要是工业化引起市场活动当事人之间关系更为复杂，致使商业法律和契约纠纷增加，从而加大了社会对治安和司法服务的公共需求，因而需要相应增加社会治安和司法部门等公共机构。此后，城市化水平持续提高引起的拥挤性进一步突出，市场失灵和外部性因素不断增多，公共教育、科技文化、医疗卫生、社会保障等在福利国家政策影响下也越来越多地进入政府提供公共物品的行列等因素，推动着财政收支在GDP中占比进一步提升。从瓦格纳概括提出这一法则到现在130多年的历史发展和相关统计数据，进一步证实了公共经济在社会总资源中占比持续稳定上升趋势的客观性。据有关资料，欧美许多发达国家财政收入对国民生产总值的占比从19世纪末20世纪初的10%左右逐步上升到20世纪70年代后期的30%—50%，其后继续呈上升趋势。[①] 具体数值如下表所示：

实际上，财政收支在GDP中占比只是从社会资源占用比例角度反映公共经济发展趋势的间接指标，其背后的实体经济内容更为丰富，包括公共物品

---

① 马斯格雷夫指出：“回顾西方世界在20世纪走过的历程时，就会发现公共部门的增长已经成为西方世界在20世纪决定性的特征。在工业化国家通过预算流走的GNP份额从20世纪初的大约10%上升至20世纪末的40%的平均水平，从最低水平的大约30%（日本、澳大利亚和美国）一直到最高水平国家的60%左右（法国、丹麦和瑞典）。虽然公共部门的大多数扩张发生在20世纪后半期，而且各个国家以不同速度扩张，但是这个公共部门增长趋势在西方世界一直保持着。”——引自布坎南、马斯格雷夫：公共财政与公共选择：两种截然不同的国家观［M］．北京：中国财政经济出版社，2000：48.

品种增加、公共部门活动范围扩大、民间经济主体的公共需求得到更多满足、公民享有的公共福利水平更高、经济运行与发展的外部条件获得改善等。如果可以把相关数据统计得更为丰富和细密的话，借助于后面这些体现实体内容的具体指标数据，相比于财政收支在GNP或GDP中的所占比重，将能在更深层次上反映公共经济规模扩大趋势。公共经济规模扩张规律如下图所示：

马斯格雷夫在瓦格纳定律基础上，从动态视角进一步揭示了财政支出结构伴随总量增长而演进的趋势。他首先将财政支出分为军用和民用两大类，进而分析了在经济发展初期、中期、成熟期三个阶段上民用支出中积累、消费、转移支出占比结构递进变化的规律性，并阐述了其中的原因。在经济发展初期，由于交通、通信、水利等基础设施具有极大的外部效应，而且资本投入规模大、周期长、收益小，私人部门不愿或不能为，鉴于这些基础设施建设既影响整个国民经济发展，也影响私人部门生产性投资效益，政府着眼于为经济发展创造良好的投资环境，克服可能出现的基础设施“瓶颈”效应，需要加大投资力度，必然导致公共积累支出在总支出中占比较高。进入经济发展中期以后，因为私人部门的资本积累已较为雄厚，各项基础设施建设也已基本完成，政府在该领域这只需对私人投资加以适当补充，致使公共积累支出增长率暂时放慢、在总支出中占比也相应下降，而教育、卫生、社会保障等公共消费性支出增长较快、占比相应上升。而当经济进入成熟期，随着人均收入的进一步增长，人们对生活质量提出更高要求，用于更新基础设施的政府投资增长率又可能回升。马斯格雷夫从财政支出结构方面对“瓦格纳定律”内涵所做的扩展，对政府依据这一规律适时调整公共经济政策具有指导意义。

从瓦格纳和马斯格雷夫先后对财政收入在GDP中占比提高趋势的原因分析中不难看出，这一趋势乃是在社会生产力发展基础上经济社会关系复杂化和人们追求增进公共福利、维护社会正义这三大要素共同作用的结果。这三大要素缺一不可。正因为公共经济规模扩张乃是多重客观要素共同作用而使然，它才成为一种不以人们意志为转移的客观规律。

第三节　公共经济与民间经济资源均衡占用规律

公共经济规模逐步扩大虽然是一种客观规律，而且对民间经济的运行发展起着重要的维护与促进作用，但是，由于公共经济资源主要来自民间经济主体的税费缴纳，属于社会经济资源总量中的一部分，故与民间经济活动所需资源之间此消彼长。这种负相关关系成为制约公共经济规模的直接因素，使之既不可能无限扩大，更不得随意扩展，在一定时期只有在一个特定点上保持均衡才能使公共经济与民间经济双方相得益彰；否则，就会两败俱伤。因此，保持公共部门与民间部门在社会经济资源总量中各自占比均衡，可称之为一种不可违逆的规律。

这一规律的客观性主要表现在前后衔接的两个层面：其一，社会经济资源在公共经济与民间经济之间的配置比例客观上存在一个“帕累托最优”均衡点，在这个均衡点的下方和上方各有一个临界点（或称为极限），处于两个临界点中间的部分属于具有一定弹性的过渡区间。其中，处于均衡点下方的临界点为公共经济占比最低容忍度，处于均衡点上方的临界点为公共经济占比最高容忍度。其二，从均衡点到临界点的过渡遵循量变引起质变的规律。当社会经济资源在公共和民间两大部门之间的配置比例处于均衡点上，并且公共物品供给结构与民间经济主体公共需求结构相契合的时候，二者关系呈现相互促进、相得益彰的帕累托最优状态；以此为基点，无论是向左还是向右哪怕偏离多么微小的一点，帕累托最优均衡都会即刻遭到破坏，从而在一定程度上减损整个经济体的效益和人民福利。而一旦公共经济与民间经济在社会经济资源总量中的实际分割曲线越出任何一个临界点（极限）之外，则都会导致混合经济体内部联系严重失调，并视越出哪个临界点而产生性质有所不同的恶性后果。如果是越出下限临界点，那么，将会因为公共物品供给严重不足而导致民间经济运行发展的基础设施和外部条件恶化、社会公平和安全秩序遭到深度破坏，从而极易造成混合经济体崩溃。相反，如果是越出上限临界点，则会导致民间经济主体不堪重负、经济凋敝，激起社会公众的强烈反抗，以致撤销原定的社会契约，推翻现存的公共机构。

这一规律作用机理的主要联系如下图所示：

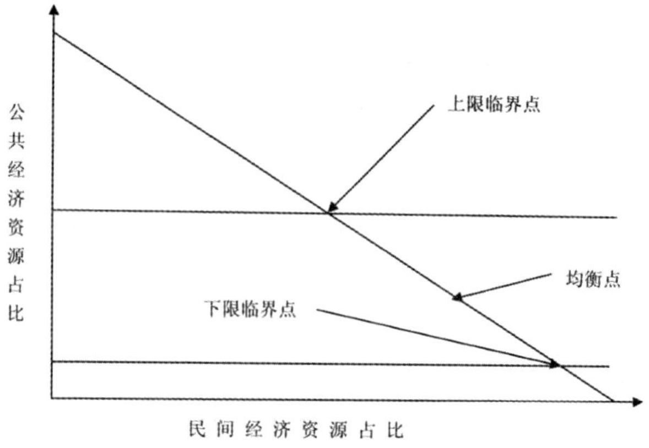

公共经济与民间经济资源占比量变质变示意图

古今中外的先贤、哲人和重要思想家就这一规律所做的阐述尽管角度各异，诚可谓源远流长。在中国，商末周初时期的国师姜尚指出："同天下之利者得天下，擅天下之利者则失天下。"① 管仲主张国家要奉行"取于民有度，用之有止"的原则。② 孔丘认为，"百姓足君孰与不足"，据此主张"政在节财"，"节用而爱人，使民以时"，实行"敛从其薄"的财政政策。③ 孟轲基于"民为贵，社稷次之，君为轻"的民本理论，强烈主张"薄赋敛"的财政政策。④ 中唐宰相陆贽认为，"夫地力之生物有大数，人力之成物有大限，取之有度，用之有节，则常足，取之无度，用之无节，则常不足"，"是以圣王量入以为出"。⑤ 宋代思想家秦观认为，经济资源应该在公共经济与民间经济之间合理分配，既"不使之偏于公室，亦不使之偏于私室"。⑥ 明代思想家丘濬认为："治国者，不能不取乎民，亦不可过取乎民"，⑦ 其中所谓"过"显然是指超过了公共经济与民间经济资源占比均衡点。明代著名理财家张居正则认为，经济资源在公私两大部门之间的配置应当"经制得宜"，做到"公

① 姜尚：六韬・文韬・文师［M］．
② 管子：权修［M］．
③ 左丘明：左传・哀公十一年［M］．
④ 孟轲：孟子・尽心下［M］．
⑤ 陆贽：均节赋税恤百姓［A］．陆宣公奏议全集卷 4［C］．
⑥ 秦观：财用［A］．淮海集卷 8［C］．
⑦ 丘濬：贡赋之常［A］．大学衍义补卷 22［C］．

私两利”。[①]

在西方，经济学家关于经济资源应当在公共部门与私人部门之间合理适度配置的研究也已有两百年以上的历史。德国官房学派经济学家尤斯蒂在其出版于1766年的《财政学》一书中指出：国家征税的“一个首要的基本原则是，必须让人们有能力缴纳捐税”，合理限度是人民纳税“不至于影响到必需品的享用，不至于损及他们的资本”，同时要铭记“一个永恒的准则”：“在打算增加捐税之前，必须提高工人阶级的处境”。[②] 110年后的1876年，德国经济学家沙夫勒进一步指出：国家治理的“最高原则即国家需要必须与非国家需要保持充分均衡，使其在国民经济上充分均衡”。[③] 与其大体同时代的德国经济学家阿道夫·瓦格纳也主张国家应当实行“财政需要与国民收入之间适当均衡”[④] 的原则。

从实践角度考察，古今中外基于这一规律的支配作用而致国家兴衰和王朝更迭的经验教训历历在目。翻阅中国历史可以发现，大体上每个王朝建立之初，统治者前车覆亡之殷鉴不远，因而一般都能非常谨慎地把握公共经济与民间经济之间资源占用比例的界限，在一定时期内实行“轻徭薄赋、与民休息”的公共经济政策，由此而使经济社会得以较快恢复与发展，甚至出现国泰民安、百业兴旺的太平盛世；而每个王朝走向衰落和最后灭亡，几乎都与国家强征暴敛致使民不聊生、经济凋零密切相关。国外情况也基本如此。英王查理一世采取巧取豪夺方式加重以资产阶级贵族为主的人民负担，虽然国家没有因此灭亡，但他自己却因为惹怒了作为纳税者的民众而落得个被议会军俘虏后处以死刑的下场。

以上这些相关论述和历史案例共同说明，社会经济资源总量在公共经济与民间经济之间分割占用比例存在着规律的客观界限，这个界限服从量变引起质变的客观规律，如同高压线一样不可触碰或逾越。这一规律堪可视作对黄宗羲归纳得出的“其兴也勃焉，其亡也忽焉”定律的公共经济学解释。有鉴于此，公共经济的主导者必须高度重视对公共经济与民间经济之间资源占比均衡度和临界点的准确把握，既要自觉避免因为公共经济与民间经济资源

---

① 中华百体文选第10册［M］．北京：中国文史出版社，1998：238.

② A. E. 门罗：早期经济思想［M］．北京：商务印书馆，1985：325、330.

③ 坂入长太郎：欧美财政思想史［M］．北京：中国财政经济出版社，1987：295.

④ 马斯格雷夫和皮科克：公共财政经典理论［M］．英文版，1962：4－5.

分割曲线偏离均衡点而引起经济效率损失，更要严格防止这一曲线超过临界点可能酿成经济社会乃至政治危机的致命性风险。

需要说明的是，上图中居于关键地位的均衡点数值并不是一个普遍适用和一成不变的恒定量，而是一个与当时当地的社会生产力水平、基于文化传统的国民公共需求偏好和社会形态演进阶段呈正比函数关系的因变量。处于均衡点上下的两个临界点及其与均衡点之间的距离，也是如此。由于公共经济资源占比的均衡点和临界点随着社会生产力水平的提高而逐步上升，才给第一节所说的公共经济规模持续扩展规律发生作用提供了必要空间。20 世纪初以来世界各国财政收入对占 GDP 的比例持续而显著提升之所以不仅没有导致公共经济与民间经济相互伤害，反而使二者关系更为和谐，根本原因在于社会生产力发展推动着公共经济占比均衡点和临界点发生了向坐标图右上方的明显位移。当今世界社会生产力水平不同的各国相关数据可为这里阐述的关系提供佐证，而社会生产力水平大体相同的各国之间公共经济资源占比数值的差别，则可以从影响它的另外两个自变量因素差异分析中获得解释。例如，地处北欧的瑞典在社会生产力水平方面低于美国，而其公共经济资源占比却多年以来一直高于美国，就是其国民的福利国家意识显著强于奋斗美国所致。

第四节　公共物品提供结构均衡规律

公共经济与民间经济间的均衡不仅要求资源占比和规模恰当，而且要求二者间在结构上相互契合。公共物品供给结构与民间经济主体的公共需求结构相契合是提高公共经济效率、增进公共福利的客观要求。其最理想的状态是二者之间的均衡度达到帕累托最优标准，而达成帕累托最优标准需要满足既定的客观条件，这种条件实际上就是一种客观规律。做出这一判断的理由，不仅在于达成二者均衡最符合理性与效率原则、以及最大限度增进公共利益、公共福利规律的要求，更重要的是，公共物品供给种类及其比例结构与公共物品需求结构之间的均衡是由社会生产力水平和公众普遍偏好决定的。对此，自 19 世纪下半叶以来，许多经济学家相继进行了大量研究探索。

西方经济学对公共物品供给最佳结构和水平的探索始自瑞典经济学派，经由萨缪尔森和布坎南等美国经济学家的努力才接近完成；他们讨论的从字面上看是公共物品最佳供给水平问题，实际上是以包括品种数量在内的水平，或者说是以公共物品供给最佳结构为基础的水平问题。瑞典经济学家维克塞尔和他的学生林达尔主要借助于社会成员个人就公共物品供给与成本分担讨价还价式的公共选择逻辑，论证了公共物品结构与数量达到最佳的条件为公共物品的边际成本与边际效用相等，其中暗含着对公共物品供给结构与数量由社会成员一致同意的公共选择原则，可谓与萨缪尔森基于数理公式的公共物品最佳供给模型（$\sum MRSgx = MRTgx$）和布坎南基于公共选择理论的俱乐部产品模型殊途同归、异曲同工；尽管萨缪尔森认为“维克塞尔—林达尔模型”的实现过程会因为社会成员基于“搭便车”心理隐瞒真实偏好而导致公共物品供给水平低于实际上应该达到的规模，但实际上，如果维克塞尔和林达尔如果还有反驳的机会，他们也可以反问萨缪尔森：你基于数理公式提出的最佳供给模型在现实政治决策机制下如何获得圆满实现？同样，如果按照以布坎南为领袖的现代公共选择学派的意见，将公共物品供给局限于最合理的俱乐部产品范围内，公共物品供给结构与数量也会因为贯彻一致同意原则而低于依据客观需要应达到的水平。

与西方主流经济学不同，马克思从第二种含义社会必要劳动时间角度阐明了包括公共物品在内的整个社会总产品结构一般均衡机理。本篇第二章在分析公共经济中价值规律调节作用时已经对这一机理做过阐述，这里不再重复。

第五节 公共经济与民间经济相互作用规律

在人类社会初期的很长历史阶段里，满足氏族部落公共需求、体现公共利益的公共事务虽然也是存在的，但那时不仅种类较少（主要是抵御外族侵犯掳掠或开展征服外族的军事活动、组织族人进行集体祭祀活动、商议居住地址迁徙、推选氏族首领等[①]），而且占用时间有限，因而是由具备条件的社会成员共同承担（如发生战事时由不脱产的成年男子共同或轮流参加而没有常备军）或由少数人兼职（如公共事务策划指挥、组织协调和主持祭祀活动）完成的。随着氏族部落生产力逐步提高、人口日益繁衍、活动范围日益扩大和剩余产品从无到有、从少到多，家庭私有制自发形成，不同氏族部落由相互交往而逐级形成较大的部落联盟，不同家庭、不同部落和不同部落联盟之间因利益冲突而产生的矛盾与争斗越来越多，调节内部纠纷、协调众人活动

① 即所谓“国家大事，在祀与戎”。——引自左丘明：左传·成公十三年［M］.

的公共事务逐步增加，开展与物质资料生产、疾病治疗、神鬼祭祀、吉凶占卜、战争事宜等有关的公共性科学文化卫生活动不仅花费时间越来越多，而且往往只有少数人才能胜任。基缘于此，原始社会发展到一定阶段以后，在原本内含于整个经济体中的公共事务基础上，随着公共事务越来越多地采取由相对固定的人员脱离物质资料生产劳动而专门承担完成，公共经济就在社会分工规律的自发推动下最终脱离物质生产领域而独立出来，成为国民经济体中一个专事公共物品再生产活动的特殊组成部分。

公共经济独立出来以后，与生产经营个人和家庭分别消费物品的民间经济相并立，共同构成统一的混合型国民经济体。在这个混合经济体中，公共经济和民间经济这两大部门基于活动主体、产出物品、决策机制的不同而不同，基于彼此互为产品的买方和卖方而相互依存，基于此消彼长地分割占用同一社会经济资源总量而相互对立，并且在生产力和生产关系方面相互交织，由此成为混合经济体中矛盾的两个方面。既然如此，它们之间就势必依循矛盾规律而相互影响，在一定条件下相互制约或相互促进并且相互转化，因而服从相互作用规律，在相互作用中运行与发展，一方面各自以其具有不同属性特征的产品满足社会成员的公共性需求和个别性需求；另一方面通过相互作用共同影响和支配每个特定混合经济体的兴衰变化。

公共经济与民间经济之间的相互作用是客观的、经常的和多方面的。对于二者之间的相互作用，本篇此前相关章节已经从部分侧面做过一些具体分析。这里侧重从二者生产力、生产关系相互交织和各自功能地位角度对其进行较为综合的阐述。

一、公共经济与民间经济之间基于生产力和生产关系相互交织而产生交互作用

首先，公共经济与民间经济之间共同使用社会的劳动力、生产资料和管理技术这三种生产力要素，虽然在使用中各自分别占用和消费，但也不可避免地相互发生作用。一方面，民间经济生产力发展水平决定着维持社会成员生存和发展的必要产品份额，从而客观地决定着能够用于公共经济生产的剩余产品之有无及多少，从而决定着公共经济的独立过程以及独立出来以后每个阶段上的相对规模；另一方面，公共经济生产力各要素的水平决定着的公共物品生产率高低，从而决定着公共经济服务和调节民间经济、促进社会生产力发展的能力与效果。

其次，民间经济与公共经济生产关系相互作用。在奴隶制、封建制和资本主义制度前期阶级对立比较尖锐的民间经济生产关系下，社会总人口中只占少数的剥削阶级却凭借其在经济、政治、文化方面的优势垄断公共经济的受托代理权力，反客为主地僭越公共经济的主人地位，致使公共经济生产关系发生主仆地位颠倒性质的异化，进而使公共经济增进公共利益和公共福利的基本功能遭到极大扭曲。随着资本主义生产方式的发展，先是资产阶级通过革命推翻了专制政治制度，由此揭开了制度性民主政治序幕。尔后，不断成长壮大起来的无产阶级又通过各种形式的斗争推动民主政治机制进一步发展到普选制阶段，体现不同社会集团利益的合法政党之间谋求执政地位的政治竞争为作为选民的社会大众逐步恢复公共经济终极主体地位创造了有利条件，从而在很大程度上改善了公共经济生产关系。

反过来，公共经济生产关系对民间经济生产关系也会产生极为重要的、有时甚至是决定性的影响。在公共经济生产关系处于良性状态的情况下，公共机构的主导者将会通过制定和实施理性的法律和政策从产权、分配等方面改革完善民间经济生产关系，使之充分发挥促进经济投资、科技创新、知识创造和社会公平等积极作用。例如，中国历史上许多封建王朝都推行过抑制土地兼并、打击高利贷活动等公共经济政策，有效促进了民间经济的恢复和发展。又如，中国共产党在解放区推行的土地改革、在抗日根据地推行的减租减息政策和新中国成立后进行的生产资料所有制社会主义改造，都有效促进了民间经济生产关系的改善和农业生产的发展，迅速改变了“一穷二白”的面貌；1979 年以来推行的城乡经济体制改革，明显改善了民间经济生产关系，促使中国经济总量经过三十余年的持续较快发展跃升到世界第二位。在近代西方世界，在公共机构的保护和促进下，资本主义生产关系迅速占领欧美各国，促进了生产力大发展，在不到一百年的时间里“所创造的生产力比过去一切世代创造的全部生产力还要多，还要大”。[①] 当然，在公共经济生产关系处于严重异化的条件下，公共机构也会通过实施反动的法律和政策保护落后过时的民间经济生产关系，甚至使民间经济生产关系恶化。这种情况在历史上并不鲜见。

---

① 马克思、恩格斯：共产党宣言［A］．马克思恩格斯选集第 1 卷［C］．北京：人民出版社，1995：277.

二、公共经济与民间经济基于各自功能的相互作用

综观上述相互作用和相关内容可以看出，在整个混合经济体中，民间经济发挥着基础性功能，而公共经济则发挥着主导性功能。没有民间经济创造剩余产品的基础支撑和运行发展提出的公共需求，公共经济既无从独立，更难以扩展。反过来，如果没有公共经济通过提供公共物品满足民间经济主体的公共需求、为民间经济发展提供基础设施和运行秩序等外部条件、缓解民间经济运行中的各种矛盾、帮助民间经济铲除前进道路上的障碍，民间经济也难以顺畅运行和有效发展。公共经济作用于民间经济的介质是它所提供的各种公共物品。从对民间经济发展所起作用的属性特征角度，这些公共物品可以划分为三类：一类是保护性的，如国防、治安、司法等；另一类是服务性的，如各种基础设施、教育、科技、文化、卫生、社会保障等；第三类是规制、引导性的，如各种制度、法律、政策等。这三类公共物品对于民间经济运行与发展而言虽然都不可或缺，但就发挥公共经济的主导功能而言，公共机构制定实施的制度、法律、政策等公共物品供给无疑起着关键性作用。这些公共物品虽然属于柔性的软件，但通过促进民间经济生产关系进步性变革所产生的推动力和通过引导民间经济资源配置方向所起的导航作用，在效果上相比其他两类具体公共物品所起的作用则更为根本、更加重要。问题在于，这些公共物品的理性程度高低：如果理性程度极差，它对民间经济发展只能起到阻碍甚至戕害作用；只有在它们具有高度理性的情况下，才能起到积极的主导和促进作用。

如何从各个侧面全方位地充分发挥公共经济对民间经济的保护、服务和主导作用，使公共经济与民间经济在相互作用中同时顺畅高效运行和健康持续发展，是公共经济实践的主导者和公共经济理论的研究者常作创新、永不过时的共同主题。

以上五种公共经济特有规律之间存在着有机的内在联系。其中，增进公共利益和公共福利的规律是起核心支配作用的基本规律。之所以这样说，主要有两大理由：其一，任何一个公共经济体都不能不把增进公共利益和公共福利当作基本目标之一，尽管这一目标在实际执行中并不一定被真正当作首要目标，但公共经济的主导者至少要在口头上和文件中将其摆在首要位置。其二，增进公共利益和公共福利规律对其他四个规律发挥统领功能，贯穿于

其他四个规律的作用过程之中，支配它们的作用方向，甚至直接引起其他某项规律发挥作用，例如对公共经济规模扩展规律就是如此。

其他四项规律之间不仅存在着密切关联，而且是层层递进的。从公共经济规模量的增长到资源占用和产品结构的均衡，再到公共经济与民间经济之间整体上的相互作用，由表层到内容，由单项到整体，逐步深化和升级。

总结和揭示规律是自觉遵循和利用规律，从而增强实践的自觉性、预见性和胜算的逻辑前提。“摸着石头过河”，对于前所未有的开创性实践而言固然属于难以跨越的必经阶段或“卡夫丁峡谷”，但如果在有规律可循的情况下却无视这些规律，继续停留在随机应付、误打误撞的水平，则绝非理智之举。只有在全面正确地认识公共经济各项规律的基础上，认真遵循和自觉利用它们，才可望逐步提高驾驭公共经济的自由度和国家治理能力，从而有利于加快实现中华民族伟大复兴的中国梦。

上卷其他著者

按相关篇目顺序排列

王晓洁　经济学博士　教授
河北经贸大学财税学院院长

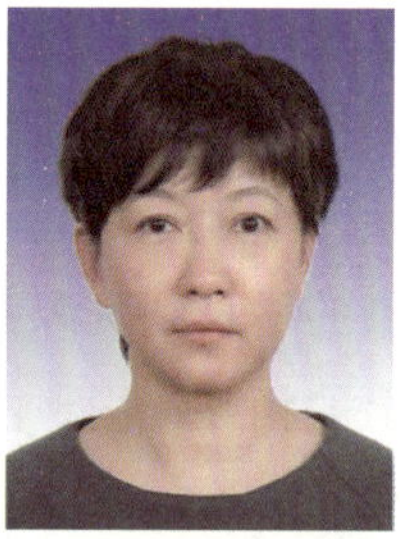

孟航鸿　经济学博士
河北省财政厅债务处处长

何碧萍　法学博士
河北省财政厅票据事务中心主任

段云飞　经济学博士
河北省财政厅农业处副处长

解建立　法学博士　教授
河北经贸大学财税学院原副院长

古建芹　教授
河北经贸大学财税学院原院长

胡德仁　经济学博士
研究员　河北省财政厅金融处副处长

王海英　经济学硕士
中共河北省委党校副教授

刘清亮　管理学博士
河北省财政厅经建处调研员

陈国际　经济学博士
河北省财政厅二级巡视员

国家社会科学基金重点项目『构建服务于国家治理现代化的公共经济理论体系研究』（14AZD072）最终成果

INNOVATION OF PUBLIC ECONOMIC THEORY AND MODERNIZATION OF NATIONAL GOVERNANCE

公共经济理论创新与国家治理现代化

下卷

齐守印等◎著

新华出版社

目　　录

下　卷

第四部分　公共经济实践与理论史

第四部分　公共经济实践与理论史

第十三篇　公共经济实践的历史演进及其理论思考

人类的公共经济实践是一个不断进步的历史发展过程，作为公共经济实践在人们头脑中理性思维反映的公共经济理论则随着实践的深入、经验的积累和认识能力的提升而发生历史性演进。站在当今的基点上，回望上百万年以来人类公共经济实践和有文字记载的数千年来公共经济理论的历史演进过程，从中总结公共经济实践的经验教训、揭示其中的客观规律和发展趋势，系统把握公共经济思想理论不断演化发展的源流，对于提升我们对公共经济的认识深度、增强公共经济实践的自觉性是非常必要和有益的。然而，查阅现有资料，古今中外明确地在公共经济概念下进行的实践史和思想理论史研究成果寥若晨星①，其余则散见于历史、政治、经济、财政实体史和思想理论史文献中。因此，本书以如此大的篇幅整理概述人类公共经济实践和理论的历史演进过程，并加以分析、归纳、总结、思考，具有很强的开拓、探索、尝试性质。因而，既有很大的创新价值，也有很大的难度，缺漏之处在所难免。

---

① 其中，有关公共经济实践历史的综合性分析阐述，仅见于摩尔根的《古代社会》、恩格斯的《家庭私有制和国家起源》；有关公共经济思想理论历史演进，除张馨的《公共财政学论纲》《公共产品论之发展沿革》和齐守印的《中国公共经济体制改革与公共经济学论纲》做过一些较为系统但远非完整全面的叙述外，其他学者的有关叙述大都限于“公共物品”等局部性内容，至于系统梳理并叙述中国古代、近代、现代公共经济实践和思想理论的学术作品更为罕见。

第三十四章　中国公共经济实践的历史演进

中华民族的公共经济文明史作为一个连续不断的演进过程，自原始社会起步，经过奴隶社会、封建社会、半封建半殖民地社会，直到社会主义社会，经历了非常漫长的历史发展。其间，有继承、有扬弃、有创新，成为推动中国经济社会发展的一种关键性力量。

本章研究以时代为经①，以历代公共经济实践活动为纬，围绕公共物品再生产这条主线，阐述公共经济活动范围和公共物品规模的不断扩展，公共经济生产方式和公共经济制度、体制及政策的逐渐演进，公共经济与民间经济的相互影响，公共经济资源的获取和配置、管理和监督方式方法变化。同时，尝试性地总结中国公共经济实践发展的历史规律，冀望对于当前我国推进国家治理现代化的伟大社会实践有所启示。

鉴于越是靠近古代的历史文字记载越少，因此，对于远古时期的公共经济实践，我们只能探隐钩沉、沙里淘金，且本着多用信史、少用传说的原则加以选择；相反，对于有文字史料记载的上古、中古、近代和现代公共经济实践，则本着撷英咀华、取精用宏的原则，尽量将对于完善国家治理而言最有价值的公共经济实践经验教训努力吸收进来。但是，为了避免与其他相关

① 对于中国历史时代的划分，白寿彝主编的《中国通史》将公元前221年秦统一全国以前的历史时代统称为上古或远古时期，其后至1840年为中古时期。本书将距今约170万年前（元谋人时期）－约公元前2070年（夏朝成立）之间视作实处于原始社会的远古时期，将始于夏朝（前2070年）而终于战国结束（前221年）的1850年视作处于奴隶社会的上古时期，而将秦统一中国改行郡县制（前221年）至清朝灭亡（1911年）这2132年视作处于封建社会的中古时期。对中国上古时期是否处于奴隶社会不作辩论，是因为在社会基础经济关系层面实行奴隶制还是封建制对于公共经济而言并不具有根本性的影响，对公共经济制度影响最为显著的是无阶级社会与阶级社会以及阶级社会中前资本主义与资本主义之间的划分。基于此种考虑，本章将按照远古原始社会时代、上古奴隶社会时代、中古封建社会时代、近代资产阶级共和国时代和现代社会主义共和国时代的历史分期方法，把中国各时代公共经济实践的历史演进分作五节进行分析阐述。

篇章相关内容发生过多重复，本章对新中国成立以来的现代公共经济实践经验教训、现实问题则以从简方式处理。

第一节　远古原始社会的公共经济

据《山海经》《史记·五帝本纪》和《国语》等文献对有关传说的记述，生活在中华大地的人类是世界民族之林中自我开天辟地、土生土长、一脉相承繁衍生发起来的一个重要分支。这个人类分支，从天皇盘古氏开始，经过地皇有巢氏、人皇燧人氏，继而伏羲女娲氏、炎帝神农氏、黄帝轩辕氏、少昊金天氏、颛顼高阳氏、帝喾高辛氏，直到唐尧、虞舜、大禹夏后氏，前赴后继地创造了中华民族石器时代原始社会公共经济文明。

一、原始社会公共经济的一般基础

原始社会，由于生产力极其低下，人类为了保证个体的生存，不得不结成以氏族公社为基本群体单位，以共同制造使用工具并共同劳动的方式获取生活资料，以公平分配劳动果实的方式满足基本生活需要，同时以集体行动共同防御野兽的侵袭和外族的掠夺。这时，以满足个人需要为宗旨的民间经济与满足公共需要为宗旨的公共经济，在一个氏族公社内部乃是浑然一体地结合在一起的。不过，随着氏族群体世代繁衍、人口不断增多，必然以血缘为纽带逐步形成从氏族部落、胞族、部族到部落联盟构成的多层次社会结构，即氏族社会。为了组织协调氏族、胞族、部族和部落联盟内部各层次为满足公共需要而进行的集体行动，在氏族以上的胞族、部族、部落联盟的层次上，公共事务就需要由众人认可且相对固定的一部分社会成员来承担，从而使公共经济在一定程度上以相对独立的形态出现于各个较大的人类共同体中。

尽管如此，在整个的石器时代，从以采集渔猎为主、逐水草而居的游牧时期，到以定居驯养、种植为主的农耕初期，公共经济总体上并没有成为与直接生产活动相对立的因素，人们一直都在这种原始、自发的混合经济形态下生存与发展。在这种社会形态下，土地和生产工具属于氏族全体成员，没有私有财产，如《礼运·大同》篇描摹的太古情形，即“大道之行也，天下为公……货恶其弃于地也，不必藏于己；力恶其不出于身也，不必为己”。然而，到了原始社会中后期，随着生活较为稳定的农耕经济发展，人口繁衍速度加快，剩余产品开始出现并不断增加，农业与畜牧业、手工业与农业畜牧业、商业与工农业之间的社会分工相继发生，分工进一步加速了生产力进步和剩余产品增加。作为其结果，一方面使得一部分人有条件完全摆脱生产劳动，专门从事与生产管理、社会管理和抵御外敌相关的公共事务；另一方面，私有制逐步萌芽和积累，不同氏族、胞族、部族以及不同阶层社会成员之间的各种矛盾也获得发展，处理相关矛盾纠纷、缓和争斗冲突、维护公共秩序等公共事务日渐增加，最终使得原始社会完全以满足社会成员公共需要为宗旨的公共经济逐步朝着主要作为维护统治阶级利益工具的国家治理组织过渡。

二、原始社会公共机构提供的主要公共物品

对于中国原始社会公共经济活动，虽然缺乏有据可查的确切文字记载，但是，依据代代相延的口头传说以及贯穿其中的合理逻辑，仍可在一定程度上确信其中大部分事实是客观存在的，只有极少数纯属神话夸张的部分除外。

从有关中华始祖的传说中不难发现，其中几乎每个具体时代都通过提供某些特定种类的公共物品推动了中华民族经济社会文化的发展进步，人们将其主要创作者及其故事作为英雄事迹加以传播颂扬，将其中体现出来的高尚品德和非凡精神加以传承光大。

（一）华夏民族产生初期天、地、人三皇和伏羲、女娲氏的历史贡献

在传说中，作为三皇之首的天皇盘古氏，打破混沌、开天辟地、化造万物，战洪水、除猛兽，发明衣服。作为盘古氏之子的地皇有巢氏，开创了巢居文明，使人类与穴居动物相分离；在其担当天下共主时期，心系民众，关怀民生，为民造福，功高德隆。作为有巢氏之子的人皇燧人氏，不仅相继发明钻木、钻燧取火技术，开创了取火用火文明，结束了远古人类茹毛饮血的历史，而且相继发明搓绳技术，以“结绳记事”方式记述历史、积累知识，创造陶文等初期文字符号，创制以十天干为核心的初期历法，发现天纲、天纪、太极印与太极涡旋宇宙生化模式，初步总结出天地人三道，草立传教之台，初兴交易之法。作为人皇后裔的伏羲氏在“王天下”之时，“仰则观象于天，俯则观法于地，观鸟兽之文，与地之宜，近取诸身，远取诸物，于是始作八卦，以通神明之德，以类万物之情”；[1] 而女娲氏在人类面临“四极废，九州裂，天不兼覆，地不周载，火炎而不灭，水浩洋而不息，猛兽食颛民，鸷鸟攫老弱”的危困之际，不仅“炼五色石以补苍天，断鳌足以立四极，杀

① 易·系辞下［M］.

黑龙以济冀州，积芦灰以止淫水”，[①] 救民于水火，而且“承疱羲制度，始作笙簧”，[②] 用以改善人们的文化生活。[③]

（二）石器时代中期炎黄两帝系及其后裔颛顼、帝喾的丰功伟绩

炎帝神农氏和黄帝轩辕氏作为伏羲氏之孙、少典氏之子，相继担任华夏民族部落联盟的共主，为华夏民族各部落的统一和经济社会发展立下不朽功勋。

神农氏炎帝一族首先成为华夏民族的共主。其之所以如此，是因为炎帝组织提供了诸多公共物品，对中华民族的生存繁衍和发展做出了重要贡献：一是制耒耜，种五谷，制作陶器，奠定了农耕业和手工业基础，为华夏民族由漂泊不定的游牧生产生活方式向相对稳定的农耕生产生活方式转化创造了条件。二是治麻为布，民着衣裳，从而使华夏民族由蒙昧社会向文明社会迈进了一大步。三是立市廛，首辟市场，日中为市，以物易物，推动了华夏民族商品货币经济发展。四是创历法、明季节用于指导农业生产，尝百草、创医药救死扶伤，作五弦琴发展大众娱乐，首倡华夏民族文化。五是削木为弓，创制弓箭，以威天下，使华夏民族更加有效地应对野兽袭击、抗击外来侵犯，增强了保卫生命安全和劳动成果的能力。但到后来，炎帝神农氏部落因为治理能力下降，不仅无力制止中原各部族互相攻伐，导致战乱不止，而且在讨伐蚩尤部落时遭受失败，不得不向黄帝部落求援，从而以臣服方式融入以黄帝部落为主导的共同体之中。

黄帝部族乘时而起，携手炎帝部族，协同纷纷归附的其他部族一起，共同战胜了蚩尤部落，从而成为华夏民族新的共主。黄帝在位总揽华夏民族公共经济治理期间，公共机构向社会提供了多种公共物品：一是统一了中国各部落，实现华夏民族更大范围的统一。二是教导百姓播种更多品种的五谷，发明了养蚕缫丝制衣、开挖水井和建造房屋技术，建立度量衡之制，初步确定了干支纪年的农用历法，进一步改善了人们的生产生活条件。三是研究病理和医术，编著《黄帝内经》，命仓颉始制文字、订立书法，作箫管、定音律，发展了医疗卫生和文字文化。四是发明改进舟车、弓矢，衍握奇图、始制阵法，增强了自卫御敌的军事能力。

---

① 淮南子·览冥篇［M］.

② 帝王世纪［M］.

③ 有资料推测，伏羲女娲氏先后有78位作为部落联盟的执政者，相继绵延2700余年。

颛顼作为黄帝之孙，受让于少昊作为华夏民族共主。他聪明敏慧、有勇有谋，即位后，严格遵循轩辕黄帝的公共经济政策行事，不仅保持了社会安定太平，而且扩大了华夏民族的活动疆域①，还将与人民生产生活密切相关的历法做了进一步完善，以 365.25 日为回归年长度，29.499 日为朔望月长度，十九年七闰，以更加精确的天文观测和计算奠定了中国夏历的基础。针对南方九黎部众信奉巫教，崇尚鬼神而废弃人事，不安心于农业生产，一切都靠占卜来决定的情况，身体力行推进宗教改革：一方面亲自净心诚敬地祭祀天地祖宗，为万民做出榜样；另一方面，任命南正重负责祭天，以和洽神灵；同时，任命北正黎负责民政，以抚慰万民，劝导百姓遵循自然的规律从事农业生产，鼓励人们开垦田地，禁绝民间以占卜通人神的活动，从而恢复了正常社会生产秩序，促进了经济社会发展健康发展，在民众中获得很高的威信。

帝喾相传为黄帝曾孙、颛顼之子，承继其父担任华夏部落联盟共主以后，在公共经济治理领域也有一番值得称道的作为。一是审时度势，巧为施策，通过迁都于亳（今河南商丘），一方面使本部族人民免于洪水之患；另一方面，避免与从黄河中上游跑到长江中上游发展的共工氏发生冲突，从而能够将军队迅速投放到前线，击退了游牧民族犬戎的侵扰。二是着眼于提升历法对农牧业生产的服务功能，进一步加强对天体运行、物候变化规律的探索，改进四时划分，指导人们按照节令从事农畜活动，显著促进了社会生产力的发展，推动华夏农耕文明走进了一个崭新时代。三是通过任用贤德的专家型人才，善射的后羿担任射官后有效提升了军队维护内部统一、抵御外敌侵略的能力，擅长音乐的咸黑、柞卜担任乐官后创作出《九韶》之乐和鼙鼓、笭、管、埙、帘等新乐器，促进了华夏文化的发展。由于帝喾以仁爱治国，大公无私，平等待人，明察善恶，讲究信誉，尊重规律，广施恩惠，改善民生，加之能够养性自律、恭谨敬业、生活俭朴，赢得民众广泛拥戴，从而创造出社会安定、经济富足、人民安居乐业的太平盛世。

（三）石器时代后期尧、舜、禹治下的公共物品供给

尧帝陶唐氏作为帝喾之子，13 岁封于陶地，15 岁改封唐地，辅佐兄长挚

---

①《史记》认为颛顼执政时华夏疆域“北至幽陵（今河北、辽宁一带），南至交趾（今广东、广西、越南一带），西至流沙（今甘肃一带），东至蟠木（今东海）”，极其广大。

管理天下公共事务，18 岁代挚而为华夏共主。根据《尚书·尧典》所述①，尧在掌理天下 50 年中，主要创造了两方面的政绩。一是亲睦九族，知人善任，协和万邦，创造了安宁和平（“时雍”）的社会环境。二是先后任命鲧和禹父子相继治理洪水，任命羲和、羲仲等专家进一步修订完善历法，为百姓颁授农耕时令，明确公职人员在不同季节提供公共服务的责任，为百姓生产生活创造了良好的基础设施和公共服务。通过这些治理措施，取得了国势强盛、政治安定、经济发展、文化进步的公共经济治理效果。由于侧重于从多方面为人民生产生活提供良好的外部环境和一般公共服务，但并不越位地直接干预人民的生产生活，以致当尧就公共治理效果微服深入民间私访时，一位含着食、鼓着腹的老人敲着大地唱道：“日出而作，日入而息，凿井而饮，耕田而食，帝力于我何有哉。”这就是公共经济“无为而治却无不治”的最佳境界。

舜虽为轩辕黄帝的后裔，但到其成长时期家道已然衰落，只因为以善良勤劳、孝顺友爱享誉乡里，在四岳推荐之下，被封于虞地做部落首领，尧经过明察暗访并委任他到具体部门乃至总理百官的多个岗位锻炼考验②，最终予以认可，3 年后接受禅让而成为华夏民族共主。③ 即位之后，他勤政爱民，虚怀纳谏，完善刑法并铸鼎公开，惩罚奸佞，流放四凶（共工、獾兜、三苗、鲧）；重定行政区划，将全国划为 12 州分区治理；统一度量衡和音律，继续疏通河道，促进工农业生产管理和商品流通；任命专职虞官负责加强山川草木鸟兽管理，保障自然资源合理开发和永续利用；通过选贤任能④，完善考核

---

① 如“克明俊德，以亲九族。九族既睦，平章百姓。百姓昭明，协和万邦。黎民于变时雍”。“朞三百有六旬有六日，以闰月定四时，成岁。允厘百工，庶绩咸熙。”以及任用鲧治理洪水一节。

② “慎徽五典，五典克从。纳于百揆，百揆时叙。宾于四门，四门穆穆。纳于大麓，烈风雷雨弗迷。”——《尚书·舜典》。

③ 尚书·尧典、尚书·舜典［M］.

④ 在优选 12 州首脑的同时，依据德才条件分别选任了中央各主管部门首席官员，其中：大禹总百揆佐政事兼做平定水土的司空，后稷为农官主管农业，契作司徒掌管民众五常教育，皋陶作司寇管理五刑攘外安内，垂掌百工管理人事劳工，益为虞官掌管山川草泽鸟兽鱼虫资源，伯夷为礼官负责祭祀和内外礼节制度，夔为乐官负责教导青年、发展文艺、促进和谐，龙为纳言负责上情下达、下情上达，疏通言路。

激励机制①，开创了政通人和、百业兴旺的局面。

禹作为轩辕黄帝的第六代玄孙，在尧代受命接替父亲鲧的职事继续治理洪水，发扬公而忘私的精神，“劳身焦思，居外十三年，三过家门而不入”，吸取堵塞之法失败的教训，改行因势利导的疏浚之法，“左准绳，右规矩，载四时，以开九州，通九道，陂九泽，度九山”，疏导全国主要河流入海，取得治理水患的巨大成功，改善了华夏民族生存发展条件。到舜代，在朝野上下一致推荐之下，升至总掌百揆、辅佐元首的相位，但依旧谦逊退让、敬慎公事，“克勤于邦，克俭于家，不自满假”。舜帝33年曾明确表示禅让之意，但大禹固辞，直到舜去世之后才自然接班。禹即位后委任德才兼备、久经考验的皋陶总揽政务，组织制定了兴“五教”、定“五礼”、设“五服”、创“五刑”、亲“九族”、立“九德”等一系列革新方案，同时全面推行受命治水期间创造的以“任土作贡”“相地宜所有以贡”“调有余相给，以均诸侯”为核心内容的一整套公共财务制度。② 这些重大改革举措的付诸实施，促进了经济社会发展，加强了部落、部族间的团结协作，使公共经济治理制度更趋完善，为国家正式的产生打下了基础。大禹担任华夏共主时已接近老年，他先是选择皋陶为继承人，但皋陶不久就去世了；尔后又选择伯益接替皋陶总揽政务，并明确后者为日后接任华夏共主的继承人。

通过上述各阶段华夏共主组织提供的公共物品种类，我们大体可以看出中国原始社会时期公共经济的主要职能构成及其逐步扩展趋势，尽管这一切都具有很强的探索性但尚未制度化。

三、原始社会的公共经济治理体制和机制

中华民族的远祖在漫长的原始社会历史阶段，在数以万年计的生存发展实践中逐步形成了一整套有别于域外国家的公共经济治理体制机制。这套体制机制以顺民心、合民意、保民生、增民利为根本宗旨，以精英共和、理性施治为突出特征，并且早在神农炎帝之时已开其端。炎帝所推行的公共事务治理措施明显体现出以天下和谐共富为宗旨，治事以德以义以智以廉，威厉而不杀，法省而不烦，由于大公无私、率先垂范，因而不赏而民勤、不罚而邪正、不忿争而财足，深得万民衷心敬从。从中国原始社会公共经济实践整

---

① 尚书·舜典［M］.

② 司马迁：史记·夏本纪第二［M］.

个过程考察，贯穿其中的公共经济治理机制主要包括以下内容。

（一）采行以民为本的公共经济治理原则和保障措施

虞舜明确提出，在公共事务治理中，要“稽于众，舍己从人，不虐无告，不废困穷，惟帝时克”。为此务必做到“地平天成，六府三事允治，万世永赖，时乃功”。大禹进一步展开道：“德惟善政，政在养民。水、火、金、木、土、谷，惟修；正德、利用、厚生、惟和。九功惟叙，九叙惟歌。戒之用休，董之用威，劝之以九歌俾勿坏。”皋陶指出：“好生之德，洽于民心。”[①] 这套治理原则的核心内容在于，公共事务良治的根本是增进人民福利（“德惟善政，政在养民”）；公共物品提供要依据人民群众的公共需要（“稽于众”），防止将长官意志强加于民（“舍己从人”）；公共经济政策制定要“洽于民心”，即符合人民普遍诉求和根本利益；公共机构职能主要是做好“六府三事”[②]，合计“九功”。为了贯彻好这一宗旨，自始至终地实现“六府三事允治”，公共机构中包括最高负责人在内的所有公职人员必须加强公德修养和自律（“戒之用休”），同时制定实施有效的激励机制（“九功惟叙”）、整肃威严的纪律约束（“董之用威”），并通过“九歌”加强对公职人员的职业道德教育（“劝之以九歌”）。

（二）创行精英共和、民众参与的公共经济决策机制和虚心纳谏、防止失误的公共经济纠错监督机制

翻阅《尚书》有关篇章不难看出，尧舜禹时期华夏部落联盟的公共经济决策都是在元首主持下，在认真听取阁僚分析论证意见和建议基础上做出的，而非出于元首个人专断，从中体现出来的是精英共和、集思广益的决策规则，颇似现代的民主集中制原则。其所以如此，一则因为当时还不存在财产私有制和特殊利益集团对公共权力的腐蚀；二则部落联盟元首都是大公无私、品质极高的圣人，既然一心为公，自然能够与阁僚精诚合作，欢迎阁僚知无不言、言无不尽，而自己则虚心纳谏、从善如流。

---

① 尚书·大禹谟［M］.

② 其中“六府”的直义为“水火金木土谷”，引申义为灌溉、烹饪、断割、兴作、生殖、养育，概指从公共事务角度为人民吃、穿、住、用、就业和生殖繁衍提供保障；“三事”包括“正德”“利用”“厚生”，即包括最高掌权者在内的所有公共事务受托人要端正为民谋利的德行，节俭有效地利用公共资源，薄征徭、轻赋税、不夺农时，以便保障人民生计温厚、衣食丰足。

与此同时，当时华夏民族部落联盟首领为了使公共经济决策充分反映民意、集中民智，确保公共经济治理效果，最大限度地防止“信息不对称”导致决策失误，有效克服公共经济管理中可能发生的弊端，还十分重视直接听取民众的正面建议和批评性意见。为此，尧在担任华夏部落联盟元首时，以宽广的胸襟、充分的自信广开言路，设置谏言之鼓，让天下百姓尽其言；立诽谤之木，让天下百姓攻击他施政的过错。他身为共主精心治理天下五十年，仍唯恐治理中存在缺失，时常询问天下治与不治？百姓爱戴自己与否？左右不知，朝野不知，于是又亲自深入民间微服私访，听取老百姓的真话。由此可见，他对人民是真心实意地高度负责，而不是停留在口头上。舜继承发扬了这一优良传统，不仅在委任龙作纳言职务时要求真实公允地吸纳民众意见，而且提出“嘉言罔攸伏”① 这一在更广范围内集中正确意见的理性决策原则，与毛泽东所著《为人民服务》一文所言“不管是什么人，谁向我们指出都行。只要你说得对，我们就改正。你说的办法对人民有好处，我们就照你的办”可谓异曲同工。

（三）首创以德为先、德法兼用的公共经济治理模式

这种治理模式肇始于黄帝时期。黄帝力主“修德振兵”，以“德”施天下，一道修德，惟仁是行，修德立义，并且设立“九德之臣”，教育公职人员九行，但同时也不放弃刑罚的惩治功能，对犯罪重者则判处流失，罪大罪极者甚至要判处斩首等。②

虞舜之时，在其任命的华夏部落联盟二十二名官员中，有三位从不同侧面负责德治，其中司徒负责对人民实施“五常”伦理（父义、母慈、兄友、弟恭、子孝）教育，礼官负责通过完善、推行和宣教祭礼、宾礼、官礼、民礼影响人们的思想、规范人们的行为，乐官通过发展完善诗歌音乐教育青年、促进社会和谐。同时，又任命“士”负责司法刑狱事务，不仅要求做到明察案情、公允审理，③ 而且强调“明于五刑，以弼五教”，“期于予治，刑期于无刑，民协于中，时乃功”；明确对民众要以教育为主，刑罚只作为辅助手段，仅用于对少数教而无功之人进行惩戒。长期负责司法刑狱事务的皋陶高

① 尚书·大禹谟［M］.

② 司马迁：史记·卷一·五帝本纪第一［M］.

③ 尚书·舜典［M］.

度赞扬舜的司法刑狱指导原则："罚弗及嗣，赏延于世。宥过无大，刑故无小；罪疑惟轻，功疑惟重；与其杀不辜，宁失不经。"①

（四）实行选贤任能、精英执政的公共经济生产力主观要素选择制度

从保障公共经济效率、增进人民公共利益出发，中国古代先圣早在原始社会公共经济治理实践中就强调对公职人员要选贤任能，通过选择社会精英执政确保公共物品的最佳供给。舜和禹主政期间的两朝贤臣皋陶强调实现公共经济良治的关键点有二，即"在知人，在安民"，大禹赞同道："知人则哲，能官人。安民则惠，黎民怀之。"对于贤能的标准，皋陶以"九德"加以概括，即"宽而栗，柔而立，愿而恭，乱而敬，扰而毅，直而温，简而廉，刚而塞，强而义"。他认为，如果所有公职人员都由符合这种标准的贤能之人担任，就一定能够使公共经济治理达到理想境界。相反，"非其人居其官，是谓乱天事"。②《大禹谟》中，虞舜则强调，如果真正做到"野无遗贤"，就能保障实现"万邦咸宁"这样一种公共经济良治目标。有关文献表明，无论在炎帝、黄帝还是颛顼、帝喾、尧、舜、禹时期，对于重要官员的任命都较好地贯彻了"任人唯贤"的原则。

（五）公职人员责任赋予和激励约束制度

据有关文献所载，公职人员责任赋予制度早在唐尧时期就已初步建立起来，并且将每个官员应完成的职事和应担负的责任明确到每个季节，即所谓"允厘百工，庶绩咸熙"。③ 公职人员激励制度主要是由虞舜创立的，内容是对所有官员三年考察一次政绩，根据三次考察结果，对奸猾昏庸者做出罢黜贬谪处理，对贤明干练、政绩优秀者则予以提拔重用，切实做到赏罚分明，即所谓"三载考绩，三考，黜陟幽明，庶绩咸熙"。④ 至于对公务人员履职行为的约束机制则创立得更早。还是在黄帝时期，就对各级官员提出"六禁重"，即"声禁重、色禁重、衣禁重、香禁重、味禁重、室禁重"，要求官员节简朴素，反对奢靡。在《大禹谟》中，则从另一个角度对这种激励约束机制做了表述，即为了保障公共经济治理自始至终地实现"六府三事允治"的

---

① 尚书·大禹谟［M］.

② "翕受敷施，九德咸事，俊乂在官。百僚师师，百工惟时，抚于五辰，庶绩其凝。"——《尚书·皋陶谟》。

③ 尚书·尧典［M］.

④ 尚书·舜典［M］.

目标，要求公共机构中包括最高负责人在内的所有公职人员加强公德修养和自律（“戒之用休”），同时制定实施有效的激励机制（“九功惟叙”）、整肃威严的纪律约束（“董之用威”），并通过表彰颂扬方式加强职业道德教育（“劝之以九歌”）。

（六）探索实行纵向和横向分工分责分权的公共经济治理体制

根据有关文献，此种探索肇始于轩辕黄帝时期。其中，在纵向方面，由依据血缘关系的部落制向划分地域分区治理体制转变，按照一定规则划野分疆，即以八家为一井，三井为一邻，三邻为一朋，三朋为一里，五里为一邑，十邑为都，十都为一师，十师为一州，在荆山（位于陕西中部）铸鼎，将华夏划为九州分区施治。在横向方面，不同职能设官分职，置左右大监，监于万国，按照分工原则，设置三公、三少、四辅、四史、六相、九德（官名）共 120 个官位分别管理各项公共事务。

在为公共物品再生产提供资源保障的公共财务体制方面，大禹在受命与益、后稷共同治理水患过程中，曾试行“相地宜所有以贡，及山川之便利”筹集所需资源，并通过“调有余相给、以均诸侯”的转移支付制度，以此实现了不同地区之间财力均衡的体制；当他担任华夏共主以后，则将这种公共财务体制推广运用于整个共同体全部公共物品再生产资源的保障。在公共资源使用监督管理方面，甚至已经有了会计及其定期汇总结算并据此进行分区绩效考核制度。司马迁在《史记·夏本纪》的结语中写道：“禹会诸侯江南，计功而崩，因葬焉，命曰会稽，会稽者，会计也。”

黄帝和禹帝在公共经济体制方面的创造，不仅对于中国后世具有经验意义，而且在全世界都堪称具有科学理性的首创。

（七）尧舜禹三圣以大公无私精神相继实行部落联盟元首[①]职位禅让制

首先是尧，不仅自愿破除元首任职终身制传统，开启了中华民族元首职位选贤禅让机制之先河，而且提前 20 多年将元首职位禅让给舜，打破了此前长期延续的最高领导职务终身制，以利公共经济治理创新和代际平稳交接，实可谓德昭日月、功垂青史。当年尧居华夏民族部落联盟元首职位七十年，

---

① “元首”一词在中国古文中较早地见于《尚书·虞书·益稷》最后一段，如“歌曰：股肱喜哉，元首起哉，百工熙哉！元首明哉，股肱良哉，庶事康哉！”此中“元首”之义显然是指当时华夏部落联盟的共主。就后世而言，元首一词已作为对各时代国家最高首脑的通称。

应该说功勋卓著、德被四海、万民拥戴，但他考虑自己年事已高，想提前将元首职位禅让给年富力强的贤者，于是向四方诸侯首领询问“谁能担负起天子的重任?”有人推荐他的儿子丹朱继位，但尧出以公心、不徇私情，认为丹朱不成器，毅然决定从民间选用贤良之材，通过朝官推荐、认真访察、多方考验选定舜作为接班人，并且很快完成禅让，退位后28年方尽天年。舜晚年以尧为榜样，根据四岳的建议选定大禹作为华夏元首的禅让对象，并试图效法尧提前退职让位于禹，但禹出于谦虚而不受，到舜驾崩后才正式接班。禹逝世后，按照既定安排，由伯益接任了元首职位，但考虑到启也有能力担任这一职位，而且比自己年富力强，三年后便让位于启，① 而后继续作为一人之下、万人之上的重臣留在内阁中，直至夏启六年病死，享年百余岁。②

以上所述表明，中国原始社会公共经济实践从多方面创造了举世无双、灿烂无比的公共经济文明，由此产生的公共经济治理经验和思想作为灿烂而又厚重的历史文化遗产，对后世中华民族的公共经济文明和整个经济社会文化的历史发展绵延不绝地发挥着支配性影响。中华文明数千年来之所以没有被外部侵略所中断，反而能够同化吸收占领中原的少数民族原有的文明，有足够理由归结为原始社会阶段华夏公共经济文明的内在优势。

启建立夏朝（约前2070年）以后，已连续实行了三代的元首职位禅让制被“父死子承、兄终弟及”的家族世袭制所取代，成为中国原始无阶级社会转变为阶级社会、部落联盟为国家机器所取代的分界点。由此开始，以前由氏族公社、胞族、部落联盟负责的公共事务转变为以国家为主体的公共经济活动，公共经济生产关系随之发生了翻天覆地的变化。全体社会成员作为公共经济的主人、公共机构全心全意满足主人公共需要的机制不复存在，尽管统治者仍然打着爱民、养民的旗号，但在很大程度上不过是自欺欺人而已。

① “十年，帝禹东巡狩，至于会稽而崩。以天下授益。三年之丧毕，益让帝禹之子启，而辟居箕山之阳。禹子启贤，天下属意焉。及禹崩，虽授益，益之佐禹日浅，天下未洽。故诸侯皆去益而朝启，曰‘吾君帝禹之子也’。于是启遂即天子之位，是为夏后帝启。”——司马迁:《史记·夏本纪第二》。

② 对此相关文献有至少有三种说法。其一，禹死后，启立即发动了对法定继承人的攻击，夺取了领袖的职位。具体情节为：“益代禹立，拘启禁之，启反起杀益，以承禹祀”。其二，“古者禹死，将传天下于益，启之人因相与攻益而立启”。其三，“禹授益，而以启为吏，及老，而以启为不足任天下，传之益也。启与其党攻益而夺之天下，是禹名传天下于益，其实令启自取之”。

史实证明，在阶级社会中，经济上占统治地位的阶级无不将公共权力机构垄断在手中，假借公共利益运用公共权力为本阶级成员服务，所谓“有司设则百姓困，奉上厚则下民贫”，“恐智勇之不用，故厚爵重禄以诱之”。当然，正如恩格斯所言，具有强烈阶级性的国家也不得不履行必不可少的公共职能；换言之，不论公共权力机构的阶级性强弱，管理公共事务、生产提供公共物品始终是国家产生以来的一项专门职责。

自此以后，直至社会主义新中国的成立，中华大地上的公共经济实践进入了阶级性与公共性对立统一状态下发展的新阶段，原始社会公共经济文明在新的历史条件下通过传承、扬弃而不断丰富和进步。

第二节　上古夏商周时代的公共经济

夏朝大约建立于公元前 2070 年，结束于公元前 1600 年，此时为我国石器时代之末、青铜器时代之端。将夏朝（约前 2070 年—前 1600 年）与继之而起的商朝（约前 1600 年—约前 1046 年）、周朝（前 1046 年—前 221 年）一起进行研究，并将其名之为中国上古时期，有着较为充分的理由：其一，从生产力角度考察，这一时期处于青铜器时代，是中国从石器时代向铁器时代过渡的阶段；其二，与此相适应，从社会基础生产关系角度考察，这一时期中国社会中的奴隶制成分较多，是由原始公有制社会向封建地主私有制社会过渡的阶段；[①] 其三，从公共经济角度考察，这一时期的公共物品再生产执行主体由原始的民主共和型公共机构转变为以贵族分封制、元首世袭制为特

---

① 至于从夏朝建立到秦朝统一中国这 1850 年间的社会形态属性，现代中国史家主要有两种观点：一种认为属于奴隶社会；另一种认为中国夏商周三代时期曾施行过小规模的奴隶制度，但奴隶制在中国所有世代都没有达到西方那么大的规模（例如在古希腊城邦里奴隶人口数量普遍超过自由人口，在古罗马奴隶占总人口四成以上），从而也未曾成为一种占主导地位的生产方式，据此否认夏商周时代的社会形态属于奴隶制。我们姑且认为，尽管奴隶制在中国从来没有成为占主导地位的生产关系，夏商周时代奴隶制使用奴隶进行物质生产活动在农工商各业中并不普遍，但相对而言，夏商周三代毕竟是中国历史上奴隶占人口比例最多的时期，其主要来源包括战俘、被消灭部落方国人民（如有扈氏在甘战败后，被贬为牧奴从事畜牧劳动）、没官为奴的罪犯及其亲属等，其用途包括物质生产、家务、殉葬等。因此，将这一时期视为中国的奴隶社会阶段也未尝不可。但这里对此搁置不论，因为对夏商周时代的社会形态是否属于奴隶社会不作判定，并不影响对这一时期公共经济问题的研究，只要承认这一时期已经进入非资本主义性质的阶级社会就足够了。

征的阶级国家，此后代之而起的则是以郡县制为纵向体制形式的中央集权制阶级国家。

由于以私有制为基础的国家产生，公共经济生产关系发生了根本性改变。在公共经济中居于核心和支配地位的统治者们不再认为他们所掌握和运用的公共权力来源于广大社会成员的委托，而是来源于上天或上帝对他们这一家族或族群的恩赐性授予，所以他们与生俱来就是天下的统治者或公共事务的主人；与此相适应，辛勤从事各种具体劳作的人民大众，则是由上帝赐予、用以世世代代奉养他们的工具，因而不过是他们统治、治理、教育、牧养、使用甚至可以任意处置的对象。这样，以国家为执行主体的公共经济，与以前相比就发生了根本性质的变异，即不再是用以满足社会公共需要、增进广大社会成员公共利益的工具，而是借由驾驭人民大众、为统治阶级提供服务和谋取利益的机器，因而在公共经济治理中根本就无须民主。单从这一角度考察，阶级性国家的产生可以说是公共经济的倒退或蜕化。但是，如果就整个人类社会从低级到高级演进的角度而论，则是一种以社会分工为基础的历史性进步：由于有了这种建立在阶级统治基础上的分工，公共经济体制和公共经济管理机制逐步趋于繁复与精细，人类借助公共经济治理机制的逐步完善强化了对整个共同体活动的自觉调节，因而使整个经济社会活动更有效率、征服自然界的能力更强。

由于公共经济与国家治理之间存在着高度一致的内在联系，并且在混合经济体中发挥主导作用，因此，国家之间的竞争在很大程度上取决于公共经济体制、政策和治理能力的竞争。这在夏商和西周时代即有所体现，而到东周时期则表现得更为鲜明和突出。春秋战国时期的各主要诸侯国为实现称霸、争雄的目标，先后通过变法谋求富国强兵，其实质就在于通过公共经济生产力、生产关系和管理制度、治理机制方面的改革，以更具比较优势的公共经济政策和体制改善国家治理，提高公共物品提供效率，促进社会经济发展，从而为秦汉以后的大一统公共经济体制的形成奠定了坚实的经济、社会、文化基础，并且深刻影响了中国以后两千多年公共经济暨国家治理理论与实践。

夏商周公共经济治理的演进，主要体现在公共经济体制、公共经济资源筹集配置监管机制、作为公共经济生产力核心要素的官吏选用激励考核约束机制和公共物品供给结构等方面。

一、横向纵向公共经济体制的演进

（一）夏朝

夏朝是在原始社会制度废墟上建立起来的，处于从部落联盟机构到阶级性国家的过渡期，其中央与地方之间的关系分为性质不同的两大部分。一部分是夏后氏中央王室与同为夏族的其他十支姒姓部落之间依托血缘宗亲联系、通过分封诸侯国[①]机制形成的小宗臣服于大宗的主从关系；另一部分则是夏氏部族依托综合实力与其他部族之间形成的类似于朝贡国臣服于宗主国的主从关系。其中，处于前一种中央与地方体制关系之下的地域，大体分布在今偃师、登封到新密、禹州这一中心地带，构成夏朝的核心领土范围；而处于后一种中央与地方关系之下的地域，则覆盖西起今河南省西部、山西省南部，东至河南省、山东省和安徽省三省交界处，南达湖北省北部，北及河北省南部这一更大范围。为了在如此广袤的地域上实施规范治理，夏朝按照与王室之间血缘关系的亲疏和与王畿之间空间距离的远近，将势力范围内的所有领土划分为“五服”：王畿以外五百里的地区为甸服，再往外五百里的地区为侯服，再往外五百里的地区为绥服，再往外五百里的地区为要服，再往外五百里的地区为荒服。其中每一“服”对夏王室所承担的职事责任和贡赋义务都有所不同。

位于夏王朝核心领土之内的姒姓中央王室和各诸侯国都是以父权家长制家庭为基础逐步发展起来的，统治阶级为世袭王权和世袭贵族，他们相互之间依然保持着原始血缘联系，严格区分姓氏。王室分封各部族，除保持他们出生的姓之外，又以封地建立新氏，大夫以邑为氏。各级贵族之间既存在着依从血缘姓氏的宗族关系，又按其班辈高低和族属亲疏等关系来确定各自的等级地位，形成治理上的主从关系。

位于核心领土之外、向夏王室朝贡的被称为“方国”或“藩国”，有些是由原始氏族部落转化形成的小型国家，有些只是大的部族，有些方国的人口和地域规模甚至大于夏后氏。它们不受夏后直接管辖，但处于夏王室的势力范围之内，在负有朝贡和充当夏王室屏藩这两种义务的同时，也拥有接受夏王室保护的权利。

在夏朝公共经济中，作为最高统治者的国王（当时称为夏后）自然是集

---

① 《史记·夏本纪》记载，“禹为姒姓，其后分封”。

军政大权于一身，但在其下也按照专业分工原则，根据提供公共物品的需要分职设官。由此形成包括民政、财政、军政、刑狱、祭祀等诸多公共部门，相应设置六卿等官员负责各主要方面公共事务的治理。例如，“夏后氏官百”中就有诸多官员专司赋役征发事务，此外还有掌管天地四时的官吏和记述历史、以史佐政的太史令等。但具体情形因缺乏文字记载而难以详述。

（二）商朝

商朝的势力范围在夏的基础上有了较大扩展，已覆盖到今湖北、安徽、江苏、山东、山西、陕西、河北、京津大部和辽宁、甘肃、四川、湖南、浙江的一部分。不过，中央王室所能直接控制的核心领土范围主要是今河南省的北部和中部，对于距王畿较远方国的控制力则比较薄弱，大体上只是建立了一些据点。有史家推测，商朝人口计500万－700万。①

商王朝的公共经济体制基本上继承和延续了夏代模式，商王自然是处于整个公共经济治理金字塔顶尖的最高统治者。在其下，公共经济依照纵向和横向两个分工维度构成相互交错的治理体制。

商王朝的纵向公共经济体制，以内服与外服制度为基础形成中央与地方之间的分级治理关系。其中，内服是王朝同姓部族的活动区域，即商王直接统治的王畿地区；外服是商朝中央政权控制程度不同的方国，由属于其他部族的邦伯负责管辖治理。商王对于内服和外服地区的公共事务，通过松紧两种不同的管理制度来处理：对属于商部族的内服地区实行分封制，中央政权控制力度强一些、控制内容也多一些，管理相当严密；相反，实行“外服”制度的其他部族方国与中央政权之间的关系较为松散。商王朝中央政权对于这些方国的责任和权利，根据形成主从关系的原因差别又分为两种：对由军事征服结成臣属关系的方国，商王朝承认其所拥有的土地和臣民，赐予封号，并规定其对商王承担的屏藩和纳贡义务；对基于参加以商王朝为盟主的联盟而形成的附属国，商王朝的控制力很有限，各附属国基本保持原有的社会结构，除对商王朝承担盟约规定的义务外，拥有很大的自主权，其中有的附属国甚至经常与商王朝处于战争状态。这两种类型的“外服”方国与商王朝中央政权的关系并不十分稳固，而是依商王朝以综合国力为基础的控制能力差别而变化的。

---

① 葛剑雄：中国人口史［M］卷一，上海：复旦大学出版社，2002.

文献记载表明，商代已经建立起比较完备的国家机构，设置有分别治理不同公共事务的各种职官。这些公共部门和职官之间存在多层次的分工分责分权关系。就官员来说，首先分为在中朝任职的内服官和被封于王畿以外的外服官；其次，内服官又分外廷政务官和内廷事务官；再次，根据具体职事的不同，例如专为王室服务的内廷事务官细分为管理王室各项具体事务的臣，掌占卜的卜和掌祈祷鬼神的祝，掌记载和保管典籍的守藏史，掌粮食收藏的啬，掌畜牧的牧正，掌狩猎的兽正，掌酒的酒正，掌王车的车正，为商王御车的服（又称仆、御），掌宫廷音的师，掌百工的司工，掌教育贵族子弟的国老等。外服官则主要是作为方国首领的侯、伯，以及为王朝服役的男和守卫边境的卫等。

（三）周朝

周武王灭商建立周王朝，三年后驾崩，少年成王继位，由其叔周公姬旦和外公姜子牙辅佐治理国家。成王亲政后，周公卸下摄政王的重担，虽然仍以太师兼太宰身份辅佐成王，但将很大一部分精力用于关乎周王朝长治久安的国家治理制度建设。为此，他在认真总结吸收华夏民族有史以来公共治理经验教训的基础上，结合自己以宰相和摄政王身份从事国家治理的切身体会，精心研究制定了类似当代宪法性质的国家治理法典，名之为《周礼》。

《周礼》在具体规定天、地、春、夏、秋、冬六大公共部门职事、官制和治理机制之前，都一无例外地强调“唯王建国，辨方正位，体国经野，设官分职，以为民极”。这段用语精练的序言，在公共经济学语境之下，意思就是：周王建立和治理国家，必须根据各种相关要素的根本属性、功能作用和内在联系，合理设置公共部门、科学界定职能、适当安排主事官员，用以行使集合公众意志、满足公共需要、治理万民事务的公共机构，正确发挥公共经济对民间经济的主导作用，保障整个经济社会顺畅有效运行。通览《周礼》内容不难发现，它几乎将公共经济治理体制机制的所有要素都囊括于其中，系统地规定了公共经济治理体制机制的各个方面，实可谓周王朝公共经济治理的根本大法。从其内容考察，这套公共经济体制机制设计集此前历史经验之大成，达到了截至那一历史时代的最高水平，不仅奠定了周王朝公共经济治理的制度之基，对后世两千年阶级社会公共经济体制建设也产生了深远影响，对我们今天改革创新公共经济体制机制仍具借鉴参考价值。

通观《周礼》的有关内容，周王朝的公共经济体制是以周王及其直接僚属为核心，由按照垂直分工原则设计的纵向维度和按照水平分工原则设计的横向维度相互交织而成的庞大金字塔系统。与夏商两朝相比，西周的这套公共经济体制无论在纵向维度、横向维度还是在精细度方面都得到了很大扩展、深化和提升。

在纵向维度上，《周礼》将九州大地划分为九畿，① 运用逐级分封机制，建立起等级森严、环环相扣、规范周密的公共事务控制体制。根据《地官司徒》一章的有关规定，处于中央地位的周王官府直接统治方圆千里的国畿；国畿之外按照五百里的均等距离等分为侯、甸、男、采、卫、蛮、夷、镇、蕃共九个环形区域，② 分别由被分封的侯、伯、子、男等邦国按照有限责任和权利原则实行自治，但对周王室负有缴纳贡赋、定期朝会、接受监督、服从征召和遵守周礼国法等义务。③ 中央国畿和地方九畿之内的邦国再按照"国""野"之别，与王、公、侯、伯、子、男内部遵循宗法制度的分封相结合，进一步细分与区划相联系的治理层级。④ 具体而言，在包括王城和邦国都鄙之内的"国"中，以居民家户为基本单位，按照规定倍数，自下而上划分为比、闾、族、党、州、乡六个治理层级，每一级都设相应官长并且明确其职责。⑤ 在王畿之内、王城之外的"野"中，以井田制为基础，以作为民户劳动力的"夫"为基本单位，按照规定倍数，自下而上划分为井、邑、丘、甸、县、都六个治理层级，每一级均设相应官长并且明确其职责。⑥ 在邦国之内、都鄙之

---

① "方千里曰国畿，其外方五百里曰侯畿，又其外方五百里曰甸畿，又其外方五百里曰男畿，又其外方五百里曰采畿，又其外方五百里曰卫畿，又其外方五百里曰蛮畿，又其外方五百里曰夷畿，又其外方五百里曰镇畿，又其外方五百里曰藩畿。"——《周礼·夏官司马》。

② 所谓"建王国焉，制其畿，方千里而封树之。"——《周礼·地官司徒》。

③ "凡建邦国，以土圭土其地而制其域：诸公之地，封疆方五百里，其食者半；诸侯之地，封疆方四百里，其食者叁之一；诸伯之地，封疆方三百里，其食者叁之一；诸子之地，封疆方二百里，其食者四之一；诸男之地，封疆方百里，其食者四之一。"——《周礼·地官司徒》。

④ 王或诸侯所居都城及其近郊（都鄙）称为国，郊以外称为野。居住在国中的是国人，其余则是野人。国与野在具体制度方面有所不同。

⑤ "令五家为比，使之相保；五比为闾，使之相受；四闾为族，使之相葬；五族为党，使之相救；五党为州，使之相赒；五州为乡，使之相宾。"——《周礼·地官司徒》。

⑥ "经土地而井牧其田野：九夫为井，四井为邑，四邑为丘，四丘为甸，四甸为县，四县为都，以任地事而令贡赋，凡税敛之事。乃分地域而辨其守，施其职而平其政。"——《周礼·地官司徒》。

外的"野"中，以家户为基本单位，按照规定倍数，自下而上分为邻、里、酂、鄙、县、遂六个治理层级，每一级也设相应官长并且明确其职责。[①] 这样，就通过环环相扣的纵向层级构建起覆盖全国九州的公共经济治理体系。这种体制尽管在一定程度上类似于现代联邦型公共经济体制，但与现代联邦制形成机理大相易趣，因为前者以血缘和臣属关系为基础、自上而下分封，而后者则是以共同利益为基础、借助于社会契约自下而上形成的。

在横向维度上，《周礼》以中央官府为起点，先以囊括宇宙（天、地）、覆盖四时（春、夏、秋、冬）之意将社会公共权力机构划分为六大部门，形成第一层次的横向分工分责分权，继而进一步将公共经济责权逐级细分到作为公共事务的末端执行者。上至天官府之大宰、地官府大司徒等六府首长，下至担负五户居民管理责任的比长、掌六牲养殖的牧人等，无一遗漏。其中，中央王府六大公共部门及其主官的公共经济责权配置格局为：天官冢宰佐掌邦治、均邦国，负责并有权谋划确定全国公共经济治理大政方针，拥有制典章、统百官、[②] 摄财政、[③] 驭万民[④]之责权；地官司徒佐王掌邦教、理邦国，拥有定区划、行民政、施教化、纠民风、掌资源、征赋役等责权；春官宗伯掌邦礼，拥有祭祀占卜、丧葬墓地、礼仪风俗、国子学政、音乐舞蹈、文书典藏、历史记载、天文历法、参与官吏考核任用监督赏罚、起草宣读内外王命、公车旌旗管理之责权；夏官司马掌邦政，参与邦国治理决策，主要拥有内部征伐、对外御敌、宾客接待、对外交往等管理之责权；秋官司寇掌邦刑，拥有司法治安刑狱管理之责权；冬官考工掌邦事，拥有管理各业工匠制造之责权。[⑤]

《周礼》规定的这套公共经济体制在西周绝大部分时期得到较好的贯彻执行。但是，进入东周以后，由于社会生产力发展、基础生产关系变迁，周王

---

① "土地之图经田野，造县鄙形体之法。五家为邻，五邻为里，四里为酂，五酂为鄙，五鄙为县，五县為遂，皆有地域，沟树之，使各掌其政令刑禁"。——《周礼·地官司徒》。

② 包括官吏选任、培训、监督、考核、赏罚、诛戮制度的制定及其实施。

③ 包括财政收支制度、预算、国库、会计等。

④ 包括职业分工、产业结构，即"以八统诏王驭万民""以九职任万民""以九两系邦国之民"等。

⑤ 周礼·天官冢宰［M］.

室与诸侯国之间血缘纽带渐趋疏远，诸侯国之间实力不平衡性加剧，特别是公共经济治理制度未能通过与时俱进的变革创新而使固有缺陷不断积累、[1] 陈旧过时，加之从周王到邦君、中央官府各部门首脑等各级贵族官僚经过历代世袭以后自身道德素质、治理能力和公信威望逐步下降，致使《周礼》所规定的公共经济体制自西周末年开始日益松懈废弛。以周王为首的中央王室对地方政府自上而下的控制能力日甚一日地弱化，诸侯国对周王室的离心力一年超过一年地增强，在越来越大的程度上变为独立政治实体。周初制定颁布的许多法度、礼制越来越失去约束力，从而造成井田外出现私田、诸侯国之间私相转让封地，诸侯国之间遵循丛林法则以大欺小、以强凌弱，乃至以大吞小，不仅相互征战，而且敢于上犯周王。在许多诸侯国内部，卿大夫势力也强大起来，动乱时有发生，不仅发生了赵卫韩三家分晋事件，而且卿大夫弑君现象屡见不鲜。[2] 到了战国时期，魏、秦、楚等几个改革力度大的诸侯国干脆不同程度地废除了贵族世卿世禄制和国有性质的井田制，改为由诸侯国中央可以随时任命和罢免地方行政主官的郡县制和地主有权自由买卖的土地私有制，并相应改变了赋税制度。面对这些重要变化，孔子等贵族后裔大呼“礼崩乐坏”。然而，这实际上不仅是一种必然趋势，而且是社会历史进步的必由之路。这是因为，各诸侯国变法改革而抛弃旧制度、建立新制度，解放了被压抑的社会生产力、新兴生产关系和与之相适应的思想文化，为更高级的公共经济治理制度取而代之、走进历史新时代创造了必要条件。

二、公共经济资源筹集、配置、监管机制

（一）夏朝

夏朝王族作为大禹后裔，追认大禹为开国之王，因此，夏朝公共经济资源筹集、配置、监管机制直接来源于大禹治水时期创立的相关制度，可谓顺理成章。对于夏朝以何种方式与机制配置并监管公共经济资源的问题，截至目前尚未通过考古发现获得可信的证据。

根据《尚书·禹贡》和司马迁所著《史记·夏本纪》等文献记述，大禹在受命担任治水大臣时，在资源筹集方面实行了区别九州情况、按照任土所

---

① 分封制以宗法制度为依托，而宗法制度又建基于血缘纽带。随着繁衍世代增加，国王与诸侯国之间的亲缘关系愈益疏远，亲情逐辈递减，因而中央王室对各封国自上而下的控制能力势必随着世代推移而式微，最终导致地方诸侯尾大不掉乃属必然趋势。

② 据《春秋》和《左传》记载，卿大夫弑君事件多达43起，大部分发生在春秋前期。

宜原则征收实务性贡赋的制度。[1] 大禹治水取得成功后，九州由此统一，各地土地都可以居住了，九条山脉都通过伐木修路可以通行了，九条河流都疏通了水源，九个湖泽都修筑了堤防，四海之内进贡的道路全部畅通无阻了。同时，水火金木土谷六府也都治理得很好。在这种情况下，各处的土地都要征收赋税，不过仍要慎重规定征取财物赋税，即根据土地的上中下三等来确定税收负担，使得税赋征纳公平合理。例如，在王畿以外五百里的甸服范围内，离王畿最近一百里内的缴纳连秆的禾；二百里内的，缴纳禾穗；三百里内的，缴纳带稃的谷；四百里内的，缴纳粗米；五百里内的缴纳精米。[2] 由此可以认为，推行于九州的"五服"贡赋乃是保障夏王朝国家治理所需资源的主要筹集渠道。至于夏朝的贡赋率，孟子认为夏商周三代大体相同，"皆什一也"。尽管这种贡赋制度本身也存在某种不足，比如贡赋按照常年产量（土地上多年收获物平均数）计算缴纳，遇到歉年时候百姓必然要因此吃苦，但从征税任土而宜且负担并不算高来看，百姓总体上是可以承受的。

但是，上述这种较为合理的贡赋制度到夏朝末期被破坏了。原因在于，这时夏后王室与各方国部落之间关系恶化，夏桀王四处讨伐，军费开支入不敷出，以致肆意提升田赋数额以充军费；与此同时，还连年征发青壮男丁离乡参战。人民负担日益加重，引起更多方国部族和农民的不满，纷纷离弃夏后投奔商汤，最后导致夏朝被商汤所灭。

（二）商朝

与夏朝的贡赋制度有所不同，商朝征收税赋采用"助"法，即把井田分为公私两部分，公田由农人无偿助耕、所入全部归公，私田所入则全归私人所有、不再征税，总体税负仍为十分之一。这实质上是一种以劳役替代实物的税赋征收方式。尽管这种"助"法也存在缺陷，因为公田由八家共耕，如果没有严格的监督，百姓在公田上劳动必然不会像在私田上劳动那样努力，因此必然会影响公田的产量和国家的收入。但是，因为农人耕种私田没有税赋，劳动生产率必然大大提高，自然有利于提高整个社会农产品生产率，因

---

① 《尚书·禹贡》序："禹别九州，随山浚川，任土作贡。"

② "九州攸同，四隩既宅，九山刊旅，九川涤源，九泽既陂，四海会同。六府孔修，庶土交正，厎慎财赋，咸则三壤成赋。""五百里甸服：百里赋纳总，二百里纳铚，三百里纳秸服，四百里粟，五百里米。"——《尚书·禹贡》。

而较夏代的贡法有进步之处。

据考证，殷商在实行这种“助”法税赋制度的同时，平民百姓还要承担以兵役为主的徭役，以此保证战争对兵员所需。

商朝末年，纣王为满足频繁发动战争和奢侈性建筑、肉林酒海、珍奇玩物等宫廷消费需要，无休止地加征赋税和徒役，引起臣民离心离德，军队士兵在牧野之战中纷纷倒戈，以致商朝被周武王一举击溃、取而代之。

（三）周朝

周王朝为了履行提供公共物品的责任并保障贵族阶级统治所需，制定了一整套公共资源筹集、配置、监督、管理制度和机制。这套制度和机制主要体现在《周礼·天官冢宰》和《周礼·地官司徒》的有关规定中。

1. 公共经济资源筹集机制

周王朝中央政府所用公共经济资源包括实物、货币和徭役三大类。其中，实物和货币形式的公共经济资源通过两大渠道筹集。一是以九种方式（即“以九赋敛财贿”）从周王室直接统治的王畿地区筹集：“一曰邦中之赋，二曰四郊之赋，三曰邦甸之赋，四曰家削之赋，五曰邦县之赋，六曰邦都之赋，七曰关市之赋，八曰山泽之赋，九曰币余之赋。”这类赋税由地官司徒负责根据户籍人口、耕作土地质量数量等数据信息核定并组织征收。二是以九种方式（即“以九贡致邦国之用”）从诸侯方国那里收取：“一曰祀贡，二曰嫔贡，三曰器贡，四曰币贡，五曰材贡，六曰货贡，七曰服贡，八曰斿贡，九曰物贡。”① 由夏官司马部门负责按照“各以其所有”的原则确定品种数量并具体实施。②

从事作战、戍边、社会治安、工程建设和官府杂役等事项所需的徭役，属于无偿劳动形式的公共经济资源。这类公共资源由地官司徒和夏官司马两个部门共同负责组织筹集。其中，地官司徒部门负责在王畿范围内根据户籍所载居民年龄、性别、健康状况、赡养系数等情况具体核定分派，具有贵族、

---

① 周礼·天官冢宰［M］.

② “凡邦国，小大相维。王设其牧，制其职，各以其所能；制其贡，各以其所有。”——《周礼·夏官·职方氏》。

贤能等资格的免服徭役；[①] 夏官司马部门则负责在邦国范围内根据土地和民户情况核定民众服劳役之事。[②] 从上下文联系判断，夏官司马部门所负责的似乎主要是兵役，最多还包括国防工程所需工役和战争所需杂役。

2. 公共经济资源配置机制

根据《周礼·天官冢宰》所述，周王朝中央政府集中的公共经济资源分别配置于举行祭祀、接待宾客、丧葬救灾、饮食车服、工匠制作、行聘问礼、牛马饲养、群臣俸禄、结好赐予等九个方面，其中每类支出都有专门的节制管理法则。[③] 上述公共经济资源配置范围中为何没有包括用于军事国防方面的支出，同时也未提及中央与地方之间的财政支出责任和公共经济资源范围划分。由于目前没有可信资料用以说明和分析，这里不拟妄加猜测。

3. 公共经济资源管理机制

依据《周礼》相关内容可知，周朝十分重视公共经济资源规范有序管理，设计了一整套以分级分职分权为特征的管理机制。从总体上看，在公共经济资源筹集、配置和使用管理全过程中，天官冢宰部门居于主导、中枢和总管地位，其他相关部门则依托本部门基本职能优势分别负责某些特定的局部管理事务。

中央政府公共经济资源的筹集征收管理，由天官、地官、夏官三个部门按照分段分项方式分工负责。其中，天官部门负责基本法律制度的制定，地官部门依托掌管资源、教化民众核取万民之赋役，夏官部门依托掌管武装、联系诸侯向邦国核征贡赋和与军事相关的徒役。

---

① “以岁时登其夫家之众寡及其六畜、车辇，辨其老幼、废疾与其施舍者，以颁职作事，以令贡赋，以令师田，以起政役”；“凡均力政，以岁上下：丰年则公旬用三日焉，中年则公旬用二日焉，无年则公旬用一日焉。凶札则无力政”；“以岁时登其夫家之众寡，辨其可任者。国中自七尺以及六十，野自六尺以及六十有五，皆征之。其舍者，国中贵者、贤者、能者、服公事者、老者、疾者，皆舍。”——《周礼·地官司徒》中乡大夫、均人、遂人之职。

② “凡令赋，以地与民制之。上地，食者三之二，其民可用者家三人。中地，食者半，其民可用者二家五人。下地，食者叁之一，其民可用者家二人。”——《周礼·夏官·大司马》。

③ “以九式均节财用：一曰祭祀之式，二曰宾客之式，三曰丧荒之式，四曰羞服之式，五曰工事之式，六曰币帛之式，七曰刍秣之式，八日匪颁之式，九曰好用之式。”——《周礼·天官·大宰》。

中央政府公共经济资源配置由天官部门依照九式之法即专款专用原则负责实施；由耗费公共经济资源、分类提供公共物品的各公共部门负责具体使用管理。[①]

在相关公共部门之间有主有从、有分有合的分工负责、分权管理格局之下，各相关部门内部也按照分工分责分权原则清晰地界定不同官员的职责范围。

在天官部门内部，作为该部门首席长官的大宰总揽财政管理工作全局，包括财政制度设计制定、收支平衡衔接、国库实物货币收纳和会计核算汇总监督。作为天官部门副职长官的小宰主管财政综合管理的日常事务："执邦之九贡、九赋、九式之贰，以均财节邦用。"[②] 大府作为具体实施财政综合管理的专业部门，"掌九贡、九赋、九功之贰。以受其货贿之人，颁其货于受藏之府，颁其贿于受用之府。……岁终，则以货贿之入出会之"。[③] 玉府作为王庭财务总管，"掌王之金玉、玩好、兵器……掌王之燕衣服，衽席床笫，凡亵器"，均按规定用途和办法收纳与支用。[④] 内府和外府作为公共经济资源库藏机构分类负责实物与币帛管理，其中，"内府掌受九贡、九赋、九功之货贿、良兵、良器，以待邦之大用。凡四方之币献之金、玉、齿、革、兵器，凡良货贿，入焉。凡适四方使者，共其所受之物而奉之。凡王及冢宰之好赐予，则共之"。"外府掌邦布之入出，以共百物，而待邦之用。凡有法者，共王及后、世子之衣服之用。凡祭祀、宾客、丧纪、会同、军旅，共其财用之币赍，赐予之财用。凡邦之小用，皆受焉。"所有库藏管理都要做到收纳与支用、账目与实物相符，年终要盘点汇总。[⑤] 再进一步的职权分工是："职内掌邦之赋入，辨其财用之物而执其总。以贰官府、都鄙之财入之数，以逆邦国之赋用。

---

① "凡颁财，以式法授之。关市之赋，以待王之膳服；邦中之赋，以待宾客；四郊之赋，以待稍秣；家削之赋，以待匪颁；邦甸之赋，以待工事；邦县之赋，以待币帛；邦都之赋；以待祭祀；山泽之赋；以待丧纪；币余之赋；以待赐予；凡邦国之贡，以待吊用；凡万民之贡；以充府库；凡式贡之余财，以共玩好之用。""凡官府、都鄙之吏及执事者受财用焉。"——《周礼·天官·大府》。

② 周礼·天官·小宰［M］.

③ 周礼·天官·大府［M］.

④ 例如，"若合诸侯，则共珠槃、玉敦。凡王之献，金玉、兵器、文织、良货贿之物，受而藏之。凡王之好赐，共其货贿。"——《周礼·天官·玉府》。

⑤ "岁终，则会，唯王及后之服不会。"——《周礼·天官·外府》。

凡受财者，受其贰令而书之。及会，以逆职岁与官府财用之出，而叙其财以待邦之移用。”“职岁掌邦之赋出，以贰官府、都鄙之财出赐之数，以待会计而考之。凡官府、都鄙、群吏之出财用，受式法于职岁。凡上之赐予，以叙与职币授之。及会，以式法赞逆会。”“职币掌式法，以敛官府、都鄙与凡用邦财者之币。振掌事者之余财，皆辨其物而奠其录，以书楬之，以诏上之小用赐予。岁终，则会其出。同邦之会事，以式法赞之。”①

其他部门涉及公共经济资源管理的事务也同样自上而下层层细分到每个职官的岗位职责。例如前面述及在公共经济资源筹集之处已经提到，地官部门涉及实物和徭役性公共经济资源征发落实的职责就是分别由乡大夫、均人、遂人承担完成的。

周朝在公共经济资源管理方面确定了一系列具有科学性的原则。一是在公共经济资源征收上实行任土所宜②、均平负担、依法治税③原则，前者由地官部门闾师和夏官部门职方氏负责实施，后者由地官部门的“土均”“均人”两官负责执行。④ 这既有利于公平合理地处理纳税人之间的关系，也有利于税赋的顺利征收入库。二是在收支关系上实行专收专用的基金式管理原则。⑤ 这种以特定收入给付特定支出、将相关收支直接衔接起来的办法，尽管不利于按照轻重缓急顺序统筹使用有限财力、集中财力满足重要而紧迫事务支出，但显然有利于通过以收定支来节制财用。三是在公共经济资源预算管理上实行量入为出的稳健平衡原则。⑥《周礼》中明确这些管理原则，比西方国家早了2500年以上，可谓中国古代公共经济文明的一大亮点。

4. 公共经济资源运行监督机制

公共经济资源运行监督职能主要由天官部门负责。其中，相当于天官部门办公厅负责考核性监督，其长官宰夫“掌治法，以考百官府、群都、县、

---

① 见《周礼·天官冢宰》“职内”“职岁”“职币”之职。

② “制其贡各以其所有。”——《周礼·夏官·职方氏》。

③ “凡税敛，掌事者受法焉。”——《周礼·天官·司书》。

④ 见《周礼·地官》关于“闾师”“县师”“土均”“均人”之职责规定。

⑤ “凡颁财，以式法授之。关市之赋，以待王之膳服；邦中之赋，以待宾客；四郊之赋，以待稍秣；家削之赋，以待匪颁；邦甸之赋，以待工事；邦县之赋，以待币帛；邦都之赋；以待祭祀；山泽之赋；以待丧纪；币余之赋；以待赐予；凡邦国之贡，以待吊用；凡万民之贡；以充府库；凡式贡之余财，以共玩好之用。”——《周礼·天官·大府》。

⑥ “以三十年之通制国用，量入以为出。”——《礼记·王制》。

鄙之治，乘其财用之出入”。具有依据考核结果对责任者实施赏罚的建议权：“凡失财用物辟名者，以官刑诏冢宰而诛之。其足用长财善物者，赏之。”①兼具政府会计和审计职能的司会从公共经济资源收支使用的记录、稽核、汇总角度“掌邦之六典、八法、八则之贰，以逆邦国都鄙官府之治。以九贡之法致邦国之财用，以九赋之法令田野之财用，以九功之法令民职之财用，以九式之法均节邦之财用。掌国之官府、郊野、县都之百物财用。凡在书契、版图者之贰，以逆群吏之治而听其会计。以参互考日成，以月要考月成，以岁会考岁成，以周知四国之治，以诏王及冢宰废置。”② 这种监督是全方位的，即使国王和大宰在理财用财方面也不能一个人为所欲为，相关规定包括“内史、司会、冢宰贰之，以制国用”，③“凡上之用财，必考于司会”。④

从以上对宰夫和司会责权的文字表述内容可以看出，对公共经济资源运行所施监督具有三大特点：其一，它是从维护国家治理法制（“掌邦之六典、八法、八则之贰”）、发现国家治理中的弊端（“以逆邦国都鄙官府之治”）、提高公共经济治理成效（“以九功之法令民职之财用”）出发，与对整个“百官府、群都、县、鄙之治”所实施的监督紧密结合在一起进行的。其二，它是常态化的：“以参互考日成，以月要考月成，以岁会考岁成。”其三，它是极其严肃的，考核结果报送国王、冢宰，作为决定责任主体——相关官员的赏罚和废置的依据。

通过以上对周朝公共资源筹集、配置、监督、管理制度和机制的叙述中，不难发现其中几个显著特征：一是制度机制体系具有较强的系统性、完整性，覆盖了公共经济资源运行全过程。二是公共经济资源运行体制机制要素具有较强的全面性，不仅规定了相关行为主体必须并有权做什么或者说责权范围边界在哪里，而且明确规定了履职原则、办理程序、操作方法等，以便依法依规办理。这充分体现出周朝公共经济治理已经相当重视规范化、制度化、法治化。三是周王朝高度重视公共经济资源运行，已经将财政事务摆在国家治理的基础和重要支柱的显著地位。这集中体现在公共经济资源管理监督责权配置格局上，即由肩负“掌邦治、均邦国”重任、在中央政府中排行首位

---

① 周礼·天官·宰夫［M］.

② 周礼·天官·司会［M］.

③ 周礼·秋官·小司寇［M］.

④ 周礼·天官·司书［M］.

的天官部门及其首长冢宰亲自掌管财政基本制度、大政方针、收支预算、财政国库和会计审计事务，并由职责细分的多位官员负责完成其中各项事务。与此同时，将公共经济资源筹集职责赋予在中央政府中位列第二的地官部门及其首长大司徒与位列第四的夏官部门协同负责完成。

此外，从上述关于公共经济资源配置和监督对象范围可知，周朝至少在部分财政资金运行方面实行的是全国统一管理、分级征收、分级使用原则。

当然，上述公共经济资源筹集、配置和监管机制只是在西周时期能够得以贯彻执行。自西周后期开始，一方面随着基础生产关系的变化，特别是井田制逐步瓦解、土地私有制获得发展①，另一方面各诸侯国相互争霸、争雄乃至吞并对方的倾向逐步加剧，《周礼》所规定的公共经济资源运行机制开始失灵。一些国家开始对私田征税（鲁国前594年颁布“初税亩”法令），“五霸”“七雄”则通过变法加快发展经济、增加本国财政实力。尤其是越来越多的诸侯国不再履行向周王室纳贡的义务，以致王室因财源萎缩而日渐失去对诸侯国实施有效控制所需的军事威慑力量。

三、作为公共经济生产力核心要素的官吏选任、考核、激励、约束机制

自夏朝国家取代原始社会公共机构成为公共经济治理主体以后，包括国王和封国诸侯在内的国家各部门官吏便成为公共经济生产力的核心要素。官吏队伍的德才素质高低直接关系到公共经济制度、政策和各类公共物品供给的优劣，而对官吏德才素质起决定作用的则是官吏选任、考核、激励、约束机制。其中，选任机制决定官吏德才的基础质量，而考核、激励、约束机制则是规范官吏履职用权行为的主要诱导因子。然而，自夏王实行家族世袭制以后，对公共经济生产力核心要素基础质量和行为导向的官吏选任、考核、激励、约束机制便因为与前者相矛盾而处于难以优化状态。

从逻辑层面考察，既然国王采取家族内部代代相传的世袭制，那么，基于分封机制而取得爵位的诸侯国君、公卿、大夫、士等各级贵族自然也就依样画葫芦地根据宗法制度实行世卿世禄制。于是，由不同等级贵族家庭垄断高层官吏人选的用人机制便开始形成。在这种机制之下，对于国王、诸侯国

---

① 周厉王（前877—841年在位）前后，土地私有制即开始日益发展，公元前841年的国人暴动预示着奴隶制危机的到来，王权从此衰落。其后周宣王继位时已经不籍千亩，标志着井田制在王畿内的崩溃。

君到各级卿士这些拥有公共经济治理决策权的高级职位而言，以任人唯贤原则择优选任的空间虽然并未绝对消失，但已被压缩到数人、数十人、数百人、最多上千人的狭小范围内，因而难以保障将德才最优之人选用到这些攸关公共经济治理优劣的关键岗位上来。与此同时，由于这些官位的含金量极高，特别是处于官僚体系金字塔尖顶的国王在人间地位无上尊崇、待遇得天独厚，具有无可比拟的诱惑力，以致王族之内父子、母子、叔侄和王子兄弟之间相互争夺王位的斗争极为惨烈。正因如此，能否继位为国王，在很大程度上并不取决于候竞争者的德才素质高低，而是决定于他本人及其背后势力的强弱，以及谁更心狠手辣、阴险狡诈、诡计多端。很显然，此种机制实难保障将德才素质最优之人选任到公共经济治理的关键和重要岗位上。此其一。

其二，即使由于各种有利因素结合在一起，恰好使得王族、贵族中德才素质最优者获选当上了国王和其他重臣，但由于觊觎王位和重要臣位者众多，宫廷政变风险度极高，也使得获任者要么被其他竞争者推翻、陷害，从而使正确的公共经济政策难以长久推行；要么迫使获任者不得不把主要精力用于防范政变方面，从而难以聚精会神于国家治理。显而易见，这两种情况都会严重损害公共经济治理效果。为了在一定程度上避免此种弊端，统治者通过总结经验教训发明出按照嫡庶、长幼、血缘亲疏等宗法因素来确立优先继承顺序的法定原则，以此减轻多名拥有继承资格者之间因无序竞争而导致的混乱。但这样做，不仅难以彻底克服王储继位之后相关竞争者通过宫廷政变夺取王位、导致政局不稳和王位获得者难以集中精力于国家治理的问题，反而进一步压缩了根据德才标准优选继位者的空间，使具有最优德才素质者获选继位成为小概率事件。王位继承如此，诸侯国君和卿、大夫、士的世袭继承，在很大程度上也存在类似难点。因此，王位世袭制和贵族世卿世禄制严重阻塞了高级治理职位基于德才素质、实际能力的选任竞争和底层社会民众在政治领域上升进取的通道，难以将社会成员中最优秀分子选任到公共经济治理的主导岗位上，从官吏选任环节上对优化公共经济生产力核心要素形成了严重限制。

与此同时，王位世袭制和贵族世卿世禄制也严重妨碍国家机构各级主要官吏考核、激励、约束机制的形成建立及其内在机能的发挥。这是因为，其一，各级贵族及其子弟既然先天地获得了王位世袭或世卿世禄资格，就如同进入了尊崇地位的“保险箱”，其结果必然是大大减弱、甚至熄灭贵族子弟通过刻苦努力提高自身德才素质的内在动力；其二，各级贵族为了保证既得利益不受剥夺，便凭借执政地位优势确立起“刑不上大夫”的立法原则，据此而获得免受刑事处罚的特权，从而不再担心渎职受刑甚至遭到免职降职处分。既然如此，那么考核、淘汰、处罚等监督约束机制即使存在，其对高级官吏们履职用权行为的规范和惩戒作用也势必大打折扣。

由于王位世袭制和世卿世禄制导致优选、考核、激励、约束公共经济治理责权持有人的机制严重失灵，而内在的道德和良心约束又极不可靠，那么，公共经济生产力核心要素的质量较高纯属偶然，而质量不高却是大概率事件；与此同时，优选、考核、激励、约束公共经济治理主导者机制的积极潜能也难以充分发挥。这样，就使得在优渥环境中出生和成长起来的王子王孙，尽管他们拥有得天独厚的受教育条件，但真正能以优秀德才素质继位者并不具有较高概率，即便继位为王，在最初一段时期内曾有励精图治之心，但能够持之以恒、善始善终的也必然凤毛麟角。不仅如此，由于缺乏足够的外部监督约束机制，即便那些通过打天下获得国王、君主和卿相、臣僚之位的人，能够自始至终精心而理性地治理公共经济的也并不多见。

从历史事实考察，在夏朝现有可信的文献资料中，难以找到按照任人唯贤原则选任官吏和对官吏队伍制定实施正确考核、激励、约束机制的证据。在官吏选任机制方面，虽然《尚书·舜典》等文献中关于选贤任能的论述言犹在耳，尧舜禹通过选贤任能连续多年实现公共经济良治的事迹依然被人民大众交口传颂，但夏朝在抛弃选贤禅让制之后，王族既然已经违背先圣之教改行世袭，由自己家族垄断公共经济治理最高权位，因为做贼心虚，就再也不敢公开强调选贤任能、野无遗贤了。① 加之整个公共机构的其他官位在世卿世禄制之下也被贵族阶级所垄断，因此，也不再有按照任人唯贤原则进行选任官吏的空间。至于官吏考核、激励、约束机制，虽然《尚书·舜典》关于“三载考绩、黜陟幽明”的圣言仍有据可查，但由于适应贵族世卿世禄制而制定了刑罚不及贵族的法律原则，因而，终夏一代都未能建立起对所有官吏实施考核、赏罚的法律性制度；如果说还有，那也不过是产生于夏初的《尚书

① 尽管周公曾提及夏代君王经常教导他们的诸侯任用官吏时要以贤德为标准而不能以貌取人（“宅乃事，宅乃牧，宅乃准，兹惟后矣。谋面，用丕训德，则乃宅人，兹乃三宅无义民”——《尚书·立政》），但既未见《夏书》中有此记载，也未将选贤任能见之于相关制度。

·甘誓》中仅限于战事的依存。[①] 由于选贤任能机制缺失，夏代鲜有明君贤臣。启的儿子太康继位为国王不久就因失德而失政。少康虽然复国有功，但实际上在国家治理方面也未做出突出成就。及至夏桀，更是亲小人、远君子，用奸佞、斥忠贤，对官吏队伍实行逆向淘汰,[②] 以致亡国。

商朝王族作为尧舜时重臣契的近缘后裔，在选贤任能和考核、激励、约束官吏队伍方面对尧舜之政有所继承。在实践方面，商汤选用家奴出身的贤者伊尹为相而打败夏桀、开创商初治世，武丁特选曾为奴隶的傅说为相而有高宗中兴。在治理思想层面，商代多篇重要文献反复提及任用贤才,[③] 左相仲虺曾赞扬商汤为政“德懋懋官，功懋懋赏”,[④] 并且在汤武革命成功后，也曾“制官刑，儆于有位”。[⑤] 然而，商王朝并没有建立起具有法律效力的选贤任能和有效的官吏考核、激励、约束机制，以致商代长达550余年的历史上德才出众的圣君、贤臣同样寥若晨星，盛世之治和中兴之世虽然长于夏代，但总体上持续时间并不很久，而且因王族内部多次发生兄弟、叔侄相争而使国王走马灯似地更换。及至末代国王帝辛，则更是专用阿谀奉承的奸佞之臣，而残酷迫害比干、箕子、微子等忠直谏臣,[⑥] 以致最后战败自杀国亡。

西周代商而立以后，鉴于夏商两代的严重教训，开始将制定实施择优选任官吏、特别是对官吏实施考核激励约束机制提到日程上来，致使公共经济治理队伍的基本素质和行为方式有所改善，使得西周大部分时期公共经济治理水平和效果明显高于夏商两朝，从而创造了中国近4000年上古、中古历史

---

① 在《尚书》夏王所作篇章中，只有启攻有扈氏时在阵前发布的动员令中存在适用于征战将士的赏罚激励机制：“用命，赏于祖；弗用命，戮于社，予则孥戮汝。”——《尚书·甘誓》；在商代，《商书·仲虺之诰》中记有汤之左相仲虺之言“德懋懋官，功懋懋赏”。

② 桀“剥丧元良，贼虐谏辅”——《尚书·周书·泰誓中》。

③ 例如，《尚书·商书·伊训》中说：“敷求哲人，俾辅于尔后嗣”；《尚书·商书·咸有一德》中强调“任官惟贤材”。再如，《商书·说命中》记载傅说专论任用百官之道时说：“惟治乱在庶官。官不及私昵，惟其能；爵罔及恶德，惟其贤”，不仅指出官吏任用与国家治乱之间的内在联系，并且强调选任官吏、确定爵禄不能以掌权者个人感情亲疏为转移，而应以官员本身是否贤能为标准。武丁在《商书·说命下》中也曾明确地说：“惟后非贤不乂”，即君主得不到贤人就不可能将国家治理好。

④ 尚书·商书·仲虺之诰［M］.

⑤ 尚书·商书·伊训［M］.

⑥ 商纣“剖贤人之心，……崇信奸回，放黜师保”——《尚书·周书·泰誓下》。

上国祚长度之最。

据《尚书·周书》和《周礼》有关篇章所述，周朝统治者对选贤任能、严明赏罚不仅十分重视，而且将优选、核、激励、考约束官吏的机制纳入法律制度予以推行。开国之王姬发强调其用人原则为“建官惟贤，位事惟能”。[①] 太保召公进谏武王说：“所宝惟贤，则迩人安。”[②] 受命辅佐幼主并摄政多年的周公在归政于成王时谆谆教导他的侄子：“自今立政，其勿以憸人，其惟吉士，用励相我国家。”[③] 至于成王外的祖父、周初多年担任太师的姜太公，则更是鲜明主张“任人唯贤”的用人原则。由此可见，遵循选贤任能原则建立品德优良、精明强干的国家治理队伍，在周初统治集团核心人物中已经形成高度一致的共识。位高权重的周公为了尊贤辅国、保障周王朝长治久安，带头礼贤下士，“一沐三捉发，一饭三吐哺，起以待士，犹恐失天下之贤人”，并且在其子伯禽去鲁国担任首位国君之前准证告诫说：治国定要谦虚谨慎、尊贤任能，即“慎无以国骄人”。[④]

成王亲政后，周公在总结以往历史正反面经验基础上，根据摄政多年实践中的体会，经过审慎研究思考，制定出用以指导规范国家公共机构和公共经济治理队伍建设的《周礼》，作为法律性文件付诸实施。其中关于官吏选任、考核、激励、约束机制的规定主要包括五个方面：

一是择贤而用。《周礼》赋予地官部门荐举贤能之责，在地官首席长官大司徒职责中强调“以贤制爵”和“以庸制禄”的导向功能，从而明确由掌管民政的地官部门负责访查推荐民间贤能之人，具体承担荐举贤能职责的是乡大夫和司谏。其中，乡大夫每年都要借户籍普查之机辨别可供国家人用之人，通过每三年一次的德才大考产生本乡贤能之士的初步人选，经乡老、乡大夫和群吏集体审查推荐确定人选，将人选名单及其德才情况书面上报到国王，由国王审察认可，而后将名单存档登记到天府和内史府，以备天官部门根据

---

① 尚书·周书·武成［M］.

② 尚书·周书·旅獒［M］.

③ 尚书·周书·立政［M］.

④ 司马迁：史记卷三十三·鲁周公世家第三［M］.

官员出缺情况选择任用;[1] 司谏则需结合巡察监督地方官，通过访查发现可供国家使用的德才兼备之士，形成书面材料按照法定程序向国王推荐。[2] 除此之外，春官宗伯也有“进贤兴功”的责权。[3]

二是明责赋权。《周礼》用以“治官府”的“八法”之二就是明“官职”,[4] 即按照以责为基、依责赋权的内在逻辑，以自高而低为序，对每一官职都具体而明确地界定职责权限，以便于官员本人依法履责行权，同时为对官员实施考核、问责追责提供依据。

三是监督考核。监督考核对象包括上至国王下至末端小吏在内的所有公职人员，内容包括公职人员的德能勤绩廉各方面。[5] 监督考核工作由天官、地官、春官等多部门及其所辖多个机构、众多官员按照分工分责分权原则分头组织实施。其中，天官部门居于牵头地位,[6] 其他部门依照职责分工予以协同配合，同时体现部门间相互制约，以避免因某个部门一权独大、一手遮天而导致考核监督赏罚失之偏颇、有害公平公正。细言之，天官部门由小宰、宰夫、司会、司书机构及其主官各自按照既有联系又有不同的职事分工具体负责;[7] 地官部门的具体责任机构及其主官主要是司谏，同时把地位很高的太保（负责谏阻国王非理行事）也包括了进去；春官部门的具体责任机构及其主官

---

① “以岁时登其夫家之众寡，辨其可任者。……以岁时入其书。三年则大比，考其德行、道艺，而兴贤者，能者。……厥明，乡老及乡大夫、群吏献贤能之书于王，王再拜受之，登于天府，内史贰之。”“此谓使民兴贤，出使长之；使民兴能，入使治之。”——《周礼·地官·乡大夫》。

② 司谏“掌纠万民之德而劝之朋友，正其行而强之道艺，巡问而观察之，以时书其德行道艺，辨其能而可任于国事者。”——《周礼·地官·司谏》。

③ 周礼·夏官·大司马［M］.

④ “以八法治官府：曰官属，以举邦治。二曰官职，以辨邦治。”——《周礼·天官·大宰》。

⑤ “小宰之职：……听官府之六计，弊群吏之治：一曰廉善，二曰廉能，三曰廉敬，四曰廉正，五曰廉法，六曰廉辨。”——《周礼·天官·小宰》。

⑥ 按照《周礼》规定，天官部门有掌治典以治官府、掌教典以教官府、掌礼典以统百官、掌政典以正百官、掌刑典以刑百官、掌事典以任百官的治理责权。——《周礼·天官·大宰》。

⑦ “司书：掌邦之六典、八法、八则、九职、九正、九事，邦中之版，土地之图，以周知入出百物，……三岁，则大计群吏之治，以知民之财用器械之数，以知田野、夫家、六畜之数，以知山林川泽之数，以逆群吏之征令。……凡邦治，考焉。”——《周礼·天官·司书》。

包括天府、[1] 大史、[2] 内史、[3] 御史。[4] 值得称道的是，西周在体制设计中有一别有匠心之处，即在以司礼为主要职能的春官部门设置前述四个负责对所有官吏履职考成实施监督的机构，且拥有对官吏实施赏罚废置之权，从而体现了不同部门之间职责适当交叉、防止专断的权力制约原则。除上述部门参与分工协作之外，所有上级官吏都负有对属僚履职用权行为及其效果的监督考核职责，即使贵为国王也要接受太保监督。[5] 考核监督有着完整程序。春正月各级大小衙门都要宣读法令、动员部署，告诫各位官吏必须依法履责行权，否则严惩不贷："各修乃职，考乃法，待乃事"，"不用法者，国有常刑!"[6] 尔后各级官员要按月总结汇报，上级则以"叙"的方式加以考核督促；年终要就全年履行公务及其成效情况撰写提交述职报告，以接受考核监督。[7] 其中，公共财务运行方面的考核监督则进一步严格到逐日"考成"，即"以参互考日成，以月要考月成，以岁会考岁成。以周知四国之治，以诏王及冢宰废

---

① 天府"凡官府乡州及都鄙之治中，受而藏之，以诏王察群吏之治。"——《周礼·春官·天府》。

② 大史"掌建邦之六典，以逆邦国之治。掌法以逆官府之治，掌则以逆都鄙之治"。——《周礼·春官·大史》。

③ 内史"掌王之八柄之法，以诏王治，一曰爵，二曰禄，三曰废，四曰置，五曰杀，六曰生，七曰予，八曰夺。执国法及国令之贰，以考政事，以逆会计。掌叙事之法，受纳访，以诏王听治。凡命诸侯及孤卿、大夫，则策命之。凡四方之事书，内史读之。王制禄，则赞为之，以方出之；赏赐，亦如之。……掌书王命，遂贰之"。——《周礼·春官·内史》。

④ 御史"掌邦国都鄙及万民之治令，以赞冢宰。凡治者受法令焉。掌赞书，凡数从政者。"——《周礼·春官·御史》。

⑤ "保氏：掌谏王恶。"——《周礼·地官·保氏》。

⑥ 此种规定，按照先后顺序，首见于《周礼·天官》的小宰之职，但类似内容几乎遍布天、地、春、夏、秋、冬各部门较高级别机构和主官职责表述之中。例如，《地官司徒》关于大司徒、小司徒、乡大夫等多个官员职责中都提到，其中在小司徒之职中表述为"岁终，则考其属官之治成而诛赏，令群吏正要会而致事"。

⑦ 天官大宰职事中有"岁终，则令百官府各正其治，受其会，听其致事，而诏王废置"的规定，小宰职事中进一步规定"月终，则以官府之叙受群吏之要。……岁终，则令群吏致事"。——《周礼·天官 冢宰》。

置”。[①] 在此基础上，还要以三年为周期按地域、按系统进行一次被称为“大比”[②] 的总结性考核。

四是赏罚置废，即“以八柄诏王驭群臣”。即在月度、年度考核和中期“大比”录得各级官吏履职情况信息的基础上，通过“叙”对每个官吏做出综合评价，[③] 而后根据考核评价结论，充分运用《周礼》赋予天官、地官、春官等相关部门的“爵”“禄”“生”“予”“夺”“置”“废”“诛”八种手段，对每个官吏分别作出提升、重用、降职、减禄，乃至对严重渎职、违法者给予开除（废）、判刑处罚，以此褒扬先进、鞭策落后、淘汰庸劣、减少冗员、惩罚违法乱纪，保障官吏队伍始终处于优化状态。

五是依法治理。《周礼》规定，大宰的主要职责之一就是“施法于官府，而建其正，立其贰，设其考，陈其殷，置其辅。……以法待官府之治”，[④] 其中，任百官依事典，教百官以教典，统百官以礼典，正百官以政典，刑百官以刑典。在“以八则治都鄙”中规定：要遵“法则”，“以驭其官”；正“废置”，“以驭其吏”；核“禄位”，“以驭其士”；施“刑赏”，“以驭其威”。制定实施这一整套官吏选任、考核、监督、激励、约束机制的出发点和落脚点，则是“以官成待万民之治”，即以整个公共机构及其官吏队伍履行公共经济职责的成果和绩效实现治万民、安社稷的总目标。

根据上述内容，我们完全有理由说，周公通过研定《周礼》所设计推行的这一整套官吏选择、考核、监督、激励、约束机制，要素颇为齐全，逻辑相当严谨，内容十分周全，极具制度创新之意趣，集此前相关典章制度和思想理论之大成，开此后阶级社会吏治机制之滥觞，堪称上古时代公共经济文明之瑰宝，不仅独步于3000余年前的古代世界，而且直至今日依然闪烁着中华民族政治智慧的灿烂光辉，对我们深化公职人员队伍治理机制改革具有参

---

① 周礼·天官·司会［M］.

② 《周礼·天官·大宰》规定：“岁终，则令百官府各正其治，受其会，听其致事，而诏王废置。三岁，则大计群吏之治而诛赏之。”《周礼·地官》对小司徒、州长、县师以至均人等官的职事规定中再次述及，其中在县师之职中的表述为“三年大比，则以考群吏，而以诏废置”。

③ 此种评价遵循“官府六叙之法”，即所谓：“以官府之六叙正群吏：一曰以叙正其位，二曰以叙进其治，三曰以叙作其事，四曰以叙制其食，五曰以叙受其会，六曰以叙听其情。”——《周礼·天官·小宰》。

④ 周礼·天官·大宰［M］.

考价值。

然而，毋庸讳言，这套制度绝非无懈可击，余者不论，仅就其毫无民主理念一条来说，就是致命的缺陷。尽管其在选贤任能程序上也曾规定“退而以射之礼五物询众庶”[①]，看似也在某种程度上存在尊重民意、发扬民主之因素，但贯穿《周礼》始终的治理宗旨却是立官“驭”民。《周礼》中反复使用的“驭万民”和间或使用的“治民”这两个词汇毫无掩饰地表明，其中包含的这一整套“设官分职，以为民极”之道绝不是以人民当家作主为原则设计的，而是为实现姬姓王朝长治久安服务的。当然，作为历史唯物主义者，对于这种时代与阶级的局限性，我们不会苛求于周公。

从实践来看，这套治官之道在很长时期内确实为周王朝的公共经济治理成效超过夏商两代提供了较为有力的公共经济生产力核心要素的质量保证，因而才使姬姓周王族的统治基业延续了近800年，竟然占到自夏至今全部中国历史长河的近1/5。应该说，这是极其了不起的制度成就。但是，由周王朝基础生产方式和基源于此的公共经济生产方式内在矛盾所决定，无论多么科学、优越的官员治理机制，都不能保障周朝姬姓王族统治长盛不衰、万世永存。仅从王位世袭、其他贵族世卿世禄和他们拥有不受法律制裁的特权而言，就在选贤任能和激励约束机制上打开了一个极为致命的缺口，从而难以保证公共经济生产力最核心要素得到自始至终的优选并使优质要素得以长期维持。而这一制度缺口不能不连带地导致朝中重臣因与国王之间亲疏关系不同而难以按照选贤任能原则稳定地任用，进而影响到下一级官吏在有限范围内选贤任能。这就决定了周朝也只是在周公姬旦和太师姜子牙辅政的开国初期出现了长达数十年的成康盛世[②]，其后除周宣王时期开创了几十年中兴局面之外，其他多数国王德才素质极为平庸，及至周厉王、周幽王、周赧王等，其德才素质可谓极为低劣，以致因为治理混乱引起暴动而被迫出逃或因荒淫昏暴而身死国灭。

四、公共物品供给结构

上述公共经济体制、公共经济资源筹集配置监管和公共经济生产力核心要素选择治理机制三个方面，都处于国家治理暨公共经济自身范围之内，而

---

① 周礼·地官·乡大夫［M］．

② 《史记．卷四．周本纪》称“故成康之际，天下安宁，刑错四十余年不用”［M］．

不能直接作用于民间经济运行。使公共经济对民间经济、进而对整个混合经济体运行发展发挥主导作用，从而使公共经济治理效果得以最终显现的，主要在于每个时代公共机构向民众及其结成的各类民间组织所提供的、具有特定结构的公共物品。在刚刚从原始公社制度过渡而来的奴隶社会初期，国家作为社会公共机构向民间经济主体提供的公共物品在结构上有一个共同特点，就是祭祀和军事两项占据突出位置，即所谓“国之大事，在祀与戎”。① 其所以如此，一是因为当时社会生产力不发达，大自然对人们生活来源乃至生死的影响作用极大，而人类在自然力面前还显得极为脆弱，因此，只能借助于祭祀活动祈求天神地神、雨神风神等自然神和以祖先为首的人格神保佑平安；二是当时各部族之间争夺优良资源和对方财物的战争较为频繁，军事能力无论对实力较强还是较弱的部族生存发展都具有性命攸关的重要作用；三是同样由于社会生产力发展水平较低，能够集中起来用于提供公共物品的资源比重较低（据孟轲所言，夏商周平均税负大体上都在10%左右），在这种情况下，公共经济资源除了用于最紧迫、最重要的祭祀和军事（御敌或征战）之外所剩无几，客观上难以提供更多种类的公共物品。当然，除祭祀和军事之外，在夏商周三代，国家还是向社会提供了一些其他公共物品，并且随着社会生产力发展，国家向社会提供公共物品的种类和数量总体上呈逐步增加趋势。

（一）夏朝

相传周武王克商以后曾谦恭地向商朝著名遗贤箕子请教治国安邦之道。箕子感于武王之诚，便向武王传授了上天赐予大禹用以安邦治国、增进人民五福的九条秘诀，后人将其称之为“九筹”。其中第三条为“农用八政：一曰食，二曰货，三曰祭，四曰司空，五曰司徒，六曰司寇，七曰宾，八曰师”。② 因为大禹的儿子当了夏朝第一代国王，根据推理，启似能得大禹真传，从而懂得国家治理需要努力办好上述八项公共事务，即向社会提供与“八政”相对应的八类公共物品：（1）保证人民的食物供给；（2）管好商品流通和公共财务；（3）办好各种祭祀占卜活动；（4）搞好各类自然资源管理以及相关公共工程建设；（5）做好包括国民教育在内的各项民政事务；（6）完成好治安

① 左传·成公十三年［M］.

② “农用八政”见于《尚书·洪范》，其中“农”的含义不是“农业”，而是“努力”。

司法事务，维护社会秩序；（7）处理好外交事务；（8）治理好军事军备，确保国防安全。应该说，上述八政较为全面地涵盖了国家治理即公共经济职能的各主要方面。我们无法确认“洪范九筹”及其中“八政”是否为上帝密传于大禹，以及大禹是否将其传授给启。但据有关史料所述，夏王朝曾在其存续期间或多或少地向社会提供了以下几方面公共物品。

1. 开展军事征战。设置“六事之人”等官吏专门负责常备军（以步兵为主并始建兵车）和寓兵于农的预备兵员管理，并届时组织指挥战争。少康就曾通过大力改善军事装备，作甲作矛，屡败夷族，把夏王朝的势力范围扩张到东海之滨，从而开创了中兴之世。

2. 制定执行法律。从制裁违法犯罪行为、维护包括私有制在内的社会秩序出发，制定了名为《禹刑》的法律，创立了华夏历史上的第一部正规法典。据郑玄注《周礼》说：夏刑三千条，“大辟二百，膑辟三百，宫辟五百，劓墨各千”。这表明，夏朝法律数量较多，规定比较细密，法制初具规模。有资料说，夏朝也有用以规范公务行为的《政典》，但尚未得到考古发掘证明。为执行这些法律，自然要相应设置治安、司法官吏并建立监狱等设施。

3. 发展外交。据《史记》记述，经过少康时期的外交活动，至其子槐继位王时，九夷纷纷归附夏后，多年内各主要部落方国间彼此和睦。但自孔甲开始至皋、发、桀这四代夏后相继执政时期，夏王朝与周围方国之间的关系才日趋恶化。

4. 促进农业。主要通过维护水利设施、完善历法、研究推广与农业相关的初级科技知识[①]等途径，为农业发展提供基础设施和公共服务。“夏历”别称“农历”，说明始自夏朝的这套历法主要是为农业生产服务的。同时，夏朝官制中有“牧正”一职，其职责应是负责管理畜牧业。

5. 国民教育。据有关资料记述，“夏后氏养国老于东序，养庶老于西序”，即把以前只有养老敬老功能的“序”改变成可以兼教习射的教育机构[②]，以东序为大学、西序为小学。不过，那时学校教育对象主要是贵族子弟，庶人及其子弟没有时间和条件集中到这些“序”中读书学习。

---

① 有关资料表明，中国现存最早一部具有丰富物候知识的著作《夏小正》编写于夏代，其中按一年十二个月分别记载了物候、气象、天象和重要政事，主要是有关生产的农耕、蚕桑、养马以及采集、渔猎等活动。同时夏朝百官中，设置有掌管天地四时的官吏。

② 礼记·王制［M］.

6. 举办祭祀。设立祝、卜、筮等专官负责祭祀天地、鬼神，因农事、军事和其他国事而举行祭祀、占卜仪式，祈求吉祥、平安。

（二）商朝

与夏朝相比，继之而起的商王朝在公共物品供给结构方面似无明显差别，但具体内容发生了某些变化。

1. 军事国防

《汉书·刑法志》说："殷商以兵定天下矣。……立司马之官，设六军之众，因井田而制军赋。"基于青铜冶炼铸造水平的提高，商代军队的武器装备水平也有明显改进。盘庚之侄武丁在位期间，相继对鬼方、土方、羌方、人方、虎方等方国大举用兵，征服了许多小国，扩大了领土。

2. 司法治安

据《荀子·正名》篇关于"刑名从商"之说，似乎可以认为商朝法制比夏代更为成熟。《左传·昭公六年》云："商有乱政，而作汤刑"，说明商朝所定法典是以汤命名的。既然存在更为成熟的法典，也就必然有相应的执法人员和治安司法行为。

3. 祭祀求佑

与夏代突出对天神的崇拜有所不同，商朝"尊神""尚鬼"的重点发生了转变，更加重视通过祭祀活动祈求祖先神的护佑。当然，由于商王也自称是上帝之子，所以并不会忽视对天神上帝的祭拜。鉴于此种活动的神圣性，巫、史等执行祭祀、占卜的神职人员在商代仍拥有很高的社会地位。王朝举行祭祀、问卜活动，首先祈求的是保佑子姓王族统治地位之永固①，其次是问卜战事之吉凶，再次是祈求农业丰收。

4. 外交

通过积极开展对周边方国的外交活动，团结与商友善的诸侯、方国。据传说，仲虺和伊尹作为汤武的左相、右相，在外交领域做了大量卓有成效的工作。克夏前夕，积极鼓动一些诸侯陆续叛夏而归商，以此扩大推翻夏桀王朝的统一战线。灭夏以后，则通过外交活动努力扩大和巩固商王朝的势力范围。

---

① "皇天眷佑有商，俾嗣王克终厥德，实万世无疆之休。"——《尚书·商书·太甲中》。

5. 促进经济发展

工农商业既是公共经济的基础，又是公共经济的服务对象。在仲虺和伊尹的辅佐下，汤王积极鼓励商统治区人民安心农耕、饲养牲畜，以积蓄灭夏的战争实力。商代夏后，无论王朝建立初期的政权巩固，还是武丁中兴局面的开创，都离不开农工商业的发展，而各种相关公共物品的有效提供则是农工商业获得较快发展的重要支撑。

6. 发展科教文化

上古时期，教育、科技、文化都由公共机构举办。商代在天文、历法、数学、文字等方面取得的成就，都是商朝公共机构在社会发展领域提供公共物品的体现。在天文和历法方面，商代以甲骨文记录了多次日食、月食和新星的出现；商代日历规定一年为366天，已有大小月之分，并通过年终置闰来调整朔望月和回归年的长度。在数学领域，载于甲骨文的数字表明商代不仅已发明了十进制，并且产生了奇数、偶数和倍数概念，具有了初步计算能力。在光学知识应用方面，已出土的商代微凸面镜能在较小的镜面上照出整个人面。商代甲骨文多达4672字，兼有象形、会意、形声、假借、指事等多种造字方法，表明那时文字已经较为成熟。

（三）周朝

周朝是我国公共经济治理发生较大跃进的时期。与夏商两代相比，周朝的公共物品提供结构有了较为明显的扩展和变化。一方面，随着人们对自然现象认识深度的提升和征服自然能力的提高，祭祀在政府职能中的地位有所下降；由于西周疆域扩大，与周边国家关系较为和谐，通过分封形成的大多数诸侯国与中央王室之间的关系在很长时期内比较融洽，因此，军事和战争在公共物品提供结构中的重要程度也显减弱。另一方面，国家在经济、资源、治安、司法、教育、文化、社会保障等庶政领域的职能则有增强趋向。西周国家公共职能暨公共物品提供结构所发生的这些变化，在《周礼》中得到较为明显的体现。

1. 通过多种措施合理配置资源、促进经济协调有序发展

（1）以多种措施促进农业生产发展。首先是通过井田制下土地与劳力之

间的合理配置，实现农业生产两大基本要素的结合。[①] 在此基础上，辨地所宜，用以指导农人合理选择栽培品种，向农人提供技术培训，“以时器劝甿”，每年正岁时期还有专设官吏仔细巡察农器是否有损毁情况，以及时督促农器修补。[②] 其中所谓“时器”，就是农忙时所使用的耒耜等器具。与此同时，还按照井田制规范在农田上统一修建沟渠和道路等基础设施，[③] 并且实行任土所宜、合理负担的赋役征发制度。[④] 这些措施，无疑都有利于促进农业生产稳定发展。据《周礼》规定，对农业生产实施综合性行政管理是遂大夫、县正的重要职责。[⑤]

（2）通过对劳动分工的法定安排，促进各产业协调发展。“以九职任万民：一曰三农，生九谷。二曰园圃，毓草木。三曰虞衡，作山泽之材。四曰薮牧，养蕃鸟兽。五曰百工，饬化八材。六曰商贾，阜通货贿。七曰嫔妇，化治丝枲。八曰臣妾，聚敛疏材。九曰闲民，无常职，转移执事。”[⑥] “颁职事十有二于邦国、都鄙。使以登万民：一曰稼穑，二曰树艺，三曰作材，四

---

① “以土均平政。辨其野之土：上地、中地、下地、以颁田里。上地，夫一廛，田百亩莱五十亩，余夫亦如之。中地，夫一廛，田百亩，余夫亦如之。下地，夫一廛，田百亩，莱二百亩，余夫亦如之。”——见《周礼·地官》遂人、土均之职。

② “以土宜之法辨十有二土之名物，以相民宅而知其利害，以阜人民，以蕃鸟兽，以毓草木，以任土事。辨十有二壤之物而知其种，以教稼穑树艺。”遂人“以时器劝甿”，遂大夫“正岁，简稼器，修稼政”，“草人掌土化之法以物地，相其宜而为之种。”“司稼掌巡邦野之稼，而辨种稑之种，周知其名，与其所宜地。以为法而县于邑间，巡野观稼，以年之上下出敛法。”“牧人：掌牧六牲而阜蕃其物”。——见《周礼·地官》遂人、遂大夫、司稼、草人、牧人之职。

③ “凡治野，夫间有遂，遂上有径；十夫有沟，沟上有畛；百夫有洫，洫上又涂；千夫有浍，浍上又道；万夫有川，川上有路。”“以猪畜水，以防止水，以沟荡水，以遂均水，以列舍水，以浍写水。”这里的“猪”是指蓄水的水塘，“防”是指堤防，“沟”“遂”“列”“浍”是指流水、均水、留水以及排水的水沟。——见《周礼·地官司徒》遂人、稻人之职。

④ “任农以耕事，贡九谷；任圃以树事，贡草木；……任牧以畜事，贡鸟兽；任嫔以女事，贡布帛；任衡以山事，贡其物；任虞以泽事，物其物。”“土均掌平土地之政。以均地守，以均地事，以均地贡”。——见《周礼·地官司徒》闾师、土均之职。

⑤ 遂大夫“以岁时稽其夫家之众寡、六畜田野，辨其可任者与其可施舍者，以教稼穑，以稽功事”。县正“趋其稼事而赏罚之”。——见《周礼·地官司徒》遂大夫、县正之职。

⑥ 周礼·天官·大宰［M］.

曰阜藩，五曰饬材，六曰通财，七曰化材，八曰敛材，九曰生材，十日学艺，十有一曰世事，十有二曰服事。”① 由此可见，周王朝将能够满足人民正常需要的各种职业均视为不可缺少的社会分工，不偏不倚，任其按照内在联系协调发展。

（3）通过规范度量衡和市场设置、监督交易产品质量和价格、纠禁欺诈失信行为、打击盗抢滋扰活动，有力维护市场交换秩序，促进国内外商品流通顺畅运行。“司市掌市之治教、政刑、量度禁令。以次叙分地而经市，以陈肆辨物而平市，以政令禁物靡而均市，以商贾阜货而行市。以量度成贾而征价，以质剂结信而止讼，以贾民禁伪而除诈，以刑罚禁虣而去盗；以泉府同货而敛赊。”其中各项具体职责分别依法界定给“质人”“廛人”“胥师”“贾师”“司虣”“司稽”“胥”“肆长”“泉府”等各司其职、分头执行。其中“泉府”还负责收购一时难以出售的货物，尔后待时出售给需要之人，即“敛市之不售，货之滞于民用者，以其贾买之，物楬而书之，以待不时而买者”。②同时，设“司关”之职，“掌国货之节以联门市，司货贿之出入者，掌其治禁与其征廛”，负责查处违禁贸易、关税征收和发“节”通关，以保护和促进进出口贸易。③

2. 多措并举规范分配利用并合理保护经济和自然资源

地官部门负责统一掌握国土资源底数④，在此基础上，按照土地质量和规定标准规范国土资源配置。除前已述及的按照统一标准划分王畿、诸侯国的封地和劳动力耕种井田数量之外，还按照轮种次数、以不同面积向家户配给诸侯国都鄙中的土地：“凡造都鄙，制其地域而封沟之。以其室数制之：不易之地，家百亩；一易之地，家二百亩；再易之地，家三百亩。”⑤

在通过规范配置并开发利用国土资源的同时，还通过设置专司机构和官吏依法保护森林、河流、湖泽、狩猎、矿产等资源，依照动植物生长繁育时

---

① 周礼·地官·大司徒［M］.

② 见《周礼·地官司徒》司市至府泉之职。

③ 周礼·地官·司关［M］.

④ “以天下土地之图，周知九州之地域广轮之数，辨其山林、川泽、丘陵、坟衍、原隰之名物；而辨其邦国都鄙之数，制其畿疆而沟封之，设其社稷之壝而树之田主。各以其野之所宜木，遂以名其社与其野。”——《周礼·地官·大司徒》。

⑤ 周礼·地官·遂人［M］.

令做出禁采禁猎禁渔规定，以期永续利用、可持续发展。其中，以“山虞掌山林之政令。物为之厉而为之守禁。仲冬，斩阳木；仲夏，斩阴木。凡服耜；斩季材，以时入之，令万民时斩材，有期日”。以“林衡掌巡林麓之禁令而平其守，以时计林麓而赏罚之。”以“川衡掌巡川泽之禁令而平其守。以时舍其守，犯禁者，执而诛罚之”。以“泽虞掌国泽之政令，为之厉禁”。以“迹人掌邦田之地政，为之厉禁而守之。凡田猎者受令焉，禁麛卵者，与其毒矢射者”。以“矿人掌金玉锡石之地，而为之厉禁以守之。若以时取之，则物其地图而授之，巡其禁令”。①

3. 通过完善立法司法维护基本制度和社会秩序

周朝法律制度比夏商两代更为完善，《周礼·天官·大宰》提到用以经邦治国的基本制度性法律分为治典、教典、礼典、政典、刑典、事典，不仅所有公共事务都有法可依，民间经济主体行为也都有相关法律予以规范。其中，刑法按对象分为用以惩罚公职人员的官刑、军刑和民刑三大类，② 按区域分为国刑、乡刑和野刑三大类。③ 诉诸刑罚的罪名多达2500种。④ 用以“纠万民”的“乡八刑”规定，对不孝、不睦、不婚、不任、不恤、造谣、生乱等八种违法行为都要按律处以刑罚。⑤

诉讼司法由地方官、治事官和专司法官分别负责。⑥ 地方官中负责司法审判的是遂大夫和县正，⑦ 一些专项违法犯罪行为分别由被赋权的专业机构和官员（如前面提到的自然资源和市场管理专司机构）随时依法处置。秋官司寇

---

① 周礼·地官司徒［M］.

② “刑典，以诘邦国，以刑百官，以纠万民。”——《周礼·天官·大宰》。

③ “以五刑纠万民”，五刑包括野刑、军刑、乡刑、官刑、国刑五种。——《周礼·秋官·大司寇》。

④ 其中“墨罪五百，劓罪五百，宫罪五百，刖罪五百，杀罪五百”。——《周礼·秋官·司刑》。

⑤ “以乡八刑纠万民：一曰不孝之刑，二曰不睦之刑，三曰不姻之刑，四曰不弟之刑，五曰不任之刑，六曰不恤之刑，七曰造言之刑，八曰乱民之刑。”——《周礼·地官·大司徒》。

⑥ “凡万民之不服教而有狱讼者，与有地治者听而断之；其附于刑者归于士。”——《周礼·地官司徒》。

⑦ 遂大夫“掌其政令戒禁，听其治讼，令为邑者”；县正“掌其县之政令……掌其治讼”。——《周礼·地官司徒》遂大夫、县正之职。

部门负责司法刑狱事务综合管理，即“以五刑纠万民①”，“掌国之五禁之法，以左右刑罚”②，不仅执行法律颁布宣传、防盗制暴、听讼断狱、捕囚罪犯、收监改造等司法职能，而且负责户籍管理、奴隶监管、寻衅斗殴、聚众闹事、盟约监管、交通秩序、执行宵禁、火灾防范、资源禁戒、犬类豢养以及镇杀毒虫、凶禽、猛兽类公害③等公共治安事务。

负责司法与治安事务的最高长官为大司寇，其次为小司寇、士师，再次为乡士、遂士、县士、方士分别负责国中之乡、四郊之遂、野区之县、都鄙之地的司法之官，另设讶士作为巡回法官。④ 各类治安事务则由相关职事官吏按照职责范围分别负责。

对民众违法犯罪实行“以预防为主、先教后诛”的原则，即先施之以教化、警示以预防犯罪，对施教无效而触犯刑律者再动之以刑。⑤ 判刑收监只作为惩戒教育手段，对通过监禁改造能够悔过自新者刑期届满即予释放，对不思悔改者推出监狱杀之。⑥ 司法判刑贯彻审慎原则，通过征询汇总群官、群吏和民众的倾向性意见，在法律规定刑期的上下限范围内适当量刑。⑦ 为贯彻这一原则，专设“司刺”一职负责“掌三刺、三宥、三赦之法，以赞司寇听狱讼”。⑧ 从这些法律规定来看，周朝刑罚不仅是较为人道和宽松的，而且已有类似西方的陪审制度。最明显的不足之处在于，适用刑罚时未能体现在

---

① 周礼·秋官·大司寇［M］.

② 五禁：“一曰宫禁，二曰官禁，三曰国禁，四曰野禁，五曰军禁。”——《周礼·秋官·士师》。

③ 这些职责分别见于《周礼·秋官》布宪、掌囚、掌戮、司刑、司圜、司民、司约、司盟、司厉、司隶、犬人、野庐氏、司寤氏、雍氏、萍氏、司烜氏、条狼氏、冥氏、庶氏、穴氏、翨氏、柞蔟氏、薙氏、壶涿氏、庭氏等众多官吏的职事规定中。其中“司隶掌五隶（罪隶、蛮隶、闽隶、夷隶、貉隶）之法，奴，男子入于罪隸，女子入于舂、槁。凡有爵者与七十者，与未齿者，皆不为奴。”——《周礼·秋官·司隶》。

④ “掌四方之狱讼，论罪刑于邦国。”——《周礼·秋官·讶士》。

⑤ 专设“司救”一职：“掌万民之邪恶过失而诛让之，以礼防禁而救之。凡民之有邪恶者，三让而罚，三罚而士加明刑，耻诸嘉石，役诸司空。其有过失者，三让而罚，三罚而归于圜土（监狱）。”——《周礼·地官·司救》。

⑥ “以圜土聚教罢民，凡害人者，置之圜土而施职事焉，以明刑耻之。其能改者，反于中中，不齿三年。其不能改而出圜土者，杀。”——《周礼·秋官·大司寇》。

⑦ “以三刺断庶民狱讼之中：一曰讯群臣，二曰讯群吏，三曰讯万民。听民之所刺宥，以施上服、下服之刑。”——《周礼·秋官·小司寇》。

⑧ 周礼·秋官·司刺［M］.

法律面前一律平等的司法公平原则，而是明文规定对八种人犯罪须经特别审议并可减免刑罚，即以“刑不上大夫”原则给予贵族阶级逃避刑罚惩处的司法特权。①

4. 通过实施教化、公平分配、民事纠纷调解等手段促进社会和谐

对民众实施教化的手段主要是“五礼”“六乐”。② 其中道德伦理教化由地官司徒部门负责，春官宗伯部门主要是通过嘉礼和乐舞等方式实施。③ 公平分配通过土均、均人和司稼“均食”④ 等职能实现。此外，还通过调解民事纠纷来调和民间各种矛盾。⑤

5. 通过“荒政”“保息”和赋役减免等建立社会保障、社会福利制度

在民众生产生活因发生重大自然灾害而遭遇困难时，政府视情况采取多项措施加以救济，被称为“荒政”，目的在于增强民众对国家的凝聚力，即“以荒政十有二聚万民”。12 项荒政措施包括：“一曰散利，二曰薄征，三曰缓刑，四曰弛力，五曰舍禁，六曰去几，七曰眚礼，八曰杀哀，九曰蕃乐，十曰多昏，十有一曰索鬼神，十有二曰除盗贼。”此外，还辅以实施移民、发放补贴、开放山泽之禁等措施。在平时，则通过六项措施赈济生活困难的弱势群体，即所谓“以保息六养万民：一曰慈幼，二曰养老，三曰振穷，四曰恤贫，五曰宽疾，六曰安富”。“大荒、大札，则令邦国移民、通财、舍禁、弛力、薄征、缓刑。”⑥

6. 举办教育事业

按照《周礼》规定，国家教育包括对民众和对贵族子弟两个基本层次，分别由不同部门具体实施。

---

① “凡命夫命妇，不躬坐狱讼。凡王之同族有罪，不即市。……以八辟丽邦法，附刑罚：一曰议亲之辟，二曰议故之辟，三曰议贤之辟，四曰议能之辟，五曰议功之辟，六曰议贵之辟，七曰议勤之辟，八曰以宾之辟。”——《周礼·秋官·小司寇》。

② “以五礼防万民之伪而教之中。以六乐防万民之情而教之和。”——《周礼·地官·大司徒》。

③ “以六律、六同、五声、八音、六舞大合乐，……以谐万民。”——《周礼·地官·大司乐》。

④ 司稼“掌均万民之食，而赒其急而平其兴”。——《周礼·地官·司稼》。

⑤ “调人掌司万民之难而谐和之。”——《周礼·地官·调人》。

⑥ 周礼·地官·大司徒［M］.

第一个层次，是教化万民。对民众实施教育是地官司徒部门的主要职能，① 其中12种教化各有其功能目标："一曰以祀礼教敬，则民不苟。二曰以阳礼教让，则民不争。三曰以阴礼教亲，则民不怨。四曰以乐礼教和，则民不乖。五曰以仪辨等，则民不越。六曰以俗教安，则民不愉。七曰以刑教中，则民不虣。八曰以誓教恤，则民不怠。九曰以度教节，则民知足。十曰以世事教能，则民不失职。十有一曰以贤制爵，则民慎德。十有二曰以庸制禄，则民兴功。"再而，"施教法于邦国、都鄙，使之各以教其所治民。""以乡三物教万民而宾兴之：一曰六德：知、仁、圣、义、忠、和。二曰六行：教、友、睦、姻、任、恤。三曰六艺：礼、乐、射、御、书、数。"②

第二个层次，是贵族子弟即"国子"教育，分别由地官和春官两个部门按不同项目内容负责实施。地官部门对国子施教的责任主体是太师和太保，其中太师负责"三德""三行"教化，③ 太保负责"六艺""六仪"教育。④ 春官部门主要负责对国子进行乐舞教育，其中大司乐"以治建国之学政，而合国之子弟焉。凡有道者、有德者，使教焉"；"乐师：掌国学之政，以教国子小舞。"⑤

由此可见，西周继承并发展了夏商教育方式，形成了学校教育与社会教化紧密联系、合为一体，"以'化民成俗'为旨归、以'学在官府'为特征的教育制度，建立起从中央到地方职责较为分明、结构较为完善的学校组织体系和相对严格的视学制度。"⑥

7. 以军事维护统一、巩固国防

从《周礼》有关规定看，在西周的军事国防事务中，对外御敌的任务似

---

① "立地官司徒，使帅其属而掌邦教。"——《周礼·地官司徒》。

② 周礼·地官·大司徒［M］.

③ "以三德教国子：一曰至德，以为道本；二曰敏德，以为行本；三曰孝德，以知逆恶。教三行：一曰孝行，以亲父母；二曰友行，以尊贤良；三曰顺行，以事师长。掌国中失之事，以教国子弟，凡国之贵游子弟学焉。"——《周礼·地官·师氏》。

④ 保氏"养国子以道。乃教之六艺：一曰五礼，二曰六乐，三曰五射，四曰五驭，五曰六书，六曰九数。乃教之六仪：一曰祭祀之容，二曰宾客之容，三曰朝廷之容，四曰丧纪之容，五曰军旅之容，六曰车马之容。"——《周礼·地官·保氏》。

⑤ 见《周礼·春官》大司乐、乐师之职。

⑥ 李国钧，王炳照：中国教育制度通史第1卷［M］.济南：山东教育出版社，1999：53.

乎并不繁重，主要职责在于以武力为后盾监督各诸侯国的内政外交活动，防止以强凌弱、内乱失政，以维护全国政令统一、安定团结，防止国家分裂、混乱，并以必要措施怀柔域外方国。承担国防军事职责的是夏官司马，具体职权包括“掌建邦国之九法”，即制畿封国、设仪辨位、建牧立监、制军诘禁、施贡分职、均守平则；“以九伐之法正邦国：凭弱犯寡，则眚之；贼贤害民，则伐之；暴内陵外，则坛之；野荒民散，则削之；负固不服，则侵之；贼杀其亲，则正之；放弑其君，则残之；犯令陵政，则杜之；外内乱，鸟兽行，则灭之。”① 同时，负责国王安全警卫；② 维护国家统一、防止分裂；③ 掌握监视周边相邻方国情况。④

当时西周的军队编制系统已经相当完善，每个军 1.25 万人，下设师、旅、卒、两、伍共五个单位层次；国王和诸侯国分别掌握数量不等的军队。其中，国王掌握的中央武装力量有6 个军，大诸侯国3 个军，次国2 个军，小国1 个军。军卒依法从全国各地普通民户按照服役年龄和家户中劳动力多寡征发，贵族和有名望的贤者依法免除军役。军事国防所需资源通过依据耕种土地等级与民户劳力数量所征的军赋保证供给。

8. 通过对外交往修睦邻邦以及王国与诸侯国之间的关系

外交事务根据具体内容分别由夏官、秋官负责。其中，夏官部门“掌来远方之民，致方贡，致远物，而送逆之，达之以节。治其委积、馆舍、饮食”。⑤ 秋官部门有多名官员担负外交之职：“掌讶”负责在宾客来访之时，到边界迎接、食宿安置、引领通事等接待事务；“掌交”负责代表国王掌持节携币巡访邦国，以与邦国通事结好；“小行人”携“司仪”掌待宾客之仪礼，待四方之使者；“大行人”掌诸侯级大宾之礼及大客之仪。⑥

---

① 周礼·夏官司马［M］.

② “掌先后王而取以卒伍。军旅、会同，亦如之。舍则守王闲。王在国，则守王宫。”——《周礼·夏官·虎贲氏》。

③ “掌达法则，匡邦国而观其慝，使无敢反侧，以听王命。”——《周礼·夏官·匡人》。

④ “掌天下之图，以掌天下之地。辨其邦国、都鄙、四夷、八蛮、七闽、九貉、五戎、六狄之人民，与其财用、九谷、六畜之数要，周知其利害。”——《周礼·夏官·职方氏》。

⑤ 周礼·夏官·怀方氏［M］.

⑥ 周礼·秋官司寇［M］.

9. 以祭祀卜祝祈求平安

祭祀卜祝活动在周代的地位尽管有所下降，但依然受到很高的重视。在周王畿内，祭祀卜祝活动由春官部门所设多级专司职官负责。在地方层面则由属于地官系统的鄙师负责。①

通过上述内容我们不难看出，在中国上古时期1800多年当中，随着社会生产力的发展和公共经济实践经验、思想认识的积累，公共经济治理体制机制确实在日积月累地提升和进步。尤其是西周时期，公共经济治理水平登上了一个很大的台阶，无论公共经济体制、公共经济资源运行还是公共经济生产力核心要素管理机制、公共物品提供结构都达到了相当成熟规范的水平，创造了堪称独步于世界前列的公共经济文明，为此后2000多年中国的中世纪公共经济治理奠定了相当厚实的历史基础。

但是，以《周礼》为制度依托的西周公共经济治理体制机制，由于是建立在阶级对立基础上的，其中不可避免地存在一系列历史局限性。因此，在运行了两个半世纪以后，其内在矛盾发展得愈来愈尖锐、各种弊端积累得愈来愈严重，到西周末年无可挽回地日益走向衰落，以致周幽王因为治理严重失道，几乎将中央王朝的生机、活力和凝聚力耗尽而被犬戎攻陷杀害。内外交困的严重局面迫使周平王不得不东迁洛阳，开始了中央王朝日益有名无实的东周时代。

由于维系周朝中央政府与诸侯国之间的各种纽带在各种内在毒素的腐蚀下日甚一日地糟朽断裂，周王朝统治力量一天比一天衰微，从春秋夺霸到战国争雄，各诸侯国的独立性与日俱增，直至实际上所有诸侯国都不再受《周礼》所规定的公共经济制度约束，竞相通过变法革新谋生存、求自强。这无疑预示着中国上古时期所创造的公共经济文明已经进入尾声，只有通过战火涅槃深刻变革公共经济制度形式，国家治理才能重获新生。

这一时期，历史发展的辩证规律向人们展示出看似矛盾而实际上却是统一的两个方面：一方面众多诸侯国以频繁战争方式称霸、称雄，直闹得战火连绵、国无宁日，给广大人民群众造成了生灵涂炭、颠沛流离的无限痛苦；另一方面，这些诸侯国为了称霸争雄、意欲最后一匡天下，都极力抛弃陈旧过时的公共经济治理模式、创建新的公共经济体制机制，设法通过更为有效

① “鄙师：各掌其鄙之政令、祭祀。”——《周礼·地官·鄙师》。

的公共物品提供结构尽快实现富国强兵的目标，以致原有的公共经济体制机制和公共物品提供结构被变法革新冲击得百孔千疮、七零八落，由此使得社会生产力和科技文化因为摆脱了旧制度的桎梏、获得新制度的支持而实现了突飞猛进的发展，从而为最后实现中华民族的全国统一并开启以地主阶级为统治集团、以郡县制为纵向体制标志的公共经济治理新时代准备了经济和文化条件。

第三节　中古封建社会的公共经济

从公元前 221 年秦最终扫灭六国、统一华夏、在九州大地上建立起以地主集团为统治阶级的中央集权制国家，到公元 1911 年辛亥革命成功、将封建社会制度送进历史博物馆，历时 2132 年。这期间，中国公共经济在大体相同的体制机制中运行，同时也随着社会生产力的发展、基础生产关系的兴革和外部环境的变化而逐步演进，从而形成了与其前后两个历史时期既存在一致性联系又有明显差别的公共经济文明。

在长达 2000 多年的中古封建社会发展过程中，华夏大地上先后出现过大大小小数十个国家。这些国家所辖疆域大小不等、存续时间长短不一，无疑都有其特定内容和形式的公共经济。试图将这些国家的公共经济治理情况全部加以概述并就其治理体制机制加以分析，哪怕是用最简练的文字来做，都既不可能，也没必要。这是因为，其中许多国家在公共经济生产关系、生产力要素及其治理体制机制方面既毫无特色，也未曾实现过具有实质意义的进步。有鉴于此，我们在这一节不再概述此一时期每个国家公共经济，而是按照自前而后的顺序就封建时代公共经济的若干侧面概述其历史演进轨迹，对于尚未发现其公共经济实践中发生实质性进步或典型性倒退的国家，将不予逐个提及。

一、由基础生产关系决定的公共经济生产关系

（一）基础生产关系

原始社会自然形成的土地公有制进入以国家为社会公共机构的夏商周时代后，采取了以王族为代表的国家所有制，国土上的人民随之变为国王统治下的臣民，从而有所谓“普天之下，莫非王土；率土之滨，莫非王臣”。[①] 然

---

① 诗经·小雅·北山之什·北山［M］.

而，随着以铁制农具为标志的社会生产力发展，土地私有制在春秋时期悄悄发展起来，以至鲁国于公元前594年开始“初税亩”，后来秦国商鞅变法（前356—前346年）更以法令确认了土地自由买卖。及至战国末年，除了国王自有那部分耕地和暂时未开发的无主土地之外，土地私有制几乎完全代替了国有制，因而拥有土地所有权的地主便成为在经济领域占据主导地位的阶级，而无地、少地农民则因租种土地或受雇在地主土地上耕作而成为被剥削阶级。由于中国自夏商周至清末长期以农耕为主体产业，因此，地主依托土地所有权以地租和雇佣劳动形式无偿占有农民剩余劳动成为民间经济中居主导地位的生产关系，地主制经济作为中国封建制生产方式的主要形式在自秦至清这段历史中得到长期而充分发展。与地主制经济为伍的是半自耕农、自耕农以家庭为基本单位进行生产的小农经济，很多农民家庭还利用农闲季节兼营手工业，以自给自足的自然经济方式勉强维持一家人生活。根据《续资治通鉴长编》所载宋仁宗天圣元年（1023年）到嘉祐六年（1061年）有关统计数字平均计算，在此期间全国平均家户总数为1051.5万，其中客户平均为395.2万，即大约有37.6%的农户失去了土地。另据吕祖谦在宋孝宗乾道五年（1169年）所作《为张严州作乞免丁钱状奏》，在严州的主户总数中，第一至四等10718户，占比不足9%；第五等多达111669户，占比高达91%以上。①

尽管在自秦至清这一历史阶段中，广大农业劳动者对地主阶级的身份地位经历了从依附关系到契约关系的进步，农民缴纳地租形式也从前期的分成地租逐步转变为定额地租，但地主处于主导、支配、剥削、统治地位而农民处于被剥削压迫地位这种基本关系自始至终都没有改变。地主与耕种其土地的农民分别作为封建社会主体生产关系中相互矛盾着的两个方面，既相互依存，谁也离不开谁；其经济利益又相互对立，前者尽可能多地无偿占有后者的剩余劳动，而后者则尽可能对抗或逃避前者的剥削。在中国封建社会2000多年历史上，地主与耕作其土地的农民之间围绕地租轻重而进行的阶级斗争

---

① 宋朝把农户分为主户和客户，主户是有土地的农民，他们要向国家缴纳土地税；客户是没有土地的农民，通过佃种别人土地获得收入，虽然不必向国家纳税，但要承担高额地租。主户根据拥有土地多少分为五等，一、二等户是“有田三五顷者”，属地主阶层；三等户占田不多但可自足，属自耕农；四、五等户为需要佃种一部分别人土地才能勉强维持温饱的半自耕农。——陈忠海：宋朝放任土地兼并的后果［J］．中国发展观察，2016（24）．

贯穿始终，由二者矛盾尖锐化引起的农民聚众起义时隔不久即发生一次，此伏彼起，连绵不绝。

（二）公共经济生产关系

民间经济中占主导地位的生产关系决定公共经济生产关系。在中国封建社会的公共经济生产关系中，占有主要农耕生产资料的地主阶级与从事农业耕作劳动的农民阶级分别构成相互依存、相互对立的两个方面。其中，地主阶级依托土地所有权通过无偿占有无地少地农民阶级的剩余劳动获得优裕的经济资源，能够脱离生产劳动而通过读书学习获得从事公共经济治理所需要的各种理论和业务知识，仅依靠这种优势他们就足以在公共经济中居于主导地位。① 与此同时，地主阶级还凭借优裕的经济资源拥有更大的社会影响力、甚至拥有具有震慑效果的武装力量；何况在土地由国有演变为私有的大混战、大变革时期，无论在秦国还是在其他诸侯国中处于领导地位的多数政治家、军事家差不多都出身于新旧地主阶级，进入封建时代他们依然跻身于地位显赫的军政官僚之列。正因为如此，在中国封建社会公共经济生产关系中，地主阶级处于主导、支配和统治地位乃是不言而喻的。既然这样，耕种地主土地的农民连同自耕农、手工业者、商人等其他阶级一起处于被支配、被统治地位，也就同样不言而喻。

据此，可以将中国封建社会的公共经济生产关系概括表述为：以皇族为首的地主阶级借助于公共经济权力将广大劳动人民作为治理对象，以天赐神授的天子名义，从后者汲取用以维持统治地位所需的经济资源，从维护王朝统治长治久安和地主阶级根本利益出发，运用官僚机构、武装力量、司法治安等一整套国家机器向社会提供各种公共物品和供特权阶级奢侈性消费的各种设施；而广大劳动人民只有按照法律规定提供赋税和徒役的义务，对于公共经济治理没有任何参与决策的权利。正因为这样，在中古封建社会时代，一如恩格斯所说，作为封建社会公共经济治理主体的国家“照例是最强大的、在经济上占统治地位的阶级的国家”，即地主阶级“借助于国家而在政治上也

---

① 纵观长达2100多年的中国封建历史，整个官僚队伍、特别是在各级官衔中握有决策权力的高官中绝大多数都出身于地主家庭，不要说在实行荐举制、九品中正制的选官制度下，即使在实行科举取士后仍然如此。

成为占统治地位的阶级，因而获得了镇压和剥削被压迫阶级的新手段”。[①] 因为地主阶级处于统治地位、握有公共权力，不仅以赋税和徒役进一步从经济上剥削掠夺被统治阶级，通过公共物品供给更多地攫取私利，而且利用手中掌握的各种国家机器镇压人民大众反抗经济剥削的各种斗争。在中国漫长的封建社会历史中，以农民为主体反抗暴虐王朝统治和贪官污吏欺压的武装起义可谓此伏彼起，并且多次因为成功推翻了旧王朝、逼迫新王朝不得不实行轻徭薄赋政策，因而有可能在数年乃至数十年中获得喘息之机。显而易见，中国封建社会公共经济生产关系属于内在的对抗性矛盾的生产关系。

从内部结构考察，中国封建社会公共经济生产关系是由纵横交错的多层具体关系构成的复合系统。对于其中属于纵向和横向公共经济体制范畴的那两层具体生产关系，将在公共经济体制专题中论及，这里先就以下两层关系加以简要讨论。

1. 公民与政府之间的关系

公民与政府之间的关系是公共经济生产关系中最核心部分，在一定意义上也可将其通俗化为“官民”关系。对这层生产关系，有三种不同界说。一是民为主、官为用，政府是人民为满足公共需要而缔造的一种工具，因而，作为公职人员的“官”是人民出资雇佣的公仆。最早见之于文献的是“天下非一人之天下，乃天下之天下也，同天下之利者，则得天下；擅天下之利者，则失天下。天有时，地有财，能与人共之者仁也。仁之所在，天下归之。免人之死，解人之难，救人之患，济人之急者，德也。德之所在，天下归之。与人同忧同乐，同好同恶者，义也。义之所在，天下赴之。凡人恶死而乐生，好德而归利，能生利者，道也。道之所在，天下归之”。[②] 之后孟轲又将这层关系表述为“民为贵，社稷次之，君为轻”。[③] 据司马迁在《史记》中的记述，这种界说最早是由周文王的祖父古公亶父提出的，即“有民立君，将以利之”。[④] 二是以政府为治理主体、以民众为治理对象。政府是治理人民的工具，“官”作为政府的人格化身具体承担治民之责。为此，或者把地方官治民

---

① 恩格斯：家庭、私有制和国家的起源［A］．马克思恩格斯选集第4卷［C］．北京：人民出版社，1995：172.

② 姜尚：六韬·文韬·文师［M］.

③ 孟轲：尽心章句下［M］.

④ 司马迁：史记·周本纪［M］.

过程比喻为牧人放牧牛羊，要让其治下的人民得到温饱和其他各种照顾，从而将各级地方主官称为“牧民之官”，于是，汉代把州太守俗称为“州牧”；或者将官员与民众之间的关系比喻为父母与子女那样一种抚养与被抚养关系，因之将地方官称为“父母官”。这种说法，最早见之于文献的是周武王所言：“亶聪明，作元后，元后作民父母。”“天视自我民视，天听自我民听。”好在他把治民视为最高治理者的责任，即“百姓有过，在予一人”。[①] 三是不分公民与政府、官与民相互间的主次，仅强调政府及其官员要亲民、爱民、养民、安民，最早见之于文献的是“民可近，不可下，民惟邦本，本固邦宁”。[②]

上述三种对官民关系的界说虽然都主张统治者要重视、关心、善待人民，但在主观动机、真理程度和客观效果方面却差距悬殊，封建统治者对它们的接受和认可程度也大不相同。其中，第一种界说最接近于真理，且可从中直接导出公共经济必须实行民主治理的结论；正因为如此，它最不受封建统治者的待见，以致向以直言谏君闻名的唐代重臣魏征也因害怕得罪李世民而将先人的相关名言弃于《群书治要》之外。第二种界说虽然从本质颠倒了“君民”“官民”关系，却从维护王朝统治出发高调主张君主以及官僚必须关心和爱护人民；但无论如何都难以据此推出公共经济民主治理的结论。第三种界说故意回避对“君民”“官民”之间主客关系的揭示，且将“民”置于“邦本”所在的重要地位，提醒统治者如果不能爱民、养民、安民就不能安其邦国，但同样难以从中导出公共经济民主治理的命题，且不如第二种界说那样使君和民双方都感到亲切。基于以上三种界说的优缺点、特别是对封建统治者的利弊关系，中国历代较为圣明的封建君王、臣僚都对第二种界说津津乐道，同时默认第三种界说，不仅将亲民、爱民、养民、安民、抚民、富民挂在嘴边上、写在诏书中，而且也在公共经济治理实践中尽可能通过提供某些经济社会类公共物品、做一些有利于人民的事情，以赢得被统治阶级的拥戴、赞誉，意在获取一箭双雕之效：一方面借以实现本朝江山永固的根本目的，另一方面使自己以贤德圣明之君名垂青史。至于那些昏庸暴虐的君主和官吏，则只顾自己任意而为、挥霍享乐和捞取名位肥缺，毫无节制地巧立名目加征赋税徭役，而把人民生产之难、生活之苦置之度外，更不要说爱民、亲民、

---

① 尚书·周书·泰誓［M］.

② 尚书·夏书·五子之歌［M］.

乐民、富民了；当人民起而反抗之时，他们则毫不犹豫地动用军警残酷镇压，以致将民众推向无法生存的绝路。然而，一旦如此，封建社会公共经济生产关系统一体中相互对立着的两个方面也就达到了因失去相互依存而致彻底分离崩裂的地步——这时，被统治者无法继续生存下去，统治者也相应地无法继续统治下去，人民大众以武装暴动方式推翻旧王朝就会因时机成熟而变为现实。

由于实行家族世袭制的封建统治者缺失内外部约束机制，选贤任能的空间极小，除了从旧王朝崩溃过程中经过战争厮杀或其他途径（比如隋文帝杨坚和宋太祖赵匡胤通过宫廷政变）获取帝位的开国之君，尚能吸取前朝覆灭的教训而对人民实行轻徭薄赋、宽仁温和的公共政策外，在和平环境中基于父辈和良师精心教导养成爱民之德、富民之才，而后依照世袭规则由储君继位为皇帝，以致能够通过制定实施理性的公共经济政策而实现王朝中兴者寥若晨星。所以，在中国两千多年的封建社会历史中，即使寿命较长的王朝，其国祚也不过二三百年，如两汉（406 年）、唐（289 年）、两宋（319 年）、明（276 年）、清（268 年）；[①] 至于以席卷残云般的磅礴气势迅速统一了华夏大地，并在公共经济体制机制建设方面颇有建树的秦朝和隋朝，建国后仅经过二世三世君主和十数年、数十年时间[②]就土崩瓦解般地迅速灭亡了。据此，黄炎培从史学角度提出了一个著名的中国封建国家存活历史周期律理论，主要以封建国家对人民征收税赋由简到繁、由轻而重的变动曲线为自变量，揭示了封建国家由兴而亡的规律性。若从公共经济学视角考察，这乃是中国封建社会公共经济生产关系中人民与政府之间矛盾发展变化的规律：人民与政府之间的矛盾作为封建社会公共经济生产关系中的基本矛盾，从根本上支配着每个封建国家的国运。

为了控制人民与政府之间对立统一的矛盾关系，尽可能避免其发展到过度紧张程度而致破裂，封建统治阶级通常都要采取硬措施与软手段并用的综合施治之策。硬措施主要是军队武力镇压和制定执行刑罚，而软手段则更为多元，主要包括四项：一是倡扬传统儒家的“三纲五常”伦理，两宋的二程

---

① 对于清朝国祚长度，有 3 种不同的计算口径：一是从努尔哈赤建立后金起计算，总计 296 年；二是从皇太极改国号为清算起，总计 276 年；三是从清兵入关建立全国性政权算起，总计 268 年。

② 秦朝从头到尾合计存续了 15 年，隋朝也不过存在了 38 年。

朱熹理学，明清的王守仁心学，并将这些儒家思想理论作为科举考试的基本内容，以此巩固知识分子这一社会最觉悟阶层对儒家伦理道德和意识形态的信仰，以道德和心理层面的世俗教化促使老百姓都做忠君守法的顺民；二是维护以血缘关系为纽带的宗法制度，借助于宗族内部的家法规约来束缚人民的思想和行动；三是借用各种宗教麻痹毒害，力图通过佛家关于善恶报应、六道轮回教义的恫吓功能和道家关于清心寡欲、听天由命、修行升仙教义的安抚功能，将人民教化成安贫乐道甚至逆来顺受的"小绵羊"。实践证明，这种综合运用政权、族权、神权的刚柔相济型治理对策对于维护封建王朝统治来说是有效的：凡是这样做的封建王朝都能将自己的统治时间维持得较为长久，而仅以实用主义功利诱导机制实现富国强兵的秦王朝则在统一华夏大地后只存续了短短 14 年就一命呜呼了。然而，上述这种被实践证明有效的公共经济治理之道，终归难以破解集权型君主世袭制对最高统治者德才素质的严重局限性，从而不能抗拒公共经济生产关系基本矛盾周期性激化对封建王朝的根本否定作用。

2. 君主与臣僚之间的关系

对于建立在奴隶制和地主制经济基础之上的国家而言，君主与臣僚之间的关系在整个公共经济生产关系中占有十分重要的地位。君主处于公共经济治理机构金字塔的顶端，从生产关系角度说，对公共经济制度、政策和公共物品提供结构决策肩负着最终责任，同时拥有最高权力、享有公共经济治理的最高利益；而从生产力角度看，君主、皇帝乃是公共经济生产力中最为核心的主观要素，因而其德才素质高低对于公共经济制度、政策和公共物品提供结构的理性程度起着决定性作用。但是，即使德才素质最为优秀的集权型君主，要想达成公共经济善治的理想境界，单靠自身努力也是难以做到的，而必须通过与臣僚合作、借取臣僚的聪明才智，以集思广益、精诚合作的优势，确保公共经济治理决策具有很高的理性度。这样，君主与臣僚、特别是与统帅百官的宰相级重臣之间的合作关系，就构成君主集权型公共经济生产关系的关键环节。

据前所述可知，在中国原始社会公共机构那里，最高元首与分司一域的阁僚在谋划处置部落联盟公共事务过程中所呈现的是一种和谐融洽、精诚合作的关系，分司首长知无不言、言无不尽地发表各自见解和建议，而尧舜禹等部落联盟元首则从善如流、虚心纳谏，这种集思广益的精英共和机制，使得各种公共经济决策达到了当时历史条件下的最优水平。我们姑且把这种社会公共机构元首与分司首长在处理公共事务过程中毫无芥蒂的精诚合作关系和集思广益、唯理是从的公共经济治理决策机制，称之为精英共和型公共经济治理结构。然而，这种公共经济治理结构通常只能产生于以生产资料公有制为基础的经济共同体中；这是因为，在实行生产资料公有制条件下，围绕公共经济事务而进行合作的双方都没有私利，唯一的共同目的在于将关系社会成员集体利益的公共事务治理好。正因为如此，历史资料表明，无论在中国还是外国，也无论地处中原的华夏民族还是地处四夷的周边部落，当他们处于原始社会之时，在公共经济治理中不约而同地普遍采行这种精英共和型决策机制。

尽管精英共和型公共经济生产关系最适宜的生存条件是以生产资料公有制为基础的经济共同体，但是，由于人类行为习惯具有滞后延续性，在刚刚由原始社会过渡而来的民族中，这种精英共和型公共经济生产关系通常会在或长或短的时期内作为历史遗存继续发挥作用。这种情况，在欧洲上古时代表现为古雅典城邦的公共经济民主制和古罗马的贵族共和制，中古时代表现为英国和法国宫廷的御前会议；在中国，不仅表现为商周两代个别时期的君臣共和型治理结构，即使在努尔哈赤建立后金政权的一定时期内仍以王大臣御前会议形式继续残存。仅就上古时期而论，汤武与伊尹、武丁与傅说、周文王与姜尚、齐桓公与管仲、魏文侯与李悝之间和衷共济、精诚合作的君臣关系，都是君主通过与核心臣僚密切合作而实现公共经济善治的典型案例。汤武逝后，伊尹不仅继续辅佐其后三位继位者，其中第三位是汤王长孙太甲。由于太甲偏离其祖的既定国策，为防公共治理失道，伊尹将太甲放置于作为成汤墓地的桐宫反省自修，他本人则与诸大臣代为执政，史称伊尹共和。与此同时，伊尹向身处桐宫自省的太甲讲授理性为政之道。太甲通过深刻学习汤祖之训、聆听伊尹之教而“处仁迁义”、悔过反善。在这种情况下，伊尹亲自迎回太甲并将王权奉还，而他自己继续以师保身份辅佐太甲。太甲复位后“勤政修德”、励精图治，使商朝的公共经济治理重新出现政通人和、兴旺发达、“诸侯咸归殷，百姓以宁”[①] 的良好局面。

进入中古封建社会后，类似汤武和太甲之于伊尹、武丁之于傅说、周文

① 司马迁：史记卷三·殷本纪第三［M］．

王之于姜尚这样的君臣共和型治理结构，只在极为鲜见的圣明皇帝时期偶尔出现。比如，刘邦当上皇帝一定时期内与张良、萧何精诚合作而有汉初良治；[①] 三国时期刘备与诸葛亮精诚合作而有蜀汉之治；唐太宗与房玄龄、杜如晦、长孙无忌、杨师道、褚遂良精诚合作，特别是对魏征直谏从善如流，从而创造了被称为盛世顶峰的贞观之治。其他较为开明的皇帝与贤明宰相精诚合作而成就一段王朝中兴的情况，虽然也曾存在过，但大多难以善始善终，例如宋神宗之于王安石、万历皇帝之于张居正等。纵观封建社会皇帝为主、臣僚为客的公共经济生产关系，君主始终是矛盾的主要方面，形成君臣共和型治理模式的关键在于君主具有较高的德才素质和成就一番事业的宏图大略，为此而具有求贤若渴、尊贤任能、“任贤勿贰”、[②] 虚心纳谏、从善如流的宏大胸怀，加之切实找到了志同道合、满腹经纶、堪当大任的贤相，双方如鱼入水、相得益彰，由此出现“元首明哉，股肱良哉，庶事康哉”[③] 这样的公共经济最佳治理境界。就中国封建社会大多数皇帝而言，由于私心过重而“侮慢自贤”，钟情于朝纲独断、为所欲为，从而将宰相等重臣视作无足轻重、随意处置的奴仆，甚至故意压抑、掣肘德才过人的贤相或者干脆取消宰相之职，致使君权与相权严重失衡、君权失去相权的有效制约，无不造成君臣层次上公共经济生产关系恶化，结果只能是“君子在野，小人在位”，[④] 由此而使公共经济治理制度废弛、公共经济政策偏颇、公共物品供给结构严重扭曲，最终导致王朝衰落乃至覆亡。由于这种现象屡见不鲜，以致中国长达2000多年的封建社会历史上真正的公共经济治世所占时间很低，从而严重制约和迟滞了这一期间中国经济社会的发展。

二、公共经济体制

秦统一中国后，适应地主阶级统治的需要，将商鞅变法以来在秦国实行了多年一整套公共经济体制推广到整个华夏大地。一如马克思所说：“中央集权的国家机器，最初是在专制君主制时代创造出来的，……以实行系统分工和等级分工的国家政权的计划调节代替中世纪的互相冲突的势力所造成的错

---

① 这种精诚合作关系，到后期由于刘邦为加强皇权而将萧何关进监狱未能持续下去。

② 尚书·大禹谟［M］.

③ 尚书·虞书·益稷［M］.

④ “侮慢自贤，反道败德，君子在野，小人在位”一语出自《尚书·大禹谟》。

综复杂的无政府状态。”① 秦朝用以代替东周以来由“互相冲突的势力所造成的错综复杂的无政府状态”的公共经济体制形式，正是纵向中央集权、分级执行（“等级分工”）与横向各司其职（“系统分工”）相结合的公共经济治理体系。

（一）纵向公共经济体制

封建时代的中国实行中央集权的纵向公共经济体制具有客观必然性，因为它是由配伍于地主经济的小农经济和农耕社会自然经济所决定的。在地主阶级借助于土地所有权以地租为主形式占有农民剩余劳动的生产关系之下，占居民绝大多数的农业劳动者及其家庭凭借小农经济的生产方式谋取生存，分散在自然经济的汪洋大海之中，由于力量极为弱小而难以抗衡来自各方面的风险和压力，不得不将自己的命运寄托于贤德圣明皇帝出于天道、凭借至高无上公共权力给予庇护。因此，在与地主制经济相配伍的小农经济基础上，作为公共经济生产关系外在表现的纵向公共经济体制，必然是高高在上的皇帝独揽朝纲的中央集权制。对此，马克思在《路易·波拿巴的雾月十八日》中指出：“他们（小农）不能代表自己，一定要别人来代表他们。他们的代表一定要同时是他们的主宰，是高高站在他们上面的权威，是不受限制的政府权力，这种权力保护他们不受其他阶级侵犯，并从上面赐给他们雨水和阳光。所以，归根到底，小农的政治影响表现为行政权支配社会。”②

具体而言，秦始皇扫平六国后的当年，凭借已掌握全国土地的有利条件，力排丞相王绾等群臣关于分封皇子的建议，毅然采纳了李斯等人关于实行郡县制的政策主张，按照韩非构想的“事在四方，要在中央，圣人执要，四方来效”③ 的君主专制中央集权模式，把天下分为由中央直接统辖的36郡（后增至40余个）。郡以下内地设县；地广人稀的少数民族地区，因为秦王朝无力派遣兵将、官吏实施全面占领和治理，只能通过掌控主要道路加以控制，因而所设机构称为道。郡、县、道主要官员由中央政府以皇帝名义任命并发放俸禄，按照中央统一制定的制度、法律和政策实施管理，郡、县其他官吏由郡县根据中央政府核定的编制和有关标准自行招录、任命、管理。秦朝用

---

① 马克思：法兰西内战初稿［A］．马克思恩格斯选集第3卷［C］．北京：人民出版社，1995：91.

② 《马克思恩格斯选集》第1卷［C］．北京：人民出版社1995：678.

③ 韩非子·物权［M］．

这套按照等级分工原则构建起来的中央集权型纵向公共经济体制，彻底取代了上古时期将地方公共事务分封给贵族以世卿世禄方式自主治理机制，从而实现了一次影响深远的纵向公共经济体制根本变革。实行中央集权的郡县制，结束了自春秋以来550余年诸侯割据混战、国家长期分裂的局面，既有利于克服分封制下诸侯自治所带来的关卡林立、市场分割等妨害生产要素流动和商品流通的弊端，也有利于在更广范围内集中资源建设综合实力更强、能够有效防御外敌侵略的国家。但从秦始皇主观动机而言，他对这种新体制之所以情有独钟，主要不是基于前述理由，而是看重它既能够加强现世皇帝手中的权力，又具有防止分封制诸侯实力逐步做大后因离心力日益增强而导致皇权消散的内在功能，从而有利于实现他意欲嬴姓皇族江山万世一统、绵延永固的伟大梦想。由于后世各朝皇帝与秦始皇的思路相差无几，因此，中央集权的郡县制便成为此后2000多年绝大多数王朝一直沿用的纵向公共经济体制模式。

然而可悲的是，秦始皇未曾认识到，中央集权的公共经济体制虽然有利于维护和巩固中央政权，但是，对于确保江山永固来说，更为根本的因素是公共经济制度、政策整体的理性程度和作为公共经济生产力核心主观要素的统治者自身的德才素质，而秦朝恰好在这两个最根本因素方面存在致命的缺陷。首先，秦朝统一全中国之前的公共经济制度和政策就是畸形的：在产业政策上重本抑末，违反了经济协调发展的客观规律；在激励机制上实行实用主义的奖励军功政策，加之在文化政策方面重法坑儒，忽视健康全面的伦理道德和公民责任教育，将包括贵族在内的各阶层人民思想全部引导到个人功利主义轨道，以致自上而下都唯利是图、为功不仁，从而为秦始皇死后赵高与李斯沆瀣一气谋杀扶苏、扶昏暴无道的胡亥继位执政埋下了伏笔。其次，秦朝建立后，秦始皇从民间经济中汲取大量资源用以修建阿房宫、兴乐宫和骊山墓，以满足他本人和家族生前身后的奢侈性需要，加之相继北击匈奴、南征百越大量征发军卒①，筑长城、修驰道、凿灵渠征发大量徭役，沉重的赋役使尚未得到休养生息的人民不堪重负、怨声载道，很多百姓被迫无奈只好

① 据估计，当时全国的人口约为1000万，而当兵服役的人超过200万，占壮年男子1/3以上。

上山为盗。① 再次，秦自商鞅变法以来一直奉行法家治国理念，以严刑峻法维持社会安定、抑制反抗苗头，建立秦朝后又将这套严刑峻法推向相继征服的中原广大地区，使这些多年来习惯于德治、文治的新国民不堪忍受；② 始皇后僭位登基的二世胡亥在赵高怂恿下骄横无道、指鹿为马，对不善阿姨奉承的臣僚动辄撤职查办、判刑下狱，“使天下之士，倾耳而听，重足而立，拑口而不言”，以致“忠臣不谏，智士不谋”，③ 日益离心离德。这些极其严重的公共经济治理弊端，使秦朝大地布满了干柴，一旦遇到一点火星就立即燃成燎原之势。恰好公元前 209 年，陈胜、吴广斩木为兵，揭竿而起，天下响应，项羽等旧贵族乘势蜂拥而起，仅用短短两年，蓬勃而起的秦朝就以胡亥被杀、子婴出降而宣告灭亡。真乃是“其兴也勃焉，其亡也忽焉”。④

代秦而起的西汉在其初期就没有完全照搬秦朝的纵向公共经济体制模式，而是采取了分封制与郡县制相结合的混合型纵向公共经济体制。刘邦将全国分为 40 余个郡，⑤ 中央朝廷直辖其中的 15 个郡，其余 30 多个郡分别归属 16 个诸侯王直接管理；郡下依照秦制，设县和道作为基层政权。汉武帝元封五年（前 106 年）为了加强对地方公共经济治理的监督，除近畿七郡外，将其他 40 余个郡国纳入十三个部（州），每部（州）设一刺史，负责刺察部（州）内官员执政行为和强宗豪右守法状况，纠举不法，弹劾污吏。东汉末年，地方多事，汉灵帝中平五年（188 年），朝廷选重臣出任刺史，作为拥有全面治理责权的地方行政主官掌管一州军民，称州牧，由此，州从监察区变为行政区，地方行政由郡县两级制变为州郡县三级制。晋朝承袭东汉末期的州、郡、县三级制。隋朝地方建制经过两次变化：隋文帝基本统一天下后，

---

① 西汉时的贾山曾谈到秦代“群盗满山”的情况。

② 对此，贾谊在《过秦论》中说：二世“重以无道：坏宗庙与民，更始作阿房之宫；繁刑严诛，吏治刻深；赏罚不当，赋敛无度。天下多事，吏不能纪；百姓困穷，而主不收恤。然后奸伪并起，而上下相遁；蒙罪者众，刑戮相望于道，而天下苦之。自群卿以下至于众庶，人怀自危之心，亲处穷苦之实，咸不安其位，故易动也。是以陈涉不用汤、武之贤，不借公侯之尊，奋臂于大泽，而天下响应者，其民危也”。

③ 贾谊：新书·过秦论［M］.

④ 此语原为“禹、汤罪己，其兴也悖焉，桀、纣罪人，其亡也忽焉”，见于《左传·庄公十一年》；将其简化地连接在一起，则是 1945 年 7 月黄炎培到延安考察与毛泽东主席就中国封建王朝兴亡周期律问题所做谈话时提到的。

⑤ 最多时达 48 个。

鉴于州郡县三级制混乱不堪，故废除郡置，改为州县二级制，由州直接统县；隋炀帝继位不久，又将州改为郡，实行郡县二级制，全国设 190 个郡、1255 个县。唐朝将地方区划建制改为道、府、州县三级，唐太宗于贞观元年（627 年）将天下分为 10 道，以道统府、以府统州县，直隶州也辖县；同时在主要城市设总管府、都督府、节度使，主要统管一个地区的军事。[①] 宋朝汲取唐朝中后期藩镇割据的教训，让节度使、观察使名存而实废，将大行政区改称“路”，作为中央政府派出机构，主要负责军事统领、财粮转运、司法刑狱，侧重于巡视监察职能，军、政、财、监四权互不统辖，所以难以成为一级实体性政府；[②] 同时在开封、南京、洛阳、大名设四个京城，分别称为东京开封府、南京应天府、西京河南府、北京大名府。实体性地方政府仍为两级制：府、州、军、监为一级，县为一级。元朝（其全称为大元大蒙古国）国土面积地跨欧亚、地域空前辽阔，原中国版图只是它的一个主要部分。为了对称作元朝的中国部分实施有效统治，蒙元朝廷在府州级政府之上加建了一层称为“行中书省”的统辖管理机构，中国地区总计划分为两区十行省，[③] 由此开创了省、府（州）、县三级地方行政层级划分制度。明朝以反元兴起并立国，因而 1376 年开国后将元朝设立的行省改名为承宣布政使司，就其职能而言仍属行省性质；明成祖迁都北京后，在将环绕北京的河北地区划为北直隶，南京地区改称为南直隶，均与行省同级。[④] 两京直隶和各行省之下设府、州，府、州之下设县。由此可见，明朝的地方政府层级建制实际上仍为省、府（州）、县三级。清代明而成为统治中华大地的全国性政权后，在明朝原有版图上仍实行既有的地方行政建制；同时，在作为本民族龙兴之地的东北，到乾隆年间逐渐形成奉天、吉林、黑龙江三个相当于关内行省的将军辖区，将军之下设副都统分驻各城市负责管理临近地区。其中，满民聚居区由副都统

---

① 贞观十四年（640 年），全国共设 360 州（府），下辖 1557 县。

② 至道三年（997 年）始定为 15 路，此后又有增减变动。

③ 两区分别为由中书省所直辖的京畿地区（即河北、山东、山西及漠南部分地区）和由宣政院（初名总制院）所管辖的吐蕃地区；十行省包括岭北、辽阳、甘肃、陕西、河南江北、湖广、四川、云南、江浙、江西。

④ 1427 年弃安南后，明朝在全国设置行政性的两京、十三布政使司，另设主管军事的十六都司、五行都司、二留守司，并在政教合一的青藏地区设乌思藏都司、朵甘都司，在东北女真部落设奴儿干都司，都司下设卫所。明朝最后有 140 府，193 州，1138 县，493 卫，359 所。

麾下的总管统领各旗，汉民聚居区则比照关内置府、州和县、厅。到1907年满清江山濒临不保之际，清廷正式将东北三个将军辖区改为省，并相应在省以下设府、县两级地方政府。

由于中国幅员辽阔、人口众多，负责贯彻执行中央政府决策的地方政府仅设置到县一级，其管理幅度依然偏大，因此，自秦开始，在县以下再设两级不称为政府的基层行政组织，分别承担特定的公共经济责权。秦代县下设乡，乡下设里，[①] 分别负责辖区内具体政务；另以十里为间隔设亭，负责跨区片治安事务。汉代以后除取消“亭”以外，乡、里两级基层行政组织大体比照秦代设置。唐朝在县以下设乡、里、村、保、邻五级基层组织。[②]

综上所述，经过自秦至清2100多年的演化，中国封建社会公共经济治理体系在纵向维度上逐步形成了由中央、省、府（州）、县四级政府分工协作的体制架构，在县以下再分设乡和里（村）两级基层行政组织协助县级政府在辖区内完成部分公共事务。在这种纵向公共经济体制架构中，中央政府处于执纲掌要的主导地位，县级政府在地方多级政权结构中长期处于十分重要的枢纽地位，自元代才设置的省则成为800多年来地方政府的龙头。通观中国封建时代纵向公共经济体制的形成和发展，似有两大问题始终未能得到较好的解决。

问题之一，是中央与地方政府之间分责分权的清晰度不够，制约着公共经济效率。韩非将中央集权制纵向公共经济体制解释为“事在四方，要在中央；中央执要、四方来效”，似乎不存在公共经济运行效率问题。但实际上，由于各级政府之间除国防、外交之外，其他经济社会领域众多公共经济责权划分缺乏清晰而合理的界限，各级政府之间的公共事务责任、权限始终处于相互交叉、重叠的浑浊状态，责任不清、权限不明，不仅给相互推诿责任、争夺权力留下了很大空间，而且压抑和限制了各级地方政府基于公共经济自主权而在治理绩效方面开展竞争的积极性、创造性，妨碍了各地竞相通过公共经济治理机制改革促进经济社会发展、在科学文化领域百花齐放、百家争鸣的生动活泼局面的出现，无形中使公共经济治理效率受到损害。这种局限

---

① 一里辖百家，五家为伍，十家为什，联保连坐。

② 四家为一邻，设邻长；五邻为一保，设保长；五保为一里，设里正；五里为一乡，乡设耆老。另外，每一自然村置村正；城市按街道设坊，置坊正。

性作为未解课题遗留给了现代中国。

问题之二，是一直未能找到中央集权与地方分权之间的合理界限。秦朝在全国普遍推行中央集权制纵向公共经济治理体系，似乎宣告了对分封自治型纵向公共经济体制的历史性胜利，但实际上后者并没有就此彻底退出历史舞台，一当主客观因素有利时它便以不同方式、在不同程度上死灰复燃。这是因为，自上而下的分封制既符合统治者以分封庇荫众多王族成员、平衡多名子嗣和兄弟利益关系的心理，也因其本身内含着更多地方自治因素、便于机动应对内外风险而具有一定优势。不过，中国封建时代历史上出现的两次分封制复辟①和一次藩镇割据，② 提供给人们的严重教训说明，无论出于任何原因，只要公共经济责权配置过度偏向地方，注定会酿成公共经济治理灾祸。当然，这绝不等于说，公共经济责权配置过度向上倾斜的纵向公共经济体制就会产生好的公共经济治理结果。这是因为，中央集权制公共经济体制尽管有其优越之处，但如果中央集权过度、统得过死，弊端轻者将会导致公共经济运行效率受损，重者则会严重损害国家综合实力。宋代赵匡胤通过一系列集权措施削弱地方和军队将领权力，导致国家军队很多、开支巨大而国防能

---

① 两次分封制复辟，分别发生在汉初和西晋。汉初刘邦先后分封了7个异姓诸侯王和九个同姓诸侯王，其中6个异姓诸侯王被刘邦亲手剪灭6个，9个诸侯王中有7个在汉景帝时联合发动叛乱，史称“七王之乱”。西晋初，司马炎分封很多子弟为王，在地方给其封地，在朝政赋予重权，司马炎死后不久就因为争夺权力而发生“八王之乱”，由此导致西晋仅存了半个世纪就归于败亡。

② 开元天宝（713年–756年）年间，玄宗李隆基为了防范边陲地区异族政权进犯侵扰，着力扩充防戍军镇，相继设立朔方、河东、范阳、平卢、剑南、岭南等九个节度使和一个经略使，逐步扩大边镇节度使的公共经济治理责权，使之兼领按察使、安抚使、支度使等职，以封疆大吏资格兼管辖区行政、财政、民户、土地，自擅一方军、民、财三项大权，意在使其充当保卫中央王朝的屏藩。时隔不久，大唐内部政治势力结构便呈现出典型的外重内轻、尾大不掉的畸形格局：时称十节度的藩镇拥有常备军49万，占全国总兵力85%以上，其中统辖范阳、平卢、河东三镇的节度使安禄山所掌兵力则占十大藩镇的近三分之一。与此形成对照的是，中央禁军兵力仅有12万人，且缺乏训练、战力疲软、不堪一击。凭借此种实力优势，安禄山愈来愈骄横不逊，乃至渐生叛唐之心。公元755年12月16日，蓄谋已久的安禄山悍然发动属下军队联合奚、契丹、室韦等总计15兵马，以“忧国之危”、奉密诏讨杨（国忠）为借口起兵范阳，一路攻城斩将，经河北杀到河南，并于次年正月初一在洛阳称帝，尔后所向披靡地直奔首都杀去。在安史大军迫近长安之际，皇帝李隆基、宰相杨国忠吓得手足失措、魂飞胆破，以致长安失陷、君储逃亡。经此一变，曾经鼎盛无比、雄踞东土的唐朝陡然衰落下去。

力却极为虚弱，可以视为一个反面经验的典型。① 纵观自秦至清这段封建社会公共经济史，虽然以分封诸侯国或全权藩镇为具体形式的自治型公共经济治理体制仍时而出现，但总体上是以中央集权制为主体脉络或典型模式的——基本制度、政策由以皇帝为首的中央政府决策制定，各级地方政府主要负责贯彻执行，能够因地制宜自主决策的事务范围很小。这种体制的负面效果尽管并不都像宋朝那么严重，但历史上所有实行中央集权制的朝代，其地方官吏履行公务照本宣科、因循守旧、无所作为、缺乏创造性活力的问题非常普遍。这种公共经济治理状态，对于公共经济应有功能发挥的压抑和限制作用是不言而喻的。

（二）横向公共经济体制

对于中国封建社会而言，所谓横向公共经济体制，就是中央政府在皇帝及其主持综合政务最高级幕僚之下，地方政府在同级最高首长之下，若干平行的公共部门依照水平分工各司其职、各负其责、各行其权，以分工协作方式共同实现公共经济治理目标的制度安排。这套制度是从周朝直接演化过来的，但自秦朝以后2100多年的封建社会中，随着皇权的逐步加强、丞相地位的逐步下降乃至取消以及公共事务本身的发展，在总体延续基本格局的同时也发生了一系列重要变化。

---

① 赵匡胤成年后继承父业跻身行伍，在后周世宗柴荣征伐北汉、南唐过程中因屡建战功而逐步赢得重用，柴荣病重期间获任禁军最高统帅——殿前都点检。公元960年，他受命率军抗击北汉与契丹联军，出师不远就通过“陈桥兵变”被拥立为帝，旋即班师回京逼迫后周恭帝禅位，登基为帝，建立宋朝。开国之初，赵匡胤指挥将领相继灭掉荆南、武平、后蜀、南汉、南唐等割据政权，统一全国大部分地方后，为防止将领们效法自己重演以兵变改朝换代的故事，便以猝不及防的速度和利益收买的策略，两次“杯酒释兵权”，罢去禁军将领及地方藩镇的军权，改府兵制为募兵制，将募兵、养兵、练兵与调兵、将兵、用兵权分置，把军队建置、调动和指挥大权集中到皇帝手里，同时收回地方藩镇的财权和商业经营特权，从而彻底克服了唐朝中叶以来地方节度使拥兵自擅、尾大不掉的弊端，消除了地方势力发动内乱、威胁中央政权和国家统一的体制性根源。但这一改革存在矫枉过正之弊：一方面将募兵、养兵、练兵与将兵、用兵绝对分开的做法，导致募兵、练兵者缺乏从实战出发、认真负责的精神，造成冗兵甚多、素质下降和实战能力不济；另一方面，遇有军事任务临时调遣将帅的做法，造成兵将之间、各级将领之间互不相识、毫无感情，以致削弱了军队基于情感凝聚的战斗力；加之整个军事国防事务由枢密院、三衙和统领驻地各路兵马的率臣分工负责，时常相互掣肘，而战前临时派遣的将领多为擅长纸上谈兵的文职官员，以致军队规模庞大、军费支出甚多的宋朝反而跌落为军事弱国，在抗御外敌的战场上败多胜少，先是受欺于辽、金、西夏，最终则被元军所灭。

1. 中央政府层面的横向公共经济体制

秦朝建立后，以战国时期秦国官制为基础进行调整和扩充，建成了一套适应统一国家需要的新型政府架构。在中央政府中，皇帝虽是至高无上的主宰，但不可能事必躬亲。为协助皇帝总理内外政务，制度性地组建了一个既参与治理决策又负责组织执行的高级内阁班子，其中为首的丞相类似于尧舜禹时代的百揆和周朝天官部门的大宰，在朝廷中处于一人之下、万人之上的尊崇地位，主持全国综合性日常政务，拥有分曹办事的一整套工作机构；御史大夫为丞相的佐二，掌处群臣奏章、下达皇帝召令，兼理监察事务；太尉以总参谋长身份协助皇帝管理军事。丞相、御史大夫和太尉（即"三公"）作为凌驾于中央政府所有部门首长之上的最高级官员，处于朝廷百官中的第一层次。由于太尉掌握全国军事，容易对皇权构成威胁，所以，秦朝并未择人担任此职，以致军权完全握于皇帝之手。

在以丞相为核心的政务中枢机构之下，以"九卿"为首脑分设管理具体政务的九大机构。其中，以郎中令为首脑的部门掌宫廷警卫事务，以卫尉为首脑的部门掌皇宫保卫，以廷尉为首脑的部门掌司法刑狱，以治粟内史为首脑的部门掌国家财政税赋，以少府为首脑的部门掌皇室财务（山海池泽之税）和官营手工业制造，以典客为首脑的部门掌民族和外交事务，以奉常为首脑的部门掌宗庙礼仪祭祀，以宗正为首脑的部门掌皇室内部事务，以太仆为首脑的部门掌皇家车马；另设以中尉为首脑的部门掌戍卫京畿，以将作少府为首脑的部门掌皇家工程建筑。这些部门互不统属，相互间的衔接协调先由丞相处理，最终由皇帝决断。

西汉初期，中央和地方政府架构、各级官吏名称基本沿用了秦代"三公九卿"模式①，丞相作为协助皇帝总理朝政的核心重臣拥有十分广泛而重要的责任和权力，诸如选用官吏，弹劾百官并执行诛罚，主管郡国上计和考课，总领百官朝议和奏事，封驳皇帝诏令和谏诤。凡遇立储嗣、立新君、封赠、赏功、罚罪、财政、民政、法律、礼制、边事等重大政事，皇帝通常都委托丞相先行主持召集百官集议，而后将集议结果上奏皇帝，由君、相合议做出

① 但将郎中令改为光禄勋（并掌候补官员训练），将典客改为大鸿胪，将奉常改为太常（其下属官吏祭酒主教育，博士负责教育国子并承掌皇帝有关文献典故的问对），将治粟内史改为大司农。

决策。由于丞相责权甚重、事务繁多，所以丞相府负责具体事务的机构多达22 曹。[①] 到汉武帝时，开始以削弱相权为出发点改革中央政府治理模式，实行内外朝制度，将官僚机构区分为三套相互平行的体系，即以丞相为首的外朝机构系统、以大将军为首的中朝机构系统和负责处理皇帝家族事务的内朝机构系统。在以丞相为首的外朝系统中，又按经济社会不同领域分设若干部门，如掌奏章出纳、郡国事务、外交管理的尚书台，掌全国官吏监察的兰台，掌民政财政事务的大司农[②]等。

结束了东汉末年军阀混战割据、实现了华夏民族再次统一的晋朝，吸取东汉时期权臣往往仗权依势架空皇帝的教训，在中央政府机构和官职设置方面，摒弃了自秦以来实行了 400 多年的“三公九卿”治理模式，将尚书省、中书省、门下省依序独立出来，粗具由中书（参与皇帝决策）、门下（审议封驳）、尚书（总领执行）的三省相互制约、分权共治和尚书省内分六曹具体办事的基本格局。而后，又视情况调整了三省之间的权力配置，使之相互平衡以利皇帝控制，为隋唐时期正式推行三省六部制奠定了基础。

隋文帝受北周皇帝禅让建立隋朝后，在汉魏晋以来逐步形成的中央政府部门设置基础上，正式采行三省六部制政权组织架构。中书省负责草拟和颁发皇帝诏令，门下省负责审核政令，尚书省负责执行国家政令，三省长官同为宰相。尚书省下设吏、户、礼、兵、刑、工六部，分工协作地组织公共经济运行、实施公共经济治理政策。三省六部既有分工，又有合作，彼此相互监督和牵制，形成一套严密完整的横向公共经济体制，一方面有力地提高了公共经济效率，另一方面又通过一分为三而削弱了相权、加强了皇权。此后，唐、宋、元、明、清各朝最高层次的横向公共经济体制均以此为基础，虽然都有些局部变化，但实质性改变不大。唐承隋制，三省六部制格局几乎毫无

---

① 包括负责郡国之事、主长史任命、督导州郡的东曹，负责百官奏事和相府人事的西曹，主谋议事的议曹，主章奏事的奏曹，主通报事的侍曹，主评讼事的辞曹，主盗贼事的贼曹，主罪法事的决曹，主簿计事的集曹，主民户祭祀农桑事的户曹，主邮驿科程事的法曹，主卒徒转运事的尉曹，主兵事的兵曹，主仓谷事的仓曹，主钱币盐铁事的金曹，主郡国上计事的计相，主省录众事的主簿；另有由尚书令直管的主丞相御史事的常侍曹，主刺史事的二千石曹，主吏民上书事的户曹，主断狱的三公曹，主外国四夷事的客曹等。

② 其职掌包括田土、粮食、盐铁、钱币、赋税、漕运、均输、平准（榷沽）、常平仓等事务管理。

变化，后期将中书门下两省合并为相当于宰相的“中书门下平章事”府，此外设一台（御史台）、五监（国子监、少府监、将作监、军器监、都水监）、九寺（太常寺、光禄寺、卫尉寺、宗正寺、太仆寺、大理寺、鸿胪寺、司农寺、太府寺）分掌行政监察、刑狱司法、农业生产、贵族教育和宫廷管理等事务。宋朝中书、门下、尚书三省名存实亡，代之以“二院”“三权”[①] 分立架构。其中，政务衙门内部虽仍设六部，但已支离破碎：吏部责权被审官院所分，户部责权被三司所肢解，兵部责权被枢密院大半截取，刑部责权被审刑院分割；这种责权分散格局直至元丰改制后才获得较大程度的改变。元朝设中书省、枢密院和御史台，分管行政、军事和监察事务；设宣政院，统领宗教事务和管辖西藏地区。明朝初期发生胡惟庸案后裁撤三省、丞相府等高于六部的宰执机构，由朱元璋直接统辖六部。后来，虽然洪武年间增设华盖殿、武英殿、文渊阁、东阁、文华殿五大学士辅助皇帝处理政务，朱棣又改以内阁大学士做顾问，但都没有恢复宰相的地位和权力。从宣宗批准实行内阁在奏章上条旨已见的“票拟”制度起，内阁虽然地位渐趋升高、权限逐步增大，世宗以后已跃到六部之上，变为中央政府辅佐皇帝进行最高决策的参谋机构，但仍未恢复到原来丞相、宰相的高度。在作为行政机关的六部之外，设都察院掌监察责权，设相当于最高法院的大理寺，以及分别隶属于礼部、兵部的太常寺、光禄寺、太仆寺和负责礼仪、外交事务的鸿胪寺（合称五寺）。清朝初期，中央政府最高机构设置总体上比照明朝实行内阁制，但从顺治到乾隆前期仍保留入关前一直存在的议政王大臣会议作为皇帝与群臣一起议处军国大政的最高权力机构。[②] 雍正朝始设军机处作为协助皇帝处理中央政务的参谋辅佐机构逐步代替了内阁职能，议政王大臣会议随即被罢撤。1911年宣布改行新政，军机处被“责任内阁”取代。[③] 无论最高层决策机构如何变化，行政事务仍主要由六部负责，同时设都察院、六科（1723 年改隶都察院）承担监督职能，以五寺（大理寺、太常寺、光禄寺、太仆寺、鸿胪寺）

---

① 其中，“二院”为以同中书门下平章事为宰相、以参知政事为副相、主掌国政的政务衙门和主管军政的枢密院；“三权”为政权、军权和由三司使执掌的财权。

② 性质上属于满族在原始部族时期保留下来的贵族共和制决策机构，随着皇权逐步加强，1791 年农历十月二十四日乾隆帝下谕将其撤销。

③ 1911 年 5 月 18 日，清政府宣布废除军机处，代之以由内阁总理大臣和诸大臣组成的内阁；辛亥革命后，该内阁由袁世凯组成的新内阁所取代。

和国子监、钦天监、翰林院、太医院、理藩院、宗人府、詹事府、内务府等负责各方面具体事务。

值得重视的是，自秦开始，各朝代大都在横向公共经济体制中设有部门间相互制约机制。秦朝设给事中和谏议大夫作为言谏之官，负责对从皇帝到中央各部门一切诏令、政令不妥之处提出意见建议，尽管由于皇帝过于专权，致使这一制约机制未能有效发挥作用，但相关机构及其职能是存在的。西汉在丞相府光禄勋下设谏大夫作为专职谏官，负责“直言极谏”、匡正君非、谏诤得失。隋唐时期，专设门下省作为审察政令、签署奏章的封驳机关，设“谏议大夫”①“拾遗”“补阙”② 等专职官充任谏官，各类诏令文书均须经过门下省检查审议方能成立，尚书六部上奏的政务文书须经门下省审核同意方能呈递皇帝决断。门下省不仅有权在诏令形成之前参与商讨、提出异议，即使诏令形成之后仍有权加以否决，即所谓“封还诏书”，目的在于减少皇帝决策失误、以利政权巩固。不过，这种制度只有在开明君主时期才有可能真正发挥作用。在宋代，除门下省有“给事中”负责审核诏令和文书外，还新设了一个谏院，以左右谏议大夫为长官，两者合称“给谏”，共同负责监督制约行政行为。在司马光、包拯知谏院期间，谏官们都曾直言不讳地指陈治理弊端、揭露奸邪佞妄。元代废除门下省，谏议、司谏、正言随之俱废。此后，随着君主专制的不断加强，封驳机构职能渐趋衰微。明朝时，已不设专职谏官，仅以吏、户、礼、兵、刑、工六科给事中掌侍从与规谏，稽察六部弊误，驳正制敕违失，但其驳正对象实际上仅有上行文书，很难再封还对下行文，更不要说皇帝敕令诏书了。清代同样未设专职谏官，并将给事中隶属都察院，与御史同为谏官，但六科给事中的封驳之权已几近丧失。

2. 地方政府构成及其横向公共经济体制

秦朝作为地方政府的郡县，同样在郡县最高层官长之下，按照公共事务领域分设机构各负其责、各行其权。郡一级高层长官，为首的是总览全郡政务的郡守，另设郡尉和郡监分别辅佐郡守负责军事、监察事务。内地县，以一万民户为界限区分规格大小，大县设令，小县设长，另设县丞作为令、长

---

① 魏徵在李世民朝为官的最初职务就是“谏议大夫”。

② 唐代所设拾遗与补阙都分左右，左拾遗、左补阙隶属门下省，右拾遗、右补阙隶属中书省。杜甫与岑参曾同朝为官，杜甫任门下省左拾遗，岑参任中书省右补阙。

之助手，掌全县司法事务；设县尉分掌军事和治安事务。乡级设三老掌教化，设啬夫掌诉讼和税收，设游徼掌治安。其中，郡县两级政府分设若干部门机构，分类治理各种公共事务。

汉朝的行政郡和诸侯国，在郡守、诸侯国王、国相、都尉、郡丞、长史之下设若干专司机构。主要包括：主管官吏任免考核赏罚的功曹，负责记事和档案的记事掾史，主奏议事项的掾史，主总典守相私家财务出纳的少府史，主兵卫巡查侍从的门下督贼曹，主民户、祭祀、农桑、垦埴、畜养、水利事的户曹，主检核财物的比曹，主仓谷事的仓曹，主漕运粮草事的漕曹，主货币盐铁事的金曹，主上计事的计曹，主市政的市掾，主兵事的兵曹，主徭役征发、输送、抓捕、转运的尉曹，主盗贼事的贼曹，主诉讼事的辞曹，主断罪决狱的决曹，掌边塞事的塞曹，主邮驿事的法曹，主督查县政、奉诏系捕、录送囚徒、催租点兵的督邮，主学校教育的学官，主医药事的医曹。县一级，在县令（长）、县丞（主管文书档案、仓库、监狱）、县尉（主管地方治安、缉捕盗贼）、主簿之下，分设主官吏任免考核赏罚的功曹、主督乡事的廷掾、主财用的少府、主兵卫的贼曹、主参议诸事的议曹、主管文书事务的主记室。

隋朝以至唐代前中期，在藩镇、府州级政府分设司功、司仓、司户、司兵、司法、司士六曹，分工办理各种公共事务，同时置别驾、长史、司马、录事参军事等官吏作为刺史（太守）的分司助手；县级也在县令、县尉、县丞之下分设吏治、财政、民政、治安、监狱等机构，分司各种具体事务。

宋朝中央政府在高于府（州、军、监）之上的路一级设帅司和监司两类派出机构。其中，帅司为以安抚使为长官的安抚司（经略安抚司），其首长安抚使兼任禁军军区的马步军都总管等军事职官和属地知府、知州等地方官；监司包括负责财赋和监察事务的漕司（即转运司）、负责刑狱司法事务的提点刑狱司、负责市场调节监督和仓储事务的提举常平司，由此形成军政财监四权分置、互不统辖的局面，各监司对帅司负有监督职能。在府（州、军、监）和县两级实体性地方政府，其部门设置和分工分责分权模式与唐朝时相差无几。

元朝在省、府（州）、县三级地方政府①中，除由中央政府派蒙古人和色目

---

①　元朝在作为中央派出机构的行省之下设道、路、府、州、县、社六级地方机构和基层行政组织，其中道、路两级不是全能政府，属于基层行政组织，所以，实际上是行省、府（州）、县三级地方政府架构。

人以达鲁花赤名义作为最高主宰以外，大体上继续沿用了宋朝的机构分设模式。

明代初期，中央政府在行省一级设置由承宣布政使司（对口吏部、户部、礼部）、提刑按察使司（对口刑部和都察院）、都指挥使司（对口兵部和五军都督府）联合组成的派出机构，分司民政、财政和刑狱司法、军事武备事务。后经宣德、成化年间两次改革，通过在布、按、都之上增设拥有统辖职能的巡抚，使省级机构基本上转化为地方高层政府，在其中分设若干承担具体事务的机构。在府、州级，于知府、知州之下设同知、通判、推官（判官），分管钱粮、水利、屯田和刑名案件，并各设若干具体办事机构。在县级，于知县、县丞、县尉、主簿之下，分设与府（州）级政府大体对口的若干办事机构。

清代基本沿袭明朝的地方政府机构设置，在省级，于最高长官总督或巡抚之下分设主管民政财政的布政使司和主管刑狱司法的按察使司两大行政衙门及其分支机构，在此之下设置多个地位高于府州级的粮、河、盐法、海关专业道员和按区域巡回督导府州的分守分巡道员；在府（直隶州、直隶厅）级和县（散州、散厅）级，于最高长官之下分设主管税赋粮盐、户籍民政、江海防务、河工水利、都捕司法等事务的辅佐官和相应的分工办事机构。

总体来看，中国封建社会纵向和横向公共经济体制都随着经济社会发展变化和公共经济实践经验积累逐步趋于合理化、规范化，总趋势是不断加强中央集权、特别是皇权。这种高度集权体制虽有维护国家统一、政治稳定和有利于各民族经济文化融合的优点，但也存在压抑民间经济和公共经济活力、减损公共经济效率的明显弊端。

三、作为公共经济生产力核心要素的官吏选任考核激励约束机制

公共事务是由人来完成的，在社会公共机构中承担公共事务的大小官吏是公共经济生产力的主观要素，其基础素质水平和发挥状态对公共经济制度、政策理性和公共物品提供效率高低具有决定性作用。进一步说，官吏的基础素质水平取决于官吏选任机制，而具有特定素质的官吏履行公职的积极性、创造性和责任心强弱又取决于官吏考核、激励、监督、问责机制。因此，官吏选任考核激励约束机制与公共经济治理效果之间的内在联系极为密切。故有所谓“明主治吏不治民”，“吏治则民治矣”。[①] 中国封建社会各朝代在官吏选任、考核、激励、监督、问责机制方面相继进行了一系列实践探索。

---

① 韩非：韩非子外储右下［M］.

（一）官吏选任机制

秦朝建立后，鉴于国家治理范围和任务发生了重大变化，对官吏选任机制进行了调整。除了从六国原有官员优选一部分继续任职、按照奖励军功的既定政策对在征战六国过程中有功将士加以适当安排外，一是从精通秦国法律且能奉公守法的低级官吏中提任较高职级官员，以利继续贯彻执行依法治国原则；二是通过“目测试问”方法从基层民众中选择有威望、有能力者担任本县中下层官吏，以利扩大统治基础，并运用“榜样法”为民众树立行为导向。

刘邦立汉后，深知得天下主要靠武将而治天下则主要靠文官的道理，并且根据自己任贤取胜之经验，及时地将下令求贤摆上重要日程，意在延揽更多贤才进入帝国统治阶层，为察举选贤机制在文、景、武帝时期逐步成型奠定了基础。以察举方式选贤任能的用人机制，以地方推荐为基础，以中央考试复核定取舍，考试与推荐相辅而行，能量度才加以录用。根据选取标准，西汉主要设置四科选贤为官：一是特举贤良方正，按照汉文帝解释，就是选用人品正直、敢于向皇帝提出意见建议的人才；二是岁举孝廉，就是选用讲求孝道、廉洁清正直且具学问能力之人；三是岁举秀才，就是选用道德品质好而又才学出众者；四是特举明法，就是选用品德贤良而又明习法令之材。这套察举制选贤任能机制的形成不仅是选官制度上的重大改革，也标志着中古时代封建国家统治策略发生了根本性变化，即由秦朝选官偏重军功、重视法令转变为重视选任对象的伦理道德和学问才能。但是，这套察举制后来逐渐发生了变异。从东汉中期开始，察举人才之权渐渐被豪强士族所把持，从而使察举结果愈益名不副实和失去公正，以致有“举秀才，不知书；举孝廉，父别居”这首讽刺性民谣在社会上广泛流传。当然，即使在西汉和东汉初期，察举制也不是朝廷选任官吏的唯一途径，除此之外，还有自上而下选拔官吏的征辟制、公府和郡国自行招用属吏的辟除制、高级贵族子弟门荫制和将官位作为交换财政资源手段的卖官鬻爵制。早在西汉武帝之时，就因财政拮据、粮食不足而卖爵换粮。东汉时期进一步将卖官鬻爵作为一种固定操作，灵帝时卖官收益已成为一项主要财源。

进入魏晋时期，豪门贵族世代为官、成为所谓“士族”，察举制随之被“九品中正制”所取代。九品中正制仍以察举贤能为标榜，在每个州郡设置一个由若干名具有士族资格之士组成的“中正”品评人才机构，由其按照家世、德行等标准将当地士人分为九等纳入人才品级，以作为朝廷选任官吏的依据。

由于中正机构为豪强士族把持，人才等级评鉴结果必然始终是士族子弟独占上品而寒门子弟处于下品，从而造成“上品无寒门，下品无士族”的扭曲局面。这说明九品中正制由于豪强士族当道而背离了“不计门第、唯才是举”的原则，使察举贤能演变为豪强士族垄断高级官位、保护世袭政治特权的遮羞布，导致察举制走到尽头。

随着基于军阀分裂割据、相互征伐的社会动荡对豪门世族当道局面的摧毁，到南北朝时期，九品中正制和州县官吏辟除制已极不适应实现公共经济良治局面和缓解社会阶层矛盾的需要。因此，隋朝建立不久，隋文帝就断然下令废除了九品中正制和州县长官自辟僚佐制度，在将大小官吏的任命权全部收归中央吏部的同时，开始以官府举荐为前提、采用分科考试方法选拔官员，一方面招揽贤能之士用以改善国家治理，另一方面以此赢得中下层地主阶级的拥护，从而扩大统治基础。隋炀帝继而设立进士科，标志着科举制草成，由此开辟了直至清末（1905 年）为止的以科举考试为主要渠道选任官吏的新时代。

唐朝继承并完善了科举制，使科举选官机制进入定型时期。高祖武德四年（621 年）诏令“诸州学士及早有明经及秀才、俊士、进士，明于理体，为乡里所称者，委本县考试，州长重复，取其合格，每年十月随物入贡”，明确了州、县地方预试，即相当于后世“乡试”的办法。次年（622 年），高祖发布新诏令明确，士人参加考试可“投碟自应”而不必经官府举荐。贞观年间，考试科目在已有进士、明经两科基础上，进一步扩展到秀才、俊士、明法、明字、明算等多科。武则天时，不仅增加了科举取士人数，而且首创武举新科和殿试环节。开元年间，任用高官主持考试，提高科举考试地位，以后成为定制。科举考试在保留皇帝以特诏不定期举行的同时，规定了每年按例举行的“常科”。当然，在唐朝，除科举选官制外，进入官僚队伍仍有门荫、特进等体现特权的非主流渠道。

与唐朝相比，北宋时期科举制有了进一步发展。表现在：考试分为乡试、省试、殿试三级，严格科举考试程序，将殿试变为定制，最终录取权由皇帝直接掌握；考试科目逐渐减少，进士科成为最主要科目；实行糊名制，以将试卷上姓名、籍贯密封的“弥封”和雇员重抄考生答卷的“誊录”办法防范考官舞弊；年均录取名额增加十几倍，以此拓宽知识分子进入公共经济治理机构的渠道。熙宁年间，根据王安石以通经致用原则改革科举考试的建议，宋神宗下令废除诗赋、贴经、墨义取士，将考试内容改为以国家治理时事策论为主。同时废除吏部铨选制，通过科举考试获得进士资格者直接作为后备官员，按先后顺序排队渐次安排职位。

明清两代在沿袭前代科举取士制度基础上做了一些具体增补调整。一是明朝将科举明确为选官的唯一渠道。洪武三年（1370 年）下诏规定“中外文臣皆由科举而进，非科举者勿得与官”。二是为均衡科举选官的地域来源、照顾文化发达程度不够的北方地主阶级利益，明朝实行预设南北方科考录用名额制度。三是明、清两代均实行“科举必由学校”之制，即参加乡试的士人必为官办学校的生员；地方学校的优秀生员可保送进入京师国子监读书，而国子监生则可直接选授官职。清代对处于科举考试进程中的学校生员给予优惠待遇，顺治九年（1652 年）制发的“训士规条”称：对学校生员“免其丁粮，厚以廪膳……各衙门官员以礼相待”。四是科举取士科目仅保留进士一科，把知识分子的求知努力进一步局限于修习儒家为主的伦理道德和治国思想，将自然科学置之度外，无形中对自然科学技术发展起到压抑作用。五是为严厉控制士人思想，明清两代科举试卷仅从儒家四书、五经中命题，只准依据程、朱理学观点，不得发挥个人见解；严格规定答卷文体，必须采用“八股文”体，严重束缚人们思想。由于科举制度暴露出很多明显不利于国家强盛的弊端，加之国内变法维新浪潮势不可当，在众多改革家的强烈呼吁之下，清政府于 1905 年废除了科举制。

纵观中国封建时代选官机制的演变历程可以看出，选官的主要标准由家世、财产、门第逐渐发展到才学，选拔方式渐趋严密科学，选拔过程和标准逐步趋向公开、公平、客观。其中，实行时间最长的科举选官制度，由于兼具注重才学、公开透明的优势和有利于提高官吏队伍素质、发挥重视知识的导向功能，不仅有效改善了封建社会公共经济治理，而且促进了教育文化事业发展。正因为如此，当它被马可·波罗介绍到欧洲以后，很快引起强烈反响，先后被英、德、法、美等主要国家作为当时世界上最先进的官吏选拔模式加以引进借鉴，用以改革文官选任机制。然而，这套科举选官制度到明朝之后，由于取士科目、考试内容和答卷方式的严重扭曲退化，逐步演变为用以束缚知识分子思想、维护封建王朝统治的愚民工具，消极作用上升为主导地位，严重阻碍社会进步和科技文化发展。

（二）官吏荐举责任机制

由于现任官员对下属乃至辖区内的人才情况更为了解，因此，在官吏选任制度设计中，赋予现任官员荐举人才的责任和权力是合乎逻辑的。但是，如果缺乏有效的制约机制，现任官员便有可能滥用举荐权。有鉴于此，中国封建时期不少朝代都赋予现任官员推荐初任官吏或从属下推荐担任更高职务人选的责任和权力，同时明确规定对荐举官吏质量和行为后果的法定连带责任，以期通过这种约束机制保证官吏队伍具有较高的德才素质。秦汉两朝有关法律都曾就此做出明确规定。

对于秦朝的有关规定，司马迁在《史记·范睢蔡泽列传》中说："秦之法，任人而所任不善者，各以其罪罪之。"这一记述1975年被云梦县睡虎地秦墓出土的《秦律杂抄》所证实。其中，《除吏律》规定，保举曾被撤职永不叙用的人为吏，罚二甲；《除弟子律》规定，任用保举弟子不当者，均耐为候。①

另据有关资料，按照汉朝规定，地方官员不按要求荐举官吏或荐举失察都要依法予以惩治；反之，如果官员荐举人才表现突出，荐举者则要受到褒奖。1983年与1984年之交湖北江陵张家山汉墓出土的汉初《二年律令·置吏律》规定："任人以为吏，其所任不廉、不胜任以免，亦任免者。"意思是，假如所推荐的人不廉洁或不能胜任推荐职位，那么，除罢免被推荐者外，推荐者也要以被罢免方式承担连带责任。汉武帝时，一方面规定地方官每年荐举人才的任务数，"应贡举而不贡举"要依法科罪；另一方面又规定"贡举非其人"要与被举荐者连坐。具体实例如元帝时，富平侯张勃荐举陈汤为官，但陈汤当官后犯了罪，张勃因此被削去食邑200户。② 因荐官受赏的实例如南郡太守法雄察举胡广为孝廉，到京师试以章奏，胡广以其表现获得第一名，朝廷为此专门下诏对法雄给予表彰。③ 然而，官吏举荐责任机制自王莽执政的平帝时期开始中断，原因是王莽错误理解了儒家"赦小过，举贤才"原则，

---

① 法律原文为"任法废官者为吏，赀二甲"，"当除弟子籍不得，置任不审，皆耐为侯"。其中，所谓"赀二甲"，是指罚相当于两副甲胄的钱财；所谓"耐为侯"，是指罚做边塞伺望敌情的刑徒。——朱玲丽：从云梦秦简看秦官员问责制度［J］．广播电视大学学报（哲学社会科学版），2014（2）：78.

② 汉书·张汤传［M］．

③《后汉书·胡广传》注引《续汉书》云："故事：孝廉高弟，三公尚书辄优之，特劳其举将。于是公府下诏书劳来雄焉。"

所以对以贿赂举荐者得官者不再追究，既然如此，自然也就无须追究荐举人的连带责任了。由于官吏举荐责任机制缺失，导致官吏察举制度蜕化为任人唯亲、吏治腐败的通道，再经过曹魏时期进一步演化，到晋朝时最终让位于豪强士族把持下的“九品中正制”。

隋唐改行科举考试与吏部铨选相结合的选官机制。其中，科举考试由礼部负责，而官员选拔由吏部负责。在吏部选任官员过程中，科考中榜者与其他备选者一样，都需要借助一定级别的官员提携荐举才能通过吏部铨选这一关键环节进入官僚队伍。为规避官吏举荐过程中的道德风险，唐朝在制度设计上恢复了被王莽废除的官吏荐举责任机制，重启官吏荐举失误连坐以及荐举有功授奖制度。高祖武德五年（622 年）三月颁布的举人诏令规定：“择善任能，救民之要术；推贤进士，奉上之良规……宜令京官五品以上及诸州总管刺史举一人，其有志行可录，才用未申，亦听自己具陈艺能，当加显擢，授以不次。赏罚之科，并依别格。”玄宗年间（712 年—756 年）颁布的选官诏令中 6 次述及官员举主连坐连奖机制。其中，《令内外官荐亲伯叔及弟兄子侄堪任刺史县令诏》云：“士人藏器，众何以知？岂若父子之间，自相推荐……其考试通人任用之后，有亏犯典宪、名实不相符者。所举之人，与其同罚。如政绩著闻，终始廉谨为众所知者，其所举人，与其同赏。”代宗年间（762 年—779 年）至少颁布过 4 个有关于举主连坐连奖内容的诏令。如《令举堪任刺史县令判司丞尉诏》中规定：“类能而举，古今例程……古者得人受赏，曾不逾时。增秩赐金，有国通典。其或任非称职，举不当才，顾多附下之心，非无不适之罚。其所举人授官后，如政能尤异，清白着闻，三两考后，仰本道观察使具状奏闻，其举主及所举官人，并量加进改。如懦弱不举，及暴政处置乖宜，并冒犯赃私等，议罪论刑，当亦连坐。”德宗作为欲图中兴的君主，更曾多次颁布涉及举主连坐连奖的诏令。例如，他于 779 年即位当年六月颁布的敕令：“诏中书门下省御史台五品以上，尚书省四品以上，诸司三品以上长官，各举可任刺史县令者一人，中书门下量才进拟，后有犯者举人同罪。”

选官的荐主与被荐举人渎职滥权、违法犯罪后连坐的责任机制在其后的封建王朝依然实行。南宋曾任左丞相的周必大荐举吴概等人，特地在荐状末尾写道：“臣保举吴概等人，均系保任终身。倘若所举之人不称职，甘愿受谬举之罚。”周必大推荐尤袤、石埜二人时也呈交书面保状曰：“两人如蒙擢用，后犯入己赃，臣甘当同坐。”宋代之后，选官荐举责任机制虽有松动，但仍区分具体情况适用不同的问责方式。例如，金朝明确规定，只有在被举荐人犯贪污罪时，举荐人才应承担责任；荐主承担连带责任的期限为三年，此后被推荐者再违法犯罪的，荐主不必负责。清朝在重申荐主连带责任机制时，明确在三种情况下可以免除或减轻荐主的连带受罚责任：一是被推荐者得到提拔后犯罪出错，荐主如予检举，可免除责任；二是被推荐者若是在提拔后堕落的，荐主的责任要轻得多；三是荐主若出以“公心”荐举有误，罪责要比出以“私心”用人小得多。

总体来看，中国封建社会多数朝代都实行荐举官员责任机制。实践证明，这一机制是避免吏治腐败、保障选贤任能和官吏队伍具有较好基础素质的有效措施。

（三）考核激励机制

按照一定标准对官员履职行为和业绩进行督责性考课，并据此严明赏罚，是激励促进公共经济生产力主观要素充分发挥积极潜能、保障公共经济效率的重要机制。这一机制发源于远古、发展于西周，在中古封建时代继续向前演进。

1. 考核内容与标准

秦汉至明清的官吏考课内容在道德、才能、劳绩、年龄等方面各有侧重，大多根据官吏职务及职事的不同分别制定，总体上贯彻的是以实绩优劣为主、以任职年限为辅的原则，并经历了不断总结完善的过程。

秦朝的官吏考课机制系由此前的秦国流传下来，而秦国官吏考课机制受著名理论家韩非的法家思想影响极大。韩非认为：“因任而授官，循名而责实，操杀生之柄，课群臣之能”，是“人主”驾驭群臣之“术”的核心内容。“人主”以“术数”控御群臣必须以法“参验”，否则，就会出现“主必欺于上，而臣必重于下”的失控局面。这一学说对秦国当政者的影响表现在秦国的官吏考课制度较之其他诸侯国更为周密苛细，“上计”制度更加完善。这在云梦睡虎地秦墓出土的法律文书中得到充分证明。朝廷对地方官吏的考课监督有自成体系的考课细则，郡守对县道乃至于乡里官吏考课也有较为具体的规定。商鞅变法后的秦国对各部门和各地方官吏进行考核，以贯彻实施新制度、新法律、新政策措施是否有力以及对实现富国强兵目标所做贡献大小为主要内容和基本标准。统一华夏后的秦朝，根据朝廷所面临的形势、任务和依法治国原则，考课官吏的主要内容和标准在于北战南征、维护社会治安、推行全国统一制度和各种相关基础设施建设的成效上。

西汉初期相当长时期内，朝廷奉行黄老之道，实行“轻徭薄赋、与民休息”政策，目的是恢复以农业为主的国民经济、增强王朝的统治基础。与此相应，官吏考课的内容和标准包括功绩、年劳、行能三项基本内容。其中，地方官“上计”簿记载的主要内容是“户口垦田，钱谷入出，盗贼多少”。在出土汉简中，屡见记载官吏全年所成功绩和勤奋敬业的材料，表明这两项是官吏考课的关键标准。

隋唐时期官吏考核内容和标准的显著特点是把德、能、绩三者结合起来。如唐代考课标准有作为对各级官员基本要求的“四善”和对各部门工作最佳表现的“二十七最”。“四善”侧重衡量官吏的道德操守，一曰德义有闻，二曰清慎明著，三曰公平可称，四曰恪勤匪懈。“二十七最”则是针对各个部门提出的最佳履职标准，用以衡量履职态度、才能和功绩。

宋代根据唐代官吏考课内容和标准的优缺点，按照续优弃短的原则对有关规定进行了调整修正，并依不同职官做出具体规定。如对地方守令按照“四善三最”要求进行考课。其中，“四善”完全照搬唐代，“三最”包括“狱讼无冤、催科不扰为治事之最；农桑垦殖、水利兴修为劝课之最；屏除奸盗、人获安处、振恤困穷、不致流移为抚养之最”。对“监司”考课的内容为“七事”，包括“举官当否”，“劝课农桑，增垦田畴”，“户口增损”，“兴利除害”，“事失案察”，“较正刑狱”，“盗贼多寡”。这表明，宋代对官吏的考课内容和标准因对象制宜，更为符合实际，且较简明扼要。

明代考核类目分为考满、考察。考满沿宋元旧制，旨在作为官吏升秩增俸的依据，故其标准为称职、平常、不称职。考察重在检举内外官的过失或“不职”，内容和标准包括贪、酷、浮躁、不及、老、病、疲、不谨等八目。

清代官吏考核区别京官、地方官两类对象分为“京察”和“大计”。考核标准发展为“四格”“六法”。四格为“才、政、守、年”，用于定期升降秩俸。六法为“不谨、疲软、浮躁、才力不及、年老、有疾”，用于举劾不职。

明清尤其是清代考核标准简明务实，反映了在考课内容和标准上的新进步。

2. 考核方式

封建社会历代对官吏进行考核主要采取自上而下逐级考核和年终上计评审相结合的方式。具体情形不加详述。

3. 考核结果的运用

对官吏履职用权实施考核本身就是一种督促激励机制，而将考核结果运用于对官吏的续用与罢免、职务的晋升与贬降、俸禄的增加和扣减，则是更为集中、更为重要的激励手段。中国封建社会各朝代无不在继承远古、上古时代逐步形成的传统做法基础上，结合本朝情况加以运用并有所创新发展。一般做法是通过考课和上计，对各级官吏履职操行和实际业绩做出优劣等级评价，尔后分别给予奖赏或实施惩罚。奖赏包括精神、物质和待遇三种。其中，精神奖赏包括口头表彰、通报表彰、赐予本人爵位封号、追赠其父祖封号、赐封其夫人诰命、赐予本人身后谥号等；物质奖赏包括赐予金钱、绸缎、土地等；待遇奖赏包括加官晋爵、提拔重用和赐穿黄马褂、赐戴双眼花翎、赐准在紫禁城骑马等。惩罚也相应包括扣减、褫夺各种精神奖励，记过、降职、免职以及留职察看、以观后效等。

在秦朝，经过年度考课之后，都要对奉公守法、勤于公事、对在各个领域为实现朝廷治理目标做出突出功绩的官吏以加官晋爵方式进行奖励；反之，就要受到从罚缴财物、降职、免职直至开除且永不叙用等惩戒。

在汉代，凡是“治平天下第一”“治行优异”的能干官员，朝廷都会给予破格重用或隆重褒奖。对郡守一级地方长官，“其有政理者，辄以玺书勉励，增秩赐金，或爵至关内侯，公卿缺则以次用之”。①

在唐代，对流内官依据“四善”“二十七最”标准进行考核后，对所有应考者分为九等做出综合评定，据此对上三等官吏予以公开表奖、职务擢升、增俸加禄等奖励，对下三等官吏实施警告乃至降职、降级、罚俸减禄直至罢免等惩戒。

明代将对官吏的考核评价等级简化为称职、平常、不称职三等，在此基础上将职务繁简、称职与否、有无过失结合起来确定对官吏的升降奖惩。洪武年间，明确规定“称职者升，平常者复职，不称职者降，贪污者付法司罪之”，并且借布政使、知府朝觐之机，命称职者入宴赐坐，平常者宴而不坐，不称职者“不预宴，序立于门”，以示赏罚。据有关文献记载，明弘治六年考核后，一次罢黜官吏2500余名，致使朝野震惊，自此大多官吏“守令畏法，洁己爱民”，从而使“吏治澄清者百余年”。

中国封建时代各王朝并非都能正确实施官吏考课激励机制，即使在同一朝代也既有实行得较好或较差，甚至很差的时期。例如西汉，对郡国的上计

---

① 范晔：后汉书卷六十一·左雄传［M］.

考课，在一个时期内只要求郡国派上计吏持“计簿”接受考核，有些郡守专门选用佞巧胥吏充当此任，通过他们谎报政绩欺骗朝廷、逃避课责，以致当时有“上计簿具文而已，务为欺谩，以避其课”之说广为流传。再如宋代，曾在很长时期内对官吏晋升使用“磨勘法”，主要看重任职时间而忽视政绩考核结果，只要任期届满且无大错，即可得到升迁，导致官吏任职不求有功、但求无过。这样，就使考课变为毫无实际用途的形式，从而丧失了应有功能。在自上而下进行考核过程中，也时常发生金钱人情交易情形，使得考核结果与真实情况相背离，以致考核结果难以作为实施赏罚激励的依据。司马光就曾在给皇帝的上书中揭露过这种情况。这些使官吏考核激励机制扭曲走样的情形，绝不仅存于汉、宋两代，较此更甚者在其他朝代也不罕见。官吏考课变为徒走过场、流于形式，不仅使朝廷失去驾驭百官、改进公共经济治理的有效手段，甚至变为吏部假公济私、仗权寻租、上下其手操纵官位升降的工具，反而加剧了吏治腐败，势必导致公共经济治理能力下滑。

纵观中国各代封建王朝，凡是能够采行合理而有效机制对官吏实施考核激励的时期，都收到了吏治清明、官吏用命、治理改善的良好效果，从而出现王朝盛世或中兴局面。反之，则吏治浑浊腐败、众官离心离德，致使公共经济治理水平显著下降，乃至呈现混乱局面，由此而致王朝衰落甚至灭亡。

（四）监察问责机制①

对官吏公务行为依法实施监督审察并根据监察所获违法乱纪、贪渎腐败事实追究当事者责任，是防止公共经济责权承担者以权谋私、渎职败德、危

---

① 这里所说的监察是指对各级官吏履职行权行为的监督检察，属于公共经济监督体系中的一个分支。整个公共经济监督体系包括对人和对事两大部分。在中国封建社会历史中，对公共事务本身的监督包括谏官系统对包括皇帝制发诏令、各公共部门制定颁布法律政策和处理各种具体公务提出否定性意见，依法实施上计，财政部门对各部门组织财政收支的会计审计性稽核和通过督粮道、转运使、盐铁官等进行的实物性财政资源运行监督，按察使、提点刑狱公事对司法事务的监督，以及由吏部主导的履职考核等。

当然，人和事是联系在一起的，通过对公共事务运行的监督必然会发现当事官吏违法乱纪贪渎腐败现象，从而为对官吏的监察和问责提供重要线索；反过来，对官吏履职用权的监督和问责也必须以其履行公务过程中形成的违法犯罪事实为依据。尽管如此，对官吏的履职监察与对公共事务的运行监督还是有区别的，因此，在实践上总是设置不同的公共机构分别主管这两种不同性质的监督事务，同时在两者之间建立起相互沟通协作的机制。有鉴于此，我们在这里仅限于讨论对官吏本身实施监察的内容，而将对公共事务运行所进行的监督放在其他相关部分讨论。

害国民的重要机制，对于维护公务人员队伍正气、保证国家良好治理和人民大众公共利益至关重要。因此，封建社会历代统治者为了安邦治国无不参照以前做法、根据自身需要制定实施一套监察问责制度。随着历史经验的积累，逐渐形成了相关机构明确责权分工、纵向垂直与横向水平相互交错的监察问责体系。

综观中国封建社会各代监察问责机制，总体上由监督检察、追责惩治两个阶段构成。其中，通过监察发现问题是问责惩治的基础，而问责惩治则是监察结果的运用，如果发现问题而不依法严肃问责惩治，监察机制将会形同虚设，因此二者前后衔接、缺一不可。这套制度体系伴随着中央集权制公共经济治理模式的产生、确立和不断强化，经历了不断发展和完善的过程。

1. 监察机制

鉴于周代对官吏的监察问责职能分散在天官和春官两大部门，虽有相互制约之利，但也容易相互掣肘，秦朝以副丞相规格地位专设御史大夫率其僚属掌管监察事务，同时在各郡设监郡御史负责监察郡政。汉承秦制，与丞相府并称“二府”的御史府掌“典正法度”“举劾按章”，外督部刺史，内领侍御史；废监郡御史，由丞相遣使分赴地方进行监察，各郡国则设督邮负责属地监察。汉武帝时又增设丞相司直、司隶校尉与兰台御史一起担负监察职责，其中：丞相司直察天下郡国百僚，司隶校尉负责监督京师百官和京城周边地方的官吏，御史总揽中央地方官吏监察事务；置十三部州刺史，在御史中丞节制下，以“六条问事”[①] 监察诸郡国。汉成帝后，御史大夫改为大司空，以御史中丞为首的御史府专职监察内外百官。从东汉时起，丞相司直的监察职能逐渐被尚书台左丞所取代，司隶校尉被罢撤，中央监察机构初步统一，监察职权有所扩大。曹魏时，御史台逐步成为皇帝直接领导的专职监察机关。隋初，以御史台为最高监察机关，但炀帝时又增设谒者、司隶二台，与御史台共掌监察，监察权再次分立。到唐代，以御史大夫为首、御史中丞为副的

---

① “六条问事”是汉武帝时制定出台的《六条察郡之法》的俗称，规定了州刺史行使官员监察职能的六项主要内容和准则：“一条，强宗豪右，田宅逾制，以强凌弱，以众暴寡。二条，二千石不奉诏书，遵承典制，倍公向私，旁诏守利，侵渔百姓，聚敛为奸。三条，二千石不恤疑狱，风厉杀人，怒则任刑，喜则任赏，烦扰苛暴，剥戮黎元，为百姓所疾，山崩石裂，妖祥讹言。四条，二千石选置不平，苟阿所爱，蔽贤宠顽。五条，二千石子弟恃怙荣势，请托所监。六条，二千石违公下比，阿附豪强，通行货赂，割损政令。”

御史台变为独立完整的监察机构，下设台院、殿院和察院，分设侍御史“掌纠举百僚，推鞫狱讼”，殿中侍御史“掌殿庭供奉之仪式”，监察御史“掌分察百僚，巡按郡县，纠视刑狱，肃整朝仪”，三院监察官品阶不同、职掌分明，共同构成一套十分严密的监察系统。宋初承袭唐制设御史台为最高监察机关，但由于实行差遣任职，御史多兼任其他职务，其他官员又兼领御史之职，致使御史台职能趋于模糊，监察能力也有所削弱；与此同时，对通过在路设置“走马承受公事”、在州设置通判（也称监州）和帅、漕、仓、宪四监司监督地方官吏，形成上下相维、环环相扣的地方分权监察体制。元代御史台与中书省、枢密院鼎足而立，但改台院为殿中司、职权并入察院，殿中侍御史仅设两名，察院成为御史台主体，御史台内部组织进一步趋向一元化；同时创设“行御史台”作为中央御史台的派出机构，每个行御史台管辖若干省，统辖设于各行省的提刑按察使司，同时在路一级设提刑按察司（至元二十八年后改称“肃政廉访司”）作为地方监察机构，从而形成御史台、行御史台、各路监察司三级监察结构。明代把御史台更名为都察院，改三院制为一院制，设左右都御史、左右都副御史、左右佥都御史，另设六科给事中监察六部公务；设巡按御史“代天子巡狩”各地，与派到各路的按察司互相配合，形成针对地方官员的双重监察体制。清初沿用明制设都察院，但实行“科道合一”；雍正时把监督六部公务的六科合并于都察院，在都察院下设十五道监察御史，左都御史和左副都御史主领都察院院务，率下属六科给事中、各道御史对中央各部和地方行使监察权；同时，在地方各省设立按察使司等，并设立五城察院、宗室御史处和巡按御史、巡盐御史、巡漕御史、巡农御史等名目繁多的专门和临时监察机构，构建了网络密集的监察体制。

各朝代监察机关实施监督官吏职能的主要途径和方法多达八种以上。一是检核簿册法。基本做法是：各级政府部门在年终将各种政务情况汇编成簿册，逐级呈报审查，监察机关通过推求核算鉴定真伪、掌握情况。例如元、明、清三朝实行照刷磨勘文卷制度，由御史台、行御史台、肃政廉访司负责定期对地方政府文卷进行检查审核，看有无稽迟、失措、遗漏、规避、埋没、违枉等情弊，在责令限期改正的同时，将照刷结果报告上级，以作为对主管官员实施奖惩的依据。二是遣吏巡行法，即派遣“御史”（秦朝）、“州部刺史”（汉朝）、“采访使”（唐朝）、“廉访使”（宋元）、“按察使”（明清）等不同名目的监察官员代表朝廷巡察地方政事，察访地方官吏履职用权行为。

三是现场监督法，即在国家举行重大朝会、内外征战、祭祀礼仪、科举考试、犯人斩决等活动时，监察官依法亲临现场实施监督。四是受理检举法，即监察机关接受并鼓励吏民以击登闻鼓、站肺石、写信件等多种方式检举揭发各级官吏履责行权方面的不法行为，以此获取官吏不法信息。此外还运用连坐告密、部门间牵制监督、特务密察侦缉（明）、封章密折奏事（清）等多种监察方法。

2. 问责机制

问责是当通过监察发现官吏存在渎职、贪腐等违法乱纪行为或通过考核监督发现现任官吏不称职、失职时，依法给予当事官吏以行政、经济和刑事类处罚、处理，以惩戒当事官吏、警示其他官吏的主要措施。官吏受到问责，从原因角度考察，主要包括五种情形：一是因能力不胜任而被问责；二是因玩忽职守而被问责；三是因故意违法犯罪而被问责；四是因他人违反法令而被连带问责；五是因官府集体违法的问责。这五种情形的问责区分为性质、程度不同的两个层次：一是与官吏履职考核相配伍、程度较轻的诫勉性问责；二是与官吏监察相配伍、程度较重的惩罚性问责。无论哪一层次的问责机制，均需以事先明确职责权限为基础和前提。其中，诫勉性问责机制建立在依法明确各位官吏职责权限基础上，[①] 惩罚性问责机制则建立在事先制定颁布问责法律法规的基础上。因此，中国各代封建王朝大都制定有关各类公共机构以及各级官吏职责权限、公务行为准则和失职渎职、违法乱纪问责的法规性制度，从而为依法问责提供基本依据。

中国封建时代对基于依法监察的官吏问责程序大体可以归纳为：在通过监察体系动态了解掌握各级官吏在履责行权（包括选任官吏）过程中违法乱纪、贪渎腐败形迹以后，监察机关按照规定程序将相关事实连同分析处置意见写成专项文案报送皇帝或丞相等高级主官，而后根据批示意见与刑部、吏部联合会审，依据有关法律规定和情节轻重提出终结性的问责判决书，报皇帝批准后付诸实施。问责方式主要包括：给予犯事者从训诫、罚俸、降职、罢黜到判处流放、监禁直至各种方式的死刑；其中对判处重刑者，除了犯事

---

① 明朝万历元年在张居正主持下推行以绩效考核作为主要内容的《考成法》，强调“事必专任，立限完成；层层监督，各负其责”的原则，神宗诏令说：“事不考成，何由底绩。”

官吏本人被判处监禁或处死之外，还将同时判处抄没家产、褫夺爵位封号，甚至株连九族。

上述这一整套官吏监察问责机制在不同历史时期或阶段实施的认真程度及其作用差别很大。一般而言，在每个王朝初期和中兴时期，由于吏治较为清正、法治较为严明，官吏监察问责机制得以认真实施，从而能够较好发挥作用。相反，每当王朝走向衰落甚至濒临灭亡阶段，官吏监察问责机制松懈乃至扭曲，不仅难以正常发挥作用，甚至变为皇帝、佞臣以蓄意构陷方式或“莫须有”之名报复残害忠直贤臣或改革功臣的手段，从而进一步加剧公务治理腐败。历史证明，只要社会存在监察盲区，只要存在不受监督并掌有绝对权力的皇帝或其他公共机关，那么，其监察问责机制都不可能得到严肃、公正的实施。

（五）依法治吏

纵览中国封建社会吏治之道可以发现，各主要王朝无不采行依法治吏原则。战国时期的秦国十分重视依法治吏，相继制定颁布了《置吏律》《除吏律》《效律》等多项专门法，用以规范官吏的选拔、任用、调任、晋升、考核、监察、奖惩等各个管理环节，使吏治全过程均能有法可依。其中，《置吏律》《除吏律》中规定，对于官员违反法律在官吏推荐、选任、考核、监察过程中徇私舞弊者严惩不贷；《效律》规定官吏各有其责，如果失职、渎职，履行公务不讲效率、贻误公事造成损失，就要受到处分甚至严厉处罚；《行书律》甚至规定凡是“命书”和急件必须立即执行，一般公务文案也须当天处理完毕，对拖延者依法论处。由于坚持依法治吏，对各级官吏严格要求、严格管理，使得各级官吏都能忠实履行职责，以致秦国公共经济治理秩序井然、运行高效。荀况周游列国时曾入秦考察，行程结束后，秦丞相范雎问道：“入秦何所见?”荀况答曰：“其百吏肃然，莫不恭俭敦敬，忠信而不楛……观其士大夫，出于其门，入于公门，出于公门，归于其家，无有私事也，不比周，不朋党，倜然莫不明通而公也……观其朝廷，其朝闲，听决百事不留，恬然如无治者……故四世有胜，非幸也，数也。”即认为秦在当时列国中堪称治理得最好的诸侯国，接近“治之至也”的理想境界，并冀望秦国再接再厉，以期“令行于天下”。[1] 果不出荀况所料，秦始皇即位后，只用了十年时间就扫

---

① 荀子·强国［M］.

灭六国，实现了统一中国的宏图大业。在汉代，治吏法律有汉武帝时制定颁布的《六条察郡之法》等。唐代则在汇总以前历代公共经济治理经验基础上，仿照《周礼》制定了中国封建时代第一部以官制为主的系统性行政法典——《唐六典》，明文规定唐代中央和地方国家机关的机构、编制和官吏职责、品位、待遇、监督机制等。明代前中期，在《唐六典》基础上通过增删修改，制定出包括官吏管理机制的《大明会典》；万历年元年又专就官员考核评价机制制定颁布“考成法”推行于全国。清朝也在《大清会典》中列专篇对官吏选任、考核、监察、问责等加以规范。

当然，这些治吏法典无论其具体内容是否合理与完备，普遍存在两大局限性或弊端：其一，所有封建王朝的吏治都是为维护一姓皇族江山永固服务的，其中考核激励和监督约束机制都是皇帝驾驭百官的手段；其二，皇帝拥有不受吏治法律约束的特权，从而难以改变以人治为主的格局。当皇帝为明君圣主时，这些治吏法律尚能得到较为认真的遵守；而当皇帝为昏君暴君时，包括吏治法律在内的所有法律都挡不住他们为所欲为、恣意而行，以致在吏治方面贤愚不分、优劣颠倒、滥施赏罚，亲近、重用奸佞，疏远、迫害贤臣。正因如此，在中国封建社会历史上，既有明君圣主在位期间依法治吏、吏治清明、群吏用命，从而以公共经济善治而实现国泰民安、天下大治的许多事例；但更多的情况是，昏庸皇帝破坏吏治之法，按照任人唯亲原则搞乱吏治，导致公共经济治理水平下滑，公共经济政策倒行逆施，以致经济凋敝、社会混乱、政治动荡、王朝逐步衰落归于灭亡。这可谓是一家一姓皇族世袭当国的封建专制下吏治领域难以改变的宿命。

关于封建时代的官吏治理机制，除上述五项内容外，还有一些对激励约束官吏正确履职用权、改善公共经济治理具有重要作用的管理机制。例如，用以明晰官吏责任与权力范围的责权配置机制，用以防范官吏以权谋私的任职回避机制，用以激励官吏充分发挥潜能的俸禄管理机制，旨在合理使用人才资源、提高公共经济投入产出效率的官吏编制管理机制等。各代封建王朝在这些吏治管理机制方面，既积累了不少成功经验，也有很多严重教训。因篇幅所限，这里不再展开讨论。

四、公共经济资源筹集配置监管机制

对于公共经济运行暨国家治理而言，在设立了公共机构、明确了公共经济体制、配置了作为生产力主观要素的各级官吏并对其加以适当管理的同时，还必须筹集必要的经济资源，对其加以合理配置和监督管理，并且构建起一整套有效的公共经济资源筹集配置监管机制，才能形成用以提供各种公共物品的现实生产力。中国封建社会各朝代在构建公共经济资源筹集配置监管机制方面，同样承前启后地进行了一系列实践探索。

（一）公共经济资源筹集机制

国家提供公共物品需要相应的资源投入，为此国家必须先筹集用以生产、提供公共物品所需的公共经济资源。通过各种途径筹集起来的公共经济资源被称为财政收入，而将这些公共经济资源配置拨付到各部门用以提供公共物品则被称为财政支出。从理论上考察，财政支出需要是组织财政收入的逻辑起点，筹集财政收入的数量从主观上讲也是根据财政支出需求确定的，但从实践角度考察，以筹集公共经济资源为目的组织财政收入则表现为整个公共经济和公共财务循环运行的起点。

自秦朝建立后，中国各封建王朝筹集公共经济资源、组织财政收入主要依据三种权力、采取三种形式来实现。一是凭借经济资源所有权征收，如国家拥有山（矿藏）林河泽的所有权，同时或多或少占有一定数量的土地，那么，国家就凭借这种所有权向山林河泽资源的开采者征税或收费，向耕种国有土地者收取地租。二是以提供公共物品为理由，凭借公共权力，依照财产、经营规模和人丁、劳动力数量，向享用公共物品的国民征收实物、货币形式的赋税和用于军事、行政和公共工程建设的徒役。三是以工商业经营者身份、凭借资本所有者和经营者合一的产权，通过经营过程获得纯收入。这三种获取依据不同的收入形式共同构成公共经济资源筹集总量，它们所采用的名称和各自所占比重将会因时事差别而在不同朝代有所区别、变化，但其实质基本上始终如一。

1. 秦汉时期的财政收入制度

据马端临考证：“至秦人尽废井田，任民所耕，不计多少，而随其所占之田以制赋。”[①] 公元前 216 年，秦王朝颁布《田律》，令地主和有地农民自报占有土地数（“使黔首自实田”），按定制缴纳赋税；凡隐瞒土地、少缴或不缴租税者，一律依法惩处。此外，一般国民还要按家户和人口缴纳“户赋”和“口赋”，商民要按营业额缴纳商税。与此同时，官营手工业也从此前的秦

---

① 马端临：文献通考·田赋考［M］．北京：中华书局，2011.

国延续下来，朝廷利用垄断控制的山林川泽等各种自然资源和自由民工匠、刑徒、奴婢生产各种工具、日用品，其纯收入自然构成财政总收入的一部分。

汉承秦制，只是鉴于秦末农民起义的教训暂时改行“轻徭薄赋、与民休息”政策而已。西汉筹集的公共经济资源主要包括五类。第一类是各种赋税，包括田赋、口赋、户赋、工商杂税、献费五种。一是由土地所有者按照土地数量和质量缴纳的田赋，时而也被称为官府所征的“田租”。田赋征收率前后有所变化：刘邦登基初期曾实行“什五税一”，尔后改为“什一之税”；惠帝时恢复“什五（伍）税一”；文帝十二年（前168年）减半征收，十三年（前167年）改为全免；景帝时恢复征收，但三十税一；到武帝时，因战争费用支出浩大，转而加重赋敛。二是按人头向所有国民征收的口赋和算赋，前者依据7岁－14岁的未成年人数征收，后者按15岁－56岁的成年人数征收。三是以家户为单位课征的户赋，皇帝和列侯封君各自在属地范围内征收，作为他们的私奉养。四是各类工商杂税，有征自盐铁、车船、酤酒、市肆经营者的，也有征自海、山、川、园、池等资源开发经营者的，还有征自农民养殖六畜、栽种禾藁收入的；汉武帝之前，曾对商业经营者歧视性地加重征税。四是臣民孝敬皇帝的献费。第二类是“公田”收入。西汉皇室不仅是全国土地名义上的所有者，而且还拥有大量从秦皇室、贵族和大官僚那里没收而来、据为朝廷直接所有的上等“公田”，分布在全国各地的山陵、陂泽、湖沼以及无主荒地也都在“公田”的名义下归皇室所有。这些“公田”，处于首都附近的由中央政府中的少衡、少府、大农、太仆等机构专管，主要租给农民耕种，尔后收其田地所产或课其租税作为皇帝的“私奉养”；散布于郡国的公田大多委托地方官代管，并征收赋税。第三类是各种徒役。西汉百姓凡年在23岁－56岁者，每年须服一个月无偿劳役、三天戍边兵役，此外还有服长期兵役、战时运输劳役以及修筑长城边塞和宫室陵墓等工程建设徭役①的义务；若不愿服徭役，则交纳免役税。第四类是官营工商业收入。汉武帝时期逐步实施盐铁官营、均输平准、酒类专卖等官营工商业政策，② 桑弘羊主管财政事务

① 如惠帝三年（前192年）及五年（前190年）曾两度“发长安六百里内男女十四万六千人筑长安城，三十日罢”；武帝时，曾“兴十余万人筑卫朔方”，“又数万人渡河筑令居”。此外，凿山通道、治河穿渠、修筑宫殿、陵墓等，也动辄征用数十万人。

② 其中食盐官营采用募民煮盐而官府专卖的方式实施，已经创造出中国最早的通过公私合作实现公共目标的范例。

后将官营工商业扩展到很大规模，显著增加了财政收入。第五类是卖官鬻爵收入。西汉建立后，沿袭了商鞅变法时秦国实行过的纳粟拜爵政策，武帝中期为解决财政危机又采取“募民买复”“入羊为郎”的措施，桑弘羊出任大农中丞后进一步扩大纳粟补官范围，官宦世家、豪绅地主和普通百姓都允许买官。

东汉末建安九年（204 年），曹操当政的朝廷推行税赋制度改革，颁布田租户调令，取消西汉时的户赋，“收田租亩四升，户出绢二匹，绵二斤”。① 将口赋、算赋、户赋三税合并，改征棉绢。同时下令禁止兼并土地，否认了豪强的免征赋役特权。这一改革，将农户除徒役外的财政负担归并为田租、户调，经由西晋、② 北魏③时期逐步完善，为隋唐实行租庸调制奠定了基础。

2. 隋唐时期的财政收入制度

隋朝文帝在位期间，为促进农业生产发展、缓解社会矛盾，以减轻人民负担为宗旨，结合推行授田制实施赋役制度改革，基本形成租庸调制格局。一是开皇三年（583 年）在授田年龄不变的前提下，将成丁负担赋役的年龄从 18 岁提高到 21 岁。二是开皇十年（590 年）将满 50 岁以上男丁的徒役改为纳庸，以输布帛代服劳役，同时将调绢由一匹（四丈）减为二丈。隋炀帝即位后，鉴于“户口益多，府库盈溢”，④ 宣布免除妇女及奴婢、部曲的赋税，并将男子成丁年龄进一步提高到 22 岁。但此后不久，炀帝就大兴开凿运河、对外征伐和大规模奢侈性巡游，急遽加速了国民财政负担，由此激化了社会矛盾，农民起义随之而起，隋王朝很快灭亡。

唐代在均田制的基础上，推行以依据人丁计纳租庸调为主的赋役制度。具体规定是，凡享受均田人户，不论授田是否足额，均按丁定额纳赋税、服徭役。其中，每丁每年纳粟二石为租；纳绢二丈、绵三两或布二丈五尺、麻三斤作调；服徭役二十天作庸，或按每丁每天折纳绢三尺或布三尺七寸五分

---

① 陈寿：三国志·武帝纪［M］.

② 晋武帝时结合推行占田制进一步改革农户租调制度，区分农户人丁性别、户主性别等情况确定租调缴纳负担，使农户间税负较前更趋合理。

③ 北魏初年结合推行均田制，将田租户调改为“天下户以九品混通”，“计赀定课”，即按财产多少把民户分为九等，有差别地确定田租、户调征收数量，进一步推进了农民横向比较税负的合理化。

④ 隋书·食货志［M］.

“输庸代役”。如需加役十五天，免其调；加役三十天，则租调全免。如遇严重自然灾害，农作物损失40%以上免租，损失60%以上免调，损失70%以上赋役全免。官僚贵族享有蠲免租庸调特权。为了推行这套赋役制度，唐政府每年一造计账、三年一造户籍，以作赋役征收依据。租庸调之外，尚有杂征、杂徭（后改为可纳钱代役）。所谓杂征，在唐前期以按照民户资产征收的户税和按耕地数量、质量向防灾义仓缴纳的地税[①]为主，另有传驿税、酒税、茶税、屋间架税、外官月料税、外商税和作为田赋附加的青苗钱，以及对民营盐铁业的官课等。进入中唐，均田制瓦解，农民大量逃亡，唐财政所依赖的租庸调制愈来愈难以维持。安史之乱后，为了弥补财政亏空，不断出台征收新税，使得赋税制度越来越乱，形成“科敛之名凡数百，废者不削，重者不去，新旧仍积，不知其涯”的局面。为了整顿乱局、巩固中央财政，唐德宗于建中元年（780年）根据宰相杨炎建议并责成其主持推行两税法改革，将正税租庸调和征于农户的其他杂税，全部依照土地及其他财产规模分等按户核定数额分作夏秋两次征收，不仅使税制大为简化、财政负担趋于均平合理（“人无中丁，以贫富为差”），使农民人身自由获得很大解放，并且由于核实户籍、资产增加了税基税源，[②] 从而使政府赋税收入大大增加——改革后，“赋入一千三百五万六千七十贯，盐利不在此限”，[③] 税收总量增加一倍以上。[④] 这次改革产生了明显的近期效果和深远的财经政治影响；但其中关于改革后“其他赋税科目全部废除，敢在两税外多加一文以枉法论”的诺言很快就失效了，后来苛捐杂税再起。安史之乱后，唐朝廷开辟了第二类财政收入来源，即通过推行食盐辜榷、酒榷沽专卖制度（782年）获得纯收入。第五琦初行食盐辜榷之后，就取得了常年得钱40万贯左右的明显效果。鉴于盐榷导致机构臃肿、官吏增加、奸腐滋生等弊端，唐代宗于766年责成刘晏进行改革，将原来政府统购统销食盐改为政府统购后以榷价批发给商人运销，使政府不仅摆脱了运销食盐的烦琐事务，而且纯收入也由60万贯逐渐增加到600万贯，占到朝廷财政总收入一半以上，极大地缓解了财政窘境。第三类财

---

① 天宝八年（749年），全国义仓贮粮达6317万余石，比正仓贮粮还要多三分之一。

② 两税法实行当年，唐朝廷曾派使臣到各道按比户口，得土户180余万，客户130余万，检括出隐户近200万户。

③ 旧唐书·德宗纪上［M］.

④ 推行两税法之前，唐财政收入为1200万贯，其中一半为盐利。

政收入是唐肃宗、唐僖宗在位期间为解决财政收不抵支而采取的向富商借贷的方式。

3. 宋元时期的财政收入制度

北宋通过北战南征统一大半中国以后，筹集公共经济资源大体分为四类。第一类是以田丁两税为主、各种杂税为辅的赋税体系。两税之首是按土地质量好坏分夏秋两季征收的田税。但实际征收田税时各级都要以损耗为名征收“加耗”：各路转运司有“抛桩明耗”，各州县有“暗桩暗耗”，各仓库收纳时还要让老百姓缴“头子钱”；广南地区农民每缴一斗田税要缴二升“鼠雀耗”；有的地方还要加耗之外再出一斗“润官”。这样，致使农民缴“一石正苗非三石不可了纳”。此外，还有随田缴纳与正税同额的“义仓”税；植桑区要另外缴纳桑税。两税之次是身丁税，以 20 岁－59 岁男子为征收对象，主要实行于南方地区。名目繁多的各种杂税相沿于唐末五代。如宋统一南北后的一个时期内，一直延续征收南唐每亩定额三分的军赋和加耗丝绵、户口盐钱等 14 种杂税，北方要加征蚕盐钱、牛皮钱、农具钱、鞋钱等，在城市则有屋税、宅地税、商税等城郭之赋。直到宋仁宗时，盐铁户部度支三司才将农村各种杂税合并为“沿纳”随夏税一并征缴。第二类是包括徭役和差役两类的各种差徭。其中，徭役按民户成丁摊派，[①] 有钱有势人家可雇人代役；差役按户等高低抽人充任；[②] 服差役期间可免徭役。第三类是附着于官营专卖的食盐运销特许权收入，政府通过向盐商出售盐引、盐钞实现。第四类是由唐代宫市演变而来的科配，为科买和配卖的合称，实质内容是官府强制性地向坊郭户（城镇手工业者）征购或配卖某些物品。北宋由于以笼络手段处理内外各种矛盾，导致三冗[③]并存、岁出膨胀，加之土地兼并严重，富豪隐瞒田亩避税，而大批农民又丧失土地，导致财政收入锐减，到仁宗时已呈表面繁荣、

---

① 服役事项包括治理河道、兴修水利，营建宫殿、官舍、寺院、道路、桥梁等（与辽、夏接境地区表现为修城、修寨、挖壕），战时运送物资、平时传递文书，迎送运输上任、罢任的官员，为官府看家护院，官员私役差遣，等等。

② 如里正由一等户轮差；户长由二等户轮差；耆长由一、二两等户轮差；乡书手由三、四等两户中“有行止者”（即有文化有能力的人）差充；壮丁由四、五两等户充当；栋子、掐子、库子、斗子、秤子等，由三、四两等户中“有行止者”选充；在税卡拦截商人的拦头，起先募客户充当，后改抽五等户丁充当。

③ 即冗兵冗员冗费。

实则入不敷出，迫使政府不断增加赋税，给民众造成沉重负担，加之自然灾害频繁，百姓苦不堪言、怨声载道，纷纷揭竿而起；辽、金、西夏等外敌趁机侵扰、战事不断，而受体制机制之累的宋军却软弱涣散、屡战屡败，既耗费巨额财力和人力，又使北宋政权面临巨大生存压力。仁宗为摆脱内外交困局面，曾于庆历三年（1043 年）责成范仲淹主持推行“庆历新政”，但因朝廷内外矛盾盘根错节而于一年后未果而终。神宗即位时，财政已到“百年之积，惟存空簿”的程度，赤字连年增加、危如累卵。为改变国家积贫积弱、财税管理混乱的局面，神宗于熙宁二年（1069 年）责成王安石主持推行变法。在公共经济资源筹集方面，王安石多措并举、综合施治：一是以青苗法[①]解除农民的高利贷剥削，以免役法[②]解除差役对农业耕种的干扰，以农田水利法[③]扩大耕地面积、保障水利灌溉，三法综合运用，有效促进了农业生产发展，扩大了政府基于农业农村的财源基础。二是以市易法[④]盘活沉淀物资、增加商品供给，以均输法[⑤]减轻纳税户额外负担，促进商品经济发展，扩大来自商业流通领域的税源。三是通过实施方田均税法[⑥]清丈出大量隐瞒土地，一并解决了豪强地主与自耕农税负不均和税基萎缩两大问题。由于财源基础扩大，加之实施青苗法和市易法本身就能带来一些利息、利润收入，从而使政府岁入大幅增长，经过几年工夫，就使国库大为充裕，积蓄钱粮可供朝廷 20 年支出之用，[⑦] 一举改变了北宋“积贫”局面。南宋赋税包括夏秋两税、身丁税、

---

① 每年二至五月青黄不接时，由官府给农民贷款、贷粮，半年取利息二至三分，随夏秋两税归还。

② 将原来按户轮流服差役改为由官府雇人承应，不愿服差役的民户可按贫富等级交纳一定数量的免役钱。

③ 鼓励垦荒，兴修水利，费用由住户按贫富等级出资筹集。

④ 在东京设置市易务，出钱收购滞销货物，市场短缺时再卖出。

⑤ 设立发运使，掌握东南六路生产和官府需要情况，按照“徙贵就贱、用近易远”原则，统一收购和运输。

⑥ 通过清丈土地核实土地所有者，将土地按土质好坏分为五等，作为征收田赋的依据。

⑦ 据马端临所著《文献通考》记载，改革前北宋国家税收，景德时为 6829700 石，皇佑中期降到 338457 石，治平中期回升到 12298700 石，而到改革 8 年后的熙宁十年（1077 年）剧增到 52101029 石，相比治平时增长了 4 倍，以致户部积财“可以支二十年之用”。

工商税、[1] 两税附加、[2] 经总制钱[3]几种主税和月桩钱、版账钱、僧道免丁钱、称提钱、两川激赏绢等苛捐杂税，人民税收负担比北宋进一步加重。

元朝筹集公共经济资源主要依赖三个渠道。一是征收实物和货币形式的赋税，主要包括税粮和科差两项。税粮南北不同，北方分为丁税、地税；南方沿袭旧制，按地亩征收夏秋两税。科差在北方有括丝料、包银和俸钞三项，在南方有户钞、包银。此外还有商税、酒画课、市舶抽分、额外课等工商课税。二是以摊派方式无偿征发徭役和职役。徭役大部分由列入专籍管理的世袭猎户、盐户、矿冶户等承担。职役包括主管社民的里正、负责催办赋税的主首、主管劝课农桑和纠监违非的社长、管理仓库的库子等，主要由上等户充任。三是官营工商业。政府垄断铁、银等矿冶业，由官府招募工匠铸造铜铁农具和日用器械换成粮食纳入国库，所造农器质次价贵，民间不愿买用，便强行配给。盐、茶实行政府专卖，食盐专卖成为政府收入的大宗。卢世荣取代阿合马主持财政后，还在杭州设立市舶都转运司，由商人经营海外贸易，获利官商七三分成；在各路设平准向贫民放贷收息；设市易司，对商人四十税一，其中四成给市易司管领的牙侩（中间人），六成作为地方官吏俸禄；在上都、隆兴等路由官府买羊马，令蒙古人放牧，畜产品官民八二分成。除以上三种常规渠道以外，元武宗时因国库入不敷出，还从政府发行的纸币中借支一千多万锭，由此导致通货膨胀。

4. 明清时期的财政收入制度

明代公共经济资源筹集由四个主要渠道构成。一是沿袭唐宋赋税制度，田赋分“夏税”和“秋粮”两次缴纳。二是由“正役”和“杂役”构成的徭役，“成丁而役，六十而免”，根据人户、丁口和产业数量摊派征调。其中，以里甲为单位摊派的徭役为正役，到官府当差为杂役。[4] 服徭役以出人当差为主，以出银两雇役（银差）为辅。三是出卖食盐销售专利权获取盐引收入。据万历末年两淮盐政功臣袁世振在条陈创立盐政纲法奏疏中所称：“国家财

---

① 包括榷茶、盐、酒和卖糟、田宅牙税、楼店房钱等。

② 秋税有加耗，夏税有和、预买，其税率甚至多于正税。

③ 作为工商税的附加，每千钱工商税增收56文，多时可达税收总收入的1/4。

④ 杂役本身又分为“常役”和“时役”两种。其中，担任粮长、解户、马船头、馆夫、祗侯、皂隶、弓兵等为常役；临时派遣去给官府砍柴、运料、修仓、修河等“因事编佥，岁有增益”的差役为时役。

赋，所称盐法居半者”，即盐引收入占朝廷岁入半数左右。四是官营工商业收入。明初官营工业多达188种，工匠经常保持在30万人左右，主要包括织造、陶瓷、铸钱印币、军火、造船及宫内御用手工业。官营商业主要是食盐收购运输销售。官营手工业和商业以货币纯收入和武器军服类军用品，瓷器、丝绸、服装等宫廷消费品等增加公共经济资源。尽管筹资渠道很多，但到明中叶后，一方面由于不断加剧的土地兼并，政府赖以征税的田亩大量减少，乡绅、豪强采用多种手段逃避赋税，各级官吏又在征税时中饱私囊、侵蚀税款，由此导致官府财政收入相对减少；另一方面，随着军屯衰落，不得不以按月发饷的募兵制代替卫所军制，从而使军费开支大增，加之宗室“分封列爵，不农不仕，吸民膏髓”且“留都之设，建官置卫，坐食公币”，[①] 导致俸禄支出与日俱增，皇室王侯大兴土木营建宫殿所费也极为浩大，致使财政支出逐年快速增长。税源萎缩而开支膨胀，财政收支矛盾日趋尖锐。与此同时，随着宗室和官僚机构的膨胀，所需皂隶、门禁、馆夫、厨斗、修河、修仓、抬柴、运料、闸浅夫等徭役越来越多，人民的徭役负担也在逐年加重。赋役剥削苛重，失地农民大量沦为佃客。在此情况下，为弥补财政亏空，政府千方百计聚敛财货，不断加重的赋役负担使人民日甚一日地陷入水深火热之中，农民起义接连不断。面对这种严重局势，自世宗嘉靖中后期相继探索试行“一条鞭法”赋税改革。在此基础上，首辅张居正借助万历皇帝母子的支持，先于万历六年（1578年）下令清丈全国土地，清查溢额脱漏，结果使国家掌握的纳税田亩比隆庆五年增加了49.9%，[②] 继而又于万历九年（1581年）将“一条鞭法”[③] 赋役制度推向全国。要点有四：一是将里甲、均徭、杂泛及土

---

① 《明史·靳学颜传》。原因在于，朱元璋分封的25个子孙王（24子加一从孙）和众多公、侯、伯级外戚、功臣，以致世袭“食禄而不治事”之人世代繁衍增殖。时任巡按直隶监察御史林润曾就此上疏皇帝说：“今天下之事极弊而大可虑者，莫甚于宗藩……天下财赋岁供京师粮四百万石，而各处王府禄米凡853万石，不啻倍之。”——《明世宗实录》卷514。

② 万历八年（1580年），全国田地为7013976顷，比隆庆五年（1571年）增加了2336026顷。

③ 《明史·食货志》将这一改革的内容表述为：“一条鞭法者，总括一州县之赋役，量地计丁，丁粮毕输于官。一岁之役，官为佥募。力差，则计其工食之费，量为增减；银差，则计其交纳之费，加以增耗。凡额办、派办、京库岁需与存留供亿诸费以及土贡方物，悉并为一条，皆计亩征银，折办于官，故谓之一条鞭。”

贡方物等全部纳入田税一个轨道，实行赋役合并，依据丁数和田亩计征，力役改由政府雇人承应。二是除苏、杭、松、湖、嘉地区征收本色粮食供皇室官僚外，其余田税一概折银征收，实现了税赋形式由实物向货币的转变。三是以不少于州县原有赋役额为前提，以州县为单位统一计算核定赋役数额。四是赋役征收改为全由地方官直接办理。改革取得多重积极效果：一则通过清丈核实增加应税土地 2.8 亿亩，既减少了税收漏洞、扩大了税基，又均平了税收负担。二则赋役合一，限制了苛扰，稳定了税赋，有利于安民。三则计亩征银，方便征纳，既节省征收、储存和运输成本，也抑制了地方官加耗增加农民税负；以银代役使农民获得较多自由、有利于农业生产发展；赋税形式货币化使较多的农产品投入市场，有利于加快商品经济发展和资本主义萌芽。四则实行官收官解，由官府直接把赋役清单发给各户，各户直接把赋役交给官府，增强了税收政策和征收的透明度，有利于避免乡村差役助征难免产生的侵蚀中饱，同时解除了里长、粮长助征赋役的劳苦。五则是在未加重农民赋役前提下实现了财政增收目标。据有关资料，全面推行“一条鞭法”的第二年，明朝财政收入就实现了大幅度增加，以至“太仓粟可支十年，周寺积金至四百余万”，财政由年年亏空变为岁有结余，对明朝起到了振衰起敝的作用。尽管张居正推行的改革因损伤既得利益阶层而在其去世不久就遭到夺官抄家的报复、所用主要官员也被撤销殆尽，所推行的“考成法”等改革也多被取缔，但作为赋役制度改革核心内容的“一条鞭法”却保存下来。不过，此后未隔多久，明朝廷就在原核定的田赋总额之外不断增加。[①] 到明朝末年，为镇压农民起义和应对辽东战事，仅以田税为计征基础的三次加饷（辽饷、剿饷与练饷）就远超正税数额，[②] 极大地增加了老百姓负担，以致官逼民反、明朝灭亡。

清朝入关统治各民族之初，曾遇到广大汉民的抵抗。为了笼络汉族民众、恢复生产、巩固统治，顺治、康熙父子相继实行轻徭薄赋、与民休息政策。当时确定的正式赋役相对简单，取消“三饷加派”，相继实行“蠲免赋税”“奖励垦荒”等措施。顺治十四年（1657 年），以明万历年间赋役正额为准，

---

① 万历二十七年（1599 年），就有人指出：“比来天下赋额，视二十年以前十增其四。”——《明史·冯琦传》。

② 据有关统计，到崇祯十二年（1639 年），“三饷”竟然高达 2100 余万两。

编成《赋役全书》颁布天下。赋役制度基本延续“一条鞭法”，但除纳入田赋的丁银之外还保留了一部分丁役。其中，田赋以土地数量质量作为计税依据，丁役按各家16至60岁男丁为依据征派。清前期的田赋，银、钱、粮三者并征，“正赋”数额并不高，但“附加税”往往相当于“正赋”的三到五倍。征银有“耗羡”，纳粮有“雀耗”“鼠耗”等损耗，所征收入归省、府(州)、县衙作为薪俸补充，清廷在很长时期内默认。此外，地方官员还假借其他名义任意“私派”，赋役转嫁、赋役不均现象也较为严重，由此引发一系列社会问题。康熙成年亲政后，从三个方面对赋役政策做过改进性调整：一是加大垦荒免税政策实施力度，免税期由3年延长为6年，1673年宣布新垦荒田10年后才开始征税。二是蠲免钱粮。康熙在位61年间，蠲免钱粮共计545次，免除天下钱粮计银1.5亿两。三是固定丁银。鉴于丁银负担极为繁重、农民为此被迫逃亡的情况，1712年清廷下令以前一年丁银额数为定数，以后新增人口不再增收丁银，即所谓“盛世滋生人丁，永不加赋”。在此基础上，康熙五十五年（1716年）广东、四川等省进一步试行将丁银并入田赋合一征收制度。1723年，雍正帝继位伊始即根据直隶巡抚李维钧的建议颁发诏令，从次年起各省普遍推行摊丁入亩的赋役制度。到乾隆四十二年（1777年)，这项具有重大意义的赋役制度改革在全国范围内基本完成，中国相延2000多年的“人头税”就此消失。这项改革使无地农民不再负担税收，而且由于农民摆脱了“丁役”枷锁而获得外出从事劳动或经营的自由，有利于加快资本主义萌芽，因此具有重要历史进步意义。此外，由于人丁不再作为计征税赋的依据，促进了人口统计结果真实化。清初人口统计数大约为1400万，康熙颁布“滋生人丁、永不加赋”的1712年末，全国统计人口增加到2460万，乾隆六年（1741年）统计人口数进一步达到14000万，再过近百年，到道光二十年（1840年）鸦片战争爆发那一年全国人口竟增长到41281万。

（二）公共经济资源配置机制

公共经济资源筹集起来以后，要通过分配用于各种公共物品生产。在中国封建社会各朝代，由于实行中央集权的纵向公共经济体制，全国公共经济资源在不同部门、不同地域之间的宏观配置是由中央朝廷来掌控的。在此前提下，各级政府再将实物、货币和力役等配置于各部门具体投入使用。公共经济资源配置的功能性结构由各朝代具体公共经济政策所决定，总体情况是：首先用于防御外敌、实施征战、维护统治秩序的军事系统和承办公共事务的行政系统，其次用于皇家宫殿、行宫、苑囿、陵墓建筑修缮和贵族统治集团极为优裕的日常生活消费，再次用于水利灌溉设施、司法监狱管理、教育文化事业，最后还要用于接待外国宾客、遣使外交、对外馈赠，以及按照合约输解供奉等处理国际关系方面的支出。从经济性结构来看，则以官吏俸禄、部队军饷、皇家消费、皇室建筑维修等为大头。北宋年间财政经常处于拮据状态，一个重要原因就是冗员（官吏队伍庞大俸禄支出多）、冗兵（兵员规模大军饷开支多）和冗费（北宋给辽、金的岁币和西夏的岁赐，[①] 以及皇帝对臣僚和宫眷滥施赏赐的费用）在支出总额中占比太高。

（三）公共经济资源管理机制

中国封建社会公共经济资源管理机制内容很多，这里主要叙述讨论三个方面。

1. 公共经济资源管理体制

作为整个公共经济体制的组成部分，它也是由纵向和横向两个维度构成的。在纵向维度上，与中央集权制公共物品提供体制相适应，公共经济资源管理权高度集中在中央王朝手中，无论田赋、工商税、徒役等制度、政策，还是公共经济资源总体配置、运行监督机制的决策权，都由中央王朝集中掌握；地方各级政府只有具体执行责权，负责按照中央既定的制度和政策组织筹集公共经济资源，根据中央核定的数额留用和送解；对需要送解的部分，或者由地方按照确定的路径输送到中央财库或指定的使用单位，或者干脆由中央专门设置的漕运机构直接组织运送，地方留用部分的使用管理情况也要接受中央政府监督。例如唐代，州县两级政府征收的实物、货币形态赋税总额，要按照中央政府核定的比例分为“留州”“送使”“上供”三个部分。“留州”部分由州县两级政府分别用于各自承担的公共物品生产提供事务，“送使”部分由州县直接送达指定藩镇供其用于行政和军事支出，“上供”部分由中央设置于各州的转运使负责监运到京师或中央政府设在各地的储备库。

① 根据宋辽于1044年签订的“澶渊之盟”，宋每年定期向输纳岁贡绢二十万匹、银十万两，次年增加到绢三十万匹、银二十万两。根据公元1044年的“宋夏和议”，西夏向北宋称臣，但北宋每年送给西夏岁币绢15万匹、7万两银和3万斤茶叶。根据1120年北宋与金达成的“海上之盟”，宋每年向金输纳岁贡布30万匹布、20万两银、钱100万贯；1127年进入南宋时期，1139年向纳贡数额增加到银25万两、绢25万匹，1208年后再增至银30万两、绢30万匹。

州县政府每年年终都要将公共经济资源组织征收情况、留用部分使用情况、“送使”部分送解情况，编成详细统计表连同文字报告送交中央政府财政部门审核，是为“上计”。北宋乾德二年（964 年），赵匡胤为避免重蹈唐朝后期藩镇割据、尾大不掉的覆辙，根据宰相赵普的建议，在上收藩镇政权、兵权的同时，也强化了财权的纵向集权，规定每年各州的赋税收入除按核定数额自己支用外，凡属钱帛之类“悉辇送京师”①，归于三司掌管的左藏库。自元朝在路、府之上设置省级政府统辖一方后，中央政府不再直接面对路、府以下层级政府实施财政事务日常监管，而是由省级政府作为中间环节上对朝廷、下对路、府。但这不过是增加了一道管理层级而已，体制构造逻辑并未发生实质性变化。

在横向维度上，各层级政府都设置专司部门负责公共经济资源综合管理，如具体谋划制定公共经济资源筹集、配置、管理的制度、政策和方法，对公共经济资源运行全过程实施监督；其他公共部门分工负责并运用公共经济资源组织生产提供特定领域的公共物品，并在公共经济资源使用管理方面接受专司部门的监督。在漫长的封建社会历史上，各朝代各级政府设置的公共经济资源综合管理专司部门的名称各异，责权范围也不尽一致，但与其他公共部门之间的责权区分和衔接关系却大同小异。这种责权划分和配置关系，构成每个朝代横向公共经济体制的财务环节；其内在结构的合理程度高低，直接关系到公共经济资源运行和使用效率，进而对各朝代财政状况和整个公共经济运行效果产生较大影响。由于封建社会公共经济资源无论赋税征收还是徒役征发在最基层均以民户为单位核定缴纳，加之当时社会主体产业是农业，公共经济资源的贡献主体是包括土地所有者在内的广义农民，因此，各朝代都将公共经济资源综合管理与户籍管理、土地管理、农业农村事务管理职能合并设置，以便统筹使用相关信息资源，保障管理效率。正因为如此，负责公共经济资源综合管理的中央级专司部门，在秦汉时期先被称为治粟内史，汉景帝时间改为大农令，汉武帝又改称大司农，主官均为九卿之一；隋唐以

---

① 李焘：续资治通鉴长编卷五［M］.

后则多被称为户部①，桑弘羊、刘晏、杨炎、王安石、张居正等著名理财家都曾轰轰烈烈地主持推行财政改革并取得非常显著的公共经济治理效果。同时，由于公共经济资源综合管理专司部门同时就是各朝代的经济事务综合管理部门，在负责公共经济资源运行综合管理的同时，一般还负责整个产业政策、货币政策与铸造、各类市场和官营工商业管理，事关整个国家治理、兴衰存亡，因此，它在绝大多数朝代都由丞相、宰相直接主管，以利发挥统筹全局、综合治理的功能。桑弘羊在兼任大农令期间，在汉武帝支持下，通过扩展大司农组织机构，改变以往财经多头分散管理的弊端，相继增加太仓、均输、平准、都内、籍田五令丞和斡官、铁市两长丞等数十名部丞，负责监管和指导各郡国财经事务，进一步整合了财经管理职能机构，为推行新的财经政策提供了机构人员准备。在地方各级政府中，也都设置专门机构负责公共经济资源综合管理。例如汉代，在郡国一级，财政事务按项目分别由仓曹、金曹、计曹掾史负责，其中，仓曹主仓谷事，金曹主货币盐铁事，计曹主上计之事；在县级，征税、财库等事务由县丞主管、少府具体负责，仓吏管理钱粮仓库。再如北宋开国不久，皇帝为了控制财权，改由盐铁、户部、度支三部构成的三司总理财政，地位仅次于政事堂（中书）和枢密院；此外，工部、太仆寺以及南京户部等44个机构也都拥有一定的财政管理权限。这种做法致使财权被严重分割，户部蜕变为大会计，对综合谋划财政政策、统筹配置财政资源带来不利影响，王安石主持变法的元丰年间，将中央财权重新回归于户部统一掌管，并通过各路转运使、通判、主簿等将地方财政统一控制起来。

封建社会公共经济资源管理体制有一个特殊层次，就是国家财政与皇室财务之间的关系。对于这一层次的财政体制，自秦朝起就已开始采取将二者相对分开的方式，各自都有相对独立的收支体系和管理机构：国家财政以田赋、城镇工商税收和盐铁官营收入等作为公共经济资源，用于提供各种公共物品，由治粟内史具体负责管理；皇室财务以山河池泽之税作为收入来源，用于皇室消费性和赏赐性支出，由少府负责管理。汉承秦制，国家财政收入来源于田赋、徭役、口赋、户赋、官田、屯田、盐铁和均输平准收入，用于

---

① 后唐明宗于天成元年（926年）委任宰相一人专判度支、户部与盐铁转运使事务。长兴元年（930年），三使并为一使，称三司使，总揽财政收支，租赋及盐铁专卖事务。北宋沿设，三司使掌全国钱谷出纳、均衡财政收支，为中央最高财政长官，号称“计相”。宋神宗元丰五年（1082年）改官制，三司使职掌归并于户部尚书。

官吏俸禄、军事及各类社会经济性支出，管理机构为治粟内史（后相继改称大农令、大司农），进一步整合财经管理职能机构；皇室财务仍由少府管理，汉武帝改由水衡都尉管理，收入来源为山泽税、关市税和贡纳酎金等，用于皇室日常所需及赏赐费用。东汉建立以后，为了改变战乱带来的社会经济凋敝局面，东汉政府将皇室财政一并交于大司农管理，少府逐渐沦为单纯的宫廷事务性机构，水衡都尉也随之取消，皇室财政在制度上一度不复存在。唐初，天下财赋统归户部掌管，所有公私收支皆仰于左藏库。唐玄宗初期，凡租庸正额纳入国库外，其他杂项收入划归大盈库、由宦官负责管理以供皇室私用，而皇室日常支出仍由国家财政支付；安史之乱后，又将大部分皇粮国税纳入大盈库，天下财赋尽为人君私藏，重回皇室私财与国家公财不分的轨道。直到唐德宗任用杨炎为宰相推行财税改革之后，才以基本满足皇室消费集团的私欲为前提，恢复国家财政与皇室财政分管体制：财政管理权重归户部；皇室收入除皇庄园囿收入外，主要依靠国库定期按数调拨。两宋时期，再次打破国家财政与皇室财务分开运行体制，改为财政国库与皇室内库通融互用。明朝名义上以太仓作为国库，集中存放户部以粮食和银两形式从各地征收的财政收入，但始终未设皇室财务专管机构，皇室也没有专项财源，所需皆从太仓库随意支取，实质上重新回到皇室财务与国家财政不分的轨道。清朝对国家财政与皇室财务做出制度性划分，以户部总司国家财政，掌管银库、缎匹库、颜料库三大国库，储藏来自田赋、盐课、关税和杂赋等收入；皇室财务由机构庞大的内务府①统一管理，下设广储、会计等七司，其中广储司掌府藏及出纳，管理皇室银、皮、瓷、缎、衣、茶六库，收入包括户部常例拨款、税关盐政盈余银、皇庄地租及各地岁贡等，支出为皇室日常消耗、赏赐与祭祀。宣统三年（1911 年），清政府在《十九信条》中规定“皇室经费之制定及增减，概依国会议决”，标志着皇室经费并入国家财政，历时千年之久的两大平行财政收支系统宣告终结。

2. 预算管理原则

中国古代王朝在财政收支平衡关系上长期强调量入为出、收支平衡、略有结余的稳健管理原则。前已述及，这项原则是《礼记·王制》记述周公作为宰相辅政成王时提出并实行的基本理财原则，对于保障财政可持续运行、

① 内务府所设官吏相当于外朝六部官吏总数的两倍。

避免国家治理风险具有重要作用，所以被从西周到中唐1850年内绝大多数王朝奉为理财之圭臬。但是，到公元779年唐德宗大历十四年，主管财政事务的同中书门下平章事杨炎，却在向皇帝奏请财政改革方案时提出了截然相反的理财原则——量出以制入。杨炎的原话是："凡百役之费，一钱之敛，先度其数而赋于人，量出以制入。"[①] 这似有离经叛道之嫌，但以辩证思维考察，杨炎提出的量出制入原则是对量入为出原则的重要补充，只有将两者有机结合起来，公共经济理财原则才更完整、更科学。这是因为，自古以来各个时期政府理财都必须做到量出制入与量入为出的统一，即通过量出制入与量入为出反复测算平衡，尽可能正确把握公共经济与民间经济之间资源配置关系。如果单独强调量出制入或量入为出二者中任何一个方面，都会造成公共经济与民间经济之间资源配置比例失调，破坏经济体内部结构平衡协调机制，从而损害整个社会共同体稳定协调可持续发展。正因为如此，杨炎提出"量出制入"理财原则后，早期由周公提炼概括的"量入为出"理财原则从未被取而代之。800年后，万历皇帝的老师张居正作为内阁首辅主持朝廷日常事务时，针对当时财政亏空较为严重的现实，再次强调必须坚持量入为出的理财原则，"量入以为出，计三年所入，必积有一年之余，而后可以待非常之事，无匮乏之虞"，[②] 认为只有坚持量入为出的稳健理财原则，才能有效避免由于财政运行不可持续而导致政府难以为继的政治风险。为此，他建议明神宗："一切无益之费，可省者省之。无功之赏，可罢者罢之。务使岁入之数，常多于所出。"[③] 在实践上，张居正通过开源节流并举的有力措施，有效挽回了明神宗登基时已经显露的政府治理危局。

3. 公共经济资源筹集管理机制

中国封建社会各朝代在田赋、徒役等公共经济资源筹集管理方面都以详细掌握田土、人丁信息资料为依托。这种传统可以溯源于《周礼·地官司徒》的有关规定，封建社会一些朝代在此基础上有所发展。具体实施方式是，由民政与财政合一的公共部门定期进行田亩和人丁普查，将各民户耕地和人丁信息编制成册，一式多份，分别由中央和地方各级政府储管，既作为田赋征

---

① 旧唐书·杨炎传［M］.

② 旧唐书·杨炎传［M］.

③ 张居正：张文忠公全集·奏疏八·看祥户部进呈揭帖疏［M］.商务印书馆，光绪27年辛丑八月.

收和徒役征发的基础依据，也作为自上而下核定财政收入任务、核算上解财力和每年“上计”的参照指标。以明代为例，洪武三年（1370 年）推行户帖制度，具体做法是：“各书户之乡贯、丁口、名、岁，以字号编为勘合，用半印钤记”；“男女田宅牛畜备载”；“籍藏于部，帖给之民。仍令有司岁计其登耗以闻”。为了保证推行，又严“令有司各户比对，不合者遣戍，隐匿者斩”。[①] 洪武十四年（1381 年），以户帖为基础，进一步建立黄册制度，以户为单位，登载各民户籍贯、丁口、姓名、年龄、田宅、资产，再按职业各户分为民、军、匠三大籍类。其中，民籍包括一般应役户及儒、医、阴阳等户，军籍包括常应军役的军户及校尉、力士、弓、铺兵等，匠籍为手工业户及厨役、裁缝、马船等。此外，还有灶籍，为制盐户。各户籍不能随意变更，违者治罪。黄册十年一更造，户部和布政司、府、县各存一份。其他朝代，大都如此。

封建社会公共经济资源筹集方式大体有三种：一是以县以上行政机构为主，乡、里两级基层公共组织协助。二是类似元代曾实行过的“扑买制”的包税制。三是明代推行“一条鞭法”改革后的官收官解制。这三种征集方式的先后顺序，大体反映了它们在历史发展进程中的相继替代顺序，从公共经济资源筹集方式的角度体现了“正、反、合”辩证发展三部曲。

4. 宏观理财水平提升

公共经济资源管理事务通常称为财政工作或公共理财。公共理财在直接意义上包括财政资源筹集、分配和监督管理全过程；通观全过程，综合考虑其中每个环节的潜力，多措并举、统筹处理财政问题，即可称为宏观理财。不过，这只是宏观理财的初级层次。高层次的宏观理财，则是基于公共经济资源来源于民间经济，财政汲取潜力决定于民间经济的规模、质量、效率的基本逻辑，跳出财政收支的狭隘框框，站在整个经济体全局高度，着眼于将民间经济蛋糕做大，从而在不增加国民负担的前提下保障公共物品提供对公共经济资源的需求，实现公共经济与民间经济之间相互促进、良性循环。在中国封建社会各朝代中，能够通过高层次宏观理财，真正做到“民不加赋而财用足”，从根本上有效解决财政困境的莫过两人。一是桑弘羊，在汉武帝的有力支持下，谋划推行了包括算缗、告缗、盐铁官营、均输、平准、币制改

---

① 王圻：续文献通考·户口考［M］.

革、酒榷、军屯、民屯等在内的一系列财政经济措施，其中每一项措施都在不同程度上取得了成功，产生了“民不益赋，而天下用饶”[①] 的效果，为武帝继续推进文治武功奠定了雄厚的物质基础。二是王安石，在宋神宗的大力支持下，按照“因天下之力，以生天下之财；取天下之财，以供天下之费”的宏观理财理论和“民不加赋而国用足”[②] 的理财艺术，从经济、民政、军政、财政等多方面推行变法、综合施策，很快扭转了北宋多年以来积贫积弱的局面，基本实现了富国强兵这一变法革新的预期目的。其一为增收之效。通过方田均税法、农田水利法、青苗法、均输法、平准法、市易法等，均平税负、扩大税基、发展经济，从根本上拓宽财源，加之通过“青苗钱”“免役宽剩钱”“市易息钱”等直接增加了新的财政收入项目，两方面综合作用，使得“中外府库无不充衍”，国库积蓄可供朝廷 20 年支出。其二为兴国之效。多种改革措施的推行，对改善经济结构产生了深层次积极影响：新法在一定程度上抑制了豪强地主对土地的兼并，青苗法取代了上等户的高利贷，减轻了农民借贷利息负担；方田均税法限制了官绅地主的隐田漏税行为；市易法将原由巨商大贾独占的商业利润收归国家一部分，打击了他们操纵垄断市场的行为；免役法的推行减轻了对劳动力的服役束缚；兴建农田水利工程促进了农业生产发展；综合效果表现在人民负担减轻，社会经济发展，使北宋呈现出百年未有的繁荣景象。其三为强兵之效。通过推行“保甲法”，强化了农村封建秩序，维护了农村社会治安，建立了全国性军事储备，还节省了大量训练费用；通过推行“裁兵法”提高了军队士兵素质，通过推行“将兵法”改变了兵将分离局面，加强了军队战斗力；通过推行“保马法”使马匹的质量和数量显著提高，而且使政府节省了大量养马费用；通过推行“军器监法”，从武器数量和质量两方面改善了军事装备，从而使多年来军事积弱局面得以缓解、综合国力有所增强，扭转了西北边防长期以来屡战屡败的被动局面。[③] 有鉴于此，王安石无愧于列宁给予的“十一世纪中国伟大改革家”称号。

5. 理财机制的创新

唐宋两代有两个宰相级理财家采用公私合作方式改革创新了公共理财机

---

① 汉书·食货志［M］.

② 王安石：王临川集·卷 39·上仁宗皇帝书［M］.

③ 王安石在进行政治、经济和军事体制改革的同时，还以求真务实精神推进了科举考试、太学教育、吏治改革。

制，提高了公共理财效率。一是被唐德宗李适相继任命为度支使、铸钱使、盐铁使、吏部尚书、同中书门下平章事主持财政改革的刘晏，灵活运用商业手段革新漕运法和常平法，借用商人内在的利润驱动机制，不仅大大提高了漕运效率，而且在发挥常平法均衡市场供求、平抑物价作用的同时增加了财政收入。二是王安石主持“熙宁变法”时推行“保马法”，将原来由政府设牧马监养马的方法，改为政府以免除部分赋税鼓励保甲民户自愿养马，监马由政府提供或给钱由民户自行购买，结果不仅使军马质量和数量双双得到提升，而且使政府节省了养马费用。

（四）公共经济资源监督机制

公共经济资源运行全过程的安全和效率都离不开必要的监督机制。中国封建社会对公共经济资源运行的监督机制主要由两部分构成：一是财政部门对公共经济资源使用管理过程所实施的会计监督；二是一年一度的上计监督，其内容虽然旁及对各级地方政府履责行权的政绩考核，但首先是对地方政府组织征收各种财政收入和依法使用财政资源的监督。

五、公共物品提供

公共经济生产关系、公共经济体制、公共经济生产力、公共经济资源管理最终都要落脚到公共物品提供上。公共物品提供结构是政府职能最现实、最集中的反映，而在同样的社会生产力发展水平下公共物品供给状况则是衡量各朝代公共经济治理优劣的重要尺度。在中国封建社会2100多年中，公共物品提供结构总体上较为稳定，但在公共物品提供质量、数量和效率方面表现出较多差异。各代王朝提供的公共物品大体可分为制度性、政策性和实体性三大类。

（一）制度性公共物品

中国封建社会各大朝代都提供了多种制度类公共物品，主要包括土地制度、度量衡制度、货币制度、法律制度、户籍保甲制度、文字制度等。不过，不同王朝或同一王朝的不同时期所提供的制度类公共物品却优劣不等。

1. 土地制度

中国封建社会以农耕为主导产业，土地是占人口绝大多数的广大农民的衣食之源、生存之本，因此，由王朝法律所规定的土地制度好坏，不仅对国民生存状况具有至关重要的影响，也直接关系到社会政治稳定和政府财政收入。正因如此，绝大多数王朝都十分重视以各种名目的土地制度安民、养民，发展经济、稳定社会、增加财政收入，以巩固自身统治、实现长治久安。

秦国之所以从西隅勃然兴起并成为东周后期诸侯相互征战的最终胜利者，最根本的经济措施就是商鞅通过制定颁发《田律》推行国家授田和土地自由买卖制度，并在此基础上奖励开垦荒地、扩大耕种面积、推动农业规模经营，从而增加粮食供给、保障扩张性战争军需。秦统一华夏建立秦朝以后，又根据形势变化改行“使黔首自实田”，将地主土地租佃制与“什伍连坐制”相结合，将农民牢牢地束缚在土地上，通过缴纳田赋、承担徒役而成为维护嬴姓皇族世代统治的公共经济资源供给者。

西汉王朝起初对土地制度重视不足，对地主和官僚扩张土地听之任之，致使汉初60多年间土地兼并十分突出，引起大部分农民失去土地、不少农户无法生存，以至“富者田连阡陌，贫者亡立锥之地”，动摇了封建统治的经济社会基础。面对这种情况，董仲舒建议汉武帝“限民名田，以澹不足，塞并兼之路”以行善治。这一建议得到武帝采纳，汉朝廷转而实行“限田制”，[①]但在施行过程中遭到超标占田的官僚地主集体抵制，结果是限者自限、占者自占，并未实现预期目标。只是由于后来汉武帝对匈奴实施大规模反击，每次战役动辄派兵数万、十数万人，将中原一带失地农民吸引到军队或为军队服务的夫役中，而战争胜利又使北部边塞地区得到很大开拓，于是，政府组织失地农民到边地参与军屯、民屯，大规模开垦荒地，有效缓解了土地问题。到宣帝时，由于兵威逐渐不足以保卫边疆屯田，很多田卒回返中原，土地问题重新严重起来。为缓解矛盾，元帝诏令农民开垦中原荒地，并将皇家花园以外的闲置土地租给农民耕种，但这些措施难以从制度层面使问题得到根本性解决，况且农民开垦荒地赶不上地主兼并之速。所以，到平帝时，土地问题积累到极为严重的地步，农民起义大有一触即发之势，逼迫篡权的王莽不得不再次将改制提上日程。具体办法是恢复西周时的井田制，实质是先把全国土地收归国有，尔后由政府向农民计口授田。但这一改革因遭到大土地所有者坚决抵制无果而终，以致新市、平林、赤眉、铜马等农民大起义随之爆发。到东汉末年，王朝已无法控制极为尖锐的阶级矛盾，“挟天子而令诸侯”的曹操致力于广泛实施屯田制，将因军阀混战而荒废的土地与流民结合起来，

---

① 汉书·食货志上［M］.

收到了化解大量流民和发展农业生产一箭双雕之效，以至“所在积谷，仓廪皆满”，从而为其征战四方奠定了物质基础。但到曹魏后期，屯田制被日渐破坏，屯田客被大量赐给各级官吏作奴仆，或被征调服役，加之重额田租使农民生产积极性降低，以致屯田耕作粗放、产量锐减。

司马炎称帝建立晋朝后废除民屯制，改行占田法——官员在京郊占田，职官一品可占五十顷，以下每品递减五顷；农民垦种官有土地，男子一人七十亩，女子三十亩。与屯田制相比，占田制下农民负担有所减轻，而且解除了军事管制性的强迫劳动，有助于提高农民生产积极性；允许占田数多于课税田数，具有鼓励占田垦荒、扩大耕地面积的作用。对此，晋书有云：“是时天下无事，赋税均平，人咸安其业而乐其事。”① 此后，北魏孝文帝太和九年（485 年）在将由于战乱而出现的大量无主土地收归国有的基础上，以按律缴纳赋税为条件，以“计口授田”方法再行均田制。其中，男夫十五以上受露田四十亩，妇人二十亩；另外，丁牛一头受田三十亩，限四牛。诸桑田皆为世业，身终不还，恒从见口。治民之官，各随地给公田，刺史十五顷，太守十顷，治中别驾各八项，县令、郡丞六项。所有被授田的大小农户都通过户籍登记而成为直接向政府纳税的编户齐民。同时规定：“诸远流配谪无子孙及户绝者，墟宅、桑榆尽为公田，以供授受。授受之次，给其所亲，未给之间，亦借其所亲。”同时规定“更代相付，卖者坐如律”，以此限制土地兼并，促进了土地与劳动力结合，有利于农业生产发展。据史书记载，北魏实行均田制以后，一度呈现出五谷丰登景象。继之而起的东魏、西魏、北齐、北周也都实行均田制。在这种制度下，一家一户农民自耕经济成为封建王朝的主要经济社会基础，豪门世家地主经济退居次要地位，两极分化受到抑制，有利于控制社会矛盾、实现社会稳定。

隋继续结合赋税和户籍管理推行均田制，通过建籍立账扩大政府控制的编户齐民数量。均田后，尽管永业田多者达百顷，但“未受地者皆不课”。对各级官吏实行按官品授田，此外还有职分田（根据官员职务分配的田地）和公廨田（供官署办公费用的田地）。由于将推行均田制与人口清查、赋税核定整顿结合在一起，不久便出现了年登岁余、百姓富足的景象。到炀帝即位时，

① 晋书·食货志［M］.

已“户口益多，府库盈溢，乃除妇人及奴婢部曲之课”。[①] 但这种局面持续不久，就因炀帝大兴土木、穷兵黩武、横征暴敛而致天下大乱，均田制随之遭到破坏。

唐随隋制，继续实行均田制，但也有所改变：一是给官吏授田面积增加。二是鉴于一夫一妇家庭已非常普遍，为简化手续不再给妇女单独授田。三是私人奴婢不再授田，不再照顾拥有私人奴婢的世家大族利益。四是给因罪被没为官奴婢者授田。五是给出家者和工商业者授田。但由于土地兼并的发展，到天宝年间均田制已被破坏殆尽。安史之乱后，重现“富者兼地数万亩，贫者无容足之居”之状。[②] 不过，这时失地农民大部变为庶族地主的佃农或雇农继续从事耕作，地主“贷其种食，赁其田庐，终年服劳，无日休息”。[③] 依存于庶族地主的小农经济基本形成，庶族地主和小农都难与王朝抗衡，从而为此后各代封建王朝提供了最适宜的经济社会基础。

北宋鉴于所有耕地都各有其主，朝廷很难再把土地收归国有重新分配，因而干脆采取“不抑兼并”政策。对朝廷有权控制的无主荒地、绝户田及没收罪犯的田地，则通过拨充官员职田、学校学田和军队营田，或以直接出卖、出租给佃农耕种的方式利用起来。由于这种土地制度不具抑制土地兼并的功能，以致逐渐产生不少垄断大量土地的官户、形势户。他们凭借垄断势力，一方面对中小地主和自耕农巧取豪夺，或经商走私、牟取暴利，加深了社会矛盾；另一方面，通过不报或少报土地的方式大量荫庇税户，并享有免服差役、劳役、科配和交税时免支移折变的特权，从而严重侵蚀税基、造成朝廷收入萎缩[④]，间接加重了劳动人民税赋负担。正因如此，“熙宁变法”的一项主要内容就是以“方田均税法”解决这一突出问题。但时隔不久，方田均税法遭到破坏，土地兼并和类似“诡名户”问题再次突出起来，以致南宋绍兴十三年（1143 年）不得不通过推行经界法增加政府税收并缓和阶级矛盾，但这一措施在官僚地主集团的群起反对之下中途夭折，以致基于土地兼并的赋税不均问题愈演愈烈，直至南宋灭亡。

---

① 隋书·食货志［M］.

② 陆贽：陆宣公集·卷 22·均节赋税恤百姓第六条［M］.

③ 唐会要·卷 91·内外官料钱上［M］.

④ 周湛为江南西路转运使时，通过对当地诡名挟佃情形进行清查，一次揭露出隐户 30 余万。

忽必烈建元后，一方面纵容蒙古贵族在其辖区侵占汉族地主和自耕农的田地，甚至向蒙古贵族赐田；另一方面，在北方纵容汉人军阀地主凭借军事、政治权势在各自统领地区兼并土地，在江南沿用南宋的土地和租佃制度，默许大地主侵占民田水利，或以各种方式逃避赋役。同时，容许僧侣地主占有大量田产并免除寺院道观的赋税差役，放任出租官田、职田的官府仗权敲剥佃客。

代元而起的明朝，尽管开国皇帝朱元璋出身于贫苦农民家庭，但坐上龙椅之后并未制定实施有利于贫苦农民的土地制度。一方面，维持庶族地主私有土地和租佃剥削制度不变；另一方面，将没收蒙古贵族的土地封给他的儿孙和武将功臣、皇亲国戚，作为庄田世袭占有，并赋予他们免纳国税、免服徒役的特权。同时，为保障驻防北疆军队的衣食所需、减轻财政支出压力，以卫所军屯为主、民屯和商屯为辅，大规模推行屯田制。其中，民屯由政府组织人多地少的“狭乡”居民到人少地多的“宽乡”屯种；商屯与食盐专卖相联系，一些盐商为便于就地交粮换取盐引，就雇人到边地屯垦。此外，还以“不限顷亩”、免税三年的优惠政策鼓励开垦荒地，并专设司农司掌中原开荒事务。由于明朝也采取不抑兼并政策，以致王公贵戚多依仗权势兼并农民土地，权宦魏忠贤霸占土地竟达 70 万亩以上。晚明张居正推行“一条鞭法”改革，目的在于堵塞兼并大户隐瞒田亩逃避税赋的漏洞，并未从制度上解决均田问题。随着土地兼并日益加剧，以致北方“畿内八府良田，半属势家”，而江南农户则“有田者什一，为人佃作者什九”，不仅大批农民沦为佃户和奴仆，卫所屯田也逐渐破坏。土地制度存在严重弊端，是导致明末农民起义此伏彼起、最终将明朝推翻的主要原因之一。

清朝的前身后金占领辽沈地区后，努尔哈赤曾下令实行“计丁授田”，将闲废田地 30 万日①分给士兵。同时，参照满族原有制度和明在辽东的军屯制，将归顺的汉族民众编入田庄，作为有资格依照“计丁授田”制领取“份地”的民户自耕自种、纳税应役。入关后，清廷允许大量迁入关内的满族亲贵、官吏、满汉蒙八旗士兵等凭借武力自行圈占无主荒地或明朝勋贵原有土地，实际上常常把民地指为官庄、把私人熟田说成无主荒地。据有关资料，满清入关后圈占土地总计达 16. 3 万余顷，占当时全国耕地面积的 1/30。圈占的肥沃土地主要为满族亲贵和官员所得，有封爵、官职的八旗成员至少分到 60

---

① 日即晌，一日约为土地五亩。

亩，一般旗丁大致可分到30亩左右。这些土地均以庄屯形式管理耕种，皇帝有皇庄，宗室王公有王庄，均以农奴制形式组织生产。对于中原广大地区，则延用明代的地主大土地所有制和自耕农小土地所有制。康熙亲政后颁布法令禁止圈地，同时大力实施以赋税优惠鼓励开荒政策。但清代同样未曾采取措施抑制土地兼并。

2. 度量衡制度

度量衡作为人类生产和生活中必不可少的数量计算工具，在中国大约产生于父系氏族社会末期，《周礼·考工记》规定了周朝的度量衡标准。春秋战国时期，群雄并立，各自为政，致使度量衡千差万别。秦早在商鞅变法时就统一了本国的度量衡，统一华夏后，秦始皇把这套度量衡制度推行到全国，并实行定期检定制度。汉朝度量衡沿用秦代标准和制度。西汉末刘歆将度量衡制度整理成文，使之更加规范和条理。此后，历代王朝大都重视规范管理度量衡，并根据经济社会发展需要做出一些必要改进和完善，整体趋势是由粗糙转向精细、由简单转向复杂。这项制度性公共物品的提供，从数量计算方面为中国商品经济发展创设了重要的软件基础设施。

3. 货币制度

货币是商品交换的媒介和价值尺度，有效的货币制度是保障商品经济顺利发展的另一项重要软件设施。在中国，货币产生于原始社会后期，从《周礼》中有关“币余之赋”的管理规定表明当时国家公共经济资源中已有相当部分采取货币形式。在中国封建时代，货币形式和制度先后经历了四次重大演变。

第一次，是秦朝立国后通过币制改革，使铸币的形态、重量由杂乱转向统一，建立起全国统一的货币管理制度。战国时期，金属货币已经通行，但各国铸币的轻重、大小、形式、花纹各不相同，给诸侯国之间的商品交换带来货币换算上的困难和麻烦。公元前210年，秦始皇颁布“以秦币同天下之币”的诏令，规定通行全国的法定铸币采取方孔圆形制，分为金币和铜币二等：黄金以镒（二十两）为名，上币；铜钱质如周钱，文曰‘半两’，重如其文；珠玉龟贝银锡等不再为币，各诸侯国原有各色铸币禁止流通。[①]

第二次，是西汉武帝时通过币制改革，实现了地方铸币向中央铸币的演

① 史记·秦始皇本纪［M］.

变。西汉建立后很长一段时期内，朝廷对铸币采取放任政策，各郡国和富商均可自由铸钱。文帝时“使民放铸”，“盗铸如云而起”，[①] 不仅导致货币形制混乱，而且富商大贾借由铸币大发横财。为扭转此种乱局，汉武帝于公元前 113 年下令将铸币权收回，由中央统一铸造五铢钱作为唯一合法货币。自此，由中央政府统一铸造和发行钱币的货币管理制度确立起来。

第三次，是唐高祖时通过币制改革，实现了铸币由文书重量向通宝、元宝形式转变。秦汉以降，各种铸币通常都在钱文中明确标注“半两”“五铢”等重量信息，交换时尚需鉴定成色、重量，流通经年后还会使货币重量发生自然耗损。为此，唐高祖李渊于公元 621 年下令改革币制，废弃轻重不一的历代各色古钱，取“开辟新纪元”之意，统一铸造不书钱币重量的“开元通宝”，由此实现了中国古代货币从文书重量型向由中央政府保障信用的法定通用货币转变。

第四次，是北宋年间实现了由金属货币向由中央政府保障信用的纸质价值符号——纸币的演变。北宋商品经济较为发达，货币流通数量增加，太宗时每年需铸币 80 万贯，且呈持续增加趋势。由于铸钱所需铜料紧缺，致使市场交换所需铜钱不足，政府不得不大量铸造铁钱弥补缺口。铁钱比铜钱更重，[②] 携带困难，成为妨碍商品流通的一大因素。为此，仁宗天圣元年（1023 年），政府借用民间此前以具有防伪功能的纸质存款凭证代替铸币作为流通手段的原理，在成都设益州交子务，由京朝官一二人担任监官主持交子发行，“置抄纸院，严格印制过程，以革伪造之弊”，将其以“官交子”名义作为一种法定货投入市场流通。这一举措，肇始了中国纸币发行之端，成为商品经济文明的划时代创造。以此为起点计，中国纸币产生时间比美国（1692 年）、法国（1716 年）等西方国家早了六七百年。

纸币的发明克服了商品流通量不断增长对铸币材料需求大增和铸币因重量不易携带两种难题，但也会产生滥发纸币、带来经济混乱的风险。但这不是纸币本身必然带来的问题，而纸币发行当局违反规律操作之故。例如，南宋嘉定、淳祐、景定年间由于以货币弥补财政收支缺口导致会子（以铜钱为

---

① 汉书·食货志［M］.

② 据《宋史》记载，当时四川所铸铁钱一贯重达二十五斤八两，买 1 匹绢就需要 90 斤到上百斤的铁钱。

发行储备的纸币）过量发行，多次造成严重的通货贬值、物价飞涨；元朝统治者也曾多次为填补财政收支缺口而滥发纸币，导致纸币信用丧失、通货膨胀，严重干扰了经济发展，以致最后彻底失败、被赶出中原。

4. 法律制度

公元前221年，秦始皇统一中国后，以商鞅变法时制定的秦律为基础，并参考其他六国法律，形成一整套涵盖社会生活各方面的法律体系，作为适用于全国各地的统一法律颁布实施，使政治、经济、文化等各个领域“皆有法式”可依。秦二世即位后，又对《秦律》做了进一步修订，以适应他残暴统治的需要。这套法律将《盗法》《贼法》列于首位、沿袭了商周时代很多酷刑。秦始皇父子依靠这套完备苛细的法律体系，很快实现了自古以来版图最大、人口最多的中央集权大国的统治，但对多年来习惯于以德治国的中原六国人民而言，带来的则几乎是灾难，因为动辄违法获刑，导致人们对秦朝怨声载道。秦朝之所以二世而亡，重要原因之一就是过于崇尚法治、缺少德治。

刘邦初入关中时，与父老乡亲约法三章：“杀人者死，伤人及盗抵罪”，摒弃了秦朝的烦苛之法。但当他坐稳龙椅后，又感到之前的约法三章难以满足国家治理需要，于是责成萧何主持制定较为完备的法律。① 萧何组织专家在秦律基础上加以损益，制定出包括盗律、贼律、囚律、捕律、杂律、具律、户律、兴律、厩律在内的《九章律》，建立起以律、令、科、比为形式的一整套法律制度体系。其中前六章与秦律大体相同，新增的后三章为规范户口管理、婚姻制度和赋税征收的“户律”，规范征发徭役、城防守备的“兴律”和主要规范牛马畜牧和驿传管理行为的“厩律”。汉武帝虽然采纳董仲舒建议“罢黜百家，独尊儒术”，但实质上是外儒内法。对此，他的孙子宣帝解释说：“汉家自有制度，本以霸王道杂之。”② 这种治国方略连同《九章律》一起，为历代封建统治者所奉行，成为唐以前历代王朝制定法律的主要参照物。

魏晋南北朝时期，曹魏对汉代法律体系进行了重大修改，制定《魏律》18篇。其中改进较大之处在于，通过修订五刑使刑名进一步规范化；依照

---

① “三章之法不足以御奸，于是相国萧何攈摭秦法，取其宜于时者，作律九章。”——《汉书·刑法志》。

② 汉书·元帝纪［M］.

“举贤不出世族，用法不及权贵”的原则，将“八议”正式进入法律制度，确立了贵族、官僚、地主等 8 种权贵人物在接受审判、适用法律方面享有的特权。其后，《北齐律》将刑法中适用刑罚最为严苛的犯罪行为概括为“重罪十条”，成为“十恶不赦”这一成语的源头；北魏、南陈法律所规定的官吏可以官抵罪的“官当”制度，对后世各代封建王朝的法典也有重大影响。

隋唐时期法律制度发生了一系列重大变革。隋初制定的《开皇律》、唐太宗时制定的《唐律》和高宗永徽年间编定颁行的《唐律疏议》被视为封建时代最完整的法典，影响到亚洲许多国家的法制建设。唐代法律的特点，一是直接传承《北齐律》，把“十恶”列为篇首；二是以具体条文明确规定社会各等级的身份、地位、权利、义务及其相互关系，按品级给予贵族官僚减免罪刑的特权。

宋代将皇帝诏令作为最具规范效力的法律，强化了皇权专制，除贯彻以“不杀士”为核心的宽容士人法律原则和制定了规范“典卖”行为的法律外，几乎没有可值得称道之处。

明太祖朱元璋主张总结“明礼以导民，定律以绳顽”和“治乱世用重典”等立法指导思想，依此制定了以《大明律》为主体、以《明大诰》为补充的法律体系。《大明律》改唐律 12 篇体系结构为一总六分结构，在总则（“名例律”）之下，按六部官制分为吏律、户律、礼律、兵律、刑律、工律。《明大诰》分 4 篇汇总了以诏令形式颁发、兼有教育作用和法律效力的特种刑法。此外，还制定颁布了钞、钱、税、盐等经济类专门法和名之为《明会典》的行政法。

清代法律集中于《大清律例》中，篇目结构与《大明律》相同，但增加了许多新刑罚及民族压迫条款。主要特点包括：在刑罚和诉讼方面给予满人各种法律特权；制定了适用于几个主要少数民族的《回律》《番律》《蒙古律》等；用以调整经济关系的单行法大为增加；依明例制定了名为《清会典》① 的行政法。

在司法方面，如前所述，总体情况是在中央层级普遍设置平行于行政部门的最高司法审判机构，在秦汉晋等较早朝代一般由作为军事长官的“太尉”兼理司法；在州县两级则由行政主官兼理司法诉讼；唐宋明清等朝在道、路

---

① 《续修大清会典序》解释说：“会典所载，皆百臣奉行之政令。”

一级派出机构中设置司法刑狱巡回监督机构。

5. 户籍保甲制度

户籍保甲制度可上溯到《周礼》,[①] 春秋时期管仲为相时组建的兵民结合型基层组织[②]，战国年代秦国商鞅变法时采取的户口编订和什伍连坐法。[③] 许多文献将户籍和保甲制度分开叙述，但这二者在现实中是紧密结合在一起的治民制度，作为各朝代用以实现统治的主要工具之一，承载着征收赋税、征发徒役、限制人口流动、维护社会秩序等多项功能。

秦朝建立后，将原秦国时期使用多年的户籍保甲制度推行于全国。西汉令各郡县清查户口，以里为单位编造户籍（“名数”），一方面作为征收赋税、分派徭役的根据，另一方面通过户籍把农民束缚在土地上，以里为基层单位组织起来。

唐朝比照汉代实行三年一造户籍制度，且管理程序趋于完备。由民户自己申报户口、田地，记入“手实”；里正据手实造籍。官员按资产多寡、丁口强弱将所有民户量定为九等，据以征收户税。上计改为一年一次，两次造籍中间年份按各年呈报的手实注于籍册，相当于异动登记。又为防止低报丁龄、伪报病老等，由官员检阅人丁形貌，称“团貌”（三百家为一团）。

宋代户籍管理按有无土地分为主户、客户，按土地多少分别户等（农村分五等）。同时，设置各种单行田亩帐册图簿，逐渐将地籍与户籍分离开来。虽已取消人口税，但仍征丁口之赋，差役也按丁抽派，所以又有丁帐、丁口簿、五等丁产簿等单行籍账。王安石主政时行保甲、完税诸法，许多地方取消丁帐、改设甲册，既凭以抽练兵勇，亦常作催科、征赋之据。

---

① 《周礼·地官司徒》在大司徒、小司徒和族师之职事中分别述及：“令五家为比，使之相保；五比为闾，使之相爱；四闾为族，使之相葬；……”；“五人为伍，五伍为两，四两为卒，……”；“以时属民，而校登其族之夫家众寡，辨其贵贱、老幼、废疾、可任者，及其六畜、车辇。五家为比，十家为联；五人为伍，十人为联；四闾为族，八闾为联；使之相保相爱，刑罚庆赏，相及相共”。

② 五家为一轨，每轨设一轨长。十轨为一里，每里设里有司。四里为一连，每连设一连长。十连为一乡，每乡设一乡良人，主管乡的军令。战时组成军队，每户出一人，一轨五人，五人为一伍，由轨长带领。一里五十人，五十人为一小戍，由里长带领。

③ 编订户口，五家为伍，十家为什，逐人登记户籍，以便按户按人口征收军赋。《史记·商君列传》：“令民为什伍，而相收司连坐。不告奸者腰斩，告奸者与斩敌同赏，匿奸者与降敌同罚。”

金代户籍登记包括男女老少，较宋为全面。元代户籍管理中的户类、户等区分复杂，什伍连坐制执行得更加严厉。

明初整理户籍，进行人口普查，颁发户帖，登记户种（民户、匠户等）、原籍贯、现籍贯、居住地、人丁姓名、性别、年龄、与户主关系等，内容相当完备。在户帖基础上编建黄册，详列徭役税粮科则，十年编造一次，其间变动随时登录，借以调整赋役。地籍另置鱼鳞册，与黄册并行。实行“一条鞭法”后，大部赋税都按田亩征课，鱼鳞册更为重要，黄册改以户籍为主。

清初顺治时的户籍人丁制度，将户籍分为军、民、灶、匠四类，以户为单位核登丁口，三年（后改五年）一造丁册。康熙五十一年规定新增人丁不再加征丁银，其后又推行摊丁入地改革，致使按人丁编籍作用消失。乾隆五年（1740 年）首令岁奏民数，次年依托保甲体系统计男女老少全部人口，保甲成为户籍管理的基础并一直沿用下来。

6. 蓄奴制度

蓄养奴隶现象几乎贯穿中国封建社会始终。据有关史料反映，秦汉时期，一些贵族、官僚、商人拥有奴隶百数、千数甚至上万。秦朝时仅使用刑徒奴隶修阿房宫和骊山陵墓者就达 70 万人。西汉政府也大量使用刑徒戍边、作战、修城、治墓。汉武帝对匈奴用兵时，因财用不足，曾以给予终身免徭役或做郎官等待遇为条件向地主换取奴婢。公元前 111 年，汉武帝成千上万地没收商贾奴婢，除用于耕作官田或到皇家苑囿里养狗马等禽兽外，余者则分发到水衡、少府、大司农等各官府以供役使。魏晋时期，由于法律特许拥有，所以豪门世族和封建官僚仍然大量蓄奴，多者拥有僮奴上千甚至上万人，主要以“佃客”“部曲”① 方式存在，且以户计数。南北朝时，魏破江陵，所掠之士，无分贵贱，皆以为奴。隋唐时期，一些豪强地主仍广泛拥有“部曲”，唐律为此专设《奴法》对蓄奴行为予以规范，其中规定奴婢、“部曲”可以继承，对奴婢和“部曲”的处分适用相同条款。元初，蒙古族侵略者掳掠中原良民为私户的现象屡禁不止，上至将帅下至豪绅蓄奴多至万户。明初，奴仆制度甚至有所发展，奴仆主要由官赐奴和官奴所构成。明太祖赐李善长卒百二十人为奴军并赐以铁册，凉国公蓝玉更有家奴数百。朱棣夺得皇位后，

---

① “佃客”类似农奴，“部曲”为依附主人的奴隶武装。官员家蓄奴依官品额定，多则四十五户，少则一户。

凡从建文不附燕兵者多被杀，被害者亲属全部编入奴籍。嘉靖以后，江南破产农民和手工业者卖身为私奴者日益增多。至于清代，不仅在北方旗地上多有使用农奴耕作现象，而且顺治年间仍将罪犯发八旗为奴，甚至一些满族军阀还曾凭借武力抢掠汉民为奴。

但与此同时，自西汉开始，一些封建统治者也在限制或废除奴隶制方面断断续续地做出过努力，直至最终彻底废除奴隶制。在封建社会历史上，统治者释放奴隶的行动从汉文帝开始，其后宣帝元康元年到平帝元始二年曾六次下诏“赦天下徒”，[①] 将奴婢免为庶人。宋朝自太祖赵匡胤开始，就以诏令废止对国民进行良、贱区分，罪人获释后即刻脱离奴籍，家属子女不再连坐，为奴期间主人不得戗害，世袭奴制度被废止。明万历、天启以降，在农民起义影响下，奴仆开始起而反抗主人；到崇祯年间，李自成、张献忠等为首的农民起义爆发，奴仆乘势发起暴动，江西永新等地的奴仆占据主家田产，散发主家粮食，并捆其主人，斥问“奈何以奴呼我?”明末清初，奴变遍及湖北、江苏、浙江、安徽、江西等地，纷纷提出“铲主仆、贵贱、贫富而平之”要求。江苏嘉定等地的奴仆操戈索契（卖身契文），踞坐索身契者数万余人，声势浩大。清军入关后，奴变延及南方各地和北方的山东地区，索契斗争更为激烈。在奴仆斗争的打击下，富户自此不敢蓄奴。雍正元年（1723年），清政府被迫宣布废除自永乐年间开始的乐户奴籍，解除徽州、宁国、池州三府世仆奴籍。乾隆时期继续推进废除奴籍、贱籍事宜，宣布一律禁绝蓄用男奴。但直到1909年2月6日，清廷才最后颁布诏谕，禁止蓄养买卖奴婢，历经2000余年的奴婢制度终告结束。

7. 宗法制度

在每个依托血缘关系形成的父权制家族成员内部按照嫡庶、辈分、男女、长幼之别排列尊卑和优先等级顺序的宗法制度，由氏族社会父系家长制演变而来，从夏商周开始形成。这一制度，在王族内部用以按血缘关系分配国家权力、延续世袭统治，在豪门贵族家庭作为确定袭任爵位、继承财产顺序的依据，在平民家族内部作为族长、家长以家规家法管束家族成员的道德伦理工具。进入封建社会后，统治阶级对于宗法制度在继承的基础上加以改造，逐渐建立起由政权、族权、神权、夫权组成的新型宗法制，除了继续用作皇

---

① 《汉书》宣帝、成帝、哀帝、平帝纪［M］.

室、贵族和世俗地主家庭内部分配权力、财产的依据，还一直被各代统治者用作束缚国民思想行动、维护社会安定的重要工具。因此，在长达 2100 多年的封建社会历史上，各朝各代封建王朝无不从法律制度和道德伦理两方面竭力维护封建宗法制度，直至清朝灭亡。

8. 文字制度

自东周开始，经过春秋战国 550 余年的分裂割据，正处于发展过程中的华夏文字在各个诸侯国时期之间产生了很大差别，文字写法和读音各行其是，以致产生书面文字认知和口头语言交流方面的困难。秦统一后，皇帝诏书下发后，桂林一带许多人都不认识。这种情况严重制约王朝政令和法律贯彻执行效果，统一文字已成为当务之急。为此，公元前 221 年秦始皇下令“书同文”，由丞相李斯和赵高、胡毋敬等人整理文字，以简化的秦文“小篆”作为标准字体，用于公文法令和文献撰写通行全国，同时宣布废除其他各种异体文字。后来狱吏程逸又根据民间流行的字体，整理出更为简明易行的隶书体，作为日用文字在全国范围推广。先秦古字经过这次整理后，字样结构得以定型。这不仅有利于贯彻政府法令，而且对思想文化的传播和民族凝聚力的增强都起到了重大作用。我国地广人多，各地方言迥异，历史上又多次出现分裂割据局面，但统一结构、含义和书写方法的文字一直成为维系中华民族统一和发展进步的一条重要纽带。因此，秦朝的推行“书同文”作为一种公共物品，对中华民族内部统一的形成和延续可谓功不可没。

（二）政策性公共物品

中国各代封建王朝一般也都重视借助于政策性公共物品的提供来调控经济社会关系、缓解各种社会矛盾，以维护皇族集团统治、增进贵族阶级利益。但是，由于不同时期以皇帝为首的统治集团德才素质高低不等，以致他们所提供的政策性公共物品呈现出优劣差别。这些政策性公共物品主要包括以下几种。

1. 产业政策

秦朝建立后，延续实行自商鞅变法开始一直奉行的“重农抑商”“上农除末”型产业政策。推行这一政策，主要是以税收负担和政治待遇等为手段，鼓励国民从事农业、增加粮食布帛供给，对民营手工业、商业施加程度不等的多种限制。一是实行盐铁官营，政府设专门机构垄断性地组织全国各地食盐生产销售和主要铁矿的开采冶炼；民间商人不得投资经营盐业，投资经营的铁矿开采和冶炼也仅限于分布零散、品位不高的小矿，并专设铁官负责监督和收税。同时，官府还控制性地雇佣工匠、役使工奴和刑徒，生产皇家以及公共部门所需陶瓷等各类手工艺品。二是采取多种措施压迫抑制民办商业经营活动。包括：在集市向坐商收取高额场地租金，在主要道路关卡收取高额的关税；对商人专设户籍实施严格监控；商人如果经营破产则被收编为国家苦役等。在此前提下，秦始皇为繁荣都市经济，也曾有亲商之举。据史料，秦始皇对于以贩卖织物致富的乌氏倮（裸），令其“比封君，以时与列臣朝请”；对于巴地寡妇清，则“以贞妇而客之，为筑女怀清台”。[①] 这些优待巨商的做法，对商业发展当有积极影响。

西汉初期延续实行重农抑商的产业政策，一方面通过赋税优惠、实行轻田租政策和农田水利建设等措施促进农业生产发展；另一方面，对商业经营者加倍征税，禁止衣丝乘车和当官为吏。尽管如此，由于“汉兴，海内为一，开关梁，弛山泽之禁”，改善了外部环境，加之农业和手工业发展，仍使商业流通获得较快发展，“富商大贾，周流天下，交易之物莫不通，得其所欲”。[②] 文帝时期，在实行贵粟政策的同时，适当放宽了对商业经营的限制，允许商人竞买爵位，从而使商人地位得以提高；同时积极扩大贸易领域，以致出现了长安、洛阳、邯郸、江陵、吴、寿春、番禺、成都等数个商业中心，并且初步形成了当时世界最重要的商路——丝绸之路。就实际效果而言，汉初的重农抑商政策并没有达到预期目的，对此汉景帝时的重臣晁错曾尖锐地指出：“今法律贱商人，商人已富贵矣；尊农夫，农夫已贫贱矣。故俗之所贵，主之所贱也；吏之所卑，法之所尊也。”[③] 商业的发展使商人势力膨胀，他们借助西汉不立田制的政策，利用经商赚取的利润大肆兼并土地，加速了自耕农破产，动摇了王朝统治的社会基础；加之汉武帝时期多次发兵北征南战致使国库空虚、入不敷出，而不少富商大贾累资巨万、富可敌国却不佐国家之急。鉴于此种情况，朝廷转而推行严厉的抑商政策，大规模推行盐铁官营和酒类专卖，设置专门机构严格监管铁、铜、金等矿藏的开采和冶炼，禁绝商人铸造货币，并通过开征算缗、告缗加重征收商税，抑制了民营工商业的发展。

---

① 史记·秦始皇本纪［M］.

② 史记·货殖列传［M］.

③ 盐铁论·轻重［M］.

东汉时期政策大变，对冶铁业改行官营和民营双轨制，加之有了水力鼓风铸铁的水排技术发明，促使冶铁业获得较快发展；对商业经营改行放任政策，促进了商业兴盛，中原商道进一步发达，各地货物往来频繁，国家经济一时出现繁荣局面。

唐代仍然把“抑工商”作为国策，通过许多制度对民营商业施加限制，对民营工商业者采取歧视政策，法律明文规定：“工商杂类，不得预于士伍。”在手工业中，官营坊场占据优势地位。在商业流通领域，对盐、铁、酒、茶等实行专卖制度。但由于农业生产的恢复和发展不断增加对工商业的需求，加之工商税负不重，工商业还是得到了稳定发展，在长安、洛阳、苏州、扬州、成都、广州等地形成多个区域性商业中心。与此同时，海外贸易航路开始繁盛，从广州经马六甲海峡进印度洋抵达印度、锡兰，再西入波斯湾、亚丁及红海地区的航路，将通往西方的海道与通往新罗、日本的海道连接起来，国际贸易范围已波及新大陆发现之前的世界大部分地区，犹太、波斯、阿拉伯等中东商人纷纷东来；东南沿海的交州、广州、泉州、明州（今宁波）、扬州等城市，因与外国商船贸易互动频繁，雨后春笋般兴盛起来，成为对外贸易的重要港口。为管理海上贸易，朝廷在这些沿海外贸城市分别设置“市舶使”，专司商品进出口监管和征税事务。

及至宋、元、明、清各大王朝，虽然依旧重视作为田赋之源的农业，不仅以减免税赋政策鼓励垦荒，而且重视农田水利建设，着力促进农业发展。但这些王朝已不再高调推行抑商政策，商税征收比率一般为3%至6%，远低于田赋。

自北宋起，朝廷已开始淡化重农轻商的产业观念，不再将工商业视为低人一等的“末业”。从庆历年间起，官府已将一条龙式的盐业官营，逐渐改为煮晒海盐、开采井盐由民资举办，官府收购以后通过出售盐引、盐钞获取利润，而后由盐商凭盐引或盐钞到官府储盐场所，以批发方式获得食盐贩运出售。工商业者的社会地位得到明显提高，商人及其子弟不仅可以通过科举做官，甚至通过进纳等方式步入仕途，官府还时而召集商人到政事堂征询有关经济政策的意见。随着城乡商业发展，商业都会不断增加，[1] 城市周围及乡村间交通要道附近形成了很多集市，而且与四周邻国的边境贸易和跨越海陆的第三国远途外贸也获得较快发展。广州已成为全国第一大港，明州、杭州、秀州、泉州等港口贸易也进一步繁盛，朝廷在这些城市分别设立市舶司，作为监管对外贸易和征纳关税的机关，税率为10%。元丰三年（1080 年），北宋政府还制定了中国历史上第一部贸易法——《广州市舶条法》。

到南宋时，人们已经较为普遍地认为士农工商四者皆为百姓本业。工商业官营虽然依旧存在，不仅独占军器制造，严控民间投资进入与武器制造密切相关的冶铁工业，而且严格监管食盐销售并实行酒榷、茶榷，但在盐铁铜生产经营方面已更多地以各种方式的官民合作代替官府垄断经营。在铜铁矿开采和冶炼方面，改为实行民采、民冶官收的办法。金银矿允许百姓自采，自备物料，官收二分。在造船、陶瓷、纺织和染色等行业，实行官私分办方式，各自单独投资设厂生产经营，官营工场产品供给皇家宫室和公共部门使用，私营工场产品用于市场交换，政府设官收税。食盐专卖普遍采取官府垄断批发环节、民商经营生产和零售的官私结合方式实现。茶叶专卖也改以政府出售茶引的方式实施。对农村迅速增多的新墟市，政府不仅及时承认新墟市的合法地位，而且规定对参与集市商品交换的买卖双方“从便交易，不得收税”。[2] 官府对民营工商业政策原则和监管方式的放宽，有力促进了商品经济发展，政府财政收入总额中来自工商税收的比重逐步上升。淳熙年间后期，政府总收入为 6530 万缗，其中工商税 4490 万缗，占比高达 68.8%。此时，官私手工业领域的雇佣劳动得到普遍发展，标志着资本主义生产关系开始萌芽。南宋海外贸易范围从南洋、西洋直至波斯湾、地中海和东非海岸，与其有外贸关系的国家和地区增至 60 多个；对外贸易港口增加到近 20 个，泉州一跃成为世界第一大港，初步形成几千里海岸线全面开放的新格局。

代宋而起的元朝对农业和工商业都很重视。在农业方面，曾通过努力兴修水利促进粮棉生产。在商业方面，也曾从促进上都、和林、应昌、德宁等城市商业发展考虑，一再实行免税、减税等优惠政策，奖励商人前往北方草

---

① 北宋中后期，开封、洛阳、大名、应天（今河南商丘市）、杭州、苏州、荆州、扬州、成都、广州、南郑（今陕西汉中市）等都发展成为繁盛的商业城市，城市商税成为北宋政府财政收入中的一项重要来源。

② 宋会要·食货［M］.

原开展贸易。基于工商业发展，除北方大都（北京）和南方杭州这两个全国最大的都市商业中心外，东南沿海又出现上海、昆山、会通等一批新兴城镇。对外贸易实行官府垄断制，先后在泉州、上海、温州、澉浦、广州、杭州、庆元等七处设置市舶司管理海外贸易，对领取公据出海贸易的民商三十税一；对官府具船给本经营出海贸易者，所获利润官商七三分成；对未请凭验擅自出海者，船物没官。据《元史》记载，由海路与元建立贸易关系的国家仍达20余个，行泉府司管辖海船多达一万五千艘，海上贸易规模相当可观。

明初，朱元璋为了尽快恢复经济，采取了一系列安定社会、促进生产的措施。一方面通过蠲免赋税徭役，奖励开荒、实行屯田和兴修水利，勉励地方官员劝课农桑，着力发展农业；另一方面，采取放松限制、鼓励扶持工匠从业和令民自行采炼金铜等措施促进手工业发展，并通过减轻税负支持商业经营。① 成祖朱棣继续执行其父所制定的产业政策。明中期后，由于将匠户服役办法改为可出银代役，扩大了匠户自由支配时间、到外地出卖劳动力的权利，促进了手工业领域资本主义生产关系的进一步发展。同时，在国家垄断前提下发展对外贸易。洪武年间规定“宁波通日本，泉州通琉球，广州通占城、暹罗、西洋诸国”，并主要商港设市舶司管理外贸、征缴关税。永乐时，改由“太监提举市舶”，先后派郑和七下西洋远航亚非各国，宣扬国威、交换产品、招徕贸易，扩大了朝贡贸易范围和规模。隆庆年间，明朝又调整外贸政策，允许民间赴海外通商，史称隆庆开关。但时隔不久，外贸政策又重新回到禁止民商出海贸易的老路上。

清代在产业政策方面延续实行重视农业但又逐步放宽对民营工商业限制的方针。一方面通过减免赋税、奖励垦荒、推行“摊丁入亩”改革和引进海外作物品种等措施，着力促进农业生产发展；另一方面，通过改工匠徭役制为代役税制，进一步放松对手工业者的束缚，同时允许民间投资者经营铁、煤、铜②等多类矿物开采，放宽民间纺织业规模经营限制，对各类商品流通采取不同形式的官督商销、政府收税的政策，使以集市为普遍形式的农村贸易和以坐商、行商为主要形式的城市商业都得到较大发展。尤其是在咸丰、同

① “命工部凡在京工匠赴工者，月给薪米盐蔬，休工者停给，听其营生勿拘。时在京工匠凡五千余人，皆便之。”——《明太祖实录》卷34：118.

② 对民营资本开采矿藏也曾发生过“禁”与“放”的政策变更，但就绝大部分时期是允许的。其中，对作为铸币材料的铜业也仅采取官借工本、官收余铜方式加以控制。

治年间逐步兴起的洋务运动中，在奕訢、曾国藩、左宗棠、张之洞等朝廷重臣的推动下，以公私合办与官督商办为主要形式，以兴办军事工业为重点，建立起一大批近代工业企业，从而使清代成为中国封建社会历史上工业进步最快的时期。这些产业政策较为有效地促进了农业、手工业、商业发展，一度展现出耕地面积扩大、人口显著增加和国库钱粮充裕的繁盛局面，在清前期创造了一个持续时间较长的"康雍乾盛世"，在后期则在洋务运动促动下出现了一个较为短暂的"咸同中兴"。但是，在对外贸易方面，清初基于防范汉族民众与海外华人结合起来反清复明的戒备心理，自入关后便实施海禁政策，严防民商下海资敌。清统一台湾地区后，转为允许国内商民出洋贸易，对于外商经由代理行商进行的进出口贸易，[①] 指定广州、宁波、漳州、云台山四地为通商口岸，但实际上主要集中于广州一地并由官府特许的十三洋行代理相关事务，同时对商品进出口种类施加很多限制。

总体而言，从进关当政至其灭亡的 268 年，尽管清廷在运用产业政策、财政政策促进经济发展方面取得了一定成效，但其积极效果与同时期西方各国在资产阶级革命推动下经济技术领域的迅速发展相比微不足道；特别是清廷长期实行以海禁为主要内容的闭关锁国政策，加之夜郎自大、故步自封的思想观念和体制机制，严重妨碍了中国人学习世界先进思想文化和科学技术，阻滞了中国社会进步，导致本来在经济技术领域处于先进地位、拥有强大实力的中国很快就在飞速进步的西方国家面前相形见绌，变为被西方列强欺凌压迫的对象。

2. 宏观调控政策

中国封建社会以自给自足的农耕型自然经济为基础，不会出现基于资本主义生产方式内在矛盾的总需求与总供给严重不适应和由此导致的通货膨胀、严重失业等宏观经济失调问题。尽管如此，封建时代的国民经济仍然会由于公共经济政策偏颇而产生经济、物价、财政同时出现突出问题的综合性经济矛盾。解决这种综合性经济矛盾，只有借助于宏观调控政策才能奏效。在长达 2000 多年的中国封建社会历史上，曾经发生过两个通过实施宏观调控政策较为有效地破解当时综合性经济矛盾的成功案例。

第一个案例是汉武帝时期桑弘羊创造的。当时，汉朝曾面临多重矛盾和

---

① 清廷规定外商不能直接和政府交往，相关事项均由行商代理。

困境：一是商人阶级借助汉初着眼于恢复经济、安定社会、巩固统治所采取的宽松经济政策和不立田制之便，利用经商赚取的利润大量兼并土地，导致大批农民破产，阶级矛盾开始激化；二是依靠经商发达起来的富商大贾囤积居奇，利用各地重要物资供求不平衡之机操纵物价、赚取厚利，破坏了经济稳定；三是高祖和文帝相继允许民间私铸货币，富商大贾借此聚敛财富；四是朝廷为解除南北国境安全隐患多次进行大规模征战，导致财政拮据、赤字累累，而暴富起来富商大贾却不佐国家之急；五是郡国向朝廷上缴贡赋时遇到“往来繁难，物多苦恶，或不偿其费”的困难。[①] 面对以上综合性经济难题，汉武帝责成中央政府负责经济综合管理事务的大司农研究提出破解方案。时任大司农卿桑弘羊及时研究提出了包含财政、货币、流通等多项要素的宏观调控方案，汉武帝采纳了桑弘羊的对策建议并批准解决了实施这些对策所必要的机构、官职等支撑条件。桑弘羊提出并获准实施的一揽子宏观调控政策措施主要包括五项：一是健全均输机构，统一管理全国物资转运和贸易，由均输官将郡国应向朝廷贡纳的物品折成当地供给充足甚至过剩的民用产品运往供给紧缺、价格较高的地区出售，一并解决各地市场供求不均衡和郡国上交贡赋运输难、费用高两大问题；二是由平准机构按照“贵则卖之、贱则买之”[②] 的原则对粮食等重要物资开展收购、仓储和出售活动，借以调节市场供需、平抑物价，以釜底抽薪方式抑制富商大贾囤积居奇、操纵物价、从中牟利行为；三是将铸币权收归中央政府，依法严惩私人或地方盗铸货币行为，从货币供应角度一举克服币值不稳、物价波动和通过私铸货币聚敛财富两大问题；四是全面推行盐铁官营和酒类专卖制度，截取盐铁酒生产经营的大部分利润用以增加财政收入；五是将扩大纳粟补官的实施对象由官宦世家、豪绅地主扩展到普通百姓，既满足商人阶级希望提高社会地位的需要，又吸纳富商大贾累资巨万的余钱缓解财政困难。通过综合实施这套相互关联、统一运筹的组合型宏观调控政策，成功地实现了多重预期政策目标。

第二个案例是北宋神宗熙宁年间推行的综合性变法。主持这次改革的王安石面对冗官冗员、赋税不均、财政拮据、社会矛盾突出等综合性公共治理

---

① 盐铁论·本议［M］.

② 司马迁：“大农之诸官尽笼天下之货物，贵即卖之，贱则买之。如此，富商大贾无所牟大利，则反本，而万物不得腾踊。故抑天下物，名曰：‘平准’。”——《史记·平准书》。

难题，以制定推行均输法、市易法、免行法、青苗法、方田均税法、农田水利法、募役法、将兵法、保甲法、保马法、军器监法、贡举法、太学三舍法等 13 部法令为政策手段，一并实现了发展农业、搞活流通、调节供求、平抑物价、振兴财政、澄明吏治、富国强兵的政策目标。其中不少内容前面已经涉及，这里不再赘述。

这两次宏观调控政策实践所要解决的综合性矛盾有很大区别，因而政策制定与实施的主持者所采取的对策措施也有同有异，但基本原理大体一致。即都是按照具体问题具体分析的方法，针对面临的特殊矛盾，统筹谋划、综合运用相关政策手段，成功实现了预期政策目标。从思想理论角度考察，他们都师法了管仲的公共经济治理之术，所采取政策手段组合要素的差别则反映出桑弘羊和王安石灵活运用公共经济治理策略的创新能力。

3. 文化政策

中国封建社会各朝代为了维护自身统治地位，除了运用制度、法律、军队、赋役和产业政策、宏观调控政策之外，还十分重视运用宗教、伦理、社科等文化政策愚化民众思想观念。各代开国皇帝为了论证本家皇族世袭统治的合法性，无不编造各种虚构的神奇故事来证明自己是“真命天子”，自己坐上皇位系上帝安排，因为其君权来源于神授，所以他的子子孙孙世袭皇位则属天经地义。除此之外，各代封建王朝还都根据不同时代的时势特点，从有利于巩固自身统治出发，偏重于推崇某些宗教、倡扬某种理论学派。例如，秦朝用阴阳家的五德终始学说来神化皇帝，主要祭祀白、青、黄、炎四天帝，推崇以命由天定、安贫乐道为信条的道教和起源于先秦的神仙方术，尊奉以“法、术、势”为核心内容的法家思想，排斥压抑以仁义道德、伦理纲常为宗旨的儒家理论。汉代前期皇族信奉五德终始学说、崇尚无为而治的黄老哲学；汉武帝接受了董仲舒提出的“罢黜百家、独尊儒术”建议，董仲舒以阴阳五行、天人感应和三纲五常为主要内容的儒家今文经学派理论得到统治者认可，但实际上仍是儒法兼用、王霸杂之。晋朝在宗教方面崇尚佛、道，在世俗理论方面推崇将儒家“名教”与道家的“自然”结为一体、宣扬“名教出于自然”理念的玄学，向老百姓灌输“顺天知命”思想。隋文帝主张调和宗教与儒学，采用三教并重策略，兼容儒教、佛教与道教，以其相辅治国。唐代以道教为国教，科举考试主要以《老子》《庄子》等道教经典为试题，但宗教政策较为开放，多代皇帝同时崇奉佛教，但只有武宗大举灭佛，原因在于佛寺占有大量田产、佛教吸引很多青壮年劳动力，严重影响了朝廷财政收入。宋朝佛、道兼崇，在世俗伦理方面推崇儒学，孕育产生了以周敦颐、二程、朱熹、陆九渊为代表的新儒学。元朝推崇藏传喇嘛教和全真派道教。明朝初期把儒家理学推向至尊地位，将程朱理学定为科举考试命题的基本范围，同时孕育产生了以陆九渊为宗的儒学新流派——王阳明心学。清朝推崇藏传佛教和王阳明心学，同时大兴文字狱，用以防范汉族文人发表不利于清廷统治的思想言论。

4. 民族政策

中国自夏商周以来就是个多民族国家。进入封建社会后，处于中原地区、祖述炎黄的人民由于在物质文明、精神文明和生活习俗等方面具有很强的一致性，构成占总人口大多数的汉族主体。作为原始社会另一些部族的后裔、居住在中原地区周边、各自拥有特定文明、在总人口中占比较低的人民则构成原初的少数民族，其中一部分由于战乱迁徙、国家灭亡或与汉族长期杂居通婚等原因逐步融合同化于汉族之中；另外一些则因保留自身习俗和语言而一直以名称各异的少数民族独立存续下来。历史上各代封建王朝无不从维护统治阶级利益出发，采取各种性质不同的民族政策，大体可分为两类：一类以较为包容和理性为特征，主张各民族相互尊重、平等相处，因而有利于各民族团结友爱、和谐共进和国家统一；另一类以较为自私和偏狭为特征，对不居统治地位的各民族采取歧视乃至压迫态度，因而不利于民族团结、容易导致国家分裂。后一类民族政策又可以分为两种情形：一种是歧视少数民族的大汉族主义；另一种是居统治地位的少数民族歧视、压迫汉族和其他少数民族，如元朝按照贵贱顺序将国民分成蒙古人、色目人、汉人和南人四等，其政治、法律地位高低不同；清朝则按照政治地位将满族置于上等、将蒙古族、藏族置于次等，再后才是汉族人。

在汉族人执掌政权的各朝代中，蜀汉和唐代制定实施的民族政策堪可作为理性和包容类型的典范。蜀汉时期，诸葛亮七擒七放孟获，以仁义宽容感化少数民族领袖，致使蜀汉政权赢得少数民族拥护，不仅被史家所称道，而且成为民间广为传颂的佳话。李世民在征服高昌、龟兹和吐谷浑后，境内少数民族很多，为有效管理突厥、回鹘、铁勒、室韦、契丹、靺鞨等各民族事务，分别设立了安西、安北、安东、安南、单于、北庭六大都护府，以及大量隶属于六大都护府的都督府和羁縻州，尊重边族风俗，善待各兄弟民族，促进了民族融合，受到少数民族大众拥戴，获得“天可汗”的尊号。

宋代通过南征将湘鄂西收归朝廷统治后，对当地少数民族实行的羁縻政策也独具特色。即允许归顺或臣服的各少数民族定期或不定期地向朝廷贡纳“土特产”，朝廷则根据贡物数量多寡、价值高低以及对各民族控制能力强弱，通过对入贡的各民族施与有差别的回赐，实现对少数民族地区的控制。

（三）实体性公共物品

实体性公共物品是以大量直观可见的物质资料为依托或直接向社会成员提供相关服务为特征的公共物品，是公共经济制度和政策作用于民间经济的基本载体。中国封建社会历史上，各朝代提供实体性公共物品的质量、数量虽然呈现出不断向前演化的趋势，但基本结构是相对稳定的。

1. 基础设施

自秦朝统一中国建立封建社会以后，历代较大的王朝都比较重视交通、水利、国防等基础设施建设，为生产、流通、国防和实物性财政资源运送提供必要条件。

秦代为了有效镇压地方叛乱、巩固对全国的统治、维护国家统一、抵御北方匈奴东胡侵扰，动用大量财力、人力和物力，相继修筑了通往各地的同轨大道、[1] 南方的灵渠[2]和将原秦、赵、燕三国长城连接起来北方的长城。工程规模之浩大不仅在当时世界上举世无双，而且在迄今为止的中国历史上也极为鲜见。

已经有了这套交通系统和北部边防工事，汉代本来无须再重复建设。但雄心勃勃的汉武帝在位期间又在水利和边防工程方面大干了一番。元光六年（前 129 年），根据大农卿郑当时的建议，用三年时间，沿秦岭北麓开凿了与渭河平行、全长 300 多里的漕渠，不仅缩短了从潼关到长安的水路运输里程和时间、减少了运输费用，还使沿渠 10000 顷左右民田得到溉田之利。此后，又在长安西南凿筑了一方以沣滈两水为源、周长 40 多里的昆明池，用以操练水兵、调剂漕渠水量并向京师供应生活用水。征服匈奴、收复河套地区以后，为

---

① 包括以首都咸阳为中心通往东西南北各个方向的秦驰道、秦直道、五尺道和岭南新道。其中最著名者有 9 条：出今高陵通上郡的上郡道，过黄河通山西的临晋道，出函谷关通河南、河北、山东的东方道，出今商洛通东南的武关道，出秦岭通四川的秦栈道，出今陇县通宁夏、甘肃的西方道，出今淳化通九原的秦直道等。从这些主干道上还延伸出若干条支道，由此形成纵横交错、互联互通、覆盖当时全国各地的庞大交通系统

② 灵渠打通长江水系的湘江与珠江水系的漓江，用以沟通中原与岭南之地。

了加强对匈奴和东胡的工事性防御能力，又动用大量财力、人力和物力修建了一条西起新疆罗布泊、东至吉林省东南部、长达1万多公里的“外长城”。

东汉定都洛阳后，漕运重点随之东移。为此，相继凿筑了一条名为阳渠的新水道，比较彻底地治理了汴渠。建安年间，曹操为方便军需品运输和加强政治控制，组织投入大量财力和人力，在广袤的华北平原上先后凿成连缀河北诸水的白沟、平虏、泉州、新河、利漕等五条水道；尔后又开凿了白马渠，以沟通沱水和漳水。这些水路工程的完工，大大推进了自春秋时期肇始的古代运河体系建设，使东起沿海西到关中、南起湘桂、北到幽燕都有水路运道可通。

隋唐两朝结束魏晋南北朝分裂局面、重建起统一国家，在水陆交通建设上又有一番新的作为。隋炀帝时期，在陆路交通方面修筑了由洛阳经太行山到并州（今山西太原西南）的驰道，在水路交通方面分永济渠、通济渠、邗沟和江南河四段疏浚开挖了长达四五千里的运河，形成了以东都洛阳为中心、向东北通到涿郡、向东南通到余杭的南北水路交通大动脉。唐朝时期通过整修和新建，形成了分别以长安和洛阳为中心通往全国各个方向、由8条主干线①和州际间、州县间、县乡间多级分支线构成的庞大内陆交通网络。

两宋时期尽管受疆域局限，仍在内陆交通方面以唐朝原有格局为基础增开了许多新道路，特点是扩展了以经济都会为交通枢纽的交通线，并且将以开封、临安、成都、广州为中心通达各府、州、县的道路网完善起来。

元代结束了两宋时期南北并立割据局面，疆域辽阔统一，全国道路得以

---

① 以长安为中心，向西南经凤州（今陕西凤县）、成州（今甘肃西和）、武州（今甘肃武都）至松州（今四川松潘）；向西北，经邠州（今陕西彬县）、泾州（今甘肃泾川）、兰州、瓜州（今甘肃瓜县）、沙州（今甘肃敦煌）至安西都护府（今新疆吐鲁番地区）；向淮南，经兴元府（今陕西汉中）、利州、汉州（今四川广汉）至益州（今四川成都）；向淮北，经耀州、鄜州（今陕西富县）、银州（今陕西榆阳）至天德军（今内蒙古乌拉特前旗）；向东南，经商州、南阳、宣州至温州；淮东方向，经会昌（今陕西临潼）、郑县（今陕西华县）、华阴至洛阳，再经偃师、荥阳、汴州（今河南开封）到淄州（今山东淄川）；向东北，经怀州（今河南沁阳）、邯郸、幽州（今北京宣武）、渔阳（今天津蓟县）、安东都督府（今辽宁辽阳）至朝鲜平壤地区。以洛阳为中心，向南经伊州（今河南伊川）、南阳、武胜关、鄂州（今湖北江夏）、衡州（今湖南珠晖）至广州、邕州（今广西邕宁）地区，向北经河阳（今河南孟州）、祁县至太原。此外，还有以成都、南阳、汴州为枢纽的交通干线。

重新整顿。主要工程包括：在四大汗国与元朝中国以及中国各行省之间建立了发达的驿路，在行省之下的省与府之间、府与县之间建筑了大道，形成了贯通全国的三级交通网络。

明清沿袭元朝，主要是在前朝交通网络基础上对道路进行修整，同时开辟一些更为便捷的道路，使得由官马大路、大路和小路梯次扩展延伸型的全国内陆交通网络渐趋完善。其中，官马大路是由首都北京通往各个省城的路，大路是省城通往地方城市的路，小路则是各城市通往城镇的支线。

前述水利工程主要是着眼于水路航运兴建的，农田灌溉不过是那些航运设施的副产品或连带效应。与此同时，各代封建王朝还以增加农田灌溉面积、促进农业生产为目标指向投资修建了许多水利工程。汉武帝时期，为了增加关中地区农田灌溉面积，相继修建了六辅渠、白渠、龙首渠，其中龙首渠从澄城县状头村引洛水，采取开凿地下隧道方式穿过七里宽的商颜山建成，解决了蒲城、大荔一带灌溉用水问题。汉元帝建昭五年（前 34 年）至元始五年（5 年）又于穰县（今河南邓县）之西，通过在唐白河支流湍水上拦河蓄水方式建成了六门陂（也称六门堨）引水灌溉工程，受益面积达三万顷。东汉永和五年（140 年），在浙江以排水筑堤方式修建了东起蒿口斗门（今上虞蒿坝镇）西至广陵斗门（今绍兴县南钱清）、全长 56. 5 公里、集雨季节面积阔达 610 平方公里的鉴湖，总纳山阴、会稽两县 36 源之水，灌溉农田九千余顷，将湿淤之地变为高产良田。汉元帝、成帝期间，还在新疆吐鲁番地区以发展屯垦为目的，修建了利用雪水或地下水灌溉农田的坎儿井系统。曹魏时期兴建修复了芍陂、茹陂等许多渠堰堤塘。北魏孝文帝下令凡有水田之处都要通渠灌溉。唐朝同样重视通过兴修水利促进农业生产，设置专官管理水利事业，在 289 年存续期间总计修建了 40 多处大型水利工程，其中在江南兴建和修复的水利工程大大超过了此前六朝总和，包括河南的玉梁渠、江苏的绛岩湖、安徽的镜湖、山东的窦公渠等。五代十国时期也兴修了一些著名水利工程，如安丰塘（南唐）和捍海塘（吴越）等。宋代更重视兴修水利，仅王安石变法期间全国兴修的水利工程就达 1 万多处，包括在襄宜地区重建的长渠、木渠，在福建莆田修建的木兰陂挡潮蓄淡灌溉工程，以及黄河流域淤灌造田工程等。元明清时期兴建大型水利工程虽不及宋以前那么多，但兴建的地方小型农田水利工程多到难以计数。

此外，明朝对国防工事建设投入巨大。由于以女真族为主体的后金在东北地区再度兴起，不断威胁北部边境安全，明朝为巩固边防，在277年的统治期内一年都未停止过东起辽宁虎山西至甘肃嘉峪关的长城修筑和修缮工程，在这条横跨辽、冀、晋、蒙、陕、宁、甘、青八个行省156个县、总长达8851.8公里的大墙建设上耗费资财不计其数，牺牲的民工白骨累累。可叹的是，这项工程终究未能将清军挡在关外。

2. 司法与治安

前面在关于公共经济体制和制度性公共物品的叙述中已经涉及司法、治安机构和法律制度、保甲制度，但对于司法和治安这两种公共物品来说，它们仅仅是其部分构成要素或者说是借以完成的必要条件；作为实体性公共物品的司法和治安，是司法机关及其官吏运用法律决狱断案和负责社会治安的机构人员通过执法活动维护社会安全秩序。

（1）司法公共服务

中国封建社会各朝代的基层司法审判是由县令县长实施的。民事案件一般实行一审终审制。对判处当事人有期徒刑以上的刑事案件经县官初审判决后，如原告或被告任何一方不服，原则上允许通过多种法定方式逐级上诉请求再审。① 在这种常规性司法审判程序之外，为了维护法律尊严和保障司法公正，朝廷还向道、路、府、省等较高层级地方权力机构委派专司官员实施司法巡察监督。例如，元朝委派到行省一级的肃政廉防使司、明清两代委派到省一级的提刑按察使，其责权就是监督各路、府、州司法，审覆上诉案、疑难案和民间冤案，以及处断官吏犯罪。② 如诉讼当事人对省、道（路）一级司法审判官员所做判决仍不服，允许继续上诉。这种上诉案连同属于死刑等重大案件，均由中央司法机关③通过审理做出终审判决，其中死刑案还要报皇

---

① 自唐以后各朝代州、府级都专设推官负责审理上诉案件和按规定由县（散州、军、厅、卫）呈报上来有待复核的案件。这类推官绝大部分由具有一定法律素养的进士或举贡担任。康熙六年废除了推官。

② 清代法律规定，按察使司总理全省日常刑狱，但督抚才是行省的最高审级。督抚的司法责权是督促、查檄地方终审；批复按察使司复核无异的徒刑案件，复核按察使司对军流刑的案卷看语，如果没有异议，则上报刑部，听候批复；对死刑案件，由督抚进行复审，做出看语，上奏皇帝，并抄写副本送都察院、大理寺。

③ 一般案件由大理寺一家复核，重大案件则由刑部、都察院、大理寺联合组成的三法司会审，清代对特别重大的案件由皇帝批示交给六部尚书、大理寺卿、都察院左都御史、通政使司通政使共同审理或进行复核审议，俗称“九卿会审”。

帝批准后才能执行。对于民事纠纷案件和轻微刑事案件，宋、元、明、清代一般采取司法机关或基层公共组织获得授权的社长、里正等调解方式加以解决；调解结果对当事人具有法律效力，当事人一般不得再以同样的事实和理由提起诉讼。

对于司法办案，各朝代几乎都在相关法律中明确规定诉讼程序、案件管辖、审判程序和司法回避制度、法官责任制度；对于违法施刑、徇私枉法的审案官员，均明确要依照情节轻重追究其行政或刑事责任。总体趋势是程序愈来愈完备、审级愈来愈分明、会审和死刑复核愈益趋向制度化、法律化。在2000多年的封建社会司法断案实践史上，几乎每个大的朝代都出现过刚正不阿、公正执法或舍身求法的清官，如汉代的赵广汉、黄霸，唐代狄仁杰、徐有功，宋代寇准、包拯、宋慈、马光祖，明代况钟、海瑞、袁可立，清代于成龙、秦国龙等。但是，由于总体上没有改变皇权至上、贵族特权、忽视法治的基本格局，真正不畏权势、为民作主、刚直不阿、公正决狱的清官不仅凤毛麟角，而且往往受到排斥乃至报复陷害；相反，司法官员知法犯法、贪赃枉法、滥施酷刑、杀戮无辜和“衙门口儿向南开、有理无钱钱别进来”的司法腐败现象则是较为普遍、难以治愈的顽疾。至于明朝在正规的司法机关之外，厂卫（东厂、西厂、内厂和锦衣卫）干预司法更是极端君主专制在法律制度上的表现。

两次鸦片战争以后，中国不少先进人物开始呼吁废除行政与司法合一机制、改行司法独立制度，以及推进由以刑律为主到诸法并重的司法改革等。在大势所趋之下，光绪三十二年（1906年）七月，清廷根据大臣戴鸿慈等上书建议，相继推出司法改革措施，将原刑部改为法部，作为司法行政机关，专门管理监狱、执行刑罚等，并负责部分司法审判；将大理寺改为大理院，作为全国最高审判机关，其下设民刑两庭，由推事和庭长组成合议庭进行审判；地方分别设立高等审判厅、地方审判厅和初级审判厅。同时，仿照西方进一步区分了刑事与民事诉讼审判制度，废除了刑讯逼供制度，完善了诉讼程序，并制定了商律、公司律等实体法和程序法。然而，处于内忧外患、风雨飘摇之中的晚清朝廷尚未来得及落实这些司法改革措施就被辛亥革命推翻了。

（2）治安公共服务

中国封建社会历代统治者都十分重视社会治安管理，制定有治安管理法规，主要通过各级专司机构的职能活动，运用户籍、保甲、连坐、刑罚等手段，以保护统治阶级集团人身安全、私有财产安全为重点，维护社会治安秩序。从中央到地方各级政府都设有主管社会治安的专司机构和官员，在中央政府一级，秦汉晋设太尉、卫尉，同时在丞相府设贼曹，并向郡和州派驻都尉、督贼曹、贼曹和督邮等专司机构或官员，唐宋时期向道、路派驻按察使司和提点刑狱公事等。各代在县级都设县尉、在乡级都设游徼负责治安事务，秦朝在乡与县之间还设亭长负责跨乡的区片级治安。与此同时，在京城和大都市不仅设有军警不分的卫戍系统，还雇佣军役振梆摇铃沿街夜巡，用以震慑盗贼、防盗防火。但仅靠这些公共安全机构还难以充分保障大地主、大官僚、大富商家族人身、房产和外出行动安全，因此，在东汉魏晋反复出现的社会动荡、治安混乱时期，上述有权、有钱、有势的家族大多通过蓄养流民和雇佣武士建立“部曲”“民团”或镖局作为补充手段来保障自家安全。例如北魏初期，许多汉族豪强地主自行建立坞堡、拥有武装，北魏政府无力解决，只有承认事实，任命这些坞堡主为“宗主督护”，让他们代表政府去行使基层社会治安职能，维护统治秩序。

3. 教育

秦朝初期，教育大体分为三类：一是官府设置官学负责培养贵族子弟；二是对包括庶族地主在内的广大民众“依法为教、以吏为师”进行教化，包括由乡三老负责进行的基层民众教化；三是朝廷从六国征召的70名博士，除以古今历史文化备作政府顾问以外，还以私人名义传业授徒，即有品级较高、招生名额极少的私立教育。但自公元前213年博士淳于越引经据典批评仆射周青臣当面对秦始皇歌功颂德的行为后，秦始皇根据丞相李斯的建议下令焚书坑儒，在严禁人们议论朝政的同时，自此禁止了私人办学。

西汉建立后，经过短暂恢复，惠帝废除了“挟书令”，文帝开始允许开办私学，武帝采用董仲舒建议，在确立儒家思想正统地位的前提下，逐步建立起由京师太学、地方郡国学和名为“书馆”的幼儿学校构成的官学教育体系。中央和郡国两级政府均设学官专司教育管理，以五经博士为教官，主要以皇家子弟、贵族子弟、官僚子弟和地主子弟为教育对象，重点传习儒家经典。由于官学规模较小，招生人数有限，不能满足教育需求，致使从基础蒙学到相当于官府太学的各级民办学校发展起来，从而形成了官学和私学并行、互为补充的汉代教育模式。东汉、曹魏仍立太学。

西晋初太学规模很大，学员多达3000人，[①] 为改变贵族与庶民子弟混杂相间的状况，晋惠帝时创设国子学专门培养皇亲国戚和五品以上高级官僚的子弟，由此形成“国学教胄子，太学招贤良”的双轨制格局。刘宋、南齐、南梁延设国子学和太学。此外，刘宋元嘉十五年（438年），根据文帝诏令，相继开设玄学、史学、文学、儒学四个学馆，各自聚门徒授业。南梁武帝天监四年（505年），设立法律专科学校，教授贵族子弟学习法律后担任法官。南陈天嘉元年（560年）文帝采纳嘉德殿学士沈不害关建议下诏增建学校，选公卿子弟入学，由助教、博士朝夕讲经。北魏孝文帝迁都洛阳后，同时“立国学、太学、四门、小学”，并设律学、算学、医学专科；宗室也多设家馆延请学者、博士教授子弟。

隋朝虽然仅仅存在了几十年，但隋文帝开国以后就着手建立起由中央和地方官办学校构成的教育系统。中央直属普通教育包括国子学、太学、四门学、书学、算学，面向皇亲国戚和较高品级官僚子弟招收学生，由国子监负责管理；此外，还在太常寺下附设医学博士、在太仆寺下附设兽医博士、在大理寺下附设律博士，负责培养专科人才。

唐代自开国以后就在承袭隋朝教育制度基础上，从横向和纵向两个方面对官办教育体系进行了大力拓展。在官学系统，中央级由“六学”“二馆”两大系统构成，前者是隶属国子监的直系，包括相当于普通大学的国子学、太学、四门学和属于专科学院的书学、算学、律学；后者作为旁系，包括东宫直辖的崇文馆和门下省直辖的弘文馆；此外还有专供皇族幼年子孙读书的小学和归属其他专业部门的各种专科学校，如隶属于祠部的玄学、附设于太医署的医学、附设于太仆寺的兽医学、附设于司天台的天文学、附设于太乐署的音乐学、附设于少府监的工艺学。贞观年间，仅“六学”“二馆”就有8000多名学生，其中“国子学、太学、四门学”负责教育京城七品及其以上官僚子弟，“律学，生五十人，书学，生三十人，算学，生三十人，以八品以下子及庶人之通其学者为之”；“二馆”作为贵族学校只收皇帝、太后、皇后和宰相等高级官员亲属子弟。地方官办学校由镇学、市学、县学、州学、府学构成多层级体系，各州还办有医学专科，统归长史管理，学生除地方各级官吏和中小地主子弟外，也招收部分庶民俊秀青少年。在官学系统之外，唐

---

① 南齐书［M］.

代从小学到大学的私立教育也很发达，作为藏书、读书、教书三结合的民办书院就肇始于唐代后期。

宋朝实行重文抑武国策，因而高度重视发展教育。其中官办教育分中央和地方两大层次。在中央，于国子监下设置国子学、太学并附设小学，还有传授各种专门知识和技艺的武学、律学、医学、算学、书学、画学。王安石熙宁变法时在太学改革方面实行“三舍法”，将太学分为上舍、内舍、外舍，在一定年制及条件下，外舍生得升入内舍，内舍生得升入上舍，最后经过考试分别规定其出身并授以官职。在地方，仁宗庆历四年（1044 年）开始在州（府、军、监）和县两级设立官学并附设小学，颁置学田作为学校的固定经费来源，逐步建立起廪养、[①] 教学、考试、奖惩以及向国子监输送监生的贡士制度。熙宁四年（1071 年）在诸路设置专管教育的学官（崇宁二年定名为提举学事司），掌一路州县学政。与官学并行的是从启蒙学塾、义学到成人书院的民办教育系统。宋初时统治者仍忙于军事征讨，无暇顾及兴学设教，于是私人讲学的书院遂得以进一步发展。待官学系统健全起来以后，民办书院一度衰落。后来，官学因日益蜕化为科举附庸而趋腐败，导致南宋时期兴办书院之风再起。政府支持书院发展的主要途径是赐予一定规模的学田。

元代教育同样分为官、民两大系统。在官办教育中，在中央设置国子学，包括普通国子学、蒙古国子学和回回国子学；在地方，路、府、州、县四级均设置传习四书五经的儒学，还增加了乡村级社学。[②] 民办教育系统包括庙学、私学和书院等多种形式，政府通过学田制加强对书院控制，使书院逐渐出现官学化倾向。

明朝从立国之初就非常重视教育，在元代基础上形成了堪称完备的官学教育体系。其中，在中央有国子学、宗学、武学；在地方除设置府、州、县、社四级普通教育类学校外，还设有医学、武学、阴阳学等专科学校。同时，建立起各级学校学生依据成绩由低向高依次递进接受教育的上升通道，即社学中优秀者可以进入县、州、府学习，县州府学中比较优秀者可以通过岁贡、选贡、恩贡、纳贡等途径进入国子监求学。

---

① 规定教官名称、职责以及学生人数和待遇。

② 元朝规定，各县所属的村庄以五十家为一“社”，设社长一人，并设学校一所，以“教劝农桑为务”，农忙时忙碌劳作，农闲时则令弟子入学。

清朝教育体系大体延续明朝格局，在京师设国子学，在地方府、州、县、社分别设以儒学为主要内容的官学。此外还有官办、民办的书院和纯民办的私塾、义学。清朝末年，官办教育系统被西式学堂和学校所代替。

4. 思想文化与科学技术

广义的文化包括物质文化、制度文化、思想文化和科技文化。前面已从公共经济体制和制度性公共物品供给角度简要涉及了制度文化，并且从政策角度叙述了思想文化类公共物品。这里重点叙述中国封建社会各朝代在思想文化和科技文化方面提供的公共物品。

秦代推行焚书坑儒政策时，焚毁的是儒家学派的思想文化产品，依然保留了法家、阴阳家、兵家、史家和农学、金属冶炼学、天文学、算学、医学、度量衡技术等文化典籍，并且在官府中设置有关机构组织推动相关研究活动。汉武帝按照董仲舒建议反其道而行之，改行“罢黜百家，独尊儒术”，从而使孔孟为正宗的儒学上升为居统治地位的思想文化，在中央和地方设置儒学五经博士，整理研究、注疏宣教儒家经学著作及其中包含的思想文化。但实际上只是将经过董仲舒改造过的儒家思想提升到中心位置，并没有绝对排斥包括军事学、律法学、农学、算学、医学、哲学、天文星象学等其他任何学科、学派。因此，秦汉时期，中国传统的农、医、天、算四大学科在汉代已经形成了自己独特的体系。《九章算经》《素问》《本草经》《相六畜》等著作均已问世，金属冶炼技术也不断进步。

东汉、魏晋时期，传统儒学文化地位下滑，一些方士将秦汉时期出现的以天帝为首、四方诸神拱护的神权系列加以筛选改造，逐渐推出以黄帝、老子为教主的道教，使之以相对完整的宗教思想体系成为具有广泛影响的本土宗教，祖述老庄、兼宗《周易》、崇尚清谈的玄学也相应地被抬升为官学，一直延续到宋代中期。与此同时，产生于印度的佛教于东汉初年传入中国，并适应中国国情逐步本土化，成为对中国思想、文化和艺术产生很大影响的宗教文化。

隋唐宋三代，由于科举制代替九品中正制作为选官取士的主流途径，科举考试命题判卷以儒家和道家思想文化为依据，从而将知识分子思想文化的主流趋向引导到以儒学、道学为正统的轨道上来。阶级矛盾和民族斗争推动了佛道两教与儒学的渗透融合，思想文化研究日益越出儒家传统经典范围，成为涵盖经学、文学、史学、哲学等多门学科文化的综合性学问，形成了以理学和心学为代表、一直影响到元明清三代的宋代新儒学。与此同时，唐宋两代商品经济的发展和国际经济文化交流的扩大，中国发明的火药、印刷术、指南针、制瓷技术、针灸医术等传入阿拉伯世界，进而辗转传播到欧洲地区；而“阿拉伯数字”和“笔算法”则由阿拉伯传入中国。

元明清时期，由于元和清两代属于外来少数民族统治中原，对汉族知识分子充满疑惧心理，而明朝自朱元璋开始就将皇权发展到极限，由此导致思想文化专制一代甚于一代，主要通过官方编纂图书、禁绝评议朝政和文字狱等途径实施。明成祖朱棣组织编纂《永乐大典》对于整理保存历史文献具有重大积极意义，但也借此之机将毁灭了很多不利于维护专制统治的文献。明朝的思想文化专制到神宗、熹宗时期渐次达至顶峰。为禁绝知识分子借助书院为平台讽议朝政、评点时弊，维护朱姓皇族集团统治，熹宗于天启五年（1625年）下诏，在拆毁东林书院的同时烧毁全国书院，杨涟、左光斗等许多著名东林党人遭到魏忠贤及其党羽杀害，开启了中古历史上禁止学校师生议论朝政和士人“因言获罪”的先例。到清朝，既通过编纂大型类书《古今图书集成》（康熙、雍正朝）和《四库全书》（乾隆朝）删除、毁灭古书中有碍封建专制统治的部分，[①] 又通过大兴文字狱极其严厉地钳制民众之口，大肆镇压观点相异的士人，制造思想文化恐怖，使思想文化专制达到万马齐喑的地步。在此背景下，人们已无法进行具有独到见解的思想理论探索，于是将研究重点转向脱离实际的文献考据轨道，丧失了以思想理论创新支持社会实践创新的根本功能，创新性思想文化和自然科学研究成果越来越少，导致中国思想文化科技步入日益衰退的低谷。与此同时，由于明朝时期自郑和下西洋结束后开始强化海禁、限制国际通商，清朝则在文化、政治、经济领域全面推行封闭锁国政策，致使思想文化和科学技术愈益趋向闭目塞听境地。

尽管如此，一些封建王朝也曾通过提供公共物品从以下四个方面促进了思想文化和科技文化发展。

一是中央王朝设馆藏书起到了保存文化典籍的作用。西汉建立不久，刘

---

① 按照乾隆关于“菁华已尽，糟粕可弃”的要求，凡佛道、戏曲、小说等概不辑录，对于违碍封建统治的言辞更是毫不留情面、一概删去。据统计，乾隆编纂《四库全书》时销毁的各类书籍多达15万册，销毁版片170余种、8万余块，对明代档案进行了系统性的销毁。甚至对邓御夫所著《农历》和涉及军事发明的科技著作也弃置不录。

邦就下令各地征集散落于民间的各种图书，将大量图书收藏在秘书监主管的石渠阁、天录阁。尔后的各主要王朝大都沿袭这一做法，各代主要藏书场所如东汉的秘书监、东观，隋朝的秘书监、观文殿，唐代的秘书监、崇文院，宋代的崇文院，明代的翰林院、澹生堂，清代前中期的七阁[①]和末期仿照西方建立的京师图书馆。湖北省还于1904年创办了第一个省级图书馆。尽管这些图书馆并不通过对社会开放直接惠及广大民众，但客观上有利于保存和传承历代创造的思想文化和科技文化文献。

二是中央王朝组织人才汇编大型综合性丛书和专业性图书，用以整理、保存和运用历代积累起来的自然和社会科学知识。一类是大百科式的综合性丛书，如宋代太祖、太宗组织编写的《太平御览》，明成祖组织编写的《永乐大典》，清朝康熙、雍正父子两代组织编写的《古今图书集成》和乾隆时期责成纪昀组织编纂的《四库全书》。[②] 另一类是专业性图书，如唐太宗为汇集古代先贤关于国家治理思想理论而责成魏征选编的《群书治要》，宋英宗责成司马光主持编纂供作公共经济治理参考借鉴的大型史书《资治通鉴》等。

三是根据统治需要设置天文历法、医药、军事等专门机构开展多领域的科技活动。例如，西汉以来各朝代普遍设置的天象历法机构，[③] 通过观察研究日月星辰天体运行变化，编制并不断改进历法、出版历书，[④] 用以为农业生产提供指导服务。这些机构通过对日月盈仄、行星运行、恒星出没、星球交食、天空分区、晷影漏刻等现象进行记录分析，做出很多先于国外的天文学发现。其中，在地学知识发展方面，汉初中央王朝组织人员绘制出具有相当精度、

---

① 包括“北四阁”——北京紫禁城文渊阁、圆明园文源阁、沈阳文溯阁、承德文津阁；“南三阁”——扬州文汇阁、镇江文宗阁和杭州文澜阁。

② 《四库全书》收录图书3462种，共计79338卷（相当于《永乐大典》的3.5倍），约八亿字。

③ 掌观察天象、推算节气、制定历法的机构，在秦、汉至南朝为太常寺所属的太史令；隋朝为秘书省所属的太史曹（炀帝改曹为监）；唐初改太史监为太史局，后曾数度改为隶属于秘书阁或秘书省的浑天监察院、浑仪监，开元十四年（726年），复为秘书省下的太史局，乾元元年（758年）又改称司天台；五代与宋初称司天监，元丰改制后改太史局；元代称太史院；明时沿用宋代叫法称司天监，后期改为钦天监；清朝时官职沿明制，仍属钦天监。

④ 据有关统计，中国各历史朝代中颁行过的和没有颁行过的历法共约一百种，绝大部分收集在《二十四史》的《律历志》中。

技术、形制的地图，东汉官方编纂出中国第一部以“地理”命名的地学著作《汉书·地理志》，唐宋统治者也从满足军事指挥需要出发，组织人员日趋详细地编修地图。在医药学知识发展方面，唐朝太医局在负责宫廷和最高级官员医疗事务的同时，还根据圣谕组织编写并颁布了堪称世界上第一部国定药典的《唐本草》；宋代太医局继续组织编修本草和方术，先后修成《开宝本草》《嘉祐本草》《图经本草》《证类本草》和《圣慧选方》等医书。在农学知识积累和发展方面，南宋陈旉（1149 年）写出第一部汇总南方水田农业技术的综合性农书（后人称为《陈旉农书》）后，地方官吏随即将其刊印传播；明代《永乐大典》和清代《古今图书集成》《四库全书》收入包括《齐民要术》《农政全书》等多种农业科技类图书。在天文历法等相关知识领域，元代任太史院同知的郭守敬通过至元十六年（1279 年）领导开展全国范围的天文测量，于次年（1280 年）完成古代最精密的《授时历》，除在天文数据上实现了显著进步外，还在计算方法方面做出较大创造和革新，例如他所创造的景符、仰仪等天文仪器反复运用了针孔成像原理，就是光学史上的一项突出成就；明代成立于 1629 年的“历局”，在徐光启主持下主动开展了大量以数学为根本，兼及气象、水利、军事、建筑、力学、测量、医学、算学、音乐等多学科的科学技术研究活动。此外，宋代建立后不久，还根据御边需要组织力量研究发展地理学、化学、机械等科学技术，首先将火药用于军事，并建立起专门制造火器的“兵工厂”。

四是奖励科技发明人。宋代朝廷由于兼重“儒术”与“商业”，较为一贯地实行鼓励工商的产业政策，因此对科学技术发明创造常予奖励，有力地激发了人们创造热情、促进了科技进步。正因如此，宋代科技发明最多、科技进步最快，指南针、火药的大规模使用和活字印刷术发明都出现于北宋并非偶然。

国内外科学史学界较为公认的看法是，自公元前 2 世纪至公元 16 世纪长达 1800 多年中，中国创造的经验性技术一直领先于世界其他各国。英国学者李约瑟在其《中国科学技术史》一书中列举出中国从公元 1 世纪到 18 世纪 100 项科学技术发明，其中仅传到欧洲的重要发明就有 26 项，其中指南针、造纸术、火药、印刷术四大发明对世界工业和自然科学技术发展所起的推动作用更是无与伦比。中国科学院自然科学史研究所 2013 年 8 月成立“重要发明创造”研究组，启动“中国古代重要科技发明创造”评选活动，经过国内专家学者推选并征求国外科学技术史学者专家意见，推选出 85 项。[①] 对于这些发明的产生，如果绝对否认历代封建王朝以提供各种相关公共物品所起的积极促进作用，则有失偏颇和客观，但同时也必须承认，除国防军事、天文历法、部分医药等少量自然科学技术成果主要由政府机构提供以外，大多数发明来自于民间。即使像东汉造纸术、[②] 北魏《水经注》[③] 和《齐民要术》、[④] 北宋《梦溪笔谈》、[⑤] 元代《王祯农书》,[⑥] 以及明代《本草纲目》、[⑦]《农政全书》、[⑧]《天工开物》[⑨] 这样一些在中国古代史上熠熠生辉的科技成果，其发明者或著作权人虽然都曾在朝廷担任过高低不等的官职，但他们做出科学技术发明或撰写出的各学科著作没有一个属于他们的职务发明，而是他们出于对社会发展的责任感和对科学技术的爱好之所为。

自明朝中期起，随着西方传教士陆续进入中国，西学东渐大幕逐步拉开。特别是 19 世纪中叶清朝在两次鸦片战争中均以失败告终，惊醒了中国众多有识之士，奋起展开以“师夷之长技以制夷”为旗帜的洋务运动，开始大规模学习引进西方和日本近现代思想文化、科学技术知识。但这并非统治阶级的主动作为，而是在官方千方百计加以戒备、限制的情况下，通过西方传教士民间传播和中国民间知识分子通过经商等途径实现的。至于清朝委派大臣出使西方考察学习，并于 1905 年以后，相继废科举、兴学校，允许办报办刊、渐次开放舆论，乃是清廷在马上就亡国的威胁之下不得已而为之，而且为时已晚。

---

① 中国科学院自然科学史研究所“发明创造”研究组：中国古代重要科技发明纵览［J］. 决策与信息，2015（8）.

② 发明者蔡伦曾先后以太监身份担任小黄门、黄门侍郎和常侍。

③ 作者郦道元北魏时曾任御史中尉、北中郎将、冀州长史、鲁阳太守、东荆州刺史、河南尹等职。

④ 作者贾思勰曾在北魏和东魏担任过高阳郡太守等职。

⑤ 作者沈括曾任扬州司理参军、太子中允、提举司天监、史馆检讨、三司使、延州知州等职。

⑥ 作者王祯在元成宗年间先后在两个县担任过若干年县尹。

⑦ 作者李时珍先担任楚王府“奉祠正”（1551 年），尔后又经推荐担任朝廷“太医院判”（1556 年起）。

⑧ 作者徐光启曾担任翰林院庶吉士、詹事府左春坊左赞善、礼部右侍郎兼侍读学士。

⑨ 作者宋应星曾任江西省袁州府分宜县学教谕。

5. 社会保障

中国封建社会各朝代提供社会保障类公共物品是以儒家思想为指导进行的，但就统治者而言，主要宗旨并不在于实现“人不独亲其亲，不独子其子；使老有所终，壮有所用，幼有所长，鳏、寡、孤、独、废疾者皆有所养”[①] 的大同社会理想，而是作为维护社会稳定、巩固王朝统治的安民之策加以实施的，并从这个意义上将其视为自己的分内之责。[②]

在履行社会保障责任时，各代封建朝廷自觉或不自觉地注意区分政府与居民各自责任。即在正常情况下，养老、抚幼、扶残和由小灾小荒引起的困难等，由家庭自己负责解决；政府主要负责提供以下三种救助类社会保障：一是对无人赡养、生活无着的鳏、寡、孤、独、残五类社会成员给予救助；二是对高龄老者的尊重而给予福利性照顾；三是在发生严重自然灾害年份对灾民生活予以救济，并采取措施扶持生产恢复。与此同时，政府在提供社会保障类公共物品时并不全部包揽，而是充分发挥宗族、社区和慈善机构的作用。民办社会保障机构分为世俗和宗教两类。其中，世俗民办社会保障机构的举办主体包括宗族、社区、商会等，其所需房屋、土地、钱粮等资源主要来源于国民义务纳输、会员缴纳会费和乡绅、商贾捐助，政府有时也给予某种方式的赋税政策支持。其中，宗族保障是以族田和义庄为依托，对本族内部贫困无依的家庭和个人予以救济性扶助。社区保障主要采取一定范围的社区居民向义仓缴纳粮食，遇灾荒年景则向困难户开仓放粮。商会保障一般采用会员制，先由会员按章程缴纳互助性会费，待会员发生生活困难时则依照条件予以救助，如苏州的安徽会馆、杭州的新安惟善堂等。宗教机构提供的社会保障主要有佛教寺院举办的悲田院和天主教、基督教会开办的医院、孤儿院、养老院等。

政府提供社会保障类公共物品的手段和方式包可以归纳为七种：一是因

---

① 礼记·礼运［M］.

② 对此，孔丘有云：“丘也闻有国有家者，不患寡而患不均，不患贫而患不安。”（《论语·季氏》）孟轲说道：“天下有溺之者，由己溺之，天下有饥之者，由己饥之。”（《孟子·离娄下》）西汉大儒董仲舒指出：“使富者足以示贵而不致于骄，贫者足以养生而不致于忧。以此为度而调均之，是以财不匮而上下相安，故易治也。”（《春秋繁露·制度》，中华书局，1975 年）司马迁则认为：“民无食，济之当如拯溺救焚。”（《史记·食货志二》）

灾减免税赋、徭役[1]，同时以多种方式接济灾民生活。如开常平仓、惠民仓等向灾民发放粮食，或无偿施与粥饭，或发放一定数额的货币予以赈济，抑或是以工代赈。二是向灾民贷放钱款、耕牛、农具，帮助他们尽快地恢复生产。三是为社区发挥救助职能提供税赋支持，如以法律规定农民区分不同户等在丰年、常年向义仓缴纳义租。[2] 四是直接出资举办机构收养鳏、寡、孤、独、残疾人员。如唐代设普救病房、悲田院收养贫病无依的乞丐；宋代设福田院收养鳏寡无依靠老人，设居养院收养贫病之民，立养济院收养鳏寡孤独的穷人和乞丐，立惠民局雇医备药为无人抚养的病患者诊疗发药，立慈幼局收养孤儿，设漏泽园用以丛葬无主尸骨及家贫无葬地者；明清设育婴堂收养孤儿、弃婴等。[3] 五是对到龄致仕的政府官员按照法定替代率给予养老金保障。六是作为优老措施对达到规定年龄的长寿老人给予福利性实物补助。[4] 七是当大灾之后发生伴随性瘟疫或者单独发生重大瘟疫时，政府和民间慈善机构组织医疗队伍前往灾区巡回诊疗、发放防治药物。各代政府的社会保障职能通常均由民财综合部门承担，如西汉的大司农和隋唐宋明清的户部。随着时间推移，各类社会保障特别是救灾工作愈来愈走向法律化、程序化、制度化、公开化。所谓法律化、制度化，就是中央政府实施社会保障措施一般以皇帝诏令为法律依据、按规定程序有效落实，而地方政府则往往通过区域性政令加以推行。同时，为了有效落实社会保障措施，还逐步形成了一套奖惩和监督机制。[5] 例

---

① 如唐朝法律规定：因水旱等灾害“十分损四以上免租，损六以上免租、调，损七以上课、役俱免”。——唐六典·户部尚书［M］．北京：中华书局影印，1983.

② 据有关史料，义仓始创于北齐，朝廷规定州、县设仓专储由农民以义租名义缴纳的粮食，以备发生较大灾荒时向严重缺粮户发放救济粮。隋文帝开皇五年（585 年）始设义仓时规定：“奏令民间每秋家出粟麦一石以下，贫富差等，储之里巷，以备凶年，名曰义仓。”后又实行积储之法，居民按其田产分上中下三等纳粮：上户不过 1 石，中户不过 7 斗，下户不过 4 斗。唐初置义仓及常平仓，元和中改称常平义仓。清代规定，州、县设常平仓，市镇设义仓，乡村设社仓，互相区别。

③ 郑功成：社会保障学［M］．北京：商务印书馆，2000：56 - 65.

④ 例如，明朝洪武十九年朱元璋发布诏令要求地方政府对年届 80 岁及其以上老人区分家庭经济状况按月发放衣食补助。具体规定为：“贫民年八十以上者，月给米五斗，肉五斤，酒三斗；九十以上者加帛一匹，絮一斤。有田产者，罢给米。”——明会要·民政二［M］．北京：中华书局，1956.

⑤ 王君南：基于救助的社会保障体系——中国古代社会保障体系研究论纲［J］．山东大学学报（哲学社会科学版），2003（5）．

如，《大明律》规定，有匿灾不报的，地方官员要杖八十。对于实行官督民办仓储制度的预备仓，明弘治年间规定："州县十里以下积万五千石，二十里积二万石，卫千户所万五千石，百户所三百石"，并依储藏多寡为依据进行考核："不及三分者夺俸，六分以上降调。"[①] 再如，清代规定，因灾减免赋税政策要出示告谕、刊刻免单、按户付执并取具里长甘结，以程序化措施保证政策落实的公正性。

值得提及的是，理学在其盛行的700年内对救助性社会保障体系的建立曾起过不容忽视的助推作用。作用途径和方式包括：倡扬理学者自行办理社会救助，影响带动官方实施社会救助；受到理学熏陶的商人出资办理社会救助。[②] 救助内容除办书院、订乡约以激励品德外，主要包括：办义庄，以救贫恤孤，资助教育；办社仓，以备荒歉。其对官方实施救助型社会保障的助推作用表现在，宋代之前的官方社会救助活动多属临时性质；自宋开始，各州县普遍设立各种专司社会救助职能的永久性机构。

6. 国防

国防与军事是两个相互关联、交叉而又具有实质性差别的概念。国防依靠军事，但核心在于防御外敌、保护国土完整和人民安定安全。与此不同，军事行动包括对内镇压、对外战争两方面，对外战争又包括抗击外敌侵扰和主动侵略扩张两种情形。鉴于侵略扩张性军事行动尽管对本民族国家利益有所贡献，但并不值得提倡，所以，我们在讨论中国封建社会公共物品供给时，讲国防而不讲军事。

秦朝立国后仍然保留雄兵百万，国防任务主要是抗御北方匈奴侵扰。前已提述及，秦朝曾为此耗费大量公共经济资源修建长城和北向驰道、直道，同时派大将蒙恬和扶苏率30万大军屯驻上郡，于公元前215年收复河套地区并进一步斥逐匈奴，尔后徙民几万户屯垦戍边。

汉初实行无为而治、与民休息政策，在北方暂以和亲方式维护边塞安全。经前几代休养生息，府库得以充实，国力大为强盛，汉武帝便在军事方面改弦更张，北击匈奴，东并朝鲜，南征百越，攘夷扩土。至汉宣帝时，国土东

① 明史·食货三［M］．北京：中华书局，1974.

② 明清时期，由于商人财力雄厚，商人阶级普遍组织行善团体参与社会救助活动，贡献尤为显著。

至朝鲜、西逾葱岭、南包越南、北达蒙古，版图扩展到609万平方公里，与同时期罗马帝国遥相并立，成为当时分处欧亚大陆东西两端、拥有先进文明的强大帝国。

西晋承袭曹魏领土后又统一孙吴，疆域北至山西、河北、辽东，与南匈奴、鲜卑及高句丽相邻。长达16年的“八王之乱”给北方胡族政权侵袭中原以可乘之机。石勒入侵中原，北疆只剩淮南、江陵一带。东晋代西晋而立后，采取以攻为守方针，桓温、祖逖、褚裒、殷浩、谢玄、刘裕等多次组织兵马进行北伐，虽然时而收复过部分失地，并在与后来入侵中原的前秦展开的“淝水之战”中取得全胜，但直至东晋灭亡都未能恢复到西晋时的版图。

隋朝建立后，先是攻灭南陈，继而吞并吐谷浑、伊吾，使疆域东起辽河、北抵大漠、西至敦煌、南据交趾，国土面积达到467万平方公里。隋文帝驾崩不久，隋炀帝凭借此前蓄养起来的国力，在612至614这三年里相继三次征伐高句丽，实质上均告失败，徒然耗尽大量财力、损失众多兵民，导致民不聊生、各种矛盾加剧，引爆农民起义，最后以国灭身亡而终。

唐朝建国后，东突厥将契丹、室韦、吐谷浑、高昌诸国置于臣属，并且时刻伺机入侵中原。李世民率领大军攻灭东突厥与薛延陀，征服高昌、龟兹和吐谷浑，平定了外患，加之岭南冯盎降服、虔州林士弘死，至此汉地基本统一于唐，极盛时疆域东起日本海、南抵顺化、西达咸海、北逾贝加尔湖，成为无须修建拒胡长城的大一统王朝。但由于唐玄宗后期好大喜功，边境将领为讨其好，经常挑起对异族的战事以邀战功。安史乱后，因大量河陇边兵参与平乱导致边防空虚，吐蕃趁势占领河陇及湟水地区。直到大中至咸通年，唐朝才击溃吐蕃收复河陇，重新打通丝绸之路。

宋朝由于在国策、兵制和军事管理机制等方面存在一系列缺陷，导致官军在北拒辽、金、西夏、蒙元等外族入侵骚扰的国防战争中屡屡失败。在岳飞领导下越战越强的民军本来有望从金手中收复失地，但高宗赵构却出于私心与秦桧合谋以“莫须有”罪名将岳飞陷害致死，以致宋朝在偏安南方100多年后被代金而起的元朝所灭。

明初在加强国防方面采取过很多措施。在北方，敕封十三大塞王①统辖漠

① 按其自东到西镇守区位顺序分别为韩王、沈王、辽王、宁王、齐王、燕王、谷王、代王、晋王、安王、秦王、庆王、肃王。

南40余个卫所镇守边塞前线。永乐年间，由于天气转寒、农耕不济和蒙古复振，北部边境两次内迁，之后又修建长城、设九边重镇①防御蒙古进攻。在东北，明初置辽东都司镇边御敌，后因邻国高丽大肆扩张领土，1393年将辽东都司内迁至铁岭卫，默许李氏朝鲜占据鸭绿江以东、图们江以南地区；朱棣时曾招抚女真部落、设奴儿干都司，建立了130多个卫所，至万历年间镇守卫所增加至384个，但到明末辽东却渐被后金所占。在西北，明初先后设置哈密等多处卫所，1472年哈密卫被吐鲁番攻陷占领10年，弘治年间三失三复，1528年后嘉峪关以西皆为吐鲁番所据。在西南，1370年何锁南普等率吐蕃诸部归降，明廷在青藏地区设乌思藏、朵甘卫指挥使司。1382年，明军平定云南全境后，除正式府州外，相继设置12个宣慰司，疆域曾涵盖今缅甸、老挝大部及泰国西北部直抵孟加拉湾，但到明朝中后期这些地区多被周边国家所吞占。在南方，1406年明军进攻安南，次年始设交趾布政使司，经1427年安南独立后又请降的周折，1540年再度在安南设置都统使司；1553年葡萄牙租借澳门，获得船只停泊权，1557年取得殖民居留权。在东南沿海，明中期倭寇猖獗，戚继光率领的戚家军1561年以九战九捷的战绩迅速扫平浙江倭寇，继而进入福建、广东配合俞大猷彻底肃清了所有倭寇；但稍后，1624年荷兰殖民者占领台湾南部，1626年西班牙殖民者进入台湾北部，1642年荷兰赶走西班牙后占领台湾大部，直至1662年郑成功驱逐荷兰侵略者，尔后明设承天府镇守台湾。明朝末年，随着政治军事渐趋腐败、阶级矛盾日益尖锐，国防陷入极度空虚，致使羽翼渐丰的满清入关取国已大势所趋。

清朝前期，统治者统一了蒙古诸部，重新将新疆和西藏纳入版图。到乾隆年间，中国成为当时世界上一个领土辽阔、人口占总数1/3左右的多民族大国，疆域西抵葱岭和巴尔喀什湖，西北囊括唐努乌梁海，北达漠北和西伯利亚，东到太平洋（包括库页岛），南含南沙群岛。但自19世纪起，相对于蓬勃兴起的西方列强和借明治维新而迅速崛起的东邻日本而言，由于公共经济制度和思想文化老朽僵滞，清帝国综合实力急遽衰退，日益腐朽的八旗军队、在洋务运动中操练装备起来的新军和北洋水师在船坚炮利的列强面前变

---

① 是指在东起鸭绿江、西抵嘉峪关、绵亘万里的北部边防线上相继设立的辽东镇、蓟州镇、宣府镇、大同镇、三关镇、榆林镇、宁夏镇、固原镇、甘肃镇；嘉靖二十一后随着防务加重，明朝又在九边基础上析置众多新镇。

得不堪一击。自1840年第一次鸦片战争起到辛亥革命时，除1875至1878年清军与之战取得胜利、收复新疆外，在期间发生的1856年第二次鸦片战争、1894年甲午战争和1900年八国联军进攻北京等历次战争中均以战败求和割地赔款告终。这不仅使中国丢失了台湾、琉球群岛、外兴安岭等大片领土，导致清朝国土总面积从极盛时期约1316万平方公里缩水至1908年的1135万平方公里。

7. 外交

在讫至清朝的中国历史上，各代君王一直认为华夏是文明世界的中心，中国皇帝是整个世界的领导者，从而视周边所有国家为“化外之地”，从而将其蔑称为东夷、南蛮、西戎和北狄。与此同时，由于作为中原大国的各代王朝幅员辽阔、经济文化都较发达，对周边国家具有较大影响力，从而逐步形成了一个囊括朝鲜半岛、日本、琉球、苏禄（菲律宾）、安南（越南）、缅甸、南掌（老挝）、暹罗（泰国）乃至整个东南亚地区的“中华文化圈”，中国与中华文化圈内其他各国之间形成一种宗主国册封、护卫和附属国朝贡、服从的国际关系。但是，与北方和西方周边国家之间的关系却多随双方实力对比的改观而不断发生大幅度的离合亲疏变动。至于欧亚大陆上距离更远的国家，由于高山、大漠隔阻，中国则难得与它们交往联系。就中国封建社会历史上存在过的众多大小王朝而言，有些倏忽而过的王朝并非拥有外交的全能政府，有些王朝尽管存在某种程度和形式的外交，但其地位和作用在整个公共经济中微乎其微，从而不具有研究价值。所以，我们这里仅略述部分王朝提供的外交类公共物品情况。

一是西汉。汉初，鉴于经济凋敝、人民困穷、国力薄弱，从高祖至景帝都对周边国家采取两种外交政策，即对北部强邻匈奴以防御为目的、以和亲政策相安抚，对其他邻国实行和睦相处的怀柔政策。汉武帝凭借前代以政府“无为而治”方式积累起来的财力和民力，于强化内政、对外用兵的同时，在外交方面转而采取积极进取政策，两次派张骞出使西域，寻找同盟力量，以“断匈奴右臂”，不仅实现了联合乌孙共击匈奴的目的，而且通过张骞分遣副使往大宛、康居、月氏、大夏等国沟通联络，相继引西域诸国遣使者来汉。此后，汉王朝派往西域各地的使者和西域各国派往汉朝的使者络绎不绝，各国商人也频繁地往来于内地和西域之间，由此开辟了沟通中原与西域各国经济社会联系的丝绸之路。武帝驾崩后，由于国库重归空虚，汉朝政府对北方强邻的外交政策也随之重返和亲轨道，以保政治平安和经济繁荣稳定。为了统辖西域诸国、管理屯田颁行朝廷号令，同时便于在诸国发生变乱后及时发兵征讨，于公元前60年西汉在乌垒城（今轮台县境内）设立西域都护府，汉宣帝任命郑吉为第一任西域都护作为中央政府派遣管理西域的最高军政长官。在东方，当时日本30多个小国和汉朝来往。东汉时期，班超受命再次出使西域，同时派副使甘英出使大秦（罗马帝国），尽管甘英只到达了波斯湾的安息西境就因不明情况而返回，但大秦国王安敦于166年派使正式来到中国，肇始了中国与欧洲国家正式交往之端。

二是唐朝。由于李世民实行了较为理性的公共经济治理，开国时间不长就出现了“贞观之治”，以此为基础，唐王朝与周边各国逐步展开派睦邻友好外交，太宗时即开始与天竺互派使者友好往来；对吐蕃实行和亲和番政策；德宗派宦官杨良瑶出使黑衣大食，百余年间大食派使者来华多达30余次，由此建立起唐与阿拉伯国家之间的政治、经济与文化交流关系。由于唐王朝奉行与周边国家和平共处、友好交往的外交政策，阿拉伯、朝鲜、日本、安南等许多国家派遣外交使节、留学生和僧侣来长安学习知识、切磋佛术，商旅之人更是络绎不绝，有力地促进了中国与国外的经济文化交流，扩大了中国对外部世界的经济文化影响。由于海上丝绸之路的发展，唐政府在广州设置市舶使管理对外贸易。

三是宋朝。继续与西方保持友好平等的关系，首都开封比唐朝首都长安更加繁华、更加开放，前来经商、读书和切磋佛术的外国人由亚洲各国扩展到非洲、欧洲，从而有“八荒争凑，万国咸通”，“万国舟车会，中天象魏雄”的美誉。宋朝商人比外国商人更加活跃，乘船沿南亚走向波斯湾、阿拉伯直至非洲。“当时（宋代）我国的船只已经航行于印度洋各地，包括锡兰（今斯里兰卡）、印度次大陆、波斯湾和阿拉伯半岛，甚至达到非洲的索马里。”① 但是，宋朝由于军事疲软，在抗击北方少数民族政权的战争中每每以战败求和结束，以致形成宋朝廷与辽、夏、金之间以年奉换和平的屈辱性外

① 本书编写组：中国古代经济简史［M］．上海人民出版社，1982.

交格局。①

四是明朝。开国次年（1369 年）朱元璋就派吴用、颜宗鲁、杨载等出使占城、爪哇、日本等国，此后每年都派几批使臣出使邻国，同时外国使团也不断来中国朝贡，出现了“洪武初，海外诸蕃与中国往来，使臣不绝”的兴旺景象。明王朝与周边邻国之间表面上是一种后者向前者“称藩纳贡”和前者册封和赏赐后者的宗藩关系，实际上主要是为了显示中央大国的繁盛富裕和泱泱风度。为此，朱元璋亲自制定并贯彻了与周边国家外交往来方面“厚往薄来”原则，同时颁布“祖训”，要求子孙后代坚持睦邻友好的外交政策，将朝鲜、日本、安南、真腊、暹罗、占城、苏门答腊、爪哇、湓亨、百花、三佛齐、渤泥等十五国列为不征之国。朱棣承继父志，继续实行对外开放、积极发展睦邻友好外交关系，继位当年（1403 年）就至少派遣十批使者分赴各国，其后二三年间（1404—1405 年）又有六批使者被派到安南、占城、婆罗、爪哇、朝鲜等十多国，厚施赏赐，宣谕友好，以示怀柔、招徕进贡；自永乐三年（1405 年）逐步放宽海禁，对海外朝贡国家实行更为开放的经济文化交流政策。在修睦近邦的同时，朱棣还着眼于扬名远方、怀柔远国的考虑，不惜花费巨资，责成三保太监郑和修大船、备好货，自 1406—1433 年相继七次经太平洋、印度洋到达红海沿岸和非洲东海岸地区，沿路访问亚非 30 多个国家和地区，不仅几乎每次下西洋归来都有外国使团随郑和船队一起到明朝廷接受朝见，而且打通了中国与西洋诸国的海上通道。据统计，永乐一朝总计遣使亚非各国 61 次，西洋 30 余国与明建立了友好的朝贡关系，② 形成了“连年四方蛮夷朝贡之使相望于道”“四夷君长执贽献琛顶踵相望”“诸蕃使臣充斥于廷”的火热局面，其中永乐十四年（1416 年）、十七年（1419 年）两次竟然出现古里等 17 国、19 国齐来朝贡的空前盛况，同时也使中西贸易兴

---

① 景德二年（1005 年）与辽朝缔结澶渊之盟，每年向辽方奉献“岁币”银 10 万两、绢 20 万匹，1045 年起又增至银 20 万两、绢 30 万匹；1044 年与西夏议和，宋每年向西夏奉献“岁赐”银 7 万 2000 两、绢 15 万 3000 匹、茶叶 3 万斤，又增至银绢各 10 万两、匹；1120 年宋与金议和，宋每年向金奉献“岁币”30 万匹布、20 万两银，100 万贯钱，1139 年改向金称臣，每年岁币增加到银 25 万两、绢 25 万匹，公 1165 年减为银 20 万两、绢 20 万匹。

② 其中，专奉或兼奉佛教的有暹罗、真腊、锡兰山等 10 个国家，专门崇奉伊斯兰教的有满剌加、苏门答腊、祖法儿、阿丹、忽鲁谟斯、天方等 12 个国家，还有兼奉伊斯兰教和回教的爪哇、旧港和古里等 3 个国家。

旺一时。但自永乐开始由政府垄断对外贸易的海禁政策并未大规模放松。直至隆庆元年（1567 年）明政府才放弃海禁政策，允许民间赴海外通商，出现一个比较全面的开放局面。

五是清朝。满清入关执政前期，由于日本等周边邻国一时还不承认其统治的合法性，加之害怕残存的南明和反清复明势力与包括台湾郑氏政权以及洋人联合抗清，统治者为巩固自身统治，断然实行对外“闭关自守”政策。纵观有清一代，除逐步与朝鲜、越南、日本、琉球、菲律宾等周边邻国恢复宗藩型外交关系外，顺治至康熙初年，在一些欧洲国家主动推进之下，相继与荷兰、英、法、葡萄牙等国建立贡市贸易关系，但始终没有积极推进官方外交。1683 年台湾郑氏降清，次年七月，康熙帝决定废止海禁、开海贸易，但包括西洋诸国朝贡贸易在内的外贸交易仍然严格限制；雍正五年（1727 年），清政府再开南洋海禁。自 1689 年清政府同沙俄签订《尼布楚条约》起，俄、英、法、美、日、德等资本主义列强凭借坚船利炮相继登门抢夺中国领土、市场、资源，清朝因在战场上不堪一击，致使外交上同样软弱退缩、屈辱失败，相继通过签订一系列条约[①]向各列强割让租借国土、[②] 出让关税和司法权、赔偿战争损失等。洋洋大清很快沦为任人宰割的鱼肉，使亿万人民陷入外敌欺凌压迫之下。

总之，汉朝至明朝期间既有不少封建统治者实行对外通好政策，在加强

---

① 据统计，清朝自 1840 年鸦片战争爆发到 1911 年灭亡的 72 年间，同外国政府或外商、国际组织签订不平等条约、契约、协约和合约总计 1175 件。

② 在 1897—1899 年期间，德、俄、英、法等国通过逼迫清廷签订条约，相继强占中国沿海、沿江多个重要港口作为租借地，其中包括整个香港、广州湾、胶州湾、旅顺、大连和上海、天津、汉口、重庆、九江、镇江、苏州、杭州、广州、厦门等港口城市局部地区。列强在这些地方设治、驻军、建立独立管理体系，行使治外法权，对当地实行殖民统治，完全脱离中国行政管辖，以此作为向中国进一步扩张势力的基地。签订条约日期大部分集中在 1898 年 3 月—7 月：3 月，德国强迫签订《胶澳租界地条约》，将胶州湾及附近各岛总面积五百五十余平方公里土地租与德国，为期 99 年；与沙俄签订《中俄旅大租地条约》，两个月后又签《续约》，将旅顺、大连及其附近水域租与俄国，为期 25 年；4 月，法公使向清政府递交最后通牒，总理各国事务衙门被迫接受，同意将广州湾租与法国，为期 99 年；6 月，中英签订《展拓香港界址专条》，规定将北九龙半岛（包括大鹏湾、深圳湾）以及香港附近大小岛屿 200 余个（总称“新界”）租与英国，期限为 99 年；7 月，中英订立《租借威海卫专条》，将威海卫及附近海面，包括刘公岛等湾内十英里地方租与英国，期限 25 年。

中国同世界各国之间联系、提高了中国在世界上的影响和地位的同时，促进了中国与亚、非、欧等各国经济文化科技交流与发展。与此相反，清朝在前中期采取闭关锁国的对外政策，使中国因堵塞了与外部世界之间的交流渠道，以致中国在全球急遽变化、飞速前进的发展进程中相形见绌；后期在列强武力威胁之下又被迫无限制地向国外开放，导致拥有5000年先进文明的中国变成经济、科技、文化、政治、社会各领域全面落后的孱弱之邦，沦为列强争相啃噬骨肉、吮吸血液的猎物和备受域外民族蹂躏的殖民地半殖民地。

8. 祭祀

在夏商周时期，祭祀曾是国家必须优先提供的公共物品，其重要性甚至可与国防军事相提并论，有所谓“国之大事，在祀与戎”。① 到封建社会，随着公共治理内容的扩展和人们认识水平的提高，祭祀的地位有所下降，但因为各代皇帝都须以“君权神授”思想作为论证自己掌握最高公共权力、统治百官万民的合法性，证明自己是天命所在的“真龙天子”，从而有资格君临天下，所以，他们无一不将代表国家和万民祭祀天地、祖宗作为自己最神圣的职责，以极为谦恭郑重的神态，在庄严肃穆的气氛之下认真完成。其中，祭祀天地意在祈求皇天皇地保佑天下平安、江山永固、风调雨顺、大地丰收；祭祀先代君王意在请求驾鹤归天位列神祇的列祖列宗继续护佑子孙后代坐稳龙椅、世代相传。这种祭祀活动，在秦汉至隋唐时期，除每年两次的年祭、三年一次的郊祭，以及每当改朝换代之时都要举行之外，还有五年一次的泰山封禅。② 为了履行好这项职责，各朝各代都在中央朝廷设置地位显赫的专司机构和官员。专司机构自秦至北齐有太常（秦和汉初称奉常）和光禄两个，其中太常寺掌礼乐、郊庙、社稷、坛壝，光禄掌祭祀活动，北齐之后光禄寺职事改为专司皇家膳食，祭祀之事全归太常寺，直到清末未变。太常寺首席官员为太常卿，封建社会前期位列九卿之首，后期依然处于显要位次。祭祀活动区分对象各自在特定时间、特设场所举行。③ 以明清为例，皇帝、王公、大臣祭祀皇天诸神和祈求五谷丰登分别于每岁的冬至、孟春日在天坛举行，祭祀皇地诸神于每岁在夏至和立冬日地坛举行，祭祀列祖列宗于每年岁末、

---

① 左传·成公十三年［M］.

② 登泰山筑坛祭天谓之“封”，到梁父山上辟基祭地谓之“禅”。

③ “古者祭天于圆丘，在国之南，祭地于泽中之方丘，在国之北，所以顺阴阳，因高下，而事天地以其类也。”——《新唐书》。

登基、大婚、凯旋、献俘等大典前一日到太庙举行。

由于皇帝祭祀天地神祇是代表国家和万民进行的，名义上以保佑天下平安吉祥、风调雨顺、五谷丰登、人民幸福为宗旨；而祭祀皇帝祖先也具有同一含义，只是地位略逊一等而已。因此，这些祭祀行为连同其场所在内都属于封建社会的国家职能，即公共机构提供公共物品活动。

除以上八种公共物品之外，封建王朝还将大量公共经济资源用于皇家宫殿、苑囿、陵寝的建筑、维修和日常运转，以及整个宫室众多人等的日常奢侈性消费。对于这些属于皇帝私人事务及其开支的事项，就实质而言本不应称其为公共物品，或者最多可从对公共事务最高代理人实行消费供给制意义上理解为公共物品。此外，就皇家宫殿、苑囿、陵寝等设计精妙、用材考究、制作坚固、装修精美的建筑物而言，在封建社会被推翻之后，作为可供人民大众参观游览且不可多得的历史文物，也确实变成了特殊形态的公共物品。然而，实在难以原谅的是，在强邻日本虎视眈眈地欲以强大海军侵略中国之时，慈禧太后竟然将本来安排用于北洋水师更新武器装备的巨额经费挪用于为她庆祝六十大寿而对颐和园进行的整修，以致北洋海军由于设备不敌日军而在甲午海战中全军覆没。

六、中古封建社会公共经济实践批判

纵观时长超过欧洲中世纪一倍以上的中国封建社会公共经济演化史，这一时期的公共经济到底属于什么性质？它在 2100 多年演化进程中有哪些进步、哪些退步？如果说有进步的话，它对当时的世界和后世的中国产生了哪些影响？这是我们在梳理概述中国封建社会公共经济演进历程之后有必要加以简短讨论的几个重要问题。

（一）中国封建社会公共经济的二重属性

像其他任何一个封建时代国家一样，中古封建时代公共经济乃是中国整个公共经济演化进程中的一个必经环节，即公共经济的原始形态解体后的第二个异化阶段。在这个阶段上，作为公共经济终极主体的人民大众不再拥有主人的权利和地位，原本属于受托执行人的公共经济代理主体继续反客为主地拥有公共经济政策的决定权，而且随着时间推移，这种决定权越来越集中于统治阶级核心集团乃至皇帝一人手中，而从事社会生产劳动的广大民众在公共经济中的角色跌落到仅仅是公共经济资源的创造者和提供者，公共经济生产关系处于严重异化状态。

由这种公共经济生产关系所决定，无论制度性、政策性还是实体性公共物品提供结构都被极度扭曲。首先，从制度性公共物品来看，土地自由买卖制度为地主、商人提供了兼并集中的便利，田租制度为地主阶级剥削农民提供制度性保障，田赋制度是对劳动人民的超经济剥削，法律制度通过议亲议贵等规定给予皇亲国戚、官僚贵族以逃避法律制裁的特权，户籍保甲制度成为贵族阶级维护统治秩序和将农民束缚在土地上为其提供公共经济资源的枷锁，宗法制度借助于族权强化对人民大众言论行动的束缚，货币制度也常被统治阶级用作通过滥发纸币、通货膨胀机制对人民大众实施掠夺的工具。其次，从政策性公共物品分析，无论产业政策、宏观调控政策还是民族政策，即使它们在较具理性的状态下，也是从维护贵族阶级统治地位出发而制定实施的，何况还常常由于统治者的愚昧偏狭而被滥用（例如民族歧视政策），从而加重对人民大众的压迫。再次，承载于实体性公共物品的公共经济利益分配，大幅度地向居统治地位的地主阶级、特别是贵族集团倾斜。修建驰道、开凿运河的首要出发点是为了方便镇压人民起义、国内叛乱和皇粮国税漕运，即使是普惠于所有社会成员的国防工事和灌溉系统也首先是出于巩固皇族统治需要而维建的。司法、治安的目的主要是维持安定有序的统治秩序和保护私有财产安全。各级官办学校的培养对象首先是皇族、皇亲、国戚、王公贵族和地主阶级，极少有面对一般劳动人民子弟招生的学校和时期，官府对人民大众所进行的是顺民驯化而不是开启民智的文化教育。在文化产品方面，无论专用法家还是独尊儒术，更不用说禁民议政和兴文字狱，统统都是为了维护贵族地主阶级的统治；即使是具有历史进步意义的官府收集、整理、保存各类图书典籍和编纂出版书籍，被优先考虑的依然是巩固贵族集团的统治。社会保障首先是为了防止社会矛盾激化造成对贵族集团统治的威胁，同时也着眼于长久维持王朝统治的社会基础。至于国防、外交和祭祀，从其具体内容不难看出，它们在最合理的状态下也首先是为维护贵族集团统治地位服务的，更不要说像清朝那样以失败的国防和外交给广大民众带来遭受外敌侵略、奴役、剥削等痛苦。由此可见，封建社会公共经济的阶级性极为突出，或者说居于主导地位，是毋庸置疑的。

但是，既不能据此绝对否定中国封建时代公共经济的公共性，也不能就此认为封建国家所提供的所有公共物品都不会给广大民众带来利益。这是因为，包括修筑长城在内的有效国防，时而出现的法治清明和社会秩序优化，水陆交通设施和灌溉系统的修建，均田制、授田制、占田制和方田均税法、鼓励垦荒政策的实施，摊丁入亩、以税代役的赋役制度改革，蓄奴制度的废除，宏观经济的稳定，度量衡的统一和监管，文化科技的进步，救助型社会保障的实施，正确外交政策对国内外物质文化交流的促进等等，尽管这些作为在主观动机上首先是出于维护贵族阶级统治考虑的，但对改善人民大众生产生存条件的积极作用同样是显而易见的。如果拒绝承认这一点，也不是一种客观、科学的态度。因此，我们应当以全面的、科学的态度，辩证地判定封建时代公共经济的二重属性，在肯定其以阶级性为主的基础上，承认其在不同时期具有不同程度的公共性。

（二）中国封建时代公共经济实践过程中的主要进步和退步

所谓进步和退步，都应分别以两个参照系来衡量：一是与前封建时代的西周相比；二是与封建时代本身已经达到过的水平相比。

1. 两种参照系下的若干进步

首先是相比于西周公共经济制度，处于封建时代初期的秦汉两朝，主要实现了以下三方面进步：一是在中央朝廷机构和职官体系设置上，由西周时天子直接统属六官的扁平化架构，演变为秦汉时的皇帝－丞相、太尉、御史大夫（三公）－九卿这样一种三层治理机构。其中，丞相与太尉互不统属，御史大夫作为副丞相辅佐丞相总理政务并主管监察事务，九卿各设其府、各司其职，大事总汇于丞相，最后报皇帝裁断决策。这样一种体制架构，从形式上看增加了管理层级，似乎有损行政效率，但其中却有一种潜在的机制功能，即对至高无上的皇权形成某种程度的制约。这是因为，丞相“掌丞天子，助理万机”，处于一人之下、万人之上的地位，作为“百官之长”辅佐皇帝统筹处理除军事之外的所有政务，堪称位高权重，在对一些公共事务的处理方面甚至可与皇帝争长道短、强颜直谏，从而成为一种能够对皇帝滥用权力行为施加一定制约的体制内力量。特别是考虑到皇帝按照一定的优先规则实行家族世袭制，而不是实行选贤任能制，因此皇位继承者的德才素质高低具有很大的偶然性，进而拥有足够抗衡力的相权设置对于抵消劣质皇帝滥用皇权的积极作用就显得更为重要。因为在皇帝素质具有很大不确定性的背景下，通过长期实践考验、大浪淘沙而步步上升到丞相位置的人通常都具有较高的德才素质和统筹处理复杂公共事务的能力，由其辅佐皇帝综合处理政务并对皇权有所制约，对于保障公共经济政策具有较强理性，从而保证公共经济持续平稳运行，无疑非常有利。二是在纵向公共经济体制上，西周实行基于自上而下分封、多级分责分权、地方各级首席官员按照宗法关系世袭的联邦制，秦汉改为中央集中主要公共事务决策权、地方各级政府主要官员由中央随时任免的郡县制，从而既有利于防止地方各自为政、尾大不掉乃至相互征伐导致国家分裂，也有利于中央通过统筹调控实现各地区均衡协调发展。三是将西周时分散于天官、地官、春官三大部门的行政监察职能整合起来，由作为副丞相的御史大夫统一行使，一方面减少了不同部门之间的相互制约，另一方面有利于提高行政监察效率。

其次是封建时代公共经济在自身发展过程中实现的进步，主要表现在三个方面：一是选官制度，从秦汉时以察举为主、庇荫和捐买为辅，经魏晋时期九品中正制，到隋唐时期改行以公开竞争的科举取士制为主，打破了进入公共经济治理机构任职的门第出身限制，拓宽了选贤任能的渠道，不仅有利于保证各级官吏具有较为深厚扎实的文化基础和治理理论素质，为知识阶层树立一种通过刻苦读书学习、掌握国家治理经典理论和培养针对时弊处理突出问题能力的积极导向，而且疏通了下层阶级在政治方面向上流动的渠道，扩大了贵族阶级统治的社会基础。二是监察制度，秦汉时期监察职能附属于行政部门，明朝改为从行政系统划分出来，单独设置都察院和六科给事中两部门分别独立行使对文武百官履职用权行为和对六部政务的监督职能，清代雍正时期进一步将六科给事中合并到都察院，使得监察权不仅与行政权分离而且相对集中行使，无疑有利于强化行政监督力度。三是赋役制度，秦汉晋唐各代均实行赋税与徒役分别以实物、货币和劳务形式单独征收，中唐时期杨炎主持两税法改革，将农户负担的租庸调等所有赋役改按资产和田亩分别于夏秋两季征收，推动了赋役负担合理化进程；宋代王安石主持熙宁变法时推行募役法（又称免役法），将原来按户抽丁、轮流服差役，改为不愿服差役的民户则按贫富等级缴纳一定数量的代役钱，由官府雇人承应差役，将劳动力从差役束缚中解放出来；明朝万历年间张居正改革进一步推行一条鞭法、简并赋役；雍正期间继续推进赋役改革，通过摊丁入亩彻底取消按丁核征的徒役和地方随正税征收的“耗羡”，都越来越有利于减轻人民负担和解放生产力。其他体现在具体公共物品方面的进步还有很多，例如货币制度的四次飞跃等，这里不拟详加具述。

2. 两种参照系下的某些退步

与西周相比的公共经济制度退步之处主要表现在，西周设置德高望重的太保一职，负责匡正天子的非理行为（“掌谏王恶”），而自秦之后不再有此制度设计，在法定的制度设计中，皇帝言行不再受任何人约束。

相比封建时代本身既有水平而言的退步，主要包括：（1）丞相制度自宋代开始逐步消解，明初朱元璋时干脆取消、由皇帝直管六部，公共权力日益集中于最高统治者一人手里，封建专制登峰造极。（2）隋唐时期中央机构实行三省六部制，中书、门下、尚书三省分掌公共经济政策议定、审核和执行责权，形成公共经济部门横向间相互制约机制，[①] 有利于公共部门内部纠错、避免决策失误；宋代中书、门下、尚书三省都已有名无实，门下封驳之职渐废，公共经济决策、审议与执行三权分立机制遭受破坏；元代废门下省而设给事中，部门间横向制约机制趋向削弱；明代单独设置给事中府衙，掌侍从规谏，稽察六部之弊误，仍有驳正制敕违失之权；清代雍正朝将六部给事中改隶都察院，名义上与御史同为谏官，但其封驳之权已有名无实。（3）秦朝和西汉实行皇室财务与国家财政分立制，东汉政府将皇室财政一并交于大司农管理；唐初天下财赋统归户部掌管，所有公私收支皆仰于左藏库，但安史之乱后，唐玄宗将大部分皇粮国税纳入由宦官管理的大盈库，天下财赋尽为人君私藏，倒退为皇室私财与国家公财不分状态；杨炎推行改革后，政府财政与皇室财政复归分管轨道；宋明两代再次复辟皇室财务与国家财政相互混淆之制；清朝改行国家财政与皇室财务分开运行管理定制，直至宣统三年（1911 年）按照君主立宪制型财政管理模式——“皇室经费之制定及增减，概依国会议决”。（4）科举取士的选官机制在唐宋时代包括文武理多科，考试内容包括治理理论、诗词歌赋和军事技能，考试方式包括解释经典、临机赋诗和时事策论，而到明清之际蜕化为仅剩进士一科、只考宋明理学、只许以八股文答卷，将知识分子精力完全引导到皓首穷经、读书做官、修习八股的狭隘僵死轨道，严重束缚了社会最有觉悟阶层的思想，阻碍了思想文化和科学技术发展。

---

① 唐高祖武德三年（620 年）改名给事中，正五品上，为门下重职，分判本省日常事务，具体负责审议封驳诏敕奏章，有异议可直接批改驳还诏敕；百司奏章，得驳正其违失，事权甚重。

封建时代公共经济治理就是这样在进进退退、进三步退两步的踟蹰曲折中缓慢地向前演进，根本原因在于公共经济生产关系异化，以致代表贵族阶级私利的皇权不断地抵触、干扰代表客观规律和理性思维的进步趋势。

（三）中国封建时代公共经济实践的主要经验教训

1. 通过提供适宜的公共物品促进劳动者与主要生产资料相结合，是发展经济和稳定社会的基础环节。自北魏开始、隋唐沿之的均田制和各代通过规模屯田、鼓励垦荒促进广大农民与土地的结合，不仅较快发展了经济、充裕了国库，而且较好地维护了社会稳定和政治安定。相反，汉初、宋初、明朝在土地制度方面放任土地兼并，导致农民流离失所，政府收入萎缩，社会矛盾加剧。

2. 正确把握公共经济资源汲取量限，是实现公共经济与民间经济良性互动、避免社会矛盾激化的重要环节。秦朝和隋炀帝过度征敛赋税、征发徭役，以致民不聊生、官逼民反，使原本轰轰烈烈而起的偌大王朝倏忽走向崩溃。相反，汉、唐、明、清初期接受秦隋教训，实行轻徭薄赋、休养生息政策，很快就出现经济恢复发展、人民安居乐业、社会矛盾缓和、国库逐步充盈的治世局面。

3. 在纵向公共经济体制安排中，合理配置中央与地方责权，在中央政府牢牢把握宏观控制主动权的前提下使地方政府拥有足够的自主权，是兼收全局稳定与创造生机之利的关键所在。汉初局部分封导致七王之乱，西晋分封诸王引发八王之乱，唐中叶后藩镇权力膨胀导致安史之乱，都是中央放权过度导致政局颠簸、分裂混乱的体制教训。另一种极端情形是，宋代通过纵向条条专政、中央集权过度、地方治权分割，则造成军事规模大而散弱，与地方政府难以统筹治理等弊端。

4. 在横向公共经济体制安排中，公共经济主体核心成员之间和各公共部门之间合理而清晰地分工分责分权，同时保持必要的相互制约关系，是有序发挥各相关主体积极性，同时避免公共经济决策偏离理性轨道的重要机制。宋代以降，部门间必要的相互制约机制缺失，相权衰落乃至明初胡惟庸案后取消，公共经济权力越来越集中于皇帝手中，是导致明清两代一系列公共经济决策失误的重要体制根源。

5. 通过科学的学派、部门、产业、民族政策和宏观调控机制，实现各产业、各领域、各种有益思想理论均衡协调发展，是实现经济健康发展和国家长治久安的重要条件。秦朝偏倚法治、废弃德治二世而亡，宋朝过分重文轻武导致国防虚弱、受制于人，许多王朝过度重农抑商阻滞了经济生机活力，元代实行较为极端的民族歧视和压迫政策造成民族矛盾突出，都是严重的历史教训。相反，汉唐开始多代王朝实行儒法兼用、德法并行，唐宋适当放宽对商业经营的限制，汉唐宋明对少数民族实行较为包容宽缓的政策，以及汉代桑弘羊、宋代王安石对国民经济实施有效的宏观调控，都收到了较好的公共经济治理效果。

6. 在自主自立基础上实行对外开放政策，加强中外经济文化交流，是实现经济文化繁荣、增强综合国力的必由之路。唐朝坚持对外开放，活跃了商品经济，实现了文化繁荣，连续开创了百年盛世；宋代加强中外经济交流，促进了经济发展。明清连续实行严禁民间海外贸易的海禁政策，限制经济文化领域的民间国际交流，官方又夜郎自大、故步自封，以致在西方蓬勃发展之际迅速落伍、相形见绌，使本来强大先进的中国逐步沦落到经济文化科技落后、备受列强欺凌吞噬的悲惨境地。

（四）中国封建时代公共经济实践对当时世界和后世本国的影响

历时 2000 多年的中国封建社会公共经济实践，尽管因为公共经济生产关系异化而致进步滞缓，但凭借着华夏民族的卓越智慧和深厚的理性文化积淀，仍然实现了很多历史性进步，积累了较为丰富的正反面经验，创造出中国特有的中古时代公共经济文明，不仅对世界文明进步做出重要贡献，而且给后世中国留下具有二重性的历史遗产。

中国中古时期公共经济对世界文明进步所做贡献是多方面的，择其要者莫过于以下两项：一是因为汉唐宋实行对外开放政策形成海陆两条经由中亚到达欧洲的丝绸之路，将古代中国人民创造的四大发明先传到阿拉伯，进而经由西班牙传遍西欧，[①] 对欧洲自中世纪末开始的发现新大陆和文艺复兴运动产生爆炸性助推作用，由此才有世界市场的形成、工业革命的兴起和资产阶级政治革命的成功。对此，英国哲学家培根曾于 1621 年在其《新工具》一书中提到：“活字印刷术、火药、指南针这三种发明已经在世界范围内把事物的

---

① 恩格斯在《德国农民战争》中指出：“一系列的发明都各有或多或少的重要意义，其中具有光辉的历史意义的就是火药。现在已经毫无疑义地证实了，火药是从中国经过印度传给阿拉伯人，又由阿拉伯人和火药武器一道经过西班牙传入欧洲。”——马克思恩格斯全集第 7 卷［M］. 北京：人民出版社，1961：386.

全部面貌和情况都改变了。”马克思更加明确地揭示了这一事件的重大意义：“火药、指南针、印刷术——这是预告资产阶级社会到来的三大发明。火药把骑士阶层炸得粉碎，指南针打开了世界市场并建立了殖民地，而印刷术则变成了新教的工具，总的来说变成了科学复兴的手段，变成对精神发展创造必要前提的最强大的杠杆。”① 尽管四大发明本身属于民间创造，然而，如果不是自汉至宋几代王朝实行对外开放政策、由此形成海陆两条丝绸之路，这些发明则无由传到欧洲，其对欧洲近代以来经济社会发展的革命性作用自然也就无从谈起。二是自隋唐起步一直延续到清末的科举选官制度，被马可·波罗（1254—1324 年）通过他的著名《游记》传入西欧以后，相继被英、德、法、美等国政府学习借鉴，用于改革吏治、建立现代文官制度，而后几乎被世界各国所普遍采用。如果说中国封建社会公共经济实践对世界文明发展所作的前一种贡献具有间接性，那么，后一种贡献对于世界各国提升公共经济生产力核心要素质量、优化公共经济治理的推动作用则是非常直接的，而且意义十分重大。

至于封建时代公共经济实践对中国自身的影响，则既有积极的一面，也有消极的一面。就积极作用而论，首先，秦代重新实现了华夏大地的政治统一，汉唐元清各代王朝又通过征战活动和民族政策推动了多民族融合与国家统一，由此使中国逐步成为幅员辽阔、民族众多、文明先进的东方大国；其次，经过 2000 多年公共经济实践经验的积累，在公共经济治理的各方面逐步形成了一整套行之有效的管理机制和方法，例如单一制的纵向公共经济体制、选贤任能的官吏选拔机制、独立设置有效行使职能的公共监察机制等，不仅在当时对民间经济以至整个民族共同体向前发展起到了重要促进作用，而且直到现今仍有研究借鉴价值；再次，尽管封建时代各王朝少有积极促进自然科学技术发展的行动，但也没有任何一个王朝极力阻挠科学技术的发明和应用，并且中国本土产生或外来有实力的宗教也没有一个像罗马教廷那样以严酷刑罚迫害科学家、从而严重阻碍自然科学理论和实用技术发展，正因为如此，才有李约瑟不得其解的科学技术现象——自公元前 2 世纪至 16 世纪长达 1800 年的历史时期内中国科学技术在全世界一直走在前列。再就消极作用而

① 马克思：机械、自然力和科学的运用［A］. 马克思恩格斯全集第 47 卷［C］. 北京：人民出版社，1979：427.

言，主要包括：科举取士制度本来就将作为社会最先觉悟阶层的注意力和热情引导到读书做官轨道，随着取士科目减少、考试内容局限于儒家经典、答卷方式限制为八股文章，更进一步将广大知识阶层引导到皓首穷经以求登第做官上来，不仅严重阻碍了自然科学技术的研究开发，而且连社会科学研究的创新性、实用性也近乎消失殆尽；由于在经济文化政治等各方面缺乏与外界交流碰撞，导致原本先进强大的中国自近代以来被原本落后的西方以风驰电掣般的步伐迅速赶上而后远远超过，公共经济治理中长期重人治而轻法治，致使官民双方的法治观念都较为淡薄，如此等等。

第四节　中华民国时期的公共经济

中华民国是19世纪中叶后资本主义列强侵略瓜分引起清王朝内部经济政治社会各种矛盾激化的产物，是处于半封建半殖民地环境下的中国人民奋起反抗内外敌人的政治结果。它虽然仅在中国大陆上几经更迭、残缺不全地存在了38年，却是中国历史发展由封建社会向社会主义社会演进过程中的重要转折阶段。这一阶段的公共经济实践中充满各种复杂矛盾，明显体现出公共经济体制机制由落后的中世纪形态向近现代形态演化推进的过渡性特征。

一、中华民国时期的公共经济生产关系

中华民国建立在半封建半殖民地经济结构基础之上。与此相应，公共经济生产关系由半封建半殖民地的生产关系所决定，因而比起西方在典型性资本主义经济基础上形成的公共经济生产关系更为复杂。

（一）中华民国时期的经济结构

中华民国时期经济结构的初期形态形成于清朝经济母体，尔后虽然有所发展，但总体上没有发生质的变化。这种经济结构的特征可以概括为：在产业构成方面，以农业为主、工商业为辅，一家一户分散经营的农业、手工业和商品零售业构成国民经济的主体部分，机器大工业和规模经营的商业仅存在于官僚资本、买办资本和为数甚少的民族资本企业；经济交往方式仍以自然经济为主、商品经济为辅；在所有制结构方面，官僚买办资本、外商资本和民族资本在工商业领域居主导地位，大部分耕地归地主所有，个体劳动者

私有制在农业、[1] 手工业和商业领域大量存在，一无所有的城乡无产者在总人口中占比并不很高。

（二）中华民国时期的基础生产关系

由上述经济结构所决定，民国时期基础经济领域的生产关系总体状况是：大地主阶级和官僚买办资产阶级分别在农业和非农经济领域居于主导地位，在总人口中占大多数的劳动阶级受到官僚买办阶级和地主阶级剥削压迫，民族资本家阶级既剥削工人阶级又受到官僚买办和地主阶级的压迫。

（三）中华民国时期的公共经济生产关系

辛亥革命胜利后，由17个宣布从清政府独立的省份派代表选举产生了以孙中山为临时大总统的中华民国临时政府，审议通过以宋教仁起草的《中华民国临时约法》作为临时宪法。这部根本大法开宗明义地以第一条、第二条规定："中华民国由中华人民组织""主权属于国民全体"，这一规定使得人民与政府之间的关系与此前相比发生了翻天覆地的变化。孙中山就此解释说："民国者，民之国也。为民而设，由民而治者也"，"国民者，民国之天子也"。此后，中华民国的宪法性文件虽几经更迭，但无不做出大体相同的表述。例如，1914年5月通过的《中华民国约法》同样以第一条、第二条规定"中华民国，由中华人民组织之""中华民国之主权，本于国民之全体"。1931年6月颁布的《中华民国训政时期约法》同样标榜国家"主权属于国民全体"等等。然而，就实质而言，中华民国时期的公共经济生产关系乃是由大地主、大资产阶级主导公共经济治理，借助于国家机器维护自身利益，统治压迫其他各阶级民众的关系；广大人民群众除了依法纳税、服役之外，根本没有以主人资格参与公共经济治理、决定公共经济制度政策的权利。之所以做出这种判断，理由有四：其一，中华民国将其公共经济治理进程区分为"军政""训政""宪政"三大阶段，其中前两阶段的政府非经民主选举产生，而是由执政的国民党负责组织。"军政"阶段于1928年北伐成功、全国统一后本应结束，但国民党一再推迟制宪时间。"训政"时期持续了18年，到1947年1月颁布《中华民国宪法》截止。尔后，尚未等到国民普选议员之时，国民党连同其执政的中华民国政府就终结了在中国大陆的统治。因此，开国初期仅

---

① 据有关统计资料，1933年，73%的家庭平均每户拥有15亩地，合计占全国耕地总数的28%；5%的家庭户均拥有50亩以上的耕地，占全国耕地总数的34%。

存百日的中华民国临时政府、接替执政的北洋政府（1912—1928 年）[①] 和广州国民政府（1925—1926 年）自不必说，南京国民政府（1928—1949 年）也不是由人民大众当家作主选择的结果。其二，中华民国各时期绝大多数官吏由地主、资本家、军阀和世代官僚出身之人充当。其三，中华民国主要阶段所提供的公共物品所体现的最鲜明特征在于，“国民政府”主要是维护和增进地主资产阶级利益的。其四，由于没有人民民主之实，以致徒具形式的民主运作丑闻不断。例如，1918 年 8 月重新选举国会过程中，段祺瑞控制的安福派系获得的 330 多个席位多为贿选结果；1923 年 10 月，曹锟则主要通过贿赂收买“猪仔议员”选票当上了大总统。

二、中华民国时期的公共经济体制

中华民国产生于矛盾复杂、政局危殆、风雨飘摇的清末，领有武装、割据一方、政治倾向形形色色的军阀林立。他们围绕抢夺经济和政治利益相互征伐，通过相互联络妥协，瞬息万变地进行阵营组合、发动政变。这种情况，不仅使南京临时政府因为自身缺乏强大武装力量支撑而显得非常脆弱，只成立了 3 个多月就不得不将政权拱手让给北洋军阀，即使同样以军阀组合支撑的北洋政府、南京国民政府也照例难以实现稳定统一的统治。北洋政府先是由袁世凯执政，他于 1915 年末复辟帝制遭到全国各地群起反对后失败，北洋政府派系自此分崩离析，先后由皖系（1916—1920 年）、直系（1920—1924 年）、奉系（1924—1928 年）军阀控制。同时，孙中山为维护以《中华民国临时约法》为宪法依据的共和政体，1917 年在广州成立护法军政府，1921 年再次于广州独立组建中华民国政府，1925 年又在国共合作基础上于广州成立中华民国国民政府与北洋政府相互对峙。第一次北伐取得重大胜利后，以蒋介石为首的新军阀将国民政府移建于南京，1928 年以第二次北伐名义攻克北京，北洋政府破灭，退居东北的奉系军阀张学良在形势所迫之下于同年 12 月宣布放弃其父张作霖建立的中华民国安军政府旗号，从而使中华民国国民政府从形式上实现了全国统一。但时隔不久，1930 年 5 月，阎锡山、冯玉祥、李宗仁等联合反对蒋介石的中原大战爆发，汪精卫通过组织召开国民党中央党部扩大会议决定在北平另组“国民政府”，并于 9 月 9 日上午 9 时 9 分以阎

---

① 北洋政府（1912—1928 年）是指孙中山先生辞去中华民国临时大总统后，以袁世凯为首的晚清北洋军阀在政治格局中占主导地位的中华民国政府。

锡山为主席宣布成立。表示支持蒋介石的张学良于 9 月 23 日攻入北平，迫使阎锡山主持的国民政府迁往太原并于 11 月随着阎、冯宣告下野而解散。紧接着，1931 年，由于蒋介石在南京汤山软禁胡汉民、召开国民会议通过中华民国约法草案，国民党内对此不满的胡派、汪派、桂系、孙科等转到广州召开"国民党中央执监委非常会议"，于同年 5 月 28 日在广州成立以汪精卫为主席的国民政府，迫使蒋介石下野。加之"九一八事变"爆发，国民党为谋求内部合作，于同年 12 月 22 日在南京召开四届一中全会平息了粤宁两派之争，广州政府随之取消，在南京重组起以林森为主席、孙科为行政院长的国民政府。此后，虽然名义上未再出现军阀集团联手颠覆中央政府的重大事变，但仍有两类游离于中华民国政府统治的另类政权在长短不等的时期内并存：一是日本扶持末代皇帝溥仪在东北成立的伪"满洲国"（1932—1945 年）、王克敏和王揖唐等在北平成立的伪"中华民国临时政府"（1937—1940 年）和汪精卫在南京组建的伪"国民政府"（1940—1945 年）；二是代表人民大众利益、主张社会主义的共产党通过武装斗争，先后在瑞金、陕北等地建立的中华苏维埃共和国和众多隶属于共产党中央的地方性抗日民主政府。因此，就实质而言，中华民国始终未能实现全国统一。此外，即使在国统区内部，各派系军阀之间也一直是钩心斗角、矛盾重重，从来未曾实现过高度团结统一。

尽管中华民国中央政府不断分合变动，但每个时期的中华民国政权各自有其横向和纵向两个维度的公共经济体制，并在统治相对稳定时期也曾不同程度地谋求推动公共经济体制的改进。

（一）横向公共经济体制

中华民国中央层面的横向公共经济体制包括两大层次。第一层次是公共经济最高权力在不同执行主体之间的配置，具体结构在相继而起的三个时期发生了一些重要变化。一是 1912—1927 年期间，总体上仿效西方国家实行立法、行政、司法三权分立，虽然总统地位有所不同，但都以总统、总理执行政外交军事权，参议院执立法权，法院执司法权。[①] 二是1928—1946年期间，按照孙中山先生设计的政权与治权分立机制，由国民党中央执委代表国民行使政权，决定宪法、法律和公共经济政策，国民政府在前者指导、监督下负责治理全国政务。这一改革是由1928年2月国民党二届四中全会通过“改组国民政府”议案实现的。同年9月，国民党在南京召的二届五中全会明确将政权与治权分立作为将来进入宪政时期的国家运作总体模式，[②] 现在处于训政时期，由国民党代表国民执掌政权，由五院制的国民政府执行具体治理职能。同年10月，南京国民政府公布《中华民国国民政府组织法》，组建行政院、立法院、司法院、考试院、监察院分别执掌行政权、立法权、司法权、官员选任考核权和监察权，政府日常运作实行主席领导下的委员制（委员10至12人），国民政府主席兼任陆海空军总司令。三是1946—1948年期间，1946年国民党包办国民大会通过了《中华民国宪法》，规定“总统为国家元首”“统率全国陆海空军”“行使缔结条约及宣战媾和之权”，以及“宣布戒严权和发布紧急命令权”，同时宣告训政时期结束，迈入宪政阶段。1948年5月20日国民大会选举产生了第一任中华民国总统，形式上分立的行政、立法、司法、考试、监察五院实际上仅是独裁总统的执行机构。

第二层次是公共经济责权在中央政府各部门之间的划分。1912年1月，中华民国临时政府相继成立陆军部、海军部、外交部、司法部、财政部、内政部、教育部、实业部、交通部，分别负责与部门名称相关的公共事务。1912年3月，北洋政府在国务院内设置外交、内务、财政、陆军、海军、司法、教育、农林、工商、交通10部（1914年将农林、工商两部合并为农商部）；在大总统府下设有参谋本部、将军府、审计院、蒙藏院，在国务院下设法制局、铨叙局、印铸局、统计局、水利局、航空署等若干直属机构。1927年4月，南京国民政府分

---

① 《中华民国临时约法》第四条规定：“中华民国以参议院、临时大总统、国务员、法院行使其统治权。”《中华民国约法》将国家政体改为总统制三权分立，其第十四条规定“大总统为国之元首，总揽统治权”，第十六条规定“大总统对于人民之全体负责任”；第三十三十一条规定“立法以人民选举之议员，组织立法院行之”，立法院的职权为“议决法律”“议决预算”“议决或承诺关于公债募集及国库负担之条件”；第四十五条规定“法院依法律独立审判民事诉讼、刑事诉讼”。

② 按照孙中山的国家治理理论，国民通过选举代表组建议会决定宪法、法律和公共经济政策，从而掌握政权；在此基础上，广义政府依照议会通过的宪法、法律和公共经济方针政策具体实施各个领域的公共经济治理，即执掌治权。

别成立内政、财政、外交、民政、司法4部和大学院，按照循名责实原则分管相关公共事务。1928年10月，最高行政机关变为行政院，由内政、外交、军政、财政、农矿、工商、教育、交通、铁道、卫生10部组成，分管辖内各项公共事务。1947年行宪后，在计划行政院下设内政、外交、国防、财政、经济、教育、交通、司法行政、农林、邮电、社会、粮食、水利、地政、卫生部，以及资源、蒙藏、侨务委员会和新闻局（1948年又略加调整）；1949年3月，推行大部制改革，行政院所属部门削减为8部2委1处，包括内政、外交、国防、财政、经济、教育、司法行政、交通部，蒙藏、侨务委员会与主计处。①

中华民国上述两个层次的横向公共经济体制架构，比之于前清王朝，第一个时期实行的立法、行政、司法三权分立，体现了公共权力通过相对分立而相互制约的运作机制，从体制设计层面否定了封建时代皇帝专制制度；1947年行宪后的政权、治权分立下五院制政府架构，作为孙中山先生公共经济体制创新理论的实际运用，在基本逻辑上一并体现了人民掌握主权、政府受托治理和不同性质公共权力相互分立制约的民主精神。但是，就实际运作而言，由于袁世凯、曹锟、吴佩孚、张作霖、蒋介石等军阀封建专制思想浓厚，在他们当政时期根本不尊重体现人民主权原则的立法权和体现依法治国原则的司法独立地位，各自分立的立法、司法、官吏选任考核、监察机构都难以有效发挥对行政权的制约作用，以致中华民国时期公共经济治理的独裁专制色彩依然十分浓重。在第二层次的横向公共经济体制方面，民国时期公共行政部门设置完全突破了整个封建时代一以贯之的六部制传统架构，体现了近现代社会公共机构的职能分工结构。

（二）纵向公共经济体制

中华民国在大陆统治期间，公共经济责权的纵向配置格局变化主要分为两个阶段。第一阶段为民国初建和北洋政府期间。民国建立之初，沿袭清朝之制，全国公共经济实行中央－省－府（州）－县（州、厅）四级治理体制。1913年1月，袁世凯政府颁布《划一现行地方各级行政官厅组织令》，

① 《中国历代官制》，齐鲁书社1993版，见“第十条国民党政府官制”，“第二节中央机构与职官”，“第三节地方机构与职官”，“第四节官吏管理制度”。

将府（州）改名为道（盟或部），全国公共经济仍实行四级治理体制。[①] 第二个阶段为1927—1949年。南京国民政府成立后，根据孙中山先生拟定的《国民政府建国大纲》中有关设想，对公共经济实行中央、省、县三级治理体制。政府层级的简化，有利于提高行政效率。至于中央、省、县三级政府之间公共经济责权配置是否合理、清晰，由于缺乏详细具体的文献资料，这里难以做出更深入的利弊分析。1932年起，虽然在县以上增设作为省政府派出机构、统辖若干个县公共事务的行政督察区（通称专区），但不是一级政府。

中华民国政府体系虽然以县作为最低层级，但像西周以来各朝代一样，民国时期在县下也设有多级基层行政组织。[②] 根据北洋政府1914年12月公布的《地方自治试行条例》和南京国民政府立法院1928—1929年间先后颁行的县、区、乡镇等组织法规定，县以下基层行政组织由区、乡、村（里）、闾构成，区和乡镇作为基层自治机构分别设区公所、乡镇公所，县以下各级行政首脑经选举产生后由县长直接任命。

三、中华民国时期的公共经济资源筹集配置管理机制

南京临时政府成立后，财政事务按照《中华民国临时约法》规定的近现代财政制度基本模式运作[③]，设财政部作为主管财政和宏观经济的综合部门。但是，由于全国尚未统一，南方各省都在各路军阀割据之下，中央政府因缺乏稳定的收入来源而面临严重的财政危机。为了解决财政困难，临时政府采取的主要措施包括发行公债券和军用券、筹借外债、向私人借款、征集捐款、自铸银币和铜币、征收盐税等。虽多方设法，但效果不大。财政拮据可以说是造成临时大总统孙中山难以有所作为，从而很快将中华民国交给袁世凯的经济原因。

袁世凯接任临时大总统的北洋政府于1912年3月设立了在国务院所属机构中位居第三的财政部作为中央政府综合管理公共经济资源的理财机构，内设会计、赋税、公债、库藏、泉币五个司和盐务、税务两署。这一时期，筹

---

① 将全国划分为32个省和特别行政区作为一级行政区，其下设道作为二级行政区，道下设县作为三级行政区。1914年，设道92个，1920年增至96个；设县（旗）1949个，1920年增至2108个。

② 朱汉国：中国社会通史民国卷［M］. 太原：山西教育出版社，1996：395.

③ 《中华民国临时约法》第十九条第二、第四两款分别将“议决临时政府之预算决算”和“议决公债之募集及国库有负担之契约”列为国家立法机关参议院的职权，标志着中国近现代财政制度的产生。

集公共经济资源的主渠道为田赋、盐课、各类税收和厘捐等共 30 多项。[①] 自 1913 年起，这些不同名目的财政收入，从财政体制上分别划归中央和地方政府。其中，田赋、盐税、关税、厘金等 17 项主要税种属于中央收入，田赋附加税、商税、牲畜税等 19 种小税杂税等作为省、道、县三级地方政府收入；各项税收相应区分为国税和地方税两大体系。为加强集权统治、保证中央财政收入，1913 年在各省相继成立国税司，不久后改名为“财政厅”，作为省级政府财政机构。1914 年 5 月 1 日公布的《中华民国约法》以第 50－58 条确立了财政制度框架，其中第五十条规定：“新课租税及变更税率，以法律定之。现行租税，未经法律变更者，仍旧征收”，并且确定实行由立法机关决定财政收支的近现代预算制度[②]，同年颁布的《会计条例》规定了政府预算、决算编制方法和处理程序，财政部据此制定《国家预算简章》对各级政府预算和决算编制做出进一步的具体规定。虽然有了较为现代的财政及其预算制度，但由于清末以来经济凋敝、财源枯竭、管理混乱，各路军阀就地截留大部收入，中央政府国库依然空虚。为扩充中央政府收入，将地方财权集中于中央政府之手，1914 年 6 月北洋政府颁布《财政厅办事权限条例》，规定各省财政厅长由大总统任命，由中央财政部直管。为了充实本级财政，中央政府和地方军阀不断增加田赋和各种苛捐杂税，[③] 尽管如此，财政入不敷出状况依然严重，中央政府只有靠举借债务应付主要支出，自 1912 到 1926 年 15 年间，北洋政府共借外债近 10 亿元。

建立于 1925 年的中华民国国民政府筹集公共经济资源的渠道主要是在所能控制地区征收田赋、税收和厘金、杂捐等。国民政府于 1927 年移至南京之时，以张作霖为首的“安国军政府”控制着京、津、直隶、东北及山东、苏北等地；滇、黔等省也由各路地方军阀割据着；加之国民党内部派系林立，

---

① 据有关统计，北洋政府时期关税、盐税、厘金、烟酒税等工商税收入国家税收总额中占比约 70%，土地税占 20%—25%，呈现逐年递减的趋势。——杨荫溥：民国财政史［M］. 北京：中国财政经济出版社，1985.

② 《中华民国约法》第 50—58 条对财政收支和预算决算做出规定，其中第 51 条规定：“国家岁出岁入，每年度依立法院所议决之预算行之。”第 57 条规定：“国家岁入岁出之决算，每年经审计院审定后，由大总统提出报告书于立法院。”

③ 由于各地军阀各自为政，苛捐杂税日益繁多。据统计，1922—1928 年，田赋税率提高了 20%—53%。

地方实力派割据一方，以致“中央税收所恃者，计有江、浙、皖三省，皖省尚无款可解，实只恃江、浙两省而已”。[①] 由于财源短缺薄弱、财政收入不足，而巩固政权、开展建设的支出需求很大，财政收支矛盾十分突出。为了解决财政困难，南京国民政府于 1927 年 10 月成立了财政整理委员会，1928 年 6 月、7 月相继召开全国经济和全国财政会议，研究制定了以下三个方面财政改革措施。

其一，按照《国民政府建国大纲》对纵向财政体制的设想，整顿财政收支制度，划分中央与地方收支界限，将国家所有财政收支区分为中央和地方两个体系。1928 年 7 月，国民政府公布了财政部长古应芬主持研究提出的《划分国家收入地方收入暂行标准案》和《划分国家支出地方支出暂行标准案》，先在苏、浙、皖、赣、闽等省试行。次年 6 月，新任财政部长宋子文根据近一年时间的试行情况提出中央与地方财政收支划分修方案并付诸实施。其中，财政收入划分格局为：中央收入以间接税为主、以直接税和部分其他收入辅之，主要包括如盐税、常关税、海关税、内地税、烟酒税、厘金、邮包税、印花税、所得税、国家企业营业收入、中央行政收费及其他属于国家性质的现有收入；地方收入以直接税为主、以杂项税捐收入辅之，主要包括田赋、契税、牙税、当税、屠宰税、营业税、市场税、所得税附加、船捐、房捐、地方企业营业收入、地方行政收费收入及其他地方性质的现有收入。通过这项改革，建立起以中央集权为主要特征的分级分税财政体制，初步理顺了过去中央与地方财政收支混淆杂乱、责权交叉重叠现象，为国民政府在集中统一前提下分级有序运行奠定了基础。但是，这次改革只是将全国财政收支在中央与地方之间做出了明确划分，而地方财政以省为主体，县级政府没有独立的赋税收入却要承担本身公共事务责任范围内的支出，因而既影响县级政府有效发挥职能，又造成苛捐杂税屡禁不止。为克服这一弊端，财政部长孔祥熙于 1934 年提出了《财政收支系统法》，将纵向财政体制架构由中央与地方二级制扩展为中央、省、县市三级制。这次改革深化，将中央、省、县三级政府财政支出责任、财政收入归属和财政管理权限通盘纳入规范运行轨道，为各级政府有序发挥法定职能创造了财政体制条件。但这一体制在地方层面仍存在重省薄县倾向，县级事权与财权之间的矛盾尚未完全解决。针

① 秦孝仪等：革命文献第 26 辑［M］. 台北：中央文物供应社，1963：1.

对这一问题，1941 年再次改革，将全国财政划分为国家财政和自治财政两大系统，取消省级财政，将原属省级收入的田赋、营业税等划归中央。然而，这样一来，省政府又失去了收入来源，以致在施政方面难有作为，出现“中央给多少钱就办多少事，不给钱就不办事”的现象。为此，抗战胜利后国民政府又恢复了中央占主导地位的三级财政体制。

其二，通过裁厘改统，规范涉及工商业发展和人民负担的货物流转税制度。首先是裁撤厘金。厘金，也称厘捐，是旧中国按照一定比率在商品生产和流通环节征收的货物税。征自各种货物的厘金不仅名目繁多、税率不一、章程混乱，而且导致厘卡林立、阻滞商品流通，危害民族工商业发展。为克服这些弊端，争取工商业者对政府的支持和合作，国民政府决定裁撤厘金、改征统税。改革原则是：简化税制、统一税政、源头征缴、一物一税、税不重征，同时改进税务管理，明确征收责任、减少漏洞。财政部经过多方筹谋策划，于 1930 年 12 月提出了以裁厘改统为核心的税制改革方案，决定自 1931 年 1 月 1 日起，将全国所有厘金以及具有厘金性质的各税一律廓清，彻底解决从清末到民国初期屡议屡辍的“裁厘”问题。厘金裁撤后，为弥补由此造成的财政收入损失，仿照欧美国家成例，分步推行统税制度。统税征收从卷烟起步，逐步扩展到麦粉、火柴、水泥以及各种进口商品，以至成为中央政府收入的支柱之一。裁厘改统后，课税范围以法定物品为限，课税范围缩小，税收渐趋合理，一定程度上顾及了人民生活；实行税不重征原则，克服了关卡林立、重复纳税的弊病，减轻了商人负担，为工商业发展减少了障碍；还一并缓解了洋货与国货税制不一、税负不等的矛盾，对民族工商业起到一定程度的保护作用。

其三，建立现代预算制度。中华民国成立十几年来，虽然明确要以西方民主国家为模本建立相对规范的国家预算，但因为主客观条件限制一直未能得到实施。北洋政府由于一直入不敷出，以致一切理财要政“绝少建立，即偶有一二，亦不过虚应故事，从未收获实效”。[①] 南京政府成立后，为了克服财政困难、整顿财政管理秩序，决定加快建立国家预算制度。为此，1927 年制定了《会计则例》，1928 年公布了《审计法》，同年 9 月国民党二届五中全会又通过了《训政时期财政实施纲领》，决定以改建财政整理委员会的方式立

① 1947 年中国通商银行：五十年来之中国经济［M］. 83.

即成立预算委员会，尔后分四步推行欧式预决算制度。但实际进程较慢，1930 年制定试办预算章程和决算章程，到 1931 年才编成了第一个提交立法院审议通过的中央政府总预算。1932 年度总预算虽经主计处汇成，但因入不敷出，又未能成立。1932 年 9 月颁布《预算法》①，标志着当时预算制度基本成型。1933 年以后，虽每年都编制并提交立法院审议批准预算案，但国家收支始终没有达到平衡。主计处成立后对决算章程进行了修订，1932 年提交国民党中政会通过，改名为《暂行决算章程》，对中央与地方决算编制方法、编审程序等分别做出明确规定。但总决算案一直没能正式成立，仅有与之近似的会计年度财政报告书。1938 年 6 月又颁布实施《公库法》，用以规范各级政府财政金库管理。尽管中华民国在大陆合法存在期间的预算、决算和整个财政管理都存有很多弊端，但其制定颁布《预算法》、建立现代政府预算制度，堪称中国公共经济史上的一大进步。

抗战胜利后，由于国民政府忙于抢占地盘、准备内战，财政支出巨大而财政收入却受制于经济凋敝而难以快速增长，以致财政仍是赤字累累。1946 年中央政府财政赤字达到 47 万亿，超过全年收入的 1.6 倍，占整个岁出的 62%。庞大的财政赤字，只能通过银行垫款暨发行钞票来解决，从而加剧了通货膨胀和财政赤字之间的恶性循环。为挽救濒于崩溃的财政经济，蒋介石于 1948 年 8 月发布《财政经济紧急处分令》，但所采取的四项措施却加剧了经济危机，自然也就不能实现改善财政状况之目的。

四、中华民国提供的主要公共物品

中华民国基本上都是在战争状态下度过的，包括前期的军阀混战，第二次国共合作前后的内战，以及在正面战场上消极抵抗侵略者的抗日战争。但是，作为资产阶级性质国家政权，还是按照孙中山先生拟定的《国民政府建国大纲》精神向社会提供了一系列不同于封建王朝的公共物品。

（一）制度性公共物品

1. 政治制度

中华民国向社会提供的最大公共物品就是资产阶级民主政治制度。这一制度体现在从《中华民国临时约法》起、到《中华民国宪法》止的几个前后衔接又有很大变化的宪法性文件中。这些文件以公之于众的书面社会契约方

---

① 刘红：蒋介石全传［M］. 北京：团结出版社，2017：647.

式，明确国家执掌的公共权力源于人民，人民是公共经济制度和政策的主权者，政府要向人民负责，从而使人民与政府间被颠倒了几千年的主客关系至少在官方文献上重新复归原位；在此基础上，明确规定了人民的自由、平等、权利、义务和不同模式的民主共和政体。尽管在资产阶级共和国时期上述民主内容具有很大程度的虚伪成分，但以根本大法将人民主权和民主治理制度确立起来，废除了延续2000多年的君主独裁制度。这一翻天覆地的制度变化，开启了中华民族在民主基础上实现伟大复兴的序幕。

2. 生产资料占有制度。1912年3月颁布的《中华民国临时约法》以第二章第三款规定“人民有保有财产及营业之自由”。1914年5月颁布的《中华民国约法》第五条第三款规定“人民于法律范围内，有保有财产及营业之自由”。后来颁布的宪法性文件同样重申了类似原则。其中所谓“财产”包括生产资料和生活资料，所谓“人民有保有财产及营业之自由”，从生产资料所有制角度说，就是宪法保护土地、资本等各种生产资料私有制。这一条在国家根本大法层面向社会提供了生产资料私有制这项至关重要的制度性公共物品，从而也就理所当然地保护了地主、资本家阶级的根本经济利益。佃农继续以按约定方式和数额、比例缴纳地租为条件租佃地主土地耕种，工人也照旧以出卖劳动力维持生存。所以，这种宪法表明，中华民国乃是资产阶级与地主阶级联合执政的国家。在此前提下，孙中山先生在阐述三民主义理论时所讲的通过平均地权实现“耕者有其田”和多措并举“节制资本”，不过是在保持现行生产资料私有制基础上的经济改良。但是，由于他在中华民国初建时仅担任了不到3个月的临时大总统，未能来得及落实上述两项措施；后来，先后两次在广州组建与北洋政府相对抗的国民政府，在分别担任非常大总统（1921年）和大元帅（1923年）时期，在开展政治和军事斗争的百忙之中，还曾设立土地局和经界总局，着手整理田土、制定土地税条例，意在通过征收税率为100%的土地增值税来实现“平均地权”目标，但都因形势变化而未能付诸实施。至于北洋民国政府和南京国民政府更没有触动清末时期既成的各经济领域生产资料私有制。据有关统计，1929—1933年期间，在全国所有耕地总数中，私有土地占93.3%，收归国有的清朝贵族庄田等土地占3.3%，寺庙和宗族等所有的公田占3.4%。私有土地分布特点是土地占有极为不均，地主占有大量的土地，农民土地很少或没有土地。如果保持这样的私有制，对广大农民来说，所谓“耕者有其田”不过是可望不可即的画饼。

在工商交通等非农领域则主要实行资本所有制，外商资本、政府垄断资本、民族私有资本都得到不同程度的发展，其中工矿业中民族资本所占比重明显上升，[①] 所谓“节制资本”，至多不过是由国家资本掌控金融、交通等国家经济命脉部门，并且通过超额累进所得税和遗产税等适当调节一下国民收入分配。

3. 法律制度

自1912年1月1日南京临时政府成立至1949年南京国民政府被推翻为止，中华民国在废除所有封建法律制度的同时，借鉴西方、结合国情，相继制定颁布了一系列法律法规，逐步形成以宪法性文件为根本、以刑民商实体法和程序法为主干、包括行政法在内的法律体系。具体分为三个时期。

一是南京临时政府时期。在它存在的短短3个月内，颁布了一系列用以巩固民主共和制度、保障人权、发展资本主义和革除封建恶习的法律、法令。除具有宪法地位的《中华民国临时约法》外，在保障人权方面，相继发布《大总统令外交部妥筹禁绝贩卖猪仔及保护华侨办法文》（1912年3月2日）、《大总统通令开放蛋户惰民等许其一体享有公权私权文》（3月17日）、《大总统令内务部禁止买卖人口文》（3月19日）以及《维持地方治安临时军纪十二条》等多条政令。在振兴实业、发展经济方面，制定实施了《商业注册章程》和《商业银行暂行则例》等法令，鼓励兴办实业、发展农垦和华侨投资，还以大总统和内务部名义发布了保护人民财产的命令。在发展文化教育方面，颁布了《普通教育暂行办法》《普通教育暂行课程之标准》和《禁用前清各书通告各省电文》等法令，奖励女学，男女同校，废止读经。在改革司法制度方面，相继颁布《大总统令内务、司法两部通饬所属禁止刑讯文》（1912年3月2日）、《大总统令内务、司法部通饬所属禁止体罚文》（3月11日），规定行政、司法官署审理案件时一概不准刑讯逼供，不法刑具悉令焚毁，其罪当处笞、杖、枷号者，一律改为罚金、拘留；违反命令者褫夺公权并治罪。此外还拟定了《临时中央裁判所官制令草案》《律师法草案》，主张建立律师制度，实行陪审和公开审判制度。在行政法方面，制定实施的有关法律法规

---

① 1913—1936年，民族资本所占比重由10%上升到16.2%，外商资本80.3%下降到78.4%，国家资本由9.7%下降到5.4%。——姜铎：《资本主义此路不通——旧中国民族资本发展的历史教训》，《上海民主研究》1987年第2期。

包括《中华民国临时政府组织大纲》（1912 年 1 月 2 日），确定南京临时政府为总统制共和政府，实行三权分立，其中：临时大总统为国家元首兼政府首脑，参议院为行使立法权的机关，临时中央审判所为行使司法权的机关。此外，还颁布了《中央行政各部及其权限》（1 月 30 日），起草了《各部官制通则》和各部局的官制，编定了各类官吏考试制度，并于 3 月 10 日公布了《南京府官制》作为改革地方政权机关的模式。

二是北洋政府时期。制定颁布的法律法规包括三个层次：（1）宪法层次的《中华民国约法》（1914 年 5 月）和《中华民国宪法》（1923 年 10 月）；（2）属于实体法的《暂行新刑律》（1912 年 4 月）和《现行律民事有效部分》（1912 年 3 月）；（3）属于程序法的《刑事诉讼条例》（1921 年 11 月公布、1922 年 7 月施行）和《民事诉讼条例》（1922 年 7 月施行）等。

三是自南京国民政府成立至 1949 年倒台期间。国民大会、立法院相继通过的法律和政府发布的法规法令主要包括六类：（1）宪法类文件，如《中华民国训政时期约法》（1931 年 6 月）和《中华民国宪法》（1947 年 1 月公布，同年 12 月 25 日施行）；（2）规范民间商事行为的《民商法典》，包括公司法、票据法、海商法、保险法、破产法、银行法、交易所法、合作社法等商事法；（3）自 1929 年 5 月至 1930 年 12 月由国民政府陆续公布施行的民法类文件，汇集成作为国民政府第一个民法典的《中华民国民法》，内旨在保障地主、买办和官僚资产阶级的财产，保护帝国主义在中国的掠夺特权，继续确认封建家族主义原则和婚姻、继承制度；（4）作为国民政府第一个刑法典的《中华民国刑法》（1928 年 3 月公布），以及旨在反共反人民的刑事特别法，包括《危害民国紧急治罪法》（1931 年 1 月）、《维持治安紧急办法》（1936 年 2 月）、《修正危害民国紧急治罪法》（1937 年 9 月）和《戡乱时期危害国家紧急治罪条例》(1947 年 12 月)。（5）诉讼程序法，包括《民事诉讼法》（1930 年 2 月—1935 年 2 月）、《刑事诉讼法》（1935 年 1 月），以及为加紧镇压共产党人和民主人士而制定的《特种刑事案件诉讼条例》（1944 年 1 月）。（6）用以规范司法审判运作的《法院组织法》（1932 年 10 月），规定全国法院体系为地方、高等、最高三级制，实行“以三审为原则”的审级制度，标榜法官“依据法律独立审判，不受任何干涉”的所谓“司法独立”。

4. 度量衡制度

清朝时期，民间各种市制度量衡器具形制多样、标准不齐，外贸经营中则使用国际公制。中华民国建立后，孙中山先生提出采用“万国公制”作为中国权度通制，但未及实现。北洋政府于1914年3月颁布《权度条例》，继而于1915年颁布《权度法》，实行中外结合、甲乙双轨的度量衡制度。由于甲、乙两制间通约比率不是整数、给交易过程带来折算麻烦，一些商人还借此欺骗百姓从中牟利，致使《权度法》未能很好推行。针对这种情况，南京国民政府成立后着手研究继续推进度量衡制度改革，1928年7月公布《权度标准方案》，1929年2月又公布《度量衡法》，分别以国际通行的公尺、公升、公斤作为度量衡标准制，以民间习惯使用的基础单位尺和斤作为市制长度、重量名称，同时以接近于原来尺长和重度、按照整数比率原则改造市制标准，使标准制与市制之间折算比例简单易行。[①] 为推行并维护新度量衡制度，1929年10月成立度量衡局，负责统一全国度量衡，主管度量衡制造所和度量衡检定人员培训工作。《度量衡法》于1930年1月1日起施行，令各地区依经济、交通发展差异情况分三期在规定期限内推行到位。通过这项改革，对几千年来逐步形成的度量衡制度实施了一次彻底革命，建立起一套既与国际接轨、比较科学又符合国情、便于实施、标准划一的度量衡管理体系，为商品经济发展和对外贸易顺利进行提供了一项较好的基础性制度设施。

5. 货币制度

清朝末期币制混乱，严重影响商品流通。为此，1910年4月度支部颁布《币制则例》，试图整顿币制，实行银本位制，还未来得及付诸实施，清廷便被推翻。中华民国临时政府成立后，立即将整顿金融提上日程，为推行币制改革准备条件。先是接管和整顿江南造币厂，接着于1912年2月5日将上海大清银行改称中国银行，并通令各省大清银行分行改称中国银行分行，以构建中央银行体系。北洋政府在进一步准备的基础上，1914年2月颁布《国币条例》及其施行细则，规定“以库平纯银六钱四分八厘为价格之单位，定名曰元”，“国币计算均以十进”，并铸造带有袁世凯侧像的一元银币（俗称“袁大头”），用以取代市面流通的各种银币，开启了统一银本位货币的改革。但由于《国币条例》没有对银两做出或收或废的规定，以致银、钱、钞多种货币并行问题未能得以解决，钱庄、银号依然利用银元与银两之间两次折合

① 其中，长度以标准尺的三分之一为市尺，容量以一标准升为升；重量以标准斤二分之一为市斤（500g）。

兑换过程损民害商。为克服这一弊端，南京国民政府成立后继续推进币制改革，于1928年相继通过了《国币条例草案》和《废两改元案》等，但由于传统银庄业的抵制，币制改革未能取得预期效果。1932年1月日本进攻上海，引起金融市场恐慌，各金融机构纷纷终止向内地贷款，致使内地银元大量流入上海，[①] 过剩的银元使上海银元市价低于其实际价值。财政部抓住这一有利时机果断出手，于1933年3月10日率先在上海强力推行"废两改元"，规定"所有公私款项收付、契约票据及一切交易、一律改用银币，不得再用银两。原定以银两收付者，在上海应以银两7钱1分5厘折合银币1元的标准以银币收付"。继而又于4月5日布告规定"兹定四月六日起，所有公私款项之收付与订立契约、票据，需一切改为银元，一切交易不再用银两"。至此，以"废两改元"为核心的币制改革目标基本实现。

然而，当时世界上大多数国家都已采用金本位制，固守银本位制的中国虽有抵御20世纪30年代世界性大萧条经济危机影响的优势，但也会由于国际银价变动而影响进出口贸易和国内币值稳定，从而使国内金融和工商实业受到冲击。与此同时，国内统一币制的改革目标并未完全实现，市场上不仅有地方银行、外国银行和私营行庄发行过的纸币，而且流通中的银元种类也多达几十种。[②] 所以，币制改革仍需继续向前推进。为此，南京国民政府于1934年末责成孔祥熙、宋子文主持制订出币制改革方案，核心内容包括：改行金汇兑本位币制，将货币发行权集中到中央银行，由中央银行发行以国际主要币种外汇储备为基础、具有法定货币功能的纸币；实行白银国有化，并通过脱售换取外汇储备；用新的辅币替代原来品种庞杂紊乱、价值波动不定的铜元、银角等；改革后通过稳定财政和清理积欠债务巩固改革成果；重新修订银行法，制定更为严格的管理规章；等等。在做好上述准备的基础上，第二轮货币改革于1935年11月正式启动。作为此项改革基础文件的《财政部关于施行法币布告》规定："自本年十一月四日起，以中央、中国、交通三银行所发行之钞票定为法币，所有完粮、纳税及一切公私款项之收付，概以法币为限，不得行使现金。"改革由此取得基本成功，但副作用也很大：一则

---

① 从1923年的3560万元猛增到1932年底的23913万元。

② 包括印有帆船图案和孙中山头像的船洋、印有龙图案的龙洋、俗称"袁大头"的银洋、印有鹰图案的鹰洋，英法日商过去在中国发行的银元，以及地方铸造的各种低成色银元。

使中国在货币金融政策方面依附于美国；二则，在法币制度下，政府印钞时不必顾及白银的储备数量，为财政赤字的货币化铺平了道路。这为随后南京国民政府在抗日战争和解放战争中大量印钞应付军费开支、导致恶性通货膨胀的历史事实所证明。国民政府为填补财政赤字，从 1937 年 6 月到 1949 年 5 月的 12 年中，纸币发行量增加 1400 多亿倍。由法币无限制发行导致的严重通货膨胀，广大人民群众生产生活受到灾难性影响，而各商业群体、私营银行和职业投机者却通过各种投机行为发了国难财。抗战胜利后，国民政府由于接收大量日伪资产而一时间“阔”了起来，通胀也得到短暂缓解。但未及一年，通胀重新抬头。国民政府再次挑起内战，近乎无成本的纸币发行变成国民党从经济体系中汲取资源、用以弥补赤字、支持内战的便捷工具，以致法币市场流通量从 1945 年 8 月的 5000 多亿元猛增到 1948 年 7 月的 604 万亿元，三年间增加 1200 万倍，引起同期物价上涨 3492 万倍。恶性通货膨胀导致法币走向崩溃，以滥发钞票解决军费开支的路径走到尽头。这时，财政部在蒋介石授意下着手准备以金圆券作为新货币代替法币，同时令民众将所有金银、外汇交由国有银行保管，以此彻底剥夺了人民大众用以抵御通货膨胀、捍卫自身财富的方式。金圆券发行后，一再突破被屡屡提高的上限，很快就使价格管制措施失效。到 1948 年 10 月，国民政府干脆放弃价格管制，金圆券随之崩溃，再次洗劫了人民财富，[①] 以致民间交易倒退到以物易物的原始时代。面对此种局势，行政院长孙科于 1949 年 2 月在广州召开政务会议通过《财政金融改革方案》，规定“白银准许人民买卖，银元可以自由流通买卖，政府筹购白银鼓铸银元”。继而开始着手筹备发行银元券，并于同年 7 月 4 日开始不设限额地发行，以致其券值自发行之日起就惨跌不止，很快又变成如同废纸，直至随 1949 年 12 月 12 日国民政府败退台湾而结束。

（二）政策性公共物品

1. 经济政策

南京临时政府成立后，废除束缚资本主义发展的封建桎梏，制定了一系列鼓励发展实业、改善民生的政策措施，实业部很快处理了一批涉及发展实

---

① 根据中央银行统计，当时全国共收兑了合计价值超过 2 亿美元金银和外汇。这笔可观的民间财富最终都被蒋氏父子运到了台湾。与此同时，在金圆券改革过程中，孔、宋等既得利益集团又通过囤积居奇、投机倒把牟取了暴利。

业、经营管理、产权纠纷等具体问题，民间兴办实业、创办实业协会的热潮随即兴起。

北洋政府时期，先是将南京临时政府的实业部拆分为农林部和工商部，次年又将工商和农林二部合并为农商部，1917 年再将农商部分为农工、实业两部，同时在各省设置包含农、工、商、矿四科的实业司。作为北洋政府阁员的陈其美、张謇、周学熙等力主发展民族工商业，相继推动制定实施了一些有利于经济发展的政策法令。比如，1912 年 3 月颁布《暂行工厂通则》，支持并规范工厂发展。1913 年重新制定《商人通例》并颁布施行细则、《商业注册规则》及其施行细则，而后又颁布《商会法》支持工商业者创办商会保护行业利益。1914 年颁布《国有荒地承垦条例》，鼓励私人开垦荒地，允许关内人到东北开荒；颁布《植棉制糖牧羊奖励条例》，对扩充或改良植棉和种制糖原料者实行奖励；颁布《公司保息条例》《矿业条例》及其细则、《矿产注册条例》，支持各类公司和矿业发展。1914 – 1917 年间，还相继制定对土布、茶叶、矿产品和自制工业品等国货减免捐税政策；支持群众发起抵制洋货、购买国货运动，奖励举办民族工业品展览，组织征集国产优秀产品参加巴拿马赛会和日本大正博览，促进民族工业产品打入国际市场；广泛开设农业专门学校，筹建农业试验场，推广美棉种植；在东北推广大豆种植，在南方鼓励扩大种茶面积，改良茶种，改进制茶技术。

南京国民政府时期，也在支持经济发展方面采取过一些政策措施。一是组织投资创办工业。1928 年 8 月，工商部长孔祥熙在国民党二届五中全会上提出兴办国家资本工业方案，把钢铁、机器、水电、纺织、化工、制盐、造纸等工业列入由政府投资创办的范围。1930 年 1 月，立法院审议通过《矿产法》，规定主要矿产品由国家统制；同年 3 月召开的国民党三届三中全会通过《关于建设方针案》，提出铁路、公路、水利、矿产资源及重要工业部门由国家经营的方针，决定把这些领域的现有私人经营逐步过渡到国家经营。1933 年实业部制订《实业四年计划》，拟定兴建中央机器厂、钢铁厂、酒精厂、造纸厂和植物油厂，利用外资兴建大型硫酸厂和炼糖厂。资源委员会 1936 年 3 月拟订《重工业五年建设计划》，拟定投资 11 亿余元建立国营工矿企业，开始对具有战略意义的某些有色金属实行统管，相继建立中央电工器材厂、无线电机制造厂、炼铜厂，以及一批有色金属矿、煤矿和发电厂等，初步形成以采矿、冶金、机械、化工、电气为主体的国营重工业基础。二是整理和扶持部分民营企业。明确规定除上述由国民政府兴办的工业外，政府奖励扶持私人资本在其余领域投资兴办民营企业，并颁布了一些扶持民营企业的政策。1929 年相继颁布《华侨回国兴办实业奖励办法》和“特种工业奖励法”及其审查标准；1931 年 5 月颁布《小工业及手工业奖励规则》，对出品优良者给予奖金、奖章及匾额；1932 年 9 月颁布《奖励工业技术条例》，凡受奖者在 5－10年中享有专利；1934 年 4 月将“特种工业奖励法”修改为“工业奖励法”，扩大了奖励范围。此外，还设立中央工业试验所，引进国外先进技术，研究工业制造技术，并进行推广；聘请 90 余位专家组成工业标准委员会制定工业技术标准，实行商品检验；颁布《技师登记法》，进行技术人才登记；以贷款等方式帮助私营企业缓解融资困难；通过减轻运费和部分捐税等办法帮助面粉、纱厂、煤矿等企业降低成本。三是自 1938 年 3 月国民党临时全国代表大会通过《抗战建国纲领》起，通过实行统制政策将经济运行纳入战时轨道。太平洋战争爆发后的 1941 年 12 月，国民党召开五届九中全会通过《加强国家总动员实施纲领案》，进一步全面实施战时统制经济体制，依靠行政和法律性强制手段，直接干预管制国民经济各主要部门和社会再生产各主要环节。抗战胜利后，资源委员会负责接收日伪重工业资产设备，1945 年接收日伪资产估计在 18 亿美元左右，1946 年底其拥有的账面固定资产价值多达法币 10 万亿以上。同年秋，宋子文在国民政府会议上提出将没收的纺织、缫丝、造纸等轻工业企业组建成几家国营大公司，一批新的国家垄断资本企业相继建立。其中中国纺织建设公司总资产 1.5 亿美元以上，纱锭、布机数分别占全国的 70% 和 56%，垄断全国一半左右的棉花收购进口和纱布销售业务。此外，还成立了中国蚕丝公司、中国纺织机械公司等垄断性国营企业。这一经济体制的实施，导致官僚集团权力扩大、四大家族财产急剧膨胀。

至于银行，则更早成为国家垄断经营行业。1928 年 10 月国民党颁布的《中央银行条例》明确：“中央银行为国家银行，由国民政府设置经营之”，“并得招集商股，但商股额不得超过资本总额 49%”。中央银行成立之后，凭借特权不断扩大势力。1930 年 2 月因海关进口税改征关金，中央银行遂奉命管理关金，办理外债收支，并在伦敦、纽约两地开立账户，代政府处理国外商务。同年 5 月，国民政府授权中央银行管理金银输出。次年 8 月设立汇兑局，专司外汇及黄金进出口业务。1935 年 10 月，奉令调拨资本 1000 万元成立中央信托局，除办理购料、储蓄、信托、保险诸事宜外，还代理政府向国外购买军火和飞机，成为国民政府控制对外贸易、经办军火进口的重要机构。币制改革后，国民政府指定中央银行与中国、交通银行所发行的钞券为法币，除代理国库经付债券本息和经收关税、所得税、盐税、统税、印花税和烟酒各税外，还负责管理外汇。1935 年，国民政府通过增加官股、实施股权结构改造方式兼并了中、交二行，[①] 同年又将 1933 年 4 月成立的豫、鄂、皖、赣四省农业银行改租为中国农业银行。此外，国民政府还先后建立了邮政储金汇业局，负责为国民政府吸收大量储备存款、特别是国外华侨汇款，并通过邮政系统将其金融势力延伸到全国各个领域。通过上述措施，南京国民政府基本完成了对全国金融活动的垄断，为后来实行经济全面统制做好了金融方面的准备。抗战胜利后，国民党政府于 1946 年 11 月宣布成立“中央合作金库”，加上各省成立的本级银行，国家金融垄断资本渗入城乡每一个角落，控制着整个社会经济生活。据 1946 年统计，除解放区外，国家垄断资本性质的银行分支机构达 2446 家，占全国银行分支机构总数（3489 家）的 70% 以上；其存款总额占全国银行存款总额比重更高达 91. 7% 。国民党执政的国民政府依托这套国家垄断金融资本体系滥发货币和各种债券，用以支持内战，同时利用金融资本扩大对工商业的投资。

在农业方面，南京国民政府先后实行了减轻佃农地租负担和扶持农业发展的政策。推动租佃土地减租是孙中山实现“耕者有其田”治国方略中的第一步措施，他在 1924 年 11 月北上前夕曾亲自签署了“二五减租”令，“即减少农民现纳租税——从百分之五十中减少百分之二十五”。但该法令尚未贯彻孙中山就逝世了。6 年后，南京国民政府重启这一利民政策。1930 年 6 月颁布《土地法》，五年后颁布《土地法施行法》，试图从“二五减租”为起点分步实现孙中山提出的“平均地权”和“耕者有其田”的土地改革主张。但“二五减租”这一步却由于政府向群起反对的地主阶级妥协，还没有迈出去就无果而终了。在支持农业发展方面，1933 年提出的“四年实业计划”，明确

---

① 交通银行始创于 1908 年，中国银行始建于 1912 年。中国银行和交通银行是近代中国最大的两个银行。中国银行具有代理国库、经理和募集公债、特准发行钞票、铸造银币等职权。交通银行采取官商合办形式，除经营商业银行的一般业务外，主要经理交通部所属船、路、邮、电四政的收支款项。由于中、交二行历史悠久、信用卓著，在国内金融界和企业界享有很高声望，在国民经济中具有举足轻重的地位。

要借助于强制农民将所产粮食、棉花一律售给政府的统制方式，通过改良制肥、选种、农作方法和“活泼农业金融、流通农产运销”，实现“增加农业生产”“振兴农业”目标。但这一政策因为严重侵犯农民经济利益，未能起到振兴农村经济的作用。

此外，南京国民政府在推动对外贸易方面做了一些积极有效的努力。比如，提倡举办国货展览会，鼓励企业参加国外的博览会，以扩大中国民族工业品的影响和销路。再如，1948 年 5 月，经与美英等国谈判，加入了《关税及贸易总协定》。

2. 财税政策

中华民国时期的财税政策可以概括为诛求不已的税收政策、向军事和偿债支出倾斜的财政支出政策和一以贯之的赤字政策。

这一时期的税收政策具有两面性：一方面自北洋政府到南京国民政府都曾制定过支持农工商业发展和调节收入分配的税收优惠政策。[①] 例如后者，在农业方面，通过清整土地归属扩大田赋税基、以均平田赋负担，通过减免农产品如芝麻、大豆等的出口税、转口税和开征小麦、面粉、杂粮进口税保护国内农业发展；在工商业方面，通过推行“裁厘改统”减轻商品生产和流通领域的税负，并保护民族工业；同时，通过开征所得税和土地增值税，均衡有产阶级与劳苦大众之间的税收负担。但另一方面，地方政府或军阀却一直以各种理由征收名目繁多的苛捐杂税。民国初年，曾经规定田赋附加一律折入正税。但其后不久，各地又纷纷在田赋上征收附加，各种名目的附加累至数十、上百种。[②] 附加额度也远远突破不得多于正税 30% 的规定，逐步超过正税的数倍。盐税附加也五花八门，如护送费、护商费、团防费、路捐、口捐、地皮捐、伤兵抚恤捐、乐捐、磨捐等。[③] 据 1923 年出版的《中国年鉴——财政 · 租税》统计，北洋政府时期各省主要杂捐多达几百种之多。1934 年全国第二次财政会议制定八条原则展开废除苛捐杂税、减轻田赋附加

---

① 除前面提到的外，南京国民政府还曾通过减免农产品如芝麻、大豆等的出口税、转口税和开征小麦、面粉、杂粮进口税保护国内农业发展。

② 据统计，浙江、江苏两省分别为 74 种、105 种。

③ 据 1927 年调查，四川省所征盐税附加共有 27 种之多，到 1937 年进一步增加到 51 种。每担川盐运往贵州所征正税 2.5 元，而附加却超过 11 元。

行动后，各地采取了一些措施并收到一些效果。[①] 但不久后抗战爆发，各级政府财源枯竭，国民政府通过不断提高营业税税率[②]和开展新税[③]增加财政收入，各地政府为维持自身运转则发明创造了眼花缭乱甚至让人啼笑皆非的捐税。如广东省有“粪尿捐”“新婚捐”，针对猪征收的则有母猪怀孕时的打种捐、产仔后的猪苗捐、小猪养成时的肉猪捐等。抗战时期，田赋相继改行征实、[④]征购、征借制度，一些地方借征实之机不仅带征三成县级公粮，而且采用大斗浮收、压级压价等手段中饱私囊、加重人民赋税负担。为此，1944 年将粮食征购改为征借，但其实是有借无还。同时，一些地方政府和军阀纷纷采取提前预征几年、十几年、甚至几十年田赋的方式满足各种支出需要。以 20 世纪 30 年代的四川为例，南充预征到 1965 年，犍为预征到 1975 年，彭县预征到 1980 年，成都预征到 1985 年，灌县和新繁预征到 1991 年。各级政府以各种名义增加税种、提高税率、开征杂捐、预征税款，使得人民税收负担日益沉重。

尽管如此，仍不能满足日益增长的支出需要，自北洋政府到南京国民政府前后一贯地实行赤字财政政策，而填补赤字的一个主要途径就是借债。北洋政府为解决国库空虚问题，1912—1913 年举借外债 4 亿多元；1917—1919 年举借外债 2 亿多元，1917—1926 年发行国债和国库券 6. 3 亿元以上。据 1934 年 6 月清理承认数，北洋政府留下的外债多达 10. 56 亿银元。南京国民政府几乎每年都有数额很大的财政赤字，1927—1937 年间发行国债 10. 58 亿元，抗战 8 年间平均每年正常税收收入只占当年支出的 20%。据统计，蒋氏政权在大陆存续的 22 年中，举借的各种外债余额多达 30. 68 亿元，加上发行

---

① 据 25 省市统计，全国总计废除苛捐杂税 7201 种，使百姓的捐税负担有所减轻。

② 柯伟明：论民国时期的营业税税率与税负［J］，安徽史学，2015（3）.

③ 1938 年 10 月，国民政府开征“非常时期过分利得税”，凡营利事业资本在 2000 元以上、利得超过资本 15% 者，一律依照 10% -50% 的超额累进税率缴纳；以 5000 元为起征点开征“遗产税”，按照 1% -50% 的超额累进税率征收。1942 年起，开征“战时消费税”，规定除粮、柴、菜、肉等日用品外，凡在国内生产运销和来自进口的货物，区分日用品、非必需品、半奢侈品、奢侈品各按 5%、10%、15%、20% 四档税率征收。据统计，1943 年“战时消费税”收入 34. 3 亿元，占国家税收收入的 8. 63%，超过关税近两倍。

④ 通过以实物形式征收粮食，一举使田赋在国家税收总收入中的占比抬升到 54% 以上。——国家税务总局：中华民国工商税收史纲［M］. 中国财政经济出版社，2001.

内债借款，政府债务总额还要翻番。

财政支出政策向主要用于国内战争的军费倾斜，北洋政府时期，中央政府支出总额中，军事、政务、偿债三项支出占比，1918 年分别为 57.3%、24.1%、18.6%，1922 年分别为 38.8%、19.3%、41.9%，1924 年为 19.7%、23.1%、57.3%；各省财政支出总额中的军费平均占比，1919 年为 54.7%，1925 年上升到 71.9%；[①] 南京国民政府时期，1927—1937 年间中央财政支出总额中军费居首位，平均占比 41.2%，最高时达 50.8%；债务费居其次，平均占比 32.1%；两项合计平均占总支出的 73.3%，最高时达 80.2%；各类行政性支出居第三位，而用于经济、教育、文化、科技等发展性支出占比平均不到 4%。[②]

3. 民族政策

由于制发的所有宪法性文件都明确规定各民族一律平等，因此，民国政府各时期总体上能够比较善待少数民族，从而使少数民族在国家政治生活和经济文化发展方面的地位明显提高。问题主要在于，以大汉族主义态度对少数民族实施同化政策。例如蒋介石，虽然也曾着意选拔各少数民族优秀代表进入各级政权结构，并从经济文化等方面对少数民族地区予以关心支持，但却不承认各少数民族作为不同于汉族的独立民族，而将其称为宗族。[③]

4. 政党政策

中华民国各个时期的政党政策存在很大差异。南京临时政府时期，包括临时大总统孙中山在内的党政要员对会党保持宽大包容态度。北洋政府中期，中国进入政治思想活跃高峰期，除由同盟会改租而来的中国国民党之外，中国共产党、中国青年党、中国社会党、中国致公党等政治主张各异的众多党派相继成立。北洋政府在袁世凯主政时对包括国民党在内的各政党心怀芥蒂，采取排斥态度；直系军阀控制期间，残酷镇压了共产党领导的“二七”大罢工；奉系军阀执政时期，下令杀害了作为共产党创始人之一的李大钊。1923 年，孙中山在中共帮助下改组国民党，采行联俄、联共、扶助农工三大政策，

---

① 贾士毅：民国财政史下册［M］. 郑州：河南人民出版社，2016：51－70；民国续财政史上册［M］. 商务印书馆，1933：58－67，11－114，187－190.

② 张连红：论南京国民政府在现代化进程中的角色——以财政为中心［J］. 江海学刊，2013（12）.

③ 严昌洪等：论民国时期的民族政策（J），兰州大学学报，2016（1）：6.

实现了第一次国共合作，为开展北伐奠定了良好政治基础。但是，这种朝向左转的大革命引起国民党新右派不满。通过密谋窃取了党政军大权的蒋介石于1927年4月12日在上海发动武装政变，大肆屠杀共产党员、国民党左派及革命群众，宣告第一次国共合作失败，致使大革命受到严重挫折。此后，南京国民政府连续十年疯狂捕杀共产党员、围剿红色根据地、残害跟随共产党闹革命的人民群众。1936年12月，张学良、杨虎城发动西安兵变逼蒋抗日，国民党被迫重回与共产党合作轨道，但依然采取很多措施压抑、限制共产党，长期与八路军、新四军和游击队搞摩擦。抗战胜利后不到一年，则重启内战，企图通过消灭共产党继续实现独裁统治。因此，除孙中山先生执政阶段外，中华民国大部分时期均实行独裁反共的政党政策。

除上述四个方面，中华民国时期的政策性公共物品供给，还包括货币金融政策、国防政策、外交政策等内容。其中，货币金融政策已在前面关于货币制度和经济政策的叙述中顺便讲到，而国防政策和外交政策将在后面与实体性公共物品供给一并叙述。

(三) 实体性公共物品

1. 铁路公路建设

1912—1948年，全国新建铁路15287公里。其中，中国自主修建9289公里，外国资本修建6120公里。到1949年，铁路运输在全国近代方式货运周转总量中占比高达80.1%。

民国初期公路修建包括官办、兵工、商办和以工代赈等多种形式。1927年前全国修筑公路1.8万公里，其中官办约4412公里，兵工修筑约3196公里，商办约4328公里，以工代赈修建约5990公里。1928—1937年，全国新修公路约88000多公里，通车总里程达110952公里。加上其他公路和支线，初步形成全国公路交通网。抗战期间，国民政府在后方新修公路14331公里，修复公路12576公里，改善公路10万余公里。

与此同时，水运、航空、邮路、电信等也得到较快发展。水运轮船总吨位由1920年158150吨，增加到1936年576875吨，16年间增加2.6倍。[①] 民航从无到有，先后建立中国、欧亚、西南三大航空公司，开辟10多条航线，

① 严中平等：中国近代经济史统计资料选辑［M］．北京：科学出版社，1955：102、190、360.

通航里程超过1680000英里。[①] 全国邮路1933年增至498532公里，有邮局15300余所，代办12700余所。[②] 全国电信线路1937年总长达15万里以上，还设立了国际电台，与国外建立了电话、电报等通信联系。

通过新式交通、通讯的发展，越来越多地用铁路、公路、轮船、飞机、电信和新式邮政等现代方式代替过去主要依赖大道、河道和人力、蓄力、木船、邮驿等传统方式，有力推动了经济的近代转型。

2. 农田水利建设

南京国民政府于20世纪30年代以经委会作为中央级水利行政机构主管水利、统一水政、组织开展水利建设，1932—1935年相继筑成绥远民生渠、陕西泾惠渠和河南洛惠渠。1938年6月9日国民政府为阻止日军西进，采取“以水代兵”战术，下令扒开花园口大堤，造成黄河决堤改道，形成大片黄泛区，间接导致此后河南惨绝人寰的大饥荒。

3. 国民教育发展

中华民国成立后，孙中山随即强调实行免费义务教育。1912年，中华民国教育部明确规定：“初小、师范、高等师范免收学费。”民国前期，大学虽由中央政府、省政府和民间力量等多主体兴办，但普遍奉行“崇科学，重文艺，讲实用”的办学理念。各大学创立之初，无不尽网罗之能事，延揽教授名师、学派掌门，以提高学术水平和学校声誉。大学治理以“民主、自由、平等”为准绳，使之明显区别于封建教育，体现出鲜明的前瞻性、进步性，自力更生地培养具有近代科学素养的各方面专业人才。在发展小、中、大学教育的同时，还努力推进了幼儿学前教育和职业教育。在职业教育方面，初步形成包括农、工、商、师范、家事等多科并举的现代框架。

4. 科技文化发展

中华民国的建立，破除了禁锢人民思想的封建桎梏，追求民主、科学的思潮和运动迅速兴起。自1912年起，中央研究院、北平研究院、地质调查所等科研机构相继建立。到1937年覆盖近代科学技术广大领域的各种学会组织达到110多个，地质、气象、物理等领域取得了一批具有当时国际先进水平

---

① 郑友揆：中国对外贸易与工业发展［M］．上海社会科学出版社，1984：39.

② 革命文献第78辑，秦孝仪：抗战前国家建设史料·交通建设［M］．台北：中央文物供应社，1963：1.

的成果，电学、磁学、光学、核物理、金属学、结晶学、短波、无机化学、有机化学、生物化学、植物学、动物学和数论、代数、拓扑学、级数论、微分几何、数理统计等现代科学研究开始起步，轮船、飞机、汽车、机床、桥梁、土木建筑等方面的仿造技术显著提升，大大缩短了与西方国家之间的科技差距。“五四运动”深刻荡涤了几千年以来形成的封建思想文化，为现代科学、教育、科技、文化发展和民主政治进程开辟了道路。这些，尽管并不都是政府提供的公共物品，其中“五四运动”还遭到北洋政府镇压，但中华民国的建立对于中国思想文化和科学技术发展起到的制度性解放作用是不可低估的。

5. 社会保障制度起步

中华民国各个时期相继在中央政府内政部或社会部中设有专司社会福利救济的机构，逐步建立起中央、省、县三级社会救济福利管理体制，[①] 陆续制定和颁布了一些有关社会保险、福利、救济、救灾等方面的法律法规和政策，并在各级财政支出中或多或少象征性地安排一些相关专款。这一时期的社会保障主要包括两大方面：一是延续历代君主王朝的做法，政府直接举办并鼓励民间主体举办救灾、救济福利机构，对生存无着的鳏寡孤独残人员给予最低标准的基本生活保障，运用减免税赋、发放救济粮、施粥济民和以工代赈等方式对遭受严重自然灾害的民众实施临时救济。二是在劳工运动推动下建立起初步的社会保险。中国共产党成立后随即创立劳动组合书记部组织开展工人运动，通过推动劳动立法和罢工斗争等途径，强力争取建立工伤、失业、医疗、养老等社会保险制度。在此背景下，北洋政府农商部于 1923 年制定颁布《暂行工厂通则》，而后经修订又颁布《工厂条例》，就工厂对工伤人员提供医疗和生活保障做出规定。1924 年国民党第一次代表大会通过的宣言和 1926 年国民党中央制定的《国民党最近纲领》相继肯定建立失业、工伤、死亡等社会保险立法的主张。南京国民政府期间，1931 年颁布《工厂法》就工伤保险做出规定；1946—1948 年资源委员会相继制发文件，要求企业出资建立职工医疗、工伤、死亡、生育等保险；1948 年又颁布了退休养老待遇办法。通过这些规定，初步建立起近现代社会保险体系雏形。但是，由于上述社会保障法律法规和政策措施本身规定的保障项目不全、待遇偏低，又因受到资

① 刘琳：民国时期的社会保障管理体制探究［J］. 兰台世界，2014（3）：117－118.

本家抵制而执行不力，加之社会保障资金投入太少、社会长期处于动荡不安状态，致使工农大众从中所获收益甚微。总之，民国时期在建立社会保障制度方面相继做了一些积极工作，但就实际效果而言，完整有效的社会保障制度始终没有建立起来。①

6. 正面战场抗日并参加国际抗击法西斯斗争

1931 年 9 月 18 日，日本关东军突然袭击沈阳，将蓄谋已久的武装侵华战略付诸实施。以蒋介石为首的国民政府奉行“攘外必先安内”的方针，密令东北军总司令张学良不予抵抗、撤入关内，遂将东北四省拱手让人，以致日本侵略者得陇望蜀。之后，蒋介石把持的国民政府一直醉心于消灭共产党，而将制止日本侵略行为的希望寄托于同日本存在利益冲突的英美两国出面干涉上。这种打内战、不抗日做法引起全国人民一致反对和声讨。在此关头，爱国将领张学良、杨虎城于 1936 年 12 月 12 日在西安发动兵变、逼蒋抗日。在中国共产党调停下，张、杨二将军以答应一致抗日为条件释放了蒋介石，以致南京国民政府不得不承担起在正面战场抗日的角色。但是，国民政府在抗战方面依然行动消极、动作迟缓，以致 1937 年日军在北京再次制造借口发动“七七”事变，迅速侵占华北后，一路南下相继占领淞沪、南京。承担正面战场抗战的国军在不断加紧侵略步伐的日军面前节节败退，以至放弃南京、将首都相继转移武汉和重庆。尽管如此，1937—1945 年间，国民革命军相继投入抗战的正规部队计有步兵 128 个师、46 个独立旅，骑兵 9 个师又 6 个独立旅，炮兵 4 个旅和 20 个独立团，合计达 170 万人；与日军共在 38931 次小型战斗、1117 次重大战役、22 场大会战中较量。因为武器装备和内部存在派系之争等因素，国民党军队在战场上始终未能取得绝对优势，但曾在台儿庄、淞沪、长沙、独山等正规战和上海、笕桥等空战中给予日军重创。1941 年 12 月 7 日，日本偷袭珍珠港，中美英正式对日德意宣战，中国正式成为二战盟军反法西斯战争的战场之一。盟军委任蒋中正为中国战区（含越南、泰国、高棉）统帅，派史迪威中将任蒋参谋长，自此，国民党军队除在国内正面战场对付日军外，还曾派出精锐部队作为远征军配合英国军队转战缅甸打击日寇。

---

① 宋士云：民国时期中国社会保障制度与绩效浅析［J］. 齐鲁学刊，2004（5）：50 – 56.

7. 废除中外不平等条约的外交努力

清朝时期在列强胁迫下签订的众多不平等条约成为套在中国政府和人民头上的沉重枷锁，全国人民对代清而起的民国政府废除这些条约寄予厚望。民国建立之初，出于获取国际承认、避免列强干预的策略考虑，虽未立即宣布废约，但大多数政府成员均有待机废约之志，因而在推动废约方面分两个阶段进行了一系列努力并逐步取得成效。

第一阶段为 1917—1927 年北洋政府期间。1917 年，北洋政府乘对德断交宣战之机废除了与德国的不平等条约；一战结束后，又借助胜利国地位废除了《中俄蒙协约》，并废除了奥匈帝国在中国的一切特权。1921 年 8 月中国参加华盛顿会议，再次要求废除不平等条约，结果是签署了原则确认“尊重中国之主权与独立，以及领土与行政完整”的《关于中国事件应适用各原则及政策之条约》。苏俄政府 1919 年发表《第一次对华宣言》，宣示将放弃沙俄侵略中国时所获得的一切土地和领事裁判权，无条件归还中东铁路，尽管后来没有兑现无条件归还中东铁路的承诺，但通过签署协定将中东铁路以赎回方式归还中国的期限缩短了 20 年，并同意中国恢复在黑龙江下游的航行权。同年 10 月，还通过在北京召开的关税特别会议，以裁撤国内厘金为妥协条件，原则性同意中国自 1929 年起收回关税自主权。经过争取，又于 1926 年 11 月废除了与比利时、西班牙的不平等条约。

第二阶段为 1928—1949 年南京国民政府期间。1928 年第二次北伐即将完成之际，外交部部长发布文告：“今当中国统一告成之际，应进一步遵正当之手续，实行重订新约，以完成平等及相互尊重主权之宗旨。”自此至 1930 年，经过谈判，由美国带头，相继与德国、挪威、意大利、丹麦、荷兰、葡萄牙、英国、瑞典、法国、波兰、希腊、捷克通过重新签订通商条约，实现了收回关税自主权的目标。继而开始争取废除列强在中国的治外法权。第一步是 1930 年收回上海公共租界的临时法院和法租界的会审公廨。第二步是借助参加国际反法西斯阵线机会，和美、英、苏一起以四大国身份于 1942 年 1 月 1 日与其他 25 国共同签署联合国家宣言，从法理上获得废除不平等条约的有利条件。以此为基础，1943 年 1 月相继与美英两国签署“平等新约”，美国和英国同时宣布放弃在华一切特权。在此影响下，相继与挪威、加拿大、瑞典、荷兰、法国、瑞士、丹麦、葡萄牙等九国签订了内容类似的新条约。日本、意大利也相继废除在中国的法外治权。同年 12 月 1 日，中、英、美三国签订

《开罗宣言》，其中规定日本必须将中国东北四省、台湾、澎湖群岛等归还中华民国。1945 年 7 月，中、英、美发表《波茨坦公告》敦促日本投降并遵守开罗宣言，次月日本宣布投降并接受《波茨坦公告》。同时，南京政府与苏联政府签订《中苏友好同盟条约》，其中有关条款表示依公民投票结果决定外蒙古是否独立，苏联放弃大连、旅顺两海港，中苏合作经营长春铁路。次年 1 月，南京政府宣布承认外蒙古从中国独立出去。至此，除了香港、澳门和沙俄 19 世纪侵占的 154 万平方公里土地外，其余权利全部收回。同年，中国还以世界人口第一大国和二战同盟国的有利条件积极参与创建联合国，并获得联合国安全理事会五大常任理事国地位。

五、民国时期公共经济批判

中华民国作为以孙中山为代表的资产阶级革命党带领人民推翻封建统治斗争的产物，对于古老中国实现由封建专制型公共经济向资产阶级民主型公共经济的历史转变做出了具有划时代意义的伟大贡献。由孙中山提出，国民政府实施的政权与治权分立、行政院五权并举相互制约的广义政府体制，更具公共经济制度创新意义。但是，由于封建社会遗留下来的经济社会和思想文化历史包袱沉重，而资本主义经济发展不充分又导致民族资产阶级极为软弱，以致中华民国各时期政府在推进经济、政治、社会、文化等各领域改革发展方面步履蹒跚；北洋政府和南京国民政府统治期间的公共经济决策机制则带有浓重的封建专制色彩，公共经济治理腐败、决策失误频仍，将大量公共经济资源用于中华民族自相残杀的内战，致使绝大多数国民生活困穷、文化落后的面貌未能得到明显改观，甚至在“限共”“反共”“剿共”和镇压人民革命、劫掠国民财富方面犯下不可饶恕的罪行。尽管如此，相对于此前的封建王朝而言，中华民国还是在政治、经济、文化、科技、国防、外交、社会保障等各方面提供了一系列明显具有进步性的公共物品，从而在许多方面为人民民主新中国的产生和发展奠定了一些有利基础。

第五节　现代中国社会主义公共经济

由于中华民国本质上属于资产阶级和地主阶级共和国，没有通过制度性公共物品供给改变地主剥削农民、资本家剥削工人的基础性生产关系，从而未能解决地主与农民、资本家与工人之间的阶级矛盾，因此也就不可能从根本上改变中国受帝国主义列强侵略、压迫、剥削的国际地位。由于国内阶级矛盾和国外与帝国主义列强之间矛盾的共同作用，加之“十月革命”的炮声给中国送来了马克思列宁主义。当时中国最先接受了马克思列宁主义思想理论的李大钊、陈独秀、毛泽东、董必武、李达、李汉俊、王尽美、邓恩铭、何叔衡、蔡和森、陈潭秋等一批知识分子相继在北京、上海、广州、湖南、湖北、山东等地组建了共产主义小组。而后，于 1921 年 7 月密约相聚上海召开中国共产党第一次全国代表大会，成立了中国马克思列宁主义政党。自此，中国共产党领导中国各族人民通过 28 年艰苦卓绝的浴血奋战，终于在 1949 年 10 月 1 日建立起以生产资料公有制为经济基础、以人民民主为政治基础、以马克思列宁主义为指导思想和理论基础的中华人民共和国，开启了社会主义公共经济新纪元。

一、社会主义公共经济生产关系

现代中国的公共经济生产关系是社会主义性质的。这种性质的根本内容在于占全国人口绝大多数的人民大众在公共经济中居于主人地位，依照宪法规定的形式、程序、机制，集体决定公共经济制度和政策、公共经济资源筹集和配置、公共物品提供结构和数量；相对人民而言，包括中国共产党、各类政权机关、公共事业组织等在内的所有公共机构都是公共经济责任和权力的受托执行者。这种公共经济生产关系是由现代中国人民与广义政府之间的根本性社会契约——中华人民共和国各时期制定的所有宪法性文件规定的。中华人民共和国据以成立和成立之初所执行的宪法性文件是1949 年9 月29 日中国人民政治协商会议第一届全体会议通过的《中国人民政治协商会议共同纲领》（以下简称为《共同纲领》），其序言和第一、第二章分别从不同方面阐述了社会主义公共经济生产关系的基本内容。其中，《共同纲领》在序言里阐明：“中国人民解放战争和人民革命的伟大胜利，已使帝国主义、封建主义和官僚资本主义在中国的统治时代宣告结束。中国人民由被压迫的地位变成为新社会新国家的主人，而以人民民主专政的共和国代替那封建买办法西斯专政的国民党反动统治。……中国人民政治协商会议代表全国人民的意志，宣告中华人民共和国的成立，组织人民自己的中央政府。中国人民政治协商会议一致同意以新民主主义即人民民主主义为中华人民共和国建国的政治基础。”第十二条规定：“中华人民共和国的国家政权属于人民。人民行使国家政权的机关为各级人民代表大会和各级人民政府。各级人民代表大会由人民用普选方法产生之。各级人民代表大会选举各级人民政府。”第十五条规定：

"人民代表大会向人民负责并报告工作。人民政府委员会向人民代表大会负责并报告工作。"第四条规定："中华人民共和国人民依法有选举权和被选举权。"第十九条规定："人民和人民团体有权向人民监察机关或人民司法机关控告任何国家机关和任何公务人员的违法失职行为。"1954 年《宪法》第二条规定："中华人民共和国的一切权力属于人民。人民行使权力的机关是全国人民代表大会和地方各级人民代表大会。"第十八条规定："一切国家机关工作人员必须效忠人民民主制度，服从宪法和法律，努力为人民服务。"第九十七条规定："公民对于任何违法失职的国家机关工作人员，有向各级国家机关提出书面控告或者口头控告的权利。"1982 年《宪法》序言明确："中国人民掌握了国家的权力，成为国家的主人。"第二条规定："中华人民共和国的一切权力属于人民。人民行使国家权力的机关是全国人民代表大会和地方各级人民代表大会。人民依照法律规定，通过各种途径和形式，管理国家事务，管理经济和文化事业，管理社会事务。"第四十一条规定："公民对于任何国家机关和国家工作人员，有提出批评和建议的权利；对于任何国家机关和国家工作人员的违法失职行为，有向有关国家机关提出申诉、控告或者检举的权利，但是不得捏造或者歪曲事实进行诬告陷害。对于公民的申诉、控告或者检举，有关国家机关必须查清事实，负责处理。任何人不得压制和打击报复。"

这些一系列规定表明，中华人民共和国自成立开始就是以人民为主体和主人的公共经济共同体；在这个公共经济共同体中，人民处于当家作主地位。更为重要的是，在社会主义公共经济中，人民当家作主的生产关系或者说人民拥有当家作主的主人权利，在法理上是由下述逻辑严密的明责授权机制作为组织保障的：人民通过普选产生的代表组成代表大会行使主人权利，代表大会选举产生具体承担完成公共经济日常治理事务的人民政府；人民代表大会向人民负责并报告工作，人民政府委员会向人民代表大会负责并报告工作；在人民代表大会和人民政府委员会内，实行少数服从多数的制度。这与中华民国各个时期宪法性文件中有关"主权属于国民全体"或国家主权"本于国民之全体"等空洞性民主原则规定相比，显然要充实得多、具体得多，从而也就有保障得多。

另外，现代中国公共经济由人民当家作主的生产关系建立在坚实的经济基础之上。第一步，通过新中国成立前各抗日根据地、老解放区和新中国成立后在新解放区推行的土地改革，真正实现了耕者有其田。第二步通过 20 世纪 50 年代上中期没收官僚买办资本和生产资料私有制社会主义改造建立起由全民所有制和集体所有制构成的生产资料公有制。生产资料公有制的建立，将劳动人民从经济剥削的枷锁下解放出来，加之通过扫盲运动使人民群众拥有了一定的文化知识，以致劳动人民确有条件实际参与公共经济治理过程，从而在集体意义上成为公共经济的主人。70 年代末开始的经济改革开放，虽然生产资料所有制形态逐步转变为国家所有制、农村集体所有制、内商外商个体私有制和混合所有制并存的复合结构，而且公有制经济在全社会经济总量中所占比重明显下降，但由于以全民所有制为实质的国有经济在国民经济中处于主导地位、掌控着国家经济命脉，因此，仍能有效保障广大劳动人民在公共经济中处于主人地位。

二、公共经济体制

社会主义公共经济体制同样由横向和纵向两个维度构成。中华人民共和国成立后，两个维度的公共经济体制随之建立。之后 70 年来，公共经济体制通过一系列改革探索不断调试、逐步完善。

（一）横向公共经济体制

与人民当家作主的公共经济生产关系相适应，在共产党领导下，社会主义中国的横向公共经济体制在第一层次上表现为人民代表大会制度下的立法、监察、行政、司法、军事相对分立和人民政协依法议政参政。国家宪法性文件相继以不同表述方式对此做出规定。其中，《共同纲领》第十二条规定：“各级人民代表大会选举各级人民政府。各级人民代表大会闭会期间，各级人民政府为行使各级政权的机关。”第十三条规定：“在普选的全国人民代表大会召开以后，中国人民政治协商会议得就有关国家建设事业的根本大计及其他重要措施，向全国人民代表大会或中央人民政府提出建议案。”第十五条规定：“人民代表大会向人民负责并报告工作。人民政府委员会向人民代表大会负责并报告工作。”第十九条规定：“在县市以上的各级人民政府内，设人民监察机关，以监督各级国家机关和各种公务人员是否履行其职责，并纠举其中之违法失职的机关和人员。”这里规定了人民代表大会制度下的公共经济责权配置格局——政协议政参政，政府行政，设置于政府中的监察部门行使监察权；其中未提到立法权、司法权、军事权与行政权的分立，但这不影响它们事实上的独立性。[①] 1954 年《宪法》对公共经济责权的横向配置做出更加完整的制度安排。其中，第二十一条明确："中华人民共和国全国人民代表大会是最高国家权力机关"，第二十二条随后规定："全国人民代表大会是行使国家立法权的唯一机关。"第五十五条规定："地方各级人民代表大会都是地方国家权力机关。"继而，通过第二十七至三十一条关于全国人民代表大会及其常务委员会职权和第七十三至八十四条关于人民法院、人民检察院的有关规定，体现出行政权、司法权派生于最高权力机关的从属关系和司法权独立于行政权的分立关系。[②] 1982 年《宪法》第二条规定："国家行政机关、监察机关、审判机关、检察机关都由人民代表大会产生，对它负责，受它监督。"第一百三十一条和第一百三十六条分别规定法院和检察院各自依照法律规定独立行使审判权、检察权，不受行政机关、社会团体和个人的干涉。

对于横向公共经济体制第二层次，《共同纲领》第三十三条规定："中央各经济部门和地方各经济部门在中央人民政府统一领导之下各自发挥其创造性和积极性。"1954 年和 1982 年《宪法》规定中央各部委首长分别负责管理本部门工作，在本部门权限内，根据法律、法令和国务院的决议、命令，可以发布命令、指示和规章。这表明，横向各部门之间实行分责分权的水平分工管理机制，原则上排斥部门间公共经济责权相互交叉、相互扯皮。据此，新中国成立以来党和国家曾多次通过机构改革探索最适宜的配置格局，最近一次改革是根据中共十九届二中全会有关决定实施的，目标是将同类治理责任和权力集中由一个政府部门承担，以减少乃至避免相互扯皮、提高公共事务运作效率。

至于上述这两个层次的公共机构领导层内部的公共经济责权运行机制，宪法性文件一直将其规定为"民主集中制"。其中，《共同纲领》第十五条规

---

① 军事权在新中国成立以来各时期的宪法性文件中都单独规定，文字上表述为归国家军事委员会执掌，实质上则按照"党指挥枪"的原则由中共中央军事委员会直接负责掌控。立法、司法分别由人民代表大会（包括在 1954 年全国人代会产生之前的全国政协）和法院、检察院执掌，也是不言而喻的。

② 其中第八十条和第八十四条规定各级法院、检察院向同级人民代表大会及其常委会报告工作。第七十三条规定："中华人民共和国最高人民法院、地方各级人民法院和专门人民法院行使审判权。"第七十八条规定："人民法院独立进行审判，只服从法律。"第八十三条规定："地方各级人民检察院独立行使职权，不受地方国家机关的干涉。"

定："各级政权机关一律实行民主集中制。……在人民代表大会和人民政府委员会内，实行少数服从多数的制度。"1954 年《宪法》第二条规定："全国人民代表大会、地方各级人民代表大会和其他国家机关，一律实行民主集中制。"1982 年《宪法》第三条规定："国家机构实行民主集中制的原则。"这表明，人民中国的公共经济治理本质上排斥个人独裁。

（二）纵向公共经济体制

根据新中国成立以来相继颁布的宪法性文件规定，中华人民共和国的纵向公共经济体制是以兼顾集中统一和因地制宜为原则的多级分治架构。《共同纲领》第十六条规定："中央人民政府与地方人民政府间职权的划分，应按照各项事务的性质，由中央人民政府委员会以法令加以规定，使之既利于国家统一，又利于因地制宜。"同时第十五条规定："各下级人民政府均由上级人民政府加委并服从上级人民政府。全国各地方人民政府均服从中央人民政府。"第三十三条规定："中央人民政府应争取早日……规定中央和地方在经济建设上分工合作的范围"。1954 年《宪法》第五十三条规定了中央、省（自治区、直辖市）、县（市、区）和乡镇四级政权结构，第五十八条和六十四条规定了地方各级公共机构依照管辖范围对公共经济各负其责、自主治理，① 继而又以第六十四和六十五条规定上级政权拥有以"决议和命令"支配监控下级政权施政行为的权力和下级政权机构服从上级决议、命令、监督的义务。② 1982 年《宪法》第二条规定："中央和地方的国家机构职权的划分，遵循在中央的统一领导下，充分发挥地方的主动性、积极性的原则。"这种体制的一个突出问题，是各级公共机构间经济社会发展类公共经济责权配置方面存在大量交叉重叠，妨碍下级公共机构积极性、自主性发挥，进而影响公共经济效率。为此，1958—1993 年间曾几度自上而下地收放责权未能

---

① 即"地方各级人民代表大会在本行政区域内，保证法律、法令的遵守和执行，规划地方的经济建设、文化建议和公共事业，审查和批准地方的预算和决算，保护公共财产，维护公共秩序，保障公民权利，保障少数民族的平等权利"。"地方各级人民委员会依照法律规定的权限管理本行政区域的行政工作。……地方各级人民委员会依照法律规定的权限发布决议和命令。"

② 即"地方各级人民委员会执行本级人民代表大会的决议和上级国家行政机关的决议和命令"，"县级以上的人民委员会有权停止下一级人民代表大会的不适当的决议的执行，有权改变或者撤销所属……下级人民委员会的不适当的决议和命令"。

"按照各项事务的性质"仔细甄别各种公共经济责权适于配置于哪一级，加之分责分权不清晰，以致很快显现出负效应。中共十八届三中全会以后，从实现国家治理现代化出发，尝试从推进政府间财政支出责任和权限划分合理化、明晰化入手来解决这一问题，并有望进一步深入各级公共机构间公共物品提供责任和决策权的合理、清晰界定，以彻底消除症结、解决问题。

三、公共经济生产力核心要素管理机制

对于公共经济生产力核心要素的各类公务员管理，1982 年《宪法》第八十九条和第一百零七条分别规定国务院和县级以上地方各级人民政府依照法律规定的权限，任免、培训、考核和奖惩行政工作人员。第二十七条同时规定"一切国家机关……实行工作责任制，实行工作人员的培训和考核制度，不断提高工作质量和工作效率"。同时，国家相继制定颁布了《公务员法》《监察法》《检察法》《审计法》等一系列相关法律法规作为对公务人员实施管理的依据，在执政党内则相继制定有《党政领导干部选拔任用工作条例》《中国共产党党内监督条例》《中国共产党问责条例》等，以及旨在不断提高中高级公务员政治业务素质能力的党校、干校、行政学院培训制度等。就实践层面而言，在公共经济生产力核心要素——公务人员[①]管理方面，多年以来，一直按照现代各国通行做法，区别不同性质实行双轨选任机制，即政务性公务员实行选任制、业务性公务员实行考录委任制。其中，对实行选任制的立法、行政、司法、监察机关主要首长人选，由执政党推荐提名，提交同级人民代表大会或其常委会按照少数服从多数原则依据得票多少依次任用；[②]对实行考录委任制的业务性公务员，初级层次者由政府人事部门通过考试择优录用，高级层次者由各部门根据品德、才能、业绩和资历等条件推荐或通过公开考选择定人选，报经同级执政党机关考察确定，之后由同级党政机关最高首长任命。公务人员履职用权行为不仅要接受自上而下的考核监督，还要依法接受监察、检查、审计部门和人民大众的外部监督。

应该说，自中华人民共和国成立以来，党和国家制定实施的上述公共经

---

① 这里所谓公务人员主要是指供职于按照、比照、参照公务员管理的党政机关工作人员，广义上包括所有公共部门工作人员。

② 1982 年《宪法》第九十七条规定，省、直辖市、设区的市的人民代表大会代表由下一级人民代表大会选举；县、不设区的市、市辖区和乡、民族乡、镇的人民代表大会代表由选民直接选举。

济生产力核心要素管理机制是有效的，整个公务人员队伍素质及其发挥状况强于历史上任何时期。1978 年以前，大多数处于公共部门领导岗位的公务人员都是经过革命斗争出生入死考验的优秀人才，新中国成立初开展的“三反五反运动”、特别是对刘青山张子善贪污行为的严肃处置给整个公务员队伍狠狠地敲了警钟，尔后又经过“文革”洗礼，公务人员贪污贿赂等腐败现象基本灭绝。改革开放后，邓小平、陈云等老一辈革命家不仅提出干部选任要坚持“革命化、知识化、专业化、年轻化”要求，而且一再强调从严治党、治政，严防公务员队伍、特别是高中级党政领导干部腐化变质。党的十八大以来，中共中央强化从严治党、从严执纪，对严重违纪违法的高级干部进行严肃查处，对渎职滥权、以权谋私等腐败行为持续采取高压态势，同时加快推进法纪和问责制度建设，有效遏止了贪渎腐败行为，使整个吏治逐步呈现清正局面；并且愈来愈重视加强公共经济绩效考核与问责，公共经济生产力核心要素管理机制得到明显优化。

四、公共经济资源管理机制

新中国成立之初，面对新解放的原国统区经济凋敝、财源匮乏、财政趋于崩溃和新中国百废待兴、万事待举的局势，《共同纲领》第四十条规定：“建立国家预算决算制度，划分中央和地方的财政范围，厉行精简节约，逐步平衡财政收支，积累国家生产资金。”据此，1949 年 10 月中央人民政府政务院成立了由陈云、薄一波主持的财政经济委员会，遵照《共同纲领》上述规定、结合解放区理财经验研究制定相关措施，于 1950 年 3 月颁布实施了《关于统一国家财政经济工作的决定》。经过多措并举、雷厉风行地统一全国财经、稳定物价，1950 年底全国实现财政收入 65.2 亿元、支出 68.1 亿元，接近实现当年收支平衡，一举结束了国民党统治时期连年恶性通货膨胀和中华民国以来数十年财政收支严重失衡局面，① 并借助这一过程建立起一套以中央财政部集中统一管理财政收支为核心的公共经济资源运行新机制。此后，50 年代上半期曾一度仿效苏联模式对既有财政收支和预算管理制度进行改造。1956 年毛泽东主席发表《论十大关系》讲话后，财政管理重新回归自主探索轨道。但是，财政收支、预算管理和财政体制较为粗疏的状况在很长时期内未能得到根本改变。改革开放后，转而学习借鉴西方国家财政管理模式，致

① 郭芳：1949 年统一财经：经济上的“淮海战役”［J］. 中国经济周刊，2019（18）.

力于通过改革探索逐步建立与社会主义市场经济相适应的公共经济资源管理机制。

1. 财政收入结构

《共同纲领》第四十条规定："国家的税收政策，应以保障革命战争的供给、照顾生产的恢复和发展及国家建设的需要为原则，简化税制，实行合理负担。"据此，70 年来，公共经济资源筹集总体上遵循兼顾财政支出需要与经济承受能力两个方面的原则，按照"简化税制""合理负担"要求确定筹集渠道和负担主体。但在各个不同时期，国家公共经济资源筹集暨财政收入结构发生了很大变化。新中国成立初期，财政收入以公粮形式的农业税和各种工商税收为主体，以关税、国营企业上缴利润和公债[①]等其他收入为补充。根据新中国第一任财政部长薄一波 1949 年 12 月 2 日在中央人民政府委员会第四次会议上所做《关于 1950 年度全国财政收支概算草案报告》，1950 年全国财政收入总额中，公粮收入占比 41.4%，各项税收占比 38.9%，其余为国营企业上缴利润和公债。[②] 1956 年生产资料所有制社会主义改造完成后，财政收入主要由货物税、商品流通税、营业税、印花税、盐税、工商所得税、农业税和国有企业上缴利润构成。其中，各项税收占 49.7%，以国有企业上缴利润为主的企业和事业收入占 46.7%，债务收入占 2.1%。[③] 1958 年实行以简化税制为核心的税制改革，将货物税、商品流通税、营业税、印花税合并，代之以工商统一税。1959—1979 年，财政收入结构进一步简化为主要由工商统一税、工商所得税、盐税、农业税、屠宰税等税收收入和国营企业上缴利润以及其他少量杂项收入构成。1979 年国家决算国内收入总额中，各项税收占 50.4%，国有企业上缴利润占 46.2%。[④] 改革开放后，随着生产资料所有制、国有企业改革的推进和对外开放的实施，着眼于发挥税收调节功能，逐步改

① 20 世纪 50 年代，国家先后发行过两次公债。第一次是 1950 年发行的"人民胜利折实公债"，第二次是从 1954 年至 1958 年连续发行 5 年的"经济建设公债"。这两次公债发行收入占国家预算收入总额比重都不大。1959 年停止发行国内公债，1968 年全部还清了 50 年代所发公债的本息。

② 新中国第一个预算报告 [N]. 中国财经报，2009-09-19.

③ 李先念：关于 1956 年国家决算和 1957 年国家预算草案的报告 [Z]. 人民日报，1957-06-30 (1).

④ 王丙乾：关于 1979 年国家决算、1980 年国家预算草案和 1981 年国家概算的报告 [Z]. 人民日报，1980-09-13.

革完善税收制度。例如，1980 年开征个人所得税，1982、1983 年相继开征烧油特别税、建筑税、国有企业所得税；1984 年将工商税分解为产品税、增值税、营业税、盐税，将国有企业上缴利润改为利润调节说和承包上缴利润，单独开征集体企业所得税、私有企业所得税、中外合资企业所得税和资源税，1985 年所得税在税收总额中占比上升到 34. 3%。1994 年，结合推行政府间分税制改革再次简化税制，将产品税、盐税纳入增值税轨道，合并内资企业所得税，开征消费税，取消烧油特别税、奖金税、建筑税。1996 年税收总收入中增值税和营业税等流转税占 71%、各种所得税占 18%。2011—2015 年，逐步推行营业税改增值税，彻底克服了重复纳税问题。到 2019 年，全国一般公共预算决算总收入 190390 亿元，其中国内增值税、国内消费税、进口货物增值税消费税、企业所得税、个人所得税、资源税、土地增值税、耕地占用税、房产税、车辆购置税、环境保护税、契税、关税等各种税收收入 158000 亿元，占比 83%；国有资源（资产）有偿使用收入、国有资本经营收入、行政事业性收费收入、专项收入等非税收入 32390 亿元，占比 17%。[①]

在很长一段时期内，除纳入一般预算的各项收入外，还有一部分政府性收入不纳入预算管理。20 世纪 70 年代末推行经济改革后，不纳入预算管理的财政性收入主要有三类。一是政府性基金。它是从扩大部门、单位财务自主权和解决特殊问题考虑逐步开征的，而且数额越来越大，逐渐成为导致公共经济资源制度管理混乱的突出问题。为此，自 1996 年起，国家决定分步将这些政府性基金纳入预算统一管理。二是改革开放后渐次开征的养老、失业、工伤、医疗、生育等社会保障基金。这些社会保障基金收入，在很长时期内作为预算外资金交财政专户储存，2000 年改为纳入预算专项管理，2013 年社会保险基金收支首次列入预算报告接受最高权力机关监督。三是部分部门和单位借助于提供教育、医疗和广电等公共服务组织的各种预算外收入。自 2011 年起，预算外资金纳入预算管理。自此，中国最终实现了公共经济资源筹集管理的规范化，并按属性类型分为一般公共预算收入、政府性基金收入和社会保障收入三部分。

70 年来，随着经济发展，财政收入总量逐年增长，改革开放以来增长更

---

① 2019 年全国一般公共预算收入决算表［OL］．中华人民共和国财政部官网。

快。[1] 到2019年，全国财政收入已从1950年的62亿元增加到190390亿元，总量增长了近3069.8倍，年均增长12.5%。[2] 现在一天的财政收入相当于新中国成立初期8个年头的规模。[3]

2. 财政支出结构

根据《共同纲领》第四十条关于“厉行精简节约、逐步平衡财政收支”的规定，财政支出安排需要精打细算、厉行节约，并将财政支出总量控制在公共经济资源筹集总量界限内。70年来，财政支出结构相继发生重大变化。新中国成立初期，南方一些地方尚有部分国民党残余武装和土匪据点需要通过军事行动加以解决，之后又从保家卫国出发抗美援朝，因此军事支出占比仍然较大，但经济社会发展支出占比已显著提升。根据1949年12月2日在中央人民政府委员会第四次会议批准的《关于1950年度全国财政收支概算草案报告》，在1950年全国财政支出总额中，军事费支出占38.8%；国营企业投资占23.9%；教科文卫和抚恤救济费支出占4.1%。[4] 1953年实行“一五”计划起，财政支出重点开始向经济建设和教育、科技、文化等社会发展领域倾斜。1954年国家决算支出总额中，经济建设支出占比提高到50.2%，教科文卫和抚恤救济费支出占比提高到14.1%；国防支出占比下降到23.6%。[5] 1957年国家预算支出结构体现出经济、社会、国防三项支出之间的优化调整，其中经济建设支出占比48.8%，教科文卫和抚恤救济费支出占比16.5%，国防支出占比18.9%。[6] 到1979年在财政支出总额中用于经济社会发展的支出占比提高到67.6%，其中基本建设支出、国有企业支出、支持农业农村支出、

---

① 1979年至2018年年均增长13.6%。

② 这里所说财政收入是指一般公共预算收入，其中1950年财政收入数与前面所说的65亿元出现差异，原因在于，1950年时的财政收入是以粮食标准质量公斤表示的，如果折算价格不同，那么，折算后的数值就会出现差别。

③ 罗知之：新中国70年经济发展：成就辉煌？前景可期——庆祝新中国成立70周年活动新闻中心首场新闻发布会侧记［OL］．人民网，2019-09-25。其中，2018年财政收入数字仅指全国一般公共预算收入，与1950年相比总量增加2956倍。

④ 新中国第一个预算报告［N］．中国财经报，2009-09-19.

⑤ 李先念：关于1954年国家决算和1955年国家预算的报告［Z］．中华人民共和国法规汇编（1955年7月-12月）。

⑥ 李先念：关于1956年国家决算和1957年国家预算草案的报告［Z］．人民日报，1957-06-30（1）.

文教卫生科学支出占比分别为 40.4%、9.7%、7.1%、10.4%。[1] 20 世纪 90 年代以来，随着国有企业税后利润和折旧基金不再上缴财政，政府原则上不再直接投资建立国有企业，加之对改善民生的重视程度逐步提高，一般公共预算支出总额中直接用于改善民生部分的占比逐年上升到首位，2019 年占比达到 73.8%。[2] 如果加上政府性基金预算、国有资本经营预算和社会保险基金预算支出，目前全国公共经济资源总量用于直接改善民生和经济建设的比重将会更高。

3. 预算制度

《共同纲领》第四十条明确规定要“建立国家预算决算制度”，并对预算编制提出了原则性要求，即按照“量出为入”与“量入为出”相结合，在保障“财政收支平衡”前提下满足重点支出需要。据此，1951 年 8 月中央人民政府政务院公布了包括 5 章 47 条的《预算决算暂行条例》，对各级政府预算编制、核定、审核通过、执行、调整、追加、决算的程序和方法做出规定，为人民中国政府预算规范运行提供了基本遵循。但这一规定至少存在三点不足：一是没有对预算、决算编制的详细程度做出规定；二是没有规定“收支平衡”预算原则；三是没有规定预算、决算经最高权力机关审议批准方能成立——原因在于《共同纲领》没有规定政府预算报经各级政协审议批准，而各级人民代表大会当时尚未选出。1954 年《宪法》第二十七条和第五十八条规定各级预算、决算以各级政府为主体报送同级人民代表大会“审查和批准”后组织执行。1982 年《宪法》第六十二条规定全国人民代表大会“审查和批准国家的预算和预算执行情况的报告”，第八十九条规定国务院“编制和执行国民经济和社会发展计划和国家预算”，第九十九条规定“县级以上的地方各级人民代表大会审查和批准本行政区域内……预算”及其“执行情况的报告”。鉴于 1951 年颁布的《预算决算暂行条例》“暂行”了 40 年，已经非常

---

① 王丙乾：关于 1979 年国家决算、1980 年国家预算草案和 1981 年国家概算的报告[N]. 人民日报，1980-09-13 (3).

② 其中，教育支出、社会保障和就业支出、城乡社区支出、农林水支出、卫生健康支出交通运输支出、科学技术支出、节能环保支出、住房保障支出、资源勘探信息等支出、文化旅游体育与传媒支出、粮油物资储备支出、灾害防治及应急管理支出在一般公共预算决算支出中占比分别为 14.6%、12.3%、10.4%、9.6%、7%、4.9%、4.0%、3.1%、2.7%、2.1%、1.7%、0.8%、0.6%。数字来源：中华人民共和国财政部官网。

不适应经济社会发展形势要求，国务院经过研究制定并于 1991 年 10 月发布了《国家预算管理条例》，对预算、决算管理程序和编制原则做出规定，补上了关于预算、决算报同级人民代表大会审议批准和坚持预算收支平衡原则等内容。经过进一步修改完善和全国人民代表大会审议通过，《中华人民共和国预算法》于 1994 年颁布、1995 年起施行，由此而使中国各级政府预算管理在更高程度上纳入法治轨道。但《国家预算管理条例》和《预算法》仍没有解决《预算决算暂行条例》存在的第一个缺陷，反而取消了关于预算编制时间起点的规定，[①] 难以满足现代民主政治对预算、决算实施详加审查和现代预算应对公共经济资源实行统筹、零基、动态和绩效管理等要求。

针对《预算法》内容规定和预算工作实践中存在的预算外、政府性基金、社会保障基金游离于预算管理轨道，预算编制内容粗疏不利于民主审议批准和保证预算执行效率，预算编制方法因循“基数加增长”而致预算支出结构固化，预算编制周期仅限于下一年度而缺乏长远运筹，预算只重公共经济资源筹集、配置而不问绩效等缺陷，河北省财政部门经过系统研究并征得省委省政府、财政部认可支持，于 1998 年制定提出系统创新预算管理的改革方案。其中，主要包括统筹预算内外公共经济资源、对支出结构实施动态调整、对发展性支出实行项目管理、早编细编预算支出内容等。预算改革方案报经省政府审议通过后印发，1999 年付诸预算编制实践，按照改革方案确定的新模式编制出 2000 年度省级预算。[②] 这项改革出台后，获得前来河北调查的全国人大预算工作委员会两位副主任高度肯定和财政部高度重视，1999 年在中央部分部门开始按照改革模式编制 2000 年度预算的试点。2000 年初，财政部在石家庄召开全国预算改革专题会议介绍推广河北预算管理改革模式。此后，2003—2011 年，河北预算改革继续朝纵深方向探索前进，如对发展性财政支出编制三年滚动预算、实施预算绩效管理，整合财政资金、集中财力分步解决制约经济社会发展的重点问题，采取多种措施加快预算支出进度、提高预

---

① 预算编制时间起点对预算编制质量具有很大影响，因为在极为仓促的时间内很难做到详细编列预算内容并对预算项目认真加以论证，以及让民众事先参与预算形成过程。

② 齐守印：积极探索建立预算管理新模式［J］．中国财政，1999（8）；葛清：钱袋里的“革命”——专访河北省财政厅厅长齐守印［N］．南方周末，2009－07－08.

算执行效率等。这些改革被《中国财经报》《中国财政》密切跟踪、及时报道[①]，也被财政部及时推广到全国。2013 年 11 月中共十八届三中全会揭开了以实现国家治理体系和治理能力现代化为目标的全方位大幅度深化推进改革序幕，包括预算管理在内的财政改革成为全面深化改革的重点内容，以预算绩效管理、中期滚动预算、政府财务报告为重点的深化预算改革不断向前推进：2014 年 12 月《国务院关于批转财政部责权发生制政府综合财务报告制度改革方案的通知》印发实施，2015 年 1 月国务院印发《关于实行中期财政规划管理的意见》，2018 年 9 月《中共中央　国务院关于全面实施预算绩效管理的意见》印发实施；2014 年 8 月 31 日第十二届全国人民代表大会常务委员会第十次会议通过了《关于修改中华人民共和国预算法的决定》。修订后的《预算法》对多项现代预算制度原则做出明确规定：（1）预算法定原则——“经人民代表大会批准的预算，非经法定程序，不得调整。各级政府、各部门、各单位的支出必须以经批准的预算为依据，未列入预算的不得支出”；（2）预算完整性原则——“政府的全部收入和支出都应当纳入预算”；（3）预算平衡原则——第十二条和第三十五条从不同角度规定预算要贯彻应当遵循“收支平衡原则”，“建立跨年度预算平衡机制”；（4）预算民主原则——第二十至二十四条规定各级预算、决算由同级人民代表大会批准，预算执行接受人大及其常委会监督；（5）细编预算原则——“报送各级人民代表大会审查和批准的预算草案应当细化”，“本级一般公共预算支出，按其功能分类应当编列到项；按其经济性质分类，基本支出应当编列到款”；（6）绩效管理原则——第十二、三十二、四十九条、五十七条分别从不同环节对预算绩效管理做出规定；（7）预算资金国库集中收付原则——“国家实行国库集中收缴和集中支付制度，对政府全部收入和支出实行国库集中收付管理”；（8）分级管理原则——“国家实行一级政府一级预算，设立中央，省、自治区、直辖市，设区的市、自治州，县、自治县、不设区的市、市辖区，乡、民族乡、镇五级预算”；（9）预算公开原则——“经本级政府财政部门批复的部门预算、决算及报表，应当在批复后二十日内由各部门向社会公开”，“县级以上

---

① 刘国旺、宋凯：河北推行省级部门滚动预算［N］．中国财经报，2009-02-03；宋凯、李毅等：河北省初步建立全过程预算绩效管理体系［N］．中国财经报，2010-12-13.

政府审计部门……对预算执行和其他财政收支的审计工作报告应当向社会公开”；(10) 违法责任追究原则——第十章列举了各种预算违法情形，并规定根据具体情节对违法主体追究法律和行政责任。中国现代预算制度由此确立起来。

4. 财政体制

新中国成立初期，根据《共同纲领》第四十条关于“划分中央和地方的财政范围”的原则规定，中央人民政府于 1950 年 3 月通过颁布实施《关于统一国家财政经济工作的决定》建立起政府间纵向财政体制，并将其体现于同年 8 月政务院印发实施的《预算决算暂行条例》中。这套纵向财政体制的核心构架，与单一制政权结构相适应，由中央政府集中掌握全国公共经济资源筹集、配置和监督管理制度制定权，公共经济资源管理责权自上而下逐级分解，财政预算从基层预算单位编起自下而上层层汇总审定，财政资源在各层级政府间的纵向均衡和不同地区之间的横向均衡由较高层级政府通过财政支出责任、财政收入划分和转移支付实现。1958 年在以下放权力为主基调改革公共经济治理体制时，也相应地向地方政府下放了财政管理责权。但由于这次改革引起地方盲目扩大投资、破坏积累与消费均衡等问题，中央于 1962 年重新收回了下放过度的财政权，回到近乎中央统收统支、高度集权的纵向财政体制上来。1978 年中共十一届三中全会以后，为了调动地方政府积极性，相继于 1980、1985、1988 年区分不同地区情况，改行多种类型的划分税种、分级包干财政体制。[①] 然而，这种包干体制对地方财政行为产生了明显的负面引导效应，20 世纪 80 年代中后期渐次显现出财政收入占 GDP 比重和中央财政收入占全国总收入比重同时逐年下降趋势，以致中央财政为应付必不可少的支出不得不向地方政府借款。针对这种情况，1994 年中央推出财税制度综合改革，在系统改革税制的基础上，以不改变各级政府财政支出范围为前提，实行分级分税财政体制，不仅迅速扭转了前述“两个比重”下降趋势，而且对地方优化经济结构、注重提高经济效益起到了积极引导作用。[②] 但是，这次改革也存在两个主要问题：一是因为没有对政府间财政支出责任划分进行清

① 杨志勇：中国财政 70 年：建立现代财政制度［J］. china economist，2019（1）.

② 齐守印：试析分税制方案的政策导向——兼论地方财源发展战略的调整［J］. 财政，1994（6）；推进制度创新的伟大实践［N］. 人民日报，2004－02－06.

晰界定，各级政府在经济社会发展领域的财政支出责任几乎全面交叉重叠；二是企业所得税等收入按照企业隶属关系在政府间进行划分，不利于不同层级政府所属国有企业间的合资合作暨经济资源优化配置。对于这两大缺陷，中央通过2002年出台实施的企业所得税分享改革解决了第二个问题，① 但第一个缺陷却长期未能得到解决。为了探索解决这一问题，河北省财政厅从有效发挥财政功能出发，自2005年起开始研究以合理划分财政支出责任为基础系统优化纵向财政体制的改革方案，2008年向提出省政府提出分步推进优化省、市、县三级财政支出责任划分改革的建议，经省政府同意后印发实施。② 这一改革不仅在当时得到财政部的重视，而且为中共十八届三中全会后在全国范围系统推进政府间财政体制改革积累了经验。2016年8月，国务院制发《关于推进中央与地方财政事权和支出责任划分改革的指导意见》，第一次系统提出从事权和支出责任划分即政府公共权力纵向配置角度推进财税体制改革，明确了改革总体要求、划分原则、主要内容。之后，国务院又根据政府间财政支出责任划分调整和流转税“营改增”带来的财政收入归属变化，于2019年10月印发《实施更大规模减税降费后调整中央与地方收入划分改革推进方案》，适当调整了增值税等税收分享比例。这轮改革，将我国纵向财政体制的现代化水平提升到了一个崭新高度。

5. 财政监督

自新中国成立至1981年，对公共经济资源运行过程的监督一直由财政税务部门具体实施。1983年起，依据1982年《宪法》第九十一条和一百零九条规定，自上而下建立起审计机构对公共经济资源运行实施事后外部监督机制，但各级财政税务部门在公共经济资源运行过程中实施的事前和事中监督依旧存在。这种全过程监督对于保证财政资源安全规范运行起到了较为有效的作用。与此同时，河北省财政厅在2004—2011年间还通过研究开发相关电子信息技术软件，探索推行了利用信息网络技术对财政支出和机关事业单位国有资产管理实时进行监督的机制。2014年修订的《预算法》除了第八十七至九十条规定了财政预算监督的多层次主体（包括各级人民代表大会、各级政府、

---

① 赵云旗：经济体制改革的“先行者”——三十年财政管理体制改革回顾［J］．中国财政，2008（19）．

② 李毅：河北试水明晰政府间财政支出责任［N］．中国财经报，2008－12－19.

财政部门、审计部门和其他各部门）及其监督责任、权力外，还以第三十五条和五十七条分别规定了“国务院财政部门对地方政府债务实施监督”和“各级财政部门各级政府财政部门必须依照法律、行政法规和国务院财政部门的规定，……加强对预算支出的管理和监督”。由此构建起多级主体对公共经济资源运行实施全方位全过程监督的网络体系。

上述五个方面的重要变化，反映出社会主义中国公共经济资源管理体制机制由传统模式向现代财政制度模式的历史性转型。

五、人民共和国向社会提供的主要公共物品

作为人民当家作主的社会主义国家，新中国向社会成员集体提供了大量有益公共物品，有效地推动了经济社会发展、增进了人民的公共利益。

（一）制度性公共物品

1. 生产资料所有制

《共同纲领》第三条、第二十七至二十九条规定：“没收官僚资本归人民的国家所有，有步骤地将封建半封建的土地所有制改变为农民的土地所有制”；“凡已实行土地改革的地区，必须保护农民已得土地的所有权。凡尚未实行土地改革的地区，必须发动农民群众，建立农民团体，经过清除土匪恶霸、减租减息和分配土地等项步骤，实现耕者有其田。”“凡属有关国家经济命脉和足以操纵国民生计的事业，均应由国家统一经营。凡属国有的资源和企业，均为全体人民的公共财产”，“合作社经济为半社会主义性质的经济”，“保护国家的公共财产和合作社的财产，保护工人、农民、小资产阶级和民族资产阶级的经济利益及其私有财产”。1954 年《宪法》在序言中进一步明确：“从中华人民共和国成立到社会主义社会建成，这是一个过渡时期。国家在过渡时期的总任务是逐步实现国家的社会主义工业化，逐步完成对农业、手工业和资本主义工商业的社会主义改造。”根据这些规定，经过土地改革和生产资料所有制社会主义改造，城乡居民到 1956 年底基本上都变为全民所有制和集体所有制形式下的生产资料所有者，在公有制基础上普遍实现了与生产资料的直接结合，不仅从经济剥削中解放出来，而且有权参与公共经济和民间经济的集体决策和监督。1978 年 12 月，中共十一届三中全会着眼于利用市场竞争机制增强经济活力，决定适当放宽生产资料所有制限制。据此，1982 年全国人民代表大会通过制定新宪法向社会提供了新的生产资料所有制结构，其中第六条规定“在社会主义初级阶段，坚持公有制为主体、多种所有制经济共同发展的基本经济制度”。实践证明，新中国成立以来进行的每次生产资料所有制变革都有效地解放和促进了社会生产力的发展。

2. 计划经济制度

《共同纲领》在第三十三至三十七条有关规定中已鲜明地体现出新中国将要实行计划经济制度的意志。[①] 经过三年经济整顿和恢复后，自 1953 年起，国家开始实行计划经济制度，以五年计划作为自觉推动经济社会发展的主要抓手。1954 年《宪法》第十五条明确规定："国家用经济计划指导国民经济的发展和改造，使生产力不断提高，以改进人民的物质生活和文化生活，巩固国家的独立和安全。”由此，以指令性计划管理社会生产、流通、分配、消费的一整套计划经济制度很快建立起来，在有效克服经济社会生活领域无政府状态的同时，也在很大程度上导致经济社会生活单调、僵化和缺乏活力，限制了人们按照各自偏好对各种消费品进行自由选择的空间。1978 年末决定推行改革开放后，开始探索推行计划与市场相结合制度。1992 年中共十四大决定以社会主义市场经济作为经济体制改革目标模式，随后于 1993 年 3 月召开的全国人民代表大会通过宪法修正案，将 1982 年《宪法》有关计划经济的条款修改为“国家实行社会主义市场经济。国家加强经济立法，完善宏观调控”。但现行《宪法》第六十二条关于全国人民代表大会职权的第十款文字表述仍是“审查和批准国民经济和社会发展计划和计划执行情况的报告”；第八十九条关于国务院第五项职权的表述中仍包含“编制和执行国民经济和社会发展计划”；第九十九条关于县以上地方各级人民代表大会职权中同样有“审查和批准本行政区域内的国民经济和社会发展计划”这样的表述。同时，就这些年的实际情况来看，每年度例行召开的县以上各级人民代表大会无不审议批准同级政府提交的经济社会发展年度计划以及以五年为周期的经济社会发展中期规划。这表明，实行社会主义市场经济体制并不意味着彻底放弃计划调节，而只是适应市场经济需要改变了计划的内容、形式和实施手段，不

---

① 例如，“中央人民政府应争取早日制定恢复和发展全国公私经济各主要部门的总计划”（第三十三条）；“应根据国家计划和人民生活的需要，争取于短时期内恢复并超过战前粮食、工业原料和外销物资的生产水平，……有计划地移民开垦”（第三十四条）；“以有计划有步骤地恢复和发展重工业为重点……创立国家工业化的基础”（第三十五条）；“有计划有步骤地建造各种交通工具和创办民用航空”（第三十六条）；“在国家统一的经济计划内实行国内贸易的自由”（第三十七条）。

再将经济社会发展的各项指标都作为必须完成的指令性计划而已。实践证明，实行市场经济并不排斥必要的计划调节，把计划调节机制与市场竞争机制恰当结合起来可以兼得计划和竞争两种红利。

3. 分配制度

新中国成立以来，社会主义公有制机关事业单位和企业中一直都在实行各种不同形式的按劳分配制度。在私人资本所有制企业中，尽管也实行与劳动质量、数量和熟练程度、复杂程度成正比的薪酬制度，但由于存在资本占有剩余价值机制而销蚀了其工资制度的按劳分配属性。因此，随着生产资料所有制政策调整、私有制在城乡经济中重新得到发展的形势下，1999 年 3 月召开的全国人民代表大会在《宪法》第六条原有的“社会主义公有制消灭人剥削人的制度，实行各尽所能、按劳分配的原则”之后，做出补充规定：“在社会主义初级阶段，……坚持按劳分配为主体、多种分配方式并存的分配制度。”在现实中，合法参与国民收入分配的，除劳动之外还有土地、资本、技术、房产、储蓄等其他生产要素，包括存款利息、技术专利转让收入、房屋出租收入、房地产出售时的增值收入等。非劳动因素参与分配，有利于经济资源充分有效利用，从而增进社会净福利。

4. 货币制度

《共同纲领》第三十九条规定：“货币发行权属于国家。禁止外币在国内流通。外汇、外币和金银的买卖，应由国家银行经理。”后来的宪法性文件不再就货币制度加以单独规定，但对货币制度仍有法律规定，如《中华人民共和国中国人民银行法》中有关货币制度的规定和《中华人民共和国人民币管理条例》。这些法律法规由中国人民银行负责监督执行。人民共和国的货币制度是在 1948 年解放区发行人民币基础上建立的。这一货币制度的主要内容，是以人民币为法定货币，国内一切计价、收付、单据、凭证、账簿记载等涉及货币事项，以及国际间贸易和非贸易清算均以人民币为计算单位；由中央集中行使货币发行权，以中国人民银行为全国发行货币机关，货币发行量必须报经国务院批准；禁止人民币出入国境；对现金、金银以不同方式实施监管；对违反人民币、现金和金银管理法规者依法予以处罚等。上述货币制度有效地保证了人民币各项功能的稳定发挥，保持了通货和物价的相对稳定，维护了法定货币的信誉，并使人民币逐步走向国际可兑现货币行列。

5. 法律制度

《共同纲领》第十七条规定："废除国民党反动政府一切压迫人民的法律、法令和司法制度，制定保护人民的法律、法令，建立人民司法制度。"新中国成立后，国家认真贯彻落实上述规定，逐步建立起以全国人民代表大会为最高立法主体、以法院为司法审判机关、以检察院为法律执行监督机关的法律制度。中共十一届三中全会强调"为了保障人民民主，必须加强社会主义法制，使民主制度化、法律化，使这种制度和法律具有稳定性、连续性和极大的权威，做到有法可依、有法必依、执法必严、违法必究"。1982 年《宪法》第五条规定："国家维护社会主义法制的统一和尊严。一切法律、行政法规和地方性法规都不得同宪法相抵触。一切国家机关和武装力量、各政党和各社会团体、各企业事业组织都必须遵守宪法和法律。一切违反宪法和法律的行为，必须予以追究。任何组织或者个人都不得有超越宪法和法律的特权。"1997 年 9 月中共十五大第一次郑重提出依法治国、建设社会主义法治国家的基本方略。1999 年 3 月全国人民代表大会将"中华人民共和国实行依法治国，建设社会主义法治国家"作为修正案的一项内容加入《宪法》第五条。到 2010 年底，我国已制定现行有效法律 236 件、行政法规 690 件、地方性法规 8600 多件，并全面完成对现行法律和行政法规、地方性法规的集中清理工作。目前，涵盖社会生活各个方面的法律部门已经齐全，各法律部门中基本的、主要的法律已经制定，相应的行政法规和地方性法规比较完备，法律体系内部总体做到科学和谐统一。因此，2011 年 3 月召开的十一届全国人大四次会议郑重宣布中国特色社会主义法律体系已经如期形成。① 2014 年 10 月，中共十八届四中全会又做出《中共中央关于全面推进依法治国若干重大问题的决定》，进一步加大力度全面推进依法治国。

6. 民族自治制度

早在新中国成立前制定的宪法性文件《共同纲领》中，就以第五十一条规定："各少数民族聚居的地区，应实行民族的区域自治，按照民族聚居的人口多少和区域大小，分别建立各种民族自治机关。"1954 年《宪法》第三条规定："各少数民族聚居的地方实行区域自治。"第七十条规定"自治区、自

---

① 公丕祥：新中国 70 年社会主义法治建设的成就与经验［N］．光明日报，2019－08－23.

治州、自治县的自治机关依照宪法和法律规定的权限行使自治权。……依照法律规定的权限管理本地方的财政……依照当地民族的政治、经济和文化的特点，制定自治条例和单行条例”。第七十二条规定“各上级国家机关应当充分保障各自治区、自治州、自治县的自治机关行使自治权”。在此基础上，1982 年暨现行《宪法》第一百一十八、一百一十九条规定“民族自治地方的自治机关在国家计划的指导下，自主地安排和管理地方性的经济建设事业”。“自主地管理本地方的教育、科学、文化、卫生、体育事业，保护和整理民族的文化遗产，发展和繁荣民族文化。”70 年来的历史实践证明，实行民族自治制度，既有利于照顾少数民族权益，有利于少数民族保持特色、发挥优势，也有利于维护和加强民族团结。

（二）政策性公共物品

1. 所有制结构政策

新中国成立后在过渡时期实行的所有制结构政策，是由《共同纲领》以第二十六至三十条规定的。主要内容是“在国营经济领导之下”，使“合作社经济、农民和手工业者的个体经济、私人资本主义经济和国家资本主义经济”等“各种社会经济成分，分工合作，各得其所，以促进整个社会经济的发展”。过渡时期结束后，1954 年制定的《宪法》则以第六至十条规定了此后一个时期的所有制结构政策，基本内容包括：“优先发展”作为社会主义“全民所有制”和国民经济领导力量的国营经济；“鼓励、指导和帮助合作社经济的发展，并且以发展生产合作为改造个体农业和个体手工业的主要道路”；“对富农经济采取限制和逐步消灭的政策”；“依照法律保护资本家的生产资料所有权和其他资本所有权。国家对资本主义工商业采取利用、限制和改造的政策。”① 改革开放后，为了建立市场竞争机制、增强经济活力，1982 年《宪法》第六至十一条规定了新时期所有制结构政策，“在社会主义初级阶段，坚持公有制为主体、多种所有制经济共同发展的基本经济制度”的大前提下，通过有区别的表述确定各种不同所有制成分在整个国民经济中各自所处的具体地位。其中，以“国有经济，即社会主义全民所有制经济”为“国民经济

---

① 1949 年，在工业总产值中，国有、私营、个体占比分别为 26.3%、48.8% 和 23%。到 1952 年，国有工业比重上升至 41.6%，私营工业比重下降为 30.7%，个体工业占比略有下降。1957 年社会主义改造完成，私营工业和个体工业基本被消灭，国有工业占比升到 53.8%，集体工业上升至 19%，公私合营工业为 26.3%。

中的主导力量"，"国家保障国有经济的巩固和发展"；"国家保护城乡集体经济组织的合法的权利和利益，鼓励、指导和帮助集体经济的发展"；"在法律规定范围内的个体经济、私营经济等非公有制经济，是社会主义市场经济的重要组成部分"，"国家保护个体经济、私营经济等非公有制经济的合法的权利和利益。国家鼓励、支持和引导非公有制经济的发展，并对非公有制经济依法实行监督和管理"。不同时期宪法性文件规定的这些所有制结构政策，推动了中国生产资料私有制结构改造和改革，促进了各时期经济发展。经济体制改革以来，公有制经济在资产总额和企业总数中的占比双双下降，其中，在资产总额中的占比由 1978 年的 100% 降低到 2017 年的 39.6%，[①] 在企业总数中的占比由 1996 年的 73.9% 降低到 2017 年的 1.7%。[②] 当然，目前依然存在的全民所有制企业大都是大型集团公司，且居于金融、保险、交通、能源、航天、军工、水利枢纽工程等操控国家经济命脉的部门，其实力和影响力也比较大。

2. 产业政策

新中国成立之初，经济凋敝，百业待兴。《共同纲领》以第三十四至三十九条规定了全面发展农业、工业、交通、商业、金融的产业政策。其中，在农业方面兼顾农林渔牧及其副业；在工业方面，强调"有计划有步骤地恢复和发展重工业为重点，例如矿业、钢铁业、动力工业、机器制造业、电器工业和主要化学工业等，以创立国家工业化的基础。同时，应恢复和增加纺织业及其他有利于国计民生的轻工业的生产，以供应人民日常消费的需要"；在商业方面，规定"保护一切合法的公私贸易。……在国家统一的经济计划内实行国内贸易的自由，但对于扰乱市场的投机商业必须严格取缔"。在金融业方面，规定"金融事业应受国家严格管理。……外汇、外币和金银的买卖，应由国家银行经理。依法营业的私人金融事业，应受国家的监督和指导。凡进行金融投机、破坏国家金融事业者，应受严厉制裁"。"人民政府应采取必要的办法，鼓励人民储蓄，便利侨汇，引导社会游资及无益于国计民生的商

---

① 其中，全民所有制、集体所有制经济在资产总额中占比分别由 1978 年 70.6% 和 29.4% 下降到 39.2% 和 0.4%。如果加上股份制企业中国有股份，公有制在企业类资产总额中占比大体可达 50% 左右。

② 刘戒骄、王德华：新中国成立 70 年来所有制结构的变革与展望［J］. 区域经济评论，2019（5）.

业资本投入工业及其他生产事业。”此后，产业政策不再由国家《宪法》规定，而是由党和政府根据各时期国内外形势变化和产业发展规律具体制定。其中，第一个五年计划期间的产业政策基本内容是以实现现代化为目标，以农业为基础、以工业为主导、以优先发展重工业带动、商贸金融全面发展，[①]由于产业结构比例较为协调，“一五计划”各项指标提前一年实现。此后，除“三五”“六五”“七五”“九五”计划期间产业政策较为协调，“十五”“十一五”规划主动推进生态环境、城乡关系改善和产业结构优化升级外，其他时期都或大或小地出现过一些偏差。“二五”计划以到1962年建成独立工业体系、钢铁等若干重要产品产量接近美国为目标，制定实施了以优先发展重工业为中心的产业政策，由于破坏了各产业间合理比例关系，致使国民经济发展受挫。“四五”计划时期的产业政策以初步建成独立完善的工业体系和国民经济体系为目标，以加速农业机械化进程和钢铁、军工、基础工业、交通运输建设为主要内容，由于各项指标过高且过分突出重工业，再次造成国民经济主要比例严重失调、经济效益下降，以致经修订的主要经济指标有近半未能完成。“五五”计划时期的产业政策仍存在偏重发展重工业、农业和轻工业跟不上的问题，加之发展速度和积累率指标偏高，又引致国民经济比例失调，经1979年调低重工业发展速度、调高农业和轻工业发展速度，才使国民经济出现协调发展局面。第八个五年计划执行两年后于1993年对相关产业政策作出调整，主要是强化交通运输和通信等基础设施建设，加快能源（煤炭、电力）和重要原材料（钢铁、建材、石化）工业的发展，加强农业、促进农村经济的全面发展，致力于使机械电子、石油化工、汽车制造和建筑业成为国民经济支柱产业，加快第三产业发展，到1995年提前五年实现了经济总量比1980年翻两番的战略目标。尽管有许多挫折和教训，但通过各个时期产业政策的制定和调整，终归使我国产业经济结构逐渐实现了现代化转型。

3. 区域政策

新中国成立以来，在区域经济社会发展方面所实行的政策，可以归结为：以最终实现各地区均衡发展为目标，不同时期有所侧重，自东而西梯度推进的方略。毛泽东主席1956年所做《论十大关系》报告阐述了沿海与内陆、汉

---

① 毛泽东主席1956年发表的《论十大关系》全面阐述了工业与农业、重工业与轻工业之间的辩证关系，主张实行有所侧重但又统筹兼顾、全面发展的产业政策。

族地区与少数民族地区之间经济发展关系，为新中国区域经济政策奠定了理论基础。在实践层面，70 年来中国区域政策大体上经历了三个不同阶段。[①]

一是 1950—1978 年期间，面对新中国成立初期全国非农经济布局畸形、沿海与内地发展极不均衡[②]和 20 世纪 60 年代开始中苏关系恶化的情况，国家实行了东中西部地区大体均衡发展的区域政策。主要做法是，"一五"计划期间将 156 个苏联援建的许多重点工业项目布局到华北、西北、西南，以形成新的工业基地；尔后，在 60—70 年代持续进行的"大小三线"建设过程中，又将沿海城市中一些著名制造业企业搬迁到内地，[③] 同时将众多新建工业项目布局到西南、西北等内陆地区，[④] 逐步缩小了东中西部地区之间工业发展差距，初步改变了中西部地区工业经济基础过于薄弱的局面。

二是 1979—1995 年期间，在推进对外开放和国内改革的大背景下，自 1979 年起，国家区域政策转入非均衡发展阶段。主要做法是按照让具有特殊优势的少数地区先富起来的指导思想，选择部分区域率先试行以改革促发展方略，集中投资项目、银行贷款、财税优惠等政策资源，相继在东南沿海一带设立拥有高度自主权的深圳、珠海、汕头、厦门 4 个经济特区和上海、天津、大连、秦皇岛、烟台、青岛、连云港、海口等 14 个对外开放城市，90 年代初又批准上海设立浦东新区。这一时期，国家将大部分重点工业和基础设施建设项目配置到东南沿海和长江沿岸，使东部、南部沿海地区在经济技术和社会发展方面迅速崛起。"七五"计划将全国各省区市划分为东、中、西三大地带，同时明确：在继续加速东部沿海地区发展的同时，将能源、原材料工业重点放在中部地区，由此形成东、中、西三大地带经济梯度发展的区域政策。"八五"计划虽已提出"正确处理发挥地区优势与全国统筹规划、沿海与内地、经济发达地区与较不发达地区之间的关系，促进地区经济朝着合理分工、各展所长、优势互补、协调发展方向前进"，并逐步确定部分沿边、沿

---

① 付晓东等：新中国成立以来的区域经济政策实践与理论研究［J］．区域经济评论，2019（4）．

② 当时 70% 以上的工业分布在东部沿海城市。

③ 例如上海，除通过搬迁在宝鸡建成秦川机床厂外，还派遣 9.9 万名工程师和熟练技工支援西北和东北。

④ 1966—1970 年"三五计划"时期，内地在全国基本建设投资总额中占比达 66.8%。

江和内陆省会城市实施开放，但在整个“八五”时期国家固定资产投资总额中东部沿海地区占比仍高达64.9%。这表明，此时国家在区域政策方面尚未改变东部沿海地区优先发展的总基调。当然，这也不是绝对的。例如，在此期间，各省市自治区比照国家级经济特区相继设立了一批在计划、投资、信贷、财税等方面享受优惠政策的高新技术或经济技术开发区作为经济增长点；同时，分布在中西部地区的贫困县在经济社会发展领域也享受财税、投资、信贷等特殊优惠政策，国家鼓励、扶持其通过加快发展摆脱贫困状况。

三是1996年至现在，逐步转型到均衡协调发展轨道。通过长达15年持续实施以效率为导向的非均衡性区域政策，客观上以牺牲中西部地区平等发展机会为代价，重点扶持珠三角、长三角和京、沪、深、穗等东部沿海地区经济社会实现超乎寻常的高速发展。这使得东、中、西部经济社会发展水平差距明显拉大，从而引发各地区间在资源利益、收入差距、地区保护、生态环境等方面的一系列矛盾。为解决这些问题，自“八五”计划后期开始，国家开始越来越明确地将区域政策调转到推进各地区协调发展的新轨道。1995年9月中共十四届五中全会通过的《中共中央关于制定国民经济和社会发展“九五”计划和2010年远景目标的建议》提出：“坚持区域经济协调发展，逐步缩小地区发展差距。”根据这一指导思想，经过研究谋划，1999年国家开始实施“西部大开发战略”，实行多种资源向西部倾斜的区域政策，多措并举地扭转经济发展区域失衡局面。2003年10月中共十六届三中全会通过的《中共中央关于完善社会主义市场经济体制若干问题的决定》，将区域协调发展政策纳入“坚持以人为本，树立全面、协调、持续的发展观”之中。2004年《政府工作报告》提出“坚持推进西部大开发，振兴东北地区等老工业基地，促进中部地区崛起，鼓励东部地区加快发展，形成东中西互动、优势互补、相互促进、共同发展的新格局。”这种协调发展的区域政策落实到“十五”至“十三五”规划中，持续不断地递延实施，但具体内容承前启后、逐步深入。例如，“十一五”规划期间出台实施了主体功能区等区域政策，更加注重区域协调发展、可持续发展、区域合作和扩大开放；“十三五”规划则强调以“‘一带一路’建设、京津冀协同发展、长江经济带发展、粤港澳大湾区建设等重大战略为引领，以西部、东北、中部、东部四大板块为基础，促进区域间相互融通补充”。经过近70年的努力，东中西三大地带工业布局结构发生显著变化，到2018年，中部、西部工业增加值在全国总量中占比由1952年的 12. 6% 和 13. 6% 分别提升至 22. 5% 和 17. 8%。

在经济发展领域实施区域政策的同时，社会发展领域也通过不同时期有差别的公共经济资源配置方略，分别实行从区域重点布局到均衡协调布局的政策。特别是 21 世纪以来，通过不断加大力度实行差别性政府间财政转移支付，有力地促进了东中西部教育、医疗、文化、科技、社会保障等基本公共服务均等化。

自 20 世纪 70 年代后期逐步加力实施的扶贫工程也取得显著效果。1979—2018 年间，按照 2010 年标准，我国农村贫困人口从 1978 年 7. 7 亿人减少到 1660 万人，农村贫困发生率从 97. 5% 下降到 1. 7%。到 2020 年底，中国扶贫攻坚目标胜利实现，832 个贫困县全部摘帽，提前 10 年完成联合国 2030 年可持续议程的减贫目标，全面建成小康社会。

总之，70 年来，我国通过不同时期变换推行均衡、非均衡到再均衡的区域政策，较为有效地促进了各地区经济社会分步骤实现均衡协调发展。

4. 外贸政策

《共同纲领》第三十七条规定“实行对外贸易的管制，并采用保护贸易政策”；第五十七条规定“可在平等和互利的基础上，与各外国的政府和人民恢复并发展通商贸易关系”。按照这两条原则规定，新中国自成立到 1978 年中共十一届三中全会决定实施对外开放期间，一直实行较为严格的外贸管制，所有对外贸易基本上都由国有公司垄断，通过外贸销售国内有能力生产的各种农产品和工业制成品，进口国内不能生产的机器设备、战略物资等产品。至于与外国建立发展通商贸易关系，由于西方各国在我国与美国、日本实现邦交正常化以前一直实行禁运政策，以致我国外贸对象最初主要局限于苏联、东欧、越南、朝鲜等社会主义阵营国家和亚非拉第三世界国家；20 世纪 60 年代初，由于中苏关系逐渐疏远，两国间的贸易又大大萎缩。① 中美、中日之间恢复正常邦交关系后，中国与美日两国间的外贸、外经关系快速发展，逐渐成为主要贸易伙伴。

---

① 据有关资料，1959 年中苏贸易总额约合 20. 97 亿美元，占中国进出口总额的比重达 47. 9%（50 年代有些年份占一半以上）；至 1965 年中苏贸易总额只有 4. 07 亿美元，占中国进出口总额的比重达 9. 6%；至 1970 年中苏贸易总额进一步下降到 0. 47 亿美元，仅占中国进出口总额比重的 1%。——彭波：新中国 70 年外贸发展：从小兔到大象［OL］. 观察者网，2019 - 09 - 20.

70 年代后期，随着改革开放政策的实施，我国外贸政策相应调整，外贸管制逐步放松，进出口产品范围大幅度放宽，关税政策也随着国内需求的变化相应调整。2001 年 12 月 11 日中国加入 WTO、成为该组织正式成员后，外贸条件进一步改善，外贸政策逐步改行与对象国相互对等的自由贸易类型，中外贸易和经济技术交流进入大发展时期。

近 70 年来，我国货物进出口总额从 1950 年的 11.3 亿美元增加到 2018 年超过 4.6 万亿美元，增长 4069.8 倍；其中，1950—1978 年的 28 年间增长 17.2 倍，1978—2018 年的 40 年间增长 222 倍。自 2013 年开始，我国已成为全球货物贸易第一大国、服务贸易第二大国、对外投资第二大国、外汇储备第一大国。国际经贸活动的扩展，使中外双方都大受其益。但从 2019 年开始，美国转而奉行贸易保护主义，以致相互展开关税、配额、技术壁垒等多层次博弈乃至对抗，使两国间的经济技术交流遭受损害。与此同时，澳大利亚、加拿大、英国等也紧随其后，时而与中国发生贸易摩擦。这些逆全球化外贸行为给中国外贸政策带来一系列新的挑战。

5. 宏观调控政策

利用法律法规、财政税收、货币金融和产业政策等手段对国民经济总量和结构实施调控是国家必须提供的一项重要公共物品。① 新中国成立以来，党和国家按照《共同纲领》和《宪法》的有关规定②，针对各个时期宏观经济中存在的总量和结构性矛盾采取了一系列调控措施，都经过或长或短的时间破解了总量失衡和结构失调的矛盾，使国民经济恢复稳定运行。其中，重大调控行动案例，首先是在 1949—1952 年期间，国家运用财政税收、货币金融和行政规制等多种手段，迅速规范经济秩序、有效治理通货膨胀，较为圆满地实现了恢复国民经济的目标。其次是在若干个五年计划（规划）期间主动

---

① 齐守印、蒋和胜 1985 年发表于四川大学学报（哲学社会科学版）1985 第 4 期的《有计划的商品经济条件下国家的经济职能与宏观经济调控》一文，提出宏观经济调控在内容方面应包括供需总量矛盾和产业、区域等多层面结构矛盾，在调控工具方面应当根据具体情况综合运用法律法规、国家计划、财政税收、货币金融等多种手段。有学者经过梳理相关文献认为，这篇文章是四十年来国内学术界有关中国宏观调控理论研究起步阶段最早的文献。——庞明川：四十年来学术界对中国宏观调控的研究综述［J］．东北财经大学学报，2018（12）．

② 《共同纲领》第三十九条规定“金融事业应受国家严格管理。货币发行权属于国家”。1982 年《宪法》第十五条规定“国家加强经济立法，完善宏观调控”。

运用法律法规、计划投资、财政税收、货币金融和产业政策、区域政策、技术政策等手段，破解国民经济发展中产生的各种结构性矛盾，持续推动经济总量增长和各层面经济结构优化。再次是在1960—1962年、1989—1991年、1998—2000年、2008—2010年四个时间段，通过综合运用财政税收、货币金融和行政手段，迅速克服了"大跃进""价格闯关"两次较为严重的内生经济失调，有效应对了"亚洲金融危机""国际金融危机"两次来自外部的强烈冲击。

6. 分配政策

经过生产资料所有制社会主义改造在城乡普遍建立起全民所有制和集体所有制，为实行各尽所能、按劳分配制度创造了充分条件。在此基础上，党和国家根据经济发展水平低而劳动者人数多的基本国情，在截至1978年的很长时期内，一直实行大体平均、略有差别的分配政策。中共十一届三中全会以后，一方面为了有效调动生产者和经营者的积极性，通过工资制度改革克服平均主义倾向，将国民收入初次分配差距拉开；与此同时，为充分发挥非劳动资源促进经济发展的作用，允许资本、土地、技术等生产要素参与初次分配。这样，基于各种生产要素质量和数量的初次分配差距逐步扩大起来，反映国民收入方面差距的基尼系数一路升高。针对这种情况，为了维护社会公正、实现包容性增长、保持社会和谐，国家相继制定实施超额累进个人所得税、企业所得税法和《失业保险条例》，通过国民收入再分配措施控制各阶层民众的实际生活水平差距。2003年中共十六届三中全会提出科学发展观后，国家加力推进城乡居民最低生活保障、农民养老保险、社会救助和城乡居民基本医疗保险、大病保险、医疗救助等社会保障制度建设，不断加大国民收入再分配力度，致力于通过以初次分配激发效率、以再分配维护公平的组合型分配政策统筹兼顾经济有效发展和社会公平正义。

7. 就业政策

就业是民生之本，实现充分就业不仅是现代国家公共物品供给的一项重要目标，而对人民民主国家而言更是事关国体的头等大事。新中国成立以来，根据不同发展阶段所面对的具体情况，党和国家相继采取了既具有连续性又显示出阶段差别性的就业政策。新中国成立初至1978年，根据当时资源有限、发展不足的基本国情，一方面在城市和乡村广泛实行低工资、广就业政策；另一方面，着力发挥劳动资源丰富的优势，大力发展资本和技术构成较低的产业，尽可能多地吸纳劳动力就业。在20世纪60年代末至70年代末近10年间，为了缓解城市就业压力，甚至采取组织发动城市知识青年上山下乡的方式推迟他们在城市就业时间并让他们体验了解农村生活、增加人生阅历。80年代初期，城市下乡知青逐步回城、等待就业，中后期国有企业推行减员增效改革又使大批劳动者从生产经营过程游离出来，致使整个80年代的就业压力都很大。但是，由于经济改革松动了生产资料所有制政策，迅速发展起来的城市集体经济和个体经济吸纳了大量劳动力，加之各级政府采取规制措施尽可能限制企业裁员和通过各类公益岗位解决下岗工人再就业，使一时十分紧张的就业供需矛盾得以有效缓解。21世纪以来，由于高等学校扩招、高等教育逐步普及，大学毕业学生逐年大幅度增加，未能进入大学的适龄待业人群也很大。为此，各级政府将安置就业、控制失业作为年度工作的主要指标，着力通过扩大投资出口、刺激消费等各种途径拓宽就业门路，较好地实现了每年的就业目标；对暂时未能就业的城市青年，则通过组织培训和失业救济等途径保证他们的基本生活。

8. 人口政策

自秦汉以来，中国就已成为世界上人口最多的国家。新中国成立之时，全国人口已近5.5亿。新中国成立后，由于战乱结束、恢复安定，加之经济增长、物质生活和医疗条件改善，使得人口总量迅速增加到1953年58796万人。但这时，国家高级领导层尚未意识到主动计划生育的必要性，继续放任人口增长，以致1964—1970年，全国人口相继跃上7亿、8亿、9亿三大台阶。70年代初，党和政府着手在城乡推行鼓励引导性计划生育政策，1980年起则从公职人员入手逐步在城乡实施愈益严厉的生育政策。尽管此后出生率逐步下降，但由于基数庞大和增长惯性作用，全国人口规模在1981—2010年20年间又连续迈上10、11、12、13亿四个台阶，直到2017年生育率才下降到明显低于人口替代率的1.68%。这时，为经济可持续增长，转而有限制地放宽生育政策。由于初始基数巨大，加之以计划生育控制人口增长的政策实施偏晚，使得人口总量增长较长时期失控，不仅延缓了人民物质文化生活改善进程，给经济增长、充分就业和资源环境造成极大的人口压力，而且导致后来被迫实行严厉型生育控制政策又带来老龄化社会迅速到来、赡养率陡然提高、人口红利迅速消逝等多方面负效应。

9. 民族政策

新中国成立前通过的《共同纲领》和1954年以来制定的多部《宪法》一以贯之地规定了空前理性的民族政策，主要内容是明文规定各民族一律平等、友爱合作和维护民族团结、尊重少数民族习俗信仰、实行少数民族地区自治和通过各种优惠政策积极促进少数民族地区经济社会发展。70年来，各少数民族聚居地区经济社会面貌实现了翻天覆地的变化，少数民族群众的物质文化生活与汉族人民一样获得前所未有的改善。尽管国外敌对势力采取各种手段无孔不入地挑唆我国民族矛盾、挑动民族分裂、破坏民族团结，但党和国家对于受国外敌对势力挑唆而试图发起独立、分裂的少数民族群众，一直采取对个别行为人加以教育改造和必要惩治的政策，从来不对某一民族集体实行歧视和压迫政策。这样的民族政策只有在人民当家作主的社会主义制度下才有可能得到真正实行；而实行这种民族政策对于各民族人民团结和谐共同建设美好家园、追求安宁幸福的理想生活具有无可比拟的积极作用。

（三）实体性公共物品

1. 交通设施

《共同纲领》第三十六条提出“必须迅速恢复并逐步增建铁路和公路，疏浚河流，推广水运，改善并发展邮政和电信事业，有计划有步骤地建造各种交通工具和创办民用航空”。新中国成立70年来，中国采取多种措施和方式增加投资、加快建设，使交通面貌发生了翻天覆地的变化。数据显示，1949—2018年，中国铁路营业里程增长5倍，2018年达到13.1万公里（其中高速铁路达到2.9万公里，占世界高铁总量60%以上）；公路通车里程增长59倍，2018年末达到485万公里；内河运输航道通航里程增长71.76%，2018年末达到12.71万公里，其中等级以上航道6.64万公里，增长1.67倍；港口生产用码头泊位增长147.6倍，2018年末达到23919个；定期航班航线里程838万公里，比1950年末增长734倍。这些交通设施的建成，不仅极大地方便了人民出行，而且有力地促进了国民经济发展。

2. 水利设施

新中国成立前，我国水利基础设施薄弱，水资源开发利用不足，全国供水总量仅有1031亿立方米，农田人工灌溉率很低。《共同纲领》第三十四条规定“应注意兴修水利，防洪防旱”。70年来，着眼于发展农业、防控洪灾和增加水力发电，以国家投资为主，大规模推进江河湖泊整治和水资源开发利用，建成了包括长江三峡、黄河小浪底、河北潘家口和大黑汀、辽宁观音阁、北京密云等近10万座水库，总库容达9035亿立方米，5级以上江河堤防达30多万公里。与新中国成立前相比，2018年水库总数增加80多倍，总库容增加40余倍，供水总量增加近5倍，江河堤防长度增加6倍以上。这些水利基础设施的建成，大大增强了我国抵御水旱灾害的能力，不仅使耕地灌溉面积超过10.2亿亩、保证农产品稳定生产，而且大幅度增加了水力发电量、显著改善了能源结构。

3. 环境资源保护

《共同纲领》第三十四条规定“保护森林，……保护沿海渔场，……保护和发展畜牧业，防止兽疫”。1982年《宪法》第九条规定：“国家保障自然资源的合理利用，保护珍贵的动物和植物。禁止任何组织或者个人用任何手段侵占或者破坏自然资源。”第二十六条规定“国家保护和改善生活环境和生态环境，防治污染和其他公害。国家组织和鼓励植树造林，保护林木”。70年来，特别是20世纪90年代后期以来，从中央到地方各级政府保护资源环境观念显著增强，相继将保护环境确立为基本国策、将可持续发展确定为国家战略，逐步形成以《环境保护法》为龙头的法律法规体系，建立环境保护机构并不断提升其规格、强化其职能，① 遵循生态保护与污染治理并重原则，实施保护天然林、退耕还林还草等生态保护重大工程，全面推进山水林田湖草系统性生态保护修复，努力建设资源节约型和环境友好型社会。通过这些努力，我国环境资源保护能力不断提升，在治理污染、生态建设、优化环境方面取得日益明显的实际效果，生态状况实现了由局部改善到总体改善的历史性转折，显著提升了生态系统的稳定性和质量。1950年以来，全国分步建立了2750个自然保护区，自然保护区的总面积达到147万平方公里，加上11029处各类自然保护地，合计占陆域国土面积的18%，提前实现了联合国《生物多样性公约》关于2020年保护地面积达到17%的目标；全国森林覆盖率由新中国成立初大约8%提高到目前的22.96%，其中，近20年来我国新增

① 1974年国务院正式成立环境保护领导小组，1982年在城乡建设环境保护部内设立环境保护局，1988年将环境保护局确定为国务院直属机构，1998年更名为国家环境保护总局，2008年将环境保护总局升格为环境保护部、成为国务院组成部门；2018年进一步组建生态环境部，统一行使生态和城乡各类污染排放监管与行政执法责权，整合组建生态环境保护综合执法队伍，生态环境保护能力更加优化强化。

植被覆盖面积约占全球新增总量的25%，居全球首位；反映空气污染程度的PM2.5指标，自2013年中国向污染宣战的“大气十条”实施之日起，仅用六年时间，就使第一批开展PM2.5监测的74个重点城市PM2.5平均浓度下降41.7%。同时，积极参与全球环境治理，不断扩大环保领域国际合作，相继批准实施30多项与生态环境有关的多边公约或议定书，率先发布《中国落实2030年可持续发展议程国别方案》，引领全球气候变化谈判进程，成为全球生态文明建设的重要参与者、贡献者、引领者。①

4. 国民教育

新中国成立初期，全国5.4亿人口中文盲约占80%，小学入学率不到20%，高等学校在校生仅有11.7万人，毛入学率仅为1.56%。据此，《共同纲领》第四十七条规定“有计划有步骤地实行普及教育，加强中等教育和高等教育，注重技术教育，加强劳动者的业余教育和在职干部教育，给青年知识分子和旧知识分子以革命的政治教育，以应革命工作和国家建设工作的广泛需要”。1954年《宪法》第九十四条进一步规定“公民有受教育的权利。国家设立并且逐步扩大各种学校和其他文化教育机关，以保证公民享受这种权利”。人民政府根据宪法性文件规定，着力推进扫除文盲、发展各级各类教育。1956年3月，中共中央、国务院发布《关于扫除文盲的决定》，采取多种措施在农民、工人中开展扫盲教育，1950—1965年十多年间，使1亿多青壮年脱盲，文盲率迅速降低到38.1%，青壮年文盲率趋近于零。与此同时，各级财政大力加强财政性教育投入，促使大中小学教育普遍获得较快发展。1978年，小学教育基本普及，净入学率达94%，高等学校在校生增加到228万人，毛入学率提高到2.7%。为此，1952—1978年期间，全国财政性教育投入总额由8.95亿元增长到65.6亿元；财政性教育经费占GDP比重由1.32%提高到1.78%。改革开放后，在各级财政支持下，各级各类教育水平进一步大幅提升。1986年开始普及九年制义务教育，2011年全面实现义务教育“普九”目标。2017年，小学阶段净入学率达到99.91%，初中毛入学率达103.5%，九年义务教育巩固率达93.8%，已经达到甚至超过高收入水平国家。1978—2018年，高等学校毕业人数从16.5万人增加到820万人，增加近

---

① 庆祝新中国成立70周年活动新闻中心发布会：提升生态文明，建设美丽中国［OL］. 新华网，2019-09-29.

50倍；高等学校毛入学率从2.7%提高到48.1%。同期，赴国外留学者由52名增加到66.21万人，学成回国者51.94万人。在推动国民教育发展过程中，各级政府持续增加财政性教育投入，发挥了极为重要的财力支撑作用。①

5. 科学技术

新中国成立前，国家科技基础极为薄弱。新中国成立以来，党和国家极为重视科技文化发展，通过宪法、法律支持和增加财政投入，努力增加科技文化类公共物品供给。在宪法层面，从《共同纲领》到1982年《宪法》都专设条款对发展科技做出规定。② 此后，相继于1985、1990、1993年制定颁布了《专利法》《著作权法》《科学技术法》。就具体实践而言，新中国科技事业起步于1949年末成立中国科学院，随后各地区各部门相继布局建立一批科学研究机构。1956年，中央发出"向科学进军"号召，召开首次全国科技大会、制定首个国家科技发展长远规划——《1956—1967年全国科学技术发展远景规划》，确立"重点发展，迎头赶上"方针，拟定出多项当时发展急需的重大科技任务，打破封锁、发愤图强，逐步实现科学技术现代化为目标。经过努力，10年后的1966年，全国科研机构从30多个增加到1700多个，专业科研人员从不足500人增加到包括3000多名海外归国科技精英在内的12万人，初步形成了由中科院、国防部门、产业部门、高校和地方科研单位五方面组成的科学技术体系。通过集中力量组织攻坚，涌现出一批追赶世界水平

---

① 1952—1978年，财政性教育经费投入由8.95亿元增长到65.6亿元；1979—2018年对各级教育累计投入36.26万亿元，年均递增17.1%。财政性教育经费占GDP比重2012年提升到4%。资料来源：刘复兴：1949—2019：教育跨越式发展的70年［J］. 今日中国，2019（7）.

② 《共同纲领》第四十三条规定"努力发展自然科学，以服务于工业农业和国防的建设。奖励科学的发现和发明，普及科学知识"。1982年《宪法》第二十条规定"国家发展自然科学和社会科学事业，普及科学和技术知识，奖励科学研究成果和技术发明创造"。第二十二条规定"国家发展为人民服务、为社会主义服务的文学艺术事业、新闻广播电视事业、出版发行事业、图书馆博物馆文化馆和其他文化事业，开展群众性的文化活动"。

的重大科技成果。[①] 1978 年，“文革”刚刚结束不久，中央就组织召开全国科学大会，邓小平提出“科学技术是第一生产力”，并主持制定《1978—1985年全国科学技术发展规划纲要》，确定了 8 个发展领域、108 个重点研究项目，为新时期科学技术方针政策奠定了坚实基础。随后，编制完成《1986—2000年全国科学技术发展规划纲要》，强调科技发展要与经济建设相结合的战略方针，促进了技术成果在生产建设中的应用。继而，国家又先后研究制定《国家中长期科学技术发展纲要》《1991—2000 年科学技术发展十年规划和“八五”计划纲要》等，进一步明确未来科技发展前景和方向，并在这些综合性长期科技发展规划基础上制定实施“863”“973”“火炬”“星火”等一系列针对性科技计划。为有效实施这些规划、计划，国家一方面逐年加大财政科技支出支持相关项目攻关[②]；另一方面，通过提高技术设备折旧率、研发费用加计扣除和减免税等政策支持企业开展科技研发和产品创新。与此同时，各级政府还通过投资建设大型科研基础设施、开展科技创新风险投融资、支持发展科技中介服务体系等多种途径促进科学技术发展、提供科技公共服务。截至 2018 年底，正在运行的国家重点实验室达 501 个，累计建成国家工程研究中心 132 个、国家工程实验室 217 个，新建散裂中子源、500 米口径球面射电望远镜、“科学”号海洋科考船、JF12 激波风洞等一批重大科技基础设施，科研基础条件大为改善。在改革中应运而生的各类孵化器、加速器、众创空间等科技中介组织如雨后春笋[③]，为各类创新主体提供了广阔的融通合作平台。此外，还通过科技体制改革活跃技术市场交易，促进科技创新资源合理

---

① 包括：1958 年试制成功第一台电子管计算机，相继成功研制出半导体三极管、二极管；1959 年李四光等人提出“陆相生油”理论，打破西方学者的“中国贫油”说；1960 年王淦昌等人发现反西格玛负超子；1964 年成功爆炸第一颗原子弹装置，发射成功第一枚自行设计制造的运载火箭；1965 年在世界上首次人工合成牛胰岛素；1967 年成功爆炸第一颗氢弹；1970 年发射成功“东方红一号”人造地球卫星；70 年代初期，陈景润证明了哥德巴赫猜想中的“1 +2”等。

② 1981—2017 年期间，财政科技支出年均增长 14. 1%。2017 年达到 8383. 6 亿元，相当于 1980 年的 130 倍。2017 年，享受研发费用加计扣除减免税的规模以上工业企业和享受高新技术企业减免税优惠的企业分别达到 2. 44 万家和 2. 42 万家，比 2009 年 2. 3 倍和 2. 5 倍，减免金额多达 570 亿元和 1062 亿元。

③ 2018 年底，经国家备案的众创空间达 1952 家，各类科技孵化器、加速器逾 4800 家。

利用和成果转化。①

在国家多种手段、多种方式的有力支持下，科学技术发展取得一系列成就。一是国际认可的科研论文数量质量指标大幅提升。2018 年，国外三大检索工具《科学引文索引（SCI）》《工程索引（EI）》和《科技会议录索引（CPCI）》分别收录中国科研论文 41.8 万篇、26.6 万篇和 5.9 万篇，数量分别位居世界第二、第一和第二位；反映科学论文质量的被引用次数居世界第二位。

二是专利发明量大幅增加。2018 年，我国专利申请 432.3 万件、获得授权 244.8 万件，分别比 1991 年增加 85 倍和 97 倍；体现专利质量和创新水平的发明专利申请达 154.2 万件，占专利申请数比重为 35.7%，比 1991 年提高 12.9 个百分点；平均每亿元研发经费产生境内发明专利申请 70 件，比 1991 年提高 19 件，专利产出效益得到明显提高；发明专利申请量已连续 8 年居世界首位，通过《专利合作条约》（PCT）提交的国际专利申请量居世界第二位；商标注册申请量达 737.1 万件，连续多年稳居世界首位。

三是重大成果举世瞩目，原始创新不断取得新突破。例如，由国家自然科学基金、“973” 计划支持的量子科学、铁基超导、暗物质粒子探测卫星、CIPS 干细胞等基础研究，实现重大突破；屠呦呦研究员获得诺贝尔生理学或医学奖，王贻芳研究员获得基础物理学突破奖，潘建伟团队的多自由度量子隐形传态研究位列 2015 年度国际物理学十大突破榜首。高技术领域硕果频传，如神舟飞船与天宫空间实验室在太空交会翱翔，北斗导航卫星实现全球组网，蛟龙号载人潜水器、海斗号无人潜水器创造最大深潜纪录，赶超国际先进水平的第四代隐形战斗机和大型水面舰艇相继服役。国产大飞机、高速铁路、三代核电、新能源汽车等领域取得一批在世界上叫得响、数得着的重大成果。

四是在国家财政、科技政策引导激励下，企业创新主体地位全面增强，科技创新投入和产业化活动的主体角色日益突出。2017 年，我国企业研发经费高达 1.35 万亿元，占全社会研发经费支出总额的 76.5%。有关调查显示，开展创新活动的规模以上工业企业占比达 39.9%，其研发项目中以开发全新

① 2018 年，通过全国技术市场成交技术开发、技术转让、技术咨询和服务等合同 41.2 万项，合同总金额达 17697 亿元，比 1991 年增长 185 倍。

产品或者改进产品功能质量为目标的占 82.4%，科技创新日益成为各类企业发展壮大的核心竞争力，“中国制造”正在向“中国智造”升级；规模以上高技术制造业实现主营业务收入 15.9 万亿元，比 2012 年增长 55.8%。

五是科技创新助力发展新动能。随着“互联网 +”的深入开展，基于移动互联、物联网的新产品、新业态、新模式蓬勃发展，成为改造提升传统产业、培育经济发展新动能的有力支撑。大数据、云计算应用不断深化，以 5G 为代表的新一代信息技术走向实用，催生出一大批大数据企业、独角兽企业、瞪羚企业。电子政务、信息惠民、共享经济、平台经济迅速兴起，大力提高了政府治理水平和民众获得感。

六是通过科技创新提高了质检、气象、地震、海洋和测绘等领域的专业技术服务水平。至 2018 年底，全国检验检测机构多达 36327 家，产品质量、体系和服务认证机构达 484 个，累计完成对 63 万家企业的认证；气象观测站点达到 67069 个，全年发布预警信息 25 万余次，气象预报预测准确率稳步提升；各类科技馆 800 余个，每年为 6000 余万人次提供科普服务；海洋观测站（点）124 个，测绘部门公开出版地图 1928 种。①

6. 文化卫生

文化和卫生分别关涉国民精神健康与身体健康。《共同纲领》第四十五和四十八条和 1982 年《宪法》第二十一和二十二条，分别就发展文化和卫生医药事业做出规定。70 年来，党和政府在提供这两类公共物品方面持续不断地积极努力，取得远胜于以往任何时代的显著成效。

在文化方面，由于党和政府高度重视，各级财政不断增加投入，促使各项文化事业突飞猛进发展，为人民大众提供了多种文化服务平台。据有关统计，1949 年，全国公共图书馆仅有 55 个、文化馆站 896 个、博物馆 21 个；到 2018 年底，全国公共图书馆增加到 3176 个，文化馆站增加到 44464 个，博物馆增加到 4918 个。近年来，中国电视剧和图书年产量均稳居世界第一，电影产量高居世界第二。②

在医药卫生方面，新中国成立时，卫生健康领域面临着传染病、寄生虫

---

① 科技发展大跨越　创新引领谱新篇——新中国成立 70 周年经济社会发展成就系列报告之七［OL］. 国家统计局官网，2019 - 07 - 23.

② 周玮：铸就中华文化新辉煌——新中国成立 70 周年文化建设成就述评［OL］. 新华网，2019 - 09 - 20.

病和地方病普遍流行，医疗卫生资源短缺、水平低下的严峻形势。新中国成立后，党和政府确立并实施“面向工农兵、预防为主、团结中西医、卫生工作与群众运动相结合”的卫生工作方针，通过建立城市省、市、县三级公立医院体系和农村县、乡、村三级医疗卫生服务网络，到1978年初步形成了覆盖城乡的医疗卫生三级网。改革开放40年来，国家以逐步实现人人享有基本医疗卫生服务为目标，因时制宜地推进医疗卫生体制机制改革，渐次推出机关事业单位医疗保险制度，建立社会化的医疗费用分担机制，动员各方面资源、调动各级医院和医务人员积极性，逐年提高医疗卫生服务水平，在更高程度上了满足人民群众快速增长的卫生健康需求。党的十八大以来，党中央提出“实施健康中国战略”，确立起新时代“以基层为重点，以改革创新为动力，预防为主，中西医并重，人民共建共享”的卫生健康工作方针，围绕解决看病难、看病贵问题，统筹谋划、全面推进医药卫生深化改革，着力完善分级诊疗、现代医院管理、全民医保、药品供应保障、综合监管五项制度和优质高效的医疗卫生服务体系。

通过70年的不断努力，到2019年，我国建立起世界上规模最大的基本医疗保障网，居民参保率稳固在95%以上，城乡居民大病保险制度覆盖10亿多居民。2018年人均财政补助标准提高到490元，政策范围内门诊和住院费用报销比例分别稳定在50%和70%左右。全面实施医疗救助制度，开创性建立疾病应急救助制度，2018年大病专项救治病种范围扩大至21种。优质高效医疗卫生服务体系逐步建立起来，医疗卫生资源布局逐步改善，全民健康信息平台建设逐步成形，跨省异地就医费用直接结算机制逐步实现，药品供应保障制度日益完善，医疗卫生行业综合监管制度不断健全。到2018年，看病难、看病贵问题得到有效缓解，超过80%的居民15分钟内能够达到最近的医疗点，个人卫生支出占卫生总费用比重下降至28.7%，城乡居民主要健康指标已总体上优于中高收入国家平均水平，人均预期寿命从新中国成立前的35岁左右提高至2018年的77岁。[①] 2020年，在全球性的抗击新冠肺炎之役中，中国充分发挥自上而下组织动员能力优势和多年积累起来的医疗技术资源，仅仅用了不到两个月时间，就使汹汹而来、传染力极强的疫情得到基本控制，

① 新中国成立70周年深化医药卫生体制改革相关成就［OL］. 国家卫生健康委员会官网，2019-09-25.

成为世界各国抗击疫情的成功典范，凸显出社会主义公共经济制度的优越性和多年来公共卫生服务体系建设的实际成效。

7. 治安司法

通过治安司法正确处理敌我矛盾和人民内部矛盾，维护平安稳定的生产生活秩序和社会公正，是人民民主国家的重要职能之一。在经过多年战乱的新中国成立初期，治安司法任务更显繁重。为此，《共同纲领》第十四条规定"凡人民解放军初解放的地方，应一律实施军事管制，取消国民党反动政权机关，由中央人民政府或前线军政机关委任人员组织军事管制委员会和地方人民政府，领导人民建立革命秩序，镇压反革命活动"。此后，随着国民党残余势力和土匪被肃清，阶级斗争逐步缓和，社会治安秩序显著好转。但是，为打击内外敌人反共反人民反社会主义制度活动，防范少数害群之马扰乱社会、危害公共财产和他人生命财产安全，维护公共安全和国家安全仍不能松懈，通过司法调处人民内部矛盾同样必不可少。为此，1982 年《宪法》第二十八条规定："国家维护社会秩序，镇压叛国和其他危害国家安全的犯罪活动，制裁危害社会治安、破坏社会主义经济和其他犯罪的活动，惩办和改造犯罪分子。"总体上看，新中国成立 70 年来，整个国家的社会治安和司法秩序是很好的，人民大众拥有较强的安全感和司法公正感。社会治安不太好的阶段主要是新中国成立初期和 20 世纪 80 年代中期，司法服务方面腐败现象较为突出的时期主要是 20 世纪 90 年代进入市场经济以后至 21 世纪前十年中期。即使是在治安司法问题较为突出时期，党和国家业总是能够及时觉察，从而能够较为迅速地采取针对性治理措施着力加以解决。20 世纪 80 年代中期，邓小平针对一些城市存在部分有组织的团伙实施犯罪活动的情况，及时提出"要坚持两手抓，一手抓改革开放，一手抓打击各种犯罪活动。这两只手都要硬。打击各种犯罪活动，扫除各种丑恶现象，手软不得。"由于见事早、动手快，没用多少时日，就把那股正在兴起的犯罪势力镇压下去了。20 世纪 90 年代中期，江泽民总书记根据人民群众反映及时指出司法腐败的危害性，并提出要下决心解决。[①] 2013 年 1 月，习近平总书记曾在一篇批示中要求"全国政法机关要顺应人民群众对公共安全、司法公正、权益保障的新期待，全力推进

---

① 江泽民同志 1997 年在中纪委八次全会上的讲话中曾指出："吏治的腐败、司法的腐败，是最大的腐败，是滋生和助长其他腐败的重要原因。"

平安中国、法治中国、过硬队伍建设，深化司法体制机制改革，坚持从严治警，坚决反对执法不公、司法腐败，进一步提高执法能力，进一步增强人民群众安全感和满意度，进一步提高政法工作亲和力和公信力，努力让人民群众在每一个司法案件中都能感受到公平正义，保证中国特色社会主义事业在和谐稳定的社会环境中顺利推进。"① 这些年来，通过深化司法改革、加强公安司法队伍整顿，严肃惩治黑恶势力"保护伞"，社会治安状况和司法审判公正度都呈现出愈来愈好的趋势。

8. 社会保障

新中国成立初期，自然灾害频发，全国受灾人口数以千万计，城镇工人失业几乎占半。面对此种情况，中央人民政府先后于1949年12月、1950年6月发布《关于生产救灾的指示》《关于救济失业工人的指示》两个社会保障政策文件，全面展开大规模救济灾民和失业工人行动，迅速化解了灾民与失业工人的生存危机。继而，在城镇，中央人民政府于1951年通过制定实施《劳动保险条例》，初步建立起企业职工养老、医疗、工伤等保险制度；1952和1955年又相继建立起面向机关事业单位工作人员和现役军官的公费医疗、退休养老制度，同时还逐步建立了职工福利和多项社会福利制度。在农村，1956—1960年相继建立起"五保"和合作医疗等集体福利制度。至此，城乡有别的传统社会保障制度初步成型。这一时期，1954年《宪法》第九十三条规定"劳动者在年老、疾病或者丧失劳动能力的时候，有获得物质帮助的权利。国家举办社会保险、社会救济和群众卫生事业，并且逐步扩大这些设施，以保证劳动者享受这种权利。"但截至1978年，除临时性救灾救助之外，常规性社会保障制度的国民覆盖率大约只有18%。改革开放后，1982年《宪法》第十四条规定"国家建立健全同经济发展水平相适应的社会保障制度。"据此，自20世纪80年代中期着手奠基，90年代中期不断加大力度，按照市场经济和社会发展进步的要求，通过改革探索和增加投入，逐步将过去以政府、单位（或集体）为单一责任主体的封闭式社会保障转型为以国家为主导、多方分担责任的缴费型现代模式，以多层次保障体系替代单一层次保障体系，社会保险种类逐年增多，各项社会保障待遇水平也随着国家实力增长而不断

---

① 习近平：全力推进平安中国法治中国过硬队伍建设［OL］. 中央政府门户网站 www.gov.cn，2013-01-07.

提高。

2010 年全国人大常委会通过、2011 年实施覆盖内容系统全面的《社会保险法》，标志着以各种社会保险为主干、多种社会救助和社会福利为辅助的中国现代社会保障制度体系基本成型。截至 2018 年末，全国参加基本养老保险者达 94293 万人，养老金领取者达 27696 万人，每个老年人均能按月领取数额不等的养老金；参加基本医疗保险者达 134459 万人，全民医保目标基本实现；与此同时，失业、工伤、女工生育等针对特定人群的专门性保险也都步入正常运行轨道。在社会救助方面，2018 年，全国享受最低生活保障待遇者 4526 万人，享受特困人员救助者 483 万人，得到临时救助者 1108 万人，接受门诊和住院医疗救助 5361 万人次，实现了应救尽救。与此同时，各类社会保障标准逐步提高。到 2018 年，在养老保障方面，企业离退休人员养老金由 2004 年的人月均 700 多元逐步提高到 2800 多元；城乡居民养老金从 2009 年的人月均 55 元增长到 2020 年的 174 元；在医疗保险方面，城乡居民实际住院费用医保基金支付比达 56. 1%；城镇居民低保标准从 2000 年的人月均 157 元提高到 579. 7 元，农村低保标准从 2005 年人月均 76 元提高到 403 元；其他各项保障待遇均同步提升。此外，养老服务、残疾人福利、儿童福利事业都在全面发展。① 2020 年，全国企业职工基本养老保险基金收入 4. 87 万亿，支出 5. 12 万亿，滚存结余 377. 4 万亿。②

9. 国防

国防是任何一个国家都会高度重视的实体性公共物品，而且通常都在宪法性文件中将其摆在突出位置加以强调。《共同纲领》第十条规定“人民解放军、人民公安部队和人民警察，……其任务为保卫中国的独立和领土主权的完整，保卫中国人民的革命成果和一切合法权益”。1954 年《宪法》第二十条规定“中华人民共和国的武装力量属于人民，它的任务是保卫人民革命和国家建设的成果，保卫国家的主权、领土完整和安全”。1982 年《宪法》第二十九条做出与前述两个宪法性文件相应条款内容类似的规定，并强调“国家加强武装力量的革命化、现代化、正规化的建设，增强国防力量”。新中国

---

① 郑功成：新中国 70 年社会保障发展的理论与实践逻辑［N］. 光明日报，2019 - 10 - 08.

② 刘昆：关于 2020 年中央决算的报告（OL），澎湃. 政务：财政部 2021 - 06 - 08. 智研咨询（OL）. 2021 - 03 - 04.

成立 70 年来，党领导人民军队先后通过抗美援朝、抗美援越、中印边界反击战、珍宝岛反击战等军事行动，有效地捍卫了国家领土的完整和人民和平安全的生产生活环境。

10. 外交

《共同纲领》规定新中国外交政策的基本原则是“保障本国独立、自由和领土主权的完整，拥护国际的持久和平和各国人民间的友好合作，反对帝国主义的侵略政策和战争政策”。“对于国民党政府与外国政府所订立的各项条约和协定，……加以审查，按其内容，分别予以承认，或废除，或修改，或重订。”“凡与国民党反动派断绝关系、并对中华人民共和国采取友好态度的外国政府，中华人民共和国中央人民政府可在平等、互利及互相尊重领土主权的基础上，与之谈判，建立外交关系。”“在平等和互利的基础上，与各外国的政府和人民恢复并发展通商贸易关系。”此后全国人民代表大会制定或修订的《宪法》都在对所处时代、国际格局、国际形势、战争可能性进行总体分析判断基础上，本着既保持连续性又与时俱进、不断创新的原则对外交政策做出原则性规定。

新中国成立 70 年来的外交发展大体分为三个阶段。① 第一阶段（1949—1978 年），以维护国家安全和主权独立、捍卫革命胜利果实为出发点，实行以和平为宗旨、独立自主的外交政策，提出了著名的和平共处五项原则②，坚决反对帝国主义和霸权主义，积极支持亚非拉人民争取民族解放和国家独立的斗争，在风云激荡的国际环境中展示了东方大国的鲜明形象，站稳了脚跟，改善了国际处境。第二阶段（1978—2012 年），以为改革开放和现代化建设争取和平外部环境为出发点，高扬和平发展、合作共赢旗帜，积极倡导多极化和国际关系民主化，努力维护世界和平、促进共同发展，在收回香港、澳门并合理勘定与周边邻国边境的同时，持续提高了我国国际地位和影响力。第三阶段（2012 年党的十八大至今），面对世界百年未有的大变局，以实现中华民族伟大复兴、促进人类进步为出发点，着力通过独立自主、积极进取

① 杜起文：新中国外交 70 年的光辉历程和基本经验［N］．学习时报，2019－07－07.

② 和平共处五项原则，包括互相尊重主权和领土完整、互不侵犯、互不干涉内政、平等互利、和平共处，是周恩来总理于 1953 年底在会见印度代表团时提出的，以后成为中华人民共和国处理国际事务的外交政策纲领。

的和平外交活动推动构建人类命运共同体，开辟了一条具有鲜明时代特征和中国特色的大国外交之路。

纵观新中国成立70年来的外交发展历程，不论国际环境如何变幻，围绕的中心始终是为国内政治稳定、国家安全、经济发展、主权统一服务[①]，并在每个时期都取得了较好的实践效果。

六、现代中国社会主义公共经济效果分析与简要思考

70年来，在中国共产党领导下，人民共和国通过提供各类公共物品，极大地促进了经济社会发展，在“一穷二白”的基础上，不仅立即结束了中国经济在此前半个世纪内停滞倒退的状态[②]，而且以世界罕见的速度实现了跨越式发展。中国经济总量，2010年超过日本跃居世界第二位，2018年突破90万亿元，比1952年增长174倍，年均增长8.1%，占世界经济的比重接近16%，在国际货币基金组织和世界银行所占份额和投票权均上升至第三位。全国居民人均收入，按国内可比价计算，1949—2018年期间居民人均可支配收入实际增长59.2倍；按美元计算，由1950年不及50美元增加到2018年的4091美元，68年间增长83倍。就经济结构考察，1949年时，中国还是87%人口生活在农村、工业就业人口仅占8%左右的落后农业大国，经过70年发展，已经变为三次产业协调发展的经济大国。1952年到2018年，第一、二、三产业增加值的国内生产总值占比从50.5∶20.8∶28.7改变为7.2∶40.7∶52.2，三次产业就业人员占比由83.5∶7.4∶9.1调整为26.1∶27.6∶46.3，并且是全世界唯一拥有联合国产业分类中全部工业门类的国家。在工农业发展水平方面，新中国成立之前，农业还处于以人力与畜力为主、基本上靠天吃饭阶段，现在早已提升为有机械化、电气化、和化肥、农药、绿色革命、种子改良的现代农业，以致能够用占全球不到10%的耕地稳定地解决占全球总人口20%人口的吃饭问题；新中国起步时的工业相对而言更为落后，绝大多数国产工业品出于手工工场，火柴、肥皂、所有石油制品等现代消费工业品均依靠进口，但从2010年起，中国工业增加值总量已超过美国跃居世界第一，到2017年，中国有220种重要工业产品在全球总量中占比排名稳居第一。与此同时，水

① 孙璐、王缉思：新中国外交70年：回顾与思考［J］．中国社会科学，2019-10-06.

② 据英国著名经济史学家麦迪森估算，中国1913—1950年期间经济增长率为-0.02%。——安格斯·麦迪森：世界经济千年史［M］．北京大学出版社，2003.

利、交通、能源、信息网络等基础设施建设突飞猛进；科技进步与创新步伐加快，科技创新由过去跟跑为主逐步转向在很多领域并跑甚至领跑，全国研发经费投入总额自2013年起仅次于美国居世界第二。1949—2018年，我国城市数量从132个增加到672个，以常住人口统计的城镇化率从10.6%提升至59.6%。经济总量快速增长、经济结构不断升级、城市化进程加快和科技创新能力增强，共同推动了城乡居民消费水平逐年升高，全国城乡居民人均消费支出由1956年的88元增长到2018年的19853元，城乡居民恩格尔系数分别由1978年57.5%和67.7%下降至27.7%和30.1%（城乡居民综合恩格尔系数降到28.4%），家电、汽车等耐用消费品拥有量大幅增加，居住条件显著改善。[①] 加之前面所述教育、卫生、文化和社会保障事业的大发展，城乡居民直接得自公共服务的公共福利水平与新中国之初相比已有天壤之别。

因此，尽管现代中国社会主义公共经济不仅在过去的实践探索中曾经发生过许多沉痛教训，[②] 而且直至目前公共经济治理体制机制和方式方法等方面仍然存在许多需要继续改革创新、发展完善之处；但是，任何持有客观公正态度的人都无法否认，人民大众在现代中国获得了自原始社会解体以来从未有过的主人地位，社会主义公共经济制度使绝大多数人民从物质到精神、从经济到政治获得了全方位的解放。一言以蔽之，社会主义公共经济使人民大众获得了历史上任何时期都无法比拟的公共利益。当然，我们在许多方面仍然有不足之处，因此，我们不能也不会盲目自满，而是要时刻保持清醒自知、不懈奋斗，自觉克服公共经济治理体制机制、方式方法等不足，力争创造出世界上最先进、最完美的公共经济治理范式，在更好地造福于中国人民的同时，为全世界公共经济文明进步做出更多贡献。

---

① 魏礼群：新中国70年经济社会发展回顾与思考［J］．求是，2019（19）．

② 例如20世纪50年代“大跃进和人民公社”运动造成的巨大经济浪费和经济发展挫折，1966—1976年“文革”造成的极“左”思潮泛滥、教育水平下降、科技进步损失和对历史文物资源的摧毁，1990—2012年期间由于治理不严而在吏治、司法、军队、土地开发、医疗卫生等众多领域广泛发生贪渎腐败现象，以及各个时期由于党内民主集中制执行不够好和决策民主化科学化水平不足，造成公共经济决策明显失误，由此减损了公共经济治理效果，等等。

第三十五章　域外国家公共经济实践的历史演进

毋庸置疑，国外公共经济实践的历史像中国公共经济历史一样源远流长。然而，不要说有文字记载和经过考古发掘能够确证的远古时期公共经济史实资料极为缺乏，即使是有关国外中古时期公共经济实践情况的确切资料在现有史书中也是一鳞半爪、残缺不全。这无疑给本研究带来很大困难。好在我们研究的目的和着重点并不在于完整地再现国外古代公共经济实践情况的全貌，而是为了大体探寻公共经济实践发展的基本轨迹，从中发现公共经济实践历史演进的基本逻辑或趋势，因此，我们只需要根据现有文献资料，对人类社会发展几个基本历史形态中公共经济实践历史演进过程和趋势做出轮廓性描述。其中每个社会历史形态中的公共经济都包括公共经济活动范围暨公共物品提供结构、机制的历史演进，公共经济生产方式暨公共经济体制，公共经济政策及其决策机制，公共经济与民间经济之间相互作用以及对不同经济共同体兴衰存亡的影响等。

第一节　域外国家原始社会时期的公共经济

无论公共经济活动范围还是公共物品提供结构、供给机制都是随着社会生产方式而发展变化的，其历史演进与各种不同的社会形态相适应，大体分为以下几个阶段。

一、原始社会阶段公共经济活动范围和公共物品提供结构

有关人类原始社会生活状况的各种资料表明，直至新石器时代的人类原始社会，由于世界上人口总体较少，社会生产力极低，没有或少有剩余产品，供人们采集或渔猎之用的自然资源相对比较丰富且处于无主的原始公有状态，基于血缘联系的氏族部落以群居方式一起生活、按照自然分工从事劳作，对于基本生活资料实行各尽所能、平均分配制度，在此基础上进一步形成胞族、部族直至部族联盟一级的社会关系。在这种条件下，社会经济结构和人们之间的社会关系都相当简单，人们的思想意识也极为单纯，需要调节的社会矛

盾不多，用以满足公共需要、实现公共利益的公共经济活动范围很小，主要集中于谋取生活资料的集体活动计划、防止野兽和敌对部族侵袭、占卜集体行动吉凶、祈祷神灵护佑和通过习惯法维护干预人们生产生活（例如出于对本部族健康持续繁衍考虑的族外婚制度、对作为共同劳动成果的生活资料实行一定程度的平均分配制度）等。因此，这时的公共物品主要体现在共同体集体活动计划决策和组织指挥、安全防卫措施、求吉避凶寻求神佑的占卜祭祀、维护分配和婚育等习惯法性质的制度，农耕民族建造和维护用于水利灌溉的公共设施①，以及旨在增强利用自然能力的各种经验知识和技能的探索、积累与传承等。

二、公共物品提供机制和公共经济生产方式

由于原始公社时期受生产力水平限制并且社会结构较为简单，从客观需求和供给能力两个方面将公共物品的提供品种和数量限制在较小范围内，因此也就不可能由一部分人专事公共物品的提供。既然如此，那么，至少对于氏族这一层级的共同体而言，提供公共物品的公共经济活动与内部提供基本生活资料的民间经济活动是紧密融合在一起的，集体行动组织指挥、安全防卫、占卜祭祀、习惯法维护等各种公共事务都是由不脱离基本生活资料生产的社会成员承担完成的，即不存在以专门机构方式出现的公共经济与民间经济之间较为固定的社会分工。或者说，在氏族公社层面，公共物品像基本生活资料一样，都是氏族公社有劳动能力的全体成员通过技术性分工协作的集体行动方式提供的。

不过，对于较高层级的共同体而言，则不可能完全如此。这是因为，既然原始阶段的人类共同体一般也呈现为一种由氏族、胞族、部落以及由部落进一步联合形成的部落联盟构成的多层级社会结构，那么，也就必然地使公共物品呈现出层次性，并且根据其满足社会公共需要的范围差别而由不同层级的生产生活共同体分别负责提供。对此，根据摩尔根在其《古代社会》一书所叙述的美洲印第安人原始部落社会制度情形，恩格斯在《家庭、私有制

---

① “从已知的最早的文字记载中，可以举出不少例子来证明，祭司们不仅主管各种宗教活动，而且还管理大量的经济活动。他们记载每年洪水泛滥时的情景，还承担极为重要的管理水利灌溉的职责，如分配水量，负责水坝和沟渠的建造及维修，等等；要让不断发展的灌溉设施充分发挥作用，这些管理工作是必不可少的。”——斯塔夫里阿诺斯：全球通史——从史前到21世纪［M］．吴象婴等译，北京大学出版社，2006：52.

和国家的起源》中指出：氏族、胞族和部落“这三种集团代表着不同层次的血缘亲属关系，每个都是闭关自守，自己的事情自己管理，但是又互相补充。归它们管辖的事情，包括低级阶段上的野蛮人的全部公共事务”。[①] 依此推论，在胞族、部族这两个较高层级的共同体层面，从逻辑上就必然存在提供公共物品的公共经济活动与以氏族公社为基本单位组织提供基本生活资料的民间经济活动相对分离的情况，尽管在这两个层次上承担公共物品提供职能的社会成员总体上仍然是不脱产的。

再就原始社会的公共经济生产关系而论，恩格斯根据摩尔根所著《古代社会》所披露的资料指出，易洛魁人部落联盟最高公共权力“机关是联盟议事会，由50个地位和威信平等的酋长组成；这个议事会对联盟的一切事务作最后的决定”“联盟议事会的一切决议，须经全体一致通过”“会议在聚集起来的民众面前公开举行，每一个易洛魁人都可以发言；但只有议事会才能作决定”。[②] 公元前11—前9世纪处于氏族社会向阶级社会转变过程中的希腊雅典仍然保留着一整套原始民主制的公共经济运行机制。其中，拥有最高权力的是人民大会，由议事会召集，讨论和解决各种有关本氏族部落的重大问题，每一个有公民权的男子均有发言权，最后决议以举手表决或欢呼方式通过；议事会作为人民民主的常设机关，最初由氏族首领们组成，后来则由氏族成员选举产生的代表组成，决策公共事务的会议公开举行，自由民们自发地聚集在议事会周围，用欢呼和叫喊来影响会议决策；执行公民大会和议事会集体决策的部落首领巴塞勒斯由氏族成员选举产生，战时充当军事统帅，平时行使祭司、审判和行政权力。[③] 这表明，在原始社会阶段，以生产资料公有制为基础的公共经济生产关系是一种以社会成员当家作主为根本属性、以多层次委托代理为特征的民主集中制类型。在这种生产关系中，公共物品的生产者、决策者、享用者呈现出高度的一致性，承载于公共物品之上的公共利益是真实而又统一的，社会成员在公共经济中的地位是平等的。总之，原始社会的公共经济是一种自然、简单而又纯粹的民主自治模式。由于没有私有制，

---

① 恩格斯：家庭、私有制和国家的起源［A］. 马克思恩格斯选集第4卷［C］. 北京：人民出版社，1995：94.

② 恩格斯：家庭、私有制和国家的起源［A］. 马克思恩格斯选集第4卷［C］. 北京：人民出版社，1995：93.

③ 马啸原：西方政治制度史［M］. 北京：高等教育出版社，2000：3.

人们也就没有私心，在担任公共职务人员的选择上自然就能够做到选贤任能，公共经济政策选择也自然是完全从满足社会成员集体的公共需要、维护和增进社会公共利益出发，从而能够较为充分地保证公共经济活动效率。尽管如此，这并不意味着原始社会公共经济生产关系中的公共利益完全是毫无差别的。这是因为，如上所述，原始人的共同体也是一种多层复合结构，不同层次共同体所提供的公共物品分别用于满足不同范围社会成员的公共需要，承载着范围大小不同的公共利益。但是，由于这种利益差别不具有阶级剥削和压迫的对立性质，并且通过公共事务议事会公开举行会议依照少数服从多数的民主原则做出各种公共经济决策，因此，他们能够较为容易而协调地处理范围不同的公共利益关系。

既然原始人的共同体也是由多层次构成的，那么，在这种共同体中也就存在着不同层次公共机构之间纵向的公共经济责权划分，即氏族负责处理本族范围内的公共事务，胞族议事会处理那些超出氏族范围而又无须由部族来实现的公共利益问题，部族议事会负责处理胞族无法解决而又无须部落联盟处理的公共事务，部落联盟议事会则负责处理需要只有通过整个联盟集体决策才能解决的部落之间相互协调和集体行动的那些问题。由此推论，早在原始社会就存在纵向公共经济体制；进而可以说，人类社会公共经济生产关系和作为其外化形式的公共经济体制整个结构已经完整地存在于在原始社会形态中，与后来相比，差别仅在于这时它所采取的是一种极为简单、质朴并且尚未与获取基本物质生活资料的生产活动明显独立的形式。

美洲印第安人原始部落的公共经济是这样，亚洲、非洲、欧洲、大洋洲原始人部落的公共经济也基本上大同小异。这可以通过其他许多历史性著作所载相关资料得到证实。例如，据美国著名历史学家斯塔夫里阿诺斯所著《全球通史：从史前到21世纪》所载，在旧石器时代，原始氏族“通常只是各自成群地结合成自治的团体，团体的人数一般是20—50人”。“团体首领的权力受到严格的限制，那时还不存在由制度确立、为大家公认的强制性的权力。首领们由于特殊的目的而自然地产生：熟悉宗教仪式的老人被大家推举为司仪，而狩猎本领出众的年轻人则当选为狩猎团体的首领。”“所有这些首领都不是运用权力而是通过自身的影响来完成自己的职责，因为当时还没有任何制度规定有谁可将自己的意志强加于他人。”在这样的团体中，“男人负责部落的防卫，并掌控着武器”。氏族成员具有“集体责任感”“安乐自治感”。“每一个人都要对他人承担责任，从而享有权利和特权。”“家庭和部落都是相互协作的团体，他们共同为生存而进行艰苦的斗争。”①

三、公共经济财务资源的获取与配置

原始社会不同层级的社会成员共同体为提供公共物品、满足公共需要自然也必须以投入必要的公共财务资源为前提条件。在以采集、渔猎自然产品乃至定居后以较为稳定的农作物栽培和畜禽养殖放牧方式获取基本生活资料的时代，公共经济财务资源自然也会采取力役和实物形式，按照不同种类、不同范围的公共物品提供需要进行筹集和配置。对此，马克思曾经指出：“罗马尼亚各州……原始的生产方式是建立在公社所有制的基础上的……一部分土地是私田，由公社成员各自耕种，另一部分土地是公田，由公社成员共同耕种。这种共同劳动的产品，一部分作为保险金用于防灾备荒和应付其他意外情况，一部分作为公共储备用于战争和宗教方面的开支以及其他的公用开支。”②

需要指出，马克思所说的这种原始社会公共经济财务资源获取与配置形式，对于分布在世界不同地域、不同时代和范围大小不同的原始人部落并不一定具有普遍性。不过，各个原始人部落获取和配置公共经济财务资源的形式并不重要，更为根本的是明确这样一种必然性：即使在人类的原始社会形态下，社会经济资源也要根据满足人们需要的不同性质而区分为两大部分，马克思也曾就此指出：“在任何社会（例如，自然形成的印度公社，或秘鲁人较多是人为发展的共产主义）中，总是可以区分出劳动的两个部分，一个部分的产品直接由生产者及其家属用于个人的消费，另一个部分即始终是剩余劳动的那个部分的产品，总是用来满足一般的社会需要，而不论这种剩余产品怎样分配，也不问由谁执行这种社会需要的代表的职能。”③ 当然，对于公共经济完全服务于社会成员实现公共利益的原始社会而言，将社会劳动总量中用于提供公共物品、满足公共需要的那部分称为剩余劳动，仅仅具有相对意义，因为这部分劳动对于共同体所有成员而言也是完全必要的。因而，在这种社会形态下，必要劳动与剩余劳动从根本上不具有对立性质。

---

① 斯塔夫里阿诺斯：全球通史：从史前到21世纪［M］．吴象婴等译，北京大学出版社，2006：7、8－9.

② 马克思：资本论第1卷，译自法文版［M］．北京：人民出版社，1975：228.

③ 马克思：资本论第3卷［M］．北京：人民出版社，1975：992－993.

四、原始社会公共经济生产方式的解体

随着生产工具的改进，社会生产力水平逐步提高，剩余产品开始出现并不断增加。这样，一方面使得将部落间战争中的俘虏留下来作为奴隶使用开始有利可图；另一方面，通过战争掠夺其他部落由剩余产品积累而成的财产也增强了部落间战争的诱惑力。这种情况对原始人部落的公共经济生产关系产生了严重的破坏性影响："早先，当一个公社偶遇外来进攻的威胁时，这个公社的成年男子便举行大会，选举一人担任这一非常时期的战争领导人。但是，随着和平的间隔时间越来越短，这些战争领导人的任期便越来越长，直至成为永久的军事首领"，并且逐渐凭借优势地位将这种职位世袭；与此同时，"巫医、巫师们日甚一日地从专门的生产食物和制作工具的活动中脱离出来，他们的职责是施弄巫术，为大家祈福。"[①] 军事首领借助于战争占有奴隶，祭司和巫师借助于管理各种非军事性公共事务侵吞公共财产，其他公社成员家庭由于体力、智力素质差别等各种原因也逐步发生贫富分化，加之作为人群中没有任何权利的奴隶愈来愈多。随着经济领域的私有制和社会领域的阶级分化日渐发展，人们之间的社会地位越来越不平等成为不可避免的趋势，军事贵族、宗教贵族、世俗贵族凭借在公共经济活动中的既有权势逐渐地不再尊重作为原始社会最高决策机构的各级议事会的权威，甚至依托公共权力和优势地位压迫、剥削无权无势的自由民；而自由民因为生计所迫和无力左右公共经济决策也不再愿意参与氏族、胞族、部族大会。这样，作为原始社会成员集体行使公共经济权力特定形式的议事会决策机制逐步被架空或流于形式。[②] 久而久之，自然形成的原始公共经济生产关系便如同落日那样无可挽回地没入西山背后。对此，马克思、恩格斯指出：建筑在古典古代的公社所有制"基础上的整个社会结构，以及与此相联系的人民权力，随着私有制，

---

① 斯塔夫里阿诺斯：全球通史——从史前到21世纪［M］．吴象婴等译，北京大学出版社，2006：12、53.

② 到这时，面对有权势的部落首领提出的各种行动方案，原始社会传统的各级议事会"只敢畏畏缩缩地表示反对，结果它也日益被永久的、世袭的王权所排挤，最后被取代"。——斯塔夫里阿诺斯：全球通史：从史前到21世纪［M］．吴象婴等译，北京大学出版社，2006：53.

特别是不动产私有制的发展而逐渐趋向衰落”。①

对于原始公社公共经济生产关系解体的基本机理，恩格斯在《反杜林论》中略微展开地指出：“在每个这样的公社中，一开始就存在着一定的共同利益，维护这种利益的工作，虽然是在全体的监督之下，却不能不由个别成员来担当；如解决争端；制止个别人越权；监督用水，特别是在炎热的地方；最后，在非常原始的状态下执行宗教职能。这样的职位，在任何时候的原始公社中，例如在最古老的德意志的马尔克公社中，甚至在今天的印度，还可以看到。这些职位被赋予全权，这是国家权力的萌芽。生产力逐渐提高；较密的人口在一些场合又形成了各个公社之间的共同利益，在另一些场合又形成了各个公社之间的相抵触的利益，而这些公社集合为更大的整体又引起新的分工，建立保护共同利益和防止抵触的利益的机构。这些机构，作为整个集体的共同利益的代表，在对每个单个的公社的关系上已经处于特别的、在一定情况下甚至对立的地位，它们很快就变为更加独立的了，这种情况的造成部分地是由于职位的世袭（这种世袭在一切事情都是自发地进行的世界里差不多是自然而然地形成的），部分地是由于同别的集团的冲突的增多，使得这种机构越来越必不可少了。”随着时间的推移和社会结构的变化，公共职能对社会的独立化逐渐上升为对社会的统治；起先的公仆在情况有利时逐步变为主人，而这种主人又通过使用暴力分别成为东方的暴君或总督、希腊的部落首领、克尔特人的族长等；于是，各个统治人物结合成一个统治阶级。② 最后的结果是，“氏族团体的成员再也不能集会来处理自己的共同事务了……原始的自然形成的民主制变成了可憎的贵族制。”③

第二节　域外国家奴隶制和封建制时代的公共经济

恩格斯指出：“当人的劳动的生产率还非常低，除了必要生活资料只能提供很少的剩余的时候，生产力的提高、交往的扩大、国家和法的发展、艺术和科学的创立，都只有通过更大的分工才有可能，这种分工的基础是从事单纯体力

---

① 马克思恩格斯：德意志意识形态（A），马克思恩格斯选集第1卷［C］．北京：人民出版社，1995：68－69.

② 恩格斯：反杜林论［A］．马克思恩格斯选集第3卷［C］．北京：人民出版社，1995：522－523.

③ 恩格斯：家庭私有制和国家的起源［A］．马克思恩格斯选集第4卷［C］．北京：人民出版社，1995：168－169.

劳动的群众同管理劳动、经营商业和掌管国事以及后来从事艺术和科学的少数特权分子之间的大分工。这种分工的最简单的完全自发的形式，正是奴隶制。”① 奴隶制和封建制是国外各民族原始社会解体之后相继出现的两个以被剥削、被统治阶级在人身权方面隶属或依附统治阶级为特征的社会形态②，主要存在于农耕文明时期。之所以将奴隶制和封建制公共经济合并起来讨论，理由有二：一则因为从全世界来看，有的民族原始社会解体后先经过奴隶制社会而后再进入农奴制，而有些民族（如日耳曼）则是从原始社会直接进入农奴制封建社会；二则奴隶制和农奴制社会的阶级结构及各阶级的社会地位差别不是很大，例如农奴与奴隶相比虽然有了独立的人身权利和有限的财产权利，但从公共经济角度考察，这两个被压迫阶级都没有公民权。因此，将这两种社会形态下的公共经济视为同一种类型一并分析研究，可以避免重复，而不会影响研究结果。

在这两种社会形态的阶级结构中，除了奴隶制与奴隶、封建主与农奴两大基本对立阶级之外，还有身份独立的自耕农、手工业者和商人等平民阶级。这样一种阶级结构，决定着这两个社会形态下的公共经济具有一系列共同的属性和特征。

一、奴隶制、封建制时代的公共经济生产关系

在奴隶制和封建制社会形态中，社会成员总数占极小比例的奴隶主和封建主凭借其在经济领域对土地以及其他主要生产资料、在政治领域对各种公共权力及相应职位的垄断和在思想文化领域的优势，在公共经济决策中长期占据支配地位，优先生产提供归他们那个阶级共同享用的公共物品，而将用

---

① 恩格斯：反杜林论［A］．马克思恩格斯选集第3卷［C］．北京：人民出版社，1995：525.

② 其中日耳曼等一些民族并未经过奴隶制社会形态而从原始社会直接进入农奴制封建社会，而且奴隶制和封建制社会形态中的公共经济在主要规定性方面基本相同，故将它们一并讨论。

于生产提供公共物品的成本负担全部加在其他阶级身上。[①] 从事祭司和宗教活动的贵族阶级凭借其对世俗贵族统治的支持配合而获得统治阶级的庇护，以虚幻神秘的学说和相关科学知识的传播向社会提供有毒和有益的公共物品。身份独立的自耕农、手工业者和商人等平民阶级作为公共物品提供成本的重要负担者和公共物品生产提供活动的重要参与者，在比较有利的公共经济体制下对公共经济决策可以拥有一定程度的发言权、公共职务的充任权和对公共经济核心领导者的选择权，因而，客观上也能够从整个社会公共物品供给中较为持续地享受一份公共利益。最为悲惨的是奴隶阶级，因为他们的一切都归奴隶主所有，没有独立的社会身份，虽然并不排除作为“会说话的工具”被派遣到内外战争前线充当“炮灰”[②] 或者作为修建公共工程的“苦力”参与公共物品的具体生产提供活动，但就直接意义而言，他们丝毫没有公共经济权利。农奴阶级比奴隶的境遇略好一些，尽管他们在身份上仍具有法定的依附性，封建领主对其拥有奴役权、剥削剩余产品权、惩罚权和连同土地一起进行买卖、抵押或转让的权利，也谈不到社会政治权利，但已获得法定的生存权、有限的自由权，特别是通过领用份地进行耕种并依此获取基本生活资料甚至积累部分财产的权利；其拥有的受封建领主保护的权利，从一定意义上则可勉强地算作他们对地方公共物品的一种享用权。[③]

上述这种基本的公共经济生产关系必然使其客观上具有、并且通过理性

---

① 历史学家估计，在全球奴隶制、封建制诸文明国家中，上层统治阶级仅占总人口的1% -2%。以法国为例，直到1789年大革命爆发前，在全国2450万国民中，依法在国家政治生活中居于统治地位的教士（10万人左右）和贵族（40万人左右）仅占2%，他们不仅享有政府保护的大部分好处并且免除所有赋税；其他属于第三等级的2000多万农民、约400万人的城市商人和工匠都被排斥于政治生活之外，但他们却要负担所有税收。特别是占人口80%且仅拥有30%土地的农民，除必须向教会缴纳什一税外，还要向贵族缴纳各种封建税，向国家缴纳田赋、所得税、人头税和其他各种税。——斯塔夫里阿诺斯：全球通史——从史前到21世纪［M］．吴象婴等译，北京大学出版社，2006：193、524 -525.

② 一般情况下，奴隶没有参军打仗的资格，但也有个例。例如，公元前215年，经由元老院的首肯，费边和当年的另一位执政官格拉古曾组建了两个由奴隶构成的志愿军军团，并交由格拉古指挥。罗马帝国时期也出现过这种情况。

③ 农奴的权利是受封建主保护，拥有一块土地以维持自己和全家的生活；享受许多宗教节日和收获节日，以得到辛勤劳动后的暂时休息。——斯塔夫里阿诺斯：全球通史——从史前到21世纪［M］．吴象婴等译，北京大学出版社，2006：277.

思维归纳可以概括为以下五个基本特征：

其一，作为统治阶级的奴隶主和封建主在他们处于统治地位的绝大部分时期和绝大多数地域中，几乎完全垄断公共经济决策和公共物品生产提供活动。从最高统治者君主到承担各种公共治理事务的一般臣僚官吏，“操治理国家之心，得治理国家之利。”① 只有在雅典民主城邦、罗马共和国等极少数地方和极短时期内出现过非贵族自由民合法地拥有参与公共经济决策并担任公共职务权利的情况。

其二，作为占社会总人口绝大多数的物质资料生产劳动阶级基本或完全被排斥于公共经济生产关系人格化主体之外，而他们却必须通过在作为最大奴隶主的帝国君主和他们所敕封的地方领主所有的土地上无偿劳动这种直接方式，以及通过地方性封建领主向帝国缴纳贡赋这种间接方式，负担中央和地方公共物品的绝大部分提供成本。

其三，作为公共经济生产关系外化形式的公共经济体制，以最高统治者集各种公共经济权力于一身的君主独裁专制为惯常模式，而实行自由人民主制（例如雅典城邦）和贵族共和制（例如罗马共和国）则仅仅是在特定历史环境下产生存续过的、昙花一现式的罕见个例。这是由奴隶制、封建制基本生产关系中阶级对抗属性所决定的。因为，在阶级利益矛盾对抗性极为强烈的情况下，如果不依靠政治权力高度集中的独裁专制型公共经济体制形式实施高压统治、消弭内外部尖锐而复杂的各种矛盾，如同坐在火山口上的统治阶级很难将其统治地位维持长久。

其四，公共经济权力按照实力原则以等级特权方式加以分配。经济、政治、军事实力最强的阶级和家族集团在公共经济权力结构中拥有最高特权，其他有产阶级和家族集团也能够依照经济、政治、军事实力依次获得相应的公共经济特权，而不具有经济、政治、军事实力的无产阶级则毫无公共经济权利可言。基于这样一种公共经济权力配置格局和分配机制，有产阶级各集团通过积攒和扩张经济、政治、军事实力争夺公共经济特权的内斗便成为奴隶制、封建制公共经济内部关系运行的常态，而这种争斗本身则是此类共同体内部不断爆发政治“地震”的难以消除的“震源”，从而使处于此类公共经济特权关系金字塔

---

① 马克思：法兰西内战［A］．马克思恩格斯选集第3卷［C］．北京：人民出版社1995：53.

顶尖的帝王或君主变为一种利益期望值和被颠覆风险度都极高的职位。

其五，以血缘家族世袭作为国家最高统治权暨公共经济最高组织管理权接续传递的基本机制。无论奴隶制国家还是封建制国家的王室集团无不将本来属于社会成员集体用以治理公共经济工具的国家视为自家私人产业，[①] 因而也必然将按照血缘关系世代因袭的王位传承规则视为天经地义。同时，由于君权神授观念久而久之的熏陶，臣民们在一般情况下也潜意识地逐渐认可了这种公共经济最高组织管理权的授受规则。但是，公共经济最高组织管理责权由王室家族世代因袭的传承机制，且不说违背公共经济治理的本质属性，即使从实现公共经济最佳治理目标要求这种纯技术角度考察也存在根本性缺陷。这是因为，公共经济最高组织管理权是与公共经济治理的核心责任相对应、相匹配的，而正确、有效地担负起公共经济治理的核心责任则需要当事人具有极高的职业道德、理论素质和战略谋划、驾驭指挥才能。然而，在王室家族世代因袭的传承机制下，不要说机械地实行嫡长子继承制，即使改为在王室家族的狭小范围内选贤任能，也很难保证承担公共经济治理核心责任、掌握公共经济最高组织管理权的人始终具备与其职位要求相匹配的德才素质和能力。与此同时，各怀鬼胎的宦官、外戚或权倾朝野的文臣武将等内外势力集团无不伺机采取各种阴谋手段干预甚至操纵皇储确立过程。在这种情况下，从理论上说，公共经济最高组织管理权由德才兼备之贤者执掌的概率就更低。从众多历史案例考察，由此产生的君位王位继任者大多是懦弱、昏庸、不学无术之皇子皇孙抑或皇弟、皇侄，因为只有这样，继位的国王才更有可能成为操纵立储的宦官、外戚、权臣以及像德意志帝国时期的选帝侯等实力集团的傀儡，从而更便于他们借助于君王所拥有的最高权力假公济私地增进本集团利益。

此外，由于治理公共经济的国家最高特权具有极大的诱惑力，皇室中拥有继承权的人们也会在各自背后实力集团的支持下，围绕获取王位展开你死我活的争夺。这种争夺，不仅同样会在很大程度上妨碍公共经济治理核心责

---

① 1643－1715 年在位的路易十四说过那句举世皆知的名言：“朕即国家！”可以认为是西方封建君主将国家视为王族家业的一种经典表述。相比之下，汉高祖刘邦就此所作的表述则显得更为直白。据司马迁《史记·高祖本纪》所载：“高祖大朝诸侯群臣，置酒未央前殿。高祖奉玉卮，起为太上皇寿，曰：‘始大人常以臣无赖，不能治产业，不如仲力。今某之业所就孰与仲多？’”

任与核心权力落到圣贤明君头上，而且常常由于极为惨烈的王室内斗而严重损害公共经济政策的稳定性、连续性和科学性，甚至因而给外族入侵和社会动乱以可乘之机而加速专制王朝的覆亡。

奴隶制、封建制公共经济生产关系的上述性质和特征，从根本上决定了这两个社会形态下公共物品提供结构和公共经济体制的主流形式。

二、奴隶制、封建制时代公共经济活动范围的扩大和公共物品提供结构的拓展与变异

尽管从道义角度而论，原始公社制向奴隶制的转变属于以恶代善的历史曲折，而由奴隶制向封建制演化则是社会形态的改良性嬗变，但从历史唯物主义的辩证逻辑来看，这两次转变同样属于人类社会历史不可避免的自然演进，都是不断提高的社会生产力在为自己进一步发展开辟道路。财产私有制代替原始公有制，增强了私有财产所有者为追求物质财富增殖而发展物质技术生产力和将战俘以奴隶形式保留下来作为劳动力的动机；同时，在整个社会剩余产品较少的情况下，通过富有阶级借助于公共经济权力将有限的剩余产品集中起来，用以供养脱离物质资料生产活动的少数人专门完成各种必要的社会公共事务，从客观而言也有利于人类精神文化的发展、科学技术的进步和公共管理水平的提高。

人类社会由原始公社制向奴隶制的转变，促使公共经济从提供基本物质生活资料的民间经济中独立出来而成为整个共同体中的一个专门负责提供各类公共物品的新生经济领域。这种新的社会分工，有利于促进科技、文化、社会管理的进步，加速社会生产力发展，从而为扩大公共物品提供数量、质量创造必要的物质基础，加之奴隶主、封建主阶级对公共经济决策权力的垄断性集中和对公共经济财务资源的倾斜性配置，从而推动了公共经济活动范围的扩大和公共物品提供结构的拓展。

（一）公共经济活动范围的显著扩展

奴隶制、封建制时代公共经济活动范围的扩展，首先表现为基于社会结构变化而使公共经济活动覆盖的领域明显拓宽。

一是基于阶级对抗而产生了凌驾于社会之上、集中公共权力、调控社会矛盾、维护社会秩序的一整套有形的国家机器和无形的国家管理制度，以及基于经济发展需要而建立包括统一货币制度、度量衡标准等在内的市场经济基础设施，出于有效治理公共事务的需要而使政治学、经济学、管理学、伦理学、宗教神学等一系列哲学社会科学产生发展起来。

二是在原始社会已经产生的各种习惯法基础上逐步发展起内容日渐丰富、形式日趋完善的成文法,① 并以国家强制力予以更加有效地执行，同时相应地建立和发展起一整套司法审判制度体系、机构体系。②

三是基于维护统治、巩固国防、对外扩张和促进社会生产、涵养财政资源的需要，借助国家强制性汲取和配置财务资源的机制，建造和维护纵横交错的道路、③ 桥梁、运河、城堡、驿传网络和水库、水渠等农田水利灌溉系统,④ 以及城市供水排水、⑤ 公共广场、演艺竞技场所等公共设施。

四是出于维护阶级统治、满足精神享乐、促进经济发展和国防军事的需要，借助于公共财务资源的集中和分配，以官办机构和教会组织为依托，逐步发展起日益繁荣、利在当前、功在久远的文化教育、科学技术、文学艺术、医疗卫生和济贫助残事业。例如，1619 年德意志魏玛公国颁布了父母必须履行供养子女接受初等教育义务的法令，而后被德意志其他各邦相继效仿；在德国联邦层面，1763—1819 年先后三次修订法令推行义务教育。

---

① 最著名的主要包括 4000 年前乌尔第三王朝颁布的《乌尔纳木法典》、3700 年前古巴比伦帝国颁布的《汉谟拉比法典》、2470 年前古罗马共和国颁布的《十二铜表法》和 1400 年前东罗马帝国颁布的《查士丁尼法典》。

② 对此，恩格斯在《再论蒲鲁东和住宅问题》中指出：“在社会发展某个很早的阶段，产生了这样一种需要：把每天重复着的产品生产、分配和交换用一个共同规则约束起来，借以使个人服从生产和交换的共同条件。这个规则首先表现为习惯，不久便成了法律。随着法律的产生，就必然产生出以维护法律为职责的机关——公共权力，即国家。”——见《马克思恩格斯选集》第 3 卷［M］. 北京：人民出版社，1995：211.

③ 例如，古波斯帝国（前 553 - 前 330 年）修建的“御道”四通八达，从苏萨城向西通到底格里斯河，再由此经叙利亚和小亚细亚，抵达爱琴海沿岸的以弗所，沿途设有 111 个驿站，随后又从御道上延伸开辟出几条岔道，向西南通往埃及，向东南通到印度河流域；由罗马共和国（前 5 世纪 - 前 30 年）和西罗马帝国（前 30 年 - 公元 476 年）相继修建的罗马大道由首都向外辐射式扩散连接帝国内 113 个省份，总计 372 条、长达 40 万公里；古印度的驿道也很长，从恒河三角洲直达西北部开伯尔山口附近的坦叉始罗，并在那里与西抵中东、北达中亚的商路连接起来。——斯塔夫里阿诺斯：全球通史——从史前到 21 世纪［M］. 吴象婴等译，北京大学出版社，2006：86.

④ 公元前 6 世纪波斯帝国的大流士一世执政时期不仅在全国修筑道路，开通尼罗河到红海的运河，还修建了较大的水库。

⑤ 例如，古罗马城先后修建了由 11 条大型输水道构成的供水系统，其中距离较远的梅西亚输水渠道长达 62 公里。

五是为满足皇族贵族生活享受、实施行政管理和宗教祭司等需要，通过集中配置人力、物力、财力，修建了众多设计精巧、材质考究、工艺精美、经久耐用、雄伟华丽的皇家宫室、苑囿、陵墓和神殿、教堂等建筑精品，成为今天集中体现古代工匠高度智慧、供现代人参观欣赏的历史文化遗产。

所有这些原始社会未曾有过或难以产生、发展的事物，不仅构成了人类古代古典文明中的大部分内容，而且对整个人类社会历史发展都产生了极为重大而长久的促进性和奠基性作用，其中很多精神文明和物质文明成就至今仍熠熠生辉，给人们以无限遐思和启迪。

其次，公共经济活动范围的扩展表现在其所实施的地域空间显著扩大。

由于奴隶制和封建制是以国家为主体的，而国家是以地域而非血缘关系划分并管理居民的，加之在这两种社会形态下拥有经济和军事实力的统治者无不具有强烈的扩张冲动，极力通过对外征战增益其所统治的人口和疆域，因此，几乎各大洲人类共同体公共经济活动的空间范围都得到了空前扩展。其中最为著名的古波斯、古罗马和蒙古、奥斯曼等帝国，其地域范围都曾横跨欧亚大陆甚至囊括北部非洲。公共经济活动范围在空间维度上的拓展，无论对提高当时公共经济的规模效率，还是对促进人类文明成果的大范围交流和多民族相互融合，从而客观上对推动整个人类经济、技术、社会、文化领域的发展进步都起到了十分重要的积极作用。

（二）公共物品提供结构在拓展的同时发生严重异化

奴隶制、封建制时代公共经济活动覆盖领域的扩大，换一个角度说，就是公共物品提供品种由少到多和提供结构由简单到复杂的扩展。这不仅对公共经济本身而言是一个非常重要的演进步骤，而且就其对整个人类社会发展历史进程的客观影响而论也具有积极意义。但是，如果站在人民的立场或者从公共经济的天然本性考察，则毋宁说是发生了严重的异化或偏离了正轨。做出以上这种分析和判断的合理性，可以从公共物品在奴隶制和封建制社会形态下品种增加和结构拓展的原因、结果以及公共经济活动地域空间扩大的内外部成本得到说明。

首先，就公共物品在奴隶制和封建制社会形态下品种增加和结构拓展的主要原因和基本出发点而论，它绝对不是出于满足绝大多数社会成员的公共需要，而是为了满足以王室家族集团为核心的奴隶主、封建主阶级维护统治地位和增加特权利益的需要。例如，将习惯法变为成文法并借助于国家强制力予以执行，主要目的是保护奴隶或农奴制度和统治阶级的私有财产、维护贵族阶级拥有各种特权的统治秩序，并且增加现存政权运行财源基础所需要的生产秩序、劳动力。即使如水利灌溉、道路、运河、科技文化①等表面看来被统治阶级也能从中受益的公共物品，通常也不是基于满足广大人民群众生产生活公共需要的动机而提供的，而是主要是统治者着眼于涵养财源、运送实物性税赋、快速镇压人民反抗和培养自己后继者以维持本阶级甚至本家族集团统治地位长治久安而提供的。至于奴隶制和封建制王朝花费大量公共财力修建的那些王室宫殿、陵墓、凯旋门等，则更是公共经济本质异化的典型表现。

其次，就公共物品品种增加和结构拓展的直接效果考察，与原始社会相比，奴隶社会、封建社会所增加的大部分公共物品都恶化了绝大多数社会成员的生存和发展条件，使他们处于被压迫、被剥削、受屈辱、受愚弄的不利地位，并且从精神上受主导性世俗理论和安抚性宗教信仰的毒害。即使像禁止将未能按期偿还债务的自由民没身为奴、禁止杀害农奴、禁止欺行霸市，以及提供大众性科学、文化、教育等公共物品，虽然客观上也有利于改善被统治阶级的境遇，但其主要受益者仍是统治阶级本身。

再次，奴隶制和封建制时代公共经济活动地域空间扩大，是人类为此付

---

① 例如，由托勒密二世于公元前280年左右建成的亚历山大博物馆是历史上最早的由国家供养的研究院，设有天文台、实验室、解剖室、植物园、动物园和藏书达50万－70万册的图书馆，受适宜而具激励气氛、极好的设备、免费的膳宿和令人羡慕的薪酬的吸引，整个地中海世界的哲学家、数学家、医生、植物学家、动物学家、天文学家、语言学家、地理学家艺术家和诗人纷纷来到这里进行研究活动，在存续期间产生了大量关于宇宙、太阳、地球、地理等领域的科学思想成果。再如，古代北印度的笈多帝国在旃陀罗笈多二世（375－415年在位）统治下臻于极盛时期，王室资助下的文学、艺术欣欣向荣，而且产生了一些重要的科学成就（如阿耶波多相当准确地计算出地球自转周期并科学阐释月食现象，最早发明了可与轮子、杠杆、字母表相媲美的数学上的“0”理论和作为演算基点的十进制）。又如，公元8世纪阿拔斯哈里发王朝统治的伊斯兰帝国在经济繁荣的基础上重视科技文化，巴格达以“智慧之城”自誉，拥有一个图书馆、一座天文台和一所学校，学者们除了翻译和研究波斯和印度的科学论文外，还翻译希腊科学家和哲学家的著作，为西欧文艺复兴时期重新开始自己的研究保存了希腊著作。——斯塔夫里阿诺斯：全球通史——从史前到21世纪［M］．吴象婴等译，北京大学出版社，2006：118－119，150－152，218－220.

出高昂成本而实现的。从世界范围来看，领土扩张是一切以私有制为基础的国家统治者的共同本性；或者说，它是人类尚未完全摆脱一般动物界弱肉强食的“丛林法则”之前，在漫长的私有制社会发展历史阶段普遍存在的一种规律性行为。奴隶制和封建制是人类最早进入的两个私有制社会形态，拥有巨额私有财产并垄断了公共权力的统治者，一方面尝到了占有地域资源和剥削压迫人民的甜头，另一方面又面临着相邻区域同类统治者伺机侵扰掠夺、甚至被吞并的潜在风险或现实压力。因此，当他们在经济和军事实力相对弱小之时不得不暂时深藏野心、隐忍屈从，而一旦通过多年努力自觉羽翼丰满、足可取胜之后，实现领土扩张很快就会成为他们的必然选择。然而，通过对外征战实现领土扩张却是一项风险极大、成本极高的公共经济活动范围扩展行为。其成本和风险，包括外部和内部两个方面。其内部成本，表现为对外征战过程中巨额的人力、物力、财力消耗，风险在于当所付成本超过本国承受能力时极易引发足以导致现政权被颠覆的国内人民反抗性起义，而一旦战争失败，现政权统治者则十有八九会在国内人民起义与被侵略国家组织反攻的两面夹击之下被推翻。其外部成本，则主要表现在战争过程中被征服民族惨遭人身杀戮、财富掠夺和战后被征服民族受到的经济剥削、政治压迫、文化破坏、精神蹂躏。

总之，奴隶制、封建制时代的公共经济无论就其主体而论，还是相对于公共经济天然本质而言都是异化的。从根本性质上说，它是一种以满足占社会成员极少数的统治阶级公共需要而非以满足全体社会成员公共需要为宗旨的公共经济。① 当然，这既不排除历史上确有极个别的圣明君主或国家元首（如古罗马的执政官西塞罗、屋大维）也曾站在人道主义的立场、直接从改善人民大众生存发展条件出发制定并实施过一些理性的公共经济制度、法律和政策，也不否认奴隶制、封建制社会中一些身为贵族的思想家、科学家（如苏格拉底、柏拉图、亚里士多德、阿基米德、欧几里得）等曾经从追求真理出发为人类社会科学和自然科学发展做出过不朽的历史贡献。至于那些广受人们称道的奴隶制、封建制王朝中大多数所谓圣君能臣对当时公共经济的积

---

① 正是从这种意义上，马克思恩格斯在《德意志意识形态》中一针见血地指出：“国家是统治阶级的各个人借以实现其共同利益的形式。”——见《马克思恩格斯选集》第1卷［M］. 北京：人民出版社，1995：132.

极作为，则多半不过是“主观为自己，客观为大众”而已。更遑论那些直截了当与人民大众为敌的昏君、暴君和助纣为虐的臣僚贵族，在当时公共经济制度、政策制定与执行中的倒行逆施——它们是奴隶制、封建制时代公共经济本质异化的赤裸裸展现。

三、奴隶制、封建制时代公共物品的提供方式

在以私有制为基础的各时代国家中，各种公共物品通常是由国家机构及其附属组织直接生产后提供的。其中，各类文官分别负责拟定和执行法律、法令、制度、政策，生产和提供立法、司法、行政类公共物品，军人负责镇压国内暴乱、保卫国防和对外征战，警察负责维护社会治安和管制犯人，国家供养的各类知识分子负责提供教育、文化、科学技术等知识类公共物品，公共工程部门负责修建公路、桥梁、运河、驿站、城堡、宫殿、皇家陵寝和苑囿，等等。

但是，即使在奴隶制、封建制社会形态下，也并非所有公共物品都由国家机构及其供养的公职人员直接生产，有些公共物品的最终产品或中间产品也曾以某种特殊方式委托或外包给民间主体去生产并直接向社会提供。例如，罗马共和国和罗马帝国时期都曾用骑士阶层作为包税商负责征收各行省的捐税，罗马帝国政府还曾以收费特许权方式委托某一部落养护公路。又如，中世纪晚期，意大利经常雇用领取报酬的职业军人完成战争任务，先是将雇佣军和常备军组合使用，后来甚至用雇佣兵完全取代了城邦常备军。再如，17世纪英国政府曾先后以授予私人公司特许权方式建造经营提供公共服务的灯塔、修筑收费公路，甚至在很长时期内以皇家特许方式授予股份制的东印度公司充当对印度等殖民地的直接统治者，直到1858年才解除其行政权力。至于15世纪末16世纪初哥伦布经由大西洋到美洲大陆探险、麦哲伦环球航行等，则是西班牙王国政府以授予特许权方式实现海外冒险政策目标的著名案例。

除此之外，宗教团体也从自身需要出发提供某些公共物品，例如学校教育。“11世纪，主教们为了培养所辖教区内的教士而创办了教会学校。12世纪，在意大利的博洛尼亚、法国的巴黎和英国的牛津出现了第一批作为具有合法身份自治团体的大学，在课程设置上除教会法规、神学之外还有民法、医学、算术、几何、天文、逻辑修辞和音乐。”① 宗教团体创办学校在很大程度上也是为了争夺教徒、宣称本教教义“自基督教开始传教起，大众教育就开始在欧洲缓慢地发展，就好像伊斯兰教在亚洲传播的时候，走到什么地方就把平民教育带到什么地方一样，因为他们必须既使信徒了解拯救他们的基本信仰，也需要使他们能读懂一些使信仰可以得到传播的经书。基督教的教义之争开始后，双方为了吸引信徒，都很重视平民教育。例如，1830－1840年的英格兰，教派纷争，为了吸引青年信徒，竞相创设儿童教育机构，如国家教会学校、非国家教会学校甚至成立了罗马天主教小学等”。②

四、奴隶制、封建制时代公共经济体制形式的演进

奴隶制、封建制社会的公共经济是由奴隶主、封建主作为统治阶级的国家主导下开展的活动，承担公共经济职能的国家机构一般是君主统率下的横向各部门和纵向各层级分支组织以分工协作方式共同完成各项公共事务。对此，马克思指出：“中央集权的国家政权及其遍布各地的机关，即常备军、警察、官厅、教会和法院——这些机关是按照系统的和等级的分工原则建立的——起源于专制君主制时代。”③ 公共经济的整个分工体系通过各层次、各方面当事人之间的公共经济责任配置和公共权力划分相互连接起来，作为一个有机联系的整体装置在公共经济现实活动中发挥组织功能；而决定公共经济责权配置和划分的规则体系则构成该国家的公共经济体制。作为特定公共经济生产关系在现实中的外在体现，公共经济体制的具体内容和形式随着奴隶制、封建制公共经济生产关系本身的生命周期和具体历史条件而发生变化，从而表现为特定的演进过程。

（一）奴隶制、封建制时代公共经济体制形式的演进阶段与一般机理

奴隶制、封建制社会作为人类社会发展历史过程中间环节的两种形态，它们的公共经济生产关系及其外化形式——公共经济体制，按照事物发展的一般逻辑，大体经历三个不同的演化阶段：最初是从原始社会刚刚转变

---

① 斯塔夫里阿诺斯：全球通史——从史前到21世纪［M］．吴象婴等译，北京大学出版社，2006：285.

② 郝伯特·乔治·威尔士：大国的崛起——从成功走向辉煌的世界强国启示录［M］．陕西师范大学出版社，2007：203.

③ 马克思：法兰西内战［A］．马克思恩格斯选集第3卷［C］．北京：人民出版社，1995：52.

而来的生成阶段，继而是逐步成熟或鼎盛阶段，末尾是向资本主义社会过渡阶段。

在上述三个阶段中，整个社会公共经济生产关系所包含的制度成分是不同的，这种差别将会在作为公共经济生产关系外化形式的公共经济体制中获得相应的表现。在其生成阶段，原始社会公共经济生产关系成分处于被逐渐取代的过程中，因此，在公共经济体制上将会不同程度地保留原始民主制的母痕，古希腊雅典城邦的自由人民主制和古罗马共和国的混合政体就是奴隶社会公共经济体制中原始民主制得到较多保留的典型案例。① 在中间阶段，奴隶制、封建制公共经济生产关系已经发展成熟、上升到主体地位，作为其外化形式的公共经济体制也将演化为它的典型状态——君主集权、专制独裁。到了奴隶制、封建制公共经济生产关系衰落阶段，资本主义公共经济生产关系作为新生因素以不可阻挡之势日渐发展，这时的公共经济体制将根据两种成分及其代表它们的社会阶级力量对比情况而采取三种不同的混合形式：1. 能够同时体现新兴资产阶级和正在转化中的旧贵族阶级双方利益的君主集权制，如拿破仑时期的法国和一战结束前的德意志帝国；2. 主要适合新兴资产阶级要求但仍在一定程度上体现旧贵族利益的君主立宪制，如1688年之后的英国和直至墨索里尼时期的意大利等；3. 在特殊条件下偶尔出现但又很快消失的资产阶级民主制，如威尼斯早期共和国、荷兰早期共和国和法国资产阶级革命过程中时生时灭的共和国。

---

① 除本节将叙述分析的古雅典、古罗马外，西方封建时代还曾有个小国，即存在于1136－1478年间的诺夫哥罗德（Новгород）的共和国实行过共和型公共经济体制。这个国家位于现俄罗斯最北端圣彼得堡与莫斯科之间河湖纵横的大草原上，当时是那个地区的贸易、文化和宗教中心。之所以将其称为“共和国”，是因为该国以名为“谓彻”的市民会议作为形式上的国家最高权力机构，由其选举产生地方长官（公爵）、千人长（市长）和大主教。从实际决策过程考察，在该国掌握实权或起支配作用的是封建领主和大商人，因为“谓彻”一般是根据领主和大商人意见做出“奉迎”公爵、选举市长和主教的决议。其中，被奉迎担任王公（公爵）的人一般只任军职、负责国家防务，对其他内政无权干涉，如违背领主的意志，随时可被“鞠躬请退”；市长和主教分别负责行政管理和宗教事务。在蒙古人统治的金帐汗国期间，诺夫哥罗德的王公通常由接受汗国册封的“弗拉基米尔大公”兼任，但实权仍操在当地领主手中的共和国保有很大的自治权。1478年，诺夫哥罗德共和国的历史以被莫斯科伊凡三世大公吞并而结束。

（二）奴隶制、封建制时代公共经济体制演进过程中相继出现过的四种具体形式

根据亚里士多德在其《政治学》一书中所作的论述，截至他所处时代存在过的国家治理实践，公共经济体制大体上区分为三种正宗形式和由其蜕化而成的三种变态形式。其中，三种正宗形式分别为拥有高尚美德和高超才智的最高统治者一人垄断最高治权而为全体国民谋取公共利益的君主政体，由众人推选出来的贤明之士着眼于实现全体国民公共利益而轮番执掌最高治权的贵族政体，由自由人轮流执掌最高治权并为全体国民谋取公共利益的共和政体。这三种正宗政体在不依法治理的条件下，将依次蜕变为三种变态政体：以谋取王室一族利益为宗旨并由国王独掌最高治权的僭主政体，由少数富豪为谋取自身利益联合执掌最高治权的寡头政体，由下层自由民为谋取本阶层利益而联合执掌最高治权的平民政体。他认为，从实现理性良治、保障公民幸福和持续稳定有效运行三方面综合考虑，如果能够在中产阶级占公民多数的社会结构基础上，使才德、财富、自由三种要素达到平衡并且依法治理的混合型公共经济体制才是最佳的。①

在奴隶制、封建制公共经济实践中，可以说三种正宗的公共经济体制形式实际上从来没有真正出现过，充其量只是在较少的国度内以较为接近的程度出现并存续于较短的时期内。相反，不同程度的僭主政体和寡头政体倒是较为普遍的常态。

1. 雅典城邦的自由人民主型公共经济体制

雅典城邦实行民主型公共经济体制的源头可上溯到公元前 11—前 9 世纪氏族部落中形成的一整套原始公共权力制度：那时，氏族部落成员通过人民大会和由部落成员选举产生的议事会和巴赛勒斯（军事首领）管理公共事务。公元前 8 世纪—前 6 世纪，古希腊阿提卡地区各原始部落通过改造氏族制度机关和建立新机关逐步向国家组织过渡，在四大原始部落之上设立了一个雅典总议事会作为中央管理机关，集中管理原来由各部落独立处理的许多重要公共事务，将原来的部落联盟改制为一个统一的城邦，并且构建起一套超越各部落和氏族法权之上、约束整个城邦公民行为的民族法，由独占公职的贵族集团依据此法

---

① 杨利敏：论亚里士多德《政治学》中的政体理论［A］．宪政与行政法治评论第七卷［C］．中国人民大学出版社，2014：105、111、113、115、125－130.

对处于平民等级地位的农民和手工业者进行管理。在新的公共权力系统中，原先由氏族成员选举产生的长老议事会和巴赛勒斯分别由贵族组成的元老院和由元老院推举产生、分掌不同公共权力的执政官所取代，原来12个胞族议事会也相应地演化为12个分区行政机关。[①] 其后，整个雅典地区也都实行过君主政体，继而让位于以9个出身于贵族的执政官为首脑的寡头政治。[②] 随着工商业逐步发挥重大作用，急速发展的内外贸易为雅典城邦创造出了一个强有力的中产阶级，他们与失去产业的农民联合起来要求政治自由化。在这种背景下，梭伦、克里斯提尼和伯利克里相继顺应阶级斗争形势领导推进社会政治改革，促使雅典城邦自由民范围内的公共经济治理愈益走上民主化轨道。实际上，从希波战争（前499年—前449年）之后，由于雅典逐渐成为在希腊半岛及其周围拥有多个附邦的帝国，因此，其建立在奴隶制基础上的民主政治体制只限于对内实行，而对其他附属城邦则实行居高临下的帝国统治。

雅典城邦自由人民主型公共经济体制大体上由10项要素构成：（1）它是城邦全体居民（前5世纪时大约25万—30万）中拥有公民权的3万—5万成年男性自由人的公共经济民主，公民资格由10个村落公民集体投票确认后取得，包括奴隶、妇女、儿童和外国侨民等其他大多数居民都没有平等参与公共事务的公民权。（2）在参与公共事务、自由发表言论、行政监督和制定实施法律方面公民拥有平等权利，包括城邦执政官、护法官、将军、法官、议事会成员乃至陪审员、村长等一切议事、行政、司法和军事类公共职务全部向所有公民开放；公职人员由公民大会选举产生，地方公职任期一年、不得在同一地方连任，只有每个任期同为一年的10名将军可以突破此限连选连任，但须对履职行为向公民大会负责。[③] （3）直接民主与间接民主相结合，公民大会是决策所有重大公共事务（如制定法律、维护公共秩序、战和与外交、课征税收与财政支出、选任公职人员、取消公民资格等）的最高权力机构；由10个村落的公民按照差额选举产生，再通过抽签确定的代表组成的

---

① 参见马啸原：西方政治制度史［M］．北京：高等教育出版社，2000：3-7.

② 斯塔夫里阿诺斯：全球通史——从史前到21世纪［M］．吴象婴等译，北京大学出版社，2006：103.

③ 在这种制度下，当决定一个人比另一人更适合担任某一公职时，起作用的不是他属于哪个特别阶级的身份，而是他的品德和实际能力。只要尽心尽力为城邦服务，没有哪个人因贫穷而在政治上不受重用。

500 人议事会，执行公民大会常设机构的职能，主要负责为公民大会准备日程、相关文件并实施公民大会的决定、政令和法律等；[①] 议事会主席团由各村落选举产生的 50 名代表轮流担任的执行委员会委员组成；作为城邦元首的议事会主席由议事会成员通过抽签方式担任并且每天更换，他负责主持当天举行的议事会议，同时掌管存有城邦重要档案和公共资金的国库的钥匙。（4）所有采取投票方式表决的公共事务，均实行多数票通过的民主决策规则。（5）议事（立法）、行政、军事、司法职权总体上分开设置和行使。（6）司法审判普遍实行陪审员制度，由人民陪审员秘密投票决定所有案件的司法判决，公民大会的代表可以参与裁决所有重要的政治审判。（7）公民担任人民代表、陪审员和其他各种公共职务都按规定给予一定水平的薪酬，公民参加公民大会也按次付酬，以保证穷困公民能够切实行使公共经济民主权利，打破富人对公共经济权力的垄断。（8）以陶片放逐制度淘汰危害城邦公共利益的公民，促使公职人员公正廉洁地行使公共权力。（9）公民大会通过的法制性政令需要经过特别人民法庭审查后才成为法律并公开颁布实施，公元前 403 年民主重建后，法庭对公民大会的政令、500 人议事会的活动和地方官员的履职行为也要进行“法律审查”。（10）任何一个公民都有权通过公诉对官员履行公职行为实施监督，但对恶意公诉者则要采取依情节轻重分别处以罚款乃至取消公民权的方式予以惩戒。[②]

这种公共经济民主治理体制是雅典城邦在特定的社会结构和时代背景下进行创造性选择的结果，与同时代其他公共经济体制形式相比无疑更加符合公共经济的本质属性。因此，它确实有力地促进了雅典城邦的经济发展、社会稳定、思想文化繁荣，[③] 不仅战胜了实力强大的波斯帝国，而且借助于在希波战争中发挥的重要作用组建起囊括爱琴海各岛及小亚细亚各希腊城邦的提洛联盟，进而借助于在提洛联盟中的盟主地位建立起海上霸权，成为包括黑

---

① 具体包括：“准备公民大会提案，检查官吏候选人资格，布置官吏选举事宜，监督官吏工作，管理国家财政，管理国家马匹、船舶和各种军事装备，并监督和保证国家宪法的执行，有时还协助执政官处理行政工作。”——马啸原：西方政治制度史［M］．北京：高等教育出版社，2000：12.

② 参见马啸原：西方政治制度史［M］．北京：高等教育出版社，2000：7－15.

③ 对此后世界文化发展产生重大而久远影响的希腊古典文明成果主要生发于雅典城邦实行民主型公共经济体制及其残存时期。

海在内的整个地中海地区拥有很多殖民地性附邦的帝国。[①] 但是，这种体制形式存续时间是短暂的，即使从梭伦改革（前 594 年）为其奠定基础算起，到公元前 404 年被伯罗奔尼撒战争获胜者斯巴达强加以 30 人寡头统治代替为止，总计存续时间不足 200 年；如果从克里斯提尼主持改革使雅典民主政治体制基本形成（前 508—前 507 年）作为计算起点，其存续时间则不过百余年。雅典城邦的民主政体被斯巴达人推翻后，尽管由于雅典广大民众起而反对，又于次年（前 403 年）在修正意义上得到恢复，但雅典城邦民主政治的黄金时代已一去不返。由于公民大会的独立和权力被削弱、公务官职的薪酬制度被废除，致使制度民主的实质逐渐退化，[②] 直到公元前 322 年雅典城邦民主宪法被彻底废除，雅典自由人民主型的公共经济体制宣告结束。

导致雅典民主政体最终被摧毁的原因主要有三：一则由于它从本性上与奴隶主占有奴隶等财产的私有制不相吻合，因而一直受到城邦内外异己力量的敌视。自其产生之日起，奴隶主和其他富裕的有产阶级就不止一次地与实行寡头政体的斯巴达城邦统治者相勾结，企图以富有阶级的寡头统治推翻民主政体，尽管先后发生在公元前 480—前 479 年和前 458—前 457 年的两次密谋政变流产，公元前 411 年发生的政变也仅取得短期成功，但最后还是被践踏于实行寡头制的马其顿王国铁蹄之下。二则由于它毕竟建基于奴隶主私有制基础之上，尽管采取了民主机制，但富裕公民在民主体制中依然能够施加超常的影响，因为他们受过良好教育，不仅自己能说会道，还能利用他人为自己说话，并且比农民和其他劳动公民更有时间参加公民大会、500 人议事会和地方政府活动，同时，他们还有钱支助节日盛典、宗教活动和寺庙建设。这些，都有助于提升他们在广大公民团体中的地位和政治影响，以致实行民主型公共经济体制的雅典城邦照例在对外关系方面实行征服扩张和争夺霸权的政策。一些史学家认为，连年战争对人力和财力资源的巨大消耗，也是民主制的雅典城邦被寡头制的斯巴达所战胜的重要因素。三则公元前 429 年爆

---

① 斯塔夫里阿诺斯：全球通史——从史前到 21 世纪［M］．吴象婴等译，北京大学出版社，2006：102.

② 古希腊被称为哲人三杰之首的苏格拉底就是在属于这个时期的公元前 399 年被判死刑而饮下毒药结束生命的。

发大瘟疫使仅有 30 万左右总人口和三五万成年男性公民的雅典城邦元气大伤，[①] 严重削弱了它的经济和军事优势，则是使其在公元前 405 年被斯巴达人征服的又一客观原因。

2. 罗马共和国的混合型公共经济体制

罗马共和国公共经济体制的源头也可以追溯到公元前 10 世纪居住在拉丁姆平原北部三个原始部落实行的氏族民主制。到公元前 8 世纪中期，在罗马城初建阶段，这里的原始氏族部落制度已经演化到接近产生国家机器的边缘。在这个所谓的“王政时代”，虽然总体上作为罗马人民的氏族成员仍生活在以氏族、胞族、部落为基础的军事民主制之下，但氏族部落成员已开始分化为贵族和贫民两个阶级。非氏族成员的土著居民和外来工商业者都是没有公民权的平民，奴隶制也开始发展起来。以此为基础，作为部落首长的勒克斯既是军事首领又是最高祭司，还兼有某些重要的审判权；被称为“长老”的贵族同时垄断了充任元老院成员和担任所有官职的特权。整个共同体的公共事务首先由贵族出身的 300 个氏族首领组成的元老院（也称议事会）处理。元老院有权讨论并提出新的法律，交给拥有罗马最高权力机关地位的库里亚大会（全体公民大会）审议通过，表决时由氏族成员参加的 30 个库里亚各有一份投票权。到公元前 6 世纪，在数量上已占优势且构成战时主要兵员的氏族贫民和平民起而反抗压迫，加之一部分因经商而致富的平民也强烈反对贵族特权，迫使统治者不得不通过让步性质的改革来缓和阶级矛盾。改革的内容主要是将罗马人按照财产划分为五个有产等级和无产者，有产者按照财产等级服兵役；用规定有等级差别表决权的“森都里亚”大会，代替氏族成员平权的“库里亚大会”作为贵族和平民共同参加的民众大会；以按地区划分居民管辖的制度，代替以血缘为基础的氏族、胞族、部落；奴隶和无产者没有公民权，也不得有武装。公元前 510 年，罗马借助于旨在反抗塔克文暴政的起义之机废除了王政，由森都里亚大会每年选举出两名只能由第一等级担任的行政长官（后改名为执政官）治理罗马，任期一年，可以连选连任，由此正式进入实行混合型公共经济体制的共和国时期。

---

① 这次大瘟疫使雅典“人口死去近一半，连伯里克利也罹疾而死”。——斯塔夫里阿诺斯：全球通史——从史前到 21 世纪［M］. 吴象婴等译，北京大学出版社，2006：106.

罗马共和国混合型公共经济体制下的治理责权配置呈以下格局：

（1）主要由离职的高级官吏组成的元老院实际掌握国家最高权力，对国家的内政、外交等一切重大问题做出裁决，负责召集民众大会并决定民众大会提案、认可民众大会通过的法律和国家高级官吏候选人，管理国家财政和国库、编制政府预算、决定并监督税收、决定货币政策与制造等，掌握任免军事将领、军事预算、兵员征集、军功奖励等最高军事领导权，通过组织特别审判法庭掌握最高司法权力，甚至祭司的最高监督权力也归属于它。

（2）以贵族和平民共同参加的民众大会为正式的立法机关，其中仍保留名义的库里亚大会以投票方式通过授权法，将管理国家的最高权力授予由森都里亚大会选出的高级官吏；森都里亚大会在形式上享有广泛的立法权，有权选举产生包括执政官、监察官、行政长官、高级营造官等在内的高级官吏，有权通过宣战和缔结和约的决议，有权审理一切有关剥夺被告罗马公民权的刑事案件；名为特里布斯的部落大会先是拥有仅对平民有约束力的立法权，公元前 287 年后实际上取代了森都里亚大会而成为主要立法机关，并获得对高级财务官、高级营造官、粮食监督官、路政监督官和部分军团司令官等高级官吏的选举权，有权审理一切有关判处罚金的案件和刑事案件，其平民会议则选举产生有权否决贵族做出的不利于平民的决议、命令的保民官和作为其助手的两名营造官。

（3）由元老院确定候选人、由民众大会选举产生的高级官吏被依法授予国家最高权力，其中，两名权力相等、相互制约的执政官作为国家元首和军队统帅，集行政、立法、司法、军事权力于一身，有权召集元老院会议和民众大会并担任大会主席，有权根据元老院和民众大会通过的法律、决议发布命令和指示并强制执行，有权向元老院和民众大会提出建议、提案并领导官吏选举，有权代表国家签订停战协议，有权征兵和任命部分军团司令，有权下令逮捕罪犯并对罪犯和拒不服从命令者判处死刑，有权采取措施维护国内治安和国家安全，在国家出现危机时，元老院将任命其中一名执政官担任独裁官，可以无限运用军事和行政权力加以应对；两名（后来随着行省增加而增至 16 名）行政长官分别掌握罗马和其他城市的最高司法领导权，各自负责管理罗马公民之间和各行省自由民之间的诉讼，有权任命法官并发布构成罗马法组成部分的司法指示，担任审理重大案件的审判团主席；监察官负责审查提出元老院成员名单，每五年进行一次公民财产调查并据此重新排定公民等级次序，监督管理国有财产和公共工程，监督公民的道德行为和包税商；保民官负责保护平民利益不受侵犯，有权否决除独裁官之外任何官吏的命令，甚至可以否决元老院做出的决定和向民众大会提出的建议、提案，经他们否决的命令和决定立即失效，有权对反对者采取逮捕、处罚直至处死等措施予以强制；分别由平民和贵族担任的各两名营造官负责监督维护社会治安秩序和各类公共设施，监督城市的粮食供应、市场交易和卫生状况，并拥有与其基本职责相关的司法审判权；高级财务官负责管理国库、支付政府各项开支和军饷，出售俘获物资，以及保管军旗和国家的重要档案文件，并充当执政官、行省总督和军队统帅的助手。

（4）在纵向上实行有差别的分级治理，其中，对在亚平宁半岛上就近征服的地区分别实行由罗马有表决权公民自行组织议会选举产生高级官吏进行治理的自治体制和没有罗马公民权的居民自治体制；对其他被征服地区，除了无条件投降地区的土地没为罗马公地、人民归罗马城市作为降民实行奴役式管理以外，一律作为罗马行省由中央委派拥有军事、行政和司法全权的任期制大员①实施管理，同时实行由以罗马骑士为主的包税商按一定数额向罗马国库包缴税款而后向各行省肆意征敛的包税制度。②

从上述内容可以看出，与前面两种类型相比，罗马共和国所实行的公共经济体制至少具有四点明显的特别之处：一是在公共经济决策机制层面，它因为体现了一定程度的民主性而有别于君主集权型，但与雅典的自由人民主型相比，其公共经济决策权主要掌握在由贵族组成的元老院手里，而同样属于自由民的平民阶级民众大会在公共经济决策中却始终处于弱势地位，仅仅能够通过选举保民官并由其执行法定职权，从而使本阶级利益得到一定程度的保护。二是在公共经济责权运作方面，它将贵族集团、平民集团集体行使公共经济权力与委托高级官吏个人行使公共经济权力按照一定规则结合在一起，因而表现为一种贵族共和、平民共和与高官个人临机处理决策三种因素相结合的机制。三是从国家治理机能要素配置方面，它既不像君主专制政体

---

① 此类大员起初是派行政长官担任，后来改为由任期届满的执政官担任的总督。

② 由于包税制度不仅造成税收流失，而且包税商任意横征暴敛也激化了各行省人民对罗马的反抗情绪，因此，屋大维上台执政后废除了包税制度，将征税权收归中央政府直接行使。——参见马啸原：西方政治制度史［M］．北京：高等教育出版社，2000：21－35、126.

那样将立法、行政、司法三者集于某个统治者一身，也不是将三者在不同主体间截然分开配置，而是将三者依照特定规则同时分配给元老院、民众大会和高级官吏相互交叉、相互制约地行使，从而体现出另一层面的混合。四是从根本属性特征来看，它与其他三种类型一样，同属于奴隶制私有经济基础上的公共经济体制，因而同样具有对内压迫剥削的性质和对外侵略扩张的特征。总之，它是一种在财产私有的奴隶制基础上、在特定社会结构和时代背景下形成的多因素混合型公共经济体制形式。

这种公共经济体制形式有其特定的优点：一是有利于在公共经济决策过程中使除奴隶阶级以外的其他阶级利益、意志各有表达渠道和维护手段，从而能够在很大程度上缓和私有制经济基础上不同阶级自由民之间的矛盾；二是有利于借助不同执政集团所持治理机能因素的相互交叉制衡机制，避免某一种执政集团专制性地任意行使公共经济权力造成严重的经济、社会和政治恶果。这两种优点结合在一起，使得罗马共和国治下的公共经济与民间经济在一个较长时期内形成了一种相互促进的良性循环，从而在相应的时期内维持了政治稳定、经济发展和文化繁荣。至于在实行奴隶制的古罗马为什么能够产生出这样一种公共经济体制，恩格斯以下论述对此做出了深刻解释："由于国家是从控制阶级对立的需要中产生的，由于它同时又是在这些阶级的冲突中产生的，所以，它照例是最强大的、在经济上占统治地位的阶级的国家，""但也例外地有这样的时期，那时相互斗争的各阶级达到了这样势均力敌的地步，以致国家权力作为表面上的调停人而暂时得到了对于两个阶级的某种独立性。"①

但是，因为这种公共经济体制终归是建立在私有经济基础上、以维护奴隶制并对平民阶级和殖民地人民实施剥削压迫为基本宗旨的一种阶级统治形式，所以，它既不可能消除被压迫被剥削阶级反抗剥削压迫的斗争，也不可能根除各个政治集团之间争权夺利的火并。因此，存续了近 480 年的罗马共和国终于在奴隶不断起义的沉重打击和政治寡头之间的残酷内斗中被雄才大略的屋大维以不具皇帝之名的独裁统治型帝国所取代。

---

① 恩格斯：家庭、私有制和国家的起源［A］. 马克思恩格斯选集第 4 卷［C］. 北京：人民出版社，1995：172.

3. 君主集权型公共经济体制

前面已经提及，君主集权或君主专制是由奴隶制、封建制公共经济生产关系所决定的典型、惯常或者说是主流的公共经济体制形式。之所以这样说，就历史事实而论，一方面，这种公共经济体制形式在亚洲、非洲、美洲、欧洲不同时期存在过的奴隶制和封建制国家具有较强的普遍性，即大多数奴隶制、封建制国家始终采取这种公共经济体制形式；另一方面，即使像曾经一度实行自由人民主型和混合型公共经济体制的古希腊、古罗马，不仅它们在进入奴隶社会之初都曾在一定时期内实行君主集权型公共经济体制，而且在实行过一段民主型和混合型公共经济体制之后，最终又都归宿于君主集权型公共经济体制这种主流或典型的体制形式轨道上来。因此可以说，实行君主集权型公共经济体制是由奴隶制、封建制基本生产方式的本质所决定的历史宿命。

所谓集权和专制，是指君主不仅在横向上将构成国家政权组织形式的三要素——议事、执行和审判或曰立法、行政、司法权力集于一身，而且在作为纵向权力安排方式的国家结构形式方面也独揽大权。

首先，从君主集权型公共经济体制的横向维度责权配置来看，遍阅数以千年计的外国奴隶社会、封建社会历史，在所有真正的君主制国家中，除去君主昏庸、幼弱而致权臣当道或藩镇军阀干政（如日本幕府挟天皇令诸侯）的特殊时期和中世纪欧洲民族国家以外，几乎没有一个君主不是集立法、行政、司法、军事、外交大权于一身，既任国家元首、军队统帅，又是最高法官和最高检察官。在这种君主专制之下，所有臣僚都不过是受雇听命于君主的雇员和奴仆，国家各部门也只是按照工作分工专事某一种国家职能的工具，一切法律、制度、政策和公共物品的生产提供完全服从于君主的意志。这是外国奴隶制、封建制国家君主专制公共经济体制横向责权配置结构的常态，御前会议成员仅仅是君主专制性决策的参谋咨询对象而已，最后决策总是定于专制君主一尊，无论君主的最终决策如何悖于理性，所有臣僚都无可奈何。既然国家最高层级公共经济权力配置结构如此，那么，这时的公共经济绩效也就几乎完全取决于君主本身的德才素质条件。如果独揽最高治权的是一位德才优秀、胸怀大略、精力充沛的君主并且在位时间较长，那么，他将使一个国家出现治理较为理性、治绩较为优良的盛世景象，即能够在一定程度上做到政治清明、选贤任能、政风优良、体制完善、法纪严明、宽严有度、军威整肃、国防安全、思想活跃、文化繁荣、社会和谐有序、各业兴旺发达、人民安居乐业等。例如，古波斯第一帝国时期的居鲁士大帝和大流士一世都曾以较高的德才素质和理性的政治谋略使古波斯帝国一度出现了统一、稳定而又繁荣的盛世局面。其中，居鲁士大帝（约前550年—前530年在位）主要以出色的军事才能开创了古波斯帝国宏大版图，以较为理性的行政体制实现了政治安定、促进了经济发展，以开明的民族、宗教宽容政策获得了被征服民族的拥护并融合了各征服地区的文明；而大流士一世（前521—前486年在位）则通过推行包括政治、法律军事、经济在内的系统性改革，[①] 建立起比较完善的中央集权制度，并通过开凿尼罗河—红海间的运河、修建四通八达的御道和大型水库等措施提供一系列有形的公共物品，促进了农业、商业和跨国贸易发展，有效地巩固了波斯帝国对征服地区的统治，客观上促进了整个波斯帝国范围内的经济文化交流和落后地区的发展，使古波斯最终成为世界历史上第一个横跨亚、非和欧三大洲的宏大帝国。再如，罗马帝国的创建者屋大维在担任元首41年间（前27—14年），面对矛盾重重、波诡云谲的复杂局势，着眼于构建保证罗马帝国长治久安的公共经济体制，以缜密的思维、深远的目光和高超的策略，通过有理有节、步步为营、稳扎稳打的措施，在不改变既有的共和制度和避免罗马发生内战的前提下，巧妙地调整了元老院的权力机构，将政治、军事、司法和宗教权集中于由其自创自任的荣誉职位“奥古斯都”手中，运用以共和国之名、行君主集权之实的偷梁换柱之计，不仅恢复了罗马政局稳定和全国和平，而且通过建立交通部、修建交通网、完善娱乐性公共设施、整饬社会风气等多种途径促进了经济贸易发展和文学艺术繁荣。古印度、埃及、斯巴达、迦太基和中世纪俄罗斯等其他国度在开明贤能君主当政期间实现可观良治的情况还有很多，这里不再详细列举。不过，总体说来，在奴隶制、封建制所有专制君王中，才德十分优秀、治功颇值称道者占比很小，而平庸、昏聩、暴虐无道者却数不胜数，罗马帝国时期以荒淫无道著称的尼禄和同样荒淫挥霍且以“我死后哪管他洪水滔天”这句名言为众所周知的路易十五可谓其中两个典型代表。

其次，就君主集权型公共经济体制纵向维度责权配置考察，虽然总体特

---

① 其中政治改革主要是“大一统、小自治”的纵向行政体制、给各辖区一定的行政自由，法律改革包括构建具有包容性的法制和分级司法审判体制，军事改革包括将地方军事权与行政权分开和建立强有力的海军，经济改革包括实行既统一又灵活的赋税制度、统一全国货币和度量衡等。

征都是中央集权，但在不同时期、不同国度中央集权的程度和形式则是各种各样的，地方各级或多或少地都有一定自主权。例如古波斯，从公元前 6 世纪居鲁士创建帝国起就开始对被征服地区实行“大一统、小自治”体制，大流士一世于公元前 5 世纪进一步将全国分成 20 多个行省，行省总督由皇帝直接任命、由波斯贵族担任，但非波斯的本地贵族也可担任要务，各被征服地区在承认波斯皇帝最高统治权的基础上享有一定程度的独立性。再如古罗马，从公元前 3 世纪下半叶起，罗马共和国也在被征服地区实行行省制，随着行省数目不断增加，包括官制、土地、赋税、交通乃至意识形态等在内的各项地方制度从无到有逐步定型和完善；共和末，恺撒执政时期推进行省管理制度改革，扩大行省公民权的授予范围，整饬行省吏治，实施自治市法、给行省城市以自治权；在中央和地方之间责权划分方面，罗马国家除控制行省的官吏任免、对外防务并从地方取得赋税外，各行省以总督为核心的政权拥有充分的地方立法、行政和司法治权，部分行省总督还掌握军事权，从而形成了中央适当集权、地方也拥有较大自治权力的基本格局，以致罗马中央政权能够在较长时间内对各被征服地区实行有效的治理，开了西方国家地方制度的先河。

4. 中世纪欧洲封建社会的公共经济体制形式

西罗马帝国崩溃后，欧洲各国进入以农奴制为基础的封建社会，处于原始社会末期阶段仍保留原始民主制习惯的日耳曼人等游牧部落通过一系列战争占领了原作为罗马帝国行省的不列颠群岛和西欧，形成了一个个领土范围相对较小的君主制国家。各大部落最高军事首领做了君主以后，为了实现统治，则将所属领土作为战争胜利果实依照爵位等级分封给自己的亲族、亲信、亲兵以及主教，使之成为诸侯式的贵族领主；诸侯式的贵族领主再将各自获得的附有农奴和佃农身份劳动力的世袭领地或无权世袭的采邑，进一步分封给随其征战的属下亲兵，由此形成大小不等的庄园。这种由多层次分封而形成的以国王为尖顶、以单甲骑士为基层的等级制经济社会结构，其源头可追溯到古罗马保护人制度和法兰克军事封建过程，到 10—11 世纪的法国达到鼎盛，而后几乎遍及欧洲各国。在这种国度内，自然就形成了一种由氏族民主制与封建制相互混合而成的公共经济体制形式。

这种公共经济体制形式的主要内容包括：（1）在横向维度上，国王拥有决定法律、制度、政策、军事、外交和机构设置、官吏任命、财务资源配置等决定权，但要受到世俗贵族和宗教贵族的制约、监督。因为按照遗留下来的氏族民主制习惯，王国的一切重大事务须由君主与确定为御前会议成员的教俗贵族共同商议决定。（2）在纵向维度上，呈现为一种中央弱集权的权力配置结构形式。依照逻辑，君主作为元首连同由自己的贵族属僚和主教所构成的机构处于各个国家的中央，拥有统领整个国家的责任和权力，能够对整个国家发挥统领职能。与此同时，各级封臣在领有封地或采邑的同时也获得了在所辖区域内实施地方治理权的地位。[①] 在这种相互关系中，一方面，封建领主作为封臣对封君有服兵役、纳贡赋和其他义务；另一方面，作为隶属于中央政权的不同层级地方机构首长，从逻辑上也负有服从中央领导的义务。然而，从实际来看，国家的公共经济权力已经连同领地被分散到各级封臣手中，特别是像公爵伯爵等高级贵族在自己的领地上实际上拥有近乎独立王国的治权，可以自行征集军队、组织司法审判、管理行政和财政，甚至拥有宣战、媾和等主权级权能。在这种情况下，国王作为全国最大的土地所有者和最高统治者实际拥有的权力，主要是在面临内外战争时，有权征召封臣带着武装部队连同装备给养开赴指定地点作战，并指挥这些临时组织起来的军队来保卫自己或实现某种战争目标，除此之外，他们基本上没有能力干预自己分封的陪臣领地或采邑内部的事务，从而也就不可能成为基于纵向集权而高高在上的专制君主。当然，这是中世纪欧洲各国初期具有一定普遍性的公共经济体制形式，后来随着时间推移、形势变化，君主集权倾向在横向和纵向两个维度上都有所加强，其公共经济体制形式逐渐向君主集权制接近。[②] 不过，这种国家治权的配置结构，在各个国度和不同时期又不尽相同。其中，德国先是在帝国名义下各诸侯各自为政，而普鲁士则通过强力征服而完成全国统一之后，一跃成为君主集权制色彩最强的国家，由此而致德国资本主义生产方式和资产阶级民主公共经济体制的进程相对迟缓。

存在于欧洲中世纪的上述这种公共经济体制形式，显然与奴隶制时代或其他地区封建国家的君主集权制有着很大差别。正因如此，它为资产阶级民

---

① 墨洛温时代，国王地方政府明确地托付给被分封为贵族的郡守（Counts），使后者拥有司法、财政、行政、军事等政治权力。

② 盎格鲁一撒克逊国王们统治下的英格兰，为应对维京人9世纪和10世纪的侵略和占领，从大约840年到1066年逐渐建成了更为集权化的政体。到15世纪和16世纪，欧洲多数国家王室的政治权力得到加强和统一。

主制公共经济体制的产生创造了较为有利的条件。据此，可以顺理成章地解释为什么现代资本主义生产方式及其资产阶级民主型公共经济体制形式能够在欧洲最先产生和发展。

五、奴隶制、封建制社会形态下公共经济财务资源的筹集和管理

不像原始社会中公共经济与获取基本生活资料的生产活动结合在一起那样，奴隶制、封建制社会形态下的公共经济从生产基本生活资料的民间经济中脱离出来变为社会中专门负责提供和生产公共物品的公共经济部门。随着公共经济活动范围由小到大逐步扩展，公共经济部门由简而繁、公职人员由少到多，致使用以提供和生产公共物品的经济资源不仅要通过特定渠道筹集、由特定部门、采取特定方式加以管理，而且筹集规模、形式、渠道等日趋多样化和复杂化。

（一）奴隶制、封建制时代公共经济财务资源的筹集形式和渠道

在不同的经济基础和社会结构之下，公共经济财务资源的筹集形式、渠道有着明显差别。在分封制的奴隶社会、封建社会和存在诸侯国、殖民地的帝国，公共经济财务资源的筹集形式和渠道主要有以下七种：

1. 王田或公有地收入

来自王田或公有地的收入是罗马帝国、中世纪欧洲君主国筹集公共财务资源的主要渠道。因为这些国家通过接连不断的战争占用了大量土地，除分封给作为陪臣的教俗贵族之外，王室都还保留着很大一部分。在起初很长一段时期内，除了那些通过征服而拥有海外领土和属邦的帝国能够以贡赋作为主要的或补充的收入来源外，君主制国家或非君主制政府（如古希腊、古罗马）主要依靠来自国有土地的各种收入维持王国皇族生活和行使公共职能对财务资源的需要。王田或公有地收入主要有三种：一是采取奴隶或农奴无偿耕作王田或公有土地的方式，将土地收获物作为公共财务资源完全归于王室和国库。二是将王田或公有土地分割成份地分给农奴耕种，收获物由农奴按照规定数额或比例上缴王室或国库。三是在取消农奴制以后，王室雇用自由农民耕种，收获物扣除雇用报酬后的剩余部分留作王室或政府的公共财务资源，或者将土地出租给农民耕种，由农民以实物或货币地租方式缴纳给王室或政府形成公共财务资源。例如，古罗马曾将多数行省的土地、资源等宣布为国有财产，由国家经营、转让或出租，其收入作为公共财务资源收归国库。

2. 税收

税收是奴隶制、封建制国家筹集公共财务资源的另一种主要形式。恩格斯指出：“国家的本质特征，是和人民大众分离的公共权力……为了维持这种公共权力，就需要公民缴纳费用——捐税。捐税是以前的氏族社会完全没有的。”① 世界上古代文明国家都曾独立地发展出各自以土地和人丁为主、以商品交换为辅课征税收的制度。例如，古埃及不仅对国内买卖和进出口商品征税，而且对农产品生产者的课税比率高达 20%；雅典城邦在战争期间则要对全体公民征收战争税。再如，古罗马不仅有关税、消费税、营业税，还开始征收遗产继承税；对意大利本土之外的各行省，元老院要逐一核定其应缴纳税收的数量，先是由包税商负责征收上缴国库，直到共和末期，恺撒才下令改由元老院委派财务官直接组织征税。

在中世纪欧洲各君主国，国王必须像其他封建主一样，以其全国最高领主身份所获得的收入维持王室生活消费和国家日常行政开支。国王虽然在特殊情况下有权基于公共利益运用国家权力向臣民征收税款一类的非封建性收入，但必须征得纳税人同意才能实施。不过，因为基于各种内乱外患的战争接连不断地发生，国王总是能够找到征税的理由。由于实行土地分封制，征收以土地为课征依据的封建税已经行不通，于是，国王便将征税标的物转向动产和收入方面，从而导致税收结构由以土地和人丁为基础向以财产和收入为基础的转变。总的趋势是税种不断增加、税负逐渐提高。以法国和英国为例，剔除通胀的影响，1715—1785 年期间，法国纳税人的人均纳税额增加 32%，英国人均纳税额增加 44%；1715—1790 年间，法国税收占人均收入的比重先是从 12% 上升至 1735 的 17%，到 1790 年又回落到 11%，而英国的这一比重则从基期的 16% 一路增至 24%。

由于征税不仅是对私有财产的侵占，而且对中世纪晚期以来的法国教俗贵族而言还侵犯了他们原来长期享有的免税特权。因此，国王不断加重征税成为封建君主不断激化与作为其陪臣的各级贵族和追求资本增值的资产阶级之间斗争的主要因素。

---

① 恩格斯：家庭私有制和国家的起源［A］．马克思恩格斯选集第 4 卷［C］．北京：人民出版社，1995：116、171.

3. 徭役

徭役是奴隶制、封建制国家以无偿劳动形式获取的公共财务资源，包括军役和夫役两个具体种类。古代埃及用作法老陵墓的金字塔、玛雅王国用作大型祭祀活动场所的金字塔、波斯的御道和水库、雅典城邦的神庙和公共剧院，以及古罗马四通八达的国道、各种斗兽场、竞技场和城市供水渠道等宏伟建筑，大多是运用夫役这种公共财务资源修建而成的。中世纪欧洲封建制度下的徭役则主要是国王在进行国内外战争时由作为其封臣的封建领主无偿提供的军役。

4. 贡赋

贡赋通常是封建帝国或殖民帝国向其附属国或殖民地征收公共财务资源的主要形式，也包括封建制下封臣按照契约规定将封地或采邑上产出的一部分产品或财富贡献给国王或公侯伯爵级的大贵族。例如，公元前 521 年至前 485 年在位的古波斯帝国阿契美尼德王朝君主大流士一世把征战得来的广大国土划分为大约 20 个省区，明文确定各省的贡赋数目，并委派财务官负责收取。再如，在古希腊，公元前 480 年萨拉米战役后，提洛同盟各城邦逐渐沦为雅典的从属，大部分城邦向雅典缴纳的贡金不仅支持了雅典政府的日常运作，也为伯里克利领导下的雅典大规模城市建设提供了资金。又如，中世纪英国国王每年从全国各地征收的郡包租、特别协助金、继承金等同样属于贡赋性质，而查理曼（768—814 年在位）统治的法兰克王国也有相当可观数量的财富来源于凭借军事优势获得的贡赋。

5. 特许权使用费

在欧洲封建时代，各君主制国家经常以一次性或按年度缴纳相应费用为条件，采取颁发特许状方式授予特定公司或个人在许多经济社会领域垄断性地经营某种营利性或公益性事业活动的特殊权利。例如，1600 年英国女王伊丽莎白一世授予英国东印度公司以贸易特许权；两年后，荷兰东印度公司获得国王特许开展对亚洲的贸易；1664 年，路易十四向法国东印度公司颁发特许状，授予该公司在好望角以东地区开展贸易的独占权利，同时赋予其展开相关外交活动乃至宣战、媾和的公共权力；此后，丹麦也经国王特许成立了亚洲公司经营贸易。获得特许经营权的公司或个人，特别是在营利性领域进行特许经营的主体一次性或连续性地向政府支付的费用，就是特许权使用费。

6. 卖官鬻爵收入

国外以出售官爵作为一种财政收入来源的情况，主要存在于中世纪的法国。早在十三世纪法国就已开始出现独具特色的捐官制。为增加财政收入，自弗朗索瓦一世（1515—1547 年在位）起，捐官制逐渐取得合法地位，1523 年正式成立了一个专门机构负责出售官职，并且所出售官职可以世袭。① 胡格诺战争（1562—1598 年）期间，法国不仅将其作为一种借以支撑国家职能运行的敛财手段，而且作为向资产阶级开放一部分政治权利的策略来运用。到 1778 年，国家的司法、行政和财政机构的可买官职不下 5.1 万个。这时，卖官鬻爵不仅是法国财政的一项重要来源，而且成为国王向官职持有人强行借款或以捐官团体为中介借款的重要依托。②

7. 发行期票、公债

由于惯常性的财政收入不可能及时提供战争经费或其他紧急开支，而战争几乎是中世纪欧洲国家面临的常态，因此，各种形式的政府借贷便成为保证战争类财政支出的应急措施。一如恩格斯所说："随着文明时代的向前发展。甚至捐税也不够了；国家就发行期票，借债，即发行公债。"③

在中世纪欧洲各国中，法国和英国是通过借债维持公共财务运转的两个典型国家。自弗朗索瓦一世开始，通过各种途径借贷逐步成为国王获取收入的惯用手段。政府借贷的途径和方式多种多样，既包括从商人银行家获得短期借款，也包括以王室常规收入作为支付年金利息的担保向官员或市镇强迫借入长期信贷，而由中间团体代为发行的不同期限的公共债券也种类繁多。短期借贷多采取由间接税包税人或负责征管直接税的财政机构捐官预付一笔款项，以指定的近期税收收入偿还的方式实施。以期票式年金方式发行长期公债始于 1522 年，多采用由巴黎或地方市政府、省三级会议发行永续年金和终身年金或者由总包税署发行债券、教士大会承保借款等方式。在大革命前的 18 世纪大部分时间里，尽管法国王室的实际税收收入有所提高，但耗财耗力的战争却依然主要依靠借贷来支撑。在奥地利王位继承战争期间（1740—1748 年），法国王室借贷收入在财政收入增量中占比尚未超过 35%，而后这

---

① 马啸原：西方政治制度史［M］．北京：高等教育出版社，2000：74－75.

② 熊芳芳：再论法国大革命的财政起源［J］．史学月刊，2018（11）．

③ 恩格斯：家庭私有制和国家的起源［A］．马克思恩格斯选集第 4 卷［C］．北京：人民出版社，1995：116、171.

一比重扶摇直上：在英国进行的七年战争（1756—1763 年）中法国大约花费了 13 亿锂，支持北美独立战争（1778—1783 年）过程中法国大约投入了 10 亿—13 亿锂，在这两个时段，来自借贷等特别收入在法国财政收入总额中的占比已分别达到 71% 和 67%。接连不断的战争造成的巨额支出致使法国政府财政经常处于破产边缘，为了弥补巨大的财政收支缺口，除了提高农民税收外，主要依赖各种类型的借债。为了偿付到期债款和利息，不得不举借新债，由此愈来愈深地陷入债务深渊和财政恶性循环，以致法国相继于 1716 年、1722 年、1759 年、1770 年多次爆发财政危机，不得不采取部分破产的方式（主要是将短期债务强行转为长期债务、降低利息支付）缓解财政压力，直至试图通过财税改革缓解 1788 年财政危机而最终引爆大革命，最终导致法国封建王朝被推翻、国王路易十六被送上断头台。

这一时期英国财政同样是债台高筑。英国参与奥地利王位继承战争 85% 的费用、与法国进行七年战争 81% 的费用以及北美独立战争 100% 的费用，都是议会通过借贷方式支付的。1782 年，英国债务累计 2.3 亿英镑，高达 900 万英镑的债务利息支付占到年度预算的 7%。1788 年英国政府债务占本国 GNP 的比例高达 182%，远超过法国的 55.6%。英国政府之所以没有像法国政府那样被巨额债务及其利息支付压垮，主要得益于自“光荣革命”后英国议会逐步取得对财政事务的控制权，能够通过改革税收和信贷体制建立起一套以英格兰银行为中心的良性公共信贷机制，使得政府能够有效地将高成本的短期借贷转化为较低成本的长期借贷，从而缓冲债务压力、维系财政正常运转。①

以上七种公共财务资源筹集渠道和形式，虽然共同构成奴隶制、封建制公共经济财务资源，但它们之间却有着明显的属性差别。其中，王田或公有地收入和贡赋、徭役、特许权使用费、卖官鬻爵收入属于一类，它们都建基于农耕文明基础上的统治阶级特权，从财务资源这个特定角度反映了奴隶制、封建制基本生产方式和公共经济落后性。与此不同，税收和公债属于另一种属性的公共财务收入。税收不是靠某一集团的强权或特权从

---

① 据有关资料，1776 年之后，法国王室借贷的 24% -41% 都来自日内瓦和荷兰的银行家，而 1777 -1788 年间法国经由日内瓦和荷兰银行家发行的终身年金利率高达 8% -10%，以致 18 世纪 80 年代法国政府债务平均利率约为 7.5%，几近于英国（3.8%）的两倍。——熊芳芳：再论法国大革命的财政起源［J］. 史学月刊，2018（11）.

特殊人群获取，而是依据公共权力向所有臣民普遍征收，而且课征的规范程度相对较高，因此，与前者相比较，后者显然更加符合国家作为公共权力受托人从公共利益出发向社会成员提供公共物品的本质属性。公债作为平衡公共财务收支缺口和调节经济周期的手段，虽非不可避免，但从理论上说不可或缺，并且最终要靠税收来偿还。因此，这两种公共经济财务资源筹集渠道和形式相对公共经济本质属性而言更具普遍意义。正因如此，奴隶制、封建制公共经济财务资源筹集渠道和形式的演进，大体上呈现出在国家财政收入总额中前一类收入比重逐步降低而后一类比重不断提高的历史趋势。如果从组织财务资源方式角度划分国家形态特征，那么，国家自产生以来，其发展历程表现为从贡赋国家经由领地国家发展到赋税为主、公债为辅国家的演进趋势。

（二）奴隶制、封建制时代公共财务资源的配置和监管机制

奴隶制、封建制社会公共财务资源的配置和监管机制在不同的历史时期和不同的公共经济体制下有着很大差别。

在实行民主制的古代雅典城邦，公共财务资源主要配置于满足社会公共需要的各种公共物品提供领域，当然也包括用于海上争霸和对外征服的战争，但公民对公共财务资源配置和使用过程的民主监督机制是相对完善的，并且已经有了对公共经济活动和公职人员进行绩效考核的机制。罗马共和国，财政管理直接隶属于由几百个贵族组成的元老院，公共财务资源配置决策权不是由少数人专断，因此，通过公共财务资源配置为社会提供了很多满足公共需要的公共物品，这在前面已经提及；弊端主要表现在很长时期内对海外行省的税收由以骑士为主的包税商执行，而包税商则借机对行省人民敲诈勒索。

在君主集权制的公共经济体制下，公共财务资源配置权自然掌握在君主、宰相手中，公共财务资源主要用于满足以君主家族集团和整个统治阶级的公共需要。其公共属性主要表现在，统治者从培植可持续财源、缓和阶级矛盾以维持其统治地位出发，不得不将财务资源或多或少地用于维护公共治安秩序、防御外对侵略和修筑道路、运河、灌溉系统乃至发展教育、科学、文化等普惠性公共领域。与此同时，为了尽可能管理和使用好公共财务资源，所有君主集权制国家都自发地依照分工原理在各级政府中设置财政部门专司公共财务资源筹集、配置和管理事务，并且建立起一整套对公共财务资源运行

自上而下实施监督的机制。

在中世纪欧洲各国，王室及其封臣利用封建特权获取各种收入并任意运用由此形成的财政资金，但君主凭借公共权力课征税收则要受到纳税的各级公民阶级制约。这种制约主要通过这些民族国家在原始社会时期形成的氏族民主传统的各种名目的议会（如英国早期的贤人会议、等级议会和法国的三级会议）发挥作用，直至封建社会晚期发展到由选举产生的国民议会牢牢地掌握了征税权，并将王室财务与国家财政逐步分开，进而控制整个公共财务资源配置权和总览财政收支的预算管理权，致使赋税国家进一步迈入财政国家新阶段。

（三）将财政税收作为国家实现公共经济政策的手段

财政和税收固然是作为提供公共物品而筹集、配置和监管财务资源的手段产生的，但它一旦产生就会派生出新的功能，其中最重要的是用于实现某些特定的公共经济政策。对此，恩格斯指出："国家就是通过保护关税、自由贸易、好的或坏的财政制度发生作用的。"① 这种新的功能和作用主要包括：1. 通过差别性的国内税收负担政策、关税政策或财政支出政策支持促进某些产业发展。例如在15—18世纪重商主义时代，英国、法国、西班牙、荷兰等欧洲国家为实现富国强兵目标，就曾使用过关税保护政策和财政奖励政策。2. 通过税收优惠待遇给予某些阶级、阶层以特权和尊荣，以笼络他们支持王族的封建统治。例如，中世纪法国就曾在很长时期内给予教俗贵族阶级以税收豁免特权。3. 通过公共财务资源的倾斜性配置促进某些社会事业发展或实现社会正义。例如，1601年英国颁布实施《济贫法》，以基层教区为单位征收济贫税用来救济生活无着的贫困居民；1789年革命前的20年里法国政府为促进经济社会繁荣，也曾采取发放救济金和奖励、扩大公共工程等措施。4. 借助于税收和财政资源配置加强军事优势，实现扩大版图、称霸一方或到海外殖民等政治目标，这在奴隶制、封建制国家可以说是司空见惯的做法。

六、奴隶制、封建制社会形态下公共经济的历史作用

奴隶制、封建制是原始氏族公社制度解体后代之而起的财产私有社会制度，尽管它们建立在阶级奴役、阶级剥削、阶级压迫基础上。这种剥削压迫

---

① 恩格斯：致瓦·博尔吉乌斯［A］．马克思恩格斯选集第4卷［C］．北京：人民出版社，1995：732.

时常表现得非常残酷，从而被后来人所诅咒，但由于它的产生毕竟既具有必然性又具有客观意义上的进步性，所以这两种社会制度下的公共经济对人类社会发展发挥了既有促进又有阻碍的二重历史作用。这种历史作用的二重性，直接基源于奴隶制、封建制社会形态下公共经济职能本身内在着阶级性和公共性这样两重性质。对此，恩格斯指出：一方面，“由于国家是从控制阶级对立的需要中产生的，由于它同时又是在这些阶级的冲突中产生的，所以，它照例是最强大的、在经济上占统治地位的阶级的国家，”因此它必然具有阶级压迫职能：“用暴力对付被统治阶级，维持统治阶级的生活条件和统治条件”；另一方面，它又具有作为“一切政治权力”存在基础的“社会公共职能”，“政治统治只有在它执行了它的这种社会职能时才能继续下去。”①

奴隶制、封建制社会形态下公共经济以其二重职能对人类社会发展所起的两重历史作用，具体表现在：一方面它对社会生产力起着阻碍性、破坏性的消极作用，包括居统治地位的“特权阶级”“把越来越沉重的劳动负担加到劳动群众肩上”，将由劳动阶级剩余产品形成的“社会生产基金和后备基金”独占为自己的“财产”，并据此把持“政治上的统治权和精神上的指导权”，垄断“公共事务——劳动管理、国家事务、法律事务、艺术、科学等”②，以强制性的法律维护奴隶制、农奴制，残酷镇压乃至血腥屠杀在国内举行反抗起义的人民群众和国外不甘屈服投降的被征服民族；出于统治阶级无休止地扩张自身私利和统治者昏庸无能、暴虐无道，在吏治方面任人唯亲、卖官鬻爵、用佞弃贤，制定实施错误的公共经济政策，激化国内阶级矛盾、民族矛盾、宗教冲突而导致动乱，频繁发动对外征服战争，破坏经济社会文化正常发展所需的政治社会稳定条件；国家大量供养冗兵冗员、国王滥行赏赐、宫廷日常生活奢华挥霍，并且不惜耗费巨资修筑皇家宫殿、陵墓、苑囿等，极大地浪费了社会资财。另一方面，它对经济发展、社会进步、文化繁荣也起到多种保护和促进作用，主要包括：作为“凌驾于社会之上的力量”，运用制度、法律、政策和意识形态等各种公共物品，努力缓和经济利益相互矛盾的阶级之间的冲突，“把冲突保持在‘秩序’的范围以内，不致在无谓的斗争中

---

① 恩格斯：反杜林论［A］．马克思恩格斯选集第3卷［C］．北京：人民出版社，1995：491、523、526.

② 恩格斯：反杜林论［A］．马克思恩格斯选集第3卷［C］．北京：人民出版社，1995：525、538.

把自己和社会消灭”①；用强制性的公共权力维护作为“社会产品生产、分配和交换的共同规则”的法律秩序，约束“个人服从生产和交换的共同条件”,② 保证社会再生产正常运行；修建道路、桥梁、港口、水利灌溉系统等社会生产正常进行所不可缺少的基础设施；支持、鼓励或出资兴办教育、科研、文化、卫生乃至济贫事业，以尚属科学的思想文化促进经济发展和社会进步；通过正义战争实现民族独立、国家统一，消除地方割据、破除内部管卡、统一货币和度量衡制度③，对工商业实行保护政策④，以此促进国内统一市场形成和农工商业繁荣；通过理性的外交、外贸和关税政策，建立睦邻友好关系，维持并促进正常的国际通商往来，以扩大国际经济文化交流的各项措施促进经济科技发展和社会进步。

奴隶制、封建制社会形态中公共经济的二重历史作用是依托掌握在统治阶级手中的政治权力行使的，因而它具体地表现为政治权力的两种不同作用方向。对此，恩格斯指出：“政治权力在对社会独立起来并且从公仆变为主人以后，可以朝两个方向起作用。或者按照合乎规律的经济发展的精神和方向去起作用，在这种情况下，它和经济发展之间没有任何冲突，经济发展加快速度。或者违反经济发展而起作用。”政治权力这两种方向相反的作用，既时常表现于同一时期的不同国家，也经常表现在同一国家的不同时期。当表现于同一时期的不同国家时，那些使政治权力沿着正确方向起作用的国家就会出现经济较快发展、社会稳定进步、思想文化繁荣活跃的盛世局面；相反，那些使政治权力沿着错误方向起作用的国家则必然产生经济萎缩凋敝、社会动乱倒退、思想文化僵化凋零的后果。而当出现在同一国家不同时期时，则表现为在政治权力沿着正确方向起作用的阶段，

---

① 恩格斯：家庭、私有制和国家的起源［A］．马克思恩格斯选集第4卷［C］．北京：人民出版社，1995：170.

② 恩格斯：再论蒲鲁东和住宅问题［A］．马克思恩格斯选集第3卷［C］．北京：人民出版社，1995：211.

③ 对此，马克思曾指出：“在欧洲其他大国里，君主专制是作为文明中心、社会统一的基础出现的。”——马克思恩格斯全集第10卷［M］．北京：人民出版社，1962：462.

④ 马克思指出：“君主专制从前保护过工商业，同时以此鼓励过资产阶级上升，并且还曾经把工商业看做作国家富强、使自己显赫的必要条件。”——马克思恩格斯全集第1卷［C］．北京：人民出版社，1962：181.

国家就会出现经济较快发展、社会稳定进步、思想文化繁荣活跃的盛世；相反，在政治权力沿着错误方向起作用的阶段，国家就会陷入经济萎缩凋敝、社会动乱倒退、思想文化僵化凋零的崩溃衰微景象。“在这种情况下，除少数例外，它照例总是在经济发展的压力下陷于崩溃。如果撇开征服的情况不谈，当某一个国家内部的国家政权同它的经济发展处于对立地位的时候——直到现在，几乎一切政治权力在一切发展阶段上都是这样——斗争每次总是以政治权力被推翻而告终。”①

对于封建社会后期君主专制政权在不同阶段对资本主义工商业分别发挥积极促进和明显阻碍作用的情况，马克思曾精辟地指出：“如果说君主专制从前保护过工商业，同时以此鼓励过资产阶级上升，并且还曾经把工商业看作使国家富强、使自己显赫的必要条件，那么现在君主专制到处成了工商业（它们正在成为已经很强大的资产阶级手中日益可怕的武器）发展道路上的障碍。”② 正是由于西方君主专制政权在重商主义时期实行了一系列促进工商业发展的公共经济政策，因此，那时作为民族国家的君主制政府显得生气勃勃，很有力量；也正是因为后来专制君主政权转而实行阻碍工商业发展的公共经济政策，所以，君主专制制度或顽固坚持封建专制制度的君主被资产阶级革命所推翻，甚至像英王查理一世和法王路易十六那样被送上断头台。

纵观跨越奴隶制、封建制公共经济演进过程，我们可以发现，如同原始社会末期社会成员推举产生的公共经济领导者将受托公共权力把持起来由自家世袭，并凭借这种权力反过来压迫剥削作为委托方的人民大众，从而用君主专制型公共经济制度埋藏了氏族公社的民主型公共经济制度一样，在封建社会末期由专制君主政权扶植起来的资本主义经济及其人格化的资产阶级，也通过一系列革命措施将君主专制的公共经济制度送进了历史博物馆。这就是人类社会几千年公共经济实践的历史辩证法。

第三节　国外资本主义时代的公共经济

以资本和雇佣劳动为核心内容的资本主义生产关系是从农奴制封建社会

① 恩格斯：反杜林论［A］．马克思恩格斯选集第3卷［C］．北京：人民出版社，1995：526－527.

② 马克思恩格斯全集第1卷［M］．北京：人民出版社，1962：181.

中孕育出来的，经历上百年的成长过程才在整个社会经济中占据主体地位。在资本主义生产关系中处于主导地位的资产阶级经过与封建主阶级长时期的斗争取得了政治统治权，从而在国家政治生活中发挥支配性作用。鉴于公共经济的性质与在国家政治生活中处于主导地位的社会阶级之间的本质联系，我们这里以每个国家资产阶级取得并保持统治地位作为界定资本主义时代公共经济的起讫时间节点。依据这种界定方法，资本主义时代公共经济的产生和存续时间点在各个国家之间是不同的，每个国家的资本主义时代公共经济都有各自特定和具体的起讫时间节点，因而对整个世界而言不可能有一个用以判别资本主义时代公共经济产生起点和存续终点的统一年份。① 虽然如此，各个国家的资本主义时代公共经济却都显示出一系列带有普遍性的共同性质和特征。

一、国外资本主义时代公共经济生产关系的基本内容和发展变化

从一些规模较大的共同体来看，资本主义时代公共经济最早产生于同为近代第一次工业革命和资产阶级民主制发源地的英国，而后相继在美国、法国、西班牙、荷兰、比利时、德国、意大利、瑞典、挪威等西北欧国家和北美洲的加拿大、东北亚的日本、大洋洲的澳大利亚等国家获得广泛发展，二战以后随着殖民地解放运动取得胜利又逐步扩展于亚、非、拉、美等众多国家。

尽管由于社会生产力发展水平、历史传统和进入资本主义时代的时间早晚有所不同，以致各国的公共经济活动范围、发展程度和管理水平等方面都存在一定差别，但是，无论或迟或早进入资本主义社会形态的国家，其公共经济都建立在社会化大生产与私有资本相结合的民间经济生产方式基础之上。正因为如此，各资本主义国家公共经济的生产关系也就具有大体相同的基本内容，只是其具体性状会基于经济社会结构的不同而表现出国别差异，并且在每个国家都将随着历史进程而有所变化。

---

① 不仅资本主义时代公共经济是这样，其他各时代公共经济也如此。当亚洲许多文明古国经历了数千年的奴隶社会并已进入封建社会之时，刚刚从高加索或北欧地区进入西欧不久的日耳曼等蛮族还处于原始社会晚期；而当处于封建社会晚期的西欧民族国家探险队远涉重洋到达美洲的时候，那里的印第安人还悠闲自在地生活在原始社会的公共经济时代。这是由生存于各个地区的人类进化步伐不同所导致的。

（一）国外资本主义时代公共经济生产关系的基本内容

综观各资本主义国家的公共经济生产关系，其基本内容大体包括三个方面：1. 在生产资料私有制基础上，劳动阶级和剥削阶级不同程度地普遍兼有公共物品成本支付者、享用者、委托者和公共经济决策参与者的身份。2. 大资本集团凭借其经济和政治方面的优势在公共经济决策过程中拥有更多发言权或支配权，从而成为公共经济活动的首要受益者。3. 在公共经济运作过程中，作为社会公共机构的国家总体上已复归于受托代理者地位，其受托履行公共经济责权的行为和过程受到委托人的监督。

这与占人口总数绝大多数的奴隶和农奴根本没有参与公共经济决策资格、奴隶主和封建主阶级完全垄断公共经济决策权、从而使国家权力完全脱离绝大多数社会成员监督的奴隶制和封建制社会公共经济生产关系相比，不仅具有重要的性质差别，而且显然是一种历史进步。

（二）国外资本主义时代公共经济生产关系的发展变化

资本主义时代公共经济生产关系的上述基本内容，并不是从资产阶级通过革命上升为统治阶级之日起就得以全面实现的，而是随着整个资本主义生产方式内在矛盾和资本主义社会阶级斗争的发展进程而逐步地展现开来。就其内容考察，这种发展变化主要体现在三个方面。

1. 公共经济委托主体结构逐步改善、覆盖人群逐渐增加，致使公共经济的民主化程度日益提高

公共经济委托主体的结构和范围是决定公共经济生产关系性质的关键因素之一。因此，公共经济委托主体结构和覆盖人群的良性变化，对于资本主义时代公共经济生产关系的民主化进程具有重要意义。这方面的演进大体经过两个基本阶段。

第一阶段，是从资本主义生产方式变成国民经济的主体成分、资产阶级在政治领域获得统治地位，到工人阶级和广大劳动群众经过长期斗争获得普选权之前。在此阶段，城市工人阶级虽然是剩余价值的创造者，从而是公共物品成本的最终提供者，但由于作为公共财务资源基本来源的税收，特别是各种直接税在现实中表现为资本所有者的缴纳，因此，工人阶级被排除于公共经济决策过程之外，主要体现在他们没有选举代表进入议会和选择国家最高行政领导人的投票权。不仅工人如此，城市中收入微薄的手工业者、农村中的贫苦农民和城乡小资产阶级同样被排斥于合法的政治生活之外。以英国

为例，资产阶级上升为统治阶级是以1688年“光荣革命”获得成功、君主立宪制得以最终确立为标志的。但是，直到1832年议会改革法案通过之前长达近一个半世纪内，一直对下议院议员①选举权人规定有门槛较高的财产资格限制，致使选举权只属于在总人口中占比很小的成年男性公民，包括：城镇里拥有相当于200英镑的土地或其他固定资产的21岁男性公民，农村中土地年收入在40先令以上的成年男性公民；而且，农民即使有选举权资格，他们在参加选举时也不能自由表达本人意志，而必须按照本村地主旨意将赞成票投给后者所推荐的候选人。经过从18世纪末期开始、持续多年的选举改革和民主运动争取，加之1830年法国爆发七月革命推翻复辟王朝所产生的压力，直到1832年6月，大资本家和大地主阶级居支配地位的英国议会才被迫通过改革法案，将拥有议员选举权的财产资格门槛降低为：城镇里年收入10英镑以上的房主和年交付10英镑以上房租的房客；农村里年收入10英镑以上的土地所有者，或年收入10英镑以上、终身租地及租期在60年以上的土地租赁者及其代理人，或者租地期限在20年以上、每年净收入达50英镑或交租金额达50英镑以上者。作为此次改革的结果，尽管使英格兰选区的选民人数由原来的40余万增加到65万，但在辖区总人口（1600万）中仍仅占4%左右；即使加上苏格兰和威尔士各选区，选民总数达到90万，也仅占当时全英年满21岁成年男子的14%。由于选举权远远未能普及成年男性公民，而议员候选人的财产资格门槛对劳动人民甚至小资产阶级而言更是高不可攀，绝大部分成年国民继续被排斥于合法的政治生活之外，广大人民群众对此依然严重不满，以致1836年爆发了包括500多万工人在内、声势浩大的“宪章运动”。这次运动虽然被镇压下去，但人民争取普选权的斗争并未停息。在强大的政治压力之下，英国议会不得不于1867年再次进行改革，继续降低国民获得选举权的财产资格门槛，不仅使选民占总人口（大约2500万）比例提高到10%，更为重要的是改变了选民的阶级结构：城市熟练工人基本上获得了选举权，工商业资产阶级在下议院中取得了主宰地位，从而结束了土地贵族对下院的控制。此后，1884年议会又通过第三次改革法案进一步降低了选民财

---

① 英国下院议员由选举产生，上院议员由国王指定。1911年议会制度改革后，上院实际上被取消了立法权，从此不再具有参政机构的地位，而变成了一个议政机构；因而，英国的两院制已经变为虚名，实际上变为一院制国会制度。——马啸原：西方政治制度史［M］. 北京：高等教育出版社，2000：115.

产资格限制，使选民人数增加到500万人左右。

第二阶段，选举权逐步扩大到所有成年公民。由于人民群众持续开展争取普选权的斗争，英国议会被迫于1918年2月通过了“国民参政法”，将选举权扩大到所有年满21岁有“住所资格”或“营业资格”的城镇男性公民和所有占有土地或租赁土地耕种的成年男性农民，并使年满30岁、拥有年收入（或交租）5英镑以上土地、处所、住宅或其丈夫符合这一条件以及大学毕业的妇女获得了选民资格。其后，又于1928年通过“国民参政（男女选举平等）法案”，将妇女获得选举权的年龄降低到同男子相一致，从而将选举权不分性别、不设财产资格限制地普及到符合规定年龄的所有公民。1931年后，拥有选举权者在成年人总数中占比均高于96%，表明公民普选权已经实现。①

国外选举权的普及进程在各个国家都是不同的。就其先进者而言，有的表现为初期财产资格门槛较低且总体进展较快，但因封建王朝复辟而几经曲折，如法国；② 有的表现为在成年白种人男性公民中普及较早，如美国；③ 有

---

① 马啸原：西方政治制度史［M］. 北京：高等教育出版社，2000：110－114、128－129.

② 法国早在1789年大革命中制定并颁布的《人权宣言》对选举权资格所设门槛就比较低，即拥有法国国籍、年满25岁，在规定期限有住所，缴纳了相当于3个工作日的直接税，不处于被雇用、被奴役状态，不属于被提起公诉者、破产者和无力清偿债务者，都拥有选举权；法国1793年第一共和国宪法强调每一公民均有协助制定法律和选任代表或公务员的平等权利，立法议会的代表由公民直接选举产生，而出生于法国并在法国有住所的年满21岁的男子都有公民权；1848年第二共和国宪法规定：“凡年满21岁，没有被剥夺政治权和公民权的法国人，均为不受任何选举资格限制的选民”；1875年，法兰西第三共和国通过的宪法将公民选举权资格确定为年满21岁拥有“完全的公民权”的男子。1946年通过的法兰西第四共和国宪法将选举权普及到所有年满21岁的男女公民。——参见马啸原：西方政治制度史［M］. 北京：高等教育出版社，2000：224、227、240.

③ 美国1787年通过的《美利坚合众国宪法》将公民权和选举权资格的权力留给了各州，不少州宪法仍对成年男性国民获得选举权有财产资格限制，并且仍把黑人和印第安人置于被奴役地位。但到1856年，各州先后取消了对成年男性白种人选举权的财产资格限制，1865年通过的美国宪法第十三条修正案确认所有在美国出生或加入美国籍的人都是美国公民，1870年美国国会通过的宪法第十五条修正案规定：合众国公民的选举权不得因种族、肤色或以前是奴隶而被合众国任何一州加以拒绝和限制（但一些南方州仍以各种方式限制黑人的选举权，直到20世纪六七十年代才最终得以解决）；1920年批准的美国宪法第十九条修正案又规定给予妇女选举权。——参见马啸原：西方政治制度史［M］. 北京：高等教育出版社，2000：181.

的则表现为较早地将选举权不分种族、不分性别、不设财产资格一步到位地普及到所有成年国民，如新西兰（1893 年）、芬兰（1906 年）。

根据瑞典一个国际组织（The International Institute for Democracy and Electoral Assistance，简称 International IDEA）的记录和研究，至 2007 年，全球已有 185 个国家成年公民普遍拥有对国会议员的投票选举权，有 108 个国家成年公民拥有对国家最高领导人（总统或总理）的投票选举权。

选举权在公民中的普及对于公共经济民主大众化进程具有根本性和划时代的意义。这是因为，在议会内阁制的国家中，国民议会是作为人民代表决策公共经济重大事务的最高权力机关，如果议员是由全体成年社会成员选举产生的，那么，就意味着从制度层面确认了广大人民在公共经济生产关系中的主人地位；在实行国会与总统分权制的国家中，集体行使权力的国会议员和个人行使权力的总统共同掌握国家最高权力，如果他们都是由全体成年社会成员选举产生的，那么，也同样从制度层面表明该国公共经济至少就形式而言具有人民当家作主的性质。

2. 作为公共经济受托代理主体的国家机构所有职位日趋不受阶级、种族、民族、财产、性别限制地向所有符合年龄和国籍条件的公民开放

国家是人类社会发展一定历史阶段上受托承担公共经济责任、行使公共经济权力的机构组织，它的所有职位、特别是承担较大公共责任并握有较大公共权力的职位向哪些人开放，是衡量或判别一个国家公共经济生产关系性质的重要标尺。世界近代史表明，几乎所有资产阶级革命取得成功的国家都出现了公共职位向广大人民群众开放的趋势。公共职位向人民开放的程度主要取决于有无任职资格限制、出任公职有无报酬和能否参加文官考试竞选这三个因素。

（1）公共职务任职资格限制逐步放开

在英国，“光荣革命”后的很长时期内奉行对国民进入公共职位设有出身或财产资格限制。上议院议员由国王指定，且必须由贵族担任，自不必言。下议院议员候选人必须是拥有规定额度资产者，直到 1832 年实行的议会制度改革法案时，其郡和市的财产资格分别为：在各郡选区，须是拥有 600 英镑不动产年收入的人；在城市选区，须是拥有 300 英镑不动产年收入的人。出任法官一般限于贵族，且有很高的财产资格门槛。即使出任陪审员，也有财产资格限制，1825 年法令的规定是：拥有土地、房屋或其他固定资产的，年

收入不少于10英镑；如本人无固定资产，租用土地，则年收入须不少于20英镑。经过人民群众持续不断的斗争，1836年才稍微放宽了下议院议员的财产资格限制，直至1854年最后废除；针对法官和陪审员的财产资格限制最终取消更晚。进入20世纪后，在取消公共职位财产资格限制的同时，反过来增加了有利于保护人民权利的任职资格限制，如规定贵族、担任神职和文官者、存有品德劣迹和宗教偏见者等不得作为国会议员候选人。①

在法国，1789年《人权宣言》最早明确了公职开放原则：凡属公民"都能平等地按其能力担任一切官职、公共职位和职务，除德行和才能上的差别不得有其他差别"。1791年宪法再次重申这一原则，并针对此前封建王朝卖官鬻爵的弊端强调："任何官职今后都不得买卖和世袭。"这些规定，在此后恢复帝制时曾被推翻，但随着重归共和而被再次确认。例如，1848年第二共和国宪法规定："凡年满25岁的选民均可当选为议员，而不受居住资格的限制"，但担任国家其他公职者不得同时担任议员。②

在德国，1871年由帝国制宪会议通过的《德意志帝国宪法》③ 规定，联邦议员由各邦君主和自由市参议院在高级官吏中任命。帝国议会议员由选民以直接、普遍、秘密方式选举产生，未明确限定候选人的出身和财产资格。④1918年，德国工人革命推翻了战败已成定局的帝国、建立起民主共和国，随后于1919年7月召开国民议会通过了一部以会议举行地而命名的"魏玛宪法"。其中规定："德意志联邦为共和政体，国权出自人民"，废除贵族特权和称谓，联邦议会、各邦议会议员和联邦总统均由德国男女公民以普遍、平等、直接、秘密的方式选举产生。联邦总统的参选资格为年满35岁的公民。⑤ 二战后联邦德国《选举法》规定：除经法庭判决剥夺选举权者同时也失去被选举权和没有能力担任公职者没有被选举权外，凡年满18岁且至少在选举前一

① 马啸原：西方政治制度史［M］. 北京：高等教育出版社，2000：113、126、128.

② 马啸原：西方政治制度史［M］. 北京：高等教育出版社，2000：223、232、257.

③ 这部宪法保留了大量封建制度色彩，但鉴于其中涉及经济发展外部环境和关于公民选举权的规定基本符合资本主义生产方式和资产阶级民主政治的要求，因此，可以将其勉强视为资本主义公共经济的法律表现。

④ 马啸原：西方政治制度史［M］. 北京：高等教育出版社，2000：285.

⑤ 马啸原：西方政治制度史［M］. 北京：高等教育出版社，2000：289－292.

年取得德国国籍的公民都有被选举权。①

在意大利，1947 年 12 月通过的共和国宪法规定，全体公民不分性别、种族、语言、宗教、政治信仰、个人地位及社会地位，均有同等的公民身份；所有公民、不分男女，均拥有依法担任公职的平等权利；凡享有公民权且年满 25 岁的公民均可成为参议院议员的候选人；凡年满 40 岁的选民均有资格竞选参议员。②

以上四个国家的情况在国外资本主义国家具有一定代表性，因此无须一一赘述其他国家情况。

（2）作为平民担任公职重要保证条件的任职薪酬从无到有

在英国，直到 1885 年通过的议会制度改革法案，仍然规定议员不得领取薪金，由此限制了普通公民进入议会的可能。直至 1911 年议会改革后，议员才准予由国家财政列支工资，且随物价上涨而逐步提高工薪标准，并可以免费乘坐火车和向政府机关寄发信件，从而为一般平民担任议员提供了基本生活保障。③

在德国，1871 年《德意志帝国宪法》明确规定联邦议员由各邦君主和自由市参议院在高级官吏中任命，自然无须另行规定任职报酬问题；但明确规定由公民选举产生的帝国议会议员不领取任何薪金和报酬，这就等于堵死了一般民众担任这一职务之路。1919 年通过的魏玛宪法虽未明确联邦国会议员领取固定工资，但规定国会议员有权免费乘坐国内火车，且可以按照联邦法律规定数额支领公务餐费和损失赔偿性质的辛劳费。二战后联邦德国有关法律规定，联邦议院议员每月可领取 1 万多马克的固定工资，另有 5000 多马克的职务补贴；任职满 8 年的议员离职后可领取相当于中等家庭收入的年金。④

（3）事务类公共职位由随意委任制进化为公平竞争的文官制度

无论在奴隶社会、封建社会还是资产阶级取得政权初期，普通官吏一般都是由有权的官僚按照私人意志招录安排，公共职位多依私人关系和门第优势获任，与大多数平民百姓基本无缘，从而不利于保证公务人员素质、损害公共经济效率。随着资产阶级议会民主的不断推进，各主要资本主义国家逐

① 马啸原：西方政治制度史［M］．北京：高等教育出版社，2000：309.
② 马啸原：西方政治制度史［M］．北京：高等教育出版社，2000：344－346.
③ 马啸原：西方政治制度史［M］．北京：高等教育出版社，2000：115、130.
④ 马啸原：西方政治制度史［M］．北京：高等教育出版社，2000：285、291、311.

步改行通过竞争性考试面向社会公开招选公务员并对其培训、考核、晋升、薪酬实施规范管理的文官制度。

在英国，“光荣革命”后对公共机构职员人选相继实行过“官职恩赐制”、公共机构掌权者“个人推荐制”，[①] 直到1848年才将建立规范的文官制度提上日程并责成官员着手研究实施方案，5年之后才提出了《关于建立英国常任文官制度的报告》。该报告主张废除长期以来由个人随意任用官吏的公共人力资源管理机制，改行通过公开竞争考试择优录用文官制度，适当限制报考年龄，注意其道德状况和健康水平。经过一番激烈争论，1855年5月正式颁布《关于录用王国政府文官的枢密院令》，近代文官制度得以初步确立。相关职责由两个部门分别承担：文官事务委员会负责公务员考试、录取、颁发资格证书、健康审查、公布考试合格及晋升人员名单，财政部所属“编制和政府机关组织局”负责公务人员的任用、工资、考核、奖惩、培训等。鉴于制度建立初期运行透明度不够，公平竞争机制体现不足，且考选招录适用对象仅限于初级文官，因此，1870年英国政府再次发布枢密院令，明确新任文官一律实行“公开竞争性的考试制度”，从而将基于公开竞争考录和规范管理的文官制度真正建立起来。1968年英国对文官制度进行改革，主要内容是推进公共经济管理人员专业化、重视专家作用、改进考试机制、设立文官学院加强任职培训等。[②]

在美国，文官制度缘起于人民对公共职位用人制度日益高涨的改革呼声。美国实行政党政治以后，轮流上台治国的执政党将公共职位作为对本党党员分肥对象的情况愈演愈烈，而1829年在任的安德鲁·杰克逊总统竟然为此公开辩护，致使执政党以党派划线任用和更换公务人员的情况更加盛行。其结果，不仅由于执政党更替引起政府公职人员大批轮换而导致许多工作中断和公务员在职行为短期化，而且因为任人唯亲而使政府机关被平庸无能者所充斥，造成公共经济效能日趋低下，引起社会公众强烈不满。迫于民众压力，美国国会于1883年通过了“彭德尔顿法”，明确规定：公共机构文官通过公开考试选拔录用，不得因政党轮换而免除公职，不得参与政党竞选活动，考试内容与所任职位责任相联系，同时对其招聘、试用及考试作弊、职业道德

---

① 季正聚：英国高速发展时期腐败例举［J］．中国监察，2001（11）．

② 马啸原：西方政治制度史［M］．北京：高等教育出版社，2000：121－123.

等项法律责任作出规范，为实行规范管理的文官制度奠定了法制基础。该法施行 130 多年来，美国根据实践中遇到的问题进行过多次修订和补充，如 1887 年加入考绩制度，1923 年和 1949 年先后两次完善职位分类法，1950 年又推出考绩改革法等。此后，1978 年国会再次通过《文官制度改革法》，对文官制度做了一番深度较大的系统性完善，使之更加适合新时代规范公共人力资源管理的需要。①

与欧美其他资本主义国家相比，德国文官制度起始时间更早，可以追溯到 17 世纪中叶普鲁士王国采用考试方法录用官吏的尝试。1737 年又明令凡与司法行政有关的公职人员均需通过考试录用。1879 年颁布职业文官考试录用标准，规定凡准备充任高级公共职位者，均需在大学修习法律、政治、经济、行政管理等课程三年，然后再到法院和行政机关各见习两年，经考试及格者才能正式委派职务。二战后，联邦德国以各项专门法为基础，实行了更为完善的公务员考录、试用、分类、培训、考绩、行为规范、薪酬待遇制度。正因如此，德国逐步形成的一整套内容完善的文官制度较好地体现了公共经济公共物品生产者素质标准的内在要求，从而使德国公务员能够以其素质、效率、协作精神和优良传统而为世界各国所称许。②

3. 大资本财团对国家公共经济决策支配性影响力总体上趋于弱化

财产因素和利益集团影响公共经济决策是私有制社会的普遍现象，在资本主义社会中突出地表现为拥有强大经济实力的大资本集团对公共经济决策发生支配作用。这种支配作用在不同国度和同一国度的不同时期存在很大差别。“在美国表现为地区性的垄断财团影响政治运作，在日本则表现为财阀对国家权力进行比较直接的控制，而西欧私人垄断资本和国家垄断资本集团对国家决策存在着重大影响。”③

最鲜明的例证首推美国。从美利坚合众国成立之时，影响公共经济决策的利益集团就已存在，随着经济结构的发展变化和公共经济活动范围的不断扩展，日益增多的各种利益集团对公共经济决策的影响也愈益突出。“利益集团作为一种社会参政力量，对国会和政府各部门施加压力，影响国会与政府

---

① 马啸原：西方政治制度史［M］．北京：高等教育出版社，2000：205－208.

② 马啸原：西方政治制度史［M］．北京：高等教育出版社，2000：322.

③ 季正聚：关于资本主义新变化研究的对话［A］．马克思主义与世界社会主义若干问题研究［C］．中华书局，2018.

的决策和管理，这确是美国一种特有的政治现象……鉴于利益集团在美国政治生活中特殊的地位和作用，一些学者……将美国政治称之为‘利益集团政治’。”各种利益集团对公共经济决策施加影响，积极的一面是使公共经济决策较为能够照顾到各方面利益的平衡，而消极的一面则是造成对公共经济权力的腐蚀，从而导致公共经济政策扭曲。[①] 特别是拥有很强经济实力的金融集团、工商企业（石油公司、军火公司、医药公司）集团、农场主集团等凭借雄厚的财力，借助于各类新闻媒体和基金研究机构左右社会舆论，雇用很多院外活动者的游说诱导国会议员、总统和政府部门负责人的政策选择，[②] 同时以各种方式影响国会议员和总统选举结果，从而使国内外公共经济政策朝着有利于增加大资本集团利益的方向倾斜。具体表现包括：不停歇的扩张军备、充当世界警察、到处炫耀武力和以武力干预别国内政，到处挑起战争或在局部地区制造地缘军事冲突，在国际关系和国际组织中谋求霸权地位，在国际贸易中任意采取关税保护和拟定惩罚性实体清单等方式发起贸易战，在国内阻止对枪支实施严格管制和实行有利于大资本集团获取超额利润的税收优惠政策。

在日本，明治维新以来，日本政府对内对外政策中的大量内容都可以从各大垄断财团资本利益动机方面获得解释，集中体现军国主义政策的两次侵华战争便是最突出的例证。明治维新后迅速发展起来的三井、三菱、助友、大仓等财阀出于向中国和朝鲜寻求商品输出和原料市场的利益动机，依据其“对外志向论”，不遗余力地制造对外扩张舆论，鼓动和支持政府采取军国主义政策，由此导致了19世纪90年代的中日甲午战争和20世纪初以中国东北为战场的日俄战争。[③] 20世纪30年代日本分步推进的大规模侵华战争，同样是在日本国内以各大财阀为代表的垄断资本集团追求商品输出、资本输出场所和原材料来源地的扩张动机驱使下发动的。

---

① 马啸原：西方政治制度史［M］. 北京：高等教育出版社，2000：219－220.

② 美国来自佛蒙特州、先后担任国会众议员和参议员并相继于2016年和2020年两次参加美国总统竞选的民主党候选人伯尼·桑德斯揭露说：“这个国家强大的利益集团有着所有人都无法想象的权力……他们有用不完的钱花在竞选和收买政客上，他们对媒体和政客有着巨大的影响力。”

③ 吴丽华等：甲午战争期间日本财界的“对外志向论”［J］. 学术交流，2003（4）：144.

在西欧各国，大资本集团追求商品输出、资本输出场所和原材料来源地的动机，也都可以为其政府推行各种对外扩张政策和对内实施损害广大劳动人民利益的公共经济政策背书。以法国为例，直至1958年，十大财团仍然控制着全国私人资本的1/3以上，因而它们能够通过自己在国家政权机关中的代表对制定各种公共经济政策发挥支配性影响。①

大资本集团能够对各国公共经济政策施加影响的一个重要机制，在于大资本拥有者或大资本家阶级出身的政治家和实权官僚在政治运作过程中拥有更大的影响力。对此，美国政治学家詹姆斯·M. 伯恩斯曾经直言："有的人由于财产、才能和地位，比另外的人有更大得多的势力。"② 王荣军在近年发表的一篇文章中甚至认为："富裕阶层的政策影响力始终大于中产阶层和穷人；富裕阶层的政策影响力在不断上升而不是相反。"③

随着公民普选权的实现、经济社会结构的变化和民主政治的发展，在广大人民群众反对国内阶级压迫和对外战争的社会运动制约之下，大资本集团对公共经济政策的支配性影响虽然呈现日渐弱化的趋势，但直到目前，在资本主义国家公共经济政策中仍有不同程度的体现，而且在美国还相当突出。

4. 公民代议机关对行政权、司法权的运作实施监督

不同政治概念下的人民及其代表能够对受托代理公共经济事务的国家机关实施不同程度的监督，是资本主义时代公共经济生产关系的一个重要特征。这一特征脱胎于欧洲近代民族国家君主制下各种人民代表机关对封建君主权力的约束，正式产生于资产阶级议会民主制的建立，而在公民普选权实现后的现代资本主义国家中得到愈益明显的加强。

资产阶级代议机关对行政权及其财务活动实施监督的源头可以追溯到欧洲中世纪君主制时期。例如，早在英法百年战争时期，1356年，法国三级会议就曾利用法国国王一度被俘、查理王子急于筹集资金赎回国王的有利时机，要求对国家财政开支和行政管理进行监督，改组国家机关、罢免失职官吏。当这些要求被王子拒绝并解散三级会议时，巴黎市民随即以发动起义、围困

---

① 马啸原：西方政治制度史［M］. 北京：高等教育出版社，2000：244.

② 詹姆斯·M. 伯恩斯等：美国式民主［M］. 北京中国社会科学出版社，1993：13.

③ 王荣军：不平等的民主：美国贫富差距扩大与政治极化并行［J］. 人民论坛，2019（4）：22.

王宫的集体对抗行动，迫使国王不得不重新召开三级会议，并于1357年通过发布著名的“三月敕令”基本满足了三级会议的要求。

及至资产阶级牢牢掌握国家治理最高权力的18世纪以后，作为人民代议机关的议会监督政府公共经济活动，则变为一条不容动摇的宪政原则。在英国，下议院对政府的监督职能日益增强，经常借助公众舆论的压力，对政府的有关事务开展调查，对政府提出的质询事项越来越多，以致此时当权的诺斯勋爵愤愤地说：议员们“责难大臣，斥责他们的过失，还要他们每日报告工作……目的是要把行政部门置于被质讯的地位”。在法国，1793年通过的第一共和国宪法规定，共和国主权属于全国人民，由24名议员组成的执行会议负责指导和监督全部行政事务，但它只有在执行法律和立法议会的法令时才能有所行动；各部部长须每10天就其本部工作向由立法议会选出的公共安全委员会报告一次工作，并揭发那些没有正确履行职务的官员。在意大利，1947年通过的共和国宪法规定，国家主权属于人民，由人民选举产生的议会享有对政府较为广泛的监督权力：新政府组成以后10天内必须向议会两院提出施政纲领，只有在议会对施政纲领表示满意、从而获得信任后，政府才能行使其职权；如果议会两院以多数票通过不信任案，政府必须辞职。在荷兰，1814年颁布、1848年修订的宪法规定，由人民选举产生的议会除履行立法职能外，最重要的就是对政府实施监督，具体方式包括提问、质询、调查和对政府官员进行弹劾、通过不信任案迫使政府辞职。为了加强对政府的监督，荷兰议会还于1981年通过《国家监察法》，据此建立了以保障公民权利为重点的监察制度：由议会第二院任命的国家监察员主要负责调查人民群众对国家有关政策措施的意见建议和对国家公务人员的意见、抱怨，揭示政府活动的弊端，以政府事务调查结果报告形式将有关情况和意见建议通报给有关部门、内阁和议会，以督促政府、议会提高决策的准确性和运作效率，防止政府官员滥用职权和贪污腐败。①

二、国外资本主义时代公共经济活动范围暨公共物品提供结构的扩展

公共经济活动范围暨公共物品提供结构主要取决于社会生产力和公共经济生产关系两大基本因素。其中，社会生产力水平为公共物品生产提供财力

---

① 马啸原：西方政治制度史［M］．北京：高等教育出版社，2000：68、112、228、348、392－393.

支撑，而公共经济生产关系则直接决定公共物品提供结构。由于资本主义生产方式建立在社会化生产力和资本所有制基础之上，一方面，社会生产在资本追逐利润的强烈动机驱使之下以空前速度增长，从而为提供更多公共物品创造了必要的经济支撑条件；另一方面，资本积累与贫困积累同步发展、生产无限扩大与有支付能力的市场需求相对狭小之间日趋尖锐的矛盾又需要以多种公共物品加以缓解，加之与大规模社会化生产相联系的现代无产阶级登上历史舞台后带领其他劳动阶级持续开展维护自身权利的斗争，最终通过获取普选权而在公共经济生产关系的主人位置上争得了一席之地。这三方面主要因素结合在一起，就使得资本主义时代公共经济活动范围暨公共物品提供结构相比此前几千年的奴隶制、封建制时代不仅发生了重大变化，而且公共物品品种数量和总体规模的扩张速度也快很多。这在欧美几个主要资本主义国家中有着趋势大体相同而具体情况各异的表现。

在资本主义时代公共经济形成最早的英国，公共经济活动范围暨公共物品提供结构也最先得到扩展。早在“光荣革命”半个多世纪前，由于与工业革命相伴随的圈地运动和机器排挤工人，英国出现大量失业人口，国内阶级矛盾开始尖锐化。为了缓和阶级矛盾、维护封建贵族统治和资本主义发展条件，1601 年伊丽莎白女王颁布了世界上最早的《济贫法》，以征收济贫税作为筹资手段，由基层教区组织为基本单位设立专门机构，负责本辖区济贫税的额度确定、具体征缴并确定济贫标准、发放济贫费用，向穷人提供兜底性的生活救济。两个半世纪后，根据工业革命后社会生产对劳动力知识技能素质的客观要求，英国议会于 1872 年又率先以立法方式强制推行普及初等教育并取消了教会对教育的控制。[①] 随着资本主义社会基本矛盾和工人运动的发展，原有的公共物品提供结构已经不能满足缓和阶级矛盾、维护资本主义制度和资产阶级统治的需要，在德国率先建立社会保险制度的示范性影响下，英国议会经过反复辩论，终于在 1908 年批准了养老金法案，建立了以国家财政拨款为费用来源的国家养老金制度；1911 年又建立了国民健康保险和劳动者失业保险制度，从而形成了以社会保险制度为核心、以传统济贫法发挥兜底功能的现代社会保障制度。二战之后的 1945 年，奉行民主社会主义政策的工党上台执政，采纳经济学家威廉·贝弗里奇题为《社会保险与相关服务》

① 马啸原：西方政治制度史［M］. 北京：高等教育出版社，2000：114.

的专题报告政策建议，由议会相继通过家庭补助法、国民保险法、工业伤害保险法、国民健康服务法和国民救助法等五大法案，加上此前已颁行的国民住宅法、劳动交换法、职业训练法等，将一系列社会保障政策以法律形式确定下来，形成了以保障全体国民的生活不低于维持生存的最低限度、社会保障普遍惠及全体国民为原则的一整套社会安全保障制度。1948 年 7 月，工党政府首相艾德里自豪地宣布，英国已经率先建成了福利国家，在资本主义世界产生了广泛的示范效应。

在以空前激烈的大革命震撼了欧洲封建专制统治的法国，是世界上最早由制宪会议颁布的《人权宣言》和以共和国宪法明确主权在民和政府以“民有、民治、民享”为宗旨向公民负责，从而将国家本身视为人民实现社会治理的一件工具即一种公共物品的国度。因而，法国早在 1793 年第一共和国宪法里就规定“公共救助”是社会的神圣义务，“社会对于不幸的公民负有维持其生活之责，或者对他们供给工作，或者对不能劳动的人供给生活资料”，以此确定享有“社会保障”和接受教育是以人民主权为基础的公民权利。这是资产阶级国家最早以宪法形式确立公民社会保障和接受教育权利的公共经济范例。[①] 其扩大公共经济活动范围的具体行动在此后时期逐步实施。二战结束不久，法国在国民经济得以恢复的基础上，开始结合自己国情制定实施福利国家政策，建立起公民从出生前[②]直到死亡可以享受 400 多个名目保险福利的社会保障安全网。

德国是西方主要资本主义社会中社会保险制度建立最早的国家。鉴于加速资本主义发展对缓和阶级矛盾的需要，为了消弭以马克思主义理论武装的社会民主党组织工人阶级进行社会主义革命的危险，根据社会历史学派经济学家的政策建议，19 世纪 80 年代德意志第二帝国首相俾斯麦相继提出三个社会保障法案，先后于 1883 年、1884 年、1889 年由国会通过并颁布，分别于 1884 年、1885 年和 1891 年生效，初步构建起包括疾病医疗、工伤事故、老年和残疾人保险在内的社会保险体系。这些社会保险的经费均采取雇主与工人按比例分担、国家财政适当补贴的方式筹集，在受益人

---

① 马啸原：西方政治制度史［M］. 北京：高等教育出版社，2000：22－223、227、245.

② 系指如果夫妻俩年薪总额不超过 4.33 万欧元，经提前申请，可以在孕期 7 个月的时候享有福利局提供的数百欧元的生育津贴。

符合支付条件时得到相应的费用保障。此后，1919 年德国社会民主党执政的共和国议会通过魏玛宪法，决定联邦扩大社会保险覆盖范围、逐步建立综合性的社会保险制度。据此，20 世纪 20 年代，德国分步提高了社会保障标准，1924 年开始推进社会救济制度，1927 年颁布实施《劳动介绍和失业保险法》。但是，从 1929 年开始，在世界性经济大危机影响下财政经济下滑，迫使德国紧缩了各类社会保险政策，引起民众强烈不满，为希特勒纳粹党上台执政提供了可乘之机。二战后，受到重创的联邦德国经济在马歇尔计划扶持下很快获得恢复，议会相继于 1949 年和 1951 年通过《社会保险调整法》和《社会保障自治管理法》，着手以加强国家干预、财政支持为基础恢复和重建社会保障制度，使之朝着体系更加完善、标准持续提高的福利国家方向发展。到 1963 年，联邦德国社会公共支出占国民生产总值的比例达到 17. 11%，已高于英国与瑞典等福利国家。[①]

美国作为由英国殖民地通过独立战争建立起来的后起资本主义大国，基于自由主义传统，长期实行偏向于自由市场经济的混合经济体制，公共经济活动范围扩展速度虽然相对较慢，但也一直没有停步，而且进入垄断资本主义阶段特别是近百年来出现了几轮波浪式跃升。从建国至 20 世纪 30 年代以前，美国政府较早提供的特色性公共物品主要包括专利保护制度（1790 年）、国债与国家银行制度（1794 年）、废除奴隶制（1865 年）、反垄断（1890 年）、食品药品质量监督（1906 年），以特许经营、土地赠予、税收优惠等政策支持民间资本修建长达 41 万公里铁路和公路（1830—1916 年），联邦与纽约州合作开凿经由五大湖区连接美国中西部至大西洋的伊利运河（1816—1825 年），由联邦和州合资修建、以州为主实施管理、贯通全国、总长达 89203 公里的高速公路网（1937—1997 年），公立大学和 12 年义务教育支撑

① 丁建定：德国社会保障制度的发展及其特点［J］. 南都学坛，2008（4）：46－51.

的国民教育体系，起源于20世纪30年代应对经济大危机时期罗斯福新政①的社会保障体系和存款保险制度等。公共物品种类扩展最快的阶段，主要是19世纪末20世纪初的进步运动时期、20世纪30年代罗斯福新政时期和20世纪60年代约翰逊推行“伟大的社会”② 运动时期。

不独英法德美如此，地处西欧、北欧以及北美、澳洲的更多工业发达国家在同一时期也都相继以不同标准逐步建立起一套社会福利制度。除社会保障之外，还包括免费义务教育乃至高等教育，环境卫生、生态保护、司法救济等逐步提上日程，铁路、公路、桥梁、机场、邮政、电报等经济发展基础

---

① 1929－1933年世界性大危机的发源地，美国工商金融企业破产最多，经济下滑幅度最大，大量失业工人被抛向街头，社会矛盾骤然激化，致使以1933年3月上台执政的富兰克林·罗斯福政府不得不改弦更张，急速采取以救济（Relief）、复兴（Recovery）和改革为核心内容的新公共经济政策，试图以政府广泛干预经济社会生活来挽资本主义制度大厦于即倒。新政的主要内容包括社会保障、社会救济、以工代赈、农业补贴、金融整顿、币制改革、存款保险、价格干预、工资规制、就业安置等众多方面，分两大阶段逐步实施。第一阶段，除通过联邦紧急救济法、成立联邦紧急救济署向生活无着的失业者发放各种救济款物外，还通过实施《紧急银行法》《联邦储备法案》《农业调整法》和《全国工业复兴法》来重振金融、工业和农业，根据工代赈原理，通过实施民间资源保护队计划吸纳年龄在18－25岁、身强力壮而失业率偏高的青年人从事植树护林、防治水患、水土保持、道路建筑、开辟森林防火线和设置森林望塔等工程建设，通过组建公共工程署和民用工程署组织失业工人在全国范围内修建校舍、桥梁、堤坎、下水道系统以及邮局和行政机关办公楼等18万个小型公共工程项目，不仅解决了1700多万失业工人就业问题，而且显著地通过增加内需拉动了经济恢复。第二阶段主要通过制定实施社会保险法案、全国劳工关系法案、公用事业法案等法规巩固新政成果，构建起一整套相对完整的社会保障体系和以政府信用为靠山的居民住宅建设信贷支撑体系，并且组织开展一系列大型公共工程建设。前后两期公共工程建设总计耗费40亿美元，建成的公共工程包括著名的田纳西河流域工程、当时全国70%的新型教育设施、65%的新法院建筑、35%的新型公共卫生设施、10%的新型公路、桥梁和地铁，以及很多市政建筑和污水处理厂等，并且开辟了740多万英亩国有林区和大量国有公园，大幅度改善了交通、水利、教育、卫生、休闲娱乐、污水处理、生态林等方面公共基础设施面貌。

② 1964年5月约翰逊在密执安大学的一次演说中正式提出“伟大的社会”计划。1965年1月约翰逊又以一系列的咨文和特别报告对这个计划的内容加以充实和具体化。其内容主要有：美化城乡环境、治理污染；通过增加就业机会、社会保险和救济向贫困开战；改善和提升国民教育；进一步修筑高速公路、开发萧条地区等。为此，他提请国会通过的立法“比本世纪内任何一个总统在任何一届国会所提出的都要多”，获得连任后大幅度增加了对推进“伟大的社会”计划的拨款，其中卫生、教育、萧条地区发展经费三项合计从1965财政年度的81亿美元增加到1966年度的114亿美元。

设施和城镇市政公共设施得到大幅度改善。可以说，近百年来，资本主义国家的公共经济文明得到了突飞猛进的发展：公共经济活动范围大幅度拓宽，公共物品提供结构得到极大扩展，公共经济规模迅速扩大，广大民众的公共福利状况发生翻天覆地的变化，基于公共经济的社会主义因素出乎人们想象地在资本主义国家中成长。[①]

上述这些资本主义国家提供的公共物品，从直接服务对象角度考察，大体可分为两类：一类是直接服务于民间经济发展的，例如，19 世纪开始工业化的欧洲列强为了促进本国经济发展，一方面提高各自的关税，以抵制别国产品的竞争、保护本国市场；另一方面，从扩大商品输出、资本输出、获取原材料乃至抢占战略要地、传播基督教等多方面需要出发，疯狂地抢占海外殖民地；[②] 再如，修建铁路、公路、桥梁、机场、水库、污水处理和举办邮政、电报等公用事业，以为经济发展提供必要的基础设施。另一类则是面向社会大众的，如教育、医疗、公共卫生、环境保护、社会保障、司法救济、国防和治安秩序等。就这两类公共物品的基本属性而言，无疑都是积极的，不仅有利于经济发展、社会进步，而且能够直接或间接地惠及广大劳动人民，尽管其基本动机主要是出于增进资本家阶级的公共利益或维护资本主义制度生存考虑。但除此之外，资本主义国家还提供一种不仅纯属于为资本家阶级服务且具有很强“毒性”的公共物品或者干脆将其冠名为“有害公共物品”，即如英国以战争方式谋求建立“日不落帝国”、大规模实施对外扩张、包括通过战争维护从中国获利颇丰的鸦片贸易等，纯粹是以作为社会公共机构的国家为工具专门为满足资产阶级赚取剩余价值的公共需要、维护资产阶级公共利益服务的。不独英国如此，其他资本主义列强都干过这种勾当——德国先后发动两次世界大战、日本先后两次发动对华战争，更是突出典型。

三、资本主义社会形态下的公共物品提供方式及其发展变化

资本主义国家的公共经济是建立在私有制市场经济基础上的，公共物品提供主体包括作为社会公共机构的广义政府、宗教慈善团体以及作为民间经

---

① 齐守印：社会主义正在沿着两条道路向前推进［J］. 科学社会主义，2002（3）；理论参考，2003（1）转载.

② 斯塔夫里阿诺斯：全球通史——从史前到 21 世纪［M］. 吴象婴等译，北京大学出版社，2006：505.

济活动主体的企业和其他社会组织。公共物品提供方式主要包括以下三种：

（一）国家机构直接生产提供

国家通过设立各类公共机构直接生产提供的公共物品主要是国防、外交、法律、政策、社会治安、司法、邮政、公立教育、尖端科技、社会保障、公共卫生、环境保护、一般行政服务和部分铁路、公路、市政工程、污染处理设施等。这些公共物品在资本主义国家的整个公共物品提供结构中处于骨干或主导地位，并对其他两种提供方式起着规范、支持和引导作用。

（二）国家以行政特许、财政资助、公私合作等多种方式委托民间主体提供

在西方国家，以各种方式委托民间主体生产提供公共物品由来已久。例如英国，政府早在17世纪初就曾以授予特许经营权方式委托私人企业修建收费性灯塔向轮船提供引航服务；17世纪60年代以授予特许经营权方式委托私人企业修建了第一条收费公路，经特许成立的“伦敦促进自然知识皇家学会”负责搜集有可能促进科学知识的各种资料，通过协调全国各专业的科技成果促进技师与科学家之间合作。[①] 再如法国，在17世纪采用委托经营方式借助私人企业资本修建港口和军舰发展了国家海军，18世纪又采取公私合作方式修建了大部分铁路网、城市供水和街道照明系统，1869年竣工的苏伊士运河特许企业经营期限长达99年。又如美国，19世纪40年代政府批准建立的收费公路公司总计达1600多个。其他如荷兰、澳大利亚等国家在城市公用事业和城乡基础设施建设领域采用特许或委托企业提供相关公共服务的实例同样举不胜举。

通过多种方式委托民间经济活动主体提供公共物品具有多种优点：一是借助民间经济活动主体的资本投入，弥补公共财政资源的不足，以利尽可能扩大公共物品提供规模、更多地满足各种社会公共需要；二是借助民间经济活动主体的管理优势，提高公共物品的生产和提供效率；三是为民间经济活动主体开放更大的投资经营空间，以利增加就业；四是在公共机构与民间经济主体并行提供同一种公共物品的情况下，可以借助民间经济活动主体参与竞争的机制激发公共机构加强和改进管理的积极性。

---

① 斯塔夫里阿诺斯：全球通史——从史前到21世纪［M］．吴象婴等译，北京大学出版社，2006：482.

（三）宗教慈善团体等第三部门组织提供

在欧美国家民间宗教团体、慈善组织和国民自愿组成的其他组织也各以特定方式提供一些公共物品。长期以来，基督教各教派或出于传教需要，或本着基督精神，以多种方式开展了文化教育、医疗卫生、鳏寡孤独救助活动，例如，举办大中小各层次的教会学校，开办各种救死扶伤的医疗机构和育婴院、养老院等。一些大企业家、大贵族和富有的文艺界名流自愿捐资成立各种基金会，有的开展济贫、救灾、赡养鳏寡孤独等慈善事业，有的资助贫寒家境孩子上学读书，有的出资支持有益于推动科技进步或改善社会管理的科学研究项目。有一些热心公益事业的公民自愿组织开展保护环境、保护野生动物等宣传文化活动。还有一些居民在本社区范围内自愿组织开展互助性或免费助人的心理咨询、养老托幼等公益活动。对这些并不依赖自愿提供公共物品的组织，国家有时以允许收税（如教会的什一税）和收入免税方面提供直接支持，但主要是从立法方面予以规范、支持和引导。因为这些自愿提供公共物品的主体既不属于营利性的私人企业，又不属于政府公共机构，因此被称为第三部门。

在资本主义社会提供公共物品的上述三种基本形式中，政府机构直接生产并提供的公共物品几乎在所有国家中都居主体地位，但其范围会由于多种因素的影响而发生变化。例如，自 20 世纪 80 年代兴起的新公共管理运动以来，西方国家出于减轻财政压力和提高公共经济活动效率的考虑，在通过推行国有资产私有化、民营化以大幅度压缩公共机构直接生产提供公共物品范围的同时，转而注重更多地发挥私有企业和第三部门提供公共物品的作用。例如，意大利的威尼斯市政府将作为市内主要交通工具的班船以规制收费标准和服务质量为约束条件转交给私人部门经营，日本和美国也逐步将国有铁路民营化，美国还将长期以来一直由基层政府举办专门机构完成的居民社区垃圾收集和处理服务以保持竞争机制为条件转由私营企业负责。至于在公用事业运营和基础设施建设领域采取 PPP 方式与私人部门合作，更逐步成为西方国家提供相关公共物品的通行做法。

四、国外资本主义时代公共经济的体制形式及其演进

作为资本主义国家公共经济生产关系现实表现的公共经济体制，尽管由于各种因素影响在各个民族国家中表现出多种不同的具体形式，但与奴隶制、封建制时代相比，其共同特征无一不是逐步地朝着符合公共经济本质属性的民主化方向复归。

（一）体制形式

对现代资本主义国家公共经济体制形式可以从不同角度进行多种划分，从不同角度划分的公共经济体制形式经过排列组合则将衍化出更多的体制形式。不要说详尽地分析阐述所有现代资本主义国家的公共经济体制形式，即使是较为全面地分析主要国家的公共经济体制形式，也不是本书篇幅所能容许的。鉴于此，我们在这里首先对当代资本主义各国公共经济体制基本内涵做一概括性分析，在此基础上，再从与公共经济生产关系本质最为相关的某个角度出发，选择极少数典型国家加以重点分析。

综观资本主义国家的公共经济体制，从公共经济责权在横向维度的配置角度，可以划分为议会内阁制（如英国）、总统与议会双核型三权分立制（如美国和法国[①]）；从公共经济责权在纵向维度的配置格局考察，可以划分为单一主权结构型（通常称为单一制，如法国）和双主权结构型（通常称为联邦制，如美国）；从公共经济民主决策机制构成角度，可以划分为以间接民主为主的民主制（大多数国家）和间接民主与直接民主并行制（如瑞士）；从立法权配置格局角度，可以划分为一院国会制、有主有次的两院国会制（如英国的下院和上院、法国的国民议会和参议院）和两院均权型国会制（如意大利）。此外，还可以从国家元首性质角度，划分为定期改选的实权总统制（例如美国）、定期改选的虚位总统制（例如德国）、君位世袭的虚君共和制（例如英国、荷兰、日本）和多名最高行政首长集体负责、集体决策、轮值主席制（如瑞士）。

尽管资本主义公共经济体制形式纷繁复杂，但因为它们都是在资本所有制市场经济基础上由大体相同的公共经济生产关系决定的，所以，它们普遍具有至少四项体现本质规定性的特征：1. 或大或小范围的公民集体以直接或间接民主方式对整个公共经济活动行使主人权利，而国家机构拥有的公共经济责权来源于公民集体的委托。这体现在公民不仅有权选举产生立法机关、行政首脑，而且还有权充任国家机构所有职位、直接参与公共经济管理，有

---

① 尽管美国和法国的最高治权划分与运作方式存在许多差别，但两国公共经济责权在议会、总统、最高司法机关之间的划分至少存在三个方面的共同点：(1) 法国和美国总统都由公民直接选举产生；(2) 法国的国民议会议员和美国众议院议员也均由全国公民直接选举产生；(3) 法国的宪法委员会和美国联邦最高法院都有违宪审核裁决权。

权通过自己选举产生的议会监督所有公共经济活动和公职人员履职行为，也有权通过各种渠道直接行使公共经济监督权利。2. 委托国家机构行使的公共经济责权，在横向维度上按照分工协作原则分别配置于议事（立法）、执行（行政）、司法三类一级公共机构及其次级公共机构，既讲求事有专责、保证效率，又注重相互制衡、防止权力滥用。3. 在国家机构受托公共经济责权的纵向配置维度上，较为普遍地按照公共物品受益范围在不同层级公共机构之间实行程度不同的分责分权。4. 公共经济责权最高受托代理主体职位大多实行民选任期制，且其履责行权须受人民代议机关的监督制约，只有在少数采用虚君共和制国家的虚位元首继续延用血缘世袭制。

在具有上述几项本质层面内在规定性的基础上，一些国家的公共经济体制形式在特定的社会结构、历史条件和文化传统影响下表现出某些特殊性。这里以下述四国为典型案例略作分析。

英国作为最早实行资产阶级民主的国家，自 1688 年“光荣革命”至今，虽然期间不断变革演化、与时俱进，公民概念的外延和议会两院的地位作用等都已今非昔比，但其公共经济体制形式的基本内核依然是议会至上、内阁行政、单一主权的虚君共和制。在这种体制形式下，公共经济活动的最高决策权和监督权掌握在民选的下议院手中，由在下议院拥有多数席位的政党组织内阁掌握行政权，分别由内阁首相和政府内务部提名、经国王形式化批准任命的大法官和法官在中央与地方法院具体执行司法权；国家公共经济责权按照公共物品受益范围的层次性分别配置于中央、郡（包括行政郡、郡级市、都市）、区（包括市区、乡区、自治市镇）和教区四个层级以议会为核心的公共机构具体行使，以分工协作方式共同负责向本辖区居民提供各种公共物品，中央政府运用财政、行政、立法手段对地方公共经济活动施加一定程度的控制和监督，而各级地方政府在职责范围内拥有较为充分的自治权。

德国现行公共经济体制形式从法律基础考察，以一战结束后 1919 年通过的魏玛宪法①为历史源头，而以二战后根据魏玛宪法在实践中暴露出来重要缺陷、特别是法西斯政党上台执政的沉痛教训于 1949 年 5 月通过的《德意志联

① 魏玛宪法通过明确规定由联邦政府权限体现了由中央政府提供公共物品的种类，并且在“公共经济货物之生产、供给、分配、定价”的概念下直接表述了联邦政府提供公共物品的公共经济职能，尽管它是在狭义上使用这一概念的。——参见马啸原：西方政治制度史［M］. 北京：高等教育出版社，2000：289.

邦共和国基本法》为直接依据。其基本内涵包括：1. 在整个公共经济责权配置的基础环节，突出了以公民普选权为保障的人民民主和对公民各项基本权利的维护。宪法明确规定："德意志联邦共和国是民主的和社会福利的联邦制国家。所有国家权力来自人民。通过公民选举和投票并以立法、行政和司法机关行使国家权力。""所有德国人根据其能力、资格和专业水平享有同等的担任公职的机会。"2. 在国家和各州最高公共机构受托承担公共经济责权的横向配置环节，实行以联邦议院为主的两院议会内阁制，由人民普遍直接选举产生的联邦议院在公共经济决策中居主体地位，① 内阁是责任内阁，总理是实权总理，而总统则是不赋实权的虚位国家元首。3. 在全国公共机构受托承担公共经济责权的纵向配置环节，强调以各州为基础、以联邦为主导的原则，实行中央与地方之间分工明确、责权清晰的公共经济分级治理，为此将立法权明确区分为联邦"专属立法权"、联邦与州"共享的立法权"和联邦"原则性立法权"三类，其中联邦立法权限非常广泛，而各州立法权相对狭窄，仅限于在未明确授予联邦立法权限、联邦与州共享立法权范围内独立立法以及在联邦原则性立法之下制发具体细则，② 联邦基本法对此有十分明晰明确的表述。通过作为国家根本大法的《基本法》对公共经济体制的各个维度做出系统而明晰的规定，实可谓德国公共经济体制的一大特色。③

美国是一个没有封建制历史包袱的资本主义大国，其公共经济体制形式

① "联邦议院的职权主要是立法权、批准预算权和政府部门的监督权"，"德国议会的立法权力主要是掌握在联邦议院的手里"，联邦参议院的立法权、财政权和监督权都是参与性的。——马啸原：西方政治制度史［M］. 北京：高等教育出版社，2000：312、317、319.

② 马啸原：西方政治制度史［M］. 北京：高等教育出版社，2000：312.

③ 现代各个国家的公共经济体制框架都是在宪法这一最高层次的立法中确定的，但是，像联邦德国这样在宪法中将公共经济体制的各个维度规定得如此全面和深细，则是极为罕见的。《德意志联邦共和国基本法》不仅以第83条专门规范"联邦和各州之间职权的划分"，以第91a条规定了"州属任务的联邦参与"，而且在其"第十章　财政制度"中明确划分了联邦与各州之间的财政支出责任和财政收入权，其中：第104a条专门规定了"财政支出负责范围、财政帮助和责任"，"第106条收益权、财政拨款"和"第107条地方税收，州际财政平衡，补充拨款"分别规定了联邦与各州之间的财政收入权划分和政府间财政转移支付。以作为国家根本大法的宪法较为明确地就公共经济体制的各个维度做出系统规定，显然有利于增强公共经济体制的权威性、严肃性，从而保持公共经济体制的稳定性、连续性。

以政府对民间经济主体干预相对较少、公共经济责权在三权分立基础上相互制约力度最强为主要特色。在公共经济体制的基础维度上，公民通过直接预选方式提名国会两院议员、总统、州议会议员和州级、地方级主要公共职务的候选人，通过正式选举最后决定这些公共职务的担当者，其中：公民选举产生的各级议会履行公共经济立法和监督责权，公民选举产生的总统、州长等各级政府首脑履行公共经济行政责权，由联邦与州行政首脑和议会按照法定程序任命的各级法官掌握司法审判权，公民作为公共经济主人和整个公共经济责权委托者在这里得以体现。在公共经济体制的横向维度上，公共经济立法层面的决策权归属联邦参众两院和州、地方议会，公共经济执行层面包括临机决策在内的行政权归属联邦总统、州长和地方政府首长，司法审判权归属联邦和各州法院；在立法、行政、司法三权分立的基础上，不仅三项公共权力之间而且国会两院之间又通过相互交叉而形成制衡机制，用以防范任何机构、任何掌权者个人滥用公共权力侵害人民利益和危害国家。其中，立法权与行政权之间的相互交叉制衡主要表现在总统拥有立法创议权、法案签署颁布或搁置否决权，国会拥有法律创议权、审议通过权、财政预算审批权和对总统的弹劾罢免权；立法权、行政权对司法权的制衡主要表现在法院必须依照法律进行司法审判裁决、法官由总统提名后经参议院认可才能任命，而法官一旦被任命，则在不被判决犯罪的情况下终身任职，并且对行政命令、行政措施和国会通过的法律拥有司法审查权；国会两院之间的相互制衡表现在包括对总统弹劾在内的绝大多数公共事务的立法和监督职权，均由两院共同行使，任何一院都没有说一不二的公共权力。在国家机构受托公共经济责权的纵向维度上，实行以州为联邦基础、联邦与州公共经济责权界限泾渭分明的分权治理机制，一方面，除宪法赋予联邦政府的 18 项权力之外，其余所有公共经济责权全部由各州及其人民保留；另一方面，联邦通过财政拨款补助方式引导、鼓励州和地方提供某些公共物品的事项自 20 世纪 30 年代罗斯福新政以来逐步增加；在各州内部，州与所属地方政府之间也按照公共物品受益范围明确划分各自的公共经济责权，实行分级治理。

瑞士作为欧洲大陆上独立建国时间较晚的联邦共和国，其公共经济体制形式框架由以 1848 年宪法为基础的 1974 年《瑞士联邦宪法》所确立。主要特色体现在 5 个方面：1. 源于传统的直接民主制传统（14 世纪农业地区地方官吏仍由全体人民大会选举产生），以全民公决形式由公民直接进行公共选择的直接民主色彩较浓、成分比重较高。宪法规定，瑞士公民无论对于联邦和居住州的公共事务都拥有两项主要的直接民主权利：一是以全民公决方式行使的立法复决权，包括修改宪法、通过与宪法有关的法律、签订15年以上的国际条约或加入国际组织的法案，在议会两院通过后，均须交由全体公民以投票方式复决才能成立；联邦议会两院通过的法律，如果公民存有异议，在征得5万有选举权的公民（占全国总人口的7.1%）签名，或征得8个州（瑞士总计有23个主权州）支持的情况下，也必须提交全民投票公决；[①] 二是公民倡议权，即公民对修改宪法、修改或废止某些法律、新立某些法律均有倡议权，只要征得8万名有选举权的公民签名后，就可以将所提出的建议作为“公民倡议”提交联邦议会两院审议，两院经过审议无论做出何种结论，均须再提交全民投票表决方为有效。尽管就全国人民公共利益的重大公共事务以提交全国人民公开投票进行公共选择的规定也见诸法国、德国、意大利等欧洲大陆国家宪法，但只适用于极少数特别重大事项，且均由国家最高权力机关发起，而以自上而下和自下而上相结合方式就更多涉及公共利益的重要事项举行全民公决的情况则仅为瑞士所独有。此外，有的州至今仍保留着传统的公民大会，由州委会主席主持，公民自由发言，讨论并决定本州的重要公共事务，选举产生本州的执行委员会委员。[②] 2. 作为国家最高权力机关的国会两院权力均等。瑞士联邦议会由国民院和联邦院组成，拥有极为广泛的立法、预算、监督、军事、外交等公共事务审议决策权力。议会两院的公共经济权力完全均等，对各类议案的审议顺序均无先后之别，也可同时列入两院议程；审议结论的权威性也无轻重之分，任何一项议案只要被其中一院最终否决，该项议案便不能成立。3. 最高行政机关多名首脑以集体负责、集体决策、轮值国家元首方式行使职权。瑞士的国家最高权力执行机关是由七名委员组成的联邦委员会。委员会的所有成员均由联邦议会从具有国民院议员候选人资格的瑞士公民中选举产生，以集体领导、集体决策方式履行公共经济责权，须有四名以上委员出席才能议事决策。委员会中各成员地位平等、互不从属，没有领导与被领导关系。委员会主席和副主席由联邦议会从7名委员中任命，任期一年；主席不得连任，任期内负责主持委员会会议、领导

① 须由全民公决做出决定的还有一些其他情形。

② 马啸原：西方政治制度史［M］. 北京：高等教育出版社，2000：379、381.

政府工作，有权发布命令、采取紧急措施，对外代表联邦履行程序性、礼仪性职责。4. 在遵循州主权和利益服从联邦的前提下，各种分权自治。瑞士实行联邦与州双重主权制，各州以主权单位构成联邦成员，拥有自己的疆界、宪法、法律、州旗和公共经济治理权，以及无损联邦及他州利益前提下的对外缔约等自主权，联邦有责任保障各州行使其自治权利。① 5. 高度重视各种有形公共物品的提供和管理。瑞士联邦实行“大部制”，联邦政府总计只设7个部，其中专司各种有形公共物品提供职能的“公共经济部”排于首位，尔后依次是军事国防部、司法公安部、财政部、内政部、外交部和运输能源部，足见其对公共经济认识层次之深、重视程度之高。②

（二）演进趋势

上面我们以概述普遍特征与分析典型案例相结合的方式，主要从实质内涵层面，就作为几百年历史发展结果的现存资本主义公共经济体制形式进行了简要的静态考察。应该说，如果到此为止，我们对资本主义社会形态下的公共经济体制还难以形成全面而辩证的认识，尚不足以从来龙去脉、发展变化角度深刻把握资本主义公共经济体制，因此，有必要就资本主义公共经济体制的发展历程和演进趋势进一步加以分析研究。

资本主义社会公共经济体制是以资产阶级民主为核心内容的，其直接源头至少应该追溯到以海上国际贸易为主要经济基础的威尼斯共和国和荷兰联省共和国。

其中，位于亚得里亚海北岸的威尼斯共和国，以687年经民主推选产生第一位总督为标志建立，而以1797年5月12日国会多数票赞成投降拿破仑·波拿巴为标志灭亡。资本主义公共经济体制之所以要溯源于威尼斯共和国，首先在于它是由资产阶级（尽管是商业资产阶级）统治的，其次在于它是以资产阶级民主为国体的。在总计有几十万人的商业城市国家中，以体现市民民主的大议会为最高立法和监察机关，由其选举产生行使行政权的参议院和作为国家首脑的总督，三者按照分工原则共同掌握公共经济的最高治理权。尽管公民选举权受到财产资格和门第限制，并且在1325—1600年期间曾经由于十人委员会实际上独揽一切权力而在很大程度上蜕化为寡头独裁性质，但

① 马啸原：西方政治制度史［M］．北京：高等教育出版社，2000：376、380－382.

② 马啸原：西方政治制度史［M］．北京：高等教育出版社，2000：380.

其公共经济体制的基本架构一直存在。由于这种由商业资产阶级为中坚的混合民主型公共经济体制比较有效，致使威尼斯共和国不仅能够存续千年以上、在西方世界海上商贸领域称霸长达五百年之久（自公元1000年左右开始到1500年左右衰落），而且在其产生和繁盛时期以朝气蓬勃的创新精神创造发明出几乎一整套属于资本主义混合经济基础设施层面的法律制度（如1474年颁布的堪称世界第一部专利法的《发明人法》）、商业经营与融资工具（提货单、汇票、信用证、银行、保险）和最早的市场经济服务型民间社会中介组织（1581年通过专门法律准予成立威尼斯会计师协会）。

荷兰联省共和国起源于尼德兰革命（自1566年开始）过程中由荷兰北方各省和南方部分城市代表共同组建的三级会议。它作为反西班牙组织“乌特勒支同盟”的最高权力机关，于1579年宣布荷兰地区脱离西班牙统治，1580年宣布废黜腓力二世、成立“联省共和国”，直至1609年在西班牙对英对法战争均告失败的背景下腓力二世不得不默认联省共和国独立。在荷兰联省共和国，由各省民选代表组成的联省议会作为最高权力机关，拥有国防、外交、财政税收等重大公共事务的决定权；由基本自治的各省选派代表组成的政务院作为最高行政机关，主要负责军队和财政管理。基于这种资产阶级民主制的公共经济体制，荷兰联省共和国在其黄金年代以政治上相对开明、宗教政策宽容著称于世，不仅大大激发了本国人民发展经济社会事业的积极性和创造性，还从欧洲各国吸引来很多遭受迫害的思想家、科学家、艺术家和工匠，从而促使荷兰在经济、文化空前发展基础上于17世纪崛起为欧洲强国。①

基于上述，将威尼斯共和国和荷兰联省共和国的治理体制视为整个资本主义公共经济体制产生及演进的源头，不仅具有时序层面的合理性，而且即使从公共经济实践角度考察，它们作为历史上最早产生的资产阶级共和国也确实为其他后发的资本主义国家提供了很多可资借鉴的有益经验。

再就每个资本主义国家自身来说，其公共经济体制的内容和形式也都是随着国内国际各种相关因素的变化而不断演进的。对于各个资本主义国家而言，虽然这种演进的具体内容和时间进程有所不同，但普遍存在三种很强的基本趋势：一是对公民权、选举权和出任公共职位所规定的各种不

---

① 马啸原：西方政治制度史［M］. 北京：高等教育出版社，2000：385－387.

合理资格（如财产、门第、种族、性别等）限制由高到低直至取消，从而使公共经济决策于监督的民主化程度越来越高；二是与民主大众化趋势相联系，大资本集团对公共经济决策的支配性影响不同程度地趋于减弱；三是各资本主义国家公共机构受托公共经济责权在纵向维度上的配置格局呈现中和趋势——原来中央集权程度较高的国度，公共经济责权或快或慢地朝着向地方分散方向发展，例如德国，国家公共经济责权在第二帝国时期较多地掌握在中央政府手中，而自德意志第二帝国倒台以后，从魏玛共和国到德意志联邦共和国都不同程度地强化了各州自治权；原来地方分权色彩非常突出的国度，通过改革逐步强化了中央政府的公共经济责权，例如美国，自20世纪30年代罗斯福实行新政以来，公共经济责权越来越多地向联邦政府方面转移。

（三）政党在公共经济体制中的角色

依法登记的政党在公共经济活动中发挥重要的组织领导功能，不仅是国外资本主义公共经济体制区别于以往社会公共经济体制的一个重要特征，而且是构成现代资本主义国家公共经济选择与监督机制的核心要素之一。

在存在利益显著分化的历史条件下，政党作为基于特定经济关系而拥有共同立场和意识形态的社会集团（阶级、阶层或某种利益和价值观群体）借以代表和表达其利益、凝聚公共经济政策主张的团体组织，是各社会集团影响乃至主导公共经济运行的重要中介。[①] 这种政党产生并在公共经济生活中合法开展活动，是资产阶级领导其他劳动群众通过与封建统治阶级进行长期斗争而致公共权力开放的结果，并且构成近代以来人民社会自由和民主权利的一项重要内涵。其中，有的政党先是以秘密方式产生，而后经过斗争迫使现存政权让步或通过夺取政权获得合法地位而进入公共经济运作体系；有的政党则是根据法定的政党制度经过登记组建形成，而后通过参加竞争性选举过程而进入公共经济运作体系。已经进入公共经济运作体系的政党在现代公共经济活动中所扮演的基本角色，就是借助本社会集团民众支持，协调本集团一致行动，分别以执政党、参政党甚至在野党身份参与

① 在18世纪英国近代著名政治家、保守主义政治理论家埃德蒙·伯克（1729年-1797年）所给的定义下，政党是“大家基于一致同意的某些原则，并通过共同奋斗来促进国家利益而团结起来的人民团体”。

公共经济政策选择过程，为本集团争取公共经济权力，从而实现本集团的公共利益或共同价值目标。

在民主型公共经济体制中，之所以需要政党扮演上述角色，主要机理有三：其一，或大或小范围的公民虽然拥有了公共经济主人资格，但单个公民势孤力薄，其利益诉求很难左右公共经济政策取向，而如果由众多利益和政策偏好大体相同的人依照“抱团取暖”原理通过组建政党而汇集成一个大规模群体，就有可能以共同发声方式促使共同体的公共经济政策不同程度地反映包括自己在内的本集团公共利益。其二，单个公民参与公共经济决策过程存在明显的信息不对称劣势，而借助于参加某一政党，不仅可以通过汇集众人掌握的信息得以克服信息不对称之弊，同时产生群策群力之效，而且政党还可以通过设立专业性智库搜集信息、研究政策和策略，从而在提炼形成公共经济政策策略方面获得优势。其三，通过政党的组织功能不仅可以协调本党党员一致行动，而且能够通过党组织和广大党员开展宣传舆论工作，动员更多无党派公民投票支持本党候选人而赢得竞选，进而借助于执政地位实现本集团的实际利益或价值目标。这就是资产阶级民主型公共经济体制建立以来，政党随之产生并且经久不衰的根本原因。

在资本主义公共经济制度演进过程中，政党制度也随之逐步发展变化，其基本趋势，一是党禁逐步放开，即从严格限制渐渐走向依法规范；二是随着普选权的实现和福利国家政策的实施，通过武装革命推翻资本主义制度的无产阶级革命党逐步失去存在的社会基础和发挥作用的历史条件，致使主张民主社会主义的各左派政党代之而起，成为代表劳动人民利益参与公共经济运作的政治组织。

一个经过合法登记的政党是逐步成长壮大还是自生自灭，除了社会基础因素之外，主要取决于它所依托的社会集团力量和自身的组织结构、政策策略设计能力。目前世界上大多数国家实行竞争性政党体制，其中经过长期参与公共经济政策选择过程而获得民众广泛认可的政党已经形成大体稳定的格局，各主要政党已成为现代公共经济活动中提炼公共经济政策、凝聚公民大众公共经济意愿和组织推选各层级公共机构领导人的重要组织力量。这些政党虽然所代表的社会集团存在着一定差别，但在广大公民拥有普选权的情况下，为了赢得更多选票巩固执政地位或争取上台执政，它们所提出的政策主张都必须尽可能照顾或覆盖大多数公民的利益，因而导致它们的竞选纲领在实质内容方面趋于中性化，彼此差别并不大。这既是现代国外公共经济中政党制度和广大选民逐步趋于成熟的重要表现，同时也表明，在选民逐步成熟的情况下，公共经济体制中存在的政党间竞争机制，将不会妨害公共经济政策相对稳定，并且有利于使公共经济政策适当照顾到广大劳动阶级选民的利益。此外，政党间围绕获得或保持执政地位而开展相互竞争，还有利于通过强化相互监督，促使执政党谨慎执政和整个公共机构廉洁自律。

尽管政党在资本主义公共经济中扮演重要角色不仅具有客观必然性，而且也确实发挥了许多积极作用，但同样有大量历史事实表明，建立在私人资本主义经济基础上的政党制度也是导致公共经济失灵的一项重要因素。这具体表现为：一是政党通过竞选轮流执政、任期届满重新“洗牌”的机制，导致各政党为了争取更多选票无不倾向于采取能够迎合选民近期利益诉求的施政纲领，从而引起执政党施政行为短期化，即注重采取那些能够短期见效的政策措施，而不惜牺牲国家和人民的长远利益；无不遵循“囚徒困境”的博弈逻辑，对涉及大众福利支出的公共经济政策只做加法、不做减法，以致积弊丛生和政府债台高筑。二是在实行议会和总统平分最高治权的混合型公共经济体制国度，如果议会多数席位与总统又分属于政治倾向相互冲突的不同政党，这种复杂局面虽然有利于通过相互制衡同时避免议会和总统滥用公共权力，却很可能因为两党不问事理对错一概相互掣肘而导致公共经济决策低效、绩效受损，从而影响经济社会发展、损害国民公共经济利益。三是如果宪法本身存在固有缺陷和选民自身理性不成熟，在特殊的历史背景下，很可能给诡计多端的野心家通过利用政党工具以蛊惑人心的煽动性宣传舆论蒙骗选民从而赢得选举以可乘之机，他们上台执政后再利用宪法规定的公共权力配置缺陷实行事实上的独裁统治，推行一系列极端错误的公共经济政策，给国家和人民造成灾难性后果。1932 年，希特勒为党首的纳粹党通过选举成为德国国会中第一大党，而后作为党首的希特勒又在一部分垄断资本家代表的支持下由兴登堡任命为政府总理；次年在由纳粹党主导、由党卫军护选的国会选举中，纳粹党得票进一步增加到 43.9%，[①] 加上作为其伙伴的民族人民党所得的 8% 选票，使得希特勒凭借国会多数议席的支持而正式组阁，为其颠覆民主政治制度、改行法西斯独裁统治铺平了道路，继而制定实施一系列军

① 马啸原：西方政治制度史［M］. 北京：高等教育出版社，2000：296－297.

国主义公共经济政策，将整个国家拖上了四面出击侵略别国的战车，[①] 以致最后一败涂地，不仅给其他国家造成大量人员伤亡、财产损失，而且使德国人民也深受其害。西方民主政治制度失败的这一著名案例，给公共经济体制设计留下了严重教训。

五、国外资本主义时代公共财务运行机制的进化

如同其他社会形态一样，资本主义公共经济也需要以公共财务资源的筹集、配置和监管为载体提供各类公共物品垫付成本，通过公共物品价值的再生产来支撑公共物品使用价值再生产循环往复、连续不断。而筹集、配置和监管公共财务资源的形式与机制本身，也是随着社会生产力水平、公私生产关系和经济交往方式等基础因素的变化而不断演进的。

（一）公共财务资源运行机制的民主化

公共财务资源来自于社会成员私人财产权利的让渡。然而，致力于私人资本增值的资产阶级出于保护自身利益的动机，对公共财务资源筹集天然具有抵触乃至抗拒的倾向，何况在资本主义产生、发展初期封建国家向民间经济主体所进行的课征并不完全、甚至主要不是以满足社会成员公共需要、实现公共利益为宗旨的。因此，在欧洲率先成长起来的资产阶级，面对封建国家以各种理由提出的征税要求，先是自发地、而后逐步自觉地借助本民族流传下来的原始民主传统和机制，持续不断地以温和请愿或暴烈战争等各种方式加以抵制。经济实力愈益强大的资产阶级协同广大农民和城镇手工业者一起，通过前赴后继的长期斗争，迫使封建统治者不得不以法律形式与之达成未经人民同意不得征税的社会契约，由此首先争得了公共财务资源筹集方面的民主权利。继之，为了限制封建君主借口满足公共需要而无休止地增加新税，进一步通过斗争获取了对公共财务资源配置和以借债平衡公共财务收支缺口等施政行为加以监督控制的民主权利。因为资产阶级带领广大劳动群众向封建国家争得公共财务资源筹集、配置和监控运行的权利是以集体力量和共同斗争方式实现的，既然如此，那么，这种权利也就只能以选派代表组成

---

① 纳粹党首希特勒上台组阁执政后，通过大量发行政府债券挽救了在大萧条中几乎崩溃的国内经济，通过大量扩军、实施战时经济政策成功地解决了严重的失业问题，同时对内镇压反对党、推行独裁统治，对外宣称打破凡尔赛枷锁，夺取“生存空间”，尔后相继于 1936 年、1937 年与德国、日本、意大利签订联合反对共产国际协定，在欧洲和亚洲同时发起侵略战争。

某种合议机构来集体行使。这种选派代表形成的集体合议机构就是议会，在社会最高公共机构层面就是国会。同理，围绕公共财务资源筹集、配置和运行监控而产生的由人民集体拥有和行使的权利，共同构成了包括税收民主、财政支出决策民主和对财政收支实施综合监控的预算民主在内的财政民主。财政民主是整个资产阶级民主以及后来大众化民主的基础性内容，其他民主都是由其生发扩展而来。

财政民主本身不仅从内容方面由税收到支出，进而到预算和决算逐步扩展，而且参与集体决策和监督的主体也随着强大的工业无产阶级登上历史舞台而逐步由资产阶级扩展到不设财产资格限制的所有成年公民。

财政民主的产生和发展作为一项最直接的根本性因素，使资本主义国家公共财务资源运行的各方面和全过程发生了根本性变化。

（二）公共财务资源筹集形式和管理机制

资本主义生产方式上升为主体地位之时，以货币为媒介的商品生产和交换已经成为经济交往的普遍形式；即使在君主立宪制国家，王室也仅保留用于满足整个家族生活消费需要的私人财产，其他资产则变为公共性的国家财产，卖官鬻爵已被禁止。

在这样的条件下，公共财务资源的筹集形式变得相对单纯，常规性公共收入形式主要有：直接或间接征自居民的各类税收，国有资本经营利润和出租出售收入，包括特许经营权出让在内的国有资源出租出售特许经营收入，包括特定公共服务规费在内的公共物品使用费收入，与处罚违法犯罪行为相联系的罚没收入和有价证券溢价增值收入。调剂性公共收入主要是公共债务收入。通常情况下，在公共收入总额中，各类税收收入占绝大比重，其他常规性收入和债务收入仅处于辅助地位。这些种类的公共收入几乎全部以货币形式获得，纳入各级政府金库，形成货币性财政资金。

公共财务资源的筹集管理机制已经根绝包税方式，常规性公共收入全部由财政、税务等专司部门或由相关部门在公共物品提供过程中附带课征收取；公共债务收入由财政部门借助于国内外金融市场通过公开发售方式实现。与提供公共物品责权由各级公共机构承担相适应，大部分公共财务资源通过各级政府分设机构分级独立征收方式筹集；对那些属于两级以上政府共同分享的收入，一般采取由某一级征收机关统一征收、按规定比例分别入库的方式加以处理，但也有部分国家采取多级政府分别课征的情况，例如美国联邦与州就各自征收属于本级的所得税。

（三）公共财务资源配置及其与公共财务资源筹集的平衡

公共财务资源配置和各级政府公共财务资源供需总量平衡都是通过作为公共财务收支平衡表的预算实现的。资产阶级领导广大劳动群众争得预算民主，导致了政府预算性质和功能的根本性变化，即从主要作为筹集、配置公共财务资源并使二者相互连接起来的技术工具，转变为通过民主性公共选择决定公共经济政策和对公共财务资源配置、使用实施精细化控制管理的主要机制。加之包括财政领域在内所有公共职位以竞选和公开竞争性考试方式无差别地向所有公民开放，显著提高了公共财政管理人员的理论知识和业务技术素质，以致公共机构科学编制和有效执行政府预算的能力得以不断提升，大大促进了政府预算管理方法的科学化，从而使公共财务资源的配置和使用绩效得到保障，奴隶制、封建制时代以皇族为主的统治者利用公共财务资源大肆修建归极少数人享用的宫殿、陵墓、苑囿等挥霍浪费问题得到根治。因此，公共财务资源配置、使用和供需平衡控制技术水平的提升进程，在资本主义生产方式上升为主体、资产阶级成为统治阶级以来的几百年内远远超过此前数千年。

当然，这只是事情的一个方面。不容忽视的另一个方面，就是资本主义国家公共财务资源配置及其与公共财务资源筹集的平衡领域仍然存在着一些突出问题。其中，以下两个问题最为明显：

一是由于大资本集团在一些国度公共经济决策中支配性影响依然较强，致使公共财务资源配置仍存在与公共经济本质属性相异化的现象。这突出地表现在将过多的公共财务资源用于非正义战争和过度军备竞赛所产生的支出，不仅挤压了本来可以用于解决民生领域公共性问题的公共财力，而且给本国人民造成不必要的战争伤亡和财力消耗，给受侵略国家的人民造成多方面战争伤害，同时迫使相关国家也不得不将较多公共财务资源用于自卫性的国防军备。特别是少数经济实力强大的霸权国家运用雄厚的公共财务资源率先开发基于核能和生物基因技术的大规模杀伤性武器，对整个人类生存都构成了严重威胁，更是其公共经济具有严重异化性质的外化表现。

二是由于实行多党通过竞选轮流执政的公共选择制度，加之很多选民也侧重关注近期公共福利的保持和增加，导致各政党为实现长期执政或重新上台执政的狭隘政治利益目标，无不采取迎合选民当前和近期对公共福利诉求的竞选策略以求赢得更多选票，从而大多倾向于制定实行短期见效的公共经济政策，不仅在常规性公共财务资源配置方面忽视对关系国家长治久安的重要公共物品投入，而且不惜以过度负债为代价超前扩大公共物品提供规模、超前提高公共福利保障标准，以致预算赤字总额愈来愈多、公共债务规模难以控制、财政风险愈来愈大、公共财务运行的可持续性不断遭遇挑战。例如美国，不仅纽约市、宾夕法尼亚州、底特律市等地都曾因为公共债务危机而致政府破产，而且联邦政府的债务率也多年居高不下，累计赤字越滚越大。再如希腊、西班牙、意大利等欧洲国家，由于脱离国情与其他国家攀比实行公共福利政策，在2008年开始的世界性金融危机冲击之下，于2010年前后相继发生公共债务危机，导致其现政府纷纷倒台，其后遗症至今仍未治愈。

（四）公共财务监管机制的强化

相比于以君主独裁专制为主的奴隶制、封建制时代，资本主义时代公共财务运行机制得以改善的另一个突出表现，就是公共财务监管机制得以显著强化。这种强化主要是通过以下途径实现的。

1. 立法机关凭借最高公共权力对政府财政运行的各方面和全过程实施监督

在现代资本主义各国，作为人民代议机构和立法机关的国会无不将财政、税收、预算立法和运行监督作为主要职能。在各国议会活动的日程安排中，财政事务几乎都占据最大比重，不仅极为重视各种财政收入立法和政府预算法案的审议批准，而且高度重视借助于对政府财务报告实施严格审查机制密切监控公共财务运行的可持续状态。由于立法机关在资本主义国家横向公共经济体制中居于首要地位，对负责编制并执行公共财务预算、筹集并运用公共财务资源的狭义政府拥有拒绝通过预算、进行质询，直至以通过不信任案方式迫使政府集体辞职的高强度制约权力，由此而使议会监督成为整个公共财务运行监督体系的中流砥柱。

2. 拥有独立法律地位的审计机关对政府财政及其所属各部门财务运行实施专业监督

现代资本主义各国无不设立相对独立于狭义政府的审计机关专司公共财务监督职能。多数国家的审计机关直属于国会，直接向国会负责，有权调阅审查狭义政府及其所属各部门财务、资产、负债等各种相关资料，除了每年经过例行的年度财政审计向国会提交综合性审计报告外，还可根据需要随时开展各种专项审计。对于综合审计和专项审计中发现的问题，既可以向国会报告，也有权针对问题直接向政府及其财政部门、其他公共部门提出改进管理的建议。因为审计机关专司公共财务监督，聚集了很多财务专业素质技能很高的人才，因此，他们几乎在每个国家都是实施公共财务监督的中坚力量。

3. 政府财政部门依托对公共预算编制和执行综合管理职能对其他公共部门财务运行实施的监督

政府财政部门作为本级公共财务和预算管理的中枢，不仅对其他公共部门财务和预算拥有法定的综合审核调处权，而且通过行使对本级公共预算编制和执行的综合管理职能可以掌握大量公共财务运行信息。鉴于财政部门具有这些优势，多数国家都赋予同级政府财政部门对其他公共部门财务和预算实施业务监督的责任和权力，使之成为政府内部维护公共财务秩序、防控公共财务风险、消除财务管理漏洞、确保公共经济绩效的力量。在这方面做得最好的首推法国。法国财政部通过向同级各部门和各省、市普遍派驻财政监督官副署财政资金支付令的方式，对全国财政财务运行实施有效的行政监督，对保障财政预算有效运行和财政资金安全有效使用起到了明显效果。

为了确保财政部门在公共财务资源筹集、配置和监管过程中有效发挥职能作用，大多数国家不仅在政府部门序列设计层面将财政部门置于突出和优先位置，而且依法赋予财政部门有效发挥综合监督管理公共财务和公共资产职能所必要的职责权限。例如，早在 1717 年，英国内阁一般都推举财政大臣担任主席；在整个 19 世纪，财政部一直是中央政府最重要的部门；直到现今，英国首相仍兼任第一财政大臣，而负责财政部日常管理工作的财政大臣在阁员排位中也仅次于内政大臣、大法官、外交和联邦事务大臣。[①] 再如，美国联邦政府财政部在同级各部门中的排位仅次于国务院，现代法国第五共和国的经济、财政和预算部（通常简称财政部）在中央各部排位序列中仅次于计划和国土整治国务部，现今德国联邦政府财政部在各部中的排位仅次于外交部，[②] 而俄罗斯联邦财政部在目前 21 个政府组成部门中排名也仅次于外交部、内务部而居第三位。

---

① 马啸原：西方政治制度史［M］. 北京：高等教育出版社，2000：118 - 119、144 - 145.

② 马啸原：西方政治制度史［M］. 北京：高等教育出版社，2000：204、256、321.

4. 公众、媒体、在野党监督

在现代西方发达国家中，除受托公共经济机构内部各层次监督之外，公众、媒体和在野党也都拥有对公共财务运行进行监督的法定权利。任何一个公民都有权了解公共财务预算信息，对滥用公共财务资源行为可进行投诉控告。特别是在各层政府分级运用辖区公共财务资源提供本区公民受益的公共物品的分权型公共经济体制下，由于强化了公共财务资源运用与辖区公民利益的相关度，有效地调动了公民对辖区公共财务运行进行监督的积极性。各种基于纸质载体、广播电视和互联网的新闻媒体为了扩大自己的社会影响力，无孔不入地搜集对公共财务运行领域出现的负面消息而后无情地向社会公众发布，其监督功能也极其强大。早在19世纪后期，美国新闻媒体就曾开展过著名的“扒粪运动”，向民众曝光了包括食品制造掺杂使假和预算管理混乱、公共财务资源滥用等骇人听闻的真相，由此开启了美国以治理腐败为核心内容的进步时代，不仅催生了由纽约市政府1908年编制的美国历史上第一部现代预算，而且促使联邦国会于1921年通过了旨在实行全面预算管理的《预算和会计法案》，自此将美国政府预算管理推入现代轨道。多党竞争制下的在野党出于争取上台执政的强烈动机，无不将目光聚焦于执政党政府包括公共财务运行在内的所有履责行权过程中存在的问题，以其作为推翻对手夺取执政地位的斗争武器。这种监督同样是无孔不入和不留情面的。

5. 推行预算绩效管理

随着各种利益相关主体对公共财务运行监督机制的不断加强，公共财务基本步入规范运行轨道，旨在防范公共资金滥用浪费的公共财务安全问题逐渐退出人们关注的视野。从20世纪末叶开始，以1993年美国国会通过《政府绩效和结果法案》为标志，西方发达国家逐步将公共财务监督管理的重点转向提高公共财务资源配置和使用绩效上来，所采取的主要措施就是不断深化推进预算绩效管理。[①] 在推进预算绩效管理过程中，西方发达国家在预算管理实践中，一方面施行了以松动专款专用约束、强化最终效果导向和增强激励机制为主要内容的改革；另一方面，加强了预算项目绩效事前评估、事中监控和事后考评等监督措施，取得了比较明显的效果。

---

① 王熙：美国预算制度变迁及其对中国的启示［J］. 中央财经大学学报，2010（2）：16－17.

六、国外资本主义时代公共经济的历史作用

纵观资产阶级上升为统治阶级以来的发展进程，建立在社会化大生产和资本私有制基础上的公共经济以其生产关系、体制形式、生产力要素的先进性，有力地促进了科技、经济、文化、社会等各方面加速发展，以致人类社会在这短短三四百年时间内所创造的物质财富、精神文明和社会进步成果远远超过了奴隶制、封建制时代几千年。

正因为资本主义社会形态下相对先进的公共经济对包括民间经济在内的混合型社会共同体发展进步所发挥的推动作用十分巨大，因此也不可避免地加速了资本主义生产方式各种内在矛盾的积累，而后者在社会领域必然表现为以工人为主体的人民大众与资本家集团之间的阶级斗争日益激化。工人阶级带领其他劳动阶级强烈要求获得与资产阶级同等的公共经济治理权利，甚至借助于第一、第二次世界大战中各列强互相残杀的有利时机，在世界资本主义体系的一些薄弱环节率先通过暴力革命夺取政权，建立起以公有制为基础、劳动人民当家作主的社会主义新制度。这种足以构成资本主义制度生存危机的客观局势，逼迫资产阶级不得不通过扩大民主范围的政治改革措施适当改良资本主义的公共经济生产关系和作为其外化形式的公共经济体制，由此引起资本主义公共经济活动范围暨公共物品提供结构自 19 世纪后期以来得到持续不断的扩展。这就是德国俾斯麦政府于 19 世纪 80 年代率先建立社会保障制度和 20 世纪 40 年代末以来西方发达国家相继实行福利国家政策的真实、深刻和根本性动因。对此，恩格斯早在 1895 年完成的《家庭、私有制和国家的起源》一书中就曾针对德国国会相继通过三个社会保障法案指出：“阶级斗争和争相霸占已经把公共权力提升到大有吞食整个社会甚至吞食国家之势的高度。”“但也例外地有这样的时期，那时相互斗争的各阶级达到了这样势均力敌的地步，以致国家权力作为表面上的调停人而暂时得到了对于两个阶级的某种独立性。”俾斯麦掌权的德意志帝国出台改善工人阶级生活境况的法案意在使“资本家和工人彼此保持平衡”。这从德皇威廉一世为动员帝国议会议员通过社会保障法案时发表的《黄金诏书》中下述这段话也可以得到证实：“社会弊病的医治，一定不能仅仅依靠对社会民主党进行过火行为的镇压，而且要积极促进工人阶级的福利。”这再清楚不过地表明，俾斯麦政府制定实施社会保险立法并非出于对工人阶级的人道主义关怀，而是作为“一种消灭革命的投资”。针对资本主义国家放宽公民及其选举权的财产资格限制，

恩格斯接着说："国家的最高形式，民主共和国，在我们现代的社会条件下正日益成为一种不可避免的必然性……这种民主共和国已经不再正式讲什么财产差别了。"①

至于资本主义国家二战后推行福利国家政策的具体原因，可以从下述几个背景性因素得到说明：1. 资本主义国家工业化使大批农民变为产业工人，造就了大批现代无产者，但随着工业技术进步、资本有机构成不断提高，失业工人数量日益增加，社会阶级矛盾趋于尖锐化，加之苏联通过几个五年计划迅速加快了经济社会发展、凸显了社会主义制度优越性，从而威胁到资产阶级统治秩序和资本主义制度生存，客观上向资产阶级国家提出了发展保险福利的需求。② 2. 社会生产力不断提高增强了国家依托征税渠道的财政汲取能力，为国家通过财政转移支付实施国民收入再分配、建立完善社会保障和公共福利政策提供了公共经济实力基础。3. 无财产资格限制的普选权在工业发展先进国家率先实现，扩大了广大民众对公共经济的民主权利，各合法政党之间围绕上台执政而进行的选票竞争，又有利于广大民众改善社会保障、提高福利水平、实现公平正义的公共需求进入各党派竞选纲领。4. 20 世纪 30 年代世界性经济大危机将资本主义制度弊端暴露无遗，致使英国经济学家庇古在《福利经济学》和凯恩斯在《就业、利息和货币通论》中③先后提出的国家干预政策思想，得到主要资本主义国家官方较为广泛的认可。5. 西方长期以来形成的宗教慈善观念、扶贫济困传统、人本主义思想和自然权利学说，是欧洲率先推行福利国家政策的有利文化铺垫。

资本主义时代公共经济生产关系、体制形式的不断改进，公共物品提供范围的持续扩展，取得了多方面积极成效：一是通过实施福利国家政策干预市场机制、扩大社会需求，为经济增长扩大了内需、拓展了市场，有效缓和

---

① 恩格斯：家庭私有制和国家的起源［A］．马克思恩格斯选集第 4 卷［C］．北京：人民出版社，1995：172－173.

② 由于苏联相继实行几个五年计划使这个农业为主的国家迅速上升为世界第二大工业强国，间接地加剧了资本主义制度的生存危机。对此，西方著名历史学家阿诺德·J. 汤因比曾说："1931 年，世界各地所有的人都在认真地思考并坦率地议论着西方的社会制度也许失败和不再起作用的可能性。"——转引自斯塔夫里阿诺斯：全球通史：从史前到 21 世纪［M］．吴象婴等译，北京大学出版社，2006：689.

③ 他们的政策主张是分别在庇古 1920 年初版的《福利经济学》和凯恩斯 1936 年出版的《就业、利息和货币通论》这两部名著中系统提出的。

了在资本积累推动下社会生产无限扩大与有支付能力的市场需求相对缩小之间的矛盾，不仅使经济较快地恢复到战前水平，而且出现了长达三十多年的经济持续繁荣。二是客观上确实改善了工农大众的社会政治地位和物质与精神生活。三是基于第二种成效，在很大程度上实现了资产阶级推出这些改革或者说让步措施的初衷，相对缩小了各阶级之间的收入分配和生活水平差距，较好地发挥了弥合社会矛盾的效果，至少抑制了无产阶级贫困化和根源于此的阶级矛盾日益激化趋势，促进了社会和谐稳定，并在一定程度上熨平了周期性经济危机的波动幅度，使社会下层人士渐渐地相信"没有必要再去寻找革命的替代方法：用以进行任何必需的改革手段已经具备"，[①] 从而逐步消除了通过革命方式解决社会问题的根本动因，使得本已摇摇欲坠的资本主义制度和资产阶级统治重新恢复平稳。

然而，由于资本主义公共经济毕竟是建立在私人资本所有制基础之上，尽管它可以通过提供抑制经济垄断和推行福利国家政策等公共物品，在一定时期内使资本主义生产方式固有的各种经济矛盾和社会阶级矛盾得到很大程度的缓和，但最多只是延长了资本主义生产方式的寿命，而没有也不可能彻底消除资本主义制度的病根。正因为如此，在一系列具有治标"疗效"的公共经济"药剂"作用下，资本主义生产方式的内在矛盾转而以隐蔽形式朝着深化方向继续积累和发展，一遇经济社会领域发生较大诱发因素就会不可抑制地爆发。20 世纪 70 年代发生的世界石油危机，就是引发西方发达国家资本主义制度病根发作、导致经济持续繁荣和社会相对稳定的"黄金时期"骤然中止的主要诱因之一。其后，以美国为首的主要资本主义国家经济转入增长停滞与通货膨胀并存的"滞胀"阶段，基于经济增长的税收收入相对萎缩，而此前因推行福利国家政策而被推高的财政支出却难以削减，只得用透支未来的公共债务来填补巨额财政赤字，而财政赤字的大量积累反过来又会加剧通货膨胀、妨碍经济持续增长和与此密切相关的就业。如此恶性循环，愈演愈烈，曾经被视为资本主义制度救命良方的凯恩斯主义政策宣告失灵，福利国家政策也遭遇财力支撑困难、减损商品国际竞争力和滋生"自愿失业"的道德风险等多方面挑战。为了应对这些挑战，美、英、法、德、日等诸多资本主义发达国家从 20 世纪 70 年代末开始，相继采取国有企业民营化、政府

① 拉夫尔·密利本德：英国资本主义的民主制［M］. 北京：商务印书馆，1988：25.

“瘦身”、更多地将市场竞争机制引入公共经济和从严控制货币供应量、降低基准利率、放宽金融监管等所谓“新公共管理运动”和经济改革措施。这些措施在增加经济活力、降低通胀率、抑制公共债务加速积累势头等方面取得一些成效，但放松金融监管又导致金融衍生产品过度泛滥、经济杠杆率失控、经济泡沫过大，终于在2008年以美国率先发生“次贷危机”为突破口引起世界性金融危机，并经由金融危机恶化债务链风险引爆以希腊、西班牙、意大利为重灾区的欧洲政府债务危机。在号称当今世界头号富户的美国，由于普通工人的工资长期被压抑在较低水平，贫富差距愈来愈大，① 身处经济下层的广大人民群众不满情绪逐日郁结，以致2011年9月17日上千名示威者发起“占领华尔街”运动并在不到一个月的时间里从纽约蔓延至华盛顿、波士顿、芝加哥、旧金山等许多重要城市；各种犯罪行为愈来愈多，以致美国监狱人满为患。地处东亚的日本，主要由于20世纪80年代后期地产泡沫破裂引起经济停滞衰退而一蹶不振，导致政府债务居高不下、失业率持续高企，而大量失业和“未充分就业”又与在职劳动者“过劳死”并存，② 日益沉重的生存压力、过度紧张的劳作之苦、改善生活境遇的希望渺茫致使不少下层民众因苦闷抑郁而厌世轻生，自杀率呈逐年上升趋势。由于国内各种经济和社会矛盾在繁荣的表面之下与日俱增地不断积累和日趋尖锐化，为了转移广大人民的视线并出于增加军火生意、保持世界霸主地位、维持资本主义制度生存等多方面考虑，自20世纪80年代末以来，美国一方面借助于苏联、东欧社

---

① 这种现象在资本主义国家具有相当程度的普遍性，只是在美国更为突出。据联合国1994年《人口发展报告》披露，在此前的50年中，世界收入增长了7倍，人均收入助长了3倍。但持续增长的巨额收入在国内和国际上的分配却都是不公平的：“1960－1991年间，占世界人口20%的最富有的人所拥有的世界收入从70%增加到85%……而20%最穷的人所拥有的收入则从2.3%下降到1.4%。”——转引自斯塔夫里阿诺斯：全球通史：从史前到21世纪［M］．吴象婴等译，北京大学出版社，2006：792－793.

另据有关分析，1980年以来，美国国民收入中有大约15%从最穷困的90%人口转移到最富有的10%人口手中——托马斯·皮凯蒂：21世纪资本论［M］．巴曙松译，北京：中信出版社，2014:72.

美国基尼系数由1979年的31.6%上升到2016年的41.5%，升幅达31.3%。——裴祥宇：金融化背景下美国贫富差距的扩大及其影响［J］．福建师范大学学报哲学社会科学版，2020（1）：102.

② 斯塔夫里阿诺斯：全球通史：从史前到21世纪［M］．吴象婴等译，北京大学出版社，2006：792.

会主义国家经济政治体制内在的弊端和由此引起的人民不满情绪，通过以偏概全的舆论宣传煽动混淆民众视听，并以给予经济援助为欺骗性诱饵，在社会主义制度的大本营接连发起所谓“颜色革命”“天鹅绒革命”，导致苏联解体、东欧剧变，并据此宣告社会主义制度作为20世纪遗产而终结。另一方面，在中东以反恐名义先后发起伊拉克、阿富汗战争，同时在利比亚、叙利亚、黎巴嫩、突尼斯和南亚的缅甸、柬埔寨等第三世界国家以“阿拉伯之春”“颜色革命”等方式展开颠覆现政权活动，并于近年来挥舞关税大棒四面出击，向包括中国、俄罗斯和作为其盟友的欧盟、日本开展贸易战。这活生生地验证了恩格斯在1886年做出的一则著名论断：“在今天这个大工业和铁路时代，国家总的来说还只是以集中的形式反映了支配着生产的阶级的经济需要。”①

总之，资本主义公共经济无论就其根本性质还是历史作用而论，都具有二重性特征：一方面，作为从公共经济本质属性基本异化的专制型公共经济向以公有制为基础的人民民主型公共经济过渡的中间环节——在这个环节上，社会成员集体本来拥有的民主权利丢失于漫长的奴隶制、封建制时代后又开始逐步复得，② 属于一种内涵逐步扩大的民主型公共经济。因为与奴隶制、封建制社会公共经济相比，它显然具有先进性，所以，能够自产生以来的几百年内对科技进步、经济发展、社会生活、人民自由产生巨大的解放和促进作用，从而在物质技术基础、公共经济体制形式③和社会推动力量等方面为人类社会走向更高阶段准备了愈来愈充分的必要条件。但是，另一方面，由于它

---

① 恩格斯：路德维希·费尔巴哈和德国古典哲学的终结［A］．马克思恩格斯选集第4卷［C］．北京：人民出版社，1995：252.

② 正如美国独立战争时期的著名思想家托马斯·潘恩在1791年出版的《人的权利》论及美国革命性质时所指出的：美国独立并建立新政体国家是“在政府的原则和实践方面的革命”，而不是从宗主国分离出来独立建国这样一种“无足轻重的事情”。“世界上先前发生的革命没有任何让人类大多数人感兴趣的东西。”“早期的征服和专制剥夺了人类的诸权利，现在它正在恢复这些权利。”——斯塔夫里阿诺斯：全球通史：从史前到21世纪［M］．吴象婴等译，北京大学出版社，2006：521.

③ 对此，恩格斯曾经指出：“可以设想，在人民代议机关把一切权力集中在自己手里、只要取得大多数人民的支持就能按照宪法随意办事的国家里，旧社会有可能和平长入新社会，比如在法国和美国那样的民主共和国，在英国那样的君主国。”——恩格斯：1891年社会民主党纲领草案批判［A］．马克思恩格斯选集第4卷［C］．北京：人民出版社，1995：411.

仍然建立在资本所有制基础之上，未能彻底消除资产阶级对公共经济政策的支配性影响，因此，它不可能根本改变公共经济本质性异化状况。正如恩格斯所指出的："资产阶级共和国就是资本主义生意人的共和国；在那里，政治同其他任何事情一样，只不过是一种买卖。"[①] 既然如此，那么，作为其现实行动主体的资本主义国家，也就既不可能彻底消除对国内广大劳动阶级群众的剥削压迫，也不可能根本改变按照"丛林法则"对其他相对弱小的民族国家实施侵略欺压的强盗行为，而对被其视为异类的社会主义制度及其国家所持的敌视态度[②]同样会依然如故——在20世纪第二个10年，当俄国通过"十月革命"开辟了人类社会发展历史新纪元、建立起社会主义制度之初，14个资本主义国家就立即纠集在一起，企图帮助俄国内部反革命势力将新生的苏维埃社会主义政权扼杀于摇篮之中；二战之后，美国联合几乎所有资本主义国家口径一致地对社会主义各国实行经济封锁和军事冷战。对于社会主义中国，以美国为首的资本主义国家更是一以贯之地实行武力威胁与和平演变[③]政策，从杜鲁门、杜勒斯到特朗普前赴后继，从朝战、越战到对台军售、支持"藏独""疆独""台独""港独"接连不断。近年来，特朗普政府则重点针对中国发起以征收超高关税为主要内容的贸易战，甚至在抗击作为人类共同敌人的新冠病毒性肺炎斗争过程中，他还出于赢得竞选连任的狭隘政治目标不忘污名化中国。美国采取这些敌对性措施的直接目的在于试图阻止中国的和平崛起进程，其深层动机则不仅是为了维护其摇摇欲坠的世界霸主地位，更重要的是出于对中国社会主义制度的敌视。

第四节　其他国家社会主义时代的公共经济

社会主义社会是在资本主义生产方式内在矛盾发展到极为尖锐的阶段必

---

① 恩格斯：致弗·阿·左尔格［A］．马克思恩格斯选集第4卷［C］．北京：人民出版社，1995：717.

② 早在1947年，美国时任总统H.S. 杜鲁门于同年3月12日致国会的咨文中就提出"以遏制共产主义"作为国家政治意识形态和对外政策的指导思想，后来被称之为杜鲁门主义。

③ 1957年4月23日，美国国会议员杜勒斯在纽约发表演说，明确提出了和平演变社会主义的六项政策。同年6月，他又在旧金山发表演说，明确提出要将中国和平演变的希望寄托在中国第三代或第四代身上。在杜勒斯的鼓吹下，美国的艾森豪威尔政府正式提出了"和平取胜"战略。

然要产生的人类社会形态。在这种社会形态下，生产资料实行公有制，生活资料实行按劳分配，整个国民经济在社会公共机构自觉制订和实施的计划调节之下运行，在旧社会残余势力被降伏以后，基于经济关系的阶级逐步消亡，阶级斗争已不再居于社会生活的主要地位。这样，尽管基于维护生产资料公有制、按劳分配制度和防御外部侵略的需要，社会公共机构还必须以国家形式存在，但其职能已由对内实行阶级剥削压迫转向通过提供各种必要的公共物品，正确处理人与自然之间的关系、调节人民内部矛盾、保护社会主义生产关系和防止外部敌对势力的侵袭，确保所有社会成员过上日益美满幸福的物质和精神生活。

一、社会主义公共经济的基本特征

作为取代资本主义公共经济而合乎逻辑地产生的一种新的公共经济类型，社会公共经济一方面必然会继承和吸收人类历史上创造的一切优秀文明成果；另一方面，它又是以社会主义公有制经济和人民民主政治为基础的，因而也必然会在运行和发展方面呈现出一系列基本特征。

（一）以最广泛的人民民主为根本属性的公共经济生产关系

所有社会主义国家宪法或宪法性文件无不以首要条款开宗明义地确定国家的一切权力属于人民或者劳动者，而且没有任何一部社会主义国家宪法对公民权和公民选举权、被选举权设定财产、门第、种族、民族、性别限制。在关于公民权利与义务的宪法条款中，一无例外地都明确规定人民以直接和间接方式集体决策并监督所有重要的公共事务，以及依法执行公共事务的所有公共机关的履职行为。与此同时，也会以不同方式的文字表述规定所有公共机关都是为人民服务的，都要以其职能行为向人民及其代表机关负责，定期向人民及其代表机关报告工作、自觉接受监督；所有公共部门的职位向一切符合德才素质和年龄条件的公民开放，其中，政治类公务员由人民直接选举或由人民推选的代表依照法定程序选举产生，业务类公职人员则依法通过公开竞争的考录方式选拔任用。这些规定，以最直白、最充分的方式凸显出社会主义公共经济生产关系的人民民主属性，人民在公共经济中当家作主的地位不要说与奴隶社会、封建社会相比有着天壤之别，即使已经具有民主性质的资本主义公共经济制度也不能与之相比，因为后者在很长时期内对公民权、选举权、被选举权都设置有财产资格限制，而社会主义公共经济的人民民主自始就不设财产资格类歧视性限制，从而彰显出其民主的彻底性、广泛性、普遍性和一步到位的迅速性。此外，社会主义公共经济的民主性从不受有产集团的影响，在社会生产资料高度公有化的情况下自不必言，即使在改行以公有经济为主体、多种经济成分并存的市场经济体制下，社会主义国家也从不放弃或动摇公共经济的人民民主性质，同样不允许任何资本家利益集团对公共经济决策过程产生支配性影响。

（二）着眼于满足社会成员公共需要的公共物品提供结构

基于公共经济生产关系的人民民主性质，社会主义国家公共物品提供结构消除了发生系统性异化的根源。正因为如此，尽管由于不同发展阶段上国家所面临的国内外环境有所不同，从而使得国家不同时期提供的公共物品结构在满足人民根本需要与表层需要、长远利益与当前利益的比重上表现出某种差别；尽管受制于社会生产力发展水平及由此决定的国家财政汲取能力、承受能力，也会导致不同国家或同一国家不同时期所提供的公共物品总体规模和品种结构客观上存在明显差异，但是，就本质而言，不论在任何国度还是同一国家的任何时期，社会主义国家公共物品的提供结构都是着眼于满足绝大多数社会成员公共需要、实现广大人民公共利益的。

尽管如此，也不能不排除或者忽视社会主义国家提供公共物品结构有可能会出现两种偏离常规的情形：一是基于公共经济治理能力的局限而使公共物品结构发生供需错位的偏差；二是由于公共经济体制存在某种程度的弊端而导致公共物品提供结构方面出现某种程度的异化。第一种情形并非出于主观故意，这是显而易见的；尽管不能以此作为忽视对此类问题加以认真解决的理由，而是需要通过切实提高公共经济治理能力加以避免。第二种情形虽然与第一种情形具有不同性质，因为它是受托执行公共经济责权的公共机构故意而为，更需要坚决防止和克服，但在不超过临界点的限度内，并不会因此而从总体上改变公共物品提供结构由绝大多数社会成员公共需要所决定的根本性质。

通观社会主义国家各国相关情况，公共物品提供结构方面出现的问题，一般是由社会生产力发展水平、公共经济体制完善程度、公共经济治理能力这样一些非主观故意所导致的，而不像建立在私有制基础上的那些社会形态那样，公共物品提供结构必然而经常地向实现某一特定阶级、阶层的集团需要和局部利益倾斜。因此，社会主义国家公共物品提供结构缺陷所反映或体现的社会矛盾，或者是受制于人与自然之间的矛盾，或者是基于公共经济活动主体认识水平、治理能力的局限，或者根源于不同群体之间的人民内部矛盾，而不像私有制社会那样属于统治阶级与被统治阶级之间的对抗性矛盾。对于这些问题，必须针对其产生原因而分类施策地解决。其中，基于社会生产力及由此制约的公共财务资源筹集能力不足而产生的公共物品提供总量规模不足和结构落后问题，要通过坚持不懈以发展经济为中心、加快科技进步、提高社会劳动生产率来解决；基于公共经济活动主体认识水平和治理能力不足而产生的公共物品提供结构错位问题，要通过提高执政党和国家相关公共机构理论素质、业务水平、改善公共经济管理机制来解决。至于因公共经济体制缺陷而导致公共物品提供结构发生异化的问题，则需要执政党通过推进党风廉政建设等政治改革措施尽快加以认真解决。

（三）旨在保证公共经济有效运行的公共经济体制

作为社会主义公共经济生产关系实现形式的公共经济体制，本质上是依据社会主义公共经济生产方式的内在要求和保障公共经济有效运行的客观需要设定的。综观社会主义各国的公共经济体制，在横向维度上，无不是以人民代议机关作为同级公共机构中拥有公共经济制度、体制、政策和公共资源配置终极决策责权的最高权力机关，而以行政机关、司法机关作为授权执行机构，后者由前者选举产生、对前者负责、定期报告工作、接受前者监督；而作为领导核心的执政党则负责筛选、提炼、集中人民意愿和需求，提出公共经济立法、体制、政策并物色、遴选政治类公共职位候选人。在纵向维度上，无论实行联邦制还是单一制政权结构，大都根据公共物品受益范围在不同层级公共机构之间适当配置公共经济责权，中央级公共机构负责集中行使涉及国家主权和受益范围覆盖全国人民的公共经济治理责权，地方各级公共机构则负责因地制宜地提供本辖区居民受益的各种公共物品。当然，这是就一般情况而言的，既不排除在现实中有的国家在一定时期内或多或少地在某种程度上发生偏离的现象，更不是说每个国家公共经济责权在横向维度和纵向维度上的配置格局总是一成不变。对于公共经济体制中偏离公共经济生产关系本质要求的问题，需要执政党时常保持警觉，及时下决心采取改革措施加以克服。对于因公共经济体制落后于形势发展变化而出现的不适应问题，则应当根据不同时期国内外形势发展的客观需要，通过及时调整治理理念、不断提高主观认识水平，对公共经济体制进行与时俱进的改革调适予以克服。

（四）服务于全社会绝大多数人公共利益的公共财务运行体系

社会主义公共经济是对资本主义公共经济加以革命性扬弃的产物，作为其基础和主要支柱的公共财务理所当然地要继承并且不断吸收资本主义公共经济实践过程中创造的一切优秀成果。因此，社会主义公共财务运行体系在公共收入、公共支出、公共预算、财务监管、财务报告等各方面自然应当积极吸纳资本主义国家公共财务管理理论与实践中一切科学成分，并且力争做得更好。既然这样，仅从反映公共财务管理技术的公共收入、公共支出、公共预算、财务监督、财务报告等形式来看，很难发现社会主义公共财务运行体系与资本主义公共财务体系之间有多少显著差别。不仅如此，即使从公共财务的职能结构考察，社会主义公共财务也和资本主义公共财务一样，一方面是为提供公共物品筹集、配置和监管财务资源的基本手段；另一方面又是实现整个经济社会平稳运行和协调发展目标的一种重要调控工具。但是，如果就实质内容而论，与资本主义公共财务相比，社会主义公共财务的二重职能却具有完全不同的内在属性——它是为满足社会成员集体公共需要、实现全社会绝大多数人公共利益服务的，从而不受任何特定阶级和集团的私利所支配。

社会主义公共经济的上述四个基本特征，是它区别于以往历史上任何社会形态公共经济的主要标志。换言之，如果一个国家的公共经济从来不具有或者在发展过程中逐步失去了上述基本特征，那么，即使它仍然挂着社会主义旗号或标签，其社会主义性质实际上也已名存实亡。

二、社会主义公共经济的基本演进历程

社会主义公共经济方兴未艾、前程似锦，而其自正式诞生到现在一百多年来艰苦曲折的实践探索则表现为一种演进历程。

（一）巴黎公社闪现的社会主义公共经济曙光

社会主义公共经济实践的源头可以追溯到仅仅存在了 72 天的巴黎公社。尽管它既不是通过共产党有计划地组织领导工人阶级武装起义建立的，也不是以共产党为执政党进行治理的，但是，正如马克思所说：“公社的真正秘密就在于：它实质上是工人阶级的政府，是生产者阶级同占有者阶级斗争的产

物，是终于发现的可以使劳动在经济上获得解放的政治形式。”① 之所以这样说，主要是因为巴黎公社的公共经济治理框架和主要政策措施完全符合人民民主型公共经济的根本属性和基本特征：人民通过直接的、普遍的选举机制产生领导人组成实行集体领导与个人负责相结合的社会公共机构——公社委员会；经人民选举产生的立法、行政和司法官员都是随时可以撤换、没有任何特权的社会公仆，只能领取相当于熟练工人标准的最高年薪，并以法令规定禁止公职人员追求特权享受，包括乘坐豪华交通工具、居住高等住宅和铺张浪费、损耗公共资财。巴黎公社曾发布公告宣示：“我们过去是劳动者，今天是劳动者，将来还是劳动者。我们正是因为代表道德反对邪恶，代表克己奉公反对滥用职权，代表廉洁清正反对腐化堕落，所以才获得胜利——这一点千万不要忘记。”② 巴黎公社虽然被国内外反革命势力联手镇压，但公共权力机构通过夜以继日的高效率工作，在短暂的存续期间内发布了 389 项法令和公告，尽一切可能采取各种政策措施维护人民福利。公社在存续期间向公社社员提供了很多有形和无形的公共物品，包括：通过革命性的改造，把国家由高踞社会之上的机关变成完全服从这个社会、为广大社会成员服务的机关；实行公共机构领导人由人民普选和所有公职向一切品格健全的成年公民开放的公务员制度，组织广大人民管理社会、监督政府，在公共经济责权纵向配置环节上实行分权自治；公共物品提供采取以公共机构为主体、非政府组织（如为满足社区需要而自行建立起来的急救站等）为补充的多元方式；从工资、休息、财税负担、解决生活困难等多方面维护劳动人民切身利益；实施教育改革，宣示教育培训要向所有人免费开放、将宗教从学校教育中去除的教育制度；实行男女平权、性别平等制度等。由此可见，巴黎公社是人民群众在共产国际影响下通过自发的武装起义夺取政权建立社会主义公共经济制度的一次伟大尝试。

巴黎公社之所以最终失败，是由多种主客观因素共同造成的。其中，主观不利因素主要是缺乏成熟的工人阶级政党实施领导，以致产生重大决策失误，如没有乘敌人立足未稳之机及时向凡尔赛发起进攻、未能没收法兰西银

---

① 马克思：法兰西内战［A］．马克思恩格斯选集第2卷［C］．北京：人民出版社，1995：58－59.

② 罗新璋：巴黎公社公告集［M］．上海人民出版社，1978：137.

行资产等，在危急关头难以协调公社内部应对策略的分歧而造成指挥不力。客观因素主要是国内外相互勾结起来的敌对势力过于强大，而公社本身的武装力量相当弱小、寡不敌众；更具基础性的客观原因则在于，社会主义制度取代资本主义制度的历史条件在当时的法国远未成熟。

（二）社会主义公共经济在第一个大国——苏联实践中展现出的基本模式、光辉成就与主要问题

社会主义公共经济虽然在巴黎公社中一闪而过，但穿过不到半个世纪波诡云谲的时光隧道，又随着1917年“十月革命”的隆隆炮响重现于人类世界。第一次世界大战末期，在作为帝国主义体系薄弱环节的俄国，列宁领导的无产阶级政党通过武装革命建立起苏维埃民主政权，为社会主义公共经济在一个横跨欧亚的资本主义大国重新兴起创造了政治前提。承载它的苏维埃俄国和1922年在其基础上扩展而成的苏维埃社会主义共和国联盟，[①] 虽然国土面积最大、自然资源非常丰富并且后来也曾成长为经济和军事超级大国，但在它建立之初的若干年内一直处于资本主义列强和封建国家包围之中，生存环境极为险恶。只是由于它在以马克思列宁主义科学理论武装的无产阶级政党领导之下，分别在国内战争和经济恢复阶段因时制宜地提供了各种有效的公共物品，才得以经受住国内外反革命势力的围困绞杀而顽强地生存下来；尔后，经过生产资料所有制社会主义改造和有计划的社会主义建设又实现了经济社会突飞猛进的发展、综合国力的迅速强盛以致不仅在二战中与美、英两国资本主义大国一起作为同盟国的中流砥柱赢得了伟大卫国战争和世界反法西斯斗争的胜利，而且在战后成为整个社会主义阵营的坚强柱石和仿效楷模。这一过程，充分显示了社会主义制度的蓬勃朝气和无与伦比的优越性。

1. 苏俄以及苏联社会主义公共经济的基本模式

这里所谓的苏俄以及苏联社会主义公共经济的基本模式，是指由苏维埃俄国和苏联宪法[②]规定形成的国体政体所确定的公共经济体制和实际运行框

---

① 苏联1922年成立时由4个加盟共和国组成，1925－1936年加盟共和国扩大到11个，1939－1940年又增加了波罗的海沿岸4个，由此发展为由15个加盟共和国组成的联邦制国家。

② 包括1918年《苏俄宪法》和1924年通过并于1936年、1977年修订的《苏联宪法》。

架。依据这一定义，该模式主要包括以下四点：（1）广大劳动人民在公共经济中当家作主，从而是公共经济责权的委托方；国家及其执政党作为公共经济责权的代理方，是为人民服务的。其具体表现在于，宪法规定苏维埃是由不设财产、性别、民族等资格限制的公民①选举产生的同级公共权力机关，所有公共职位无一例外地向所有公民开放。（2）在同级政权机关中，公共经济的立法、行政、司法责权分别由苏维埃、政府（先是各级人民委员会，后在联盟一级改为部长会议）和法院、检察院②负责执行，但苏维埃作为由人民直接选举产生的权力机关，不仅拥有通过立法程序决定法律和其他重大公共事务的决策权，而且政府和司法机关负责人也要由苏维埃代表大会选举产生，政府和司法机关要定期向苏维埃代表大会报告工作、接受立法机关的监督。（3）苏俄中央和苏维埃联盟、组成苏俄的各共和国和省、组成苏联的各加盟共和国各有其法定的公共经济责权，苏俄中央和苏维埃联盟统一负责执行涉及国家主权和受益范围覆盖全国的公共经济责权，而苏俄的各共和国和省、苏联的各加盟共和国始终拥有相对于中央的公共经济自主权。尤其是各加盟共和国，不仅拥有自愿退出联盟的自决权，而且1944年《苏联宪法》修正案第18条还规定“每个加盟共和国都有权与外国直接发展关系，签订协议并交换外交、领事代表”，并赋予加盟共和国建立自己武装部队的权力。（4）宪法规定苏联共产党为本国的唯一执政党暨领导国家公共经济治理活动的核心，主要以制定提出治国方略、大政方针和提名各级国家机关领导者候选人为基本途径发挥执政作用，并借助于设置在各级国家机关、城市企业和集体农庄的分支组织实施领导功能；各级党组织在发挥领导作用过程中实行民主集中制的决策原则。

---

① 《苏俄宪法》和1924年《苏联宪法》根据当时阶级斗争情况对公民选举权和被选举权规定有阶级出身限制，对出身于剥削阶级和反革命家庭的社会成员不赋予其选举权和被选举权。1936年《苏联宪法》鉴于社会主义改造消灭了阶级存在的经济基础，随即取消了前述限制，将相关条款改为“不问社会出身、财产状况及过去活动如何”皆有选举权和被选举权，从而把政治权利主体扩大为全体公民。

② 1922年苏俄依照《俄罗斯社会主义联邦苏维埃共和国检察机关条例》成立了设在司法人民委员部内的检察机关；1924年依照《苏维埃社会主义共和国联盟最高法院条例》成立了合并设置的苏联最高法院检察院；1933年依照《苏维埃社会主义共和国联盟检察院条例》，联盟和各加盟共和国和自治共和国、边疆区、州、自治州、自治专区、区（市）检察院从法院中独立出来单独设置，主要负责宪法、法律执行情况和司法监督职能。

2. 苏俄以及苏联各时期提供的公共物品

按照不同时期客观形势和主要任务的差别，可将苏俄和苏联公共经济发展分为四个阶段，每个阶段上的公共物品提供结构都表现出不同的特点，并且取得了不同的成效。

（1）战时共产主义阶段（1917—1920 年）

十月革命后，新生的苏维埃政权面临着非常严峻的形势：在军事方面，被推翻的地主和资产阶级不断发动叛乱，英、法、美、日等国则出于对新制度的敌视、惧怕而出兵配合；在经济方面，由于四年世界大战（1914—1918 年）、三年内战（1918—1920 年）的破坏和对资源的挤占，加上 1920—1921 年全国性旱灾造成史上最严重饥荒，粮食和各种生活用品极度匮乏，国民经济几近崩溃。在如此险恶的局势下，俄共（布）及其领导下的政府着眼于维持人民群众基本生活和巩固新生的社会主义政权，主要提供了下述公共物品：①摧毁旧的国家机器，建立新的人民政权。1918 年，及时通过制定实施《苏俄宪法》废除旧的等级制度和教会的一切特权，宣布国内各民族人民权利平等，建立人民民主国家制度，并以国家监察人民委员部为依托对各级政府机关实行广泛的群众性监督。②对关系国计民生的最重要领域实施国有化改造，将银行、铁路、外贸收归国有并由国家垄断经营，同时将工商类私人企业收归国有并由国家直接经营，把国民经济命脉掌握在国家手中，对社会生产、产品分配和国有企业实行工人监督制度。③废除土地私有制，将地主、皇帝和寺院的土地收归国有，尔后分配给农民无偿耕种，并建立部分国营农场。④由联邦人民委员会颁布实施《劳动者社会保障条例》，建立最基本的社会保障制度。⑤实行义务兵役制，组建工农红军，同德国签订《布列斯特和约》，以加强国防、保卫人民和国土安全。⑥着眼于向国内战争前线提供所需物资和人力，实行"战时共产主义政策"：以强制性余粮收集制征用粮食；对未实行国有化的小企业实施监督；取缔市场交换，改组消费合作社，实行食品和主要日用工业品配售制，后期干脆改行免费供应制；贯彻"不劳动者不得食"的原则，实行普遍劳动义务制。取得的主要成效是经过三年多艰苦卓绝的斗争，战胜了国内外敌人和空前严重的经济困厄，巩固了苏维埃政权，为恢复国民经济、向社会主义社会过渡创造了前提和基础。

（2）实行新经济政策阶段（1921—1927 年）

内战结束后，面对破败不堪的国民经济[①]和各方面经济社会矛盾，俄共（布）领导苏维埃政权从国情出发，放弃了原定由战时共产主义政策直接过渡到社会主义的行动计划，改行一整套新经济政策，借助于商品货币关系刺激工农业生产和商品流通，以图尽快恢复国民经济、改善人民生活，同时着手推进生产资料所有制的社会主义改造和政治制度建设。这一阶段提供的公共物品主要是：①实行较为灵活的经济体制和政策，包括：在农业方面，用粮食税代替余粮收集制，允许农民自由支配纳税后剩余的粮食，有限度地允许农民租佃土地和雇佣劳工；在工业生产方面，除涉及国家经济命脉的银行和厂矿企业仍实行国有国营外，将已国有化的小企业退还给私人经营，鼓励个体劳动者自办小企业，允许国内外私人资本经营中小企业乃至国家暂时无力兴办的大中型企业，以租让制、租借制、合营制等多种形式发展国家资本主义经济；在商业领域，用商品买卖（商业）代替直接产品交换，改革货币制度，大力发展商品流通；改革国有经济管理体制，实行分级管理，扩大地方管理权限，在国有企业中推行托拉斯化和辛迪加化改革，扩大企业经营自主权，实行经济核算制；在劳动和分配方面，将义务劳动制转为按劳分配。新经济政策受到广大工人和农民欢迎，调动了公私企业生产经营积极性，促使工农业生产得到迅速恢复。1925 年同 1920 年相比，农业总产值增加 67.2%，超过 1913 年水平；大工业总产值增加 4.5 倍，达到 1913 年的 75.5%，到 1926 年超过战前水平。1921 - 1926 年，多条具有重要经济意义的铁路建成交付使用。随着经济恢复发展，人民生活得到改善，粮食和日用品匮乏问题得到明显缓解，1925—1926 年度大工业工人的月平均工资与 1920—1921 年度相比增加了 1.8 倍。人民生活和经济关系的改善，有效地缓和了社会矛盾、支撑了人民政权的巩固。②国家通过提供财政、信贷、物资支持推进个体手工业和个体商业社会主义改造。1921 年 7 月人民委员会颁布法令，鼓励个体劳动者组织工艺合作社并按行业和地区建立联合社。1922 年初通过信贷合作社条例，成立由国家银行参加股份的消费合作银行，继而把消费合作银行改组为全俄合作银行，加强对各种合作社组织的贷款支持。在农业中也发展了少

---

① 1920 年，大工业总产值、农业总产值与 1917 年相比分别下降 85% 和 21%，粮食总产量甚至比第一次世界大战前的 1914 年还下降 41%。

量合作社组织。③着手推进国民经济工业化，1925 年 12 月召开的联共（布）十四大通过社会主义工业化的方针，决定通过优先发展重工业尽快把苏联从农业国变为工业国，目标是用自己生产的现代化机器设备改造整个国民经济，建立独立的国民经济体系和强大的国防。④在国内战争期间俄罗斯联邦同乌克兰、白俄罗斯、格鲁吉亚、亚美尼亚、阿塞拜疆为抗击共同敌人而建立军事政治同盟基础上，1922 年 12 月 30 日通过缔结条约组建了以俄罗斯联邦、乌克兰、白俄罗斯、南高加索联邦为第一批成员的苏维埃社会主义共和国联盟，并随即以宪法[1]规定构建起联邦制的公共经济体制框架。⑤强化监督机制，改组工农检察院。针对工农检察院[2]工作人员不懂业务、文化水平较低、工作效率差、社会声望下降等问题，根据列宁所作指示[3]对其进行了根本性改造和更新，使之更好地发挥人民监督政府的职能，克服官僚主义，提高公共经济效率。

（3）苏联模式基本形成阶段（1928—1937 年）

在国民经济得以恢复的基础上，鉴于以小农经济为基础的农业不能适应工业迅速发展的需要，1927 年年末召开的联共（布）十五大确定了推进农业集体化方针。自 1928 年开始到 1937 年，苏联连续制订实施了两个经济发展五年计划，集中力量推进国家工业化、加快国民经济技术改造、在国民经济各领域实施社会主义改造。其中，从 1929 年开始，以农民自愿参加为原则，在全国范围内大规模地开展了农业集体化运动，只经过短短 4 年时间，到 1932 年年底基本建立起以享有土地使用权和主要生产资料公有为基础、以集

---

① 1924 年 1 月，第二次苏联苏维埃代表大会通过了《苏维埃社会主义共和国联盟宪法（基本法）》，宪法首先确认了苏联的主权是 4 个苏维埃社会主义共和国联盟，其次规定了苏联国体、政体、国家结构、经济制度和劳动人民的权利与自由等。

② 1919 年 3 月苏俄国家监察人民委员部改组为工农检察院，其主要职责是监督国家行政机关的活动，揭露并帮助纠正国家法律、法令执行过程中的错误，检查各机关对劳动人民申诉的处理情况，创造机会和条件吸引优秀工农群众参与国家管理，以反对官僚主义等。

③ 具体内容见列宁所写的《怎样改组工农检查院》一文，该文载于《列宁选集》第 4 卷。

体劳动为生产组织形式、以按劳分配为分配原则的集体农庄制度。① 农业集体化的实现，既为苏联实现农业机械化、现代化开辟了广阔道路，又为工业提供了大量的资金、粮食、原料、劳动力和广阔的市场，从而给社会主义工业化创造了条件。社会主义工业化，基本目标是以自制的先进技术设备改造国民经济各部门和构建门类较为齐全的现代工业体系，基本依托是迅速推进以钢铁冶炼和装备制造为主体的重工业发展。到"一五计划"期末的1932年，苏联工业产值占工农业总产值的比重已由1929年的54.5%提高到70%，即从农业国变成了工业国；而在工业产值中，社会主义成分占比高达99%以上。到1937年年末，"二五计划"主要指标也全部如期完成，总共有4500个大企业建成投产，与1932年相比，工业总产值增长了120%（其中重工业增长139%，轻工业增长100%），其中大工业总产值增加1倍（比1913年增加了7倍）；农业总产值也改变了"一五计划"期间负增长局面，相比1932年增长了54%。由于机器制造工业的增长为国民经济各部门提供了大量崭新的技术装备，整个国民经济的技术装备程度和现代化水平明显跃升，进一步促进了工业化水平提高和国民经济结构的重大变化。其中，工业在工农业总产值中所占比重提高到77.4%，在工业总产值中生产资料生产和机器制造业占比分别由1929年的39.5%、11.0%提高到57.8%、26.9%，拖拉机制造业、汽车制造业、航空工业、现代化学工业、机床制造业等一系列新的工业部门相继建立起来，形成了比较完整的工业体系和门类较为齐全的国民经济体系。在技术装备水平方面，1937年与1928年相比，工业生产用电量增加6.4倍；因为工业为农业提供了日益增多的机器、拖拉机、汽车等生产资料，使得农业机械动力比重同期内由5.2%增至66.7%，主要田间作业基本实现了机械化。由于工业化和农业集体化的完成，使得苏联不仅由落后的农业工业国变

① 1934年，参加集体农庄的农户占农户总数的71.4%，播种面积比重达87.4%；到1937年，参加集体农庄的农户和播种面积在总农户和总播种面积中的比重分别达到93.0%和99.1%。苏联集体农庄制度的基本特征包括：第一，集体农庄使用的土地和拖拉机服务站的农机具为国家所有，其他生产资料为集体所有，庄员经营家庭副业用的少量生产资料（土地除外）为庄员个人所有；第二，庄员参加集体劳动按其完成的劳动日计算分配报酬；第三，集体农庄实行民主集中制管理，独立经营，自负盈亏；第四，国家对集体农庄生产实行高度集中的计划领导，主要农产品按照以义务交售制为主的多种收购制度和以征购价格为主的多种价格制度由国家统一收购；第五，需要使用机器完成的作业由国有国营的拖拉机站提供代耕服务，集体农庄按耕作量向机器拖拉机站支付实物报酬。

为技术装备比较先进的工业国，而且使工业和农业、城市与乡村之间建立起新的结合，工农联盟在新的基础上得到加强。与此同时，苏联还通过加强对边疆地区的工业投资和企业建设，促使原先落后的各民族地区工业获得比老工业区更快的发展速度，缩小了不同地区工业化水平的差距，并且促使工业、农业、运输业生产力在全国范围内的区域配置发生显著改善。

在这一阶段，由于工农业的共同发展，苏联综合经济实力显著增强。1937 年同 1913 年相比，国民收入增加 3. 6 倍，农业总产值增加 34%，工业总产值增加 4. 9 倍（其中生产资料生产增加 9. 1 倍，机器制造业和金属加工工业增加 18. 8 倍），占世界的 10. 6%，超过德国、英国和法国而跃居欧洲第一，在世界各国中的排名从革命前的第 5 位跃居到第 2 位。尽管总量只相当于达到美国的 32. 7%、人均量则落后于同期各主要资本主义国家，但工业化目标的实现和国民收入总量的大幅增加，显著缩小了与主要资本主义国家之间的差距，确有不可小视的世界意义。尤其是在苏联经济蓬勃向上、迅速增长的同时，当时资本主义世界却正处于三十年代大危机之中，两相对比，凸显出社会主义制度的优越性。

经济较快发展带来普遍就业，而人民民主则使劳动者受到尊重，解决国民教育、医疗卫生、社会保险等领域的社会进步与公平问题随之提上公共经济日程，并获得了必要的制度前提和物质基础。自苏维埃政权建立以来，国家就力所能及地逐步推进以全国人民为对象的多项公共服务。随着两个经济发展五年计划的实施，提高公共服务标准的步伐也逐步加快。在教育方面，1930 年联共十六大提出了普及初等义务教育的任务，并于 1934 年全面实现；1934 年高等学校在 1925 年起设立研究生部的基础上正式建立学位和学衔制度。在社会保障方面，在 1918 年实施《劳动者社会保障条例》的基础上，从 1927 年开始对劳动英雄实行高标准退休保证金待遇，1928 年以国家法令方式从纺织工业部门开始实施退休工人（男 60 岁、女 55 岁）养老金制度，1936 年又以苏联宪法确立了劳动者在年老、患病和丧失劳动能力时享受物质保障的制度。

到 1937 年，苏联在资本主义国家实行包围和封锁的国际环境下，经过 20 年社会主义改造和建设，基本完成了从资本主义向社会主义过渡的主要任务，苏联社会主义经济制度和计划经济体制模式框架大体定型：①消灭了生产资料私有制，建立起国家所有制和集体所有制两种形式[①]的公有制。②社会生产按国家统一计划进行，消灭了无政府状态。③交换采取商品和非商品两种方式，消费品普遍采用商品交换方式，生产资料在不同所有制之间以及在集体经济之间也采取商品交换方式；而在国营企业之间则采取由国家直接调拨的非商品交换方式。④实行按劳分配原则，消灭了剥削。其中，在国营经济中实行多种形式的等级工资制和奖励制，在集体农庄中采用劳动日报酬制。⑤国家对整个国民经济实行集中管理，从中央到地方建立起一整套以部门为主的"部门——地区经济管理体制"。⑥1936 年新宪法进一步明确规定苏联是共产党领导的工农社会主义国家，公共权力机关是各级劳动者代表苏维埃，实行议行合一的政体和集权与分权相结合的联邦制结构。

社会主义基本经济制度的建立，两个五年计划目标的圆满完成，国有经济的发展，集体农庄的建立，教育、医疗、社会保障等公共服务的提供，在显著改善了工人和农民的劳动条件、提升了城乡居民的物质文化生活水平的同时，[②] 大大增强了苏联的综合国力，为此后二战中赢得卫国战争胜利并与美英并驾齐驱地在同盟国中共同发挥主导作用奠定了坚实的经济技术基础。[③]

（4）从第三个五年计划到 20 世纪 50 年代初期（1938—1950 年）

苏联第三个五年计划从 1938 年开始。这时正值第二次世界大战酝酿期，德国、日本、意大利[④]已经串通一气加紧发动侵略战争准备，相关国家之间的矛盾愈发紧张。为此，苏联开始从工业生产结构方面为应对战争预做准备。飞机生产量 1938 年 7500 架，近于上年度（3578 架）两倍之数，1939 年增加到 10382 架，1940 年和 1941 年分别为 10565 架和 15735 架；武器生产量 1940 年达 50 亿美元，仅次于德国（60 亿美元）、相当于英美两国总和，1941 年大

① 到 1937 年，国家所有制和集体所有制形式的公有经济在国民经济中占比已达 99.8%。

② "二五计划"期间苏联国民收入增长了 109%，人民的工资基金增加了 1.5 倍，集体农庄农民收入增长了两倍多。

③ 到 1940 年，苏联经济发展进一步取得显著成就，同 1913 年相比，国民收入增加 5 倍多，工业总产值增加 7.5 倍，其中生产资料生产增加 14.5 倍，机器制造业和金属加工工业增加 33.7 倍，农业总产值增加 41%。

④ 纳粹德国和日本帝国相继于 1934 年退出国际联盟，又于 1936 年 11 月签署反共产国际协定，墨索里尼执政的法西斯意大利则于 1937 年 11 月加入了该"公约"。

幅跃升到85亿美元，超过英、美、德、日、意[1]而雄踞首位。不出所料，纳粹德国在西欧战事告捷之后很快调集3个集团军群、190个师、550万兵力，将战争矛头转向订有互不侵犯条约的苏联，[2] 于1941年6月22日兵分三路以闪电般的速度突然侵入，迫使苏联不得不中断第三个五年计划执行，迅速将人力、物力、财力转入卫国战争轨道。由于彼时苏联在兵员组织训练和军事部署等方面的应战准备相对迟缓，以致战争初期遭受重创，不仅位于欧洲部分领土转瞬间被德国占领蹂躏，就连首都莫斯科也陷入德军重围之中。直到1942年年末、1943年年初，苏联才逐步在战场上夺回主动权，尔后相继组织10次重大反击战役将德军赶出领土，继而乘胜追击，席卷东欧，攻克柏林，取得全胜。

尽管苏联人民通过浴血奋战取得了卫国战争的最后胜利，但德国入侵所造成的损失和破坏极其严重：2700多万人牺牲，1710座城市城镇、81200座工业企业被摧毁，98000多个集体农庄被烧毁劫掠；物质性损失约计25000亿卢布，仅直接经济损失高达6800亿卢布，几近苏联国家全部财富的33%；整个国家的生产力遭受严重破坏，工农业最发达地区经济受到毁灭性损害，最发达的国民经济部门发展被拖后了10—15年。为尽快医治战争创伤，1946年春迅即颁布实施了以恢复国民经济为主要内容的第四个五年计划。在苏共和苏维埃政府领导下，苏联人民以超乎寻常的艰苦奋斗，仅用3年时间就将工业生产恢复到了战前的总体水平。到“四五计划”期末的1950年，与战前的1940年相比，工业总产值增加73%，农业总产值增加22%，国民收入实际增长了64%，铁路货物周转量比1945年增加了几近一倍。在修复生产设施和重建城市基础设施的同时，人民的物质文化生活也得到迅速改善。粮食和日用工业品由战时的配给制度改为按国家统一价格免证敞开供应，城乡居民住宅得到迅速修复或重建。[3] 与此同时，教育、科技等社会事业也取得长足进步：从1949—1950学年起，义务教育年限延长为七年，并通过国有企业开设大中专技术学校和统一开办手工业职业技术学校加速培养“劳动后备军”——熟

---

① 1941年，英、美、德、日、意五国武器产值分别为65亿、45亿、60亿、20亿、10亿美元。

② 1939年8月23日苏德签有《苏德互不侵犯条约》。

③ 5年中，城市修复和重建了两亿多平方米居民住宅，农村修建了270多万所民用房屋。

练技工和管理干部，普通大学得到恢复重建并有所改善提高，新建的莫斯科大学36层主楼成为当时欧洲大陆上最高建筑物。通过大规模投入，[①] 很快恢复了各类科研机构，显著提高了科研部门的社会地位和科学家的劳动报酬，极大地调动了科学研究和技术开发的积极性，迅速形成了一系列先进科技成果：1947年试射P1导弹，1948年10月发射了第一枚弹道火箭（P－1），1949年研制成功大功率液体火箭发动机并成功进行本国第一颗原子弹试验，1950年自行研制成功本国第一台电子计算机（也是欧洲第一台）。

苏联卫国战争取得辉煌胜利和战后经济社会事业迅速恢复发展，在世人面前进一步展示出社会主义制度的优越性和公共经济的强大功能。

（5）20世纪50年代至苏联解体前（1951—1989年）

1951年开始实行“五五计划”，继续朝着更高的社会主义建设目标奋进。在铁路运输方面，1954年货物周转量达到8500亿吨公里，超越美国而居世界第一；[②] 从“六五计划”（1956—1960年）起，开始铁路装备换代革命，到1975年，铁路运输总量中电动机车牵引占比51.7%、内燃机车牵引占比47.9%。国民经济其他领域的发展速度虽然有所放慢，但仍高于资本主义世界各主要国家。在科技方面，1953年夏先于美国成功试爆世界上第一颗氢弹，1954年建成世界上第一个原子电站并造出当时世界上最大功率（10万千瓦）的蒸汽涡轮机，1957年用自行研制的运载火箭成功发射第一颗人造地球卫星、率先进入航天时代，1959年空间探测器“月球Ⅱ号”发回第一张月球背面的图片，1961年4月尤里·加加林乘坐的“东方—1”号飞船进入太空、成为人类历史上第一位进入太空的宇航员，1963年制成导弹核潜艇，1986年发射了人类最大飞行器——和平号太空站，1988年顺利发射暴风雪号航天飞机、与美国航天技术水平并驾齐驱。与此同时，教育、医疗、文化等社会事业继续向前发展，公共福利项目不断增加、标准逐步提高，包括：推行12年制义务教育，各阶段正规教育服务全部免费提供、收费极低的儿童保育制度；在全民免费医疗基础上，对职工实行包括医疗服务、劳动保护和定期度假疗养在内的医疗保健制度；建立覆盖所有退休劳动者的养老保险制度；对各种对

---

① 苏联“四五计划”期间，国家财政对科学的投入规模比战前扩大了2.5倍。

② 本节有关统计资料均来源于苏联中央统计局：苏联国民经济发展七十年［M］．生活·读书·新知三联书店，1988.

国家立有功勋人员提供特殊津贴补贴制度，对发生临时困难家庭给予现金补助制度；[①] 对残疾人及生活困难者予以抚恤照顾制度，[②] 对残疾人实施劳动培训、就业安置并对其安装假肢、矫形器等给予优惠；建立养老院、残疾人福利院、儿童福利院等社会福利机构体系，专门抚养无劳动能力的公民；对妇女生育给予一年期的带薪产假，以便照顾婴儿；向居民提供租金极低的住房和象征性收费的城市公交等。

此外，苏联作为第一个由共产党长期执政的社会主义国家，在其存续期间还根据自身的意识形态提供了特定的国际性公共物品，主要表现在三个方面：一是1919年3月在列宁领导下成立、二战中期（1943年）解散的共产国际，在其存续的24年中召开过7次代表大会、领导过65个共产主义政党和组织，帮助欧洲、美洲、亚洲各国先进工人建立马克思列宁主义政党，协助他们培养了一批革命骨干，为捍卫马克思主义、推动国际工人运动和亚非拉民族解放运动、促进国际共运发展等方面做出了重要贡献。二是在二战时期支持、帮助东欧多个国家和东亚的中国、朝鲜抗击德、意、日法西斯帝国侵略、实现民族解放，并在战后继续支持西方列强殖民地开展独立解放运动。[③] 三是在二战后，作为第一个社会主义大国支持欧、亚、美三大洲一批国家的共产党领导本国人民进行社会主义革命和社会主义建设，并通过建立东欧经互会和华沙条约组织对抗西方国家的武力威胁和经济封锁禁运。

总之，苏俄和其后的苏联作为世界上第一个社会主义大国，在公共经济方面进行了长达74年的实践探索，通过实施一系列公共经济制度，消灭了私

---

① 主要包括：对因生病、工伤等原因暂时失去劳动能力者的补助金制度，对怀孕和生育妇女的补助金制度；对多子女和单身母亲的补助金制度，给予死亡者家属的丧葬补助金制度，对参加职业再教育者的补助金制度，对低收入家庭给予的儿童补助金制度。

② 抚恤金发放对象包括残疾工人、职员、军人和丧失赡养人家庭、养老金水平较低者。

③ 1944下半年，苏联红军在将德军完全赶出本国国土之后，接着以风卷残云之势横扫东南欧，在当地抵抗力量配合下相继解放了罗马尼亚、保加利亚、匈牙利、南斯拉夫、捷克斯洛伐克、波兰和德国东部，于1945年4月25日完成了对柏林的包围，逼迫德国法西斯举手投降。尔后，苏联根据与美、英两国协商达成的意见，于1945年8月8日对日宣战，实施“八月风暴行动”，出兵中国东北和朝鲜北部给予日本关东军毁灭性打击，击毙83000人、俘虏594000人，与美国同时发起的对日战役一起，加速了日寇战败投降的日程。二战以后，苏联在与美国争夺世界霸权过程中一直同情弱小国家，支持这些国家争取独立与自由的斗争，对终结西方帝国主义殖民体系统治也做出了重要贡献。

有制基础上的阶级剥削、阶级压迫，建立起以公有制为基础的计划经济和按劳分配制度；通过制定执行一系列公共经济政策，促使本国经济社会发展取得前无古人的辉煌成就；同时，还面向世界上其他被压迫民族提供了一些重要的国际性公共物品，从而促进了人类社会进步。

3. 苏联公共经济模式存在的主要问题

由于社会主义公共经济与私有制基础上的公共经济在根本机制方面完全不同，不存在可资借鉴的成熟路径和治理方法，加之革命前的俄国长期遗留下来的封建思想文化影响和被资本主义列强经济封锁、武力威胁的特殊国际环境，致使苏联共产党在社会主义公共经济实践探索过程中发生了许多重要偏差、存在着许多突出问题，以致最终酿成自身与所执政的国家一起解体的悲剧，给世界共产主义运动留下惨痛教训。

（1）未能找到社会主义民主型公共经济生产关系的实现途径，在很大程度上使人民当家作主停留在宪法规定和公共职位向公民无差别开放的层面。生产资料公有制经济和以此为基础的公共经济都决定了作为公民的社会成员在混合经济共同体中的主人地位，而这种由主人地位所决定的民主权利又必须以集体方式行使。对于公民在社会主义公共经济中所拥有的主人地位和主人权利，尽管在苏俄和后来的苏联宪法中都有明确的规定，并且规定公民通过选举自己的代表组成国家最高权力机关苏维埃、每个公民都有权担任任何公共职务、有权对执政党和国家机关履行公共经济责权的施政行为实施监督，但是，在具体执行中，却实际上变成了执政党各级组织提名推荐所有公共经济领导职务人选、研究提出公共经济制度和政策，尔后通过民主选举程序产生的人民代表机关根据执政党推荐提名的候选人间接选举各级公共经济活动领导人，并根据执政党的建议形式性地决策体现公共经济制度和政策的法律、计划、预算等公共事务；在执政党内部，党员的主体地位变为空洞口号，各级党委内部的民主集中制实际执行中也在很大程度上变为“一把手”说了算或“诸事定于一尊”的个人专权决断制，并且逐步实行自上而下的干部委任制。如此这般，公共经济权力就逐级集中到执政党机关直至执政党最高领导人手中，从而使公共经济决策、公共经济领导职位人选几乎完全变为自上而下地确定。结果是将人民对于公共经济的主体地位、党员对于党内活动的主体地位架空起来，经济、社会、政治领域的民主管理与监督逐步被无所不在的行政命令和官僚主义的管理机制所取代，从而导致人民的公共经济民主权利和党员的党内民主权利发生实质性流失，甚至在很大程度上变为“具文”。由此而使社会主义公共经济民主的实质内涵只剩下很少几项：一是人民确曾通过定期选举产生代表组成了名义上的国家最高权力机关；二是任何人都既不可能凭借财产私有权获得并世袭公共职务，也没有理由公开谋求等级特权，但一定级别以上的公共经济领导人按照内部规定享有各种特权的情况却大量存在；三是任何人都无权公开拒绝人民实施监督，但这种监督在很多情况下很难产生实质性效果。

（2）公共经济体制中逐步出现公共权力过度集中化倾向。在横向维度上，公共权力逐步集中于执政党，党领导一切；人民选举产生的各级公共经济权力机关苏维埃蜕化成执政党领导层制定政策的“橡皮图章”；党政不分，以党代政，党的机关直接管理国家事务，甚至直接干预司法机关对重要案件的审理判决。在纵向维度上，党的权力集中于中央，中央的权力集中于中央政治局和书记处，中央政治局和书记处的权力集中于少数人或一位核心领导人，加之党内几乎不允许发表与主要领导人不同的意见，各级党组织自下而上的民主集中制[①]被按照主要领导者个人意志自上而下贯彻执行的权力结构所取代，由此形成个人权力凌驾于党和国家之上的过度集权局面，并由此衍生出个人崇拜、官僚主义和形形色色的特权现象，从而严重损害了党和国家的正常民主生活。在国家层面，公共经济权力过度集中于联邦。例如，中央占有90%的国有企业，地方国有企业只占10%。

（3）公共物品提供政策与结构存在偏差，乃至出现逐步加重的异化现象。一是在推进农业集体化过程中较为普遍地出现违背农民自愿加入集体农庄原则的情况，同时通过工农业产品价格剪刀差过度地集中农业经济的纯收入，[②]从而导致农业生产发展一直较为缓慢，甚至在一段时期内农产品总产量绝对下降。二是推进工业化的方针政策过度偏向于重工业，轻工业发展长期滞后，而且过分强调产值、产量而忽视产品质量和品种，从而造成民用消费品长期供不应求、产品质量难以不断提高、花色品种单调划一。三是基于与美国争霸世界而进行的军备竞赛，尽管较快地形成了与美国相制衡的军事技术能力，

---

① 列宁所定义的民主集中制原则是包括中央在内的各级党组织领导层就政策进行自由讨论，并根据多数票原则作出决定；而一旦作出决定，不管是领导人，还是普通成员，都必须不折不扣地执行。这种民主集中制与党组织领导层决策过程中先让班子成员发言、最后由主要领导者可以毫不考虑大家发言内容地做出决断的决策机制完全不同。

② 据计算，1928年用于工业建设的积累基金中有54%来自农业。

但却过分地挤占了公共经济资源[①]，导致经济结构畸形。[②] 四是经济管理机制简单僵化，在很长时期内以指令性计划调节整个国民经济运行，否定价值规律作用、排斥市场机制，抑制了经济发展活力，阻碍了民用科技研发应用和生产工艺改进。五是劣勃列日涅夫及其以后，党政部门和国有经济领域的官僚等级特权逐步强化起来，权贵阶层腐败现象愈益突出。[③] 六是在既难以通过推进经济、政治体制改革调动人民的积极性，又因为等级特权和权贵阶层腐

---

① 20世纪六七十年代，苏联的军事力量迅速膨胀，逐步改变了苏美之间的力量对比。1970年，苏联拥有洲际弹道导弹1300枚，已明显超过美国的1054枚。然而，其代价是苏联军费从1965年的326亿美元增至1981年的1550亿美元，占苏联财政支出的1/3。——资中筠：战后美国外交史下册［M］. 北京：世界知识出版社，1994：598.

② 自20世纪70年代中期开始，苏联经济增长明显放慢、近乎停滞，到80年代进一步演变为关键经济部门的危机：经济结构失衡，呈现出极度的军工经济特征，80年代初期军品占机器制造业的60%以上、军事支出占国民总产值的23%，80年代末上述指标进一步分别提高到80%和28%；与此同时，民用消费品生产长期停滞乃至衰退。加之管理机制僵化抑制了经济发展活力，致使苏联工业增速从60年代的8.4%逐步降至80年代的3.5%；农业增速从60年代的4.3%降至80年代初的1.4%。

③ 苏联官僚阶层特权肇始于1924年1月列宁因病逝世后以保护高层领导人健康为名成立专门机构负责为国家领导人修建和管理专用别墅，此后国家领导人享有的特权种类逐渐增加，以致形成一整套等级特权制度，主要包括：向党政领导干部按职位高低秘密发放从几百卢布到几千卢布数量不等、名目繁多的津贴性“红包”，无偿提供定期疗养和特别医疗服务、宽敞的住宅和豪华的别墅，质优价廉的特供食品和用品等。勃列日涅夫当政的18年中，以“稳定干部队伍”为名使干部委任制和领导职务终身制日趋完善，同时不断提高干部特权标准，使之进固定化和规范化，由此形成一个脱离人民群众的官僚特权阶层。在此基础上，基于官僚特权的贪污腐败逐步盛行，官僚特权阶层的子女也凭借父辈的特权地位轻易地进入最好的大学、毕业后进入待遇最优越的部门并很快走上显贵的权力岗位。与官僚特权直接相关的全国性大案要案不断发生，例如1980年的“黑鱼子酱走私案”涉及300多名干部，使国家遭受重大经济损失。其中勃列日涅夫的女婿丘尔巴诺夫则贪污受贿65万卢布，构成震惊全国的“驸马案”。20世纪80年代后期戈尔巴乔夫执政后，面对官僚特权问题已积重难返的局面，他采取了两面派手法：一面提出通过民主化、公开性克服官僚特权问题；另一方面自己追求特权的热衷程度甚至超过了以腐败闻名的勃列日涅夫，不仅经常收到相当重量的金质、银质和白金奖章，或用贵重金属制作的收藏硬币，个人银行账户上有几百万美元，而且花费多达数亿卢布的财政资金在多处疗养胜地建造总书记官邸，直到苏联解体前夕他还在加紧策划在克里姆林宫改造一套包括厨房、餐厅、客厅、休息厅、两个卧室、办公室和其他用房的总统住宅，后因发生了“8·19”事件才不得不停止；苏联解体后，他还恬不知耻地跑到叶利钦那里要求保留他的特权待遇，遭到叶利钦拒绝。

败而导致社会不满与日俱增的情况下，苏联公共经济决策者转而采取机会主义态度，即以不断增加公共福利的途径来缓解日益突出的社会矛盾。一方面经济活力、经济效率和经济效益不断下降，经济结构越来越趋于畸形，经济增长放缓乃至停滞；另一方面又因为不断增加公共福利而提高产品成本、扩大财政支出，结果是拖垮了整个国家的财政经济。①

（4）对外关系方面以老大自居干预兄弟党和国家内部事务，甚至诉诸武力欺压其他社会主义国家。其具体表现：一是列宁逝世后，苏共借助于在共产国际中的主导地位，不顾别国国情，盲目推行苏俄“十月革命”模式，通过派驻兄弟党的代表和军事顾问发号施令、瞎指挥，给包括中国在内许多国家革命事业造成重大损失。二是20世纪40年代中后期12个社会主义国家建立后，苏联又以社会主义国家阵营的“老大哥”自居，到处推销自己形成的那套社会主义改造和社会主义建设模式，到处指手画脚，对违反其意志的社会主义国家严惩不贷，从舆论声讨、经济制裁直到外交孤立，甚至实行军事干预或占领。三是在社会主义阵营中实行苏联利益至上的大国沙文主义政策，导致东欧一些经互会国家经济结构畸形化，如遇对方不服，则不惜出兵占领（如1968年捷克斯洛伐克）和发动战争（如1969年侵略中国珍宝岛），其结果是造成了社会主义阵营的分裂，削弱了国际共产主义运动的力量。

（5）意识形态

马克思主义政党及其执政的国家理应坚持以马克思列宁主义思想理论作为主流社会意识形态，用以武装广大人民群众头脑、凝聚社会人心、指导公共经济实践。但是，列宁逝世以后，斯大林开始用苏联模式裁剪马列主义思想理论体系，使人们对马克思列宁主义基本原理的认识发生明显扭曲。从赫鲁晓夫、勃列日涅夫到戈尔巴乔夫②则一任胜似一任地偏离马克思列宁主义轨

---

① 据美国中央情报局估计，苏联国民收入年均增长率1966—1970年为5.1%，1971—1975年为3%，1976—1980年为2.3%；而按苏联学者估计，以上三个相应时期的国民收入年均增长率分别为4.1%、3.2%与1.0%。正因为如此，到20世纪80年代，苏联经济总量被日本超过，退居世界第三位。

② 据勃列日涅夫侄女柳芭在1990年移居美国后写的回忆录所言，连勃列日涅夫自己也“不再相信社会主义的胜利、马列主义的原则或者共产主义的前途”。他告诉他的弟弟：“什么共产主义，这都是哄哄老百姓的空话。”戈尔巴乔夫那套直接引起苏共解散、苏联解体的修正主义理论和实践，更是彻头彻尾地背离了马克思列宁主义。至于赫鲁晓夫，其阳奉阴违、言行不一的为人做事，则体现出他完全没有马克思主义者的政治思想品格。

道，连他们自己都既不真正懂得也不再坚定信仰马列主义和共产主义，满脑子都是机会主义、权贵意识和特权思想。由于党和国家高级领导人丧失革命意志、对理想信念麻木不仁，其所作所为与马列主义格格不入，逐步导致人民群众对共产党离心离德，从而引起整个社会对马列主义、共产主义的信仰危机。然而，一个民族一旦失去了正确的思想信仰和积极向上的价值观，注定不再能够朝着光明的共同目标团结奋进，从而必然无可挽回地走向分裂和衰落。因此可以认为，从思想理论方面背离马列主义经典作家创立的科学社会主义轨道，作为赫鲁晓夫、勃列日涅夫、戈尔巴乔夫为首的苏共向社会公众提供的意识形态类公共物品，乃是促成共产主义运动在苏联失败的“无形消解剂”。

上述五个方面的问题，是导致苏共最终被解散、苏联被解体的主要原因所在。据此不仅足以解释为什么苏联中下层党政领导人行为倾向于对上负责而不是对人民负责，为什么以最广泛民主为根本属性的苏联公共经济生活中会产生十分严重的官僚主义、命令主义、形式主义、机会主义，为什么苏共最高领导人会走向追求个人崇拜、实行独裁专断①甚至要搞党内清洗，② 而且也能最终解释为什么苏联共产党逐步脱离群众和许多公共经济政策偏离正确轨道，苏联经济体制改革一直难以深入、国民经济效率逐步降低，以及苏共广大党员为什么会与党中央离心离德，以致在叶利钦宣布苏共解散、苏联解体时未能引起苏共广大党员和苏联人民有组织的奋起反对。

有人将苏共和苏联改旗易帜的直接机理层面归结为：由于从赫鲁晓夫开始进行的所谓经济改革使公有资产和公共经济的支配权逐渐落到少数人手里，国家不再由人民当家作主而是蜕变为官僚权贵阶层的少数人专政。因为官僚权贵阶层不愿意失去自己手中的权力和待遇，并希望把它继续传

① 被二战中断的苏共代表大会制度直到 1952 年才通过召开联共（布）十九大得以恢复（与 1939 年召开的十八大相隔 13 年），中央全会从二战结束至斯大林逝世的 8 年间只在 1947 年和 1952 年开过两次，中央政治局的正式会议也很少开，党和国家的重大事务都是由斯大林及其选择的少数领导成员以秘密方式进行决策，许多重大问题甚至是在斯大林别墅的晚宴上决定的。

② 1937 - 1938 年苏联“大清洗”期间，130 万人被判刑，其中 68.2 万人遭枪杀，不少军界、经济和科学艺术界人士被清肃，任何被怀疑为“反动派”或者“间谍”的公民、侨民都会被关进劳教所，甚至被枪决。这次“大清洗”运动，不仅粗暴地破坏和践踏了社会主义民主和法制，而且严重损毁了宝贵的科学文化资源和干部资源。

给自己的后代，所以在戈尔巴乔夫主导的所谓“人道社会主义”改革中，掌权的权贵们带领对共产主义产生信仰危机的民众最终选择了资本主义——因为只有这样，那些自诩为社会精英的官僚权贵们才可以把他们凭借特权占有的财富合法化。

总而言之，苏联这个在腥风血雨和复杂环境考验中诞生、成长以至鼎盛辉煌的世界上第一个社会主义大国，在存续了74年之后，主要由于公共经济制度本身存在的重要缺陷，未能经受住西方“颜色革命”的冲击而于1991年12月25日最终以自行解体方式谢幕，从而给世界社会主义公共经济发展史留下了很多足以作为后车之鉴的深刻启迪。

（三）社会主义阵营的出现和社会主义各国的公共经济改革

西方列强为了摆脱危机而相互争夺生存空间的第二次世界大战催生了一批社会主义国家。这些国家始则以苏联“老大哥”为榜样进行社会主义改造和建设，继而以苏联为核心形成了与资本主义世界相对立的社会主义阵营。该阵营的成员初期包括苏联、波兰、民主德国、捷克斯洛伐克、匈牙利、罗马尼亚、保加利亚、阿尔巴尼亚、蒙古（1924年成立人民共和国，1992年改为蒙古国）、朝鲜、越南、中国等，之后古巴（1959年）、也门（1967年成立人民共和国，1990年被原阿拉伯也门共和国合并）、老挝（1975年）、安哥拉（1975年成立人民共和国，1990年放弃社会主义道路）、埃塞俄比亚（1987年成立人民民主共和国，1995年改为民主共和国）等国相继加入，最多时达到17个国家。与此相对应，苏东社会主义国家间的经济和军事合作组织也相继建立。其中，经济合作组织是经济互助委员会，由苏联、蒙古和东欧社会主义国家在内的9个成员国于1949年组建成立，尔后古巴、越南分别于1972年、1978年相继加入；军事合作组织是华沙条约组织，由苏联等8个东欧国家基于1955年5月14日签署的《华沙条约》而成立，作为独立国家军事联盟与美国为首的北大西洋公约组织相对抗。南斯拉夫和中国因为在主权、利益和社会主义道路等方面与苏联发生严重分歧而相继脱离了社会主义阵营。

社会主义阵营各国在最初一段时期内都曾仿照苏联模式进行社会主义改造和社会主义建设，但在实践中逐步发现苏联模式中存在不少不利于调动劳动者积极性、创造性和提高经济效率、保障经济活力、改善人民生活的弊端，于是渐次不同程度地独立探索符合本国国情的社会主义发展道路。即便是苏联自己，在斯大林逝世之后，也开始针对斯大林时期经济模式存在的缺陷进行经济改革探索。赫鲁晓夫上台执政不久，就着手工业“经济改革”，将资本主义企业的经营管理方针引入苏联国有企业，“扩大企业经理职权”，实行“个人物质鼓励原则”“加强物质刺激形式”，对经济工作进行“卢布监督”，使“提高赢利率……成为苏联企业活动的法律”，“给予企业以更多的可能性来支配利润”等。勃列日涅夫上台后，于1965年颁布实施《关于完善计划工作　加强工业生产经济刺激的决议》和《社会主义国营生产企业条例》，明令推行以利润为核心的“新经济体制”，规定企业经理、厂长等对企业“负全部责任”，可“不经委托即以企业名义办事”，“对本企业职工发布命令”；有权确定生产计划和销售计划，任意生产利润高的产品；有权买卖生产资料；有权自行招收、解雇和处罚工人，自行确定工人的工资和奖金，并在莫斯科附近的谢基诺化学联合企业开展以通过严格管理提高生产效率为主要内容的“谢基诺经验”，尔后推广到所有国营企业。在农业农村改革方面，1958年苏联政府将集体农庄农产品的义务交售制变为合同收购制，1964年10月苏共中央通过了《关于取消对集体农庄庄员、工人和职员个人副业的无根据限制》的专门决议；1965年颁布实施《集体农庄市场示范条例》，规定无论是集体农庄还是个人都可在市场上自由出售自己的农副产品，其价格由市场自发形成，国家不加干涉；1969年又颁布《集体农庄示范章程》，放宽对个人副业的范围限制，将农户宅旁园地限额增加到半公顷，准许每户饲养10只羊、2头猪、家禽不限；居住在农村的工人、职员、退休者也可获得宅旁园地；国家和集体农庄为发展规定范围内的私人副业创造各种条件，并且降低了个人副业收入的税率。与此同时，还推行了国营农场管理体制改革，对国营农场分期分批地实行完全经济核算制，1967年先在400个国营农场试点，1975年逐步扩大到所有国营农场，核心内容是在生产方面，扩大国营农场的经营自主权，将国家计划指标缩减到主要农产品交售量，农场有权因地制宜地自行安排播种面积、结构、总产量和单位面积产量、牲畜头数、产品率，以及各种农艺措施，超产自卖，利润归己；在劳动方面，国家只下达年度工资基金总额，农场经理有权自行确定包括工程技术人员在内的各类工作者人数、管理机构、管理人员编制和行政管理费，并将劳动组织形式改为包产到组、包产到户；在财务方面，国家只下达利润总额、预算拨款、农用固定生产基金付费三项指标，具体财务计划由农场自行制订，使国营农场必须以自己的收入抵补日常开支，并且可以用经营利润自行扩大再生产；在基本投资方面，国家只下达集中基本投资总额（包括建筑安装工程量）和靠集中基本投资实现的固定资产交付使用额两项指标，国营农场有权自行确定集中基本投资方向、项目计划和新建生产能力，以及住宅、文化－生活项目的投产计划，并且可以用巩固和扩大农场的国家投入基金进行非集中基本投资；在物资技术供应方面，国家根据农场申报的需要量和供给能力来确定上级组织分配的生产资料供应量。这些改革措施虽然有矫枉过正之嫌，在很大程度上偏离了社会主义经济民主管理原则，但确实打破了斯大林时期形成的经济管理僵化模式，并对其他社会主义国家探索推进经济管理改革起到了破冰与示范作用。

东欧部分社会主义国家也先后进行了一系列经济管理体制改革。最早启动改革的南斯拉夫，从1950年开始探索试行自治式社会主义建设模式，在国有和集体经济组织中实行劳动者自治型的管理制度。从1956年开始，波兰、匈牙利等国也开始探索经济体制改革之路。波兰经济改革的主要内容包括，将向地方政府下放经济建设自主权，同时扩大国有企业自主权、减少指令性计划指标，允许解散违反农民意愿建立起来的农业合作社等。匈牙利推行的经济改革，在农村方面主要是用自由销售和合同收购制取代农产品义务交售制；在城市工商业方面，主要是逐步减少向国有企业下达的指令性计划指标，注意发挥经济手段的调节、激励作用，实行工资总额约束下的企业自定工资制度，建立与企业盈利指标挂钩的分红基金制度等。捷克斯洛伐克在同一时期也探索进行了类似内容的经济改革。这一阶段东欧各国经济改革势头由于“匈牙利事件”而暂时放缓。

从20世纪60年代中期开始到70年代中期，在勃列日涅夫上台重启经济改革的影响下，东欧各国经济改革又掀起新一轮浪潮。南斯拉夫将自治式改革由企业管理层面扩展到社会领域。波兰将推行新经济体制提升到系统化的战略层面。民主德国效仿苏联，开始大张旗鼓地推行“国民经济计划和管理的新经济体制”。罗马尼亚也于1965开始加入到改革行列。具有先前改革基础的匈牙利，为了更加系统地推进经济改革，1964年9月成立了专门负责研究改革战略策略和实施方案的经济改革委员会，经过比较细致的理论准备与试点工作之后，自1968年1月1日推出一整套改革意涵更浓的新经济体制方案，主要是以实行计划指导与市场调节相结合为指针，在保持国家对宏观经济调控地位前提下着力强化市场调节，用国家指导性计划取代指令性计划，以增强发挥微观经济组织活力为着眼点实行经济决策分工：宏观经济决策权属于国家，微观决策权基本上属于企业，中央机构主要进行宏观调控，削弱行政部门对企业的管理权限。捷克斯洛伐克的改革站位更高，捷共中央 1968 年 4 月召开全会通过了涵盖政治与两大领域的改革“行动纲领”，招致苏联领导人震惊，为避免捷克斯洛伐克在改革中脱离社会主义轨道，苏联于同年 8 月突然对捷采取军事行动，致使“布拉格之春”夭折。此后，东欧社会主义国家改革形势发生逆转，有的中止了改革，有的不得不放慢改革探索步伐。不过，保加利亚还是于 1971 年开始仿照苏联新经济体制进行了改革。

1982 年 11 月勃列日涅夫去世，继任苏共中央总书记的安德罗波夫再次重启改革，以苏联仍处于“发达社会主义”为理论基点，在区分占有方式与经营方式、反对平均主义分配机制、加强民主管理、提高管理效率等重大问题方面实现了一些理论认识上的新突破，并从推行农业集体承包制、扩大工业企业自主权试点方面推进了改革实践。尽管改革只进行了一年多就因安德罗波夫去世而终止，但却再次激活了处于政治休眠状态的苏联社会和东欧国家的经济改革。1985 年 3 月，戈尔巴乔夫接任苏共中央总书记职务后，很快就提出了一套以“建立人道的、民主的社会主义”为核心内容的“改革新思维”，进一步强化了苏联改革的势头，也鼓舞了东欧国家深化经济改革的干劲儿，除极少数例外，绝大多数国家都程度不同地加入了改革行列，从而使社会主义改革潮流一度出现空前波澜壮阔的景象。①

社会主义各国的改革虽然在起始时间和深度广度等方面有所不同，但其总体目标和基本内容却具有很强的一致性，基本上都是着眼于破除苏联传统计划经济模式的弊端，在保持国家宏观调控职能的前提下强化市场机制调节作用，在分配环节上打破平均主义格局，目的在于激发经济活动主体的积极性、主动性和创造性，更为充分地发挥社会主义制度的优越性，以提高国民经济效率和效益，在更高程度上满足人民日益增长的物质和精神生活需要。从效果方面考察，其中大部分改革都不同程度地增强了国有经济和集体农业经济的内在活力，使国民经济效率和效益有所提高。但与此同时，苏联、东欧各国所进行的体制改革探索也都有很大局限性：一是未能有效破解社会主义经济中民主管理与集中统一有机结合的难题，未能走出“一放就乱、一统

---

① 蒲国良：苏联东欧社会主义国家经济改革探索的主要成就与局限［J］. 马克思主义与现实，2009（6）：83－85.

就死”的循环；二是未能针对生产资料公有制和公共经济所特有的内在矛盾[①]，依照公共经济责任与权力之间的内在逻辑，多维度地优化公共经济责权配置格局，因而也就难以达到较为理想的目标。

（四）东欧剧变、苏联解体

戈尔巴乔夫以所谓“改革新思维”为理论基础所推行的经济政治改革，以彻底摈弃斯大林主义政治体制遗产、建立人道的和民主的社会主义为名义，实际上遵循的是美国提出的目标和要求，取缔马克思列宁主义对社会主义公共经济的指导地位、苏联共产党的法定执政党地位和公有制经济对国家经济的有效控制，从根本上放弃了社会主义的价值观念和基本制度。由于这种改革路线完全脱离了马克思列宁主义轨道，不可避免地造成了苏联党和国家思想上、政治上的混乱和国民经济的继续恶化，为西方国家宣传资本主义、攻击共产主义提供了可乘之机，不仅成为不久后苏共下台、苏联解体的直接诱因，并且首先为随即发生的西方国家通过“颜色革命”促使东欧社会主义国家改旗易帜创造了有利条件。

东欧剧变发生于 1989 年 3 月 9 日至 1992 年 4 月 27 日期间。国际背景包括两个方面：一是二战以后，美国伙同欧洲资本主义国家通过经济分化瓦解和文化舆论渗透等渠道，对东欧社会主义国家实施和平演变政策，无孔不入地借助这些国家存在的内部矛盾挑动各种事变，千方百计地在这些国家中培植反对现政权、现制度的敌对势力，随时都在开展以改变这些国家社会制度的阴谋活动。二是 1988 年 4 月苏共中央废除了同东欧国家共产党和工人党的联络部，同年 12 月 7 日戈尔巴乔夫在联合国发表讲话宣布苏联将在 1990 年底单方面无条件地从东欧撤出军事力量，等于以放松控制的方式为西方国家实现对东欧国家和平演变目标创造条件。国内因素主要是人民民主未能有效落实，官僚阶层享有特权并以权谋私、贪污腐败，领袖人物搞个人崇拜，经济体制僵化、国民经济效率低下，引起人民群众不满，逐步与执政党离心离德，因而易于被西方舆论煽动而赞成改旗易帜。

东欧剧变过程最先从波兰开始（1989 年 1 月），继而扩展到匈牙利（1989 年 10 月）、罗马尼亚（1989 年 12 月）、捷克斯洛伐克（1990 年 1 月）、德意志民主共和国（1990 年 9 月）、保加利亚（1990 年 11 月）、阿尔巴尼亚

① 齐守印：基于公共经济内在矛盾的国家治理研究［J］. 财政研究，2017（3）.

（1990 年 12 月）和南斯拉夫（1991 年 7 月）。东欧 8 个社会主义制度国家像被推倒的多米诺骨牌一样，稀里哗啦相继变换旗帜，重新回到告别了半个世纪的资本主义老路。

随着东欧剧变，苏联的一些加盟共和国政府也纷纷效仿，吁请脱离苏联而独立。1991 年 8 月 24 日，作为苏联创始国的乌克兰宣布独立，苏联解体迈出第一步；8 月 25 日，另一个苏联创始国白俄罗斯紧接着宣布独立。同年 12 月 25 日，戈尔巴乔夫宣布辞职，将国家权力移交给已于同年 6 月当选为俄罗斯总统、7 月宣布退出苏共的叶利钦，并“建议”苏共中央委员会自行解散、苏联解体。12 月 25 日晚，苏联国旗从克里姆林宫上空缓缓降下，代表俄罗斯的三色旗重新升起，标志着列宁创立的世界上第一个社会主义国家在国际政治舞台上消失。事已至此，苏联最高苏维埃还坚持要从程序上做到“善始善终”，于 12 月 26 日召开最后一次会议，代表们象征性地举手表示同意，尔后自行解散，最后从法律上正式结束了苏联作为主权国家的存在。之后，俄罗斯总统叶利钦宣布苏共为非法组织，并限制其在俄罗斯境内活动。1991 年年底，叶氏联同白俄罗斯、乌克兰总统在白俄罗斯首府明斯克签约，以一个类似英联邦架构的独立国家联合体来取代苏联。而在此前半年，华沙条约组织已在同年 7 月 1 日布拉格会议上正式宣布解散；在同月举行的所谓高峰会上，戈尔巴乔夫与美国总统老布什共同商定建立美苏战略伙伴关系，使冷战走向终结。

苏联宣告解体后，其大部分经济及军事力量由最大的加盟国俄罗斯联邦继承，15 个加盟共和国各自独立，除白俄罗斯外①都不约而同地迅速废除苏联模式、改行资本主义市场经济制度。国际共产主义运动遭受重大挫折：世界范围内共产党的数量由 20 世纪 80 年代鼎盛时期的 270 多个减少为 147 个；从 1992 年起，社会主义国家在欧洲已由一片森林变为一片荒野，加之 1990 年埃塞俄比亚、南也门和蒙古也相继放弃社会主义制度，全世界由共产党执

---

① 白俄罗斯独立后在经济制度方面并未盲目推行私有化，而是基本上继承了苏联模式，全国各产业仍以大型国有企业为基础，仅允许少量小型私有企业存在。国民经济在政府主导下运行发展，同时保留了苏联时代城乡居民均可享受的 12 年制免费义务教育、全民免费医疗、退休保险等高福利制度。目前，白俄罗斯虽然人均 GDP 仅有约 5726 美元（2017 年），谈不上有多么富裕，但贫富差距很小，居民的幸福度也比较高，社会关系比较和谐。

政的社会主义国家减少到散落在东亚和北美两大洲的5个，各自为战、互不结盟，社会主义阵营荡然无存。实可谓“万花纷谢一时稀”。

（五）社会主义公共经济在依旧昂然屹立于世界的5个国家中继续发展

东欧剧变、苏联解体后，地处亚洲东部的越南、朝鲜、老挝和矗立于美国近前的古巴，像中国一样，都没有动摇坚持社会主义制度的信心，而是在认真总结汲取国际共运经验教训基础上，更加注重将马克思列宁主义基本原理与本国国情相结合，积极探索具有本国特色的社会主义道路，致力于不断提高公共经济治理能力和效果，更加有效地应对来自国内外的各方面风险，更好地为本国广大人民谋福利。

1. 越南

1945年胡志明领导“八月革命”取得成功后，随即于同年9月2日宣布成立越南民主共和国，1976年改名为越南社会主义共和国。

越南社会主义公共经济生产关系和公共经济体制表现在其宪法的相关规定中。越南社会主义共和国宪法明确规定：国家政权属于人民，以马克思列宁主义和胡志明思想为指导思想的越南共产党为唯一执政党，以公民选举产生的人民代表大会（国会）为国家最高权力机关，以中央政府为国家最高行政机关，司法机关由最高人民法院、最高人民检察院及地方法院、地方检察院和军事法院组成。

为了更好地发挥社会主义制度的优越性，越南于1986年开始推行革新开放，目标是从单一的计划经济转变为国家宏观调控下的多元化商品经济。1996年越共八大提出要大力推进国家工业化、现代化。2001年越共九大决定实行社会主义市场经济体制，并确定了三大经济战略重点：以工业化和现代化为中心，在坚持国有经济主导地位前提下发展多种经济成分，建立与市场经济相配套的管理体制。实行革新开放二十多年来，越南基本形成了以国有经济为主导、多种经济成分共同发展的格局，经济保持了较快增长速度，经济总量不断扩大，产业结构趋向协调，对外开放水平不断提高。越共于2016年1月召开“十二大”，充分肯定了在发展社会主义民主和党内民主、维护国内政治社会稳定、加强国家法制建设、推进社会主义市场经济体制改革、增强国家综合实力、推动教育科技文化等各项社会事业进步、改善国家面貌和人民生活方面取得的显著成就；总结了革新30年来在坚持民族独立和社会主义制度、结合本国实践创造性地发展马列主义、党的自我革新整顿和按照民本取向、以人民力量为基础、以人民利益为归宿全面、协调、有步骤地推进革新事业等方面积累的成功经验；确定要在坚持社会主义定向市场经济原则和方向的基础上，进一步提高经济增长速度，更好地发挥市场和包括私营经济在内的多种经济成分的作用、科学技术的作用以及人的因素，注重增长质量、经济结构协调、可持续发展、提高劳动效率，推进融入国际经济的步伐。同时努力建设廉洁、强大的党，加大反腐败和反浪费工作力度；继续发展社会主义民主、充分保障人权，完善社会主义法治国家建设；强调改善社会管理、致力保障民生、加强文化建设等理念，弘扬越南民族文化，积极主动融入国际社会；提出截至2020年要实现把城市地区失业率控制在4%以下、使医疗保险覆盖率达到80%以上、将贫困率年均下降1%—1.5%等发展目标和措施。[①]

2. 朝鲜

朝鲜民主主义人民共和国1948年9月成立。早在1946年3月朝鲜劳动党就颁布了土地改革法，同年8月实行产业国有化，到1958年完成了生产资料所有制社会主义改造，建立起社会主义经济制度。在公共经济体制方面，以朝鲜劳动党为唯一的执政党，以公民普选产生的议员组成的最高人民会议为国家最高权力机关，以国务委员会为最高政策领导机关，[②] 以由各部（相）组成的内阁为国家最高行政执行机关；司法机关由名为裁判所的审判机关和名为检察所的司法监督机关构成，中央裁判所所长和中央检察所所长由最高人民会议选举产生。

1961年开始改革管理体制，在国有工业占有绝对控制地位和农村实行集体所有制的基础上实行高度集中的计划经济，大力发展重工业以及国防工业。从2002年7月起，实行了一系列经济调整措施，提出用现代技术革新经济，按照新环境、新气候的要求改善经济管理体制，先后对工资、物价、汇率等进行了大幅调整，给予企业更多经营自主权，并设立了开城工业区、金刚山旅游区等。这些措施，对经济发展发挥了积极促进作用。在经济发展基础上，

---

① 常欣欣、张子谏：世界社会主义国家发展：新动态·新特点·新挑战——以2016年越南、老挝、朝鲜、古巴为例［J］. 中共云南省委党校学报，2017（4）：151－152.

② 2016年最高人民会议第13届4次会议修订的宪法规定，新设国务委员会作为最高政策领导机关，向最高人民会议负责，国务委员会委员长为朝国家最高领导人。

实行12年制免费义务教育制度，在校就读的大中专学生①享受国家助学金；从1953年起，逐步建立起“以人为本”、受法律保护②的全民免费就医型医疗卫生体系，公民医疗保健服务主要通过政府举办的医疗中心、国家提供的保险和社会保障系统来提供。③ 2016年5月召开的朝鲜劳动党七大，总结了劳动党六大以来在贯彻落实社会主义经济建设的战略路线，为“自立民族经济”奠定物质技术基础，推进国民经济主体化、现代化和科学化，推动科学技术、教育、医疗、体育、文化等社会主义文化建设，以及在发展国防工业和国防科学技术等领域取得的主要成果。在此基础上，明确朝鲜未来政策走向为：将经济强国建设作为党和国家的主要战略路线，加强国民经济的自立性与主体性，致力于促进国民经济的现代化和信息化，扩大和发展对外经济关系，努力使人民享受国家经济发展带来的富裕文明生活；把党务工作提升到新的更高的阶段，大胆打破形式主义的旧框架，革新党务工作，对干部中存在的专横跋扈、官僚主义和腐败等问题进行持久、高强度的斗争，扎实推进党对经济工作的指导；在对方尊重朝鲜主权、与朝鲜友好相处的前提下，积极发展对外友好合作关系，包括与资本主义国家在内的世界许多国家扩大和发展经济文化交流与合作。④

3. 古巴

古巴人民在以卡斯特罗为首的共产党领导下，于1959年1月通过革命途径推翻独裁政权、确立了社会主义制度。新政权建立以来，在十分复杂背景下，虽然几经曲折，但一直坚忍不拔地努力探索古巴特色的社会主义道路，⑤通过有效的公共经济体制、政策和公共物品提供，有力地促进了经济社会发展和人民社会福利改善。

一是坚持共产党领导下的人民民主制度。1976年2月通过、1992年7月

---

① 朝鲜总人口只有2500多万，但拥有300多所大专院校、570多所中专学校，普通职业教育应该说也比较发达。

② 1972年通过的朝鲜宪法和1980年生效的《公共卫生法》对公民免费医疗都有明确规定。

③ 莽九晨：朝鲜社会主义保健制度惠及民众［N］．人民日报，2018：09－07：21.

④ 常欣欣、张子谏：世界社会主义国家发展：新动态·新特点·新挑战——以2016年越南、老挝、朝鲜、古巴为例［J］．中共云南省委党校学报，2017（4）：152.

⑤ 王承就：古巴特色社会主义模式的形成与发展［J］．国外理论动态，2018（9）：50.

修订的现行宪法规定：古巴是主权独立的社会主义共和国，是一个由全体劳动者组成的民主、统一国家，谋求政治自由、社会公正、个人和集体利益及人民团结；以马克思列宁主义、古巴民族英雄马蒂思想和革命领袖菲德尔思想为指导的古巴共产党作为共和国唯一合法政党，是古巴社会和国家的最高领导力量；全国人民政权代表大会作为国家最高权力机关，享有修宪和立法权；1976 年取消总统制后设立的国务委员会，作为全国人大常设机构在全国人民政权代表大会休会期间行使立法等国家权力，国务委员会主席对外行使国家元首职能；根据 2019 年 4 月颁布的新宪法，古巴新设国家主席（国家元首）和总理（政府首脑）职位，国家主席由全国人大选举产生，总理经国家主席提名后由全国人大任命；以部长会议为国家最高行政机关，主席由国务委员会主席兼任；国家司法权力由最高人民法院和总检察院组成，其中最高人民法院为国家最高司法机构，总检察院负责行使司法监督权，最高人民法院院长、法官和总检察长、副总检察长均由全国人民政权代表大会选举和罢免。2011 年 4 月古共“六大”宣布实行党和国家最高领导人的任期制，取消事实上的终身制；健全党内集体领导制度和民主集中制，并确定更新经济和社会模式。①

二是坚持以基本生产资料全民所有制为主要形式的社会主义经济制度。从 1959 年起，古巴革命政府通过土地改革、将本国企业和外国企业国有化等途径推进生产资料所有制社会主义改造，到 1963 年已确立起全民所有制主导的社会主义经济基础：“全民所有制在农业中占 70%，工业中占 95%，建筑业中占 98%，运输业中占 95%，贸易批发业中占 100%，贸易零售业中占 75%。”② 1976 年宪法规定：“在古巴共和国，建立在对生产资料实行社会主义全民所有制和消灭了人剥削人现象基础上的社会主义经济制度占统治地位。”苏东剧变后，为尽快摆脱经济困境，古巴不再追求百分之百的公有制，而是在坚持全民所有制主导地位的前提下，承认个体经济等非公有制经济的作用，鼓励本国私营经济和外商投资发展，扩大个体户承包、租赁、合作社

---

① 中国社会科学院马克思主义研究院当代世界社会主义研究室：变革中的社会主义四国——2010－2011 年越南、古巴、老挝、朝鲜四国社会主义研究报告［J］．当代世界与社会主义，2011（5）：49.

② 王承就：古巴特色社会主义模式的形成与发展［J］．国外理论动态，2018（9）：54.

等多种民营经济成分。但并没有因此而动摇社会主义基本经济制度的根基。2002 年 6 月第五届全国人民政权代表大会特别会议通过的宪法修正案，重申社会主义制度不可更改。古共六大（2011 年）通过的《党和革命的经济和社会政策纲要》指出："我们国家占主导地位的经济制度将继续建立在把社会主义全民所有制作为生产的主要方式的基础之上。"古共七大（2016 年）通过的《党和革命的经济和社会政策纲要更新（2016 年—2021 年）》进一步指出："古巴社会主义经济社会发展模式承认基本生产资料的社会主义全民所有制是国民经济的主要形式。古巴的社会主义全民所有制是指基本生产资料在全社会范围内由集体支配，社会共同占有劳动成果，成果分配惠及全体公民。全民所有制采取国家所有制形式，国家有权任免全民所有制单位的主要领导人并对他们进行考核评估。每个古巴公民都能以基本生产资料共同所有者的身份参与使用、收益、运行、关心和监督社会主义全民所有制，参与决定全民所有制单位所创造的财富如何使用。合作社所有制是遵循集体生产和分配劳动成果的一种集体所有制形式，合作社所经营管理的主要是购买的或合伙人提供的自有生产资料，也有部分全民所有的生产资料。合作社根据地方经济和社会的需要生产商品和提供服务，自负盈亏。古巴的合作社主要存在于农牧业中，承担了全国最主要的农林业生产，是农业的中坚力量。"2015 年开始推动非农合作社的发展，主要集中在贸易、食品、技术与人员服务、建筑及工业领域。混合所有制是由古巴国内的不同所有制形式实体与外国人投资的实体所组成的所有制形式，根据国家法律、组建协议和企业章程进行管理。混合所有制中的全民所有制和集体所有制成分仍是属于社会主义生产关系的范畴，其他的成分具有私人性质。古巴在充分肯定社会主义生产关系的主导地位的同时，也承认混合所有制、私人所有制等其他所有制形式的作用，因为"适应生产力的不充足发展，承认和多样化不同的所有制形式和经营方式，有助于调动国家和外国的人力资源、物质资源和财政资源"。①

三是坚持以经济建设为中心，经济与社会、生态环境协调平衡可持续发展的公共经济治理原则。革命胜利后，古巴政府采取措施兑现了革命的承诺，初步满足了人民对土地、住房、工作、教育等方面的需求。此后，在经济发

---

① 王承就：古巴特色社会主义模式的形成与发展［J］. 国外理论动态，2018（9）：52.

展基础上，[1] 通过制定实施一整套公共经济政策，由作为人民政权的国家保障一切有劳动能力的人有可能得到工作、一切失去劳动能力的人都有适当的生存条件、一切病人都能得到医疗服务。古巴实行全民公费教育制度，各级学校均为公立，一律免学费和书本费，还免费提供伙食和校服，学校教育贯彻与社会、国家发展相结合和重视德育的方针，国民教育事业取得了举世瞩目的成就，教育普及程度在整个拉美国家中名列前茅。到1961年年底，古巴人的识字率达99.9%，小学入学率为100%，学生完成9年义务教育后，可通过考试升入大学预科学校或职业技术学校，全国有63所高等教育机构（51所大学和12所分属高教部、教育部、卫生部管辖）用于培养高级专门人才；进入21世纪，大学入学率高达86%，毕业生由国家分配工作。社会保障制度覆盖古巴全部人口，其基本内容包括疾病保险、事故保险、生育保险、老年养老金、残疾人养老金、抚恤金等，对生、老、病、死、残、工伤、妇女生育等实行补助，几乎覆盖人生“从襁褓到坟墓”的全过程；对无收入和低收入家庭提供经济上的保障。实行全民医保制度，包括外国留学生在内，所有公民享受同等待遇的免费医疗。[2] 2006年，国家预算中70%的经常性开支用于保障居民社会福利，其中教育、卫生、文化和艺术事业、科技、体育和社会保障、社会救济支出比2005年实际增长20%。[3] 在古巴没有、不会有乞丐与流浪汉，人人都可以过上菲德尔·卡斯特罗一再强调的“体面的日子”。鉴于古巴在环境与资源的保护等方面做出的杰出成就，世界自然基金会将2006年度全世界唯一的“可持续发展国家”称号授予古巴。78.3岁的平均寿命和99%的识字率，标志着古巴多年来人类发展指数保持在极高水平。劳尔·卡斯特罗在古共七大所作的报告中指出：“我们今后工作的主要方向”是“努力实现一个主权、独立、社会主义、繁荣和可持续的国家”。其中“繁荣是期望经济社会发展能够基本满足人们精神和物质需要，增强他们的才能、主动性和创造力，也就是说经济结构向更高水平的可持续竞争力和社会公正转变。可持

---

① 古巴共产党执政以后一直重视经济发展，1997年10月古巴共产党五大进一步提出把经济工作放在优先地位。

② 中国社会科学院马克思主义研究院当代世界社会主义研究室：变革中的社会主义四国——2010－2011年越南、古巴、老挝、朝鲜四国社会主义研究报告［J］．当代世界与社会主义，2011（5）：45.

③ 王承就：民生：始终是古巴党和政府的要务［J］．国外理论动态，2008（7）．

续发展是满足当代人的需要而不危及下代人发展的能力。社会涉及我们生活的各个方面，包括环境、经济、社会和文化”。[①]

四是坚持以计划经济为主导并适当考虑市场调节作用，在坚持以国家所有权前提下赋予企业更多生产经营自主权。2010 年古巴开始推行以市场为导向的经济改革，但始终重视经济社会发展计划对宏观经济的调控作用。2016 年古共七大通过的《到 2030 年全国经济社会发展计划：国家的建议、轴心和战略部门》确定了古巴到 2030 年的经济社会发展计划。

五是实实在在地推行人民民主，切实加强执政党自身建设。古巴不仅把人民民主写在宪法中，而且努力落实到行动上。顺应时代发展，古巴共产党创造性地建立并发展了参议制和代议制公共经济制度，由人民群众提名并选举，而不是按照政党提名选举产生参政、议政的代表；对涉及公众的一切事务，大至国家重大方针政策，小到本街区或乡村的具体问题，均需要通过普通民众的讨论征求意见才能做出决定。同时，古巴共产党对自己在国家中的地位与责任有着深刻的自觉，一方面强调坚持一党执政，以此捍卫社会主义；另一方面非常注重自身建设，通过党内外纪检监察、公正司法、加强党员教育等途径坚持不懈地反腐倡廉，领导干部不搞特权，核心领导不搞个人迷信——菲德尔·卡斯特罗领导古巴五十多年，党章上只提马克思和何塞·马蒂思想，哈瓦那革命广场也只有何塞·马蒂与切·格瓦拉的塑像与画像。古巴人民虽然没有独立别墅、没有私车，有时生活用品也会发生暂时短缺，但他们很满足，因为他们眼中有杆秤，发自内心地相信、拥戴全心全意为人民谋幸福、少有贪腐案件发生的古巴共产党。

2016 年 4 月召开的古巴共产党七大，总结了前五年古巴在推动经济增长、坚持实施全民免费医疗和免费教育政策和为经济社会发展积极争取和平有利的国际环境方面所取得的成就，确定古巴未来发展路线、方向和目标为：以经济建设为中心任务，在坚持基本生产资料全民所有制占主体地位的基础上，允许私有制存在和发展，推进政企分开的经济体制改革，致力于经济的可持续发展，以持续巩固和发展社会主义；积极维护社会主义公平，坚持公平、公正原则，在打破平均主义的同时，坚决杜绝两极分化；加强党的执政能力建设和党内民主，发挥党员干部的模范作用，密切党同人民群众的联系，加

① http：//www. pcc. cu/pdf/congresos_ asambleas/vii_ congreso/conceptualizacion. pdf.

强思想意识形态工作；坚持努力改善古美关系，加强与欧盟、俄罗斯、日本等国家的交往，致力于改善古巴外部环境。劳尔·卡斯特罗在报告中强调，要完善和丰富社会主义建设理论，坚持新时期古巴特色社会主义道路的政治方向，推进古巴特色社会主义理论与实践的新发展，在坚持社会主义制度和一党制的前提下，以经济建设为中心任务，建设“繁荣和可持续的”社会主义；在系统分析古巴国情和充分吸收其他社会主义国家发展经验的基础上，通过对经济社会模式更新进行“概念化”总结，完善古巴社会主义理论体系；重新定位计划和市场的关系，但决不允许“资本主义的复辟”，同时防范外部势力通过对非公有制经济的渗透来颠覆社会主义政权。①

4. 老挝

老挝人民民主共和国成立于 1975 年，实行社会主义制度。1991 年 8 月老挝最高人民议会二届六次会议通过的宪法确立了老挝人民民主共和国公共经济体制的基本构架：国家的全部权力属于人民，各族人民在老挝人民革命党领导下行使当家作主的权利；由公民直接选举产生的议员组成的国会②是国家最高权力机构和立法机构，负责制定宪法和法律；政府是国家最高行政机关，负责按照宪法和法律对公共事务实施行政性管理；老挝最高人民法院是全国最高司法权力机关。

老挝人民民主共和国成立以后，在较为落后的经济社会发展基点上，最初的 11 年中主要是参照中国和苏联经验进行社会主义改造和经济社会建设。1986 年 11 月，老挝人民革命党召开的第四次全国代表大会决定实施经济改革。1991 年 3 月召开的老挝人民革命党“五大”，在总结经济改革初步成就基础上，确定了“有原则的全面革新路线”，提出坚持党的领导和社会主义方向等六项基本原则，宣布实行对外开放政策。2001 年老挝人民革命党“七大”制定的经济社会发展目标是到 2010 年基本消除贫困，至 2020 年摆脱不发达状态。2016 年 1 月，老挝人民革命党召开第十次全国代表大会，以“提升党领导能力和先锋模范作用，增强全民大团结力量，坚持有原则的全面革新路线，捍卫和推动社会主义制度国家可持续发展”为主题，总结过去五年

① 常欣欣、张子谏：世界社会主义国家发展：新动态·新特点·新挑战——以 2016 年越南、老挝、朝鲜、古巴为例［J］. 中共云南省委党校学报，2017（4）：153.

② 原称最高人民议会，1992 年 8 月改称为“国会”。

发展成就和革新开放实践经验，描绘并确定了未来发展蓝图，从中可以看出老挝公共经济治理的基本脉络和趋向。根据大会文件披露的资料，2011—2015年期间，老挝国民经济得到较快发展，人均国内生产总值年均增长7.9%；政治体系不断完善，人民民主制度得到加强；教育、文化、医疗卫生和社会政策等领域取得较为显著的成就；国家独立、主权和领土完整得到维护。近30年实践中积累的主要经验包括：始终坚持党的领导和社会主义制度，探索符合本国国情的发展道路，进行有原则的全面革新开放；始终重视经济、社会、文化和生态的良性、协调、可持续发展，把切实提高人民的物质文化生活水平作为党的核心任务和重要目标；重视“三个建设”（把省建设成为战略单位、把县建设成为坚强单位、把村建设成为发展单位）工作，始终致力于加强党的基层组织领导能力建设，为基层政权的稳固奠定良好基础；始终重视团结全国各族人民，凝聚全社会力量加强社会主义建设；始终重视提高各级党组织的领导能力，巩固党执政的组织基础；始终重视党的自身建设，为保障党廉洁和健康发展，坚决治理各级党组织和党员干部队伍中的消极和腐败现象；始终坚持和平、独立、友好与合作的外交理念，不断改善与世界各国的关系，加强与世界各国的交往合作，积极主动地融入国际社会。对于未来经济社会发展的宏伟蓝图，总体思路是在将发展经济视为核心任务的前提下，坚持人民民主制度，进一步加强民主法制建设；继续坚持有原则的全面革新开放路线，坚持社会主义市场经济，促进国民经济可持续发展；继续大力发展文化、教育和科技，促进人力资源开发，将人力资源开发视为国家发展的决定性因素；集中力量促进社会事业发展，完善社会福利和社会保障，提高人民生活水平；坚持和平、独立、友好和合作的外交路线，加强地区和国际交流与合作。与此同时，通过实施多项新举措继续加强党的建设：巩固党的思想政治建设，加强党的组织建设、作风建设、制度建设，进一步开展建设“坚强、善于全面领导的党支部”活动，目的是继续带领老挝人民坚定地坚持革新开放的社会主义方向，捍卫社会主义制度，推进社会主义的新发展。[①] 会议通过了社会发展“八五”规划、十年战略和十五年远景规划。

---

① 常欣欣、张子谏：世界社会主义国家发展：新动态·新特点·新挑战——以2016年越南、老挝、朝鲜、古巴为例［J］．中共云南省委党校学报，2017（4）：152.

基于上述可以看出，中国以外世界仅存的这四个社会主义国家，都在以马列主义为指导思想的执政党领导下，继续信心十足地坚持社会主义基本经济政治制度，紧密结合本国国情积极探索具有本国特色的社会主义发展道路，努力通过社会主义公共经济实践更好地为本国人民谋福利。

第三十六章　世界公共经济实践历史演进的综合理论思考

前面两章我们分别地简要回顾并分析了人类社会公共经济实践演进历程，涉及范围在空间维度方面横跨中外六大洲，在时间维度方面纵越上万年。在距今上万年前的原始社会和存续了数千年的奴隶社会和封建社会、几百年的资本主义社会和百余年的社会主义社会，人类公共经济实践不仅在不同历史时代各有千秋，即使在同一时代的不同国度也异彩纷呈。尽管如此，如果我们站在哲学和历史的高度，面对人类社会公共经济实践演进的浩渺时空极目远望、静神凝思，努力从相似中发现差异、从差别中寻求共性，那么，将会从中得出一些独到且有益的思想理论认识。

第一节　公共经济实践历史演进的中外比较与思考

从全球化的眼光来看，中国与外国不过是人类世界地球村的特定组成部分。因为无论中国还是外国，公共经济实践的演进都是以具有大体相同的物质结构和思维逻辑的人类为主体进行的，因此，相互之间不仅具有可比性，而且具有相通性和一致性。但是，由于中国与外国之间在自然地理条件、历史发展道路和民族文化特点等方面存在着一些重要的国情差异，因此，中国和外国在公共经济实践历史演进过程又各自表现出若干不容忽视的特殊性。

一、中外公共经济实践历史演进的共同轨迹

如果舍弃中国和外国公共经济实践发展过程中的差别，我们就会发现其中至少有以下五个方面十分相似。

（一）起点、归宿和所经历的主要阶段大体相同

无论中国还是外国，公共经济实践演进历史的起点都是原始公社时期的粗糙民主型公共经济，最后都重新回归于现代民主型公共经济，而在起点与归宿之间总体上都相继经历过奴隶社会和封建社会专制压迫型公共经济。

对此，有四点需要说明：一是对各国公共经济实践演进历史的起点和所经历的主要阶段，需要联系每个国家主体民族的历史渊源加以全面理解。例

如美国，说它的公共经济实践以原始公社粗糙民主型公共经济为起点并且经历过奴隶社会、封建社会阶段，如果是指美国原住民印第安人的原始公社民主型公共经济，显然有牵强附会之嫌，因为印第安人并不构成美国社会成员的主体；如果就美国建国时作为社会成员主体的白种人而论，他们在美国这块土地上既没有经历过原始社会，也没有经历过奴隶社会和封建社会,[①] 因而似乎也不符合实际。但是，如果我们追溯一下美国建国时作为社会成员主体的白种人民族史，就可以明白这些人本人或其前辈乃是从英国、荷兰、德国等经历过原始社会和封建社会的西欧迁移而来的，因此，在他们的历史文化传承中包含着原始社会和封建社会公共经济的遗传基因。二是这里作为公共经济实践演进历史归宿的民主型公共经济，既包括社会主义的民主型公共经济，也包括取消公民权、选举权、被选举权等主要民主权利的财产、民族、种族、性别限制后的现代资本主义国家公共经济。三是在公共经济实践演进阶段并非必须完整地包括奴隶社会和封建社会，因为这两种社会形态具有相似性，我们在第 35 章第二节就是将这两种社会形态放在一起、作为同一个演进阶段处理的。四是一般认为，中国并没有经过完整的资本主义社会发展阶段，但不等于完全没有经过资本主义公共经济这一演进阶段，因为中华民国就其主要属性而言乃是资产阶级共和国，尽管这一阶段存续时间很短且资本主义大工业也未能得到充分发展，以致公共经济中的资本主义民主成分不足、公共经济体制也未发展到成熟程度。

（二）不同国家在同一个历史阶段上的公共经济生产关系和公共经济体制的框架基本类似

无论外国还是中国，就公共经济生产关系而言，在原始公社时期，都是社会成员天然地作为主人，按照选贤任能原则推选公共经济责权最高代理人组织开展公共物品提供活动；在奴隶社会和封建社会，都是最大的奴隶主、封建地主独掌公共经济大权，占全社会人口绝大多数的奴隶、农奴、平民处于毫无政治权力可言的被压迫地位；在资本主义社会，广大人民群众虽然名义上对公共经济活动拥有或多或少的选举权、发言权、监督权，但实质上却是那些拥有经济实力、较高社会地位和掌握公共权力的少数人居于统治地位；只有到了社会主义社会，人民大众才因自始就取消了选举权、被选举权和担

---

① 至南北战争后美国宣布废除奴隶制之前，南方各州确曾大量存在过奴隶制农场，但其社会生产关系在总体性质上并不属于典型的奴隶社会，而只是使用奴隶作为进行资本主义商品生产经营的劳动力而已。

任公共职位的财产资格限制而真正普遍地拥有了主人地位，任何人都无法凭借财产权利垄断公共经济责权，从而使公共经济活动组织者、领导人以为人民服务为理念行使公共经济责权具有了现实基础和前提。

再就公共经济体制来看，无论中国还是外国，在原始社会，由成年社会成员参加的氏族、胞族会议和由胞族代表参加的部落联盟会议拥有公共经济决策的最高权力，其他被推选担任生产、军事等首领的人只是公共经济决策执行过程的具体组织者；在奴隶社会和封建社会，公共经济体制以不受社会公众制约的君主专制为典型形式，最高决策权、执行权、司法权集中于皇帝或君主以及自上而下分封或任命的官僚手中，地方分权一般只是一种区域分工而已；不过，在中国夏、商、周三代实行方国（部落）自治、分封制和西欧封建制时期，方国、封国封君的自主范围和程度要比中央委任官员的郡县制大得多；在资本主义社会，逐步改为由或大或小范围的民选代议机关与行政机关领导人、司法官员按照公共事务类别①分掌公共经济责权，产生了对公共行政领导人行使国家治理权力的制约机制；在社会主义社会，由民众大会和民选的代议机关掌握公共经济最高决策权，行政机关、司法机关、监察机关领导人由公民直接普选或由人民代议机关选举产生、向最高权力机关负责，在横向和纵向维度上以分工协作方式共同完成受托公共经济事务。就这些方面而言，中国和外国每个相同历史阶段上的公共经济体制形式大同小异。

（三）公共经济生产关系与整个社会基础性生产关系之间的内在联系完全一致

无论中国还是外国，也无论在何种社会发展阶段，公共经济的生产关系都是由整个社会的基础性生产关系决定的。在生产资料公有制基础上产生的是高度民主型公共经济生产关系；相反，在生产资料私有制基础上产生的是程度不同的阶级压迫性公共经济生产关系——资本主义私有制基础上产生的公共经济生产关系虽然一开始就在一定程度上具有了民主形式，尔后又通过逐步放宽乃至最后取消对公民权、选举权、被选举权和担任公共职务的财产资格限制而提升的民主程度，但却始终难以摆脱资本家阶级对公共经济决策的支配性影响。与此同时，公共经济生产关系反过来又对整个社会基础性生产关系产生巩固、加强和适当调节的作用。

---

① 在西方按照立法、行政、司法分类，在中华民国在主权与治权相区分的前提下对治权按照立法、行政、司法、官员考选、监督检察五权分类。

（四）公共经济在混合经济体中的地位和作用毫无差别

无论中外任何国家，也无论在任何社会发展阶段，公共经济不仅无一例外地构成整个混合经济体的组成部分，而且在整个混合经济体中都作为人类有意识地组织经济社会生活的集合性工具而处于主导地位，对整个共同体的经济社会关系、经济资源配置和民间经济活动发挥调节、规范、约束作用。当公共经济制度、体制和政策能够较好地适应整个社会生产力、基础生产关系和经济社会发展需要、趋势的情况下，就能有效促进经济社会发展，因而使整个国家出现相对繁荣兴旺的盛世局面；相反，如果公共经济制度、体制和政策与整个社会生产力、基础性生产关系和经济社会发展需要、趋势相冲突，那么，就会导致社会生产力停滞和破坏、基础生产关系紊乱和倒退、整个经济社会发展衰败，当这种冲突积累到极点的时候，政治危机就会来临，整个公共经济制度就将被历史性地推翻。

（五）公共物品提供结构、公共财务运作机制和公共经济生产关系的演化趋势殊途同归

公共经济制度、体制和政策最终都要借助于公共财务运作、公共物品提供结构在现实中体现出来并发挥作用。纵观中外公共经济实践历史演进过程，公共财务运作机制或迟或早都是由实物形式向货币形式、由独裁专制向民主治理、由粗放低效向精细高效发展进化，公共物品提供结构总体上都呈现出种类由少到多、由简单到繁复和由正常到异化，最后回归于正常的进化逻辑，与此同时，公共物品提供方式和提供机制也呈现出由简化单一向多元复合逐步优化的演进趋向。

公共经济制度、体制、政策和公共物品提供结构是由当时当地公共经济生产关系决定的，是公共经济生产关系在现实生活中的具体表现。人类社会各个发展阶段上的公共经济生产关系大体上分为正态和异化两类。无论中外，在剥削阶级处于统治地位的社会发展阶段，公共经济生产关系总体上处于异化状态，进而使公共经济制度、体制、政策和公共物品提供结构不同程度地发生异化，即在不同程度上变为压迫、剥削广大人民群众而主要为少数统治阶级利益服务的工具。但是，无论中外，都不排除某些国家在某个历史时期曾经由于各种主客观原因能够较好地提供公共物品，由此促进经济繁荣、社会进步，从而呈现某种程度的盛世局面。对社会上绝大多数人而言，公共物品可以区分为正效益和负效益两大基本类型。由于正效益公共物品的有效提供会给人民带来大小不同的公共利益或公共福利，因此所有被称为民族英雄

的历史人物都是那些对公共经济做出重大贡献的人。中国历史上，如传说中冒着巨大风险射除九日的羿、以五彩石补天的女娲、贤能无比的三皇五帝、辅佐成汤灭夏并成就了殷初盛世的伊尹，信史所载擅长公共经济治理的姜尚、姬旦、管仲、诸葛亮、魏徵、王安石、张居正和在各个时代创造了著名盛世的君王姜小白、嬴政、刘彻、杨坚、李世民、赵匡胤、爱新觉罗·玄烨，包括建造都江堰的李冰父子，抗金有功的岳飞和梁红玉，著名思想家孔丘、孟轲、荀况、董仲舒、张载、黄宗羲、顾炎武、王夫之，及至现代的孙中山、毛泽东、周恩来，等等。在国外，如古希腊的伯里克利和亚里士多德、古罗马的屋大维和君士坦丁、古巴比伦的汉谟拉比、古波斯的居鲁士和大流士、古印度的阿育王和海护王，及至近现代俄罗斯的彼得大帝、英国的洛克和斯密、法国的孟德斯鸠和卢梭、德国的马克思和恩格斯、苏联的列宁和斯大林、越南的胡志明、古巴的菲德尔·卡斯特罗等。

二、中外公共经济实践历史演进的不同特点

在肯定中外公共经济实践历史演进中存在的那些共同点、一致性的同时，也必须承认二者间由于人口规模、经济结构、发展历史、自然地理和意识形态等多种因素不同而导致的许多明显差异。

（一）公共经济文明演化进程的连续程度差别甚大

居住于亚洲东部大地上的中华民族数万年来一直相对稳定地代代相传，从而保证了包括公共经济文明在内的物质和精神文明能够以极高的连续性保存并发展至今。世界史学家认为：“中国文明是世界上最古老的、未曾中断的文明。”① 与此不同，存在于其他国度的人类社会却大多因为反复不断的外敌入侵，而致包括公共经济文明在内的物质和精神文明发展链条多次中断，之后由入侵得逞而居于主体的民族在新的基点上重启文明发展之炉灶。古埃及、古印度、古波斯、古巴比伦、古罗马文明都是如此。

一些学者（例如美国著名历史学家斯塔夫里阿诺斯）用地理特征（与世隔绝）、种族特征（同一种族）、人口规模（数量庞大）、文化特征（基于使用同一种语言文字并奉行现世主义观念而产生的内聚性）、政治体制（大一统）五大因素来解释中国文明得以长久延续的原因。② 其实，除斯塔夫里阿诺

---

① 斯塔夫里阿诺斯：全球通史——从史前到21世纪［M］．吴象婴等译，北京大学出版社，2006：359.

② 斯塔夫里阿诺斯：全球通史——从史前到21世纪［M］．吴象婴等译，北京大学出版社，2006：128－129、359－361.

斯所说的五大要素之外，还要再加上中华文明发展较早和以农业为主的产业结构这两大因素，才能较为全面而有力地阐明为什么中国文明能够长久不断地延续下来。这是因为文明发源发展较早具有先发优势，而以农业为主的经济结构则能够较好地保证人类生活资料来源稳定，从而有利于人口因集聚、繁衍而形成规模优势；同时，以小农为主的农业经济结构也易于中央集权型大一统政治体制的稳定维持。① 总之，主要是由于中国发展较早的文明厚实而又先进，加之人口规模大、经济基础稳固，而中央集权体制又具有更强大的资源动员能力，因此，一方面，在正常情况下，普通外敌入侵很难使其颠覆；另一方面，即便域外民族入侵得逞后成为统治阶级，也难以逃脱被中华民族先进文明所同化的命运。

中国公共经济文明长久延续这一特点，对于中国公共经济发展的影响具有二重性：一方面作为积极性因素，它有利于通过实践经验和理论研究成果的不断积累较高水平地保证公共经济治理效率；另一方面，作为消极性因素，它容易导致公共经济治理的实践模式和思想理论因长久不变而封闭僵化，使包括统治者和被统治者在内的国人夜郎自大、故步自封、不思进取创新。中国公共经济制度曾经在很长历史时期中处于领先地位，这得益于长久延续并发挥积极性因素的作用。大体上到北宋后期，中国公共经济制度长期积累的消极影响愈益明显，加之郑和七下西洋之后明成祖朱棣重新下令关闭国门，中国公共经济治理机制由此步入明显停滞阶段。② 明末清初之际，正值处于欧亚大陆西端的西欧各国借助于难得的天时地利，运用中国古代四大发明和文

---

① 对此，马克思曾在《路易·波拿巴的雾月十八日》中指出：小农“不能代表自己，一定要别人来代表他们。他们的代表一定要同时是他们的主宰，是高高站在他们上面的权威，是不受限制的政府权力，这种权力保护他们不受其他阶级侵犯，并从上面赐给他们雨水和阳光。所以，归根结底，小农的政治影响表现为行政权支配社会”。——马克思恩格斯选集第 1 卷 [M]．北京：人民出版社，1995：678.

② 据中国银行全球经济金融展望报告（2018 年）《2018：世界经济从亚健康走向完全健康的关键时期》数据，从公元前 5 世纪到第一次工业革命开展的这两千多年间，中国经济总量一直领先全球。资料显示，宋朝时期中国占世界经济总量 65%，其中北宋占 80%、南宋占 50%，是中国历史最富有的朝代。元朝时期中国经济总量占世界的 30%－35%。到明朝及清朝中后期，尽管西欧走上了经济增长之旅，但中国经济在当时依然处于世界领先位置。比如，明朝时期中国经济总量世界占比 45%，其中最辉煌的万历年间，经济总量达到世界 80%。清朝前期的大部分时间，中国经济总量占世界 35% 左右，不过清朝后期经济大幅度衰退，侵略战争以及大量白银用于赔款并流向国外，造成国力迅速衰退，从康熙、乾隆、嘉庆期间的 35% 跌至 10%。

官考试制度，通过文艺复兴、海外冒险、宗教改革、商业革命、工业革命和政治革命，生气勃勃地迅速崛起，试图将自己的统治扩大到全球的历史关头。而在这一期间，处于欧亚大陆东端的中国封建社会却只是以清朝康雍乾盛世最后展示了一次落日般的辉煌，之后便在公共经济治理效率方面与正在向资本主义公共经济体制过渡的西方大国相比相形见绌。然而，此时的统治者却仍然闭着眼睛对“天朝”无所不有、无不天下第一充满自信，拒绝吸收西方公共经济治理方面的先进思想理论和实践经验，甚至“对即将到来的风暴”都极度“缺乏了解”，加之乾隆皇帝后期好大喜功、大兴土木、吏治崩坏、宠信奸佞、官场贪污腐败日渐泛滥，公共经济治理积弊丛生埋下了大清帝国渐趋积贫积弱的种子，就连日本也通过明治维新“迅速地将一直是他们的良师益友的中国人远远地跑在后边”①，以致一个多世纪后在东西方资本主义列强侵扰掠夺面前束手无策，逐步沦为西方国家的半殖民地和殖民地，直到帝国大厦在内忧外患中轰然倒塌。

（二）公共经济体制的结构类型明显不同

通观国外公共经济体制，其结构类型无论从同一时代不同国度间横向比较，还是从同一国度不同时期纵向考察，总体上都呈现出多样化特征。在古代，同是处于奴隶制社会形态下，古雅典实行自由民集体民主型公共经济体制，而相邻的斯巴达等国则实行寡头专制型公共经济体制；同一个古罗马，在公元前5世纪至公元前27年实行多元共和型公共经济体制，之后则转而实行君主专制型公共经济体制。在中世纪的欧洲，公共经济体制建立在封君与封臣之间契约式关系上，封君对封臣领地上所有公共事务几乎不加干预，因此，封臣作为封建主兼地方公共权力的垄断者拥有极高程度的自治权。在现代，尽管绝大多数民族共同体都采用了立法、行政、司法责权相对分立的民主型公共经济体制，但其具体形态也不尽相同：就横向维度而言，有些国家实行议会内阁制，有的国家实行议会-总统制，即使同样实行议会-总统制的国度，美国和法国公共经济责权在议会和总统之间的具体配置也有不小的差别；就纵向维度来看，有些国家实行单一主权结构下的弱分权体制，有些国家则实行双主权结构下的联邦主义分权体制，即使同样实行联邦制的国度，美国赋予各州的自主权更多更大一些，而德国联邦政府统一行使的公共经济

---

① 斯塔夫里阿诺斯：全球通史——从史前到21世纪［M］．吴象婴等译，北京大学出版社，2006：363-364.

责权却相对更多一些。至于当代瑞士的公共经济体制则在更多方面体现出特殊性：更多的公民直接民主决策，更大的地方自主权，还有最高行政机关集体领导下的元首轮值制度。域外各国公共经济体制之所以从空间维度和时间维度考察下存在多样化特征，主要原因在于“域外”概念涵盖了众多国家，每个国家不仅都有自己相对特殊的国情，而且都有因地因时制宜选择公共经济体制形式的自主权，因此其公共经济体制也就必然异彩纷呈。

与域外不同，中国公共经济体制形式不仅在每个时代呈现出单一化特征，即使从历史发展的时间维度做纵向考察，同样具有变化频率很低、采用种类较少的相对单一化特征。进入阶级社会之后至中华人民共和国成立之前，在公共经济体制的横向层面，除唐代初期曾非正式地实行过一段君臣共和①、三省分立②制衡体制之外，其他时期几乎全部采行国家最高领导人（君主或委员长）独裁的公共经济决策制；在公共经济体制的纵向维度上，除了夏商和西周实行制度性自上而下分封式联邦型公共经济体制、西汉初期实行局部分封-局部郡县制和中央政府名存实亡的各时期③实行非制度性地方各自为政的公共经济体制外，自秦统一全中国以来长达2200年中，大部分历史时期一直实行以中央集中决策、地方分头执行的大一统公共经济体制。中华人民共和国成立以来，横向层面实行由执政党全面领导、以人民代表大会为国家最高权力机关的立法、行政、司法、监察以及政府各部门各司其职的公共经济责权配置体制，在纵向维度实行“要在中央、事在四方”“上级决策、下级执行，上下贯通、畅行无阻”的单一型公共经济决策-执行体制。

由于夏商和西周君主专制下的分封制与现代民主国体格格不入，而横向纵向高度集权的公共经济体制又在中国相对稳定地延续实行了长达2000多年，已经形成了一种强大的历史惯性和根深蒂固的公共经济体制文化，因此，这自觉或不自觉地构成我国研究和选择公共经济体制的一种路径依赖。当然，

---

① 唐太宗李世民即皇帝位之后，认真汲取秦隋二朝二代而亡的严重教训，在国家治理中以高度民主作风与身边各位佐臣相处，如同鱼水、相得益彰，形成了中国古代历史上鲜见的君臣共治型公共经济治理机制。对此，李世民曾言：“正主御邪臣，不能致理；正臣事邪主，亦不能致理。唯君臣相遇，有同鱼水，则海内可安也。”——后晋刘昫：旧唐书·卷七十·王珪传［M］．北京：中华书局，1975。

② 三省系指中书省、门下省、尚书省，其中：中书省负责草拟政令，门下省负责审核政令、拥有封驳之权，尚书省作为内阁负责政令的贯彻执行。

③ 主要包括公元前256年周赧王被废之前的春秋战国时期，东汉曹操挟天子令诸侯的三国并立时期，西晋“七王之乱”时期和北洋军阀时期。

这种公共经济体制形式之所以能够在2000年中国历史上延续不断，自然也有其优越之处，即资源动员能力极强，决策和执行效率更高，在中央决策机关特别是核心领导人理性决策水平极高的情况下，可以更加科学有效地配置公共经济资源，有效优化公共经济管理机制，从而能够更好地实现保障公共经济为广大人民群众谋福利的最终效果。因此，如何尽可能摆脱传统体制的路径依赖，以宽广的包容性、开放性思维，广泛吸收借鉴域外古今和中国历史上公共经济实践中创造、积累起来的一切优秀文明成果，通过科学研究设计出一种能够避免各种缺陷的公共经济体制，对于我国通过公共经济治理改革、进一步实现国家治理现代化目标而言，乃是一项具有前提性、基础性且仍待破解的重大课题。

（三）公共物品提供结构与方式各有千秋

在西方，除古民主雅典曾经向公民免费发放公共剧场入场券、古罗马政府曾经为公民修建公共竞技场（斗兽场）、公共澡堂等涉及个人消费的公共物品之外，长期以来习惯于将社会成员能够通过个人自行解决的事务留给国民自负其责、自主决定，政府仅以提供公共物品为己任，基本上限定于人身安全、国际关系、维护权益、接济贫困、公路交通、商品进出口调控等公共事务边界范围内，即使是近现代、特别是二战后实行福利国家政策以来，政府提供公共物品的范围大幅度扩展，但总体上仍限于提供国防、外交、立法、司法、治安、公立教育、公共卫生、食品药品安全、公民权利保障、对弱势群体的各种社会保障等公共性较强的混合物品。此外，在公共经济生产关系发生异化的很长时期内及至当今，域外不少国家还提供了很多诸如对国内人民实施剥削、镇压、精神麻醉和对外侵略扩张、经济掠夺等“有害物品”。再就公共物品提供方式来看，西方国家早在二三百年前（个别案例甚至可以追溯到罗马帝国时期）就开始借助于教会团体、慈善机构、私营企业等民间组织提供某些公共物品，例如基督教会举办教育事业、依托教区实施济贫法，以特许授权方式委托私人企业修建管理灯塔、公路，特许学术性团体组织、鼓励、支持科技研发活动，甚至水利灌溉也由民间通过契约机制和市场关系自行解决,① 等等。

---

① 马克思曾在《不列颠在印度的统治》一文中指出：“节约用水和共同用水是基本的要求，这种要求，在西方，例如在佛兰德和意大利，曾经促使私人企业结成自愿的联合。”——马克思恩格斯选集第1卷［C］. 北京：人民出版社，1995：762.

与西方国家不同，自古以来的中国政府，实践上与日俱增地向社会提供品种愈来愈多、规模愈来愈大、质量标准愈来愈高的公共物品，而通过政府调控维护国计民生持续稳定运行发展的职能活动①则比其他国家早了一两千年。其存在的明显缺陷或不足，主要表现在政府职能界定缺乏清晰的公共性理念或原则。② 比如，官方文件涉及公共机构职能界定的条款几乎不曾以提供公共物品或承担公共事务作为尺度，由此导致提供公共物品的具体实践时常发生职能越位、缺位、错位等偏颇。再就公共物品提供方式来看，中国历朝历代的政府，几乎一脉相承地习惯于通过采取自设机构直接生产并向社会直接提供的公共物品供给方式。像唐朝刘晏在坚持食盐官营制度前提下以“官商分利”变革“官方专利”的禁榷机制、宋朝王安石以“保马法”借助民间经济主体提供军用马匹的做法，虽然远早于国外，但在中国公共经济实践史上凤毛麟角，而且总是昙花一现，并没有成为一种常规或稳定的公共物品提供方式。直到中共十八届三中全会以后，随着将改革目标提升到国家治理现代化高度，才使以“PPP”为总体概念的公私合作提供公共物品方式登上大雅之堂。

（四）公共财务运行机制演进过程迟速不一

公共财务作为公共物品价值再生产的基本载体，基本职能在于为公共物品使用价值再生产筹集、配置、监管公共资源，无论在中外任何国家公共经济中都处于基础地位，发挥主要支柱作用。其运行机制包括许多方面，仅就公共财务收支结构与形式、皇家私室财务与国家公室财务分离、公共预算管理和公共财务民主、统分有机结合的公共财务体制这五项主要内容的进化过程而论，其他国家与中国相比，可以说是有迟有速。总体分野在于，就古代公共财务运行机制而言，中国起步较早、最先成熟；而就近现代公共财务运行机制而论，则是西方国家后来居上，率先探索发展。

中国古代公共财务运行机制成熟较早。三千多年前，西周（前 1046 建

---

① 如管仲任齐国宰相时着眼于国民经济平稳运行发展而采取的一系列轻重术，商鞅变法中的一整套奖励耕战政策，西汉时期桑弘羊任大农令时实施的“均输”“平准”政策，北宋时期王安石从“因天下之力以生天下之财，取天下之财以供天下之用”的广义理财理念出发而实施的一系列公共政策。

② 在中国，皇帝“不仅被授予全部的世俗权力，而且还要对其臣民的物质福利和富足负责”。——斯塔夫里阿诺斯：全球通史：从史前到 21 世纪［M］．吴象婴等译，北京大学出版社，2006：163.

立）建国之初，辅佐成王执政的周公姬旦就通过制定《周礼》确立起一整套相当系统的公共财务运行机制，其后1600年内不断调整完善。主要表现在三个方面：1. 在公共财务收入环节，西周继承夏朝实行的“任土作贡”方式，按照“制其贡各以其所有”为基本理念的“任土所宜”方针，建立起一整套既能保证公共物品生产需要又体现均平负担原则的公共财务资源筹集制度，公共财务收入由王田收获物、官营工商业所得和各项贡赋共同构成。这套公共财务收入制度表明，中国早在奴隶制初期就不同于西欧中世纪封建君主制早期阶段的“领地国家”。春秋时期，管仲则在齐国构建了一套由“官山（铁）海（盐）”、粮食“准平”和“相地而衰征”的田赋构成的公共财务收入制度；公元前594年，鲁国肇始“初税亩”，之后中原各诸侯国纷纷效仿，相继采取按亩征税的赋税制度。西汉（前206年建立）初年的财政收入主要由田租、口赋、更赋、关市税、山泽税等几大项构成，武帝时期扩大到人头税、财产税（收益税）、消费税、专卖收入等很多类，构建起包括以土地为税基的田租、按人头征收的口赋、核丁征发的徭役、盐铁专卖收入和关市山泽税收等为主要内容的一整套赋税体系。到唐代中期杨炎推行“两税法”（780年）之前，国家财政收入总额（1200万贯）中税收与食盐专卖净利已经各占50%。同时，税赋形式逐步由实物向货币的转化，从唐朝“两税法”改革将按户等征收的实物税改为折算银两缴纳开始，到明代张居正推行“一条鞭法”（1581年）时将徭役也改为“银差”而基本完成。[①] 2. 逐步构建起以审慎稳健为基本方针、以量入为出与量出为入相结合的公共财务预算制度。西周初期的《周礼》最先确立了以量入为出为原则，“以九赋敛财贿”与“以九式均节财用”相结合的基金式预算模式。到唐代中期，宰相杨炎于公元780年推行财政改革，在改租庸调为“两税法”的同时，提出了“量出制入”的收入预算总额确定原则，对周公主要针对公共财务支出总额确定的量入为出预算原则进行了合理补充，使公共财务收支预算原则更加全面和完善起来。3. 国家财政与皇室财务分别管理。这种公私财务分立模式，自秦朝开始，西汉继之，东汉至魏晋南北朝一度中断，隋唐开始又逐渐复归秦汉之制，尽管难

① 之所以说“基本完成”，是因为田赋在苏杭等少数地区仍以征收实物供皇室食用。

以完全做到，但其机理却合乎公共财务的内在要求。① 就这三个方面的系统性和规范性而论，与目前文献所载的域外同期任何国家相比，中国古代公共财务运行机制不仅成熟时间早了数以千年计，而且成熟程度也高得很多。

然而，就现代民主基础上的公共财务预算管理和与公共物品受益范围相适应的政府间财政体制而言，西方国家却远远地走在了中国前面。

1. 在民主基础上对公共预算实施科学管理。首先就预算民主而言，早在两千多年前的古雅典和古罗马共和国，就有了数以百年计的对公共财务预算实行民主审议批准和监督的历史实践。到近代，自英国“光荣革命”以来，

---

① 统一的秦王朝建立后，将皇室财务与国家财政事务分别赋予少府和治粟内史两个机构负责管理，其中少府“掌山海池泽之税以给供养”，主要负责宫廷皇室内部的财政事务，山泽税、关市税、田赋等作为来源应对皇室日常所需及赏赐费用等“私奉养”；治粟内史“掌谷货”，以徭役、口赋（汉为算赋）、官田屯田和均输平准专卖收入等“公赋税”应对国家官吏俸禄、军事及各类经济社会性公共支出。汉承秦制，初期由少府负责管理皇室财务，以大司农负责政府公共财务管理，但并未禁止互相调拨使用。在汉武帝时，增设水衡都尉负责皇室收入征收管理，少府专门负责管理皇室财务支出。东汉建立后，为恢复战乱后的国家经济，皇室财务转交给大司农管理，少府逐渐成为单纯的宫廷事务性机构，水衡也随之取消，皇室财务在制度上一度不复单独存在。隋炀帝推行“三省六部制”行政管理改革，重启公私财务分署，将国家财政收支归属户部，把皇室金库与国库划分开来，以太府寺为专职国库部门，同时将黄藏归于长秋监（内侍省）。唐承隋制，天下财赋统归户部掌管，太宗时复置少府监主管皇室财务库藏，而太府监专司公共财务库藏；玄宗时设立大盈库，租庸正额纳入国库，其他杂项收入纳入大盈库以供私用，但皇室日常支出仍由国家财政支付；安史乱后，由于京师豪将任意侵吞国库财物，为直接控制财权，皇帝将国家租赋收贮于大盈库，由宦官负责管理，自此皇室私财与国家公财不分，天下财赋尽为人君私藏；德宗时，杨炎以基本满足皇室消费需要为前提，恢复政府财政与皇室财务的分管制度，将国家财政管理权重归户部，皇室收入除皇庄园囿收入外，主要依靠国库的定期按数调拨。两宋时期，国家财政机构以三司使为主，财政国库与皇室内库通融互用，皇室资财多用于国家非常之需，公私收入得以兼顾相补；元丰改制后加强了户部职权，设立元丰库，由尚书省直接管辖，实行宰执聚议制度；皇室财务主要由内侍省管理。明代时期，封建皇权对国家财权的控制空前强化，中央财政职事权限分散于户部、工部、太仆寺以及南京户部等多个机构，未设皇室财务的专管机构，一切所需全部从太仓库随意支取，皇室财务对国家财政的掠夺日益加深。清代时期，国家财政与皇室财政重构制度性划分，皇室财务职能不断扩展，以户部（后称度支部）总司国家财政，掌管国家三库；皇室财务由机构庞大的内务府统一管理。一直到 1911 年，晚清政府颁布《十九信条》，规定“皇室经费之制定及增减，概依国会议决”，标志着皇室经费并入国家财政，历时千年之久的两大平行财政收支系统宣告终结。——朱云飞：中国古代皇室财政制度的沿革：轨迹、规律与启示——基于权力异化与公权私有的视角［J］．新疆财经大学学报，2010（3）：43 - 44.

西方国家公共预算逐步进入资产阶级民主轨道，由民选代表组成的下议院不仅审议批准政府公共预算，而且监督整个公共财务运行。美国国会对财政预算的控制最初采取单项审批政府支出拨款法案的方式，从 1921 年起，又根据《预算和会计法案》增加了政府需将下一财政年度预算统一提交国会审批的整体监控机制；此后国会又相继于 1990 年、1994 年、1996 年通过《首席财务官法案》《政府管理改革法案》和《联邦财政管理改进法案》，分步构建起建立政府财务报告和公共财务信息公开制度。其次，就预算科学管理而论，美国国会 1921 年通过的《预算和会计法案》开启了按部门编制明细支出预算（Line – item Budget）为核心内容的政府预算规范管理之端。二战结束以来，以美国为首的西方国家围绕提高公共财务资源配置和使用效率在公共预算管理方面继续进行积极探索，先后推行了项目 – 规划预算（20 世纪 60 年代）、零基预算（1977 年）、绩效预算（1993 年）①、多年滚动的中期预算（1993 年）等多项预算管理改革，② 并且将公共预算作为对宏观经济实施逆周期调节的重要手段加以运用，取得了丰富经验和较好效果。

反观中国，直到清朝末年才开始试编现代形式的政府预算，还未及建立审议批准政府预算的议会，清王朝就被推翻了。中华民国在北洋政府时期政局不稳、连年战争，国会流于形式，民主型预算无从谈起。南京国民政府时期虽然相继就实行现代预算、决算制度做了一些准备工作，实际上则因为迟迟未能转入宪政阶段，加之战乱频繁、收不抵支，在其整个统治时期都基本没有实行规范的民主预算。中华人民共和国成立以后，随着人民代表大会制度的建立，公共财务预算开始建立在民主审议批准和民主监督基础之上。但具体而言，先是仿照苏联模式编制与计划经济相适应的政府预算，尔后自主探索编制实施涵盖不全、内容粗疏且约束力不强的各级政府预算，直至 20 世纪末期才从地方率先突破进行系统性的预算管理改革，借鉴西方经验做法，按照零基预算和绩效预算原则，细编部门和政府的项目预算、绩效预算、滚动预算，之后在全国推开，直到如今改革仍然在路上。

2. 以公共物品受益范围为依据的分级分责分权型财政体制。主要资本主

---

① 绩效管理最初于 20 世纪 50 – 60 年代就曾运用于美国联邦政府包括预算在内的公共经济活动中。1993 年，适应政府再造运动的需要，美国国会又通过《政府绩效与结果法案》，将预算绩效管理推向新阶段。——Robert · W. Smith：美国预算和财政管理改革的演进及对中国的启示［J］. 当代财经，2011（9）：43 – 46.

② 李燕：中期预算国别研究［M］. 中国财政经济出版社，2017：159.

义国家依照公共物品受益范围划分各级政府之间财政支出责任和财政收入归属的分权型财政体制，最先在美国、德国、瑞士、澳大利亚等联邦制国家自然形成。二战后，基于实施福利国家政策的需要，着眼于推进基本公共服务均等化，联邦财政逐步在分级分责分权基础上通过财政转移支付适当平衡不同地区之间的财力差距，或通过专项资金补助引导各州财政资金配置方向，致使联邦与州之间的财政支出责任基于相互交叉而连接起来，将联邦主义财政体制推向新阶段。与此同时，英国、法国、日本等单一制国家，出于调动各级地方政府积极性、使之因地制宜向辖区居民提供公共物品的考虑，在保持中央财政主导地位的前提下，逐步扩大地方各级政府的财政支出责任并相应增加地方分享收入、支配财力的财政权力。这样，资本主义各国纵向财政体制，一方面分别由联邦制国家地方分权特色突出、单一制国家中央集权特色突出的两端出发相向运动，朝着相互中和的方向靠拢；另一方面，则从内在机理层面理顺了公共物品提供责任、财政支出责任、财政收入归属划分、上级转移支付四个环节之间的关联关系，使财政体制建立在各级政府依照规范有序的机制、分工合作地向社会提供公共物品的基础上，从而更好地保证了公共经济效率。

实事求是地说，这样一种内在逻辑合理、责权划分清晰的纵向维度财政体制，无论在中国古代还是近现代几乎都是不存在的。在古代夏商周实行分封型联邦制时期，中央与地方之间是绝对的分责分权，不存在不同层级政府之间为提供某些公共物品而通过财政转移支付进行相互合作的关系。自秦汉以来以郡县制方式实行中央集权型单一制政权结构至清朝末期的两千多年中，虽然唐朝以后曾经存在地方负责筹集的财政收入按照“上供、送使、留州”三分法流向不同层级政府的纵向财政体制，但这种财政收入划分既不是建立在各级政府合理而清晰划分公共物品提供责任、财政支出责任、财政收入归属并由上级财政通过转移支付实现横向纵向财力均衡的基础上，其中“上供、送使、留州”三分的数量也不是根据公共物品提供责任、财政支出责任、财政收入归属之间的内在逻辑精确计算得出的。中华民国建立后至1947年，由于各种主客观因素制约，一直实行军政、训政，直到1947年才正式颁布实施《中华民国宪法》,① 1948年5月刚刚依照宪法改组不久的中央政府就跑到台

① 1946年12月25日制宪国民大会议决通过《中华民国宪法》，1947年1月1日公布，同年12月25日施行。1948年5月20日，国民政府改组为总统府，国民政府主席一职也改为中华民国总统，中华民国正式进入宪政时期。

湾，以致孙中山先生在《国民政府建国大纲》中拟定的较为规范的财政体制[①]未及实施，中华民国就在中国大陆上宣告结束。中华人民共和国成立之后，适应计划经济的需要，政府间纵向财政体制长期采取近乎中央统收统支的集权类型，1979—1993 年期间以各种收入分成和包干形式进行的多轮财政体制改革并没有实现体制构建原理层面的突破，1994 年实行的分税制改革虽然以建立分级财政为目标，但只是按照各级政府既有的财政支出范围对财力的需求总量大体划分了财政收入，并没有按照公共物品受益范围原理合理而清晰地划分各级政府的财政支出责任，虽经多次修补，却一直未能建立起政府间财政支出责任清晰、财力和财权与财政支出责任相匹配的纵向财政体制。直到中共十八届三中全会通过的《关于全面深化改革若干重大问题的决定》，才在中央层面正式提出这一改革任务并开始加紧研究设计具体改革方案，以致国务院相继于 2016 年和 2018 年印发实施《关于推进中央与地方财政事权和支出责任划分改革的指导意见》和《关于印发基本公共服务领域中央与地方共同财政事权和支出责任划分改革方案》，并随着税制改革和财政支出责任划分改革进程相应调整了政府间财政收入划分，从而使中国纵向财政体制逐步逼近与现代国家治理要求相适应的模式。

（五）公共经济制度文明演化起点距今跨越年限长短有别

公共经济制度文明的演化起点是原始民主制。之所以要从这一角度分析中外公共经济实践历史演进的特点，是因为它与不同国家实现公共经济制度现代化的难易程度密切相关。

从第 35 章有关内容可知，无论是古雅典民主城邦、古罗马共和国还是近代西方主要国家，它们之所以能够较为顺利地建立民主型公共经济制度，无不与它们建立近现代民主型公共经济制度之时仍然残存着由原始社会遗留下来的人民大会之类古老的公共事务民主决策形式直接相关；而它们之所以有原始民主组织遗存，则是由这些国家的主体民族从原始社会走出不太久远所决定的。既然这些民族构建民主型公共经济制度框架时，距他们走出原始社会的世代不甚久远，不仅原始民主型公共经济制度还留在他们的民族记忆中，甚至像人民大会这样的原始公共经济民主决策组织还在不

---

① 孙中山先生于民国 13 年（1924 年）4 月 12 日手书了《国民政府建国大纲》（简称《建国大纲》），全文 25 条，其中第 8 - 20 条、第 24 条涉及中华民国公共经济体制，对政府间公共物品提供责权和与之相匹配的财政责权划分的规定集中于第 11 - 13 条和第 17 条。

甚重要的公共事务决策中发挥着作用，那么，在以这些民族为主体的国度中对于所有公共事务决策恢复实行民主机制，自然就因为具有较好的思想文化基础而相对容易。

（六）意识形态类公共物品对公共经济实践的影响方向大不相同

人类的社会实践是在思想意识形态支配下进行的，无论这种意识形态是在人类社会实践中自然形成的，还是由国家作为公共物品主动提供的，都会对包括公共经济实践在内的所有社会实践行为取向发挥重要影响作用。换言之，人们有什么样的思想意识形态，就会有什么样的公共经济实践。当然，从本源考察，无论哪一类意识形态归根到底都是社会存在和社会实践的产物，它对社会实践倾向的影响本质上属于一种反作用。但是，意识形态对社会实践活动这种反作用不仅丝毫不可忽视，而且具有很强的惯性。正因为这样，其他国家和中国公共经济实践方面的差别，也可以从意识形态对公共经济实践活动的影响作用中得到一定程度的说明。对此，尽管我们已在前面的论述中从历史文化遗存的角度提及，但仍有必要进一步展开分析。

首先，就有利于民主的意识形态而言，如果说对古雅典、古罗马共和国公共经济制度来说主要归结为原始社会公共经济民主传统历史遗存的影响作用，那么，西方近现代民主型公共经济体制的产生，则不仅是那些民族原始公共经济民主传统历史遗存影响的结果，毋宁说发挥了更大影响作用的是一种由多种要素共同构成的思想文化潮流。一是基督教神学的民主思想。公元313年，基督教依据罗马帝国皇帝君士坦丁一世通过颁布的“米兰敕令”[①] 获得受保护和利用的合法地位，而基督教的一条基本教义就是在上帝面前人人平等。之后，由马丁·路德推动的基督教改革强调“教皇不是《圣经》的最后解释人，信徒人人都可直接与上帝相通而成为祭司，无须神父作中介”的观点，既有力地冲击了天主教内部等级制度，更有利于公共经济民主在基督教信徒遍地的西欧各国发展。二是发源于古希腊、唱响于西欧启蒙运动的世俗民主思想。古希腊哲学家亚里士多德在《政治学》中阐述的关于“城邦是城市中所有人的共同资产”的思想，由伊壁鸠鲁首倡、霍布森和洛克相继阐发、卢梭集大成的社会契约论，以及欧洲启蒙运动中其他思想家所极力倡扬的人类“生而自由平等”、拥有“天赋人权”、主张限制“公共权力”思想，

---

① 罗马帝国皇帝君士坦丁一世和李锡尼于313年在意大利的米兰颁发了一则宽容基督教的敕令，宣布罗马帝国境内有信仰基督教的自由，并且发还了被没收的教会财产，标志着罗马帝国统治者对基督教从镇压和宽容相结合政策转变为保护和利用政策。

则是指导、激发人们追求公共经济民主的世俗类意识形态。

其次，就有利于激励发展和开放的意识形态而论，也主要包括两大因素：一是富于活力的基督新教思想。由马丁·路德肇始创立的基督新教主张“不追究、不考量、不评判外在特征”，认为基督徒在社会实践中努力取得成就会给上帝带来荣誉，大大激发了广大基督教徒的创新活力，基于欲望、认识和开拓世界的进取精神得以彰显，有利于鼓励人们通过对自由边际的追逐来实现物质财富和精神世界的极大发展。二是源于古希腊亚里士多德、高扬于西欧启蒙运动的世俗理性主义哲学和重商主义、古典自由主义经济思想。理性主义哲学思想注重理性思维、经验科学和实用技术，重商主义思想强调通过积极发展对外贸易获取更多财富，古典自由主义经济理论则主张在充分发挥市场机制功能的前提下适当发挥公共经济拾遗补缺的作用，以实现富国强兵的国家发展目标。

正是由于西方意识形态类公共物品中内含着上述这些积极要素，所以，西方国家不仅在两千多年前的奴隶社会形态下就出现了古雅典和古罗马不同程度民主型公共经济体制，而且在中世纪末期以来，通过技术革命、工业革命和资产阶级民主革命获得了一系列发展先机，工商业资产阶级能够获得更高的社会地位和公共经济主权，以致它们能够借助于后来居上的公共经济制度、政策优势，在近几个世纪中持续领世界经济社会发展风气之先。但中国古代发明的火药、指南针、印刷术、远洋船和公开竞争选拔文官制度没有得到有效利用，倒是在近代以来的欧洲被积极而充分地用作推动国内经济文化发展、提升国家治理效率和争夺世界霸权的重要利器，对从根本上改变全球经济政治格局产生了历史性的重大影响。

反观中国，从西周算起，在长达三千多年的奴隶制、封建制社会历史阶段中，由国家提供的许多意识形态类公共物品只是有利于维持奴隶主和地主阶级统治地位长治久安，却在很大程度上成为阻碍民间经济和公共经济发展进步的重要因素，而且这种不利影响在封建社会结束之后仍在一定程度上以其自身惯性发生作用。这些意识形态类公共物品主要包括四个方面：

其一，主仆颠倒的交流公共经济思想。自汉武帝起接受董仲舒建议“罢黜百家、独尊儒术”开始一直到清末，各代封建王朝向社会提供的意识形态类公共物品以各种版本的儒学思想为主、以外来佛学或本土道家宗教思想为辅。前者除孔丘的仁、义、礼、智、信和孟轲的仁政、王道等一整套伦理学说之外，又加上了董仲舒具有神学迷信色彩的“天人感应论”、朱熹的客观唯心主义“天理至上论”、王阳明的主观唯心主义“知行合一论”，其中一以贯之的则是君为臣纲、官为民纲、上智下愚等一整套尊君鄙民思想。在这套儒学思想体系中，被奉为儒家始祖的孔丘强调“唯上智与下愚不移”“民可使之而不可知之”，显然谈不到民主思想；而西周先祖左公亶父所说“有民立君”（《史记·周本纪》，中华书局1982年版第111页）和孟轲所强调的“民为贵、社稷次之、君为轻”以及如君王无道、人民可推翻的思想，可以说含有类似社会契约论的民主思想成分，却因其不合封建统治者胃口而被董仲舒、朱熹和王阳明等御用大儒所注述的儒学思想经义所筛除。因此，在封建王朝提供的意识形态类公共物品中所留下的“爱民”“安民”“保民”“徕民”等“民本”思想都是以巩固皇族统治长治久安为出发点的；其中，摆在首位的“君为臣纲”和所强调的官为百姓衣食父母、百姓为君王和官僚子民观点，完全颠倒了公共经济本义中的主仆地位。至于经过御用儒家知识分子改造过的佛教和道教，则是以神化迷信为恐吓手段向民众宣扬听天由命、安贫乐道思想意识的精神鸦片，同样是服务于维护皇族统治长治久安的“软”工具。很显然，在这样一套意识形态类公共物品的影响作用之下，不仅没有理由产生民主型公共经济制度，而且严重压抑经济、社会、科技、文化领域的创造活力，必然会极大地阻碍包括公共经济在内的中国整个经济社会发展和进化。

其二，扭曲片面的经济政策理念。中国自西周开始几乎历代王朝都在经济方面奉行重农抑商政策，从而与西方国家重商、亲商政策形成鲜明对照。中国历史上的重农抑商，不仅表现为对工商业及其行会组织实施严格控制，盐、铁、酒、粮和其他很多手工业实行官府专营，而且明令禁止商人子弟通过参加科举考试进入社会公共机构任职。当然，这种情况并非中国所独有，而是普遍存在于欧洲之外的很多古代国家之中。“中国是文臣主管行政，日本是军人治理国事，马来地区和印度拉其普特人的一些国家是地方贵族料理政务，没有一个地方是由商人当权的。”① 毫无疑问，抑商理念和政策不仅会阻碍中国基于商品经济的资本主义生产方式和资产阶级民主政治的产生与发展，而且不可避免地妨碍基于对外贸易的对外开放与国际交流。与此不同，西方自古希腊、古罗马到中世纪各封建国家，无不重视商业和手工业发展，以致封建社会中后期允许商业资产阶级在一些城邦实行内容广泛的自治。“这在欧

---

① 斯塔夫里阿诺斯：全球通史：从史前到21世纪［M］．吴象婴等译，北京大学出版社，2006：282.

亚大陆是独一无二的……商人们不仅在稳步地获得经济力量，而且在稳步地取得政治权力；他们正在成为伦敦的市长、德意志帝国自由市的参议员、荷兰的州长。这样的社会地位和政治关系意味着国家更加重视，更加始终如一地支持商人利益以及后来的海外冒险事业。”①

其三，科学技术领域的重文轻理政策。这种政策主要是通过两方面体现并发挥作用的。一是以皇帝的最高权威确立某一学派人文学科在文化领域占据至尊地位。自从汉武帝采纳董仲舒建议“罢黜百家、独尊儒术”以来，历朝历代皆以儒家学说作为正统思想理论，以钻研阐述儒家经典视为治学正途，而儒家学说本身又不过是以伦理学为主要内容的人文科学。既然“罢黜百家、独尊儒术”，那么，其他以外各类自然科学和经济管理知识全都变为无关紧要的“杂碎”而遭人鄙视。其结果，首先是将中国科学文化发展引导到重文轻理的狭隘轨道之中，严重抑制了与社会基础生产力密切相关的自然科学技术和工商业经营管理学科知识发展，埋没了民间其他方面众多的杰出人物及阻碍了其科技研究成果的应用，以致“尽管中国在发明造纸术、印刷术、火药和指南针方面取得了最初的辉煌成就。在这些早期发明之后，中国并没有制订出一套科学原理”。② 其次，“罢黜百家、独尊儒术”的文化政策，致使同属于人文社会科学的其他学派全都受到限制乃至打压，从而将众多学者的时间和精力引导到专门注释阐发儒家经典的微言大义之上，从而阻碍了社会科学本身枝繁叶茂、平衡协调、生气勃勃的发展；加之处于“独尊”地位的儒学本身“尊老鄙少，厚古薄今，注重既成权力，忽略改革创新，因而成为在各方面保持现状的最佳工具。这种因循守旧、坚持正统观念的气氛阻碍了思想的继续发展”，③ 因此而严重伤害了中国知识分子的思维创造能力。二是通过科举考试的科目和内容规定加以有力诱导。中国发明的通过科举考试选拔官员制度自汉朝的察举制开始，隋朝重启并予扩展，唐宋两朝加以大幅度完

---

① 斯塔夫里阿诺斯：全球通史：从史前到21世纪［M］．吴象婴等译，北京大学出版社，2006：282－283.

② 斯塔夫里阿诺斯：全球通史：从史前到21世纪［M］．吴象婴等译，北京大学出版社，2006：287.

③ 斯塔夫里阿诺斯：全球通史：从史前到21世纪［M］．吴象婴等译，北京大学出版社，2006：286－287.

善，历经元、明、清，直至1905年被废除。[①] 科举选官制度的创行对中国经济社会发展的历史作用具有明显的二重性：一方面，它对民间读书风气的兴起和文化知识的普及起到了很大推动作用，为处于社会中下阶层的知识分子打开了向社会上层流动的渠道，[②] 将具有较高知识水平的社会精英笼络于封建王朝的统治体系之中，客观上有利于扩大政府选拔优秀人才的基础、提高封

① 科举制度是在秦朝废除分封制后原来被逐级分封的官员按血缘关系世袭制度失效之后，自西汉王朝开始逐步建立起来的选才任官机制。大体脉络是：两汉时期，最早实行由州郡分别以秀才、孝廉名义荐举德才兼备人才，之后通过策论性面试择优录取方式选拔优秀人才的察举制，但仅为选官任职方式之一；魏晋南北朝时期，改行由中央特定官员，在地方官员推荐人选范围内，按出身、品德等考核民间人才、分九品录用的九品中正制；针对九品中正制因被豪强门阀控制而致“上品无寒门、下品无世族”弊端，隋文帝于开皇七年（587年）仿照汉代察举制命各州“岁贡三人”应考“秀才”，隋炀帝大业年间在明经、进士基础上增设贤良、孝悌、秀才等科目，在州县荐举人才基础上，主要通过策论性面试择优选拔录用人才；唐代对科举制度进行完善，以由礼部（最初是吏部）定期举行的常科（秀才、明经、进士、明法、明书、明算等科目）和皇帝临时主持的制科（博学宏词、文经邦国、达于教化、可以理人等科目）两类，以来源于生徒和乡贡两种渠道的人才为对象，以儒家经义、诗词歌赋、时务策论水平作为考试内容，通过府、州和尚书省三道考试，分别以举人和进士名称择优录取，作为选拔任用九品下至八品上等级官员的主渠道，但门荫入仕和杂色入流仍为入仕为官的重要途径；宋代对科举制度进一步改进，自宋太祖开宝六年起，录取进士均须经过皇帝亲自主持的殿试并依成绩确定名次，强化了防止考试作弊措施，增加了取士名额，取消了应考人财富、声望、年龄等条件限制，并对边远地区考生给予路费补贴，凡经过殿试中进士者均可随即任官；元、明、清三代科举制度基本延续宋代办法，但均有局部改动，如明朝实行南北方均衡录取名额制度，清朝限制部分职业出身者参加科考，明清两代的科举考试与官办学校（家塾、族塾、门馆、村塾、义学、社学、书院）制度相结合，鉴于以八股文考试使科举日趋僵死、难以选取具有真才实学的有力干才，清朝从康熙、乾隆年间起就不止一次讨论改革此制，但直到1905年才最终废除。在科举考试制存续期间，各代封建王朝通过这一机制选取了大批儒学理论水平和诗赋写作能力较高的人才加入社会公共机构，其中：两宋319年间开科118次，录取进士39711人，元代97年间开科16次、录取进士1139人，明代277年间开科89次、录取进士24536人，清代267年间开科120次、录取进士26000人。1905年虽然取消了以传统国学为内容的科举考试，但到1911年清朝寿终正寝之前，又以留外毕业生为对象举办了6次“洋科举”总共录取1388人，根据所学专业分别授予“格致科进士”“工科进士”“牙科进士”“商科举人”名号。

② 据统计分析，两宋三百多年通过科考录取的近4万名进士中90%以上是平民百姓子弟，明清两朝录取的5万多名进士中接近一半是祖上没有读书或虽然读书而未做官的“寒门”出身。

建公共经济效率①，主观上则主要是有利于增强封建国家的内聚力、巩固封建地主阶级的统治。② 但是，另一方面，由于汉武帝以来采纳实施独尊儒术的文化政策，科举考试所设科类只有唐代初期曾有明算科、武则天当政期间增加了武举科，其他时代则仅设明经、进士或性质近似之科，考试以儒学及其变种的理学、心学理论和作诗为文能力为基本内容，明朝之后的科举考试甚至以朱熹等儒学大家所注疏的四书五经为指定参考书，并规定必须以八股文形式答卷，考生只须因循前人思想，以优美华丽的辞藻和合乎规定的格式近乎文字游戏式地做出漂亮文章，而不能通过独立思考提出创新性见解。由此必然会对整个社会发展产生至少两重负面影响：一则，它将绝大多数有条件读书学习之人引导到为成名做官、光宗耀祖而死记硬背儒家经典的羊肠小路，使上千年来无数各式精英被困科场、虚耗时光，极大地局限了最具创造力的那部分优秀人才的用武之地，大量浪费了本来属于最活跃部分的社会生产力要素。二则，有志于读书做官的知识分子必须规规矩矩地按照科举考试规定的思想内容和文体形式用功努力，才有希望实现“朝为田舍郎，暮登天子堂”和“学好文武艺，售与帝王家”的目标。因此，“也正是这一制度遏制了创造力，培育了一味顺从的性格”，既然这样，就应对“生气勃勃的西方的侵入”危局而言，“它转而起了阻止中国人做出有效的调整和反应的作用”。③

其四，封闭保守、夜郎自大的国际关系意识。著名人类学家弗朗兹·博

---

① 据统计，在科举考试制度存续的1300年间，通过科考产生的进士接近10万人，举人、秀才更数以百万。尽管这些人并非全是拥有真才实学的有识之士，但能够经由多级考试脱颖而出获得举人、进士资格者多数都非等闲之辈。唐代宰相中80%是进士出身，宋、明两代以及清朝汉人的名臣能相、国家栋梁之中，进士出身者占绝大多数。这些人才进入社会公共机构，自然有利于改善公共经济生产力。对此，美国一位著名历史学家赞美道：通过科举考试机制“为政府机构配备文官……为中国提供了一种赢得欧洲人尊敬和羡慕的、有效稳定的行政管理”。——斯塔夫里阿诺斯：全球通史：从史前到21世纪[M]．吴象婴等译，北京大学出版社，2006：360.

② 对此，斯塔夫里阿诺斯分析指出：“促成中国文明内聚性的最重要因素，也许是通称为儒家学说的道德准则和文学、思想方面的遗产。”这一学说“主要关心的是，在这个世界上建立一个组织得很好的、幸福的社会”，首要原则是以“君君、臣臣、父父、子子”为核心内容的社会伦理纲常。——斯塔夫里阿诺斯：全球通史：从史前到21世纪［M］．吴象婴等译，北京大学出版社，2006：361.

③ 斯塔夫里阿诺斯：全球通史：从史前到21世纪［M］．吴象婴等译，北京大学出版社，2006：360－361.

厄斯曾指出："人类的历史证明，一个社会群体，其文化的进步往往取决于它是否有机会吸取临近社会群体的经验。一个社会群体所获得的种种发现可以传给其他社会群体；彼此之间的交流愈多样化，相互学习的机会也就愈多。大体上，文化最原始的部落就是那些长期与世隔绝的部落，因而，它们不能从临近部落所取得的文化成就中获得好处。"[①] 因此，"最有机会与其他民族相互影响的那些民族，最有可能得到突飞猛进的发展。"[②]

就中国而言，自夏商周开始，毫无疑问一直都是地域辽阔、人口众多的大国，而且处于封建社会繁荣鼎盛阶段的汉唐宋元明清各代盛世时期也都曾因享誉全球而与域外国家发生内容广泛的相互交往。但是，即使在这样的发展阶段，作为封建王朝主流意识形态的儒家学派和佛道两教中仍存有明显的故步自封、因循僵化、内敛保守倾向。其中，儒教因处于独尊地位而故步自封、傲视其他思想文化，佛教与儒教一样都有内向自省的固有属性，而道教则主张绝圣弃智、小国寡民、鸡犬之声相闻、老死不相往来。在这样一些意识形态类公共物品的影响作用下，除盛唐时期外，中国多数封建王朝都曾秉持排斥外界思想文化影响和闭关自守、与世隔绝的对外政策，严格限制商界、学界民间人士与国外开展交流往来活动。

尤其是处于封建社会后期的明朝和清朝统治者，则从巩固统治地位考虑，较为持续地实行"限制性的内向政策……竭力反对海外经营"，多次下令实行海禁，闭关锁国，或绝对禁绝或严格限制民间国际贸易和文化交往。"尽管郑和的远征清楚地表明，中国人拥有控制海洋的技术和能力，但他们却自愿地撤退了……明朝的中国人将自己与外世隔绝。中国的商人阶层缺乏西方商人所拥有的政治权力和社会地位，无力向禁止海外冒险事业的皇帝的敕令挑战。因而中国人将其令人生畏的才能和经验转向内部，慎重地放弃了在东亚大陆、最终在世界事务中的领先地位。"如果说明代的海禁尚未很快引起中国与西方经济实力地位改变，而只是由于"在世界历史的这一重要转折关头"，把力量转向内部，"将全世界海洋留给了西方的冒险事业"，从而为日后不可避免地导致"伟大的'天朝'在数世纪内黯然失色"的结局打下伏笔，那么，清朝

---

① Cited by R. Benedict, Race: Science and Politics, rev. ed, Viking Press, 1943, P. 7.

② 斯塔夫里阿诺斯：全球通史：从史前到21世纪［M］. 吴象婴等译，北京大学出版社，2006：340.

的海禁则完全不同。这是因为，西方国家此时已开始“支持积极开辟海外殖民地，创立贸易公司，甚至随时准备着用武力保卫这些事业，反对任何威胁”；“在中国人以天朝大国故步自封，而土耳其人仍沉浸在宗教蒙昧主义中的时候，基督教异教徒则凭借他们的新思想、新知识不仅成为新大陆的主人，而且成为古老的伊斯兰教帝国和儒教帝国的主人。”清朝这种做法与大体同一时期俄国之间的政策反差更加鲜明，因为17世纪末至18世纪初彼得大帝正以极为开放的心态积极主动地向西欧学习先进文化技术，借以在国内推进内容广泛的改革，致力于实现国家富强的宏伟目标。

进一步探究，中国封建社会后期国内商人集团之所以无力抵制严格限制国际贸易的闭关锁国政策，则不仅与上面提到的封建王朝长期实行抑商政策、禁绝商人乃至其后代子弟进入国家治理体系密切相关，而且源于朝廷对工商业者及其行会组织实施严密控制。在中国，“帝国机构太封闭、约束力太强。例如，中国的商人和实业家通常加入以行会头领为首的地方行会。但是，这些行会头领需要得到政府的许可证明，并奉命负责每个行会成员的经营。船商也在港口首领的领导下组织起来，这些港口同样需对政府负责。”①

反观当时政治上四分五裂的君主制欧洲，从事工商业的市民们以纳税为条件获得国王颁发的皇家特许状，准许他们在一个单独的市镇内作为一个自治的团体联合起来，拥有自己的市政厅、法院以及市外属地；准许商人和工匠组织行会，作为自愿社团实行互助、维护成员公共利益，并在产品标准、价格和工作时间等方面实行自律，甚至一批批城市还联合起来组成经济和政治联盟，比如意大利北部的伦巴第联盟和波罗的海沿岸90多个城市组成的汉萨同盟。除政治因素以外，“基督教及其传统的普救说、改变异教徒信仰的热情和十字军的好战精神，是西欧向海外扩张的一个重要因素”。因为早期漂洋过海寻找新大陆的探险家及其支持者的所作所为，在一定程度上也是出于为上帝拯救异教徒服务的宗教性动机。同时，中世纪基督教对赞成贷款和利息、主张废弃关于货款信息的禁忌也有利于商业经营。

总之，西方商人在重商主义政策背景下所拥有的社会地位和政治权力，相互对抗的君主国不曾颁布命令禁止海外冒险事业，而是基于相互激烈竞争

---

① 斯塔夫里阿诺斯：全球通史：从史前史到21世纪［M］．吴象婴等译，北京大学出版社，2006：266－267、288、291.

的需要普遍采取支持态度，加之文艺复兴、启蒙运动、宗教改革带来的思想解放和基督教徒广泛布教救世热情的推动，为西欧国家向全球扩张提供了多方面的有利条件。① 与此相反，大体处于同一时期的满清王朝，在农业经济基础上，奉行儒、释、道合流的思想意识形态，借助于科举考试制度选拔政府官员，运用一整套以军事力量为后盾的经济社会控制措施，尽管实现了长达267年相对顺利而稳定的统治，但因为满足于稳定而固守旧思想、旧观念、旧制度，以孤芳自赏、极度自信乃至傲视各国的态度，通过包括海禁在内的各种政策措施将西方影响挡在国门之外，以致对即将到来的风暴极度缺乏了解和有效应对，结果是在西方民族国家面前逐步相形见绌，最终受制于人，使拥有5000年连续不断文明史的中华大地变为西方国家的半殖民地和殖民地。

有鉴于上述，邓小平同志认为封建主义思想政治残余对我国国家治理有着多方面的影响，从而“明确提出继续肃清思想政治方面的封建主义残余影响的任务，并在制度上做一系列加密的政策，否则国家和人民还要遭受损失。”②

第二节　社会主义公共经济本质层面的优越性和非本质层面的过渡性特点

社会主义公共经济既是从资本主义脱胎而来的新型公共经济，又是整个共产主义公共经济形态的初级阶段。这就决定了，相比于以私有制为基础的公共经济，它在本质层面具有显著的优越性；但相比于共产主义高级阶段的公共经济，它在一些非本质层面又必然具有若干过渡性特点。

一、社会主义公共经济本质层面的优越性

对于社会主义公共经济，可以从多方面去描述、认识、概括、定义，但就根本性质或本质层面而言，它主要包括四层核心意涵：其一，它是建立在生产资料公有制基础之上的；其二，它是由绝大多数社会成员当家作主的；其三，它是以为绝大多数人谋求公共福祉为根本宗旨的；其四，它是运用公共财务资源、提供公共物品、满足绝大多数人公共需要的再生产活动。总之，社会主义公共经济本质上是建立在生产资料公有制基础上、由绝大多数社会

① 斯塔夫里阿诺斯：全球通史：从史前到21世纪［M］．吴象婴等译，北京大学出版社，2006：280－281、289－291.

② 邓小平文选第二卷［M］．人民出版社，1994：329、334－335.

成员当家作主、通过提供公共物品满足绝大多数人公共需要的再生产活动。在这样一种本质性定义下的社会主义公共经济，必然地具有以下五个方面优越性。

（一）以维护和增进绝大多数人利益为最高目标，在最广泛意义上体现以人为本，排斥任何偏离公共性的异化倾向。

（二）公共经济决策的最终决定权掌握在绝大多数社会成员手中，人民真正成为公共经济的“立法者”，公共经济决策通过直接或间接民主程序作出，最大限度地体现绝大多数人对公共物品的需求偏好，排斥任何特定利益集团的支配性影响。

（三）作为公共经济再生产成果的公共物品和公共利益，按照公平、合理的原则分配，均等化地惠及不同地域、不同职业、不同民族、不同性别、不同年龄的广大人民群众，排斥任何偏私于某一部分社会成员的倾向。①

（四）通过充分吸收人类社会实践积累的有益经验和创造的一切优秀成果，最大限度地谋求公共经济体制、机制和政策的科学化与合理化，排斥公共经济治理体制、机制和方法方面的任何僵化倾向。

（五）高度重视公共经济生产力提升和公共财务资源的优化配置，公共经济再生产活动与此前任何一种社会相比都具有更高的效率和效果，排斥任何不讲成本、忽视效率、不顾效果的行为倾向。

社会主义各国过去和现在所进行的一切合理化公共经济实践及其所取得的良好效果，都可以有力证明社会主义公共经济上述五方面优越性的存在。2020 年 1 月以来，世界各国抗击席卷全球的新冠病毒疫情②的实践能力与实际效果，如同一把最公平的尺度客观地检验并向世人宣示了社会主义公共经济与资本主义公共经济的优劣。包括中国在内的社会主义各国公共机构，从保护所有社会成员生命和健康出发，以极高的组织动员能力，采取一切可能的措施，一手加强筛查检测、全力救治病员，一手多措并举有效阻断病毒传

① 美国来自佛蒙特州、先后担任国会众议员和参议员并相继于 2016 年和 2020 年两次参加美国总统竞选的民主党候选人伯尼·桑德斯指出：“评价一个伟大的国家，不应该看他们有多少亿万富翁、有多少核弹头，而应该看他们是如何对待自己最弱势的群体的：老人、孩子、老兵和病人。”

② 据各国（地区）官方通报和权威媒体报道信息，截至 2020 年 7 月 20 日 20 时 47 分，全球各国和地区累计确诊病例 14704276 个，因疫病亡 610283 人。

播渠道。有的（如中国）奋勇反击，在相对较短的日期内就将汹涌而起的疫情迅速控制下来，之后转身以多种方式向疫情严重的其他国家施以无私援助；有的（如朝鲜、越南、老挝、古巴）则及时采取自卫措施，有效防止了疫情在本国的传播，最大限度地保护了本国民众的生命和健康安全。[①] 如此突出的表现和良好的效果，再一次无可争辩地证明了社会主义公共经济的优越性。反观发达或不发达的多数资本主义国家，执政党和社会公共机构面对感染率极高的疫情，心存侥幸，反应迟钝，行动迟缓，对策扭曲，导致本国确诊病例人口系数和死亡率都远远超过了疫情先发国家，给广大人民的生命、健康和经济社会发展造成极为严重的损失。[②] 总之，在这次传播概率之高、病亡人数之多均为数世纪来所未有的严重疫灾面前，社会主义各国与资本主义发达国家之间在抗疫行动和实际效果方面的鲜明对照，凸显了资本主义公共经济制度[③]在光鲜外表掩盖下的腐朽没落和社会主义公共经济制度的生机勃勃。

二、社会主义公共经济非本质层面的过渡性特点

社会主义是共产主义社会的第一阶段，由于刚刚从资本主义社会脱胎而来不久，在经济、道德和精神上都还带着其母体的痕迹，加之社会生产力还未达到十分发达的程度，社会财富还未能充分涌流，劳动仍是个人谋生的手段，人们还不可能完全摆脱个人利益的狭隘眼界，即使在完全实行生产资料公有制的经济条件下，仍然需要实行“各尽所能、按劳分配”制度。更何况现存的五个社会主义国家都存在先天不足——不是脱胎于大工业较为发达、经济政治制度较为成熟的资本主义社会，而多是资本主义生产方式虽然有所

---

① 据各国（地区）官方通报和权威媒体报道信息，截至 2020 年 7 月 20 日 20 时 47 分，5 个社会主义国家感染病例和因疫病亡人数情况分别为：中国 86144，4653；古巴 2446，87；越南 384，0；老挝 19，0；朝鲜此疫感染病例和病亡人数零报告。

② 据同口径、同时点信息，北美、西欧、亚洲和巴西、印度、俄罗斯、土耳其等主要资本主义国家的新冠病毒性肺炎确诊病例和因疫病亡人数情况分别为：美国 3901026、143321；加拿大 110338、8852；西班牙 307335、28420；英国 294792、45300；意大利 244434、35045；法国 174674、30152；德国 203582、9256；巴西 2100112、79535；俄罗斯 777486、12427；土耳其 219641、5491；印度 1127281、27628。即使被认为控制较为得力的三个亚洲资本主义国家，其总人口感染系数和因疫病亡率也显著高于社会主义国家，新加坡 48035、27；日本 25844、988；韩国 13771、296。

③ 包括公共卫生防治、紧急事件应对策略、公共资源动员能力和民主选举国家最高领导人机制等。

发展，但在整个国民经济尚未占据主体地位的农业－工业国或基本属于“小农经济汪洋大海”的农业国，封建主义的经济政治和思想文化遗存相对更多。显而易见，在这样一种经济社会发展水平基点上，无论社会主义基本经济政治制度还是与此相适应的公共经济制度建设都很难一蹴而就，在相当长的一个历史阶段中，不仅需要发挥劳动者个体所有制、劳动者股份合作所有制、公私混合所有制在发展经济和增加就业方面的作用，甚至还要在一定范围内主动吸引国外私人资本企业前来投资设厂，以便弥补国内投资来源的不足，并借机引进国外先进技术和经济管理方法，增强自身的经济技术实力。基于共产主义初级阶段和产生背景先天不足的这一系列复杂的经济社会、思想文化条件，不可避免地使现存的社会主义公共经济在非本质方面表现出一些过渡性特点。

（一）民主型公共经济生产关系难以纯而又纯

实行最广泛的民主、将公共经济决策权力完全掌握在劳动者及其代表手中，是公共经济生产关系的根本要求。但是，在社会主义初级阶段，一方面，由于不仅需要发挥一部分非公有制经济成分的积极作用，而且需要利用一切积极因素促进经济社会发展、维护和谐团结的政治局面，因此，就有必要适度安排一些非劳动人士担任人民代表、政协委员以至最高公共机构的领导人；另一方面，由于社会公众总体文化水平、政治素质、信息分析能力等所限，以致在公共经济决策方面广泛实行直接民主还缺乏较为成熟的条件，由此而使社会主义初级阶段的公共经济民主时而发生变形或走样。

（二）公共经济体制很难在短时期内达到理想化程度

社会主义公共经济体制既是民主型公共经济生产关系的外在表现和实现形式，又是保证公共经济治理绩效的重要条件，其理想化标准理应是同时实现民主和效率两方面最大化的要求，或者说应该比同时代资本主义国家在公共经济责权配置的优化程度更高。然而，由于历史传统、封建文化、理论水平、实践经验等多方面因素的制约，从现存社会主义各国公共经济体制的现状来看，仍然存在着许多与社会主义民主政治和公共经济责权优化配置要求不相适应甚至相抵触的现象。

公共经济体制方面存在明显缺陷，不仅会有损于社会主义公共经济民主，而且会导致很多本来可以避免的公共经济决策失误或公共经济运行效率损失。

（三）公共经济生产力优化配置的机制障碍难以根除

实现公共物品最佳提供，不仅取决于公共经济生产关系及作为其实现形式的公共经济体制，而且取决于公共经济生产力的优化程度，特别是人力资源基础素质高低和能否按照人尽其才原则加以合理使用，而决定人力资源基础素质和人尽其才的直接因素则是选人用人机制。道理很简单，公共物品是由作为公共经济生产力核心要素的公职人员借助于必要的生产资料生产出来的，只有公职人员德才素质高且专业对口，才能保障公共机构生产出具有各种各样专门用途的高质量公共物品。或许正是有鉴于此，中共十八届三中全会提出的全面深化改革总目标——“推进国家治理现代化”，同时强调了“国家治理体系现代化”和“国家治理能力现代化”两个方面。因为，对于实现国家治理现代化来说，治理体系和治理能力现代化紧密相关、相互依存。其中，国家治理体系现代化是载体和依托，而国家治理能力现代化则是构建和施行现代化国家治理体系必不可少的主观条件。如果党政部门公职人员缺乏现代化治理能力，那么，他们既不可能科学设计并有效构建现代化的国家治理体系，也不可能有效地落实和维护它，以致现代化的国家治理体系在执行中走样、扭曲。可见，要想实现国家治理能力现代化，优选优配具有现代化素质的公共经济核心生产力是最为根本的前提性因素之一。

实践证明，即使在民主型的社会主义公共经济中，也不可能做到所有公职人员全部通过民主选举机制进行任用，而只能采取民主选任制与择优委任制相结合的双轨并行机制。总体上说，各级各部门公共机构主要负责人应该通过直接或间接的民主选举程序产生，而且应当给予选举人一定选择空间，如果候选人与职位空缺完全一对一，那么，这种选举则近乎指定，在很大程度上抽掉了民主选举的实质内容。除此之外，其他绝大多数业务技术性公务人员则适于采取公开竞争选拔录用和考绩晋级委任制。无论是实行民主选任制还是实行择优委任制，都应当通过必要的机制真正贯彻公共职位任人唯贤、量才任用的基本原则，切实保证公职人员具有很高的思想品德和业务素质。其中，就品德素质品格来说，他或她首先必须是忠于人民公共利益的人，而就最基本的业务素质品格而言，他或她理应是“才能得到全面发展、能够通晓整个生产系统的人”。[①] 顺便指出，这里所谓“通晓整个生产系统”，首先应该是指“公共物品生产系统”，即整个公共经济运行原理。这是确保公共物品最佳提供和公共经济治理绩效的最基本的生产力条件。

（四）公共物品供给和公共财务资源配置效率很难达到十分合意的水平

由于受包括公共经济在内的社会生产力水平、公共经济体制缺陷和国际环境的制约，社会主义国家的公共物品提供和公共财务资源配置效率很可能在以下三个方面出现不合意的情况。

其一，在一定时期内，社会主义国家在提供公共物品的品质类别、质量标准和时机适合度方面赶不上同期并存着的、实行福利国家政策的发达资本主义国家。这是因为，公共物品提供水平不仅要受制于整个社会生产力水平，而且还要受制于公共经济生产力水平。首先，由于现存的社会主义国家产生于不发达的资本主义经济基础之上，尽管建立社会主义制度之后，借助于制度优越性可以使社会生产力以更快速度发展，但是，在相当长一个时期内仍会明显落后于同期并存的资本主义国家，因而难以筹集足够的公共财务资源来支撑全品种、大规模、高标准的公共物品生产。其次，公共经济生产力的主客观两种要素都难以在短时期内达到很高水平，因此，基于公职人员理论水平、认识能力、业务技术和道德风险而发生公共经济决策和公共财务资源配置失当在所难免，从而缺乏确保公共物品种类结构、质量标准和供给时机方面持续实现最优化的条件。这种情况在苏联、东欧社会主义国家和现存的社会主义国家中都曾有大量表现，在今后很长时期内仍难以完全避免。

其二，社会主义国家还不得不将一定比例的公共财务资源配置于国防和国家安全领域，用以提供反侵略战争和反间谍活动这类公共物品。这是因为，社会主义在很长时期内都不可避免地与资本主义同时并存，而资本主义国家在大垄断资本集团的支配性影响下，不仅仍然是发动侵略战争的策源地，而且还时常通过派遣间谍和其他地下组织等途径到社会主义国家开展窃取情报、煽动分裂、挑动“颜色革命”等颠覆破坏活动。在这种情况下，社会主义国家通过增加国防和国家安全方面的公共财务资源投入，切实增强反侵略战争和反颠覆活动能力，对于保卫社会主义制度和人民生命财产安全而言乃是不

① 恩格斯：共产主义原理［A］．马克思恩格斯选集第1卷［C］．北京：人民出版社，1995：243.

可避免和非常必要的，尽管这类公共财务资源投入显然会以相应份额抵减直接用于改善人民一般公共福利的资源。

（五）公共经济管理在一定时期内落后

具体表现包括许多方面，其中公共经济决策责任制和公共经济绩效管理这两个主要方面的差距更为明显。

首先，公共经济决策责任制未能真正建立起来。一方面，关于公共经济决策责任制的规定缺乏系统性、全面性和量化指标；另一方面，只规定应当如何，而既没有明确规定具体落实机制和措施，也没有规定对违反程序做出错误决策的当事人如何追究责任，从而使公共经济决策责任制变为空中楼阁而难以付诸认真执行。

其次，公共经济绩效管理进展迟缓。问题在于，预算绩效管理固然是公共经济绩效管理的重要方面，但公共经济绩效管理仅停留在财政预算的管理层次上。或许正因为未能高度重视推进公共经济绩效管理，所以公共经济实践中存在不注重成本－收益、投入－产出、办事不计成本的现象，公共经济绩效总体上并不理想，客观上制约了社会主义公共经济制度优越性的充分发挥，延缓了经济社会发展和公共福利提升本来应有的速度。

总之，社会主义公共经济非本质层面的过渡性特点，有的属于客观条件局限不得已而存在的，有的则是本来可以避免但由于主观努力不够造成的。对于后一种情况，显然应当下决心采取有效措施尽快加以克服。

第三节 公共经济实践演进的辩证发展规律

前面，我们不仅分别回顾性地概要阐述了中国和国外公共经济实践历史演进的大体历程，而且对中国与外国、社会主义与其他社会形态的公共经济实践历史演进做了一番对比性分析。在此基础上，有必要从哲学视角就世界公共经济实践演进的辩证发展规律做一简要归纳。

中国与外国公共经济实践从原始社会演进到目前资本主义与社会主义并存的今天，经历了极其漫长的历史过程，期间发生的大大小小历史事件无以计数，多少个王朝蓬勃兴起后又或迟或速地衰落覆亡，其中丰富无比的经验教训引起人们无尽的慨叹与迷思。透过各国公共经济实践复杂而曲折的演进历程和令人眼花缭乱的历史事件，我们可以发现贯穿于其中的一些最基本也是最重要的辩证发展规律。

一、否定之否定的辩证性循环是人类公共经济实践历史演进的基本轨迹

概览世界各个民族国家公共经济实践历史演进的全部阶段，无不是由原始社会自然形成的粗糙的民主型公共经济作为历史起点，尔后在奴隶制、封建制基本生产关系基础上异化为君主专制型公共经济，再往后则从建立资本主义公共经济开始重新朝着更为复杂、更为精致的民主型公共经济复归，并且在一部分民族国家中率先演进到更为广泛、更为真实、更为高级的社会主义民主型公共经济。

这一演进轨迹呈现为一个典型的否定之否定、螺旋式上升的辩证法循环。无论在哪个地区，人类公共经济实践在其开始阶段无不以符合公共经济本质属性的民主类型存在，从而表现为历史发展过程中对公共经济本质属性的第一个肯定。然后，由于原始社会内在的否定因素不断成长，原始民主型公共经济逐步解体，以至让位于在奴隶主、封建主私有制基础上由少数人专制、主要服从少数人利益的公共经济，即在主导意义上抛弃了公共经济的本质属性，从而表现为对公共经济本质属性的异化或否定。最后，在封建制公共经济制度之下，随着资本主义生产方式的日益发育成长，以资产阶级为首的人民大众又借助于集体行动、凭靠集体力量从极少数统治者手中夺回公共经济权力，建立起主要维护资本利益、资本家阶级占据支配地位、由不同范围的民众投票选举产生的代表议事机构对公共经济进行决策的公共经济制度，以此抛弃了占社会总人口极少数的君主家族垄断公共经济治理的形式，从而表现为对前一个“否定”进行“再否定”的“拐点”，开始朝着符合公共经济本质属性的方向回归。尽管这种回归对人民大众而言在很大程度上仅具有形式价值，带有很大的虚幻性质，但仍然具有重要的历史意义：因为它毕竟是对人的各方面自主权利的一次解放，有利于人民大众自主意识的觉醒和文明程度的提升，从而为下一步实现对资本所有制基础上大资本家集团居支配地位的公共经济的否定奠定了基础。在此基础上，终于在一部分率先建立生产资料公有制的社会主义国家复归到由绝大多数社会成员当家作主的公共经济，在更高形式上实现了对公共经济本质属性的重新肯定，从而完成了公共经济从本质属性出发、经由中途异化、到最终在高级形式上复归于本质属性的大周期历史循环。当然，到目前为止，这种复归还只是局部的、初步的和不稳定的，其更全面、更完备、更美妙的图景尚待在社会生产力发展、基础生产关系发育的基础上，

通过不断努力完善公共经济体制和管理机制，以更加符合人类本性和愿望的内容与形式日益充分地展现出来。

公共经济这种螺旋上升式周期循环的实质内容，并不局限于、甚至并不主要体现于公共经济决策机制从民主到专制再复归于更高级的民主，更重要的在于公共权力来源、公职人员角色、公共机构地位和公共机构提供公共物品、所实现利益的本质属性从肯定到否定（异化）、再到重新肯定（否定之否定）的演化过程。一则，在公共经济实践演进的起点上，作为社会成员的人民大众是公共经济的主人，氏族、胞族部落和部落联盟的首领是由社会成员民主推举产生的受托代理公共事务的社会公仆，他们手中的公共权力是由作为公共经济主人的社会成员授予、用于履行公共事务受托责任的必要条件，公共机构是为社会成员集体提供公共物品、维护和实现公共利益的工具。然而，到了奴隶制、封建制社会阶段，占共同体总人口绝大多数的社会成员失去了公共经济主人的身份，执掌公共权力的公职人员不再由人民大众共同推举产生，而是由最具经济实力的那个阶级垄断性地世袭或采取委任方式担任，他们手中的公共权力也就不再来源于人民大众赋予，从而由本来的社会公仆转而以公共经济主人自居，反过来傲视并欺压人民大众；于是，由他们组成的公共机构也随着变为高踞于社会之上、有权压迫和奴役人民大众的强制性组织。直到公共机构中负领导责任的公职人员重新由人民大众选举产生以后，公共权力才重新表现为由人民大众所赋予，公职人员随之重新复归于社会公仆的角色，社会公共机构也才重新复归于为社会公众服务的公共组织。二则，公共机构提供公共物品、所实现利益的本质属性与公共权力来源、公职人员角色、公共机构地位同步变化，从公共经济实践起点上满足社会成员公共需要、增进绝大多数人公共利益，先是转变为主要或优先满足统治阶级公共需要、维护和增进占总人口少数的社会集团公共利益，最后逐步回归于满足人民大众的公共需要、增进绝大多数社会成员的公共利益。

需要特别指出的是，对于建立在生产资料私有制基础上的各历史阶段上公共经济本质的异化，不能理解为公共性完全被阶级性所代替，而必须相对地理解为阶级性居主导地位，从而使相对人民大众而言的公共性屈居于从属地位。对阶级社会中公共经济所具有的这种二重属性，恩格斯曾明确指出：“问题仅仅在于确定这样的事实：政治统治到处都是以执行某种社会职能为基础，而且政治统治只有在它执行了它的这种社会职能时才能继续下去。不管在波斯和印度兴起和衰落的专制政府有多少，每一个专制政府都十分清楚地知道它们首先是河谷灌溉的总管，在那里，没有灌溉就没有农业。”①

二、由量的渐进积累到质的飞跃性突变是人类公共经济实践历史演进的一般机理

人类公共经济本质属性由肯定、到否定、再以更高形式重新复归的历史演进过程，绝非是由某个具有创世纪能力的伟大人物在某个时日凭空实现的，而是在人类社会共同体内部相关因素推动下，通过量的渐进积累到质的飞跃性突变分步演化的结果。在公共经济类型由低到高的自然演化进程中，所谓量的渐进积累，是指前一阶段公共经济类型的肯定因素逐步减少、否定因素（同时是新生公共经济类型的肯定因素）逐步增加；而质的飞跃性突变，则是指当旧公共经济类型的否定因素超过肯定因素的临界点之后，它就由旧公共经济类型的否定因素一跃而变为新公共经济类型中占主导地位的肯定因素。新公共经济类型产生后再次出现肯定因素与否定因素相互间此消彼长的渐进积累直至发生飞跃式质变的过程。

恩格斯曾就原始社会公共经济中肯定因素与否定因素此消彼长的渐进式积累如何最终导致整个公共经济类型发生质变的过程做过如下描述：“在每个这样的公社中，一开始就存在着一定的共同利益，维护这种利益的工作，虽然是在全体的监督之下，却不能不由个别成员来担当：如解决争端；制止个别人越权；监督用水，特别是在炎热的地方；最后，在非常原始的状态下执行宗教职能。这样的职位，在任何时候的原始公社中，例如在最古的德意志的马尔克公社中，甚至在今天的印度，还可以看到。这些职位被赋予全权，这是国家权力的萌芽。生产力逐渐提高，较密的人口在一些场合又形成了各个公社之间的共同利益，在另一些场合又形成了各个公社之间的相抵触的利益，而这些公社集合为更大的整体又引起新的分工，建立保护共同利益和防止抵触的利益的机构。这些机构，作为整个集体的共同利益的代表，在对每个单个的公社的关系上已经处于特别的、在一定情况下甚至对立的地位，它们很快就变为更加独立的了，这种情况的造成部分地是由于职位的世袭（这种世袭在一切事情都是自发地进行的世界里差不多是自然而然地形成的），部

---

① 恩格斯：反杜林论［A］．马克思恩格斯选集第3卷［C］．北京：人民出版社，1995：522－523.6ZW)

分地是由于同别的集团的冲突的增多，使得这种机构越来越必不可少了。在这里我们没有必要来深入研究：社会职能对社会的这种独立化怎样逐渐上升为对社会的统治；起先的公仆在情况有利时怎样逐步变为主人；这种主人怎样分别成为东方的暴君或总督、希腊的部落首领、克尔特人的族长等；在这种转变中，这种主人在什么样的程度上终究也使用了暴力；最后，各个统治人物怎样结合成一个统治阶级。”继之，他又揭示了资本主义社会中公共经济的发展如何预示着它必然会被社会主义新社会所取代的趋势：“资本主义社会的正式代表——国家不得不承担起对生产的领导。这种转化为国家财产的必然性首先表现在大规模的交通机构，即邮政、电报和铁路方面。”①

三、多重的对立统一是推动人类公共经济实践历史演进的深层动力

前述公共经济中肯定因素与否定因素此消彼长的量变引起公共经济类型的质变，解释了人类社会公共经济实践从低级阶段向高级阶段演进的过程。然而，促成量的渐进式积累和飞跃式质变的动力因素是什么？根据马克思主义哲学原理，这种动因主要应当从经济体的内部矛盾中去寻找。我们认为，促成人类社会公共经济类型量变引起质变的具体动力因素主要是公共经济与民间经济之间、公共性肯定因素与否定因素之间、现存制度支持力量与反对力量的对立统一。

首先是公共经济与民间经济之间的对立统一。尽管公共经济与民间经济是人类混合经济共同体中分别提供公共物品和私人物品的两大部门，但从逻辑关系而论，它们之间相互关系并非是完全平行的。民间经济因为既是社会成员及其结成的经济社会组织通过自主活动满足人类生存和发展所需最基本的物质资料的活动，又是公共经济的需求提出方、产品消费方和财务资源提供方，所以，相比较而言，民间经济不仅表现为公共经济的基础，而且表现为整个混合经济共同体的基础。但另一方面，公共经济提供公共物品的功能不仅是民间经济所不能替代的，而且它所提供的公共物品还构成民间经济赖以顺利进行甚至赖以存在的必要条件，比如国防安全、人身安全、产权保护、交往秩序、纠纷裁决、交换媒介、基础设施、经济稳定、经济结构的宏观调节、社会安全保障、国际关系调处，等等。更有

---

① 恩格斯：反杜林论［A］．马克思恩格斯选集第3卷［C］．北京：人民出版社，1995：522、628.

甚者，社会公共机构有时还通过特定的法律性公共物品并凭借强制力直接改变民间经济生产关系，例如废除奴隶制、农奴制、实施土地改革、将私营工商业改造为公有制经济、推行国有资产私有化民营化改革，以及用市场经济取代计划经济，等等。从这些类别公共物品的功能可以看出，公共经济对于民间经济乃至整个混合经济体而言都因为发挥着总体协调和维护作用而处于主导地位。这样，在整个混合经济共同体中，民间经济与公共经济就构成一种相互依存、相互制约又相互推动的对立统一关系。对于这种关系，恩格斯曾经从两个不同方向做过论述：一方面，“国家，政治制度是从属的东西，而市民社会，经济关系的领域是决定性的因素……在现代历史中，国家的意志总的说来是由市民社会的不断变化的需要，是由某个阶级的优势地位，归根到底，是由生产力和交往关系的发展决定的。”① 另一方面，在阶级社会，作为公共经济能动表现的“国家权力对于经济发展的反作用可以有三种：它可以沿着同一方向起作用，在这种情况下就会发展得比较快；它可以沿着相反方向起作用，在这种情况下，像现在每个大民族的情况那样，它经过一定的时期都要崩溃；或者是它可以阻止经济发展沿着既定的方向走，而给它规定另外的方向——这种情况归根到底还是归结为前两种情况中的一种。但是很明显，在第二种和第三种情况下，政治权力会给经济发展带来巨大的损害，并且造成人力和物力的大量浪费”。② 由此可见，公共经济与民间经济作为既对立又统一的两个方面之间的相互作用，乃是促进公共经济类型质量互变的基础性动因。

其次是公共性肯定因素与否定因素之间的对立统一。公共经济最根本的属性就是它的公共性——它是社会成员通过让渡个人权利形成公共权力和公共资源、提供公共物品、满足公共需要的经济活动；一种经济活动如果没有任何公共性因素而言，那么，它无论在何种意义上都不能称之为公共经济。但是，任何一种公共经济中又都有某种个人因素在起作用，例如，在原始社会公共经济中被众人推举担任氏族、胞族和部落联盟首领的人，通常都是以其个人具有勇敢、智慧和组织能力等品格而获得众人拥戴的，

---

① 恩格斯：路德维希·费尔巴哈和德国古典哲学的终结［A］．马克思恩格斯选集第4卷［C］．北京：人民出版社，1995：251.

② 恩格斯：致康·施米特［A］．马克思恩格斯选集第4卷［C］．北京：人民出版社，1995：701.

然而，他在被赋予全权组织指挥集体行动的过程中，就有可能借助于手中掌握的公共权力为自己的家庭谋取私利、积累私人财富或逐步享有其他某种特权，比如将战俘占为私用的奴隶。这种可能性或倾向就构成对公共经济和公共权力本质属性的否定因素。当社会成员集体难以有效抑制这种否定因素滋生和成长的情况下，它就会愈来愈甚地侵蚀公共经济的本质属性，以致原始社会公共经济逐步瓦解，蜕变为主要服务于奴隶主阶级利益的另类公共经济。而到封建社会后期，凭借资本雇佣劳动成长起来的资产阶级通过集体行动夺取政权并采取代议机制掌握运用公共事务治权的时候，否定公共权力私人运用的因素又获得了恢复性增长的条件；随着选举权、被选举权和担任所有公职的财产、门第资格逐步放宽，公共经济本质属性的肯定因素日益增加，直至最后过渡到人民大众拥有当家作主权利的社会主义公共经济。当然，即使到了社会主义阶段，公共经济中仍然存在人人有责有权而又可能人人都出于“搭便车”心理而不为维护公共利益认真负责地行使民主权利的矛盾；在这种矛盾中，对维护公共利益“人人有责有权”构成公共性的肯定因素，而“人人以‘搭便车’态度不为维护公共利益认真负责地行使民主权利”则构成公共性的否定因素。这两种因素的消长和在某一时点上的对比，决定着每一特定国度内社会主义公共经济的生命力指数。一旦公共性否定因素胜过肯定因素，那么，类似苏共失政下台、苏联改旗易帜的事变就会发生。

再次是现存公共经济制度支持力量与反对力量的对立统一。在每一种公共经济中，都存在基于公共利益享有或受损的权衡而对现存制度采取支持立场或反对立场的两种社会力量。这两种立场相反的社会力量之间围绕维护还是推翻抑或是改革现存制度进行着斗争，斗争的结局取决于双方实力（包括经济实力、军事实力和觉悟水平、斗争策略、组织程度等）的对比。除了原始社会公共经济是通过自然解体方式逐渐异化为奴隶制或封建制公共经济之外，到目前为止，其余两次公共经济类型演进都是由反对现存制度的社会力量通过长期艰苦斗争实现的。在奴隶社会、封建社会和资本主义社会发展阶段，由不同阶级领导的人民大众为推翻过时的公共经济制度、争取建立更能满足自身公共利益的公共经济制度而进行的阶级斗争，现实地推动了人类公共经济类型由低级到高级的演进，从而创造了几千年的公共经济文明发展史。

第四节　中国古代王朝兴衰更替过程中体现出来的公共经济规律性

如果略为认真地考察一下人类公共经济实践演进历程，将不难发现，不仅在纵贯上万年的人类历史上依次递进的不同社会公共经济形态之间表现出否定之否定上升式循环的漫长周期，而且几乎每一种社会形态数千或数百年的历史发展进程中同样存在着若干个民族国家以相对较短周期表现出来、带有规律性的兴衰存亡循环，甚至在某些存续年代较长的民族国家中也都有着更短周期的兴衰成败循环。

透过对这些次级甚至更次级周期循环的分析，我们可看出，公共经济制度、政策和公共物品供给、公共财务运行等在民族国家兴衰存亡过程中起着至关重要的作用。

仅就中国古代5000年历史发展而论，各大封建王朝几乎都经历过初期繁盛、中期再兴①和最终败亡的演化过程，其中的经验教训甚至对现代国家治理仍有借鉴意义。

对于蕴含于中国古代王朝盛世、中兴的正面经验和衰落败亡的反面教训以及整个兴衰更替过程中的规律性，不同学科和学派有着见仁见智的多种解说。我们在这里试从公共经济学视角做一番新的考察。

一、王朝盛世与中兴之理

以公共经济学视角观之，所谓盛世，就是特定阶段的君主制王朝通过有效的公共经济治理使国家在一个较长期间内实现领土统一、政治稳定、经济发展、社会安定、文化繁盛、国力强大、国防安全并享有国际盛誉、受到尊崇的理想局面。

与此不同，所谓中兴，则特指先前已出现过盛世的国家由于公共经济治理发生失误或未能有效应对外部冲击而暂时发生某种程度的衰落，经过或长或短的一个时期，饱尝内忧外患之苦的统治集团又孕育出新一代有为君主，与能臣一起励精图治、奋力合作，通过制定实施有效的公共经济治理措施而

---

① 在历史学中，通常将古代王朝建立初期出现的繁盛局面称为“盛世”，而将在同一王朝存续期间经过一段下行曲折之后再次振兴的过程称为“中兴”，并分别以相对应时期的帝王年号来命名这些盛世和中兴。由于衡量盛世和中兴的标准不同，人们对中国5000年古代史中出现过哪些盛世时代和中兴时期，既有不少共识，也存在一些歧义。

使国家繁荣局面得以在一定时期内显著恢复。

依照上述概念界定，在中国5000多年的古代历史上，至少出现过的8个盛世和12次中兴。其中，较为公认的王朝盛世包括西周成康之治（前1017—前996年）、西汉文景武昭宣之治（前180—前48年）、[1] 南朝刘宋元嘉之治（424—452年）、隋朝开皇之治（581—604年）、唐朝贞观开元盛世（627—741年）、北宋咸平之治（968—1022年）、明初洪永宣盛世（1368—1435年）[2] 清初康雍乾盛世（1661—1795年）。[3] 而可以称得上中兴之世的时期则包括：夏朝少康中兴（约前1950—前1912年）、商朝盘庚中兴（前1250—前1192年）、周朝宣王中兴（前828—前783年）、汉朝光武中兴（25—57

---

① 人们通常将西汉这一时期出现的治世局面分成“文景之治”和“昭宣中兴”，而笔者认为，从汉文帝开始到汉宣帝执政时期是一个紧密相连的治理过程，汉武帝时期因政策失误导致国库空虚的后果并不严重且时间极短，而其解决匈奴之患、开疆扩土又是西汉达到极盛的重要因素。因此，将文景武昭宣作为一个盛世来看待似更合理。

② 与西汉初期相似，人们通常将明初治世局面分割为洪武之治、永乐之治和仁宣之治三个阶段，笔者认为，这是一个前后相继、不可分割的连续过程，期间并不存在走下坡路的周折。

③ 除此之外，黄中业在其2012年由中国大百科全书出版社的《战国盛世：跃动的九州》一书中提出了另一种观点，认为中华帝国五大盛世的第一次当属各种学派异常活跃、百家争鸣的战国，尽管这次盛世的表象为社会动荡、战乱不息、诸侯争霸、七雄并立等，但其在农业、工商业、自然科学、学术思想、文学艺术、事军科学以及以法治国等诸多方面的飞跃发展，却实实在在地构成了“盛世”的壮丽景观。

尽管这种观点未尝没有一定道理，但从根本上说则较为牵强。因为出现于此阶段的这种“盛世景观”是在作为中央政府的东周王朝变得有名无实、难以发挥统筹驾驭功能而任由诸侯国各自为政、相互征伐的无政府状态下出现的。既然如此，那么，无论将创造这种盛世的主体归结为周王朝或是归结为先后称霸的任何一个诸侯国，都难以自圆其说。如果说是周王朝与各个诸侯国合作创造的，那么，这种合作是自觉的、主动的、和谐有序的还是自发的、被动的、混乱无序的？肯定前一种情况，显然有违事实；而肯定后一种情况，则显然有违创造盛世的基本逻辑。

年）、唐朝三次中兴、[①] 宋朝神宗中兴[②]和乾淳之治、[③] 明朝弘治中兴和万历中兴、[④] 清朝同光中兴。[⑤]

盛世与中兴的区别与联系主要在三个方面：其一，就出现顺序而言，盛

---

① 是指唐宪宗元和年间（805—820 年）通过有效解决藩镇割据得以重振朝纲、复归于统一而实现的中兴；唐武宗会昌年间（814－846 年）通过铲灭佛教、收回教产、解放劳动力、恢复经济发展、改善财政状况而实现的中兴；唐宣宗大中年间（847—860 年）励精图治、从谏如流、用法无私，通过勤俭治国、减轻赋税、整饬地方、改善吏治、缓和阶级矛盾，使百姓日渐富裕而实现的中兴。

② 宋神宗在位期间（1067—1085 年）支持熙宁变法，并在王安石罢相之后继续维护新政改革的成果。主要包括：通过实行方田均税法抑制土地兼并势头，减轻人民税负；通过推行青苗法限制高利贷对农民的盘剥；通过推行市易法打击大商人对市场的垄断和操纵；通过实行保甲法维护社会治安，促进农业和商业发展和社会稳定，有效拓宽了国家财源、充裕了财政（国库积蓄可供朝廷 20 年财政支出）；通过实行裁兵法、保马法和军器监法增强军事力量，从而实现了富国强兵的目标，显著改变了北宋多年积贫积弱状况。尽管很多史学家出于传统偏见，贬低此次变法所取得的公共经济治理效果，但多方面客观事实表明，宋神宗通过支持王安石变法所实现的治理政绩比其他封建王朝时期出现过的所谓中兴有过之而无不及。为此，列宁称赞王安石为"中国十一世纪的改革家"。

③ 是指宋孝宗在位期间（1162—1189 年）勤于理政、重用贤臣、整饬吏治、裁汰冗官、惩治贪污，改革财政和币制，减轻人民税负，兴修水利促进农业发展，平反岳飞冤狱，起用主战派人士，锐意收复中原，使南宋进入一个政治清明、经济发展、民生富庶、社会稳定、文化繁荣的相对兴盛时期。

④ 弘治中兴是指明孝宗在位期间（1487—1505 年）拨乱反正、重振朝纲，尊贤任能、铲除奸佞、抑制宦官，广开言路、君臣融洽，废除苛法、持法公允，一改成化以来朝纲紊乱、国力凋敝局面，通过理性治理而出现的一段政治清明、经济繁荣、百姓富裕、天下小康局面。万历中兴是指明神宗执政的万历年间（1572—1588 年）在张居正辅佐下推行新政，加强内阁、厘清责权、精简机构、提高效率，整饬吏治、任用贤臣、贬抑宦官、严肃考核、完善监察、惩治腐败；以"一条鞭法"改革财政、减轻人民负担、促进经济发展、缓和阶级矛盾；大举整治黄河、淮河、运河，修缮水利工程；并且精选将领、整饬军备、修治边塞、加强国防。经过十多年努力，这些举措均取得斐然成效，扭转了正德、嘉靖两朝以来出现的颓势，逐步形成了"南倭北虏"边患基本肃清、商品经济空前发展、国库充盈国力极盛、科学文化繁荣、社会活力增强的治世局面。

⑤ 是指从 1864—1894 年同治和光绪二帝相继执政的 30 年间，在奕䜣、曾国藩、左宗棠、李鸿章、胡林翼、张之洞等贤王能臣的鼎力辅佐下出现的中兴气象。主要表现在：国内基本安定，一班名臣思变图强，"洋务运动"轰轰烈烈，一大批近代军工企业和民用企业相继建成投产，西方技术、资金、人才和近代公司管理机制得以引进，新式海陆军开始编练，新式学校先后创办、留学生不断派遣海外，由此而使经济得到恢复、兵力得到增强、国力有所提升，朝野自信明显提振，国家焕发出一股兴盛之气。

世在前而中兴在后，如果前面未曾有过盛世，也就谈不到后世之中兴。其二，就延续时间而论，一般而言，几乎所有的盛世都是新王朝建立后经过至少一两代人前赴后继的持续努力所形成的，由于前后相延持续推行较为理性的治理措施打下的统治根基相对厚实，加之历史惯性作用，以致繁盛局面能够延续较长时期；而中兴之治多是某一位君主借助于多种较为有利的主客观因素创造的，但由于建立在私有制基础上的君主专制统治本身固有矛盾或“毒素”蓄之既久、根深蒂固，一方面很难通过短时期改革性治理措施有效解决；另一方面往往会因为既得利益集团强烈抵制、极力梗阻而半途而废，因此，再次兴起的繁盛局面最多只能持续一二十年便偃旗息鼓，以致王朝重新回到沉沦衰落的老路，直至最终溃亡。其三，王朝盛世与中兴形成有着共同原因，即统治集团因时制宜地制定推行较为正确的公共经济制度，从而一定程度地克服了公共经济体制中的显著弊端、改善了公共经济生产关系、提升了公共经济生产力；通过调整优化公共经济政策、提供一系列有益公共物品，有效缓解了统治阶级与被统治阶级之间和统治阶级内部不同集团之间的各种矛盾；盛世和中兴局面所达到的繁荣高度和延续时间，与公共经济改革措施本身的理性程度高低和实施力度大小成正比。这在很大程度上表现为一种规律性。

由此可见，在形成盛世与中兴的各种原因中，公共经济制度的优化创新和公共经济政策的优化凸显出根本性和关键性作用。这是因为，通过公共经济制度创新能够有效清除专制王朝内部包括君主无理专横、斥贤用奸、宦官与外戚之害、军阀藩镇尾大不掉、官僚集团腐败等在内的“毒素”，并有效改善官僚队伍素质、增强公共经济生产力；而通过公共经济政策优化，则能通过抑制土地兼并、减轻人民负担、发展文化教育科技、缓解社会阶级矛盾、加强国防力量或修好与周边国家睦邻关系，直接促进经济繁荣、社会稳定、边防稳固、国力强盛。

二、王朝衰亡败落之由

中国古代史上产生的各代王朝没有不走向败亡衰落的，差别仅在于或迟或速。其中，夏商周三代奴隶制王朝存续时间均在 400 年以上；此后，秦、汉、魏蜀吴、南北朝、隋、唐、五代十国、宋、辽、金、元、明、清在内的各代封建制王朝，存续时间最长的不过 319 年（宋），最短的秦朝仅仅存在了 15 年。总体上看，寿命较长的君主制王朝在存续期间内都曾经过一次或多次中兴，而比较短命的王朝（如二世而亡的秦朝①和隋朝）仅在建立初期或长或短地繁盛过一段时间，根本来不及出现中兴之治就疾速走向灭亡了。

需要探究的根本问题在于，中国古代奴隶制、封建制王朝衰亡败落之由到底是什么？对此，古往今来众多历史学家、政治学家、经济学家都曾从不同角度进行过总结分析，形成了大量文献，若一一列举，不胜繁冗。这里仅借贾谊之论略加辨析。西汉名臣贾谊在其所著《过秦论》一文中从多方面指出了秦朝迅速灭亡的原因，最后将其总括性地归结为“百姓怨望而海内畔(叛)”，“本末并失，故不能长。”② 就基本事实而言，贾谊对秦朝兴亡原因的具体列举和总体概括无疑是相当中肯的。然而，他所用的分析范式所体现的只是以儒家为代表的传统治国理念。如果我们从公共经济视角考察，则不难看出，秦朝之所以二世而亡，根本原因在于从嬴政到胡亥都严重扭曲了公共经济生产关系（“繁刑严诛”“蒙罪者众”“刑戮相望于道”，“赋敛无度”

---

① 秦朝从形式上是三代而亡，实际上是二世而亡，因为子婴被拥立为皇帝时，秦朝大势已去、旋即倾覆，没有理由让子婴为秦朝灭亡承担任何责任。

② “秦王怀贪鄙之心，行自奋之智，不信功臣，不亲士民，废王道而立私爱，焚文书而酷刑法，先诈力而后仁义，以暴虐为天下始。夫兼并者高诈力，安危者贵顺权，此言取与守不同术也。秦离战国而王天下，其道不易，其政不改，是其所以取之守之者无异也。孤独而有之，故其亡可立而待也。借使秦王论上世之事，并殷、周之迹，以制御其政，后虽有淫骄之主，犹未有倾危之患也。”“今秦二世立，天下莫不引领而观其政。夫寒者利裋褐，而饥者甘糟糠。天下嚣嚣，新主之资也。此言劳民之易为仁也。向使二世有庸主之行而任忠贤，臣主一心而忧海内之患，缟素而正先帝之过；裂地分民以封功臣之后，建国立君以礼天下；虚囹圄而免刑戮，去收孥污秽之罪，使各反其乡里；发仓廪，散财币，以振孤独穷困之士；轻赋少事，以佐百姓之急；约法省刑，以持其后，使天下之人皆得自新，更节修行，各慎其身；而以盛德与天下，天下息矣。即四海之内皆欢然各自安乐其处，惟恐有变。虽有狡害之民，无离上之心，则不轨之臣无以饰其智，而暴乱之奸弭矣。”“二世不行此术，而重以无道：坏宗庙与民，更始作阿房之宫；繁刑严诛，吏治刻深；赏罚不当，赋敛无度。天下多事，吏不能纪；百姓困穷，而主不收恤。然后奸伪并起，而上下相遁；蒙罪者众，刑戮相望于道，而天下苦之。自群卿以下至于众庶，人怀自危之心，亲处穷苦之实，咸不安其位，故易动也。是以陈涉不用汤、武之贤，不借公侯之尊，奋臂于大泽，而天下响应者，其民危也。”“秦王足己而不问，遂过而不变。二世受之，因而不改，暴虐以重祸。子婴孤立无亲，危弱无辅。三主惑而终身不悟，亡，不亦宜乎？当此时也，世非无深虑知化之士也，然所以不敢尽忠拂过者，秦俗多忌讳之禁，忠言未卒于口而身为戮没矣。故使天下之士，倾耳而听，重足而立，拑口而不言。是以三主失道，而忠臣不谏，智士不谋也。天下已乱，奸不上闻，岂不哀哉！”“秦之盛也，繁法严刑而天下振；及其衰也，百姓怨望而海内畔矣……秦本末并失，故不能长。”

“百姓困穷”“自群卿以下至于众庶，人怀自危之心，亲处穷苦之实，咸不安其位，故易动也”）；使得公共经济执行主体内部失去和谐合作关系（“奸伪并起，而上下相遁”“赏罚不当”“世非无深虑知化之士也，然所以不敢尽忠拂过者，秦俗多忌讳之禁，忠言未卒于口而身为戮没矣。故使天下之士，倾耳而听，重足而立，拑口而不言”），从而严重损害了公共经济生产力（“是以三主失道，而忠臣不谏，智士不谋也。天下已乱，奸不上闻”）。在严重扭曲的公共经济生产关系和严重受损的公共经济生产力之下，自然不能提供有益的公共物品（“天下多事，吏不能纪”“百姓困穷，而主不收恤”）、满足社会大众的公共需要（“塞万民之望”），甚至蓄意提供有害公共物品（“焚文书而酷刑法”“坏宗庙与民，更始作阿房之宫”）；与此同时，嬴政和胡亥均不能因时制宜地改革公共经济制度和政策（“秦离战国而王天下，其道不易，其政不改”“秦二世立，天下莫不引领而观其政”，然而，“二世”却未能“缟素而正先帝之过”），由于这些弊端的综合作用（“本末并失”），最终结果便只能是现有公共经济代理人被推翻（“百姓怨望而海内畔”）、旧王朝疾速而亡（“故不能长”），等待人民通过重新选择产生新一代王朝。其他各代王朝的衰亡败落之由大同小异，无须逐一赘述。

三、支配奴隶制、封建制王朝生灭兴亡的周期律

在华夏大地上，自奴隶社会开始到封建社会结束，一直处于新旧王朝每隔一段时期（长则数百年、短则十数年）就发生此亡彼兴或者说此兴彼亡的循环周期，被称为“其兴也勃、其亡也速”的历史周期律。这一概括最初源于《左传·庄公十一年》所记述的鲁庄公于公元前683年秋派大夫臧文仲慰问发生洪灾的宋国，有感于宋湣公深切自责之言，援引历史兴亡之鉴，而推断宋国即将兴盛，理由在于：“禹、汤罪己，其兴也勃焉，桀、纣罪人，其亡也忽焉。”在现代，人们经常引用的则是黄炎培1945年7月到延安考察时与毛泽东长谈过程中提到的，中国历朝历代都没有能跳出“其兴也勃焉，其亡也忽焉”的兴亡周期律，之后关切地问及中国共产党取得革命成功后准备如何应对这种历史周期律的故事。黄炎培还列举了导致王朝衰落和覆灭的几种原因，如“政怠宦成”“人亡政息”“求荣取辱”等。①

① 黄炎培：延安归来［M］．重庆：国讯书店，1945：65；杨天：中国近代史黄炎培的“新历史难题”：规律？概率？［OL］．人民网·文史，2010-09-01.

对于这种规律性，西方历史学家也多有提及，例如美国历史学家斯塔夫里阿诺斯就曾指出：中国“王朝的兴亡确是循环式。凡是王朝的创立者总是一个有才干、有魄力的活动家，但是几代后，在宫廷环境中成长起来的其子孙后裔，很可能就会变得软弱无能、放荡不羁。虽然有时也会出现一个强悍的统治者或一个能干、忠诚的大臣来设法阻挡这种堕落，但总的趋向仍是朝下坡路走，直到成功的起义推翻王朝，重新开始大家所熟悉的循环”。“比王朝循环更为根本的是所谓的经济管理的循环。这种循环是从每个重要王朝刚建立时所共有的安宁和繁荣开始的。社会安定的恢复导致人口的增加和生产规模的扩大，从而相应地使收入增多、国库充实。但是，个人野心、家族影响和制度的压力这三者的结合，必然迟早会使皇帝们去承担过多的义务。他们将人力和财力分散到公路、运河、防御工事、宫殿、宫廷铺张和边疆战争上。因而，每个王朝在它建立约 100 年后都开始面临财政上的种种困难。为了弥补亏空，政府提高赋税。赋税大部分沉重地压在中国社会的主要成分自耕农头上。每个朝代开始时，自耕农总是占农民的大多数，但是，随着赋税的增加，他们愈来愈被迫将自己的小块土地割让给大地主，而自己则沦为佃农。地主凭借与其财产相当的政治影响，只缴纳微不足道的税，所以他们占有的土地愈多，政府的岁入愈下降，落在数目日趋减少的自耕农头上的赋税愈增加。这样，也就形成一个恶性循环——赋税增加，岁入下降，公路和沟渠的修整被忽视，生产率下降，最后是饥荒、盗匪活动和全面的农民起义。而与此同时，边防可能也被忽略，从而又招致游牧部落越境前来劫掠。常常正是这种内乱和外侵的结合，使摇摇欲坠的王朝溃灭，为新的开端扫清道路。”同时，他又说“这实质上是西汉时期的模式”。①

应该肯定，无论是中国古代的臧文仲、现代的黄炎培还是美国的斯塔夫里阿诺斯，他们都不仅发现了中国古代君主制王朝生灭兴亡的周期性现象，而且也都不同程度地正确指出了导致这种周期律的一些重要原因。但是，他们都没有从公共经济视角系统全面地揭示出支配中国古代君主制王朝周期性兴亡的机理，从而使其分析的深刻性和透彻性受到局限。这是因为，一则君主制王朝兴亡本质上属于公共经济领域的规律性现象，若不运用公共经济学

① 斯塔夫里阿诺斯：全球通史：从史前到21世纪［M］. 吴象婴等译，北京大学出版社，2006：167 - 168.

理论框架进行分析，将很难深刻而透彻地阐明其中的内在机理。二则，这种规律性现象绝不像斯塔夫里阿诺斯所说的那样“实质上是西汉时期的模式”，而是几乎可以囊括中国古代所有存续时间较长的王朝。

既然如此，如果转而运用公共经济学理论框架加以分析，那么，中国古代君主制王朝生灭兴亡的周期律则主要是由相互联系的三大因素造成的：一是由极少数奴隶主、封建主居支配地位的公共经济生产关系。因为在这种公共经济生产关系之下，公共经济决策权掌握在以君王家族为核心的奴隶主和地主阶级手中，公共经济运行主要服从并服务于以君王家族为核心的奴隶主和地主阶级利益，而且公共经济治理的核心权力以父亡子继方式由君王一姓家族掌握，公共机构中所有臣僚作为皇室家族的雇员必须听命于皇帝或其后妃，以致公共经济治理好坏几乎完全取决于皇帝本人的思想品德素质。在王朝建立初期，经过出生入死的奋战夺得天下的皇帝因为对旧王朝如何覆灭的惨痛教训记忆犹新，一般都能善始善终地励精图治并实行一系列较为理性的公共经济制度和政策，严厉整饬约束包括皇族成员、宦官、外戚在内的统治阶级集团，重视通过选贤任能提高公共经济生产力和公共经济效率，通过一系列积极性公共物品的提供恢复发展经济、缓和社会矛盾、维护社会秩序、繁荣文化事业，并注意严格教育培养子孙后代，使之能够继承发扬实现公共经济良治所必需的主观素质能力。基于此种能力，不仅在开国皇帝一代能够较快地奠定盛世基础，由于良治具有一定程度的累积和惯性效应，从而使得这种良治局面能够在或长或短的时期内得以延续；在个别较好的情况下（例如汉朝），后几代皇帝治理期间的繁盛程度甚至会超过开国皇帝在位时期。但是，由于皇子的教育效果取决于多种因素，因而连续几代帝位承袭者均具有较高素质的概率很低，也许第二代就会因蜕化变质（如秦二世胡亥、隋二世杨广）或痴呆懦弱（如晋惠帝司马衷）而失治失权，更难期许帝位承袭人世世代代具备担当公共经济最高治理责权的品德和能力素质。二是高度集中于皇帝个人手中的公共经济核心治理权力运用本质上不受任何监督制约，皇权高于一切，唯我独尊的皇帝既可一言立法，也可一言废法，公共权力不受制约任意运用的高度集权体制，极易导致法律制定权、司法判决权、官吏任用权、政策决定权、奖赏处罚权等各种公共权力的滥用，以致王朝建立初期制定实施的较为理性的公共经济制度、政策难以长久持续，并衍生出皇权在中央旁落于宦官、外戚手中或者地方藩镇军阀分割自治、尾大不掉等严重的体制弊端，从而给公共经济理性治理和王朝安全造成重大的现实威胁。同时，这些以奴隶制、封建制公私生产关系为土壤和温床的公共权力销蚀因素具有很强的累积效应，以致到王朝后期由于各种弊端积累得越来越多、越来越深，即使偶然出现个把励精图治的明君试图通过改革挽回公共经济治理颓势，也会因为既得利益阶层强力阻挠而无力回天，明末崇祯、清末光绪重振本朝雄风的努力最终都以失败而告终，均可谓此种情况的鲜明例证。三是奴隶制、封建制基础性社会生产关系从根本上制约着公共经济生产关系属性，在这种基础性公共经济生产关系未得到改变之前，君主制王朝尽管有可能通过几次中兴而略为延长一段寿命，但终归不可能逃脱衰落溃亡的历史宿命，或者说永远跳不出生灭兴亡的周期循环。

第五节　国外大国崛起与衰落过程中表现出来公共经济规律性

其他国家处于奴隶社会、封建社会阶段的君主制王朝与中国古代君主专制王朝一样存在着周期性生灭兴亡的规律性，限于篇幅，这里不加讨论。这里仅就近代以来其他大国崛起与衰落的公共经济机理做一至简考察。

15 世纪末至 16 世纪初以来，在经济、政治、科技、意识形态等多方面因素的共同作用下，散居在世界各大洲相对独立地谋生过活的人类社会开启了向全球一体化过渡的新篇章。跨越大洋大洲的经济政治实践由渐露端倪而迅速扩展，基于航海探险、海上贸易、殖民掠夺和竞相称霸的世界性大国一个又一个从崛起到衰落。透过国际舞台上一幕幕此伏彼起、波澜壮阔的历史活剧，我们可以清晰地观察到公共经济在其中所起的重大主导性作用。

全球化过程最先发端于西欧沿海国家，原初诱因和动机包括经济、政治、科技、文化、意识形态等诸多因素。其中，经济类诱因主要是：基于商品经济的资本主义生产方式由萌芽而发展；1453 年奥斯曼土耳其帝国攻陷君士坦丁堡之后切断了欧洲与东方之间香料贸易的三条商路，欧洲商人和贵族被迫从海上寻找新的贸易路线；伊比利亚半岛国家因贵金属货币不足而产生的经济危机，亟须通过获得黄金、白银等贵金属加以克服。政治因素主要是民族国家在西欧沿海一带最先形成，以强大动员能力实现了国家统一的新君主出于富强国家的强烈愿望大力支持民间航海冒险家发现新大陆、开辟新航线。意识形态因素包括：源于意大利文艺复兴的人文精神将人们从中世纪对上帝的绝对崇拜中解脱出来，人在世界中的主体地位得以确立，大大增强了人们勇于探索、征服自然、向未知世界进军的勇气和信心；对中国和印度社会做了精彩描述的《马可·波罗游记》广泛传播，使西方人心中生发出对东方世界遍地金银财宝的美妙憧憬，强烈地刺激着对贵金属充满贪欲的欧洲封建主、商人、航海家不惧风险地穿越大西洋、印度洋开辟新航路，以便绕过阿拉伯人控制着的欧亚大陆中段前往东方去实现发财致富的渴望；天主教徒向全世界布教、以广泛救赎人类的宗教情结，也是鼓舞基督徒遍地的西方国家发现并登临新大陆的重要动力。至于科技因素，主要是古代中国人发明的指南针传到西欧为航海冒险家在浩瀚无边的大洋大海中辨别方位和方向提供了更可靠的技术工具，阿拉伯人带来的古希腊地理学家托勒密1406年写成的《地理学指南》同样开拓了处于蒙昧状态的欧洲人视野，直接刺激了葡萄牙和西班牙两国的航海发现活动，而西欧沿海居民经过多年实践积累起建造卡拉维尔帆船的先进技术则使他们更有可能在海外冒险方面先行一步。这些因素最初相对较多地汇聚于葡萄牙和西班牙，从而使这两个地域不大、人口不多的伊比利亚国家成为近代全球史上率先获取海上霸权的世界性大国。尔后，荷兰、法国、英国、俄国、美国、德国、日本紧步葡西两国后尘，相继在争夺世界霸权斗争中一显身手、尽露锋芒，在各展辉煌不久，又先后从当年看来似乎不可一世的巍峨巅峰上渐次滑落。

一、葡萄牙

葡萄牙早在1143年就从卡斯蒂利亚王朝统治下的西班牙独立出来建立起中央集权制民族国家。鉴于自身地狭人少、[①] 实力不足而朝向西欧大陆扩张的通道又为西班牙所堵的国情，急不可耐地另辟蹊径，试图通过发挥航海优势来化解国内各种矛盾、实现国家富强乃至称霸世界的雄心。以1415年攻占北非休达为开端，先是相继在北非、西非建立了一些殖民点。自1487年起，若昂二世国王改弦更张、重定战略，将航海探险目标转向开辟从大西洋往南绕过好望角到达印度的航线；1494年以先期海上霸主身份与后起争锋的西班牙共同签署了由两国共同瓜分世界的《托尔德西里亚斯条约》；1500年将巴西纳入殖民版图；之后从1640年起，经由一系列海外探险侵略活动，以1815

---

① 当时葡萄牙版图与现在相差无几，国土面积仅为9.2万平方公里，1422年人口约计105万。

年正式宣布成立葡萄牙·巴西·阿尔加维联合王国为标志，逐步构建起囊括53个国家和地区、面积达1040万平方公里的庞大世界帝国，以致葡萄牙语时至今日仍是2.4亿人的共同母语和世界第六大语言之一。然而，就实际而言，葡萄牙自1578年塞巴斯蒂昂一世国王征战摩洛哥遭遇惨败起就开始步入了逐渐衰落过程：1580年被西班牙兼并、失去海上霸主地位，自1606年起其远东殖民体系渐次被荷兰侵夺，而其最大殖民地巴西于1822年宣布独立则标志其殖民帝国解体，直到1999年澳门回归中国，长达近600年的葡萄牙殖民帝国彻底结束。不过，直至目前，它依然属于第二世界发达资本主义国家之列。

在葡萄牙从崛起到衰落的历程中，公共经济所起的支配性作用是显而易见的。它的崛起得益于比西班牙更早地建立起中央集权制民族国家，长时期不屈不挠争取独立的民族解放战争大大加强了国家动员能力，而国家独立后又遵循扬长避短原则审时度势地选择了依托海上贸易实现国家富强和争霸世界的发展战略，奉行重商主义政策，通过颁发特许权持续不断地支持海上冒险、国际贸易、对外扩张，[①] 从而由弹丸小国逐步崛起为航海冒险、海上贸易和海外殖民方面的世界大国。然而，如同“成也萧何，败也萧何”一般，葡萄牙的衰落也是由国家公共经济政策失误造成的：一是自不量力、扩展过度，到处以武力为后盾、以商业欺诈为主要手段掠夺财富、推行殖民，远远超过了本国人力资源的承受能力，以致实际上难以对广大殖民地实施全面而有效的统治，加之这种殖民统治本来就具有非正义性质，因此，其衰落迟早都必然发生。二是没有通过制定实施正确的产业政策，将依托海上贸易、殖民掠夺获取的大量财富用于实体经济领域投资、建立起颇具规模且技术先进的工业体系，始终未能改变以农业和商业为主体的国民经济结构。众多国家的历史实践证明，凡是不能依托先进技术基础实现工业化的国家，都不可能具有持久强大的综合国力和国际竞争力。因而，即使从这种纯经济角度考察，作为殖民大国的葡萄牙走向衰落也是必然的：由于缺乏国内工业生产能力支撑，葡萄牙大规模的海上贸易客观上带动了法国、英国、荷兰等其他欧洲国家工业品生产，后者因工业发展而使财政实力增强，转而各自运用财政实力加快建立强大海军，再依靠强大的海军力量一步步侵占葡萄牙在远东的殖民据点取而代之。与此同时，由于本身没有技术先进的资本主义大工业，所以，它

---

① 为此，亨利王子还于15世纪初专门创办了航海学校。

也就不可能像英国、法国那样用先进的生产方式和实用技术，有力地带动和支持殖民地优化经济结构、实现较快发展，从而逐步将宗主国与殖民地之间的关系转移到紧密有机的经济联系基础之上，以增强其稳固性。

二、西班牙

相比其他由强大工业支撑的世界强国而言，西班牙是紧随葡萄牙而起的海上冒险、海外殖民型世界大国。因为西班牙的国土面积和人口数量均相当于葡萄牙的 4 倍以上，在海外冒险、海军战力、国家综合实力方面与葡萄牙相比都具有更充足的爆发力和持久力，从而不仅能够作为后起之秀一跃超过葡萄牙上升为殖民帝国老大，而且领先于大英帝国而成为近代以来世界上第一个最大的日不落帝国（1521 年—1643 年）。尽管西班牙的海外冒险和殖民活动可以追溯到 15 世纪中期，但若就大规模兴起而论，则始自 15 世纪末。1492 年通过格拉纳达战役打败摩尔人王国后，西班牙建立起统一的君主制王朝，随即以皇家特许方式更加积极地支持各类民间主体开展以自东向西为主的海外探险、贸易和殖民活动。就在同一年，哥伦布为首的船队成功越过大西洋发现美洲新大陆之后，相继宣布巴拿马（1512 年）和与大西洋毗邻的中南美（1513 年）为自己的殖民地，而1519 年埃尔南·科尔特斯等从古巴抵达墨西哥，征服了阿兹特克部落的首府特诺奇蒂特兰，将殖民地扩展到北美。1519 年 9 月派出由航海探险家麦哲伦率领的探险船队经大西洋穿过海峡横渡太平洋、越过印度洋回到西班牙，成功地完成了人类历史上第一次环球航行，并将疆土更为广泛地扩展到大西洋彼岸和菲律宾。尔后通过背信弃义的商业欺诈和残虐无耻的暴力征服，相继摧毁了阿兹特克帝国、印加帝国和玛雅文明，并对美洲大片领土宣称主权，仅是设置于墨西哥城的新西班牙总督管辖范围就包含当今墨西哥、中美洲（除巴拿马）、美国加利福尼亚州、内华达州、犹他州、科罗拉多州、亚利桑那州、新墨西哥州、得克萨斯州以及亚洲的菲律宾。到 1559 年，其殖民地已横跨欧、美、非、亚四大洲；16 世纪中叶，每年从美洲运回黄金达 5500 千克、白银 24.6 万千克，世界贵金属开采量的 83% 归西班牙所有，至此其经济上非常富有，国内和平安定。加之通过与法国、威尼斯争夺意大利等一系列大陆战争缔造出 16—17 世纪初期几乎无敌于天下的西班牙军队，不仅凭借经验充足的海军称霸海洋，而且陆战能力在欧洲也很少对手，从而成为欧洲综合国力最强大的国家，进入国家发展的鼎盛时期。但与此同时，也逐步进入盛极而衰的拐点。从军事力量考察，

1588 年对英海战中惨败、“无敌舰队”几近毁灭，标志着西班牙海上强国地位开始丧失，自此开始，英国海盗敢于公然劫掠西班牙从美洲运回黄金的货船；1639 年西班牙舰队在唐斯之战中被尼德兰海军击败，则宣告西班牙海军优势彻底结束；1643 年在尼德兰境内的罗克鲁瓦战役中，代表西班牙最强军力和领导力的佛兰德军遭到波旁 · 路易二世军队突袭而溃败，标志着西班牙陆战能力的衰落；而 1648 年缔结的威斯特法伦和约则正式宣告西班牙作为军事强国的结束。从领土角度看，1609 年尼德兰北部发生革命建立的荷兰联省共和国从西班牙独立出去，1668 年承认葡萄牙独立，1713 年签订乌得勒支和约失去在尼德兰的剩余领土，1720 年四国同盟①之役后的议和又使原由西班牙领有的比利时和意大利转到奥地利王室手中，从而结束了其欧陆帝国的历史。其后，1763 年西班牙将佛罗里达让给英国；1790 年帝国面积虽然达至约 2000 万平方公里的高峰，但不久后被拿破仑占领，西班牙为反占领而进行的独立战争付出沉重代价，丧失了绝大部分海外殖民地；在 1898 年美西战争中，西班牙再次失败，不仅古巴独立而去，而且向美国割让了波多黎各、关岛并被迫廉价出售了菲律宾（2000 万美元）。至此，西班牙丧失了几乎所有海外殖民地，世界大国地位不复存在。

西班牙最先崛起为世界上最大的日不落帝国得益于它在西欧率先实现了国内统一并建立起中央集权制的公共经济制度，随即以国家力量支持民间主体开展大规模海外冒险和殖民活动，并且长期坚持实行重商主义政策；而其走向衰落，也主要是由于实行了一系列错误的公共经济政策引起的。一是它基于宗教、领土、王位继承等多种原因，相继与奥斯曼帝国和法国、英国、荷兰等几乎每个欧洲国家持续交战，在耗尽了从殖民地得来的金银之后，则通过不断加重国内人民税负筹集战争费用，甚至不得不通过发行公债或向外国银行家贷款来应对战争支出，使得国家财政长期处于危机边缘，以致国家先后于 1575 年和 1596 年两次宣告破产。二是国家没有通过制定实施正确的公共政策将潮水般涌入的财富用来发展国内工商业，以便使国家真正富强起来。其中，国家所得的大量外财几乎全部用来支撑基于宗教信仰、殖民扩张和王位继承等目标而进行的战争；贵族和富商们也没有将他们获得的财富用于工业和农业投资，而是用于购买土地、珠宝和装饰品。与此同时，金银等

① 系指 1718 年奥地利、英国、荷兰、法国针对西班牙结成的同盟。

贵金属的大量输入还引起国内通货膨胀、物价上涨，严重影响了既有工业产品的竞争力，加之政府出于宗教原因把从事工商业的外国人赶走，以及税负不断加重，最终导致国民经济衰退、工业长期处于落后状态，以致西班牙剪取羊毛以低廉的价格卖给北部国家，之后又以高价将别国制成的衣料卖回来。在农业方面，摩利斯哥人被赶走，最好的土地因为没人耕种而只能用于放牧牛羊；农产品需求长期依靠进口加以满足。三是税收政策导致社会阶级矛盾尖锐化。为了争取教会和贵族支持接二连三地对外开战，西班牙王朝对这些富有阶级实行免税政策，以致商人和农民承担了所有税收负担，而由于税负日益沉重引起广大民众强烈不满又导致国内叛乱不断。四是国库空虚、财政危机和经济衰退，引起曾在欧洲各国通用的金币埃斯库多日益贬值和史无前例的通货膨胀，由此断绝了政府从外国获得贷款应付军队支出的渠道，帝国大批军队供养不足、军饷降低、士气下降，成为西班牙军事优势衰落的直接原因。五是国家治理体系落后、治理能力下降。17 世纪下半叶，英格兰通过光荣革命建立起先进的宪政体制，法国因太阳王路易十四的强势治理而出现盛世，而西班牙的腓力三世、腓力四世却软弱无能、无心理政，不仅没有实行基本的制度改革，而且连查理一世和腓力二世所建立的官僚制度都难以有效运转，政府贪污渐趋严重。由于以上诸多公共经济制度和政策的综合作用，西班牙帝国衰落自然会不期而至。当然，尽管西班牙当年作为世界第一殖民大国的荣光早已荡然无存，但作为当年殖民大国的遗迹，西班牙语因约有 4.37 亿人当作母语使用，从而是当今世界中除汉语以外使用人口最多的第二大语言。更重要的是，西班牙至今仍属于西方二流发达国家。

三、荷兰

位于西北欧海上十字路口的荷兰，人口密集，农业、手工业发达，天然地成为商业贸易交通枢纽，1463 年正式成为国家，16 世纪前长期处于封建割据状态，16 世纪初开始受西班牙统治。1581 年成立以荷兰为主要支柱的尼德兰联省共和国并宣布独立，1648 年获西班牙正式承认，正式成为世界上第一个“赋予商人阶层充分的政治权利的国家”。荷兰共和国成立后，凭借先进的资本主义经济政治制度，充分利用地处北海、波罗的海至地中海的区位优势和由长期实践练就的航海技术，疾速奋发地展开了争夺海上贸易、运输和海外殖民霸权的攻势。从 1595 年起步，1602 年由议会授权组建经营东南亚一带商贸业务的股份制东印度公司，10 年后开始抢夺葡萄牙的东方殖民地（摩鹿加群岛)，1610 年叩开了与日本之间的商贸大门，1624 年开始与西班牙争占中国台湾，1641 年从葡萄牙手中夺占马六甲，17 世纪中叶又开始登陆马拉巴尔海岸和科罗曼德尔海岸。这样，荷兰相继夺取了葡萄牙的绝大部分东方殖民地，建立起一个以摩鹿加群岛和巽他群岛为中心的荷属领地体系，在印度、印度支那和日本遍设贸易商站。与此同时，积极进军美洲，1614 年占领哈得孙河口、修建了作为今日纽约之前身的新阿姆斯特丹城；1621 年创建西印度公司负责开拓美洲贸易和殖民事务，不断夺取西班牙在西印度群岛和中南美的殖民地。借助于通过贸易和海运得来的巨额财富，加之政府鼓励造船技术创新、加快船只升级换代，极大地推进了造船业发展，使之很快就领先于全世界。到 17 世纪中叶，荷兰进入鼎盛时期，以仅有区区 41528 平方公里领土的小国在世界各地建立起殖民地和贸易据点，牢固地掌握了全球商业霸权，从而成为第一个超过西班牙的海上霸主和殖民帝国。[①] 当时的荷兰拥有 1.5 万艘商船，占全世界总数（2 万只）的 75%，比英、法、德三国船只总数还多，满载货物往来穿梭于三大洋和波罗的海、加勒比海等众多海域，被誉为“海上马车夫”；东方的香料、丝绸，美洲的金银、烟草，非洲的黄金、象牙，欧洲的武器和工业品，都在这里中转集散，阿姆斯特丹成为欧洲连接整个世界的商贸中心。其中，仅荷兰东印度公司就拥有 15000 个分支机构，贸易额占到全世界总贸易额的一半，悬挂着荷兰三色旗的 10000 多艘商船游弋在世界的五大洋之上。极为荣光的是，1688 年 9 月，受英国议会的邀请，一支庞大的荷兰舰队载着最高执政官威廉三世和两万名荷兰士兵从阿姆斯特丹港拔锚起航，前往英国去保护国民“宗教自由和财产”并于次年登基为英格兰国王，继西班牙之后登上最强世界性大国的巅峰。

然而，由于荷兰没有及时利用强盛时机构建起先进的工业基础并创造出能够有效控制广大殖民地的统治体系，加之本土地狭人少的劣势，因而在 18 世纪后期发生的第四次英荷战争（1780—1784 年）和法荷战争中相继失败，先在海战中败于英国，失去海上霸主地位；继而在陆地败于法国，于 1795 年被法国占领，荷兰共和国灭亡，由此便从顶峰上衰落下来，逐渐失去左右世

① 在极盛时期，荷兰殖民地遍及亚、非、美三大洲。在亚洲，控制了印度尼西亚、马来群岛、荷属印度；在美洲，建立了新尼德兰，入侵阿鲁巴岛、萨巴岛和南美的圭亚那等地；在非洲，沿黄金海岸设立据点，占领毛里求斯、西非和南非，成为继西班牙之后最强大的殖民帝国。

界的霸权。到18世纪末，荷兰殖民体系逐渐瓦解，仅剩下归属于荷兰东印度公司管辖的荷属东印度（今印度尼西亚）等殖民领域。不过，时至当今，荷兰公司开创的商业规则依旧影响着全世界，荷兰人民的生活依然优雅富足，2018年荷兰的全球创新指数仍排名第二。

四、法国

法兰西王国的历史是从雨格·卡佩在987年建立卡佩王朝开始的。1190年，腓力二世自立为“法兰西国王”，首次使用“法兰西”作为国名，也由此借助于王权的加强、王室地产的扩大和政府威望的提升逐步走上兴旺崛起之路。路易九世（1226—1270年）统治时期，通过行政改革基本完成中央集权过程，并于1257年建立了巴黎大学的前身“索邦学院”（1261年正式以巴黎大学为校名）。1453年赢得自1337年开始的百年战争最后胜利，实现了民族统一，进一步加强中央集权，为日后在欧洲大陆扩张打下基础。1598年亨利四世不仅通过颁布《南特敕令》终结了宗教分裂的乱局，而且特许以德蒙为首的探险队进入北美，1608年首次在魁北克建立了第一块殖民地。路易十三统治（1610—1643年）时期，任命能干的黎塞留担任宰相、主持政务，国力持续提升，在欧洲的影响力日益加强。路易十四统治（1643—1715年）时期，通过将散居在各地自治的高级贵族集中于凡尔赛宫居住而使中央集权型公共经济体制臻于完善，① 特别是在J. B. 柯尔贝尔担任财政大臣期间（1661—1683年），通过极力推行重商主义政策而使综合国力空前增强，经过数次以夺取欧洲霸权为目标的战争，使法国从陆军规模和整体国力方面上升为欧洲第一强国。在此基础上，法国集中财力大举建造船只、扩充舰队，通过相继建立22个大型贸易公司广泛开展海外贸易和殖民开拓，先后侵占北美的路易斯安那、西印度的富裕群岛、非洲的马达加斯加以及印度部分地区，其殖民扩张活动于17世纪末叶达至极盛时期。然而，也正是由于路易十四统治期间连续发动或卷入战争，② 逐步耗竭了财力和军力，到西班牙王位继承战

---

① 法国崛起很大程度上得益于从中世纪末期开始到路易十四时期逐步建立起来的君主政体。这种君主政体“是欧洲各君主专制政体中最为成功的。它受到一些竞争的小宫廷的仿效和羡慕”。——郝伯特·乔治·威尔士：大国的崛起——从成功走向辉煌的世界强国启示录［M］. 陕西师范大学出版社，2007：183.

② 包括产权转移战争（1667—1668年），法荷战争（1672—1678年），重新联合战争（1681—1683年），大同盟战争（1688—1697年）和西班牙王位继承战争（1702—1713年）。

争末期，不仅许多海外殖民地被凭借皇家海军实力①获取海上绝对控制权的英国夺走，而且在陆战中也败给了英国与荷兰、哈布斯堡王朝结成的三国联军。战争结束后的次年，路易十四因野心大挫而病死，财政濒临绝境，法国在欧洲的霸主地位开始动摇。为了消除由于英国和普鲁士逐步崛起而带来的威胁，法国转而与多年的冤家对头奥地利哈布斯堡王朝结成联盟共同发起七年战争（1756—1763 年），但其结局却事与愿违，不仅未能实现消灭普鲁士的目标，反而使自己的国力进一步遭受重创，以致原在美洲和印度获得的殖民地被英国夺走。为了报此一箭之仇，法国不惜血本支持美国独立战争（1776 年—1783 年），虽然取得胜利，但却因此欠下巨额债务而陷入财政和政治危机，以致仅时隔 6 年就爆发了推翻波旁王朝的大革命，从此欧洲霸权开始转移给英国。尽管发生于 1790 年前后的法国大革命声震全球，之后拿破仑又亲率法国大军席卷残云般地横扫欧陆，但终究未能重振昔日欧洲霸主的雄风。

当然，这时的法国绝不是一败涂地，有些方面仍强于英国。例如，在 19 世纪下叶欧洲步入新帝国主义时期，法国由于在经济结构、效率和人均国民生产总值增长率优于英国，因而再次参与了欧洲列强在全球范围内争夺殖民地和势力范围的行动。② 19 世纪与 20 世纪之交，国际国内局势趋于稳定，法国经济获得长足发展，科学技术和文化事业也日臻成熟。及至 20 世 30 年代，法国殖民地虽已不及大英帝国，但包括殖民地在内的领土面积仍多达 1300 万平方公里，占世界陆地总面积的 8.6%。二战期间，法国竟被纳粹德国轻而易举地占领。二战后，在戴高乐领导时期，法国逐步走上独立自主的发展道路，国民经济出现了长达 30 年（1945 年—1975 年）的较快增长，在此基础上建立起高度发达的社会福利体系，并且成为世界第三大核武拥有国和欧洲一体化的主要推动力量，尽管早已与世界和欧洲霸权无缘，但却渐次恢复了往日的光荣。时至今日，法国仍是世界上最为发达的经济体和联合国安理会五大常任理事国之一。

---

① 1815 年，英国海军舰艇总吨位数已达 60.93 万吨，法国仅为 22.83 万吨。

② 据有关统计，直至 1875—1884 年期间，法国工业劳动生产率（76.4 英镑/小时）仍高于英国（68.5 英镑/小时）；1860—1910 年法国人均国民生产总值增长率（1.25%）明显超过英国的 0.97%；同时，1854—1905 年间法国与英国双边贸易商品总额中制成品占比也明显超过英国。——沈坚：关于法国近代经济发展若干问题的再思考［J］. 华东师范大学学报哲社版，1997（6）：41 - 50.

五、英国

英国的崛起可以追溯到1066年的诺曼征服。威廉一世加冕登基后用一套等级森严、整齐划一、组织结构比较简单的政治制度代替了盎格鲁－萨克森王朝的贵族民主型政治制度，建立起了欧洲最强大的王权。不过，直至1453年第一次百年战争结束时，英国在欧洲仍没有多少发言权。伊丽莎白一世在位期间（1559—1603年），于1588年击败西班牙无敌舰队，成为英国显著崛起的转折点。这位女王凭借着极为开明的治国理念和善于妥协的策略技巧，不仅较为正确地处理了一系列社会矛盾（例如对天主教和新教采取兼容政策、制定实施《济贫法》），成功地稳定了政治基础、保持了国家统一，而且坚持实行重商主义政策，保护发展本国毛纺织业和其他新兴工场手工业，积极支持造船、航海、海外贸易和北美殖民活动，扩大英国呢绒等商品的海外市场。尽管在伊丽莎白一世统治末期，不仅因旷日持久的英西战争积累了较为庞大的债务，相继发生爱尔兰危机、埃塞克斯伯爵叛乱，圈地运动导致农业歉收与饥荒，而且中央官僚机构腐败、地方政府不健全，以致社会下层贫困、很多失业者流离失所，还曾随意把许多商品专卖权赏给宠臣，甚至严加迫害清教徒，在一定程度上给这个辉煌时代染上了黯淡色彩，但不容否认的是，经过她近半个世纪心无旁骛的悉心治理，[①] 使这个地处边缘的岛国综合实力日渐强盛，逐步变为欧洲最强大和最富有的国家之一。詹姆斯一世统治（1603—1625年）末年1623年，英国继威尼斯之后较早地通过制订旨在依法保护专利发明的《垄断法》，为促进科技研发、率先完成工业革命提供了有效的利益驱动机制。半个多世纪后发生的“光荣革命”，使英国率先在一个欧洲大国建立起资产阶级民主的君主立宪制度，尽管这一变革并不能马上使英国的综合国力与法国等量齐观，[②] 但由此确立起来的先进公共经济制度，不仅极大地促进了财政经济和军事实力的成长，而且为此后加速崛起增添了平衡稳定系统。自此以后，英国开始逐步地挑战法国作为头号强国在欧洲的霸权，连续投入两场遏制路易十四称霸欧洲的战争[③]并取得巨大成功，同时通过积极有力的海外扩张稳步增加来自对外贸易和殖民地的财源。当18世纪40年代欧洲大陆

---

① 为了集中精力治理好国家，伊丽莎白一世终身未嫁。

② 从基本国力来看，英伦三岛总面积约31.3万平方公里，总人口1700年仅为894万；相比之下，法国拥有56万平方公里国土面积，1700年的总人口达1930万。

③ 即1689—1697年的九年战争和1701—1713年的西班牙王位继承战争。

局势再度出现动荡时，英国已经能够以今非昔比的强大力量重返欧洲大陆，相继通过奥地利王位继承战争（1740—1748 年）和七年战争（1756—1763 年）有效遏制法国称霸大陆的野心，借助经过多年财政投入建立起来的强大海军迅速摧毁了法国和西班牙的海上力量，从法国手中夺取了加拿大、小安的列斯群岛和非洲塞内加尔的一部分土地，并且挤走了法国在印度的势力。1763 年 2 月英法缔结的《巴黎和约》标志着英国争夺海上霸权的斗争获得决定性胜利，从而成为欧洲最强大的殖民帝国①和全世界最主要的强国。尽管在其后不久的美国独立战争中遭到失败而丢失了北美 13 个殖民地，但在此期间，英国在印度的殖民统治得到迅速扩展和强化，② 足足抵消了北美殖民地的丧失，并且仍然保持着对西印度群岛和直布罗陀的控制权。更为重要的是，英国依靠从 18 世纪 60 年代开始的工业革命而在经济方面取得显著优势，建成了纺织、钢铁、煤炭、机器制造和交通运输五大工业部门，成为世界上第一个工业化国家，经济实力稳步迅速增强。③ 以此为基础，到 19 世纪初，英国海军力量已强大到势压群雄的地步，以致 1805 年在特拉法尔加大海战中一举重创西班牙联合舰队、全歼法国海军主力，从此确立全球海上霸权，殖民地面积增加到 1130 万平方公里，超过本国领土 46 倍以上。这样，英国凭借着显著的经济和军事实力，不仅在 1815 年彻底打赢第二次英法百年战争，而且巩固和扩大了亚洲、非洲、美洲和大洋洲大片殖民地，加之西班牙帝国的殖民地已大部分独立，从而英国殖民地面积跃居世界第一。进入维多利亚女王（1837—1901 年在位）时期，工业、交通、贸易、金融进一步繁荣发展：1846 年，煤炭产量达到 4400 万吨，成为世界第一大产煤国；1860 年，英国以占世界 2% 的人口生产了全球 53% 的钢铁、50% 的煤炭，拥有 20% 的全球贸易总量和 33% 的船舶生产能力；1870 年，工业总产量、工业产品出口、生

---

① 英国的海外殖民活动开始于 17 世纪中期。1650 年，首先向已经衰落的葡萄牙发动战争，取得了对葡属殖民地的贸易特权。1655 年又派遣舰队夺取西班牙在加勒比海的殖民地，占领了牙买加。1652—1674 年间，先后通过三次战争击败了作为海外扩张最强劲竞争对手的荷兰，从后者手中夺取了北美的新尼德兰殖民地，随即又将荷兰的殖民势力排挤出印度。到 17 世纪末，主要竞争对手只剩下了法国。

② 英国在 1775—1782 年的第一次马拉塔战争和 1780—1784 年的第二次迈索尔战争中大获其利。

③ 英国实际国民产出年均增长率 1700—1760 年间为 0.69%，1760—1780 年间为 0.70%，而到 1780—1801 年间提升为 1.32%，1801—1831 年间进一步上升到 1.97%。

铁产量、国内生产总值、对外贸易分别占世界总量的33%、40%、52%、30%、33%，其中制造业贸易占世界总额的2/5，英镑充当世界储存货币。维多利亚登基时，英国铁路仍屈指可数，而当她去世时，已经拥有连接各大城市的铁路网。总之，19世纪中叶的英国，已成为名副其实的世界工厂、世界贸易中心和世界金融中心。为满足工业革命后经济发展对原料产地和销售市场的需求，英国进一步在世界各地扩展殖民地和势力范围：1840年占领了新西兰、发动了第一次鸦片战争，1857年从法国手中夺取苏伊士运河控股权，1858年印度正式作为殖民地划入英国版图；殖民地达到最高峰时，英帝国在24个时区内拥有全世界25%的人口、20%的陆地面积（相当于本土面积的111倍），成功地实现了“日不落帝国”美梦。与此同时，在人文、科技和社会领域，不仅于1891年建立起面对所有学龄儿童的免费教育制度，涌现出查尔斯·狄更斯和罗伯特·达尔文等世界闻名的作家、博物学家，而且通过街道两旁一排排白炽路灯和污水排放系统使伦敦人享受到科技进步带来的生活便利。综上所述，19世纪中下叶的英国确已步入民族崛起的全盛期。

不过，物极必反。自19世纪后期起，曾经主导第一次工业革命的英国，由于过分依赖供应充足的煤炭、更重视来钱快的资本输出、忽视电力技术发明，[1]而在以电气化为标志的第二次工业革命中落伍，严重阻碍了新技术在本国的应用和生产规模扩大，以致首先在经济方面相继被在第二次工业革命中抢占先机的美国和德国赶超，由此开始走向衰落。在工业生产方面，到19世纪80年代，钢铁及其制造业产量相继被美国超过，10年后又被德国超过，退居世界第三位；到1913年，英国不仅煤炭生产的世界总量占比由1900年的29.7%下降到21.8%，而且整个工业产量也相继被美国、德国超过，退居第三位。在科技方面，与率先探索推进电气化的美德两国相比，英国逐步失去技术高地优势。在军事方面，随着1871年德意志实现全境统一，英国丧失了欧洲陆军第一强国地位。进入20世纪，相继发生的两次世界大战极大地耗损了英国实力：第一次世界大战消耗了英国400多亿美元财富，战后欠债总额高达国内生产总值的136%，由最大债权国变为债台高筑。尽管这时英国还保

---

① 1905—1914年期间，英国海外投资占净资本的50%。

有较强的军事存在，[①] 但综合国力已很难支撑帝国体量，在殖民地独立运动和始于1929年的国际性经济大萧条冲击下，英国被迫于1931年宣布放弃对加拿大、澳大利亚、纽芬兰、爱尔兰、新西兰和南非六个白人自治领的政治控制，以致大英帝国体系逐步被主要具有形式意义的英联邦体系所取代。第二次世界大战期间，英国虽然既非主战场，也未曾被纳粹德国征服，而且还与美国、苏联一起共同构成世界反法西斯同盟阵线的三大核心，但实力损耗也十分巨大。二战后，由于国力继续下降，加之全球普遍掀起去殖民化浪潮，英帝国自1947年印度独立后宣告瓦解，彻底失去了主导国际事务的世界霸主地位。

尽管如此，英国不仅依旧是当代主要资本主义发达国家，而且作为联合国创始成员和安理会五大常任理事国之一继续在国际事务中发挥重要作用。同时，英语以其历史形成的国际交流工具功能仍然作为六大国际通用语言之首反射着当年日不落帝国的余晖。

六、美国

250年前美国还是英国在北美的一片殖民地，通过1776—1783年的独立战争先是组建了一个由13个主权州联合而成的松散性公共经济实体，至1787年制定宪法后才变为紧密型的联邦制国家。然而，此后仅经过一百多年发展，到1894年工业产值一跃而居世界首位，相当于英国的2倍、法国的3倍，接近全球工业总产值的1/3。20世纪30年代富兰克林·罗斯福担任总统期间，通过实施一系列新政，不仅将国家从崩溃边缘挽救回来，而且使经济获得空前发展，二战前工业生产总值的全世界占比上升到38%，超过英法德日四国总和。第二次世界大战期间，美国不仅没有遭受重创，而且通过战争物资生产和战时动员大大增强了经济、科技和军事实力。到1945年，美国工业总产值、对外贸易和黄金储备（200亿美元）分别占到西方世界总量的60%、67%和75%，GDP相当于英国的10倍，成为世界最大的资本输出国和债权国；武装部队总人数多达1200余万，在世界各地拥有数百个军事基地，控制着很多远离本土的战略要津，

---

① 直到一战结束时，虽然美国在海军人数上以50万对44万领先于英国，但英国海军装备在全世界依旧独占鳌头：航空母舰，英美之比为8:0；军舰总量英国以737:595多于美国142艘；同时，英国拥有配备着136门12英寸、144门13.5英寸、96门15英寸和88门14英寸的舰炮的42艘主力舰，而居世界第二的美国海军只有配备80门12英寸和88门14英寸舰炮的16艘主力舰。

不仅掌握了海上霸权，而且垄断着原子弹技术，从而成为名副其实的头号军事强国。

由于二战以后美国在经济、科技、文化、军事和国际地位等各领域均已雄冠全球，几百年来以欧洲为中心的局面宣告结束，世界资本主义重心转移到美国，自那时起半个多世纪以来美国一直充当全球霸主和世界警察。据此，完全有理由说，在近代以来世界性大国崛起之路上，美国以独有的稳步快速创造了奇迹。但自21世纪以来，这个无可匹敌的独角霸主与日俱增地显露出疲态与衰落，在2020年应对全球性新冠疫情过程中的重大失败则将这种衰落之象表现得淋漓尽致。①

美国如何借助于公共经济制度和政策平稳迅速地崛起，又如何因公共经济制度和政策之弊而走向衰落，颇值得认真研究与探索。

对于美国迅速崛起的缘由，人们相继提出了诸如“后发优势”“区位优势”“战略优势”“制度优势”等多种解说，虽然都有一定道理，但所做解释并非那么清晰透彻和令人信服。我们认为，可以归结为它在整个崛起过程中通过因时制宜地正确设计和与时俱进地改革公共经济制度、调整公共经济政策、及时提供相关公共物品，从而充分而有效地发挥了公共经济对民间经济和整个混合经

① 以唐纳德·特朗普总统为首的美国共和党政府在汹汹而来的新冠疫情面前麻木不仁，置广大民众的健康和生命于不顾，视抗击疫情的重大公务如儿戏，为赢得竞选连任巧言令色、搬弄是非、推卸责任、转移视线，既未认真开展防控工作、截断病毒传播渠道，也没利用号称世界最先进的医疗技术和传染病防疫能力做好应对准备，而且多次公开发表“这只是一场流感”，“病毒自己会神奇地悄悄消失”，“媒体夸大疫情”等言论，麻痹广大民众对疫情严重性的警觉意识，白白浪费了近两个月的窗口期，以致病毒从中东、欧洲绕道而来后感染病例成几何级数飞速增长，疫情迅速蔓延到全国50个州，仅过一个多月就遥遥领先于全世界，尔后持续快速增加。美国新冠病毒性肺炎确诊病例从1月21日第一例增加到6月3日的1882478例，因疫死亡病例从2月29日第一例增加到108104人。2019年年底，中国总人口14亿，美国总人口3.28亿，中国总人口为美国4.27倍。截至北京时间6月3日10：46，美国感染病例已经达1882478人，病亡108104人，绝对数分别超过疫情首发国家21.3倍和22.3倍，按人口系数计算则分别高达首发国家的95.2倍和99.5倍。时至今日，疫情首发国家早已近乎海晏河清，而美国每日新增病例却仍高达2万左右，每日新增病亡人数也仍在1000左右。哥伦比亚大学的一项研究认为，如果美国提前在3月1日采取封城措施，全美因疫死亡人数将会减少5.4万人。此等活生生的现实，不仅凸显出这个世界头号强国的国家治理能力和公共经济效率之差，而且充分暴露了资本主义国家所谓人权至上、人道主义和政治民主的虚伪性，从而兆示了其世界霸主地位迅速衰落之势已无可挽回。

济体的调节、驾驭功能。具体体现在五个方面：（1）通过相关制度、政策性公共物品供给，解放生产力、激发生产力主客观因素潜能，扩大可用生产要素总量。主要包括：不仅以宪法和专门法律构建实施有效的财产权、专利权、著作权保护制度，维护投资发展和科技创新的基础动力，激发整个社会的创造创新发展热情，[①] 而且通过财政税收政策支持高等院校、科研院所、经济实体开展基础科学研究和新技术、新产品开发，及时采取军转民技术政策将高新技术广泛运用于生产、生活的各个方面。这些制度和政策的实施，不仅大大地激发和调动了各阶层民众开发资源、研发科技、参与公共经济活动的积极性。正因为如此，才有效地利用了后发优势，不仅缩短了第一次工业革命进程，而且成为以汽车、飞机、电气化为主要标志的第二次工业革命先驱和以信息技术为核心的第三次技术革命的策源地，迅速地抢占了科学技术制高点，极大地增强了产品竞争力，从根本上提升了国家的经济、技术和军事实力。与此同时还通过迅速取得南北战争胜利克服南方分裂势力、维护国家统一；通过颁布法令废除奴隶制、解放黑奴，为资本主义工商业发展提供充足的劳动力；通过土地政策和相关税收政策促进西进运动，优化生产力区域布局；通过较轻的财税负担、相对较低的社会福利政策，促进投资兴业和勤奋工作；[②] 通过抢夺、购买等各种手段大规模地扩展了领土资源，从而将国家疆域从建国初期仅有的大西洋沿岸 13 个州拓宽到西至太平洋、北至加拿大、南至加勒比海和墨西哥湾的 930 多万平方公里，[③] 极大地扩展了国土及地下可用资源总量。（2）通过制度、政策性公共

---

① 早在 1787 年通过的美利坚合众国宪法就将专利权写入其中，第一个以根本大法保护专利发明，据此，1802 年联邦成立专利局专司保护发明人权益事务。在此制度背景下，19 世纪后半叶，各种各样的技术发明雨后春笋般地出现在美国。据统计，1865 - 1900 年间，正式批准登记的发明专利多达 64 万种。

② 与欧洲多数国家相比，美国的财政税收负担是相对较轻的，二战后长期保持在 30% - 35%，低于欧洲国家平均税负率 10 个百分点左右；同时，美国也没有像西欧、北欧那样实行水平较高的福利国家政策，意在鼓励人们通过辛勤劳动改善生活福利。

③ 除通过外交手段先后分别从法国手中廉价购买路易斯安娜和阿拉斯加外，其余大部分是通过战争（如 1855—1856 年的印第安战争、1898 年的美西战争和 1899 年的美菲战争等）从墨西哥、西班牙、英国和菲律宾等国手中抢夺而来。其中，1783 年获得了密西西比河东岸的土地，1803 年从拿破仑手中收购了路易斯安那，1819 年从西班牙手中夺取了佛罗里达，1845—1853 年通过美墨战争胁迫性地收购了得克萨斯、新墨西哥、俄勒冈和加利福尼亚，1867 年以每英亩不到 2 美分的低廉价格从俄国手中购买了阿拉斯加，1898 年吞并夏威夷群岛，1899 年还占领了菲律宾。

物品供给，构建促进经济发展的软硬件基础设施，为经济社会持续平稳、健康有效运行创造各方面外部条件。包括以宪法授权联邦政府负责保障州际间贸易自由、维护国内统一市场，建国初期即开始建立中央银行、货币发行、国债市场制度、制定实施鼓励制造业发展的金融贸易政策，19 世纪下半叶率先制定实施反垄断法、维护市场自由竞争机制；20 世纪 30 年代大危机期间建立以美联储为支撑的货币发行和银行保险制度并自此开始通过财政货币政策调节供求总量，熨平周期性经济波动幅度，维护经济稳定与就业；采取法律、经济和行政手段干预民间经济，约束民间经济不正当经营行为，如 20 世纪初进步时代通过相关立法规制生产经营活动以保证食品药品安全；20 世纪 30 年代以来通过法律、行政和经济手段治理污染、保护环境、维护生态平衡；以政府特许经营、配给土地和公司合作投资等方式开挖运河、修筑铁路公路、机场港口等硬件基础设施；通过累进所得税、负所得税和政府救济、社会保障制度，抑制贫富差距扩大，缓和社会阶级矛盾，以及通过罗斯福新政的综合施治措施摆脱经济社会制度危机。(3) 通过相关战略策略和政策性公共物品供给，创造有利于经济社会发展、增强经济实力的国际环境条件。如通过实行防守与出击并举的外交外贸外经政策①，有力地保护国内市场，并为发展工农商贸不断开拓国际市场；借助于坚挺的经济实力和经由两次世界大战获得的有利国际地位，通过主动倡导和积极协

---

① 美国曾在很长时期内将孤立主义作为外交方面的立国之策。该政策最早包含在开国总统华盛顿卸任时所做的《告别演说》中，尔后门罗总统又将其阐发为门罗主义。孤立主义政策的要旨在于强调美国立足于西半球，既不干涉包括欧洲在内的东半球事务，不加入任何类型的结盟伙伴关系，也反对欧洲列强干涉西半球的事务；欧洲列强既不能通过获得西半球的土地来扩张他们已相当大的帝国，也不能与西半球独立国家结成联盟或以任何方式控制他们。在整个 19 世纪中，美国基本上坚持了这一政策。直至 20 世纪发生的两次世界大战初期，美国依然坚持孤立主义政策、在交战双方之间保持中立：两次世界大战期间，都是战争进行了两年之后，由于交战一方直接美国发起攻击、严重损害了美国利益，它才宣布参战。一战结束时，作为战胜国的美国总统威尔逊提出“十四点原则”，曾试图走向国际政治舞台中心，但很快又退回到孤立主义政策立场。实行这种对外政策，使美国避开了欧洲列强关注和相关战争消耗，不仅为集中精力发展经济、实现综合国力崛起创造了和平国际环境，而且退可守、进可攻，可以机动灵活地获取许多实惠。一战、二战期间，在欧洲列强相互征战时，美国成为敌对双方的兵工厂和物资供应者，不仅从欧洲赚取了大量财富，而且成为欧洲列强的债权国。以二战为例，1940 - 1944 年，美国工业年均增长高达 15% 以上，工厂规模扩大了近 50%，而工业产品则增长了 50% 以上，全世界制造业产品的一半以上由美国生产供应，一举变为世界第一大出口国。

调建立国联、联合国机构取得处理国际事务、制定国际规则的主导地位，并以此为基础建立起以美元为中心、以国际货币基金组织和世界银行为支撑的国际金融体系，以世贸组织为支撑的国际贸易体系，依此而尽享经济全球化红利。所有这些，极大地拓宽了本国产品的国外市场，为克服生产过剩危机、保持经济持续增长和稳定就业创造了极为有利的条件。（4）通过相关制度、政策性公共物品供给，促进教育、文化发展，培育国家富强的软实力。支撑美国科学技术持续创新活力的，除前面提到专利保护制度和财政支持政策之外，还有非常发达的教育体系和极其完善的图书馆、博物馆体系。自建国以后，美国就以《权利法案》为基础、[①] 以各州和联邦相继颁布的专门法律为支撑，与各层级众多私立学校相配合，逐步建立起一整套结构完整、高度发达的教育体系，通过培养各层次高质量人才为美国在第二次工业革命中扮演主角并成为第三次科技革命的策源地创造了优越的主观条件。与此同时，美国还依托相关法律、法规的推动，在全国建立起一整套结构完善、布局合理、总数多达2500个以上的公共图书馆体系，其中包括享誉全球的美国国会图书馆和位于大都市中心的州立、郡立大型图书馆，遍布于城市社区和郊野乡镇的中小公共图书馆，许多州甚至以法律规定每两英里必须建一个图书馆。据美国图书馆协会统计，在美国，平均每一万居民就拥有一家公共图书馆，约62%的美国公民拥有自己的图书馆借书证，光顾公共图书馆的公民年均多达10亿人次以上。此外，美国以普及科学文化知识为宗旨的各级各类博物馆同样为数众多。发达的公立图书馆和博物馆体系，以馆藏浩瀚的各类图书和极为丰富的实物展品，为各个年龄段的公民学习知识、开展科学研究和技术发明提供了极为方便的条件，有效地支撑着美国人的创新精神和整个国家的科学技术发展。（5）公共经济制度和政策本身与时俱进的创新发展，为监督防范渎职腐败行为、限制公共权力滥用和正确发挥公共经济效能提供了有力保障。1787年由美国制宪会议制定和通过、1789年3月4日生效的美国美利坚合众国宪法，在当时的历史条件下，较为系统地规定了当时世界上最先进的公共经济体制，其中包括：比较广泛的人民民主，美国自建国开始就没有对公民权、选举权和被选举权规定财产资格限制，公民对公共事务拥有较为广泛的参与权，对广义政府拥有广泛的监督权；公共经济责权从纵

① 《权利法案》强调实行教育与宗教分离，为政府举办公立学校、开展科学文化教育奠定了法制基础。

横两个维度上清晰划分，横向上立法、行政、司法机构之间公共经济责权均衡配置、相互制约，纵向上联邦与州之间公共经济责权界定明晰。这种公共经济体制，不仅有利于监督防范公共经济代理人亵渎公职、滥用公权，而且使联邦、州和地方三级公共机构能够各司其职、各负其责地治理辖区公共经济，便于防止相互争夺权力、推诿责任的弊端，从而有利于提高公共经济效率。宪法规定的公共经济制度付诸实施后，随着时移势异又以多种方式进行过多次修补完善，[①] 主要包括：消除对公民选举权的性别、种族限制，明确公民信仰、出版、集会、示威自由，废除奴隶制，规定总统选举办法和任期制，规定联邦参议员必须通过民主选举产生，调整联邦与州之间的权限划分，以及 1803 年通过马伯里诉麦迪逊案确立最高法院有权解释宪法、裁定政府行为和国会立法行为是否违宪的制度；[②] 建立公开化、规范化的文官选录和以履职绩效考核为基础的文官晋升待遇制度；建立规范的公共预算制度，财政预算原则由传统的机械性稳健平衡转向逆经济风向调节的周期平衡，实施公共经济绩效管理；发起新公共管理运动，以国有经济民营化、公私合作和政府规制下私人经营等方式，借助市场竞争机制增强公共经济活力、提高公共物品提供效率。公共经济制度本身的这些改革创新，为持续实现公共物品有效供给提供了重要保障，在促进美国崛起及其维持方面发挥了极为重要的作用。

然而，盛极而衰的辩证法规律对美国同样起作用。自 20 世纪 70 年代中期以后，在各种因素影响下，美国日益明显地显示出衰落趋势。这种趋势突出地表现在经济增长速度逐渐下降，二战后 30 年稳定增长局面一去不返，2008 年则率先爆发了波及全世界的金融危机；军事与国家安全保障能力不断受到挑战，如 2001 年发生在美国纽约世界贸易中心的“‘911’恐怖袭击事件”，作为反恐措施发动的伊拉克、阿富汗战争未达目的而被迫撤军，严重损害了美国作为超级大国的国际声誉；在协调国际关系、处理国际事务中缺乏公正领导能力，导致在联合国及其各所属国际机构中地位下降，特朗普就任总统之后不断退出或声言退出各种国际组织；[③] 处理国内紧急事件能力显著下

① 美国宪法自生效之日至 1992 年的 204 年时间内先后进行过 27 次修补。

② 该制度强化了司法权对立法权、行政权的制约，以保障宪法贯彻实施和公共权力行使不发生颠覆性错误。

③ 其中，退出全球性国际组织包括 2017 年 6 月宣布退出《巴黎气候协议》，2018 年 6 月宣布退出联合国人权理事会，2020 年 7 月宣布从下一年 7 月起退出联合国世界卫生组织。

降，2020年春夏季抗击新冠疫情斗争显著失败，成为被感染病例和病亡人数最多的国家；① 民主与共和两党政治水平显著下降，围绕执政进行无原则的恶斗，不仅导致政府多次停摆，而且严重地撕裂了美国社会；公共权力部门非法使用暴力、践踏人权，且实行种族歧视，已经激起人民大众愈来愈强烈的不满，2020年5月25日明尼苏达州黑人男子弗洛伊德被警员“压颈”执法死亡事件持续发酵，由此引发的抗议活动愈演愈烈、不断升级，不仅席卷几十个城市而且示威者还包围了白宫，以致特朗普总统躲在白宫地堡里不敢出门。究其原因，② 公共经济制度与政策方面的严重缺失起了主要作用。

具体包括六个方面：（1）公共经济生产关系存在实质性扭曲。制度规定实行最广泛的民主，而实质上大资本集团对公共经济领导人的产生和公共经济政策的制定起着支配性作用，以致许多公共物品未能体现人民大众公共利益，而主要是满足大资本集团增加利润的需求。（2）偏重自由市场竞争机制的经济体制和政策。导致实体产业转移、经济空心化，对金融创新过度放任导致虚拟资本过于繁盛，不仅造成就业和财富流失，而且使整个国民经济风险度极高、脆弱性很强和贫富两极分化逐步加剧，多层次地威胁国家经济安全。（3）多年来实行单边主义、国际干预主义和大国沙文主义对外政策。既违背了孤立主义政策的本意，也抛弃了以维护世界和平和促进平等合作为本质的国际主义外衣，变得越来越狭隘、排他和陈旧过时，不仅恃强凌弱，而且四面树敌，毫不顾忌地滥用自身实力，使其主导的国际体系显露出赤裸裸的美国霸权形象，再也不能代表全球化的发展趋势、有效解决全球问题，因而从道义上失去了世界各国的广泛支持和认同，逐步进入举步维艰、四面楚歌的孤立境地。（4）以过强的意识形态处理与不同社会制度国家间的相互关系。实行经济技术封锁、军事包围侵略和政治颠覆、和平演变等冷战措施，迎合资产阶级、特别是大资本集团的利益需求，既导致国内经济结构畸形，又逼迫敌对国家不得不优先发展军事科技，不仅浪费了人类大量财富，而且给人类社会的持续生存发展造成严重威胁。（5）选举机制不能充分体现民主

① 截至2020年7月20日数据，美国总人口感染系数高达1.19%、因疫病亡系数高达4.37‰；分别相当于中国的184倍和128倍。

② 马耀邦认为，推行新自由主义的意识形态，是美国为谋求全球霸权暗中策划的“软战争”，也是美国衰落的主要原因——马耀邦：美国衰落：新自由主义的穷途末路［M］．北京：当代中国出版社出版，2010.

的情况不仅存在于美国建国初期,[①] 而且在当今的总统选举中仍然如此。选举人名额不按选民人数分配和在单个州中“赢者通吃”的选举规则，已多次使选出的总统不能真实反映多数选民的意志,[②] 由此导致劣质候选人上台，致使其执政行为给美国造成多方面损失。（6）两党通过竞选轮流执政制度，不仅因为相互间无原则恶斗而撕裂社会，而且引起公共经济政策周期性中断和政府施政行为短期化，不惜巧立名目大举借债实施效果很差的经济社会政策，将政府债务总额和债务率不断推高，以致成为国民经济持续稳定发展的重大隐患。

七、德国

公元843年，法兰克王国的疆域按照《凡尔登条约》分成三部分，其中莱茵河右岸操德语的东法兰克王国成为今天德国的雏形。历史由此开始的德意志国家，962—1512年曾在神圣罗马帝国的名义下繁盛过550年，并以“德意志民族的神圣罗马帝国”之名延续到1806年，后期分裂为包括普鲁士在内的众多王国、公国。经过普鲁士多年征战，先是在1815年成立德意志邦联，之后在1849年形成了由实质性中央政府领导、以帝国议会为立法机关、以世袭皇帝为国家首脑的联邦制国家，并于1871年在德意志第二帝国名义下最后完成了统一，由此开始了近代德国的快速崛起进程。

由于统一之前的德国一直处于四分五裂状态，内部侯国之间争斗不止、关卡林立，严重迟滞了经济社会发展。从1871年起，国家统一的实现破除了这些障碍，加之建立起横向和纵向均为高度集权的国家治理体系，为急起直追完成工业革命、加快发展国民经济创造了有利条件。在此背景下，铁血宰相俾斯麦主持下的德国政府，一方面对内以军事工业为主导发展经济，在国家主导下加快铁路网建设并率先探索推进铁路电气化，高度重视、大力支持

① 郝伯特·乔治·威尔士曾指出：“选举方法的不成熟导致了国家政治生活很快被高度组织化的政党机器所操纵。”——大国的崛起：从成功走向辉煌的世界强国启示录［M］. 陕西师范大学出版社，2007：212.

② 在2016年总统大选中，希拉里比特朗普多得290万张普选票，但是根据美国法律规定，谁当选看的是选举人票而不是普选票，由于特朗普获得304张选举人票而希拉里只获得227张，所以最终当选的是特朗普。这已是美国历史上第5次总统候选人输了普选却能赢得大选，从而使获胜总统人选不能完全体现多数国民意愿的案例。

科学技术和国民教育发展①，同时颁布《五月法令》挤压以中央党为代表的天主教势力，颁布《非常法》压制以社会民主党为领导核心、以工人阶级为主体力量的社会主义运动；另一方面，着眼于缓和阶级矛盾、安抚广大民众、维护社会稳定，于19世纪80年代相继拟定通过一系列法律，在资本主义世界率先建立起一整套社会保险福利制度。在对外关系方面，出于现实政治考虑，选择实施了与奥匈帝国和意大利王国结为“三国同盟”、与英国结成统一战线，共同孤立、削弱法国并抑制俄国的“大陆政策”，为德国和平发展创造了较好的外部条件。这样，在19世纪后期的几十年中，具有后发优势的德国借助于上述这套公共经济治理制度和政策组合，不仅大踏步地完成了第一次工业革命，而且在第二次工业革命中勇立潮头，到20世纪初就在工业发展水平和综合经济实力方面一跃而超过英国，迅速上升为欧洲第一、世界第二的经济强国，从而实现了近代以来的第一次崛起。②

然而，威廉二世继位后，出于争夺原料产地和商品市场的考虑，从20世纪初开始转而以奋起争夺殖民地、重划全球势力范围的“世界政策”替代了俾斯麦时期的“大陆政策”，德国与英国、法国、俄国等老牌殖民大国之间的利益冲突日益加剧，并作为策源地寻衅挑起了第一次世界大战。由于它以无限制的潜艇战相继击沉多艘美国运送军用民用物资的船只，以致后者于1917年2月3日与其断交，继而于4月6日公开宣战，很快使得德军在战场上接二连三地遭受重创。军事失败的消息陆续传来，一方面引起海军相继哗变；另一方面加剧了国内阶级矛盾，在首都柏林于次年11月9日发生的武装起义威胁下，威廉二世仓皇退位出逃，终致一战以德军求和结束。继之而来的《凡尔赛条约》决定对战败国实施严厉制裁，迅即引起德国货币疯狂贬值，经济一度陷入萧条。尽管如此，因其工业体系依然完整保存，经济元气未受严重

① 对此，英国著名历史学家指出：“德国人相信科学就像是栽培的农作物一样，需要肥料。所以他们给了科学家大量机会；他们在科学工作上的公共开支也是相当大的，这种开支也得到了丰富的回报……德国科学在十九世纪六七十年代所做的努力，到了八十年代之后就开始显现成效了。德国的工业和技术取得了对英法的稳定优势。”——郝伯特·乔治·威尔士：大国的崛起——从成功走向辉煌的世界强国启示录［M］．陕西师范大学出版社，2007：198.

② 1900年左右，德国钢铁工厂年平均产量7.5万吨，而英国只有4万吨，规模经济超过英国。1913年，在英国进口的钢产品中德国占了58.4%，表明其钢铁产品产量和质量都超过了英国。1914年，德国开采的铁矿石和生产的钢铁超过英国70%以上。

损伤，加之条件苛刻的制裁惩罚引发强烈的民族复仇情绪，以致民众易于接受纳粹党的宣传煽动。在这种背景下，希特勒经民主选举上台执政伊始，就紧锣密鼓地采取经济军事化措施加快扩军备战，终于在1939年挑起了第二次世界大战，以闪电战术横扫欧陆、进攻苏联，称雄一时。不过，像一切邪恶逆流一样，“其兴也勃，其亡也速”。在以英美苏三国为核心的世界反法西斯阵线的共同努力下，纳粹势力在疯狂了十余年后以惨败告终，导致德国1945年分裂为东西两部分，各自实行资本主义和社会主义两种截然不同的制度。

好在二战后德国人民认真汲取了两次发动世界大战害人害己的严重教训，不仅通过修改宪法，从国家根本大法层面明确规定竭力避免右翼势力抬头，而且较为系统地优化了国内横向和纵向公共经济体制。自此以后，联邦德国持续实行以宏观调控与市场竞争有机组合为主要特征的社会市场经济模式，在加快经济社会发展方面取得卓越成效：工业体系发达，产品质量上乘，社会安定和谐，国民生活富足，贫富差距不大，不仅使德国再次崛起为欧洲第一大经济体，而且在欧洲一体化进程中扮演了中坚力量角色、在国际事务中较能保持理性立场，从而赢得了世界各国较为普遍的认同。1990年10月，在东欧剧变背景下，两德重归统一，进一步加强了德国综合实力。

综上所述，近代以来德国两起两落而又两落两起的经验教训，同样充分证明公共经济治理对于国家兴衰起着极其关键的作用。

八、俄国和苏联

近代俄国始于1547年伊凡四世加冕登基将莫斯科大公国改为沙皇俄国，之后领导其他公国摆脱蒙古统治，使俄罗斯成为一个独立的国家。继之而起的罗曼诺夫王朝，第四任沙皇彼得大帝（1682年—1725年在位）使俄罗斯崛起迈上一个很大台阶。面对欧陆大国纷纷兴起、相继称霸，而俄国经济社会发展迟滞的局面，彼得一世以富国强兵的远大抱负、高度开放的治国理念，于1697年匿名乔装亲自带队赴荷兰和英国考察学习，回国后以坚强意志和巨大干劲儿，冲破重重阻力，借鉴西欧文明，相继颁布3000多条法令，从经济、科技、教育、政治、军事、宗教等众多领域大刀阔斧地推进改革，引入成千上万各种类型的专家，派出一批批年轻的俄罗斯人到国外学习，建立起囊括数学、航海、海军、陆军等多种实用技术专业的中高等学校和国家科学院，同时以有力的关税政策保护国内工业发展。通过实施这些内容广泛的改革措施和公共政策，不仅有效地加强了中央集权、优化了横向纵向公共经济体制、提高了行政效率和军队战斗力，而且在促进经济发展、社会进步和以军事行动扩大版图①等方面取得明显效果，显著增强了国家综合实力，② 将长期落后的俄国推进到一个崭新时代，而且为此后俄国乃至十月革命后的苏联建立军事和技术优势奠定了历史基础。彼得大帝去世以后，叶卡捷琳娜二世（1762 年—1796 年）和亚历山大一世（1801 年—1825 年在位）继续以西欧为师，在经济、军事、行政等方面推行改革，积极更新军队装备、大规模修建军事设施，通过军事行动扩大疆土，③ 致使俄罗斯于 18 世纪后期成为地跨欧亚美三大洲的世界列强之一，并于 1813 年赢得反击拿破仑侵略的卫国战争胜利，进而成为欧洲“神圣同盟”的领导者。

然而，到尼古拉一世（1825 年—1855 年在位）期间，由于政治统治失策、军事行动频繁，导致物价飞涨、民怨沸腾，农奴反抗压迫剥削斗争风起云涌，④ 俄国开始出现崩溃征兆。亚历山大二世（1855 年—1881 年在位）即位后，为了缓和阶级矛盾、巩固王朝统治、增强国家实力，突破重重阻力，于 1861 年 2 月断然颁布一整套法令，⑤ 自上而下地推进了以废除农奴制为核

---

① 通过多次对瑞典开战，1721 年 9 月俄国依照《尼斯塔特和约》从瑞典夺取大片土地，取得波罗的海出海口；1722—1723 年又通过进军波斯夺取里海西岸和南岸部分地区，进而侵占堪察加半岛和千岛群岛。

② 马克思认为，彼得一世改革“为结束俄国百年来的落后状况，起了重大的历史作用”。俄国伟大诗人普希金也形象地夸赞彼得一世改革“让俄罗斯腾空而起”。

③ 亚历山大一世执政期间，俄罗斯相继吞并了东格鲁吉亚（1801 年）、芬兰（1809 年）、比萨拉比亚（1812 年）、阿塞拜疆（1813 年）和华沙公国（1815 年）。

④ 1858—1860 年俄国相继爆发近 290 次农奴暴动。

⑤ 这套被称为“解放法令”的系列性法案包括《1861 年 2 月 19 日宣言》《关于脱离农奴依附关系的农民的一般法令》《关于脱离农奴依附关系的农民赎买其宅园地及政府协助这些农民把耕地购为私有的法令》《关于省和县处理农民事务的机构的法令》《关于安顿脱离农奴依附关系的家奴的法令》等共 17 件。

心并覆盖司法、[①] 军事、[②] 教育[③]和地方机构[④]等若干领域的一系列公共经济治理改革。尽管此次农奴制改革不够彻底、仍保留了不少封建残余，但毕竟使农民获得了自由迁徙权、财产拥有权和订立契约、进行诉讼、改变职业、担任公职、选举公社职员权等多项法定公民权，从对地主的人身依附枷锁下解放出来，促进了工商业发展，加快了工业革命进程，[⑤] 为俄国逐步过渡到资本主义社会、发展为近代世界强国创造了基础条件，从而成为近代俄国史上的重大转折点。与此同时，亚历山大二世还积极借鉴西方技术，制定实施促进工业发展政策，大力推进基础产业和基础设施建设，建成投产俄罗斯第一座发电站（1879 年），使全国铁路由仅有莫斯科至彼得堡一条（965 公里）扩展到多条（22525 公里），至 1895 年进一步增加到 33847 公里；同时，通过增加投入促进教育、科技、文化等各项事业发展，相继建成开放多项文化设施，[⑥] 涌现出包括德米特里·门捷列夫和巴甫洛夫·伊凡·彼德罗维奇等许多伟大的科学家，一大批医学、教育、艺术等社会团体和慈善机构相继产生，社会发展呈现出繁荣景象，有效地增强了国家的硬实力和软实力。以此为基础，进一步加快东南和西南两个方向的对外扩张，不仅将高加索地区和土耳其治下的南比萨拉比亚、摩尔达维亚、黑海沿岸的巴统等大片领土并入自己版图，从中亚征占了浩罕、布哈拉、希瓦三汗国 160 多万平方公里土地，还先后通

---

① 1864 年 11 月推行的司法改革废除了旧的等级审判制度，改行开庭审理案件制度、陪审员制度，同时取消了贵族阶层的法律特权。

② 主要是实行义务兵役制。

③ 包括实行大学自治、高中等教育向全社会开放和创办女子中学等。

④ 1864 年 1 月 1 日，亚历山大二世颁布诏书，宣布在地方成立由各阶层代表组成的“缙绅会议”，既作为议政机关，也拥有管理交通、通信、教育、医疗、卫生和慈善事业等行政职能。

⑤ 由于废除农奴制，农民对地主的人身依附为资本主义发展提供了大量自由劳动力，而巨额的份地赎金又为资本主义发展积累了大量资金，因而大大促进了工业产品生产。例如，1861—1881 年间，俄国布匹生产增加了两倍，织布工厂排挤了手工织布业。1860—1890 年，生铁产量由 2050 万普特增至 5660 万普特，钢产量由 1250 万普特增至 52000 万普特，煤产量由 1800 万普特增至 36700 万普特。到 18 世纪后期，俄国基本上完成了第一次工业革命。

⑥ 如俄罗斯艺术博物馆（1856 年）、圣彼得堡马林斯基剧院（1860 年）、莫斯科动物园（1864 年）、莫斯科音乐学院（1866 年）、俄罗斯电讯社（1866 年年）、莫斯科历史博物馆（1875 年）。

过《中俄瑷珲条约》《中俄北京条约》和《中俄勘分西北界约记》从中国割占了150多万平方公里土地，从日本获得库页岛主权。亚历山大二世之所以在推进改革和发展方面大有作为，除得益于国内外发展情势所造成的天时，更重要的是因为他具备以良好教育素质为基础的国家治理能力①，因而能够主持制定实施一系列较为理性的公共经济政策。

不过，在俄国，同样是人亡政息。亚历山大三世（1881年—1894年在位）即位后，改革随即出现倒退局面，相继破坏地方自治，限制大学自治权，迫害犹太人，对异族强制推行俄罗斯化，残酷镇压人民反抗运动，导致大量农民破产，贫富差距扩大，封建王朝和人民大众之间的矛盾日趋尖锐，制度危机再次显现。到尼古拉二世（1894—1917年）之时，面对沙皇制度摇摇欲坠、社会矛盾激化的局势，统治者对内不能通过改革缓解社会矛盾，反而欺骗民众、镇压革命，解除颇有才干的皇叔尼古拉·尼古拉耶维奇大公的职务（1915年），对外继续野心勃勃地面向东南和西南实施侵略扩张政策。② 但事与愿违，先是于1905年的日俄战争中败于日本、太平洋舰队而全军覆没，之后又在民众普遍对皇权丧失信心、民生物资极度贫乏的情境下，联手英法两国与德奥同盟展开第一次世界大战。由于统治集团内斗愈演愈烈、官僚体系腐败不堪、军队官兵已离心离德，终于使罗曼诺夫末代王朝在1917年2月资产阶级革命运动的猛烈冲击下轰然倒台。继而，在同年11月，无产阶级革命党领导的社会主义革命运动又以武装起义方式推翻了继续参加第一次世界大战的克伦斯基临时政府，建立起工兵农苏维埃民主政权。

经过内战考验的苏维埃俄国于1922年扩展为苏联，相继在列宁和斯大林领导下建立起社会主义公共经济制度。在这一制度下，苏联通过社会主义建设和第二次世界大战考验迅速崛起，将国家建设成能够与美国并驾齐驱、相

---

① 亚历山大二世在19岁时（1837年）就掌握了英、德、法、波兰四门外语和数学、物理、地理、历史、政治经济学、法学等学科知识，接受最好的教育。次年，他又去瑞典、丹麦、德国、瑞士、意大利、英国和奥地利等国游历考察1年，受到这些国家君主和元首的接待，并参观这些国家议会和著名博物馆、图书馆以及重大战役发生地，为他继位后大力推行改革措施奠定了思想基础。

② 先是通过修建中东和南满铁路将中国东北纳入势力范围，1900年又伙同英法德等组成八国联军侵掠北京，绞杀中国人民反帝爱国斗争，并乘机占据中国东北，还想吞并中国西藏和波斯，甚至妄图从奥斯曼帝国手里夺取黑海海峡、君士坦丁堡和土属亚美尼亚，从奥匈帝国手里夺取加里西亚。

互抗衡的世界强国。然而，由于斯大林之后公共经济制度逐步变质蜕化，以致苏联自20世纪60年代后期逐步从世界两霸之一的顶峰向下沉沦，最终以解体方式走向灭亡，被重回资本主义故道的俄罗斯所代替。

继承了苏联主要遗产的俄罗斯，在叶利钦担任总统时期，倡行“休克疗法”，推行私有化，导致国有资产大量流失、市场无度开放、宏观调控失灵，以致多年内通货膨胀高企，人民生活水平直线下降，国民经济濒临崩溃。整个20世纪90年代，俄罗斯国内生产总值下降近50%，仅相当于美国的1/10、中国的1/5，与先进国家的差距越来越大，几近落入第三世界行列。与此同时，数十万军事和民用领域高级科研人员流失国外①，使俄罗斯经济、科技和军事实力遭受重创。随着时间推移，苏联时期遗留下来的核武器渐近报废，常规武器技术更新换代迟滞，军事强国优势也逐步丧失。普京当选总统后，总结转轨以来的严重教训，逐渐改弦更张，努力探索符合国情的市场经济模式和发展道路。在经济治理方面，着力整顿经济秩序，为工农业生产发展创造良好条件；以相关政策扶植具有国际竞争力的产业发展，培养新的经济增长点；注重发挥自然资源和常规武器生产方面的比较优势，努力创造贸易顺差；主动参与全球化进程，全面开拓经济发展空间。在军事改革方面，遵循现代化方向推进军事改革，以科技强军、重振雄风为目标，大力裁减兵员规模，重建军事领导体制，推行区域一体化联勤体制。最近俄罗斯列装部队的高超声速进攻性武器在性能上已经超过美国。② 但是，要使经受重创的俄罗斯综合国力重新回升到可与苏联鼎盛时期媲美的高度，则尚需时日且有待观察。

九、日本

近代以来，日本从远东海岛上一个国土不大、人口不多、内部分裂的封建国家起步，经历崛起、衰落到再度复兴的曲折过程，逐步变为一个经济体量仅次于美国、具有重要世界影响的强国。在影响这一过程的诸多因素中，公共经济制度、政策和公共物品提供结构的历史变迁同样居于突出地位。

---

① 据俄罗斯移民局的统计数字显示，出国就业的俄罗斯知识分子2001年多达4.6万名，2002年进一步增加到9.98万。

② 2019年12月24日普京公开表示，已经在俄军服役的高超声速飞行器“先锋”和高超声速导弹“匕首”等武器在技术上超过美国，从而使俄罗斯成为世界上唯一部署高超声速（指飞行速度超过6倍声速）洲际武器的国家，而冷战时期的苏联在原子弹、战略轰炸机和洲际导弹方面落后于美国。——美国《侨报》，2019-12-27.

长久以来处于万世一统的“神圣”天皇统治下的日本，古时曾长期以东方最强大的中国为师，接受中国王朝册封，通过与中国交往获取制度文明、精神文明、物质文明和生活方式营养，结合本国情况相对稳定地创造着较少重大变化的历史。自12世纪末期以降的675年中，日本转而实行“一切政事委于幕府”的政治制度。在全国260多个分割自治的藩国中，实力最强大的军阀豪强作为幕府将军挟天皇而令诸侯，从而成为国家的主宰；当军阀豪强之间的实力发生重大变化以后，最新兴起的、实力更为强大的军阀豪强则会通过政治或军事手段夺取原来幕府将军的宰臣地位；不过，对于社会中下层的广大人民来说，无论哪个军阀豪强担任幕府将军，他们都要各自依其经济社会等级地位辛苦劳作与生活。

日本近代以来的快速崛起肇始于明治维新。1867年，德川庆喜为幕府将军，16岁的明治天皇刚刚登基。出于对德川幕府腐败保守统治的不满和应对西方列强不断叩门入侵的担忧，较早开化的长州、萨摩、芸州等西南三强藩合兵起事，于依托资本主义经济发展起来的豪商富贾和宫廷势力相呼应，联手掀起尊王倒幕运动，以武装斗争方式逼迫德川幕府将“大政奉还”天皇，之后通过武装征讨迅速扫平持抗逆立场的藩国而实现了全境统一。1868年4月—6月，明治天皇相继颁发政治纲领性质的《五条誓文》和《政体书》，建立起以天皇和宫廷大臣为核心的新政府，由此开启了日本历史发展中的新一页。

明治维新对日本崛起的历史推动作用是通过明治政府成立后相继推行的一系列公共经济制度、政策性改革实现的。为了富国强兵、实现崛起，明治政府于1871年派出以右大臣岩仓具视为全权大使、大久保利通为副使的大型使节团出访欧美，考察资本主义政法制度、经济管理和科教文化。考察团回国后，与天皇、大臣一起结合日本国情研究讨论，拟定提出一整套以富国强兵为目标、以殖产兴业和文明开化为核心内容、涵盖各领域公共治理的系统性维新改革方案，循序付诸实施。政治制度改革，在横向维度上，主要是以内务、大藏、工部为核心，建立起由外务、陆军、海军、文部、教部、司法、宫内等十个省组成的中央官僚机构，此后又在70、80年代兴起的反专制民权运动推动下，于1889年颁布《明治宪法》，于1890年开设国会，确立起君主立宪制；在纵向维度上，推行“版籍奉还、废藩置县”改革，将全国划分为3府72县，建立起中央统一领导、地方分头治理的公共经济体制。社会制度改革主要是废除传统时代的“士、农、工、商”身份等级制度，将皇室亲缘关系者改称为“皇族”，公卿诸侯等贵族改称为“华族”，幕府的官僚、大名的门客等改称为“士族”，其他从事农工商职业者和其他下等贱民一律称为“平民”，取消武士阶层的特权，从而实现了形式上的“四民”平等。尽管仍存在等级之分，但允许各等级间相互交往。为减轻与“版籍奉还”相关联的财政负担，政府通过公债补偿形式，逐步收回华族和士族的封建俸禄。经济改革主要是根据大久保利通的建议，[①] 逐步制定实施了一套较为符合国情特点的资本主义工业化方针政策，包括：撤销工商业界的行会制度和垄断组织，设立工部省扶持鼓励殖产兴业，引进西方科学技术，推动工商业发展；废除各藩设立的关卡，统一国内市场；统一货币制度，设立作为中央银行的日本银行（1882 年）；改革土地制度，准许土地买卖，实施新的地税政策；大力推进交通基础设施建设，兴建新式铁路、公路。[②] 司法改革主要是参照西方法律制度，相继制定颁布以法国为模本的刑法（1882 年）、兼收并蓄法德两国之长的民法（1898 年）和主采美国模式的商法（1899 年）。军事改革主要是实行义务兵役制，[③] 革新军队编列制度，陆军参考德国模式训练，海军参考英国模式建设；发展国营军事工业，加强武器供给；增加军事预算，保障财力支持。[④] 教育改革主要是实行近代资产阶级性质的义务教育，设立文部省统管文教事务，以学区制建设完整的教育体系；[⑤] 通过招聘外国专家和选派留学生到英、美、法、德等先进国家留学，广揽并培养高级科技人才。社会文化改革主要包括：提倡学习西方社会文化和生活习俗，译介西方哲学社会科学思

---

① 大久保利通认为：“日本欲与世界列强并肩，必须实行富国政策”；“大凡国之强弱，决定于人民之贫富；人民之贫富则系于物产之多寡；而物产之多寡，又起因于是否鼓励人民之工业。因此，归根结底是依靠政府官吏诱导奖励之力。”据此，他于 1874 年 5 月 -6 月间向明治政府正式提出《关于殖产兴业的建议》。

② 1872 年，日本第一条铁路——东京（新桥）至横滨（樱木町）间铁路通车；到 1914 年，全国铁路总里程长达 7000 公里以上。

③ 按照此项制度，凡年龄达 20 岁以上成年男子一律须服兵役，适龄期间每人服现役和预备役时间最多可达 12 年。据此，1872 年就颁布了征兵令，1873 年作战部队可动员人数多达 40 万。

④ 明治时代中后期，军事预算高达政府支出总额的 30% -45%。

⑤ 日本政府当时以法令形式颁布的《学制》将全日本划分为 8 个大学区，各设 1 所大学；每个大学区下设 32 个中学区，各有 1 间中学；每个中学区下设 210 个小学区，每个小学区设 1 所小学。这样，全国总计设 8 所公立大学、245 所中学、53760 所小学。

想理论；停用阴历，改用太阳历；实行以神道为主、兼容其他的宗教政策，继续保留佛教，取消对基督徒传教的禁令。

通过以上这一整套改革措施的实行，整个日本从政治、经济到科学、教育、文化等各领域的面貌为之一新，经过十余年努力，就在殖产兴业、文明开化、富国强兵方面产生明显效果。在殖产兴业方面，通过以高征地税等手段进行大规模原始积累，建立起一批以军工、矿山、铁路、航运为重点的国营企业；进入 80 年代，出于减轻财政负担的考虑，政府又把一批国营企业和矿山廉价出售给与政府关系密切、拥有特权的资本家，同时积极鼓励扶持民间资本引进缫丝、纺织等近代设备，建立示范工厂，推广先进技术；以优厚政策鼓励华族、地主、商人、上层士族投资经营银行、铁路及其他企业；到 80 年代中期，日本逐步出现以纺织业为中心的产业革命高潮。经过二十多年独立自主的发展，日本包括经济、科技和军事在内的综合国力逐渐强盛起来，以此为基础，不仅相继废除了幕府时代与西方各国签订的一系列不平等条约，重新夺回了国家主权，摆脱了沦为殖民地的危机，而且在先后发生的中日甲午战争（1895 年）和日俄战争（1904 年—1905 年）中相继击败昔日强盛的中俄两大国，跻身于世界资本主义强国之列。20 世纪初，日本完成了国民经济工业化；20 世纪 30 年代，日本经济在资本主义世界跃升为仅次于美、英、德、法的第五大国。总之，日本通过明治维新实现的公共经济制度、政策和公共物品供给结构的巨大变革，有效促进了综合国力的全方位提升，如期达成了迅速崛起为亚洲乃至世界强国的目标。

然而，由于明治维新具有不彻底性，在各方面保留了大量封建残余，如神化天皇的绝对权威、天皇权力过大；萨摩、长州等强藩出身的军阀、官僚贵族长期把持政柄，形成势力庞大的“藩阀政治”体系；建立“华族”制度以维护旧藩主、公卿的特殊地位，并把维新功臣、财阀列入华族特权阶层；经济上扶植具有封建性的财阀和寄生地主，政府与财阀紧密勾结，土地兼并依然严重；推崇盲目忠君的武士道精神等。从这一角度看，日本明治维新所实现的又是从幕藩领主统治的封建国家向封建军事性资本主义强国的转变。以此为背景，为了解决资本主义工业发展对原材料供给、产品销售市场日益增长的需要与由国土逼仄、资源匮乏、市场空间局限之间的突出矛盾，日本很快走上了通过武装侵略扩张领土的道路。[①] 20 世纪 30 年代，在美国经济大危机引起的世界性经济大萧条冲击下，日本国内经济社会矛盾更加突出，为了转移视线、摆脱危机，日本政府悍然发动了蓄谋已久的大规模侵华战争，进而扩展到太平洋战争。这一期间，日本军国主义政府疯狂进行的侵略战争，不仅给受侵国家造成极其巨大的灾难和损失，自身也以遭遇惨败为结局：众多战犯接受国际法庭审判、本土被盟军占领接受改造；[②] 经济凋敝，粮食危机，物价飞涨，工人大量失业，民生极为困苦。[③]

然而，因推行军国主义政策而在二战中遭遇惨败、急剧衰落的日本，战后在反法西斯同盟军监督之下经过公共经济制度改造，通过实施一系列公共经济政策、因时制宜地提供一整套公共物品，加之日本工业设备产能和战前

---

① 1874 年出兵侵略中国台湾，1875 年武装入侵朝鲜，1879 年并吞琉球将其改为冲绳县。到 19 世纪 80 年代末，以侵略中国和朝鲜为主要目标的大陆政策基本形成；90 年代中期后，以甲午战争为开端，不断对外发动侵略战争：1910 年吞并朝鲜半岛；1918 年日军开抵哈尔滨，攫取哈尔滨至长春的铁路管理权；1928 年 5 月日军占领济南；1931 年制造“九一八事变”，强占中国东北。

② 日本战败后，以麦克阿瑟将军为司令的美军代表盟国于同年 9 月 2 日接受日本投降，之后于同月 15 日开进东京实施对日全面占领，并以占领军身份为威慑力量，站在以美国为首并有苏联、英国、中国参加的对日理事会（GHQ）背后，监督日本实施政治、经济、社会制度的民主化改造，包括解散日本皇军，整肃 20 万对战争负有责任的政府官员并全部开除其公职，审判战犯，制定民主化宪法，推进政治、经济、社会等各领域民主化改革。

③ 战败后的 1945 年，与战前相比，日本工业生产指数下降到 8.7%，至 1946 年 2 月也仅达 15.6%。其中，1946 年日本钢产量仅有 32 万吨，为战前的 5.5%；煤炭产量 2274 万吨，仅为战前的 50%；1945 年与 1940 年相比，耕地面积减少近 80 万町步，稻米总产量由 6896 万石减到 5855 万石。1945 年 8 月至 1946 年 2 月，日本零售物价上涨了 2 倍；批发物价指数 1945—1949 年间增长了 50 倍。1945 年年底，全国有 1300 万人找不到工作；没有遭到解雇的工人工资水平也被压得极低。1946 年 1 月，东京的工人生活费指数高达 1937 年的 14.8 倍，而工人平均实际工资却仅为战前水平的 13.1%。

形成的国民文化科技素质并未因战败受到严重损伤，[①] 而美国发动的朝鲜战争和越南战争又为日本工业提供了不小的产品市场，日本很快就治愈了战争创伤，实现了经济恢复。[②] 之后又经过几十年的发展，整个国家经济实力和科学技术水平再次迅速爬升到世界强国的高度，重新实现了民族国家的复兴与崛起。其中，在同盟国对日理事会强力推动与严密监督下完成的公共经济制度改造，主要包括四方面内容：（1）通过 1947 年《日本国宪法》的制定与实施，废除天皇专制政体，建立起资产阶级民主政治制度[③]；（2）通过推行以

---

① 1945 年战败之际，虽然日本的国民财富损失 25%，但综合国力同 1935 年相比基本持平。与国民经济发展关系密切的铁路运输设施基本完好、船厂与港口却损失不大，由水力和火力发电构成的电力基础和钢铁生产能力基本未遭破坏；原本要将一部分工厂设备作为战争赔偿物予以拆走赔付，但因随即出现的冷战局势而使美国占领当局改变了计划，以致实际拆走用于战争赔偿的机器设备仅占原计划的 7%。在人力资源方面，尽管有众多青壮年男子在战争中死伤，但因为 20 世纪 40 年代日本的义务教育普及率近乎 100%，以致尚存的男女劳动力都具有较高的科技文化素质。由于生产力的主客观要素都有较好的基础，只要战争停止，生产恢复自然比较容易。

② 到 1953 年朝鲜停战时，日本已实现了经济恢复，工业产品产量、劳动生产率、实际人均收入与国民消费水平均超过了战前（1935 年—1936 年）平均水平。1949—1952 年，外汇储备由 2 亿美元增加到 11.4 亿美元；城市工薪阶层收入和农民收入分别提高了 21%、17%，民用新“三大件”（洗衣机、电冰箱、黑白电视机）开始取代原“三大件”（自行车、缝纫机、收音机）逐渐进入家庭。

③ 1947 年 5 月 3 日颁布实施的《日本国宪法》在序言中明确宣示“主权属于国民”“国政源于国民的严肃信托，其权威来自国民，其权力由国民的代表行使，其福利由国民享受。”根据第二条规定，天皇从实权国家元首变为“国民整体的象征”。与此同时，按照三权分立原则和单一制主权结构的内在要求明确规定了横向和纵向公共经济责权划分相当清晰的公共经济体制框架。

“耕者有其田”为宗旨的土地改革[①]和以解散财阀、禁止垄断[②]为核心内容的经济结构改革，实现了经济民主化；（3）通过推行工会合法化[③]、确立劳动者权利、赋予妇女参政权和教育自由化，实现了社会发展民主化；（4）实行去军事化国家制度改革，解散日本攻击性军事力量，以宪法规定永久性地取消对外战争权。[④]

国民经济实现复兴之后，日本相继拟定实施了若干个经济发展计划，通过综合运用法律法令、财政税收、货币金融和窗口指导式的协调沟通等多种手段，针对各个时期面临的具体情况，有效破解了经济运行和发展中矛盾与困境，实现了虽有起落波折但总体上一直向前推进的经济发展，逐步崛起为世界经济大国和强国。其中，第一个是经济自立五年计划（1955 年—1960 年），原计划五年间国民生产总值 GNP 年均递增 5%，工矿生产指数年均递增长 7.4%，执行结果是两项指标双双大幅度超额完成，分别达到 9.1% 和 15.6%。第二个是以实现国民经济现代化为目标、以重化工业为先导的收入倍增计划（1961 年—1970 年），原计划 10 年内 GNP 年均增长 7.8%、累计增长 2.66 倍、人均国民收入增加 1 倍，执行结果是 GNP 总量实际增长 4.16 倍、国民人均收入实际增长 3.62 倍，居民消费增长率达 10.3%，几乎与 GNP 同

---

① 在美国为首的盟军施压下，1946 年 9 月吉田茂内阁正式向国会提交第二次农地改革方案，10 月 21 日以《自耕农创设特别措施方案》和《农地调整法改正案》的形式正式颁布实施，到 1952 年完成。由于广大佃农获得了自耕土地，收入水平随生产积极性一起大为提高，显著增加的购买力为工业发展扩展了销售市场。

② 在对日理事会推动和督促下，日本政府于 1945 年 11 月 23 日以 657 号敕令发布《公司解散之限制等件》，1948 年 1 月国会又通过《财阀同族支配力排除法》，继之制定实施《经济力量过度集中排除法》，以此推进以解散财阀、禁止垄断为核心内容的经济改革，勒令三井、三菱、住友、安田、野村等“十大财阀”和其他曾支持侵略战争的 83 家垄断性公司交出大部分股权（属政府没收性质），然后或予以解散，或分割为多家公司，目的在于摧毁随时会演变为战争财力支持力量的垄断经济集团，构建企业间自由竞争机制，以防经济垄断导致军国主义死灰复燃。

③ 主要是通过建立健全劳动法和工会法，建立合理的劳资关系，准许工人自由组建工会，保障工人拥有自由组织权、团体交涉权和罢工权，使工人对劳资关系处理和国家事务均拥有一定的话语权和干预能力。

④ 《日本国宪法》第九条规定：“日本永远放弃以国权发动战争、武力威胁或行使武力作为解决国际争端的手段，为达此目的，日本不保持陆、海、空军及其他战争力量，不承认国家的交战权。”这项规定使战后日本可以将全部财力、物力、精力用于国内和平建设方面，对日后经济崛起产生了十分重要的积极作用。

步增长。期间，到1964年，粗钢产量超过西德，仅次于美、苏而跃居世界第三；到1965年，轿车、卡车产量比1960年分别增长4.2倍和3.7倍，仅次于美国、西德、英国而跃居世界第四；GNP总量1966年超过英国，1967年超过法国、西德，跃居资本主义国家第二位，即在明治维新100周年之际，实现了争做世界强国的百年梦想；与此同时，到1963年，贸易自由化率已达92%，经济对外开放度也达到国际先进水平；教育事业飞速发展，高中升学率、高等学校升学率分别由1955年的52%和10%，上升到1975年的92%和43%。总览1955—1973年近20年间，经济平均年增长率持续保持在10%以上。

自1973年起，经济发展虽然在第一次石油危机和世界性通胀的冲击下结束了高速增长，但在资本主义世界仍维持了较快的发展速度。1973—1980年，GNP增长率为4%，明显高于同期法国的2.5%、美国和西德的2.3%、英国的0.9%；GNP总值增加30%，约达美国的49.4%，仅次于美国、苏联而居世界第三、发达国家第二；汽车年产量，由1973年的708万辆、居世界第二，增加到1980年的1000万辆，超过美国而跃居世界之首。

20世纪80年代，实施产业结构调整、推行贸易立国政策，积极扩大出口并鼓励增加资本输出，并对国营铁路、电信部门进行私有化、民营化改革，不仅一举扭转这两个行业长期亏损局面，而且显著提高了服务质量。这10年中，GNP增长保持了年均4.3%的速度，1990年GNP总值达到31699.7亿美元，与美国的比值上升到64%。

1991年苏联解体后，上升为世界第二经济大国，海外资产高达3831亿美元，成为世界上最大的纯债权国。此后，尽管由于1989年房地产泡沫破裂和90年代亚洲金融危机、有效需求不足等多重因素的影响，经济增长陷于停滞泥潭，被视为“失去的十年”，但直至1999年，贸易顺差仍达1230亿美元，比1990年还增长了94%；人均GDP达35567美元，高出美国（34047美元）近4.5%。另据统计，1991—2000年期间，日本实际GDP年均增长率仍为1.75%，在最发达的7国集团中仅次于德国（2.25%）0.5个百分点。

之后，2002年2月到2008年2月之间又出现了一个长达73个月的复苏周期。2008年下半年，在美国次贷危机波及之下，经济再度下行，GDP总量于2010年被中国超过，世界排名退居第三位。继而，日本经济2014—2019年期间又出现一个连续6年的复苏周期。与此同时，自20世纪80年代后期以来，日本一直保持着全世界数一数二的外汇储备，2001 年年底外储总额高达 4019 亿多美元，多于 7 国集团中其他 6 国总和；虽然 2006 年被中国超过，2018 年不足中国的 1/3，但仍居世界第二。[①] 尽管直至 2017 年 9 月，日本工业产出仅达危机前最高水平的 88.5%，但其主要工业部门的技术装备水平和生产能力与美国相比所差无几，经济技术实力不容小觑。

与此同时，日本自 1947 年开始就逐步建立起一整套品种齐全、制度完善、标准不断提高且与时俱进的社会保障体系，[②] 并较早地通过环境治理和生态保护构建起天蓝水绿山青、洁净美丽优雅的生活环境。

总之，日本近 250 多年来崛起过程中的经验教训从正反两方面确凿证明，公共经济制度、政策对一个民族国家而言可谓性命攸关。

十、结论与思考

通过对以上 9 个世界大国近 500 年来发展中兴衰变化历程所做的回顾分析，可以非常清晰地看出，在影响大国崛起与衰落的诸多因素中，公共经济制度、政策和由此决定的公共物品提供结构起着至关重要的作用：能否以高度的自觉和理性，审时度势、与时俱进地设计构建或创新变革公共经济制度和政策，并在此基础上及时有效地向社会提供适应公共需要、符合客观规律的制度性、政策性和具象性公共物品，用以彻底克服或明显缓解经济社会领域的各种矛盾和公共风险，乃是决定一个国家兴衰成败的生命线。

公共经济制度、政策和公共物品供给之所以如此重要，根本原因在于，在每一个表现为民族国家的混合经济体中，民间经济固然起着基础性作用——民间经济中以科技为核心客观要素的生产力和由生产资料所有制为基

---

① 70 年，中国外汇储备从 1 亿多美元到超 3 万亿美元［OL］. 新华网，2019－09－27，16：27.

② 1947 年日本社会保险调查委员会提交了名为《社会保障制度纲要》的社会保障体系建设方案，得到国会认可，到 1961 年基本建立起“国民皆保险”“国民皆年金”的社会保险体系，其后又逐步充实了儿童福利和老人医疗；自 1973 年“福利元年”起，进一步提高医疗公共负担比例，建立起养老进给付标准随物价浮动制度，以致养老保险金支出占国民收入的比重由 1975 年度的 9.4% 逐步上升到 1985 年度的 14% 以上。随着“少子老龄化”社会到来，日本从 1990 年开始对社会保障制度实施了转型性改革，将社会保障重点转向老年人生活、医疗和看护，同时尽力减轻生育和抚养子女的负担，以利解决劳动力供给问题。——崔万有：日本社会保障制度及其发展演变［J］. 东北财经大学学报，2007（1）：84－87.

础的生产关系始终作为决定性因素历史地支配着公共经济制度的变迁；但是，民间经济生产方式的两个方面都具有自发性质，处于微观层面的民间经济活动难以自行解决属于社会整体或宏观层面的各种公共性问题、克服由此导致的公共风险。这些公共性问题或公共风险必须借助以集体行动方式完成的公共经济活动——在特定的公共经济制度之下、依据特定的公共经济政策、运用特定结构的公共物品来解决或克服。由此可见，公共经济本质上乃是人类用以解决社会公共性问题、克服公共风险、驾驭整个混合经济体运行发展的一整套工具，因此，每个国家及其每个历史时期中公共经济工具的性状好坏和功力强弱客观地决定着民间经济生产力发展条件和生产关系对生产力的适应程度，从而决定着这个国家是兴旺崛起还是衰落败亡。当某个国家在特定时期具备较为优越的公共经济生产关系和生产力，并在此基础上构建起优良的公共经济体制、制定实施正确的公共经济政策、有效地向社会提供公共物品组合，从而能够有效保护并促进民间经济生产力、优化民间经济生产关系时，那么，这个国家就将势不可当地兴旺发达起来，迅速地实现民族崛起；相反，当某个国家在特定时期内公共经济生产关系和生产力处于劣质状态，公共经济体制和公共经济政策存在严重弊端，因而使社会公共机构提供的公共物品组合严重地损害民间经济生产力、扭曲民间经济生产关系时，则必然会不同程度地加剧各种社会矛盾和公共风险，从而导致整个混合经济体走向衰落乃至灭亡。对此，恩格斯曾经指出：“政治权力在对社会独立起来并且从公仆变为主人以后，可以朝两个方向起作用。或者按照合乎规律的经济发展的精神和方向去起作用，在这种情况下，它和经济发展之间没有任何冲突，经济发展加快速度。或者违反经济发展而起作用，在这种情况下，除少数例外，它照例总是在经济发展的压力下陷于崩溃……如果撇开征服的情况不谈，当某一个国家内部的国家政权同它的经济发展处于对立地位的时候——直到现在，几乎一切政治权力在一切发展阶段上都是这样——斗争每次总是以政治权力被推翻而告终。”①

第六节　公共经济实践演进的历史趋势

公共经济实践作为社会生活的重要组成部分已经随着人类历史发展演进

① 《1848 年至 1850 年的法兰西阶段斗争》导言［A］. 马克思恩格斯选集第 3 卷［C］. 人民出版社，1995：526 - 527.

了数百万年。通过分析这一历史演进过程，我们可以从中发现某些不以人们意志为转移的客观趋势。这些趋势不仅存在于以往的历史中、持续于现时代，并且必将在今后的历史发展中继续表现出来，直至最终将人类社会推进到共产主义的大同世界。

一、范围由狭而阔、作用由弱到强累积发展

纵观人类社会发展的历史长河，我们不难发现，随着社会生产力的不断提高，人口数量的繁衍增加，社会活动范围的日益扩大，社会关系由简单到复杂的递进演变，通过提供公共物品来满足的公共需要或必须借助于提供公共物品来应对的公共风险愈益增多，加之民间经济提供公共财务资源的能力随着生产率提升而日渐增强，以及人们对利用公共物品解决公共性问题、化解经济社会矛盾、实现社会正义、推动社会进步的思想认识逐步深化，公共经济实践呈现出累积扩展的明显趋势。这种趋势的现实表现至少有三个方面：

（一）公共物品种类由少到多，公共经济活动范围由小到大

首先从公共经济活动领域来看，由最初的防御抗击外部侵犯、协调处理与外部关系、对内组织指挥生产劳动、祭祀鬼神祈求护佑，之后逐步增加了筹资建设生产生活公共设施、以法维护经济社会秩序、组织开展受益范围不大的教育科学活动、最低限度的济贫扶残等内容，直至现代发展到覆盖社会成员生老病死、住房、交通、安全生产、防止垄断、宏观调控、公共卫生、禁绝毒品、污染治理、生态保护、太空探索、社会保障等各个方面。

再就单个公共物品的受益范围而言，同样呈现出不断扩大的趋势。例如教育，从古代的学在官府，仅由少数贵族享有，之后逐步扩大到广大民众；普及教育从小学开始逐步扩展到初中、高中，乃至向前延伸到学前、往后延伸到大学。又如产权保护，从最初的有形资产保护，发展到知识产权保护。再如社会保障，从最初仅限于鳏寡孤独和灾民救济，发展到包括养老、医疗、失业、工伤、生育等多项内容、系统完备的庞大体系。如此等等，不一而足。

（二）公共经济的作用由浅入深、由弱到强

最初的公共经济作用仅在于为社会活动主体提供最基本的人身安全、生产安全、心理安全保障。之后随着商品经济和社会文化的发展，公共经济作用深入到规制度量衡、维护市场秩序、规范货币铸制发行、控制供需平衡、监管金融创新、管理文教科技和宗教事务等众多方面。再后，随着国际交往

增加，公共经济作用范围进一步扩展到跨国界维护经济、社会、航空航天、电信频道、卫生防疫、生物检疫、大气和水体污染、战争与和平等各类全球性公共事务领域。同时，随着公共物品提供种类增加、公共经济活动范围扩大以及各种公共风险危害程度的增强，加之公共财务资源供给能力和公共经济管理技术手段的提升，公共经济对于民间经济活动实施监督、约束、调节、控制的力度也渐趋强化。例如，随着电子监控设备和互联网信息系统在公共管理中的广泛运用，极大地增强了防范各种违法犯罪活动、保护经济社会和人民生命财产安全的能力。再如，随着宏观调控政策的实施和调控技术手段的改进，各国驾驭市场运行、应对周期波动的能力显著提升。

（三）公共财务资源在整个社会资源总量中占比逐步升高

公共财务资源在整个混合经济体资源总量中所占比重是由每个时代、每个国家相关需求与供给两方面共同决定的。随着公共经济实践由低级到高级的历史演进，由于一方面公共需要强度不断加大、公共物品提供品种日益增加、公共经济活动范围逐渐扩展，导致公共经济对财务资源的需求相应增多；另一方面，在劳动生产率不断提高的基础上，民间经济剩余产品率逐步提升，因而，整个社会对公共经济财务资源的供给能力也随之增强。在这两个方面的共同作用下，各国公共财务资源占整个混合经济体可用资源总量的比重普遍呈现逐步上升趋势。封建社会时代有关税制由三十而税一到二十而税一、十五而税一，再变为什一税的记载反映了这种趋势。资本主义代之而起后，各国财政收入占 GNP 或 GDP 的比重同样普遍呈现逐步提升趋势。为此，德国新历史学派经济学家阿道夫·瓦格纳早在 19 世纪后期就通过归纳主要资本主义国家相关统计数据提出了关于随着经济社会发展财政收入占国民收入比重逐步提高的“国家经费膨胀的法则”；这个被后人称为“瓦格纳定律”的趋势性判断为其后一百多年的历史发展过程所进一步证实。以美国为例，20 世纪初，GDP 总量中财政收入占比还不到 10%，而自 20 世纪 60 年代以来一路提升到超过 35%。这一比重，在二战后实行福利国家政策的西欧各国一般都在 45% 左右，而在实行高公共福利政策的北欧国家则高达 50%—60% 左右。据有关统计，2016 年部分发达国家政府收入占 GDP 比重的数据为：美国 35.06%，加拿大 38.87%，德国 43.31%，英国 37.89%，法国 52.22%，意大利 45.52%，荷兰 41.48%，西班牙 37.42%，瑞士 32.27%，日本 34.35%。

另据统计，2018 年经合组织的税收占 GDP 比例平均为 34.3%。[①]

公共经济直接占用和支配社会资源比重逐步提高的趋势表明，那种不考虑公共经济活动范围不断扩展的客观事实，简单地认为现代国家人民税负沉重，或将现代财政供养公职人员占总人口比例与古代简单类比并加以谴责的观点是多么不客观、不科学。对此，斯塔夫里阿诺斯指出：“公元前 1 世纪时，官僚机构中共有官吏 13 万名，平均每 400 或 500 个居民仅摊到一名。与总人口相比，官吏的数目是很小的”；这“可以解释为帝国政府所起的作用颇有限”，因为“现代世界中被认为理所当然的那些为社会服务的职责，中国历代政府均不承担……更确切地说，中国政府的主要作用在于征收捐税、保卫国家免遭外来进攻和巩固王朝不受内部颠覆”。[②]

二、公共经济发展水平在地域间由强到弱、由高到低传导扩散

公共经济发展水平包括公共物品供给品种、质量和体制、政策、管理等各方面情况。由各种主客观因素所决定，公共经济无论在同一时期不同国度之间还是在同一国度不同地区之间的发展水平和演化进程是不平衡的，有的国家或地区公共物品供给水平和公共经济体制的优化程度高一些，公共经济管理能力强一些，而有的国家或地区则低一些、弱一些。但是，由于人类总体上具有向善本性和学习本能，因此，在彼此间能够互通信息的情况下，公共经济发展水平相对较低、管理能力相对较弱的地区或国家或迟或速地都会通过向水平高的外地区或外国学习借鉴使自己赶上来，甚至有可能通过学习、消化、创新而实现后来居上。作为这种学习借鉴的结果，就是无论在一个国度的不同地区还是不同国度之间，公共经济发展水平客观上存在一种像热和电那样由强到弱、由高向低辐射性传导扩散趋势。

在历史和现实中，这样的例子并不鲜见。例如，中国古代率先建立的通过公开竞争性考试机制择优录用政府官吏的科举制度，由于有利于优化公共经济生产力、提高公共经济效率，当有关信息传播到西欧以后，英国、德国等就相继以此为参照摹本，结合本国国情进行改造后加以实施，从而显著提高了公共经济管理水平和效率。在现实中，中国改革开放以后，随着中外各

---

① REVENUE STATISTICS，OECD 2019［OL］. Disclaimers：http：//oecd/disclaimer.

② 斯塔夫里阿诺斯：全球通史：从史前到 21 世纪［M］. 吴象婴等译，北京大学出版社，2006：164.

领域通过各种渠道进行的相互交流逐渐加强，中国在公共经济体制、政策和管理等方面向发达国家学习借鉴了很多，通过结合国情加以改造，应用于相关方面公共经济改革实践，使中国公共经济治理体制和管理体系的现代化水平得到显著提高。

由此可以认为，公共经济发展水平依托相互学习借鉴机制在地域间由强到弱、由高向低传导扩散，乃是推动国家内部各地区和世界各国公共经济不断向更高水平发展的一股内在推动力。

三、复归民主、规范科学、注重效率的理性提升

在公共经济的生产关系和广义管理层面，同样呈现出一种不可阻挡的趋势，这就是复归民主、规范管理、注重效率。所谓复归民主，是指原始社会时代以人民为主人的公共经济生产关系、民主型公共经济体制和管理，在经过奴隶制、封建制时代严重异化之后，最终从资本主义社会后期开始，逐步在更高水平上向民主型复归。而所谓规范科学，则是指公共经济体制和公共经济管理随着公共经济生产力水平的提高，人类以日益增强的自觉性、愈益注重公共经济效率，为此而依照科学原理、遵循规范化原则，不断创新公共经济体制、优化公共经济管理，此而使公共经济体制、政策和管理的科学化、规范化程度不断上升，整个公共经济活动在人类理性光辉的指引下愈来愈体现出民有、民治、民享的本质特征，愈来愈有效地惠及整个人类。这种趋势在漫长的古代社会历史时期已然出现，近代以来，则随着社会生产方式的进步、社会科学研究的进展，特别是随着公共经济生产力本身的不断优化提升而日益凸显和强化。

四、公共物品突破国界、部分地实行全球供给

公共物品突破国界、全球供给，是指由世界性公共机构着眼于解决全球性公共需要而提供一系列相关公共物品，用以化解全球性公共风险。这种公共经济活动，对于保障居住在世界各大洲的人类和谐相处、正常交往、互通有无、相互学习、相互帮助、共同进步、共享幸福生活，维护地球村整体安全，维系人类命运共同体可持续发展，具有不可替代的功能。尽管这种公共经济实践只是从近代以来才作为一种日益增强的重要趋势显现出来，但是，作为实现世界大同的社会理想中的一个组成部分，它从远古以来就以一种理念或梦想出现于人类的头脑中，并且随着时代前进的脚步不断丰富、完善，一直延续到现今时代。

（一）人类对公共经济国际化趋势的思想理论探索

在中国古代，伟大思想家孔子（前551年—前479年）早在2500年前就根据人民大众追求幸福生活的愿望在“大同”概念下描述了人类理想社会情景：“大道之行也，天下为公，选贤与能，讲信修睦，故人不独亲其亲，不独子其子，使老有所终，壮有所用，幼有所长，鳏寡孤独废疾者皆有所养；男有分，女有归。货恶其弃于地也，不必藏于己；力恶其不出于身也，不必为己，是故谋闭而不兴，盗窃乱贼而不作，故外户而不闭，是谓大同。”[①] 尽管在他关于大同社会的这些描述中，并未明确地提到跨越国界提供公共物品、有效解决国际间公共性问题，但因其所言天下为公、讲信修睦、路不拾遗、夜不闭户具有广义性，故可认为其中蕴含有通过跨国公共物品的提供而实现普天之下安宁和睦、互利共赢的意境。及至清末民初以降，则有著名论者相当明确地阐发了在全球范围实现大同社会的思想。开其端者，当属著名思想家、政治家康有为，他在戊戌变法失败后经香港逃亡国外，先后游历日本和欧美诸国，继而旅居印度，期间于1901年借孔子之名撰写了《大同书》。该书以总论部概括提出人类九界之苦论，[②] 其中为首者便是“国界之苦”，在此基础上，以其他九部分述克服九界之苦的大同社会图景，从而构建出一个关于人类大同社会的理论模型。这一模型由政治民主、人人平等，经济公有、人无私产，社会和谐、无家无国等核心要件构成，并在题为《去国界合大地》的乙部以“人民皆为世界公民”作为对“无国无家”之说的基本解释。[③] 康有为的学生和同党梁启超，在《清代学术概论》中将其老师所著《大同书》的内容概括为12条，其中第一和第二条更为明确地将“无国家”解释为：“无国家，全世界置一总政府，分若干区域。”“总政府区政府皆由民选。”如此，“大同社会”意指全世界范围内的“大同”，而实现全世界大同的关键条件是建立面向全球公民提供公共物品的世界性政府，且这个世界政府同样是由全球人民选举产生、由世界公民当家作主的；在此架构之下，现存各民族国家将变为世界政府的分区性公共机构、即“区政府”。中国民主革命先驱孙

---

① 礼记·礼运［A］．阮元校刻：十三经注疏·礼记注疏卷二十一［C］．北京：中华书局，1980：1414.

② 包括国界之苦、级界之苦、种界之苦、形界之苦、家界之苦、产界之苦、乱界之苦、类界之苦、苦界之苦。

③ 康有为：大同书［M］．上海古籍出版社，1956.

中山照例非常推崇大同思想，不仅以“天下为公”作为政治活动的最高理念和准则，而且将促进大同世界的实现作为建党建国根本宗旨写入中华民国国歌。[①] 依其中“光我民族，促进大同”之间的内在逻辑关系不难推断，这里所谓“大同”乃是指全世界范围的大同。中国共产党主席、中华人民共和国缔造者毛泽东早在青年时代同样深受大同思想影响，他在 1919 年 12 月发表于《湖南教育月刊》上的《学生之工作》一文中写道：“合若干之新家庭，即可创造一种新社会，新社会之种类不可尽举，举其著者：公共育儿院，公共蒙养所，公共学校，公共图书馆，公共银行，公共农场，公共工作厂，公共消费社，公共剧院，公共病院，公园，博物馆，自治会。”分析其中所列举的事项，绝大多数都是有形公共物品。在成为中国共产党领袖之后，他则站在更高远的共产主义者立场上阐述了大同问题：“康有为写了《大同书》，他没有也不可能找到一条到达大同的道路。唯一的路是经过工人阶级领导的人民共和国。由新民主主义社会进到社会主义社会和共产主义社会，消灭阶级和实现大同。”[②] 根据共产主义社会的完整概念含义，这里的“实现大同”无疑是就全世界而言的。2018 年 10 月，中共中央党史和文献研究院编辑的习近平同志《论坚持推动构建人类命运共同体》一书公开出版发行，并相继翻译印行了英、法、日、俄、阿、德、西文版本。习近平同志关于构建人类命运共同体的论述，站在现代人类历史发展进程的高度，以大国领袖的责任担当，正确把握国际形势的深刻变化，顺应和平、发展、合作、共赢的时代潮流，深入思考“建设一个什么样的世界、如何建设这个世界”等关乎人类前途命运的重大课题，高瞻远瞩地提出构建人类命运共同体的重要思想。这一思想，既为人类社会实现共同发展、持续繁荣、长治久安绘制了蓝图，也体现了中国致力于为世界和平与发展做出更大贡献的崇高目标，体现了中国将自身发展与世界发展相统一的全球视野、世界胸怀和大国担当，是中国共产党在当前和今后一个很长历史时期内在促进大同世界远大目标实现方面的具体行动纲领。

无独有偶。西方人士对类似大同世界的理想社会憧憬或构想同样早已有

---

① 中华民国国歌中包括以下歌词：“三民主义，吾党所宗，以建民国，以进大同。”“毋自暴自弃，毋故步自封，光我民族，促进大同。”

② 毛泽东：论人民民主专政［A］．毛泽东选集第 4 卷［C］．北京：人民出版社，1991：1471、1476.

之。在体现西方人对理想社会构想的众多著作中，为期最早的当属古希腊哲学家柏拉图（前 427 年—前 347 年）所著《理想国》,[①] 较为晚近的则有英国思想家托马斯·莫尔（1478 年—1535 年）所著《乌托邦》[②] 和罗伯特·欧文（1771 年—1858 年）所著《致拉纳克郡报告》，意大利思想家康帕内拉（1569 年—1638 年）所著《太阳城》，法国思想家克劳德·昂利·圣西门（1760 年—1825 年）所著《一个日内瓦居民给当代人的信》和夏尔·傅立叶（1772 年—1837 年）所著《经济的和协作的新世界》《全世界和谐》等。其他几位思想家在相关著作中提出的理想社会构想与莫尔所著《乌托邦》相比，尽管存在不少差别，但总体来看，都针对当时社会存在的突出弊端就未来理想社会的特征做出了天才的预测。

马克思、恩格斯借鉴了这些空想社会主义思想中的合理内核，他们自己在哲学和政治经济学领域的科学研究成果消除了空想社会主义思想理论中的欠科学成分，依据资本主义生产方式内在矛盾的发展趋势预测了未来理想社会的一系列基本特征，并指出了实现人类理想社会的阶级力量和基本途径，从而实现了社会主义从空想到科学的根本转变。根据马克思、恩格斯的预测性论述，取代资本主义的新社会将以生产资料公有制为基础；由不再具有政治压迫性质的公共机构主要运用充分体现社会成员偏好意愿和社会生产内在联系的计划手段对整个社会经济活动进行科学管理，自觉遵循各种客观规律；凭借科学组织起来的先进生产力，高效地利用各种经济资源，能够通过生产

---

① 在《理想国》一书中，柏拉图以对话方式、隐喻手法构建了一套以正义为最高指导原则的理想社会模式，其中不论老幼、男女、自由人、奴隶、手工业者、护国武士、统治者和被统治者，每个人都处于一种与自身特长相适应的分工体系中，自觉遵循节制、勇敢、智慧的美德，各尽所能地完成适合于自己身份的工作，通过分工协作共同创造和谐安定、运行有序、理智快乐、情趣高尚、富足美满的社会生活。为了实现这样的理想社会，统治者全部由博学多才、富于理智的哲学家担任，护国武士勇敢而多谋，其他社会成员也都能接受良好的教育。出于避免统治者发生以公权谋私利、压迫被统治者等违背正义原则的行为，所有统治者阶级成员都不得拥有私产，为此他们的后代出生之后立即放到公立保育院养育，以确保他们无从得知谁是自己孩子，从而保障他们履行公职的行为不受私心所左右。

② 在这部对话体著作中，莫尔所描绘的理想社会在社会制度、政治结构、法制体系等方面非常完美：财产公有，按需分配，所有人都从事生产劳动，业余时间进行科学研究、娱乐活动和公共管理，人人平等，没有压迫，没有暴力，没有战争，没有罪恶，没有妓院，没有堕落，甚至没有酒店，社会关系非常和谐，人们生活自由、快乐、幸福。

使体现为各种私人物品、公共物品的物质和精神财富充分涌流出来，最大限度地满足社会成员的家庭消费需要和公共需要；由于一切有劳动能力的社会成员都各尽所能地积极参加各种劳动，劳动时间将大大缩短，且劳动本身以不断变换工种的方式进行，从而使劳动充满创造性乐趣、变为健康生活的第一需要，产品分配将实行按需索取的原则；公共经济活动也将在社会成员参加下共同完成；随着私有制的消灭，战争不复存在，国防和国界将失去意义，从而真正实现整个地球的世界大同。[①] 由于人类社会发展是一个自然历史过程，这种最为理想的共产主义社会不可能一蹴而就，而是需要经过漫长的社会主义发展阶段才能最终实现。至于如何从资本主义社会进入社会主义社会，鉴于工人阶级争取建立新社会的运动必然遇到各个资产阶级专政国家的反抗和镇压，因而，马克思、恩格斯在很长时期内一直认为可行的道路只能是通过武装斗争、打碎资产阶级国家机器、建立无产阶级专政，甚至需要若干国家中无产阶级联合起来一起行动才能取得胜利。[②] 鉴于资本主义世界市场已经形成，要保证社会主义革命成功，各国无产阶级必须紧密团结起来，用无产阶级的国际团结去对抗资产阶级的国际联合。为此，马克思还于1864年首倡并亲自组织成立了国际工人联合会，以实际行动推进世界范围内资本主义向社会主义转变。后来，随着资本主义国家公民选举权的逐步普及，恩格斯有条件地改变了原来的观点。他在1891年一文中指出："可以设想，在人民代议机关把一切权力集中在自己手里、只要取得大多数人民的支持就能按照宪法随意办事的国家里，旧社会有可能和平长入新社会，比如在法国和美国那样的民主共和国，在英国那样的君主国。"[③]

---

① 马克思、恩格斯关于未来社会公共经济基本特征的论述，本书将在最后一篇中进行较为展开的叙述。

② 恩格斯在《共产主义原理》中指出："共产主义革命将不仅仅是一个国家的革命，而将是在一切文明国家里，至少在英国、法国、德国同时发生革命。在这些国家的每一个国家中，共产主义革命发展得较快或较慢，要看这个国家是否有较发达的工业，较多的财富和比较大量的生产力。"——马克思恩格斯选集第1卷［M］．北京：人民出版社，1995：241.

③ 恩格斯：1891年社会民主党纲领草案批判［A］．马克思恩格斯选集第4卷［C］．北京：人民出版社，1995：411.

（二）跨国性公共物品提供的具体构想与实践探索

西方国家开始于15世纪末的海外扩张逐步将以前分隔自治的世界各国日益紧密地连接在一起。随着现代航海、航空运输工具的不断升级和互联网通信技术的运用，使得各个民族国家或地区之间人流、物流、商品流、资金流、信息流逐渐变得畅通无阻，从而将原来感觉浩瀚无边的广袤世界日甚一日地变成越来越狭小的“地球村”。这一方面给人类社会发展带来很多很大便利，使居住于不同国家的人们能够通过日益频繁的经济社会交往而互通有无、相互交流、相互学习、相互融合、相互碰撞，从经济、技术、文化、制度、管理、生活方式等诸多方面因密切交往、相互促进而获得巨大的发展红利；但另一方面，也给人类社会发展带来更多公共风险，比如传染性瘟疫和国家间的战争等。战争最先发生于西方列强与被侵略民族国家之间，之后西方列强之间基于相互争夺原料产地、商品市场、殖民地和势力范围的战争则进行得更加惨烈，20世纪前期的30年内相继爆发了两次世界大战，给交战双方造成巨大的人员伤亡和经济损失。[①] 在各领域全球化程度极高的现时代，诸如高传染性病毒、大气和水流污染、大规模战争等给人类带来的伤害早已不再局限于首发地和当事方，而是如同“城门失火，殃及鱼池”一般具有极大的负外部效应，使更多国家或地区的人们同样受到损失和威胁。这种局势的出现，为跨国提供公共物品提出了多方面日益紧迫的公共需要：国际间正常开展经济交往、社会交流和科技文化学习借鉴活动，需要由相关制度加以规范、保护；一些必须由各国采取一致行动才能奏效的共同事务（比如传染病防治、大气污染、制止大规模杀伤性武器研制生产等），需要有超出国界的公共机构进行组织协调与监督；不同国家和地区相互间的利益冲突、矛盾，需要依照共同认可的规则进行仲裁，而一旦相互间发生战争更需要建立某种超越国界的世界性公共权力采取有效措施予以制止，并通过相关规则的设立和国际性权威组织的调节斡旋尽可能避免将会给人类造成巨大损失和伤痛的战争；如此等等。一言以蔽之，全球化越是发展，就越需要通过建立科学有效的国际

① 其中，历时4年零3个月的第一次世界大战，波及30个国家，死亡战斗人员约850万、非战斗人员约1000万，直接经济损失1805亿美元，间接经济损失1516亿美元。第二次世界大战伤亡人数高达5000万，包括苏联2000万、中国1500万、德国500万、日本250万、英法两国100万、美国30万。——斯塔夫里阿诺斯：全球通史——从史前到21世纪［M］．吴象婴等译，北京大学出版社，2006：658、727.

规则来约束不同民族国家或地区的国际性行为、维护正常稳定的国际秩序，从而也越加需要构建负责国际立法、司法和日常管理事务并拥有相应公共权力的世界性公共机构或“世界政府”。①

鉴于这种情况，一些有识之士早在18世纪后期就远见卓识地提出构建和平国际社会的思想理论和基本框架。例如，德国哲学家伊曼努尔·康德（1724年—1804年）早在1795年出版的《永久和平论》一书中提出了建立国际代议制政府——世界联邦的构想。此后，在不到1个世纪的1889年，英国威廉·兰德尔·克里默和法国弗雷德里克·帕西这两位国际和平主义者开始将成立世界性政治组织的理念付诸行动，通过积极联络协调相继获得许多国家国会的赞同支持，共同成立了国际联盟的先驱——各国议会联盟（简称IPU），② 其主要职能是通过国际协调的和平方式解决国际争端。尽管这个类似世界政府的国际组织主要受制于参加成员过少、缺乏足够的公共权力等因素而未能阻止第一次世界大战爆发，但终归是一种意欲通过建立国际组织、提供公共物品、防止国际战争风险的最早尝试。一战造成的巨大损失和严重后果，再次迫使人们将建立“世界政府”、提供国际公共物品问题提上日程。早在一战进行期间，一些政府和小组已经开始谋划改变国际关系、建立国际秩序、避免世界大战再度发生的计划。英国外交大臣爱德华·格雷率先提出建立国际联盟的政策建议。美国总统伍德罗·威尔逊和其顾问爱德华·豪斯上校对此很感兴趣，并将下述言辞纳入威尔逊提出的《十四点和平原则》中：“成立国际联合组织，各国互相保证彼此的政治独立、领土完整。”据此，于1919年1月28日召开的巴黎和会正式通过了关于建立国际联盟的草案，着手

① “从许多方面，从日益增多的人类事务中，可以看出人类已逐渐演变为一个统一的社会了，在这种情况下，人类逐渐产生了一种共同管理世界的需要——所有这些都变得越来越清晰。例如，全球范围内已经形成了一个经济共同体，对自然资源的合理开发需要整体性规划。发明给人类带来的福利越来越大，而现在利用资源产生分散竞争的管理也越来越浪费和危险。财政金融变成了世界性的利益，只有全世界共同管理才能取得成功。传染性疾病、人口增长与流动等问题日渐引起世界的广泛关注。人类活动的能力和范围越来越大，使得战争也更具毁灭性和无组织性，甚至用战争来解决政治和民族斗争的拙劣方式也变得不再实用。所有这些问题的解决，都需要一种超越现有政府的、范围更大、更全面的管理和权威。”——郝伯特·乔治·威尔士：大国的崛起——从成功走向辉煌的世界强国启示录［M］. 陕西师范大学出版社，2007：210.

② 到1914年，该联盟拥有24个成员。

筹建国际联盟，截止同年4月28日，已有44个国家签署了盟约。之后，国际联盟于《凡尔赛条约》生效的同一天（1920年1月10日）在威尔逊主持下宣告正式成立，并于5天后举行联盟议会第一次会议。按照盟约规定，国联主要具有两项职能：一是维护和平、制止战争，要求成员国互相承担起共同防御侵略、调查仲裁争端和在裁定后三个月内避免战争的义务；二是关注并努力推动解决国际范围的卫生、社会、经济和人道问题。为了实现第二项职能，国联建立了国际卫生组织、智力合作委员会和国际劳工组织等一些专门工作机构。这些机构在存续期间较好地发挥了作用，在改善国际劳动条件、促进世界卫生、同毒品和奴隶贸易作斗争、克服经济危机等方面取得了不少有价值的成果。[①] 在履行第一项职能方面，国联在20世纪20年代也曾成功地解决了一些较小的国际纷争。然而，由于“条约通过建立国际联盟来重塑国际关系从而防止发生战争的努力明显缺乏诚意和不够有力”，[②] 以致国际联盟因缺乏制止战争的有效手段而没有能够在缓解30年代较大国际冲突、阻止二战爆发方面取得明显成效。尽管如此，其积极意义不容否认，因为毕竟从正反两个方面为人类建立世界政府、跨国提供公共物品、满足人类社会发展的国际性公共需要积累了宝贵的经验，从而为二战后联合国的诞生奠定了基础。

二战的爆发主要是由于美国20世纪末30年代初爆发的经济大危机迅速波及整个世界，致使资本主义世界各种矛盾空前激化，以及一战结束时埋下的战争伏笔等多种原因共同导致的。自30年代中期起，地球上的战争阴云就再次密布，而国联对化解战争风险又无能为力。于是，大战由日本、德国和意大利这三个轴心国以各种借口再次挑起，更多国家被卷入其中并深受其害。空前惨烈的战争后果再次教训了人类，使人们不得不循着国际联盟已开辟的道路，通过采取更加有效的国际公共经济措施来避免世界大战再度爆发，以便给人类和平发展、安定生活和延续生存创造必要前提条件。这个措施就是组织建立成员范围更为广泛、规则更为严密、职能覆盖更为全面，从而更具权威性和协调能力的联合国。联合国的组建工作始于1942年年初为建立世界

---

① 斯塔夫里阿诺斯：全球通史——从史前到21世纪［M］．吴象婴等译，北京大学出版社，2006：660.

② 郝伯特·乔治·威尔士：大国的崛起——从成功走向辉煌的世界强国启示录[M]．陕西师范大学出版社，2007：245.

反法西斯同盟而起草、由26个国家签署的《联合国家宣言》，之后于1945年6月依据50个国家在旧金山会议上通过的《联合国宪章》正式成立。为了有效履行职能，联合国逐步建立了一整套规模庞大、结构复杂的多层机构体系，分别负责维护国际秩序、协调国际关系、调解国际争端、裁决国际纠纷、推动经济发展、促进国际交流等国际性公共事务，以防止战争、防范恐怖、促进国际和平与发展。由于联合国及其分支和附属国际组织的协调功能大大加强，二战结束后75年来，尽管它因为还不具有真正的“世界政府”的权能，加之超级大国凭借强盛实力在制定实施国际公共经济政策和规则方面起着支配性作用，致使联合国在行使法定职能方面因受到很大牵制而未能尽如人意，但总体上看，它不仅通过有效的协调和监督工作在长达3/4世纪的时期内防止了新的世界大战爆发，有效维护了国际社会稳定，而且通过积极发挥一系列发展职能，明显加快了经济社会领域全球一体化的进程。对此，曾有国际学界权威人士给予肯定性评价。①

此外，还应看到，在当今世界国际公共经济领域，跨越国界提供公共物品的主体除了联合国及其分支机构、附属组织之外，不仅有成百上千个被多数国家或地区普遍认可和参加的民间国际团体组织，还有很多区域性政府（如欧盟）或非政府性公共机构（如东盟）。这些国际性公共机构和民间团体也都通过在各自章程规定范围内提供了不少跨国性公共物品，不同程度地推动了国际性公共问题的协调解决，从而增进了人类公共福利，为推动世界大同事业做出了积极贡献。

对于上述这些国际性公共机构、民间团体及其发挥作用情况，本书已在国际公共经济篇中做了较为展开的叙述，此处不再展开赘言。

五、公共经济实践终将推动大同世界的实现

通过前面对公共经济实践历史演进过程与趋势的分析不难看出，尽管公共经济从古至今都建立在不同的民间经济生产关系基础之上，而建立在任何

---

① 郝伯特·乔治·威尔士认为，二战后成立的联合国实质上相当于各民族国家“成立一些专门委员会或组织来掌握全世界的权力，它们由各国现有的政府选派代表来参与解决具体问题，如研究自然资源的消耗和发展、劳工平等、世界和平、货币流通、人口和卫生等诸如此类的问题。人们或许会发现，虽然未能实现建立世界政府的愿望，但全世界的共同利益已正被当成一项集体事业来经营”。——郝伯特·乔治·威尔士：大国的崛起——从成功走向辉煌的世界强国启示录［M］. 陕西师范大学出版社，2007：210－211.

一种私有制民间经济基础上的公共经济都发生了某种程度的本性扭曲或异化；但与此同时，其公共性一面从来都未曾被彻底去除，任何一种公共经济主体都不能不在某种程度上满足全社会的公共需要，增进全社会的公共利益。特别是资本主义公共经济，因为在其中居统治地位的资产阶级与作为其对立面的现代无产阶级都是以社会化大生产为生产力基础的，以致资产阶级已经不能采取独裁方式实现统治，加之日益强大的工人阶级通过长期斗争已经取得越来愈广泛的民主权利，因此就决定了当代资本主义公共经济比起以往任何一种私有制基础上的公共经济形态都具有更强的公共性。这体现出与以往的阶级社会相比，人类社会正义在资本主义阶段有了非常大的进步。何况近百年来，特别是二战后75年来，随着民间经济生产力和生产关系全球化趋势的推动，国际公共经济也获得了很大发展，致使世界各国人民大众基于国际公共经济而形成的国际性公共利益纽带变得更为密不可分地联系在一起。从这个意义上，毋宁说公共经济无论在哪个社会时代自始至终都因其公共性而具有某种程度的社会主义性质，无论国内还是国际的公共经济发展都有利于社会主义成分的成长，而社会主义成分正是实现世界大同的根本性因素。因此，我们有理由做出这样一种推论：当今世界有三种力量正在不约而同地拧成一股势不可当的合力，从不同角度推动着世界大同即共产主义社会的最终实现。

（一）社会主义国家公有制经济和公共经济的不断发展壮大

苏联解体、东欧剧变固然使国际共产主义运动遭受了巨大挫折，然而，在强劲寒潮摧残下“万花纷谢一时稀”的共产主义运动低谷中，社会主义制度的花朵仍以强劲的生命力盛开于中国、朝鲜、越南、老挝、古巴。在这几个国家中，社会主义制度不仅依然尚存，而且由于执政党都通过深刻反思认真汲取了苏联解体、东欧剧变的严重教训，在此基础上以更强烈的自觉和自信制定并实施着体制和管理层面的各项改革，由此而使本国民间经济和公共经济同时焕发出更为强盛的生机和活力。社会主义在这些国家中继续稳健推进和茁壮成长，乃是当今世界上推动大同世界最终实现的一股正面力量。这种力量的作用包括搞好国内发展和承担国际义务两个方面。以中国为例，自1949年10月建立起共产党领导下以工农联盟为基础的中华人民共和国以来，借助于先进的社会主义生产关系和较为理性的公共经济制度、政策，在西方国家封锁禁运的背景下，从一穷二白的基点上起步，自力更生、艰苦奋斗，在相继打赢两场虽则发生在邻国、实际上针对自己的帝国主义侵略战争的同时，通过承前启后、接连不断地制定实施经济社会发展五年计划，很快建立起门类齐全、结构合理的国民经济体系，解决了8亿人民吃饭穿衣等温饱问题，而且成功搞出“两弹一星”，打破了超级大国的核讹诈。之后，通过持续不断、逐步深化的改革开放，以一系列制度、政策和实体性公共物品供给，有效激发了经济社会发展的生机活力，进一步加快了经济社会发展步伐，使经济总量于2010年超过日本上升到全球第二位，经济质量、效益和国际竞争力不断提高，高速公路、高速铁路、超高压送电、机场、港口、市政工程等基础设施日新月异地得到改善，火箭卫星、信息技术、武器装备等高新科技研发能力进入世界前列。党的十八大以来，党中央继往开来、再接再厉，在坚持社会主义制度的基础上，通过制定实施全面深化改革、全面依法治国、全面推进小康建设、全面加强从严治党的方针政策，针对经济社会发展和公共机构队伍建设领域存在的突出问题进一步改善和加强相关公共物品供给，着力克服国内外诸多不利因素，更加注重高质量发展，继续充当世界经济增长的火车头，包括经济、技术、社会、军事等在内的国家综合实力进一步提升。诚如十九届四中全会所总结的：“新中国成立七十年来，我们党领导人民创造了世所罕见的经济快速发展奇迹和社会长期稳定奇迹，中华民族迎来了从站起来、富起来到强起来的伟大飞跃。”① 因而，“当前的中国已经到了历史的一个重要关口，既要在推进国际体系顺利转型过程中通过维持国际秩序的总体稳定以保障自身的利益，又要彰显国际责任和义务，尽力而为地为全球问题治理提供公共产品，在进一步增强自身实力过程中与其他国家一道增进共担风险、共享利益的普遍意识，在促进各国共同发展的过程中实现中国的和平崛起。”②

（二）体现于公共经济层面的社会主义因素在现代资本主义国家中逐步成长

社会主义的本质内涵是人民成为社会的主人，经济社会活动符合绝大多数人的利益。其中属于民间经济的那部分必须通过实行生产资料公有制才能

① 中共中央关于坚持和完善中国特色社会主义制度推进国家治理体系和治理能力现代化若干重大问题的决定［Z］. 新华网，2019-11-05.

② 杨洁勉：大国崛起准备的理论启示［J］. 国际展望，2013（6）：卷首语.

实现，而其余部分则需要通过公共经济活动来实现，即借助于民主政治程序，使公共物品提供结构更多地反映绝大多数社会成员的公共需求偏好，增进广大人民群众的公共利益。随着19世纪中叶马克思主义政党领导工人阶级及其他人民群众开展的社会主义运动蓬勃兴起，自20世纪初期以来，越来越多的资本主义国家将选举权扩大到所有成年公民，各级议会议员和行政性核心公职人员的选举权和被选举权逐渐向社会大众开放，公共经济决策的公开化和民主性程度不断提高。在这种背景下，出于通过竞选争取执政权的考虑，各政党制定竞选纲领乃至上台执政后都不得不迎合大多数选民的公共需求偏好，从而使公共经济政策和具体体现这种政策的公共物品供给结构能够较多地反映人民群众的意愿和利益。这样，自20世纪20年代起、特别是二战之后，依托公共经济的社会主义因素在现代资本主义国家中较为普遍地获得了日渐茁壮的成长——就很多种公共物品提供标准而言，欧美日澳加等OECD国家中福利国家政策措施后的公共福利水平甚至高于生产力不发达的现代社会主义国家。从这个角度说，在当今世界中，惠及广大人民大众的公共经济实践正在资本主义和社会主义两类国家中遥相呼应、互相促进地同时向前推进，尽管各自的实现机制有着很大差别。对于这种情况，笔者曾于2002年发表过一篇文章做过阐述。[①] 不过，现在看来，应该将它们归之于当今世界各个民族国家内部推动世界大同最终实现的两大因素。

（三）国际公共经济的不断提升和改善

与国际共产主义运动因苏联解体和东欧剧变而遭受挫折的同时，近些年来各个领域的全球化和国际公共经济发展进程也因欧美国家中大垄断资本财团作祟而出现了停滞甚至倒退现象。英国脱欧、美国相继退群于若干国际组织，就是这种倒退逆流的不同表现。然而，我们必须看到，这一切都只不过是人类社会发展过程中暂时出现的曲折而已。这是因为，毕竟社会生产力是推动人类社会发展滚滚向前的基础因素和终极力量，生产力的全球化既然已经将民间经济和公共经济的生产关系在越来越高的程度上推进到国际化阶段，那么，它就不仅不会让人类社会进步的历史车轮大幅度地倒转，而且终究会通过包括社会主义国家的正面推动、资本主义国家公共经济和国际公共经济

---

① 齐守印：社会主义正在沿着两条轨道推进［J］．科学社会主义，2002（3）；理论参考，2003（1）转载．

这三种力量的共同作用，将人类社会逐步推进到世界大同的理想社会——共产主义。对此，不仅一切真正的共产主义者抱有坚定不移的信心，而且西方国家的许多有识之士也同样信心满怀，并且按照自己的思维方式提出了具体的实现路径设想。例如，郝伯特·乔治·威尔士就曾指出："在相当程度的人类一体化实现之前，在国际意识胜过爱国主义所产生的猜疑与嫉妒之前，全人类有必要将种族的一般思想引向人类一体化思想；有必要让人类一家的思想得到普遍接受和理解。几个世纪以来，全世界主要的宗教都在宣扬四海之内皆兄弟的思想……现在，四海之内皆兄弟的观念仍在努力占据人的心灵，就像六七世纪的战乱时期，基督教的观念正努力渗入人的灵魂一样。"全世界主要宗教教义中"四海之内皆兄弟"的思想观念，就其实质而言就是国际主义，而"国际主义即国家间的社会主义"。"就好像 1820 年的人不可能设计出电气化铁路系统一样，人们现在也不可能设计出一种世界和平的有效组织。但是，所有人都相信它会产生的，也许为时不远。""如果说人类如今面临着前所未有的危险、混乱和灾难，那是由于科学给了人类前所未有的力量。科学的方法以大胆思考、清晰透彻的语言以供阐述，完备而周密的计划以供实施……他们给了人类驾驭这些力量的希望……我们有着梦想，有着未经历练而不断增长的力量，可以相信，人类将会取得比现在最大胆的设想还要辉煌的成就，也终将实现人类的和平统一。"①

回顾二战后人类社会发展进步的历程可以得知，在这 75 年间，广大发展中国家和超级大国各自从不同层面、以不同方式为推进世界大同做出了历史性贡献。发展中国家在二战前几乎都是帝国主义列强的殖民地或半殖民地，这些国家的人民借助于各列强在二战中相互厮杀、两败俱伤带来的历史机遇，通过有组织的群众运动和武装革命挣脱了数百年来被强加于身的殖民锁链而获取民族独立，一方面使得各大殖民帝国纷纷解体、失去"日不落大国"的霸权地位；另一方面，通过加入联合国而获得了对国际事务暨国际公共经济的发言权，成为制约超级大国实施霸权主义政策的重要力量，同时借助于以联合国为主要支撑所提供的国际公共物品在经济社会领域实现了不同程度的发展。美国和苏联这两个建基于不同社会制度基础上的超级大国，对于在二

① 郝伯特·乔治·威尔士：大国的崛起——从成功走向辉煌的世界强国启示录[M]．陕西师范大学出版社，2007：211、248－249.

战中打败德意日法西斯、实现国际和平和在二战后随即成立联合国都起了至关重要的推动作用，历史功绩也不容抹杀。但是，随着冷战的开始和持续，这两个超级大国在推动国际和平方面的彼此合作逐步被两强争霸所代替，从而渐渐地使自己对推动国际社会进步的角色走向反面。特别是苏联被以美国为首的西方力量和平瓦解以后，美国因获取了一强独霸世界的巅峰地位而变本加厉地实施霸权主义政策，唯我独大、唯我独尊，在人权、国权等各方面奉行双重标准，在联合国等各种国际组织中恣意骄横、称王称霸、动辄以退群相讹诈，而且肆意干涉别国内政、将敢于反抗的国家列入敌对国家名单施加制裁，甚至动用武力或以武力相威胁；自己由于公共经济体制中的固有缺陷和公共经济政策出现偏差而导致经济、技术等实力相对下降，却蛮横无理地阻拦后起者迎头赶上或超过，以各种借口发起贸易战、关税战施以打压，像家常便饭一般地频繁出手。然而，这些无异自绝于国际社会的倒行逆施，既无助于自身保持国际先进地位，也挡不住别国后来居上的赶超步伐，而只能在一定时期内妨碍自主平等、和谐共进的国际公共经济关系形成的同时，使自己因失道寡助而愈来愈深地陷入孤家寡人的窘境。

与美国不同，近代以来的中国在世界舞台上的地位和作用经历了一系列曲折变化。在 1840—1949 年这 109 年中，先是因为封建君主制国家的公共经济体制和政策与西方相比日益相形见绌，以致内部矛盾重重、经济技术落后、综合国力渐趋衰微，在资本主义列强的坚船利炮面前不堪一击，逐步沦为被强敌环伺、欺压讹诈、争相瓜分的悲惨境地。尔后，在孙中山先生领导下，虽然经过多次武装起义取得革命胜利，将封闭老朽的封建君主制送进历史博物馆，但由于民族资产阶级在经济和政治上均具有明显的软弱性，而封建军阀势力却相当强大，导致革命成果被袁世凯等北洋军阀所窃取，全国依然处于军阀割据混战局面，以致第一次世界大战虽然北洋政府以战胜国身份参加巴黎和会，而结果却是被欧洲列强瓜分的势力范围转到东亚强敌日本手中。再后，孙中山先生依据此前的教训改弦易辙、继续革命，按照联苏联共、扶助农工的新三民主义思想路线重组力量，力图通过国共合作条件下的北伐战争扫平封建军阀、统一中国、实现复兴中华民族的伟大抱负。然而，革命尚未成功，他便积劳成疾、仙逝而去。以蒋介石为首的新军阀基本完成北伐以后建立起形式上全国统一的国民政府，以此名义作为二战获胜国参与创立联合国并获得安理会常任理事国地位，但以当时的综合国力根本不可能在国际舞台上发挥强大国家的作用，至于溃退到台湾省之后，以区区小省之地更谈不上在提供国际公共物品方面做出多大贡献。中华人民共和国成立后，尽管在1972年进入联合国以前长期未能得到西方国家承认，但因为实现了名副其实的民族独立和国家统一，并且很快建立起人民民主型公共经济制度，依靠自力更生迅速恢复被长期创伤的国民经济、建成门类较为齐全的国民经济体系并以相继成功发射“两弹一星”彰显出不可忽视的综合实力，所以，先是从国际主义责任出发力所能及地为兄弟社会主义国家和其他第三世界国家提供一些国际援助性公共物品；在1972年以中国唯一合法政府身份进入联合国以后，则作为在联合国第三世界成员国范围内最有影响力的国家，在国际舞台上积极承担大国责任、发挥大国作用，敢于发声反对霸权主义行径、坚决主持国际正义。改革开放以后，中国随着综合国力在经济迅速增长基础上进一步增强，上升为全球第二大经济体和联合国及其旗下国际组织的第二大会费缴纳国，而党的十八大后又逐步改变韬光养晦的国际发展战略，在国际上倡扬共同推进人类命运共同体建设，相继发起组建亚洲基础设施银行和金砖国家银行，联合相关国家一起加快“一带一路”建设发展，从而能够在一定范围内独立主导国际公共物品提供事务。2020年春季以来，通过高效率组织指挥和资源配置，率先赢得抗击新冠病毒性肺炎斗争决定性胜利，且未及缓手就组织力量奔赴疫情严重的其他国家援助抗疫并取得积极成效。通过多年来努力推动国际性公共物品供给的一系列积极作为，赢得愈来愈多国家的信赖、支持和拥护，作为国际社会中敢于担当、认真负责的世界大国形象日益彰显。未来，随着中华民族伟大复兴进程的加快，国内公共经济制度、政策暨国家治理现代化实践继续推进和综合实力继续增强，中国将会更加“积极参与全球经济治理和公共产品供给”“积极参与国际宏观经济政策沟通协调及国际经济治理体系改革和建设”，[①] 不仅通过努力营造良好国际环境进一步加快自身的和平崛起进程，而且将在推进人类命运共同体建设和国际公共经济发展中体现出更加有力的责任担当、发挥出更为积极的历史作用，从而为实现世界大同做出更伟大的贡献。

---

① 中共中央、国务院：关于新时代加快完善社会主义市场经济体制的意见［OL］．新华网，2020－05－18，19：00.01.

总之，虽然道路曲折，但是，在上述三种力量的合力推动下，作为人类最辉煌、最理想的共产主义世界大同社会一定会实现！中国共产党和中国人民将会像严寒中盛开绽放的蜡梅一样：“俏也不争春，只把春来报。带到山花烂漫时，她在丛中笑。”

第十四篇　公共经济理论的源流演进

公共经济思想理论作为公共经济生活这一客观事实在人们头脑中的反映，是随着公共经济实践活动不断展开、深入而逐渐形成和发展的。公共经济活动具有历史性、阶级性和国度性，公共经济思想理论同样具有历史性、阶级性和国度性。同时，由于公共经济概念和整个公共经济理论在历史上出现较晚，在其产生之前的各个历史时期人们关于公共经济思想理论的认识分别体现于政治学、经济学、管理学文献中；甚至在当今时代，除公共经济理论著述以外，人们仍然在政治、公共管理、公共财政的视角和语境下研讨公共经济问题。

对于中西方公共经济思想演进和公共经济学流变，国内已有一些学者进行过不同程度的梳理和评述。如张馨在其《公共财政学论纲》（1999 年）一书中做出过系统评述，齐守印所著《中国公共经济体制改革与公共经济学论纲》（2002 年）第 14 章专题概述并分析了“西方公共经济学的历史发展”，第 17 章专题概述了中国历史上的公共经济思想萌芽与现代研究形式。此外还有马丁费尔德斯坦和钟晓敏的《公共经济学研究的变化：1970 年—2000 年》（《财经论丛》，2002 年），韩康的《政府经济和政府理性——公共经济学的缘起与发展》（《国家行政学院学报》，2005 年），樊继达的《公共经济思想的演进与当代中国转型》（《学习时报》，2007 年），陈龙、于晓颜的《中国公共经济学的发展与未来》（《中共天津市委党校学报》，2007 年），马骁、冯俏彬的《现状与未来：国内外公共经济学研究评述》（《地方财政研究》，2009 年），陈柳钦的《公共经济学的发展动态分析》（《南京大学学报》2011 年），卢洪友、祁毓的《公共部门经济学：演进脉络与发展趋势》（《财经问题研究》，

2013 年)，周娅、刘莹的《中国公共经济学的发展》（《青年科学》教师版，2013 年）等。本篇以历史发展逻辑为线索，依据中外各类文献中的相关思想资料，按照从国外到国内、从历史到现在的顺序，对中西方公共经济思想理论的发展过程做一概要性梳理，并略加评论与思考，较之前述文献在内容上做进一步拓展和辨析。

第三十七章　西方公共经济思想理论的演化

以欧美为代表的西方是公共经济这门学科的创生地，而就西方本身来说，公共经济思想理论则经历了从最初萌芽到逐步成熟与发展的过程。在演进过程中，既有前后一贯的思想脉络，也有否定之否定的跌宕起伏；既有各家各派的思想共识，也有仁智不一的流派歧见。从根本上说，马克思主义经典作家的公共经济思想尽管在立场、观点和方法方面卓然于西方一般公共经济思想理论流派，但鉴于它不仅是在批判地继承欧洲古代和近代优秀思想的基础上形成的，而且在基本认识逻辑上与西方先进的公共经济思想理论相通，因此也放在本章作为一节专题研究。

第一节　西方早期公共经济思想

西方早期公共经济思想主要是指世界近代史之前古希腊、古罗马和中世纪欧洲主要思想家的公共经济思想。

一、公共经济范畴的萌芽

古代希腊思想家提出了现在看来属于公共经济范畴的诸多概念，如色诺芬（约前430年—前355年）在《增加雅典国家收入的方法》一书中了提出公共收入、公共事务、公共建筑、公共资源、有效管理等公共经济范畴。柏拉图（前427年—前347年）在《理想国》一书中认为国家起源于以公民先天禀赋和素质为基础的劳动分工，其中，为欲望所支配的人是提供物质生活资料的劳动者，勇敢的武士是卫国者，只有富有知识、掌握智慧的哲学家才是能够按照理性指引、秉持公正原则的治国者。亚里士多德（前384年—前322年）在《政治学》一书中对作为公共经济代理主体的国家或政府做了比他的老师柏拉图更深入的论述。例如，亚里士多德把城邦形式的国家看作为实现“最高的善”而自然形成的最高形式的社会团体，这种“最高的善”在现实社会中的物化形式就是公共利益，因而城邦在地位上高于公民。同时，他主张实现城邦与公民利益的平衡，一方面对不同出身、财产、地位、能力的人要平等对待；另一方面，对执行特殊任务的人也可以给予特殊优待。他指出公民议事聚会场所等属于服务于城邦共同事务的公共资产，强调教育理应成为城邦的公共事务和职责，并且注意到公共资源使用中存在的“公地悲剧”现象。

西塞罗等思想家结合罗马共和国实际，在柏拉图和亚里士多德理论基础上对国家做了更为深入的论述，认为“国家是一个民族的财产。但是一个民族并不是随随便便一群人，不管以什么方式聚集起来的集合体，而是许多人根据一项正义的协议和一个为了共同利益的伙伴关系而联合起来的集合体”,①不仅强调了国家与公共利益之间的内在联系，而且继承发扬了伊壁鸠鲁的社会契约论思想。

意大利神学政治理论家托马斯·阿奎那（1226 年—1274 年）在其《神学大全》中论及国家、公共利益、公共福利等问题，认为国家是家庭的联合体，是人类理性所建立的最高级、最完美的共同体，人类建立国家的目的在于维护并增进“公共的善”；贵族政体和民主政体虽然也是好的，但最好的政体是一人掌权的君主政体，而君主的权力来源于上帝的授予。

二、朴素的公共收支及公共事务管理思想

在私有制社会，包括财政收支在内的公共事务管理既是实现阶级统治的工具，同时也是任何社会不可缺少的。古代思想家们已经认识到其中的公共经济意义，提出了公共收支及公共事务管理的主体、方式、方法、基本原则等思想。

在古希腊，色诺芬论述了增加公共收入的方法，提出要合理安排战争支出、建设支出、治安支出和祭祀支出等，强调政府在保证行政支出之外应区分轻重缓急，逐步加强公共基础设施和基础产业建设。柏拉图在《理想国》中认为，政府应提供包括法律在内的公共物品和作为个人选择必要补充的集中决策。亚里士多德讨论了哪些事务应归属于作为社团的国家实施管理的问题，认为作为国家的城邦，其职责不限于维护法律和秩序、抵御外敌和保护生命，还包括让公民们通过完善的公共生活过得更加幸福，因而强调财政收支、进出口和立法应当纳入国家管理范围，政治家必须熟悉贸易、财政、防卫和外交。

---

① 西塞罗：国家篇·法律［M］. 沈叔平等译，北京：商务印书馆，1999：35.

托马斯·阿奎那强调维护公共利益的重要性，认为“公共利益所受损害愈大，政权就愈加无道”，法律的功能在于维护社会公共利益和公共福利，君主必须保证社会安宁以实现整个社会的幸福。

三、关于公共经济体制问题最早论述

柏拉图在《理想国》一书中，第一次把分工思想应用于解释国家的起源和职能。同时，从实现对公共事务理性决策和管理的目的出发，认为最理想的政体是由哲学王凭借理性执政而无须法律的贤人政体，其他政体则是在私产和家庭等因素作用下蜕变而来，如贤人政体蜕变为军人政体、军人政体蜕变为寡头政体、寡头政体引起的贫富两极分化导致民众革命而产生民主政体，而民主政体发展到极端时又会被僭主政体所取代。为防止这种蜕变性政体循环，他主张从事公共事务、掌控公共财产的治国者乃至卫国者都不应有私产和家庭，而要实行共产、共妻、共子女，以杜绝私心邪念，防止公职人员滥用公共权力，以维护公共利益和和平稳定。在稍晚写成的《政治家篇》和《法律篇》里，则认为，因为符合哲学王标准的真政治家极为罕见，因而只能退而求其次，实行第二等好的混合政体，以防止个人专权。

亚里士多德所著《政治学》一书从“研究什么样的政治团体对大家最适宜，最能实现生活的理想”的“宗旨”出发，通过比较希腊各城邦国家形式，将政治体制概括为三种基本类型：君主政体、贵族政体、平民政体和三种蜕化形态：独裁制、僭主制、暴民制，特别推崇民主制与君主制相结合的混合政体，即在立法方面实行民主制，在行政方面实行君主制，以利于在维护城邦整体利益的同时保证公民的各种利益。此外，他指出“一切政体都有三个要素，作为构成的基础”，即议事机能、行政机能和审判机能，成为横向分权理论的萌芽。①

波里比阿（前204年—前122年）经过实证考察，在其所著《通史》一书中极力赞赏罗马共和国中执政官权力、元老院权力、民众权力三者相互配合又相互制衡的横向分权架构，认为实行这种“世界上最好的政治体制”乃是罗马共和国兴盛的秘诀，② 发展了亚里士多德的横向分权思想。

西塞罗（前106年—前43年）在《论共和国》一书中认为，如与君主

---

① A. E. 门罗：早期经济思想［M］. 北京：商务印书馆，2011：24.

② 郭长刚：失落的文明——古罗马［M］. 三联书店（香港）有限公司，2001：53.

制、王权制、僭主制、贵族制、寡头制这几种政体类型比较，民主制自然是最好的，因为“除了人民的权力最大之外，自由在任何国家都不可能有安身之地，并且可以肯定，没有什么东西比自由更可爱；如果对所有的人来说，自由是不同的，那么，它就不配称之为自由”，[①] 更根本的理由在于，人民“才是法律和法庭的主人，战争与和平的主人，国与国之间协议的主人，每个公民的生命和财产的主人”，“只有这种政府才能被正确地称之为国家，即‘人民的财产’。”[②] 但由于民主政体本身具有不稳定性，容易蜕化为暴民政体，因此，“第四种政府形式最值得推荐”，即前面提到的“那三种形式的、规定恰当的混合体”。[③]

意大利政治哲学家马西利乌斯（约 1280 年—1343 年）在其《和平的保卫者》一书中指出：“人民是一切政治权力和法律的源泉，在人民的权力中就有选择其统治者的权利。合法的政治权威的唯一来源是人民的意志或者同意。”[④]

任何时期的思想理论都是对当时社会经济现实的反映。以上所述欧洲古代公共经济思想正是这些地区原始社会末期、奴隶社会、封建社会经济结构和发展状况的集中反映。然而，某种思想理论一旦形成，就会反过来对经济社会发展起到一定的引导和束缚作用。古希腊色诺芬、柏拉图、亚里士多德、波里比阿和古罗马西塞罗等人的公共经济学思想，尽管有很多极富价值、影响深远的观点，各位思想家的关注重点和政策主张也存有一定差异，但也存在一些明显的局限性：第一，他们都未能提出公共物品和公共经济的概念；第二，都没有突破维护奴隶主和封建主统治地位的制度框架，他们所说的人民都不包括奴隶和妇女，所表达的公共权力是由奴隶主或封建贵族、教会掌握的；所追求的公共福利在享用范围上主要局限在统治阶级内部；所说的公共事务管理、公共设施营建等多是为奴隶主、封建贵族和教会的统治服务的；第三，公共经济思想具有零碎和非系统性，这是因为他们进行思考的对象和所依托的背景是相对简陋的社会生产方式，思想理论积累有限，而且所处国度面临的问题不同，加之自身认识能力局限，致使相关思想比较零碎，多为

① 西塞罗：国家篇·法律篇［M］. 沈叔平等译，北京：商务印书馆，1999：38.
② 西塞罗：国家篇·法律篇［M］. 沈叔平等译，北京：商务印书馆，1999：39.
③ 西塞罗：国家篇·法律篇［M］. 沈叔平等译，北京：商务印书馆，1999：38.
④ 马西利乌斯：和平的保卫者［M］. 长春：吉林人民出版社，2011.

就事论事，而没有形成系统性思想体系。正如熊彼特所言，早期思想家关于经济现象的认识基本上被限定在道德框架内考察公共事务管理，而不是严格的、“科学的”研究，“在对经济主题的严格推论中，能被称作‘科学的’文献一个也没有流传给我们”。[①] 熊彼特所言虽然是从现代经济学所谓的“科学”研究来评论早期经济思想，未免有失偏颇，但与现代公共经济理论的系统性相比，早期公共经济思想的零碎性和非系统性确是显而易见的。

第二节　近代西方主流公共经济理论演进

西方近代公共经济理论，特指欧美 16 世纪初至 19 世纪末这一阶段的公共经济理论。它是适应欧美市场经济和民主政治的产生而在经济实践中发展起来的理论体系。

从 16 世纪起，西方商业资本开始通过国际贸易不断扩张，经历一百多年的发展，随着资本与雇佣劳动关系在城乡经济领域的广泛发展，到 18 世纪末，西欧各主要国家相继战胜封建领主经济走上资本主义道路。与此相适应，代表资产阶级利益、适应资本主义制度的经济学理论逐渐产生和发展起来，其主流大致经历了重商主义理论、古典经济学理论两大历史阶段，公共经济理论是其中的一个重要分支。

一、重商主义时期的公共经济思想

15 世纪末哥伦布发现新大陆以后，西欧沿海各国商业资本的对外贸易活动日渐活跃，反映商业资本利益和要求的重商主义思想理论在 16 世纪中叶应运而生，到 17、18 世纪达到鼎盛阶段，其后被注重价值创造和自由贸易的古典经济学所取代。重商主义首先是主张通过国家法律、政令来保护商业资本利益的政策体系，同时也是与此相适应的一种思想理论学派。

重商主义思想家强调国家和政府在经济活动中的作用。他们主张国家以关税、配额、补贴、税收等政策性公共物品干预国内经济，通过鼓励生产、抑制国内消费、增加出口、限制进口、实现贸易顺差来增加国家财富。例如，法国政治思想家让·博丹（1530—1596 年）在《国家六论》中主张国家加强管理，提高金银价值，抑制垄断行为；但他提出的不对人民负责的国家主权和不受法律约束的君主专制理论则是反人民的。再如，英国晚期重商主义者

① 熊彼特：经济分析史［M］. 纽约：牛津大学出版社，1954：51.

托马斯·孟（1571—1641 年）在《英国得自对外贸易的财富》一书中，建议国家采取对出口商品退税、对进口商品征收高额关税，甚至禁止性关税等政策措施保护本国工业、实现外贸出超。同时还提出国防财政论，认为国民靠纳税使自己的安全获得保障，这种纳税是既公正又有利的，但如果税收被国王挥霍于私人享受，则属于滥用赋税，是国家的损失。他同时强调国王征收赋税必须取得议会的同意，临时征税时则必须得到全体人民的认可。法国经济学家安托尼·德·孟克列钦（1575—1622 年）在其《献给国王和王后的政治经济学》一书中，建议政府要开设公共作坊，设置技工学校，对人民进行各种职业训练，以促进经济发展、提高商品竞争力。

英国政治哲学家托马斯·霍布斯（1588—1679 年）在《利维坦》一书中，对起源于古希腊的社会契约论假说做了新的阐释，认为国家是人们为实现和平和安定的生活而让渡自己的自然权利给某一个人或集体的产物，因而其本身就是一件最重要的为社会成员提供公共服务的公共物品，并据此提出赋税的“利益交换说”：人民纳税以获取国家提供的国防、治安、司法、公共工程等承载公共利益的公共物品，纳税与提供公共物品间形成“等价交换”。其中显然包含着国家生产性的思想萌芽。

被马克思称为“政治经济学之父”的英国经济学家威廉·配第（1623 年—1687 年）在《赋税论》和《政治算术》中，深刻分析了税收与国民财富和国家经济实力之间的关系，认为财富增减是衡量赋税经济效果的主要尺度，如果对增加物质财富的人征税将会导致社会财富减少，因而应当向不生产物质财富的人征税，并且将税收的一部分用于支持生产事业以增加社会财富。“如果一个国家迫使那些还没有得到完全就业的人民去生产那些一向从外国进口的商品，或者通过对这些人征税的办法迫使这些人从事这些商品生产，我认为赋税同样会使公共财富增加。”[①] 着眼于发挥税收对财富生产的促进作用，他还提出了税收“公平”“确实”“便利”“节省”四原则，并在对各种税收的利弊进行分析的基础上提出了改革税制的政策主张。他认为，征自人民税收收入应当用于满足社会公益事业，而不应当滥用，指出“当人民想到被征收的货币被花费于宴乐、排场、粉刷凯旋门等上面的时候，就会深感不满”。[②]

---

① 威廉·配第：赋税论［M］．北京：华夏出版社，2006：35 - 36.

② A. E. 门罗：早期经济思想［M］．北京：商务印书馆，2011：201.

由配第最先进行的税收经济效果分析至今仍在现代主流公共经济学著作中占较大篇幅。

重商主义时期的公共经济思想突出反映了封建社会末期商业资本在兴起阶段的利益诉求，虽然提出的对国民经济进行全面干预的主张是以为公众谋福利为旗号的，但实际上主要是出于商业资本扩张的需要。

二、自由竞争时代的公共经济思想

随着英国工业革命基本完成和资产阶级取得政治统治地位，西方公共经济思想理论发展到一个新的阶段，无论对公共经济本质还是对公共经济体制的认识都进一步展开。

（一）关于公共物品和国家生产性的思想

近代早期西方思想家关于公共物品的思想以国家或政府起源为研究出发点，认为政府存在的本质就在于生产和提供各种具体和抽象的公共物品，且把国家或政府本身视为最大的公共物品。

德国新官房学派学者冯·尤斯蒂（1705 年—1771 年）在《财政学》（1766 年）一书中指出："国家是由……人们组成的社会团体，他们彼此联合在一起，目的在于求得共同福利。""国家和人民的福利是一切文明社团的主要目的。因此，国家一切重要的制度和组织必须从这一目的出发，与这一目的相抵触的任何制度或组织，在其形式或结构上总是与人民的需要格格不入的。"① 他已使用"公共利益""公共福利"等公共性概念说明国家职能，认为国家为追求公共福利的目的自然"需要做出巨大支出"，但所需资财应当依次从国家拥有的直接财产（国有土地、王室领地和一些特权）和间接财产（江、河、湖、海、公路、大森林和地下金属矿藏）支付，然后才应考虑征收赋税。他明确表示反对滥征税收、滥用税款，并以古罗马衰败为例加以论证："在罗马帝国后期，由于行政腐败，官吏贪渎成风，关于捐税的滥用，竟发展到那样的程度，以致享有公民权的自由民，都处于水深火热之中，因此有些人宁愿舍身为奴，只要有人愿意接受，有些人则想逃到外省地区。这也是造成罗马帝国崩溃的主要原因之一。"② 他还提出了著名的"赋税六原则"：一

① A. E. 门罗：早期经济思想［M］. 北京：商务印书馆，2011：374、390.

② A. E. 门罗：早期经济思想［M］. 北京：商务印书馆，2011：375－379.

是必须让人民有能力缴纳捐税；[①] 二是应完全按公平合理的比例征收；[②] 三是征收方式不应损害国家和人民的福利及自由权；四是应按照国家性质和政府体制来组织税务制度；五是必须建立在规定明确和光明正大的基础上，即数额必须确定；六是征税的费用应降至最低。

英国思想家大卫·休谟（1711 年—1776 年）在《人性论》（1739 年）一书中，以“公共草地排水”为例，根据个人出于利己本性对公共事务“搭便车”现象的分析，重点讨论如何应对超越个人利益的公共性问题，以此解释政府为维护公共利益、承担公共事务而产生和存在的理由，认为诸如桥梁、海港、城墙、运河、军队等公共物品只能由政府提供，其中还涉及了交易成本和群体博弈的思想。这些关于公共物品应以政府提供为最佳解决方式的论述，对以后公共经济学的研究带来重要影响。

英国经济学家亚当·斯密（1723 年—1790 年）在其《国富论》（1776 年）中专列第五篇分析公共经济问题。他从经济自由主义立场出发，认为经济活动应由市场这只“看不见的手”调节，但市场机制在诸如国家安全、公共秩序、公共工程、公共服务、公债、教育以及在国际贸易方面对幼稚产业保护等领域却无能为力，因此，政府应当在国家防务、国内治安、维持公共秩序、提供公共基础设施和公共事业等方面承担起责任。政府为执行这些职能必须筹集经费，为此，他分析论证了公共收入来源，征税的原则、方法与时间，以及政府通过发行公债筹集资金的必要性与可能性，特别强调政府筹

---

① 他对纳税能力做出独特解释：“在捐税问题上片刻不能忘怀的一个首要的基本原则是，必须让人民有能力缴纳捐税。只是当他们纳税时不至于影响到必需品的享用，不至于损及他们的资本时，才能说他们是有能力纳税的。如果超过了这些限度，就不配使用‘捐税’这个名称，只能说是对人民财产的残酷勒索和凶暴的劫掠。任何国家，如果由于应付它的支出需要而征收的捐税超过了这些限度，那就绝不是必要的支出。凡是足以破坏使人们得以生活在文明社团这一目的的支出，就不可能是必要的支出……作为一个最高领导，而用征税手段剥夺人民的生活必需品，迫使他们削弱其资本，其行动就直接从根本上否定了文明社团的作用，他已经不再是个最高领导，而成为一个暴君。”——A. E. 门罗：早期经济思想［M］. 北京：商务印书馆，2011：383.

② 他对公平征税的解释体现了社会契约论基础上的税收与公共物品相交换的思想：“捐税制度的第二个基本原则是，应该完全按公平合理的比例向人民征收。由于全体人民对文明社团的收获或效果来说，也就是对大众福利来说，享有同等的一份，因此他们在国家的巨大开支中所捐献的也必须彼此均等。”——A. E. 门罗：早期经济思想［M］. 北京：商务印书馆，2011：384 - 385.

集财政收入不要妨碍生产发展和资本积累。他还提出，政府提供公共物品会随着社会的发展、技术的进步而不断改变，民众也可参与公共物品的提供，如公共交通设施、教育产品或其他社会公共设施既可由政府通过征税筹资提供，也可通过私人举办、受益者自行支付的途径解决。基于自由放任的思想，他主张国家的职能越小越好，财政支出应限于国防、司法、交通、教育和宗教、公共工程、君主开支等几项。

德国古典哲学家伊曼纽尔·康德（1724 年—1804 年）从契约论出发，认为对于国家而言，如果“从公共权力的全部质料之中进行抽象，那么就只剩下公共性这一形式”。①

法国思想家亨利·德·圣西门（1760 年—1825 年）提出“政治学就是关于生产的科学”，表明他具有把国家作为公共物品生产主体的公共经济思想。他还据此认为税收是国家为实现其职能、满足公共需要而征收的，但在剥削阶级社会中，却变为在国家中占统治地位的阶级凭借政治权力对其他阶级的一种强制掠夺。

法国经济学家让·巴蒂斯特·萨伊（1767 年—1832 年）在其代表作《政治经济学概论》（1803 年）一书的“财富的消费”篇重点分析了公共经济问题，在“公共消费”概念下讨论了公共物品并提出国家具有生产性的观点。认为私人消费的目的在于满足个体和家庭所需，公共消费则是满足社会公众的基本需要，其范围包括保护私人财物不受侵犯；公共基础设施，特别是道路、水运、码头等公共基础设施建设；提供教育、科研产品，特别是学校、图书馆、科研院所等；制定保护公共事业或公共安全的政策法规。这些公共消费品在财政上表现为行政支出、司法支出、国防支出、教育支出、公共救济、公共建筑支出。他从国家生产物（公共消费品）与社会成员公共需要之间的内在联系上，把政府提供的各种公共服务作为产品或商品来看待，就逻辑而论无疑是将政府看作一种生产主体，从而将政府活动看作一种生产行为。② 他还最早以成本-效益相比较的经济原则论述了公共经济绩效评价问题。由于他在“公共消费”这一概念下最早提出公共物品论，并从公共消费角度考察财政问题，因而可以认为这是西方公共财政理论转向公共经济论的

---

① 康德：历史理性批判［M］. 北京：商务印书馆，1990：139.

② 萨伊：政治经济学概论［M］. 王福生译，北京：商务印书馆，1997：220.

起点。

法国古典政治经济学的完成者西斯蒙第（1773 年—1842 年）作为第一个与经济自由主义传统决裂的经济学家，把政治经济学定义为“对国家财产进行管理”的学科。他认为，人类形成社会团体之后，就必须管理由自己财富产生的共同利益，公共财产必须用于满足公共需要，而关于如何征收和管理这种不属于个人而属于公共所有的国民收入的知识就是财政学。他主张国家干预经济，限制经济自由，由政府调节消费、生产、收入、资本和人口的发展，要求国家采取一整套立法和措施来调节经济生活。[①] 这可以认为是近代西方最早的政府规制论思想主张。

英国经济学家大卫·李嘉图（1772 年—1823 年）在《政治经济学及赋税原理》（1817 年）一书中阐述了他的税收理论。认为社会一切收入都应征税，人们应按自己的财力负担税收，为了公平征收，应建立以工资税、利润税和农产品税组成的税收制度。他反对过量征税和发行公债，认为这会影响人们的消费行为。1819 年被选为上院议员后，极力主张议会改革，支持自由贸易，认为限制政府活动范围、减轻税收负担是促进经济增长的最好办法。

英国经济学家约翰·斯图亚特·穆勒（1806 年—1873 年）在其代表作《政治经济学原理》（1848 年）的“自由放任或不干预原理的基础和限制”一章中写道：“为了确保航行的安全，建造和维修灯塔、设置浮标等属于政府适当的职责。由于不可能向受益于灯塔的海上船只收取使用费，没有人会出于个人利益的动机而建造灯塔，除非由国家的强制征税给予补偿。”即认为由于存在市场失灵，才需要政府提供公共物品。

德国历史学派经济学家弗里德里希·李斯特（1789 年—1846 年）从广义生产力范畴出发，提出国家和国家经费支出具有生产性的观点，认为国家“必须以提高人民福利为目标”，并以此来论证国家干预经济生活有利于生产发展和国民财富增加。[②]

德国经济学家泰奥多尔·福格尔·史泰因（1820 年—1890 年）在其《财政学教科书》（1860 年）中从混合经济——“共同体统一的经济”[③] ——视

① 西斯蒙第：政治经济学新原理［M］．北京：商务印书馆，1983：24.

② 李斯特：政治经济学的国民体系［M］．北京：商务印书馆，1997：153.

③ 高木寿一：近代财政思想史日文版［M］．转引自坂入长太郎：欧美财政思想史［M］．张淳译，北京：中国财政经济出版社，1987：276.

角阐述了国家的生产性和公共物品思想，认为国家通过“向人民提供”“物质资料、服务”，“在行政的各领域提供与收入相适应的公共福利”，国家应当保障向国民提供的公共物品、公共服务的价值与从国民那里所征收的赋税在价值上相等是“国家经济的最高经济原则”。[①] 由此可见，史泰因对公共物品、公共服务和公共经济与私人经济之间关系的认识已经比较明确。

德国官方经济学家卡尔·迪策尔（1829 年—1894 年）论证了国家职能和财政活动具有无可置疑的生产性，因而国家用于国防、治安、司法、行政服务等方面的经费对整个国民财富生产而言属于“生产费”，至于公路、铁路、运河、港口和教育等直接与国民财富创造相关的国家财政投入则更属于生产性支出了。他第一次明确地使用“公共经济”理论范畴，并将国家财政的资本性支出和经费性支出分别比拟于私人经济中的固定资本和流动资本，“在公共经济中这两种资本之间应像在私人经济中那样保持均衡。”[②]

德国经济学家阿尔伯特·沙夫勒（1831 年—1903 年）在他的《公债与公共信用论》一书中给公共经济下了定义：“在经济运动中人格化的人伦团体或设施所做的一切经济活动的整体称为公共经济（20 世纪初的汉译名词为共同经济）。”他认为“公共经济靠以交换与竞争为基础的私有经济的市场经济来补充，两者密切融合，建立起完整的人类社会经济”。并且提出“财政学的最高原则即国家需要与非国家需要之间要保持均衡充足，使其在国民经济上均衡充足”。[③] 这些关于混合经济、公共经济的论述较之史泰因、迪策尔更加清晰明确，并且第一个从混合经济中公私两大部门之间保持均衡角度提出了公共经济最佳规模的理论。

德国社会政策学派经济学家阿道夫·瓦格纳（1835 年—1917 年）认为，国民经济组织分为私人经济组织、慈善经济组织和公共经济组织，其中公共经济组织即国家，国家为完成其职能而取得和使用必要资源的经济活动就是财政。这三种经济组织的活动原则和活动范围都不同，但却处于相互补充的

---

① 史泰因：财政学序说日文版［M］．转引自坂入长太郎：欧美财政思想史［M］．张淳译，北京：中国财政经济出版社，1987：35.

② 迪策尔：公债的经济理论日文版［M］．转引自坂入长太郎：欧美财政思想史［M］．张淳译，北京：中国财政经济出版社，1987：224.

③ 沙夫勒：公债与公共信用论德文版第 1 卷［M］．转引自坂入长太郎：欧美财政思想史［M］．张淳译，北京：中国财政经济出版社，1987：103－104.

关系，共同构成国民经济有机整体。他在《财政学》（1872 年）一书中也提出了公共经济概念，并且认为社会发展到“社会政策”时代，国家职能应当扩大到增进民众的文化财富、社会福利以及促进收入分配公平等更多方面。[①]他比较了公共经济和私人经济的异同，阐述了公共经济的性质：（1）公共经济是一个经济组织，它的主体是代表国家的政府；（2）公共经济为国家提供安全，完成国家赋予的任务，特别是生产无形产品；（3）公共经济部门由大量的政府雇员组成；（4）如果将国家和公共经济作为一个经济整体，那么它的活动就是将有形产品变为无形产品。所谓无形产品，如法律和公安等，是指那些无法被分割消费的产品，这些产品对社会经济生活是不可缺少的，对私人经济组织而言，这种产品和服务完全是生产性的，所以财政支出也是生产性的，作为这些产品和服务的受益者，私人经济必须补偿财政经费。1882 年，他通过对 19 世纪的许多欧洲国家和日本、美国的公共支出增长情况的考察，提出了“公共支出不断增长法则”，或称“政府活动扩张法则”，又称瓦格纳定律。

洛桑学派创始人之一、法裔瑞士经济学家里昂·瓦尔拉斯（1834 年—1910 年）从一般均衡分析方法出发，讨论了等量公共物品对于不同的民众消费者而言具有非等量边际效益问题。

奥地利学派经济学家埃米尔·萨克斯（1845 年—1927 年）将个人需要分成私人需要和集体需要，私人需要可以通过市场方式满足，而集体需要则要通过私人纳税、政府提供的方式进行。他在《国家经济导论》（1883 年）一书中，用边际效用价值理论分析公共财政问题，搭起了财政学从以往的准国家学和政治学向一门经济学过渡的桥梁。

意大利经济学家安东尼奥·马尔科（1858 年—1943 年）在其《财政学理论特性》（1888 年）[②] 和《公共财政学基本原理》（1934 年）两部代表作中认为：“财政学是以满足集体欲望（需要）而进行的国家的生产活动为研究对象……使价值原理从私人经济领域转到公共经济领域中来……对选择应该提供什么样的公共服务、决定提供多少数量、如何在消费者之间进行负担分配

① 瓦格纳：财政学德文版第 1 卷［M］. 莱比锡出版，1877：45 - 48.

② 据陈子雷《马尔科的国家类型论及其理论演变》（《国际经济合作》，2012 年第 5 期第 90 页与第 94 页）所载初版年份对照，原书名应直译为《财政学理论特性》。

等价值原理，即根据利用最小的私人财富来满足最大的集体欲望这一原理来研究作为国家进行生产活动所必须服从的条件。”① 可见，他已经明确地将国家的职能活动看作满足公共需要、运用稀缺资源、服从“成本－效益”原则的生产性活动，并且第一个使用了“公共物品”“公共服务”概念，认为用税收支付的公共物品提供也是一种交换关系，公民纳税与政府提供公共产品的义务是对等的，并且明确提出公共物品提供决策中的公共选择问题。

英国经济学家 C. F. 巴斯泰布尔（1855—1945 年）于 1892 年出版的《财政学》一书中认为，国家的职能是提供公共物品和公共服务以满足公共需要。他指出：“公共经济、国家经济中的第一个特点是它的强制性……；第二个特点是国家的目的在于满足公共欲望……；第三个特点是关于公共支出的用途……；第四个特点即其活动范围……；第五个特点是私人经济与国家经济的不同，私人经济以获得盈利为目的，而国家则谋求收入与支出的平衡；第六个特点是国家支出必须以收入来调整……”。他还提出“对人民给予最大利益，而且为人民将来的发展做出最佳考虑的政府才是最好的政府”。② 不难看出，巴斯泰布尔的财政理论已具有了现代公共经济学的基本理念和中心内容。

（二）关于公共经济体制的思想

英国政治思想家约翰·洛克（1632—1704 年）所著《政府论》（1690 年）一书在社会契约论、人性善观点基础上，提出国家是为了满足人们寻求和平、保护自身安全的需要，通过契约而建立起来的一种公共权力或公共意志，国家的唯一目的是保障社会安全和人民自由平等权利，国家机关行使权力必须以“公共福利”为目的；必须将公共权力在立法机关与行政机关之间进行合理分配，以便通过它们之间的相互制约保障人民的自由和权利不受公共权力侵害。

法国思想家查尔斯·路易·孟德斯鸠（1689—1755 年）在《论法的精神》（1748 年）一书中：指出：“要防止滥用权力，就必须以权力制约权力。”因为“一切有权力的人都容易滥用权力，这是万古不易的一条经验。有权力

---

① 陈子雷：马尔科的国家类型论及其理论演变［J］．国际经济合作，2012（5）：91.

② 巴斯泰布尔：财政学日文版［M］．转引自武普照：近现代财政思想史研究［M］．天津：南开大学出版社，2010：150、220.

的人一直遇到有界限的地方方才休止。”[①] 因此，他主张将国家权力分为立法、行政和司法三种，分别交给不同的国家机关管辖，使之既相互独立行使又能够相互制约保持平衡，以避免公共权力在独裁条件下的滥用侵害人民权利。

让·雅克·卢梭（1712—1778 年）在《社会契约论》（1762 年）中认为，国家因订立契约而产生，人民是制订契约的主体，由此提出“人民主权”思想，而主权是既不能分割、不能转让也不能代表的，一切公共权力的运用必须体现人民的意志。他把主权同政府加以区别，认为人民是国家的主人，要管理日常行政事务必须选举官吏组成政府，但政府的行政权力是由立法主权派生的，政府只是人民的代理人，负责执行法律并维持社会及政治自由。法律是“公意”的表达，在法律面前人人平等。权力必须是合法的，权力的表现和运用只能以符合人民意志的社会契约为基础。他根据自己的社会契约论原则提出人民有起义权利的革命结论：当执政者滥用权利，不履行契约而损害人民利益时，人民有权取消契约；当人民的自由和财产被暴力夺去时，人民有权将失去的财产再夺回来。

尤斯蒂指出作为公共经济体制组成部分的财政体制需要与政治体制改革相协调：“如果一国的财政制度与它的政治体制不相投合，那么，不仅由于它所导向的方针不会与国家的处境相协调而使其效能减弱，而且使整个国家合而为一的、使其各部门得以向一个共同奋斗目标的那些各部门之间的必要的联系与协调，将受到阻碍……不同形式的政体需要不同的财政组织。”[②] 提出了横向财政体制问题。

亚当·斯密在《国富论》中对公共经济责权在横向维度和纵向维度上的配置都简要表达了自己的见解。在横向维度方面，他强调“为了使每个个人感到属于自己的所有权利完全有保障，不仅有必要将司法权与行政权分离，而且有必要使司法权尽量独立于行政权”。[③] 在纵向维度方面，他指出：“一项公共工程，如果不能由其自身的收入维持，而其便利又只限于某特定地方或某特定区域，那么把它放在国家行政当局管理之下，由国家的收入来维持，还不如把它放在地方行政当局管理之下，由地方收入维持来得妥当。比如，

① 孟德斯鸠：论法的精神［M］. 北京：商务印书馆，1997：154、156.

② A. E. 门罗：早期经济思想［M］. 北京：商务印书馆，2011：390 - 391.

③ 亚当·斯密：国富论［M］. 北京：华夏出版社，2005：509.

伦敦的照明和铺路费用，如果由国库开支，那街上的路灯和铺路的石头能做到现在这样完善吗？而同时费用又能像现在这样低吗？况且，这项费用如果不是来自伦敦各特定街坊、特定教区、特定市区的居民所提供的地方税，那势必要从国家一般收入项下开支，其结果，国中不能受到这街灯利益的大部分居民，就要无端分摊这负担了。”“凡是便利地方的地方费用或州区费用（例如为特定城市或特定地区支出的警察费），应由地方收入或州区收入支付，而不应由社会的一般收入支付。为了社会局部的利益，而增加社会全体的负担，那是不大正当的……凡是有利于全社会的各种设施或土木工程，如果不能全由那些最直接获得好处的维持，那么，在大多数情况下，不足的金额就不能不由全社会一般的收入弥补。因此，社会的一般收入，除支付国防费用及维护君主尊严的费用外，还必须补充许多具体部门的不足。”①

美国开国元勋亚历山大·汉密尔顿（1755—1804 年）、托马斯·杰斐逊（1743—1826 年）等美国政治思想家根据不同权力和不同利益之间相互制衡的原则，为新生的美利坚合众国公共经济体制进行了顶层设计：在基础方面，实行人民民主，维护人民的自由平等权利，限制广义政府的公共权力；横向方面实行立法、行政、司法三权分立、相互制衡；② 纵向方面实行联邦制政体，中央政府只从州政府的权力中拿走若干明确列举的权力，州政府则保留着其他所有权力。③ 这样，就把人民自主权与政府公权力相对分离、横向分权制的国家政权组织形式与纵向分权制的国家结构形式结合起来，形成“三重

---

① 亚当·斯密：国富论［M］．北京：华夏出版社，2005：515、574.

② 汉密尔顿主张将立法、行政、司法三权“均匀地分配到不同部门”。因为“只要各个权力部门在主要方面保持分离，就不排除为了特定目的予以局部的混合。此种局部混合，在某些情况下，不但并非不当，而且对于各权力部门之间的相互牵制甚至还是必要的”。鉴于人多势众的立法机关可能在三权中独占优势，“难以维系宪法规定的平衡”，为避免立法机关在人民群众的压力下，通过一些不利于少数人的法律，国会需要实行两院制。——亚历山大·汉密尔顿、约翰·杰伊 & 詹姆斯·麦迪逊：联邦党人文集［M］．北京：商务印书馆，1980：40、337、365.

③ 杰弗逊认为，为防止权力由集中而走向专制，除了横向分权和制衡以外，还必须实行纵向分权。“如果国内外一切政务，事无巨细，均集中到作为一切权力中心的华盛顿的话，一个政府部门对于另一个政府部门的牵制就成为无力的了，并且变为……腐败和暴虐的了。”“把一切州权都集中到全国政府手里，就会增加盗窃、投机、掠劫、冗员和钻营官职的机会。”——引自刘祚昌：略论杰斐逊的民主思想［A］．美国史论文集［C］．北京：生活·读书·新知三联书店，1980：187.

分权”的公共经济体制，并载入宪法加以实施。

英国经济学家巴斯泰布尔出版于1892年的《财政学》一书被认为是英语国家经济学界最早系统论述过联邦主义财政体制理论的著作。其中提出国家通过区别中央和地方两级政府行使职能，与此相应，公共支出分别表现为中央支出和地方支出。这比斯密在《国富论》中的相关论述更为明确清晰。

近代西方公共经济思想从重商主义到自由竞争时代实现了重大发展，无论是对公共物品、公共经济和国家生产性的认识深度、表述的清晰度，还是对公共经济体制认识的系统性方面，都有了显著跃升。其中，以霍布斯、洛克和斯密为代表的英国思想家，以孟德斯鸠、卢梭和萨伊为代表的法国思想家，以尤斯蒂、史泰因、迪策尔、沙夫勒为代表的德国经济学家，和以马尔科为代表的意大利学派经济学家，为这一时期公共经济思想理论的发展做出了开创性贡献。不过，斯密与德国、意大利几位经济学家对公共经济理论的贡献在原理上却大相径庭：斯密从劳动价值论出发，认为政府活动不具有生产性，政府财政资金来自对国民收入的再分配，而政府支出属于价值消费，因而必须加以限制，实行“廉价政府”；与此相反，德国经济学家认为国家或政府活动本身具有生产性，即生产满足社会公共需要的各种公共物品，政府主导的公共经济与市场调节的民间经济共同构成整个国民经济体，强调实现公共经济与民间经济之间的均衡。这就形成了公共经济学流派的两大源头，一是以斯密财政经济理论为宗的分配型公共经济学，二是以德国历史学派财政经济理论和奥地利萨克斯、意大利马尔科为宗的生产型公共经济学，即将公共经济置于公共物品再生产的基础之上；现代英语世界的主流公共经济学虽然在一定程度上吸收了生产型公共经济学的个别要素，但其研究范式从总体上仍溯源于斯密，因而属于分配型公共经济理论体系。[①]

第三节　现代西方主流公共经济理论演进

进入20世纪前后，随着资本主义进入垄断阶段和周期性经济危机加重，

① 齐守印将公共经济学分为生产型和分配型两大类。其中，生产型公共经济学承认国家的生产性，以社会公共机构生产提供公共物品为主线研究公共经济活动；而分配型公共经济学则不承认国家的生产性，以处于社会再生产分配环节的财政收支为主线，重点研究财政收支及其承载的财政政策对民间经济主体行为和整个国民经济的影响问题。——见齐守印：公共经济思想理论源流考略［J］．经济研究参考，2013（19）．

为应对日益复杂和尖锐的经济社会矛盾，国家对经济社会生活的干预也日趋增多，政府支出规模相应地不断扩大，人们自然而然地对国家干预的深层原因和公共收支问题予以更多关注。这种背景加速了公共经济学的理论化和系统化的进程。在近代西方各国理论界提出的公共经济思想基础上，奥意经济学派以边际分析为特色、瑞典经济学派以公共选择理论为重点将公共经济理论研究向深度和广度方面继续向前推进，20 世纪五六十年代美国经济学界对此与时俱进地大加阐释，从而形成现代主流公共经济理论体系。

一、关于公共物品及其最佳供给模型的理论

19 世纪末，随着西方经济学界广泛而深刻的边际革命进程以及国家干预经济理论的发展，经济学家们借助于数学等科学分析工具，系统展开对公共物品理论的研究，推动了财政学向公共经济学的转化。

意大利经济学家马费奥·潘塔莱奥尼（1857—1924 年）在《纯粹经济学原理》一书中，运用边际分析方法研究议会分配财政资金用于各种可能用途方面所应遵循的准则问题时，认为合乎逻辑的标准应当是“公共支出中各种不同项目的边际效用的比较程度”,[①] 即不同公共支出自身内在效用的比较和某一支出项目与其他支出项目边际效用的比较。认为在确定预算时，应当根据最大效益原则，使每项支出的边际效用相等，并考虑税收的边际牺牲，以满足公众对公共物品的需要。运用边际效用价值理论分析政府提供的公共物品、赋予其价值，加强了财政学与经济学的融合，加速了以财政收支为主要内容的传统财政学向公共经济学的演化进程。

意大利经济学家雨果·马佐拉（1863—1899 年）在《论财政科学》（1890 年）一书中对公共物品价格与公共需要满足之间关系作了较为全面的阐述。他认为，公共需要和私人需要都应得到同等满足，公共物品是对私人物品的补充，是用于满足公共需要的。但公共物品在消费上是不能分割和按个人计算的，不具有形成单一市场价格的技术性能，因为每个人从同一公共物品得到的边际收益不同，公共物品的价格在社会成员那里是多样的，因此无法通过市场提供。据此，他将国家视为由国民组成的合作社，认为国家应当像合作社对社员那样向社会成员提供公共物品用以满足国民的公共需要。

---

① Musgrave. R. A. &Peacock, A. T. Classics in the Theory of Public Finance［M］. London: MacMillan&Co. Ltd. , 2nd, 1962: 16.

这种基于社会成员对公共物品需求的统一性而揭示的公共物品消费上不可分性认识，可以说是后来经济学家概括公共物品具有“非竞争性”和“非排他性”特征的思想渊源。而他提出的通过作为公共物品提供者的国家与作为公共物品消费者的国民进行等价交换的途径实现公共物品价格支付与公共物品边际效用之间均衡的思路，则对维克塞尔形成通过税收与财政支出组合方案的民众投票选择达成公共物品供求均衡的思路直接提供了启示。

瑞典学派主要创始人克努特·维克塞尔（1851—1926 年）在《财政理论考察——兼论瑞典的税收制度》（1896 年）一文中认为，利益税赋原则能实现公共物品供应使个人效用最大化的目标，即国家提供公共服务给予个人的边际正效用与个人纳税损失财富的边际负效用相等；政治程序的介入，能够反映公共物品的真实偏好，对公共物品的有效提供有较大作用，而公共物品最佳提供的真正困难在于设置切合实际的政治运作程序。他通过将边际成本定价方法应用于公共物品和公共事业服务，将投票过程作为偏好显示机制，建立了“一致同意”[①] 原则下的帕累托公共物品供给效率标准。理想的政府程序是由消费者对若干由预算支出和税收份额组成的选择方案进行投票，政府采用获得一致支持的方案来提供公共物品。他首次提出的这种通过组织民众对“税收—公共支出”组合方案进行投票揭示公共物品需求偏好，将代表供给的纳税意愿方与代表需求的支出方各自加权总和作为公共物品供求平衡点（“边际成本之和 = 边际效用之和”），从而达成符合帕累托效率的公共物品供给与需求均衡条件的思路，不仅从公共物品最佳供给模型角度开创了“维克塞尔 - 林达尔 - 马斯格雷夫 - 萨缪尔森 - 维克里的纯公共物品理论”研究历程，而且从公共物品生产决策经由政治民主选择机制形成的角度成为后来布坎南等人阐发公共选择理论的源头。由此可见，维克塞尔对 20 世纪公共经济理论体系形成所作贡献之大。

福利经济学创立者、英国经济学家阿瑟·塞西尔·庇古（1877—1959 年）对公共经济理论的贡献，不仅在于提出通过运用税收和补贴促进经济资源最优配置和收入分配均等化实现国民福利最大化，提出政府通过征税或者补贴来矫正经济当事人的私人成本来纠正污染物排放等负外部性，从而使资

---

① 鉴于“一致同意原则”过于理想化，维克塞尔后来改以“近似一致同意原则”取代，同时强调保护少数人的权利。

源配置达到帕累托最优状态的思想，而且提出了公共物品供需均衡的一种理论模型。他从基数效用理论出发，指出个人虽然从公共物品的消费中获益但效用是递减的；同时，个人为了享用公共物品必须纳税，纳税会给纳税人带来负效用，因此，公共物品应该持续提供到最后一元钱所得到的正边际社会效用与为最后一元钱公共物品而纳税的负边际效用相等为止。有人把这一论断看作庇古提出的关于公共物品最佳提供规模的模型。

瑞典学派经济学家、维克塞尔的学生埃里克·罗伯特·林达尔（1891—1960年）对公共经济理论的突出贡献，主要在于他根据税收受益原则，通过对公共物品供给过程进行实证研究，于1918年建立了关于实现公共物品供求均衡的“林达尔模型”。他分析了两个政治上平等的消费者共同分担公共物品的成本问题，提出公共物品价格不是由政治选择机制和强制性税收决定的，而是每个人根据自己意愿确定的价格。他用模型证明了公共物品供给和需要之间均衡的存在，并对公共物品需求和税收分摊做了精确的分析，指出合理的差别税率可以通过自愿的交易来实现。林达尔模型实际上是对公共物品供求虚拟均衡过程的一种描述。对此，他指出：“作为人民的支付数额，按人们公共财物所确认的边际效用决定其价格，于是公共经济现象成为纯经济的价格现象。”[①] 林达尔模型还同时说明，试图采用市场机制来解决公共物品的有效供给以实现资源配置是不可能的，只有借助于一种完善的民主政治机制设计才能实现。这成为公共选择理论的重要课题。

美国经济学家鲍温在其以“经济资源配置中投票的解释”为题发表的论文（1943年）中，通过局部均衡分析，比较了私人产品和公共物品供给之间的差异，给出了公共物品提供的均衡条件：私人产品的市场需求曲线是个人需求曲线的横向相加，而公共产品的市场需求曲线是个人需求曲线的纵向相加。

美国著名经济学家理查德·阿贝尔·马斯格雷夫（1910—2007年）先是在1939年发表《财政自愿交换论》分析公共经济问题，其后于1959年出版《财政学原理：公共经济研究》，系统阐述财政的三大经济职能——资源配置、收入分配、宏观经济稳定。他认为，可以把整个社会的产品分为公共物品和私人物品，而公共物品理论是财政配置职能的理论基础和核心。公共物品有

---

① 蒙丽珍、古炳玮：财政学［M］．大连：东北财经大学出版社，2013：43.

着与私人物品截然不同的特征即消费的“共享性”或“外在性”，以及私人提供的“不情愿性”，1969 年又将表述调整为，所谓公共物品“是指非竞争性消费的物品。它通常还具有消费上的非排他性”。由这两大特征所决定，公共部门必须介入公共物品供应。公共物品的政府供应是指公共物品供应所需的资金是通过预算获取的，人们在享用公共物品的时候无须直接付款，但公共物品供应不一定非要公共生产不可。同时指出，现实中的“纯公共物品”是非常少见的，而绝大多数都是“混合物品”或“限定性公共物品”，即地区性公共物品。他特别强调教育消费虽具有竞争性且不与他人分享，但它同时具有正外部性，因此根据私人需要而由市场供给将使供给规模处于次优水平，因而由公共供给进行补充合情合理。不过，这种补充既可采取对私人购买进行补贴的形式，也可以采取公共供给的方式。至于公众对公共物品的偏好显示问题，他认为在民主社会可以得到解决，因为选民可以通过选举来支持那些公共预算和税收政策符合其意愿的政治家；同时，由于政治决策具有强制性，个人必须服从投票结果，选民有动机最大限度地利用投票过程来表达其偏好。[①]

诺贝尔经济学奖获得者保罗·安东尼·萨缪尔森（1915—2009 年）发表的《公共支出的纯理论》（1954 年）一文，对公共物品做出了最为经典的表述——纯公共物品是“每个人消费这种产品不会导致别人对该产品消费的减少”的产品，分析了公共物品的非排他性和非对抗性；同时运用序数效用、无差异曲线等数学方法和帕累托效率理论推导出公共物品资源配置最优化条件，即每个人对公共物品和私人物品的边际替代率之和等于生产的边际转换率，建立了具有一般均衡意义的萨缪尔森模型。

威廉·维克里（1910—2013 年）对个人基于自己利益而真实显示他们对公共物品偏好的计划程序进行了讨论，提出应以“第二价格法”建立偏好显示机制。

新制度经济学鼻祖、诺贝尔经济学奖获得者罗纳德·哈里·科斯（1910—2013 年）在其《经济学中的灯塔》（1994 年）一文中，根据对英国灯塔制度演变的考察，认为公共物品不一定要由政府提供，公共物品的存在

---

① 李仙飞：马克思主义视域之西方公共服务有效供给理论［M］．北京：社会科学文献出版社，2012：16－17.

不是市场失灵的原因。

诺贝尔经济学奖获得者詹姆斯·布坎南（1919 年—2013 年）作为现代公共选择理论的主要创立者，自 1954 年出版《个人投票选择与市场》开始，从公共经济活动各方面主体均属于理性经济人的假设出发，重点研究怎样通过政治程序来实现公共物品最佳供给问题。他认为，由于公共物品具有消费上的非分割性、非竞争性和非排他性，可能出现“搭便车”问题，必然导致市场选择的失灵或低效率，只有通过公共选择即投票抉择的办法才能解决问题；公共物品需求的揭示和公共物品供给的决策职能在民主体制下通过直接民主或代议制民主程序实现。以他为代表的公共选择学派完善了对公共物品偏好显示及其最佳供应实现机制的理论，揭示了政府干预市场失灵的根源。

查尔斯·蒂布特（1924 年—1968 年）在《地方支出的纯理论》（1956 年）一文中，认为马斯格雷夫和萨缪尔森关于公共经济的分析对于联邦公共支出是有效的，但不适用于地方公共支出。为此，他通过研究构建了一个地方性公共物品供给模型。他认为，消费者通过在区域间流动来显示他们对地方性公共物品的偏好，只要居民可以在地区之间进行生活地选择，就会有消费者通过“用脚投票”的方式选择自己喜欢的地区居住；地方性公共物品由不同的地方政府提供，由于每个地区提供的公共服务不同，为提供服务征集税收的方式和数量也不一样；自由流动的结果是地方性公共物品得到有效供给：偏好相同的人集中到同一地区，他们缴纳地方税收，享受地方政府提供的公共物品，并接受辖区政府的管理；消费者“用脚投票”的选择机制，引起地方政府之间围绕降低公共物品提供成本和提供结构质量而竞争，能够起到促使公共经济效率不断提高的作用。

泰勒、沃德、罗伯英曼讨论的公共产品博弈模型、斗鸡博弈模型丰富了不完全信息博弈的内容。博弈论者从“囚徒困境”出发，认为公共物品的供给也是个“囚徒困境”问题。如果所有人都出钱资助公共事业，那么就会满足所有人的需要；如果一方出钱另一方不出钱，出钱的一方得不到补偿，而不出钱的一方却可以得到好处，那么，每个人都会选择“不出钱”，这种“纳什均衡”使得所有人的福利都得不到提高，因此公共物品只能由政府来提供。

公共物品理论可以从根本上揭示国家职能和现代市场经济条件下国家干预合理性，从内在联系上将政府行为与市场经济活动融为一体，解决了政府被视为市场的异己力量而带来的政府与市场关系定位的难题，因而是整个公共经济理论体系的基础。它从人们对公共物品的关心并与政府职责相联系开始，接着运用边际效用理论进行分析，再到较为具体的公共物品供给与税收分担，直到提出公共物品概念、对公共物品局部均衡和一般均衡进行分析，逐步将公共物品理论一般化和具体化，最终形成了关于公共物品最佳供给技术模型和民主选择机制理论，经历了从简单到丰富的发展过程。在这一过程中，从古到今，众多思想理论家从不同角度做出了大小不等的贡献，但迄今为止关于公共物品的真理性认识并没有穷尽。

二、关于国家公共性、公共经济及其与民间经济之间关系的讨论

1924 年卢兹（H. L. Lutz）所著《公共财政学》第三章最后一节专门分析了“公共经济与私人经济差异”问题。

德国经济学家马尔吉特·卡塞尔（1840 年—1926 年）在《公共经济》（1925 年）一书中认为，公共经济是以公共权力团体为主体运行的，具有强制性特征，而与其相对的则是由按照自由意志行事的经济组织运行的交换经济或市场经济组织。支配公共经济的是社会原则，支配市场经济的是费用原则或价格结构原理；应当确立“在交换经济中共同经济（公共经济）的地位与必然性”。①

1933 年斯杜登斯基（P. Studenski）在其《公共财政学篇章》中专辟“公共经济的性质与机制”一章，全面分析了公共集团和公共经济的性质、公共经济发展、最高社会利益等问题。

英国学者型内阁大臣休·道尔顿（1887—1962 年）认为“最佳的财政制度乃在于通过它的作用获得最大社会利益”，最好的税赋就是在其需要收入之外还有着最好影响的赋税，同时提出，公共支出的限度为“继续增加些微支出对社会所引起的利益，恰好为相应的增加税课或其他地方法获取收入对社会所引起的不利益所抵消……由此决定了公共支出与公共收入二者的理想总额”。② 这些思想显然已超越财政学而具有了公共经济理论内核。

长期以来，经济学家一直认为经济生活应当由市场调节，只有社会领域的公共事务才需要政府承担，但 20 年代末至 30 年代初期爆发的世界性经济大危机彻底打破了萨伊提出的经济领域供给自动创造需求的所谓定律。在此

① 坂入长太郎：欧美财政思想史［M］. 北京：中国财政经济出版社，1987：357.

② 道尔顿：财政学原理［M］. 南京：正中书局，1954：6－14.

背景下，英国经济学家约翰·梅纳德·凯恩斯（1883 年—1946 年）以市场经济条件下必然存在有效需求不足为立论基础，提出国家必须采用财政和货币政策调节经济资源配置、维持经济总量供需平衡，从而将干预宏观经济、保持经济稳定、实现充分就业和作为其手段的宏观经济政策纳入到公共物品序列中来。这既是一般经济学的“革命”，同时也是公共经济理论的一次“革命”。

美国经济学家阿尔文·哈维·汉森（1887—1975 年）很快把凯恩斯理论引入美国并加以修正和完善，通过经济分析得出国家干预经济的理论依据。他在《财政政策与经济周期》（1941 年）一书中提出“两重经济”理论，认为多数国家是私人资本主义经济与“社会化”的公共经济的公私混合，在生产领域有国有企业与私营企业，在收入与消费领域则是公共卫生、社会安全、福利开支等与私人消费的并存。他断言两重经济能给个人自由发展提供更好保证，而且欧美都存在着从私人经济向公私混合经济过渡的趋势。

保罗·安东尼·萨缪尔森深化了汉森关于“两重经济”的认识，认为“现代经济是市场和政府税收、支出和调节这只看得见的手的混合体”“市场和政府这两部分都是必不可缺的。没有政府和没有市场的经济都是一个巴掌拍不响的经济”。[①] 由于经济运行中存在着不完全竞争、外部效应等市场失灵情况，因此必须由政府提供公共物品以调节经济运行，因而使政府除承担国防、维护社会治安等传统职能之外还要担负起提高市场效率、实现社会平等和稳定经济三项重要职能。

德国社会学家哈贝马斯（1929 年—）在《公共领域的结构变化》一书中认为，公共性是建立在社会公私二元对立基础上的独立概念，“公共性成为国家机构本身的组织原则”。[②] 国家的公共性具有两层基本含义，一是只能将涉及人们难以自主解决的公共事务列入国家事务或公共物品的范围，从而属于公共经济体制中基础维度的分责分权范畴；二是国家行使职能必须着眼于维护公共利益、实现公共福利，从而属于公共经济政策宗旨的范畴。

约瑟夫·E. 斯蒂格利茨（1943 年—）认为，公共部门经济是整个混合经

---

① 萨缪尔森、诺德豪斯：经济学第 12 版（上）［M］. 北京：中国发展出版社，1992：78、87.

② 哈贝马斯：公共领域的结构转型［M］. 曹卫东等译，上海：学林出版社，1999：80.

济中的一个有机组成部分。市场的“常态”是信息的不完善性和市场的不完全性，公共物品、外部效应性、自然垄断等“市场失灵”现象界定了政府活动的范围。针对“科斯定理”，提出了“非分散化基本定理”，认为“没有政府干预，就不能实现市场的有效配置；纠正市场失灵，政府责无旁贷。但政府对经济干预所起的辅助性作用，只能由弥补市场失灵所决定”。据此，他将“科斯定理”称为“科斯谬见”，因为“科斯定理”及其“自愿解决”或称“协商解决”克服不了“搭便车”的问题，高昂的交易费用将导致无效率；克服这些矛盾，只能依靠政府依法调控。因此，他肯定了马斯格雷夫提出的公共财政三大功能——收入分配、稳定经济和资源配置功能。

随着社会经济发展和技术进步，博弈论和信息经济学中的信息、互动等要素被引入公共经济学中。其中，让·雅克·拉丰（1947—2004 年）将信息经济学和激励理论的基本思想、方法具体应用于公共经济分析中；奥尔森将集体行动理论和选择性激励理论结合起来，搭建了一个独特的分析框架；埃莉诺·奥斯特罗姆研究了社会公共事务治理的组织制度安排及机制设计问题，创建了多中心治理理论，改进并丰富了公地悲剧、囚徒困境和集体行动的逻辑等理论模型。[①]

三、公共经济体制思想

多数经济学家关于公共经济体制的思想观点主要体现在对财政分权的讨论中，并且常被名之为“财政联邦主义”；只有将政治思想家关于政治体制的论述加上，才能描绘出整个公共经济体制的轮廓。当然，也有部分经济学家从财政分权延伸到公共物品再生产过程中的公共权力机构责任与权力划分问题。

西方政治理论把政府体制分为集权式和分权式两类。前者按“公共事务是中央政府的事，但可以分一部分给地方政府管理”的理念建立，税收和公共事务管理权集中于中央。后者秉持“公共事务应当归地方，中央政府只管那些地方管不了的事，国家是地方政府的联邦”的理念，即联邦制。自 20 世纪 40 年代起，学者们开始倾向于集权式与分权式相结合的财政联邦主义理论——既吸收对方优点，使各级政府具有相对独立性，又利于发挥中央政府宏观优势的理论，逐渐被多数国家接受。近年对公共经济体制分权与集权的

---

① 卢洪友、祁毓：公共部门经济学——演进脉络与发展趋势［J］. 财经问题研究，2013（7）：64 - 71.

研究多通过实证分析进行，但至今理论界对于分权和集权还有诸多争论，难以达成一致。

（一）关于政府间公共物品提供责任划分

在中央和地方提供基本公共物品责任划分方面，施蒂格勒（1957 年）总结了两条原则：（1）代议制政府离人民越近，其提供公共物品的运作越有效；（2）人民应当享有选择公共服务种类和数量的权利。马斯格雷夫（1959 年）更为强调外溢性，认为地方更关心能享受到绝对水平的特定公共产品问题，基本公共服务均等化应交给中央政府解决；之后（1973 年）进一步以一切公共服务均属于纯公共物品为假设，从收益归宿理论切入，分析了集权与分权的价值和意义，指出中央、地方应分别负责供给全国性和地方性公共产品，并强调中央应发挥更大作用，以利实现区域间公共福利的均等化。

奥尔森（1969 年）认为，如果使政治管辖权与公共物品受益区域重叠，边际收益等于边际生产成本，即能够克服"搭便车"问题，从而有利于确保公共服务最佳提供。

奥茨（1972 年）认为，"公共服务应由最小的地理区域提供，这种提供能够内部化成本和收益"，因为对于某种公共物品来说，如果不考虑外溢性问题，地方政府更接近自己的公众，更了解其所辖区民众的效用与需求，假如下级政府能够和上级政府提供同样的公共物品，那么由下级政府提供则效率更高。这就是"奥茨分权定理"的核心内容。

布坎南根据俱乐部理论认为，地方分权研究中应考虑地方政府规模问题，一方面，新成员加入会降低成员分担的平均成本；另一方面，新成员增加到一定程度将会带来规模不经济问题，即出现消费拥挤现象。①

钱颖一、温格斯特（1991 年）则主张将民主原则引入分权机制，确保地方提供公共物品的独立性和自主性，有利于激励中央和地方政府主动提高公共物品的供给效率，同时财政分权也能实现公平目标。

巴莱·温格斯特（2006 年）构建了一套联邦体制比较分析的理论概念，认为维护市场型联邦主义是联邦体制的理想形式，具有以下特征：多级政府责任划分清晰；地方政府拥有自主提供公共物品的权力；联邦政府保护全国统一市场；各级政府分别承担融资决策的结果，预算约束比较强；同时，要

---

① 转引自刘云龙：财政联邦主义理论评述［J］．经济学动态，1998（7）：62.

使各级治理权力划分制度化。[①]

（二）关于政府间财政权划分

以蒂布特、奥茨等为代表的第一代财政分权理论主要讨论了财政分权对经济增长的效应，认为联邦制下的财政分权将公共资源配置的权力更多向地方政府倾斜将会提高社会总体福利水平。蒂布特主要阐述地方分权竞争提供公共物品对确保公共经济效率的作用。奥茨从成本－收益的角度探讨集权分权问题，认为由不同层级政府分权提供公共物品能够反映不同地区的需求与供给成本存在的差别。

以钱颖一等为代表的第二代财政分权理论认为，在信息不对称的环境中，中央和地方两者应将行为目标协调一致，积极主动地形成有效提供公共物品的不竭动力。C. 布朗（1990 年）认为财政联邦主义应体现多样性、等价性、集中再分配、位置中性、集中稳定、溢出效应、基本公共服务最佳供应和财政地位平等八项原则。耶尔马兹（1992 年）通过实证研究认为，单一制国家的支出分权对人均 GDP 增长的推动功能尤为突出。

（三）关于政府间财政收入划分

马斯格雷夫（1959 年）认为属于中央的税收应包括以收入再分配为目标的累进所得税、可能影响宏观经济稳定的税收、税基在地区间严重不均或有高度流动性的税种；地方税收应包括税基依附于居住地和课征于非流动性生产要素的税种；同时各级政府可征收收益性税收和使用费。

其他经济学家关于政府间税权划分的观点，可以概括为：1. 税基不均且流动性强、再分配效应明显、征管难度大、收入不稳定的税种，宜划分给中央政府；2. 与特定支出和管制项目相联系的税种应划分给对应层级政府；3. 收益类税种宜划分给地方政府。就具体项目而言，个人所得税、公司所得税、一般销售税（增值税）、消费税、资源税、关税等应为中央收入，而工薪税、财产税和公共物品使用费等收入则适宜作为地方收入。[②]

美国政治哲学家约翰·罗尔斯（1921—2002 年）在《正义论》（1971 年、1999 年）一书中，以其社会契约论假说为基点，论证了国家保障公民

---

① 转引自鄂杰、庞鑫：财政联邦主义理论与实践述论［J］. 财政研究，2013（8）：79－80.

② 圣西门：圣西门选集第 1 卷［M］. 王燕生等译，北京：商务印书馆，1979.

自由平等权利、维护社会正义的必要性和实现途径，既是一种关于公共经济政策宗旨的理论观点，同时也涉及公共经济体制中人民与国家之间责任和权力的划分问题。

四、公共经济政策思想

在当代，几乎每一个研究国家治理问题的进步思想家都会延续有文字记载的历史以来主流思想传统，坚持并发表以谋求增进全社会大多数人福利的公共经济政策思想。这里只列举西方现代史上部分最著名的经济学家和学派有关公共经济政策的思想。

新古典经济学创建者、英国经济学家阿尔弗雷德·马歇尔（1842—1924年）从消费者剩余概念推导出政策结论：政府对收益递减的商品征税，得到的税额将大于失去的消费者剩余，用其中部分税额补贴收益递增的商品，得到的消费者剩余将大于所支付的补贴。其中的消费者剩余概念及其政策结论，对福利经济学的产生起了重要作用。

阿瑟·塞西尔·庇古（1877—1940年）以其1920年出版的《福利经济学》建立了一套以解救贫困、增进福利为宗旨的福利经济学体系，标志着福利经济学的诞生。他根据边际效用基数论提出两个基本的福利命题：（1）国民收入总量愈大，社会经济福利就愈大；（2）国民收入分配愈是均等化，社会经济福利就愈大。其实现途径，一是通过社会生产资源的最优配置增加社会产量；二是通过累进所得税政策把向富人征得的税款用来举办社会福利设施或实施福利政策，让低收入者享用。为此，他创立了社会保障经济理论，主张国家实行养老金制度和失业救助制度。福利经济学将着眼于个人自利的传统研究转到社会经济福利的研究上来，而增进社会经济福利正是公共经济政策目标的核心所在。庇古的福利经济理论及其政策主张成为包括英联邦成员国在内的西方国家推行福利国家政策的重要思想理论基础。

凯恩斯主张运用以财政政策为主的宏观经济政策应对由供需缺口引起的周期性经济危机，以实现充分就业。汉森提出逆经济风向的“反周期”补偿性财政政策，强调财政收支、国债等公共经济政策对于稳定经济运行的作用。

萨缪尔森结合经济学研究倡导实行一系列公共经济政策。例如，提出政府促进平等的方案，使用诸如收入再分配等工具来体现社会对穷人和残疾人的关心；主张运用财政政策和货币政策削平经济周期的高峰和低谷，以减少失业和通货膨胀，并促进经济增长。[①] 再如，从实现社会福利最大化的价值观出发，主张增加耐久性公共工程项目、自然环境保护、支持科研、教育和培训、公民健康调查和管理、社会福利等方面支出，尽可能增加这些方面的公共物品供给，并且旗帜鲜明地反对运用公民纳税形成的财政资金发动和支撑侵略战争。

布坎南和康格尔顿（2006 年）认为公共经济政策应当贯彻普遍原则，即所有政府服务应当一视同仁地提供给政治共同体之内的所有公民，不管从技术上讲排他性是否可行。[②]

20 世纪 70 年代，市场经济国家较为普遍地出现了经济“滞涨”局面，以供给学派和货币学派为代表的新自由主义经济理论应运而生。供给学派认为，要医治“滞涨”的经济顽症，应当实施供给管理和控制货币发行的政策，降低税率以刺激经济增长，减少国家干预经济以提高私人经济的效率；强调税收中性原则并削减税收、降低税负，实行紧缩性的财政政策，恢复预算平衡。以米尔顿·弗里德曼（1912—2006 年）为代表的货币学派认为，推行凯恩斯主义扩大财政支出政策造成货币供应过量增加，是导致持续通货膨胀的根源。因此，他们反对赤字财政政策，主张实行紧缩性的财政政策和货币政策来控制通货膨胀；在税收方面，主张全面降低个人所得税的基本税率，减征投资收入税、土地开发税和公司利润税，并主张对低收入家庭实行“负所得税”，用以代替现行的对低收入者补助制度。[③]

五、公共经济学科发展

一门学科的创立和发展，主要应以其思想理论内容的成熟程度来判断，同时在形式方面则要以有没有相关专门著作出版及其内容构成来衡量。前面我们循着时代前进的脚步简要概述了西方公共经济思想理论内容由简单粗糙到丰富精细演化的过程，这里则主要从相关著作出版情况对西方公共经济学科发展进行简要考察。

从有据可查的文献来看，全球最早以公共经济为书名的经济学专著，当

---

① 萨缪尔森、诺德豪斯：经济学（上）第 12 版［M］．北京：中国发展出版社，1992：79.

② 转引自童光辉：公共物品概念的政策含义［J］．财贸经济，2013（1）：42.

③ 米尔顿·弗里德曼：资本主义与自由［M］．张瑞玉译，北京：商务印书馆，2000.

属德国经济学家马尔吉特·卡塞尔（1840 年—1926 年）于 1925 年出版的德文版《公共经济》。[①] 尽管其理论内容和结构体系与当今同类著作相比差距较大，但却不可否认它在公共经济学科发展方面首开先河的意义。

意大利财政学家艾纳乌迪（1874 年—1961 年）已经认识到财政学这一学科名称难以囊括作为研究国家生产活动的理论内容，因而提出“财政学可以称为公共经济学（Scienza Dell'Economia Pubblica）”。[②] 意大利财政学家马尔科在其 1936 年翻译出版于美国的《公共财政学基本原理》一书中指出：“所谓公共经济学或公共财政经济学，研究的是国家的生产活动，它所涉及的是公共需要的满足问题。”“导致国家去生产公共产品的动机和需要，仅是由个人或集团的动机和需要引起的，它们才是国家测度财政利弊的实际依据。”[③]

理查德·埃布尔·马斯格雷夫于 1959 年出版的《财政学原理：公共经济研究》一书标志着公共经济学作为一门独立的经济学分支开始成熟起来，因为他在这部著作中非常明确地以“公共经济”为研究对象。随后，在 1964 年和 1965 年，又以法文和英文分别出版了《公共经济学基础：国家经济理论概述》和《公共经济学》，直接把“公共经济学”用作书名，他因此而被称为“公共经济学之父”。他认为，公共经济理论就是研究政府所从事的经济活动的主要后果及其与社会目标的关系，但其任务更多的是研究公共预算管理中出现的经济政策。

1964 年科尔姆（Kolm）以法文出版《公共经济学基础：国家经济作用理论概述》，1965 年约翰森（Johansen）以英文出版《公共经济学》，二者均直接以“公共经济学”为书名。此后，许多著名财政学家如费尔德斯坦（M. S. Feldstein）、斯蒂格利茨（J. E. Stiglitz）、阿特金森（A. B. Atkinson）、C. V. 布朗和 P. M. 杰克逊等经济学家相继出版了众多版本的公共经济学著作或教材。无论这些著作或教材与名为《财政学》的著作或教材在理论内容和

---

① 坂入长太郎：欧美财政思想史［M］. 北京：中国财政经济出版社，1987：357.

② 陈子雷：马尔科的国家类型论及其理论演变［J］. 国际经济合作，2012（5）：91。但出生于 1874 年的艾纳乌迪提出“公共经济学”这一学科名称，无论如何不可能早过恩格斯在 1844 年发表于《德法年鉴》、提出“公共经济学”这一学科名称的《国民经济学批判大纲》——马克思恩格斯选集第 1 卷［M］. 北京：人民出版社，2012：22.

③ Marco，A. D. V. D：First Principles of Finance. Translated by E. P. Marget. New York：Harcourt Brace & Co. Inc. 1936，P34、38.

体系结构方面差别大小，以公共经济学为书名的著作或教材不断涌现本身，无疑标志着公共经济学这门学科进入了一个快速发展时期。

为了推动这门学科的发展，美国1966年开始出现了在公共经济学名义下召开的定期会议和阿特金森主持的公共经济学会及会刊。继之，1972年美国《公共经济学杂志》出刊。

面对这种蓬勃发展的局势，美国经济学家布朗和杰克逊早就认为，现代公共经济学已经成为“经济学的令人激动和富于挑战性的分支”。[①]

第四节　近现代西方公共经济思想理论演进的背景分析

近现代西方公共经济思想理论不是坐在书斋里冥思苦想的产物，而是相关思想家们对解决资本主义经济矛盾基本路径进行理论思考的结果。一般而言，他们都根据自己的理论分析相应地提出了运用公共经济政策解决经济社会问题的政策主张。

14—16世纪是欧洲封建社会末期，也是资本主义经济关系萌芽时期。这时，西方社会在政治上实行封建专制，在经济上仍以自然经济为主，但商品经济有了不同程度的萌芽和发展，文化上基督教教义仍占主导地位，但文艺复兴运动也不断“攻城略地”地解放着人们的思想。当时宗教和国王仍是社会两个权力中心，他们在联手对农民和手工业者实施剥削的同时，彼此间的矛盾也逐渐突出，而此时一个新的阶层——工商业者也逐渐成长起来。欧洲中世纪的宗教传统使基督教在国家生活中拥有主导地位，对社会政治经济文化生活起着支配作用。这使作为世俗权力中心的国王非常不满，一直存在教皇与国王的矛盾且日趋突出。随着工商业的兴起，商业资本家财富的增多，工商业者为了自己持续的商业利益，开始争取更多政治权利，接近并支持国王，与国王结成政治联盟，试图影响国家实行重视商业、鼓励贸易的经济政策。而国王为了扩张国家版图、增强自己的势力、削弱宗教影响等，也需要与商业资本家联合。正是在这种历史背景下，重商主义理论产生了。重商主义理论强调对外贸易对于国家富强的重要意义，并推动国家采取消减关税、增加配额、发放补贴、减免税收等手段鼓励商业贸易。重商主义的公共经济

① 布朗 & 杰克逊：公共部门经济学第4版［M］．张馨注译，北京：中国人民大学出版社，2000：11.

思想代表了封建国王和资本主义萌芽时期工商业者的利益。

资本主义建立初期，通过“圈地运动”使农奴、农民从封建庄园中解放出来，部分商业资产阶级利用这些廉价劳动力开办手工工厂逐步转变为产业资产阶级，靠剥削工人的剩余价值积累其财富。产业资产家为反对封建专制制度，获得更多劳动力和资本而倡导自由、平等、博爱等人本主义价值观；为实现自己的利润而倡导自由交换的市场。在此背景下，很多思想家开始以市场经济的视角思考社会现象，霍布斯、洛克、卢梭等提出的国家契约论、赋税利益交换说即是市场经济观点的反映。这一时期的部分思想家把国家视为经济行为主体，是当时发展资本主义生产方式的要求。

到 18 世纪中叶的斯密时代，资本主义生产方式在英国已经完全确立并处于上升时期。这时，资本家正由通过延长工人劳动时间和加强劳动强度攫取绝对剩余价值向通过提高技术收获相对剩余价值转变。第一次工业革命加速了这一进程，资本家对经济的认识更趋向于自由、放任。斯密关于市场完美与自由放任以及政府充当“守夜人”的思想正是自由竞争资本主义经济发展的需要。当然，斯密也看到了政府公共活动的必要性及其基本内容，但只限于保障民间经济自由竞争的协助性需要。同时期的法国处于资本主义发展初期，萨伊关于国家生产性及其满足公共需要的见解则反映了法国资本主义发展的要求。

从 18 世纪末到 19 世纪末，资本主义生产方式基本稳定，西方主流思想家逐渐抛弃劳动价值论等具有辩证性的思想，甚至把资产阶级利益抬升到超然于国家利益的高度，如马尔萨斯认为从增加需求考虑即使浪费性的公共支出也是件好事。但资本主义世界的周期性经济危机，促使其理论研究者们不得不重新思考政府作用，开始逐渐深入地分析公共经济的范围和内容，强调国家对经济的作用。如西斯蒙第认为政治经济学就是对国家财产的管理；穆勒把政府职能分为必要的和可选择的，并开始在理论上涉及公共需要、公共物品问题；史泰因还从财政角度阐述了公共经济的基础、目的和宗旨及其与私人经济之间的关系；迪策尔进一步提出公共经济这一理论范畴，沙夫勒、瓦格纳则给出了公共经济的定义。但总体上看，这一时期的公共经济观点还多侧重公共收入（税收）的研究，对公共支出研究不足。

随着第一次工业革命的深入和扩展，机器大生产逐步取代工厂手工业，经济危机的频发使国家在社会中的作用逐步加强。原以财政收支管理为研究对象的财政学逐步扩展为研究整个政府的财政活动，涉及资源配置、收入和财富分配、经济稳定和增长，如萨克斯用边际效用分析公共财政问题，帕累托关于政府决策的收益与机会成本、效率与公平的论述，这些都加速了公共经济学的成长。巴斯泰布尔1892年出版的《财政学》已是一部较多体现公共经济内容的独立性财政学著作，1925年马尔吉特·卡塞尔出版的《公共经济》则成为最早以公共经济命名的经济专著。其时，奥意经济学派通过边际分析对国家活动生产性的认识、英国福利经济学的产生、瑞典经济学派提出的公共物品供给模型等都加速了公共经济学发展。而这些理论进步，同样根源于资本主义经济矛盾的演进。即随着第一次和第二次工业革命，资本力量在经济领域的支配地位逐步巩固，同时工人阶级的力量也不断加强，尤其是由于马克思主义的传播，工人与资本家的阶级对立日益尖锐，迫使资产阶级为了维护自己的统治地位和整体长远利益，在工人阶级有组织的抗争面前不得不让步。工人阶级经过斗争逐步取得了一些政治权利和经济权利，体现在公共经济生活领域就是国家提供的公共物品和服务范围不断扩大，而其思想反映就是公共经济理论的丰富和发展。

20世纪20年代末至30年代中期的资本主义世界经济大危机客观上成为公共经济理论发展的加速器。西方实务界和理论界面对经济萧条、失业扩大以及由此引发的残酷战争和工人阶级的斗争，开始反思自由放任及其引发的私人垄断的弊端，试图以政府职能和思想理论革命扶“资本主义制度大厦”于将倾。罗斯福新政的实施及其在世界范围内的经验推广，使得国家（政府）成为与市场同等重要的“双手”——“有形手”和“无形手”。凯恩斯在其代表作《就业、利息和货币通论》一书中极力推崇国家干预主义，从而在英美思想理论界拉开了国家（政府）直接作为经济活动主体的帷幕。

20世纪50年代，随着第三次科技革命浪潮到来，国家对经济、科技活动的干预不断加强，发达资本主义国家先后实现了高度工业化，国家垄断资本主义得到高度发展，经济学家们更加关注政府行为在具体领域和环节的作用，如公共支出的限度、反周期财政政策、社会分配、公共经济资源配置、公共物品供给过程、公共选择机制等，由此形成的理论成果有力地滋养着公共经济学发展并构成公共经济理论的重要板块。20世纪50年代末至70年代，马斯格雷夫、萨缪尔森、布坎南等著名经济学家关于“公共经济学”的思想理论促使公共经济学逐步以独立分支的面貌跻身于经济学林。然而，此时以美国为首的资本主义经济较为普遍地发生了“滞胀”，又使经济学思想变得复杂起来，货币学派和供给学派强烈反对国家过度干预，使公共经济学发展受到一定程度的影响。但这并没能阻挡公共经济学的演进。

第五节　西方公共经济思想理论演进评析

西方公共经济思想的演进，以古希腊哲人关于国家本质、职能与结构的思考为源头，以奴隶社会、封建社会和资本主义社会公共经济实践发展为基础，经由古罗马、中世纪和近现代纵跨历史长河两千多年的持续努力探索，不断融汇众多经济理论家、政治思想家在不同时代背景下对公共经济暨国家治理内在联系和运行规律进行理性思考的结晶，既有继往开来性的思想传承，又有突破创新性的理论飞跃，推动着公共经济理论认识由点到面、由浅入深、由简单朴素到繁复深邃，逐渐成为人类博大精深的思想成果宝库中的一件瑰宝。但也无须否认，这件已经众多高手工匠用心雕琢的瑰宝目前尚有很大的精深加工潜力，甚至还存在不少瑕疵。这不仅是因为人类公共经济实践仍在进行过程中，也因为研究者们在主客观方面存有多种局限性因素。

一、西方公共经济思想理论演进的主要脉络和基本轨迹

纵观西方公共经济思想理论过去两千余年的演进历程，其发展的主要脉络集中于与国家职能相关的公共物品及其供给、与国家在经济社会生活中地位相关的政府干预、与国家本质和结构相关的公共经济体制、与国家治理目标相关的公共经济政策、与公共资源筹集和运用相关的财政收支及其经济社会效应、与研究范式相关的学科内容变化这六个方面。这些侧面的思想理论进步，随着经济社会矛盾的演化和公共经济实践需要的变更而形成特定的发展轨迹。

（一）与国家职能相关的公共物品及其最佳供给

2300 多年前的苏格拉底、柏拉图和亚里士多德师徒三代总体上一脉相承，都认为国家的基本职能在于保障城邦人民不受外敌侵犯、维护法律秩序和社会和谐正义、发展教育培养德智体全面发展的公民和国家治理人才，让人民过上理想的生活。换言之，这就是他们眼中的公共物品。

近代以后，重商主义思想家们将国家职能扩展到促进以出超为目标的对外贸易；以休谟、斯密为代表的英国思想家将国家职能进一步扩展到以交通设施为主的公共工程，但认为国家所有支出都属于必不可少的非生产性费用，

没有认识到国家所生产（提供）的是满足公共需要的公共物品，包括霍布斯、李嘉图、穆勒等都没有明确提出国家具有生产性。法国思想家圣西门、萨伊、西斯蒙第最早从提供社会性公共消费品和公共规制角度认为国家也具有生产性。德国的李斯特、史泰因、迪策尔、瓦格纳则明确提出国家具有生产性，将国家主导的公共经济与市场支配的民间经济作为整个国民经济体中可以相提并论、需要保持均衡的两大部门。

此后，洛桑学派的瓦尔拉斯、奥地利学派的萨克斯、意大利学派的马尔科等分别运用边际效用和一般均衡方法将公共物品纳入价格决定的供求均衡分析范围，从而在学理意义上促使财政学演进为公共经济学。马尔科还第一次明确地使用了作为公共经济学核心范畴的“公共物品”这一概念，尽管此前德国经济学家早已明确使用过“公共经济”概念和类似公共物品的概念。瑞典学派创始人维克塞尔和林达尔师徒俩沿着洛奥意经济学派一般均衡分析的思路进一步探索，不仅研究提出关于公共物品最佳提供规模的“维克塞尔－林达尔模型”，而且开创了通过政治投票机制实现公共物品供需衔接的公共选择理论之先河。

马尔科的《公共财政学基本原理》一书英译本 1936 年在美国出版 18 年后，美国经济学家萨缪尔森对纯公共物品给出了较为经典的定义，并以公式和图解方式完善了以一般均衡为基础的公共物品最佳供给模型。布坎南以理性经济人为假设分析公共物品决策和公共经济政策决定机制，进一步丰富了公共选择理论。

随着生产力水平的提高、经济社会矛盾的发展和公平正义观念的演进，公共物品品种不断增加，覆盖范围由社会领域向经济领域扩展，收入再分配、实现充分就业、纠正外部性、克服自然垄断、反经济垄断、保护自然生态、实行社会保障等类公共物品相继进入学者们的理论研究视野，推动了公共物品理论的发展。

（二）与国家在经济社会生活中地位相关的政府干预

重商主义从有利于商业资本的扩张出发，主张国家干预经济。德国历史学派从克服当时德国松散联邦对资本主义经济发展的瓶颈制约出发，主张国家干预经济的观点。斯密着眼于促进产业资本的发展，主张政府为自由竞争创造基本条件的“夜警国家”观点。凯恩斯主义面对资本主义社会化大生产内在矛盾的激化，从在现存制度范围内做出有利于维护资产阶级利益和社会稳定的政策调整考虑，提出国家在经济领域必须从幕后走向前台，从宏观上维护社会供需总量平衡角度直接干预经济。美国经济学家汉森、马斯格雷夫、萨缪尔森等从不同角度、在不同程度上明确肯定政府干预经济的必要性。与此不同，布坎南等公共选择学派经济学家则以政治家和政府官员也是追求自身利益最大化的理性经济人为理据，认为政府与市场一样存在着各种失灵问题，主张将政府对经济生活的干预限制在尽可能小的范围内。货币学派和供给学派借机美国为首的资本主义经济较为普遍地发生“滞胀”，强烈发声反对国家过度干预。总的来看，公共经济思想家们关于政府干预范围、政府与市场的划分等有关问题的讨论，遵循了“干预、不干预、直接干预、少干预、划分干预范围、该干预干预、不该干预不干预”的逻辑演化轨迹，其实这正是资本主义发展在不同阶段上的内在需要。

（三）与国家起源、本质和结构相关的公共经济体制

相关思想首先是由政治思想家提出的。柏拉图认为国家是在分工基础上产生、以维护社会正义为宗旨的机构，亚里士多德认为国家是基于人作为社会政治动物的本性在家庭基础上逐级联合而形成、以谋求公共福利为宗旨的普遍性社会团体，而伊壁鸠鲁最早提出了关于国家起源的社会契约论。[①] 西塞罗最早提出人民是国家的主人，马西利乌斯继承并发展了西塞罗的人民主权思想。洛克、孟德斯鸠、卢梭以至20世纪的罗尔斯等以各自的社会契约论假说论证国家的起源、本质和结构。以这些思想观点为基础，思想家们各自提出关于公共事务治理暨公共经济体制理论，如精英治国论、共和体制论、人民民主论、公共权力横向分立相互制衡论，以至杰斐逊从维护民主自由和防治腐败出发提出纵向分权论。

自斯密开始到现代美国不少经济学家从公共物品受益范围的层次性和有利于保障公共物品提供效率出发，主要阐述了关于公共经济纵向分责分权体制思想。其中包括第一代和第二代财政联邦主义理论。

上述思想理论涵盖了公共经济体制的基础维度（合理划分公共经济终极主体与受托代理主体之间的责权暨公共经济与民间经济之间的范围边界）、横

---

① 马克思指出：“国家起源于人们相互间的契约，起源于 contrat social（社会契约），这一观点就是伊壁鸠鲁最先提出来的。”马克思、恩格斯：德意志意识形态·莱比锡宗教会议——三、圣麦克斯［A］．马克思恩格斯全集第3卷［C］．北京：人民出版社，1960：147.

向维度（公共经济代理主体内部各部门之间的责权划分）和纵向维度（社会公共机构各层级之间公共经济责权划分），演进的总体方向是越来越明确地倾向于构建以公共性和民主化为基础、以维护社会公共利益为宗旨、以保障公共经济效率和增进公共福利为目标，合理而清晰地划分公共经济活动各方面和各层级主体之间的责任与权力。

（四）与国家治理目标相关的公共经济政策

从柏拉图提出的维护社会正义原则，亚里士多德提出的谋求公共福利标准，阿道夫·瓦格纳以推动社会进步和增进社会福利为核心的社会政策财政观，到庇古以追求全社会经济福利最大化为目标的公共经济政策观，再到罗尔斯由最大平等自由原则和差异原则、机会均等原则构成的社会正义观，以及萨缪尔森关于在保证经济资源配置帕累托效率基础上通过税收、支出等手段增进国大众福利的政策主张，可以说既一脉相承又随着时代进步而不断充实完善。

（五）与公共资源筹集和运用相关的财政收支及其经济社会效应

由于国家受托提供公共物品必须以筹集和运用财政资源为物质前提和基础，因此，公共经济学的发展演化以研究财政收支及其政策的财政学为起点，而国家安排财政支出的前提又在于组织财政收入。基于这种内在逻辑，对于财政收入的研究不仅表现为公共经济学发展的源头（如2400多年前色诺芬的《雅典的收入》或《论税收》），而且此后长时期内财政学研究的重点都在于财政收入及其对经济的影响，如配第的《赋税论》、尤斯蒂《财政学》和斯密《国富论》第五篇等关于税收原则及其对人民生活和经济发展的影响，直到目前许多现代西方财政学著作中关于财政收入及其经济社会效应的分析仍占很大篇幅。但随着财政支出规模扩大、支出范围扩展、支出政策对宏观和微观经济社会生活调节功能的强化，特别是公共物品提供被逐步纳入经济学一般均衡分析轨道，财政支出及其政策的经济社会效应才愈来愈多地受到经济学家的关注，在财政学或公共经济学著作中的重要程度和篇幅比重随之不断提升。由于西方版本抑或是作为其翻版的中国学者所撰公共经济学著作（教材）中关于财政收支经济效应分析的内容占主要篇幅，而对财政收支运行管理着墨相对较少，以致许多对公共经济学了解不深的学者往往认为公共经济学与财政学的区别主要在于前者注重财政收支的经济效应研究，甚至根据公共经济学著作的总体内容中对财政运行本身的分析阐述少于财政学的情况，认为公共经济学仅为财政学的一部分。

（六）与研究范式相关的学科内容变化

作为从经济学视角研究国家治理活动的公共经济学，本质上必然是一种经济与政治紧密交叉的社会科学。正因为如此，公共经济学实际上是以财政学、政治学和经济学为基础依托发展演化而来的。在西方公共经济思想理论源头上，古希腊思想家柏拉图和亚里士多德关于公共经济的思想观点分别包含在二者所著《理想国》和《政治学》这两部文献中。其后，古罗马西塞罗和中世纪意大利思想家马西利乌斯的公共经济思想分别体现在他们所撰《论共和国》和《和平的保卫者》这两部政治学著作中。近代以来，霍布斯、洛克、孟德斯鸠、卢梭、汉密尔顿、杰斐逊、罗尔斯等人的公共经济思想同样反映在他们的政治学或政治哲学著述里。与此不同，斯密、萨伊、李嘉图、穆勒、马歇尔、潘塔莱奥尼、庇古、凯恩斯、汉森、马斯格雷夫、萨缪尔森、弗里德曼等人的公共经济思想见诸他们的经济学著作。更多财政理论家关于公共经济问题的论述是以他们的财政学著述为载体的，如色诺芬、配第、尤斯蒂、史泰因、沙夫勒、瓦格纳、马尔科、巴斯泰布尔、马左拉、维克塞尔、林达尔、罗森等。另外一些学者的公共经济思想是在他们所撰写的经济与政治相结合的著作中阐述的，如萨克斯的《国家经济导论》、鲍温的《经济资源配置中投票的解释》、布坎南的《民主过程中的公共财政》和《自由、市场与国家：八十年代的政治经济学》等。直到比较晚近时期，以 1925 年为开端（马尔吉特·卡塞尔所著《公共经济》），以 20 世纪 50 年代末为过渡（马斯格雷夫所著《财政学原理：公共经济研究》），20 世纪 60 年代中期以后渐成风气，学者们的公共经济思想理论越来越多地通过直接以“公共经济”为题的专著、教材和文章面世。特别是卡梅隆 1969 年出版的《公共经济》将公共经济学与公共财政学加以具体区别，对公共经济学范畴体系加以系统性扩大，直接引起公共财政学向公共经济学转变。此后又有布朗和杰克逊的《公共经济学》（1978 年）、鲍德威和威德逊的《公共部门经济学》（1979 年）、斯蒂格利茨与阿特金森合著的《公共经济学讲义》（1980 年）、斯蒂格利茨独著的《公共部门经济学》（1986 年）等版本陆续出版。此外，同一位经济学家以不同书名出版有关公共经济思想理论的著作也并不鲜见，如马斯格雷夫的公共经济思想理论既体现在他的《财政理论与实践》中也体现在他的《财政学原理：公共经济研究》中，还更为直接地体现在他的英文版《公共经济学》

（1965 年）里；布坎南既有前述以经济与政治混合色彩书名出版的著作，也有单纯以公共经济学色彩出版的著作（《公共产品的需求与供应》，1968 年），还有与玛里琳弗劳尔斯合著的《财政学》（1980 年）；斯蒂格利茨在《公共经济学讲义》（与阿特金森合著，1980 年）、《公共部门经济学》（1986 年）、《政府经济学》（1988 年）、《国家的经济职能》（1989 年）、《财政学》（中国人民大学出版社 2002 年中译本）等著作中都阐述了公共经济理论。由此可见，那种认为公共经济学已经或者行将取代财政学的看法是值得商榷的。

就研究范式而言，公共经济理论的演进历程显示出“肯定—否定—肯定”的辩证循环轨迹。在其开端的古希腊时期，思想家是将关于经济学、政治学、社会学等内容囊括在政治学里的统一分析阐述，欧洲 17—19 世纪仍然在政治经济学概念下对涉及国家治理的经济、政治事务进行综合研究；以马歇尔的《经济学原理》为转折点，以欧美为主体的西方经济学研究逐步朝着将经济与政治研究分隔开来研究的单纯化方向转变。单就财政学而言，英国经济学家道尔顿在 1920 出版的《公共财政学原理》一书中仍然认为“财政学是介于经济学与政治学之间的一门学科”。[①] 后来也逐步朝着纯经济学方向演化。到 20 世纪中叶，由布坎南在瑞典经济学派基础上生发起来的公共选择理论为新转折点，又出现了将经济学与政治学结合起来进行统筹研究的趋势。对此，布坎南 1987 年自证式地指出：“一个多世纪以前，人们研究政治经济学。今天，人们研究的是经济学和政治学。这种变化所带来的专业化，从某些方面看，有其优点。但在我们研究一个国家的公共财政时，这种转变实际上是一种倒退。因为按照定义，作为一种研究领域的公共财政，是对政治经济的研究。”[②] 既然以给公共物品生产活动筹集、配置和管理资金为研究对象的财政学是这样，那么，对以国家为受托执行主体的整个公共经济为研究对象的公共经济学来说就更是如此。由此可以认为，将公共经济学视为单纯的经济学科、仅从经济视角并运用经济学方法进行分析论证的研究范式，割裂了其研究对象中经济与政治浑然一体的内在联系，违反了这门科学固有的属性，使公共经济学研究范式偏离了正确轨道。布坎南以自己的科学研究实践纠正这种偏谬，并从学理上做出自我辩护式论证，对于公共经济理论研究回归正轨具有重要

① 道尔顿：财政学原理［M］. 台北：中正书局，1954：54.

② 布坎南：公共财政序［M］. 赵锡军等译，北京：中国财政经济出版社，1991：3.

意义。斯蒂格利茨认为，从基本内容来看，公共经济学就是要搞清公共部门应该从事哪些活动以及这些活动是如何组织的；尽可能地理解和预测政府经济活动的全部结果；评价政府的各种经济政策；解释公共经济决策程序。[①] 这种观点虽则仍是侧重于从经济角度来界定公共经济学的研究范围，但从其中关于公共部门职能、评价经济政策和解释公共经济决策程序这三点来说，又涉及政治领域。

二、现代西方公共经济思想理论体系的内在缺陷和局限性

两千多年来，经过众多思想理论家在传承基础上持续不断的探索创新和辛勤奉献，西方公共经济思想理论研究取得了一系列重大成果和巨大进步，无疑需要充分肯定。但同时也不能不指出，时至目前，西方公共经济思想理论在内容和体系方面都还存在着不少有待克服的重要缺陷和较为明显的局限性。

（一）没有以公共物品提供、分配、交换、消费和再生产作为贯穿整个理论体系的主线，从而难以将公共经济学研究建立在系统分析国家生产活动内在联系和运行规律的深厚基础之上。翻阅目前各种版本的西方公共（部门）经济学专著或教材不难发现，虽然基本上都在正文的首篇位置分析阐述公共物品理论，以后各篇尽管会或多或少地联系到公共物品，但基本上不再以公共物品为主要内容，而多以大量甚至主要篇幅分析阐述财政收支及其对经济活动或经济行为的影响。由于缺乏贯穿始终的突出主线，致使西方公共经济学的整个理论体系显得比较散乱。

（二）没有以公共物品这一范畴统一广义政府的职能活动。现代西方公共经济学一般是以市场失灵作为论证广义政府职能的依据，而市场失灵的表现包括公共物品提供、收入分配、经济外部性、自然垄断、竞争不充分、经济周期波动等许多平行项目。正是因为现代西方公共经济学并没有像马尔科那样将生产公共物品视为国家的一般职能，进而认识国家职能的生产性，而从狭义上理解的公共物品及其提供自然不能涵盖广义政府的所有职能活动，因而也就不可能以公共物品分析作为贯穿整个理论体系的主线。进一步说，他们之所以将广义政府所承担的各种公共事务概括为克服市场失灵，一方面是由于他们秉承斯密传统对市场调节机制过于崇拜，无论对何种社会性问题首先看能否由市场这只“看不见的手”解决，只将市场机制实在无能为力的事

① 斯蒂格利茨：政府经济学［M］．增强等译，北京：春秋出版社，1988：13.

务无可奈何地留给广义政府承担；另一方面，也是受机械唯物主义世界观和方法论的局限，惯于以形而下的视角来考察识别公共物品，无法通过抽象思维将广义政府所承担的各种职能归结为提供公共物品，从而凸显出现代西方公共经济学在方法论上的局限性。那种认为现代西方公共经济学也是以公共物品理论为基础的观点，如果不是基于对西方公共经济学著作缺乏全面认识而产生的误解，就是因为出于对西方学说的崇敬而夸大了公共物品理论在现代西方公共经济理论体系中的地位和作用。

（三）未能深入系统地分析由生产、分配、交换、消费构成的公共经济再生产过程。对公共物品生产的分析止于公共物品最佳供给规模、决策机制，以及个别学者对公共提供和私人生产相结合的论述。在西方有关论述中，对公共物品交换的分析服务于公共物品供给规模的论证，止于对公众需求偏好和公共物品价格的揭示；对公共物品分配问题基本上无人论及；对公共物品消费问题的分析，则止于克服“公共地悲剧”现象。可以说，在任何一部公共经济学著作或教材中，都找不到对公共物品再生产过程四个环节连贯起来进行的系统分析。之所以存在这一缺陷，一方面是由于西方学者未能将政府所有职能概括为公共物品，因而无法单就狭义的公共物品再生产展开分析；另一方面，也与他们并没有从根本上认识到社会公共机构的生产性有直接关系。究实而论，在对国家职能活动生产性认识方面，以美国为主体的西方现代公共经济理论远不及19世纪法国、德国、意大利经济学家已经达到的水平。正是从这个意义上，齐守印在其《公共经济思想理论源流考略》一文将西方公共经济学区分为生产型和分配型两大流派，而且将现代西方公共经济学归之为分配型流派。

（四）缺乏大体一致的研究范式和体系结构。综观现代西方公共经济学专著和教材，由于作者们属于不同学术流派，各位经济学家对公共经济实质内涵的理解具有显著差异，因而使得他们在同一书名下所采取的研究范式和体系结构千差万别：有的以财政理论为主要内容，注重财政收支和财政政策及其经济效应的分析；有的以政府经济活动及其效果分析为主要内容，涉及包括财政收支、财政政策和着眼于克服市场失灵的各主要方面；也有的以公共经济决策机制研究为主要内容，注重对各方面当事人基于理性经济人动机在公共经济决策过程中利益博弈及其后果的分析，从而得出政府失灵的结论。思想理论界对同一研究对象各持看法、百家争鸣自有其利，但就一门学科建设而言，如果各学派在理论体系和内容结构方面都各行其是、互不搭界，则不能不损害这一学科理论的严整性。

（五）以财政收支及其政策为主要内容，致使公共经济学难以脱离其母体而成为一门独立的学科。如上所述，艾纳乌迪早就认识到“财政学”这一学科名称难以容纳作为研究国家生产活动的理论内容，因而提出将这一学科改名为公共经济学。到20世纪50年代后，由于以财政收支为主要内容的财政学难以涵盖政府全部活动内容的观点得到欧美多数经济学家比较一致的认同，因而使得公共经济学大有取代财政学的发展势头。这种观点自然具有一定学术洞见，与此相应的学科演变趋势在一定意义上也带有客观性，但同时也都存在矫枉过正的倾向或偏差。这是因为，固然应当将研究国家经济活动的学科称之为公共经济学，但如同泼婴儿洗澡水时不能连同小孩儿一起泼掉一样，给研究国家经济活动的学科改名，不应就此取消以为公共经济活动筹集、配置和管理财务资源为研究对象的财政学，理性的选择应该是使这两门学科在合理分工基础上并行不悖地有序发展。理由在于，公共经济学与公共财政学的研究对象虽有紧密联系但处于不同层面：公共经济学研究国家受托提供公共物品这一层面的各种内在联系、运行过程和发展规律，而不宜包罗万象地分析阐述公共财务具体内容和与公共物品相关的所有问题；而财政学则应以公共经济学为基础，专注于从深细层次系统研究公共资金筹集、配置、拨付使用、监督管理和政策、体制等问题，其理论内容仍然相当丰富。然而，当代西方公共经济学却没有按照这种理性轨道发展，而是在公共经济学名下依然如同母子情深、依依难舍一般，继续大量涉及有关财政收支和公共财务运行的具体内容，从篇幅上依然以财政性内容为主，乃至所论体制也基本上限于政府间纵向财政关系，并冠名曰财政联邦主义。有的学者甚至采取“旧酒贴新牌”的方式将以前并未涉及公共物品提供这一层次的财政学，改称为“旧公共经济学”，而将较多分析阐述公共物品提供、特别是政府职能问题的现代财政学称为“新公共经济学”，等于彻底取消了财政学。这些做法，与其说具有科学性和严肃性，倒不如说在很大程度上体现出学术上的庸俗性，因而既不利于公共经济学从财政学中脱胎而成独立的学科，也不利于财政学独立健康发展。

（六）既未能吸收西方其他学科、学派理论成果中的公共经济思想，也没有涵盖其他国家关于公共经济的思想理论成果，缺乏学术思想应有的包容性。

东方大国无论古代还是近现代都产生过不少闪光而且重要的公共经济思想，由于翻译介绍不够未能被现代西方公共经济学著作所重视和吸收。然而，对于同样出自西方的古今政治学领域的著名公共经济思想，特别是其中关于公共经济体制方面的闪光思想，现代西方公共经济学也未能将其精髓内容吸收进来；对同属于西方经济学并且直到现在仍具有重大思想影响的马克思经济学，特别是他研究经济理论的范式（再生产过程和生产关系分析）、方法（抽象与具体相结合）和显而易见的公共经济思想，西方公共经济学研究更是秉持偏见，要么置若罔闻、不屑一顾，要么人云亦云地加以歪曲。这种做法，凸显出现代西方公共经济学在研究视野方面的偏狭性和治学态度方面的傲慢特征，从而局限了它的普遍意义，损害了它应有的科学性。

第三十八章　马克思、恩格斯的公共经济理论和列宁所做的发展

马克思和恩格斯虽然没有专门写作出版过公共经济学著作，并且认为在以私有制基础的社会中“公共经济学”与国民财富、国民经济学等“用语”一样“没有任何意义”,① 但是，决不能据此认为他们没有公共经济思想理论。实际上，只要较为广泛地研读一下马克思、恩格斯关于经济学、政治学和有关历史唯物论的著作，就不难发现，他们对公共经济问题有着相当丰富的论述，其中包含着非常系统的公共经济思想理论。尽可能全面地理解和掌握这些思想理论不仅对于构建中国特色的公共经济学理论体系具有重要意义，而且对于推进国家治理体系和治理能力现代化实践将会大有裨益。

近年来，我国一些学者相继发表了不少文章，从不同角度研究探讨马克思主义经典作家的公共经济思想理论。② 对于这些思想理论，在前面各章中已经不同程度地加以运用，考虑到这种分散运用不足以体现马克思、恩格斯的公共经济思想理论总体架构，因此，有必要将其集中起来从六个侧面加以较为系统的梗概性分析。同时，考虑到在马克思、恩格斯之后，作为马克思主义

---

① 恩格斯在《国民经济学批判大纲》中指出：“国民财富这个用语是由于自由主义经济学家努力进行概括才产生的。只要私有制存在一天，这个用语便没有任何意义。……国民经济学、政治经济学、公共经济学等用语也是一样。”——马克思恩格斯选集第1卷［C］. 北京：人民出版社，2012：21－22.

② 例如，齐守印发表的《论公共经济学与马克思主义的相容性》（理论视野，2002年），董瑞华、胡德平发表的《中国公共经济学研究的马克思主义视野》（当代经济研究，2007年）、鄢奋发表的《马克思公共产品思想解读》（中共福建省委党校学报，2009年），李超超、周晓阳发表的《论马克思主义公共经济理论与社会主义国家公共政策》（武汉商业服务学院学报，2010年），姜鑫、罗佳发表的《马克思主义经济学与西方经济学关于公共物品的思想体系比较》（天津商业大学学报，2012年），以及余斌发表的《论马克思主义公共经济学的研究》（管理学刊，2015年）等。

理论伟大继承者的列宁，根据他领导俄国社会主义革命和建设实践对马克思、恩格斯的公共经济思想理论做出不少新发展，因此，本章会一并加以简略评介。

第一节 混合经济视野下的公共经济观

马克思、恩格斯在将人的全部需要区分为个人及其家庭需要与社会公共需要的基础上，将满足这两种不同性质需要的物品和用以生产这两种物品的资源作出区分，进而将体现这两类需要、物品、资源的经济关系和利益关系区分为两种，并且认为这两种经济关系、利益关系统一在一个共同体之中。这两种经济关系、利益关系及其所依托的产品和资源分别构成两种不同的力量，它们之间相互作用，共同推动社会历史的发展。其中，满足公共需要、运用公共资源、体现公共利益的经济活动和内含于其中的经济关系，自然是公共经济。这就是马克思、恩格斯在混合经济视野之下对公共经济的整体看法。具体包括两项主要内容：

一、基于人作为类存在物的本性需要的经济领域分野

从人类需要的属性、满足需要的资源将整个社会经济活动区分为相对而平行的两大领域，在此基础上，将人类利益区分为个人及其家庭的特殊利益和相互交往的个人的共同利益，以及在统一整体中既相互联系、又有所区别的两种相对应的经济关系，而这两种经济关系共同构成每个社会经济关系的有机整体。

首先，将人的整体需要区分个人及其家庭的消费需要和社会公共需要，相应地将整个社会经济资源一分为二，由此使整个经济呈现为私人和公共两种经济活动的混合体。对此，马克思指出："在任何社会（例如，自然形成的印度公社，或秘鲁人较多是人为发展的共产主义）中，总是可以区分出劳动的两个部分，一个部分的产品直接由生产者及其家属用于个人的消费，另一个部分即始终是剩余劳动的那个部分的产品，总是用来满足一般的社会需要，而不论这种剩余产品怎样分配，也不问由谁执行这种社会需要的代表的职能。"[①] 从这段论述可知，马克思是从囊括所有社会形态的一般意义上进行的概括，不仅从来如此，而且也永远如此。换言之，公共经济既不是现代社会的特殊存在，也不是从近代某个时期才产生的，人类社会经济自始以来就是

---

① 马克思：资本论第3卷［M］. 北京：人民出版社，1975：992-993.

公共经济与私人经济的混合体。

其次，基于“经济学所研究的不是物，而是人和人之间的关系”① 和“每一既定社会的经济关系首先表现为利益”② 的研究范式，马克思、恩格斯又从利益关系角度分析了公共经济与私人经济及其混合而成的共同体。他们在合著的《德意志意识形态》中指出：“随着分工的发展也产生了单个人的利益或家庭的利益与所有相互交往的个人的共同利益之间的矛盾；而且这种共同利益不是仅仅作为一种‘普遍的东西’存在于观念之中，而首先是作为彼此有了分工的个人之间的相互依存关系存在于现实之中。正是由于特殊利益和共同利益之间的这种矛盾，共同利益才采取国家这种与实际的单个利益和全体利益相脱离的独立形式，同时采取虚幻的共同体的形式。”③ 这个共同体，由代表个人及其家庭特殊利益的私人经济与体现社会共同利益（其中包括阶级社会中主要代表统治阶级集体利益）的公共经济两部分构成。其中，因为公共经济所体现的公共利益与私人经济所体现的特殊利益存在一定的矛盾，从个人及其家庭特殊利益来看，公共经济就必然表现为异己的。这种异己感，随着社会公共机构演化为与社会相脱离的国家而进一步增强。对此，马克思、恩格斯指出：“正因为各个人所追求的仅仅是自己的特殊的、对他们来说是同他们的共同利益不相符合的利益，所以他们认为，这种共同利益是‘异己的’和‘不依赖’于他们的，即仍旧是一种特殊的独特的‘普遍’利益，或者说他们本身必须在这种不一致的状况下活动，就像在民主制中一样。另一方面，这些始终真正地同共同利益和虚幻的共同利益相对抗的特殊利益所进行的实际斗争，使得通过国家这种虚幻的‘普遍’利益来进行实际的干涉和约束成为必要。”④

尽管如此，由于公共经济与私人经济不仅始终处于同一个混合经济体之中，而且二者之间存在着深层次的内在联系，从而使“每一个社会中的生产

---

① 恩格斯：卡尔·马克思政治经济学批判第一分册［A］．马克思恩格斯选集第2卷［C］．北京：人民出版社，1995：44.

② 恩格斯：再论蒲鲁东和住宅问题［A］．马克思恩格斯选集第3卷［C］．北京：人民出版社，1995：211.

③ 马克思恩格斯选集第1卷［M］．北京：人民出版社，1995：84.

④ 马克思、恩格斯：德意志意识形态［A］．马克思恩格斯选集第1卷［C］．北京：人民出版社，1995：85.

关系都形成一个统一的整体”。[①] 这就是说，每一个社会的生产关系都是由基于私人经济的人们之间特殊利益关系和基于公共经济的共同利益关系构成的一个整体，因而对各个社会的经济关系必须从两种不同利益的相互联系上加以整体分析理解和全面把握。正因为如此，马克思早在1859年所拟的《〈政治经济学〉批判》一书篇目中才在“资产阶级社会在国家形式上的概括”这一部分列举“‘非生产’阶级”[②] 时，对“非生产”三个字加了引号。就是说，从混合经济或公共经济的视角考察，国家并非像主流经济学派所理解的那样是“非生产”的。因为，公共经济及其具体承担者也生产社会所不可缺少的“物品”，用以满足人作为类存在物所产生的公共需要。因此，对于整个混合经济体而言，作为在阶级社会中表现为国家的社会公共机构及其执行的公共职能，并不是“非经济”或“非生产”的外生变量，而是一种人类基于公共需要和社会交往所产生的经济力量。

二、在混合经济共同体内，公共经济与私人经济通过相互作用共同推动经济社会发展

在马克思、恩格斯关于历史唯物论的分析阐述中，公共经济一般被视为凌驾于私人经济或市民社会之上的上层建筑，即作为一种超然于经济基础的

---

① 马克思：哲学的贫困［A］．马克思恩格斯选集第1卷［C］．北京：人民出版社，1995：142.

② 马克思恩格斯选集第2卷［M］．北京：人民出版社，1995：26.

物质力量，同时又以经济学词汇将其称为“扩大了的生产力”来看待，[①] 并依此逻辑论述公共经济与私人经济之间的相互作用。对此，他们在《德意志意识形态》中指出：“社会活动的这种固定化，我们本身的产物聚合为一种统治我们、不受我们控制、使我们的愿望不能实现并使我们的打算落空的物质力量，这是迄今为止历史发展的主要因素之一。受分工制约的不同个人的共同活动产生了一种社会力量，即扩大了的生产力。”[②] 其后，恩格斯在《致约·布洛赫》（1890 年）从反证的角度指出：“说经济因素是唯一决定性的因素，那么他就是把这个命题变成毫无内容的、抽象的、荒诞无稽的空话。经济状况是基础，但是对历史斗争的进程发生影响并且在许多情况下主要是决定着这一斗争的形式的，还有上层建筑的各种因素：阶级斗争的政治形式及其成果——由胜利了的阶级在获胜以后确立的宪法等，各种法的形式以及所有这些实际斗争在参加者头脑中的反映，政治的、法律的和哲学的理论，宗

① 如果以形而上学观点来看，这确乎有些出尔反尔、自相矛盾的味道。但是，如果以辩证法关于事物相对性的观点考察，则会茅塞顿开、迎刃而解。例如，同一个人，相对于他的父亲而言，他是儿子；但相对于他自己的儿子而言，他则是父亲；他同时还是相对于妻子而言的丈夫，相对于自己孙辈而言的爷爷，等等。难道可以据此说这些多种称呼之间是自相矛盾的吗？用以满足公共需要、承载公共利益的公共经济也是如此，因为它所承载的公共利益是超乎每个人及其家庭特殊利益之上的，并且存在于其中的生产关也是派生的，因而，以更为抽象、站位更高的唯物史观来观察，相对于满足各个家庭个别需要、承载与个人及其家庭特殊利益的私人经济而言，它自然属于超乎私人经济之上并且由后者所派生的事物，即上层建筑。

但如果从经济学视角考察，由于生产满足公共需要的各种物品同样需要占用和耗费社会经济资源，同样需要周而复始地进行，从生产过程所需要素来看同样需要劳动对象、劳动资料和活劳动，而且其中同样存在当事人之间基于地位和分工差别的多层相互关系，因此，将其与生产和再生产满足私人需要私人物品、承载个人及其家庭利益的事物一样称为经济活动，并且依据它所满足需要和所承载利益的公共性质而相对于前者将其称为公共经济，不是无可置疑或顺理成章吗？当然，正如恩格斯认为在私有制基础上公共经济学属于毫无意义的用语那样，因为私有制社会的公共机构为占总人口少数的统治阶级所垄断，致使这时的社会公共机构尽管仍然宣称是为公共利益服务的，况且也不能不承担完成一些同样为多数劳动群众所需要的公共事务（例如防止外敌侵略、维护社会秩序、修建水利工程等），但这些公共事务在其全部职能中是相对次要的，所花费的资源在其所消耗的资源总量中仅占较小比例。因此，将这种情况下社会公共机构所承担完成的公共事务及为其筹集、配置相应资源的活动称为公共经济，就在很大程度上因名不副实而显得虚伪，从而将研究这种活动的学问称为公共经济学也就在很大程度上失去了真实意义。

② 马克思恩格斯选集第 1 卷［M］. 北京：人民出版社，1995：85－86.

教的观点以及它们向教义体系的进一步发展。这里表现出这一切因素间的相互作用，而在这种相互作用中归根到底是经济运动作为必然的东西通过无穷无尽的偶然事件（即这样一些事物和事变，它们的内部联系是如此疏远或者是如此难于确定，以致我们可以认为这种联系并不存在，忘掉这种联系）向前发展。”[①] 稍后，恩格斯在《康·施米特》（1890 年）中又正面指出：“新的独立的力量总的来说固然应当尾随生产的运动，然而由于它本身具有的即它一经获得便逐渐向前发展的相对独立性，它又对生产的条件和进程发生反作用。这是两种不相等的力量的相互作用：一方面是经济运动，另一方面是追求尽可能大的独立性并且一经确立也就有了自己的运动的新的政治权力。总的说来，经济运动会为自己开辟道路，但是它也必定要经受它自己所确立的并且具有相对独立性的政治运动的反作用。”“国家权力对于经济发展的反作用可以有三种：它可以沿着同一方向起作用，在这种情况下就会发展得比较快；它可以沿着相反方向起作用，在这种情况下，像现在每个大民族的情况那样，它经过一定的时期都要崩溃；或者是它可以阻止经济发展沿着既定的方向走，而给它规定另外的方向——这种情况归根到底还是归结为前两种情况中的一种。但是很明显，在第二种和第三种情况下，政治权力会给经济发展带来巨大的损害，并且造成人力和物力的大量浪费。”[②]

以上论述说明，公共经济与私人经济（或者按照本书前后一贯的语义规定将其称为民间经济）之间每时每刻都在发生着相互作用。当二者相互作用的用力方向一致的情况下将会促进经济社会发展；反之，当二者相互作用的用力方向相反且双方作用力相互匹敌，以致作用力与反作用力相互抵消的时候，就会导致经济发展停滞，而当双方用力方向相反且公共经济一方的反作用力更大的时候，则会导致经济发展出现倒退。因为在这种相互作用中，问题主要出在公共经济一方，在其发生作用所产生的副效应超过一定限度以致经济崩溃、民不聊生的时候，作为社会先进生产力代表的人民群众就会自发地或者在先进政党组织领导下自觉地通过奋起革命推翻执行公共事务、掌握公共权力、作为公共经济操盘手的政权机构，甚至推翻掌握政权的整个统治阶级，以便为合乎规律的经济发展开辟道路。

---

① 马克思恩格斯选集第 4 卷［M］. 北京：人民出版社，1995：696.

② 马克思恩格斯选集第 4 卷［M］. 北京：人民出版社，1995：701.

第二节　直接建基于社会公共需要的公共物品论和公共机构论

众所周知，西方主流经济学派大多都以物品自身属性特征以及以此为依据的市场失灵论为逻辑来阐释公共物品的存在理由，并成为西方公共经济学的基本教条。与此不同，马克思、恩格斯对公共物品存在理由的理论阐释更深一步，他们直接以由人作为类存在物之社会属性所决定的公共需要来论证公共物品及其生产提供，以及由此产生专事公共物品提供职能的社会公共机构的必然性。他们认为，满足不同种类公共需要、承载不同种类公共利益的公共事务或公共物品是人类社会存续发展所不可或缺的。在社会对公共物品的需求显著增加而使这种类经济活动的总体规模达到一定程度，从而需要社会花费较多的劳动时间来完成，并且在大多数社会成员受当时的生产力水平限制而不得不将全部劳动时间用以生产满足个人及其家庭特殊需要的私人物品的历史条件下，依照分工规律，就必然要由社会上那部分基于其经济条件而拥有一定知识水平和专业技能的人来执行公共事务。这样，旨在提供公共物品、维护公共利益的公共经济活动就自然而然地从一般社会活动领域分化出来，从而形成一种依托必要的公共权力、执行公共事务的社会分工，并且产生专门执行这一特定职能的组织系统——社会公共机构。在私有制基础上，承担提供公共事务责任、掌握公共权力的，自然是在私人经济领域占有较多生产资料、有条件利用较多时间修习知识、从而具有较强社会管理能力的那些阶级成员，而他们在掌握公共权力以后则一定会更多地照顾、偏袒甚至追求其本阶级的特殊利益，从而使本来应该作为维护社会公共利益工具的公共机构变成作为阶级压迫手段的政治性国家。

一、公共物品或公共事务的三大种类及其机理

马克思、恩格斯在其有关公共经济问题的论述中没有使用过“公共物品”这一概念，在他们那里，从内涵到外延两方面与现代西方经济学所称公共物品全面等价的理论范畴是“公共事务”。他们从人作为社会性的类存在物自然产生的公共需要出发，以列举方式，从多方面论述了满足社会公共需要的各种公共事务的产生及其原因，由此在“公共事务”概念下建立起独特的公共物品论。根据他们所做的有关论述，公共物品按其不同的属性特征可以归纳为三大类：

第一类是用以满足人类生命存续和经济社会发展对稳定规则需要的抽象

性或软件类公共物品，以法律法规、社会监督、文化宗教为代表。对此，恩格斯在《再论蒲鲁东和住宅问题》（1872 年）中指出："在社会发展某个很早的阶段，产生了这样一种需要：把每天重复着的产品生产、分配和交换用一个共同规则约束起来，借以使个人服从生产和交换的共同条件。这个规则首先表现为习惯，不久便成了法律。随着法律的产生，就必然产生出以维护法律为职责的机关——公共权力，即国家。"① 其后，他在《反杜林论》（1877 年—1878 年）中又指出，在原始农业公社中"一开始就存在着一定的共同利益，维护这种利益的工作，虽然是在全社会的监督之下，却不能不由个别成员来担当：如解决争端；制止别人越权；监督用水，特别在炎热的地方；最后，在非常原始的状态下执行宗教职能……这些职位被赋予了某种全权，这是国家权力的萌芽"。② 马克思、恩格斯在《德意志意识形态》中则指出："国家是统治阶级的各个人借以实现其共同利益的形式，是该时代的整个市民社会获得集中表现的形式，所以可以得出结论：一切共同的规章都是以国家为中介的，都获得了政治形式。"③

第二类是用以满足社会生产对共同条件、公共设施等公共需要的硬件类、具象性公共物品，以道路、桥梁、灌溉设施、教育设施为代表。对此，马克思在《路易·波拿巴的雾月十八日》（1852 年）中指出："每一种共同利益都立即脱离社会而作为一种最高的普遍的利益来与社会相对立，都不再是社会成员的自主行动而成为政府活动的对象——从某一村镇的桥梁、校舍和公共财产起，直到法国的铁路、国家财产和国立大学止。"④ 其后，他在《1857—1858 年经济学手稿》中又指出："陆路最初是归共同体掌管，后来长期归政府掌管。"⑤ 恩格斯则在《反杜林论》中指出："不管在波斯和印度兴起和衰落的专制政府有多少，每一个专制政府都十分清楚地知道它们首先是河谷灌溉的总管，在那里，没有灌溉就不可能有农业。"⑥

---

① 马克思恩格斯选集第 3 卷［M］. 北京：人民出版社，1995：211.

② 马克思恩格斯选集第 3 卷［M］. 北京：人民出版社，1995：522.

③ 马克思恩格斯选集第 1 卷［M］. 北京：人民出版社，1995：132.

④ 马克思恩格斯选集第 1 卷［M］. 北京：人民出版社，1995：675.

⑤ 马克思：政治经济学批判 1857－1858 年手稿［A］. 马克思恩格斯全集第 46 卷下［C］. 北京：人民出版社，1980：16.

⑥ 马克思恩格斯选集第 3 卷［M］. 北京：人民出版社，1995：523.

第三类是用以满足人们保护民族安全、控制阶级对立和制度存续等政治性社会需要的公共物品，以军事国防、宪兵警察等军警类公共事务为代表。对此，恩格斯在《反杜林论》中指出："同一民族的各个公社自然形成的集团最初只是为了维护公共利益、为了抵御外敌侵略而发展成的国家，从此也就同样具有了这样的职能：用暴力对付被统治阶级，维持统治阶级的生活条件和统治条件。"① 其后，他在《家庭、私有制和国家的起源》（1884 年）中又指出，在原始社会后期，基于私有制发展而产生的阶级分化，使"社会陷入了不可解决的自我矛盾，分裂为不可调和的对立面而又无力摆脱这些对立面。而为了使这些对立面，这些经济利益相互冲突的阶级，不致在无谓的斗争中把自己和社会消灭，就需要一种表面上凌驾于社会之上的力量，这种力量应当缓和冲突，把冲突保持在'秩序'的范围以内"，即产生了"控制阶级对立的需要"②。

提供以上三类公共物品、满足三类公共需要，必须通过相应的生产活动才能实现，而且必须周而复始地不断进行；这种社会再生产活动，就是公共经济。

二、公共物品供求的一般均衡理论模型

对于公共物品供给规模和配置效率理论模型，学界一般都认为是由瑞典经济学派的维克塞尔及其学生林达尔最先提出，而由当代美国主流经济学派的著名代表萨缪尔森以数学模型方式完成的。然而，实际上马克思早在现代西方主流经济学产生之前就依据价值规律给出了理论模型方式的透彻解释。这一理论解释主要包括两点：

（一）社会总劳动及其产品分别用于"满足生产者及其家属个人需要"和"用来满足一般的社会需要"，这两个不同部分分别构成私人物品供求和公共物品供求。马克思对此所做的说明，就是前文引述过的：无论在任何社会，"总是可以区分出劳动的两个部分，一个部分的产品直接由生产者及其家属用于个人的消费，另一个部分即始终是剩余劳动的那个部分的产品，总是用来满足一般的社会需要"。③ 这种划分，是分别构建私人物品供求局

① 马克思恩格斯选集第 3 卷［M］. 北京：人民出版社 1995：491.

② 马克思恩格斯选集第 4 卷［M］. 北京：人民出版社，1995：170、172.

③ 马克思：资本论第 3 卷［M］. 北京：人民出版社，1975：992 - 993.

部均衡、公共物品供求局部均衡和所有物品供求一般均衡模型的前提性认识基础。

（二）无论对私人物品还是公共物品，都要按照社会成员对不同种类使用价值（即物品）的需要量来分配社会劳动时间（即配置经济资源），如果资源配置背离了由社会对各种物品需要量所决定的客观比例，就会造成资源浪费，即现代经济学所谓的“不经济”。马克思就此指出：“要想得到和各种不同的需要量相适应的产品量，就要付出各种不同的和一定数量的社会总劳动量。”“社会需要，即社会规模的使用价值，对于社会总劳动时间分别用在各个特殊生产领域的份额来说，是具有决定意义的。”“社会劳动时间可分别用在各个特殊生产领域的份额的这个数量界限，不过是整个价值规律进一步发展的表现，虽然必要劳动时间在这里包含着另一种意义。为了满足社会需要，只有这样多的劳动时间才是必要的。在这里界限是通过使用价值表现出来的。在一定生产条件下，只能把它的总劳动时间中这样多的劳动时间用在这样一种产品上。”① 在这里，需要量自然代表需求，而基于社会劳动时间使用量的产品量则无疑代表供给，如果以产品生产的投入产出效率稳定不变为假设前提，只要严格根据社会对每一种物品的需要量来确定资源配置量，那么，结果必然能够使每一种产品的供给恰好与社会对它的需求相等，从而达到各种私人物品和公共物品供求的全面均衡，即实现整个社会经济资源配置的帕累托最优标准。

将以上两点联系起来并从实质上考察，如果不带某种学术偏见的话，那么，完全可以认为，马克思早在 19 世纪 60 年代就已经从理论上透彻地解决了不同公共物品之间的供求局部均衡和公共物品与私人物品之间的供求一般均衡问题，或者说公共物品供给在总体规模、内部结构以及相应的资源配置方面最佳效率问题。与萨缪尔森模型相比，差距仅仅在于马克思提出的理论模型尚未以数学方程式加以表达，而就实际内容来说则是异曲同工的。

因此，应该公正地指出，马克思对包括公共物品在内所有产品供求均衡条件的理论贡献早于世界上所有经济学派，而这种贡献却被人们有意或无意地长期忽视了。

---

① 马克思：致路·库格曼［A］．马克思恩格斯选集第 4 卷［C］．北京：人民出版社，1995：580；马克思：资本论第 3 卷［M］．北京：人民出版社，1975：716－717.

三、承担公共物品再生产职能的公共机构及其演化

开展提供公共物品的公共经济活动，首先需要就“生产什么、生产多少、为谁生产、怎么生产，以及怎样筹集所需资源”等相关问题进行决策，之后由一定数量和质量的人来具体组织、协调和实施，从而需要执行这些公共事务的社会公共机构。在不同的社会生产力水平和历史条件下，公共经济的决策机构和执行机构是不一样的，甚至存在着根本性质上的差别。

在实行公有制的原始社会，公共物品（公共事务）的提供决策由氏族、胞族、部落联盟举行会议做出①，具体事务在专门人员组织指挥下由氏族成员集体参与完成，其中部落首领负责战争等公共活动的组织指挥，具有专门知识的巫师负责主持和组织祭祀占卜等宗教事务。随着生产力发展、部落联盟规模扩大、与别的部落冲突的增加，特别是由于私有制产生、阶级分化而引起原始公社逐步解体，② 在社会生产力还不够发达的社会历史阶段，提供各种公共物品或执行相关的公共事务，就需要由相对固定的人组成某种形式的公共机构依托公共权力来进行，从而形成相应的社会分工。恩格斯在《家庭、私有制和国家的起源》（1884 年）中依据摩尔根的《古代社会》和其他相关文献披露的实证资料，阐述了原始公社阶段公共经济实行决策的具体情形。

在原始社会的最后阶段，由于自然必然性的作用，原来那种自然形成的民主型公共经济决策机制连同社会公共机构一起发生了历史性蜕变或者说异

---

① 恩格斯在《家庭、私有制和国家的起源》中，分析了摩尔根所证明的美洲印第安人原始部落社会制度的基本特征：氏族、胞族和部落“这三种集团代表着不同层次的血缘亲属关系，每个都是闭关自守，自己的事情自己管理，但是又互相补充。归它们管辖的事情，包括低级阶段上的野蛮人的全部公共事务”。——马克思恩格斯选集第 4 卷［M］．北京：人民出版社，1995：94.

② 恩格斯在《反杜林论》中指出：“在每个这样的公社中，一开始就存在着一定的共同利益，维护这种利益的工作，虽然是在全体的监督之下，却不能不由个别成员来担当……这些职位被赋予全权，这是国家权力的萌芽。生产力逐渐提高；较密的人口在一些场合又形成了各个公社之间的共同利益，在另一些场合又形成了各个公社之间的相抵触的利益，而这些公社集合为更大的整体又引起新的分工，建立保护共同利益和防止抵触的利益的机构。这些机构，作为整个集体的共同利益的代表，在对每个单个的公社的关系上已经处于特别的、在一定情况下甚至对立的地位，它们很快就变为更加独立的了，这种情况的造成部分地是由于职位的世袭（这种世袭在一切事情都是自发地进行的世界里差不多是自然而然地形成的），部分地是由于同别的集团的冲突的增多，使得这种机构越来越必不可少了。”——马克思恩格斯选集第 3 卷［M］．北京：人民出版社，1995：522－523.

化。马克思、恩格斯在不少著作中阐述了公共经济如何作为一种社会分工出现，逐步由固定社会群体作为一种职业来专门组织实施，从而导致公共权力逐步落入经济上占优势的剥削阶级之手，以致社会公共机构最终异化为少数人压迫、剥削多数人民群众的工具，即政治性国家。其中，恩格斯在《反杜林论》中指出："只要社会总劳动所提供的产品除了满足社会全体成员最起码的生活需要以外只有少量剩余，就是说，只要劳动还占去社会大多数成员的全部或几乎全部时间，这个社会就必然划分为阶级。在这被迫专门从事劳动的大多数人之旁，形成了一个脱离直接生产劳动的阶级，它掌管社会的共同事务：劳动管理、国家事务、司法、科学、艺术等。"① 其后，他在《路德维希·费尔巴哈和德国古典哲学的终结》（1886 年）中指出："社会创立一个机关来保护自己的共同利益，免遭内部和外部的侵犯。这种机关就是国家政权。"② 再其后，他在《致康. 施米特》（1890 年）中对此做出进一步概括："社会产生它不能缺少的某些共同职能。被指定执行这种职能的人，形成社会内部分工的一个新部门。这样，他们也获得了同授权他们的人相对立的特殊利益，他们同相对立而独立起来，于是就出现了国家。"③

原始公社解体以后，相继代之而起的是奴隶社会、封建社会和资本主义社会。在这些社会形态下，私人经济的生产关系有所不同，因而作为社会公共机构的国家虽然在基本性质上都属于阶级压迫工具，但其具体组织结构、公共事务的决策机制和执行公共事务的方式也有所差别。马克思、恩格斯对此都有不同程度的论述，而以对他们所处时代的资本主义各国公共经济所做分析为主。在他们看来，即使是处于统一社会形态和发展阶段的国家，由于经济发展水平和国土条件等具体国情不同，他们提供公共物品的种类和方式也各具特点。下面从公共物品提供方式角度讲的国别差异案例，就是很有说服力的证明。

---

① 马克思恩格斯选集第 3 卷［M］. 北京：人民出版社，1995：632.

② 马克思恩格斯选集第 4 卷［M］. 北京：人民出版社，1995：253.

③ 马克思恩格斯选集第 4 卷［M］. 北京：人民出版社，1995：700 - 701.

四、某些公共物品在一定条件下可以借助于合理机制由私人经济主体提供

马克思通过对东西方国家各自通过特定方式提供同一种公共物品的例子揭示出一条重要原理，即同样一种物品在不同客观情况和文明程度的条件下，既可能成为必须由社会公共机构提供的公共物品，也可以通过一定机制由民间经济主体自行解决。对此，马克思在《不列颠在印度的统治》中指出："在亚洲，气候和土地条件……使利用水渠和水利工程的人工灌溉设施成了东方农业的基础。无论在埃及和印度，或是在美索不达米亚、波斯以及其他地区，都利用河水的泛滥来肥田，利用河流的涨水来充注灌溉水渠。节约用水和共同用水是基本的要求，这种要求，在西方，例如在佛兰德和意大利，曾经促使私人企业结成自愿的联合；但是在东方，由于文明程度太低，幅员太大，不能产生自愿的联合，因而需要中央集权的政府进行干预。所以亚洲的一切政府都不能不执行一种经济职能，即举办公共工程的职能。这种用若干方法提高土壤肥沃程度的设施靠中央政府办理，中央政府如果忽略灌溉或排水，这种设施立刻就会荒废。"① 这是在很久以前就已经出现的同一种公共物品依一定条件而由不同主体、以不同方式提供的典型案例。

第三节　以公共物品论为基础的公共财政论

提供满足社会公共需要的公共物品，就必须投入以社会劳动时间为本原的经济资源。这种经济资源不能由公共部门本身创造，因而需要通过一定机制从私人经济领域筹集，之后通过一定方式和程序将其配置到各类公共物品生产上。这种以筹集、配置和监管公共资源为核心内容的公共财务就是财政。马克思、恩格斯从提供公共物品的客观需要出发，论证和阐述了自己的公共财务即财政理论。具体分为依次递进的六个逻辑层次。

一、从最基本的经济学原理层面阐述公共筹资的必要性

马克思指出："要想得到和各种不同的需要量相适应的产品量，就要付出各种不同的和一定数量的社会总劳动量。"② 用以满足个人及其家庭特殊需要

---

① 马克思恩格斯选集第1卷［M］．北京：人民出版社，1995：762.

② 马克思：致路·库格曼［A］．马克思恩格斯选集第4卷［C］．北京：人民出版社，1995：580.

的私人物品是这样，提供用以满足社会公共需要的公共物品也同样必须付出相应的社会劳动量。

二、从社会总产品分配层面论述财政收支的本原、功能及其在不同历史阶段的实现方式

马克思认为，相对于私人经济主体来说，用于提供公共物品所需要付出的资源属于社会“产品的纯扣除，由国家的总剩余产品中支出”。① 由此揭示出财政资源的一般本质是相对于维持私人经济主体自身再生产需要的剩余产品。在此基础上，恩格斯进一步揭示了财政的历史功能及其在阶级社会条件下所发生的质变。他指出：“劳动产品超出维持劳动的费用而形成剩余，以及社会生产基金和后备基金靠这种剩余而形成和积累，过去和现在都是一切社会的、政治的和智力的发展的基础。在迄今为止的历史中，这种基金都是一个特权阶级的财产，而政治上的统治权和精神上的指导权也和这种财产一起落到这个特权阶级手里。”②

用于提供公共物品的社会总产品扣除，在不同的社会历史发展阶段将会采取不同的具体方式来实现。马克思、恩格斯相继阐述和分析了人类历史上依次出现的两种扣除方式。马克思指出：“罗马尼亚各州……原始的生产方式是建立在公社所有制的基础上的……一部分土地是私田，由公社成员各自耕种，另一部分土地是公田，由公社成员共同耕种。这种共同劳动的产品，一部分作为保险金用于防灾备荒和应付其他意外情况，一部分作为公共储备用于战争和宗教方面的开支以及其他的公用开支。”③ 继而，恩格斯分析了在负责具体提供公共物品的职能转变为由掌握公共权力的国家来执行的阶段上实现社会扣除的方式。他指出：“为了维持这种公共权力，就需要公民缴纳费用——捐税。捐税是以前的氏族社会完全没有的……随着文明时代的向前发展。甚至捐税也不够了；国家就发行期票，借债，即发行公债。”④ 后来，马克思还就社会主义社会总产品分配中的社会扣除问题做过著名论述。

---

① 马克思：政治经济学批判 1857－1858 年手稿［A］．马克思恩格斯全集第 46 卷下［C］．北京：人民出版社，1980：16.

② 恩格斯：反杜林论［A］．马克思恩格斯选集第 3 卷［C］．北京：人民出版社，1995：538.

③ 马克思：资本论法文版中译本第 1 卷［M］．北京：人民出版社，1983：228.

④ 恩格斯：家庭、私有制和国家的起源［A］．马克思恩格斯选集第 4 卷［C］．北京：人民出版社，1995：171.

三、从交换关系层面阐发为提供公共物品而筹资的一般性质

在商品经济逐步发展和社会公共机构以国家形式提供公共物品的阶段，从公共物品的交换关系考察，国家表现为公共物品的生产者或卖者，而享用公共物品的人民大众则表现为消费者或买者，因而“赋税”就表现为人民大众在这种交换过程中所支付的“政府服务的价格”①。对此，马克思还曾以资本主义社会为背景做出以下解释：“一切一般的，共同的生产条件——只要它们还不能由资本本身在资本的条件下创造出来——必须由国家收入的一部分来支付，由国库来支付。”②

四、从与统治阶级所独占的政府机器之间关系角度揭示赋税的主要功能

随着阶级社会经济和政治的发展进程，赋税日益成为国家财政收入的主要形式。对于其直接功能和社会地位，马克思指出：“赋税，这是喂养政府的母娘……赋税，这是与财产、家庭、秩序和宗教相并列的第五位天神。”③“赋税是政府机器的经济的基础。”④“赋税是官僚、军队、教士和宫廷的生活源泉，一句话，它是行政权整个机构的生活源泉。强有力的政府和繁重的赋税是一回事。”⑤ 由于“赋税，这是与财产、家庭、秩序和宗教相并列的第五位天神”，所以，在有效利用它作为实现阶级剥削和政策目标手段的情况下，它就会成为统治阶级的法宝；而在不善于利用它或因它而得罪了众多纳税人

---

① 马克思：资本论第一册第六章直接生产过程的结果［A］．马克思恩格斯全集第49卷［C］．北京：人民出版社，1982：104.

② 马克思：政治经济学批判1857－1858年手稿［A］．马克思恩格斯全集第46卷下［C］．北京：人民出版社，1980：26.

③ 马克思：1848－1850年的法兰西阶级斗争［A］．马克思恩格斯选集第1卷［C］．北京：人民出版社，1995：452.

④ 马克思：哥达纲领批判［A］．马克思恩格斯选集第3卷［C］．北京：人民出版社，1995：315.

⑤ 马克思：路易·波拿巴的雾月十八日［A］．马克思恩格斯选集第1卷［C］．北京：人民出版社，1995：681.

的情况下，则往往会导致作为决策者的政府首脑乃至整个政府垮台。① 在近代，关税制度则一般会被一些国家作为在一定时期内保护民族产业发展的重要工具。对此，马克思指出："保护关税制度不过是为了在某个国家建立大工业的手段。"②

五、对国家预算的一般内容和资本主义国家预算的政治功能

针对国家预算的一般内容，马克思指出："预算只不过是国家本年度预期收入和支出的一览表，它是以上一年度的财政经验即平衡表为依据的。"③"每一个预算的基本问题是预算收支部分之间的对比关系，是编制平衡表，或者为结余，或者为赤字，这是确定国家或者削减或者增加税收的基本条件。"④

在这一基本内容基础上，每个国家甚至同一个国家不同时期的财政预算都有其基于特定经济和政治关系的特殊政治功能。马克思针对当时法国的情况评论说："没有达到预算平衡，没有达到国家收支平衡，是不能使国家行政服从于国民生产利益的。"⑤ 这是因为，在财政收支未能达到平衡的情况下，以收支缺口为实质内容的预算赤字需要通过向富有的大财团发行公债或直接借款来弥补，基于这种依赖性，不仅政府制定的公共政策往往会不由自主地向大资产阶级利益倾斜，而且其后终归要通过加税来偿还公债，从而必然会减损国民（主要是资本家）投资发展生产的能力。看来，马克思主张实行收支平衡这种审慎的预算政策。

六、财政部门及其在公共经济中的重要地位

由于财政在公共经济运行和国家治理实践中发挥着不可或缺的重要职能，

---

① 对于前者，马克思说："资本家阶级通过国家赋税来剥削农民阶级。""西班牙广泛进行关税改革和墨西哥降低各种奢侈品的关税，也大大促进了法国繁荣的发展。法国商品对这两个市场的输出量大大增加。"至于后者，典型案例则是：真正的伟大的拿破仑在圣赫勒拿岛上曾经说过："恢复葡萄酒税是使他垮台的最大原因，因为这使法国南部的农民脱离了他。"——马克思：1848－1850 年的法兰西阶级斗争［A］．马克思恩格斯选集第1卷［C］．北京：人民出版社，1995：452、468、456.

② 马克思：关于自由贸易问题的演说［A］．马克思恩格斯选集第1卷［C］．北京：人民出版社，1995：229.

③ 马克思：人民得肥皂，泰晤士报得贿赂。——联合内阁的预算［A］．马克思恩格斯全集第9卷［C］．北京：人民出版社，1961：87.

④ 马克思恩格斯全集第9卷［M］．北京：人民出版社，1956：87.

⑤ 马克思：1848－1850 年法兰西阶级斗争［A］．马克思恩格斯选集第1卷［C］．北京：人民出版社，1995：378.

因此，具体负责公共收支事务的财政部门始终在政府部门中居于极为重要的地位。对此，马克思在《不列颠在印度的统治》中指出："在亚洲，从远古的时候起一般说来就只有三个政府部门：财政部门……战争部门……最后是公共工程部门。"①

第四节　公共经济生产关系与公共经济体制论

注重生产关系分析是马克思主义经济学区别于西方经济学的主要特色之一，② 而这一特色同样体现在马克思和恩格斯的公共经济思想理论之中，并且构成他们公共经济思想理论大厦的一大板块。在这一板块中，马克思、恩格斯不仅就公共经济生产关系一般做出独到分析，而且以深邃的唯物史观洞察分析了以往历史上产生过和当时现存的公共经济生产关系特殊形态，而且根据资本主义生产方式和政治文明发展趋势对未来社会中公共经济生产关系及其外化形态——公共经济体制的基本特征做出粗线条的预测性展望和提示，从而显示出其内容的丰富性和系统性。

然而，由于各种有意或无意的缘故，不仅西方公共经济学对包括这一板块的整个马克思、恩格斯公共经济思想理论置若罔闻，而且即使在一直坚持以马克思主义为执政党指导思想理论基础的现代中国，虽然近些年来一些学者开始重视对马克思、恩格斯公共经济思想理论的研究、公开发表了若干篇相关文章，但罕有涉及其中关于公共经济生产关系及其外化形态——公共经济体制思想的内容。当然，这种状况丝毫也不影响马克思、恩格斯公共经济生产关系和公共经济体制思想理论的实际存在，受其影响的主要是难以有效发挥这部分重要思想理论对我国国家治理现代化实践应有的指导作用，并且不利于我国旨在构筑中国特色公共经济理论体系的理论工程建设。这就是本文拟就马克思、恩格斯公共经济生产关系和公共经济体制思想理论加以研讨、阐释的基本出发点。

---

①　马克思：菲格斯·奥康瑙尔内阁的失败。——预算［A］．马克思恩格斯全集第9卷［C］．北京：人民出版社，1961：67.

②　恩格斯在《卡尔·马克思政治经济学批判第一分册》中指出："经济学所研究的不是物，而是人和人之间的关系"（马克思恩格斯选集第2卷［M］．北京：人民出版社，1995：44），而在《再论蒲鲁东和住宅问题》中又强调："每一既定社会的经济关系首先表现为利益"（马克思恩格斯选集第3卷［M］．北京：人民出版社，1995：211）。

一、公共经济中存在与生产力共同构成对立统一关系的生产关系

这一命题是否成立或者是否获得认可，既是要不要研究公共经济生产关系问题的逻辑前提，也是讨论马克思、恩格斯公共经济生产关系和公共经济体制思想理论的前置基础。这是因为，如果公共经济生产关系根本不存在，或者说马克思、恩格斯没有认识到公共经济生产关系的存在，那么，所谓他们的相关思想理论则无异于天方夜谭。西方主流经济学派在其公共经济学著述中从来没有建基于公共物品生产关系的公共经济体制理论板块，有的只是局限于财政收支范围的财政联邦主义，这说明他们迄今都没有认识到公共经济生产关系这一客观存在。在马克思主义政党执政的现代中国，经济理论界发表的公共经济学著述中罕有研究公共经济生产关系及其外化形态——公共经济体制的内容，也同样是因为人们并没有意识到公共经济中同样存在生产力、生产关系和生产方式，并且它们是否得到优化对国家治理效率和现代化进程有着极为重要的影响。当然，即使是认识到公共经济生产关系存在并且它对公共经济运行暨国家治理效果具有重要作用，比如笔者曾就马克思主义经典作家的公共经济思想和公共经济生产关系、生产力、生产方式及其优化问题发表过专论性文章，[①] 但由于以前对马克思、恩格斯著作研读不细，也同样不知道马克思、恩格斯不仅明确指出过公共经济生产关系的存在，而且对这种生产关系曾经做过深入研究、提出过十分丰富和系统的思想理论观点。后来，基于用马克思经济学范式改造现有公共经济理论体系的考虑进一步仔细研读马克思、恩格斯的相关著作，才发现马克思对公共经济中存在生产关系早有确凿无误的论述，从而深感对马克思、恩格斯的公共经济思想理论仍然是一知半解，知之甚少。

回到本题，马克思确实明确地定过公共经济中存在着与生产力相对应并和它一起共同构成生产方式统一体的生产关系。证据就是他在 1857 年写作的《政治经济学批判导言》中指出："生产力和生产关系的关系在军队中也特别显著。"同时进一步解释说：这是一种"派生的、转移来的、非原生的生产关系"。[②] 当然，马克思在这段话中对公共经济生产关系的存在性并不是在"公

---

① 齐守印：论公共经济生产方式及其优化路径［J］．河北大学学报哲学社会科学版，2017（1）．

② 马克思恩格斯选集第 2 卷［M］．北京：人民出版社，1995：27.

共经济生产关系”这样一种表述方式下认定的，而是说在作为公共经济一个特殊部门的军队中存在。但是，唯物辩证法告诉我们，特殊中包含着一般。既然派生的生产力和生产关系及其相互关系存在于作为公共经济一个特殊部门的军队中，那么，毫无疑问，它在整个公共经济及其所有公共部门中也都无一例外地存在。

马克思、恩格斯为什么没有在肯定军队中存在生产关系的基础上进一步明确地做出“公共经济中存在生产关系”这样一种一般性论断？这可以从恩格斯使用过“公共经济学”这一学科名称，但却否认在私有制占统治地位的社会中“公共经济学”具有实际意义的缘由得到较为合理的解释。据笔者理解，恩格斯之所以这样看待私有制社会制度下的“公共经济学”，是因为私有制社会制度下公共经济名义上是满足全社会的公共需要、服务于全社会的公共利益，而实际上却主要是满足在全社会总人口中占少数的统治阶级“公共需要”、维护在国家政权机关中占统治地位的那个阶级的“公共利益”。对此中道理，马克思、恩格斯在其分析揭露剥削阶级国家本质时做过多次论述。例如，马克思、恩格斯在《德意志意识形态》中就指出：“国家是统治阶级的各个人借以实现其共同利益的形式。”① 恩格斯在《社会主义从空想到科学的发展》中进一步指出：“现代国家也只是资产阶级社会为了维护资本主义生产方式的一般外部条件使之不受工人和个别资本家的侵犯而建立的组织。现代国家，不管它的形式如何，本质上都是资本主义的机器，资本家的国家，理想的总资本家。”② 基于这种理论认识，③ 马克思、恩格斯从来都没有使用过

---

① 马克思恩格斯选集第1卷［M］．北京：人民出版社，1995：132.

② 马克思恩格斯选集第3卷［M］．北京：人民出版社，1995：753.

③ 这并不表明马克思、恩格斯绝对地认为建立在阶级社会基础上的国家仅仅具有阶级压迫职能而不具有一般公共性职能。总体上看，他们认为对阶级社会中的国家职能是一分为二的，同时具有阶级性和公共性而以阶级性为主。例如，马克思明确地指出：“政府的监督劳动和全面干涉包括两个方面：既包括执行由一切社会的性质产生的各种公共事务，又包括由政府同人民相对立而产生的各种特殊职能。”——马克思：资本论第3卷［M］．北京：人民出版社，1975：432。恩格斯也曾明言：“政治统治到处都是以执行某种社会职能为基础，而且政治统治只有在它执行了它的这种社会职能时才能继续下去。不管在波斯和印度兴起和衰落的专制政府有多少，每一个专制政府都十分清楚地知道它们首先是河谷灌溉的总管，在那里，没有灌溉就没有农业。”——恩格斯：反杜林论［A］．马克思恩格斯选集第3卷［C］．北京：人民出版社，1995：523.

“公共经济”这个现代公共经济学中的基本概念，而是以与之大体等价的“公共事务”代替。鉴于这种情况，我们无理由苛求马克思、恩格斯直接提出“公共经济中存在生产关系”这一命题或者直截了当地使用“公共经济生产关系”这一理论范畴，而只能从实质内容出发，以“军队中存在生产关系”为大前提，以“军队是公共经济的一个部门”为小前提，推理出“公共经济中存在生产关系”这个一般性理论认识。当然，确认公共经济生产关系思想理论构成马克思、恩格斯公共经济思想理论的一大板块，并非主要建立在上述逻辑推理的基础上，而是以下面实实在在的理论内容为依据。

二、马克思、恩格斯公共经济生产关系思想理论的主要内容

（一）公共经济生产关系按其自然本质首先是作为公共经济主人的人民大众与作为公共经济受托代理主体的社会公共机构之间的“契约”关系，否则，就是发生了异化。

任何一种生产关系的核心内容都是生产过程当事人之间的经济关系。公共经济生产关系是哪些当事人之间的关系呢？马克思、恩格斯的有关论述告诉我们，在公共经济中，社会成员即人民大众是终极主体，而社会公共机构则是受托代理主体，二者之间是一种围绕提供公共物品或者说是完成公共事务而结成的“委托—代理型”契约关系。恩格斯以下三段论述可以为此做证。

其一，恩格斯在《家庭私有制和国家的起源》（1884 年）中说：“氏族团体的成员再也不能集会来处理自己的共同事务了……原始的自然形成的民主制变成了可憎的贵族制。”① 这明白无误地告诉我们，公共事务是社会成员自己的，按照自然逻辑应当由社会成员自己当家做主，即实行民主制。

其二，恩格斯在《法兰西内战 1891 年单行本导言》（1891 年）中指出：“社会为了维护共同的利益，最初通过简单的分工建立了一些特殊的机关。但是，随着时间的推移，这些机关——为了追求自己的特殊利益，从社会的公仆变成了社会的主人。”② 这表明执行公共事务、维护公共利益的公共机构本来应该是人民的“社会的公仆”，然而，“这些机关”却“为了追求自己的特殊利益”而“变成了社会的主人”，从而使公共经济生产关系从原始的粗糙的民主型异化为统治阶级专制型。

---

① 马克思恩格斯选集第 4 卷［M］. 北京：人民出版社，1995：168 - 169.

② 马克思恩格斯选集第 3 卷［M］. 北京：人民出版社，1995：12.

其三，恩格斯在《卡尔·马克思1848—1850年的阶级斗争一书导言》(1895年)中又说：“请不要忘记，德意志帝国，同一切小国家，也同一切现代国家一样，是一种契约的产物：首先是君主之间的契约的产物，其次是君主与人民之间的契约的产物。如果有一方破坏契约，另一方也不受约束。”① 这说明，以国家代表身份出现的君主与人民之间是一种“契约关系”。是什么契约关系呢？通过联系前两段话的有关内容加以分析即可知道，作为社会公共机构的国家与人民大众之间的契约关系，从根本逻辑上说是一种“社会公仆”与“社会主人”之间围绕执行“公共事务”而缔结的委托代理关系，其中人民大众作为社会主人是委托方，而公共机构作为社会公仆则是被“指定”或“授权”执行公共职能②的代理方。这就是公共经济生产关系最本质、最核心的内容。

恩格斯接下来针对当时美国政治机制所说的这段话，可以说是对以上结论所做的一种反证式解释：“在美国，我们可以最清楚地看到，本来只应为社会充当工具的国家政权怎样脱离社会而独立化……两大帮政治投机家，他们轮流执掌政权，以最肮脏的手段用之于最肮脏的目的，而国民却无力对付这两大政客集团，这些人表面上是替国民服务，实际上却是对国民进行统治和掠夺。”③ 其中的逻辑是“国家政权”“本来应当为社会充当工具”，即以执行公共事务“替国民服务”的社会工具，但由于掌握公共权力的那个阶级“追求自己的特殊利益”“脱离社会”而“独立化”，却异化为“对国民进行统治和掠夺”。

从利益关系角度分析，社会公共机构本质上应该是维护社会公共利益的——“社会为了维护共同的利益，最初通过简单的分工建立了一些特殊的

---

① 马克思恩格斯选集第4卷［M］. 北京：人民出版社，1995：525.

② 恩格斯在《康·施米特》(1890年)中指出：“社会产生它不能缺少的某些共同职能。被指定执行这种职能的人，形成社会内部分工的一个新部门。这样，他们也获得了同授权他们的人相对立的特殊利益，他们同这些人相对立而独立起来，于是就出现了国家。”——马克思恩格斯选集第4卷［M］. 北京：人民出版社，1995：700-701.

③ 恩格斯：法兰西内战1891年单行本导言［A］. 马克思恩格斯选集第3卷［C］. 北京：人民出版社，1995：12.

机关”，应当作为正确处理社会公共利益与私人利益之间矛盾[①]的社会工具发挥作用，但自社会公共机构演化为国家之后，虽然它还“是整个社会的正式代表，是社会在一个有形的组织中的集中代表”，但却变成“一个剥削阶级的组织”，用以“维持它的外部的生产条件，特别是用暴力把被剥削阶级控制在当时的生产方式所决定的那些压迫条件下（奴隶制、农奴制或依附农制、雇佣劳动制）”，[②] 从而异化为主要用来维护统治阶级“共同利益”的工具，即变成只“是统治阶级的各个人借以实现其共同利益的形式”，或者说“是资产者为了在国内外相互保障各自的财产和利益所必然要采取的一种组织形式”。[③]这样，就完全扭曲了公共经济生产关系中应然利益关系的本质规定性。

三、公共经济生产关系中包含着纵横交错的多层次公共经济权责划分，它们共同构成公共经济体制

公共经济生产关系在现实中派生出由公共经济相关主体之间纵横交错的多层次公共经济责权划分关系，这些责权划分关系构成结构复杂的公共经济体制。马克思、恩格斯对其中各层次的责权划分几乎都有相应的论述，由此构成他们关于公共经济体制的思想理论。

第一个层次，是公共经济终极主体与受托代理主体之间的责权划分。从上面引述的恩格斯在《卡尔·马克思1848－1850年的阶级斗争一书导言》(1895年）中关于君主与人民之间契约关系所说的那段话来看，他显然是赞同“社会契约论”的。按照社会契约理论，公共经济基础层面的责权划分关系是建立在民主集中制基础上的，公民大众为了满足公共需要将自己的一部分责权委托或“授权”给社会公共机构行使，“集权是国家的本质、国家的生命基础……每个国家必然要力求实现集权，每个国家，从专制君主政体起到共和政体止，都是集权的”，而“每个公民只是因为集权才履行自己的公民职责”。但是，一方面，人民大众向社会公共机构让渡的公共权利不仅是有限度

① 马克思1844年在《评“普鲁士”人的“普鲁士国王和社会改革”一文》中指出：“国家是建筑在社会生活和私人生活之间的矛盾上，建筑在公共利益和私人利益的矛盾上的。”——马克思恩格斯全集第1卷［M］．北京：人民出版社，1956：479.

② 恩格斯：反杜林论［A］．马克思恩格斯选集第3卷［C］．北京：人民出版社，1995：631.

③ 马克思、恩格斯：德意志意识形态［A］．马克思恩格斯选集第1卷［C］．北京：人民出版社，1995：132.

的，“集权的活动必然应当是有普遍意义的事情，而涉及这个或那个人的事情则不在内”，[①] 而且也是不完全的，他们仍然保留着参与公共事务决策的责任和权力；另一方面，公民大众向社会公共机构进行的权责委托是有条件的和相对的，他们仍然保留着在一定条件下收回让渡或“授权”给社会公共机构那部分公共事务管理责权的权利。对此，马克思在论述巴黎公社的革命意义时指出：“公社——这是社会把国家政权重新收回，把它从统治社会、压制社会的力量变成社会本身的生命力；这是人民群众把国家政权重新收回，他们组成自己的力量去代替压迫他们的有组织的力量。”[②] 看来，马克思是同恩格斯一样，都是社会契约论的赞成者。将马克思、恩格斯以上论述概括起来就是，按照公共经济的本质属性，公共经济责权在基础层面的划分应当保持这样的格局：人民大众将属于公共事务范围内的责任和权力有限度、有条件地委托或“授权”给社会公共机构，以便社会公共机构凭借必要的公共权力履行代理提供公共物品、公共服务的职责；但是，作为“授权”者的人民大众不仅仍然有责有权依照法定的民主政治程序参与公共经济决策和监督管理，而且一旦出现社会公共机构违反契约规定、转而压迫和剥削人民大众之时，他们就有权通过革命斗争或民主选举方式收回让渡给社会公共机构的公共权力。一句话，依照公共经济生产关系的本质要求，政府只能是有限责任和有限权力的受托代理人，而人民大众在公共经济中则应始终居于当家作主的主人地位。因此，公共经济天然应当实行在性质上如同巴黎公社那样的“真正民主制度”。

第二个层次，是社会公共机构受托代理的公共经济责权在横向和纵向维度上的划分。在每一个幅员较大、人口较多的国家里，社会公共机构在被委责授权执行公共事务以后，为了具体履行公共经济职责，都必须将受托公共责任连同相应的公共权力一起在自己的网状组织体系内部从横向和纵向两个维度上做出具体划分。对此，马克思在《法兰西内战》及其初稿中指出：“国家政权及其遍布各地的机关……是按照系统的和等级的分工原则建立的”，或

① 恩格斯：集权与自由［A］．马克思恩格斯全集第41卷［C］．北京：人民出版社，1982：396.

② 马克思：法兰西内战初稿［A］．马克思恩格斯选集第3卷［C］．北京：人民出版社，1995：95.

者说“国家机器……实行系统分工和等级分工的国家政权的计划调节”[①]。

其中，在横向维度上，需要将受托公共经济责权在国家政权中按照水平分工形成的各个机构之间做出划分。这种划分的合理规则应当是：一方面，使各个公共部门能够各司其职、各负所责、各用其权，井然有序地完成受托公共事务；另一方面，又要使它们相互之间能够彼此监督与制约，以防止每个公共部门独断专行、滥用权力。对此，马克思针对1831年黑森宪法以赞扬的口吻指出：“没有哪部宪法对执行机关的权限作过这样严格的限制，在更大程度上使政府从属于立法机关，并且给司法机关以如此广泛的监督权……高等法院有权对有关任免制度的一切问题做出最后决定。众议院从议员中选出一个常任委员会，组成类似雅典最高法院的机构，对政府活动进行监督，并把违反宪法的官员送交法庭审判。”[②] 另外一例则是，马克思在《危机与反革命》一文中针对德国议会做出的一个决议以批评甚至谴责的口吻指出：“决议践踏了立宪原则，它是立法权对行政权的干预，它要消灭为了自由的利益所十分必需的分权和权力互相监督。”[③] 从前后这两段话中不同语气的对比不难判断，马克思对这种各部门间既有清晰明确划分又有相互制约监督的公共经济责权配置原则是持肯定态度的。如果说马克思这两段话是就资产阶级国家所说的，那么，恩格斯在《1891年社会民主党纲领草案批判》中则针对从资本主义社会向社会主义社会过渡时期的政权组织结构指出：在“无产阶级专政”的“民主共和国”里，要“把一切政治权力集中于人民代议机关之手”。[④] 就是说，即使是在人民民主的国体之下，公共经济责权仍然要在“人民代议机关”与行政机关、司法机关之间做出合理而明确的划分，并且在这种责权划分中应当突出直接体现人民当家作主权利的“人民代议机关”的主导地位。

在纵向维度上，则需要将社会公共机构集体受托承担的公共经济责权在其按照垂直分工原则构建的不同层级组织之间做出划分。这种划分的合理规则应当是在维护国家统一的前提下，根据公共事务（公共物品）受益范围和

① 马克思恩格斯选集第3卷［M］. 北京：人民出版社，1995：52、91.

② 德国的动荡局势［A］. 马克思恩格斯全集第13卷［C］. 北京：人民出版社，1962：67.

③ 马克思恩格斯选集第1卷［M］. 北京：人民出版社，1995：314.

④ 马克思恩格斯选集第4卷［M］. 北京：人民出版社，1995：412.

有利于发扬民主的原则将公共经济责权合理而清晰地配置于不同层级的公共机构，形成集权与分权适当结合的体制结构，以便通过各层级分工合作有效完成受托公共经济责任。对此，马克思在《法兰西内战》（1871 年）中根据巴黎公社的施政经验指出："全法国都将组织起独立工作的、自治的公社"，"公社的存在自然而然会带来地方自治"，即"每一个地区的农村公社，通过设在中心城镇的代表会议来处理它们的共同事务；""留待中央政府履行的是为数不多但很重要的职能"，即"几项符合于普遍性、全国性目的的职能，"就其实质性内容而言"是指由于国家的一般的共同的需要而必须执行的职能"①。

第三个层次，是社会公共机构受托代理的公共经济责权在每个行使单元内部的划分。在按照水平分工和垂直分工原则组织起来的社会公共机构中，所有公职人员都需要编制在各个相对独立的组织单元（例如军队中的排、连、营以及党政组织中的委员会、部、局等）中承担完成各种具体的公共事务。在这种公共机构的单元式组织中，仍然需要在组织指挥者与具体操作者之间进行属于"生产力与生产关系的关系"范畴的责权划分，其划分规则是否科学合理，同样直接关系到公共事务运作效率。对此，恩格斯在《论权威》中指出："一方面是一定的权威……另一方面是一定的服从，这两者都是我们所必需的。"②

四、公共经济生产关系相对于私人经济生产关系而言，属于派生的，后者决定或制约前者

公共经济生产关系虽然显示出自己的特殊性，但它又是由私人经济生产关系派生出来的，两个组成部分之间紧密地联系在一起，从而使每个社会的整体生产关系表现出很强的统一性。对此，马克思指出："每一个社会中的生产关系都形成一个统一的整体。"③ 就是说，每一个社会的生产关系都是由基于私人经济的人们之间特殊利益关系和基于公共经济的共同利益关系构成的一个整体，因而对各个社会的经济关系必须从两种不同利益的相互联系上加以整体分析理解和全面把握。需要强调的是，在每个社会的生产关系统一整

---

① 马克思恩格斯选集第 3 卷［M］．北京：人民出版社，1995：56、58、97、121.

② 马克思恩格斯选集第 3 卷［M］．北京：人民出版社，1995：226.

③ 马克思：哲学的贫困［A］．马克思恩格斯选集第 1 卷［C］．北京：人民出版社，1995：142.

体中，原生的私人经济生产关系与派生的公共经济生产关系之间虽然存在相互作用，但它们的地位不是平列的，而是有主有从，前者是主，后者为从，原生的生产关系总体上决定或支配派生的生产关系，派生的公共经济生产关系则通常总是反过来支持甚至加强原生的私人经济生产关系，当然，也会出现下面讲到的相反情况。

在原始社会，物质资料生产领域以公有制为基础，社会成员利用极为初级的生产工具进行集体劳动，劳动产品实行低级水平的按需分配，社会成员之间存在着紧密的相互依赖关系，因而在公共经济领域自然要实行民主决策。正如恩格斯所叙述的：氏族、胞族和部落“这三种集团代表着不同层次的血缘亲属关系……归它们管辖的事情，包括低级阶段上的野蛮人的全部公共事务”。以易洛魁人部落联盟为例，其最高公共权力“机关是联盟议事会由50个地位和威信平等的酋长组成；这个议事会对联盟的一切事务作最后的决定”。“联盟议事会的一切决议，须经全体一致通过。”“会议在聚集起来的民众面前公开举行，每一个易洛魁人都可以发言；但只有议事会才能作决定。”①

但是，到了原始社会末期，公共权力连同公共事务一起逐步被权贵群体所垄断，一般氏族成员参与公共事务决策和监督的民主权利逐步被剥夺；这样一种公共经济生产关系自然会加速瓦解原始的生产资料公有制。在此推动下，私有制加速发展，阶级分化逐渐加剧，原始公社日渐解体，占有物质生产资料的阶级在经济生活方面占据了统治地位，它们凭借先前在公共机构中担任首领和经济、文化上的优势渐渐地完全垄断了公共职位并将这种职位变为世袭，使原来与社会结合为一体的公共机构变为凌驾于社会之上的国家以后，“氏族团体的成员再也不能集会来处理自己的共同事务了……原始的自然形成的民主制变成了可憎的贵族制。”② 从而使公共经济生产关系从人民民主型异化为统治阶级专制型。社会演化到资本主义阶段后，资产阶级凭借资本所有制下作为有钱的“纳税人”优势逐步迫使封建贵族放弃君主专制改行体现资本主义生产关系的“代议制”民主。在这种制度下，“只有拥有一定资本的人即资产者，才有选举权。这些资产者选民选出议员，而这些资产者议员

---

① 恩格斯：家庭、私有制和国家的起源［A］．马克思恩格斯选集第4卷［C］．北京：人民出版社，1995：93－94.

② 恩格斯：家庭、私有制和国家的起源［A］．马克思恩格斯选集第4卷［C］．北京：人民出版社，1995：168－169.

可以运用拒绝纳税的权利，选出资产者政府。”①

原始公社被私有制瓦解以后，表现为政治制度的公共经济生产关系之所以发生变异，从内在联系考察，主要基于以下两个方面原因。

首先，是“由于国家是从控制阶级对立的需要中产生的，由于它同时又是在这些阶级的冲突中产生的，所以，它照例是最强大的、在经济上占统治地位的阶级的国家，这个阶级借助于国家而在政治上也成为占统治地位的阶级，因而获得了镇压和剥削被压迫阶级的新手段”②。在私人经济领域处于统治地位的阶级凭借自己在经济和文化方面的优势持续地进入并控制政权，必然会反过来利用自己的政治统治地位以整个社会代表的名义将自己的利益要求和集体意志不仅体现于公共经济制度、法律、政策和其他公共物品提供方面，而且贯彻于整个公共经济的组织制度和组织结构之中，以致即使在社会生产力获得极大发展、政治民主也日益推进的现时代，“国家总的来说还只是以集中的形式反映了支配着生产的阶级的经济需要，那么，在以前的时代，国家就必然更加是这样了”。③

其次，就现实过程而言，以资本主义社会公共经济生产关系为例，“现代国家由于税收而逐渐被私有者所操纵，由于国债而完全归他们掌握；现代国家的存在既然受到交易所内国家证券行市涨落的调节，所以它完全依赖于私有者即资产者提供给它的商业信贷。”国家处在这样一种受资本家阶级、特别是实力强大的财富集团所绑架的状态下，变为“资产者为了在国内外相互保障各自的财产和利益所必然要采取的一种组织形式”就成为不可避免的了。④

私人经济生产关系对公共经济生产关系的制约和影响还会表现在国家对私人经济社会活动的干预范围和方式上。对此，马克思在《路易·波拿巴的雾月十八日》中以小农占人口多数的法国为例做出如下解释：人数众多的小

---

① 恩格斯：共产主义原理［A］．马克思恩格斯选集第1卷［C］．北京：人民出版社，1995：235.

② 恩格斯：路德维希·费尔巴哈和德国古典哲学的终结［A］．马克思恩格斯选集第4卷［C］．北京：人民出版社，1995：252.

③ 恩格斯：家庭、私有制和国家的起源［A］．马克思恩格斯选集第4卷［C］．北京：人民出版社，1995：172.

④ 马克思、恩格斯：德意志意识形态［A］．马克思恩格斯选集第1卷［C］．北京：人民出版社，1995：131－132.

农“不能代表自己，一定要别人来代表他们。他们的代表一定要同时是他们的主宰，是高高站在他们上面的权威，是不受限制的政府权力，这种权力保护他们不受其他阶级侵犯，并从上面赐给他们雨水和阳光。所以，归根到底，小农的政治影响表现为行政权支配社会”。这是因为，“小块土地所有制按其本性说来是全能的和无数的官僚立足的基地。它造成全国范围内各种关系和个人的划一的水平。所以，它也就使得一个最高的中心对这个划一的整体的各个部分发生划一的作用。它消灭人民群众和国家权力之间的贵族中间阶梯。”“所以它也就引起这一国家权力的全面的直接的干涉和它的直属机关的全面介入。”①

第五节　对阶级社会公共经济性质的辩证认识和关于公共经济演化进程的唯物史观

将自己创立的辩证唯物主义和历史唯物主义运用于公共经济分析，既是马克思、恩格斯公共经济思想理论具有深刻性、透彻性和全面性的根本原因，也是他们公共经济思想理论在方法论方面的基本特色。这突出地表现在以下三个方面。

一、辩证而全面地认识阶级社会公共经济的二重属性

基于对马克思主义经典著作缺乏系统研读和对西方经济政治理论的盲从、迷信，我国一些学者通常认为，马克思、恩格斯只强调阶级社会中的国家是统治阶级对被统治阶级进行暴力压迫的政治工具，仅具有阶级镇压、阶级剥削职能，而只有西方经济政治理论才承认国家的公共经济职能。这种看法实际上是极为片面的，甚至可以说表现出言者对马克思主义经典作家思想理论的高度无知。这是因为，只要系统而认真地研读马克思、恩格斯的相关著作，就会发现，他们始终如一地认为，即便是在人类历史上相继产生的几个阶级社会中在“国家”形态上存在并发挥作用的社会公共机构，同样具有阶级镇压、阶级剥削和提供公共物品、公共服务这样两种职能，或者说兼具阶级性和公共性。

毋庸讳言，马克思、恩格斯确实认为阶级社会中的国家主要是为统治阶级利益服务的，其阶级性居主导地位。例如，在《德意志意识形态》中，他

---

① 马克思恩格斯选集第1卷［M］. 北京：人民出版社，1995：678、681.

们指出："实际上国家不外是资产者为了在国内外相互保障各自的财产和利益所必然要采取的一种组织形式。""国家是统治阶级的各个人借以实现其共同利益的形式。"① 其后，恩格斯在《反杜林论》中又指出："到目前为止在阶级对立中运动着的社会，都需要有国家，即需要一个剥削阶级的组织，以便维持它的外部的生产条件，特别是用暴力把被剥削阶级控制在当时的生产方式所决定的那些压迫条件下（奴隶制、农奴制或依附农制、雇佣劳动制）。国家是整个社会的正式代表，是社会在一个有形的组织中的集中代表。但是，说国家是这样的，这仅仅是说，它是当时独自代表整个社会的那个阶级的国家：在古代是占有奴隶的公民的国家，在中世纪是封建贵族的国家，在我们的时代是资产阶级的国家。"② 在《社会主义从空想到科学的发展》中，他单独针对当时的西方国家指出："现代国家也只是资产阶级社会为了维护资本主义生产方式的一般外部条件使之不受工人和个别资本家的侵犯而建立的组织。现代国家，不管它的形式如何，本质上都是资本主义的机器，资本家的国家，理想的总资本家。"③ 再后，他在 1891 年为马克思《法兰西内战》一书单行本写的导言中又指出："实际上，国家无非是一个阶级镇压另一个阶级的机器，而且在这一点上民主共和国并不亚于君主国。"甚至对备受人们称赞的美国，他也说："在美国，我们可以最清楚地看到，本来只应为社会充当工具的国家政权怎样脱离社会而独立化……两大帮政治投机家，他们轮流执掌政权，以最肮脏的手段用之于最肮脏的目的，而国民却无力对付这两大政客集团，这些人表面上是替国民服务，实际上却是对国民进行统治和掠夺。"④ 此类论述还有许多，无须一一引述。据笔者理解，恩格斯正是从这种意义上认为"只要私有制存在一天"，那么，本应承载公共利益的公共经济依其主导性本质考察就是虚有其名的，从而以这样一种名不副实的公共经济为研究对象的"公共经济学"也就随之变为了"没有任何意义"的"用语"。

被中外许多学者所忽视但同样是马克思、恩格斯在其著述中通过多次论述所表明、从而更具一贯性的基本观点，即认为阶级社会中的国家职能一无例外地同时具有二重属性。对此，马克思明确地指出："政府的监督劳动和全

---

① 马克思恩格斯选集第 1 卷［M］. 北京：人民出版社，1995：131、132.
② 马克思恩格斯选集第 3 卷［M］. 北京：人民出版社，1995：630.
③ 马克思恩格斯选集第 3 卷［M］. 北京：人民出版社，1995：753.
④ 马克思恩格斯选集第 3 卷［M］. 北京：人民出版社，1995：13、12.

面干涉包括两个方面：既包括执行由一切社会的性质产生的各种公共事务，又包括由政府同人民相对立而产生的各种特殊职能。”① 恩格斯同样持这样的观点。他一方面认为：“同一氏族的各个公社自然形成的集团最初只是为了维护公共利益（例如在东方是灌溉）、为了抵御外敌侵略而发展成的国家，从此也就同样具有了这样的职能：用暴力对付被统治阶级，维持统治阶级的生活条件和统治条件。”② 另一方面又鲜明地指出：“政治统治到处都是以执行某种社会职能为基础，而且政治统治只有在它执行了它的这种社会职能时才能继续下去。不管在波斯和印度兴起和衰落的专制政府有多少，每一个专制政府都十分清楚地知道它们首先是河谷灌溉的总管，在那里，没有灌溉就没有农业。”③

有鉴于此，我们只有全面系统地理解马克思、恩格斯关于国家职能的论述，才能辩证地把握他们对阶级社会中公共经济总体性质的思想理论观点，从而避免基于误解而武断地否定他们公共经济思想理论的科学性。

二、公共经济演化逻辑的唯物史观

恩格斯在《卡尔·马克思政治经济学批判第一分册》一文中指出：德国无产阶级政党的“全部理论内容来自对政治经济学的研究，它一出现，科学的、独立的、德国的经济学也就产生了。这种德国的经济学本质上是建立在唯物主义历史观的基础上的”。④ 可以说，建立在唯物史观的坚实基础上，既是马克思、恩格斯的公共经济思想理论区别于现代西方版本公共经济学的根本特征，也是它比西方版本公共经济学远为科学的主要原因所在。

（一）以人类生存发展所不可或缺的公共需要作为公共经济产生和存续的客观基础

马克思早在1840年代初就指出：“理论只要彻底，就能说服人。所谓彻

---

① 马克思：资本论第3卷［M］．北京：人民出版社，1975：432.

② 恩格斯：反杜林论［A］．马克思恩格斯选集第3卷［M］．北京：人民出版社1995：491.

③ 恩格斯：反杜林论［A］．马克思恩格斯选集第3卷［M］．北京：人民出版社1995：523.

④ 马克思恩格斯选集第2卷［M］．北京：人民出版社，1995：37－38.

底，就是抓住事物的根本。但是，人的根本就是人本身。”[①] “人是类存在物”，“通过实践创造对象世界，改造无机界，人证明自己是有意识的类存在物……它把类看作自己的本质”，按照“内在的尺度”进行不局限于“直接肉体的需要”的各种社会“生产是人的能动的类生活”。[②] 人进行社会生产的目的是满足需要，因为“没有需要，就没有生产”。[③] 人类“第一个历史活动就是生产满足这些需要的资料，即生产物质生活本身这样的历史活动，”“已经得到满足的第一个需要本身、满足需要的活动和已经获得的为满足需要而用的工具又引起新的需要，而这种新的需要的产生是第一个历史活动。”[④] 基于此种认识，马克思、恩格斯对所有经济社会问题的研究，都是从作为类存在物的人为满足各种需要而进行经济社会活动这个历史唯物主义基点出发的。

但是，“以一定的方式进行生产活动”的“现实的历史的人”，[⑤] 因以家庭为基本单元生活而具有自身独立性，同时作为“天生是政治动物”[⑥] 的人，又因为离不开社会生活而使其本质变为“一切社会关系的总和”，[⑦] 从而具有基于“共同活动”[⑧] 的社会性，[⑨] 马克思、恩格斯依据人类的这种二重属性将

① 马克思：黑格尔法哲学批判导言［A］．马克思恩格斯选集第1卷［C］．北京：人民出版社，1995：9.

② 马克思：1844年经济学哲学手稿［A］．马克思恩格斯选集第1卷［C］．北京：人民出版社，1995：45－47.

③ 马克思：政治经济学批判导言［A］．马克思恩格斯选集第2卷［C］．北京：人民出版社，1995：9.

④ 马克思、恩格斯：德意志意识形态［A］．马克思恩格斯选集第1卷［C］．北京：人民出版社，1995：79.

⑤ 马克思、恩格斯：德意志意识形态［A］．马克思恩格斯选集第1卷［C］．北京：人民出版社，1995：79.

⑥ 亚里士多德：政治学［A］．引自A.E.门罗：早期经济思想［C］．北京：商务印书馆，2001：7.

⑦ 马克思在《关于费尔巴哈的提纲》中指出：“人的本质不是单个人所固有的抽象物，在其现实性上，它是一切社会关系的总和。”——马克思恩格斯选集第1卷［M］．北京：人民出版社，1995：60.

⑧ 马克思、恩格斯：德意志意识形态［A］．马克思恩格斯选集第1卷［C］．北京：人民出版社，1995：85.

⑨ 马克思在《关于费尔巴哈的提纲》中指出：“人的本质不是单个人所固有的抽象物，在其现实性上，它是一切社会关系的总和。”——马克思恩格斯选集第1卷［M］．北京：人民出版社，1995：60.

其需要区分为“个人及其家庭的消费需要”和“一般的社会需要”,[①] 并据此将满足人类需要的物品区分为私人物品和公共物品（公共事务），将承载于两种不同物品的人类利益区分为基于“私人生活”的“私人利益”和基于“社会生活”的“公共利益”,[②] 从而将整个国民经济视为由私人经济和公共经济共同构成的混合体。

从满足人作为“类存在物”、基于“共同活动”的社会公共需要来阐述公共物品、公共利益和以此为基础产生的公共经济，以及社会资源（社会劳动时间）总量在私人经济和公共经济两大领域的划分，进而论证社会公共机构存在的必然性，比起自亚当·斯密直至现代西方主流经济学派以市场失灵为尺度、以非竞争性和非排他性为标准论证公共物品和公共经济，不仅径直和明白得多，而且不是从“市场失灵”这样一种原则出发，而是建立在人类的社会本性和现实的经济生活基础上，充分显示出历史唯物主义研究方法的优越性。

（二）以由社会生产力发展水平决定的社会分工规律来说明公共经济在社会发展的一定阶段上发生异化的必然性

对此，恩格斯在《反杜林论》中指出：“在每个这样的公社中，一开始就存在着一定的共同利益，维护这种利益的工作，虽然是在全体的监督之下，却不能不由个别成员来担当；如解决争端；制止个别人越权；监督用水，特别是在炎热的地方；最后，在非常原始的状态下执行宗教职能……这些职位被赋予全权，这是国家权力的萌芽。”随着生产力的逐步提高，在人口较密的“一些场合又形成了各个公社之间的共同利益，在另一些场合又形成了各个公社之间的相抵触的利益，而这些公社集合为更大的整体又引起新的分工，建立保护共同利益和防止抵触的利益的机构。这些机构，作为整个集体的共同利益的代表，在对每个单个的公社的关系上已经处于特别的、在一定情况下甚至对立的地位，它们很快就变为更加独立的了，这种情况的造成部分地是由于职位的世袭（这种世袭在一切事情都是自发地进行的世界里差不多是自然而然地形成的），部分地是由于同别的集团的冲突的增多，使得这种机构越

---

① 马克思：资本论第 3 卷［M］．北京：人民出版社，1975：992 - 993.

② 马克思 1844 年在《评“普鲁士”人的“普鲁士国王和社会改革”一文》中指出：“国家是建筑在社会生活和私人生活之间的矛盾上，建筑在公共利益和私人利益的矛盾上的。”——马克思恩格斯全集第 1 卷［M］．北京：人民出版社，1956：479.

来越必不可少了。在这里我们没有必要来深入研究：社会职能对社会的这种独立化怎样逐渐上升为对社会的统治；起先的公仆在情况有利时怎样逐步变为主人；这种主人怎样分别成为东方的暴君或总督，希腊的部落首领，克尔特人的族长等等；在这种转变中，这种主人在什么样的程度上终究也使用了暴力；最后，各个统治人物怎样结合成一个统治阶级”。“而且这个阶级为了它自己的利益，从来不会错过机会来把越来越沉重的劳动负担加到劳动群众的肩上。”① 对于公共经济在历史上发生的这样一种根本性质转变，恩格斯并没有基于道德方面的价值判断予以谴责，相反，他驳斥了被杜林深恶痛绝的关于国家产生原因的“暴力论”，认为这上述转变是一种不可避免的自然历史过程。他客观地指出：“只要社会总劳动所提供的产品除了满足社会全体成员最起码的生活需要以外只有少量剩余，就是说，只要劳动还占去社会大多数成员的全部或几乎全部时间，这个社会就必然被划分出阶级。在被迫专门从事劳动的大多数人之旁，形成了一个脱离直接生产劳动的阶级，它掌管社会的共同事务：劳动管理、国家事务、司法、科学、艺术等。因此，分工的规律就是阶级划分的基础。”② 同时认为，直到他所生活的 19 世纪，这种必然性仍然存在，并且在最先进的美国也是如此。恩格斯在为马克思《法兰西内战》1891 年单行本写的导言中指出：“正是在美国，同在任何其他国家中相比，‘政治家们’都构成国民中一个更为特殊的更加富有权势的部分。”③ 但是，因为“这种划分是以生产的不足为基础的，它将被现代生产力的充分发展所消灭”。一旦到了“生产高度发展的阶段”，“某一特殊的社会阶级对生产资料和产品的占有，从而对政治统治、教育垄断和精神领导的占有，不仅成为多余的，而且成为经济、政治和精神发展的障碍。”④

严格地依据人类物质生活的生产方式发展规律来认识公共经济自然演化进程的必然性，将人类社会一定发展阶段上“公共事务”决策由原始公社自然形成的通过民主机制完成向由“脱离实际劳动的特殊阶级”垄断从事的政治性职业，承担公共事务的公共机构逐渐转化为阶级镇压、阶级剥削性质的政治国家，掌握公共权力的公职人员由原来的社会公仆逐渐转化为“社会主

---

① 马克思恩格斯选集第 3 卷［M］. 北京：人民出版社，1995：522－523、525.
② 马克思恩格斯选集第 3 卷［M］. 北京：人民出版社，1995：632.
③ 马克思恩格斯选集第 3 卷［M］. 北京：人民出版社，1995：12.
④ 马克思恩格斯选集第 3 卷［M］. 北京：人民出版社，1995：632.

人”，看成合乎规律、不可避免的过程。这充分显示出马克思、恩格斯所主张的历史唯物主义理论的客观性和科学性。

（三）既客观地揭示社会经济共同体中公共经济与私人经济相互作用、共同推动人类社会经济向前发展，又坚持物质资料生产活动即狭义经济的基础性或最终决定作用

马克思、恩格斯虽然肯定了以社会公共机构为代理主体完成的公共经济与社会成员以自己为主体直接进行的私人经济之间相互作用，其中的公共经济甚至“是迄今为止历史发展的主要因素之一”，但并没有因此而否定直接以人民群众为主体、以物质生活资料生产为主要内容的私人经济和整个国民经济发展的客观规律终究是起最终决定作用的基础因素。对此，恩格斯在《反杜林论》（1876 年—1878 年）中依据大量历史事实、以深刻的历史洞察力指出：“政治权力在对社会独立起来并且从公仆变为主人以后，可以朝两个方向起作用。或者按照合乎规律的经济发展的精神和方向去起作用，在这种情况下，它和经济发展之间没有任何冲突，经济发展加快速度。或者违反经济发展而起作用，在这种情况下，除少数例外，它照例总是在经济发展的压力下陷于崩溃。”“如果撇开征服的情况不谈，当某一个国家内部的国家政权同它的经济发展处于对立地位的时候——直到现在，几乎一切政治权力在一切发展阶段上都是这样——斗争每次总是以政治权力被推翻而告终。”① 此后，他在《致尼·弗·丹尼尔逊》（1892 年）中再次强调：“一切政府，甚至是最专制的政府，归根到底都不过是本国状况的经济必然性的执行者。它们可以通过各种方式——好的、坏的或不好不坏的——来执行这一任务；它们可以加速或延缓经济发展即其政治和法律的结果，可是最终它们还是要遵循这种发展。”②

从以上引述不难看出，马克思、恩格斯对公共经济的理论分析和阐述，既避免了唯经济因素的机械唯物主义倾向，又始终坚持了以由物质生活资料生产为主的狭义经济为基础性或最终决定性因素、公共经济与私人经济相互作用的辩证唯物主义方法。由于在始终坚持辩证法两点论的同时强调代表社会生产力的物质生产活动是起最终决定作用的基础性因素，即坚持辩证的一

① 马克思恩格斯选集第 3 卷［M］. 北京：人民出版社 1995：526 - 527.

② 马克思恩格斯选集第 4 卷［M］. 北京：人民出版社 1995：715.

元论唯物史观，从而使他们的公共经济思想理论具有高度的客观性、全面性，进而具有无可辩驳的说服力、高度的解释力和对未来事变的预测力。

三、对公共经济辩证发展历史趋势的深刻揭示

马克思、恩格斯认为，公共经济作为整个人类社会的一个有机组成部分，必然按照历史发展的辩证法规律由低级向高级逐步进化。就是说，公共经济制度演进是一个由肯定到否定再到否定之否定的辩证发展进程。

马克思、恩格斯对公共经济制度遵循辩证规律由低级向高级逐步演化的论述，主要集中在《德意志意识形态》《法兰西内战》《资本论》《反杜林论》和《家庭、私有制和国家的起源》等篇幅较长的著作，以及载于《马克思恩格斯选集》中文版第4卷的若干书信中。

根据他们的有关论述，公共经济作为满足人以社会交往为基础、作为类存在物而产生的公共需要和维护公共利益的社会活动，早在人类社会的原始阶段就已经自然而然地存在。那时的公共经济“是建立在公社所有制的基础上的……一部分土地是私田，由公社成员各自耕种，另一部分土地是公田，由公社成员共同耕种。这种共同劳动的产品，一部分作为保险金用于防灾备荒和应付其他意外情况，一部分作为公共储备用于战争和宗教方面的开支以及其他的公用开支”。[①] 当时的公共事务较为简单，公共物品主要包括部族之间的战争、原始宗教事务、处理氏族胞族部落之间的争端、炎热地带监督用水、维护生产活动的共同条件等，具体的公共经济活动由原始社会成员以不脱产方式集体进行，而公共经济决策则由通过氏族内社会成员以直接民主方式或在胞族部落、部落联盟层面由下一级原始组织推选组成的各级议事会以间接民主的集体决议方式做出，[②] 被指定执行公共职能的人虽然被赋予了某种全权，但却是仍然处于“全社会的监督之下”。[③] 因此，这时体现公共经济生产关系的公共经济制度是建立在原始民主制基础上的。

但是，原始社会这种对某些公共事务执行者职位被赋予全权的做法却埋下了致使公共经济发生异化的种子，因为这些公共事务的代理人不可避免地

---

① 马克思：资本论法文版中译本第1卷［M］．北京：人民出版社，1983：228.

② 恩格斯：家庭、私有制和国家的起源［A］．马克思恩格斯选集第4卷［C］．北京：人民出版社，1995：93－94.

③ 恩格斯：反杜林论［A］．马克思恩格斯选集第3卷［C］．北京：人民出版社，1995：522.

会运用公共权力追求自身特殊利益，而侵害其他多数社会成员的公共利益。随着私有制和阶级分化的发展，一方面，氏族和胞族部落及其组成的部落联盟首领等拥有一定公共权力的当事人，为了追求和巩固“自己的特殊利益”，利用自己的地位、声望等既成优势和便利条件，想方设法地谋求将执行公共事务的职位由公众推选变为家族世袭，并且逐步地利用公共权力压迫和剥削无权无势的普通社会成员，从而使公职人员从原来“社会的公仆变成了社会主人”;① 由此，公共事务决策的民主机制就渐渐地被废弃。这样，就使本来作为执行公共事务、维护公共利益工具的社会公共机构“脱离社会而独立化”，变质为“镇压和剥削被压迫阶级的新手段”。② 另一方面，“随着社会成员由于原始公社的瓦解而变为私人生产者，因而和社会公共职能的执行者更加疏远，”这也促使作为阶级压迫职能的政治性公共“权力得到加强”。③ 这些因素汇合在一起，就使得社会公共机构在国家形态上成为“从社会中产生但又自居于社会之上并且日益同社会相异化的力量”。④

在继之而起的奴隶社会、封建社会和资本主义社会历史时代里，“随着国内阶级对立的尖锐化，随着彼此相邻的各国的扩大和它们人口的增加，公共权力就日益加强”，以至“阶级斗争和争相霸占已经把公共权力提升到大有吞食整个社会甚至吞噬国家之势的高度”。⑤

然而，在资本主义生产方式下，以资本追逐利润为动力，社会生产力得到迅猛发展，导致经济社会矛盾空前激化起来，周期性经济危机以愈来愈强、愈来愈深的震撼力威胁到资本主义制度的生存，以致“资本主义社会的正式代表——国家不得不承担起对生产的领导。这种转化为国家财产的必然性首先表现在大规模的交通机构，即邮政、电报和铁路方面”。由于将越来越多的

---

① 恩格斯：法兰西内战 1891 年单行本导言［A］. 马克思恩格斯选集第 3 卷［C］. 北京：人民出版社，1995：12.

② 恩格斯：路德维希·费尔巴哈和德国古典哲学的终结［A］. 马克思恩格斯选集第 4 卷［C］. 北京：人民出版社，1995：252.

③ 恩格斯：反杜林论［A］. 马克思恩格斯选集第 3 卷［C］. 北京：人民出版社，1995：526.

④ 恩格斯：家庭、私有制和国家的起源［A］. 马克思恩格斯选集第 4 卷［C］. 北京：人民出版社，1995：170.

⑤ 恩格斯：家庭、私有制和国家的起源［A］. 马克思恩格斯选集第 4 卷［C］. 北京：人民出版社，1995：171.

大规模生产资料“转化为国有资产”而“资本关系并没有被消灭，反而被推到了顶点。但是在顶点上是要发生变革的”。“无产阶级将取得国家政权，并且首先把生产资料变为国家财产。但是，这样一来，它就消灭了作为无产阶级的自身，消灭了一切阶级差别和阶级对立，也消灭了作为国家的国家……那时，国家政权对社会关系的干预在各个领域将先后成为多余的事情而自行停止下来，那时，对人的统治将由对物的管理和对生产过程的领导所代替。”① 社会将在生产资料公有制基础上，“建立民主的国家制度”。② 这就是资本主义生产方式内在矛盾推进公共经济向其自然本质回归的历史趋势。

与此同时，随着资本主义的发展，资本的积累和集中促使工人阶级的规模日益扩大、政治觉悟不断提高，其争取政治解放和社会进步的斗争也推动着政治民主进程。“国家的最高形式，民主共和国，在我们现代的社会条件下正日益成为一种不可避免的必然性……这种民主共和国已经不再正式讲什么财产差别了。”③ 这同样预示着以决策民主制为基础的公共经济将要实现历史性的回归。

马克思、恩格斯以上所述，深刻而生动地揭示了公共经济历史发展进程的辩证规律：原始公社生产资料公有制条件下以氏族成员民主制为基础、以维护社会成员公共利益为宗旨的公共经济，被生产资料私有制条件下在国家形态上以统治阶级专制为基础、以维护剥削阶级共同利益为主要倾向的公共经济所取代，这是公共经济制度历史发展进程中发生的第一个否定。而在社会内在矛盾的推动下，在私有制发展到资本所有制的高级阶段上，由生产社会化与资本所有制所引起的社会主义革命和政治民主化又造成了以资本所有制和资产阶级民主为基础的公共经济“对自身的否定。这是否定的否定”。④ 这种否定不是重新回到原始公社时代那种低级粗糙的公共经济制度，而是在人类历史发展所积累的物质文明、政治文明、精神文明基础上，即在生产力和生产资料占有高度社会化的经济基础上，以更高级更广泛的人民民主为决

---

① 恩格斯：反杜林论［A］．马克思恩格斯选集第3卷［C］．北京：人民出版社，1995：628－629.

② 恩格斯：共产主义原理［A］．马克思恩格斯选集第1卷［C］．北京：人民出版社，1995：239.

③ 恩格斯：家庭、私有制和国家的起源［A］．马克思恩格斯选集第4卷［C］．北京：人民出版社，1995：173.

④ 马克思：资本论第1卷［M］．北京：人民出版社，1975：832.

策和管理机制，重新建立充分符合公共经济本质的公共经济制度。马克思、恩格斯以唯物史观阐释的公共经济历史演进的这种辩证发展过程是何其自然而然，其中的线索脉络又是多么清晰明了！

第六节　关于未来社会公共经济制度的基本特征

马克思、恩格斯根据对原始公社时代公共经济制度的研究、对巴黎公社成立短短两个月内社会管理经验的总结和对资本主义经济政治文明的辩证性批判，预测性地描述了未来社会公共经济制度的基本特征。主要包括以下六个方面。

一、公共经济职能失去政治性质而且相对简化

社会公共机构作为阶级压迫工具的政治性质消失，但依然在确实符合公共性尺度的合理范围内承担提供公共物品、维护公共利益的若干职能，属于需要动用公共权力进行干预的项目将大大减少。这时，公共机构的职能主要包括：维护生产资料公有制和公共资产，按照共同的计划科学地调节和组织社会生产及其产品分配，提供国民教育、卫生保健、抚恤救济、养老保险和公共基础设施等满足社会公共需要的各种具象公共物品。马克思、恩格斯对此所做的论述主要包括："政治国家以及政治权威将由于未来的社会革命而消失，公共职能将失去政治性质，而变为维护真正社会利益的简单的管理职能"①；"对人的统治将由对物的管理和对生产过程的领导所代替"②；"集权的活动必然应当是有普遍意义的事情，而涉及这个或那个人的事情则不在内"③；"未来的社会组织将只在生产条件所必然要求的限度内允许权威存在"④；以及马克思关于社会总产品扣除项目的论述中所涉及的具象公共物品提供。

二、由剩余劳动形成的社会基金在生产资料社会直接占有的基础上转化为提供公共物品的经济资源

在"实现整个社会对一切生产资料……的直接占有，供全体为了全体利

---

① 马克思恩格斯选集第3卷［M］．北京：人民出版社，1995：227.

② 恩格斯：反杜林论［A］．马克思恩格斯选集第3卷［C］．北京：人民出版社，1995：628－629.

③ 恩格斯：集权与自由［A］．马克思恩格斯全集第41卷［C］．北京：人民出版社，1982：396.

④ 马克思恩格斯选集第3卷［M］．北京：人民出版社，1995：226.

益而共同利用”[①] 的同时，将由社会剩余产品形成而原来被居于统治地位的特权阶级所独占和支配的所有资产转变为全社会公共所有的资产，由所有社会成员作为公共物品共同享用。对此，恩格斯指出：“即将到来的社会变革将把这种社会的生产基金和后备基金，即全部原料、生产工具和生活资料，从特权阶级的支配中夺过来，把它们转交给全社会作为公有财产，这样就第一次真正把它们变成了社会的基金。”[②]

三、社会产品分配借助于以公共财务为手段的合理扣除机制服务于使“一切社会成员尽可能全面地发展、保持和施展自己能力”的公共目标，最有效地保证满足社会公共需要的公共物品生产

通过对整个社会所有劳动时间进行直接的自觉控制、社会总产品的合理分配和科学地管理公共财务，实现公共物品最有效率的供给、最公平合理的分配和最充分的享用。对此，马克思在1868年1月8日致恩格斯的信中指出：“没有一种社会形式能阻止社会所支配的劳动时间以这种或那种方式调节生产。但是只要这种调节不是通过社会对自己的劳动时间所进行的直接的自觉的控制——这只有在公有制之下才有可能——来实现。”[③] 其后，在《哥达纲领批判》（1875年）中又从社会再生产角度指出：社会总产品在对生产者个人分配之前需要进行六项扣除，其中前三项为生产性扣除，包括：用来补偿消耗掉的生产资料的部分，用来扩大再生产的追加部分，用来应付不幸事故、自然灾害等后备基金或保险基金；后三项为社会性扣除，包括：同生产没有直接关系的一般管理费用，用来满足教育、保健等共同需要的部分，为丧失劳动能力的人等设立的基金。[④] 在《法兰西内战》中描述巴黎公社财政管理工作中则指出：“市税由公社规定和征收，用于全国性的公共需要上的税款由公社的公务员征收，并由公社自己支付于各项公共需要（用于各项公共需要上的开支由公社自己监督）。”[⑤] 恩格斯在《反杜林论》中则从社会产品分配

---

① 恩格斯：集权与自由［A］．马克思恩格斯全集第21卷［C］．北京：人民出版社，1965：386.

② 恩格斯：反杜林论［A］．马克思恩格斯选集第3卷［C］．北京：人民出版社，1995：538.

③ 马克思恩格斯选集第4卷［M］．北京：人民出版社，1995：578.

④ 马克思恩格斯选集第3卷［M］．北京：人民出版社，1995：303－304.

⑤ 马克思恩格斯选集第3卷［M］．北京：人民出版社，1995：122.

的指导思想角度指出："只要分配为纯粹经济的考虑所支配，它就将由生产的利益来调节，而最能促进生产的是能使一切社会成员尽可能全面地发展、保持和施展自己能力的那种分配方式。"①

四、社会通过相关措施为公共经济治理民主化提供充分必要条件

在继承并发展资本主义所创造的高度发达、高度社会化的生产力基础上，加之将劳动无例外地分配给一切有劳动能力的社会成员，每个人的劳动时间将会大大缩短，从而使所有生理和心理上成熟的社会成员都有足够的时间和能力从理论和实践两个方面参加公共经济活动。对此，恩格斯在《反杜林论》中指出："只有通过大工业所达到的生产力的大大提高，才有可能把劳动无例外地分配于一切社会成员，从而把每个人的劳动时间大大缩短，使一切人都有足够的时间来参加社会的理论的和实际的公共事务。"②

五、实行人民民主的国家制度，充分保证广大人民在公共经济中当家作主，监督政府有效履行受托代理的公共经济责任

在政治方面采用人民民主的国体，实行最广泛、最充分的公共经济民主决策、民主监督制度。其要点包括：所有在代议机关、立法机关、行政机关、司法机关、教育机关等公共部门中担任负责职务、握有公共权力的公务人员都要经过民主选举产生，并可经由相同的民主程序随时罢免，公共事务在人民监督之下进行，以确保人民大众对公共经济当家作主的民主权利得以落实，从而建立起"真正的国民政府"、责任政府和"廉价政府"③。对此，恩格斯先是在《共产主义原理》中指出："无产阶级革命将建立民主的国家制度"④，尔后在《1891 年社会民主党纲领草案批判》中再次指出："民主共和国甚至是无产阶级专政的特殊形式。"⑤ 马克思在《法兰西内战》及其初稿中以巴黎公社创造范例指出：未来社会将实行"真正民主制度"，普选权将被"应用于它的真正目的：由各公社选举它们的行政的和创制法律的公务员""以随时可以罢免的勤务员代替骑在人民头上作威作福的老爷们，以真正的责任制来代

---

① 马克思恩格斯选集第 3 卷［M］. 北京：人民出版社，1995：544 - 545.

② 马克思恩格斯选集第 3 卷［M］. 北京：人民出版社，1995：525.

③ 马克思：法兰西内战［A］. 马克思恩格斯选集第 3 卷［C］. 北京：人民出版社，1995：62 - 63.

④ 马克思恩格斯选集第 1 卷［M］. 北京：人民出版社，1995：239.

⑤ 马克思恩格斯选集第 4 卷［M］. 北京：人民出版社，1995：412.

替虚伪的责任制，因为这些勤务员总是在公众监督之下进行工作的。他们所得的报酬只相当于一个熟练工人的收入。”① 恩格斯则在为这本书1891年单行本所写的导言中指出：“为了防止国家和国家机关由社会公仆变为社会主人……”巴黎公社“把行政、司法和国民教育方面的一切职位交给由普选选出的人担任，而且规定选举者可以随时撤换被选举者”。②

六、通过构建科学有效的公共经济体制保证公共经济高效运行

构建并实行科学的公共经济体制，使维护真正公共利益的公共管理职能得到有效履行。在人民大众与社会公共机构之间关系上实行广泛而真正民主的基础上，社会公共机构承担的公共经济责权将在横向和纵向两个维度上实行合理而清晰的划分，以保证国民政府高效运转，成为高效政府。

在公共经济责权的横向划分方面，虽然马克思说过“公社是一个实干的而不是议会式的机构，它既是行政机关，同时也是立法机关”，③ 从马克思、恩格斯关于巴黎公社选举的公务员种类和公共机构议事规程考察，在他们看来，在人民民主的国家机构中，议事决策、法律创制、政策法律执行和司法审判这几项性质不同的公共职能将是按照分工原则由不同机构承担的。

在纵向各层级之间，将在实行单一制国家结构基础上，按照公共物品受益范围差别实行中央适当集权与地方分权自治相结合的管理体制。对此，马克思在前面所引关于巴黎公社政权结构的论述中已经表达了人民民主政权应当实行“地方自治”的观点，认为这是将公共权力“归还给社会机体”的重要体制保证④。恩格斯在《1891年社会民主党纲领草案批判》中则依据德国国情明确主张：“无产阶级只能采取单一而不可分的共和国的形式。”但是，“从1792年到1798年，法国的每个省，每个市镇，都有美国式的完全的自治权，这是我们也应该有的。”据此建议将1891年社会民主党纲领草案关于自治问题的条文表述为：“省、专区和市镇通过由普选权普选出的官吏实行完全的自治。取消由国家任命的一切地方的和省的政权机关。”⑤

---

① 马克思恩格斯选集第3卷［M］. 北京：人民出版社，1995：58、96.

② 马克思恩格斯选集第3卷［M］. 北京：人民出版社，1995：12－13.

③ 马克思：法兰西内战［A］. 马克思恩格斯选集第3卷［C］. 北京：人民出版社，1995：55.

④ 马克思恩格斯选集第3卷［M］. 北京：人民出版社，1995：58.

⑤ 马克思恩格斯选集第4卷［M］. 北京：人民出版社，1995：413－414.

在这样的公共经济体制下，加之公共职位由“才能得到全面发展、能够通晓整个生产系统的人”来充任，“由社会全体成员组成的共同联合体来共同地和有计划地利用生产力；把生产发展到能够满足所有人的需要的规模……通过消除旧的分工，通过产业教育、变换工种、所有人共同享受大家创造出来的福利，通过城乡的融合，使社会全体成员的才能得到全面发展”①，不仅“农业、矿业、工业，总之，一切生产部门将用最合理的方式组织起来”②，而且包括提供公共物品在内的整个社会经济将在高度自觉的计划调节和科学管理之下以最佳效率运行与发展，以致“通过社会生产，不仅可能保证一切社会成员有富足的和一天比一天充裕的物质生活，而且还可能保证他们的体力和智力获得充分的自由的发展和运用”。其最终结果是，人们真正变为“自身的社会结合的主人”“人们自己的社会行动的规律……将被人们熟练地运用”，③ 人民开始能够“完全自觉地自己创造自己的历史”，此前“谋事在人，成事在神”的状况将变为“谋事在人，成事也在人”，从而实现“人类从必然王国进入自由王国的飞跃”。④

综上所述，与现代西方公共经济学和以其为蓝本的目前在我国流行的公共经济学相比，马克思、恩格斯公共经济思想理论凸显出一系列具有独特优越性的主要特征。其一，它以辩证唯物论和历史唯物论为最根本的分析方法，能够更为清晰、透彻、全面地阐明公共经济的深层本质、内在联系和发展规律，因而具有极强的历史洞察力、现实解释力和理论说服力。其二，它以人类的社会性和基于这种社会性的公共需要为公共物品立论，从混合经济视野认识以提供公共物品为核心内容的公共经济的实质和功能，将公共经济理论建立在公共物品生产基础上，而不是像西方版本的公共经济学那样以为提供公共物品筹集资源、配置资源和监管资源的公共财务收支及其对国民经济的

---

① 恩格斯：共产主义原理［A］．马克思恩格斯选集第1卷［C］．北京：人民出版社，1995：242－243.

② 马克思在《论土地国有化》中指出：“生产资料的全国性的集中将成为由自由平等的生产者的各联合体所构成的社会的全国性基础。这些生产者将按照共同的合理的计划进行社会劳动。”——马克思恩格斯选集第3卷［M］．北京：人民出版社，1995：130.

③ 恩格斯：社会主义从空想到科学的发展［A］．马克思恩格斯选集第3卷［C］．1995：757.

④ 恩格斯：反杜林论、社会主义从空想到科学的发展［A］．马克思恩格斯选集第3卷［C］．北京：人民出版社，1995：668、758.

影响为主要内容和基本线索，因而能够以本体性、生产型的研究范式和理论品格卓然于后者。其三，马克思、恩格斯对公共经济的研究，不限于阐述公共经济活动的表层联系和日常事务，而是深入到生产关系及其蕴含的利益关系等更深层面揭示其本质联系和发展规律，并且据此全面分析阐述作为公共经济生产关系外化形式的公共经济体制，从而使其理论内容和体系具有更强的深刻性、系统性和实践指导功能。其四，与西方版本的公共经济学仅在一个横截的平面上对公共经济进行静态的理论分析不同，马克思、恩格斯的公共经济思想理论既分析现实状况，又追根溯源，更注重展望未来，体现出公共经济运动变化的来龙去脉和发展趋势，从而使其对公共经济的理论分析既具有十分厚重的历史感，又具有超乎寻常的前瞻性和预测力。

基于以上这四项特征，完全有理由认为，尽管马克思、恩格斯对公共经济思想的阐述没有像现代西方版本的公共经济学教科书那样以内容集中、篇章井然从而貌似系统完整的理论专著形式出现，而是散见于多篇相关文献中；尽管我们不应否认中外其他学者以及目前流行版本的中外公共经济学著作也大都有其独到的思想理论见地，从而对属于全世界思想文化资产的公共经济学理论体系的形成和发展做出了或大或小的贡献；但是，无论从理论高度、广度、深度和客观性、全面性、系统性、科学性等学术角度来权衡，抑或就洞察、解释、说服和预测等应有功能相比较，我们还是要如实地肯定，马克思、恩格斯的公共经济思想理论显著地超越其他学派，或者说是其他学派所无法企及的。

正因为如此，马克思、恩格斯的公共经济思想理论不仅从分析方法、研究范式、主要观点方面理应成为我们创建中国特色公共经济理论体系的基本指南，而且对我们目前正在努力推进的国家治理现代化实践同样具有不可或缺的重要指导意义。这是因为，只要是将公共经济正确地理解为公共物品再生产过程及其包含的经济关系，而不是像目前中西方流行版本那样将其视为扩展了的财政收支运动及其对经济生活的影响，那么，就实质内容而言，它与公共管理学视野下的国家治理就是完全等价的。理由在于，在民主制度下和合理的意义上，国家治理的主体无非是公共经济中受托代理提供公共物品的社会公共机构，而国家治理的客体对象自然是包括经济、政治、文化、人与自然关系在内的整个社会，但国家只能借助于作为公共经济核心范畴的各种公共物品来实现对整个社会的治理，而不能进入民间经济领域越俎代庖地直接帮办私人和企业事务。可见，所谓国家良治、善治，抑或实现国家治理体系和治理能力现代化，实质上理应是认真遵循和自觉利用公共经济规律，高效、公平地提供各种公共物品，即从品种、总量、结构、时机等方面真正实现政策、法律、制度、文化、教育、国防、外交、社会治安、社会保障、环境保护、资源管理、公共设施等各种公共物品的最佳供给，准确、及时、充分地满足个人、家庭、企业及其他民间经济社会组织的公共需要，从而为属于民间经济范畴的物质资料、精神资料生产活动和人民日常生活提供相对于当时社会生产力水平而言最优越的外部条件。由此就不难理解，实现国家良治与实现公共经济科学管理完全是同义语，差别仅在于：国家良治是以政治学、公共管理学概念范畴表达的理想目标，而公共经济科学管理则是以经济学概念范畴表达的理想目标。因此，如果我们承认理论对实践具有指导作用，而马克思、恩格斯的公共经济思想理论又卓然于现代西方版本公共经济学，那么，就应当义无反顾、毫不犹豫地将其作为国家治理现代化实践理论指南的首选。

当然，提出这样的看法或建议，既不等于说，我们在推进国家治理现代化实践中仅仅依靠马克思、恩格斯的公共经济思想理论就足够了，其他学派的公共经济理论和其他学科知识可以统统置之不理、弃之不用；也不等于说，马克思、恩格斯在一个多世纪以前创造的公共经济思想理论已经给我们提供了推进国家治理现代化实践所需要的所有答案，只要把马克思、恩格斯的公共经济思想理论弄懂弄通、牢记于心、付诸行就可以有效地解决推进国家治理现代化实践过程中遇到的全部问题。这是因为，马克思、恩格斯的公共经济思想理论既没有一无遗漏地解决公共经济领域中的所有问题，也没有提供其他学科的理论知识，更不可能预见到未来社会公共经济领域将要发生的所有具体情况，我们没有理由提出这样的苛求。而且，马克思主义本来就具有开放性品格，[①] 一方面，不拒绝吸收容纳其他学派所创造的一切具有科学成分的思想理论知识；另一方面，它是随着客观现实的发展变化和社会实践的历史进程而与时俱进地不断发展的。对此，作为马克思主义创立者之一的恩格斯早就说过："我们的理论是发展着的理论，而不是必须背得烂熟并机械地加

---

① 齐守印：马克思主义具有开放性品格［J］. 学习时报，2004-05-24.

以重复的教条。”① 作为马克思、恩格斯思想理论忠实继承者的列宁则明确指出：“我们决不把马克思的理论看作某种一成不变的和神圣不可侵犯的东西；恰恰相反，我们深信：它只是给一种科学奠定了基础，如果社会主义者不愿落后于实际生活，就应当在各方面把这门科学推向前进。”② 因此，一方面，我们既要以马克思主义公共经济思想理论为基本指南，融会贯通而不是无条件兼收并蓄地学习掌握包括西方理论在内的一切科学理论知识，结合中国实际将其运用到推进国家治理现代化实践中去；另一方面，要在不断总结中国公共经济暨国家治理实践经验基础上与时俱进地丰富和发展马克思主义公共经济理论，以此作为有效推进国家治理现代化实践最直接的指导思想。

第七节　列宁对马克思、恩格斯公共经济思想理论的发展

列宁和斯大林在新的历史条件下继承并发展了马克思主义，但他们同样没有关于公共经济的专门论述，他们的公共经济思想理论反映在其领导的俄国革命和苏联社会主义建设实践之中，可做以下整理、概括。这些论述与俄国革命和苏联社会主义建设实践紧密相连。

一、列宁的公共经济思想

列宁的公共经济思想主要体现在他的《帝国主义论》《国家与革命》《无产阶级在我国革命中的任务》和《我们怎样改组工农检查院》等著作中。在《帝国主义论》中，列宁的公共经济思想主要是揭示垄断资本主义阶段国家公共职能及其加速异化的表现。对于社会主义革命的基本经济制度目标和公共经济制度目标，列宁主要在《无产阶级在我国革命中的任务》《国家与革命》中做了相对集中的阐述。

列宁首先对作为公共经济制度基础的社会主义基本经济制度目标做出论述。他指出：“人类从资本主义只能直接过渡到社会主义，即过渡到生产资料公有和按劳分配。我们党看得更远些：社会主义必然会逐渐成长为共产主义，

---

① 恩格斯：致弗·凯利－威士涅威茨夫人［A］．马克思恩格斯选集第4卷［C］．北京：人民出版社，1995：681.

② 列宁：我们的纲领［A］．列宁选集第1卷［C］．北京：人民出版社，1995：203.

而在共产主义的旗帜上写的是：‘各尽所能，按需分配’。”① 在此基础上，他对无产阶级通过革命夺取政权之后的公共经济制度做了比较系统的论述。主要强调了以下几点：

（一）实行人民民主的国家制度

社会主义国家“是由于千百万人民的主动，是由于人民按照自己的方式自动地创立民主制度”“民主就是人民的统治”②“没有民主，就不可能有社会主义”“胜利了的社会主义如果不实行充分的民主，就不能保持它所夺取的胜利，并且引导人类走向国家的消亡。”③

但是，“一方面，民主意味着在形式上承认公民一律平等，承认大家都有决定国家制度和管理国家的平等权利”；“另一方面，民主是一种国家形式，一种国家形态。因此，它同任何国家一样，也是有组织有系统地对人们使用暴力。”④ 即使是“最完全的民主”仍然“是承认少数服从多数的国家”，或者说也是“一部分居民对另一部分居民有系统地使用暴力的组织”。⑤ 社会主义革命胜利后，在向社会主义社会过渡时期，之所以需要民主基础上的国家政权这种“集中的强力组织，暴力组织，既为的是镇压剥削者的反抗，也为的是领导广大民众即农民、小资产阶级和半无产阶级来‘调整’社会主义经济”。⑥ 在过渡时期完成后，“还需要用国家来保卫生产资料公有制，来保卫劳动的平等和产品分配的平等”，⑦ 即保卫社会主义基本经济制度，对付少数违反符合多数人意愿的公共生活规则、不遵守生产劳动纪律、侵害公共利益和他人利益的害群之马，即通过教育和惩治方式同这“部分居民进行有系统

---

① 列宁：无产阶级在我国革命中的任务［A］．列宁选集第3卷［C］．北京：人民出版社，1972：62、64.

② 列宁：无产阶级在我国革命中的任务［A］．列宁选集第3卷［C］．北京：人民出版社，1972：47.

③ 列宁：论面目全非的马克思主义和帝国主义经济主义［A］．列宁全集第28卷［C］．北京：人民出版社，1990：168.

④ 列宁：国家与革命［A］．列宁选集第3卷［C］．北京：人民出版社，1972：257.

⑤ 列宁：国家与革命［A］．列宁选集第3卷［C］．北京：人民出版社，1972：185、241.

⑥ 列宁：国家与革命［A］．列宁选集第3卷［C］．北京：人民出版社，1972：192.

⑦ 列宁：国家与革命［A］．列宁选集第3卷［C］．北京：人民出版社，1972：252.

的斗争”。[①] 在前面这两个期间，国家在实行镇压和惩治的同时，将“把民主扩展到绝大多数居民身上，以致对实行镇压的特殊机器的需要就开始消失”。[②]“只有共产主义才能够完全不需要国家”，或者说作为强力组织的民主国家才会消亡，因为“到那个时候，没有任何必要对人们使用暴力，没有任何必要使一个人服从另一个人，使一部分居民服从另一部分居民，因为人们将习惯于遵守公共生活的起码条件，而不需要暴力和服从”。[③] 虽然不能据此绝对否认那时仍然还会有“个别人捣乱的可能性和必然性”，但“镇压这种捣乱”行为，“已经用不着实行镇压的特殊机器、特殊机构，武装的人民自己会来做这项工作，而且做起来非常容易”。[④]

（二）人民民主国家实行集权与分权相结合的管理体制

在横向维度上，对马克思所说的“公社不是议会式的，而是同时兼管立法和行政的工作机关”这句话，列宁将其真实意思解释为“消灭议会制而保留代议机构”。[⑤] 展开来说就是：“在公社用来代替资产阶级社会贪污腐败的议会的机构中，发表意见和讨论的自由不会流为骗局，因为议员必须亲自工作，亲自执行自己通过的法律，亲自检查在实际生活中执行的结果，亲自对选民负责”，因而已经不再是当时资产阶级国家实行那种“议员们享有特权的议会制”了，但“代议机构仍然存在”，因为“如果没有代议机构，那我们就很难想象什么民主，即使是无产阶级民主”。[⑥] 既然代议机构仍然是独立于行政机关、司法机关以及监察机关的，那么，它们就各有明确的职责分工。可以为证的是，列宁在《国家与革命》中同时说在社会主义政权机构中“将使国家官吏成为不过是执行我们的委托的工作人员，使他们成为负有责任的、可以撤换的而且是领取普通薪金的‘监工和会计’”,[⑦] 并且极力主张工农检

① 列宁：国家与革命［A］．列宁选集第3卷［C］．北京：人民出版社，1972：249.

② 列宁：国家与革命［A］．列宁选集第3卷［C］．北京：人民出版社，1972：248.

③ 列宁：国家与革命[A]. 列宁选集第3卷[C]. 北京：人民出版社，1972：241－242.

④ 列宁：国家与革命[A]. 列宁选集第3卷[C]. 北京：人民出版社，1972：241－249.

⑤ 列宁：国家与革命［A］．列宁选集第3卷［C］．北京：人民出版社，1972：214.

⑥ 列宁：国家与革命［A］．列宁选集第3卷［C］．北京：人民出版社，1972：211.

⑦ 列宁：国家与革命［A］．列宁选集第3卷［C］．北京：人民出版社，1972：241－249.

查院独立执行监督职能。在《我们怎样改组工农检查院》中，列宁极力强调加强党内党外民主监督对防止执政党和苏维埃政权发生异化的重要性，提出把中央监察委员会提高到与党的中央委员会同等的地位，监察委员会与党的委员会平行地行使职权，“中央监察委员会委员必须在自己的主席团领导下，经常检查政治局的文件”,[①] 以此保障中央政治局的决策活动处于中央监察委员会的直接监督之下。

在纵向上，在采取“统一民主集中制的共和国”[②] 政权结构基础上实行集权与分权相结合的管理体制。列宁论证说：“真正民主的集中制共和国赋予的自由比联邦制共和国要多。换句话说，在历史上，地方、省等能够享有最多自由的是集中制共和国，而不是联邦制共和国。”[③] 在具体设计上，列宁以土地公有制为例指出：“我们应当要求全部土地国有化，就是说，把国内一切土地归国家中央政府所有。”“但是管理土地和规定占用土地条件，都应完全由各区域和各地方的农民代表苏维埃掌握，而不应操在官僚的手里。”[④] 在另一处他再次强调：“全部土地应该归全体人民所有，土地应该由地方民主机关来支配。”[⑤]

对于在单一制政体下实行民族自治问题，他认为：“无产阶级政党力求建立尽可能大的国家，因为这对劳动者是有利的；它力求各民族的接近以至进一步的融合，但是达到这个目的的方法不是暴力，而仅仅是各民族工人和劳动群众自由的和兄弟般的联合。俄罗斯国家愈民主，它成为工农苏维埃共和国愈顺利，则各民族劳动群众自愿趋向这种共和国的力量就愈大。分离的自由，最广泛的地方自治（和民族自治），详细规定保障少数民族权利的办法——这就是革命无产阶级的纲领。”[⑥]

---

① 列宁：怎样改组工农检查院［A］. 列宁选集第4卷［C］. 北京：人民出版社，1972：694－696.

② 列宁：国家与革命［A］. 列宁选集第3卷［C］. 北京：人民出版社，1972：233.

③ 列宁：国家与革命［A］. 列宁选集第3卷［C］. 北京：人民出版社，1972：234.

④ 列宁：无产阶级在我国革命中的任务［A］. 列宁选集第3卷［C］. 北京：人民出版社，1972：49.

⑤ 列宁：全俄农民第一次代表大会关于土地问题的决议草案［A］. 列宁选集第3卷［C］. 北京：人民出版社，1972：93.

⑥ 列宁：无产阶级在我国革命中的任务［A］. 列宁选集第3卷［C］. 北京：人民出版社，1972：51.

（三）在公共经济管理方面，列宁认为必须充分借鉴和利用资本主义国家最进步的管理制度

他指出："社会主义能否实现，就取决于我们把苏维埃政权和苏维埃管理组织同资本主义最新的进步的东西结合得好坏。"[①] 在实际管理过程中必须采用建立在现代科学基础上最先进的技术："没有建筑在现代科学最新成就的大资本主义技术，没有一个使千百万人在产品的生产和分配中最严格遵守统一标准的有计划的国家组织，社会主义就无从设想。"[②]

（四）强调提高劳动生产率对社会主义社会包括公共经济制度在内的整个经济社会制度的重要性

列宁指出："在任何社会主义革命中，当无产阶级夺取政权的任务解决以后，随着剥夺剥夺者及镇压他们反抗的任务大体上和基本上解决，必然要把创造高于资本主义社会的社会经济制度的根本任务，提到首要地位；这个根本任务就是提高劳动生产率，因此（并且为此）就要有更高形式的劳动组织。"同时从报纸大工业物质基础、发展文化教育、组织竞赛和考验、识别、提拔重用"具有清醒头脑和实际本领的人才担任领导管理职务"等方面提出支撑性措施。[③]"劳动生产率归根到底是使新社会制度取得胜利的最重要、最主要的东西……资本主义可以被最终战胜，而且一定会被最终战胜，因为社会主义能够能创造新的高得多的劳动生产率。"[④] 这不仅是因为只有通过社会劳动生产率极大提高才能使"社会财富的一切源泉都充分涌流"，才能为"个人的全面发展"并"超出资产阶级法权的狭隘眼界"创造物质基础，从而使社会进入"各尽所能，按需分配"的共产主义阶段，[⑤] 而且从公共经济角度说，只有在大幅度提高劳动生产率的基础上，才能将社会成员的劳动时间明显缩短，从而为他们更多地参与管理公共事务，推进公共经济制度民主化。列宁设想，一旦通过劳动生产率大大提高而使必要劳动时间显著缩短以后，就可以做到：

---

① 列宁：苏维埃政权的当前任务［A］．列宁选集第3卷［C］．北京：人民出版社，1972：511.

② 列宁：论粮食税［A］．列宁选集第4卷［C］．北京：人民出版社，1972：508.

③ 列宁：苏维埃政权的当前任务［A］．列宁选集第3卷［C］．北京：人民出版社，1972：509－515.

④ 列宁：伟大的创举［A］．列宁选集第4卷［C］．北京：人民出版社，1972：16.

⑤ 列宁：国家与革命［A］．列宁选集第3卷［C］．北京：人民出版社，1972：253.

“每个成年公民每天从事体力工作6小时，从事管理国家的工作4小时。”[①]

（五）在公共经济管理中应当尊重科学，学会谦虚和尊重科学技术专家，防止官僚主义

要“正确处理共产党员对待专家的态度问题和行政人员对待学者及著作家的态度问题”“实事求是的经济学家决不会编制毫无意义的提纲，而会去细心研究事实、数字和材料，分析我们自己的实践经验”；科学技术专家“将通过自己那门科学所达到的成果来承认共产主义”。他批评说：“在我们这里还没有看到过用这种或那种实事求是的态度对待统一的经济计划的事实。”因此，他强调要“少发号施令”，“少摆些知识分子式的和官僚主义的妄自尊大的架子”，避免“不学无术的自负”，避免“玩弄行政手段”，避免“刚愎自用”，“要对科学和技术专家采取异常尊重和灵活的态度，要向他们学习，要以相当的科学成果和材料为依据”，[②] 以便保证并不断提高公共经济管理的科学性。

二、斯大林

列宁逝世后，斯大林继往开来，不仅领导苏联人民实现了国家工业化和农业集体化，在二战时期取得反法西斯战争的胜利，对保卫和壮大世界上第一个社会主义国家做出了不可磨灭的伟大贡献，并且亲自主持推进马克思列宁主义理论研究，发表了许多阐述马克思主义基本原理和根据苏联社会主义建设实践经验进行理论分析的著作。

但是，他在领导苏联社会主义事业的指导思想和具体实践上逐步脱离了包括民主决策在内的公共经济原则和党内民主集中制原则，将公共经济活动范围不适当地扩大到民间经济领域，在生产资料所有制、计划经济、商品货币关系、国家工业化政策、企业管理机制、阶级斗争、对外经济关系和纵向横向公共经济体制等制度政策性公共物品供给方面都发生了重大偏差，在党内生活中过分集中决策权，使国家行政机关主要领导脱离党内监督、国家监察机构监督和民众监督，导致严重的官僚主义等公共权力异化问题，埋下了苏共垮台和苏联解体的祸根。

---

① 列宁：苏维埃政权的当前任务初稿［A］．列宁全集第34卷［C］．北京：人民出版社，1985：131.

② 列宁：论统一的经济计划［A］．列宁选集第4卷［C］．北京：人民出版社，1972：474－477.

第三十九章　中国公共经济思想理论的发展

由于国情的差异，发端于近现代西方经济学的公共经济思想在中国表现为有关以增进社会公共利益为原则治理公共事务的理性认识。中国自古而今虽然未曾自主提出“公共物品”“公共服务”“公共经济”一类属于公共经济学核心范畴的名词概念，但实质上的公共经济思想源远流长、传承发展，其历史之久远、认识之深刻、内容之丰富与西方相比有过之而无不及，在晚近时期则逐步与西方公共经济思想相汇流。下面以时间先后顺序为经、以公共经济若干主要侧面为纬，概要阐明中国公共经济思想的历史演进过程。

第一节　中国古代公共经济思想理论

中国古代的公共经济思想博大精深，主要包括以民为本的公共经济生产关系论、公共经济与民间经济相互关系论、基于“民本”理论的“仁政”治国理财论、公共经济政策论、公共经济体制论和财政管理论等。

一、以民为本的公共经济生产关系论——人民为公共经济终极主体、国家为公共经济受托代理主体的思想

中国古代也有一些思想家比西方思想家在更早时期就提出了国家治理以民为本的思想理论观点。据古文献所传，《尚书》载大禹曾言：“民惟邦本，本固邦宁”。[①] 姜尚（前1156—前1017年）则说：“天下者非一人之天下，天下人之天下也。与天下同利者则得天下；擅天下之利者，失天下。”[②] 管仲（前723—前645年）指出：“君人者，以百姓为天。百姓与之则安，辅之则强，非之则危，背之则亡……民怨其上，不遂亡者，未之有也。”[③] 孔丘（前

① 尚书·虞夏书·五子之歌［M］．郑州：中州古籍出版社，2010：75.
② 魏徵等：群书治要［M］．北京：海潮出版社，2016：230.
③ 章培恒等：新序·说苑选译［M］．南京：凤凰出版社，2011：156.

551年—前479年）曰："君者舟也，庶人者水也，水则载舟，水则覆舟。"① 慎到（前395年—前315年）一针见血地指出："立天子以为天下也，非立天下以为天子也；立国君以为国也，非立国以为君也；立官长以为官也，非立官以为长也。"② 孟轲（约前372年—前289年）认为："民为贵，社稷次之，君为轻。"③ 荀况（前325年—前238年）则说："国者，天下之制利用也。""天之生民非为君也，天之立君以为民也。"④ 西汉贾谊展开说："闻之于政也，民无不为本也。国以为本，君以为本，吏以为本。故国以民为安危……故自古至于今，与民为仇者，有迟有速，而民必胜之。"在另一处再次强调："民者，万事之本也，不可欺……与民为敌者，民必胜之。"⑤ 东汉末年荀悦（148年—209年）认为，国家的内在联系是"天作道，皇作极，臣作辅，民作基"。⑥ 明末清初伟大思想家黄宗羲（1610年—1695年）从民本立场出发抨击家天下的君主专制制度，认为天下人设立君主的目的是为了"使天下受其利""使天下释其害"，也就是说要君主负担起抑私利、兴公利的责任，其义务是首要的、权力是从属的，君主只是天下的公仆而已："古者以天下为主，君为客，凡君之毕世而经营者，为天下也。"然而，后来的君主却"以为天下利害之权益出于我，我以天下之利尽归于己，以天下之害尽归于人"，并且更"以我之大私，为天下之大公""视天下为莫大之产业，传之子孙，受享无穷"。以此为基点，认为要限制君主的权力，"原夫作君之意，所以治天下也。天下不能一人而治，则设官以治之。是官者，分身之君也。"因此，"臣之与君，名异而实同"，都是共同治理天下的人。如果君主不能尽自己应尽的责任，就该逊位让贤，而不应"鳃鳃然唯恐后之有天下者不出于其子孙"。至于为臣者，应该明确自己是君之师友，"我之出而仕也，为天下，非为君也；为万民，非为一姓也。"如果认为臣是为君而设的，只"以君一身一姓起见"，

---

① 刘向《新序·杂事》："孔子曰：'丘闻之，君者，舟也；庶人者，水也。水则载舟，水则覆舟。君以此思危，则危将安不至矣。'"——曹亦冰译注：新序·说苑选译前言［M］．南京：凤凰出版社，2011：7.

② 魏徵等：群书治要［M］．北京：海潮出版社，2016：274.

③ 孟子：尽心章句下［M］．杨伯峻译注，北京：中华书局，2008：258.

④ 江天一：传世藏书·荀子·大略［M］．北京：华艺出版社，1997：550.

⑤ 贾谊：大政［A］．引自章培恒等：贾谊文选译［C］．南京：凤凰出版社，2011：146－148、150.

⑥ 荀悦：申鉴·政体［M］．明黄省曾注，明嘉靖四年（1525年）黄氏文始堂刊本．

“视天下人民为人君囊中之私物”，置“斯民之水火”于不顾，那么，他即使“能辅君而兴，从君而亡，其于臣道固未尝不背也”，因为“天下之治乱，不在一姓之兴亡，而在万民之忧乐”。①

主张国家以民为本，人民是国家主宰，国家是受人民之托实施公共事务治理的工具，必须维护和发展人民公共利益；国家领导人只有得到人民认可和拥护才能稳居其位，否则人民将会重新进行选择；国家的合法性来源于人民的赞同，如果国家欺压人民就会因为失去民心而被人民推翻。这就是中国语境下的民主政治和社会契约论，只是未用“社会契约”之名而已。若从公共经济角度考察，这就是对公共经济终极主体与受托代理主体之间主客关系的根本性界定。由此可见，基于民主政治原理的社会契约论国家思想并不是只源于西方，而且也不是由西方最早提出的。

二、公共经济与民间经济相互关系论

先秦时期，孔丘认为，国家财政的基础在于民间经济的发展：“百姓足，君孰与不足；百姓不足，君孰与足。”② 墨翟（前468年—前376年）认为，“民无仰则君无养”，国家对人民是“以其常正，收其租税”，③ 国家向社会提供公共物品的实质是“故万民出财赍而予之”。④《管子》认为：“地之生财有时，民之用力有倦，而人君之欲无穷。以有时有倦，养无穷之君，而度量不生于其间，则上下相疾矣……故取于民有度，用之有止，国虽小必安；取于民无度，用之不止，国虽大必危。”⑤ 这可以视为中国古代学者对公共部门和民间部门之间基于公共经济活动相互交换关系的最早表述。此后，荀悦根据“皇为极，民为基”的原理，认为“上以功惠绥民，下以财力奉上，是以上下相与”；因之，正确做法应当是“人主有公赋无私求，有公用无私费，有公役无私使，有公赐无私惠”；否则，“空市则民不与，民不与则为巧诈而取之，谓之偷窃，偷窃则民备之，备之而不得，则暴迫而取之，谓之掠夺，民必交

① 黄宗羲：明夷待访录［M］. 杭州：梁溪图书馆，1925：1－3.

② 论语·颜渊［M］. 杨伯峻译注，北京：中华书局，2006：142.

③ 江天一：传世藏书·墨子·七患—辞过［M］. 北京：华艺出版社，1997：572、573.

④ 江天一：传世藏书·墨子·非乐上［M］. 北京：华艺出版社，1997：607.

⑤ 江天一：传世藏书·管子·权修［M］. 北京：华艺出版社，1997：968.

争，则祸乱矣。”[①] 陆贽（754 年—805 年）强调征收赋税要在“家给”的基础上“敛其余财”，主张实行“厚人（民）而薄财，损上以益下”的理财原则，因为“少损者所以招大益”“暂薄者所以成永厚”。[②] 南宋叶适认为，应该正确处理公共经济与民间经济之间的资源分配关系，反对“合天下以奉一君”；[③] 对于“量入为出”，他认为须首先考虑“所入”是否合理，收入如果由横征敛而来，则“财既多而国愈贫”，[④] 这已涉及税收的经济效应分析。至于税收的社会政治效应，早在先秦时期，就有关于“财聚则民散，财散则民聚”的规律性概括。

古代学者已经认识到应当合理界定公共经济与民间经济的活动范围，因而反对国家“与民争利”。西汉学者董仲舒（前 179 年—前 104 年）主张，“盐铁皆归于民，薄赋敛，省徭役，以宽民力，然后可善治也”。[⑤] 唐代白居易（772 年—846 年）认为，国家机关应以追求增进公共利益为宗旨，反对官府以增加财政收入为目的而实行贷放取息政策。[⑥] 陆贽从资源有限、需在公共部门与私人部门之间合理配置的角度，强调《礼记·王制》中既已提出的“量入为出”理财原则“夫地力之生物有大数，人力之成物有大限，取之有度，用之有节，则常足，取之无度，用之无节，则常不足”“是以圣王量入以为出”；同时认为，国家在征纳贡赋的前提下，在市场上应与私人部门通过平等交易取得商品和劳动力。[⑦] 宋代王禹偁（954 年—1001 年）从民本主义观点出发，提出“以百姓为天”“以民为先”“取之得中”的理财观，要求国君对人民“有所纳而有所施”。[⑧] 欧阳修（1007 年—1072 年）认为，国家应当“与商贾共利，取少而致多”，[⑨] 虽没有运用数学模型论证，但其思想已类似

---

① 荀悦：申鉴·政体［M］. 明黄省曾注，明嘉靖四年（1525 年）黄氏文始堂刊本.

② 陆贽：陆宣公奏议［M］. 上海：大达图书供应社，1933：162.

③ 叶适：习学记言序目卷七周礼［M］. 北京：中华书局，1977：85.

④ 叶适：叶适集第一册·上宁宗皇帝札子［M］. 北京：中华书局，1961：8.

⑤ 黄绍筠：中国第 1 部经济史汉书食货志［M］. 北京：中国经济出版社，1991：100.

⑥ 白居易：白居易集·卷 46·策林（M，二），长沙：岳麓书社，1992：683.

⑦ 陆贽：陆宣公奏议［M］. 大达图书供应社，1933：150.

⑧ 王禹偁：小畜集卷二·君者以百姓为天赋［M］. 四库全书荟要第 367 册，世界书局印行，400 - 411.

⑨ 欧阳修：欧阳修全集［M］（上）. 北京：中国书店，1986：311.

于20世纪80年代美国供给学派提出的“拉弗曲线”。秦观（1049年—1100年）也提出社会资源在公共部门和私人部门之间合理分配问题，认为应当既“不使之偏归于公室，亦不使之偏入于私室”[①]，其具体标准则是实行什一税制。郑伯谦（南宋光宗绍熙元年进士）提出理财只须考虑国家财政支出，“非理其入”“非理天下之财”[②] 等。

宋元之交的马端临（1254年—1323年）在其刊行的名著《文献通考》中，反对以国家专营方式直接介入经济取得财政收入，倡导让人民自由经营而国家只收取捐税。[③] 明代刘定之（1409年—1469年）以“理民之财”和“理国之财”这对范畴来论述如何处理公共经济与民间经济之间的关系问题，反对“徒知理国之财而不知理民之财，损于下而以益于上”，主张把“生民之财”置于国家宏观理财的首位。[④] 丘濬（1420年—1495年）认为，国家应当运用财政手段稳定物价来促进经济发展，反对国家介入经营领域“与民争利”，并主张依法定制、聚财适度，“治国者，不能不取乎民，亦不可过取乎民”。[⑤] 张居正（1525年—1582年）针对日益混乱的财政经济状况主持进行了全面改革，针对豪强兼并、赋役不均、政府财政困难而推行“清丈土地法”，为进一步均衡赋役而推行“一条鞭法”，为贯彻节用原则而厉行节俭、控制皇室及大臣消费；强调通过“经制得宜”的制度安排而实现“公私两利”的目标。

三、基于“民本”理论的“仁政”治国理财论

先秦时期，管仲提出施政者要尽可能体现民众的偏好，“政之所兴在顺民心，政之所废在逆民心”。[⑥] 孔丘基于“仁政”“爱民”的思想观点，主张实行轻徭薄赋政策，在税制安排上主张“度于礼”，倡导“敛从其薄”[⑦] “政在

---

① 秦观：淮海集卷8·财用［M］. 上海：商务印书馆，1924.

② 郑伯谦：太平经国之书［M］. 北京：中华书局，1985：73.

③ 胡寄窗、谈敏：中国财政思想史［M］. 北京：中国财政经济出版社，1989：476.

④ 刘定之：刘文安公策略·历朝财粟积济得失［M］. 转引自叶世昌：中国经济史学论集［M］. 北京：商务印书馆，2008：46.

⑤ 丘濬：大学衍义补第22卷·制国用贡赋之常［M］. 北京：京华出版社，1999：219.

⑥ 管子·牧民［M］. 李山注译，北京：中华书局，2016：5.

⑦ 左丘明：左传·哀公十一年［M］. 引自江天一：传世藏书第3卷［M］. 1997：1878.

节财”,[①] 在税率方面坚持“彻”法（即十分之一）；在征调徭役上，主张“使民也义”“使民以时”。[②] 墨翟强调“必务求兴天下之利，除天下之害……且夫仁者之为天下度也”,[③] 为此他提出兴利除弊、爱人利人等系列主张。孟轲从“民为贵”出发，认为国君要“裕民”“使民养生丧死无憾也”，具体包括：“易其田畴，薄其税敛，民可使富。食之以时，用之以礼，财不可胜用也”;[④] 坚持什一之税，反对征收各类杂税；在公共支出上，强调用财有节。荀况更加重视“礼”的作用，强调“隆礼重法”“平政爱民”“富国裕民”，认为“足国之道，节用裕民而善臧其余”，激烈反对“夺民之财”“夺民之食”“难民之事”；不仅最早提出“开其源，节其流”的理财思想，而且注重财政支出的效益问题，“事必出利，利足以生民”。[⑤]

汉初统治者提出了诸多治国裕民思想，在政治上强调君道无为、以人为本、刑德相辅；经济上，与民休息，相对放任，重农贵粟；赋役上，轻徭薄赋、轻田租，税率降至三十税一；支出上，安民息欲节用。贾谊认为“取与守不同术”，治国需依儒家仁、义、礼，主张冶奢、重本、节制、贮粮，积蓄社会财富。晁错（前200年—前154年）针对当时社会状况，提出重农抑商、入粟于官、号令有时、移民实边、寓兵于农、削藩安国和务农桑、薄赋敛、广蓄积等政策思想。荀悦立足于国以民为基的根本观点，认为应当将发展民间经济、解决民生问题作为首要政务：“在上者，先丰民财以定其志，帝耕籍田，后宫桑蚕，国无游民，野无荒业，财不虚用，力不妄加，以周民事，是谓养生，此政之当崇者一也。”强调“为政者要兴农桑以养其性，审好恶以正其俗，宣文教以章其化，立武备以秉其威，明赏罚以统其法”。[⑥]

唐代理财家刘晏（715年—780年）认为，“王者爱人，不在赐与，当使之耕耘纺织，常岁平敛之，荒年蠲救之”[⑦]，通过改革漕运、改革盐政、改革粮食流通体制、推行常平法，在发展经济基础上通过正常收税显著改善了国

---

① 孔子家语·辨政［M］．江天一：传世藏书第4卷［M］．1997：3143.
② 论语·公冶长［M］．杨伯峻译注，北京：中华书局，2006：53.
③ 江天一：传世藏书·墨子·非乐上［M］．北京：华艺出版社，1997：607.
④ 孟子·尽心章句上［M］．杨伯峻译注，北京：中华书局，2008：242.
⑤ 江天一：传世藏书·荀子·富国［M］．北京：华艺出版社，1997：502.
⑥ 荀悦：申鉴·政体［M］．明黄省曾注，明嘉靖四年（1525年）黄氏文始堂刊本。
⑦ 吕思勉选注：新唐书·刘晏传［M］．上海：商务印书馆，1928：213.

家财政状况，其事迹被史家赞为“敛不及民而用度足”，而其本人则被誉为“工于谋国而拙于谋身”的一代良相。

宋明清时期，宋代王禹偁提出重农耕、节财用、任贤能、抑豪强、谨边防、减冗兵冗吏、淘汰僧尼等有利于国计民生的公共经济政策。范仲淹（989年—1052年）以《答手诏条陈十事》上疏宋仁宗，提出澄清吏治、改革科举、整修武备、减免徭役、发展农业生产等十项史称“庆历新政”的改革纲领，推行一系列有利于国家治理和经济社会发展的公共经济政策。李觏高度重视财政在国家管理中的作用，提出“治国之实，必本于财用”；倡导依法规范管理财政收支“一谷一税，一钱之敛，给公上者，各有定制”“凡一赋之出，则给一事之费，费之多少，一照法式”。[①] 王安石（1021年—1086年）把财政列为国家事务的首位，认为“政事所以理财”，提出“理天下之财”的广义理财观“盖因天下之力以生天下之财，取天下之财以供天下之费”，[②] 融生财、聚财、用财为一体而以生财为基础，独树一帜，开一代理财新风；强调财政管理的规范性、计划性“一岁用度及郊祀大费，皆编制定式”。[③] 苏辙“财者，为国之命而万事之本”。[④] 叶适“古之人未有不善理财而为圣君贤臣者也”，指出“理财与聚敛异”。[⑤] 明代刘定之认为“理财为圣君之急务”“圣相之首事”；主张把“生民之财”置于国家宏观理财的首位，反对“徒知理国之财而不知理民之财，损于下而以益于上”。[⑥] 比之稍晚的丘浚，更为明确地提出理民之财优先于理国之财的观点“善富国者，必先理民之财，而为国理财者次之”，并阐述了生财为理财之基础的思想。[⑦] 以为民请命闻名的明代大清官海瑞（1514年—1587年）从民本主义立场出发，倡导“利国之道于利民得之”，强调“足民之外，更无理财之方”，主张实行按照能力原则均徭

---

① 李觏：直讲李先生集卷16；国富策第一卷6：国用第一［M］．四部业刊集部。

② 沈卓然：王安石全集第3册［M］．大东书局，1935：7.

③ 虞祖尧、赵基凯译注：历代食货志今译，宋史食货志下：会计［M］．南昌：江西人民出版社，1990：244.

④ 唐宋八大家集·苏辙集·上皇帝书［M］．天津：天津古籍出版社，1999：2127.

⑤ 叶适：叶适集第一册·上宁宗皇帝札子［M］．北京：中华书局，1961.

⑥ 刘定之：刘文安公策略·历朝财粟积济得失［M］．转引自叶世昌：中国经济史学论集［M］．北京：商务印书馆，2008.

⑦ 丘濬：大学衍义补第22卷·制国用贡赋之常［M］．北京：京华出版社，1999.

均赋的政策。[1] 清初王源（1648 年— 1710 年）认为，理财之道对于强国富民至关重要，理财如不得其术，则“公私皆困”，苟得其术，则“公私皆利”，“至于公私皆利，岂非圣人之道乎”，因而主张将理财学定为国家科考取士的基本科目之一；反对重农抑商，主张取消一切繁苛的商税，统一按照商人的利润和资本的多寡收税。[2] 清代吴铤（1800 年—1833 年）认为，包括财政在内的国家管理应以能使人人富足为基本原则，“夫富者先王所以长治久安也，一家富而一家治，一国富而一国治，天下无一人不富而天下治。”[3]

四、公共经济体制论

（一）纵向公共经济体制：分封自治、中央集权和在中央集权制下适当扩大地方分权的思想分歧

据传说，大禹“开九州，通九道”“任土作贡”，并在全国范围内“调有余相给，以均诸侯”。[4] 果真如此，那么，第一，夏朝时实行的就是有“诸侯国”存在的联邦制公共经济体制；第二，“诸侯国”之上的中央政府存在集中富裕邦国财力补助相对穷困邦国的财政转移支付制度。周王朝灭商以后，为巩固自己的统治，将宗族姻亲和功臣分派到各地封邦建国，使其在承认周王权威并承担某些约定义务前提下自行治理，同时世袭为诸侯国王。这种公共经济体制虽然与自下而上交权式的欧美近现代联邦制有别，但却属于责任和权力自上而下划分的联邦制。管仲主张统一制度政令前提下的分级分责分权体制是“朝不合众，乡分治也”。

鉴于联邦性质的分封制久而久之会使中央王权被架空甚至肢解，既不能保证王族世代延续统治，也不利于全国经济社会在统一治理下发展，秦始皇剪灭六国之后，李斯（约前 284 年—前 208 年）提出“为天下一统”“神灵一统，皆为郡县，诸子功臣以公赋税重赏赐之”[5] 的建议，被秦王嬴政所采纳，从而改行国家行政统一、财政税收统一、市场规则（度量衡）统一、思想文

---

① 海瑞：海瑞集下册·四书讲义·生财有大道［M］. 海口：海南出版社，2003：749 – 750.

② 王源撰，李塨订：平书订卷十·财用第七［M］. 北京：中华书局，1985：75.

③ 吴铤：皇朝经世文续编第 35 卷·因时论·论财用［M］. 台北：文海出版社，1972.

④ 司马迁：史记·夏本纪［M］. 北京：中华书局，1982：51.

⑤ 司马迁：史记·秦始皇本纪［M］. 北京：中华书局，1982：239.

化（书同文）统一、交通运输制度统一（车同轨）的大一统中央集权制，即以皇帝为轴心，实行中央、郡、县分级管理，在财政方面虽然三级分设机构，建立起统一的财政收支系统、财政决算和审计会计制度，县向郡计，郡向国计，成为国家掌握财政收支情况、集中使用财力的重要手段。这种在一国内公共经济纵向集中统一的体制思想，秦以前就已存在。春秋时期的墨子就主张国家集中赋税收支，认为“官府实而财不散”。[①] 战国时期的商鞅也主张国家在政治和经济管理上实行统一的集中管理，即“上壹”，所征之税由县汇总，再上计至中央政府主管部门“内史”管理，国家对物资实行统一控制，由此形成统一财政。秦始皇所实行的公共经济集中统一管理体制，只是将此前作为诸侯国的秦国体制放大到剪灭六国后的全国。汉承秦制（只是在汉初一段时期实行部分分封制），此后除东汉后期三国分立之外，中央集权制的公共经济体制及其思想一直延续。唐宋元明清，大体上都是实行以“上供、送使、留州”为基本模式、以中央统收统支为基础、地方政府按政策统一征收赋税并有权支配中央核定留存财力的财政体制；不过，在中央统一规定的公共职能范围内，地方对如何使用留存财力、具体提供哪些公共物品拥有一定自主权。

鉴于以统收统支为主要特征的纵向财政体制压抑地方积极性和主动性，宋明清有些学者相继提出过改革观点和主张。例如，宋元之交的马端临（1254 年—1323 年）在其刊行的名著《文献通考》中，就提出在政府间财政收入配置上实行中央与地方赋税分成制的主张。再如，明末思想家顾炎武（1613 年—1682 年）在政府间财政关系上也明确反对秦汉以来强调中央集权的主流论调，主张明确划分中央与地方政府的财政权力，实行主要税赋由中央决定前提下的地方分权自治体制，即“所谓寓封建之意于郡县之中，而两千年以来之蔽可以复振”，[②] 认为分权既可使官吏尽职尽责、减省开支，也有利于赋税征管和经济发展。

（二）公共财政与王室财政之间关系的处理

汉初统治者已认识到皇室之私与国家之公的区别，因而提出了将公共财政与王室收支从体制上分开管理的思想。皇室收入叫作“私奉养”、由少府掌

---

① 江天一：传世藏书·墨子·尚贤中［M］．北京：华艺出版社，1997：576.

② 顾炎武：顾亭林诗文集［M］．北京：中华书局，1983：12.

管，国家财政收入叫“公赋税”、由治粟内史主管，即所谓“私奉养不领于天下之费”。[①] 尽管这种相互独立还不是绝对的，往往相互挪用，但毕竟迈出了公私财政独立的第一步。西汉后期，针对皇帝挪用公库财物（武器）赏赐私门的情况，毋将隆重提国家财政与皇室财务分离之说，认为国家财政与皇室财务相比前者为本、后者为末，坚决主张公私分开，公然反对“以天下公用给其私门”。[②]

唐代宰相杨炎（727 年—781 年）针对当时“天下公赋为人君私藏”的情况，要求恢复公赋与王室私藏各自独立管理的体制。略晚于他的中唐宰相陆贽从公共权力应服从于公共利益的立场出发，不仅明确反对天子私藏贡赋，而且主张将国家收入全部纳入财政机关统一管理。[③] 稍后的皇甫湜（777 年—835 年）则从君王应“推至公以示无外”的角度，否定“天子私藏”的合理性。宋代李觏（1009 年—1059 年）也强调“王者无外，以天下为家”，鲜明地反对统治者私藏。[④] 明代丘浚也强调君主私人开支不得侵及公赋收入。[⑤]

反对王室财务侵蚀国家财政的意见之所以屡屡提出，根本原因是在皇权至上的封建社会，国家财政的公共性缺乏法制保障，即使国家“公共财政”与王室“家计”从形式上分开，在实践上也很难坚持彻底。但从财政思想史角度考察，其作为一种公共财政思想和政策主张，提出时间远早于西方国家。尤其是在封建专制、皇帝对臣民操有生杀大权的背景下，这些官僚或学者敢于出以公心、冒死提出反对王室私藏的谏议，实属难能可贵。

（三）横向财政责权集中与分散的看法

北宋吕诲（1014 年—1071 年）和司马光（1019 年—1086 年）针对当时王朝财政管理责权分散导致财政极度困难的弊端，主张在同级国家机构之间将财政责权集中于专门机构统一管辖，使其“能知其大数，量入为出”，认为如财权分散，“无专主者，谁为国家公共爱惜、通融措置乎？”“虽使天下财如

---

① 黄绍筠：中国第 1 部经济史·汉书·食货志［M］. 北京：中国经济出版社，1991.

② 黄绍筠：中国第 1 部经济史·汉书食货志·毋将隆传［M］. 北京：中国经济出版社，1991.

③ 陆贽：陆宣公奏议［M］. 上海：大达图书供应社，1933.

④ 李觏：直讲李先生集卷 6·国用第一［M］. 四部业刊集部。

⑤ 丘濬：大学衍义补第 22 卷·制国用贡赋之常［M］. 北京：京华出版社，1999.

江海，亦有时而竭。”[①]

五、公共经济政策论

（一）将“富民、裕民、养民”作为公共经济政策的基本宗旨

这一宗旨一直为我国古代思想家所主张，统治者至少在口号上也始终如此。《礼记·礼运》曰：“大道之行也，天下为公。选贤与能，讲信修睦，故人不独亲其亲，不独子其子，使老有所终，壮有所用，少有所长，鳏寡孤独废疾者，皆有所养。男有分，女有归。货恶其弃于地也，不必藏于己；力恶其不出于身也，不必为己。是故谋闭而不兴，盗窃乱贼而不作，故外户而不闭，是谓大同。”[②]

先秦时期，管仲提出国家管理以富民为宗旨的思想：“凡治国之道，必先富民。”[③] 实现富民的途径，一是放任市场经济规律发生作用，减少国家对民众经济活动的干扰，“不推而往，不引而来，不烦不扰，而民自富，”[④] 进而提出“取于民有度，用之有止”[⑤]，主张实行低税率政策，强调“节用”为明君“六务”之首；二是主张国家通过“富能夺，贫能予”[⑥] 的调节措施抑制贫富差别，提出“敛万物，应之以币”[⑦] 的货币政策和“利出一孔”的财政金融政策。[⑧] 李悝（前455年—前395年）在魏国变法，实行“重农”“平籴”“法治”之策，提出“尽地力之教”，鼓励农民精耕细作，增加产量。韩非（约前280年—前233年）认为，“民用官治则国富”，[⑨] 轻赋敛并不能使民富国强，反对为迎合民心而弃国政；“国富以农”，[⑩] 反对一味追求工商末业，主张重农抑商。

---

① 吕诲：论钱谷宜归一疏［A］．四川大学古籍整理研究所曾枣庄、刘琳编全宋文第24册［C］．成都：巴蜀书社，1992：507.

② 唐宋注疏十三经［M］．北京：中华书局，1998.

③ 管子：治国［M］．李山注译，北京：中华书局，2016：262.

④ 管子：禁藏［M］．李山注译，北京：中华书局，2016：308.

⑤ 管子：权修［M］．李山注译，北京：中华书局，2016：26.

⑥ 江天一：传世藏书·管子·揆度［M］．北京：华艺出版社，1997：1077.

⑦ 江天一：传世藏书·管子·山国轨［M］．北京：华艺出版社，1997：1070.

⑧ 江天一：传世藏书·管子·国蓄［M］．北京：华艺出版社，1997：1068.

⑨ 虞祖尧、赵基凯：历代食货志今译·宋史食货志下·会计［M］．南昌：江西人民出版社，1990.

⑩ 韩非：韩非子·五蠹［M］．引自江天一：传世藏书第2卷［M］．1997：947.

（二）运用财政政策促进经济社会发展

战国时期管仲学派进一步主张在经济衰败、失业增加之时，国家应当通过增加财政支出、兴办公共工程等措施实施逆调节：“人君之守高下，岁藏三分，十年则必有五年之余。若岁凶旱水泆，民失本，则修宫室台榭，以前无狗后无彘者为庸。故修宫室台榭，非丽其乐也，以平国策也。”[①] 这同凯恩斯主义财政政策何其相似乃尔，虽然不及后者论证充分，但提出时间早了2600多年。商鞅（约前395年—前338年）提出重征商人税役、轻征农民税役的重农抑商政策，进而实现“国家可富，而民力可抟”，这成为中国封建社会处理农与商、国与民之间关系的一项基本准则；同时，还建议运用税收政策鼓励勤勉、耕垦，惩治懒惰，发展农业生产，鼓励生育和招徕移民。[②]

桑弘羊（？—前80年）在强调重视发展农业的同时，主张“本末并重”，认为涉及国计民生的工商也很重要，鼓励对外贸易，完善盐铁官营体制，倡行屯垦实边、兴修水利、币制改革、均输、平准、酒榷、算缗、告缗、赈济等一系列经济政策，试图以盐铁官营和“均输”“平准”等措施克服商品经营中基于垄断而产生不利于国计民生的外部性问题。汉宣帝时期的耿寿昌建议征收渔业税，设立常平仓。

西晋时期傅玄（217年—278年）认为商贾“其人可甚贱，而其业不可废”；提出赋役征收的总原则——“平赋役”，即“所以安上、济下、尽利用之宜”，征收赋役要平衡协调国家、百姓上下各方利益关系；针对统治者奢侈斗富、不务实事的颓靡时风，提出节用、息欲、明制、去虚等思想。

隋唐时期，隋开国皇帝的杨坚，关注民生、轻减赋役、薄征商税、置仓备荒，尤其是具有节俭的思想和行为，“务存节俭，令行禁止，上下化之。”[③] 唐太宗李世民秉承圣君贤臣治世思想，在内政外交方面推行一系列开明政策，并主持撰著《帝范》总结以往国家治理政策的经验教训以教育后继者，成就了著名的贞观之治。[④] 杨炎从避免税收对社会生产和人民生活产生负效应的角度，提出简化税制和量能负担的赋税原则，主持进行了著名的“两税法”改

① 江天一：传世藏书·管子·乘马数［M］．北京：华艺出版社，1997：1066.

② 商鞅：商君书·农战［M］．引自江天一：传世藏书第2卷［M］．1997：820－821.

③ 魏徵：隋书第一册·高祖纪［M］．北京：中华书局，1973：54.

④ 齐守印：公共经济学视角下的贞观之治［J］．社会科学论坛，2016（9）．

革。陆贽则认为，国家要根据宏观经济状况采取相应的财政对策，以促进物价稳定、生产发展和就业增加。[①]

宋明清时期，王安石“熙宁变法”时期十分注重运用财政收支政策手段抑制贫富差别、促进社会生产发展，先后采取“青苗法”“免役法”“市易法”“均输法”“保马法”“方田均税法”“农田水利法”等新法，配之以相应财政支持政策。明代朱元璋运用多种国家政策对社会经济进行调整，提出“生财、裕国、阜民”等思想，实施宽赋税、与民休息、藏富于民的措施。丘濬提出系统的“立政养民”政策思想，具体措施包括蕃民之生、制民之产、重民之事、宽民之力、愍民之穷、恤民之患、除民之害、择民之长、分民之牧、询民之瘼等。张居正针对日益混乱的政治经济状况主持进行了全面改革，“商通有无，农力本穑”的“农商相资”的思想。明末清初学者黄宗羲基于民本立场，虽然强调要使民富必须“崇本抑末”，但对本末却有新说：“世儒不察，以工商为末，妄议抑之。夫工固圣王之欲来，商又使其愿出于途者，盖皆本也”，即以“工商皆本”否定了传统的“重本抑末”思想观点和政策内容，据此，他主张要发展经济除授田养民、增加农业生产以外，必须改革弊病丛生“暴劣”税制，运用财政手段稳定物价、促进工商业发展。[②] 王夫之（1619 年—1692 年）主张土地民有，“度民不度田”，按人按户征税，农商兼征，且要征收货币税，反对以行政手段抑制土地兼并，并认为天下财富应该有聚有散、聚散得宜、通分有制。

（三）通过国家规制维护经济秩序、促进经济发展以富民

《周礼》就已记载了抑制和调整扰乱市场行为的政策措施：一是行政干预，设置管理市场的官员，“司市掌市之治、教、政、刑、量度、禁令”，“察其诈伪、饰行、儥慝者”，并“诛罚之”；[③] 二是采用经济手段，设立专门的经济部门廛人、泉府，物价低或滞销时平价买进，物价上涨平价卖出，从而平抑物价。这种经济政策思想与实践一直持续下来。

唐朝宰相宋璟（663 年—737 年）提出运用财政手段调控货币市场思想。李治即位前后，社会上私铸铜钱现象严重，导致劣币驱逐良币，物贵钱贱，

---

① 陆贽：陆宣公奏议［M］. 上海：大达图书供应社，1933.

② 黄宗羲：明夷待访录［M］. 杭州：梁溪图书馆，1925.

③ 周礼：地官司徒第二［M］. 徐正英注译，北京：中华书局，2014.

严重影响社会安定和国家财政，为此，政府颁布法令禁止质料低劣的私钱流通并收缴私钱。宋璟建议设立南北两市，以平价收购百姓手中滞销物品，并允许官员预支官俸使良币流通到民间去，政府还拿出十万石粟出售收回劣币。

宋代张方平（1007 年—1091 年）主张和平时期也应实行屯田，以减轻百姓税赋负担；强调运用财政手段调控社会经济，抑制富人兼并农民土地等。

（四）通过各种社会救济、社会保障措施保护弱势群体

早在西周时期，姜尚就提出国家应采取确保贫弱者基本生活的社会保障措施："存养天下鳏孤寡独，赈赡祸亡之家。"[①]《尚书·周书·洪范》中"农用八政"突出了对"食""货"政策的论述，"荒政"主要有八个方面：散利、薄征、驰力、舍禁、去几、眚礼、蕃乐、多昏等内容，这些救荒政策都是以国家为主体，也是以财政政策表现出来的。安养百姓有六条措施：慈幼、养老、赈穷、恤贫、宽疾、安福，这些思想虽然较为粗糙，却是我国最为原始的社会保障政策。《管子》提出了一系列救助贫困者的政策，"一曰老老，二曰慈幼，三曰恤孤，四曰养疾，五曰合独，六曰问疾，七曰通穷，八曰振困，九曰接绝。"[②] 在经济危机、大量劳动力失业、生活无着之时，政府可以运用扩张性财政支出政策兴办公共工程以工代赈。李悝提出，为防灾荒，政府应当"善平籴"，即国家在丰年平价购粮、荒年平价出售，这种做法对后世影响极大。孟轲强调对鳏、寡、孤、独等生活困难者给予救助，但反对普遍救济。

南宋董煟（公元？—1217 年）具有系统的荒政思想，撰写的《救荒活民书》三卷、拾遗一卷提出 20 种救荒措施，最重要的是常平、义仓、劝分、禁恶籴、不抑价，其余为检旱、减租、贷种、遣使、弛禁、鬻爵、度僧、优农、治盗、捕蝗、和籴、存恤流民、劝种二麦、通融有无、借贷内库等 15 种，其中不乏独到见解。

（五）保持生态平衡可持续发展

夏禹时就特别注意保护自然环境和生态平衡，提出"土不失其宜，万物不失其性，人不失其事，天不失其时"[③] 的思想。管仲把保持生态平衡看作衡

① 姜子牙：六韬译注［M］．胡星斗注，北京：中国旅游出版社，1993：23.

② 管子：入国［M］．李山注译，北京：中华书局，2016：316.

③ 周礼：秋官司寇·小行人［M］．徐正英注译，北京：中华书局，2014.

量最高主政者能否称为“天下之王”的主要标尺之一，认为“山林虽近，草木虽美，宫室必有度，禁发必有时”[①]“为人君而不能谨守其山林菹泽草莱，不可以立为天下王。”[②]“修火宪，敬山泽林薮积草；天财之所出以时禁发焉……虞师之事也。”[③]荀况既认为人可以发挥主观能动性，按照客观规律积极主动地改造大自然以为人类谋福利，但同时强调经济可持续发展和生态问题，他倡言“山林泽梁，以时禁发而不税”“养山林薮泽草木、鱼鳖、百索，以时禁发，使国家足用，而财物不屈，虞师之事也。”[④]

六、公共经济管理论

公共经济必须在良好管理之下才能达到预期效果，所以中国古代思想家历来强调“善治”“良治”，营造“治世”局面则为一切有作为的圣君贤臣所孜孜以求。

周公姬旦（公元前11世纪）崇尚以理性的制度供给实现各方面秩序井然、人民安居乐业的国家良治目标，在政治方面实行分封模式的分权体制，在经济方面普遍推行井田制，同时通过“制礼作乐”推行“畿服”制、“爵谥”制、“法”制、“嫡长子继承”制和“乐”制等一套维护君臣宗法和上下等级秩序的典章制度，明德慎罚，实现了国力强盛、经济繁荣、文化昌盛、社会安定的“成康之治”。李聃主张公共权力机构无为而治，即遵从规律，该管的管住管好，不该管的让人民自主行事，达到“无为而无不为”的治理目标。孔丘主张以“仁”“义”“礼”“智”“信”等伦理道德为主、以周礼为范式的制度实现国家治理，即以德治国和以制度治国相结合的国家治理模式。墨翟主张“兼爱”“尚贤”“尚同”“节用”“节葬”“非乐”“非命”“兼爱”“非攻”等治国之道。管仲认为，治国必须贯彻以人为本的宗旨：“以人为本，本理则国固，本乱则国危。”为此，就要“以天下之财，利天下之人”。[⑤]而理本的要害，一则在于“政之所兴，在顺民心；政之所废，在逆民心”，对民要“爱之、利之，益之、安之，四道之出，王者用之而天下治”；二则在于用人：“天下不患无臣，患无君以使之；天下不患无财，患无人以分之。故知时

---

① 江天一：传世藏书·管子·八观［M］. 北京：华艺出版社，1997：988.
② 江天一：传世藏书·管子·轻重甲［M］. 北京：华艺出版社，1997：1081.
③ 江天一：传世藏书·管子·立政［M］. 北京：华艺出版社，1997：970.
④ 江天一：传世藏书·荀子·王制［M］. 北京：华艺出版社，1997：501.
⑤ 江天一：传世藏书·管子·霸言［M］. 北京：华艺出版社，1997：1008-1009.

者可立以为长，无私者可置以为政，审于时而察于用，而能备官者，可奉以为君也！”三则强调礼义廉耻四维并举。[①] 四则在于国家财政集中统一，认为“利出一孔者，其国无敌……出四孔者，其国必亡”。[②] 五则主张依法治国，违法必究：“法者，天下之程式也，万事之仪表也”，必须“以法治国”；[③]“法者，天下之至道也”，“君臣上下贵贱皆从法，此谓为大治。”[④] 可见，他主张的是德、法、能三要素复合型公共经济管理。在其公共经济管理思想指导下，齐国很快崛起为春秋五霸之首。荀况认为，“隆礼尊贤而王，重法爱民而霸”，“治之经，礼与刑，君子以修百姓宁。明德慎罚，国家既治四海平”，“故礼及身而行修，义及国而政明，能以礼挟而贵名白，天下愿，令行禁止，王者之事毕矣。”可见，他主张德、礼、法、能四要素并举的公共经济管理模式。[⑤]

荀子的第13代孙荀悦也有系统的公共经济管理思想。除以上提到的以外，他还重点强调了几点：一是六要齐备（承天、正身、任贤、恤民、明制、立业），“承天惟允，正身惟常，任贤惟固，恤民惟勤，明制惟典，立业惟敦，是谓政体也。”二是五政并举：兴农桑以养其生，审好恶以正其俗，宣文教以章其化，立武备以秉其威，明赏罚以统其法。“五政既立，行之以诚，守之以固，简而不怠，疏而不失，无为为之、使自施之，无事事之、使自交之，不肃而治、垂拱揖逊而海内平矣，是谓为政之方也。”三是六则兼具：中、和、正、公、诚、通。四是主政者屏四患——“致治之术·先屏四患”：伪，私，放，奢。任贤需要避免“十难”：不知，不进，不任，不终，以小怨弃大德，以小过黜大功，以小失掩大美，以讦奸伤忠正，以邪说乱正度，以谗嫉废贤能；“十难不除，则贤臣不用，用臣不贤，则国非其国也”。他还主张以适当俸禄来激励公职人员廉洁从政，认为“古之禄也备，汉之禄也轻，夫禄必称位，一物不称，非制也；公禄贬则私利生，言月俸贬损则贿路行矣；私利禄，

---

① 江天一：传世藏书·管子·牧民［M］．北京：华艺出版社，1997：965－966.

② 江天一：传世藏书·管子·国蓄［M］．北京：华艺出版社，1997：1068.

③ 江天一：传世藏书·管子·明法解［M］．北京：华艺出版社，1997：1063.

④ 江天一：传世藏书·管子·任法［M］．北京：华艺出版社，1997：1035.

⑤ 江天一：传世藏书·荀子·致士—成相—大略［M］．北京：华艺出版社，1997：516、546、548.

则廉者匮而贪者丰也，夫丰贪生私，匮廉贬公是乱也”。[①] 傅玄针对魏晋爵禄微薄的现实，重提“厚爵禄”的高薪养廉思想。丘浚也反对官吏低俸制，主张高薪养廉。

唐代理财家刘晏还在漕运制度改革中以雇佣劳动取代沿河征发壮丁服役的办法，开了中国通过市场政府采购劳务的先河；在盐法改革中以私商自由经营方式取代官府专卖。王安石推行的“熙宁新政”中的“免役法”和“保马法”也在公用力役和军政用马方面借助于市场化机制和民间经济力量提供公共经济的中间产品。这体现了他们利用市场机制实现财政增收和公共物品提供的创新性理财思想。

七、公共收支思想

夏、商、西周三代已具有了较为完整的公共收支思想，表现在公共收入上的赋贡役制度和公共收支分类。《禹贡》《周礼》中所谓“任土作贡”和“任土所宜”，即根据土地远近、好坏等自然条件等级按比例征收贡赋、生产什么则贡纳什么，不仅体现出遵循实事求是原则、方便民间经济活动主体履行公共收入缴纳义务的思想，而且体现出公平性、固定性、工具性、普遍性的特点：“公货少多，赈赐穷士，救瘠补病，附均田布。”[②] 为实现贡、赋、役的均平，周朝专门设立了“均人”和“土均”机构，[③] 体现了各地贡赋大体一致的公平思想。在正常情况下，三代的贡、赋、役的种类、时间、数量以及运送路线相对固定，除非有战争、凶荒之年，一般不做变更，体现了贡纳负担的固定性。三代的公共支出项目主要包括五个主要方面：天子支出、官俸支出、行政公费、国防支出、社会保障支出。《尚书》《周礼》《礼记》等对相关内容的记载反映出三代已具有“节约支出”的思想。例如《周礼》记载：“官府之六职辨邦治：一曰治职，以平邦国，以均万民，以节财用”，[④] “节财用”成为“六职辨邦治”的第一项，可见其重要性。周朝实行以“九式均节财用”的收支对应性基金管理方式：“关市之赋，以待王之膳服；邦中之赋，以待宾客……凡邦国之贡，以待吊用……”；[⑤] 并已有最原始的转移支

---

① 荀悦：申鉴·政体［M］．明黄省曾注，明嘉靖四年（1525年）黄氏文始堂刊本．

② 孔丘：逸周书全译［M］．张闻玉译，贵阳：贵州人民出版社，2000.

③ 周礼：地官司徒·均人·土均［M］．徐正英注译，北京：中华书局，2014.

④ 周礼：天官冢宰·小宰之职［M］．徐正英注译，北京：中华书局，2014.

⑤ 周礼·大宰［M］．徐正英注译，北京：中华书局，2014.

付思想，如《周礼》记载“若国札丧，则令赙补之；若国凶荒，则令赒委之……”① 其后，各代思想家也围绕财政收支提出了不少重要观点。

（一）赋税思想

先秦多数思想家主张“薄赋敛”，即尽可能减轻农民负担的轻税政策。管仲主张通过“官山海”（盐铁专卖）、“官天财”（统管自然资源）、垄断粮食购销、发展对外贸易等途径获取财政收入，尽量减少向人民直接课征税收的思想；对于必征的税收实行根据土地好坏征收差额赋税的“相地而衰征”。② 孔子、孟子均反对苛征，主张“敛从其薄”。③ 荀子主张“轻田野之税，平关市之征，省商贾之数，罕兴力役，无夺农时”。④ 韩非则认为“人事”“天功”都能增加财政收入，要善于发挥人的主观能动性，利用自然规律增加收入。桑弘羊认为一切自然资源都应归国家所有并由国家经营，在这一思想指导下，他制定和推行了盐铁官营、酒类专卖，并首创均输和平准，以实现“民不益赋而天下用饶”⑤ 的目的。西晋傅玄提出了完整的赋税三原则，即“至平”（“计民丰约而平均之”）、俭而趣公（赋役征课须为天下公利并从俭）、“有常”（租赋有一定的常制又较少变动）。北朝苏绰（498 年—546 年）强调租税及差徭应实行以“不舍豪强而征贫弱，不纵巧而困愚拙”为内涵的“平均”。⑥ 唐代杨炎上奏德宗，请求改“租庸调制”为“两税法”，以依贫富分等征收，并取消各种杂税，简化财政手续、以货币定税额、以财产多寡确定纳税人负担能力等。韩愈（768 年—824 年）否定农业单一税观点，主张将工业加工和商通货财看成与农出粟米麻丝一样，同为租税的来源。李翱（772 年—841 年）从税率高低会影响到劳动生产率的角度出发，得出“人皆知重敛之可以得财，而不知轻敛之得财愈多”⑦。类似供给学派所提出的“拉弗曲线”原理。李珏（784 年—853 年）考虑到税率对价格、从而对人民生活和课

---

① 周礼·秋官司寇·小行人［M］. 徐正英注译，北京：中华书局，2014.

② 国语·齐语［M］. 陈桐生译，北京：中华书局，2013.

③ 左丘明：左传·哀公十一年［M］；孟子·梁惠王章句上［M］. 引自江天一：传世藏书第 3 卷［M］. 1997：1878；第 1 卷［M］. 1997：417.

④ 江天一：传世藏书·荀子·富国［M］. 北京：华艺出版社，1997：503.

⑤ 司马迁：史记·平准书［M］. 引自江天一：传世藏书第 3 卷［M］. 1997：2081.

⑥ 令狐德棻：周书·苏绰传［M］. 北京：中华书局，1971.

⑦ 李翱：李文公集·平赋书［M］. 上海：上海古籍出版社，1993：12.

税品销售的经济影响，也认为重税未必能增加收入，轻税未必就减少收入。司马光也提出财政应“养其本源而徐取之”的观点。

黄宗羲总结了中国历史上数次税费改革，认为每次税费改革后，由于当时社会政治环境的局限性，农民负担在下降一段时间后又涨到一个比改革前更高的水平，“吾见天下之田赋日增，而后之为民者日困于前”，以至“有积累莫返之害”，被后人称为“黄宗羲定律”。他特别指出江南的田赋尤重，有些田亩将一年的产量“尽输于官，然且不足”。他归纳了人民苦于“暴税”的三害：“有积累莫返之害”，指税制每经过一次改革，都导致赋税的进一步加重；“所税非所出之害”，指田赋征银，银非农业生产之所出，纳税者因折银而加重负担；“田土无等第之害”，指不分土地的肥瘠程度按一个标准征税，造成负担不均。他据此主张：第一，“重定天下之赋”，定税的标准应“以下下为则”；第二，征收田赋“必任土所宜，出百谷者赋百谷，出桑麻者赋布帛，以至杂物皆赋其所出”，生产什么缴纳什么，不强求一致；第三，重新丈量土地，按土质优劣计算亩积，分别以240、360、480、600和720步作为五亩，即把土地分为五等，据等征税，消除因土地质量不同而带来的赋税负担不均的问题。①

（二）开源节流思想

古代思想家大都注意到国家理财要从收和支两方面着手。荀况明确提出“明主必谨养其和，节其流，开其源，而时斟酌焉”。② 丘濬主张理财要处理好生财与理财二者关系，“有以生之而财之源生生不穷，有以理之而财之流陈陈相因。”③

（三）公共财政预算平衡原则

“量入为出”还是“量出为入”，一直是我国古代公共财政预算原则的两级。“量入为出”的思想最早见于《礼记》：“冢宰制国用，必于岁之杪，五谷皆入然后制国用。用地小大，视年之丰耗。以三十年之通，制国用，量入以为出。”④ 这一预算平衡原则成为后世多数王朝共同遵守的共同准则。

---

① 黄宗羲：明夷待访录［M］．杭州：梁溪图书馆，1925.

② 江天一：传世藏书·荀子·富国［M］．北京：华艺出版社，1997：505.

③ 丘濬：大学衍义补第22卷·制国用贡赋之常·大学衍义补·总论理财之道上［M］．北京：京华出版社，1999.

④ 礼记·王制第五［M］．崔高维校点，沈阳：辽宁教育出版社，2000：42－43.

汉初统治者将“量入为出”改为“量出为入”：“量吏禄，度官用，以赋于民”，首开“量出制入”预算平衡原则思想之端。[①] 唐代杨炎更为明确地提出“量出制入”：“凡百役之费，一钱之敛，先度其数而赋于人，量出以制入。”[②] 由此引起以后思想家对“量入为出”和“量出制入”的争论。最先批判杨炎的是陆贽，他指出“量入为出”是“圣王”之法，只有到了政治衰败时才“量出为入，不恤所无”。[③] 明代的丘浚及后的张居正，也都坚持财政的“量入为出”原则，但在事实上，封建统治者总是交替使用“量入为出”和“量出制入”两种财政原则。

至于周期平衡思想，我国古代早在战国时期就提出了。例如，管仲和李悝建议由政府实行丰年征购粮食储存（“平籴”），以待荒年发放（“平粜”）的政策。再如，孟轲主张“乐岁”和“凶年”分别以不同的实际收获量进行征课税收，而反对无论年景丰歉都按照平均税率征税的僵化政策。

（四）综合理财思想

对于如何通过综合运筹实现财政良性循环，我国古代很多思想家进行过系统总结。较早的如曾参后人在战国后期编成的《大学》一书中所言：“生财有大道，生之者众，食之者寡；为之者疾，用之者舒，则财恒足矣。”唐玄宗时，将以往需要年年上报的财政收支数字演化为基本定额，编成五卷，每年地方政府只能根据新形势对定额之数略加调整，称为“长行旨符”，标志着国家预算已进入由国家统一编制的制度化阶段。明代丘濬也有系统的理财思想，其《大学衍义补》涵盖国家财政政策、财政收支、财政管理等几乎所有领域。他首先强调理财对于国家治理的重要性，认为“国家之所最急者，财用也”，继之依据民本理论强调“善于富国者，必先理民之财，而为国理财者次之”；为民理财要“使富者安其富，贫者不至于贫”；理国之财，一要节用，二要预算，三去害财之费。在财政收入方面，主张轻税、增户、税率适中、以田为税、征收实物、行平籴之法，反对摊逃、预借、官营、重复课征。在财政支出方面，主张节用、量入为出。在财政管理方面，主张设内府为天子理财，外府为国家管理公共之财，强调君主私人开支不得侵及公赋收入；注重预算

① 黄绍筠：中国第1部经济史·汉书食货志［M］．北京：中国经济出版社，1991.

② 周彦彬等：中国古代经济文选·旧唐书·杨炎传第2册［M］．上海：上海人民出版社，1981：244－245.

③ 陆贽：陆宣公奏议·均节财赋·税恤百姓［M］．上海：大达图书供应社，1933.

和会计，提出要总筹“国计”，会计要掌管、审计和稽查国家财政收支；主张依法理财：“善于制治保邦者，必立经常之法，以为养民足国之定制”，并提出具体明确的国家年度预算编制程序与方法，发展了唐代长行旨符和宋代预算决算编制原则。①

应当指出，在缺乏法定民主决策程序和公众监督的封建社会，所谓的预算、决算，与自资产阶级革命成功以后建立在民主决策基础上的预算、决算很难同日而语。前者并不体现财政须由民主决策、接受民主监督的公共性本质，而仅仅是实现理财计划性的一种要求而已。但提出财政管理应当强化规范性和计划性，却是符合公共财政管理一般原则的。

（五）财政监督思想

我国古代统治者和思想家相当重视对国家财政预算的监察、审计。西周时设宰夫职重点负责财政监督，其职责为“考百官府郡都县鄙之治，乘其财用之出入，凡失财用物辟名者，以官刑诏冢宰而诛之；其足用长财善物者，赏之”。② 从中可知，宰夫的职责虽然包括对官员的政绩考核，但财政监督却是主要的。战国时，魏、秦两国已实行“上计”，即地方向中央报告租税收入、财政支出和财政管理情况。秦汉时期上计制度继续得以完善，执行得也更加严格。唐代在完善预算制度的同时，还将监察机构（御史台）和审计机构（刑部的比部）分别设置，明确了监察、审计的具体内容，进一步强化了财政监督机制。陆贽认为，在财政管理上要严格规范运作、强化稽核监督、相互制约、防奸堵漏。③ 南宋郑伯谦建议将主管会计稽核之职与主管财务行政之职分别由不同的机构掌管，并使前者权位高于后者，以便能充分执行其“纠察钩考”的会计监督职能。④

此外，中国先贤还曾论述了国家治理必须遵循公共经济规律的思想。例如，《管子》认为，任何事物的治理都必须遵循其固有规律即“藏之无形”的“天道”才能获得成功：“得天之道，其事若自然”“其道既得，莫知其为之，其功既成，莫知其释之。”“有闻道而好为国者，一国之人也。有闻道而

---

① 丘濬：大学衍义补第22卷·制国用贡赋之常·大学衍义补［M］．北京：京华出版社，1999.

② 周礼［M］．徐正英注译，北京：中华书局，2014.

③ 陆贽：陆宣公奏议卷1［M］．上海：大达图书供应社，1933.

④ 郑伯谦：太平经国之书·会计上［M］．北京：中华书局，1985.

好为天下者，天下之人也。”因此，“欲王天下而失天下之道，天下不可得而王也。”①

综上所述，我国有文字记载的古代社会上下五千年历史上，虽无“公共经济”之名，却有丰富的“公共经济”之实，在此基础上产生了内容丰富且不断发展的公共经济思想。其中包含，从“民本”“仁政”的治国理财思想，合理界定公共部门与民间部门之间活动范围的思想，利用公共政策促进社会经济发展的思想，量入为出、量出制入、周期平衡的思想，集权与分权适度结合的公共经济体制思想，规范管理、严格监督公共经济等思想。② 这些思想深刻反映了古代社会政治经济制度下公共经济实践状况和进步要求，其中一些思想观点和政策主张远早于西方国家，即使对当代公共经济理论也有一定借鉴意义。

第二节　中国近代接受西方理论而阐发的公共经济思想

1840 年英国为可耻的鸦片贸易发动对华战争，用坚船利炮打开了中国长期闭锁的大门，惊醒了“东方睡狮”，拉开了中国近代史的序幕。一部分先进知识分子为救亡图存开始通过各种途径和方式吸收引进西方财政经济理论，并介绍之、阐发之、借鉴之、运用之。

魏源（1794 年—1857 年）作为清朝后期思想家，一方面在承接基础上对古代公共经济思想有所扬弃；另一方面，又吸收借鉴了西方思想。他认为，治国应以利民为先，主张屯垦、采矿、食盐产销、船舶及其他机械制造乃至于漕运等各种生产经营事业，均应鼓励或委托私商经营，“民开而官税之，则有利无弊”；③ 同时主张政府取之有度，认为“善赋民者，譬植柳乎！薪其枝叶而培其本根；不善赋民者，譬剪韭乎！日剪一畦，不罄不止”，④ 并指出国家征税应先考虑税源，如果只顾征税、取之无度，最终会破坏税源、减少收入。王韬（1828 年—1897 年）认为，治国之道首先在于了解民众偏好、满足人民公共需求，在《重民》一文中指出：“善为治者，贵在求民之隐，达民之情，民以为不便者不必行，民以为不可者不必强。”为此，主张变法革新实行

---

① 江天一：传世藏书・管子・形势［M］. 北京：华艺出版社，1997：967.

② 米尔顿・弗里德曼：资本主义与自由［M］. 上海：商务印书馆，1986.

③ 魏源：圣武记・军储篇二［M］. 北京：中华书局，1984：558.

④ 魏源：默觚下・治篇十四・魏源集上册［M］. 北京：中华书局，1976：72.

君主立宪制，以便“君民共治，上下相通，民隐得以上达，君惠亦得以下逮”;[①] 强调理财应以富国为宗旨，国家应提供保护并通过财政资助民营资本主义工商业，同时介绍了西方量出为入的财政原则。黄遵宪（1848 年—1905 年）于 1887 年刊行《日本国志》，介绍西方公共财政制度：“泰西理财之制，有预算决算之法”“征敛有制，出纳有程，支销各有实数，于预计之数无所增，于实用之数不能滥，取之于民，布之于民”[②]“日本近仿泰西治国之法，每岁出入，书之于表，表示于民”。[③] 继之，薛福成（1838 年—1894 年）于 19 世纪 90 年代撰著出版了《西法为公共之理说》，第一次较为系统地介绍了西方公共财政，正式提出国家经济政治活动具有“公共性”。[④] 盛宣怀（1844 年—1916 年）强调“以天下之财公诸天下之用”，体现出近代意义上的公共财政思想内涵。[⑤] 严复（1854 年—1921 年）首次将斯密的《国富论》译介到中国，并结合中国实际阐发了一些西方公共财政经济思想。他认为，国家向民众征税“非为私”而是实现“公利”的需要，本质上是“取之于民者还为其民”，据此主张评判税率适当是否的标准应当是国家使用财政资金所办“国事”满足公共需要的程度，以及是否做到了“为民开利源”。[⑥] 梁启超（1873 年—1929 年）强调“预算编制为理财第一要义”[⑦]，并推介以所得税、遗产税、地价差增税等财政手段调节贫富差别，以及在超越平衡财政收支目的之下运用公债手段促进社会经济发展。两度担任北洋政府财政总长的周学熙（1866 年—1947 年），尝试以量出为入原则编制政府总预算，按照分权分税原则规范中央与地方政府之间的财政体制，并着手仿照西方试行近代工商税制，表现出对近代西方公共财政理论积极借鉴与运用的进步思想倾向。[⑧] 继周学熙之后代理财政部部务的梁士怡（1869 年—1933 年），则以确切言论表达了对

---

① 王韬：弢园文录外编·重民［M］．北京：中华书局，1959：23.

② 黄遵宪：日本国志上卷 17［M］．天津：天津人民出版社，2005：464.

③ 黄遵宪：日本国志上卷 17［M］．天津：天津人民出版社，2005：466.

④ 丁凤麟、王欣之：薛福成选集［M］．上海：上海人民出版社，1987：298 - 299.

⑤ 盛宣怀：愚斋存稿卷 3·奏疏 3·遵旨具陈练兵筹饷商务各事宜折［M］．转引自贾士毅：民国财政史上册［M］．上海：商务印书馆，1917：148.

⑥ 亚当·斯密：原富［M］．严复译，上海：商务印书馆，1930.

⑦ 梁启超：梁启超全集第四册［M］．张品兴编，北京：北京出版社，1999：2242.

⑧ 周学熙：周学熙自述·财政计划说帖［M］．合肥：安徽文艺出版社，2013：101 - 102.

近代西方公共财政轮廓的理解："外国国家及地方预算，无不量出为入，出者即百废俱举，有益于人民者，即行举办；入者舍赋税外，无他途也。"① 章炳麟（1869 年—1936 年）在中国首次（1908 年）明确提出财政事务应通过公共选择程序民主决定"凡因事加税者，先令地方官各询其民，民可则行之，否则止之，不以少数制多数也"。②

继黄遵宪刊行《日本国志》之后，金邦本、黄可权、张锡之等译自日文的《欧洲财政史》《财政学》《比较财政学》三种介绍西方财政制度与学说的著作相继于 1902 年、1907 年、1909 年出版发行。在此基础上，中国学者开始研究借鉴和阐发西方公共财政或公共经济学，撰著具有现代气息的财政学著作。最早者为 1911 年出版的熊元楷著《财政学》、吴琼著《比较财政学》。陈启修在其《财政学总论》（1924 年）中，已经早于英美借鉴使用了"公共经济"这一范畴，并从主体、目的、运行原则、效果特征等多方面分析了"公共经济"与"私经济"的差别。③ 寿景伟在其《财政学》（1925 年）一书中明确地提到了"公共财政"这一概念。④ 李权时在《财政学 ABC》（1928 年）一书中，认为"财政就是公家经济"，详细分析了"公经济"与"私经济"的异同，甚至提出"公经济"与"私经济"一样要服从边际效用原则。⑤ 其后，张澄志编《财政学概论》（1929 年）、姚庆三著《财政学原论》和何廉与李锐著《财政学》（1934 年）、尹文敬著《财政学》（1935 年）等相继出版，都对公共财政和公共经济问题进行了类似的分析。曹国卿著《财政学》（1947 年）还从词源角度分析了财政与公共财政的区别，指出："近代英国称公共财政为 Public Finance"⑥。

西方公共财政理论的引入，包括清政府 1905 年派遣五大臣出国考察宪政、1908 年派员考察西方财政制度，推动了自清末开始的传统封建财政制度

---

① 陈奋：北洋政府国务总理梁士诒史料集［M］. 北京：中国文史出版社，1991：324 – 325.

② 章炳麟：章太炎政论选集上［M］. 汤志钧编，北京：中华书局，1977：464 – 465.

③ 陈启修：财政学总论［M］. 上海：商务印书馆，1924：1 – 9.

④ 寿景伟：财政学［M］. 上海：商务印书馆，1926：4.

⑤ 李权时：财政学 ABC［M］. 上海：世界书局，1928：1.

⑥ 曹国卿：财政学［M］. 南京：独立出版社，1947：1.

向近代公共财政制度的转变过程，包括：以1898年百日维新期间光绪皇帝诏令试行预算制度为起点，到国民政府1932年颁布《预算法》、1938年颁布《决算法》为止的国家预决算制度现代取向改革；以光绪末年动议筹备实行中央与地方政府分权分税体制为起点，到国民政府1928年公布《划分国家收入地方收入标准案》和《划分国家支出地方支出标准案》为止的政府间财政体制改革，以及自民国初年开始以仿效西方创制新型税种和裁撤厘金为主要内容的一系列税制改革等。

需要特别提出的是，中国民主革命伟大先行者孙中山（1866年—1925年）所倡导实行的五权宪法思想，从公共经济体制视角考察，就是实行以人民民主为基础维度，以立法权、行政权、司法权、监察权和公务员考录考核权相对分立与相互制衡为横向维度，以中央、省、县三级分责分权为纵向维度的现代公共经济体制。这一公共经济体制设计思想既吸收借鉴了西方现代民主政治制度的基本精神，又继承了中国古代绵延不断的重视公共经济监督和通过科举考试录用公务员、通过政绩考核激励约束公务员履职行为的合理内核，以中西合璧方式实现公共经济体制创新。这一体制设计思想，除对总统行政权的制约机制在很大程度上被虚置以外，其基本架构被南京国民政府所践行。尽管由于主客观因素制约，这一体制在实践中并未取得预期效果、显示出特殊优势，但就其设计思路和创新精神而言，却是极富理论价值的。

总之，近代以来，我国公共经济思想理论在批判君主专制公共经济、继承古代优秀公共经济思想和吸收借鉴西方公共经济思想理论成果的过程中，实现了重大转变和提升。

第三节　新中国成立以来中国公共经济思想理论的发展

中华人民共和国的成立开辟了中国历史发展的新纪元，公共经济转变到共产党领导下人民当家作主的轨道。70年来，中国在马克思主义指导下集中全党和全国人民智慧，继往开来、与时俱进地探索符合中国国情的国家治理暨公共经济现代化道路，在国家治理题目下产生了一整套中国特色公共经济思想理论。与此同时，学术界也在党的思想理论指导下，以中国社会主义经济、政治、财政实践为基础，吸收借鉴西方公共经济理论的有益成果，对公共经济理论进行了很多研究，产生不少成果。这些成果，对国家公共经济实践也产生着重要影响。

一、新中国成立以来中央领导集体核心成员的公共经济思想

把中国建设成为现代化强国、使具有五千年文明史的中国跻身于世界先进民族之林，是中国共产党和全国各族人民的共同理想和奋斗目标。建设现代化国家，就是要在经济、社会、科技文化和国家治理等各方面达到世界先进水平。在新中国成立之初一穷二白、千疮百孔、经济文化极为落后、封建社会遗毒很重的基础上，要实现各个领域的现代化，是不可能一蹴而就的，必须按照生产力决定生产关系、经济基础决定上层建筑的基本原理，根据轻重缓急循序渐进。当然，上层建筑并不是机械地跟在生产力和生产关系后面，而是要积极发挥主观能动作用，最大限度地促进生产力和生产关系循着自身规律加快发展。新中国成立以来，我们党正是按照这一逻辑循序适时提出各个时期中国现代化任务，并注意保持各个领域现代化进程的大体平衡。在这个过程中，中央领导集体核心成员关于国家经济、社会、文化和政治治理的探索性思维，特别是关于国家治理的论述中蕴含着大量的公共经济思想。

（一）毛泽东：创建现代化国家治理模式

新中国成立后，摆在以毛泽东为核心的中共第一代领导集体面前的首要任务是在帝国主义国家军事侵略、政治颠覆、经济技术封锁和思想渗透的背景下，巩固新生的人民政权、建立人民当家作主的国家制度、迅速发展经济科技，并在清扫封建遗毒基础上改变人民文化水平极端落后的状况。在国家政权基本稳固之后，及时提出目标并具体推进国民经济现代化进程。在1949—1976年期间，毛泽东主要围绕探索符合中国国情的社会主义道路、实现国民经济现代化和构建人民民主的国家治理体系，在众多方面发展和阐述了公共经济思想。

1. 关于加强组织和增强国家凝聚力的思想

旧中国的灾难历史使毛泽东深刻地认识到增强国家凝聚力的重要性，他提出："我们应当将全中国绝大多数人组织在政治、军事、经济、文化及其他各种组织里，克服旧中国散漫无组织的状态，用伟大的人民群众的集体力量，拥护人民政府和人民解放军，建设独立民主和平统一富强的新中国。"① 毛泽东关于增强国家凝聚力的思想体现在国家治理的各个方面：思想上，把"全心全意为人民服务"作为党和国家一切工作的宗旨，把建设社会主义、共产

---

① 毛泽东选集第五卷［M］．北京：人民出版社，1990：348.

主义作为共同理想，在马克思主义指导下加强社会主义、爱国主义思想教育，极大地凝聚了民心、重塑了国魂；在制度上，创造性地构建了以公有制的经济制度、议行合一的政治制度、健康向上的文化制度为基础的单一制社会主义国家制度，同时设计了一系列具体制度、政策和措施，如民族区域自治制度、民主集中制决策制度、年度与中期（五年）相结合的计划制度等，把人民群众组织在社会主义大家庭中，极大地发挥了人民群众的积极性；在方法论上，充分肯定人民群众的主体地位，确立和践行群众路线观点，善于从具体分析解决中国现实矛盾出发提出不同阶段的方针政策。

2. 关于以执政党为核心和以集权为主、分权为辅的国家治理体制思想

毛泽东基于对旧中国政治分裂、权力分散积弊的深刻认识，提出了一系列加强集中统一的思想，并据此在横向、纵向方面建立起以集权为主、分权为辅的公共经济体制。主要包括：（1）在执政党与其他社会公共机构之间关系上，多次强调“党政军民学，东西南北中，党是领导一切的”，并通过各级党委“一把手”兼职和在国家机构、武装力量、社会团体中设立具有决策权的党委，确立共产党作为执政党在整个国家事务中的核心地位，人大、政府、政协、军队、法院、检察院和民主党派等其他社会团体在服从党的领导前提下相对独立地行使职权、发挥作用，从而在横向维度上建立起党领导政权、军队和其他社会团体的公共事务治理体制；（2）在党内关系上，反复强调“少数服从多数，既有民主又有集中”的民主集中制原则，他亲自起草的《中共中央关于健全党委制的决定》（1948 年）明确：一切重要问题均须交委员会讨论，党委实行民主集中制的集体领导，党委内部按照少数服从多数的机制集体决策，防止个人专权包办，决策后必须无条件执行，由此形成中国共产党内决策权的高度统一；（3）在国家公共权力的横向配置上，采取人民代表大会制度下的“一府两院一军”体制，使各级政府、法院、检察院和军事组织成为人大立法与决定的执行机关，处于人大监督之下，以此体现和保证作为公共经济终极主体的人民对于公共事务当家作主的权利；（4）在纵向维度上，党内实行“下级服从上级，全党服从中央”的集中统一领导体制，国家公共权力组织结构方面实行上级领导和下级监督前提下适当分权的单一型体制。这一体制集中体现在改革开放前中国共产党党章和 1954 年宪法的有关规定中。

3. 关于人民民主专政的思想理论

早在1949年，毛泽东就在《论人民民主专政》一文中指出："对人民内部的民主方面和对反动派的专政方面，互相结合起来，就是人民民主专政"，其中的民主一面就是解决人民内部问题。1957年2月毛泽东在最高国务会议第十一次（扩大）会议上以正确处理人民内部矛盾为主题所做重要讲话指出："社会主义社会的基本矛盾仍然是生产关系和生产力之间的矛盾，上层建筑和经济基础之间的矛盾。这种矛盾不具有对抗性，可以经过社会主义制度本身不断地得到解决。""所谓社会主义生产关系比较旧时代生产关系更能够适合生产力发展的性质，就是指能够容许生产力以旧社会所没有的速度迅速发展，因而生产不断扩大，因而使人民不断增长的需要能够逐步得到满足的这样一种情况。""事实已经回答了这个问题：只有社会主义能够救中国。社会主义制度促进了中国生产力的突飞猛进的发展，这一点，甚至连国外的敌人也不能不承认了。""但是，它又还很不完善，这些不完善的方面和生产力的发展又是相矛盾的。""除了生产关系和生产力发展的这种又相适应又相矛盾的情况以外，还有上层建筑和经济基础的又相适应又相矛盾的情况。人民民主专政的国家制度和法律，以马克思列宁主义为指导的社会主义意识形态，这些上层建筑对于中国社会主义改造的胜利和社会主义劳动组织的建立起了积极的推动作用，它是和社会主义的经济基础即社会主义的生产关系相适应的；但是，资产阶级意识形态的存在，国家机构中某些官僚主义作风的存在，国家制度中某些环节上缺陷的存在，又是和社会主义的经济基础相矛盾的。我们今后必须按照具体的情况，继续解决上述的各种矛盾……例如，在客观上将会长期存在的社会生产和社会需要之间的矛盾，就需要人们时常经过国家计划去调节。"在此基础上全面地分析了各种类型的人民内部矛盾，系统地论述了正确处理各种矛盾的方针政策。其中，从政治上处理人民内部矛盾要用民主的方法、讨论的方法、批评的方法、说服教育的方法；解决经济领域中的矛盾，应在发展生产的基础上统筹安排，兼顾国家、集体和个人三者利益；解决科学文化上的问题，应采取"百花齐放，百家争鸣"的方针；民族关系中的矛盾，应采取加强民族团结，帮助各少数民族发展经济文化的方针；在与民主党派关系上，应实行"长期共存，互相监督"的方针等。按照此文观点，中国人民民主专政国家要用专政的一面"解决"国内外"敌我矛盾""保卫全体人民进行和平劳动，将中国建设成为一个具有现代工业、现代农业和现代科学文化的社会主义国家”。“在人民内部实行民主制度”，“国家机关实行民主集中制，国家机关必须依靠人民群众，国家机关工作人员必须为人民服务。”“人民为了有效地进行生产、进行学习和有秩序地过生活，要求自己的政府、生产的领导者、文化教育机关的领导者发布各种适当的带强制性的行政命令。没有这种行政命令，社会秩序就无法维持。”毛泽东对社会主义社会基本矛盾的论述，特别是关于区分两类不同性质矛盾的观点和正确处理人民内部矛盾的原则、方针、方法，对探索社会主义社会运行规律具有重大理论价值，为马克思主义公共经济思想增添了新的内容。①

4. 关于营造生动活泼政治局面的思想

毛泽东一直在努力创造党内和国家政治生活的善治模式。他指出：“没有集中和统一是不行的，但同时必须想些办法扩大民主，使人民敢于讲真话，敢于批评。人民的政治情绪能够得到合理表达，人民与政府的关系，领导者与被领导者的关系，人民与人民之间的关系，将是一种合理的、活泼的关系。”② 他把希望达到的目标概括为：“造成一个又有集中又有民主，又有纪律又有自由，又有统一意志、又有个人心情舒畅、生动活泼，那样一种政治局面”。③ 为营造这样一种理想的政治局面，他在《党委会的工作方法》和《论十大关系》中先后阐述了党内如何实行好民主集中制和中央与地方、国家与企业之间如何适当分权问题的思想。

5. 关于思想文化领域继承、借鉴与创新的思想

毛泽东在《论十大关系》等文章中多次提出，要批判地继承历史文化遗产，取其精华、去其糟粕，做到古为今用；同时要学习借鉴外国一切好的东西，做到洋为中用，使之具有中国特点和民族风格。但要实现发展，仅仅依靠批判地继承本国历史文化遗产和学习借鉴国外进步文化是远远不够的，还要力求有所发现、有所发明、有所创造、有所前进，对于人类有较大的贡献。这里所说的“文化”自然是广义的，包括物质文化、制度文化、思想文化。

---

① 逄先知、金冲及：毛泽东传 1949—1976 上［M］. 北京：中央文献出版社，2003：652.

② 中共中央文献研究室：建国以来毛泽东文稿第六册［M］. 北京：中央文献出版社，1992：543.

③ 毛泽东：关于正确处理人民内部矛盾的问题［N］. 人民日报，1957-6-19.

6. 关于财政预算本质与功能的论述

与一般经济学家不同，毛泽东将财政预算与国家政策、政府活动范围和方向直接联系在一起，认为："国家的预算是一个重大的问题，里面反映着整个国家的政策，因为它规定政府活动的范围和方向。"① 这无疑深化了对财政预算本质和功能的理论认识。

（二）邓小平：以改革开放推进国家治理现代化

邓小平作为中国共产党第二代领导集体的核心，在总结新中国成立后近30年社会主义建设经验教训的基础上，明确提出建设有中国特色的社会主义，在新的历史环境下推进了国家治理现代化。

1. 关于党和国家领导制度改革的思想

1980年8月，邓小平在《党和国家领导制度的改革》讲话中指出：我们建立的社会主义制度是个好制度，必须坚持。但是，现行的一些具体制度还存在不少弊端，妨碍甚至严重妨碍社会主义优越性的发挥。如权力过分集中、干部领导职务终身制和形形色色的特权现象等。如果不坚决改革，就很难适应现代化建设的迫切需要，过去的一些严重问题今后有可能重新出现。为了更好地推进社会主义现代化建设，必须改革党和国家各方面的制度。② 据此，邓小平先后于1980年、1985年主导了党和国家领导机构与人事安排的重大调整，建立领导干部退休制度，设立过渡性的中央和省级顾问委员会，逐步实现领导干部年轻化，以保证国家治理的连续性和稳定性。

2. 推进政治体制改革和民主政治建设的总体设想

1986年邓小平四次谈到政治体制改革，提出我国现阶段政治体制改革总的目标是：一是巩固社会主义制度，始终保持党和国家的活力；二是克服官僚主义，提高工作效率，发展社会主义社会的生产力；三是发扬社会主义民主，调动广大人民的积极性。为此，就要实行党政职能分开，其中执政党主要通过制定总的路线、方针来保证国家的政治、经济发展方向，具体操作由政府负责。在他的推动和指导下，党的十三大报告确定了政治体制改革的长远目标和近期目标。其中，长远目标是建立高度民主、法制完备、富有效率、

---

① 毛泽东：在中央人民政府委员会第四次会议上的讲话［N］．人民日报，1949－12－04（1）．

② 邓小平文选第2卷［M］．北京：人民出版社，1993：320－343.

充满活力的社会主义政治体制，近期目标是建立有利于提高效率、增强活力和调动各方面积极性的领导体制。

3. 关于中国特色的社会主义理论

邓小平指出："我们的社会主义制度是有中国特色的社会主义制度。"这是继承毛泽东思想的核心内容所提出的新理念。在"南方谈话"中对中国特色社会主义理论作了比较全面的论述，及时回答了困扰和束缚人们思想的许多重大问题，就改革并完善有中国特色的社会主义制度、推进国家治理现代化提出了四个重要思想：一是党的基本路线不能变，到建党百年之际在各方面形成一整套更加成熟、更加定型的制度；二是社会主义可以搞市场经济，计划和市场都是经济手段，不是社会主义与资本主义的本质区别；三是发挥社会主义制度的优势，坚持两手抓、两手都要硬；四是我国将在很长一段时期内处于社会主义初级阶段。"南方谈话"是他国家治理现代化思想升华到一个新境界的重要标志。

4. 关于处理好"四大关系"的思想

一是政府权力与公众权利。人民政府的权力来自人民，人民政府的权力要用来为人民服务，为公众谋利益。他指出：改革就是要使党和国家的政治制度"更加完备、周密、准确，能够切实保证人民真正享有管理国家各级组织和各项企业事业的权利，享有充分的公民权利"。二是协商民主与选举民主。他认为："我们进行社会主义现代化建设，是要在经济上赶上发达的资本主义国家，在政治上创造比资本主义国家的民主更高更切实的民主。"我国采取的人民民主制度，既有选举民主形式，也有协商民主形式，协商民主具有深厚的中国特色。他既充分肯定政治协商制度，也非常重视选举民主制度，在谈到我国的普选问题时说：目前普遍实行直接选举的条件还不成熟，"经过半个世纪以后可以实行普选。"① 这就是说，协商民主和选举民主是加法关系，不是以一个代替另一个；以选举民主来否定协商民主的作用，或以协商民主来否定选举民主的价值，都是背离国家治理现代化导向的。三是集权高效与分权制衡。他认为，正确处理好民主与集中的关系，是保障国家政治生活的重要准则。集权与分权是一对矛盾，两者相辅相成。集权高效，是我们的一个优势，但是权力过分集中也会带来各种弊端，乃至走向它的反面。中共十

① 邓小平文选第3卷［M］. 北京：人民出版社，1993：242、220.

一届三中全会后推进民主政治建设的一个重大措施就是分权，经济管理上中央与地方分权，给农民和企业以充分自主权；在政治生活中强调坚持集体领导和充分发扬民主相结合。四是市场调节与政府调控。经济体制改革的核心问题是处理好政府和市场关系。邓小平在“南方谈话”中对计划与市场的关系有一段精辟的论述：“计划经济不等于社会主义，资本主义也有计划；市场经济不等于资本主义，社会主义也有市场”。这里所说的“计划经济”中的“计划”，核心意涵就是政府发挥自觉调控作用。

（三）江泽民：国家治理现代化的不断完善

江泽民作为中国共产党第三代领导集体的核心，在国家治理方面的思想也非常丰富。

1. 强调发挥党总揽全局、协调各方的作用

他提出，要按照总揽全局、协调各方的原则，进一步加强和完善党的领导体制，改进党的领导方式和执政方式，既保证党委的领导核心作用，又充分发挥人大、政府、政协以及人民团体和其他方面的职能作用。党委要通过科学化、规范化、制度化的机制，加强对人大、政府、政协、人民团体的领导，人大、政府、政协、人民团体的党组以及担任领导职务的党员干部，在依法开展职责范围的工作中，必须坚决贯彻党的路线、方针、政策和党委的决定。各级领导干部都必须坚决贯彻中央的大政方针和工作部署。①

2. 强调坚持依法治国和以德治国相结合

他指出，我们在建设有中国特色社会主义、发展社会主义市场经济的过程中，要坚持不懈地加强社会主义法制建设，依法治国，同时也要坚持不懈地加强社会主义道德建设，以德治国。对一个国家的治理来说，法治和德治从来都是相辅相成、相互促进的，二者缺一不可、不可偏废。法治属于政治建设、政治文明，德治属于思想建设、精神文明。我们要把法制建设与道德建设紧密结合起来，把依法治国与以德治国紧密结合起来。②

3. 强调加强执政能力建没

他指出，一定要加强党的执政能力建设，提高党的领导水平和执政水平。

---

① 江泽民：全面建设小康社会，开创中国特色社会主义事业新局面——在中国共产党第十六次全国代表大会上的报告［Z］．人民日报，2002－11－19（1）．

② 江泽民：大力弘扬不懈奋斗的精神［A］．江泽民文选第3卷［C］．北京：人民出版社，2006：200.

党的各方面建设，最终都应体现为党的执政能力的提高，体现为巩固党的执政地位。我们党要继承和发扬在长期实践中形成的行之有效的领导方式和执政方式，并适应新形势新任务的要求，在实践中不断提高科学判断形势的能力、驾驭市场经济的能力、应付复杂局面的能力、依法执政的能力和总揽全局的能力。①

（四）胡锦涛：对推进国家治理现代化思想的进一步完善

胡锦涛作为中国共产党第四代领导集体的核心，在推进国家治理现代化方面的思想同样非常丰富。

1. 提出科学发展观

他在2003年10月召开的中国共产党十六届三中全会所做报告中第一次提出了科学发展观。其基本内涵是“坚持以人为本，树立全面、协调、可持续的发展观，促进经济社会和人的全面发展”，坚持“统筹城乡发展、统筹区域发展、统筹经济社会发展、统筹人与自然和谐发展、统筹国内发展和对外开放”。这次全会通过了《中共中央关于完善社会主义市场经济体制若干问题的决定》，明确要“继续探索社会主义制度与市场经济有机结合的途径和方式”，并且对产权制度的重大作用第一次做出系统阐述，同时提出我国要“建立归属清晰、权责明确、保护严格、流转顺畅的现代产权制度”。② 这是对新中国建立后、特别是改革开放以来社会主义建设正反两方面经验的正确总结，是对科学社会主义理论的重大发展，也是对公共经济政策理论的一大贡献。

2. 强调科学执政、民主执政和依法执政

他在党的十六届四中全会所做报告中总结了中国共产党执政55年积累的基本经验：必须坚持指导思想上与时俱进，用发展着的马克思主义指导新的实践；必须坚持推进社会主义的自我完善，增强社会主义的生机和活力；必须坚持以发展为执政兴国的第一要务，把发展作为解决中国一切问题的关键；必须坚持立党为公、执政为民，始终保持党同人民群众的血肉联系；必须科学执政、民主执政、依法执政，不断完善党的领导方式和执政方式；必须坚

① 江泽民：全面建设小康社会，开创中国特色社会主义事业新局面——在中国共产党第十六次全国代表大会上的报告［Z］．人民日报，2002－11－19（1）．

② 中共中央关于完善社会主义市场经济体制若干问题的决定［Z］．人民日报，2003－10－22（1）．

持以改革的精神加强党的建设，不断增强党的创造力、凝聚力、战斗力。[①] 这次全会做出了《中共中央关于加强党的执政能力建设的决定》，明确要坚持党的领导、人民当家作主与依法治国的有机统一，不断提高发展社会主义民主政治的能力，推进社会主义民主的制度化、规范化和程序化，贯彻依法治国的基本方略，推进决策的科学化、民主化，加强对权力运行的制约和监督，改革和完善党的领导方式，目标是永远保持中国共产党的先进性，使之成为能够经得住各种风浪考验的马克思主义执政党，带领全国各族人民实现国家富强、民族振兴、社会和谐、人民幸福。

他强调创新社会管理，认为社会管理作为社会建设的重要手段，是社会管理主体在法律、法规、政策的框架内，通过各种方式对社会领域的各个环节进行组织、协调、服务、监督和控制的过程。他在党的十六届四中全会所做报告中，提出建立健全党委领导、政府负责、社会协同、公众参与的社会管理格局，确立了社会管理的领导体制，还明确了新形势下加强和创新社会管理、做好群众工作的总体思路和重要任务，要求各级党委提高引领社会、组织社会、管理社会、服务社会的能力，各级政府强化社会管理职能，工青妇等群众组织、基层群众性自治组织、社会组织、企事业单位积极参与社会管理，形成与党委、政府互联互补互动的社会管理网络。

3. 强调弘扬社会主义法治精神

他指出，在全社会大力弘扬社会主义法治精神，对全面贯彻落实依法治国基本方略、建设社会主义法治国家具有基础性作用，必须把加强宪法和法律实施作为弘扬社会主义法治精神的基本实践。各级党委要按照科学执政、民主执政、依法执政的要求，带头维护社会主义法制的统一、尊严、权威，坚持在宪法和法律范围内活动，坚持依法办事，支持人民代表大会依法履行职能并善于使党的主张通过法定程序成为国家意志，支持人民政府依法行政，支持人民政协围绕团结和民主两大主题履行职能，保证审判机关、检察机关依法独立公正地行使审判权、检察权，支持工会、共青团、妇联等人民团体依照法律和各自章程开展工作。各级政府要认真履行宪法和法律赋予的职责，广大党员、干部特别是领导干部要带头遵守和执行宪法和法律。要坚持公民在法律面前一律平等，任何个人和组织都不允许有超越法律之上的特权，不

① 胡锦涛：在中共十六届四中全会上的工作报告［Z］. 人民日报，2004－09－27.

断推进科学立法、严格执法、公正司法、全民守法进程。

4. 强调保障和改善民生

他指出，必须加快推进以保障和改善民生为重点的社会建设。保障和改善民生，促进社会和谐，是实现全面建设小康社会宏伟目标的必然要求。推进社会建设，要以保障和改善民生为重点，着力解决好人民最关心、最直接、最现实的利益问题。要坚持发展为了人民、发展依靠人民、发展成果由人民共享，完善保障和改善民生的制度安排，把促进就业放在经济社会发展优先位置，加快发展教育、社会保障、医药卫生、保障性住房等各项社会事业，推进基本公共服务均等化，加大收入分配调节力度，坚定不移走共同富裕道路，努力使全体人民学有所教、劳有所得、病有所医、老有所养、住有所居。

（五）习近平：国家治理体系和治理能力的现代化

党的十八届三中全会明确提出全面深化改革的总目标是完善和发展中国特色社会主义制度、推进国家治理体系和治理能力现代化。党的十九大报告中系统阐述的新时代中国特色社会主义思想本身就是一个系统完整、逻辑严密的国家治理理论体系，标志着国家治理现代化理论基本形成。其主要内容可概括为以下五个方面：

1. 国家治理现代化的价值取向

他认为，国家治理现代化首先要符合中国国情：“一个国家选择什么样的治理体系，是由这个国家的历史传承、文化传统、经济社会发展水平决定的。”① 在阐述中国梦时明确提出“实现中国梦必须走中国道路。这就是中国特色社会主义道路”。② 其次是为了让人民过上更加幸福的生活：“让人民群众有更多的获得感”，“让改革发展成果更多更公平惠及全体人民”。第三是实现公平正义：“我们党推进全面深化改革的根本目的，就是要促进社会公平正义”。③

2. “五位一体”的国家治理总体布局和“四个全面”的战略布局

---

① 中共中央宣传部：习近平总书记系列重要讲话读本［M］. 北京：学习出版社，2016：75.

② 中共中央宣传部：习近平总书记系列重要讲话读本［M］. 北京：学习出版社，2016：10.

③ 中共中央宣传部：习近平总书记系列重要讲话读本［M］. 北京：学习出版社，2016：75.

“五位一体”总体布局是党的十八大报告提出的，内容是“必须更加自觉地把全面协调可持续作为深入贯彻落实科学发展观的基本要求，全面落实经济建设、政治建设、文化建设、社会建设、生态文明建设五位一体总体布局，促进现代化建设各方面相协调”。习近平将其纳入国家治理体系之中：“国家治理体系是在党领导下管理国家的制度体系，包括经济、政治、文化、社会、生态文明和党的建设等各领域体制机制、法律法规安排”。“五位一体”的总体布局是一个有机整体，其中经济建设是根本，政治建设是保证，文化建设是灵魂，社会建设是条件，生态文明建设是基础。坚持“五位一体”建设全面推进、协调发展，才能形成经济富裕、政治民主、文化繁荣、社会公平、生态良好的发展格局，把中国建设成为富强民主文明和谐的社会主义现代化国家。“五位一体”的战略布局要通过包括全面建成小康社会、全面深化改革、全面依法治国、全面从严治党在内的“四个全面”战略布局具体实现。“五位一体”的现代国家治理体系是中国全面实现现代化、达到中华民族伟大复兴目标的支撑体系。

3. 国家治理体系实质是国家制度体系

习近平特别强调国家治理的制度问题。他认为，国家治理体系实质上就是“各领域体制机制、法律法规安排，也就是一整套紧密相连、相互协调的国家制度”。全面深化改革就是要“为党和国家事业发展、为人民幸福安康、为社会和谐稳定、为国家长治久安提供一整套更完备、更稳定、更管用的制度体系。这项工程极为宏大，必须是全面的系统的改革和改进，是各领域改革和改进的联动和集成，在国家治理体系和治理能力现代化上形成总体效应、取得总体效果”。为此，就要尽快“构建系统完备、科学规范、运行有效的制度体系，使各方面制度更加成熟、更加定型”。[①] 同时，他特别强调体制创新的关键作用，2014 年指出：“加强和创新社会治理，关键在体制创新。”[②]

4. 处理好人民与国家、政府与市场、党的领导与人民民主和依法治国、党和军队的关系

首先，强调“坚持以人民为中心”和“坚持立党为公、执政为民，践行

---

① 习近平：关于《中共中央关于全面深化改革若干重大问题的决定》的说明［Z］．人民日报，2013－11－16（1）．

② 习近平：在参加上海代表团审议时强调推进中国上海自由贸易试验区建设，加强和创新特大城市社会治理［N］．人民日报，2014－03－06（1）．

全心全意为人民服务的根本宗旨，把党的群众路线贯彻到治国理政全部活动中去，把人民对美好生活的向往作为奋斗目标，依靠人民创造历史伟业”。其次，在政府与市场的关系上，强调“发展社会主义市场经济，既要发挥市场作用，也要发挥政府作用，但市场作用和政府作用的职能是不同的”。“当然，我国实行的是社会主义市场经济体制，我们仍然要坚持发挥我国社会主义制度的优越性、发挥党和政府的积极作用。市场在资源配置中起决定性作用，并不是起全部作用。”“科学的宏观调控，有效的政府治理，是发挥社会主义市场经济体制优势的内在要求。”“政府的职责和作用主要是保持宏观经济稳定，加强和优化公共服务，保障公平竞争，加强市场监管，维护市场秩序，推动可持续发展，促进共同富裕，弥补市场失灵。”① 十九大报告进一步强调“使市场在资源配置中起决定作用，更好发挥政府作用”。② 第三，强调“坚持党的领导、人民当家作主、依法治国的有机统一”。③ 第四，强调“坚持依法治国和以德治国相结合”。④ 第五，强调“坚持党对人民军队的绝对领导”。⑤

5. 公共物品和公共财政思想

主要包括三个层次：首先，多次在讲话中直接提出增加国内和国际公共物品供给。例如，“要依靠科技创新建设低成本、广覆盖、高质量的公共服务体系”，“大幅增加公共科技供给，让人民享有更宜居的生活环境、更好的医疗卫生服务、更放心的食品药品”；⑥ 又如，“推进供给侧结构性改革，要从生产端入手……增加公共产品和服务供给，提高供给结构对需求变化的适应

---

① 习近平：关于《中共中央关于全面深化改革若干重大问题的决定》的说明［Z］. 人民日报，2013－11－16（1）.

② 习近平：决胜全面建成小康社会 夺取新时代中国特色社会主义伟大胜利［M］. 北京：人民出版社，2017：21.

③ 习近平：决胜全面建成小康社会 夺取新时代中国特色社会主义伟大胜利［M］. 北京：人民出版社，2017：36.

④ 习近平：决胜全面建成小康社会 夺取新时代中国特色社会主义伟大胜利［M］. 北京：人民出版社，2017：22.

⑤ 习近平：决胜全面建成小康社会 夺取新时代中国特色社会主义伟大胜利［M］. 北京：人民出版社，2017：24.

⑥ 习近平：为建设世界科技强国而奋斗——在全国科技创新大会、两院院士大会、中国科协第九次全国代表大会上的讲话［Z］. 人民日报，2016－06－02.

性和灵活性。”[①] 再如，“积极参与全球经济治理和公共产品供给，构建广泛的利益共同体”，[②] “随着综合国力上升，中国有能力、有意愿向亚太和全球提供更多公共产品……中国愿意同各国一道推进‘一带一路’建设”，[③] “‘一带一路’源自中国，但属于世界……是一个开放包容的合作平台，是各方共同打造的全球公共产品”；[④] 我国倡议成立亚投行、“丝路基金”等“就是中国承担更多国际责任、推动完善现有国际经济体系、提供国际公共产品的建设性举动”。[⑤] 其次，他在很多场合对财政地位作用和财政体制问题加以阐述。他在党的十八届三中全会上《关于〈中共中央关于全面深化改革若干重大问题的决定〉的说明》中指出：“财政是国家治理的基础和重要支柱，科学的财税体制是优化资源配置、维护市场统一、促进社会公平、实现国家长治久安的制度保障。”“实施全面规范、公开透明的预算制度……适度加强中央事权和支出责任，国防、外交、国家安全、关系全国统一市场规则和管理等作为中央事权；部分社会保障、跨区域重大项目建设维护等作为中央和地方共同事权，逐步理顺事权关系；中央可通过安排转移支付将部分事权支出责任委托地方承担；对于跨区域且对其他地区影响较大的公共服务，中央通过转移支付承担一部分地方事权支出责任。”“明确事权、改革税制、稳定税负、透明预算、提高效率，建立现代财政制度，发挥中央和地方两个积极性。”[⑥] 在十九大报告中进一步强调：“加快建立现代财政制度，建立权责清晰、财力协调、区域均衡的中央和地方财政关系。建立全面规范透明、标准科学、约束

---

① 习近平：在省部级主要领导干部学习贯彻党的十八届五中全会精神专题研讨班上的讲话［OL］. http：//www. xinhuanet. com/politics/2016 －05/10/c_ 128972667. htm.

② 习近平：深化合作伙伴关系共建亚洲美好家园——在新加坡国立大学的演讲［OL］. http：//www. qstheory. cn/zhuanqu/zywz/2015 －11/08/c_ 1117072999. htm.

③ 习近平：谋求持久发展 共筑亚太梦想——在亚太经合组织工商领导人峰会开幕式上的演讲［OL］. http：//legal. people. com. cn/n/2014/1110/c188502 －26000758. html.

④ 习近平：开辟合作新起点 谋求发展新动力——在“一带一路”国际合作高峰论坛圆桌峰会上的开幕辞［OL］. 2017 －5 －15.

⑤ 习近平：在亚洲基础设施投资银行开业仪式上的致辞［OL］. http：//www. xinhuanet. com/politics/2016 －01/16/c_ 1117796389. htm.

⑥ 习近平：关于《中共中央关于全面深化改革若干重大问题的决定》的说明［Z］. 人民日报，2013 －11 －16（1）.

有力、的预算制度，全面实施绩效管理。深化税收制度改革，健全地方税体系。”① 第三，明确国有资本和国有企业在提供公共物品、增加财政收入中的作用。习近平提出“国有资本投资运营要服务于国家战略目标，更多投向关系国家安全、国民经济命脉的重要行业和关键领域，重点提供公共服务、发展重要前瞻性战略性产业、保护生态环境、支持科技进步、保障国家安全。”“划转部分国有资本充实社会保障基金。”“提高国有资本收益上缴公共财政比例……更多用于保障和改善民生。”②

二、新中国成立以来学术界对公共经济思想理论的研究进程和主要成果

新中国成立后，基于对西方社会科学研究成果认识上的偏差，学术界中断了关于西方公共经济理论的吸收借鉴，也没有研究马克思主义经典作家的公共经济思想，一度曾照搬苏联国家治理和财政管理理论，后来自行创建了与中国当时政治制度、经济制度相适应的国家分配论财政学说；20 世纪 80 年代，何振一等部分学者提出以社会公共需要论为基础的财政思想。随着改革开放不断深入，特别是邓小平南方谈话发表以后，社会主义市场经济体制逐步建立，思想理论方面“姓资姓社”问题的争论渐渐偃旗息鼓，1990 年代初阿特金森和斯蒂格利茨所著《公共经济学》（1994 年）中译本由上海三联书店、上海人民出版社出版，很快受到中国学术界重视，产生较大影响，得到迅速传播。我国较早研究公共经济学的学者随之相继出版了若干本专著或词典，如白景明著的《公共经济》（1994 年）、华民编著的《公共经济学教程》（1996 年）、郭庆旺等编著的《公共经济学大辞典》（1999 年）等。2000 年后研究公共经济学的有关学术论文、著作、教材如雨后春笋般涌现出来，如高培勇等编著《公共部门经济学》（2001 年）、樊勇明和杜莉主编《公共经济学》（2001 年）、齐守印著《中国公共经济体制改革与公共经济学论纲》（2002 年）、黄恒学主编《公共经济学》（2002 年）、马胜杰和夏杰长著《公共经济学》（2003 年）、洪银兴等主编《公共经济学导论》（2003 年）、王延杰著《中国公共经济理论与实践》（2004 年）、杨志勇和张馨编著《公共经济学》（2005 年）、朱柏铭主编《公共经济学理论与应用》（2007 年）、袁义才

① 习近平：决胜全面建成小康社会　夺取新时代中国特色社会主义伟大胜利［Z］．北京：人民出版社，2017：34.

② 习近平：关于《中共中央关于全面深化改革若干重大问题的决定》的说明［Z］．人民日报，2013－11－16（1）．

著《公共经济学新论》(2007 年)、王雍君著《公共经济学》(2007 年)、韩康主编《公共经济理论与实践》(2007 年)、莫童著《公共经济学》(2008 年)、王玉凯主编《公共经济》(2008 年)、吴俊培著《公共经济学》(2009 年)、韩康等著《中国公共经济的改革与发展——中国公共经济研究报告》(2009 年)、郭庆旺主编《公共经济学评论》(2005 年—2010 年，每年两辑)、陈国际著《中国城乡公共经济一体化研究》(2011 年)、樊勇明和杜莉编著《公共经济学》(2011 年)、戴文标主编《公共经济学》(2012 年)、王彦林著《当代中国公共经济与民间经济关系优化研究》(2013 年) 等，与之相关的公共政策理论、公共选择理论的论文、著作也迅速涌现出来。2007 年“中国公共经济研究会”在北京宣告成立。近年来，北京大学、复旦大学、山东大学、上海财经大学等一些著名院校相继开设了公共经济学课程，甚至设立公共经济学院系或专业，并成立公共经济相关研究所，如河北经贸大学“中国公共经济理论与政策研究中心”(2013 年) 等。

综观 20 世纪 90 年代以来中国学术界有关公共经济理论的著述，大体可以分为三类：第一类基本上属于西方公共经济学著作或教材的翻版，从理论体系到基本内容、思想观点大体上都是按照“拿来主义”原则处理的，只是在具体解释中加进了一些中国例子，只有极少数对西方版本中的个别观点进行了一定辨析。例如，高培勇对政府职能公共性的解释：“它以满足整个社会的公共需要，而不是以满足哪一种所有制、哪一类区域、哪一个社会阶层或社会群体的特殊需要。”① 再如，刘尚希等主张以防范公共风险角度定义公共物品。② 又如袁义才运用西方经济学的交易成本和产权理论对公共物品和公共产权等基本范畴进行了新的论说（袁义才著《公共经济学新论》，2007 年），而戴文标运用西方制度经济学原理对西方版本的公共经济学做了部分改造（戴文标编《公共经济学》，2015 年）。第二类是从基本原理上加以改造的公共经济学。例如，陈共认为，公共经济学应以公共物品再生产活动为研究对象，从而不应取代财政学，而是作为财政学基础的一门独立学科。③ 再如，齐守印在《中国公共经济体制改革与公共经济学论纲》(2002 年) 一书和此后

---

① 高培勇：公共财政：概念界说与演变脉络［J］. 经济研究，2008（12）.

② 刘尚希、李成威：基于公共风险重新定义公共产品［J］. 财政研究，2018（8）.

③ 陈共：关于财政学基本理论的几点意见［J］. 财政研究，1999（4）.

发表相关文章中，运用马克思主义经济学研究方法和范式，从社会成员相互交织在一起（而不是合并同类项）的公共需要出发，推导出满足公共需要的公共物品，提供公共物品构成社会公共机构所有职能活动，公共物品的生产、分配、交换、消费暨公共物品的再生产过程构成完整的公共经济，[①] 公共经济再生产过程中生产力和生产关系构成公共经济的生产方式，公共经济生产关系的制度化构成公共经济体制，而公共经济又是在相应的政策指导和管理监督下运行的。[②] 这样一种公共经济学与现代西方公共经济学相比，无论从理论体系还是基本内容方面都是全新的。他据此提出了借鉴西方理论创建中国社会主义公共经济学的一整套理论构架设想。[③] 吴俊培在其所编教材中，对西方主流经济学一般以个人主义方法论分析公共经济问题的研究范式提出质疑，并且提出中国经济学应当主要探讨中国公共经济问题（《公共经济学》，2009年）。第三类是对马克思主义经典作家公共经济思想理论的研究，如齐守印发表的《论公共经济学与马克思主义的相容性》（理论视野，2002 年），董瑞华、胡德平发表的《中国公共经济学研究的马克思主义视野》（当代经济研究，2007 年），鄢奋发表的《马克思公共产品思想解读》（中共福建省委党校学报，2009 年），李超超、周晓阳发表的《论马克思主义公共经济理论与社会主义国家公共政策》（武汉商业服务学院学报，2010 年），姜鑫、罗佳发表的《马克思主义经济学与西方经济学关于公共物品的思想体系比较》（天津商业大学学报，2012 年）等。

从以上关于中国公共经济思想理论发展历程和现状分析来看，尽管中国历史文献中有着相当丰富的公共经济思想，新中国成立后中国共产党五代领导集体核心领袖结合治国理政实践阐发了很多具有中国特色的公共经济思想，中国现代学术界对公共经济理论进行了很多研究并产生了一些有价值的成果，

---

① 齐守印：中国公共经济体制改革与公共经济学论纲［M］．北京：人民出版社，2002：5－17.

② 齐守印：公共经济再生产简析［J］．当代经济管理，2017（7）；论公共经济生产方式及其优化路径［J］．河北大学学报哲学社会科学版，2017（1）；公共经济政策理性及其增进路径研究［J］．经济研究参考，2017（40）；关于公共经济管理理论中几个重要问题的探索［J］．当代经济管理，2018（1）等.

③ 齐守印：中国公共经济体制改革与公共经济学论纲［M］．北京：人民出版社，2002：307－324.

但与国外相比，我国公共经济学理论研究层面应该说刚刚起步，而在国家法律、政策文件中尚未出现“公共经济”这一概念，只有“公共服务”“公共事务”“公共管理”“公共财政”“公共资源”“公共卫生”等相关概念。因此，从某种程度上讲，中国特色的公共经济学整体上尚如拂晓的朝阳一样正在世界东方的地平线上处于喷薄欲出的时刻。

第四十章　公共经济思想理论的比较、扬弃与创新

在对中西方早期公共经济思想、西方现代公共经济理论以及马克思主义经典作家公共经济理论分别做出述评后，从创建中国特色社会主义公共经济学出发，有必要就有关理论问题进行深入比较和分析，以便在马克思主义基本原理和新中国国家治理现代化思想的指导下，批判地借鉴西方现代公共经济学理论，有鉴别地继承前现代中国公共经济思想，并经过科学严谨的独立思考正确实现理论创新。

第一节　公共经济思想理论的比较

公共经济理论是随着社会制度、国家职能、社会经济实践等社会历史因素的变化而演进的。在不同历史时期、不同国度、不同思想家从不同立场和视角出发观察公共经济现象会得出不同观点，这一方面反映了公共经济理论的主体性，另一方面也反映了公共经济理论的国度性、阶级性和阶段性。下面选择不同公共经济理论做一概要对比。

一、中外早期公共经济思想比较

中外早期公共经济思想主要指奴隶社会和封建社会思想家们的公共经济思想。这一时期的中外在各自国家制度范围内形成了较为简陋但与其当时社会状况相适应的公共经济体制，从维护统治阶级利益和国家有序治理出发形成的公共经济思想，主要包括公共经济行为的指导原则、公共收支、公共经济体制与政策等。

（一）中外早期公共经济思想的相同点

实现国家善治和养民、裕民、保民、民本等思想。管仲提出“凡治国之道，必先富民”以及“老老、慈幼、恤孤、养疾、合独、问疾、通穷、振困、接绝”等政策思想。孔子提出“轻徭薄赋”，这些思想成为中国封建社会统治者经常宣扬的口号，也在不同历史时期起到积极作用，如历史上所谓“成康之治”“文景之治”“贞观之治”“光武中兴”“洪武之治”“康乾盛世”等无

不主张轻徭薄赋。亚里士多德主张国家要追求最高的善，国家的职责是让公民过上幸福生活。格拉古兄弟担任保民官时强调国家应该关心赈济贫穷公民。

国家要提供公共物品，维护公共利益。姜尚提出“同天下之利者则得天下”。柏拉图认为应由哲学家理性治理国家，向国民提供包括维护国防安全、法律秩序和公共教育在内的公共物品。亚里士多德认为“教育事业应该是公共的，而不是私人的”。阿奎那认为公共利益所受损害愈大，政权就愈无道。

重视讨论增加公共收入的方法。管仲提出通过“官山海”“官天财”、垄断粮食购销、发展对外贸易等组织国家收入，避免直接增加人民税赋，必征之税则“相地而衰征”。孟轲强调“薄其税敛，民可使富”，斥责“苛政猛于虎”。荀况提出“足国之道，节用、裕民而善臧其余”“开其源，节其流”。色诺芬提出通过吸引外国人侨居雅典增加捐税银、授予商人特权增加贸易、维护和平环境等途径增加城邦财政收入。

公共支出上主张节约和合理安排。如孔子主张“政在节财”，隋朝皇帝杨坚以身作则“务存节俭”，同时历代统治者多要求要统筹安排战争、建设、治安、救灾等相关支出。色诺芬也提出了要合理安排公共支出的思想。

用公共政策调整和发展经济。管仲主张通过法律手段禁止贵族掠夺人民私产，国家垄断货币铸造、掌控货币流通，政府介入盐铁经营、调剂物价，以促进发展、维护公共利益。班固提出的“食货”政策包含国家直接或间接参与经济活动。中世纪阿拉伯思想家伊本·赫勒敦（1332 年—1406 年）强调国家促进社会经济发展中的重要作用，探讨了国家公共性投资所引起的需求。

（二）中外早期公共思想的不同点

公共经济思想理念差别。西方强调国家职能的“公共”属性，即国家应当着眼于解决经济社会发展中的公共性问题，通过提供公共物品满足民间经济主体的公共需要，而民间主体则以自利为出发点独立进行经济社会活动；根据是否具有“公共性”这一尺度，可以将社会公共机构与民间经济活动主体二者之间的职能边界区分得层次分明。与此不同，中国强调“共同”，如世界大同、共同利益、共同目标等，“共同”既可以从“公共性”的意涵上理解，也可以从“合并同类项”（如每个人都需要吃穿住行）的意义上去理解，由于“共同”中的“公共性”意涵不鲜明，因此，根据“共同性”标准难以清晰界定社会成员与公共机构之间的责权边界。

系统性和完善程度不同。相比较而言，中国早期尤其是封建社会的公共经济思想与国外早期相比是较为系统和完善的，这一方面是由于中国在大一统的社会经济条件下，国君、奴隶主或官僚地主、奴隶或农民的所有制关系和由此形成的政治关系的稳定和逐步固化，在此基础上国家土地制度、财政制度、公共政策等在历代批判吸收前代的基础上会越来越系统，也越来越完善。另一方面，自汉代以来，中国历代封建统治者以儒家道统为指导思想，逐步形成了一脉相承的主流意识形态，从而为公共经济思想的发展、完善和系统化提供了思想基础和理论根据。国外奴隶制和封建制国家大多历时短、地域小、相互争夺而战争频繁，很难形成像我国奴隶制和封建制的完备制度和统一思想，因而其公共经济思想虽有若干闪光的观点却多是临时性政策反映，缺乏延续性和系统性。

对农业和工商业的政策主张不同。国家对农业、商业、手工业（工业）的不同政策是其公共经济政策的重要表现。由于社会状况、国家制度、经济制度以及其他特殊需要存在差别，不同国家往往对不同行业实施不同的政策。中国自秦汉以后历代封建统治者大多实行“重农抑商”的政策，只有个别思想家提出“重农而不抑商”，如管仲、桑弘羊等。“重农抑商”在中国有着特殊意义，一方面这是中国传统农业社会的要求；另一方面，从根本上讲这也是维护封建官僚地主阶级总体利益的要求，官僚地主阶级只要掌握好政权和土地所有权就可以保持其在社会中的统治地位、满足自己的需要，而发展商业虽然官府也可取利，但“民大富，则不可以禄使也”①，且会给统治者内部造成大的混乱。欧洲则不同，古希腊、古罗马在工商业发展的基础上创造了灿烂的古代商业文明。特别是封建社会末期，随着新航路的开辟，商业资本家的崛起，重商主义盛行，进而开启了通向资本主义的通道。因此，西方国家自古就不抑商，封建社会后期更是高调倡扬重商主义思想和政策。

关于公共经济体制的主流思想倾向不同。尽管古希腊城邦时代实行过较长时间的直接民主与间接民主相结合的民主政体，但相关思想理论却没有流传下来。反倒是以亚里士多德为源头、由西塞罗进一步发挥、主张实行由贵族共和与平民主权相互结合与制衡的混合政体的公共经济体制思想一直居于主导地位，晚至英国资产阶级革命成功后所确立的两院制君主立宪政体之时仍然如此，直到卢梭提出以“人民主权”为核心的社会契约论才有所改变。

---

① 白居易：白居易集·卷46·策林［M］．长沙：岳麓书社，1992.

与此不同，中国从夏商周开始近4000年内，虽然民本思想不绝于书，在很长一段时期内也曾存在过以相权制约君权的政治思想主张，但公共经济体制的主流思想一直是主张君主专制，只有李世民主张以皇权为主的君臣共治，直到晚清时期黄宗羲才提出限制君主权力，甚至人民有权撤换欺压人民的暴君的民主思想。

公共经济管理的主流思想不同。中国古代思想家在公共经济管理方面虽然也有人提出法治主张，但自汉武帝独尊儒术以后，主流治理思想却一直是孔孟主张的德治仁政为主的人治模式；与此有所不同，自柏拉图提出哲学王治国主张以后，西方古代公共经济管理领域的主流治理思想是主张实行理性化治理模式。

二、现代西方公共经济理论各流派比较

（一）经济自由主义与国家干预主义公共经济思想

现代西方经济学因其产生国度、发展阶段以及经济学家的出发点、立场和方法论的不同而展现出诸多流派的对立与争鸣。研究者有时按照在某个时期是否在学术界居于统治地位并成为政府经济政策的理论依据，将各学派划分为“主流经济学派”和“非主流经济学派”。这种现象描述式的划分，显然难以突出经济流派的实质和内容。梳理近现代不同时期经济学流派的不同观点，我们可把经济学流派分为两大阵营——经济自由主义与国家干预主义。

经济自由主义与国家干预主义是资本主义经济发展史上两大相互对立的经济理论思潮。经济自由主义，从微观经济入手，主张让市场机制的“无形之手”对资源配置起决定作用，反对国家干涉经济，古典政治经济学、新古典经济学、货币主义、供给学派、理性预期学派、伦敦学派和公共选择学派等都倾向于经济自由主义。国家干预主义，从宏观经济入手，主张扩大政府作用，由国家对社会经济活动进行干预和控制，反对自由放任，重商学派、德意志学派、瑞典学派、凯恩斯经济学、新剑桥学派、非均衡学派等倾向于国家干预主义。二者具有相同的资产阶级的属性，在维护资本主义制度这一基本立场上具有一致性，但二者在资本主义生产方式的不同发展阶段和不同国度具有不同的意义和作用，二者对西方经济政策的制定都产生了举足轻重的影响。

资本主义制度在其产生、发展和逐渐衰落的不同阶段，呈现出不同的特征。重商主义、古典政治经济学、凯恩斯经济学、货币主义、新古典综合派

等正是适应资本主义不同发展阶段的不同特征而先后出现的理论。在资本主义萌芽和发展的初期，需要国家为资本开道，便有重商主义国家干预的要求。而在斯密生活的资本主义生产方式已经确立的工业革命前夕，国家干预已经成为经济发展的障碍，主张市场自行调节的自由竞争便具有了历史必然性。20 世纪 30 年代的经济大危机猛烈冲击了自由主义理论，凯恩斯的国家干预主义应运而生，助推了国家垄断资本主义的成长。20 世纪 70 年代资本主义国家出现的“滞涨”，又使经济自由主义和国家干预主义进入对峙和论战局面。可见，二者的对立是以社会经济主要矛盾为根据的不同观点和立场的交锋。

从公共经济学的角度考察，无论经济自由主义还是国家干预主义，都不否认国家或政府在社会生活中的重要作用，差别主要在于国家或政府在多大程度上参与或干预经济活动。通过对照自由主义代表亚当·斯密和国家干预主义代表约翰·梅纳德·凯恩斯即可见二者之间的对立与统一。斯密虽然崇尚市场竞争机制这只“看不见的手”对于资源有效配置的决定性作用，但也并非认为市场机制万能，同样强调政府在国家安全、公共秩序、公共工程、公共服务、公债、教育和在国际贸易中保护幼稚产业等市场失灵领域应当出面扮演不可或缺的角色。他虽主张将国家职能限制在尽可能小的范围内，却从未否定公共经济在适当领域存在的必要性。凯恩斯从资本主义宏观经济整体出发，认为经济危机的根源在于有效需求不足，为此就要更为积极而充分地发挥政府作用，即采用积极的财政政策和货币政策增加有效需求，强调政府应当致力于克服外部性、垄断、分配不公、信息不对称等市场失灵问题。可见，经济自由主义和国家干预主义二者根本上都是维护资本主义制度的，只是基于观察角度和解决方法不同而导致具体观点与政策主张有所不同而已。

如果说从斯密的《国富论》到凯恩斯的《通论》时隔 160 年，其经济理论和政策主张因时移世易而有所不同非常容易理解，那么，同时存在于美国的货币主义学派、公共选择学派、供给学派与萨缪尔森、马斯格雷夫等为代表的新古典综合学派在理论特色和政策主张方面差异很大，则是有待深入分析的，因为他们所面对的是同一时期、同一国度的经济社会生活。两大派系理论观点和政策主张存在明显差别的原因主要在于观察问题的着眼点、方法论不同，前者着重从微观角度考察资源配置效率问题，重点分析公共经济政策对市场活动主体行为带来的影响，而后者则着重从宏观角度考察资源配置效率问题，重点分析市场机制作用在供求总量平衡和社会结构优化方面的失灵问题。这两种因差异很大而具有互补性的理论观点和政策主张相互争鸣，既有利于使人们更为全面地认识市场和政府作用，也有利于政府统筹兼顾、相机抉择地制定实施公共经济政策。

（二）公共经济学的国度特征

经济学具有国度性，作为经济学分支之一的公共经济学同样如此。公共经济学的国度性是由这门科学的研究主体、研究对象与研究目的决定的。现代经济学在商品经济和工业文明时代出现，民族国家是这个时代人民生存不可脱离的政治形式，任何人都属于特定国家。所有人的经济生活和经济关系无一例外地由国家界定与制约。公共经济学作为这个时代人们对国家或政府为满足公共需求而提供公共物品的经济活动的反映，必然因为所处国度所有制结构、政治制度、分配制度、公共经济体制的不同而差异纷呈。与此同时，各个国家的所有人都基于经济地位、权利、利益的差别而分为不同阶级，经济学不可能超脱阶级，各阶级根据其自身立场和成熟程度而将自己的利益表达于经济学。公共经济学虽然有反映公共经济一般规律的共性一面，但由于研究者所处时代、国度和群体的差异，也必然会打上一定程度的时代、国度和阶级烙印，在阶级社会中没有完全超阶级的公共经济学理论。

由于不同国家基于经济基础的阶级结构存在差别，决定了不同国度主流公共经济思想理论的倾向性。公共经济学的研究者，即特定国家内占统治地位阶级的思想代表出于对本阶级经济利益和意志的考虑，认识本国度公共经济领域的主要矛盾，提出解决矛盾的途径和方式，由此而形成不同国度公共经济思想理论的特色。这就决定了公共经济思想理论必然具有二重属性，一是基于公共经济一般本质和共同特征的共同性或普遍性，二是基于不同国度经济关系、阶级结构差别的个别性或特殊性。所以，我们在进行公共经济学研究中要特别注意分析不同流派的国度性特征。英国霍布斯、配第、洛克、休谟的公共经济观点是英国资本主义制度兴起和初步确立阶段的主流思想理论；斯密、李嘉图的公共经济学思想则反映了资本主义进一步发展的时代需要；穆勒、巴斯泰布尔、马歇尔、庇古等公共经济思想反映了英国资本主义生产方式内部对阶级矛盾等问题进行自我调整的新要求；凯恩斯、罗宾逊等公共经济思想则反映了20世纪30年代左右英国应对经济危机深化局面的公共经济政策调整。法国重农学派反映了法国资本主义初期资本自由发展的需要和法国农业较为发达的现状和特征；萨伊关于国家的生产性、提供公共物品和服务以及关于公共经济绩效的观点反映了法国资本主义制度确立后发展资本主义的客观要求。德国历史学派、社会政策学派公共经济理论，一方面根源于其历史上康德、黑格尔等理性主义的哲学传统；另一方面也以当时德国社会经济条件为根据。德国具有文化自信但却属于后起资本主义国家，他们怀有赶超其他国家的雄心，这是其历史学派和社会政策学派强调国家干预经济生活的内在原因。美国公共经济理论建立在美国“自由不放任”的经济体制、总统制加联邦制的政治体制和资本主义的意识形态之上。美国的“自由不放任”的经济体制，又称为“混合经济体制”，既强调市场竞争，尽量让市场机制发挥作用，又主张政府通过财政和货币政策对市场进行间接调控，同时通过政府维护社会秩序、提供公共物品和服务来为私人资本自由竞争提供环境条件保障。这种经济政治背景广泛深入地体现到美国公共经济理论之中。如萨缪尔森关于“两种经济”的认识以及以此为理论基础建立的关于公共物品的定义及其最佳供应模型问题，布坎南的公共选择理论运用个人主义方法论分析公共经济决策行为更是美国市场化精神的体现，而斯蒂格利茨关于公共财政、政府进入生产领域等的论述同样是以美国混合经济体制为依据。

三、马克思主义公共经济理论与西方主流公共经济理论

马克思主义的公共经济思想理论与现代西方公共经济理论虽然具有本质区别，但并非截然对立，也有一些基于共同思想渊源的一致性。

从本质区别来说，前者是从维护大多数人的共同利益出发对国家公共经济行为的概括和总结，后者则主要是从维护资本主义生产方式和资产阶级的整体利益出发对国家公共经济行为所进行的概括和总结，从而使二者在研究对象、研究目的、方法论、解决问题的方法和策略等方面大不相同。西方主流公共经济理论，多是代表资产阶级利益的研究者以资本主义生产方式和“三权分立”政体下的国家职能活动为研究对象，从资本主义国家现存矛盾和资本主义政府经济活动出发着眼于维护资产阶级整体和长远利益，运用现象描述法对公共经济运行的表面现象进行总结概括而形成的理论体系，因而对公共经济所提出的政策主张以总体维持、局部改良为基本特征。与此不同，马克思主义经典作家的公共经济理论，是作为社会大多数成员的利益代表以历史和现存的公共经济活动为研究对象，运用历史与逻辑统一、抽象与具体统一和唯物辩证的方法进行理性思考而形成的理论体系。这就决定了其理论内容必然既包括对阶级社会国家职能活动的理性批判，也包括对所有人类社会共同存在的公共物品再生产活动内在联系和运行规律的抽象概括，还包括对未来社会公共经济一般特征的预见性揭示。作为其后继者的社会主义公共经济理论家，则必然以人民当家作主的政治制度和公有制为主体的经济制度背景下公共经济活动为研究对象，以提高公共经济效率、增进人民大众的公共福利为根本目的，着眼于解决不同发展阶段上经济社会生活中的矛盾和问题，运用经典作家创立的科学研究方法，重点分析不同生产力水平和经济体制下的政府活动和作用范围，着力揭示公共经济活动的内在联系和运行规律，努力寻求优化公共经济管理与监督机制的途径，以便为执政党及其主导的国家机构正确履行人民赋予的公共经济责任、权力，完成好各个时期的公共经济暨国家治理任务提供理论依据。

就相互联系和一致性而言，马克思主义经典作家的公共经济思想理论包含于他们所创造的哲学、经济学和科学社会主义三大基本理论之中，而这三大基本理论不仅分别来源于对德国古典哲学、英国古典经济学和法国空想社会主义的批判性继承和改造，而且是在批判地继承此前人类历史上积累的所有优秀思想理论成果基础上，运用科学的立场、观点和方法通观人类社会发展规律而进行科学创造而形成的。因此，马克思主义经典作家的公共经济思想理论既是对历史上和同时代公共经济内在联系和一般本质进行抽象的理性思维成果，同时也非常自然地吸收了同时代西方主流公共经济思想理论中关于公共经济理论认识的精华。这也是后继的马克思主义公共经济理论研究者批判地借鉴吸收现代西方公共经济学合理成分，系统构建马克思主义范式的公共经济理论体系的学理依据和基础。

因此，我们既要看到马克思主义公共经济学与现代西方公共经济学之间存在着本质区别，从而不能将西方主流公共经济学直接搬用于社会主义国家公共经济治理实践；也要避免将二者视为水火不相容的形而上学意义上的对立物，因为西方公共经济思想理论在一定程度上包含着反映公共经济共同本质的认识和对反映现代条件下公共经济实践有益经验的一面，因而二者之间存在相互吸收借鉴的基础，马克思主义公共经济学完全可以在吸收西方现代公共经济学有益成分基础上通过系统的科学改造和创新，形成高于西方现代公共经济学的公共经济理论体系。

四、现代公共经济理论与社会主义国家治理理论

社会主义国家治理理论是在马克思主义政党通过人民革命取得执政地位以后，在马克思主义基本原理指导下治国理政实践探索经验的理论结晶和对执政兴国之道进行理性思维所取得的思想成果。广义的现代公共经济理论应涵盖现代西方公共经济理论和其他国家的现代公共经济理论，自然也就应该充分吸收我国社会主义国家治理概念下公共经济理论的实质性内容。当然，由于后者主要以属于政治学和行政管理学的面目存在，因此，公共经济理论对其加以吸收，同样不能直接搬用，而是需要从考察视角、治理理念和概念范畴体系方面加以系统性的转换。

第二节　公共经济思想理论的扬弃与创新

公共经济理论的发展与完善是随着社会形态的更替、公共经济实践的变革而不断扬弃、丰富、扩展、提升的过程。要构建有效服务中国国家治理现代化实践的公共经济理论体系，则需要对中外既有的公共经济思想理论加以科学扬弃、综合和系统创新才能实现。

一、中外公共经济思想理论发展过程中的扬弃轨迹

奴隶制社会的公共经济思想是对氏族公社、部落联盟时期人们关于公共事务思想的辩证性否定；封建社会的公共经济思想是对奴隶制时代公共经济思想的辩证性否定；资本主义时代的公共经济思想是对封建社会公共经济思想的辩证性否定，而社会主义公共经济思想则是对产生于资本主义土壤上的公共经济思想的辩证性否定。这种辩证性否定过程，既包括对落后于时代的公共经济思想内容的扬弃，也包括根据新时代公共经济实践内容对公共经济思想理论的拓展、深化和创新。

氏族公社、部落联盟时期人们的公共经济行为限于维护社会秩序、防御外敌、兼并统一、祭祀鬼神等公共事务和一些维持生存必备的公共设施，如传说中的黄帝征伐、大禹治水等。

奴隶制国家的建立使社会秩序相对稳定，加之社会生产力有了新的提高，人类不仅生存有了基本保障，社会活动内容也更为广泛，人们关于公共经济的思想就有了进步。在中国，夏、商、周三代已具有较为完整的公共经济思想，包括完整的赋贡役公共收入制度、含有社会保障的公共支出制度、中央“王室”与地方双重财政体制以及各种公共政策等，足见其进步性。在西欧，

柏拉图和亚里士多德对国家功能的讨论，从维护社会秩序、抵御外敌扩展到立法司法、财政收支、进出口贸易、教育公共化、公共文化场所建设，甚至涉及“公地悲剧”问题；古罗马对道路、文化等公共设施的建设规模之大可见其对公共事务的重视，西塞罗对国家政体的讨论足见当时公共经济思想已经达到相当深度。

封建制下，官僚地主、教会（欧洲）严格地控制着土地所有权和农民的人身权，在此基础上建立起严密的专制制度。与此相适应的公共经济实践与思想就是以维护官僚地主和封建教会利益为基本指向的。相对于奴隶制时代的公共经济思想，其历史进步主要表现为以“治国”为中心对统治者整体利益维护的加强、对“民”的重视、利用财政税收和政府规制对经济生活的调节，以及着眼于维护神权地位、主流思想为核心内容的文化教育等更为丰富的公共事务加以研究等。在中国，由汉武帝采纳董仲舒建议独尊儒术发端，历代封建统治者借助于科举等各种手段推行儒家道统为核心的封建文化，使其渗透到社会和政治生活的各个层面；同时，专制政府逐步完善其财政体制，推行民本和节俭思想，改进公共收支管理，并运用各种公共政策维护社会稳定、推动经济发展，其公共经济思想和实践的内容范围得到很大扩展。在中世纪的欧洲，公共经济思想的进步性还表现为依据基督教教义而开展的社会救助、对公共利益的维护以及公共学校乃至高等教育的设立等。

资本主义社会的公共经济思想是在资本雇佣劳动制度基础上展开的，一方面反映了资产阶级统治和剥削工人阶级的社会现实；另一方面也反映了工人阶级争取自己权利而与资产阶级进行斗争，以及两个方面相互制衡的关系。相对于封建时代，在资本主义生产方式下产生的公共经济思想主要体现资产阶级立场、观点，自重商主义开始，逐步强调国家及其财政应当以满足公共需要、维护公共秩序和公共利益为目的，不要侵害资本利益、妨碍经济发展和自由竞争，把公共经济装扮成了没有阶级属性的公共行为。就资本主义社会公共经济思想本身而言，在不同国家和不同历史阶段也表现出不同特点，这是其随着适应不同时期、不同国度社会矛盾的演化而不断自我扬弃和发展的表现。在资本主义生产关系产生和发展初期，英法两国最早产生了代表商业资产阶级利益、以促进对外贸易为主要内容的重商主义公共经济思想。随后，在最早完成工业革命的英国，斯密、李嘉图、穆勒、巴斯泰布尔等先后提出以强调自由竞争和“夜警国家”为主要倾向的公共经济思想。再后，随着自由资本主义过渡到垄断阶段，资本主义基本矛盾和由此衍生的阶级矛盾、社会矛盾逐步以经济危机深化、阶级斗争激烈等更为尖锐的形式威胁到资本主义制度的生存，庇古、凯恩斯等人提出以政府干预收入分配、供需总量平衡和控制失业等事务为核心内容的公共经济理论。作为两次世界大战的重要结果，世界经济中心和与此相适应的经济危机发源地历史性地由西欧转移到美国，着眼于解决资本主义垄断阶段经济社会矛盾的各派公共经济理论相应地在美国繁荣起来。这一阶段，法、德、奥、意和瑞典等国不同派别的公共经济理论都是本国现实状况的反映，也各有其特点。当随着世界经济一体化进程的加快和国际交往的频繁，国与国之间的共性问题越来越多，不仅各国间公共经济思想理论表现出趋同性特征，而且对国际公共经济问题进行研究的成果也越来越多。

当前，以美国为中心的公共经济理论仍处于繁荣阶段，这一方面是因为美国目前仍然是世界上经济、科技、军事以及综合实力最强劲的国家；另一方面也是因为美国是资本主义世界经济社会矛盾最集中的国家，2008 年美国由“次贷危机”引起的金融经济危机波及全世界，至今仍未完全走出危机的阴影。这次世界性经济危机波及范围之广、负面影响延续时间之长，既是资本主义生产方式内在矛盾愈益深化的重要表现，同时也为公共经济理论与实践提出了通过深入研究、推陈出新以便有效破解相关经济社会矛盾的历史性课题。

二、构建有效服务中国国家治理现代化实践的公共经济理论体系所需要的扬弃和创新

西方公共经济思想理论的发展及其广泛传播，对马克思主义经典作家和中国历代公共经济思想研究发掘的逐步深化，特别是中国新时代加快推进国家治理现代化实践的迫切需要，这三大因素汇合在一起，强烈地驱动着中国公共经济学家必须在马克思主义立场、观点、方法和中国特色社会主义思想理论指导下，着眼于更好发挥公共经济理论对国家治理现代化实践的服务功能。同时，基于对西方现代公共经济理论、中国古代近代公共经济思想中合理内核的吸收，在充分体现马克思主义经典作家公共经济思想和新中国创立以来中国共产党最高领导人关于国家治理思想理论的基础上，通过跨越东西方界线的思想理论扬弃与综合，从研究范式、基本内容到逻辑结构各层面对公共经济理论体系进行系统性创新，构建起具有中国特色、适应国家治理现代化实践需要、理论内容科学先进、逻辑结构系统完整的公共经济理论体系。在这种扬弃和创新的过程中应当贯彻以下五项原则：

（一）坚持以马克思主义基本原理为指导

在现代中国，通过扬弃和创新构建先进科学的公共经济理论体系，必须坚持以马克思主义基本原理为指导。这首先是因为，马克思主义基本原理包括以实现绝大多数人利益为宗旨的政治思想立场和以辩证唯物主义和历史唯物主义为核心内容的科学世界观、方法论，只有站在维护和增进绝大多数人利益的立场，正确运用马克思、恩格斯所创立的科学世界观、方法论和具体研究方法，才能全面、深入、系统地认识公共经济的本质特征、内在联系和运行规律，才能对中外公共经济思想理论进行科学的扬弃与吸收借鉴；如果离开马克思主义基本原理的指导，注重于运用现代西方经济学界惯用的割裂经济与政治、主要采用数理分析和现象过程描述的方法，不可能在科学意义上真正实现公共经济理论体系的创新，从而构建起符合中国国家治理现代化实践需要的公共经济理论体系。

（二）着眼于为中国国家治理现代化实践提供有效的理论服务

马克思指出："哲学家们只是用不同的方式解释世界，问题在于改变世界。"① 理论研究的价值在于以正确认识世界为前提，为有效改造世界的社会实践提供行动思路性服务。脱离实践需要的理论研究，既没有真实的社会价值，也不可能具有生命力。1949 年中国共产党领导的社会主义革命取得成功后所进行的公共经济实践与此前相比发生了根本性质的变化，党的十八大以来，以习近平同志为核心的党中央将中国全面深化改革的总目标确定为完善和发展中国特色社会主义制度，推进国家治理体系和治理能力现代化。从经济学角度考察，国家治理现代化就是公共经济运行管理现代化。以现代化为目标的中国公共经济实践刚刚启程，迫切需要相应的理论服务，而系统科学的公共经济理论正是新时代公共经济实践最为需要的。因此，中国公共经济理论研究，包括对西方公共经济理论的扬弃性借鉴和对中国公共经济思想历史成果的扬弃性继承，都必须紧密围绕新时代公共经济改革与发展实践需要系统而深入地展开。习近平总书记指出："当代中国正经历着我国历史上最为

---

① 马克思：关于费尔巴哈提纲［A］．马克思恩格斯选集第1卷［C］．北京：人民出版社，1995：61.

广泛而深刻的社会变革，也正在进行着人类历史上最为宏大而独特的实践创新。这种前无古人的伟大实践，必将给理论创造、学术繁荣提供强大动力和广阔空间。”[①] 中国以马克思主义为指导、熔历史与当代公共经济思想理论优秀成果为一炉的公共经济理论体系创新，正逢其时。

（三）充分体现马克思主义经典作家的公共经济思想和新中国创立以来五代中国共产党最高领导核心关于国家治理的理论

马克思主义经典作家的公共经济思想是马克思主义基本原理运用于公共经济研究的直接产物。新中国成立以来中国共产党五代最高领导核心关于国家治理的理论是马克思主义基本原理与中国公共经济实践相结合的产物，是马克思主义公共经济思想的最新成果。两者一脉相承，虽然都没有采取公共经济学专用概念范畴表述，但都是对不同时代公共经济客观现实及其内在联系、运行规律加以正确认识的理性思维成果。因此，构建中国特色社会主义公共经济理论体系，必须将这两种思想理论成果作为重要内容和直接来源纳入其中。

（四）遵循洋为中用、古为今用原则在科学扬弃基础上充分吸收借鉴中国历史上形成的和西方思想家相继阐发的公共经济思想理论有益成果

“泰山不让土壤，故能成其大；河海不择细流，故能就其深”。[②] 马克思主义理论之所以高度科学，非常重要的原因在于它具有开放品格。[③] 马克思主义经典作家是通过批判地继承人类所有优秀思想成果而实现理论创新的伟大典范，马克思和恩格斯的哲学、政治经济学、科学社会主义就是在分别批判地继承德国古典哲学、英国古典政治经济学、法国空想社会主义思想成果基础上经过审慎严谨的独立思考而创立的。中国共产党也都一再强调科学研究要坚持“洋为中用、古为今用”的科学态度，高度重视批判地继承和充分吸收借鉴古今中外一切优秀思想成果。我们要构建服务于国家治理现代化实践的公共经济理论体系，同样需要按照“去粗取精、去伪存真”的科学态度对有史以来中外公共经济思想理论成果加以批判地吸收和继承。无论西方思想家还是中国近现代思想家所阐述的公共经济思想理论，都是在特定历史背景下、站在不同阶级立场上进行研究思考的思想结晶，其中既有反映公共经济一般本质和客观规律、从而

---

① 习近平：在哲学社会科学座谈会上的讲话［OL］. http://news.xinhuanet.com/politics/2016-05/18/.

② 司马迁：史记·87卷·李斯列传［M］. 北京：中华书局，1982：2545.

③ 齐守印：马克思主义具有开放性品格［N］. 学习时报，2004-05-24.

熠熠生辉的科学成分，也有受制于时代和阶级立场局限的粗糙、虚伪、谬误乃至反动的因素。因此，我们既不能因为它们具有科学成分而不加批判地兼收并蓄，也不能因为它们含有粗糙和谬误的因素而不加分析地一概否定或置之不理，正确的态度是“弃其糟粕、取其精华”，将其中具有真理性的思想观点吸收到中国特色社会主义公共经济理论体系中来。[①] 这正是本课题专设本篇简要梳理评析中外公共经济思想理论演进过程的用意所在。

（五）认真总结吸收中外公共经济实践中正反两方面经验

实践是思想理论的活水源头。我们进行公共经济理论体系创新不仅需要着眼于服务于中国国家治理现代化实践，而且需要从国内外公共经济实践正反面经验中直接吸收营养。这是因为，从实践经验到理论概括需要经过理性思维加工创造的过程，不仅最新的实践经验尚未来得及转化为思想理论成果作为现成文献供我们研究参考，而且目前已经形成的文献资料也未必能够一览无余地反映出实践经验中所有值得总结升华为思想理论的启示性成分。因此，我们在进行公共经济理论体系创新过程中，不能满足于对现有文献资料中蕴含的优秀思想理论成果的批判性吸收借鉴，而需要直接放眼中国与外国、历史与现实公共经济实践的正反面经验，特别是新中国、新时代的公共经济实践经验，通过认真严肃的理性思考，将其中体现公共经济本质和规律而尚未在现有文献中得到正确反映的内容纳入研究成果之中。

对于上述五项原则，我们在本课题研究中已经尽可能努力加以贯彻，尽管不一定做得非常正确和充分。科学研究和真理追求永无止境，每个学者、每一项研究都只能尽其一份努力。

---

① 例如，近现代西方公共经济思想理论一般主张区分私人需要与公共需要，凡属于能够由国民个人和企业自主活动来满足的私人需要都由市场主体自行解决，需要由政府通过提供公共物品来满足的仅限于市场活动主体不能借助于自主行动得以满足的公共需要，即以“公共性”为尺度明晰界定人民与国家之间的责任权力关系，进而清晰划分市场与政府之间活动范围的边界。这种公共经济思想理念，在中国一直未能明确起来。在这种情况下，单是强调人民主权、人民主体和政府要为人民服务这些民本思想，或者笼统地说政府该管的要管住管好、不该管的要放开放活，都无从将人民与国家之间的责权关系和政府与市场之间活动范围的合理边界划分清楚。

由此看来，西方公共经济思想理论中的“公共性”理念，对我们而言就具有极为重要的吸收借鉴价值。当然，西方公共经济思想理论中具有吸收借鉴价值的合理内核还有许多，而不限于“公共性”理念这一点。

主要参考文献

一、马克思主义经典作家著作

［1］马克思：黑格尔法哲学批判导言［A］．马克思恩格斯选集第 1 卷［C］．北京：人民出版社，1995.

［2］马克思：1844 年经济学哲学手稿［A］．马克思恩格斯选集第 1 卷［C］．北京：人民出版社，1995.

［3］恩格斯：国民经济学批判大纲［A］．马克思恩格斯选集第 1 卷［C］．北京：人民出版社，2012.

［4］马克思：哲学的贫困［A］．马克思恩格斯选集第 1 卷［C］．北京：人民出版社，1995.

［5］马克思、恩格斯：德意志意识形态（A），马克思恩格斯选集第 1 卷［C］．北京：人民出版社，1995.

［6］马克思：关于费尔巴哈的提纲［A］．马克思恩格斯选集第 1 卷［C］．北京：人民出版社，1995.

［7］恩格斯：共产主义原理［A］．马克思恩格斯选集第 1 卷［C］．北京：人民出版社，1995.

［8］马克思、恩格斯：共产党宣言［A］．马克思恩格斯选集第 1 卷［C］．北京：人民出版社，1995.

［9］马克思：1848—1850 年法兰西阶级斗争（A），马克思恩格斯选集第 1 卷［C］．北京：人民出版社，1995.

［10］马克思：路易·波拿巴的雾月十八日［A］．马克思恩格斯选集第 1 卷［C］．北京：人民出版社，1995.

[11] 马克思：不列颠在印度的统治［A］. 马克思恩格斯选集第1卷［C］. 北京：人民出版社，1995.

[12] 马克思：关于自由贸易问题的演说［A］. 马克思恩格斯选集第1卷［C］. 北京：人民出版社，1995.

[13] 马克思：政治经济学批判导言［A］. 马克思恩格斯选集第2卷［C］. 北京：人民出版社，1995.

[14] 马克思：政治经济学批判序言［A］. 马克思恩格斯选集第2卷［C］. 北京：人民出版社，1995.

[15] 恩格斯：卡尔·马克思政治经济学批判第一分册［A］. 马克思恩格斯选集第2卷［C］. 北京：人民出版社，1995.

[16] 马克思：法兰西内战［A］. 马克思恩格斯选集第3卷［C］. 北京：人民出版社，1995.

[17] 恩格斯：法兰西内战1891年单行本导言［A］. 马克思恩格斯选集第3卷［C］. 北京：人民出版社，1995.

[18] 恩格斯：论住宅问题［A］. 马克思恩格斯选集第3卷［C］. 北京：人民出版社，1995.

[19] 马克思：哥达纲领批判［A］. 马克思恩格斯选集第3卷［C］. 北京：人民出版社，1995.

[20] 恩格斯：反杜林论［A］. 马克思恩格斯选集第3卷［C］. 北京：人民出版社，1995.

[21] 恩格斯：社会主义从空想到科学的发展［A］. 马克思恩格斯选集第3卷［C］. 北京：人民出版社，1995.

[22] 恩格斯：给奥·倍倍尔的信［A］. 马克思恩格斯选集第3卷［M］. 北京：人民出版社，1995.

[23] 恩格斯：法兰西内战导言［A］. 马克思恩格斯选集第3卷［C］，北京：人民出版社，1995.

[24] 恩格斯：论权威［A］. 马克思恩格斯选集第3卷［C］. 北京：人民出版社，1995.

[25] 恩格斯：再论蒲鲁东和住宅问题［A］. 马克思恩格斯选集第3卷［C］. 北京：人民出版社，1995.

[26] 马克思：致恩格斯［A］. 马克思恩格斯选集第4卷［C］. 北京：

人民出版社，1995.

［27］恩格斯：1891 年社会民主党纲领草案批判［A］．马克思恩格斯选集第 4 卷［C］．北京：人民出版社，1995.

［28］马克思：论土地国有化［A］．马克思恩格斯选集第 4 卷［C］．北京：人民出版社，1995.

［29］恩格斯：致约·布洛赫［A］．马克思恩格斯选集第 4 卷［C］．北京：人民出版社，1995.

［30］恩格斯：致奥·伯尼克［A］．马克思恩格斯选集第 4 卷［C］．北京：人民出版社，1995.

［31］恩格斯：家庭私有制和国家的起源［A］．马克思恩格斯选集第 4 卷［C］．北京：人民出版社，1995.

［32］马克思：致路·库格曼［A］．马克思恩格斯选集第 4 卷［C］．北京：人民出版社，1995.

［33］恩格斯：致弗·阿·左尔格［A］．马克思恩格斯选集第 4 卷［C］．北京：人民出版社，1995.

［34］恩格斯：致康德拉·施米特［A］．马克思恩格斯选集第 4 卷［C］．北京：人民出版社，1995.

［35］恩格斯：致瓦·博尔吉乌斯［A］．马克思恩格斯选集第 4 卷［C］．北京：人民出版社，1995.

［36］恩格斯：致尼·弗·丹尼尔逊［A］．马克思恩格斯选集第 4 卷［C］．北京：人民出版社，1995.

［37］恩格斯：致弗·凯利－威士涅威茨夫人［A］．马克思恩格斯选集第 4 卷［C］．北京：人民出版社，1995.

［38］马克思：评普鲁士人的普鲁士国王和社会改革一文［A］．马克思恩格斯全集第 1 卷［C］．北京：人民出版社，1956.

［39］马克思：第六届莱茵省议会的辩论第一篇论文［A］．马克思恩格斯全集第 1 卷［C］．北京：人民出版社，1956.

［40］马克思、恩格斯：德意志意识形态·莱比锡宗教会议——三、圣麦克斯［A］．马克思恩格斯全集第 3 卷［C］．北京：人民出版社，1960.

［41］马克思：菲格斯·奥康瑙尔内阁的失败——预算［A］．马克思恩格斯全集第 9 卷［C］．北京：人民出版社，1961.

[42] 马克思：人民得肥皂，泰晤士报得贿赂——联合内阁的预算[A]．马克思恩格斯全集第9卷［C］．北京：人民出版社，1961.

[43] 马克思：普鲁士状况［A］．马克思恩格斯全集第12卷［C］．北京：人民出版社，1962.

[44] 马克思：德国的动荡局势［A］．马克思恩格斯全集第13卷[C]．北京：人民出版社，1962.

[45] 恩格斯：美国工人运动［A］．马克思恩格斯全集第21卷［C］．北京：人民出版社，1965.

[46] 恩格斯：集权与自由［A］．马克思恩格斯全集第41卷［C］．北京：人民出版社，1982.

[47] 马克思：政治经济学批判1857－1858年手稿［A］．马克思恩格斯全集第46卷下［C］．北京：人民出版社，1980.

[48] 马克思：资本论第一册第六章直接生产过程的结果［A］．马克思恩格斯全集第49卷［C］．北京：人民出版社，1982.

[49] 马克思：资本论第1卷法文版中译本［M］．北京：人民出版社，1975.

[50] 马克思：资本论第1卷［M］．北京：人民出版社，1975.

[51] 马克思：资本论第3卷［M］．北京：人民出版社，1975.

[52] 马克思恩格斯资本论书信集［M］．北京：人民出版社，1976.

[53] 列宁：我们的纲领［A］．列宁选集第1卷［C］．北京：人民出版社，1995.

[54] 列宁：无产阶级在我国革命中的任务［A］．列宁选集第3卷［C］．北京：人民出版社，1972.

[55] 列宁：苏维埃政权的当前任务［A］．列宁选集第3卷［C］．北京：人民出版社，1972.

[56] 列宁：国家与革命［A］．列宁选集第3卷［C］．北京：人民出版社，1972.

[57] 列宁：无产阶级在我国革命中的任务［A］．列宁选集第3卷［C］．北京：人民出版社，1972.

[58] 列宁：全俄农民第一次代表大会关于土地问题的决议草案［A］．列宁选集第3卷［C］．北京：人民出版社，1972.

［59］列宁：论统一的经济计划［A］．列宁选集第4卷［C］．北京：人民出版社，1972.

［60］列宁：伟大的创举［A］．列宁选集第4卷［C］．北京：人民出版社，1972.

［61］列宁：论粮食税［A］．列宁选集第4卷［M］．北京：人民出版社，1972.

［62］列宁：怎样改组工农检查院［A］．列宁选集第4卷［C］．北京：人民出版社，1972.

［63］列宁：市场理论问题述评［A］．列宁全集第4卷（C），北京：人民出版社，1984：48.

［64］列宁：论面目全非的马克思主义和帝国主义经济主义［A］．列宁全集第28卷［C］．北京：人民出版社，1990.

二、中国化马克思主义文献

［65］毛泽东：矛盾论［A］．毛泽东选集第1卷［C］．北京：人民出版社，1966.

［66］毛泽东：论联合政府［A］．毛泽东选集第3卷［C］．北京：人民出版社，1966.

［67］毛泽东：关于领导方法的若干问题［A］．毛泽东选集第3卷［C］．北京：人民出版社，1966.

［68］毛泽东：纠正土地改革宣传中的“左”倾错误［A］．毛泽东选集第3卷［C］．北京：人民出版社，1966.

［69］毛泽东：论联合政府［A］．毛泽东选集第3卷［C］．北京：人民出版社，1966.

［70］毛泽东：论人民民主专政［A］．毛泽东选集第4卷（C），北京：人民出版社，1966.

［71］毛泽东：为什么要讨论白皮书［A］．毛泽东选集第4卷［C］．北京：人民出版社，1966.

［72］毛泽东：论人民民主专政［A］．毛泽东选集第4卷［C］．北京：人民出版社，1966.

［73］毛泽东：在新政治协商会议筹备会上的讲话［A］．毛泽东选集第4卷［C］．北京：人民出版社，1966.

［74］毛泽东：关于中华人民共和国宪法草案［A］．毛泽东选集第5卷［C］．北京：人民出版社，1977.

［75］毛泽东：共产党人对错误必须采取分析的态度［A］．毛泽东文集第7卷［C］．北京：人民出版社，1999.

［76］毛泽东：论十大关系［A］．毛泽东选集第5卷［C］．北京：人民出版社，1977.

［77］毛泽东：关于正确处理人民内部矛盾的问题［A］．毛泽东选集第5卷［C］．北京：人民出版社，1977.

［78］建国以来毛泽东文稿第六册［M］．北京：中央文献出版社，1992.

［79］邓小平文选1975－1982［M］．北京：人民出版社，1983.

［80］邓小平文选第1卷［M］．北京：人民出版社，1994.

［81］邓小平文选第2卷［M］．北京：人民出版社，1994.

［82］邓小平文选第3卷［M］．北京：人民出版社，1994.

［83］江泽民：加快改革开放和现代化建设步伐　夺取有中国特色社会主义事业的更大胜利［A］．十一届三中全会以来党的历次代表大会中央全会重要文献选编上［C］．北京：中央文献出版社，1997.

［84］江泽民：高举邓小平理论伟大旗帜　把建设中国特色社会主义事业全面推向二十一世纪［A］．十一届三中全会以来党的历次代表大会中央全会重要文献选编下［C］．北京：中央文献出版社，1997.

［85］江泽民在考察中国社会科学院时对加强哲学社会科学建设提出五点要求［OL］．www. people. com. cn，2002－07－16.

［86］江泽民：全面建设小康社会　开创中国特色社会主义事业新局面——在中国共产党第十六次全国代表大会上的报告［Z］．人民日报，2002－11－19.

［87］政治局第十三次集体学习：大力推进哲学社会科学繁荣发展［Z］．人民日报，2004. 5. 29.

［88］胡锦涛：中共十六届四中全会上的工作报告［Z］．人民日报，2004－09－27.

［89］胡锦涛：高举中国特色社会主义伟大旗帜，为夺取全面建设小康社会新胜利而奋斗［Z］．人民日报，2007－10－24.

［90］胡锦涛：坚定不移沿着中国特色社会主义道路前进　为全面建成小康社会而奋斗［Z］．人民日报，2012－11－17.

［91］习近平：关于中共中央关于全面深化改革若干重大问题的决定的说明［Z］．人民日报，2013－11－16.

［92］习近平：谈治国理政［M］．北京：外文出版社，2014.

［93］习近平：谋求持久发展共筑亚太梦想——在亚太经合组织工商领导人峰会开幕式上的演讲［OL］．http：//legal. people. com. cn/n/2014/11/10/.

［94］习近平：在参加上海代表团审议时强调推进中国上海自由贸易试验区建设，加强和创新特大城市社会治理［N］．人民日报，2014－03－06（1）．

［95］习近平：在哲学社会科学座谈会的讲话［N］．人民日报，2016－05－19（1）．

［96］习近平：深化合作伙伴关系共建亚洲美好家园——在新加坡国立大学的演讲话［OL］．http：//www. qstheory. cn/zhuanqu/zywz/2015－11/08.

［97］习近平：在亚洲基础设施投资银行开业仪式上的致辞［OL］．http：//www. xinhuanet. com/politics/2016－01/16.

［98］习近平：在省部级主要领导干部学习贯彻党的十八届五中全会精神专题研讨班上的讲话［OL］．http：//www. xinhuanet. com/politics/2016－05/10.

［99］习近平：在全国哲学社会科学工作座谈会上的讲话［OL］．www. chinanews. com. 2016－05－18.

［100］习近平：为建设世界科技强国而奋斗：在全国科技创新大会、两院院士大会、中国科协第九次全国代表大会上的讲话［Z］．人民日报，2016－06－02.

［101］中共中央宣传部：习近平总书记系列重要讲话读本［M］．北京：学习出版社，2016.

［102］习近平：开辟合作新起点　谋求发展新动力——在“一带一路”国际合作高峰论坛圆桌峰会上的开幕辞［OL］．新华网，2017－05－15.

［103］习近平：在省部级主要领导干部“学习习近平总书记重要讲话精神　迎接党的十九大”专题研讨班开班式上的讲话［Z］．人民日报，2017－07－28.

［104］习近平：决胜全面建设小康社会　夺取新时代中国特色社会主义伟大胜利［M］．北京：人民出版社，2017.

［105］中国共产党第十一届中央委员会第三次会议公报［A］．十一届三中全会以来党的历次代表大会中央全会重要文献选编（上）［C］．北京：中央文献出版社，1997.

［106］中共中央关于经济体制改革的决定［A］．十一届三中全会以来党的历次代表大会中央全会重要文献选编（上）［C］．北京：中央文献出版社，1997.

［107］中共中央关于建立社会主义市场经济体制若干问题的决定［Z］．人民日报，1993－11－15.

［108］中共中央关于国有企业改革和发展若干重大问题的决定［OL］．人民网时政专题，www. people. con. cn，2001－04－28.

［109］中共中央关于完善社会主义市场经济体制若干问题的决定［Z］．人民日报，2003－10－22.

［110］中共中央办公厅、国务院办公厅．关于实行党政领导干部问责的暂行规定［Z］．人民日报，2009－07－12.

［111］中共中央关于全面深化改革若干重大问题的决定［Z］．人民日报，2013－11－17.

［112］中共中央关于全面推进依法治国若干重大问题的决定［Z］．人民日报，2014－10－29（1）．

［113］中共中央关于国民经济和社会发展第十三个五年规划的建议［OL］．新华网，2015－11－03.

［114］中共中央、国务院关于深化国有企业改革的指导意见［OL］．中国政府网，www. gov. cn，2016－05－19.

［115］国务院关于推进中央与地方财政事权和支出责任划分改革的指导意见［OL］．中华人民共和国中央人民政府官网，2016－08－24.

［116］中共中央印发关于加快构建中国特色哲学社会科学的意见［OL］．www. chinanews. com. 2017－05－16.

［117］中共中央关于深化党和国家机构改革的决定［A］．中国共产党第十九届中央委员会第三次全体会议文件汇编［C］．北京：人民出版社，2018.

［118］深化党和国家机构改革方案［A］．中国共产党第十九届中央委员会第三次全体会议文件汇编［C］．北京：人民出版社，2018.

[119] 中共中央关于建立国务院向全国人大常委会报告国有资产管理情况制度的意见 [OL] . www. gov. cn，2018 -01 -14.

[120] 国务院办公厅关于印发基本公共服务领域中央与地方共同财政事权和支出责任划分改革方案的通知 [OL] . 中华人民共和国中央人民政府官网，2018 -02 -08.

[121] 中共中央国务院关于完善国有金融资本管理的指导意见[OL] . www. gov. cn/zhengce，2018 -07 -08.

[122] 国务院办公厅关于聚焦企业关切进一步推动优化营商环境政策落实的通知 [OL] . 中华人民共和国中央人民政府官网，www. gov. cn. 2018 -11 -08.

[123] 中共中央关于坚持和完善中国特色社会主义制度　推进国家治理体系和治理能力现代化若干重大问题的决定 [Z] . 新华网 2019 -11 -05.

[124] 中共中央国务院：关于新时代加快完善社会主义市场经济体制的意见 [OL] . 新华网，2020 -05 -18.

[125] 李克强：政府工作报告——2018 年 3 月 5 日在第十三届全国人民代表大会第一次会议上 [Z] . 北京：人民出版社，2018.

[126] 张德江：全国人民代表大会常务委员会工作报告——2018 年 3 月 11 日在第十三届全国人民代表大会第一次会议上，人民日报，2018 -03 -25 (2) .

三、中国古代文献

[127] 姜尚：六韬译注 [M] . 北京：中国旅游出版社，1993.

[128] 尚书 · 虞夏书 · 五子之歌 [M] . 郑州：中州古籍出版社，2010.

[129] 周礼 [M] . 徐正英注译，北京：中华书局，2014.

[130] 郝铁川：经国治民之典——周礼与中国文化 [M] . 开封：河南大学出版社，1995.

[131] 孔丘：逸周书全译 [M] . 张闻玉译，贵阳：贵州人民出版社，2000.

[132] 孔丘：尚书 [A] . 唐宋注疏十三经 [C] . 北京：中华书局，1998.

[133] 孔丘：论语 [M] . 杨伯峻译注，北京：中华书局，2006.

[134] 墨子 [M] . 李小龙译注，北京：中华书局，2016.

［135］孟子［M］．杨伯峻译注，北京：中华书局，2008.

［136］左丘明·左传·哀公十一年［M］．郭丹等注译，北京：中华书局，2012.

［137］荀子［M］．杨倞注，上海古籍出版社，2014.

［138］商鞅：商君书锥指·农战［M］．蒋礼鸿译注，北京：中华书局，2014.

［139］韩非：韩非子［M］．张觉等译注，北京：中华书局，2012.

［140］管子［M］．李山注译，北京：中华书局，2016.

［141］国语［M］．鲍思陶点校，济南：齐鲁书社，2005.

［142］蒋伯潜：十三经概论［M］．上海古籍出版社，1983.

［143］戴圣：礼记［M］．刘波、王川注释，南京大学出版社，2000.

［144］礼记：王制［M］．崔高维校点，沈阳：辽宁教育出版社，2000.

［145］礼记·礼运［A］．阮元：十三经注疏·礼记注疏卷二十一［C］．北京：中华书局，1980.

［146］二十四史全译［M］．上海汉语大词典出版社，2004.

［147］江天一：传世藏书［M］．北京：华艺出版社，1997.

［148］刘向：说苑·指武［A］．说苑校证［C］．北京：中华书局，1987.

［149］王利器：盐铁论校注［M］．北京：中华书局，1992。

［150］贾谊：大政［A］．章培恒等，贾谊文选译［C］．南京：凤凰出版社，2011.

［151］贾谊：过秦论［A］．贾谊集校注增订版［C］．天津古籍出版社，2010.

［152］司马迁：史记［M］．北京：中华书局，1982.

［153］荀悦：申鉴·政体［M］．明黄省曾注，明嘉靖四年（1525）黄氏文始堂刊本.

［154］班固：汉书［M］．北京：中华书局，1962.

［155］黄绍筠：中国第一部经济史：汉书食货志［M］．北京：中国经济出版社，1991.

［156］桓宽：全后汉书［M］．长春：吉林摄影出版社，2006.

［157］方北辰：三国志注译［M］．西安：陕西人民出版社，1995.

［158］魏徵等：群书治要［M］．北京：海潮出版社，2016.

［159］陆贽：陆宣公奏议［M］．上海：大达图书供应社，1933.

［160］陆贽：均节赋税恤百姓·陆宣公奏议注［M］．北京：中华书局，1991.

［161］王溥：唐会要［M］．上海古籍出版社，1991.

［162］白居易．白居易集·卷46·策林［M］．长沙：岳麓书社，1992.

［163］旧唐书·杨炎传第2册［A］．周彦彬等．中国古代经济文选［C］．上海人民出版社，1981.

［164］旧唐书卷七十王珪传［M］．北京：中华书局，1975.

［165］册府元龟［M］．南京：凤凰出版社，2006.

［166］沈志华、张宏儒：资治通鉴文白对照［M］．北京：中华书局，2009.

［167］李焘：续资治通鉴长编［M］．北京：中华书局，1979.

［168］马端临：文献通考［M］．武汉大学出版社，2018.

［169］续文献通考［M］．北京：现代出版社，1986.

［170］宋大诏令集［M］．北京：中华书局，1962.

［171］包拯：包拯集［M］．北京：中华书局，1963.

［172］欧阳修：欧阳修全集上［M］．沈卓然编，北京：中国书店出版社，1986.

［173］司马光：资治通鉴·魏纪五［M］．北京：中华书局，1956.

［174］王安石全集第3册［M］，上海：大东书局，1935.

［175］王安石：上仁宗皇帝书［A］．王临川集卷39［C］．上海：商务印书馆，1933.

［176］苏辙：上皇帝书［A］．栾城集上［C］．上海：上海古籍出版社，2009.

［177］刘定之：刘文安公策略·户科·历朝财富法制得失［M］．

［178］刘定之：刘文安公策略·历朝财粟积济得失［M］．

［179］叶适：习学记言序目·卷七周礼［M］．北京：中华书局，1977.

［180］叶适：上宁宗皇帝札子［A］．叶适集第1册［C］．北京：中华书局，1961.

［181］吕诲：论钱谷宜归一疏（A），四川大学古籍整理研究所曾枣庄、

刘琳：全宋文第24册［C］．成都：巴蜀书社，1992.

［182］李心传：要录［M］．北京：中华书局，1956.

［183］明史纪事本末［M］．北京：中华书局，1977.

［184］明经世文编［M］．北京：中华书局，1962.

［185］张居正、潘林：张文忠公全集［M］．上海：华东师范大学出版社，2014.

［186］吕坤：实政录［A］．吕坤全集［C］．北京：中华书局，2008.

［187］丘濬：总论理财之道［A］．大学衍义补卷20［C］．北京：京华出版社，1999.

［188］丘濬：大学衍义补第22卷·制国用贡赋之常［M］．北京：京华出版社，1999.

［189］王禹偁：小畜集卷二·君者以百姓为天赋［A］．四库全书荟要第367册［C］．世界书局印行．

［190］王源撰：财用第七［A］．李塨订·平书订卷十［C］．北京：中华书局，1985.

［191］李翱：李文公集·平赋书［M］．上海古籍出版社，1993.

［192］海瑞：海瑞集下册．四书讲义．生财有大道［M］．海口：海南出版社，2003.

［193］吴铤：皇朝经世文续编第35卷·因时论·论财用［M］．台北：文海出版社，1972.

［194］王韬：弢园文录外编·重民［M］．北京：中华书局，1959.

［195］秦观：财用［A］．淮海集卷8［C］．上海古籍出版社，1994.

［196］魏源：默觚下·治篇十四·魏源集上册［M］．北京：中华书局，1976.

［197］顾炎武：顾亭林诗文集［M］．北京：中华书局，1983.

［198］黄遵宪：日本国志上·卷17［M］．天津：天津人民出版社，2005.

［199］郑伯谦：太平经国之书［M］．北京：中华书局，1985.

［200］黄宗羲：明夷待访录［M］．杭州：梁溪图书馆，1925.

［201］丁凤麟、王欣之：薛福成选集［M］．上海人民出版社，1987.

［202］虞祖尧、赵基凯译注：历代食货志今译，宋史食货志下·会计

［M］．南昌：江西人民出版社，1990.

［203］盛宣怀：愚斋存稿卷3·奏疏3·遵旨具陈练兵筹饷商务各事宜折［M］．

［204］王国维：殷商制度论［A］．王国维全集［C］．杭州：浙江教育出版社，广州：广东教育出版社，2010.

［205］康有为：大同书［M］．上海：上海古籍出版社，1956.

［206］孙中山：国民政府建国大纲［A］．孙中山全集第10卷［C］．上海：中华书局，1986.

［207］汪敬虞：中国近代工业史资料下册［M］．北京：科学出版社，1957.

［208］项斌等：中国古代财政思想史稿［M］．北京：中国财政经济出版社，1993.

［209］张品兴：梁启超全集第四册［M］．北京：北京出版社，1999.

［210］虞祖尧：中国古代经济著述选读下·论财利疏［M］．长春：吉林人民出版社，1985.

［211］周学熙：周学熙自述·财政计划说帖［M］．合肥：安徽文艺出版社，2013.

［212］章炳麟、汤志钧：章太炎政论选集上［M］．北京：中华书局，1977.

［213］广东省哲学社会科学研究所历史研究室：孙中山年谱［M］．北京：中华书局，1980.

［214］孙中山研究学会孟庆鹏·孙中山文集上［M］．北京：团结出版社，1997.

四、中国现代学者著作

［215］叶世昌：中国经济史学论集［M］．北京：商务印书馆，2008.

［216］贾士毅：民国财政史上册［M］．上海：商务印书馆，1917.

［217］陈启修：财政学总论［M］．上海：商务印书馆，1924.

［218］寿景伟：财政学［M］．上海：商务印书馆，1926.

［219］李权时：财政学ABC［M］．上海：世界书局，1928.

［220］曹国卿：财政学［M］．南京：独立出版社，1947.

［221］罗新璋：巴黎公社公告集［M］．上海人民出版社，1978.

［222］陈奋：北洋政府国务总理梁士诒史料集［M］．北京：中国文史出版社，1991.

［223］胡寄窗、谈敏：中国财政思想史［M］．北京：中国财政经济出版社，1989.

［224］齐守印：财经改革理论与目标模式探索［M］．石家庄：河北人民出版社，1989.

［225］王寿林：社会主义国家权力制约论［M］．大连：东北财经大学出版社，1993.

［226］白景明：公共经济［M］．北京：人民出版社，1994.

［227］资中筠：战后美国外交史下册［M］．北京：世界知识出版社，1994.

［228］孙开：政府间财政关系研究［M］．大连：东北财经大学出版社，1994.

［229］平新乔：财政原理与比较财政制度［M］．上海三联书店、上海人民出版社，1995.

［230］黄炎培：八十年来［M］．北京：文史资料出版社，1995.

［231］樊纲：市场机制与经济效率［M］．上海三联书店，1995.

［232］华民：公共经济学教程［M］．上海：复旦大学出版社，1996.

［233］黄津孚：现代企业管理原理［M］．北京经济学院出版社，1997.

［234］王雍君、张志华：政府间财政关系经济学［M］．北京：中国经济出版社，1998.

［235］姚礼明：当代各国政治体制：中国港澳台地区［M］．兰州大学出版社，1998.

［236］吴敬琏：当代中国经济改革：战略与实施［M］．上海远东出版社，1999.

［237］张馨：公共财政论纲［M］．北京：经济科学出版社，1999.

［238］陈振明：公共管理学［M］．北京：中国人民大学出版社，1999.

［239］郭庆旺等：公共经济学大辞典［M］．经济科学出版社，1999.

［240］徐育珠：财政学［M］．台北：三民书局，2000.

［241］齐守印：财经改革与发展论［M］．北京：经济科学出版社，2000.

[242] 马海涛：公共财政学 [M]. 北京：中国审计出版社，2000.

[243] 张馨、杨志勇等：当代财政与财政学主流 [M]. 东北财经大学出版社，2000.

[244] 方福前：公共选择理论 [M]. 北京：中国人民大学出版社，2000.

[245] 苏长和：全球公共问题与国际合作：一种制度的分析 [M]. 上海人民出版社，2000.

[246] 薄贵利：集权分权与国家兴衰 [M]. 北京：经济科学出版社，2001.

[247] 江海波：新中国工业经济史 [M]. 北京：经济管理出版社，2001.

[248] 刘杰：当代美国的政治 [M]. 北京：社会科学文献出版社，2001.

[249] 高培勇、崔军：公共部门经济学第1版 [M]. 北京：中国人民大学出版社，2001.

[250] 黄恒学：公共经济学第1版 [M]. 北京大学出版社，2002.

[251] 齐守印：中国公共经济体制改革与公共经济学论纲 [M]. 北京：人民出版社，2002.

[252] 洪银兴、刘建平：公共经济学导论 [M]. 北京：经济科学出版社，2003.

[253] 马胜杰、夏杰长等：公共经济学 [M]. 北京：中国财政经济出版社，2003.

[254] 许彬：公共经济学导论：以公共产品为中心的一种研究 [M]. 哈尔滨：黑龙江人民出版社，2003.

[255] 高培勇：公共经济学第1版 [M]. 北京：中国人民大学出版社，2004.

[256] 陈共：财政学第4版 [M]. 中国人民大学出版社，2004.

[257] 王延杰：中国公共经济理论与实践 [M]. 北京：中国财政经济出版社，2004.

[258] 郑煜：公共经济 [M]. 北京：国家行政学院出版社，2005.

[259] 韩康：公共经济学概论 [M]. 北京：华文出版社，2005.

[260] 戴文标：公共经济学新论 [M]．杭州：浙江大学出版社，2005.

[261] 周三多、陈传明、鲁明泓：管理学——原理与方法 [M]．上海：复旦大学出版社，2005.

[262] 朱光磊：当代中国政府过程 [M]．天津人民出版社，2006.

[263] 唐晋：大国崛起 [M]．北京：人民出版社，2006.

[264] 郭庆旺、赵志耘：公共经济学第1版 [M]．北京：高等教育出版社，2006.

[265] 高培勇等：中国财政经济理论前沿4 [M]．北京：社会科学文献出版社，2006.

[266] 朱柏铭：公共经济学理论与应用 [M]．北京：高等教育出版社，2007.

[267] 李红梅：国际经济组织 [M]．北京：机械工业出版社，2007.

[268] 陈昌盛、蔡跃洲：中国政府公共服务：体制变迁与地区综合评估 [M]．北京：中国社会科学出版社，2007.

[269] 王雍君：公共经济学 [M]．北京：高等教育出版社，2007.

[270] 韩康：公共经济理论与实践 [M]．北京：中国工商出版社，2007.

[271] 袁义才：公共经济学新论 [M]．北京：经济科学出版社，2007.

[272] 莫童：公共经济学 [M]．上海交通大学出版社，2008.

[273] 王玉凯：公共经济 [M]．北京：中国人事出版社，2008.

[274] 李森：公共经济学 [M]．北京：对外经济贸易大学出版社，2008.

[275] 吴俊培：公共经济学 [M]．武汉大学出版社，2009.

[276] 韩康等：中国公共经济的改革与发展——中国公共经济研究报告 [M]．北京：经济科学出版社，2009.

[277] 陈漓高等：国际经济组织概论 [M]．北京：首都经济贸易大学出版社，2010.

[278] 余晖：政府与企业——从宏观管理到微观管制 [M]．福州：福建人民出版社，1997.

[279] 王俊豪：政府体制经济学导论 [M]．北京：商务印书馆，2001.

[280] 陈富良：放松规制与强化规制——论转型经济中的政府规制改革

[M]. 上海：上海三联书店，2001.

[281] 张志超、李平：政府财政政策的国际比较 [M]. 北京：经济科学出版社，2001.

[282] 谢地：政府规制经济学 [M]. 北京：高等教育出版社，2003.

[283] 王红玲：当代西方政府经济理论的演变与借鉴 [M]. 北京：中央编译出版社，2002.

[284] 臧传琴：政府规制——理论与实践 [M]. 北京：经济管理出版社，2014.

[285] 潘伟杰：制度、制度变迁与政府规制研究 [M]. 上海三联书店，2005.

[286] 李红梅：国际经济组织 [M]. 北京：机械工业出版社，2007.

[287] 陈漓高等：国际经济组织概论 [M]. 北京：首都经济贸易大学出版社，2010.

[288] 谭会萍等：国际经济组织 [M]. 大连理工大学出版社，2010.

[289] 席艳乐：国际公共物品视角下的国际经济组织运作 [M]. 成都：西南财经大学出版社，2012.

[290] 苏长和：全球公共问题与国际合作：一种制度的分析 [M]. 上海人民出版社，2000.

[291] 郑国洪：国有资产管理体制问题研究 [M]. 北京：中国检察出版社，2010.

[292] 刘尚希：公共风险视角下的公共财政 [M]. 北京：经济科学出版社，2010.

[293] 齐守印：构建现代公共财政体系的河北探索与实践 [M]. 石家庄：河北人民出版社，2010.

[294] 樊勇明、杜莉：公共经济学第 2 版 [M]. 上海：复旦大学出版社，2011.

[295] 朱镕基：朱镕基讲话实录第 1 卷 [M]. 北京：人民出版社，2011.

[296] 陈国际：中国城乡公共经济一体化研究 [M]. 石家庄：河北人民出版社，2011.

[297] 戴文标：公共经济学 [M]. 杭州：浙江大学出版社，2012.

［298］席艳乐：国际公共物品视角下的国际经济组织运作［M］．成都：西南财经大学出版社，2012.

［299］卢洪友等：中国基本公共服务均等化进程报告［M］．北京：人民出版社，2012.

［300］齐守印、李杰刚等：构建现代公共财政体系——基本构架主要任务与实现路径［M］．北京：中国财政经济出版社，2012.

［301］王彦林：当代中国公共经济与民间经济关系优化研究［M］．北京：中国经济出版社，2013.

［302］马啸原：西方政治制度史［M］．北京：高等教育出版社，2000.

［303］马耀邦：美国衰落——新自由主义的穷途末路［M］．北京：当代中国出版社，2010.

［304］李燕：中期预算国别研究［M］．中国财政经济出版社，2017.

［305］楼继伟：中国政府间财政关系再思考［M］．北京：中国财政经济出版社，2013.

［306］杨志勇、张馨：公共经济学第3版［M］．北京：清华大学出版社，2013.

［307］毛程连：国有资产管理学［M］．上海：复旦大学出版社，2013.

［308］文宗瑜、谭静：行政事业性国有资产管理［M］．北京：经济科学出版社，2014.

［309］陈共：财政学（第8版）［M］．北京：中国人民大学出版社，2015.

［310］李松森、孙哲、孙晓峰：国有资产管理（第3版）［M］．大连：东北财经大学出版社，2016.

［311］冯秀华、齐守印：构建现代财政制度若干问题研究［M］．北京：中国财政经济出版社，2017.

五、中国现代学者论文

［312］齐守印等：国营企业改革目标模式探索，财政研究，1988（2）.

［313］周启元：论国际经济组织的形成、性质和作用，吉林大学社会科学学报，1991（1）.

［314］樊纲：论市场中的政府，改革，1993（5）.

［315］吴俊培：Public goods 的译名应是公共商品——简论公共商品概念

的理论意义，财政研究，1994（cz）.

[316] 许耀桐：当代西方政治学中的监督理论探要，求索，1994（5）.

[317] 袁士槟：联合国安理会表决机制的探讨——对否决权的思考，外交学院学报，1994（2）.

[318] 李雪山：周礼中的农民土地分配问题，殷都学刊，1994（1）.

[319] 张馨：公共产品论之发展沿革，财政研究，1995（3）.

[320] 李琦：论企业并购中的政府规制［D］. 中国人民大学，1997.

[321] 沈坚：关于法国近代经济发展若干问题的再思考，华东师范大学学报哲社版，1997（6）.

[322] 孟繁斌：行政管理理性化的追求与困境——马克斯·韦伯的官僚制理论分析，南京大学学报哲学人文社会科学版，1998（1）.

[323] 陈共：关于财政学基本理论的几点意见，财政研究，1999（4）.

[324] 齐守印：论公共财政及其经济职能，财政研究，1999（9）.

[325] 齐守印：管理是最重要的生产力——论管理在生产力诸要素中的地位和作用，管理世界，2000（3）.

[326] 陈奇星、罗峰：略论西方国家的行政监督机制，政治与法律，2000（3）.

[327] 于立、肖兴志：规制理论发展综述，财经问题研究，2001（1）.

[328] 齐守印：公共经济与公共财政，中国财经报，2001－06－20.

[329] 武彦民：公共财政论的理论缺陷，财经问题研究，2001（1）.

[330] 刘京焕：公共商品问题研究，财贸经济，2001（7）.

[331] 季正聚：英国高速发展时期腐败例举，中国监察，2001（11）.

[332] 王熙：美国预算制度变迁及其对中国的启示，中央财经大学学报，2010（2）.

[333] 朱云飞：中国古代皇室财政制度的沿革：轨迹、规律与启示——基于权力异化与公权私有的视角，新疆财经大学学报，2010（3）.

[334] 齐守印：公共经济责权在各级国家机构之间的纵向配置，财政研究，2002（4）.

[335] 李郁芳：政府规制中的行为主体及其相互关系的理论分析，福建论坛经济社会版，2002（11）.

[336] 齐守印：努力推进公共经济责权横向配置的科学化，理论前沿，

2002 (7).

[337] 齐守印：论公共经济学与马克思主义的相容性，理论视野，2002 (4).

[338] 吴丽华等：甲午战争期间日本财界的“对外志向论”，学术交流，2003 (4).

[339] 齐守印：论政府间财政支出责任的优化配置，财贸经济，2003 (2).

[340] 朱奎泽：云梦秦律：经济运作的理性精神，兰州铁道学院学报，2003 (2).

[341] 杜国英等：论世贸组织的全球公共产品性质，世界贸易组织动态与研究，2003 (3).

[342] 李俊江、刘洋：新加坡与韩国国有企业改革及管理体制的比较，东北亚论坛，2003 (3).

[343] 胡鞍钢、熊志义：大国兴衰与人力资本变迁，教育研究，2003 (4).

[344] 曾国安：管制、政府管制与经济管制，经济评论，2004 (1).

[345] 胡枕根、黄天柱：政府规制失灵与对策研究，政治学研究，2004 (2).

[346] 黄新华：放松规制与激励规制——新规制经济学的理论主题述评，云南民族大学学报，2004 (5).

[347] 齐守印：马克思主义具有开放性品格，学习时报，2004-05-24.

[348] 肖静、王逸帅：公共政策执行中自由裁量权的有效控制，山东行政学院、山东省经济管理干部学院学报，2004 (6).

[349] 齐守印：论公共经济活动范围的合理界定，西北农林大学学报哲学社会科学版，2004 (3).

[350] 齐守印：贯彻十六届三中全会《决定》推进公共经济制度改革——十六届三中全会《决定》的公共经济学解读，经济研究参考，2004 (1).

[351] 齐守印：现代财政制度的三个支点，中国财经报，2004-09-04.

[352] 齐守印：论现代理财的六大原则，中国财经报，2005-03-22.

[353] 韩康：政府经济与政府理性——公共经济学的缘起与发展，国家

行政学院学报，2005（4）.

［354］丁玉敏：世界银行决策机制研究［D］. 中国政法大学，2005.

［355］俞海山等：国际外部性——内涵与外延解析，宁波大学学报人文科学版，2005（3）.

［356］王中美：国际经济组织的决策机制研究，国际论坛，2005（4）.

［357］刘志云：论全球化背景下国际经济组织的职能扩展，现代国际关系，2005（4）.

［358］孙开、许慧：公共经济学学科定位问题研究，当代财经，2005（5）.

［359］尤建新、王波：基于公共价值的地方政府绩效评估模式，中国行政管理，2005（12）.

［360］傅志华、许航敏：全球公共产品与国际财金合作，经济研究参考，2005（36）.

［361］马淮：中国国有资产管理体制研究［D］. 中央民族大学，2005.

［362］席涛：谁来监管美国的市场经济——美国的市场化管制及对我国管制改革的启迪，国际经济评论，2005（1）.

［363］黄梅波等：IMF 表决制度——发展中国家的地位及其改革策略，广东社会科学，2006（6）.

［364］李增刚：全球公共产品——定义、分类及其供给，经济评论，2006（1）.

［365］曾国安等：关于国际公共物品供应的几个问题，经济评论，2006（1）.

［366］张宇燕等：全球公共物品的政治经济学分析［A］. 高培勇等，中国财政经济理论前沿 4［C］. 北京：社会科学文献出版社，2006.

［367］夏立平：和平与发展为主题的时代与建立和谐世界，同济大学学报社会科学版，2006（2）.

［368］王玲：世界各国参与国际组织的比较研究，世界经济与政治，2006（11）.

［369］黄梅波等：IMF 表决制度——发展中国家的地位及其改革策略，广东社会科学，2006（6）.

［370］财政部财政科学研究所课题组：事业单位资产管理改革研究，经

济研究参考，2006（65）.

［371］中国行政管理学会课题组：政府部门绩效评价研究报告，中国行政管理，2006（5）.

［372］齐守印：论公共经济的分工规律与中国公共经济体制改革，财政研究，2006（6）.

［373］崔万有：日本社会保障制度及其发展演变，东北财经大学学报，2007（1）.

［374］龙新民、尹利军：公共产品概念研究述评，湘潭大学学报，2007（2）.

［375］蓝志勇、陈国权：当代西方公共管理理论述评，公共管理学报，2007（3）.

［376］董瑞华、胡德平：中国公共经济学研究的马克思主义视野，当代经济研究，2007（4）.

［377］藏乃康：地方政府绩效评价的悖论及其消除，北京行政学院学报，2007（5）.

［378］张丽华等：全球化背景下的国际组织分析，长春理工大学学报社会科学版，2007（1）.

［379］陈清：全球公共产品供给——集体行动困境下的全球公共产品供给研究［D］. 厦门大学，2007.

［380］何东：试论国际货币基金组织决策机制改革，湖北农村金融研究，2007（6）.

［381］秦琴：探寻国际公共物品供应途径，技术与市场，2007（5）.

［382］王峥：全球公共产品与多边贸易体制改革，生产力研究，2007（16）.

［383］许航敏：全球公共产品——演进的公共产品理论，地方财政研究，2007（4）.

［384］张丽华等：全球化背景下的国际组织分析，长春理工大学学报社会科学版，2007（1）.

［385］占飞燕：社会性规制理论综述，湖北行政学院学报，2007（3）.

［386］张红凤、杨慧：政府规制的变革方式——国际经验及启示，改革，2007（12）.

［387］罗鹏部：全球公共产品供给研究［D］．华东师范大学，2008.

［388］肖兴志、王倩倩：公共物品视角下的政府规制及最优供给研究，现代财经，2008（10）．

［389］薛晨：论国际公共物品供给与和谐世界理念的实践——以非传统安全问题为例［A］．上海社会科学界联合会·2008年度上海市社会科学界第六届学术年会文集——世界经济·国际政治·国际关系学科卷［C］．2008.

［390］丁建定：德国社会保障制度的发展及其特点，南都学坛，2008（4）．

［391］王承就：民生：始终是古巴党和政府的要务，国外理论动态，2008（7）．

［392］周沛：福利国家和国家福利，社会科学战线，2008（2）．

［393］胡钧、贾凯君：马克思公共产品理论与西方公共产品理论比较研究，教学与研究，2008（2）．

［394］安体富、任强：中国公共服务均等化水平指标体系的构建——基于地区差别视角的量化分析，财贸经济，2008（6）．

［395］齐守印：以公共经济理论引领公共财政体制改革，河北日报，2008－12－08.

［396］高培勇：公共财政：概念界说与演变脉络，经济研究，2008（12）．

［397］郭佩霞、朱沙：中外公共产品基础理论的发展趋势及其引申，改革，2008（6）．

［398］刘国旺等：解读财政改革“大省”，中国财经报，2008－12－15.

［399］李毅：河北试水明晰政府间财政支出责任，中国财经报，2008－12－19.

［400］胡川：行政事业单位国有资产管理模式的国际比较及其借鉴，经济社会体制比较，2009（1）．

［401］佟大木：国际组织决策过程中的特权悖论，学习与探索，2009（2）．

［402］孙庆国：论基本公共服务均等化的衡量指标，中国浦东干部学院学报，2009（1）．

［403］蒲国良：苏联东欧社会主义国家经济　改革探索的主要成就与局限，马克思主义与现实，2009（6）．

［404］谢志贤、钱花花：我国政府绩效评估的发展历程与实施现状，长春市委党校学报，2009（6）.

［405］王桢桢、郭正林：公共服务均等化的影响因素及标准化体系建构，学术研究，2009（6）.

［406］王华、唐开元：论公共商品的供给与发展，才智，2009（7）.

［407］阎桂芳：政府规制概念辨析，生产力研究，2009（6）.

［408］石涛：转型期政府规制改革的路径选择，中共浙江省委党校学报，2010（1）.

［409］房乐宪：全球化的多维政治内涵及思考，世界经济与政治论坛，2010（2）.

［410］覃易寒：我国政府绩效评估运行方式改进与政府绩效审计，审计研究，2010（4）.

［411］房乐宪：全球化的多维政治内涵及思考，世界经济与政治论坛，2010（2）.

［412］陈振明、李德国：基本公共服务的均等化与有效供给——基于福建省的思考，中国行政管理，2011（1）.

［413］王彦林：论公共经济与民间经济的逻辑关系，学术交流，2011（2）.

［414］唐兴霖、尹文嘉：从新公共管理到后新公共管理——20 世纪 70 年代以来西方公共管理，社会科学战线，2011（2）.

［415］熊景维：公共经济管理理论研究述评，天津行政学院学报，2011（4）.

［416］郭小聪、刘述良：中国基本公共服务均等化——困境与出路，中山大学学报社会科学版，2010（5）.

［417］冯俏彬、贾康：权利—伦理型公共产品——关于扩展的公共产品定义及其阐释，经济学动态，2010（7）.

［418］常辉：西方主要资本主义国家国有经济的发展与变革研究［D］.山东大学，2010.

［419］李素琴：全球经济失衡下实施国际协调的制约与挑战，河南科技学院学报，2011（5）.

［420］中国社会科学院马克思主义研究院当代世界社会主义研究室：变

革中的社会主义四国——2010－2011年越南、古巴、老挝、朝鲜四国社会主义研究报告，当代世界与社会主义，2011（5）.

［421］席艳乐等：国际公共物品供给的政治经济学——兼论中国参与国际公共物品供给的战略选择，宏观经济研究，2011（10）.

［422］陈柳钦：公共经济学发展动态分析，学习论坛，2011（5）.

［423］李政军：公共产品的性质与研究重心，江苏社会科学，2011（5）.

［424］张帆：基本公共服务均等化衡量指标分析，财政监督，2011（13）.

［425］王新民、南锐：基本公共服务均等化水平评价体系构建及应用——基于我国31个省城的实证研究，软科学，2011（7）.

［426］刘成奎、王朝才：城乡基本公共服务均等化水平指标体系研究，财政研究，2011（8）.

［427］舒星、胡碧玉：马克思主义公共产品理论与西方公共经济理论的差异思考，四川文理学院学报，2011（6）.

［428］袁燕：全球化背景下全球公共物品供给问题研究［D］．南开大学，2012.

［429］徐崇利：国际公共物品理论与国际法原理，国际关系与国际法学刊，2012（2）.

［430］包国宪、王学军：以公共价值为基础的政府绩效治理——源起、架构与研究问题，公共管理学报，2012（2）.

［431］陈子雷：马尔科的国家类型论及其理论演变，国际经济合作，2012（5）.

［432］高琳：分权与民生：财政自主权影响公共服务满意度的经验研究，经济研究，2012（7）.

［433］刘秀琼：论全球公共产品供给管理及其发展趋势，人力资源管理，2013（12）.

［434］童光辉：公共物品概念的政策含义，财贸经济，2013（1）.

［435］黄智虎：公共产品与国际合作——评合作的动力：为何提供全球公共产品，国际政治科学，2013（3）.

［436］张晋武：公共物品概念向何处去——基于政府职能依据问题的分析，经济学动态，2013（4）.

［437］田光强：国际公共物品与美国制度霸权，太原师范学院学报社会

科学版，2013（6）．

［438］齐守印：简论公共经济理论体系创新——简论财政学向何处去，财政研究，2013（6）．

［439］卢洪友、祁毓：公共部门经济学——演进脉络与发展趋势，财经问题研究，2013（7）．

［440］鄂杰、庞鑫：财政联邦主义理论与实践述论，财政研究，2013（8）．

［441］齐守印：关于完善我国公共预算体系的思考与建议，预算管理与会计，2013（4）．

［442］齐守印：公共经济思想理论源流考略，经济研究参考，2013（19）．

［443］王彩华：河北省出租车行业政府规制改革和发展研究，河北省社会主义学院学报，2013（2）．

［444］刘苏：我国天然气产业政府规制改革路径探讨，天然气技术与经济，2013（2）．

［445］张红凤、王晓莹：中国特殊制度禀赋约束下的政府规制改革研究，浙江工商大学学报，2013（2）．

［446］靳文辉：公共规制的知识基础，法学家，2014（2）．

［447］杨洁勉：大国崛起准备的理论启示，国际展望，2013（6）：卷首语．

［448］王叶臣：行政法视野下政府规制改革的比较研究，河北大学学报哲学社会科学版，2014（4）．

［449］吴志成等：国际公共物品供给的中国视角与实践，政治学研究，2014（5）．

［450］杨利敏：论亚里士多德政治学中的政体理论［A］．宪政与行政法治评论第七卷［C］．北京：中国人民大学出版社，2014.

［451］谢慕廷：国外政府绩效审计的启示，审计月刊，2015（2）．

［452］张琦：布坎南与公共物品研究新范式，经济学动态，2014（4）．

［453］王敬尧、叶成：基本公共服务均等化的评估指标分析，武汉大学学报哲学社会科学版，2014（4）．

［454］林阳衍等：基本公共服务均等化：指标体系、综合评价与现状分析——基于我国198个地级市的实证研究，福建论坛人文社会科学版，2014

(6).

[455] 余斌：论马克思主义公共经济学研究，管理学刊，2015 (2).

[456] 高志立：从"预算绩效"到"绩效预算"——河北省绩效预算改革的实践与思考，财政研究，2015 (8).

[457] 韩晶：电子行政监督机制在廉政建设中的运用研究 [D]. 上海师范大学，2015.

[458] 齐守印、苑雪芳：关于我国建立政府财务报告制度若干问题的理论思考，财政研究，2015 (3).

[459] 齐守印：深化国企改革的三点思考，中国财经报，2015-10-27 (7).

[460] 齐守印：构建服务于国家治理现代化的公共经济理论体系，财贸经济，2015 (11).

[461] 尚虎平、张怡梦：我国政府绩效问责——实现"绩效型政府"与"责任型政府"的统一，南京社会科学，2015 (9).

[462] 张琦：公共物品理论的分歧与融合，经济学动态，2015 (11).

[463] 张晋武、齐守印：公共物品概念定义的缺陷及其重新构建，财政研究，2016 (8).

[464] 齐守印：中期财政规划管理体制机制性障碍的破解思路，中国财政，2016 (5).

[465] 齐守印：公共经济学视角下的贞观之治，社会科学论坛，2016 (9).

[466] 齐守印、孟航鸿：以公共经济视角筹划财政事务：财政工作不负使命的基本主观条件——兼解跳出财政看财政，财政科学，2016 (11).

[467] 何碧萍：从公共经济视角整体筹划并推进国有资产管理改革，预算管理与会计，2016 (11).

[468] 王长宇：中国税收成本问题研究 [D]. 首都经贸大学，2016.

[469] 庞中英：全球治理赤字及其解决，社会科学，2016 (12).

[470] 刘水林：论政府规制的目标及实现方式，兰州学刊，2016 (2).

[471] 黄新华：从干预型政府到规制型政府，厦门大学学报哲学社会科学版，2017 (3).

[472] 常欣欣、张子谏：世界社会主义国家发展：新动态·新特点·新

挑战——以2016年越南、老挝、朝鲜、古巴为例，中共云南省委党校学报，2017（4）.

［473］张蕴萍：公平竞争审查视野下中国政府规制治理体系的构建，理论学刊，2017（5）.

［474］张碧波：供给侧结构性改革背景下的政府规制转型，山西农业大学学报社会科学版，2017（7）.

［475］文晓静：体制转型背景下食盐行业政府规制现实困境与改革探索，中国经贸导刊理论版，2017（29）.

［476］齐守印：论公共经济生产方式及其优化路径，河北大学学报哲学社会科学版，2017（1）.

［477］齐守印：基于公共经济内在矛盾的国家治理机制研究，财政研究，2017（4）.

［478］齐守印：推进横向财政体制科学化，财政科学，2017（4）.

［479］关信平：当前我国社会政策的目标及总福利水平分析，中国社会科学，2017（6）.

［480］齐守印：公共经济责任机制对完善国家治理机制的作用，中国财经报，2017－06－27（7）.

［481］齐守印：公共经济再生产简析，当代经济管理，2017（7）.

［482］齐守印：公共经济视角下的财务预算筹划与运作，预算管理与会计，2017（10）.

［483］齐守印：作为经济学一般法则体现于公共经济领域的规律性，财政科学，2017（10）.

［484］齐守印：公共经济政策理性及其增进路径研究，经济研究参考，2017（40）.

［485］楼继伟：深化事权与支出责任改革　推进国家治理体系和治理能力现代化，财政研究，2018（1）.

［486］齐守印：关于公共经济管理理论中几个重要问题的探索，当代经济管理，2018（1）.

［487］齐守印：从混合经济、公共经济视角全面认识财政功能，中国财政，2018（1）.

［488］张晋武：公共经济——基于社会再生产视角的重新认识，河北大

学学报哲学社会科学版，2018（1）.

［489］齐守印：公共经济基于自身属性的特殊规律，河北学刊，2018（2）.

［490］齐守印：简论公共经济管理的一般机制与主要方法，地方财政研究，2018（2）.

［491］齐守印：论中国特色财政学的理论基础，河北大学学报哲学社会科学版，2018（3）.

［492］田茂永：中国式税改中的鹅毛与鹅叫，首席财务官，2018（5）.

［493］齐守印：从实现国家治理现代化高度推荐公共经济绩效管理，当代经济管理，2018（7）.

［494］刘尚希、李成威：基于公共风险重新定义公共产品，财政研究，2018（8）.

［495］齐守印：中国特色财政学理论体系研究对象和逻辑起点辨析，财政研究，2018（8）.

［496］莽九晨：朝鲜社会主义保健制度惠及民众，人民日报，2018：09-07.

［497］熊芳芳：再论法国大革命的财政起源，史学月刊，2018（11）.

［498］季正聚：关于资本主义新变化研究的对话，马克思主义与世界社会主义若干问题研究，中华书局，2018.

［499］何碧萍、齐守印：公务性国有资产管理——主要问题与深化改革方向，中国财政，2018（22）.

［500］齐守印：财政体制改革40年——成就、意义与展望，中国财政，2018（21）.

［501］齐守印：财政管理改革40年——回眸与思考，财政科学，2018（10）.

［502］齐守印：中国财政改革40年——地方首创性探索与贡献，地方财政研究，2018（11）.

［503］齐守印：中国预算管理改革的历史进程，预算管理与会计，2019（1）.

［504］齐守印：关于现代中国财政改革逻辑探索之比较，财政科学，2019（1）.

［505］齐守印：以公共经济视角全要素全维度深化国有资产管理体制改革，财政科学，2019（4）.

［506］王荣军：不平等的民主——美国贫富差距扩大与政治极化并行，人民论坛，2019（4）.

［507］齐守印、何碧萍：关于国有资产管理体制的理论辨析、逻辑结构、国外经验与总体构想，当代经济管理，2019（10）.

六、外国学者著作

［508］柏拉图：理想国［M］. 北京：中国华侨出版社，2012.

［509］亚里士多德：政治学（A）. A. E. 门罗编. 早期经济思想［C］. 北京：商务印书馆，2011.

［510］西塞罗：国家篇. 法律篇［M］. 沈叔平等译，北京：商务印书馆，1999.

［511］阿奎那：阿奎那政治著作选［M］. 马清槐译，北京：商务印书馆，1963.

［512］帕多瓦的马西利乌斯：和平的保卫者［M］. 殷冬水译，长春：吉林人民出版社，2004.

［513］托马斯霍布斯：利维坦［M］. 朱敏章译，长春：吉林出版集团有限责任公司，2010.

［514］威廉·配第：政治算术［M］. 北京：商务印书馆，1978.

［515］威廉·配第：赋税论［M］. 北京：华夏出版社，2006.

［516］约翰·冯·尤斯蒂：财政学［A］A. E. 门罗编：早期经济思想［C］. 北京：商务印书馆，2011.

［517］孟德斯鸠：论法的精神［M］. 北京：当代世界出版社，2008.

［518］洛克：政府论［M］. 叶启芳、瞿菊农译，北京：商务印书馆，1996.

［519］亚当·斯密：国富论［M］. 唐日松等译，北京：华夏出版社，2005.

［520］让·雅克·卢梭：社会契约论［M］. 陈阳译，杭州：浙江文艺出版社，2016.

［521］康德：历史理性批判［M］. 北京：商务印书馆，1990.

［522］大卫·李嘉图：政治经济学及赋税原理［M］. 郭大力、王亚南

译，北京：商务印书馆，1976.

［523］魁奈：论中国的专制主义［A］. 中国文化西传欧洲史下册［C］. 北京：商务印书馆，2013.

［524］让·巴蒂斯特·萨伊著：政治经济学概论［M］. 陈福生等译，商务印书馆，1997.

［525］弗里德里希·李斯特：政治经济学的国民体系［M］. 北京：商务印书馆，1997.

［526］圣西门：圣西门选集第1卷［M］. 王燕生等译，上海：商务印书馆，1979.

［527］亚历山大·汉密尔顿、约翰杰伊 & 詹姆斯·麦迪逊：联邦党人文集［M］. 北京：商务印书馆，1980.

［528］西斯蒙第：政治经济学新原理［M］. 北京：商务印书馆，1983.

［529］史泰因：财政学序说日文版［A］. 坂入长太郎. 张淳译，欧美财政思想史［C］. 北京：中国财政经济出版社，1987.

［530］迪策尔：公债的经济理论日文版［A］. 坂入长太郎. 张淳译，欧美财政思想史［C］. 北京：中国财政经济出版社，1987.

［531］沙夫勒：公债与公共信用论德文版第1卷［A］. 坂入长太郎. 欧美财政思想史［C］. 张淳译，北京：中国财政经济出版社，1987.

［532］罗德里克·麦克法夸尔：文化大革命的起源第2卷［M］. 魏海平、艾平等译，石家庄：河北人民出版社，1989.

［533］约翰·穆勒：政治经济学原理［M］. 赵荣潜等译，北京：商务印书馆，1991.

［534］阿道夫·瓦格纳：财政学德文版第1卷［M］. 莱比锡出版社，1877.

［535］巴斯泰布尔：财政学日文版［A］. 武普照：近现代财政思想史研究［C］. 天津：南开大学出版社，2010.

［536］阿瑟·塞西尔·庇古：福利经济学［M］. 金镝译，北京：华夏出版社，2007.

［537］H. 道尔顿：财政学原理［M］. 台北：中正书局，1954.

［538］林达尔：公正课税论德文版［M］. 费希尔出版社，1919.

［539］约翰·梅纳德·凯恩斯：就业、利息和货币通论［M］. 高鸿业

译，北京：商务印书馆，2016.

[540] R. Benedict, Race: Science and Politics, rev. ed. Viking Press, 1943.

[541] Musgrave, R. A. & Peacock, A. T: Classics in the Theory of Public Finance [M]. London: MacMillan&Co. Ltd., 2nd, 1962.

[542] John Stuart Mill. Principles of Political Economy, vol, 3 of The Collected Works of John Stuart Mill (ed. J. M. Robson, 1965).

[543] Stigler, G. J:" The Theory of Econonmic Regulation", Bell Journal of economics and Management Science, Spring, 1974 (2).

[544] 约瑟夫·熊彼特：经济分析史 [M]. 北京：商务印书馆，1996.

[545] 哈贝马斯：公共领域的结构转型 [M]. 曹卫东等译，上海：学林出版社，1999.

[546] 坂入长太郎：欧美财政思想史 [M]. 北京：中国财政经济出版社，1987.

[547] A. E. 门罗编：早期经济思想 [M]. 蔡受百等译，北京：商务印书馆，2011.

[548] 阿图·埃克斯坦：公共财政学 [M]. 张愚山译，北京：中国财政经济出版社，1983.

[549] 苏联中央统计局：苏联国民经济发展七十年 [M]. 生活·读书·新知三联书店，1988.

[550] 拉夫尔·密利本德：英国资本主义的民主制 (M)，北京：商务印书馆，1988

[551] 理查德·A. 马斯格雷夫 & 佩吉·B. 马斯格雷夫：财政理论与实践 [M]. 北京：中国财政经济出版社，2003.

[552] 詹姆斯·M. 布坎南 & 理查德·马斯格雷夫：公共财政公共选择：两种截然不同的国家观 [M]. 北京：中国财政经济出版社，2000.

[553] 詹姆斯·M. 布坎南：公共财政序 [M]. 赵锡军等译，北京：中国财政经济出版社，1991.

[554] 詹姆斯·M. 布坎南：民主财政论——财政制度和个人选择[M]. 穆怀朋译，北京：商务印书馆，1993.

[555] 詹姆斯·M. 布坎南：公共物品的需求与供给 [M]. 上海人民出

版社，2009.

［556］米尔顿·弗里德曼：资本主义与自由［M］．张瑞玉译，北京：商务印书馆，2000.

［557］保罗·A. 萨缪尔森 & 威廉·D. 诺德豪斯：经济学第 12 版［M］．北京：中国发展出版社，1992.

［558］保罗·A. 萨缪尔森 & 威廉·D. 诺德豪斯：经济学第 18 版［M］．萧琛等译，北京：商务印书馆，2016.

［559］罗纳德·科斯：财产权利与制度变迁［M］．上海三联书店、上海人民出版社，1994.

［560］曼瑟尔·奥尔森著：集体行动的逻辑［M］．陈郁等译．上海三联书店、上海人民出版社，1995.

［561］杰克·瑞宾 & 托马斯·D. 林奇：国家预算与财政管理［M］．北京：中国财政经济出版社，1990.

［562］约瑟夫·E. 斯蒂格利茨：政府经济学［M］．李增强等译，北京：春秋出版社，1988.

［563］安东尼·B. 阿特金森 & 约瑟夫·E. 斯蒂格利茨：公共经济学［M］．上海三联书店、上海人民出版社，1992.

［564］植草益：微观规制经济学中文版［M］．朱绍文、胡欣欣译校，北京：中国发展出版社，1992.

［565］埃莉诺·奥斯特罗姆：公共事务的治理之道——集体行动制度的演进［M］．余逊达、陈旭东译，上海译文出版社，1995.

［566］乔治·斯蒂格勒：产业组织和政府管制［M］．上海三联书店、上海人民出版社，1996.

［567］约瑟夫·E. 斯蒂格利茨：经济学上册［M］．北京：中国人民大学出版社，1997.

［568］约瑟夫·E. 斯蒂格利茨：政府为什么干预经济［M］．北京：中国物资出版社，1998.

［569］约瑟夫·E. 斯蒂格利茨：公共部门经济学第 3 版［M］．郭庆旺等译，北京：中国人民大学出版社，2005.

［570］乔·B. 史蒂文斯：集体选择经济学［M］．上海三联书店、上海人民出版社，1999.

［571］文森特·奥斯特罗姆 & 埃莉诺·奥斯特罗姆：公益物品与公共选择［A］．迈克尔·麦金尼斯：多中心体制与地方公共经济［C］．上海三联书店，2000.

［572］A. 爱伦·斯密德：财产、权力和公共选择［M］．上海人民出版社、上海三联书店，1999.

［573］约翰·罗尔斯：正义论［M］．北京：中国社会科学出版社，1999.

［574］C. V. 布朗 & P. M. 杰克逊：公共部门经济学第4版［M］．张馨主译，北京：中国人民大学出版社，2000.

［575］鲍德威、威迪逊：公共部门经济学［M］．邓力平主译，中国人民大学出版社，2000.

［576］休·史卓顿 & 莱昂内尔·奥查德：公共物品、公共企业和公共选择［M］．北京：经济科学出版社，2000.

［577］郝伯特·斯宾塞：国家权力与个人自由［M］．谭小勤等译，北京：华夏出版社，2000.

［578］彼得·M. 杰克逊：公共部门经济学前沿问题［M］．郭庆旺等译，北京：中国税务出版社，2000.

［579］加雷斯·D. 迈尔斯：公共经济学［M］．北京：中国人民大学出版社，2001.

［580］罗伯特·基欧汉：霸权之后——世界政治经济中的合作与纷争［M］．上海人民出版社，2001.

［581］E. S. 萨瓦斯：民营化与公私部门的伙伴关系［M］．北京：中国人民大学出版社，2002.

［582］安妮·O. 克鲁格：作为国际组织的WTO［M］．黄理平等译，上海人民出版社，2002.

［583］文森特·奥斯特里姆：美国联邦主义［M］．王建勋译，上海三联书店，2003.

［584］诺曼弗林：公共部门管理［M］．曾锡环译，北京：中国青年出版社，2004.

［585］欧文·E. 休斯：公共管理导论第2版［M］．北京：中国人民大学出版社，2004.

[586] ViscusiWK, JMVernon, JEHarrington, Jr. Economics of Rrgulation and Antitrust [M]. Cambrige: The MIT Press, 2005.

[587] 英吉·考尔：全球化之道——全球公共产品的提供与管理 [M]. 张春波等译，北京：人民出版社，2006.

[588] 英格·考尔等：生产全球公共产品的制度选择 [A]. 联合国开发计划署发展研究中心组：全球化之道——全球公共产品的提供与管理 [C]. 北京：人民出版社，2006.

[589] 罗伯特吉尔平：国际关系政治经济学 [M]. 上海世纪出版集团，2006.

[590] 奥戴尔·布兰查德等：效率与公平结合：一个注重实效的探讨 [A]. 联合国开发计划署发展研究中心组：全球化之道——全球公共产品的提供与管理 [C]. 北京：人民出版社，2006.

[591] 斯塔夫里·阿诺斯：全球通史——从史前到21世纪 [M]. 吴象婴等译，北京大学出版社，2006.

[592] 郝伯特乔治威尔士：大国的崛起——从成功走向辉煌的世界强国启示录 [M]. 陕西师范大学出版社，2007.

[593] 肯尼恩·沃尔兹：国际政治理论 [M]. 上海人民出版社，2008.

[594] 哥斯塔埃斯平－安德森：福利资本主义的三个世界 [M]. 苗正民、滕玉英译，北京：商务印书馆，2010.

[595] 约翰·亚当斯、王德章、阿里斯泰尔杨、宋德军：公共经济学理论、论据、案例研究 [M]. 北京：科学出版社，2010.

[596] 尼古拉斯·亨利：公共行政与公共事务第10版 [M]. 北京：中国人民大学出版社，2011.

[597] 罗伯特·史密斯：美国预算和财政管理改革的演进及对中国的启示 [J]. 当代财经，2011 (9).

[598] 戴维·奥斯本 & 特德·盖布勒：改革政府：企业精神如何改造着公共部门 [M]. 周敦仁译，上海译文出版社，2013.

[599] 托马斯·皮凯蒂：21世纪资本论 [M]. 巴曙松译，北京：中信出版社，2014.

[600] 德隆·阿西莫格鲁 & 詹姆斯·A. 罗宾逊：国家为什么失败 [M]. 李增刚译，湖南：湖南科学技术出版社，2015.

［601］马克·艾伦·艾斯纳：规制政治的转轨［M］. 尹灿译，北京：中国人民大学出版社，2015.

七、研究报告、工具书、数据资料

［602］中国人民政治协商会议文件选集［M］. 北京：中国人民大学出版社，1952.

［603］朱新民、李永春、周吉：现代管理科学词库［M］. 上海交通大学出版社，1986.

［604］伊特维尔等：新帕尔格雷夫经济学大辞典［M］. 北京：经济科学出版社，1996.

［605］史蒂文·N. 杜尔劳夫 & 劳伦斯·E. 布卢姆：新帕尔格雷夫经济学大辞典第2版［M］. 贾拥民等译，北京：经济科学出版社，2016.

［606］世界银行：世界银行发展报告（1997）：变革世界中的政府［M］. 蔡秋生译，北京：中国财政经济出版社，1997.

［607］李林池、张更华等：行政事业单位国有资产管理研究［R］. 2005.

［608］胡代光、高鸿业：西方经济学大辞典［M］. 北京：经济科学出版社，2000.

八、网络资料

［609］国际组织资料［OL］. Union of Internation IA Sociations（UIA），Yearbook of International Organizations 2005/2006，Brusels Belgium K. G. Saur - Munchen，2005/2006.

［610］河北省人民政府批转关于省以下政府间财政支出责任划分改革试点意见的通知（冀政2008. 105号）［OL］. 河北省人民政府官网.

［611］杨天. 中国近代史黄炎培的新历史难题：规律？概率？［OL］. 人民网文史，2010-09-01.

［612］参与式预算的浙江温岭样本［OL］. www. chinanews. com. cn，2011-11-09.

［613］国务院关于改革和完善国有资产管理体制的若干意见［国发2015. 63号］［OL］. 中国政府网，2015-11-04.

［614］国家监察体制改革必须坚持“四个坚持”［OL］. 2016-11-28，宣讲家网.

［615］中国会计年鉴（2016年卷）［OL］. 中国财政杂志社官网，czzz.

mof. gov. cn，2017.

［616］财政部：地方政府债务余额 164706 亿元［OL］. 中新社电讯，2018-01-17.

［617］中华人民共和国宪法［OL］. cpc. people. com. cn，2018-03-22.

［618］国务院关于 2017 年度国有资产管理情况的综合报告［OL］. 中国人大网，2018-10-24.

［619］国有资产统计［OL］. 中华人民共和国财政部官网，www. mof. gov. cn，2019.

［620］Revenue Statistics，OECD 2019［OL］.

中英文著作内容简介

中文著作内容简介

本书是中国国家社会科学基金重点项目“构建服务于国家治理现代化的公共经济理论体系研究”（批准号 14AZD072）的最终成果，核心内容是着眼于为中国推进国家治理现代化实践提供理论服务，在充分吸纳现有版本公共经济学理论合理内核的同时克服其主要缺陷，构建起一整套以马克思主义研究方法和学术范式为指导、使公共经济学拥有独立学科地位、融合古今中外公共经济思想精华的公共经济理论体系。因此，本书相对于现有公共经济理论体系所做的改造，绝不限于某些观点、原理、方法上的修修补补，而是从分析方法到学术范式、从研究对象到范畴体系、从理论主线到主体内容和结构框架等各层面进行的一次系统性、深层次和大幅度的创新。主要表现在其“一石”“一线”“一式”“两化”“两性”“两史”上。

一、以公共物品理论为基石

现有版本公共经济学的基石是以矫正市场失灵为宗旨的政府职能理论，提供公共物品仅是政府用以矫正市场失灵的手段之一，因此，现有公共经济学中，公共物品并未成为核心范畴，公共物品理论在整个理论体系也不拥有基石地位。与此不同，本书通过重构公共物品概念的内涵和外延，使包括制度性、政策性和具象性在内的各类公共物品成为广义政府用以满足公共需要、实现公共利益、克服市场失灵、驾驭整个混合经济体运行发展的基本工具，从而使提供公共物品成为涵盖广义政府所有合理职能、在公共经济学中居于核心地位的理论范畴，进而使公共物品理论成为公共经济学全部内容的理论基石。在此基础上，论述了公共物品使用价值和价值二重性，为公共物品再生产和生产方式理论奠定了基础。

二、以公共物品再生产分析为理论主线

现有版本公共经济学未能体现出贯穿始终的理论主线，其大部分内容是包括支出、收入、预算、政策、体制、决策机制等在内的财政问题，只是进一步延伸分析阐述了财政对经济所产生的影响。由于它的主要内容为居于社会再生产分配环节的财政问题，故而使得整个理论体系表现出强烈的分配经济学特征。与此不同，经改造形成的新公共经济理论在重构公共物品理论基础上，将对公共物品再生产各环节和各侧面的分析阐述作为贯穿全书各个板块的理论主线，创立了公共经济再生产理论，不仅大大增强了各个理论板块之间内在联系的紧密度，而且使整个理论体系表现出明显的生产型经济学特征。

三、遵循马克思主义经典作家的学术研究范式

现有版本公共经济学采用以实证分析为主的学术研究方式，注重对以财政为主要内容的政府活动进行表面现象描述和表面联系概括。与此不同，本书遵循马克思主义经典作家经济学研究范式，以实证材料为依据，注重分析公共物品再生产活动中各层次和各方面内在联系、揭示公共经济运行发展的客观规律和发展趋势，由此创立了由公共经济生产关系、生产力及其矛盾运动构成的公共经济生产方式理论、三维立体的公共经济体制理论、强调理性度的公共经济政策理论、三个层次的公共经济规律理论和辩证发展的公共经济演进趋势理论。

同时，基于多种原因，现有版本的公共经济学对马克思主义经典作家的公共经济思想理论极少正面引述，在西方版本中甚至多有歪曲。与此不同，本书通过认真研究，不仅概述了马克思、恩格斯、列宁的公共经济思想理论要点，而且将其广泛应用于相关问题的分析论证。

四、实现公共经济理论学科独立化和中国化

首先是实现公共经济学理论的独立化。现有公共经济学总体属于对财政学的扩展，在研究对象、概念范畴、理论内容和体系结构方面不仅与财政学，而且与政府经济学、公共管理学之间存在着大量交叉，以致它很难作为一门独立学科存在并发挥作用。与此不同，本书因为将公共物品理论作为基石、将公共物品再生产分析作为理论主线，从研究对象、概念范畴、理论内容和体系结构等方面将公共经济学与财政学、政府经济学和公共管理学区隔开来，使之与相关学科既相关联又卓然独立，从而使公共经济学成为一门独立的经济学科，甚至在很大程度上成为其他三门学科之基础。

其次是实现公共经济学理论的中国化。现有公共经济学来自西方，在理论内容方面基本上无视中国创造、中国实践、中国故事，在话语体系方面也少有中国成分。本书在尽可能充分吸收、保留西方公共经济学合理内核和理论精华的基础上，通过系统梳理中国五千年公共经济实践和思想理论发展，将中国人在公共经济实践和思想理论领域的发明、创造纳入其中，并尽可能用中国话语体系加以阐述，从而不仅使公共经济学理论具有了明显的中国特色、中国风格和中国气派，而且实现了现代西方、马克思主义和中国古今公共经济思想理论的有机融合。

五、体现公共经济理论研究的务实性和系统性

所谓务实性，是指着眼于国家治理现代化实践需要多层次地完善公共经济学理论内容。包括：以实现研究内容、理论架构的科学化为基础，强化对公共经济内在联系的分析和对客观规律的揭示；以深入分析公共经济生产方式、特别是生产关系及其内在矛盾为基础，强化对公共物品再生产活动监管、公共经济体制、公共经济政策等方面现存问题的揭示，从机理和机制层面深入分析问题的形成原因和症结，从理论与方法层面提出基于科学论证的破解思路和方案，以期直接而有效地为深化公共经济体制改革、优化公共经济运行机制、完善国家治理体系的实践提供理论服务。

所谓系统性，体现于站在为国家治理现代化实践提供理论服务的战略高度，研究思考公共经济的治理之道；从覆盖公私两界、横跨各部门、纵览各层级的全局视野，考察分析公共经济的内部与外部联系；着眼于实现国家长治久安和持续增进人民福祉，对优化公共经济体制、政策和监督管理提出属于一孔之见的对策方略，从而提升公共经济理论研究的高度、广度、深度和全面性。

六、概要地回顾总结了公共经济实践和公共经济思想理论演进史

现有文献中不存在公共经济概念下囊括古今中外的人类公共经济实践史和公共经济思想理论史。本书根据散见于各学科文献中有关记载，以公共经济视角重新审视和改造，概要地回顾总结了数万年来的中外公共经济实践演进史和数千年来的中外公共经济思想理论发展史，并通过对比和综合分析提炼出一些规律性、趋势性认识。

全书总计120余万字，包括导论、主体理论、专题理论和概要性公共经济实践发展史、思想理论演进史四大部分，以包含14篇、40章构成的两卷本由新华出版社出版。

Abstract

This book is the final product of "Research on Constructing the Theoretical Framework of Public Economics Serving the Modernization of National Governance", funded by the National Social Science Fund of China (Grant No. 14AZD072). The book aims to provide theoretical basis for promoting the modernization of national governance practices and is guided by the Marxism research methodology and academic paradigm. This book improves upon the existing public economics theory, and promotes public economics as an independent academic discipline by constructing a comprehensive theoretical framework that consolidates the essences of literature in the field of public economics worldwide. In summary, this book is not simply an improvement of the existing public economics theory in certain ideas, principles and methodology. Rather, this book systematically innovates the existing theory of public economics. The innovations cover all areas such as analytical methods, research subjects, main theorems, framework as well as detailed contents. The innovations can be summarized by "one stone", "one line", "one style", "two types", "two qualities", and "two histories".

1. Take the Theory of Public Goods as The Cornerstone

The cornerstone of the existing public economics theory considers the correction of market failure as the main objective of governance, and the provision of public goods is merely a means of correcting market failure. Therefore, the public goods did not become a core subject in the existing public economics, neither does the theory of public goods in the theoretical system assumes a critical role.

In contrast, this book reconstructs the connotation and extension of the concept of public goods to enable various types of public goods, including institutional, policy, and figurative, to serve as basic tools for general government use to meet public needs, serve public interests, and overcome market failures. These basic tools are used to control the operation and development of the entire mixed economy, so that the provision of public goods covers all reasonable functions of the general government and takes a central position in public economics. Thus, the public goods theory becomes the cornerstone of the theory of public economics. On this basis, the duality of the practical value and intrinsic value of public goods is discussed, which lays the foundation for the production organization and the reproduction of public goods.

2. Taking the Analysis of Reproduction of Public Goods as The Main Theoretical Theme

The current mainstream public economics fails to construct a consistent core theory that integrates all the domains of interest. Most of its emphases are financial issues including expenditure, income, budget, policy, system, and decision - making mechanism and their impacts. Because its main focus is on the financial problem in the distribution framework of social reproduction, it makes the entire theoretical system show strong characteristics of distribution economics. Unlike this, the new public economic theory elaborated in this book, based on the reconstruction of the public goods theory, takes the analysis and description of the various aspects of public goods reproduction process as the theoretical theme that runs through the various sections of the book. The completely redefined public economic reproduction theory not only greatly enhances the internal coherences of various theoretical components, but also instills explicit characteristics of production economics into the entire theoretical system.

3. Leverage the Academic Research Paradigm of Classic Marxism

The existing public economics adopts an academic research method based on empirical analysis, focusing the describing superficial phenomena and summarizing superficial connections in government activities, with fiscal policy as the main subject. By contrast, this book follows the Marxist classic writer's economic research paradigm, which not only conducts empirical analysis, but also focus on analyzing the internal connections at all levels and aspects in the reproduction of public goods, revealing the fundamental laws and trends of public economic operation and development. By using this methodology, this book creates the public economic production theory which comprises public economic production relations, productive forces and contradictory movements, the three – dimensional public economic system, rationality oriented public economic policy theory. This three – level public economic theory can substantially improve the exposition of fundamental laws and trends of public economic operation and development.

For a variety of reasons, the existing public economics rarely quotes positively Marxist writers' theory of public economic thoughts, and even distorts it in the Western counterparties. Through careful research, this book not only outlines the main points of Marx, Engels, and Lenin's public economic thoughts, but also applies it to the analysis and demonstration of related issues.

4. Realize the Independence and Sinicization of Public Economic Theory

The first is to realize the independence of public economic theory. Existing public economics generally belong to the expansion of finance. There are a lot of intersections with not only finance, but also government economics and public management in terms of research objects, conceptual categories, theoretical content and system structure, so that it is very difficult to function as an independent discipline. However, because this book takes public goods theory as the cornerstone and public goods reproduction analysis as the key theoretical theme, it differs from public economics and finance, government economics and management in the aspects of research objects, conceptual categories, theoretical content and system structure. The theory elaborated in this book is related to but clearly independent from related disciplines, thus making public economics an independent economic discipline, and even to a large extent the foundation of the other three disciplines.

The second is to realize the sinicization of public economic theory. The existing public economics comes from the West, and basically ignores Chinese creation, Chinese practice, and Chinese history in terms of theoretical content. This results in the missing of Chinese elements the whole system. In addition to absorbing and retaining the reasonable theoretical essence of Western public economics as much as possible, this book will systematically sort out China's 5, 000 years of public economic practices and ideological and theoretical developments, and innovations in the field of public economic practice and ideological theory. As a result, the public economics theory laid out in this book is an integration of the modern western, Marxism and Chinese, ancient and modern public economic theory, which possesses obvious Chinese characteristics, Chinese style and Chinese style.

5. Embody the Pragmatic and Systematic Nature of public economic theory

The 'pragmatism' refers to the need to improve the theoretical content of public economics at multiple levels, focusing on the practice of national governance modernization. These aspects includes: strengthening the analysis of the internal connection of the public economy and revealing the fundamental laws based on the realization of scientific research content and theoretical framework; exposing the existing problems in the supervision of public goods reproduction activities, the public economic system, public economic policies, based on an in - depth analysis of the public economic production methods, especially the production relationship and its internal contradictions, analyzing the causes and roots of the problems from the theoretical and mechanical level, and proposing methodologies and solutions based on theoretical and empirical research, directly and effectively providing theoretical services for deepening the reform of the public economic system, optimizing the operation mechanism of the public economy, and perfecting the national governance system.

The 'systemic' aspect is reflected in the strategic level of providing theoretical services for the modernization practice of national governance, and the governance of the public economy; the comprehensive perspectives that cover the public and private sectors, across all departments, and at all levels, in the analysis of internal and external connections of public economy; providing a strategy for optimizing the public economic system, policies, and supervision and management, enhancing the height, breadth, depth, and comprehensiveness of public economic theory research in order to achieve long - term national security and continuous improvement of people's well - being.

6. A Critical Review of the History of Public Economic Practices and the Evolution of Public Economic Thoughts and Theory

The existing literature on public economics rarely includes the comprehensive history of public economic practices and the history of public economic thought sand theory. This book is collects and reviews relevant records scattered in various disciplines, re – examines and reforms from the perspective of public economy, and summarizes the history of the evolution of Chinese and foreign public economic practices over tens of thousands of years and the history of the development of Chinese and foreign public economic thoughts and theories over thousands of years. Through comparative and comprehensive analysis, the most important common themes are extracted.

The book has a total of more than 1. 2 million words, including introduction, core theory, subject theory, and the history of public economic practices and the evolution of ideological theory. The two – volume book consisting of 14 articles and 40 chapters is published by Xinhua Publishing House.

Table of Contents

Chapter 7. Reproduction of Public Economic Production

Reproduction of Public Goods Values— Public Finance

Chapter 8. Public Finance and Its Function and Status

Chapter 9. Main Links of Public Financial Operation

Material Elements of Public Goods Use Value Reproduction—Public Assets

Chapter 10. Theoretical Analysis Related to Public Asset Allocation and Operation

Chapter 11. Analysis of Institutional Mechanism of Public Asset Allocation and Operation

Chapter 12. Basic Ways to Optimize the Allocation of State - Owned Assets and Operating System

Externalization of Public Economic Production Relations - Public Economic System

Chapter 13. The Theory of Public Economic System

Chapter 14. Definition and Scope of Public Economic Activities

Assignment of Responsibilities and Rights among Core Subjects of Public Economy

Chapter 15. Horizontal Disposition of Public Economic Responsibility

Chapter 16. Vertical Allocation of Public Economic Responsibility

The Engine of Public Economic Reproduction—Public Economic Policy

Chapter 17. Connotation, Elements, System and Function of Public Economic Policy

Chapter 18. Public Economic Policy Rationality and Rise and Fall of Nations

Chapter 19. Public Economic Policy and Public Choice

Part III. Monographic Theory

Government Regulation as a Special Public Good

Next volume

后　记

经过五年多的艰苦努力，本项目研究任务终于以被批准结项和向出版社送审书稿而告完成，尽管书稿本身仍有许多未达理想之处，但总体上还是达到了原定目标。在书稿即将付诸出版之际，特将有关事项记述如下：

一是项目研究团队成员为本项目启动立项、计划执行、申报结项、财务管理、成果发表和著作出版做了很多工作和贡献。其中，古建芹教授作为河北经贸大学财税学院时任院长牵头组织召开了全国部分科研院所和高等院校公共经济理论体系创新研讨会；王晓洁教授作为继任院长牵头组织主编并出版了这次研讨会的论文集——《公共经济理论相关问题研究》；张晋武教授所做贡献已如序言中所述；解建立博士作为项目研究团队的工作秘书，出色地完成了从项目申报立项、执行信息反馈、成果结项材料整理报送、外出调研交流具体组织和财务收支管理等一应日常事务，为本项目顺利执行和最终完成付出了很多心血和劳动；何碧萍博士为项目执行初期各篇写作计划方案研讨、执行进度汇报等相关会议的举行和项目阶段性成果、最终成果的印制提供了方便条件；杨智杰博士为本项目多篇阶段性成果的发表提供了有效协助；丁颖博士为按原定研究计划赴日开展学术交流做了大量沟通联系工作；孟航鸿博士为本书英译文字进行了初步校核；王彦林博士为本书出版付出了大量时间和心血。

二是新华出版社对本书出版给予了大力支持，责任编辑张谦同志对书稿编辑认真负责，修正了许多文字方面的缺陷。

三是我在河北师范学院任教时的同室好友赵志元处长专门为本书绘制了封面图（后改为上卷封底插图），以此寄托我们之间四十多年的深厚友谊。齐凯闻为作者简介绘制了插图（后改为下卷封底插图）。齐志鲲博士、宋艺博士对本书英译文字进行了深度再校订。

对以上各位对本项目完成和本书出版做出的努力与帮助一并致谢。

齐守印

2020 年 6 月 15 日